Seminários
sobre análise de sonhos

Dados Internacionais de Catalogação na Publicação (CIP)
(Câmara Brasileira do Livro, SP, Brasil)

Jung, C.G., 1875-1961.
 Seminários sobre análise de sonhos : notas do seminário dado em 1928-1930 por C.G. Jung; William McGuire (org.). ; tradução de Caio Liudvik. – Petrópolis, RJ : Vozes, 2014.

Título original : Dream analysis : notes of the seminar given in 1928-1930
Bibliografia

6ª reimpressão, 2024.

ISBN 978-85-326-4815-0

1. Sonhos I. McGuire, William. II. Título.

14-05332   CDD-154.63

Índices para catálogo sistemático:
1. Sonhos : Psicologia   154.63

C.G. JUNG

Seminários sobre análise de sonhos

Notas do seminário dado em 1928-1930 por C.G. Jung

Editado por
William McGuire

Tradução de Caio Liudvik

EDITORA
VOZES

Petrópolis

© 1984 by Princeton University Press

Tradução do original em inglês intitulado
Dream Analysis. Notes of the Seminar Given in 1928-1930 By C.G. Jung
Editado por William McGuire

Esta edição das notas dos seminários de Jung foi publicada nos Estados Unidos da América pela Princeton University Press, e na Inglaterra pela Routledge & Kegan Paul, Ltd. Na edição norte-americana, os volumes de Notas de Seminário constituem o número XCIX na Bollingen Series, patrocinada pela Bollingen Foundation.

O texto editado aqui é o da 2ª edição, de 1938, editado particularmente em forma de reproduções pelo Clube Psicológico de Zurique; o mesmo texto, inalterado, foi editado privativamente, em forma impressa, em 1958 e 1972.

Direitos de publicação em língua portuguesa – Brasil:
2014, Editora Vozes Ltda.
Rua Frei Luís, 100
25689-900 Petrópolis, RJ
www.vozes.com.br
Brasil

Todos os direitos reservados. Nenhuma parte desta obra poderá ser reproduzida ou transmitida por qualquer forma e/ou quaisquer meios (eletrônico ou mecânico, incluindo fotocópia e gravação) ou arquivada em qualquer sistema ou banco de dados sem permissão escrita da editora.

CONSELHO EDITORIAL	PRODUÇÃO EDITORIAL
Diretor	Aline L.R. de Barros
Volney J. Berkenbrock	Marcelo Telles
	Mirela de Oliveira
Editores	Otaviano M. Cunha
Aline dos Santos Carneiro	Rafael de Oliveira
Edrian Josué Pasini	Samuel Rezende
Marilac Loraine Oleniki	Vanessa Luz
Welder Lancieri Marchini	Verônica M. Guedes
Conselheiros	**Conselho de projetos editoriais**
Elói Dionísio Piva	Luísa Ramos M. Lorenzi
Francisco Morás	Natália França
Gilberto Gonçalves Garcia	Priscilla A.F. Alves
Ludovico Garmus	
Teobaldo Heidemann	
Secretário executivo	
Leonardo A.R.T. dos Santos	

Editoração: Andréa Dornellas Moreira de Carvalho
Diagramação: Alex M. da Silva
Capa: WM design

ISBN 978-85-326-4815-0 (Brasil)
ISBN 978-0-691-09896-85 (Reino Unido)

Este livro foi composto e impresso pela Editora Vozes Ltda.

Sumário

Introdução, 7
Agradecimentos, 17
Membros do seminário, 18
Ordem cronológica dos sonhos, 20
Lista de abreviaturas, 22

Período de inverno: primeira parte, 25
    I. 7 de novembro de 1928, 27
    II. 14 de novembro de 1928, 39
    III. 21 de novembro de 1928, 50
    IV. 28 de novembro de 1928, 62
    V. 5 de dezembro de 1928, 74
    VI. 12 de dezembro de 1928, 85

Período de inverno: segunda parte, 97
    I. 23 de janeiro de 1929, 99
    II. 30 de janeiro de 1929, 106
    III. 6 de fevereiro de 1929, 115
    IV. 13 de fevereiro de 1929, 125
    V. 20 de fevereiro de 1929, 134
    VI. 28 de fevereiro de 1929, 144
    VII. 6 de março de 1929, 156
    VIII. 13 de março de 1929, 167
    IX. 20 de março de 1929, 179
    X. 27 de março de 1929, 189

Período de verão, 201
    I. 15 de maio de 1929, 203
    II. 22 de maio de 1929, 212
    III. 29 de maio de 1929, 226
    IV. 5 de junho de 1929, 239
    V. 12 de junho de 1929, 252
    VI. 19 de junho de 1929, 265
    VII. 26 de junho de 1929, 277

Período de inverno: primeira parte, 291

    I. 9 de outubro de 1929, 293
    II. 16 de outubro de 1929, 301
    III. 23 de outubro de 1929, 310
    IV. 30 de outubro de 1929, 320
    V. 6 de novembro de 1929, 329
    VI. 13 de novembro de 1929, 355
    VII. 20 de novembro de 1929, 377
    VIII. 27 de novembro de 1929, 387
    IX. 4 de dezembro de 1929, 398
    X. 11 de dezembro de 1929, 408

Período de inverno: segunda parte, 419

    I. 22 de janeiro de 1930, 421
    II. 29 de janeiro de 1930, 425
    III. 5 de fevereiro de 1930, 436
    IV. 12 de fevereiro de 1930, 442
    V. 19 de fevereiro de 1930, 454
    VI. 26 de fevereiro de 1930, 466
    VII. 5 de março de 1930, 479
    VIII. 12 de março de 1930, 494
    IX. 19 de março de 1930, 505
    X. 26 de março de 1930, 517

Período de verão, 531

    I. 7 de maio de 1930, 533
    II. 14 de maio de 1930, 552
    III. 21 de maio de 1930, 566
    IV. 28 de maio de 1930, 582
    V. 4 de junho de 1930, 596
    VI. 11 de junho de 1930, 611
    VII. 18 de junho de 1930, 628
    VIII. 25 de junho de 1930, 644

Índice, 659

Introdução

Os seminários de Jung, nos quais ele expôs seus conceitos psicológicos e seus métodos analíticos, bem como suas visões sobre a sociedade, o indivíduo, a religião, a história e muito mais foram do conhecimento de poucos, mesmo entre os seguidores de Jung. As plateias eram limitadas, e as transcrições reproduzidas, preparadas por membros dedicados do seminário, não foram publicadas, mas circularam privativamente por uma lista restrita de contribuintes. Os volumes das Notas de seminário (como elas são apropriadamente chamadas) em bibliotecas junguianas especiais foram habitualmente mantidos inacessíveis a qualquer leitor que não tivesse a aprovação de um analista[1]. As publicações junguianas contêm referências ocasionais às Notas, mas escassas citações. Embora a política de restrição tivesse o consentimento de Jung, ele por fim concordou com a inclusão das Notas de Seminário entre suas obras publicadas.

O primeiro "seminário" registrado na Bibliografia Geral dos Escritos de Jung (CW 19) ocorreu em 1923, mas há evidência de que Jung usara o método do seminário já em 1912. Naquele ano, ele aceitara como analisanda uma mulher norte-americana, Fanny Bowditch, que lhe foi encaminhada pelo Dr. James Jackson Putnam, professor de Neurologia em Harvard e primeiro presidente da *American Psychoanalytic Association* (1911). Jung havia conhecido Putnam quando, com Freud e Ferenczi, foi aos Estados Unidos em 1909 para palestra na Clark University. Putnam convidou os três visitantes para o acampamento nos *Adirondacks*, que pertencia às famílias Putnam e Bowditch[2], e lá Jung pôde conhecer Fanny Bowditch (1874-1967).

Em 1911, Fanny Bowditch adoeceu de uma desordem nervosa de algum tipo, e o Dr. Putnam, agindo tanto como amigo da família quanto como médico, a aconselhou a ir a Jung, em quem ele ainda reconhecia um colega psicanalista. Tendo chegado a Zurique no início de 1912, Fanny Bowditch começou uma psicanálise com Jung, presumivelmente na casa dele em Küsnacht. Em maio, ela começou a fazer anotações em um caderno[3], relatando palestras semanais de Jung que ela acom-

---

1. Baseado usualmente na consecução de certo número de horas de análise junguiana.

2. *The Freud/Jung Letters*, p. 245-246. (Para a citação completa, cf. as Abreviaturas.)

3. A *Fanny Bowditch Katz Collection*, Francis A. Countway Library of Medicine, Boston, contém este caderno e outros documentos que são mencionados. O material foi consultado graças à cortesia do Dr. Richard J. Wolfe, bibliotecário para manuscritos e livros raros na Countway. Sou grato também ao Senhor Franz Jung por informação sobre o ensino de seu pai na universidade.

panhava na universidade. O conteúdo do curso, que levava o título *Einführung in die Psychoanalyse** no programa da universidade, incluía os princípios gerais da Psicologia, da Psicanálise (com citações dos escritos de Freud), o experimento de associações, casos da prática analítica de Jung e material mitológico e religioso. As notas, em inglês, continuam ao longo do verão de 1912 e são retomadas no verão de 1913, em alemão (que Fanny havia aprendido com sua mãe, nascida na Alemanha). O título "Seminário" aparece no caderno para as palestras de 1913. Durante o verão de 1913, Fanny também tomou notas sobre as palestras de história da religião pelo Professor Jakob Hausheer – aparentemente um curso dado conjuntamente ao de Jung. Não surpreende que Fanny Bowditch, uma mulher bem-educada, tenha podido se inscrever num curso de verão na universidade; que seu professor fosse sendo também seu analista pode parecer um procedimento psicanalítico não convencional, mas Jung já havia se distanciado da ortodoxia freudiana. Naquele estágio de sua carreira, ele estava usando o formato do seminário, admitindo uma aluna que estava em análise (e que não era uma candidata médica) e cooptando um professor de Religião.

Em abril de 1914, Jung renunciou ao seu cargo de professor na universidade, após nove anos de preleções[4]; ele não viria a ter nenhum outro compromisso de ensino formal até 1933. Em outubro de 1916, contudo, Fanny (agora casada com Johann Rudolf Katz, um psiquiatra holandês de orientação junguiana[5]) dedicou um caderno para ainda outro seminário conduzido por Jung. Durante os anos de guerra, enquanto Jung era um oficial médico no Exército suíço, encarregado de um acampamento de oficiais britânicos internados em Canton Vaud, ele evidentemente manteve seu ensino privado, quando em licença em Zurique.

Após o final da guerra, Jung viajou novamente – a Londres para palestras a sociedades profissionais em 1919 e também no final de 1920; à Argélia e Tunísia, na primavera de 1920; e, durante o verão de 1920, à Inglaterra, para o extremo da Cornualha, para seu primeiro seminário no exterior. Não há registros, mas este seminário em Sennen Cove, perto de Land's End, ficou na memória de várias pessoas que assistiram. Ele foi organizado por Constance Long, e entre seus membros estavam M. Esther Harding e H. Godwin Baynes – os três eram médicos britânicos e adeptos precoces da Psicologia Analítica. O tema de Jung foi um livro chamado *Authentic Dreams of Peter Blobbs and of Certain of His Relatives*. O primeiro seminário *registrado* aconteceu também em Cornualha, em Polzeath, em julho de

---

* Introdução à Psicanálise [N.T.].

4. *The Freud-Jung Letters*, p. 551, n. 2.

5. Cf. as cartas de Jung a Fanny Bowditch (Katz) de 22 de outubro de 1916 e 30 de julho de 1918, em *C.G. Jung: Letters*, vol. 1.

1923. Baynes e Harding o organizaram; vinte e nove pessoas assistiram, incluindo-se Ema Jung e Toni Wolff[6]. Notas a mão, pela Dra. Harding e pela médica norte-americana Kristine Mann, levam o título de "Relacionamentos humanos em relação com o Processo de individuação"[7]. Dois anos depois, os junguianos britânicos organizaram mais um seminário, em Swanage, Dorset, e cerca de cem pessoas estiveram lá – "muito mais do que Jung desejava", Barbara Hannah nos conta, e certamente gente em demasia para um seminário. De novo notas manuscritas da Dra. Harding sobreviveram, sob o título "Sonhos e simbolismo", em doze palestras de 25 de julho a 7 de agosto, após Jung visitar a Exposição do Império Britânico em Wembley e decidir fazer sua célebre jornada ao leste da África Britânica[8].

No início de 1925, contudo, de 23 de março a 6 de julho, Jung deu o primeiro da série de seminários de Zurique em inglês que prosseguiram por quatorze anos. Intitulado simplesmente "Psicologia Analítica", o seminário, em dezesseis palestras, foi registrado por Cary F. de Angulo, que pouco depois se casaria com H.G. Baynes. Jung revisou a transcrição, que foi publicada como um escrito datilografado e reproduzido de 227 p. Os conteúdos diziam respeito ao desenvolvimento da Psicologia Analítica, começando com o ano de 1896, quando Jung era um estudante universitário, e se estendendo bastante no seu relacionamento com Freud. Várias passagens foram incorporadas por Aniela Jaffé em *Memórias, sonhos, reflexões*[9]. O seminário de 1925 contém algumas das observações mais agudas de Jung sobre sua psicologia.

No começo de novembro de 1928, Jung iniciou o seminário sobre Análise de sonhos, ao qual este volume é dedicado. Em encontros semanais, interrompidos por recessos sazonais de um mês ou mais, o seminário perdurou até o final de junho de 1930. Os membros se encontravam nas manhãs de quarta-feira nas salas do Clube Psicológico de Zurique, em uma mansão com torres, encoberta por heras, na Gemeindestrasse que Edith Rockefeller McCormick havia comprado para uso do Clube. Poucos registros administrativos sobre o seminário ou sobre o Clube sobrevivem. Segundo as recordações dos membros sobreviventes, nenhuma taxa era cobrada, havia apenas uma pequena contribuição para o chá. A permissão de Jung para assistir

---

6. HANNAH, B. *Jung*: His Life and Work. Nova York, 1976, p. 141, 149-153. [*Jung: Vida e Obra* – Uma Memória Biográfica. Porto Alegre: Artmed, 2003 [Trad. Alceu Fillmann]]. O livro *Bloobs* (xvi + 42 p.) foi escrito pelo Dr. Arthur John Hubbard, "auxiliado pela Sra. Hubbard", e publicado por Longmans, Green, 1916. Jung possuía uma cópia.

7. Datilografia não publicada, 38 p., na Kristine Mann Library, Analytical Psychology Club of New York.

8. HANNAH. Op. cit., p. 164-165. As notas de Harding: datilografia não publicada, 101 p., na Kristine Mann Library.

9. Introdução (por Aniela Jaffé), p. vii/11.

era um requisito, e os membros estavam ou haviam estado, todos, em análise com Jung ou com um dos outros poucos analistas em Zurique. Embora não haja quaisquer atas enumerando todos os participantes, a transcrição do seminário traz os nomes de cerca de cinquenta pessoas que contribuíram com a discussão. Certamente houve outros membros que permaneceram em silêncio, como Mary Foote.

A Mary Foote é devido o principal crédito pelo registro dos seminários de Jung de 1928 até 1939. Nascida na Nova Inglaterra em 1872, Mary Foote se tornou uma retratista de certa reputação, vivendo alternadamente em Nova York, Paris e Pequim[10]. Entre os amigos dela contavam-se Isadora Duncan, Henry James, Mabel Dodge (mais tarde Luhan), Gertrude Stein, e o cenógrafo Robert Edmond Jones, de Nova York, quem, após sua própria análise com Jung e Tôni Wolff, convenceu Mary a ir a Zurique. Ela chegou em janeiro de 1928 e permaneceu pelo próximo quarto de século. Seu trabalho analítico com Jung deve ter começado logo após ela ter se instalado no Hotel Sonne em Küsnacht, e provavelmente ela assistiu ao seminário de Análise de sonhos desde a primeira reunião, em novembro.

Poucas pessoas estavam envolvidas na produção das notas do seminário. Na ausência de Cary de Angulo, que havia partido com seu marido, H.G. Baynes para viver em Carmel, Califórnia, as notas da sessão do outono de 1928 foram feitas por Anne Chapin, uma professora no Mount Holyoke College, em Massachusetts, e foram transcritas, reproduzidas e postas em circulação entre os membros. As reuniões durante a primeira metade de 1929 foram registradas por outra norte-americana, Charlote H. Deady. Mary Foote se envolveu no registro da sessão que começou em outubro de 1929, e cartas de Jung para ela em dezembro[11] mostram que ela estava editando a transcrição (compilada das notas de vários membros) e enviando partes dela para Jung revisar. Ela prosseguiu nessa função até o final do seminário, no mês de junho seguinte. Toda a "primeira edição", reproduzida a partir do texto datilografado, foi publicada em cinco volumes. Em 1938, Mary Foote publicou uma "nova edição", na qual as notas de Chapin foram aumentadas por "notas taquigráficas mais completas da Senhorita Ethel Taylor"; as notas de Deady foram reorganizadas por Carol Baumann; as notas de outubro-dezembro de 1929, escritas a mão, foram obra de Mary Foote e outros, com "grande ajuda" de Cary Baynes e Mary Howells; as notas de janeiro-março de 1930, também manuscritas, foram feitas pelas senhoras Baynes e Deady, por Barbara Hannah, Joseph Henderson e pela Senhorita Foote; e a seção de maio-junho de 1930 foi Mary Foote quem escreveu, "editada a partir de notas taquigráficas tomadas pela Senhora Köppel e de minhas próprias notas manuscritas". Os esboços, do começo ao fim, foram obra da Senhora

---

10. FOOTE, E. "Who was Mary Foote". *Spring* 1974, p. 256ss.

11. Ibid., p. 262. • *C.G. Jung*: Letters. Vol. 2, p. xxxiii.

Deady. Emily Köppel, uma inglesa, casada com um suíço, se tornou secretária de Mary Foote em 1930 e continuou a retirar as transcrições, datilografar os estênceis, organizar para as reproduções e cuidar de todos os detalhes administrativos até que a guerra colocou um fim à série de seminários.

A princípio Mary Foote financiou a obra com as subscrições, suplementadas pelos seus próprios recursos. Mais tarde, nos anos de 1930, Alice Lewisohn Crowley e Mary e Paul Mellon contribuíram com fundos. Não se esperava que Jung contribuísse, e ele recebeu cópias gratuitas das *Notas do Seminário*.

Ao longo dos anos de guerra, Mary Foote permaneceu em Zurique, e foi apenas nos anos de 1950 que ela retornou à Nova Inglaterra. Ela morreu entre amigos na Connecticut rural, em 28 de janeiro de 1968, com noventa e seis anos[12]. Seus documentos, inclusive esboços sucessivos das Notas do Seminário estão agora na Biblioteca da Universidade de Yale.

Em outubro de 1930, poucos meses depois do fim do seminário de Análise de sonhos, Jung abriu outro seminário em inglês, intitulado "Interpretation of Visions", baseado em pinturas feitas por uma paciente norte-americana, com imagens que ela experimentou mediante o processo de "imaginação ativa". Esse seminário, que é considerado uma proveitosa exposição das técnicas de Jung da "imaginação ativa" e da amplificação, continuou até março de 1934. A transcrição foi editada por Mary Foote em onze volumes, mais um volume contendo 29 imagens. Uma nova edição, apoiada por uma doação dos Mellons, apareceu em 1939-1941. Durante um recesso em outubro de 1932, Jung se juntou a J.W. Hauter, professor de Indologia na Universidade de Jübinger, para dar um seminário em seis sessões sobre "A Ioga Kundalini", depois publicado por Mary Foote em uma versão ilustrada de 216 p., seguida um ano mais tarde por uma versão alemã.

Dois meses após encerrar o seminário das Visões, em 2 de maio de 1934, Jung começou um seminário em inglês com o título de "Análise psicológica do Zaratustra de Nietzsche". Ele prosseguiu até 15 de fevereiro de 1939, com várias interrupções longas quando Jung fez viagens para palestras nos Estados Unidos em 1936 e 1937, viajou à Índia no inverno de 1937 e 1937-1938 e retornou doente de disenteria. De novo, Mary Foote editou o transcrito, reproduzido em dez volumes[13]. As palestras de Jung em alemão no Eidgenössische Technische Hochschule

---

12. FOOTE, E. Op. cit.

13. Com a permissão de Jung, excertos do seminário da "Interpretação de visões", preparados por Jane A. Pratt, foram publicados em dez partes em *Spring* (o jornal anual do Analytical Psychological Club de Nova York), 1960-1969. Elas, juntamente com outras três partes conclusivas preparadas por Patrícia Berry e um pós-escrito por Henry A. Murray, foram publicados como *The Vision Seminars*. 2 vols. Zurique: Spring, 1976. As quatro palestras correspondentes ao "Psychological Commentary on the Kundalini ioga" de Jung, a partir do seminário de 1932, foram publicadas em *Spring*, 1975 e

(ETH) (Instituto Técnico Federal) em Zurique são usualmente classificadas com seus seminários, mas elas seguem o estilo de palestras e foram dirigidas a um público geral em um amplo auditório acadêmico. Para Jung isso marcava um retorno à sua situação como um palestrante na universidade mais de vinte anos antes. As palestras ETH, nas tardes de sexta-feira, começaram em 20 de outubro de 1934 com o tema geral "Psicologia moderna" e continuaram, com as pausas acadêmicas habituais, até julho de 1935. Elas foram registradas em versão manuscrita pela secretária de Jung, Marye-Jeanne Schmid, e subsequentemente publicadas em tradução em inglês por Elizabeth Welsh e Barbara Hannah no mesmo formato dos seminários. Jung continuou a dar palestras no ETH até julho de 1941; seus temas incluíram "Textos orientais", "Exercícios espirituais de Santo Inácio de Loyola", "Sonhos de crianças", "A antiga literatura sobre interpretação dos sonhos" e "Alquimia". A maioria dessas palestras foi publicada em tradução de Barbara Hannah[14].

Cada volume dos seminários e palestras ETH portava uma advertência de que "eles são estritamente para uso particular e nenhuma parte pode ser copiada ou citada para publicação sem a permissão por escrito do Professor Jung". Quando o seminário de "Análise de sonhos" e as palestras sobre "Psicologia moderna" foram publicados em novas edições, sob os auspícios do Clube Psicológico e do Instituto C.G. Jung, a mesma advertência foi impressa como um prefácio, em nome do Clube e do Instituto. A venda dos volumes foi estritamente limitada àqueles qualificados pela análise e aprovação profissional, contudo, cópias foram parar em bibliotecas gerais e nas mãos de comerciantes de livros.

Quando a tiragem se esgotou e novas edições foram planejadas em 1954, o Instituto propôs que os textos fossem revisados por um escritor profissional para que se suavizasse o que se julgou serem equívocos de estilo e de expressão. Atendendo a apelos insistentes de R.F.C. Hull e outros, Jung escreveu ao Curatorium do Instituto: "Gostaria de lhes informar que, após madura reflexão e a solicitação de opiniões dignas de confiança, eu decidi permitir que meus seminários sejam publicados inalterados. Fui solicitado em especial a não permitir que nada seja alterado no estilo deles". Ele sugeriu que cada publicação fosse prefaciada com esta nota: "Estou plenamente ciente do fato de que o texto destes seminários contém um certo número de erros ou outras inadequações que necessitam de correção. In-

---

1976. (Entre 1970 e 1977, a *Spring*, embora um órgão do Analytical Psychology Club of New York, foi publicada em Zurique; desde então, sob outros auspícios, ela passou a ser publicada pela Spring Publications, Inc., em Dala, Texas.) Um excerto da "Psychological Analysis of Nietzsche's Zaratustra" foi publicado na *Spring* de 1972.

14. Excertos das palestras sobre "Os exercícios espirituais de Santo Inácio de Loyola" foram publicados na *Spring* em 1977 e 1978. [Todos os seminários e palestras ETH estão listados cronologicamente em OC 19: *Índice geral*, p. 209-215].

felizmente nunca me foi possível assumir pessoalmente essa tarefa. Gostaria assim de pedir ao leitor que leia esses textos com o necessário espírito crítico e os utilize com circunspecção. Eles dão em geral, graças à capacidade descritiva de Mary Foote, um vívido e fidedigno retrato dos procedimentos tais como eles foram na época". A nota acabou não sendo impressa nas novas edições, mas a preocupação de Jung com relação a erros nos transcritos era evidente. A ideia de publicar os seminários para um público geral estava agora iminente. Michael Fordham, um dos editores da *Obra completa*, apelou fortemente pela publicação. Em 24 de maio de 1956, Jung escreveu a Gerhad Adler, também editor da *Obra completa*: "Gostaria de me referir à nossa conversa do dia 14 de maio. Estou plenamente de acordo com a publicação das minhas 'Notas de Seminário' como um apêndice à *Obra completa*, e gostaria que você e o Dr. Fordham fizessem os necessários cortes e correções de erros. O texto manuscrito nem sempre foi muito preciso. No que concerne ao estilo, ele deve, tanto quanto possível, não ser alterado". Jung havia admitido, pode-se inferir, quão inócuo era restringir seus textos de seminário; e ele estava obviamente consciente do valor deles para analistas em formação e para o corpo mais amplo de estudiosos sérios. Em uma carta de 19 de agosto de 1957 à Fundação Bollingen, ele formalmente afirmou: "Ratifico minha concordância com a inclusão dos escritos mencionados em sua carta (isto é, as Notas de Seminário e a correspondência) na *Obra completa*".

Assim ficou a questão até depois da morte de Jung, em junho de 1961. Enquanto isso, o plano original de publicar as Notas de Seminário bem como as Cartas como parte da *Obra completa* foi modificada. A edição da correspondência foi delegada, com endosso de Jung (1957), ao Dr. Adler como editor-chefe, juntamente com Maryanne Niehus-Jung e Aniela Jaffé[15]. Já que Jung havia aceitado que o tradutor da *Obra completa*, R.F.C. Hull, fosse o organizador dos seminários, o projeto foi adiado até que Hull tivesse o tempo livre – ou seja, até que a conclusão da *Obra completa* estivesse em vista. Em meados da década de 1960, a Fundação Bollingen preparou um plano provisório de publicação, em consulta com Herbert Read, a família Jung, Adler, Fordham, Cary Baynes, Jessie Fraser, Joseph Henderson, Aniela Jaffé, Henry A. Murray e Jane A. Pratti. O projeto, em cinco ou seis volumes, incluiria o Seminário de 1925, "Análise de sonhos", "Interpretação de visões", "Yoga Kundalini", "Análise do Zaratustra de Nietzsche" e temporariamente uma seleção das Palestras ETH. Os herdeiros de Jung concordaram a princípio. Hull pôde começar o trabalho editorial apenas no verão de 1972, quando se mudou

---

15. A Senhora Niehus-Jung morreu em 1965. Jaffé subsequentemente organizou a edição germano--suíça "in Zusammenarbeit mit Gerhard Adler"; ela apareceu em três volumes, 1972-1973. Adler organizou a edição anglo-americana "em colaboração com Aniela Jaffé"; ela apareceu em dois volumes, 1973-1975.

para Nova York. Ele ainda estava preocupado com detalhes residuais da tradução da parte de Jung de *The Freud/Jung Letters*, as cartas seletas escritas em alemão (cerca de metade) e a OC 18: *A vida simbólica*. Contudo, a despeito do declínio gradual de sua saúde e energia, Hull foi capaz de organizar e anotar cerca de metade do seminário de Análise de sonhos de uma maneira provisória, apoiando-se em pesquisa auxiliar de Lisa Ress e na orientação em questões substanciais por parte do Dr. Edward F. Edinger. Na primavera de 1973, Hull retornou para sua casa em Mallorca, numa situação de saúde deteriorada que lhe impedia qualquer tipo de trabalho profissional; ele morreu na Inglaterra em dezembro de 1974. Seus papéis de trabalho haviam sido preservados por sua viúva e foram ao final enviados a Princeton. Ao assumir a responsabilidade editorial pelo seminário de Análise de sonhos em 1980, contudo, eu recomecei do zero.

Meus princípios editoriais se afastaram de Hull de algum modo. Deletei e alterei textos o mínimo possível, fazendo notas editoriais sobre qualquer mudança significativa. Cortes são, em sua maior parte, restritos a passagens em que Jung repetia a informação de novos membros do seminário. Alterações textuais silenciosas são sobretudo de pontuação, ortografia, gramática e clareza. A inserção de boa quantidade de pontos finais e ponto e vírgula nos copistas em vez de uma estrutura de sentença mais frouxa não violenta o estilo de Jung. Grande parte das notas de Hull e Lisa Ress foram preservadas e consideravelmente aumentadas. Notas interpretativas de Hull trazem suas iniciais. Uma discordância importante com os critérios de Hull foi a conservação dos nomes dos membros do seminário que fizeram comentários. Muitos deles são pessoas de interesse, mesmo de distinção, no mundo junguiano e além, e a maioria deles já morreu. Dos quatro que sei estarem vivos em 1982 – a Senhorita Hannah, o Dr. Henderson, o Dr. Kirsche e a Sra. Gaskell –, todos autorizaram o uso de seus nomes. É possível que, no caso de cerca de dez pessoas que não pude localizar ou mesmo identificar, algumas estejam vivas; se esse é o caso, peço-lhes indulgência. Certamente nenhum registro foi feito que causasse qualquer arrependimento cinquenta anos depois. Deve-se assinalar, também, que não se usou no seminário qualquer material de caso com o qual pudesse ser identificada a pessoa real.

Envidei todos os esforços para preservar "um vívido e fidedigno retrato dos procedimentos tais como eles foram à época", conforme Jung esperava em 1954, e reproduzi os diagramas e ilustrações diretamente a partir das primeiras edições dos seminários.

As Notas de seminário têm uma importância substancial no cânone junguiano, isso é evidente, e possuem vários outros aspectos relevantes. O caráter do estilo oral de Jung – de falar e de conversar – é transmitido fidedignamente: esse é o consenso daqueles que o conheciam bem, e especialmente daqueles que estiveram em qualquer dessas reuniões de seminários. "As notas têm a realidade de uma transcrição de fita, em uma época em que fitas eram inimagináveis", um membro do seminário observou. O enorme talento daqueles que fizeram notas é responsável por isso – e esse talento é ainda mais notável nos primeiros dias, quando as notas eram escritas a mão e reunidas. O trabalho editorial de Mary Foote teve por foco a fidelidade do registro, no estilo e no conteúdo.

A maestria de Jung na língua inglesa, demonstrada nesses transcritos, não causa surpresa. Ele havia estudado inglês na escola e, durante o início da década de 1900, passou um verão em Londres[16]. Na Clínica Burghölzli, quando Jung era assistente de Bleuler, médicos norte-americanos e britânicos vinham fazer treinamento e observação: Ricksher, Peterson, Macfie Campbell, Gibson, Burrow, entre outros[17]. E pacientes de língua inglesa – em especial Harold F. McCormick e sua esposa, Edith Rockefeller McCormick, de Chicago – ficaram sob responsabilidade de Jung bem cedo. Desde 1909, houve frequentes visitas à Inglaterra e aos Estados Unidos, marcadas por palestras, conferências e encontros analíticos conduzidos em inglês. Na década de 1920 o círculo de estudantes e analisandos em torno de Jung em Zurique era tanto da língua inglesa quanto do alemão (franceses eram uma minoria). Jung escreveu e falou em inglês quase tanto quanto em alemão ou suíço-alemão, sua língua em casa[18].

Por fim, os colóquios de seminário de Jung são ricos em material que não existe, ou é apenas sinalizado, nos escritos publicados. Para Jung eles eram seminais: ele frequentemente desenvolvia ideias enquanto falava. O seminário publicado neste volume oferece o registro mais completo do método de Jung da amplificação na análise de sonhos de um paciente e o registro mais detalhado do tratamento pelo próprio Jung de um paciente masculino[19]. Em conjunto, os seminários nos apresentam um Jung autoconfiantemente relaxado, despreocupado e pouco diplomático, desrespeitoso de instituições e personagens exaltados, frequentemente bem-humorado, até mesmo ofensivo, extraordinariamente rico em referências e alusões eruditas, sempre em sintonia com as ressonâncias do caso em questão, e sempre fiel a si mesmo e à sua vocação.

William McGuire

---

16. Informação do Sr. Franz Jung.

17. Cf. *The Freud/Jung Letters*, índex para referência a detalhes sobre esses psiquiatras.

18. Cf. *C.G. Jung*: Word and Image, p. 142-144.

19. O caso abordado em *Psicologia e alquimia* (OC 12), envolvendo uma série de sonhos em que o simbolismo da mandala era proeminente, refere-se a um homem analisado por um dos colegas de Jung.

Agradecimentos

Expressei meu débito a R.F.C. Hull, Lisa Ress e Edward F. Edinger, por seu trabalho num estágio anterior desta edição. Sou especialmente grato a três membros do seminário em 1928-1930, que ajudaram calorosamente com suas recordações dos "procedimentos reais" e com seus esclarecimentos especialmente sobre outros integrantes do seminário: Barbara Hannah, Joseph Henderson e James Kirsch. E sou grato a todas as seguintes pessoas que responderam a minhas questões, seja com as informações requeridas ou com conselhos sobre fontes a consultar: Gerhard Adler; Doris Albrecht; John Alden; Nora Bangs; John T. Bonner; C. Marston Case; Margaret H. Case; Gerald Chapple; Margot Cutter; Ivan R. Dihoff; K.R. Eissler; Jay Fellows; Marie-Louise von Franz; Patrick Gardiner; Felix Gilbert; Rosamond Gilder; Beat Glaus; Leon Gordenker; Norbert Guterman; John Hannon; Martyn Hitchcock; Aniela Jaffé; James Jarrett; Lilly Jung; Violet de Laszlo; Phyllis W. Lehmann; Michael S. Mahoney; Mary Manheim; Bruce M. Metzger; Paul Meyvaert; Joseph P. O'Neill; Emmy Poggensee; Edith Porada; Frank H.T. Rhodes; Richard Rorty; Angela Richards; Merle Greene Robertson; Beata Sauerlander; Gershom Scholem; Marjorie Sherwood; Elisabeth Rüf; Richard Taylor; Pamela Teske; S.G. Thatcher; Elizabeth Thomas; Fr. Chrysogonus Waddell; Charles F. Westoff; Hellmut Wilhelm; John F. Wilson; James E.G. Zetzel; e Herbert S. Zim.

Pelas citações da tradução do *Fausto* de Goethe por Louis MacNeice (1951), meu agradecimento à autorização da editora, Oxford University Press, Nova York, e Faber and Faber, Londres.

W.M.

Nota editorial (reimpressão de 1992)

Os seguintes seminários foram publicados: *Analytical Psychology* (1925), organizado por William McGuire, publicado em 1989; *Nietzsche's Zarathustra* (1934-1939), organizado por James L. Jarrett, publicado em 1988.

Membros do seminário

A lista a seguir enumera as pessoas cujos nomes aparecem na transcrição; sem dúvida houve outros espectadores, cujos nomes não foram anotados. Nenhum registro dos membros do seminário veio à luz. Apenas sobrenomes são dados no transcrito e os primeiros nomes, país de residência etc. foram apurados o quanto possível. Um asterisco indica um membro que, segundo o que se sabe hoje, era ou mais tarde se tornou um psicólogo analista. A coluna à direita apresenta a data da primeira sessão em que o nome do participante aparece. Veja-se também o índice deste volume.

Bacon, Sr. Leonard (Estados Unidos)	4 dez. 1929
Barrett, Dr. William G. (Estados Unidos)	6 nov. 1929
Baumann, Sr. Hans H. (Suíça)	11 jun. 1930
* Baynes, Dr. Helton Godwin (Reino Unido)	29 jan. 1930
Baynes, Sra. Cary F. (Estados Unidos)	6 nov. 1929
* Bertine, Dra. Eleanor (Estados Unidos)	22 mai. 1929
* Bianchi, Srta. Ida (Suíça)	13 mar. 1929
Binger, Dr. Carl (Estados Unidos)	6 fev. 1929
Binger, Sra. Carl (Estados Unidos)	28 fev. 1929
Chapin, Srta. Anne (Estados Unidos)	28 fev. 1929
Crowley, Sr. Bertram (Reino Unido)	21 mai. 1930
Crowley, Sra. Alice Lewisohn (Estados Unidos)	22 mai. 1929
Deady, Dr. Henderson (Estados Unidos)	5 dez. 1928
Deady, Sra. Charlotte H. (Estados Unidos)	6 mar. 1929
Dell, Sr. W. Stanley (Estados Unidos)	22 mai. 1929
Draper, Dr. George (Estados Unidos)	23 out. 1929
Eaton, Prof. Ralph M. (Estados Unidos)	18 jun. 1930
* Fierz, Sra. Linda (Fierz-David) (Suíça)	5 mar. 1928
Flenniken, Srta. Margaret Ansley (Estados Unidos)	19 mar. 1930
Gibb, Sr. Andrew (Estados Unidos, orig. Reino Unido)	30 jan. 1929
Gibb, Sra. Helen Freeland (Estados Unidos)	30 jan. 1929
Gilman, Dr.	26 jun. 1929

* Hannah, Srta. Barbara (Reino Unido)	13 fev. 1929
* Harding, Dra. M. Esther (Estados Unidos, orig. Reino Unido)	9 out. 1929
* Henderson, Sr. Joseph L. (Estados Unidos)	16 out. 1929
* Henley, Sra. Eugene H. (Helen) (Estados Unidos)	12 fev. 1930
Holdsworth, Sr.	26 fev. 1930
Hooke, Prof. Samuel Henry (Reino Unido)	21 mai. 1930
Howells, Srta. Naomi (Estados Unidos)	26 jun. 1929
* Howells, Dra. Mary (Estados Unidos)	9 out. 1929
* Jaeger, Sra. Manuela (Alemanha)	25 jun. 1930
* Kirsch, Dr. James (Guatemala, depois Alemanha, Palestina, Estados Unidos)	5 jun. 1929
Kirsch, Sra. Eva (Alemanha, depois Sra. Gaskell (Reino Unido)	5 jun. 1929
* König, Srta. Olga, Baronesa von König Fachsenfeld (Alemanha)	20 nov. 1929
Leavitt, Dr.	15 mai. 1929
Muller, Sra.	20 fev. 1929
* Nordfeldt, Sra. Margaret D. (Estados Unidos)	14 mai. 1930
Ordway, Srta. Katherine (Estados Unidos)	12 fev. 1930
Pollitzer, Srta.	26 fev. 1930
Richmond, Sr.	11 jun. 1930
Roger, Sr.	13 fev. 1929
Roper, Sr.	30 jan. 1929
Sawyer, Sra. Carol Fisher (depois Sra. Hans Baumann) (Estados Unidos)	6 nov. 1929
Schevill, Sra. Margaret E. (Schevill-Link) (Estados Unidos)	30 jan. 1929
Schlegel, Dr. jur. Eugen (Suíça)	6 fev. 1929
Schlegel, Sra. Erika (Suíça)	20 fev. 1929
* Schmaltz, Prof. Gustav (Alemanha)	29 mai. 1929
Schmitz, Dr. Oskar A.H. (Alemanha)	15 mai. 1929
Sergeant, Srta. Elizabeth Shepley (Estados Unidos)	21 mai. 1930
* Shaw, Dra. Helen (Reino Unido/Austrália)	21 nov. 1928
Sigg, Sra. Martha Böddinghaus (Suíça)	6 fev. 1929
Taylor, Srta. Ethel	8 dez. 1928
* Wolff, Srta. Toni (Suíça)	30 out. 1929
Zinno, Sra. Henri Fink (Estados Unidos	6 mar. 1929

Ordem cronológica dos sonhos

Outono, 1928

1   A filha doente da irmã; anfiteatro com os encostos dos assentos virados para a mesa, 31

Inverno e primavera, 1929

2   A costureira tuberculosa, 100

3   Rolo compressor fazendo um padrão, 110

4   A fuga das galinhas, 117

5   Dor no nervo ciático; colina rochosa ameaçada por ondas do oceano, 134

6   O cunhado diz que algo deu errado nos negócios, 151

7   Máquina peculiar para remover ervas daninhas, 153

8   Passeio perto da Riviera, 153

9   Cena íntima com sua esposa, 158

10   Mecanismo: coração duplo com mola de aço, 160

11   Banho de mar; conversa de negócios com o Príncipe Omar, 162

12   Menino nu comendo pão branco, 174

13   Compartimentos marinhos; bordel; gorro marrom, 196

14   Plantação de algodão infestada por vermes, 227

15   Cerejeira com frutos maduros e a árvore jovem sem frutos, 244

16   Máquina enguiçada; filha pequena com buracos na saia, 256

17   Balançando-se pelas árvores; chega a um edifício com pátio, 269

Outono, 1929

18   Viajando na Polônia; mecânico conserta o magneto, 296

20   Cabana no Egito; caldeirão com cruzes e crescentes, 308

19   Lindo menino parecido com Münchner Kindl*, 414

21   Vasta planície cinza; pessoas trabalhando em faixas, 415

Inverno, 1930

22   Máquina constituída por cilindros giratórios, 425

23   Ofício eclesiástico; hermafrodita perturba a cantoria, 454

---

* Sonho fora da sequência.

24	Exercícios de ginástica num berço; rato escapa, 500
26	Sua esposa dá à luz trigêmeos*, 523

Primavera, 1930

-	Sinopse da tendência dos sonhos desde o começo, pelo Dr. Howell
25	Homem pula de um aeroplano triangular, machucando a mão direita, 540
27	Exportação de café; *compte-joint*, ou empresa cooperativa, com Michel & Jalaubout, 585
28	Uma criança o leva à tartaruga que cospe outra criança, 601
29	Agentes estão comprando demasiado algodão de alta qualidade, 611
30	Bisavó atacada por "homem macaco", 616

Nota editorial (reimpressão de 1992)

Agradeço ao Dr. Edward F. Edinger por questionar a nota editorial da p. 289, assinalando o n. 18 ao sonho de 28 de julho de 1929. Ele observa, acertadamente, que o sonho n. 17, "Balançando-se pelas árvores" (p. 269) , deve ter sido seguido, na experiência do sonhador, pelo sonho n. 18, "Viajando na polônia" (p. 296), na medida em que, na palestra de 26 de junho de 1929 (p. 288), Jung se refere ao "próximo sonho... uma viagem de carro à Polônia"; assim ele ocorreu antes de 26 de junho. A numeração dos sonhos 18 e 19 foi portanto invertida, embora não tenha sido factível corrigir as referências aos números no índex.

W.M.

---

* Sonho fora da sequência.

Lista de abreviaturas

B.S. = Bollingen Series

C.G. Jung: Letters. Org. Gerhard Adler em colaboração com Aniela Jaffé. Traduções do alemão por R.F.C. Hull. Princeton (B.S. XCV) e Londres, 1973, 1975. 2 vols.

Cartas. Trad. Edgar Orth. Petrópolis: Vozes, 1999, 2002, 2003. 3 vols.

C.G. Jung: Word and Image. Aniela Jaffé (org.), Krishna Winston (trad.). Princeton (B.S. XCVII: 2), 1979.

C.G. Jung Speaking: Interviews and Encounters. William McGuire and R.F.C. Hull (orgs.). Princeton (B.S. XCVII) e Londres, 1977.

C.G. Jung: Entrevistas e encontros. Trad. Álvaro Cabral. São Paulo: Cultrix, 1982.

CW = *The Collected Works of C.G. Jung*. Gerhard Adler, Michael Fordham e Herbert Read (orgs.). • William McGuire (organizador-executivo). • R.F.C. Hull (trad.). Nova York e Princeton (B.S. XX) e Londres, 1953-1979. 20 vols.

OC = *Obra completa de C.G. Jung*. Petrópolis: Vozes, 2011-2012. Vários tradutores.

ETH = Eidgenössische Technische Hochschule (Instituto Técnico Federal). Zurique.

The Freud/Jung Letters. William McGuire (org.). • Ralph Manheim e R.F.C. Hull (orgs.). Princeton (B.S. XCIV) e Londres, 1974.

A *Correspondência Completa de Sigmund Freud e Carl G. Jung*. Trad. Leonardo Fróes e Eudoro de Souza. Rio de Janeiro: Imago, 1993.

Golden Flower = *The Secret of the Golden Flower*, traduzido do chinês por Richard Wilhelm, com comentário de C.G. Jung. Traduzido para o inglês por Cary F. Baynes. Nova York e Londres, 1931. Revisado e ampliado em 1962.

Flor de Ouro = *O segredo da flor de ouro*. Trad. Dora Ferreira da Silva e Marya Luíza Appy. Petrópolis: Vozes, 2007.

I Ching = *The I Ching, or Book of Changes*. Trad. do chinês por Richard Wilhelm vertida ao inglês por Cary F. Baynes. 3. ed. Princeton (B.S. XIX) e Londres, 1967.

I Ching = *I Ching, o Livro das Mutações*. Trad. Alayde Mutzenbecher e Gustavo

Alberto Corrêa Pinto. São Paulo: Pensamento, 1997.

LCL = Loeb Classical Library.

Letters = *C.G. Jung: Letters*.

MDR = *Memories, Dreams, Reflections by C.G. Jung*. Registrado e organizado por Aniela Jaffé; Richard e Clara Winston (orgs.). Nova York e Londres, 1963. (Como as edições receberam paginações diferentes, são dadas as citações duplicadas.)

MSR = *Memórias, Sonhos, Reflexões*. Trad. Dora Ferreira da Silva. Rio de Janeiro: Nova Fronteira, 2006.

R.F.C.H. = R.F.C. Hull

Sems. = edições anteriores do presente seminário.

Spring: An Annual of Archetypal Psychology and Jungian Thought. Nova York, 1941-1969. • Zurique, 1970-1977. • Dallas, 1978-

Symbols of transformation, edição de 1912. = *Psychology of the Unconscious; a Study of the Transformation and Symbolisms of the Libido*. Beatrice M. Hinkle (trad.). Nova York e Londres, 1916. Traduzido de *Wandlungen und Symbole der Libido*. Leipzig e Viena, 1912.

Símbolos da transformação. Eva Stern (trad.). Petrópolis: Vozes, 2011.

The Zofingia Lectures. William McGuire (org.). Jan van Heurck (trad.). (CW, vols. A suplementar). Princeton (B.S. XX:A) e Londres, 1983.

Período de inverno

Primeira parte: novembro-dezembro de 1928

Palestra I

7 de novembro de 1928

Dr. Jung:

Senhoras e senhores: A análise dos sonhos é o problema central do tratamento analítico, pois é o mais importante meio técnico de abrir uma via de acesso ao inconsciente. O principal objetivo nesse tratamento, como vocês sabem, é descobrir a mensagem do inconsciente. O paciente vem ao analista porque se vê em um impasse ou *cul-de-sac**, em que parece não haver solução, e ele presume que o médico saberá um caminho. Se o médico é honesto, reconhece que também não sabe o caminho. Mas os médicos às vezes não o são: há apenas 150 anos, os médicos eram uns charlatães que iam a feiras e arrancavam dentes, encenavam curas maravilhosas etc., e essa atitude ainda prevalece até certo ponto na profissão médica nos dias de hoje – os seres humanos são maus em qualquer lugar! Na análise devemos ser muito cuidadosos para não presumir saber tudo sobre o paciente ou saber a solução para as dificuldades dele. Se o médico lhe conta o que acha que pode ser o problema, ele segue as sugestões do médico e não faz ele próprio a experiência. As sugestões podem funcionar por algum tempo, mas quando está longe o paciente colapsa, porque não tem nenhum contato consigo mesmo e está vivenciando não o seu próprio caminho, mas sim o caminho do médico. Então ele tem de voltar ao médico para novas sugestões, e depois de um tempo isso se torna fastidioso para ambos. É importante que o médico admita que não sabe; assim os dois estarão prontos a aceitar os fatos imparciais da natureza, as realidades científicas. Opiniões pessoais são julgamentos mais ou menos arbitrários e podem estar todos errados; nunca estamos seguros de estarmos certos. Assim devemos buscar os fatos evidenciados pelos sonhos. Os sonhos são fatos objetivos. Eles não respondem a nossas expectativas, e não os inventamos; quem tenta sonhar com determinadas coisas logo vê que é impossível.

---

* Beco sem saída [N.T.].

Nós sonhamos nossas questões, nossas dificuldades. Há um dito popular de que o noivo nunca sonha com a noiva. Isso porque ele a tem na realidade; só mais tarde, quando houver problemas, ele sonhará com ela – e ela então é geralmente sua esposa. Somos incapazes de influenciar nossos sonhos, e as circunstâncias efetivas não necessariamente fornecem o material do sonho. Mesmo quando algo realmente importante ou fascinante acontece, frequentemente não aparece um traço sequer dele nos nossos sonhos. Fiquei muito decepcionado quando estive na África[1] pelo fato de que em toda a série de meus sonhos não havia nem um rastro da África, a despeito das experiências mais impressionantes; nem um único sonho sobre a paisagem africana ou sobre os negros – salvo uma vez, ao fim de três meses, e então o negro era um barbeiro que, lembrei mais tarde, havia cortado meu cabelo em Chattanooga (nos Estados Unidos)[2].

Nossos sonhos são peculiarmente independentes de nossa consciência e muito valiosos porque não podem enganar. Eles são tão difíceis de ler como os fatos da fisiologia sempre o foram. Assim como uma técnica séria é exigida para se fazer um diagnóstico do coração, do fígado, do rim etc., assim também devemos buscar uma técnica séria para ler os fatos imparciais dos sonhos. Não há dúvida sobre a imparcialidade dos fatos, mas sim quanto à leitura dos fatos; assim há vários pontos de vista – o freudiano, por exemplo. Não posso discutir os diferentes métodos aqui, mas submeter o material. Devemos tentar fazer a leitura juntos, e vocês podem fazê-lo adivinhando. Os sonhos escolhidos para discussão são os sonhos comuns de um paciente meu, porque aprendemos mais a partir dos sonhos comuns. Os sonhos mais interessantes são muito emocionantes, mas são mais fáceis de compreender do que os menores.

Os primitivos acreditavam em dois tipos diferentes de sonhos: *ota*, a grande visão, grande, significativa e de importância coletiva; e *vudota*[3], o pequeno sonho comum. Eles normalmente negam ter o sonho comum, ou se, após muito esforço nosso, eles admitem essa ocorrência, dizem: "Não é nada, todo mundo tem isso!" Os grandes e importantes sonhos são muito raros, e apenas um grande homem

---

1. Jung liderou uma expedição à África Oriental, entre o outono de 1925 e a primavera de 1926, pelo Quênia e Uganda até o Egito, pelo Nilo. Cf. *MSR*, cap. IX, parte III.

2. Não há nenhum registro de que Jung esteve em Chattanooga, Tennessee, embora ele possivelmente tenha parado lá numa viagem de trem que ele fez de Nova Orleans a Washington D.C., em janeiro de 1925. Cf. McGUIRE, W. "Jung in América, 1924-1925". *Spring*, 1978, p. 44-45.

3. A precisão desses termos swahili é discutível, e pode haver enganos na transcrição (ou Jung pode ter ouvido um dialeto). Segundo o Yale University Program in African Language, *ota* é uma forma verbal que significa "sonhar"; a forma *vudota* não é registrada e pode ser uma transcrição errada do substantivo *ndoto*, simplesmente "sonho".

tem um grande sonho – chefes, xamãs, "pessoas com mana"*. Eles disseram que eu também teria uma grande *visão* porque eu era um grande lorde, de cem anos de idade, por ter cabelos brancos, e porque eu era capaz de ler o grande livro: o Corão. Nosso preconceito habitual contra os sonhos – de que eles não significam nada – é provavelmente apenas a velha tradição primitiva de que os sonhos comuns não são dignos de nota. Exploradores dizem que quando um chefe ou alguém com mana tinha um grande sonho, ele sempre juntava toda a aldeia, e todos se sentavam e ouviam e esperavam e consideravam, e frequentemente seguiam o conselho dado.

Talvez os últimos rastros de sonhos de tamanha importância pública devam estar nos tempos romanos. A filha de um senador sonhou que uma deusa lhe apareceu e repreendeu pelo fato de que seu templo estava decaindo devido à negligência, e cobrou que ele fosse restaurado. E ela foi ao Senado, relatou o sonho, e os senadores decidiram restaurar o templo[4].

Outro exemplo ocorreu em Atenas, quando um famoso poeta sonhou que certo homem havia roubado um precioso vaso de ouro do templo de Hermes e o escondido num certo local. Ele não acreditava em sonhos, e, a primeira vez que o sonho ocorreu, ele o rejeitou. Mas quando vieram uma segunda e terceira vez, ele pensou que os deuses estavam insistindo e que devia ser verdade. Assim ele foi ao Areópago, o equivalente ao Senado romano, e anunciou seu sonho. Então se deu busca, o ladrão foi encontrado e o vaso resgatado[5].

Os primitivos africanos agora dependem de os ingleses guiá-los, e não mais do sonho do xamã. A opinião geral é de que o xamã ou o chefe não tem mais esses sonhos desde que os ingleses chegaram ao país. Eles disseram que o comissário sabia tudo agora – as fronteiras de guerra, as fronteiras dos campos, quem matou a ovelha etc. Isso mostra que o sonho antes tinha uma função social e política, o líder recebia seus pensamentos dos céus, guiando seu povo diretamente de seu inconsciente.

Rasmussen obteve de um esquimó (o filho de uma esquimó e de um dinamarquês, que havia vivido com ele na Groenlândia) uma história maravilhosa sobre um velho curandeiro que, guiado por um sonho, conduziu seu povo da Groenlândia, pela Baía de Baffin, até a América do Norte. A tribo estava crescendo rapidamente e havia uma grande escassez de comida, e ele teve um sonho sobre um país dis-

---

* Cf., em OC 7/2, o capítulo "A personalidade-mana"; o mana, termo colhido por antropólogos junto a tribos aborígenes, significa segundo Jung um conjunto de qualidades mágicas e ocultas que conferem sabedoria e poder excepcionais à entidade (humana, natural ou sobrenatural) que é portadora dela [N.T.].

4. Cf. "The Tavistock Lectures" (1935). OC 18/1, § 250. A deusa é Minerva.

5. Cf. ibid. O poeta é Sófocles, o templo é o de Héracles, e o sonho está documentado em "Life of Sophocles", séc. XII. In: PEARSON, A.C. *Sophoclis Fabule*. Oxford, 1924, p. XIX.

tante com abundância de focas, baleias, morsas etc., uma terra de plenitude. Toda a tribo acreditou nele e eles partiram sobre o gelo. No meio do caminho, alguns anciãos começaram a duvidar, como sempre acontece: a visão está certa ou errada? Assim, metade da tribo fez o caminho de volta, justamente para perecer, enquanto ele prosseguiu com a outra metade e alcançou a costa da América do Norte[6].

Nossos pequenos sonhos não têm tal importância, nem quaisquer soluções coletivas ou universais, embora elas sejam válidas em um caso particular, mas podemos ver em qualquer sonho comum como esses que selecionei a mesma função de guia e a tentativa de uma solução para o problema.

O sonhador é um homem de negócios de 45 anos, um bom intelecto, culto, próspero, muito educado e sociável, casado, com três ou quatro filhos; não muito neurótico, mas "melindroso"; seu principal problema é que ele é irritável e particularmente ansioso por evitar situações em que alguém possa repreendê-lo ou feri-lo. Ele teve dor de estômago ou náusea quando a polícia o parou por excesso de velocidade. Isso mostra que algo não ia bem. Ele tenta ser terrivelmente virtuoso, e só aqueles que têm a capacidade ou tendência de estarem muito errados tentam estar tão certos e atingir a perfeição; quando as pessoas tentam ser anormalmente boas, algo está tentando dar absolutamente errado. Ele tem uma superfície muito correta – modos, discurso, roupas, ele é muito cuidadoso de todas as maneiras possíveis; não fuma muito nem bebe, e tem opiniões sensatas sobre como se deve viver. Mas por detrás da superfície virtuosa há algum problema com sua sexualidade; ele foi se afastando da esposa, que não está mais particularmente interessada nele e portanto está frígida. Assim ele começou a se sentir atraído por novas coisas, sobretudo pelo que chamamos de mulheres; por vezes sai com prostitutas de alta classe e, então, para compensar, tenta ser cada vez mais correto. Ele não enfrentará esse problema, ele o explica como um "equívoco ocasional", arroubos, e a cada vez diz que "não acontecerá de novo", como a masturbação – até depois de amanhã.

Essa é uma maneira imoral de lidar com o problema, pois assim nunca é resolvido e mantém a pessoa sentindo-se, de acordo com a moral, inferior. Um estado de inferioridade mórbida que tenha de ser compensado por um excesso de retidão não é bom para a própria pessoa, nem para sua família ou para os outros. Isso tem uma influência muito má sobre sua esposa; ela se sente paralisada pela terrível retitude dele, pois não deve ser inadequada de nenhuma maneira, e assim não pode se tornar consciente de si mesma e o punge com a frigidez. Essa retidão tem um efeito terrivelmente paralisante, faz com que, de forma desagradável, nos sintamos inferiores. Se eu encontro alguém tão virtuoso, me sinto destinado ao inferno, eu

---

6. RASMUSSEN, K. *Across Arctic América*. Nova York, 1927, cap. III: "A Wizard and his Household". Cf. "A vida simbólica" (1939). OC 18/1, § 674.

não me sinto bem com gente muito virtuosa! Esse problema o afunda. Ele leu muita coisa de psicologia e livros sobre sexo, mas ainda tem esse problema sem solução, com o qual ele deve lidar; por isso veio até mim. Embora ele não fosse particularmente neurótico, as coisas iriam aos poucos piorar, e ele pensava que eu poderia dizer-lhe o que fazer a respeito. Eu disse que não fazia ideia. Ele ficou chateado: "Pensei que você saberia". Então eu disse: "Não sei a solução do seu problema, mas há sonhos, fatos imparciais, que podem dar informações; vamos ver o que eles dizem". Assim começamos a análise de seus sonhos. O primeiro sonho contém todo o problema e pista para a solução.

Sonho [1]

"Eu ouço que uma filha de minha irmã mais nova está doente, e meu cunhado vem e me convida para ir com ele ao teatro e depois jantar. Eu já havia comido, mesmo assim penso poder ir com ele. Chegamos em uma ampla sala, com uma mesa de jantar no centro já servida; e nos quatro cantos da grande sala há fileiras de bancos ou assentos como um anfiteatro, mas com suas costas para a mesa – o modo inverso. Nós nos sentamos, e eu pergunto ao meu cunhado por que sua esposa não veio. Então eu penso que é provavelmente porque a filha dela está doente, e pergunto como ela está. Ele diz que ela está bem melhor, só com uma pequena febre agora.

Então estou na casa do meu cunhado, e vejo a criança, uma garotinha de um ou dois anos. (Ele acrescenta: Não existe nenhuma garota na realidade, mas há um menino de dois anos.) A criança parece um tanto doente, e alguém me informa que ela não pronunciaria o nome de minha esposa, Maria. Eu pronuncio este nome e peço para a menina repeti-lo, dizer, 'Tia Maria', mas eu de fato digo 'Tia Mari-', e em vez de simplesmente excluir e 'a', eu digo 'Mari-ah-ah', como que bocejando, a despeito dos protestos das pessoas ao meu redor contra esse modo de pronunciar o nome de minha esposa."

Dr. Jung: Este sonho comum nos introduz na atmosfera doméstica do paciente. Todas as particularidades relatadas aqui são sobre a família dele, assim podemos esboçar uma conclusão importante. Qual?

Sugestão: Que o interesse do sonhador estava muito centrado em sua família e nos indivíduos particularmente próximos?

Dr. Jung: Sim, e isso está de acordo com a ideia proverbial dos sonhos. Nós nos expressamos mediante a língua que nos é facilmente acessível; vemos isso nos sonhos de camponeses, soldados etc., que sonham com sonhos comuns, a linguagem difere segundo a profissão. Também devo enfatizar o fato de que este homem viveu muito no exterior; ele é um homem do mundo, um grande viajante. Então por que ele não sonha com esse lado de sua existência, cenário etc.? Os sonhos posteriores nada têm a ver com sua casa, assim há uma razão especial para prestarmos atenção ao fato de que ele sonha primeiro em termos de família.

Sugestão: É por que aí está o problema?

Dr. Jung: Ele está obviamente preso na terminologia de sua família, assim talvez seu inconsciente tenda a enfatizar o fato de que seu problema está lá. Agora aos detalhes.

Filha de sua irmã mais nova: Dois anos antes o primeiro filho dela morrera, um belo garoto de dois anos. Ele disse: "Nós participamos muito na dor dos pais durante a doença e quando da sua morte por disenteria – ele era minha criança divina". A irmã está conectada com o sonhador principalmente por essa perda, e há uma situação semelhante no sonho: a doença da garotinha remete à época em que o garoto adoeceu e morreu. É muito importante saber que ele está conectado com a irmã por uma memória emotiva de perda; e aqui ele novamente está perturbado pela *imagem* de uma criança de sua irmã e que está novamente doente. Ele agora está ameaçado de uma perda similar, mas esta é psicológica, uma *façon de parler** simbólica, representada pela garotinha. Assim a situação é de algum modo similar, mas na realidade não há nada deste tipo, nenhuma doença na família. Se uma criança de sua irmã estivesse de fato doente, poderíamos dizer que o sonho coincidia com a realidade. Mas não está, essa é apenas uma imagem mnemônica convocada para construir a imagem da garota. Esse *caso imaginário sempre se refere ao sonhador*; a imagem mnemônica deve ser tomada como uma metáfora.

Sua irmã mais nova sempre foi sua favorita. Ela é onze anos mais jovem, e ele a ama muito, embora a provocasse muito quando eram crianças. Essa irmã é importante porque é a ligação com a criança doente, e a criança pertence à psicologia dele, pois está entre ele e sua irmã mais nova, perto do coração dele. Assim a irmã é simbólica; ela vive no exterior, em um país distante, e ele não mantém nenhuma correspondência com ela.

Devemos ser muito cuidadosos ao lidar com essas figuras em um sonho. Se a pessoa é íntima do sonhador e tem relações importantes com ele, deve ser considerada como uma realidade tangível. Se uma esposa sonha com seu marido como ele realmente é, ela não deve presumir que ele seja meramente simbólico. Mas um sonho com alguém desconhecido, ou com alguém que se conheceu há muito, se torna amplamente simbólico.

A irmãzinha cresceu um tanto indiferente para com ele na verdade, e não tem qualquer papel na vida atual do sonhador. A teoria freudiana explicaria a irmã como uma substituta para a esposa, mas há algo no sonho que nos permitiria pensar assim?

---

* Maneira de dizer [N.T.].

Sugestão: A irmã é uma substituta para a esposa porque a afeição dele, nos dois casos, enfraqueceu?

Dr. Jung: Este elemento poderia entrar aí. Mas ela é de todas as maneiras diferente da esposa, e o sonho não dá nem uma pista da identidade dela. O principal aspecto da irmã não permite pressupor que ela é uma substituta para a esposa, e ela não é a irmã real porque ela não tem qualquer papel no presente. Assim ela representa uma mulher desconhecida, ou um fator feminino de natureza desconhecida, e que tem uma filha imaginária que está doente, uma mitologia psicológica, pessoal, concluindo, em uma atmosfera obscura, tanto quanto se ignorássemos o sonho todo. Assim podemos pressupor que isso é simbolismo subjetivo, uma condição peculiar em sua psicologia. Meu método todo tem sido não pressupor nada e sim aceitar os fatos. Em interpretações arbitrárias qualquer coisa pode ser um substituto para qualquer coisa; cuidado com preconceitos em favor da substituição. Não há nenhuma prova de que a irmã representa a esposa, os fatos são mesmo contra isso.

Doença da criança: O primeiro filho da sua irmã sofreu um problema no intestino e morreu disso. É muito importante que, depois da morte deste menino, sua irmã se tornou muito ansiosa de que o segundo garoto pudesse ficar doente, mas ele não ficou. Ela se tornou um tanto séria, e entrou para a Ciência Cristã*, e foi como se o garoto tivesse realmente melhorado; o homem não sabe se isso foi coincidência ou uma consequência do fato de a irmã ter ficado mais silenciosa e cuidado da criança com mais autoconfiança. Se uma mãe é torturada por medos, a criança provavelmente vai frustrar as expectativas da mãe. Que a morte do primeiro filho teve o impacto de levar a irmã à Ciência Cristã é um fato que diz respeito à irmã, mas ele o menciona aqui. A conotação da Ciência Cristã tem também a ver com este caráter feminino na psicologia dele, é certamente um sinal. O fator feminino se submeteu a uma certa conversão, e este homem, nos últimos dois ou três anos, começou a se interessar por filosofia, ocultismo, teosofia e toda sorte de coisas estranhas; ele era sensato demais para ser afetado por elas, embora tenha um traço místico.

Questão: Ele teve esse sonho depois que começou o trabalho com você?

Dr. Jung: Sim, após sua decisão de trabalhar com os sonhos. Quando sua irmã se interessou pela Ciência Cristã, ele foi para o espiritualismo etc., portanto o ele-

---

* *Christian Science*: segundo verbete do Dicionário Webster, "Uma religião fundada por Mary Baker Eddy em 1866 que foi organizada com o nome oficial de Igreja de Cristo, Cientista, a qual deriva dos ensinamentos das escrituras assim como compreendido por seus adeptos. Ela inclui a prática da cura espiritual baseada nos ensinamentos de que a causa e o efeito são mentais, e o pecado, a doença e a morte serão destruídos pela compreensão do princípio divino do ensino e prática de cura de Jesus" [Disponível em http://pt.wikipedia.org/wiki/Ci%C3%AAncia_Crist%C3%A3 [N.T.].

mento feminino nele próprio o levou a esse interesse. Houve uma mudança nele. Ele era um homem de negócios, e todo o seu ânimo estava associado a questões de negócios, mas esses outros interesses se infiltraram nele; ele lentamente se imbuiu de ideias filosóficas. Ele não leu como um estudioso, não estava buscando ativamente cumprir uma meta; ele fez leituras em torno do tema, isso ou aquilo, algo chamava sua atenção e ele se deixava ser influenciado por esse algo, se deixava mergulhar naquilo – o jeito feminino de dar a oportunidade a um objeto de ter uma influência sobre ele. Ele mostra um caráter inteiramente feminino em seus interesses místicos e filosóficos. Assim sabemos que a criança é uma criança deste fator feminino nele.

Seu *cunhado* é a segunda figura no sonho. Eles foram amigos por muito tempo, ele o conhecia antes do casamento com a irmã; eles estiveram no mesmo negócio e iam à ópera juntos, seu cunhado era muito musical. Ele disse: "Eu peguei toda a minha música – não muita – do meu cunhado, quando ele veio até mim em minha empresa; ele tem agora uma posição de diretor, eu fiquei um tanto desapontado que ele tenha levado tanto tempo para ficar a par do novo negócio, embora tenha mais facilidade que eu para lidar com pessoas". Eu perguntei se ele ainda estava em contato com seu cunhado e ele disse que não, que o cunhado se afastou do negócio e deixou o país. Portanto o cunhado também mora longe, há também poucas cartas, e ele não tem nenhum papel digno de nota em sua vida. É tão difícil atribuir qualquer realidade ao cunhado quanto à irmã mais jovem. Tive a impressão de muito pouca realidade presente nele, embora ele estivesse em melhores relações com sua esposa do que em seu próprio caso. O paciente não tem nada de artístico; portanto somos levados a crer que o cunhado, com suas qualidades musicais e, em menor grau, para os negócios, simbolizava outro lado do sonhador; ele não é tão eficiente quanto o paciente, mas leva vantagem no aspecto artístico. A música simboliza um panorama mais pleno para o sonhador; é a arte do sentimento *par excellence*.

Sócrates era um racionalista terrível, insuportável, por isso seu *daimon* lhe disse: "Sócrates, deves praticar mais música"[7]. E o velho Sócrates comprou uma flauta e tocou coisas horríveis! Claro que o *daimon* queria dizer: "Pratique mais o sentimento, não seja tão racional o tempo todo". Isso poderia ser perfeitamente aplicado ao paciente. Ele é muito intelectual e seco, e tenta forçar tudo a caber num esquema racionalista, tenta regular a vida dentro de linhas retas, e não leva em conta nada de sentimental exceto um concerto ocasional, porque pessoas respeitáveis e corretas às vezes vão a concertos ou ópera. Ele ia, não porque acreditas-

---

7. *Fedro*, 60e. • VON FRANZ, M.-L. "The Dream of Socrates". *Spring*, 1954. • "Prefácio ao I Ching" (1950). OC 11/5, § 994.

se nisso, mas porque pessoas corretas iam; nenhum amor o levava para lá. Assim eu penso que o cunhado simboliza este seu lado menos eficiente, a figura sonhadora e emotiva que ele é do outro lado. Como ser humano ele naturalmente tem todas as tendências em si, como todos nós. Ele nutre a ilusão proposital de ser um mecanismo eficiente e, por não sair dos trilhos e se manter em linha reta, obteve sucesso considerável como homem de negócios; ele tem essa vantagem sobre o cunhado, que é dissuadido por suas emoções. Nosso paciente pensava estar a salvo delas, mas isso é uma ilusão. Ninguém pode ignorar o sentimento humano sem más consequências. Evidentemente ele esconde seus próprios sentimentos, mas assim eles se acumulam e isso causará danos; ou o peso de tudo acumulado irá desabar sobre ele, ou irá explodir do porão abaixo. Uma vez que somos humanos, temos todas as funções, e cada função tem sua energia específica que deve ser aplicada ou que irá ela própria se aplicar.

O cunhado, em consciência com sua natureza, *o convida para ir ao teatro e depois jantar*. O paciente diz: "Não me lembro de ter ido ao teatro com meu cunhado desde seu casamento; se fomos, foi junto com nossas esposas; ou que eu tenha alguma vez jantado com ele, a não ser em sua própria casa". De novo isso não é a lembrança de uma situação real; ela nunca aconteceu na realidade, e é portanto uma invenção simbólica. O teatro é o lugar da vida irreal, é a vida na forma de imagens, um instituto psicoterapêutico onde os complexos são encenados: pode-se ver ali como essas coisas funcionam. Os filmes são bem mais eficientes que o teatro; eles são menos restritos, eles são capazes de produzir símbolos incríveis para mostrar o inconsciente coletivo, uma vez que seus métodos de apresentação são tão ilimitados. Os sonhos expressam certos processos em nosso inconsciente, e enquanto o teatro é relativamente pobre e restrito, os sonhos não são restritos de modo nenhum. Assim, ao convidá-lo ao teatro, seu cunhado o convida à encenação de seus complexos – na qual todas as imagens são as representações simbólicas ou inconscientes de seus próprios complexos.

E para depois do jantar: para comer os complexos. A comunhão significa comer um complexo, originalmente um animal sacrificial, o animal totêmico, a representação dos instintos básicos deste clã particular. Você come o seu inconsciente ou ancestrais e assim agrega força. Comer o animal totêmico, os instintos, comer as imagens significa assimilá-los, integrá-los. O que você vê pela primeira vez na tela o interessa, você assiste a isso, e isso entra em seu ser, você é isso. É um processo de assimilação psicológica. Vendo a cena, o espectador diz para o ator: "Hodie tibi, crás mihi!"[8] Esse provérbio latino é a essência da encenação. Olhe as imagens

---

8. "Tu hoje, eu amanhã." Uma inversão de Eclo 38,23, lido seja "hodie mihi, crás tibi" ou como "Mihi heri, et tibi hodie" (Eu ontem, tu hoje).

inconscientes e depois de um tempo você as assimila, elas o capturam e se tornam parte de você – um tipo de momento significativo.

Santo Agostinho, em suas *Confissões*, fala de seu amigo Alípio, um convertido cristão que sentia que o pior do paganismo não era o culto dos deuses, mas a terrível crueldade e carnificina da arena, e por isso fez o voto de nunca mais ir de novo. Mas, no dia seguinte, ele viu a multidão acorrendo, sentiu a febre e entrou. Ele fechou os olhos e jurou que não os abriria, mas quando o gladiador tombou e ele ouviu o clamor da turba, ele abriu os olhos, e desde então gritou pelo sangue com a multidão – "naquele momento sua alma foi atingida por uma ferida mais terrível do que a do gladiador"[9].

Não é indiferente quais imagens possuam alguém; não se pode ver nada, o feio, por exemplo, impunemente; o aspecto da feiura gera algo de feio na alma, especialmente se o germe já está lá. A princípio não reconhecemos isso como nosso. Santo Agostinho escreveu: "Eu te agradeço, Senhor, por não me teres feito responsável pelos meus sonhos". Um santo teria sonhos terríveis! Somos humanos, tudo pode nos alcançar, pois podemos alcançar desde os deuses até o inferno. Só quando estamos horrorizados, aflitos e caóticos é que clamamos por um Salvador; como no tempo de Cristo, o que se encenava todo dia na arena mostrava a necessidade de um salvador. É um fato interessante que, em vários sistemas gnósticos, a definição de salvador é "aquele que estabelece as fronteiras"[10], aquele que nos dá uma ideia clara de onde começamos e de onde terminamos. A maioria das pessoas não sabe, elas são pequenas demais ou grandes demais, particularmente quando começam a assimilar as imagens do inconsciente. É como a história do velho Schopenhauer: imerso em pensamentos, no jardim estadual de Frankfurt, ele caminhou para o meio de um canteiro de flores, e um jardineiro o chamou: "Ei! O que você está fazendo aí? – Quem é você?" "Ah, exatamente, se eu pelo menos o soubesse!", disse Schopenhauer. Por isso as pessoas preferem uma *persona*[11] segura: "Este sou eu"; de outro modo elas não sabem quem realmente são. O maior medo do inconsciente é que esqueçamos que somos.

---

9. SANTO AGOSTINHO. *Confissões*, VI, 7-8. Para a história de Alípio com mais detalhes, cf. *Símbolos da transformação*, (1952), OC 5, § 102 (não na edição de 1912). (Sems.: "Aloysius" por "Alypius".)

10. Na gnose valentiniana, o poder que impede Sophia, em sua busca pelo Pai, de ser dissolvida na doçura do Abismo e a consola e a traz de volta a si mesma é chamado Limite (*horos*) [R.F.C.H.]. Cf. JONAS, H. *The Gnostic Religion*. Boston, 1958, p. 182. • *Aion*, 1951. OC 9/12, § 118, n. 87.

11. Lat. *Persona*: no teatro clássico, a máscara usada por um ator para indicar o papel que ele representa. Na terminologia junguiana é o rosto oficial, profissional ou social que apresentamos ao mundo. Cf. *O eu e o inconsciente*, OC 7/2, § 243ss. • *Tipos psicológicos*, OC 6, § 800ss. • E a seguir, p. 89s.

O teatro e o jantar são uma antecipação do processo de análise. No primeiro sonho as pessoas frequentemente se veem diante da essência do processo todo; eu vi este paciente por um longo período, de modo descontínuo, e levou dezoito meses para que ele percebesse o que o teatro particular significava. O lado sentimento de sua personalidade, este lado dele que não estava nos negócios, estava alijado da vida, não estava nem mesmo no seu casamento. O cunhado é como que uma segunda personalidade inconsciente, que o convida no sonho a jantar a sós com ele, sem as mulheres. Assim chegamos ao sentido simbólico das esposas: elas são as emoções, pois essa é a maneira como o homem geralmente conhece uma mulher. Ele deve deixar em casa o fator emocional ou não haverá nenhuma objetividade; ele não pode avaliar as situações ou pensar sobre si mesmo quando emocional. Isso tudo é muito metafórico. Este homem era tão correto, tão sinceramente idôneo, que se alguém lhe mostrasse o que estava realmente acontecendo com ele, o deixaria horrorizado e sem nenhuma objetividade. Ele deve primeiro eliminar as emoções e observar as imagens de um modo objetivo muito calmo. Eu sempre o preservei da emoção para deixá-lo ver os fatos.

Questão: E quanto à mulher?

Dr. Jung: É muito diferente com as mulheres; as mulheres devem ter emoções ou não podem ver nada. Uma mulher chora por estar aborrecida, cansada, furiosa, radiante, *qualquer coisa* – mas não por estar triste. Suas emoções são sempre para um certo propósito, ela pode trabalhar com suas emoções; se o admite ou não é outra história. Um homem nunca tem emoções para um propósito; ele não pode ser analisado por suas emoções; trabalhe com as emoções dele e ele fica estúpido; é destrutivo. Enquanto uma mulher só pode ser analisada por suas emoções; ela fica emotiva de um modo muito frutífero; quem não alcança as emoções de uma mulher não chega a nada, só se pode falar com sua assim chamada mente como se fosse com uma biblioteca, perfeitamente árida. Seu verdadeiro ser é Eros.

Uma voz: Não nos faça sentirmo-nos inferiores, porque de fato nos sentimos superiores!

Dr. Jung: Isso mesmo, fique emotiva sobre isso! É difícil lidar com lágrimas em análise; um homem acha excessivamente difícil descobrir como essas armas devem ser usadas; e uma mulher tem o mesmo problema para descobrir como lidar com o intelecto dele. Uma mulher não pode lidar com o puro Logos de um homem; nem um homem, com o puro Eros de uma mulher.

Questão: As emoções de um homem podem ser alguma vez valiosas?

Dr. Jung: Sim, como matéria-prima, assim como diamantes não lapidados. A emoção do homem é um produto natural, não há nada proposital nisso; mas é genuína e valiosa se pode fazer uso dela. Como um sonho, ela acontece. Só é útil quando, a partir de um autocontrole tremendo, ele pode tocar sua emoção quando está fria; então, com esse elemento proposital, ele pode tocar e atuar. Mas não são emoções reais! Uma mulher opera com suas emoções, com cada dom, como um homem opera com sua mente – há sempre propósito. Enquanto a mente de uma mulher tem a inocência e ausência de propósito de um produto natural. Essa é a razão por que há tantos demônios de poder entre as mulheres, como a senhora de Maintenon ou a senhora de Pompadour. Quando uma *femme inspiratrice* opera com sua mente, produz no homem o "Logos espermático". O homem teme numa mulher "le formidable secret de sés hanches"*, sua forma de poder criativo. E a mulher teme num homem "le formidable secret de son cerveau"**; o útero criativo do homem está em sua cabeça. Uma mulher tem o mesmo terror pelo que vê na mente de um homem que o homem tem da criança produzida [pela mulher]. Um homem acha misterioso, perigoso e aterrorizante que ela engendre uma criança: ele procura amor e alguma coisa cresce. Isso toma uma forma cômica em *Adam and Eve*, de Erskine[12], na terrível angústia de Adão por uma vaca que pariu um bezerro. Por que não algo totalmente diferente? E ele se pergunta por que uma mulher deveria sempre parir uma criança. Por que só um ser humano? – Por que não, quiçá, um bezerro? O que vem à luz poderia ser qualquer coisa, vai saber! É o medo característico do homem para com um tipo indefinido de efeito.

A próxima coisa no sonho é que *ele pensa que já jantou*, e que portanto é supérfluo jantar novamente. Ele não tem quaisquer associações, portanto estamos livres para fazer conjecturas. Talvez ele pense que já se assimilou a si mesmo, sinta que está completo, um indivíduo perfeitamente normal, atualizado, sem nenhuma necessidade de vir até mim nem de assimilar mais nada – alguma resistência contra a análise. Contudo ele concorda e vai com seu cunhado. "Não é habitual eu sair à noite, prefiro ficar em casa. Deve haver uma condição particular que me induza a sair, por exemplo, uma peça na qual minha mulher estivesse interessada, quando, se eu não fosse, ela dormisse cedo." Ele aceita o fato de que poderia ver mais de si mesmo e faz análise: ainda assim, ele enfatiza o fato de que não gosta de sair, e de que só iria a algo especialmente interessante ou a algo que interessasse sua esposa. Esta é sua retidão: um homem fora de casa é suspeito, um marido deveria apenas se interessar por assuntos públicos ou por coisas de que a esposa gosta, e nunca ir a peças ou lugares fora da linha. Sua última observação – de que ela vai dormir cedo – abre uma perspectiva. Sua esposa preferiria dormir a morrer de tédio com ele. Que noite excitante! Portanto boceja com resistência interna: Mari- e boceja! Obviamente esta é a situação em casa: essa associação com "ah" no final de "Mari".

---

* O formidável segredo de suas ancas [N.T.].

** O formidável segredo de seu cérebro [N.T.].

12. A novela de John Erskine *Adam and Eve*: Thought He Knew Better. Indianápolis, 1927.

Palestra II

14 de novembro de 1928

Dr. Jung: Temos aqui uma questão: "Como criamos símbolos nos sonhos? Como podemos ter certeza de que a interpretação é correta, especialmente quando não há associações?" Trata-se, é claro, de uma questão muito prática e fundamental. Não a abordei aqui porque supus que vocês entendessem a Teoria da Análise dos sonhos. Nós não temos de modo nenhum a certeza de que os sonhos têm um significado simbólico, e não sabemos se a interpretação está correta, mas levantamos a hipótese de que um sonho significa algo. Suponhamos haver um caso que apresenta um problema difícil, e que se chegou a um impasse na análise, há sintomas neuróticos, tentou-se hipnose e outros métodos, mas nada funciona. Onde então está a chave para abrir a porta? O paciente não sabe. É muito difícil fazer uma demonstração de análise de sonhos; não podemos relatar todas as particularidades de um caso para clarificá-lo, pois isso envolve toda a história de vida do paciente. Mas vamos a um caso simples.

Um tenente suíço[1], um oficial de infantaria, um homem simplório, de pouca inteligência, isento de quaisquer complexos mentais, veio coxeando ao meu consultório e se queixando de dores em seus pés, especialmente nos calcanhares, e também no seu coração "como se apunhalado". (Nós sempre sentimos dor onde ela causa mais dano e é mais perturbadora, nos pés para um oficial de infantaria; um tenor a teria na garganta.) Esses sintomas começaram dois meses antes de ele vir a mim; ele havia sido tratado por vários médicos e tentado hipnose, eletricidade, banhos etc., mas nada ajudou. Eu perguntei onde o problema começou, mas seu rosto estava absolutamente desprovido de expressão; era evidente que ele não fazia ideia, e parecia impossível para ele me fornecer qualquer material. Todas as questões foram em vão. Eu me senti quase desesperançado – o homem era um suíço e perfeitamente inocente de quaisquer complicações psicológicas –, mas pen-

---

1. Para um relato mais detalhado deste caso e de sua conexão com a lenda egípcia mencionada no parágrafo seguinte, cf. "A estrutura da alma" (1927), OC 8/2, § 303ss., e as "Tavistock Lectures" (1935), OC 18/1, § 230.

sei, como um último recurso, que poderia haver sonhos dos quais extrair algo. Os sonhos "vazam", não estão sob controle; não importa o quão inocente e simples seja uma pessoa, há sonhos dos quais é possível obter alguma coisa se conseguirmos pegar algum fio da meada. Eu estava certo de que o problema se devia a algum conflito emocional, ou ele não teria tido esses sintomas de uma vez só. Assim eu lhe disse: "Eu não sei qual é a razão dos seus sintomas, mas você poderia me contar seus sonhos". Ao fazer isso, corri o risco de ser considerado um feiticeiro, tão simplório era o homem, e perguntar sobre os sonhos é quase obsceno, assim eu tive de explicar com muito cuidado o porquê de eu ter feito isso. Ele tinha muita dificuldade em lembrar seus sonhos, mas produziu alguns pedaços e finalmente trouxe um que o chocou como muito peculiar, e que teve evidentemente um impacto sobre ele: "Eu estava caminhando em algum lugar aberto e pisei numa cobra que me mordeu no calcanhar, e me senti envenenado. Acordei amedrontado". Perguntei-lhe se ele pensava algo em particular acerca da serpente, e ele disse: "Uma perigosa – essa serpente podia matar um homem –, muito doloroso ser mordido por uma serpente". Ele nunca havia realmente sido mordido por uma, mas mordidas de cobra podem causar uma dor como a dele. Vocês se lembram da afirmativa bíblica no Gênesis: "A serpente ferirá teu calcanhar e tu esmagarás sua cabeça"[2]. Eu sugeri uma serpente metafórica e ele disse: "Oh, você quer dizer uma mulher?", e mostrou emoção. "Talvez haja algo deste tipo?" A princípio ele negou, mas finalmente admitiu que uns três meses antes ele quase havia ficado noivo de uma mulher, mas que, ao voltar do serviço, outro homem a possuía. "Você ficou triste?" "Oh, se ela não me quer eu pego outra." Eu assinalei que, às vezes, até homens muito fortes passam por grande sofrimento. Ele manteve uma atitude de indiferença, tentou despistar, mas logo estava em lágrimas. O caso estava perfeitamente claro. Ele havia reprimido seu sentimento sobre ela e sua emoção ao ser abandonado. Ele a amaldiçoou, disse que todas as mulheres são iguais e tentara conseguir outra, mas não entendia por que não teve êxito. Quando ele percebeu seu real sentimento, foi profundamente tocado e as dores em seus calcanhares e pés cessaram, elas eram tão somente dor reprimida. As dores do coração continuaram, mas elas se referiam a outra coisa. Não vou me deter nisto – considero a dor no calcanhar como exemplo útil. Este sonho leva diretamente ao coração da matéria.

Uma serpente para um homem é eternamente uma mulher. A serpente do Paraíso nas antigas pinturas é representada com uma cabeça de mulher. Este homem provavelmente não conhecia a declaração bíblica sobre a serpente ferindo o calcanhar do homem, mas a imagem estava em seu inconsciente. Podemos pensar em Rá, rabino egípcio, mordido pela serpente vinda da Terra e colocada em seu

---

2. Gn 3,15.

caminho por Ísis, sua adorada esposa; ela o envenenou para que pudesse curá-lo. Esta é a psicologia das mulheres envenenadoras. Na época de Luís XIV houve um famoso caso de uma mulher que envenenou seu servo leal para ter o prazer de cuidar dele, o que ela fez com extraordinário autossacrifício por quatro anos até a morte dele; todo mundo a chama de santa. Então ela envenenou seu velho tio da mesma maneira e cuidou dele, mas desta vez ela foi descoberta e despedaçada em quatro pedaços por quatro cavalos, um castigo apropriado que ela muito mereceu.

O caso do oficial mostra como um sonho pode dar a chave. Alguma coisa escapa mesmo nas pessoas muito defensivas; assim se pode finalmente procurar o auxílio necessário sem o qual o analista não pode destrancar a psicologia do paciente. Daí por que consultamos os sonhos. Mas não podemos nunca afirmar que um determinado sonho tem um significado; é sempre uma hipótese, nunca temos certeza; nós experimentamos e descobrimos se o sonho é corretamente interpretado pelo efeito sobre o paciente. A maior parte das pessoas, após uma certa quantidade de análise dos sonhos, sabe quando a interpretação faz um "clique"; quando há o sentimento de que ela atinge totalmente o alvo, quando se está na via correta. Explicam-se os sonhos segundo uma determinada teoria, e se a interpretação está absolutamente errada, o efeito sobre o paciente irá mostrar isto, o inconsciente reagirá no sonho seguinte, e assim a interpretação pode ser corrigida. Se se dá a um paciente arsênio em vez de cloreto de sódio, o organismo reagirá e expelirá o veneno, e acontece o mesmo na psicologia, não se pode inocular numa pessoa veneno psíquico mais do que o veneno físico e esperar que seja assimilado.

O sonho com que estamos lidando agora é bem mais complicado que aquele que acabei de dar a vocês. Nosso sonhador não é realmente neurótico; é um homem educado e muito inteligente, e seus sonhos refletem isso. Os sonhos de camponeses, de gente jovem ou simples, ou de primitivos são em geral espantosamente simples. Mas os sonhos de garotos às vezes são muito claros e às vezes muito difíceis; quanto mais inconscientes são as crianças, mais elas estão sob a influência do inconsciente coletivo, ou podem absorver os problemas inconscientes de seus pais. Tive grande dificuldade com um paciente que nunca sonhava, mas um dia ele mencionou os sonhos de seu filho de nove anos. O garoto sonhara com os problemas de seu pai, e analisei o pai pelos sonhos do filho; o garoto era extremamente intuitivo. Após quatro semanas o pai começou a ter seus próprios sonhos e os sonhos do garoto pararam de lidar com os problemas do pai. Estas conexões entre pais e filhos são incríveis; os sonhos de crianças estão entre os fenômenos mais interessantes da Psicologia Analítica.

O salão em que nosso paciente e seu cunhado iriam comer era como um garoto de aldeia em uma estalagem, como aqueles onde os Vereins [clubes] se encontram na Suíça. Especialmente em aldeias é frequente encontrar um saguão para concertos etc., onde ocorrem vários encontros, com ou sem senhoritas, com ou sem cerveja etc. Em duas ocasiões oficiais o paciente se recorda de que participou desses encontros num salão como este.

A *grande mesa da sala de jantar* no meio do salão estava servida como se fosse para um grande número de pessoas. Então ele descobre o arranjo peculiar dos assentos, subindo pelos quatro cantos como num anfiteatro, mas voltados contra a mesa. Mas, antes de tocarmos nesse ponto, precisamos ter alguma ideia acerca do salão. Como podemos ligar o salão com um teatro?

Sugestão: Era o seu teatro particular, onde ele veria seu próprio drama interior sendo montado.

Dr. Jung: Sim, e então vem o jantar – ele pensa já ter comido, mesmo assim vai jantar de novo. Da última vez fizemos a suposição de que comer significava a assimilação de complexos. Por cerca de vinte e cinco anos eu analisei cerca de duzentos sonhos ou mais todo ano, e a partir dessa experiência eu diria que é mais provável que comer, em conexão com o teatro, significa a assimilação das imagens vistas no teatro particular, ou seja, o material da fantasia ou outro material revelados pela introspecção. Esta é uma atividade da maior importância e o propósito do tratamento analítico. É também exatamente o que a natureza faz no corpo físico. Se você tem um corpo estranho em você, a natureza envia um grupo de células especiais para assimilá-lo; se elas não conseguem absorvê-los, então há supuração para induzir a expulsão. E as leis são as mesmas na mente inconsciente.

Provavelmente na realidade absoluta não há essa coisa de corpo e mente, antes, corpo e mente são o mesmo, a mesma vida, sujeita às mesmas leis, e o que o corpo faz está acontecendo na mente. Os conteúdos do inconsciente neurótico são corpos estranhos, não assimilados, artificialmente cindidos, e precisam ser integrados para se tornarem normais. Suponham que algo muito desagradável aconteceu comigo e eu não admito, talvez, uma terrível mentira. Eu tenho de admiti-la. A mentira está aí objetivamente, seja no consciente ou no inconsciente. Se não a admito, se não a assimilei, ela se torna um corpo estranho e formará um abscesso no inconsciente, e o mesmo processo de supuração começa, psicologicamente, como no corpo físico. Eu poderia ter sonhos ou, se introspectivo, uma fantasia de me ver como um criminoso. O que farei com esses sonhos ou fantasias? Pode-se rejeitá-las, como o fariseu, e dizer: "Graças aos céus não sou assim". Há um fariseu desses em cada um de nós, que não quer ver o que ele é. Mas se eu reprimo minhas fantasias sobre isso, elas formarão um novo foco de infecção, assim como uma substância estranha pode causar um abscesso no meu corpo. Quando razoável, eu tenho de admitir a fantasia, engoli-la. Se eu a aceito, assimilo esse fato, o agrego à minha constituição mental e psicológica; eu normalizo minha constituição inconsciente ao assimilar os fatos. O sonho é uma tentativa de assimilar coisas ainda não digeridas. É uma tentativa de cura.

Os primitivos dizem que raramente sonham. Quando estive na África, estava muito ansioso em obter alguns sonhos dos homens da tribo e lhes ofereci altas recompensas, dois maços de cigarro, sal etc., para cada sonho que eles me trouxessem, mas eles foram tão honestos que nenhum trouxe um sonho, embora muitos viessem diariamente me ver. Um dia um velho chefe veio, muito orgulhoso e emocionado, acenando com seu chapéu a duzentos metros de distância e sinalizando estar trazendo um sonho, um tesouro: "Sonhei que a vaca preta teve um bezerro junto ao rio, num lugar que não conheço". Para um primitivo ter um sonho desses significa que ele foi abençoado pelos céus. Isso era *Ota*, a grande visão, e o homem deve ser um grande chefe para ser agraciado a esse ponto pelos céus. O sonhador era um velho razoavelmente rico, e escravos cuidavam de seu gado, por isso ele não sabia o que estava acontecendo. Eles são um povo adorador de gado, as vacas eram seu animal totêmico e, como o suíço, eles se identificam com o gado; eles têm a mesma coisa em seus olhos que o suíço. Ele sabia que tinha uma bela vaca preta, mas não sabia que ela estava com cria, mas depois do sonho ele desceu até o rio pela manhã e lá estava a vaca com seu bezerro. Foi telepatia? Ele havia visto alguma vez a vaca prenhe e ficou ciente da condição dela? Ele negou ter notado isso. Nesta tribo não havia castração; os bois e touros estavam sempre com o rebanho; touros muito simpáticos, bestas adoráveis, meigos, tímidos, quase covardes, não como os nossos touros; portanto não havia época para dar cria, nenhum controle, uma vaca poderia ficar prenhe a qualquer momento, e era razoável que ele não tivesse conhecimento disso. Mas o sonho o informou. Por que ele deveria assimilar algo assim? Para criadores de gado o nascimento de um bezerro é mais importante que o nascimento de uma criança. Eu vivi no interior, e quando um camponês tinha um bezerro todo mundo o parabenizava, mas não o faziam quando tinha um filho. Assim esse evento muito importante foi-lhe revelado por um sonho, e sua adaptação foi ajustada, pois ele devia ter se mantido mais informado sobre seu gado. O xamã costumava sonhar sobre onde o gado tinha ido, quando o inimigo estava vindo etc., e, se vivêssemos sob condições primitivas, seria assim conosco. Somos informados pelos nossos sonhos sobre todas as coisas que vão mal em nossa psicologia, em nosso mundo subjetivo, as coisas que devemos saber sobre nós mesmos.

Estou entrando em detalhes para a interpretação do sonho de nosso paciente porque é extremamente importante desenvolvê-la passo a passo, para irmos de um fato a outro: porque ele foi ao teatro, porque ele comeu, aconteceu assim e assado. Assim, a sequência irracional deve ser compreendida como uma sequência *causal*. Vimos a conexão entre o salão e comer e o teatro; temos os assentos do anfiteatro no salão como no teatro; ambos são locais públicos, a mesa está servida; e nos foi dito que ele foi ao teatro e a um certo lugar para jantar, assim podemos estar perfeitamente seguros de que esta parte do sonho pertence ao mesmo tema.

Agora chegamos àqueles assentos que estavam voltados contra a mesa. Ele disse: "Nós tínhamos de subir uma escada que começava na porta como se desse para um tipo de tribuna e pela escada tínhamos acesso às fileiras de bancos voltados para paredes da sala. Eu vi como as pessoas estavam sentadas nesses bancos e reparei que ninguém estava próximo da mesa no meio da sala; o jantar não havia ainda começado, aparentemente". Ele lembrou de ter visto uma sala como esta em uma cidade argelina, onde estavam jogando *jeu de paume*, um tipo de *pelota basque*, como antigo jogo de tênis. Esta sala também sugeria um anfiteatro, mas os assentos estavam dispostos ao longo de apenas dois lados da sala, vindo quase até o meio, mas deixando espaço para o jogo. Neste jogo bate-se com uma bola contra a parede com uma força tremenda, de modo que o braço incha até o ombro. É de algum modo similar ao *fives* inglês, o precursor do tênis inglês. Ele também fez uma associação com uma clínica, onde havia assentos de anfiteatro na sala de palestras. Ele havia visto um retrato dessa sala, e também estado em uma na realidade, quando um professor explicava num quadro-negro uma operação a ser feita em sua esposa.

Lembrem que uma sala de jantar é um lugar em que as coisas devem ser assimiladas; mas a refeição não havia começado, e, ao que parece, não deveria começar ainda. Eu enfatizaria que a sala de jantar é um lugar público. Por que o sonho enfatiza a coletividade em que a assimilação das imagens deve acontecer? O sonho diz: "Assuma que você está num lugar público, onde há outras pessoas, como num concerto, teatro, jogo, e você tem que fazer "como tantas outras pessoas", um trabalho coletivo, de maneira nenhuma individual; aqui estão os fantasmas dos seus sonhos, e é muito difícil ter de engolir que você é um covarde, um cão preguiçoso etc." Isso parece ao paciente um trabalho quase impossível. Ele encara isso com tamanha hesitação, tão pouco apetite, porque presume que seja o único indivíduo desde o início do mundo que tem de fazer isso. É verdade que a análise é uma coisa individual; a parte coletiva é confissão, como na Igreja Católica Romana a confissão é coletiva; e a confissão analítica é uma coisa particularmente desagradável. Católicos me contaram em análise que eles não contam tudo para o padre. Uma vez eu disse a um paciente: "Vá e conte ao padre!", "Ele não vai ficar chateado?", "Espero que fique; vá e faça isso". Esses pacientes se tornaram católicos muito melhores depois da análise; frequentemente eu ensinei a pacientes católicos como confessarem. Certa vez um sacerdote, uma alta autoridade na Igreja Católica, perguntou a um paciente meu: "Mas onde foi que você aprendeu a confessar assim?" – e ficou um pouco chocado com a resposta.

Assim, o sonho diz ao homem: "Isto que você está fazendo é um trabalho coletivo; você pensa estar fazendo privativamente, no consultório médico, mas muitas outras pessoas estão fazendo a mesma coisa". A análise é análoga à confissão, e a confissão sempre foi coletiva e deve ser coletiva; não é feita para alguém sozinho, mas em nome da coletividade, para um propósito social. A consciência social da pessoa está em dificuldades, forçando a pessoa a confessar; pelo pecado e pelo segredo a pessoa está excluída, sendo reintegrada quando confessa. Assim a sociedade humana será construída de novo, após a reclusão da era protestante, com base na ideia da verdade universalmente reconhecida. A ideia de confissão como um dever coletivo é uma tentativa da parte do inconsciente de criar as bases de uma nova coletividade. Isso não existe agora.

Essa, vocês podem dizer, é uma nova conclusão muito ambiciosa, mas para este homem cai como uma luva. Ele é muito consciencioso e percebe dolorosamente o quanto as pessoas hoje estão separadas umas das outras; ele está separado de sua esposa, não pode falar com ela, e também de seus amigos, porque não pode discutir suas verdadeiras preocupações. Isso é perfeitamente estúpido, um conglomerado irracional de *nonsense*! Em circunstâncias primitivas pode-se discutir tudo, qualquer coisa pode ser dita a qualquer um. Quando um homem diz que sua esposa dormiu com outro homem, não é nada – toda esposa fez isso. Ou se uma mulher diz que seu homem fugiu com uma garota de outra aldeia é nada – todo mundo sabe que todo homem fez isso. Essas pessoas não excluem umas às outras pelo segredo, elas se conhecem entre si e assim se conhecem a si mesmas, elas vivem numa corrente coletiva. O que mais choca ao viver numa tribo primitiva é esse sentimento de estar na corrente da vida coletiva; se um homem é esperto, ele se dissocia até de si mesmo, para não ser separado da tribo; toda a tribo é uma unidade. Nossas cidades são um mero conglomerado de grupos, cada homem tem seu próprio canto, e não se arrisca a se revelar para os outros; ele tenta se esconder até de si mesmo. E tudo isso não passa de ilusão. Os amigos supostamente mais íntimos sabem as coisas mais íntimas uns dos outros. Um paciente homossexual me contou quantos amigos ele tinha. "Você é muito afortunado por ter tantos amigos íntimos." Ele se corrigiu: "Tenho uns cinco amigos íntimos". "Suponho que você seja homossexual com seus amigos íntimos." Ele ficou chocado com a ideia, ele esconde isso deles. Essa ocultação dos amigos destrói a sociedade; o segredo é antissocial, destrutivo, um câncer em nossa sociedade. Os pacientes sofrem particularmente pelo fato de poderem contar a verdade, e o sonho diz que essa é uma tarefa coletiva.

Agora por que este jogo de bola? Uma mesa seria o lugar onde a refeição acontece, e os assentos serviriam às pessoas que estão esperando essa refeição coletiva – de fato, uma mesa de comunicação psicológica. A raiz psicológica da comunhão, e a preliminar necessária, é sempre a confissão; precisamos confessar antes de estarmos aptos a receber a comunhão. A ordem apostólica: "Confessem suas faltas uns aos outros"[3] foi dada à Igreja primitiva para estabelecer fraternidade. Então por que esses assentos estão virados contra a mesa? Isso obviamente significa algo muito anormal, e colocado com muita força; qualquer absurdo que seja muito enfatizado em um sonho se refere a algo quase patológico. Para interceptá-lo, devemos nos pôr na posição dada pelo sonho. Suponhamos que vocês entraram naquela sala onde a comunhão deveria acontecer e encontraram os assentos virados de costas para o centro da sala, o que isso significaria? Que vocês estão se recusando a entrar na comunhão, é claro. Se cada um dá as costas para seus parceiros, o jogo não pode ser jogado, nenhuma comunhão é possível, não há nenhum interesse concêntrico no que se passa, é um tipo de excomunhão; cada qual olha para a parede, longe dos outros, e assim todo mundo está excomungado, isolado. Este é um sonho muito pessoal, com considerações sociais; não há nada mitológico nele, não é um sonho do inconsciente coletivo. O sonho diz: "O que você está fazendo em seu segredo é o que todo mundo está fazendo, todo mundo está dando as costas para seus companheiros".

O centro de um grupo social é sempre um símbolo religioso. Entre os primitivos, é o totem; mais tarde é o símbolo sacrificial, como o sacrifício mitológico do touro; e em formas mais elevadas de religião é um sacramento. O centro da atividade social em condições muito primitivas é a cerimônia mágica ou de dança num círculo no meio das cabanas. Provavelmente aqueles antigos círculos de pedra ainda encontrados em Cornwall eram locais comunitários desse tipo. E se pensava que, quando as pessoas se juntavam, as almas ancestrais estavam ali também, assistindo-as; não apenas o consciente delas estava em comunhão, mas seus ancestrais, o inconsciente coletivo. A cerimônia era um jogo simbólico. Os toureiros no culto de Mitra não eram como são agora na Espanha; os touros tinham um cinto em volta do peito em diferentes cores, e o toureiro tinha de pular nas costas do touro e esfaqueá-lo de cima no ombro – não podia ser uma espada comprida. Supunha-se que Mitra era um toureador, como que um Jesus no rinque de boxe ou no jogo de futebol. Esses jogos eram comunhões, as pessoas viravam suas faces para as outras. As touradas ainda são o símbolo na Espanha do comportamento decente através da mais pura violência contra si mesmo; o temperamento espanhol não permitiria o comportamento decente se eles não tivessem as touradas, eles devem ter a atitude de toureador; as paixões devem ser controladas vivendo-as como o toureiro controla o touro.

O mitraísmo era o culto das legiões romanas devido à disciplina dele. Em Roma, eles se encontravam em cavernas; havia um lugar para reunião e refeição, um tipo de *triclinium*, com duas fileiras de bancos paralelas, e no final da sala

---

3. Tg 5,16.

um retrato simbólico de Mitra matando o touro; o retrato era feito para o girar e mostrar, por outro lado, a vida nova brotando do touro morto, o gado dos genitais, o vinho do sangue etc., toda a fertilidade da terra[4]. As pessoas se reclinavam nos divãs onde o retrato podia ser visto, e o espaço do meio estava aberto. Era um tipo de teatro e sala de jantar onde eles comungavam com o deus pela refeição sagrada: "Como o deus está matando minhas próprias paixões". Bebia-se água e comiam-se pequenos pães marcados com uma cruz. Os sinos usados na missa católica romana vieram do culto de Mitra; também a data, 25 de dezembro, foi tomada pelo cristianismo*. O matador do touro é um herói modelar para o soldado, os jesuítas são soldados da Igreja nesse sentido, e o Exército da Salvação usa esta forma; pois um soldado, para ter disciplina, deve matar suas próprias paixões egoístas. Muitas outras coisas do culto mitraico vieram para a Igreja Católica. As festas cristãs de amor originais eram às vezes de uma natureza muito duvidosa, frequentemente acabavam em folias. São Paulo não ficou muito contente com isso e tomou muito do culto de Mitra com fins de disciplina, porque nada mais estava disponível. Assim a primeira forma ritual foi o sacrifício do "cordeiro" – não mais a tourada –, a festa sagrada que se tornou a missa católica.

A ideia de um jogo ritual sobreviveu até por volta do século XIII. Eles realmente costumavam jogar bola em igrejas, o *jeu de paume*, e isso suscitou o rumor de que os cristãos matavam uma criança jogando-a um para o outro como uma bola, até que estivesse morta. Os gnósticos acusaram os cristãos disso, e os cristãos por sua vez acusaram os judeus. Havia um rumor na Boêmia, apenas trinta anos atrás, de que os judeus haviam matado uma criança, um assassinato ritual. O *jeu de paume* tinha um significado ritual como o do Carnaval. Nos monastérios durante o Carnaval da primavera eles costumavam inverter a posição do abade e os jovens irmãos leigos; o irmão leigo mais jovem se tornava o abade e vice-versa. Havia também uma festa em que eles trocavam de lugar, o abade e os monges mais velhos servindo os irmãos leigos jovens, uma missa simulada era celebrada, com o irmão leigo mais jovem oficiando, e na qual as canções e brincadeiras eram obscenas, e todos eles bebiam o vinho, não apenas o celebrante; então ocorriam orgias bêbadas, e todos eles irrompiam da igreja para as ruas e aborreciam todo mundo. Estas festas e o *jeu de paume* foram proibidos pelo papa no século XIII devido a esses extremos[5]. Publicações históricas são por demais importantes, mas em publicações eclesiásticas muita coisa é escondida; há muita trapaça acerca de assuntos religiosos, muitas mentiras e muitas omissões. O antigo culto fálico, por exemplo, tomado

---

4. Cf. *Símbolos da transformação*, OC 5, § 354 (como na edição de 1912).

* Do mitrianismo [N.T.].

5. Jung descreveu algumas dessas folias em "A psicologia da figura do 'trickster'" (1954), § 458ss.

do paganismo pela Igreja cristã primitiva, nunca é mencionado; um reminiscente dele aparece numa das formas da cruz, mas as pessoas desviam o olhar[6]. Procuraríamos em vão por esse fato em publicações eclesiásticas.

O jogo simbólico central, assim, é historicamente verdadeiro. Este sonho mal toca o inconsciente coletivo, a não ser que aqui haja uma tênue alusão ao que outrora foi um fato histórico. Mead publicou um artigo sobre jogos eclesiásticos em um número inicial de *The Quest*. Ele também publicou um artigo chamado "A dança sagrada de Jesus"[7], uma ideia perfeitamente impossível do ponto de vista cristão, mas que pertence aos primeiros séculos; e um pequeno livro chamado *O hino de Jesus*, um Auto da Paixão dançante de um documento gnóstico do século II.

Dar as costas na mesa de jantar significa a atitude antissocial de nossa época e sociedade, como o racha de nosso mundo protestante. A Igreja que outrora era universal agora está cindida em mais de quatrocentas seitas, dissociações *ad infinitum*. E isso atingiu a sociedade tão completamente que pertencemos todos ao "povo que deu as costas uns para os outros". Então o simbolismo no sonho leva de volta ao problema pelo qual o paciente é perturbado. Pois a sociedade é uma coisa abstrata com a qual estou me lixando, mas estou conectado com a sociedade pelos representantes da sociedade, aqueles mais próximos de mim, a começar de minha esposa, filhos, parentes e amigos, as pontes que me conectam com a sociedade. E estou desconectado da sociedade quando estou desconectado daqueles que amo. Isso não pode me ser indiferente. Este é o caso com este homem: ele está parcialmente separado de sua esposa, eles não têm nenhuma comunhão, nenhum *jeu de paume* há entre eles.

Agora o sonho leva de volta a esse problema muito pessoal. *Nos sentamos e eu pergunto ao meu cunhado por que sua esposa não veio.* Enquanto pergunto eu lembro ao mesmo tempo a razão da ausência dela; não esperava uma resposta porque o que eu queria era mostrar ao meu cunhado que eu não tinha esquecido que a criança estava doente. Quanto à doença, ele diz: "Minha esposa nunca é social, nunca sai para se divertir se uma das crianças não está perfeitamente bem, ou se ela pensa que as crianças estariam insuficientemente controladas enquanto ela estivesse longe". Como elas viveram muito tempo em países tropicais, onde se exige muito cuidado com as crianças, criá-las foi mais difícil do que se tivessem vivido na

---

6. Para um exemplo, cf. adiante, 6 de novembro de 1929, figura 12.

7. MEAD, G.R.S. "Ceremonial Game-playing and Dancing in Medieval Churches". *The Quest* (Londres), IV, 1912-1913, p. 91-123. • "The Sacred Dance of Jesus". Ibid., II, 1910-1911, p. 45-67. • *The Hymn of Jesus* (Echoes from the Gnosis. Londres e Benares), IV; 1907. Cf. tb. a "Round Dance" nos Atos de João (séc. II) em *The Apocryphal New Testament* (1924). Trad. de M.R. James, p. 253s. • PULVER, M. "Jesus 'Round Dance and Crucifixion according to the Acts of John'" (1942). *The Mysteries* (Papers from the Eranos Yearbooks), 2, 1955, p. 179-180.

Suíça. Na África eu mesmo senti a dificuldade de proteger as crianças do perigoso calor do sol. A *criança doente* está agora bem melhor, só com um pouco de febre. Nas associações dele com esse fato ele se referiu ao filho de seu cunhado: "Antes de o garoto morrer eu tinha perguntado repetidamente ao meu cunhado como a criança estava". Claro que toda esta discussão sobre a esposa do seu cunhado se refere ao seu próprio problema pessoal, ao fato de que sua esposa não vem com ele, de que eles não têm nenhuma comunhão. Ele disse: "Quando uma criança está doente, minha esposa fica terrivelmente perturbada, fora de proporção". A doença da criança é a razão mais óbvia por que ele e sua esposa deram as costas um para o outro; mas a doença de uma criança real não criaria um obstáculo entre um homem e sua esposa. Sabemos agora que a ausência de comunhão é um problema social geral, que se torna evidente em quase todo casamento. Assim como, de fato, uma esposa é chamada para outro lugar pela doença de uma criança, assim também, psicologicamente, ela não se junta a ele devido à doença da criança no sonho. Contudo, já que a doença permeia todo o sonho, devemos presumir que ela significa mais que a mera oportunidade para não estar no jogo. E é importante que a criança doente seja uma menina.

Sugestão: Nós vimos anteriormente que a menina era certo aspecto dele próprio.

Dr. Jung: A criança real que morreu era um garoto e não tem nenhuma importância efetiva aqui. Assim, se ele tivesse sonhado com um garoto, isso expressaria algo em si mesmo. Observei em sonhos e em experiências clínicas certa tendência no homem de personificar suas idades. Esse foi o caso de um médico do interior, no início do século XIX, um homem que levava uma vida muito extenuante, que está voltando tarde da noite para casa, vindo do tratamento de um caso difícil, caminhando muito cansado, quando tomou ciência de uma figura sombria paralela a ele no meio da estrada. Ele reconheceu a figura como sendo ele próprio dez anos mais jovem. Então a visão desapareceu, mas ressurgiu com ele estando vinte anos mais jovem, e assim sucessivamente até um garoto de oito ou dez anos. Era uma personificação de si próprio: "O garoto ou homem que eu era então, eu o vejo ainda como era". Assim a alusão ao garoto morto é uma alusão à juventude morta do próprio paciente. Ele havia chegado à segunda parte da vida, quado nossa psicologia muda; a juventude está morta, a segunda parte está começando. Mas isso é apenas uma alusão; nosso interesse agora é a doença da menina.

Palestra III

21 de novembro de 1928

Dr. Jung: Há duas questões hoje. A primeira: é uma característica das imagens oníricas a serem consideradas no nível subjetivo elas propiciarem poucas associações?

Não, não se pode decidir pelo número de associações se um sonho deve ser considerado no nível subjetivo. O critério é bem diferente. Esse é o tema da segunda questão também: "Você poderia discutir mais os fatores que o fazem escolher entre uma interpretação subjetiva e objetiva?"

Há certos princípios definidos que decidem se eu devo preferir a interpretação objetiva ou a assim chamada subjetiva. Vocês estão provavelmente cientes de que há diferenças sutis nas maneiras de usar as palavras *subjetivo* e *objetivo*. Devo deixar muito claro que a interpretação subjetiva não significa o que ordinariamente se designa como subjetivo – que uma opinião subjetiva não é muito substancial, por exemplo, que é pessoal, apenas o que *você* pensa a respeito, mas sem nenhuma certeza de ser uma verdade objetiva. Não uso a palavra *subjetivo* nesse sentido. Quando digo que um sonho é corretamente interpretado no nível subjetivo, quero dizer que a imagem no sonho se refere primária ou exclusivamente ao próprio sujeito; e numa interpretação no nível objetivo, a imagem se refere a um objeto, outra pessoa. É por demais importante saber quando aplicar uma interpretação subjetiva ou objetiva. O critério geral é: quando uma pessoa em um sonho lhe é conhecida intimamente, desempenhando um papel em sua vida na atualidade, pode-se considerar uma interpretação no nível objetivo, porque o objeto é então importante. Mas cuidado para não cometer erros aqui. Segundo o ponto de vista freudiano, a pessoa com quem você sonha é um disfarce para outra pessoa – uma pessoa é substituída por outra.

Por exemplo, se um paciente sonha com o Dr. Jones, que foi o médico de família, ela pode presumir que o Dr. Jones seria um disfarce de mim. Esse é o modo como Freud agiria, para fazer encaixar em sua teoria. Mas não é de maneira nenhuma seguro que o inconsciente esteja, de fato, se referindo a mim, mesmo que o paciente faça a conexão. Claro que é compreensível que o paciente prefira essa interpretação – estou aqui, enquanto o Dr. Jones está longe. Mas o inconsciente é perfeitamente livre para pegar minha imagem, se quiser fazê-lo, não há nenhum obstáculo para sonhar comigo, então devemos explicar por que o inconsciente escolhe o Dr. Jones. Neste caso, Freud diria que a razão por que o paciente sonhou com o Dr. Jones foi por conta de certas fantasias relacionadas a mim, difíceis para ela mencionar; melhor sonhar com o Dr. Jones, que está distante. Essa é a teoria freudiana, mas já que acredito mais em fatos reais do que em teoria, digo que talvez seja assim, mas não tenho certeza. Preciso ver se a teoria explica qualquer caso. E eu constato que em muitos casos essa explicação é inatural e não é bem-sucedida. Se somos forçados a levar a ideia a sério –, que eu sou expresso pelo Dr. Jones – por que o inconsciente se dá a esse trabalho? O inconsciente usa a figura do Dr. Jones porque visa ao Dr. Jones, não a mim. Não há razão para crer que o inconsciente não diz o que quer dizer; em total contradição com Freud. Afirmo que o inconsciente diz o que quer dizer. A natureza nunca é diplomática. Se a natureza produz uma árvore, é porque quis fazer uma árvore, não se enganou querendo fazer um cachorro. E assim o inconsciente não busca disfarces, nós é que o fazemos. É desagradável ter albumina na urina, mas a albumina não deve ser considerada um disfarce para o açúcar. A teoria de Freud foi feita por seus pacientes. O analista está excessivamente sob a influência de suas pacientes mulheres, elas lhe preenchem a mente com o pensamento delas. Esses desejos dinâmicos das mulheres são uma fonte de erro para o médico; temos que trabalhar o tempo todo contra essas sugestões. A verdade absoluta é que o inconsciente falou do Dr. Jones e não disse uma palavra sobre o Dr. Jung.

Mas em casos em que você sonha com um parente remoto, ou com alguém que você não via há séculos, ou com alguém que talvez seja conhecido de sua família, mas que não desempenha nenhum papel afetivo na sua vida e não tem nenhuma importância, nesses casos não há motivo para presumir que a pessoa é, digamos, um fator autônomo em sua psicologia. Uma vez que ele não entra em sua esfera com o ataque de uma pessoa real, uma vez que ele não provoca um vórtex psíquico em sua atmosfera mental, ele provavelmente é apenas uma imagem que tem a ver apenas com você mesmo. Alguém com quem você está imediatamente conectado pode causar uma grande perturbação em sua atmosfera mental, e portanto você está perfeitamente seguro em presumir que a pessoa remota é apenas uma imagem que se refere inteiramente a você.

Mesmo quando a interpretação objetiva é recomendável, é bom considerar também uma possibilidade subjetiva. Provavelmente a razão de certas pessoas virem particularmente para perto de você é que elas são portadoras de uma verdade simbólica, pois quem quer que entre em sua psicologia só pode fazê-lo com base na *participation mystique*[1]. Caso contrário, a outra pessoa não teria nenhuma influência em sua alma. Assim, do ponto de vista teórico, e também para fins práticos, é por demais valioso e prudente ver em que medida o objeto a ser tomado objetivamente é também um fator subjetivo em você. Mas isso é um postulado filosófico, e é um grande equívoco tomá-lo por realidade. Se você fosse sempre interpretar o objeto como subjetivo, isso faria de sua vida algo relativo e ilusório: você estaria completamente isolado porque teria queimado as pontes que conectavam você com a realidade. Preciso insistir no valor objetivo dessas imagens objetivas.

Contudo eu não poria ênfase no objeto, e sim na *imagem*. Se você sonha que uma certa pessoa remota, com quem não se relaciona de nenhum modo, mente para você, dizer que essa pessoa, que você não tem visto há séculos, é uma mentirosa não significa nada, isso é subjetivo. Mas se você sonha que uma pessoa em sua atmosfera mente, então você precisa observá-la sob esse aspecto, pois poderia haver algo aí; se torna importante decidir se a mentira está em você ou no outro, ou se há algum mal-entendido. Pode haver uma certa qualidade sua em estado de não reconhecimento. Muitas pessoas pensam que são muito boas e que a substância negra é quase inexistente nelas, embora de fato tenham muito dela, por serem humanas! Se elas sonham com uma ovelha negra, a ovelha negra não é muito importante, mas se chamarem a si mesmos de ovelha negra é por demais importante – muito melhor que eles tomem tudo para si mesmas. Portanto, se você sonha que seu melhor amigo é uma ovelha negra, significa que ou você é uma ovelha negra, ou o amigo, ou que há algo errado entre vocês dois.

Gostaria agora de voltar ao *jeu de paume*, a *pelota basque*. Eu lhes contei que as associações de nosso paciente sobre o arranjo do saguão apontam para um cerimonial ou ritual de comunhão; e que parece também haver uma alusão a um tipo de jogo de pelota porque ele lembra de um saguão onde era jogado, e para o saguão de um Verein suíço onde os membros vêm para jogar e comer – uma comunhão. A partir dos manuscritos medievais aprendemos que o velho ritual do *jeu de paume* foi jogado até o século XII, e, em certos locais remotos, em Auxerre, na França, por exemplo, até o século XVI. Tenho feito alguma pesquisa especial sobre esses jogos. Desenterrei textos latinos de manuscritos medievais que descrevem essa pelota, e quero ler para vocês a tradição. Infelizmente, já que era muito familiar naqueles dias, e todo mundo a conhecia, a descrição é perfunctória e os textos, um pouco

---

1. Jung tomou o termo e o conceito *participation mystique* do filósofo francês Lucien Levy-Bruhl (1857-1939), que o introduzira em *Les fonctions mentales dans les societés inférieures*. Paris, 1912 [trad. L.A. Clare. *How Natives Think*. Londres, 1926]. Jung usou pela primeira vez o termo em *Tipos psicológicos* (1921). OC 6. Cf. esp. o § 871, definição: "O sujeito não consegue distinguir-se claramente do objeto, mas com ele está ligado por relação direta que poderíamos chamar identidade parcial". Cf. também *Mysterium coniunctionis* (1956). OC 14, § 336, nota 662, e § 695, nota 106.

vagos, mas vocês de todo modo conseguirão extrair algo deles. Vocês lembram que o *hall* no sonho tem uma mesa de jantar servida, e o jantar deveria acontecer, mas, em vez disso, as associações para um jogo de bola, *pelota de basque*.

Fragmentos de manuscrito medieval[2]

"Quando a bola, chamada *pelota*, tinha sido aceita do recém-eleito cônego pelo deão – sua cabeça estando coberta com um amicto ou capuz –, os demais cônegos começaram a entoar em antífonas: 'Louvada seja a Vítima Pascal'. Então o deão, segurando a bola com sua mão esquerda, dançou, e os demais juntaram as mãos e, cantando, executaram uma dança coral ao redor do labirinto; enquanto isso a *pelota* era jogada pelo deão alternadamente para cada um dos dançarinos. Depois da dança, o coro correu para a refeição (o deão e os cônegos e outros cidadãos mais distintos se sentaram em cadeiras com costado alto, na orquestra ou coral), e todos sem exceção foram servidos com o repasto e com vinho branco e tinto com moderação (copos preenchidos duas ou três vezes, enquanto um leitor entoava uma homilia no púlpito). Então um grande sino soou, e o cônego eleito mais recentemente se posicionou em pé, com a bola diante do peito, e na nave de São Stephen, por volta das duas horas, presenteou com ela o deão, que retirou seu amicto para poder manipular a bola."

Eis outro jogo que se realizava em Narbonne, um ritual de segunda-feira de Páscoa, também de um manuscrito do século XIII: "Enquanto os sinos tocam para as vésperas, todo o cabido dos cônegos se reúne na casa do arcebispo, e seus servos servem certos pratos e vinho a todos. Então o arcebispo deve jogar a bola. E o chefe ou governante político da cidade deve providenciar a bola e jogá-la na ausência do arcebispo".

E eis um fragmento interessante de Naples (bispo de Naples, 508-536), em um códice do século IX: "Em memória deste evento eram celebrados todo ano certos jogos de bola para o conforto e refresco da alma". Eles aconteciam ante uma grande população em Santa Maria Maggiore, na festa de São Januário, no terceiro domingo do mês de maio. É interessante que esses jogos eram realizados "para a consolação e recreação da alma".

Então do século XII há um manuscrito em que Jean Beleth, um teólogo da Faculdade de Paris, escreve: "Há algumas igrejas onde os bispos e arcebispos jogam com seus subordinados, se rebaixando ao ponto de bater bola – embora pareça mais louvável não fazê-lo". Isso obviamente foi escrito numa época em que o jogo estava se tornando impopular.

---

2. Os vários exemplos descritos por Jung são parafraseados de Mead, "Ceremonial Game-playing and Dancing in Medieval Churches", esp. p. 97-111 (cf. acima, 14 de nov. de 1928, n. 7.).

Há outros fatos muito interessantes em conexão com esse costume por demais peculiar. Possivelmente há uma conexão com a cerimônia da "bola da noiva", que era jogada entre a noiva e o noivo. E em outros jogos nas igrejas a bola era chutada ou despedaçada como o deus do ano anterior. Houve uma vez um julgamento, uma *cause célèbre*, por conta do jogo de bola na igreja, na época em que se tornou impopular; o texto fala da "bola do ano passado", que tinha de ser guardada pelo velho cônego e entregue ao cônego do ano-novo, um velho costume de Páscoa. É como o deus do ano passado, que teve de ser despedaçado para que todo mundo participasse. Comparem também com a comunhão cristã onde o deus é desmembrado e comido. Isso tudo se conecta com as cerimônias sacrificiais na época da primavera, como o costume antropofágico de o rei ser desmembrado e comido no festival da primavera para fortalecer a tribo e pela fertilidade dos campos no ano que chega. Assim é muito provável que a bola simbolize o sol.

É ligada também a outro estranho costume, "o enterro de Aleluia". Nos tempos medievais acreditava-se que Aleluia fosse uma mulher – porque termina em "a" –, uma mulher desconhecida que era enterrada na época da Páscoa, de modo que ela seria um tipo de rainha do ano que passou. Nos arquivos de uma igreja em Toul, Lorraine, há um manuscrito elaborado em 1497 por certo Nicolas, cônego da Catedral, no qual está registrado, no artigo 15: "Aleluia foi enterrada". O texto latino que se refere a isso prescreve o que fazer no enterro. "No sábado que precede o Domingo da Septuagésima Sunday, ao meio-dia, os meninos do coral se reúnem em trajes de festa e preparam o enterro de Aleluia; e depois da última bênção eles saem em procissão com archotes, água-benta e incenso, carregando um torrão de terra, num ataúde, ao longo do monastério, chorosos, até o lugar onde Aleluia será enterrada; lá aspergem água e grãos no torrão de terra, espalham incenso, e voltam do mesmo modo." Esse costume é muito antigo. O torrão de terra é a bola, e a bola é o sol, que se renova na época da Páscoa, bem como a terra. O significado original é muito simples: o Sol não se levantaria de novo se não apoiado – renovado mediante um sacrifício no período da Páscoa. Aleluia era simplesmente a Mãe Terra, uma potência feminina feita para padecer a morte, o enterro e a ressurreição, e que se supunha ser responsável pelo novo sol. Os índios Pueblo norte-americanos supõem que apoiam o Sol com o ritual deles, e isso é a mesma coisa, morte, enterro e ressurreição. Meu amigo indígena Lago das Montanhas me disse numa carta: "Se o homem branco continuar interferindo em nossa religião, em dez anos verá o que vai acontecer!" – o Sol não mais se levantará[3].

---

3. Lago das Montanhas (Ochwiay Biano) ou Antônio Mirabal (1890-1975), dos Pueblos de Taos, que Jung conheceu ao visitar Taos em janeiro de 1925. Cf. *Memórias, sonhos, reflexões*, capítulo "Viagens", parte II, e a carta de Jung a Mirabal, 21/10/1932, em *Cartas*. Vol. 1. Trad. Edgar Orth. Petrópolis: Vozes, 2001. Há uma fotografia de Mirabal em *C.G. Jung: Word and Image*, p. 155.

Quando discutimos pela primeira vez o *jeu de paume*, não lembrei todos esses detalhes, que ele era realmente chamado de pelota etc., e isso era provavelmente ignorado por vocês; nem o sonhador fazia a mínima ideia dessas conexões; assim, seu sonho é curioso – o jantar, os assentos, a *pelota*, todo esse material vem junto no sonho e em suas associações.

E há outra contribuição. Vocês lembram que estávamos tratando em nosso último seminário da ideia de comunidade, à qual o sonho alude na afirmação de que "cada um lhe está dando as costas". Enquanto estamos à escuta de nossas transações conscientes, esquecemos que nosso inconsciente está reagindo ao mesmo tempo: quando falamos de uma perturbação da ideia de comunidade, nós constelamos diretamente uma perturbação da comunidade em nós mesmos: a psicologia do paciente é também a nossa, e a relação não é tão boa. Pensamos que é só um sonho, e esquecemos que o inconsciente está reagindo da sua maneira particular. O fato de que *nós* damos as costas à comunidade é constelado em nós e tem certos efeitos. Assim, após o último seminário, certas pessoas reclamaram de uma atmosfera perturbadora, e alguns deram a explicação racionalizada de que foi porque paramos e tomamos chá e isso quebrou a continuidade da reunião. Evidentemente eles não sentiram a comunhão de se comer junto. Se eles estivessem cientes da desarranjada ideia de comunidade, tomar chá juntos era realmente a coisa certa a fazer; teria sido uma expressão da comunidade. Fui acusado de não tomar chá, mas pelo menos fumei o cachimbo da paz! Mas quando as pessoas foram perturbadas por uma reação do inconsciente, sempre há um xamã que tem um sonho a esse respeito. Uma comunidade é um organismo, uma simbiose, e formamos um tipo de organismo aqui enquanto pensamos juntos; e se algo perturbador surge nesse organismo, alguma mente recebe a perturbação e diz: "olhem". Numa comunidade primitiva, seria a mente do chefe ou xamã. Por enquanto, formamos algo como uma tribo primitiva, e o xamã dirá: "À noite, enquanto eu dormia, tive uma visão e um espírito falou". A Dra. Shaw teve o sonho do xamã e irá nos contar.

Dra. Shaw: Sonhei que fui à Espanha e que uma tourada estava acontecendo numa grande arena; um homem e um touro estavam lutando e uma grande multidão gritava que o touro devia ser morto. Eu não queria que ele fosse morto e lutei pelo touro a noite toda. Então o Dr. Jung na palestra do dia seguinte contou do assassinato do touro mitraico.

Dr. Jung: Agora liguem este sonho ao problema em questão. Vocês lembram que discutimos o sacrifício mitraico do touro e a questão se o sacrifício do touro ainda tem o mesmo significado simbólico; numa tourada as pessoas voltavam a face umas às outras, e portanto ela simbolizava a comunidade; e falamos da importância desse símbolo como autodisciplina quando o culto de Mitra era a religião das legiões romanas. Só homens eram admitidos no ritual mitraico, as mulheres todas iam para a Mãe Terra. Mas no sonho da Dra. Shaw o touro não deve ser morto, ela luta contra isso. O que esse sonho significa para vocês? Qualquer um de nós poderia tê-lo sonhado.

Sugestão: Poderia ser a luta contra fazer um sacrifício – todos nós rejeitamos o sacrifício.

Sugestão: Não há algo de bom nesse touro que não deveríamos matar?

Sugestão: Matar o touro poderia significar um modo antiquado de fazer um sacrifício. Talvez um novo modo possa ser encontrado.

Dr. Jung: Há uma conexão entre as duas últimas sugestões. Matar o touro como um símbolo da comunidade é muito antiquado, para nós não expressa comunidade. Há não muito tempo recebi uma carta de uma paciente [no México], uma senhora que acabara de ir a uma tourada, e ela odiara aquela gente sedenta de sangue, ela disse que ficou tão furiosa que era capaz de matar todo mundo com um revólver! Portanto uma tourada não promove agora um sentimento de comunidade. Toda a *performance* é horrenda, nosso sentimento é inteiramente contrário. Não se deve ter o comportamento como o de um touro numa loja de porcelanas, não se deve ser descontrolado. Podemos compreender o significado simbólico, autodisciplina, mas não temos essa inspiração ao assistir a uma tourada – uma tourada real nos traria o efeito oposto. Nós superamos esse simbolismo, assim como superamos a ideia de redenção em comer a carne e beber o sangue da vítima; poucas pessoas hoje sentem a emoção medieval quando comem o corpo e bebem o sangue na comunhão.

Ainda há muito misticismo telúrico enterrado e arcaico na Suíça, contudo. Uma mulher suíça que veio a mim recentemente confessou, após longas resistências, que tinha um recurso secreto que a ajudava a dormir, ou contra a indigestão etc.: "Um senhor me contou esse segredo. Eu bebo o sangue de Jesus. À noite, quando não consigo dormir, repito para mim mesma: 'Estou bebendo o sangue, bebendo o sangue de Jesus, o sangue, o sangue' e então eu me sinto bebendo-o e consigo dormir. Se acordo, faço isso de novo – uma dúzia de vezes em certas noites". Um dia ela foi à despensa – ela era uma ótima dona de casa – e, subindo numa cadeira para pegar umas maçãs na estante, ela escorregou e caiu. Ela disse: "Eu rapidamente bebi o sangue e não me machuquei". Ela teve uma tremenda associação mística e o beber o sangue; essas coisas ainda são realidades.

Portanto a tourada como um símbolo místico é antiquada, assim como muito de nosso simbolismo cristão; nossa emoção comum já não pode ser suscitada por esses símbolos. Se alguém sonhasse matar um touro nos nossos dias, daríamos a isso uma interpretação inteiramente diferente. Assim precisamos de um interesse comum que nos permita construir de novo um sentimento de comunidade. Que a Dra. Shaw sonhe estar lutando contra a morte do touro significa que o touro não deveria ser morto. O touro é uma força *natural*, o animal não controlado, que não é necessariamente destrutivo. Nós temos o preconceito cristão contra o animal no homem, mas um animal não é mau, nem tampouco bom. Nós somos maus, o homem é necessariamente mau, porque é tão bom. Só animais domesticados se comportam mal; um animal selvagem nunca se comporta mal, ele segue sua própria lei natural; não existe algo como um bom tigre que só coma maçãs e cenouras! Um animal selvagem é um ser pio e obediente à lei que cumpre a vontade de Deus da maneira mais perfeita. O touro é um animal totalmente selvagem, e se matamos o animal em nós mesmos, matamos também as coisas verdadeiramente boas, não as aparentemente boas. Portanto, para nós, matar o touro seria uma blasfêmia, um pecado, significaria matar a coisa natural em nós, a coisa que naturalmente serve a Deus. Essa é a nossa única esperança – voltar a uma condição em que sejamos leais à natureza. Devemos cumprir nosso destino de acordo com as leis da natureza ou não podemos nos tornar verdadeiros servos de Deus. Assim compreendemos o que a mensagem do xamã seria. A Dra. Shaw se debatia corretamente contra a morte do touro: "Não cometam o erro de matar o touro, porque esta é a única coisa que pode nos conectar; devemos voltar para as leis naturais e eternas; então estaremos no estado abençoado dos animais, e isso reunirá novamente tudo o que fora separado". O conselho do xamã é valioso.

Mas eu também apareço no sonho – a Dra. Shaw e eu nos conhecemos muito bem, e quando nos encontramos no mundo do sonho não nos levamos demasiado a sério um ao outro –, em suas associações eu digo que o toureiro matou o touro; o touro que não devia ser morto o foi. Por que eu confirmo isso? Bem, exatamente porque nosso touro é morto, Mitra mata o touro para nós. Não se esqueçam de que Cristo absorveu completamente Mitra que a velha ideia mitraica continuou no cristianismo nos tempos medievais até recentemente; touros e mesmo ovelhinhas foram mortas, tudo que era animal foi morto ao longo das eras. E eu confirmo que o touro foi morto, o toureiro fez seu trabalho. Claro, é um modo figurado de discurso dizer que o touro é morto; ele está vivo sempre de novo e deve ser morto sempre de novo. Mas uma vez que seja um problema individual, e não coletivo, o que podemos fazer para trazer o touro de volta à vida? Precisamos tentar restabelecer a conexão com ele, ou ele poderá se tornar vivo em uma parte de nossa psicologia que nosso consciente não consegue alcançar. Como chegar a isso? O touro deve estar vivo, de outro modo a comunidade seria impossível. Enfatizei este sonho para mostrar a integração entre o consciente e o inconsciente, mas agora voltaremos ao nosso paciente.

Estávamos discutindo por que a esposa do cunhado não viera com eles – isso provavelmente se deveu à *doença da criança*. Esse é o assunto da parte seguinte do sonho. O sonhador está agora na *casa de seu cunhado*, onde ele vê a criança, uma garotinha de um ou dois anos de idade. A mudança de local significa uma guinada do *background* cênico-psicológico, e isso significa um tipo diferente de problema, uma mudança de uma base coletiva para uma familiar – por exemplo, de um lugar público para uma casa particular. A principal afirmação da parte intermédia do sonho foi que não havia comunidade, nenhum reunir-se, isto porque a mulher não se juntou; no culto natural de Mitra, as mulheres não se juntavam; e o *jeu de paume* também era um jogo masculino. Se a mulher não vem, o homem está apenas com seu intelecto, não com seu sentimento. Essa é a razão pela qual alguns homens não gostam de ter mulheres em comitês etc. – eles não têm conexão apropriada com a parte feminina de sua própria psicologia. Esta mulher não se juntou a eles porque a criança está doente; e a criança não está num lugar público, mas em casa. A cena se deslocou para um lugar particular dentro do indivíduo.

Ele fala sobre a casa de seu cunhado: "Meu pai morou vários anos naquela casa, e minha irmã a herdou; fica a apenas uns cem passos da minha própria casa, por isso frequentemente nos vemos. A casa e as venezianas foram pintadas monotonamente em cinza, e isso dá um aspecto triste e monótono. Eu gostaria que eles pintassem as venezianas pelo menos numa cor diferente para animá-la um pouco".

A descrição do local é muito importante; o lugar onde o sonho é encenado, seja hotel, estação, rua, floresta, sob as águas etc., faz uma tremenda diferença na interpretação. Já discutimos o fato de que o cunhado deve ser considerado como uma imagem muito subjetiva, ele é realmente uma parte do próprio sonhador, uma parte que não está apropriadamente conectada, e por isso ele a projeta no cunhado. Mas temos a importante informação de que sua casa não está longe, o que significa que não está muito longe da consciência. Ele poderia facilmente se conscientizar do quanto ele é o cunhado, e do quanto a criança de seu cunhado é sua própria criança; a casa de seu cunhado seria evidentemente o aspecto inconsciente de sua própria casa, o lugar onde o drama acontece. A casa é um símbolo muito recorrente nos sonhos, e geralmente significa a atitude habitual ou herdada, o modo habitual de vida, ou algo adquirido como uma casa, ou talvez o modo como alguém vive com toda sua família. Sua atitude habitual é desinteressante e cinzenta como a casa de seu cunhado, e ele gostaria de mais cor nela. Devemos ver como isso se conecta com os outros eventos no sonho; seria possível se conectar com a doença da garota de dois anos de idade.

A criança: Na realidade era um garoto de dois anos que esteve doente e morreu, e as duas outras irmãs do sonhador têm cada qual uma garotinha de sete anos e de quem ele gosta. Ele diz: "Gosto muito mais de garotinhas que de garotinhos, elas são muito mais legais e expressivas. Gosto mais da minha filhinha do que dos garotos". Não há outras associações, por isso chamo a atenção dele para a idade da criança. Disse-lhe que ele deveria ter alguma associação com dois anos – uma certa extensão de tempo: "E sobre dois anos atrás?"; "Dois anos atrás eu voltei do exterior e me estabeleci na Suíça. Comecei então o estudo da literatura ocultista, espiritismo, teosofia, todo tipo de coisas; só depois eu meio que desisti, por não estar muito satisfeito, não apenas falta de interesse, mas algum ódio em torno desse estudo. Quando meu sobrinhozinho morreu, dois anos atrás, eu estava lendo um livro de Denins Bradley, *Towards the Stars* (evidentemente um livro religioso)[4]. Eu particularmente gostei dele e o dei à minha irmã após a morte do garoto".

Ele também havia lido literatura ocultista alemã: "Li um famoso livro alemão: *The Visionary of Prevorst*, escrito pelo Dr. Justinus Kerner, em 1829[5], o primeiro relato de um caso de sonambulismo psicologicamente observado, e muito interessante". Ele me disse que conhecia certo médico que estava familiarizado com a Psicologia Analítica, mas não como especialista, e pensou que lhe poderia sugerir que escrevesse um estudo analítico do visionário, sob a condição de não racionalizar Kerner, não falsificá-lo. "Eu desisti porque vi que o próprio médico era um pouco neurótico e que esse estudo poderia prejudicá-lo." Eu conheço o médico e ele não é muito bom em Psicologia; se tentasse escrever esse estudo analítico, teria tido uma qualidade pobre – que bom que ele desistiu!

Nós temos agora uma enorme massa de dados relacionados a essa criança. Vou repetir certos fatos:

1) É uma criança inexistente, uma mera criação de sua imaginação inconsciente.

2) O paciente prefere meninas a meninos.

3) Dois anos atrás ele começou o estudo de coisas ocultas, também de psicopatologia etc., e está particularmente conectado com sua irmã por meio de um livro ocultista desse gênero, *Towards the Stars*.

4) Ele era especialmente interessado em *The Visionary of Prevorst*, e queria que certo médico escrevesse um estudo sobre ela, mas recuou, temendo que o homem fosse prejudicado.

A garotinha é a criança de sua anima[6], e tem a ver com a energia criativa, e vindo do lado oculto é espiritual. Ele diz que há valores positivos nesse livro, é um

---

4. BRADLEY, H.D. *Towards the Stars*. Londres, 1924.

5. *Die Seherin von Prevorst* (1829). 2 vols. Tradução em inglês por Catherine Crowe. *The Seeress of Prevorst*. Nova York, 1859. O próprio Jung havia conhecido a obra desde pelo menos 1897, quando a citou numa PALESTRA a sua fraternidade estudantil. Cf. *The Zofingia Lectures*, § 93-94. • OC 1, índice.

6. *Anima*: o termo de Jung para a componente feminina da psicologia do homem, representando sua função de relacionamento (Eros) com o sexo oposto e também com seu inconsciente. A anima aparece personificada nos sonhos como a mulher desconhecida ou a "garota dos sonhos" e é invariavelmente projetada em uma mulher ou série de mulheres reais. O *animus* personificou o componente masculino (Logos) da psicologia da mulher. Esses dois arquétipos frequentemente se expressam nas irracionalidades do sentimento do homem (os humores da anima) e no pensamento da mulher (as opiniões do animus). Para discussões completas de ambos, cf. *O eu e o inconsciente*. OC 7, § 296ss. • *Aion*. OC 9/2, cap. III.

tipo de criação espiritual, uma intenção poética, mas teme que o médico seja afetado nocivamente, e ele próprio desiste do estudo porque tinha uma má influência sobre si. Ele pensava que estudos ocultistas tornavam as pessoas muito irreais; havia tanta matéria duvidosa, tão especulativa, embora tão impressionante, que isso preenchia a cabeça das pessoas com todo tipo de ideias voláteis; muito frequentemente havia uma irrealidade envenenada nessas coisas, assim como certas obras de ficção podem fazer alguém se sentir envenenado. Portanto um lado de si próprio está preocupado com um decidido fator espiritualmente criativo, que tem dois anos de idade, e o médico representa seu lado racional que ele está usando no estudo de seu elemento poético expresso pela criança. Nos dois últimos anos, algo novo veio crescendo neste homem, não apenas esse interesse em questões ocultas que manteve sua mente ocupada, mas também um interesse e intenção criativas, que seriam a expressão não de pensamentos, mas de sentimento, e que daria cor à sua casa.

Mas a cor do rosto desta criança é má, e os traços dela estão distorcidos exatamente como o garoto que morreu. E ele acrescenta, sem conexão aparente: "Estou lendo muito pouco sobre ocultismo agora". As coisas ocultas transcendiam seus poderes digestivos, ele sofreu de indigestão mental. Então porque a menina se liga ao menino que morreu, devemos supor que ela também sofre de problemas intestinais, ela foi alimentada com literatura ocultista, e este não é o tipo apropriado de comida para a pequena alma poética que se desenvolve nela.

"Alguém me informa que a criança não pronunciaria o nome da minha mulher", e por conta disso ele pronuncia o nome de sua mulher para a criança e tenta fazer com que ela o repita. Ele diz: "Minha mulher é muito querida por todos os seus sobrinhos e sobrinhas; normalmente o primeiro nome que as crianças conseguiam pronunciar é o dela". E ele menciona que não muito tempo atrás ele recebeu uma carta de uma de suas outras irmãs, na qual ela lhe contou que o garotinho dela havia composto uma melodia para a qual ele cantou: "Tia Maria é um garoto querido". Em contraste com a realidade esta criança onírica não irá ou não pode pronunciar o nome da mulher dele, está evidentemente em oposição a ela. Sabemos que a relação entre o sonhador e sua mulher é um tanto monótona, e dentro de dois anos um processo começou nele, produzindo um ser vivo que se desvia de sua mulher. A criança de sua anima se liga a interesses ocultistas e a um possível tipo de atividade científica ou artística. Ele está desconcertado com isso, e tenta ensinar a criança a pronunciar o nome adequadamente, um tanto chocado por algo se desenvolver nele em desacordo com sua mulher, não se encaixando no casamento. "Eu frequentemente me esforcei em ensinar meus filhos ou aos de minhas irmãs a pronunciar corretamente palavras que eles pronunciavam errado." Ele busca a forma adequada, não poderia haver nada em sua mente ou em seu coração que não

esteja correto. Assim, que algo nele não queira pronunciar o nome de sua esposa é um fato que não deveria ser; quando o tema de sua esposa aparece, cada parte de si próprio deveria gritar em uníssono. Um detalhe muito instintivo acerca de sua atitude.

O nome de sua mulher é Maria e ele menciona: "Uma velha tia da minha mulher também se chama Tia Maria, mas é muito distante e não temos nada a ver com ela". Então ele continua: "Embora estivesse ensinando a criança a pronunciar a palavra 'Maria' adequadamente – fiquei surpreso por dizer apenas 'Mari' – e em vez de pronunciar o 'a' eu bocejava, acrescentava um bocejo ao nome em vez da última vogal; no sonho eu me achei extremamente engraçado fazendo isso, mas não consigo ver a graça disso acordado. Toda *a família protesta* contra esta suposta brincadeira, e ele diz: 'Sim, eles estão certos, não se deveria mostrar às crianças essas más maneiras, porque elas não conseguirão, quando adultas, distinguir entre a realidade e uma piada'". De novo a atitude correta. Esta parte do sonho foi antecipada pela casa com venezianas pintadas de cinza. A casa é cinzenta e ele está entediado, e seu inconsciente expressa isso pela estranha alusão – de que ele boceja ao pronunciar o nome de sua mulher. Mas conscientemente ele não o admitirá, ele não verá que a vida está agora se desenvolvendo noutra direção.

Palestra IV

28 de novembro de 1928

Dr. Jung:

Antes de continuar nosso sonho, devo lhes contar sobre certas coisas que aconteceram nesse meio-tempo. Aqueles de vocês que são intuitivos provavelmente observaram que o clima em nossa terceira reunião estava algo perturbado. Tivemos o sonho do touro com seu aspecto comunitário, e assim vivenciamos uma pequena cena a que poderíamos ter assistido na antiga Atenas — mencionei o fato de que homens importantes costumavam contar seus sonhos, e ilustrei-o pelo sonho da filha do senador e o sonho do poeta grego. Ou poderíamos ter assistido a essa cena no mercado de alguma aldeiazinha, onde um homem se levanta e diz: "À noite tive uma visão, um espírito falou", e então todo mundo se reúne ao redor e fica terrivelmente impressionado. Tudo isto trouxe à tona interessantes coincidências.

Vocês se lembram de que no dia 21 de novembro nós falamos do touro e do significado da tourada. O sonhador é um homem que eu vez por outra ainda vejo — o que significa que a análise ainda não o matou! Mas do dia 20 ao dia 24 gastamos quatro dias fazendo um retrato que ele não podia compreender, e que o chocou tanto que ele veio a mim pedir uma explicação. Tivemos de desenhar uma cabeça de touro, e ele devia ser um touro muito sagrado porque ele segura o disco solar entre os chifres. Infelizmente não posso mostrar-lhes o retrato porque o homem pensa que nós já fomos muito indiscretos em discutir seus sonhos aqui no seminário. Eu pego meus exemplos de meus pacientes — de vocês também! Eu lhe contei que estávamos falando do touro em conexão com seu sonho, e que o desenho dele se sincroniza com isso, e então eu lhe expliquei o significado do desenho dele.

Então, depois de nossa última reunião, depois do sonho da Dra. Shaw, quando comentei o significado antigo da tourada, recebi outra carta do México, da amiga que havia acabado de presenciar uma tourada de fato. Essa carta veio dois dias depois do último encontro, ela deve ter estado a caminho por cerca de duas semanas, portanto ela deve tê-la escrito em torno do dia em que falamos pela primeira vez do touro no seminário. Ela não descreve a luta. Citarei o que ela diz: "O ponto da arte suprema em tudo aquilo é quando o touro para, confuso, e encara o matador, e o matador diante dele faz o gesto de escárnio para mostrar seu domínio total".

O matador é o ponto do perfeito controle consciente naquela massa de inconsciência alvoroçada, naquele "negro *backgroud* de barbárie". E me parece que este era o significado do símbolo: deve-se ter perfeito controle, perfeito estilo e graça e ousadia consumadas, para se viver no seio da barbárie; quem fraquejar estará liquidado. Daí por que a tourada era o símbolo do divino. E o toureiro é o herói porque ele é a única luz a brilhar naquela massa escura de paixão e fúria, naquela falta de controle e de disciplina. Ele personifica a disciplina perfeita. Minha amiga é uma observadora bem independente, mas alcançou a essência da coisa e naquele momento achou necessário transmitir-me isso.

Isso é o que chamamos de mera coincidência. Menciono-a para mostrar como o sonho é algo vivo, de modo algum algo morto que farfalha como folha seca. É uma situação viva, é como um animal com antenas, ou com muitas cordas umbilicais. Não percebemos isso quando estamos falando dele, é produzir. Daí por que os primitivos falam de seus sonhos, e por que eu falo dos sonhos. Somos movidos pelos sonhos, eles nos expressam e nós os expressamos, e há coincidências conectadas com eles. Nós deixamos de levar a sério as coincidências porque não podemos considerá-las causais. É verdade, cometeríamos um erro em considerá-las causais. Os eventos não acontecem *por causa* dos sonhos, o que seria absurdo, não podemos jamais demonstrar isso; eles simplesmente acontecem. Mas é sábio considerar o fato de que eles de fato acontecem. Não os notaríamos se eles não fossem de uma regularidade peculiar, não como a dos experimentos de laboratório, é apenas um tipo de regularidade irracional. O Oriente baseia muito de sua ciência nesta irregularidade e considera as coincidências, em vez da causalidade, como a base confiável do mundo. O sincronismo[1] é o preconceito do Oriente; a causalidade é o moderno preconceito do Ocidente. Quanto mais nos ocupamos com os sonhos, mais depararemos com essas coincidências – acasos. Lembrem que o mais velho livro científico chinês trata dos possíveis acasos da vida [*I Ching – O livro das mutações*. Tradução alemã de Richard Wilhelm (1924). Tradução brasileira de Alayde Mutzenbecher e Gustavo Alberto Corrêa Pinto. São Paulo: Cultrix, 1997. Jung escreveu um prefácio especialmente para a tradução inglesa; está também em OC 11, § 964ss., cf. adiante, 6 de fevereiro de 1929, n. 8].

Vamos agora prosseguir nosso sonho. Nós praticamente concluímos as associações, e devemos arriscar a interpretação. Devemos sumariar todas as associações,

---

1. Aparentemente o primeiro uso por Jung deste termo no sentido de "sincronicidade", ou coincidência significativa, como um princípio explicativo de eventos físicos e psíquicos paralelos, de importância igual e complementar ao Princípio da Causalidade. Cf. tb. 27 de novembro de 1929, n. 6, e 4 de dezembro de 1929, p. 401s. Jung publicou pela primeira vez o termo "sincronicidade" em 1930, em seu discurso em homenagem póstuma a Richard Wilhelm (OC 15, § 81). O conceito é plenamente desenvolvido na monografia "Sincronicidade: um princípio de conexão acausal" (1952; OC 8).

neste caso um trabalho extenuante, porque há tantas, se considerarmos todas as conotações mencionadas. O *jeu de paume* e a tourada não estão no sonho em si, mas devemos considerar todo o contexto porque a mente do sonhador foi moldada nesse modelo. Nossas mentes foram feitas pela história da humanidade; o que os homens pensaram influenciou a estrutura de nossas próprias mentes. Portanto, quando partimos para uma análise cuidadosa e meticulosa de nossos processos mentais, devemos retomar o que outros pensaram no passado. Para explicar certos processos de pensamento num homem moderno, não se pode viver hoje sem o passado. Pode-se explicar o pessoal até certo ponto, por exemplo, que este homem queira comprar um carro novo; mas comprar um carro novo, um pensamento moderno, é apenas a causa que excita um certo tipo de pensamento que ele não produziu; para a parte mais importante de sua dedução lógica, todo o passado é responsável. Só na Idade Média aprendemos a pensar logicamente – e foi com professores religiosos. Os primitivos não possuíam pensamento lógico, simplesmente porque não podiam produzir o mesmo tipo de raciocínio abstrato que nós produzimos. Deve ter havido um longo período de tempo antes que nossas mentes fossem treinadas a produzir uma condição abstrata de mente sobre e contra as tentações dos sentidos ou das emoções.

Em questões técnicas os antigos não conseguiam sustentar um pensamento abstrato por qualquer extensão de tempo, eles sempre eram interrompidos pelo instinto lúdico. Vemos isso nos velhos motores ou máquinas dos idos de 1820; numa velha bomba de ar, por exemplo, os eixos de rodas ficavam sobre duas colunas dóricas; e certas máquinas foram construídas no estilo rococó – perfeitamente ridículas. Isso é brincar; e quanto mais eles brincavam, evidentemente, menos condições havia de a máquina ser eficiente. Eles se detinham na curiosidade que lhes agradava os sentidos, e assim nunca alcançavam qualquer tipo sério de pensamento. Velejar contra o vento, manobrar, não era prática conhecida na Antiguidade; foi inventada pelos normandos no século XII. Antes dessa época, os marinheiros tinham sempre de esperar por ventos favoráveis ou pegarem em remos; e eles não tinham quilhas profundas nem pesadas, apenas cascos planos. Ainda assim eles tinham barcos de até mil e quinhentas toneladas, e os navios egípcios que traziam trigo a Roma pesavam cerca de mil e oitocentas toneladas. Nós começamos a construir novamente navios dessa tonelagem só no século XIX, por volta de 1840.

Esses são caminhos históricos nos quais nossas mentes se desenvolveram e eles precisam ser levados em conta; precisamos considerar as conotações históricas ao tentar explicar os sonhos; não podemos entendê-los apenas sobre a base pessoal. Na análise prática, contudo, não se pode ir longe nas sendas históricas. Tanto quanto possível, tento ser conciso, prático e pessoal. Neste primeiro sonho que analisei com o paciente, não lhe chamei a atenção para o culto de Mitra, o *jeu de paume* etc., não havia razão para fazê-lo, me satisfiz em lhe dar alguma ideia por alto do significado do sonho. Mas aqui no seminário devemos entrar em detalhes para ver do que o sonho é feito, talvez mais ainda do que nos sonhos que eu analisei com vocês pessoalmente. Este homem ficaria chocado se nos escutasse falando de seu sonho, não o reconheceria.

Voltemos agora ao sonho uma vez mais para tentar uma interpretação geral. Muito frequentemente o final de um sonho pode ensinar alguma coisa; no final, algo normalmente aconteceu com as figuras que apareceram no palco, de modo que a situação inicial e os eventos intermediários ficam bem explicáveis. Nesse caso poderíamos facilmente começar pelo fim, quando nos deparamos com o fato muito importante ao qual todo sonho conduz, qual seja, que o sonhador está obviamente entediado por aquele nome, Maria, e boceja ao pronunciá-lo; e os protestos de membros da família mostram que ele próprio protesta do ponto de vista familiar. Ele é um homem de família e a família é algo quase sagrado, é um tanto quanto desagradável bocejar no nome de sua esposa; ele está entediado contra sua vontade, não é sua intenção, e isso lhe repugna. Nesse caso podemos chegar a uma conclusão acerca da situação de seu estado mental. O que vocês concluiriam?

Sugestão: Ele está inconsciente de seu tédio?

Dr. Jung: Sim, é bem isso: ele não teria a necessidade de sonhar com isso se estivesse ciente a esse respeito; sua não admissão vai tão longe que ele tem que sonhar. O sonho tem que lhe dizer: "Meu caro, você está simplesmente aborrecido!" Nós sempre pressupomos conhecer até o inconsciente, o que obviamente é um completo disparate; o inconsciente é o que não conhecemos. Vocês presumem que iriam perceber se estivessem aborrecidos, mas há situações nas quais não ousariam perceber isso, prefeririam pensar que estavam doentes. Há situações nas quais nós não nos permitimos admitir a verdade, ela poderia ser demasiado contrária a nossos próprios interesses; não podemos admitir a verdadeira natureza de nossas emoções, elas são chocantes demais. Ele é um homem muito bom, um homem de família, um pai e tudo o mais, portanto é óbvio que ele está devidamente interessado em sua mulher, e o sonho tem que lhe dizer: "Você está simplesmente aborrecido, essa é a verdade!" Mas, quando um homem é forçado a perceber que está entediado, o que acontece com sua força vital, sua libido?

Sugestão: Eu imagino que ela começaria a se ocupar com o que ele poderia fazer a respeito.

Dr. Jung: Quais seriam suas preocupações – esta é a palavra certa, as coisas que vêm antes das ocupações. As mulheres não foram aborrecidas pelos maridos? O que elas poderiam fazer?

Sugestão: Isso está demasiadamente na psicologia de um homem.

Dr. Jung: Não tenho tanta certeza! Mas aqui o sonhador é um homem, então vamos nos manter no papel dele. O que ele faria?

Sugestão: Ele começaria a olhar pela janela[2].

Dr. Jung: Nesse sonho nada do gênero é mencionado, sua conclusão não se comprova nesse caso.

Sugestão: Penso que ele deve ter olhado pela janela antes de ter esse sonho.

Dr. Jung: Correto, ele olhou pela janela várias vezes e está além do estado em que isso aparecia num sonho. Ele está agora numa situação em que busca mais; ele anda entediado com sua mulher, olhar pela janela não adiantou, e ele chegou à conclusão de que isso não adiantará. Certas pistas no sonho poderiam ajudá-lo, pequenas coisas, mas ele não as aceitaria; elas pareceriam ridículas para ele, elas não representam nenhuma resposta, ele precisa de outra resposta, assim ele chega a um impasse. Nós pressupomos que o sonho contém uma resposta para seu gigantesco problema, portanto devemos lê-lo como uma mensagem vinda do inconsciente, devemos levá-lo muito a sério, tanto mais porque a situação desse homem é similar à de muitos outros homens, e há inúmeras mulheres que morrem de tédio de seus maridos. Muitas pessoas entre quarenta e setenta anos estiveram ou poderiam estar numa situação similar. Assim o sonho é de importância geral. Lidar com ele por meio das associações nos dará uma ideia do que se deveria fazer nessa situação.

O sonho fala primeiro da criança de sua irmã mais nova e do convite de seu cunhado para irem ao teatro e jantar depois. Obviamente ele é colocado em relação com esta parte de sua família. Vocês se lembram de que sua irmã mais nova era seu "xodó" particular, onze anos mais jovem, e ele ainda a sente como uma criancinha e gosta muito dela; ele ficou quase tão triste quando ela perdeu sua criança quanto ficaria se tivesse perdido a sua própria, portanto há uma relação particularmente íntima entre ele e a irmã; e ele se dá bem também com o marido dela. Essas pessoas, com quem ele no momento não está efetivamente preocupado, seriam consideradas no nível objetivo se estivessem próximas ou fossem de alguma importância efetiva. Uma vez que estão distantes, temos segurança para presumir que representam conteúdos subjetivos no sonho, partes do próprio sonhador, personagens em seu teatro particular. Portanto só podemos chegar ao real significado desta parte do sonho ao vermos o que essas pessoas representam no sonhador. A criança, como sabem, é uma criança irreal, imaginária; a criança real morreu. Deixaremos a criança imaginária para daqui a pouco.

Primeiro, *o cunhado*: o sonhador esteve numa posição importante, um diretor de uma companhia comercial, e seu cunhado, sendo um homem mais novo, o su-

---

2. Coloquialismo alemão para "esticar o olho" para outra mulher.

cedeu; assim ele o segue, ele representa aquele que nos segue, a sombra. A sombra é sempre o seguidor.

Sugestão: A sombra muitas vezes vai antes.

Dr. Jung: Sim, quando o Sol está atrás. Mas a velha ideia do *synopados*[3] é aquela que nos segue e vem conosco; é a ideia de um *daimon* pessoal:

> *Scit Genius, natale comes qui temperat astrum,*
> *naturae deus humanae, mortalis in unum*
> *quodque caput, voltu mutabilis, albus et ater*[4]

– um deus de rosto mutável, branco ou preto, ou seja, em todo mundo, um *daimon* de aspectos contraditórios. Mas por que devemos traduzir tal figura dessa maneira? Por que devemos chamar seu cunhado de sua sombra?

Resposta: O sonhador se entregou tanto aos negócios que partes dele foram negligenciadas e são representadas pelo cunhado.

Dr. Jung: Bem, quanto mais voltamos para a luz, maior é a sombra em nossas costas. Ou seja, quanto mais voltamos nosso olhar para a luz da consciência, mais sentimos a sombra atrás de nós. Esse termo está em total harmonia com ideias antigas. Há um livro excelente, chamado *The Man without a Shadow*[5], a partir do qual um filme muito bom foi feito, *O estudante de Praga*, um tipo de segundo *Fausto*. É a história de um estudante, pressionado por dinheiro, que faz um contrato com o demônio. O demônio lhe oferece uma pilha de novecentas mil moedas de ouro, numa mesa diante dele, e ele não pode resistir. Ele diz: "Evidente que não posso esperar que você me dê todo este ouro sem nada em troca, não?" "Oh, nada de importância", diz o demônio, "apenas algo que você tem neste quarto". O estudante ri – não havia muita coisa no quarto, uma velha espada, cama, livros etc., muito pobre. "Fique à vontade para pegar o que você quiser, você vê que não há muita coisa de valor aqui!" Então o diabo diz: "Fique aqui e olhe para o espelho". O grande trunfo dos filmes são os incríveis efeitos que eles podem produzir. Vemos o homem e seu reflexo no espelho, e o demônio fica atrás e acena para o reflexo do estudante no espelho, e o reflexo emerge de lá de um modo extraordinário e

---

3. "Ele que segue atrás" (grego). Cf. "Postulados básicos da Psicologia Analítica" (1931), OC 8, § 665.

4. Por que, só o Gênio conhece – aquele companheiro que comanda nossa estrela natal, o deus da natureza humana, embora mortal para cada vida singular, e de fisionomia mutável, branca ou preta – Horácio. *Epístolas*, 2.2, p. 187ss.

5. VON CHAMISSO, A. *Peter Schlemihls wundersame Geschichte* (1814). O título é geralmente traduzido como *The Wonderful History of Peter Schlemihl* (p. ex. traduções de 1844 e 1923) [*A história maravilhosa de Peter Schlemihl*. Trad. Marcus Vinicius Mazzari. São Paulo: Estação Liberdade, 2003]. O filme *Der Student von Prag* (1926), dirigido por Henrik Galeen e estrelado por Conrad Veidt, não foi creditado ao original de Chamisso, embora a história seja similar. "Ele parece ter feito os alemães perceberem sua própria dualidade" (KRACAUER, S. *From Caligari to Hitler* (1947), p. 153).

segue o demônio. O estudante encara o espelho e não pode mais se ver, ele é um homem sem uma sombra. E o demônio sai. Então o filme prossegue retratando todas as situações constrangedoras em que o estudante se encontra por ter perdido a sombra. Por exemplo, o barbeiro lhe passa um espelho, depois de o barbear, ele olha e diz: "Sim, ficou bom", mas não vê nada, nenhum reflexo, ele tem de fingir que vê. Noutra ocasião ele está indo a um baile com uma mulher, e num espelho no topo da escadaria ele vê a mulher com um braço como que junto ao dele, mas ele não está lá. É a situação de um homem que se separou de toda consciência de sua sombra, que a perdeu.

Nosso paciente está mais ou menos assim; e sua sombra está aqui representada por aquele que o segue: seu cunhado. Não há nenhuma prova científica de que isso é assim, nós pressupomos isso como uma hipótese de trabalho. E se o cunhado representa a sombra, se segue que a esposa da sombra é uma figura muito definida; e deve ter as características dessa figura, a esposa é a anima. Para elucidar estes conceitos obscuros e complicados, como sombra, anima etc., um diagrama é útil para mostrar o que é ou não lógico[6]. Devemos começar de ideias arquetípicas, devemos começar pela ideia de totalidade; e exprimimos a totalidade da personalidade, masculina e feminina, por um círculo. Seria preciso um centro, mas não podemos atribuir o lugar central à consciência porque nossa consciência é sempre unilateral. Se olharmos para o que está à nossa frente, não temos ciência do que está em nossas costas; não se pode estar consciente de tudo num dado instante. Para ser consciente é preciso estar concentrado; somos sempre conscientes de algo específico. A personalidade total poderia ser descrita como consciência mais o inconsciente. Há a área do habitualmente inconsciente, e a área do relativamente inconsciente. Assim também há uma área que é apenas relativamente inconsciente; há momentos em que somos conscientes disso e momentos em que somos conscientes de outra coisa. A consciência é como um farol que percorre o campo; somente os pontos que são iluminados são conscientes.

---

6. O diagrama é reproduzido aqui do *Sems*[2] (1938), no qual é explicado numa nota de rodapé que o diagrama original de Jung se perdeu e foi reproduzido de memória por Ethel Taylor. Faz-se referência a um diagrama similar em Juan Corrie, *ABC of Jung's Psychology* (1927), p. 21. *Sems*[3,4] dão a mesma versão do diagrama; ele não está no *Sems*[1].

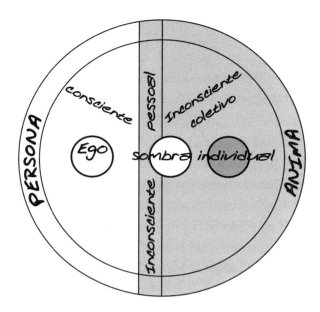

O inconsciente ou lado escuro, a parte que é habitualmente inconsciente, é a esfera da sombra, e não tem nenhum centro particular porque não sabemos onde ele estaria. A sombra é, evidentemente, um tipo de centro, certa personalidade diferente da consciente – neste sonho, o cunhado.

Nossa consciência está voltada para o que chamamos mundo. Para nos movermos no mundo temos a necessidade de certa atitude ou persona, a máscara que mostramos para o mundo. As pessoas com uma persona muito forte têm rostos que parecem verdadeiras máscaras. Lembro de uma paciente que tinha esse rosto. Ela era uma figura de anima para os homens, misteriosa e fascinante justamente por sua máscara – o mistério por trás, uma mulher-mistério. Eu me irrito quando deparo com uma, mas nem todo mundo fica assim. A "mulher-mistério" dos filmes é uma figura da anima. Dizia-se que esta mulher tinha uma natureza muito harmoniosa e pacífica, mas por dentro ela era justamente o oposto, terrivelmente conflituosa e cheia de contradições de caráter incríveis. Sem sua máscara ela seria só polpa, sem nenhuma fisionomia. A persona é um tipo de revestimento que colocamos sobre o rosto.

O que vemos do mundo está longe da totalidade, é meramente superfície; não penetramos na substância do mundo, naquilo que Kant chamou de "a coisa em si". Isso seria o inconsciente das coisas, e, na medida em que são inconscientes, são desconhecidas para nós. Portanto precisamos da outra metade do mundo, o mundo da sombra, o interior das coisas. A cisão entre o consciente e o inconsciente passa diretamente para o mundo exterior. Mas, se eu tenho uma pele de adaptação para o mundo consciente, devo ter uma também para o mundo inconsciente. A anima é a consumação da plena adaptação do homem às coisas desconhecidas ou parcialmente conhecidas. Foi muito tardiamente que cheguei à conclusão de que a anima é a contrapartida da persona, e sempre aparece como uma mulher de certa qualidade porque ele está em conexão com a sombra específica do homem.

No caso de nosso sonhador nós temos uma demonstração muito típica da anima. Ela se conecta com o cunhado, a sombra, como esposa dele; com a irmãzinha, seu xodó feminino, o feminino mais recôndito que ele mais ama; e com a criança por quem ele tem sentimentos muito ternos, como algo próximo de sua própria alma. Portanto é uma figura que se pode designar de um símbolo da alma. Optei por usar a palavra *anima* para evitar qualquer problema com o significado da "alma". Essa irmã dele no sonho é a figura que está casada com a sombra, e a afirmação posterior do sonho é que esta mulher tem uma criança imaginária. Um fato imaginário não é um fato inexistente, mas sim um fato de ordem diferente. Uma fantasia, por exemplo, é um fato muito dinâmico. Lembrem que se pode ser morto por uma fantasia, e ser morto por um tiro disparado numa guerra ou por um lunático aqui é a mesma coisa – morreu! Quando o sonho fala de uma criança, essa é uma entidade definida, como sua irmã e cunhado, a mãe onírica e o pai onírico são entidades definidas. Elas têm uma existência psicológica, são fatos que operam e constituem um mundo que opera.

Não há sequer uma coisa em nossa civilização que não tenha estado primeiro na imaginação, na fantasia; mesmo as casas e cadeiras existiram primeiro na imaginação do arquiteto ou *designer*. A Guerra Mundial foi desencadeada por meras opiniões de que a guerra deveria ser declarada na Sérvia, opiniões baseadas na fantasia, na imaginação. As fantasias são mais perigosas; faríamos bem em nos convencer de que uma criança ou mulher imaginária são uma realidade perigosa, tanto mais porque não visíveis. Eu preferiria lidar com uma mulher real a ter que lidar com uma mulher imaginária. Uma anima pode alcançar os resultados mais impressionantes; ela pode mandar um homem praticamente para qualquer canto do mundo; o que uma mulher real não poderia fazer, a anima pode. Se a anima disser que sim, deve-se ir. Se uma esposa tagarela bobagens, o homem a repreende; mas quando a anima é quem tagarela...

Questão: Por que a anima tem tanto poder?

Dr. Jung: Porque nós subestimamos a importância da imaginação. A anima e o animus têm uma influência tremenda porque lhes deixamos à sombra. Por não ter consciência de sua sombra, você declara uma parte de sua personalidade inexistente. Então ela penetra o reino do inexistente, que intumesce e toma proporções enormes. Quando você não reconhece que tem essas qualidades, você está simplesmente alimentando os demônios. Em linguagem médica, cada qualidade na psique representa um certo valor energético, e, se você declara um valor energético como inexistente, um demônio aparece no lugar. Se você declara que o rio que passa por sua casa não existe, ele pode crescer e inundar seu jardim com seixos e areia, e destruir sua casa. Se você dá à natureza essa possibilidade ilimitada de funcionar por si mesma, a natureza pode fazer o que lhe apraz. Se você vê um comboio de gado ou de porcos e diz que eles não existem, eles imediatamente se espalham por todo lado, as vacas irão comer o jardim de rosas e os porcos subirão na sua cama e dormirão lá! Desse modo o inexistente engorda. *Die Fledermäuse*[7] de Meyrink (de modo geral bem ruim), descreve com muita vivacidade um mundo onde vivem alguns espécimes extremamente pobres de gente, pálidos, tristes, mórbidos e piorando cada vez mais; e então se descobre que, enquanto eles diminuem, certos cadáveres no cemitério estão proporcionalmente engordando. Aquilo que você enterrou engorda enquanto você emagrece. Se você se livra de qualidades que não aprecia negando-as, você se torna cada vez mais inconsciente do que você é, você se declara cada vez mais inexistente, e seus demônios engordam cada vez mais.

Assim como a sombra, a anima é uma entidade definida, e portanto esta criança é uma entidade definida e tanto mais perigosa porque pode refletir o próprio paciente. Isso é, de novo, empírico, uma mera hipótese de trabalho, mas somos obrigados a levantá-la. O ponto principal é que ela tem cerca de dois anos, é pálida e doente, e é o produto da união da sombra e da anima – elas de algum modo se encontram. É muito misterioso, muito difícil de explicar. Sabemos que o produto tem dois anos de idade e que o paciente começou seus estudos ocultos que o levaram à análise dois anos atrás; esse é o fato significativo. Se um tempo tão definido é afirmado num sonho, é um sinal de que precisamos prestar atenção ao elemento temporal na história do caso. Sonhar com uma criança de sete anos significa que há sete anos algo começou.

Outra paciente minha sonhou que tinha uma criança de apenas cinco anos de idade, que lhe deu um problema terrível e que pode ter um mau efeito sobre sua mente. Perguntei: "No mesmo mês, cinco anos atrás, o que aconteceu?" A mulher não conseguiu pensar a princípio e então ficou muito constrangida: ela havia se apaixonado por um homem e declarou seu sentimento como não existente. Ela havia "comido o pão que o diabo amassou" em seu casamento com outro homem, e agora estava possuída pelo medo de enlouquecer. As mulheres que mantiveram segredo sobre isso realmente ficaram loucas! Por ser de uma família simples, enquanto ele era de uma mais aristocrática, ela sentia que seu amor era sem esperanças, nunca cogitando que ele pudesse amá-la; assim ela se casou com outro homem e teve duas crianças. Então, três anos depois, ela conheceu um amigo do primeiro

---

7. MEYRINK, G. *Sieben Geschichten* (1916).

homem, e esse amigo lhe contou que o homem a havia amado e por isso nunca se casou. "Seu casamento o apunhalou no coração." Pouco depois, ao dar banho na criança mais velha, uma garotinha de três ou quatro anos, com os olhos no seu primeiro amado – ela gostava de pensar nela como a filha de seu amado –, ela notou a garotinha bebendo a água da banheira, água não filtrada e muito contaminada. Ela sabia disso, mas deixou acontecer, inclusive deixou também o menino beber da mesma água. Os dois filhos ficaram doentes de tifo, e a mais velha morreu. A mulher caiu numa depressão profunda, como uma *dementia praecox*, e foi mandada para um manicômio, onde a tratei. Logo descobri toda a história e senti que a única esperança para ela era contar-lhe a verdade brutal: "Você matou sua filha para matar seu casamento". Claro que ela não sabia o que estava fazendo; por ter negado seu antigo amor, o declarado inexistente, ela alimentou seus demônios e eles lhe sugeriram matar a filha do marido. Nesse caso a coisa terrível no seu sonho nascera do fantasma de três anos antes, no momento em que ouviu que seu primeiro amado ficara profundamente magoado por ela ter se casado com outro homem. Ela "alimentou seus demônios", o animus, e eles mataram sua filha. A mulher se recuperou[8].

Questão: Você pensa que há realmente uma conexão entre o casamento da sombra e da anima e o fato de que o paciente foi levado aos estudos ocultistas?

Dr. Jung: Eu suponho que a ciência oculta que ele estava tentando estudar representaria simbolicamente o lado escuro e desconhecido das coisas; já que esse interesse nasceu da união da sombra e da anima, ele naturalmente se expressaria por algo oculto. A união da sombra e da anima tem a característica de ser algo por demais misterioso. Que tenha por fim levado nosso paciente a estudos ocultistas é um sinal do tipo da experiência. Parece algo estranho e incrível, como um evento que só poderia ter lugar num inexistente mundo imaginário; não podemos expressá-lo adequadamente, é estranho demais, muito inédito, só captamos uma repercussão dele. Eu perguntei ao homem o que o levou a esses estudos e ele não pôde me dizer; ele apenas sentiu que o mundo tinha outro lado. Ele havia conseguido tudo o que o sucesso exterior podia oferecer, mas pressentiu que isso não era tudo; por isso se voltou para o oculto, começou a ler sobre a Atlântida. O que quer que essa união de sombra e anima seja, ela tem esse efeito.

Mas o inconsciente diz que este é um tipo incorreto de ocupação, e por isso a criança está doente. Essa é uma informação importante para ele e para mim. De outro modo eu não teria o direito de ser crítico. Nem eu nem ninguém poderíamos pressupor que seus estudos ocultistas eram necessariamente mórbidos; o sonho nos indica que eram patológicos e equivocados. Então ele é convidado a ir

---

8. Para um relato mais detalhado deste caso, cf. as "Tavistock Lectures" (1935). OC 18, § 107s.

ao teatro e a jantar, mas a Senhora Anima não está lá, ela fica de fora, preocupada com a criança doente. A sombra convida o sonhador ao teatro, de modo que ele possa ver tudo o que a sombra vê, o cenário do inconsciente. Qual é o propósito secreto do cunhado? Qual é sua intenção? Ele está tentando chegar a algum tipo de comunhão; indo com a sombra, o sonhador vai com a parte de si que ele declarara inexistente. Quando digo que vou jantar com alguém, eu dou realidade a essa pessoa. O fato de ele sair para jantar com a sombra significa que ele aceita a existência da sombra, assim como aceita seu cunhado; ele admite a realidade do seu lado sombrio – que ele está tão terrivelmente entediado, que ele tem fantasias etc. Ele irá ver essas imagens, e, ao assimilá-las, o objetivo último do sonho, que a criança seja curada, se concretizará. A criança está doente porque ele começou seus estudos do jeito errado, ele tem que começar pela sombra. Há pouco tempo um teósofo importante me disse pensar que eles têm que introduzir a análise na teosofia deles. Eles começaram a perceber que, se não começarem do modo correto, com a sombra, seus objetivos ocultistas são mórbidos. O começo correto é dentro. Aprendendo o seu próprio lado sombrio, você então pode lidar com a teosofia. Teosofia significa a "sabedoria de Deus". Podemos ter isso. Céus, não! Conheça-se a si mesmo e então você conhecerá alguma coisa.

Na semana que vem eu gostaria que vocês me dessem suas próprias interpretações do sonho, sejam suas interpretações individuais ou formando grupos para discutir, tendo um membro como porta-voz. O professor não tem que fazer todo o trabalho!

Palestra V

5 de dezembro de 1928

Dr. Jung:

Hoje eu quero ouvir a interpretação de vocês para o sonho.

Dr. Deady (*Primeira interpretação*): O problema do sonho é um problema de anima. Ele entrou no oculto por influência de sua irmã, não como homem, mas num ânimo que sempre significa anima. Sua irmã era sua anima, portanto não era um trabalho intelectual, consciente.

Dr. Jung: Não se pode dizer exatamente isso deste homem. Ele é muito ilustrado, tem uma mente muito criativa, ele o fez de um modo muito consciencioso. Devemos ter cuidado em falar de anima como sendo a promotora de um interesse. Os humores são apenas um sintoma da anima – há outros mais evidentes. A anima pode dar a alguém ideias muito estranhas: ela pode, por exemplo, dar aquela qualidade peculiar que faz um homem conduzir sua vida como um tipo de aventura ou saga, fazendo da missão a meta de toda sua vida. Napoleão é um exemplo, com seu sonho de ser como Alexandre o Grande; sua vida se tornou uma saga, uma aventura romântica; isso mostra a influência da anima.

Nosso sonhador suíço é um completo romântico, ele enveredou pelos estudos ocultistas à maneira de uma saga, colocando-se como um cavaleiro em busca de aventuras, e essa é a proeza da anima. A anima não se ocupa apenas de *non sense*, ela é também a *femme inspiratrice*; ela dá a um homem ideias grandiosas e impulsos generosos, ela pode tornar a vida de um homem grande e nobre não apenas um pacote de emoções. É verdade que quando a anima está por trás de um homem há também certa armadilha, como se o estímulo fosse de alguma forma equivocado, ou como se ele fosse feito com apenas metade do seu cérebro, como se não fosse o homem inteiro, sua personalidade completa. Este homem é um mercador, e quando vai para o oculto, está vivendo apenas a metade de si mesmo, não o total de sua personalidade. Ele é como uma pessoa com um *hobby*. Seus sonhos posteriores constelaram o fato de que ele é um mercador e que ele tem uma mente prática; ele sonharia com situações muito mitológicas e então viria o mercador prático.

Uma vez ele sonhou estar na presença de uma divindade malévola peculiar, uma bola amarela, e ele estava fazendo alguma mágica com ela, assim se esperava algo tremendo; mas ao fazer um retrato disso, o que deveria ter sido um deus amarelo apareceu como dinheiro, uma moeda de ouro. Ele queria detonar aquela bola amarela, mas alguém havia cortado os fios. Então ele ficou irritado, queria matar gente, e a única arma que pôde encontrar foi uma ferradura – insuficiente para matar seus inimigos, então ele saiu em disparada, como um garoto, deslizando pelo corrimão, para fugir, pensando que não estava à altura desse problema. Foi como se ele próprio tivesse cortado os cabos, de modo a que o deus amarelo não pudesse ser destruído. O sonho mostrava o quanto os pares de opostos haviam se aproximado uns dos outros, era uma luta íntima. Mas ele então ainda estava distante do problema que o deus amarelo representava e do que os estudos ocultistas significavam. Ele era primariamente um homem de negócios e então se voltou para os estudos ocultistas. É o que a anima pode fazer sozinha, quando trabalha desassistida pelo homem; ela pode convertê-lo a uma esfera completamente distinta, onde ele esquece sua vida comum. Mas ele permanece à parte, como em *She*.

Dr. Deady: Portanto, este estudo, o nascimento de um novo interesse, é o nascimento de uma criança; sim, a criança é o seu interesse pelo oculto. Mas seu interesse pelo oculto é um interesse da anima, não do *logos* masculino; consequentemente a criança está doente. São sua sombra e sua anima que têm este interesse, e ambos estão em seu inconsciente, assim ele é conduzido a algo sobre o que não tem nenhum controle. Ele tem que conhecer seu inconsciente, se relacionar com sua sombra, se quiser ir para a teosofia etc., conscientemente. O sonho representa a situação e é dinâmico: ele vai ao teatro e janta, ou seja, ele dá passos rumo a uma nova atitude, rumo à consciência.

Dr. Jung: você deveria mencionar que seu cunhado, que representa sua sombra, o convidou a ir ao teatro, ele não pensa nisso por si mesmo. A mensagem vem de seu inconsciente, como se uma voz lhe sussurrasse: "Vá ao teatro". Assim como a voz disse a Sócrates: "Faça mais música". E, outra vez: "Vire na rua à esquerda", e ao escutar a voz do seu *daimon*, Sócrates evitou um grande comboio de porcos que vinha descendo a rua onde ele estava. Fui consultado recentemente por uma mulher que escuta essa voz; ela é bem insana. Ela tem uma voz que vem lá de baixo, de seu ventre, e lhe dá excelentes conselhos; ela veio a ser curada de sua voz, embora quisesse mantê-la. É a voz da sombra, certamente. Por exemplo, ela estava acostumada a escrever notas individuais para cada um de seus entes queridos no Natal, mas então sua voz sugeriu que ela devia mandar a mesma mensagem para todos. Como nosso homem não está louco, ele ouve a voz no sono, não em consciência. A voz é peculiarmente banal e também ótima. Pode-se cometer um engano, como Sócrates quando levou em conta sua voz, literalmente, e foi comprar uma flauta. Essa mulher está confusa, ela não sabe se a voz é de Deus ou do diabo. É preciso ter receio, embora não se deva levar isso totalmente a sério. Uma negra que era um pouco louca uma vez me disse: "Sim, o senhor está trabalhando em mim como um relógio, divertido e sério". Isto é exatamente o que os sonhos são – divertidos e sérios. Portanto é importante para nosso paciente reparar de onde a mensagem vem, que ela vem do inconsciente. Pois seu consciente pensa que ele já jantou, já fez alguns estudos ocultistas. Mas você não alcançou o aspecto principal do sonho.

Senhorita Taylor (Segunda interpretação): A mensagem do sonho é conversão, uma mudança de atitude. Quando o velho modo de viver começa a perder interesse, em algum momento entre os quarenta e os setenta anos, chegou a hora de uma mudança, não nas condições externas, mas dentro de si: por uma união entre o ego e a sombra, observando e assimilando as imagens do inconsciente para obter o mana acumulado nelas e criar o novo: "Seu cunhado o convida a ir ao teatro com ele e jantar depois".

O problema do sonhador é (1) sua ultrarretidão – ele desistiu do estudo do oculto não por falta de interesse, mas porque havia "certo ódio" em torno deste estudo; (2) o respectivo tédio – venezianas cinzentas etc.; e (3) seu sentimento primitivo inconsciente – ele pede que uma criança doente fale corretamente e boceja ao dizer o nome da esposa. Ele está entediado com sua esposa, mas sua retidão o impede de percebê-lo, até que o sonho lhe conta, e sugere que a culpa esteja nele próprio – "as pessoas protestam".

"A menina de dois anos": Dois anos antes da morte do filho de sua irmã, seu sentimento foi constelado e uma criança do sexo feminino nasceu, o princípio de Eros em si. Ele começou a questionar: havia tido uma vida ativa e bem-sucedida, mas ainda assim estava entediado, e um novo interesse despertou nele um interesse pelo outro mundo. Também dois anos antes, sua irmã, em quem ele havia projetado sua anima, se foi. Como ele não tinha nenhum relacionamento com uma mulher real, sua libido recaiu sobre sua anima, que o dirigiu aos estudos ocultistas – ele "não sabia exatamente por que" ele estudava o oculto. Assim a criança era a expressão criativa de seu próprio inconsciente e "estava doente" porque era alimentada pelos estudos ocultistas; a libido havia sido drenada da criança para alimentar sua anima. O alimento para a criança seria a livre-expansão e o estudo de suas imagens inconscientes, não o ocultismo, uma vez que é a criança de sua anima, e portanto interna, não externa.

"Meu cunhado me convida a ir ao teatro e a jantar": seu lado irracional sugeriu que ele observasse os sonhos, as imagens do seu inconsciente, e então assimilasse essas partes inconscientes de si mesmo. "Sozinho": sem as mulheres, ou seja, sem emoção. "Acho que já comi, mesmo assim posso ir com ele": ele pensa que sabe tudo sobre si mesmo, mas verá o que o analista tem a dizer; isso é certa resistência à análise. "Grande salão, mesa de jantar, assentos invertidos etc.": uma concepção intuitiva da análise como uma precursora de um novo tipo de coletividade; a primeira confissão; o levantamento de segredos que tornam impossível uma verdadeira comunhão para todos; ele está separado de sua esposa, amigos etc. O jogador, a bola e a parede, isto é, o ego, o Si-mesmo – e o analista. Então a refeição, a comunhão real. "Eu pergunto por que sua esposa não veio, e penso que é porque a criança está doente": é como se ele percebesse que não podia haver sentimento ou a comunhão correta quando seu interesse se alimentava de estudos ocultistas. "A criança está melhor, só um pouco de febre agora": ele havia desistido dos estudos ocultistas, a análise era a via correta. "Na casa de seu cunhado": a cena muda para seu problema pessoal, que está em sua própria psicologia.

Dr. Jung: Há um elemento de lenda, de fantasia, nisso. Na realidade a irmã é a anima dele apenas no sonho, não de fato. Ele não tinha nenhuma projeção positiva da anima numa mulher viva, ele tinha apenas humores. Até este momento sua anima foi quase inteiramente negativa. Mas devemos ter o final do sonho.

Senhora Fierz (Terceira interpretação): O poema e canção do sobrinho, "A tia Maria é um garoto querido", e a velha Tia Maria que o homem deu como uma associação parecem importantes. Sua esposa é para ele algo como uma tia distante, e a velha tia parece chata, como sua esposa. A canção talvez lhe mostre que ele realmente poderia *fazer algo* com sua esposa; é o que as crianças frequentemente querem dizer ao chamarem alguém de querido. Não tanto sentimento como a expressão de um desejo de brincar com, de fazer algo com a pessoa que é "querida". Talvez este homem pudesse, com sua esposa, fazer algo por suas crianças, ajudar na educação delas etc. Ele admite que não se importa tanto assim com os garotos, gosta mais das garotas; eis algo com que trabalhar. Ele diz de si mesmo somente que ele corrige a linguagem das crianças, uma parte tola da educação delas. Assim, talvez a criança signifique que ele poderia mostrar uma mudança de atitude para com sua esposa e crianças; pois sua atitude para com suas crianças é evidentemente como sua atitude para com sua esposa.

Dr. Jung: Nesta família, Tia Maria significa a velha tia. Ela é chata e se refere à esposa dele, embora a esposa dele seja considerada um "garoto querido".

Senhora Fierz: A criança que compôs essa canção é um garoto, e ele faz de sua tia sua companhia. As camaradagens das crianças estão ativas.

Dr. Jung: Ele pensa que ela está no nível dele? – isso está correto. Um dos sintomas da criança doente é que ela não quer pronunciar o nome Maria, e isso se associa a outro fato de que todas as crianças da família fazem exatamente isso[1]. Sua

---

1. Cf. 21 de novembro de 1928, p. 50.

esposa tem uma atração por crianças, ela tem modos infantis, ela é quem brinca com todas as crianças da família, um fato que é por demais importante para o problema dele, pois significa que a esposa dele não é uma boa companheira para um homem. O tipo anima de mulher sempre pode brincar com um homem e portanto é importante para seu desenvolvimento mental e espiritual. Sua associação explica que sua esposa é uma boa companhia para crianças e implica que ela *não* é uma boa companhia para ele. A criança não pronunciará esse nome porque ela não gosta da mulher; essa menininha interior a ele, os estudos ocultistas, o afasta de sua esposa para o segredo. E ele não quer segredo, ou que qualquer parte dele não gostasse do nome de sua mulher, assim ele tenta ensinar a criança a pronunciar o nome, e não pode fazê-lo sem ele próprio bocejar. Isso o revela, ele não pode mais negar seu tédio. Os homens podem ir a prostitutas e ainda assim insistir que se mantêm corretos; e as mulheres podem voar com demônios e mesmo assim dizer que são esposas leais. Precisamos admitir o fato de que o mundo é muito sério e muito divertido. O sonho empurra esse fato no sonhador de uma maneira muito óbvia. Ele me disse francamente que odeia a ideia de que não é o marido correto, lhe é repulsivo ter que reconhecer esse fato. Um homem normalmente trata as crianças como trata as mulheres e como trata seu próprio sentimento.

O sonho é um tanto desconcertante por não ter um pensamento principal. Ele contém duas séries inteiramente distintas de coisas – material demasiadamente pessoal, por um lado, e muito impessoal, de outro lado. O começo e o fim do sonho são muito pessoais; e vocês ouviram como o material no meio foi útil e o que ele tem a ver com o sonho. [Aqui começou uma discussão sobre o relacionamento de marido e mulher, se é individual ou coletivo.]

Pergunta: Uma relação, não importa qual, de um homem com sua esposa é sempre coletiva?

Dr. Jung: Um homem pode pensar que seu relacionamento com sua esposa é apenas coletivo, mas isso não será suficiente. Ele deve ter uma relação individual; se ela falta, não há nenhum ajuste individual. Ele é apenas o habitual marido perfeitamente respeitável, e sua esposa é a mulher com quem ele se descobre na instituição do casamento, e ele tenta cumprir seu dever como marido assim como tenta ser um bom diretor numa empresa. Mas sua esposa é uma mulher particular com a qual ele deve ter um relacionamento particular.

Para compreender o casamento, devemos pensá-lo como uma instituição e recuar historicamente para saber o que ele significa. Desde tempos imemoriais, o casamento tem sido organizado como um sistema de combinações, raramente por amor; ele foi principalmente um negócio, mulheres compradas e vendidas; e nas famílias da realeza, chega a ser quase um tipo de transação como de gado, e tem muito dessa característica nas famílias muito ricas. Isso é certamente verdadeiro para os camponeses, por fortes razões econômicas. Assim é frequentemente "o bacon para a salsicha", como se diz: duas coisas gordurosas juntas. O casamento é uma instituição coletiva, e o relacionamento conjugal é um relacionamento coletivo. Então, quando os tempos se tornam mais sofisticados e há uma certa cultura, o indivíduo é enfatizado: temos mais desejos e reivindicações, psicologizamos e queremos entender, e descobrimos não estarmos realmente ajustados e não termos um relacionamento real. Depois de uma grande catástrofe, procura-se um abrigo seguro, qualquer lugar serve desde que o teto não vaze. Mas não se tem nenhum relacionamento com esse espaço, é só um buraco qualquer, recoberto e suficientemente seguro. Assim, tempos atrás, e sob condições mais bárbaras, e nas tribos primitivas, praticamente qualquer mulher servia. Isso explica o incesto entre os camponeses. Há casos extraordinários na Suíça. Eis um caso do qual ouvi falar: um jovem camponês queria se casar; ele e a mãe tinham uma boa moradia, de modo que a mãe disse: "Por que se casar? – isso só traz mais bocas para alimentar, eu teria de ir embora e você teria que me sustentar; se você quer uma mulher, me pegue". Assim é o camponês, e isso aconteceu por razões econômicas. Estabeleceu-se nas cortes de certos distritos que o incesto por razões econômicas é tão frequente que os casos não são considerados, deixa-se pra lá. Por toda parte deparamos com essas coisas. Em algumas ilhas britânicas, nas Hébridas etc., a condição das pessoas é demasiado coletiva, meramente instintiva, de modo algum psicológica. De modo que a condição geral do casamento tem sido sempre demasiado coletiva; o elemento pessoal é a conquista de uma era cultural; e só muito recentemente o casamento se tornou um problema que se pode discutir sem ser acusado de imoralidade. A moralidade é a única coisa que não pode ser aprimorada, dizemos. É a única coisa que não pode?

Temos um grande problema hoje porque a relação conjugal coletiva não é o que as pessoas esperam dela – um relacionamento individual, e é difícil demais criar um no casamento. O casamento constitui em si mesmo uma resistência. É simplesmente uma verdade. Pois a coisa mais forte no homem é a *participation mystique*, só "você e seu cachorro no escuro"; isso é mais forte que a necessidade da individualidade. Você vive com um objeto e depois de um tempo vocês se assimilam um ao outro e se tornam semelhantes. Tudo que vive junto é influenciado reciprocamente, há uma *participation mystique*; o mana de um assimila o mana do outro. Esta identidade, esta fusão, é um grande obstáculo para o relacionamento individual. Se são idênticos, nenhum relacionamento é possível; o relacionamento só é possível quando há separação. Uma vez que a *participation mystique* é a situação habitual no casamento, especialmente quando as pessoas se casam jovens, uma relação individual é impossível. Talvez ambos escondam segredos um do outro; se os admitissem, poderiam estabelecer um relacionamento individual. Ou talvez eles não tenham segredos a compartilhar; nesse caso não há nada a protegê-los contra a *participation mystique*, eles se afogam neste poço sem fundo de identidade e depois de algum tempo descobrem que nada mais acontece.

Mas nessa situação o nosso paciente obviamente percebe que algo está errado, que ele está insatisfeito. Sua relação sexual com a esposa não funciona: ela o mantém afastado tanto quanto possível. Aos 47 anos, fazer um trabalho árduo é terrivelmente desinteressante, e ele como que "largou mão" de tudo. Portanto é uma situação desagradável. Sua tentativa de estudos ocultistas é bem a ideia freudiana de sublimação: conversar com os anjos. A teosofia oferece todo tipo de coisa nesse sentido! Se eu pudesse ouvir as vibrações dos Atlantis, o Egito Antigo e tudo o mais, eu esqueceria tudo sobre minha esposa e tudo sobre meus queridos pacientes também! A teosofia é uma tremenda isca para um homem como esse, e a sublimação é uma boa palavra, soa melhor que qualquer outra, mas na realidade a sexualidade não pode ser totalmente sublimada. Num dia qualquer, de súbito, talvez em Paris, o homem comete um equívoco, a sublimação não funcionou nesse dia. Uma vez em dias semanais ela talvez não funcione, mas a teoria é muito boa! Nesse clima de insatisfação veio este sonho. A sombra aparece e diz: "Agora venha, vamos ver o que se passa no inconsciente, o quadro real e imparcial das coisas como elas são, e deixe-nos comê-las e assimilá-las depois sem as mulheres – sem emoção, objetivamente, impessoalmente, somente olhando as coisas como elas são".

Sendo o teatro um lugar público, isso significa: você é como todos os outros, você está no mesmo barco, fazendo o que todo mundo deve fazer ou fez. Ele associa os assentos do anfiteatro a uma sala onde o jogo de pelota era disputado, embora o aspecto da sala nada tenha a ver com pelota, é mais como uma mesa de hóspedes num hotel; mas os bancos estão virados para a parede, portanto eles não podem se sentar à mesa. Aqui, vocês lembram, nós enveredamos por um emaranhado de associações históricas. É evidente que estamos lidando com algo coletivo aqui; o sonho, enfatizando que se trata de um lugar público, intencionalmente destaca a importância de ser algo coletivo. Nesta altura do problema o coletivo deve entrar. Em contradição com o seu sentimento intensamente pessoal sobre seu problema, o inconsciente afirma que é um problema coletivo – não talvez daquela única forma, mas acontecendo por toda parte no mundo. Só pessoas que não vivenciaram podem ter ilusões a esse respeito; está espalhado pelo mundo.

Tão logo um problema seja coletivo, ele tem a ver com a história daquela sociedade específica, e deve haver simbolismo coletivo. Nenhum problema coletivo surgiu apenas hoje, nossas condições são completamente históricas. Considerem a questão do casamento em geral: ela tem tremendas conexões históricas, as leis sobre o casamento têm uma idade considerável, e todos os nossos costumes matrimoniais e nosso sistema moral de lidar com o sexo são muito antigos. As pessoas dizem: "Isso são ideias ultrapassadas – que se danem!" Mas se um problema é coletivo, é histórico, e não podemos explicá-lo sem explicar a história; inevitavelmente entramos em discussões históricas. Não é só você o tolo para estar casado assim, todos nós estamos casados assim, segundo leis antigas, ideias sagradas, tabus etc. O casamento é um sacramento com leis inquebrantáveis, você deve criticar os costumes, não as pessoas.

Por trás de tudo o que fazemos há uma filosofia geral; uma filosofia viva é uma religião. O cristianismo é nossa filosofia. Que florescia desde o tempo de Augusto e está por trás de inúmeros tabus, leis etc. Assim vocês veem que não podemos evitar voltar à história – não é algo despropositado. Devemos admitir que o sonhador, em suas associações literais, não traz isso; só depois ele se tornou consciente da necessidade disso. Naturalmente, não vemos nada histórico no que fazemos quando estamos inconscientes. Nossa linguagem está repleta das coisas mais extraordinárias das quais não estamos conscientes, nós as usamos sem parar para refletir. Por exemplo, quando vocês dizem: "Eu estou sob tratamento do Dr. Fulano", vocês estão usando o termo latino *trahere*, empurrar: o médico está empurrando vocês pelo buraco do renascimento, e, quando ele os restabeleceu, vocês dizem: "O médico me empurrou". Houve uma clínica pré-histórica em Cornwall, a Menanthole[2], uma enorme laje de pedra com um buraco pelo qual os pais empurravam seus filhos, e se supunha que doentes eram curados dessa maneira. Eu mesmo atravessei o buraco. E na Alemanha, no século XIX, havia o costume de fazer um buraco na parede atrás do leito de um doente e empurrá-lo através deste para o jardim do renascimento.

Mas o sonhador fala de uma sala em que muitas pessoas se reúnem, não cada uma por si, mas juntas, como que participando de um jogo ou jantar, onde todos sentam à mesa encarando uns aos outros e fazendo as mesmas coisas. Assim estamos unidos a ele como num teatro ou restaurante, estamos vendo as coisas juntos. A sombra o adverte que venha e faça algo com muitas outras pessoas, de modo a sentir a comunidade naquele seu problema particular. Vocês perceberão o que isso significa para um homem que pensa ser o único a sofrer de seu mal particular e que se sente responsável por isso. Quando ele descobre ser um problema geral, se sente confortado, o põe na conta da humanidade; ele sabe que muita gente está tendo a mesma experiência, e que pode falar com elas sobre isso; agora ele sabe que todo mundo entende. A prescrição específica no Novo Testamento – "confes-

---

2. Perto de Penzance, e não muito distante de Polzeath, onde Jung deu um seminário em julho de 1923. A pedra também é chamada Menetol. Cf. HAWKES, J. *A Guide to the Prehistorie and Roman Monuments in England and Wales* (1951), p. 169, apud GIEDION, S. *The Beginnings of Art* (1962), p. 159-161, com ilustrações da pedra.

sai vossas culpas uns aos outros" e "suportai-vos uns aos outros"[3] – mostra a mesma psicologia que temos aqui no sonho. Devemos sentir comunhão e companheirismo no problema que é nosso fardo particular, essa é a admoestação do sonho.

Em primeiro lugar houve a associação de *jeu de paume* e da *pelota basque*. O *jeu de paume* era disputado em tempos medievais, não com uma raquete, mas com a palma da mão; e a mesma ideia estava na *pelota basque*, mas a bola era jogada contra a parede; então uma terceira versão foi o *jeu de paume* conforme praticado na igreja, com os clérigos jogando a bola um para o outro. Não sei que tipo de figuras eles faziam, mas todos jogavam o mesmo jogo. E nós jogamos também, o jogo de bolas se tornou quase uma figura de linguagem entre nós; frequentemente usamos as metáforas "lança a bola", "jogue o jogo", "saquei"*. Isso simplesmente significa jogar junto; todos jogamos juntos e, uma vez que reagimos, estamos todos conectados, responsáveis e vivos – essa é a ideia.

Então há uma versão particular aqui, uma mera associação, portanto não devemos exagerar: no caso da pelota jogada contra a parede, quando a bola é apanhada não por outra pessoa, mas pela própria, pode haver um elemento de autoisolamento ou autoerotismo. Jogar bola dessa maneira, sem um parceiro, mas com a parede, há uma conotação particular. Mas não podemos forçar: temos de manusear os sonhos com nuanças, como uma obra de arte, não lógica ou racionalmente, como se pode proceder a uma argumentação, mas com uma pequena restrição em algum momento. É a arte criativa da natureza que faz o sonho, portanto devemos fazer jus a isso quando tentamos interpretá-los. Que haja aqui uma nuança que poderia indicar um jogo autoerótico, jogando sozinho, não junto, facilmente decorreria do fato de que o homem jogará sozinho a princípio. Algumas pessoas falam "para as paredes" e não para companheiros: esses falantes são mais ou menos autoeróticos, eles conversam com eles próprios, mesmo quando falam em comunidade.

Se o sonhador atender a intimação da sombra, ele verá que seu problema é coletivo, deve ser posto em conexão geral com o espírito de seu tempo, e não escondido, considerado como erro de um indivíduo, e, além disso, que famílias felizes e normais não são assim. Seu problema não deve ser discutido tão somente nos confortáveis termos do preconceito geral, supondo-se que o mundo é feito de famílias legais em casinhas legais, com chá das cinco e carrinhos de bebês para nossas fofuras! Há as coisas mais terríveis por baixo disso, coisas com as quais tenho de me incomodar. As pessoas "jogam para a torcida", como se não houvesse problema algum! Todo esse trecho do sonho o prepara para o fato de estar entrando num problema coletivo, e a solução será algo igualmente impessoal: algo como

---

3. Tg 5,16; Gl 6,2.

* No original "*I catch it*" [N.T.].

uma comunhão, uma iniciação, uma peça de mistério na igreja, um tipo de jogo ritual como o simbolismo central do culto de Mitra. Vocês recordarão que quando falamos do culto o inconsciente começou a reagir por toda a parte, e nós temos toda uma série de sonhos com touros, o que prova que a coisa está praticamente ativa mesmo aqui e é um problema geral para as pessoas aqui e agora.

Agora, depois desta afirmação geral, que o prepara para uma atitude inteiramente diferente ante seu problema particular, o sonho retorna mais uma vez ao aspecto pessoal das coisas, a condição patológica da criança. Sua condição é mórbida porque os estudos ocultistas não levam a lugar nenhum; eles são apenas uma tentativa de sublimação, uma sublimação que nunca responde aos problemas reais e urgentes dos tempos. O que deve ser feito agora com a criança? Está muito bem dizer que isso é um problema coletivo, *mais it faut cultiver son jardin*[4]*, voltar ao seu próprio problema, à sua própria criança, vir e admitir que você está entediado com sua cara esposa em casa. Psicologicamente isso significa que ele deve *reconhecer sua sombra*, o homem inferior que não se ajusta a condições racionais, um tipo de primitivo mais consciente das necessidades da natureza, que o força a admitir seu aborrecimento. Ele então conquistaria um conhecimento de sua sombra, admitiria seu ser natural e se conciliaria com ele, e não mais negaria a verdade sobre sua própria psicologia. Já que ele não pode fugir de sua sombra, se tornará consciente do lado de si próprio menos elegante. Então a sombra e a anima podem ter uma relação real, com o resultado de que a criança se curará.

E quando a sombra e a anima têm um relacionamento apropriado, há uma chance de a relação dele com a mulher melhorar, de que ele possa ter um relacionamento individual com ela. Pois ele só pode estabelecer um relacionamento real quando está consciente de sua sombra. Nós nos permitimos as mais incríveis ilusões sobre nós mesmos e pensamos que os outros nos levam a sério. É como se eu devesse ter a ilusão de que meço apenas um metro e meio de altura – pura loucura! Isso não é mais absurdo do que as pessoas quererem nos fazer crer que são muito morais e respeitáveis. Não é verdade, e como você pode estabelecer uma relação real se as pessoas não são reais, não são como realmente são? Sabemos que as pessoas, em vez de respeitáveis ou morais, são apenas e incuravelmente cegas. Como você pode estabelecer um relacionamento individual com uma criatura dessas? É de enjoar o estômago, é nauseante. Eu preferiria ter um relacionamento individual com um cão, que não presume ser um cão respeitável, um cão sagrado, ou qualquer outro tipo de cão – nada mais que um cão! Há pessoas que têm a ilusão de serem melhores que os outros, que presumem ser diferentes, como se tivessem

---

4. VOLTAIRE. *Candide* (1759), linhas finais.

* "Mas deve-se cultivar o próprio jardim" em francês no original [N.T.].

outro tipo de sangue. Isso é uma ilusão; portanto nenhuma relação individual é possível com gente assim.

Antes de mais nada, nosso homem deve abrir mão de suas ilusões, admitir que não é respeitável e que está entediado; e ele deve *contar à sua esposa* que está morto de tédio e que, ao mesmo tempo, "às vezes minha sublimação não funciona bem" se ao menos ele conhecesse sua esposa isso seria mais fácil. Ela ficaria ofendida pela infidelidade dele, mas à noite se entregaria, ela própria, aos demônios do animus – só ele não sabe disso. Se ele a pedisse para se interessar no que ele está lendo, muito provavelmente ela dirá: "Oh, não consigo ler livros tão difíceis", e ele pensa que ela é boa e doce demais? Se ao menos ele estivesse consciente dela, como ela realmente é, ele poderia achar mais fácil falar das falhas de sua sublimação.

Mas para colocar tudo isso em prática, há algo mais?

Palestra VI

12 de dezembro de 1928

Dr. Jung: Chegamos agora a uma parte importante da interpretação deste sonho, ou seja, à crítica de vocês e à questão do caráter histórico das associações. Eu expus minhas impressões sobre este sonho muito livremente, e lhes dei uma oportunidade de ver como se pode compreendê-lo. Eu lhes dei muito do material pessoal do paciente e toda a atmosfera do sonho, pelo qual eu compreendo a disposição histórica que subjaz à nossa mente presente. Este último ponto é frequentemente malcompreendido. Dizem: "Por que fazer qualquer paralelo histórico? É irrelevante e mera fantasia". Mas o paralelo histórico não é irrelevante, é por demais importante, particularmente porque nós, brancos, não percebemos em que medida somos os descendentes, os filhos, de uma longa série de ancestrais. Gostamos de nos comportar como se tivéssemos sido feitos recentemente, acabado de sair das mãos de Deus, sem nenhum preconceito histórico, a nossa mente uma *tabula rasa* de nascença. Esta é uma projeção peculiar de nossas mentes, essa vontade de ser livre, não coagida por nenhum *background*: é um tipo de ilusão da nossa consciência com vistas ao sentimento de uma completa liberdade, como se o passado histórico fosse aprisionador e não permitisse o movimento livre – um preconceito que, de novo, tem razões psicológicas.

Nossa mente presente é o resultado do trabalho de centenas ou quiçá de um milhão de anos. Há uma longa história em cada sentença, cada palavra que dizemos tem uma tremenda história, cada metáfora é repleta de simbolismo histórico; elas não teriam nenhuma ressonância se isso não fosse verdade. Nossas palavras ressoam a totalidade desta história que outrora esteve tão viva e que ainda existe em cada ser humano. Com cada palavra nós tangemos uma fibra histórica, por assim dizer, em nossos companheiros; e por isso cada palavra que dizemos toca esta corda em cada outro ser vivo quando falamos a mesma língua. Certos sons percorrem toda a terra: sons de medo e terror, por exemplo, são internacionais. Os animais entendem as expressões de medo de espécies totalmente diferentes, uma vez que eles têm a mesma fibra subjacente.

Assim não há como entender um sonho sem antes entender a atmosfera, a história das imagens subjacentes. Existem problemas pessoais nos sonhos que podem parecer importantes apenas para aquele caso em particular, mas se nos aprofundamos em sua estrutura, em seu discurso simbólico, entramos em suas camadas históricas e descobrimos que aquilo que a princípio parecia ser apenas um problema pessoal, é muito mais profundo, estendendo-se ao próprio analista e a todos os que o escutam. Não se pode deixar de mencionar o modo pelo qual nossos ancestrais tentavam expressar o mesmo problema, o que nos leva a uma questão histórica.

Quando vocês estão dormindo em seu próprio quarto silencioso sonhando seu próprio sonho particular, que conexão existe entre seu sonho específico e as pirâmides? – os dois parecem incomensuráveis. Ainda assim, vocês podem encontrar um paralelo com o seu sonho em um texto egípcio contendo os mesmos símbolos. Ou você pode ver uma tradução de certos hieróglifos em um livro muito erudito por E.A. Wallis Budge e pensar: aquilo é o Egito e isto é o meu sonho e é uma tolice comparar os dois, não há nada de comum. Mas o escriba que produziu aquele texto que era um ser humano, na maioria dos aspectos exatamente como você – cabelo, dois olhos, um nariz, duas orelhas e mãos, as mesmas funções naturais, ele foi feliz, triste, amado, nasceu e morreu, e essas são as principais características. Até mesmo as nossas doenças são praticamente as mesmas; algumas doenças foram extintas e algumas são novas, mas no todo não existem diferenças. As principais características da vida humana permaneceram as mesmas por cinco ou seis mil anos ou mais, por um período interminavelmente longo. As tribos primitivas eram movidas pelas mesmas emoções que as nossas. O horizonte de um camponês é diferente, mas as principais características são as mesmas, as concepções fundamentais da vida e do mundo são iguais; e nosso inconsciente fala uma língua que é a mais internacional. Analisei sonhos de negros da Somália como se eles fossem pessoas de Zurique, com a exceção de certas diferenças de linguagens e imagens. Enquanto os primitivos sonham sobre crocodilos, jiboias, búfalos e rinocerontes, nós sonhamos ser atropelados por trens e automóveis. Ambos têm a mesma voz, realmente; nossas cidades modernas soam como uma floresta primitiva. O que nós expressamos pelo banqueiro, o somaliano expressa pelo píton. A linguagem superficial é diferente, mas os fatos subjacentes são exatamente os mesmos. Essa é a razão pela qual podemos fazer paralelos históricos; não se trata de um exagero, essas coisas estão muito mais vivas do que poderíamos pensar ou supor.

Existe um antigo pergaminho escrito na antiga língua germânica que contém uma invocação a Wotan (Odin) e Baldur; é extremamente raro e precioso, amarelado pela idade, e é mantido sob um vidro em um museu em Zurique. Quando alguém o lê, pode dizer: "Ah, de que distância, poderia muito bem ter vindo da lua!" Pode-se pensar que tudo isso desapareceu. Mas há uma vila no cantão de

Zurique onde os camponeses ainda estão vivendo seguindo o mesmo livro, só que agora, em vez de Wotan e Baldur, é Jesus Cristo e seus discípulos[1]. Há um pouco de psicologia medieval nele, mas no fundo ainda é a mesma antiga. Agora, se um menino ou menina de uma daquelas famílias vem ao analista e sonha com qualquer coisa antiga fora desse livro, e o analista faz uma relação entre eles, as pessoas iriam dizer que isso era um exagero. Mas eles simplesmente não sabem e não querem saber; eles odeiam pensar que as superstições antigas ainda sejam válidas.

Tome como exemplo uma reunião de 50 pessoas normais e pergunte a elas se são supersticiosas e elas irão jurar que não são, mas também que não irão morar na casa de n. 13! Eles têm certeza de que eles não têm medo de demônios, fantasmas, espectros, mas batam na parede de seus estúdios e eles saltarão a distância, eles acreditam em fantasmas. E desenvolvem ideias e fantasias que podem ser encontradas somente na literatura antiga. Ou talvez na Babilônia, Mesopotâmia, China, Índia, se encontrem esses mesmos materiais. Tudo sai da mesma mente inconsciente, o estoque irracional e eterno do inconsciente coletivo pré-operante, que se repete ao longo dos séculos, uma espécie de linguagem eterna imperecível. Negros insanos, negros muito pretos que analisei nos Estados Unidos, tinham mitos gregos em seus sonhos – Íxion na roda[2], por exemplo. É apenas ilusão quando você acredita que eles estão distantes, o Negro tem o mesmo tipo de inconsciente que aquele que produziu esses símbolos na Grécia ou em qualquer outro lugar. Cientistas gostam de pensar que os símbolos migraram. Isso não é verdade; eles são completamente autóctones. Um símbolo antigo babilônico poderia ser produzido por uma serva de Zurique. Aqueles povos antigos eram exatamente como nós somos hoje, não eram nem sequer anatomicamente diferentes; você poderia ver um homem de Neandertal nos carros de ruas de Zurique hoje em dia. Precisaríamos voltar 50 ou 60 mil anos no tempo para que encontrássemos diferenças anatômicas significativas nos seres humanos. Eu queria deixar tudo isso bem claro porque senti que alguns de vocês não entenderam por que eu falei tanto a respeito do *jeu de paume* e das touradas. Essa é a razão dos paralelos históricos.

Pergunta: Eu acho que você disse – no seminário de Zurique, em 1925 – que, quando a anima tem uma criança, ela morre.

---

1. Para uma discussão sobre a sobrevivência da magia medieval na Suíça cf. "Um mito moderno sobre coisas vistas no céu" (1958). OC 10/4, § 700.

2. No outono de 1912, enquanto estava nos Estados Unidos para suas palestras na Universidade de Fordham, Jung "analisou" alguns pacientes negros no hospital psiquiátrico do governo, St. Elizabeths. Washington, D.C. Cf. The Freud/Jung Letters, 11 de nov., 1912. Ele nunca escreveu o material, mas se referiu a ele em *Tipos psicológicos* (1921). OC 6, § 747. • "Tavistock Lectures" (1935). OC 18/1, § 81ss. • *Símbolos da transformação* (1952; adicionado a esta ed.). OC 5, § 154. Sems.: "Sísifo", erro, utilizado no lugar de "Íxion", a figura mitológica mencionada por Jung nas últimas duas citações.

Dr. Jung: Aquilo é metafórico apenas. É como se a personificação do inconsciente ganhasse vida por meio de determinados conteúdos, e quando a personificação é esgotada desses conteúdos então aquela determinada personificação desmorona. Como dar a um fantasma o seu nome verdadeiro – ele desmorona.

Pergunta: No Sonne[3] discutimos a doença da criança. Era crônica ou aguda?

Dr. Jung: O sonho dá a resposta. Vocês se lembram de que a associação com a doença da criança foi que a irmã do sonhador havia perdido uma criança que teve disenteria. De acordo com essa associação podemos supor que a criança do sonho está doente assim como a criança real da irmã esteve doente. Há sempre um paralelo; o sonhador geralmente esconde a sua ideia inconsciente em termos da vida ou experiência real, como os cães sonham sobre ossos, e os peixes sobre peixes. Portanto, quando analisar um homem cuja profissão você não conhece, se ele sonhar com carne, articulações etc., você pode supor que ele é um açougueiro, ou um cirurgião, ou um professor de anatomia. Uma vez que a criança está intimamente associada, devemos assumir que ela foi infectada e não necessariamente nasceu doente. A criança é uma expressão simbólica do seu novo interesse nos estudos ocultos, o que não é necessariamente errado. Tudo depende da atitude. Se alguém estuda o oculto com a atitude errada pode ser infectado, afinal este campo está repleto de armadilhas metafísicas nas quais se pode cair e desaparecer, como em um buraco negro, e tornar-se um astrólogo, um teosofista, ou um praticante de magia negra. Este homem corria o perigo de tornar-se um teosofista. Nada é dito diretamente no sonho sobre a duração da doença, mas podemos concluir, a partir do paralelo que deve ter sido bem rápido, que os estudos do ocultismo não devem ter incomodado a criança por muito tempo. É provável que tenha sido uma doença aguda resultante da indigestão. Ele me disse que após um tempo sentiu-se "peculiarmente vazio", e então jogou fora os livros: "Me enjoei daquilo".

Pergunta: Há algo que não está muito claro para mim sobre o animus e a anima. O animus não é o mediador entre o indivíduo e o mundo da sombra? O ego não obtém sua matéria-prima através do animus? Fausto não é um animus?

Dr. Jung: Se tomarmos Goethe como um ser humano, então uma parte é Fausto, e a outra parte é o diabo, a sombra típica. Fausto seria a personificação grande, heroica e idealizada da aspiração consciente de Goethe; e Mefistófeles, a personificação de todos os seus inconvenientes e defeitos, a negatividade de seu intelecto, a parte escura, a sombra. Isso, no entanto, não tem nada a ver com animus ou a anima. Mas se você sonhar sobre Goethe, então ele funcionará como uma figura de animus, a personificação do inconsciente Dr. Goethe em você. Você poderia expressar a situação num retrato de uma mulher em uma montanha entre dois mares,

---

3. Pequeno hotel em Küsnacht, perto da casa de Jung, frequentado por seus pacientes e alunos.

luz de um lado e escuridão do outro, e do escuro surge uma grande figura, Goethe. Essa é a forma que pareceria à sua imaginação. Mas vamos voltar ao nosso diagrama (p. 69). O indivíduo seria o centro da personalidade. E nós representaríamos Goethe pelo pequeno círculo no lado escuro inconsciente. O que o homem está fazendo lá, no mundo das sombras? Ele é uma função psicológica que traz alguma mensagem do inconsciente, ou carrega alguma intenção para baixo no inconsciente. Vocês podem perguntar a ele, e ele pode informar vocês, ou vocês podem lhe dizer algo. Ele é um tipo de figura humana a tornar-se seu mediador e mensageiro, uma função da personalidade.

Na outra metade do círculo aparece outra figura. Essa é a sua persona ou máscara, é como você gosta de aparecer para o mundo ou como o mundo faz você parecer. A persona também dá informações. Esta manhã, antes de vir aqui, vesti a minha capa profissional, a do Dr. Jung, para o seminário. Vestido nela apareço diante de vocês e posso ser mais ou menos satisfatório a vocês, como me satisfaz: estou fazendo parcialmente o que vocês querem ou esperam que eu faça, e em parte fazendo o que vocês não querem ou gostam – essa é a minha escolha.

O inconsciente pessoal é uma camada de conteúdos que poderia também ser consciente; é perfeitamente desnecessário ter um inconsciente pessoal, uma espécie de negligência. As pessoas não deveriam estar inconscientes dos fatos naturais: simplesmente não há sentido em não estarmos cientes sobre fome, problemas com sexo, relações específicas com pessoas específicas etc. Todas essas coisas devem ser conscientes. Ninguém deve imaginar que são diferentes dos outros, ou que são perfeitamente morais ou estéticas ou qualquer outra ilusão. Estas pessoas são incapazes de perceber o inconsciente impessoal, muito naturalmente, pois estão sempre no escuro e portanto nunca conscientes dele até que o inconsciente pessoal desaparece, isto é, desde que tenham teorias erradas, expectativas, ilusões sobre si mesmos ou sobre o mundo. Ninguém se aproxima do Reino dos Céus sem antes ter passado pelas chamas e ter sido queimado por todos os lados. O inconsciente coletivo é o desconhecido nos objetos.

Pessoas que não possuem critério psicológico supõem que são sempre as mesmas, mas isso é uma função grande demais. O que vemos do indivíduo é a persona. Somos todos como conchas aqui, apenas superfícies, e temos ideias muito fracas do que temos do lado de dentro. Ao realizar todas as suas pequenas tarefas, a maioria das pessoas acredita que elas são suas máscaras, e assim tornam-se neuróticas. Se eu tivesse que acreditar que sou exatamente aquilo que faço, isso seria um terrível engano, eu não caberia nesse sujeito. Do momento que digo que estou apenas desempenhando um papel temporário para agradá-los, eu me sinto bem. Eu preciso saber que por enquanto estou desempenhando o papel de César; mais tarde eu me torno bem pequeno, um mero nada, sem importância. Portanto essa crosta pessoal é uma função pronta da qual você pode se retirar, ou na qual você pode entrar à vontade. De manhã posso dizer "*Je suis roi*", e à noite, "Ah, dane-se tudo, é tudo bobagem!" Se as pessoas se identificam com a crosta, elas não podem fazer nada a não ser viver a sua biografia, e não há nada imortal sobre elas; elas se tornam neuróticas e o demônio as dominará. Wagner foi um grande artista, um grande criador; ele foi pregado nessa cruz. Quando ele convidava amigos, eles tinham que trazer as garrafas; e ele tinha que escrever cartas para uma dama em Viena a respeito de robes de seda cor-de-rosa! Esta persona pode ser algo muito atraente; se alguém tiver a chance de possuir uma persona atrativa, é certo que ela se identificará e acreditará ser ela, e então se tornará vítima dela mesma. Sonhos muitas vezes personificam a persona como um objeto muito pouco atraente. Se eu imaginar que sou aquilo que pareço ser, eu teria um sonho de um espantalho miserável que simbolizaria minha persona. Isso acontece porque não estamos vivendo apenas nessa figura e em nossas relações, mas também em todos os tipos de maneiras comuns, enquanto comemos, dormimos, vestimos e nos banhamos etc. Wagner não era um grande compositor dia e noite: quando ocupado em suas funções naturais, as executava da maneira comum a todos os humanos, nada extraordinária; caso contrário seria uma perversão e estaria totalmente errado. Assim as pessoas que estão identificadas com suas personas são forçadas a fazer coisas extraordinárias por trás da tela como uma forma de compensação, para pagar tributos aos deuses inferiores.

O oposto da persona é a anima e animus. É extremamente difícil aceitarmos que temos um lado escuro. Claro, isso é apenas uma representação, tudo isso é metafórico e figurativo; é para expressar o fato de que quando você se volta para o mundo consciente com o propósito de executar qualquer tipo de atividade, você o faz por meio da máscara ou persona, por meio desse sistema de adaptação que você construiu com tanto sacrifício ao longo de toda uma vida. E então, quando você parte deste mundo, você se retira e pensa que está sozinho consigo mesmo, mas o Oriente diz: "Você se esquece do homem velho que habita seu coração e a tudo assiste". Então, por si só, você chega ao ponto crítico, ao seu inconsciente pessoal. Os extrovertidos, e todas as pessoas que se identificam com as suas personas, odeiam ficar sozinhos porque começam a enxergar a si mesmos. Nossa própria sociedade é sempre a pior: quando estamos a sós com nós mesmos, as coisas tornam-se muito desagradáveis. Quando há muito inconsciente pessoal, o coletivo fica sobrecarregado; as coisas das quais devemos ter ciência parecerem exercer pressão sobre o inconsciente coletivo e acentuar as suas qualidades excepcionais. Há uma espécie de medo, um pânico, que é típico do inconsciente coletivo: como o medo do mato, espécie particular de medo que toma conta de você quando você se encontra sozinho no mato. É aquela sensação peculiar de extravio no mato – a coisa mais horrível que se pode imaginar, as pessoas enlouquecem de uma hora para outra – ou você pode desenvolver um sintoma de se sentir observado por todos os lados, de olhos que observam por toda a parte, olhos que você não pode ver. Uma vez, no mato na África, eu fiquei andando em um círculo pequeno durante meia hora a fim de evitar que minhas costas ficassem voltadas para os olhos que eu tive a sensação de que estavam me observando – e eles estavam lá, sem dúvida, os olhos de um leopardo talvez. Quando você chega a essa solidão consigo mesmo – quando você está eternamente sozinho –, você é empurrado sobre si mesmo e se compromete com a conscientização de seu histórico. E quanto mais inconsciente pessoal existir, mais o inconsciente coletivo se imporá sobre você. Se o inconsciente pessoal for esclarecido, não haverá pressão alguma, e você não será aterrorizado; você fica sozinho, lê, caminha, fuma, e nada acontece, tudo permanece "apenas como está", uma vez que você está em acordo com o mundo.

Mas ainda pode existir alguma atividade independente no inconsciente coletivo causada por alguma atitude errada no consciente. Você está consciente de suas deficiências pessoais, estéticas e morais, mas a sua atitude consciente pode estar errada de alguma forma. Por exemplo, você pode saber que você não é muito confiável e então pensa: "Eu não devo ser uma pessoa indigna de confiança, devo negar isso, devo mudar rapidamente para uma condição redimida: de hoje em diante devo ser digno de confiança, nunca mais devo fazer aquilo, agora estou redimido". Mas isso não funciona, e no dia seguinte você está fazendo as mesmas e velhas coisas. Esta é a típica fórmula cristã: A partir de hoje eu nunca mais farei isso.

Um padre idoso da Igreja estava muito incomodado porque alguns homens santos tinham pecado mesmo depois de serem batizados e redimidos. Ele concluiu que o batismo não havia sido feito corretamente, que algo devia ter dado errado no ritual e portanto as pessoas que pecaram deviam ser batizadas mais uma vez, moralmente esterilizadas uma segunda vez. Mas, novamente, houve alguns demônios que pecaram. Então ele os considerou como almas sem esperança e decidiu que aquelas eram almas perdidas, a caminho do inferno! Essa é a ideia cristã de pular para dentro do Reino dos Céus com um único e grande salto. Isso *não* é verdade; essa ideia de reforma súbita é errada. Você não pode se despir de seu pecado e lançar todo seu fardo de lado. Pensar assim é errado.

Todo o sentido do pecado é que você tem que carregá-lo. Qual é a utilidade de um pecado se você pode jogá-lo fora? Se você está completamente ciente de seu pecado, você deve carregá-lo consigo; viver com ele, afinal, ele é você mesmo. Caso contrário, você estará negando seu irmão, sua sombra, o ser imperfeito em você que segue e que faz tudo o que você reluta em fazer, todas aquelas coisas que você é muito covarde ou muito decente para fazer. Ele comete o pecado, e se esse companheiro é negado, ele é pressionado para o inconsciente coletivo e causa distúrbios ali. Pois é contra a natureza, você deve estar em contato com a sua sombra, você deve dizer: "Sim, você é meu irmão, devo aceitá-lo". Você deve ser bom para si mesmo, e não dizer ao seu irmão: "*Raca*, eu não tenho nada a ver com você![4] "É um erro negar a sombra. Se você o faz, uma reação do inconsciente coletivo irá pairar acima da escuridão na forma de alguma personificação. O homem devoto diz para si mesmo: "Não, isso não!", e empurra a sombra para longe e fica bastante satisfeito. Então de repente imagens peculiares, fantasias sexuais, começam a surgir em sua mente vindas do abismo; quanto mais devoto, mais cruéis são as coisas que acontecem a ele. Ele é uma espécie de Santo Antônio, e um homem assim tão devoto terá visões terríveis. Talvez uma mulher venha à sua mente; essa é a anima surgindo, usualmente como uma mulher nua, natural ao extremo. Isso é a natureza derrubando um tabu, a vingança do inconsciente coletivo. O inconsciente coletivo é real, assim, quando uma anima ou animus vem à tona, aquilo é real. E qualquer um pode ser o inconsciente coletivo de outro; as pessoas irão se comportar como demônios se comportariam se eles pudessem chegar ao abismo – "*homo homini lupus*"[5], o homem é o lobo do homem, a ideia do lobisomem.

Mesmo quando você pensa que está sozinho e pode fazer o que quiser, se você nega a sua sombra haverá uma reação da mente que sempre é do homem de um milhão de anos de idade dentro de você[6]. Você nunca está sozinho, porque os olhos dos séculos zelam por você; você sente que está na presença do Velho Homem, e sente sua responsabilidade histórica dos séculos. Assim que você faz algo que é contra o plano secular, você peca contra as leis eternas, contra a verdade média, e aquilo não irá ajustar-se. É como se você tivesse comido algo que não fez bem aos seus órgãos digestivos. Portanto você não pode fazer o que quiser, pensar o que quiser, porque poderia ferir essa consciência que tem a idade de um milhão de anos; de uma maneira brusca ela irá reagir. Ela tem muitas maneiras de reagir, e talvez você não sinta o impacto imediato, mas quanto mais ciente do inconsciente você se torna, mais você desenvolverá seu sentido intuitivo de cumpridor da lei e mais noção terá quando tocar a linha que não deve ultrapassar. Se você transgredir, sofrerá uma reação, de forma imediata ou indireta; se você tiver feito a coisa errada, uma reação muito poderosa pode alcançá-lo por meio de você mesmo, ou você pode simplesmente tropeçar e bater a cabeça. Você achará que isso é meramente acidental, sem lembrar o que você fez de errado ou quando teve o pensamento errado.

Isso é simples, mas há uma maneira remota mais complicada; uma reação pode alcançá-lo por meio de seus companheiros humanos, por meio de ondas em

---

4. Cf. Mt 5,22.

5. Cf. PLAUTUS. *Asinaria*, 495.

6. Cf. "O homem de dois milhões de anos" (1936), uma entrevista no *C.G. Jung: entrevistas e encontros*.

seus arredores. A reação não se dá apenas em você, mas em todo o seu grupo. Você não pode reagir, mas alguém próximo a você ou em seu entorno imediato, alguém próximo e querido a você, seus filhos talvez, irão reagir; mas eles lhe terão feito justiça porque você transgrediu. Ou circunstâncias desconcertantes podem assumir o controle da vingança. O inconsciente coletivo não é uma função psicológica em sua cabeça, é o lado sombrio do próprio objeto. Como a nossa personalidade consciente é uma parte do mundo visível, então o nosso lado sombrio é um corpo no inconsciente coletivo, é o desconhecido nas coisas. Portanto tudo o que é possível chega a você pela sombra. Nem todas as reações o alcançam na forma de efeitos psicológicos, mas como ações aparentes de outras pessoas ou circunstâncias.

O tempo durante o qual essas circunstâncias permanecem unidas é hipótese, mas a superstição de todos os tempos afirmou esta hipótese – alguém errou ou algo assim não aconteceria. Se há uma circunstância do mal, você está perfeitamente seguro em assumir que existe algo errado em algum lugar. Durante uma tempestade no mar, por exemplo, supõe-se que há um homem mau a bordo – a mente geral culpa algum homem malvado. É como se eu dissesse: "Este medicamento não vai funcionar, mas beba este chope, e você ficará bem", e isso funciona. Soa para nós como a superstição mais antiquada, em busca do agente do mal no caso de um barco estar afundando, mas é sábio assumir que se as coisas estão dando errado, alguém esteve transgredindo; pois isso satisfaz o inconsciente e permite o bom funcionamento da nossa psicologia e digestão. Não podemos dizer o porquê, mas é fato que é sábio pensar de uma forma que se adapte ao Velho Homem; fazer de outra maneira poderia servir a você ou ao seu racionalismo, mas retiraria algo do mundo.

Existe uma lenda judaica, bonita e desonrosa, do Demônio Maldoso da Paixão[7]. Um homem velho muito piedoso e sábio, a quem Deus amava por ele ser tão bom, e que tinha meditado muito sobre a vida, compreendeu que todos os males da humanidade vêm do demônio da paixão. Então ele prostrou-se diante do Senhor e implorou para que Ele removesse o Espírito Maligno da Paixão do mundo, e como ele era um homem velho muito piedoso, o Senhor acatou seu desejo. E como sempre acontecia quando ele havia realizado algum grande feito, o homem piedoso ficou muito feliz, e aquela noite, como de costume, ele entrou em seu belo jardim de rosas para desfrutar o perfume das rosas. O jardim parecia o de sempre, mas algo estava errado, o perfume não era bem o mesmo, algo estava faltando,

---

7. De acordo com Gershom Scholem, a ideia em que esta lenda está baseada encontra-se no Tratado Talmúdico Yoma 69 b, em que conta-se que em uma determinada época Israel conseguiu afastar o "desejo do mal" (desejo sexual), mas após três dias nenhum ovo fresco foi encontrado em toda a terra de Israel. Scholem especula que a origem da ampliação da ideia por Jung possa ser um conto folclórico de origem judaico-arábica de alguma coleção que ele desconhece (Comunicação pessoal).

alguma substância estava faltando, como um pão sem sal. Ele pensou que poderia estar cansado, então pegou o seu copo dourado e encheu-o com um vinho antigo maravilhoso que tinha em sua adega, algo que nunca havia falhado antes. Mas desta vez estava sem sabor. Então este homem sábio tinha em seu harém uma esposa jovem e muito bela, e seu último teste foi que quando ele a beijou, ela era como vinho e o perfume, insípidos! Assim, ele subiu até o telhado novamente e contou ao Senhor o quão triste ele estava, e que ele temia haver cometido um erro ao desejar que o espírito de paixão fosse removido, e então ele implorou: "Você não poderia mandar de volta o Espírito Maligno da Paixão?" E como ele era um homem muito devoto, Deus fez o que ele pediu. Então ele testou tudo de novo, dessa vez, nada foi ruim – as rosas tinham perfume maravilhoso, o vinho estava delicioso, e o beijo de sua esposa era mais doce do que jamais havia sido!

Essa história deve dizer a vocês que algo é retirado do mundo quando se transgride as leis eternas do Velho Homem, sejam elas razoáveis ou não. O mundo e nossa existência são absolutamente irracionais e nunca se poderá provar que eles devem ser racionais. Vocês estão perfeitamente corretos em assumir que há certas considerações racionais com as quais devemos contar; os Alpes estão no centro da Europa e temos que reconhecer este fato – uma vez que dificultam o tráfego, construímos túneis para atravessá-los. E assim nossa psicologia está sujeita a certas leis que são *irracionais*, os Alpes no centro de nosso continente psicológico, e nós temos que nos acomodar com esse fato. Caso contrário, o mundo dos espíritos do mal desaparece. É sábio, é vital que estejamos convencidos de certos fatos irracionais. O critério para verdade psicológica em geral é que se submeta o que se pensa ao Homem muito Velho; se ele concordar, provavelmente estamos no caminho certo e não muito longe da verdade. Porém se o Homem Velho discordar, sabemos que estamos sozinhos, em uma missão que é unicamente nossa e que corremos grandes riscos. Podemos experimentar, não há objeção em tentar; se você preferir caminhar com suas mãos, então o faça!

Pergunta: O que acontece quando a anima retorna ao inconsciente?

Dr. Jung: A anima age como um filtro: ela fornece certos efeitos, à medida que ela pode receber certos efeitos. Pela persona nós recebemos certos efeitos e também produzimos certos efeitos em outras pessoas, e devemos assumir que o mesmo acontece com a anima. Existem razões, meramente empíricas, para esta declaração. A anima conhece muitas coisas que a maioria das pessoas desconhece. Em *She*[8], de Rider Haggard, você pode ver como a anima do inconsciente coletivo

---

8. Jung frequentemente citou a figura homônima do romance de H. Rider Haggard, *She* (1887), como um exemplo da anima. A primeira citação parece ter surgido na versão original de "Alma e terra" (1927). OC 10/3, § 75.

conhece todos os segredos que She transmite a Leo e Holly, o homem e a sua sombra. Na primeira parte do livro vemos como She consegue trabalhar em seu mundo secreto; na segunda parte Ísis está sempre surgindo por trás. Por ter a atenção de Ísis como sua sacerdotisa, She pode ter influência sobre Ísis e também receber uma influência dela. É fato psicológico que a anima é capaz de nos influenciar em nossa psicologia – da mesma forma que assim rezamos para Maria ou pedimos pela intercessão dos santos com a deidade. Os santos são figuras úteis de anima no caminho à divindade, ajudantes em um estado de necessidade contra distúrbios específicos ou males da humanidade. E eles têm seus distritos especiais. A anima é uma espécie de intercessor entre Ísis e o homem em *She*.

Você vê algo semelhante em sua psicologia quando você compreende a anima como uma reação interna a um sentimento peculiar. Suponha que você fique revoltado com um aspecto do mundo e se fixe nesta ideia, você se aproxima cada vez mais do outro aspecto: então você obtém uma reação interna com um sentimento peculiar, e isso é a anima. Um texto chinês antigo diz que quando um homem acorda sentindo-se pesado logo pela manhã e de mau humor, que isso é a sua alma feminina, sua anima – um humor peculiar que tem uma influência sobre ele, e em seu lado escuro, o inconsciente, também. Isso é provado pelos resultados daquele humor. Esta manhã, por exemplo, estive abaixo no inconsciente coletivo, e depois escalei 365 degraus rastejando, e cheguei ao limite, pisei para dentro de minha casa, no consciente, onde encontrei a minha máscara, Dr. Jung, toda pronta, assim como em Madame Tussaudi[9]. Se eu tiver algo muito desagradável no meu inconsciente coletivo, praguejo e carrego comigo um péssimo humor. Então eu afeto você com um mau humor, e você me afeta, e eu fico enojado e volto e afeto o inconsciente coletivo com o meu humor. E este irá reagir com uma série de imagens peculiares que você certamente irá receber se você permitir que sua fantasia criativa pregue peças nele. Posso criar uma cena noturna, uma tempestade marítima, vasta, selvagem, assim como aquela que um poeta poderia criar. Estas imagens podem tornar-se muito específicas e ir muito além se você se colocar em cena: agora onde estou, em que condições? Você pode ver a si mesmo em um barco arremessado pelas ondas no meio daquele mar, e então você recebe o impacto do inconsciente e percebe todas as outras imagens.

A partir dessas fantasias você pode ver o que seu humor produziu no inconsciente coletivo; elas dizem a você muito a respeito da natureza do inconsciente coletivo e como toda essa coisa funciona. Você estuda a influência de seu humor no fundo da sua mente consciente pelos efeitos que retornam para você, assim como você pode estudar a influência de sua persona no mundo exterior a partir da reação

---

9. O famoso museu de cera em Londres.

na multidão. Há muitos que só aprendem sobre si mesmos a partir das reações dos outros, através de alguém que lhe dê uma boa pancada entre os olhos. Um homem chegou a mim e reclamou amargamente: "Ele disse isso e aquilo" – enquanto, de fato, o próprio homem disse algo que provocou essa resposta, como alguém descobre por meio de perguntas o que ele fez para produzir esse efeito. As pessoas devem observar os efeitos para saberem o que sua persona de fato é. E se você quiser saber o que a anima é, esse é o caminho: receba o conteúdo de um humor, observe as imagens que retornam do inconsciente. Alguns humores são reais e necessários. Mas se eles forem inexplicáveis, demasiado fortes e irracionais (o escocês diria: "Uma sombra caiu sobre mim de um céu azul"), que significa que certos conteúdos inconscientes foram constelados; e que se você entrar nesse clima pela fantasia, o inconsciente coletivo produzirá uma série de figuras peculiares ou imagens que explicam o estado em que você está interiormente. Algumas religiões orientais tentam organizar em ritual religioso um substituto para a experiência real – para aquele processo do inconsciente coletivo.

Período de inverno

Segunda parte: janeiro-março de 1929

Palestra I

23 de janeiro de 1929

Dr. Jung:

Vamos continuar a série de sonhos que começamos em nosso último seminário, pois vocês terão uma melhor impressão de como os sonhos são analisados se nós seguirmos uma série de sonhos do mesmo paciente.

Tenho notado que existem certos preconceitos em relação à análise sobre os quais eu gostaria de falar antes de seguir em frente. Uma das coisas mais importantes a considerar é a idade do indivíduo; que deve fazer uma enorme diferença em nossa atitude quando analisamos. Tudo o que é importante na última parte da vida pode ser totalmente negligenciável na primeira parte da vida. A próxima consideração deve ser se o indivíduo adaptou-se à vida, se ele está acima ou abaixo do nível padrão de vida e se ele cumpriu expectativas razoáveis. Aos quarenta anos deve-se ter raízes, uma posição, família etc., e não estar psicologicamente à deriva. Pessoas que não têm objetivo aos quarenta, que não se casaram, que não estão estabelecidos na vida, têm a psicologia do nômade, na terra de ninguém. Essas pessoas têm um objetivo diferente daqueles firmemente estabelecidos em lares e famílias, pois essa tarefa ainda está para ser realizada. A pergunta a ser feita é: O indivíduo está adaptado normalmente ou não? Os jovens não são adaptados porque eles são muito jovens, e outros por várias razões; porque encontraram obstáculos, resistências ou por falta de oportunidade. Algumas coisas precisam ser modificadas em um caso e podem não mudar em outro. Certas formas de fantasia podem ser o pior veneno para a pessoa que não está razoavelmente adaptada. Mas quando você encontrar os germes de imaginação em um homem que está firmemente enraizado, talvez aprisionado, em seu ambiente, eles devem ser tratados como o material de mais alto valor, como joias ou germes da libertação, pois por meio desse material ele pode ganhar sua liberdade. Todos os jovens têm fantasias, mas elas devem ser interpretadas de formas diferentes. Elas são muitas vezes belas, mas em sua maioria são de importância negativa, e a menos que os jovens sejam muito bem manejados, eles ficarão presos em suas fantasias. Se você abrir a porta do simbolismo para eles, eles podem vivê-lo em vez da vida real.

Uma jovem que veio me ver há alguns dias está noiva, para casar, está apaixonada pelo homem assim como ele por ela. Ela vem fazendo análise há quatro anos, cinco dias por semana, e teve apenas três semanas de férias no ano. Perguntei a ela por que diabos ela não se casou. Ela me respondeu que ela tinha que terminar sua análise, que era uma obrigação que ela devia cumprir em primeiro lugar. Eu disse a ela: "Quem disse que você tem um compromisso com a análise? Seu compromisso é com a vida!" Essa jovem é uma vítima da análise. Seu médico também está preso. Este é um caso em que a jovem está vivendo em suas fantasias, enquanto a vida está esperando por ela. A jovem está presa em seu animus. Mesmo se ela fizesse algo tolo, isso a empurraria para a vida. Assim como está, o resultado é confusão, ar, nada. Seu analista segue uma teoria, e a moça faz um trabalho da análise em vez da vida. Se ela fosse uma mulher na segunda metade da vida o tratamento deveria ser completamente diferente, o da construção do indivíduo. Eu não questiono os motivos do médico, mas por outro lado eu sou um bruto na maneira como trato meus pacientes. Eu os vejo apenas duas ou três vezes por semana e eu tenho cinco meses de férias durante o ano!

Vou examinar brevemente o caso que estamos seguindo. O sonhador tem quarenta e sete anos, não é neurótico, é um grande comerciante, muito convencional e correto, um homem altamente intelectualizado e culto. Ele é casado e tem filhos. Seu problema é que ele está muito adaptado, ele está totalmente acorrentado por seu ambiente, por obrigação ao seu mundo. Ele perdeu sua liberdade. Assim, em seu caso, se houver qualquer vestígio de imaginação, essa deve ser valorizada. Ele sacrificou toda imaginação criativa em função de tornar-se "real", de forma que as fantasias, em seu caso, são extremamente valiosas. Agora o seu problema é muito sutil. Conscientemente, ele não podia ver o que era. Ele teve algumas aventuras eróticas com mulheres, não satisfatórias; então ele lentamente descobriu que sentia que devia ser algo mais na vida. Ele começou a ler teosofia, e ele já tinha lido um pouco de psicanálise, e então ele veio ver se eu podia ajudá-lo, eu o vi por dois anos entre idas e vindas. Na análise de seu primeiro sonho ele descobriu que estava terrivelmente entediado com a vida em geral e com sua esposa em particular. O segundo sonho foi quatro dias depois, e sonhou com base em seu conhecimento do primeiro sonho.

Aqui está o sonho [2]: "Minha esposa me pede para ir com ela atender a um chamado de uma jovem pobre, uma costureira. Ela vive e trabalha em um buraco insalubre, ela está sofrendo de tuberculose. Eu vou lá e digo à jovem que ela não deve trabalhar dentro de casa, ela deve trabalhar ao ar livre. Eu lhe digo que ela poderia trabalhar no meu jardim, mas ela diz que ela não tem uma máquina de costura. Eu digo a ela que ela pode usar a máquina da minha esposa".

O sonhador tem a impressão de ter esquecido partes importantes do sonho. Em suas associações ele diz "apesar do fato de que não há nada de erótico no sonho eu senti que tinha tal atmosfera. Quando minha mulher me pediu para fazer essa visita, eu senti que alguma coisa poderia acontecer". Você pode ver o mesmo olhar de expectativa nos rostos de homens sentados no saguão de um hotel, o olhar de um cão que poderia a qualquer momento ter uma salsicha derrubada sobre seu nariz. Assim, o sonhador tinha a expectativa de que algo poderia acontecer. "Minha esposa desempenhou um papel completamente passivo, mas eu aparentemente agi como se estivesse totalmente sozinho. Ela [a costureira] estava vestida de cores escuras, e eu me lembrei de que alguém havia me dito que as pessoas que tinham tuberculose eram muitas vezes eróticas. Quando as pessoas têm libido não utilizada, o erótico vem à tona. A máquina de costura pertence à minha esposa, e eu tenho a sensação de que ela deveria dizer a primeira palavra."

Ele associa sua própria vida aprisionada à vida da jovem. Ele não pode admitir seus sentimentos abertamente – a única coisa a fazer é que a menina trabalhe em seu próprio jardim com a máquina de costura de sua esposa. Os sentimentos de um homem respeitável não podem operar ao ar livre, portanto, "no seu próprio jardim" significa pressionar seus sentimentos de volta para seu casamento. Um de seus motivos para a respeitabilidade é o medo de que sua saúde possa ser afetada por uma doença venérea. O resultado da análise do primeiro sonho é que ele pode admitir o tédio em seu casamento. É muito difícil para um homem racional admitir o que seu Eros realmente é. A mulher não tem qualquer dificuldade especial em perceber seu princípio de relação de Eros, mas isso é muito difícil para o homem, para quem Logos é o princípio. A mulher tem dificuldade em perceber o que sua mente é. O Eros no homem é inferior, assim como é o Logos na mulher. Um homem deve ter uma quantidade suficiente do feminino em si para perceber suas relações. Eros é tarefa da mulher. Você pode brigar com um homem durante meio ano até que ele admita seus sentimentos, e o mesmo com a mulher e sua mente. É muito contraditório. Minha mãe tinha uma mente dividida, e graças a ela eu entendi a mente natural da mulher. Eu era um menino terrível e eu odiava todos os meninos bem-comportados que minha mãe gostava, aqueles com as roupas bonitas e limpas, mãos limpas etc. Sempre que eu tinha a oportunidade eu costumava espancar aqueles meninos e pregar peças neles; para mim eles eram nojentos. "Que crianças agradáveis", diria minha mãe, "e tão bem-educadas". Uma família na vizinhança tinha crianças assim, e minha mãe sempre as utilizava como exemplo para mim. Um dia quando eu tinha feito algo particularmente ultrajante a essas simpáticas crianças, minha mãe me repreendeu e me disse que eu estragaria a vida dela se eu continuasse daquele jeito. Eu fiquei profundamente deprimido e saí e sentei sozinho num canto da sala. Minha mãe esqueceu que eu estava lá e começou a falar para si mesma; eu a ouvi dizer: "É claro que não deveriam ter guardado aquele lixo", e eu instantaneamente me reconciliei com minha mãe[1].

A mulher tem duas mentes, a tradicional, convencional, e a mente natural cruel e sensível que diz a verdade. Ela pode pensar dos dois lados. Isso é muito bem-ilustrado no romance A Ilha dos Pinguins, de Anatole France. Quando o batismo foi administrado aos pinguins surgiu uma discussão sobre se esse não era um ato blasfemo, porque os pinguins não têm alma. Eles são apenas pássaros, e as aves não podem ter almas imortais porque almas pertencem apenas aos seres humanos. A discussão foi tão acalorada, que finalmente um conselho de padres da Igreja e os homens foram chamados no céu. Incapazes de resolver a questão, eles chamaram Santa Catarina. Ela elogiou ambos os lados e disse: "É verdade que pinguins, sendo animais, não podem ter almas imortais; mas é igualmente verdadeiro que pelo batismo se alcança a imortalidade, portanto", ela disse a Deus, "Donnez leur une âme mais une petite"[2]*.

A mulher, de certa forma, representa a natureza, e a Natureza é terrível, inconsistente e lógica ao mesmo tempo. Naturalmente quando um homem olha para o seu lado Eros, ele acha difícil conciliar com aquilo que lhe foi ensinado. Seu Eros tem ideias opostas, tendências conflituosas. Ainda há sua relação com a Natureza e isso o desorienta. Ele *sente* a coisa terrível que a mulher *pensa*.

Foi uma grande conquista o sonhador conseguir admitir seu tédio. Ele está solitário com seu problema. Todas as pessoas sentem esse tabu da mente natural. É claro que o sonhador esconde tudo isso de sua esposa. Poderíamos concluir que o sonho o alivia, mas isso não é verdade. Não é benevolente dizer algo consolador, pois a bondade não é algo natural. Bondade e crueldade são categorias humanas, mas não a maneira da natureza. Quando o sonho diz: "Minha esposa me pediu para ir ver a moça", ele mitiga o problema do homem. Se o homem pode sentir que sua esposa não está contra ele, ele começa a se sentir menos solitário. Temos que assumir que este sonho constelou uma atitude como se não existisse nenhuma forma satisfatória de alcançar a verdade real sobre ela.

O que é a esposa no sonho? A moça representa seus sentimentos que vão para o exterior; a esposa, o sentimento em casa, os sentimentos respeitáveis. A interpretação é "meus sentimentos, que estão com a minha esposa, têm interesse em tentar lidar com estes outros sentimentos". Na verdade sua esposa não tem interesse nestes sentimentos em relação a outras mulheres, mas o sonho diz que eles vão tornar

---

1. Jung descreve este episódio em *MSR*, p. 49, 58s. Sua mãe estava fazendo uma alusão às "*crianças agradáveis*".

2. *A Ilha dos Pinguins*. Tr. E.W. Evans (1948), p. 30. Cf. *Mysterium Coniunctionis*, OC 14/1, § 221.

* "Dê-lhes uma alma, mas pequena", em francês no original [N.T.].

o seu sentimento em relação à sua esposa mais individual, mais real se ele lidar com eles. Talvez ele tenha pensado na esposa de uma forma rígida e inflexível porque ele fez uma injustiça semelhante aos seus sentimentos. Se ele puder aprender a lidar com seus sentimentos que vão para fora, que são sentimentos criativos, sua relação para com sua esposa torna-se viva, porque duvidosa. A dúvida é a coroa da vida porque a verdade e o erro andam juntos. A dúvida é vida, a verdade algumas vezes é morte e estagnação. Quando você está em dúvida, você tem a maior oportunidade de unir os lados escuros e claros da vida. Assim que ele começa a lidar com os sentimentos externos, o relacionamento com sua esposa começa a ficar duvidoso, experimental e vivo. O sonho não tem a intenção de ajudá-lo, mas chama sua atenção para o fato de que sua relação com sua esposa será beneficiada por uma nova relação de sentimento da parte dele.

Quando uma mulher é educada para pensar somente certas coisas, ela não consegue pensar de modo algum. Você não pode fazer alguém funcionar apenas de determinadas maneiras. Se você impedir o sentir ou o pensar de alguém, ele não mais funcionará adequadamente. Se você for obrigado a acreditar em certo dogma você não conseguirá pensar sobre ele. Sentir, assim como qualquer outra função, deve ter espaço. As relações do sonhador com sua esposa serão prejudicadas pelo fato de que ele não tem permissão para sentir. Se ele puder lidar com seus sentimentos que vão para o exterior, ele poderá ter uma relação com sua esposa. "Não duvidar" é um grande erro. Chegamos agora ao entendimento do fato de que lidar com seus sentimentos não convencionais o ajudará na relação com sua esposa.

Quando ele presta atenção aos seus sentimentos, ele os encontra associados com a jovem que está contaminada com uma doença grave. Sentimentos e pensamentos podem adoecer e morrer.

Há poucos dias uma mulher veio até mim para uma consulta. Ela tinha sido paciente minha havia quinze anos. Ela era um caso difícil porque não via certas coisas, ela não queria colaborar, queria permanecer uma criança. Certas pessoas não conseguem levar a vida a sério, como se nascessem para ser eternas crianças. Se um caso vem a mim com diabetes e o paciente não presta atenção aos seus sintomas ou ao meu conselho, não há nada que eu possa fazer. Há alguns dias eu vi essa minha antiga paciente novamente. Ela estava horrível, e eu fiquei chocado. Ela percebeu e disse: "Sim, é muito ruim, mas eu não tenho nenhum problema mais". Ela queria que eu dissesse ao marido que ela não era mais histérica, e era verdade que ela não tinha problemas, nenhuma preocupação; ela os havia sugado, convertendo-os em seu corpo. Em casos assim o coração acelera por razões psicológicas, e o resultado é uma neurose comparável com um trauma pós-guerra. O sujeito se assusta com qualquer coisa e não tem controle da ação. Quando problemas são convertidos no corpo, os problemas externos somem, mas o corpo apodrece. Se a neurose tiver se aprofundado no processo psicológico[3] um tremendo tormento é necessário, talvez um risco para a própria vida. Geralmente uma porta de armadilha se fecha para sempre. Heráclito o Obscuro, o mais inteligente dos antigos filósofos, disse: "É a morte para a alma tornar-se água!"[4] É a morte da alma tornar-se inconsciente. As pessoas morrem antes que haja a morte do corpo, porque há morte na alma! Eles são como sanguessugas mascarados, andando por aí como espectros mortos mas ainda sugando. É um tipo de morte. Eu conheci um homem que converteu sua mente em polpa. Você pode conseguir se afastar de seus problemas, você só precisa ignorá-los por um tempo suficiente. Você pode fugir, mas será a morte da alma! Se nosso sonhador não prestar atenção ao seu problema de sentimento, ele perde sua alma. Vá para o saguão de um hotel – lá você verá rostos com máscaras. Essas pessoas mortas frequentemente estão se deslocando pela ala, para escapar de problemas; elas parecem estar sendo perseguidas e usam uma máscara de medo. Algum tempo atrás eu encontrei uma mulher que estava em sua terceira viagem ao redor do mundo. Quando perguntei-lhe para que ela estava fazendo isso, ela pareceu surpresa com a minha pergunta e respondeu: "Porque eu vou terminar minha viagem. O que mais deveria fazer?" Outra mulher eu vi na África em um carro Ford. Ela estava fugindo de si mesma com olhos trêmulos e cheios de medo. Ela queria confessar para mim, dizer como tinha desistido de sua vida. Ela tinha apenas a lembrança de si mesma, de como ela costumava ser. Ela estava perseguindo o que havia perdido. Quando você vê que uma determinada faísca de vida desapareceu do olhar, é porque o funcionamento físico do corpo em algum lugar falhou.

A moça do sonho é uma costureira, ou seja, uma fabricante de roupas; fabricante de novas atitudes. O nascimento de uma nova atitude tem um antigo fundo histórico. Há um mito dos negros que conta acerca de uma época quando tudo era imortal e todos podiam remover suas peles. Um dia todos estavam se banhando e uma senhora de idade perdeu sua pele; ela morreu, e é assim que a morte teve início no mundo. Por analogia, as pessoas devem se comportar como cobras, descartando as velhas vestimentas. Na confirmação católica, as meninas jovens usam roupas brancas. Na África eu vi os meninos que foram circuncidados nas cerimônias de iniciação usando uma cabana de bambu, cobrindo totalmente os seus corpos. Essa é a nova pele espiritual, uma roupagem espiritual. Os polinésios colocam uma máscara para anunciar a renovação da primavera. Durante o Carnaval coloca-se

---

3. Erro de transcrição para "fisiológico"?

4. Frag. 68. In: BURNET, J. *Early Greek Philosophy*. 4. ed. 1930, p. 138: "Para almas morte é tornar-se água, para a água, morte é tornar-se terra. Mas a terra nasce da água, e da água, a alma" (Apud *Tipos psicológicos*. OC 6, § 792, definição de "Enantiodromia").

a vestimenta do ano-novo. Você está renascido no ano-novo. – É muito lisonjeiro para o analista ser chamado de alfaiate. Quando ele aparece como alfaiate nos sonhos, ele é o criador de um novo organismo, a nova pele; ele é o iniciador de uma nova imortalidade. – Os sentimentos inconscientes do paciente que vêm sendo enviados para o exterior e que estavam sendo repudiados contêm a possibilidade de novo nascimento. Esse sentimento não convencional, a menina costureira, é a criadora de uma nova pele, a criadora da imortalidade. Se ele for em direção desse novo sentimento, uma nova vida será dada a ele.

Tudo que você faz e repete muitas vezes acaba morto, desgastado. Mulheres com idade acima de quarenta anos começam a perceber a sua masculinidade, e os homens sua feminilidade, porque isso é novo e não usado. Há um mito indígena de um cacique que conta que Manitou apareceu para ele e ordenou que ele comesse junto com as mulheres, sentasse com as mulheres, e se vestisse como as mulheres – uma intuição psicológica curiosa. Em alguns lugares, na Espanha, por exemplo, as mulheres mais velhas têm barbas negras e densas das quais se orgulham muito. O tom de voz das mulheres algumas vezes se torna mais grave. É frequente vermos aqui entre os camponeses à medida que envelhecem que o homem perde o apego às coisas, e a mulher toma seu lugar no trabalho. Ela abre uma pequena loja e passa a ganhar o sustento. O homem se torna mulher, e a mulher se torna homem. Aquilo que não foi considerado, aquilo vem sendo desprezado, será o lugar de nascimento do Salvador. Portanto, o sentimento, que é o mais estranho para ele, contém a construção de uma nova atitude.

Existem duas máquinas, dois métodos. Um é o da jovem, e o outro, o da esposa. A máquina é um fator psicológico, uma máquina mental a qual se pode aprender a usar e pela qual você produz resultados. A máquina é o método. Com um método você segue certo caminho, um caminho definitivo. Agora podemos ver mais profundamente o sonho. A jovem diz: "Eu tenho meu próprio caminho". Ele oferece o método de sua esposa. Como é produzido o novo método? Costurar é colocar coisas juntas. O método deve ter por objetivo aproximar e prender, juntar aquilo que foi separado. Aquilo que deve ser unido no homem, psicologicamente, é o consciente e o inconsciente. A análise os mantém unidos – isso é integração.

Palestra II

30 de janeiro de 1929

Dr. Jung:

Vocês se lembram de que paramos na última vez com a máquina de costura?

Pergunta do Sr. Gibb: "Na semana passada você interpretou o símbolo "máquina de costura" como "método". Poderíamos não ir mais longe e particularizar o método a partir desse símbolo? Cinderela ganhou um vestido para o baile, inclusive sandálias, e o método foi um movimento da varinha de condão de uma fada. Para os propósitos de um sonho, um encanto, um talão de cheque, um fio e uma agulha e tesoura, ou uma fada com uma varinha de condão, todos poderiam ter simbolizado um método para a produção de um novo conjunto de roupas, tão eficazmente como a máquina de costura, mas não teria existido uma diferença significativa no princípio envolvido em cada caso?

Meu ponto é: estaríamos nós sem razão em assumir que o material do sonho tem uma espécie de lógica própria, contanto que aceitemos completamente as premissas que seus símbolos sugerem, e evitemos projetar nele nossa própria obsessão em favor de alguma premissa particular ou princípio? No sonho em questão, o símbolo *máquina de costura* sugere a mim que aceitemos uma atmosfera de causa e efeito basicamente mecânica, tão logo este elemento dele seja considerado.

Dr. Jung: A própria natureza da máquina sugere um tipo muito particular de método. Aqui é onde eu me diferencio de Freud. Você não pode dizer que o símbolo em um sonho é apenas uma fachada atrás da qual você pode se esconder e, em seguida, dizer o que o sonho significa. O símbolo é um fato, como neste sonho é uma máquina de costura, e nós só podemos compreender esse sonho se entendermos o que a máquina de costura significa. Nós não podemos simplesmente dizer que a máquina de costura representa um método de produzir roupas novas, pois é possível obter roupas novas de diversas maneiras: de forma mística, de forma mágica etc. O propósito do método da máquina de costura significaria uma maneira mecânica, puramente de causa e efeito, uma maneira sem alma. Você pode ter uma ideia do que essa maneira mecânica pode ser pelo estudo das associações do paciente. Um símbolo em um sonho está destinado a ser o que é. Quando um médico analisa urina e encontra açúcar, ele não pode dizer que é apenas uma fachada, por isso devemos seguir a maneira que o Sr. Gibb apontou.

Nós não esgotamos o significado da máquina de costura. Eu gostaria de particularmente salientar que a máquina de costura é uma coisa mecânica. Em suas associações o sonhador diz: "Poderia ser que a menina, que está infectada com tuberculose, represente meus sentimentos doentios, aqueles que devem viver em um buraco negro? Tive a sensação de que a máquina de costura de fato pertencia à minha esposa e que ela deveria dizer a primeira palavra". Com essa associação, o que a máquina de costura representa?

Resposta: Uma relação anatômica, unicamente sexual.

Dr. Jung: Ele compreende o método como puramente mecânico, e essa é a maneira como ele olha para o sexo. Essa é a origem do eterno equívoco entre o homem e a mulher. Para a maioria dos homens a questão da sexualidade é puramente mecânica e não psicológica, enquanto para as mulheres ela está associada ao sentimento.

Sr. Gibb: O que instigou essa pergunta foi que você costuma referir-se ao material de sonho como irracional e agora você diz que é racional.

Dr. Jung: Há certas coisas irracionais que devem ser aceitas como fatos, como por exemplo que a água atinge sua maior densidade a 4°C. Isso é irracional, mas é um fato.

O sonhador me perguntou como ele deveria assimilar este material e eu lhe disse para aceitar as coisas como fatos; que essa é a forma como as coisas são. E eu disse: "Eu não sei se seu demônio ou seu anjo bom sugeriu isto, devemos apenas esperar e ver como funciona. Admito que seria muito embaraçoso para você apaixonar-se por essa garota e perturbar seu casamento, mas você está profundamente atraído pela ideia de liberar seus sentimentos. Você deve ser paciente, esperar e ver". O papel do salvador dessa pobre criatura trancada em um buraco escuro o atrai imensamente. Poucos homens conseguiriam resistir a esse papel.

A ideia de Freud é que o sonho é racional. Eu digo que é irracional, que simplesmente acontece. Um sonho caminha como um animal. Posso estar sentado na floresta e um cervo aparece. É uma ideia de Freud que os sonhos são pré-arranjados, e com a qual eu não concordo.

O significado geral deste sonho é uma continuação daquilo que estivemos trabalhando. Os sentimentos do paciente não permitem que ele se exponha. Como a máquina de costura pertence à sua esposa, o mecanismo sexual pertence à sua esposa. Ele teve enorme liberação com este sonho, embora se confronte com o fato de que seria embaraçoso para ele se apaixonar pela garota.

Sra. Schevill: Três senhoras gostariam de saber mais sobre a mente natural das mulheres.

Dr. Jung: Eu lhe dei um exemplo da última vez, sobre a minha mãe – sem poupar a mim mesmo. Vocês podem se fazer essa pergunta. Tenho certeza de que vocês têm algo por trás desta questão em suas almas negras. A mente natural é uma coisa que você nunca vê na superfície, e toda mulher teme esse tipo de mente, assim como o homem teme admitir seus sentimentos.

Sra. Gibb: O que você pode fazer sobre isso, você pode educá-la?

Dr. Jung: Não, você deve simplesmente aceitar que ela está lá e não ter ilusões sobre ela. Se você tentar educá-la, você será absorvido por ela. Ela não pode ser tocada, é um circuito elétrico.

Um homem admitirá todos os tipos de pensamentos pecaminosos, mas não os sentimentos, e a mulher não pode admitir pensamentos. Você tem um bom exemplo disso no romance *Christina Alberta's Father*[1], de Wells. Nele a jovem se envolve em todo tipo de atividade sem sentido durante o dia, e à noite ela mantém um tribunal da consciência que conta a ela exatamente o que ela faz durante o dia. Esse é um pensamento inexorável, ela não pode abandoná-lo. Vocês têm que aceitar o fato de que existe essa dissociação em suas mentes. A única coisa que você pode fazer com a mente natural é aceitá-la. Todos nós queremos ter um Deus, queremos ter uma alma etc., todos nós queremos escapar da dualidade da vida, do contraste, da dissociação em nossa natureza, mas não podemos. De um lado você é o que você parece ser, perfeitamente inocente, do outro lado existe o pensamento natural. Os jovens têm toda a razão de procurar se desviar dele; porém, para os mais velhos torna-se muito importante saber que eles mesmos, o mundo etc. são ambíguos. Trata-se do princípio da sabedoria de duvidar. É importante que comecem a duvidar do valor da existência, para que eles possam desenredar-se do mundo. Os jovens não podem viver em dúvida. Se temos profundas dúvidas sobre a vida não podemos nos interessar pelo mundo, mas um homem maduro deve ter mais desprendimento do mundo. Isso é perfeitamente normal quando se passou da metade da vida. Se um homem perde o seu domínio mais cedo na vida ele se despedaça, e se ele não adotar uma nova atitude mais tarde ele se tornará um incômodo.

Dra. Shaw: O tipo de pensar da mente natural é o mesmo pensar do *animus*?

Dr. Jung: Uma mulher adquire esse tipo de pensamento por meio do animus, mas se ela o aceita, ela é ela mesma e assim despotencializa o animus. O animus de uma mulher é sempre poderoso à custa da extensão de sua mente. À medida que sua mente expande, o animus fica menos poderoso, portanto, quando uma mulher

---

1. De acordo com E.A. Bennet (*What Jung Really Said*. Londres, 1966, p. 93), este romance de H.G. Wells (1925) originou-se em uma conversa entre Jung e Wells. Jung discutiu-o longamente em *O Eu e o inconsciente*. OC 7/2, § 270s. [2. ed., 1935].

torna-se consciente, ela não deveria mais ver esse tipo de pensamento com dúvida, pois está pensando de uma maneira perfeitamente normal. A partir do momento que ela despotencializou essas coisas, elas perdem o seu poder, eles passam a pertencer ao véu de Maya.

Se vocês pudessem colocar-se de volta no mundo primitivo, existiria tanta coisa do lado de fora de vocês, e tão pouco do lado de dentro, que qualquer coisa poderia acontecer, todo o mundo começaria a agir de uma maneira esquisita, árvores começariam a falar, animais a fazer coisas estranhas, fantasmas a aparecer. Agora, aumente o seu nível de consciência e esses fenômenos irão todos desaparecer, eles estavam apenas expressando a você o que você mesmo pensava. As árvores não irão mais conversar, e nenhum fantasma irá aparecer.

Este é o progresso do homem, que ele despotencializa o mundo exterior; o último remanescente é a ideia de um Deus absoluto, ou figuras semelhantes assim como o anima e o animus. Quanto mais você aumenta o seu nível de consciência, menos essas coisas existem. Isto é o que o Oriente diz. Eles chegaram a essa ideia por meio de uma continuidade da experiência de vida. Eu cheguei a isso pela psicologia. As pessoas muitas vezes me acusam de materialismo. Isso não é materialismo de maneira alguma, simplesmente antecipa a importância do que chamamos psique. Não temos a menor ideia do que é a psique, não temos a menor ideia do que somos. Nós não sabemos, e é infantil dizer que sabemos.

Sra. Schevill: Mas você não nos deu mais exemplos da mente natural. Nós todos admitimos que temos exemplos que poderíamos dar, mas eles são demasiado pessoais para falarmos deles.

Dr. Jung: É isso mesmo. Você nunca consegue que uma mulher expresse seus verdadeiros pensamentos, assim como você nunca convence um homem a revelar os seus verdadeiros sentimentos. Para dar exemplos dessas coisas sempre caminharemos ao núcleo. Eu tenho um grande número deles, mas são todos muito pessoais. Eles diriam respeito a você ou alguém que você conhece e não faríamos isso. A mente natural é uma coisa muito imediata e vai diretamente ao núcleo. Muitas vezes, o filho obtém sua primeira ideia da mente natural de sua mãe. Eu poderia dar a vocês outro aspecto da mente natural; se o garoto for forte e cheio de maldade, ele poderá resistir a ela, mas do contrário ele será esmagado por ela – envenenado.

As mães são capazes de ferir os seus filhos deixando suas mentes naturais à deriva. Quando eu era menino meu pai era um clérigo em uma cidade famosa por sua mentalidade limitada. Se eu tivesse vivido naquelas condições eu teria sido completamente sufocado. As pessoas viviam nos mesmos quartos onde seus ancestrais viveram durante centenas de anos, com retratos deles pendurados nas paredes, por Dürer e Holbein. Um dos meus melhores amigos tinha uma biblioteca datada de 1680-1790, uma biblioteca que simplesmente permaneceu intacta, nada de novo nunca foi adicionado a ela. Toda a atmosfera dessa vida era extremamente cativante. A mente natural diz que um menino nunca poderia sair dali. Claro que eu tive que construir toda minha vida de uma maneira completamente nova, eu tive que enfrentar isso.

Em um momento muito importante na minha vida, em que eu estava trabalhando duro, minha mãe veio me ver. Minha mãe me amava muito e tentou me ajudar, mas ela podia me comprometer com a sua mente natural. Eu vinha me dedicando muito aos meus testes de associação, e minhas paredes estavam cobertas com tabelas, quando minha mãe veio inesperadamente para me visitar. Ela olhou em volta das minhas paredes e disse: "Essas coisas têm realmente algum significado?" O que ela disse era fraco como o ar, mas caiu sobre mim mais pesado do que toneladas de chumbo. Eu não toquei em uma caneta por três dias. Se eu fosse um garoto fraco, eu teria sido esmagado e dito: "Claro, isso não é bom", e teria desistido de tudo. Minha mãe então teria dito que me amava, e que não quis dizer nada com aquilo, mas o homem é um ser civilizado e sua maior ameaça é a natureza. Muitos homens permanecem espectros agradáveis pintados à parede, seus demônios foram todos eliminados; a mãe os comeu com a sua mente natural. Uma boa mãe não usaria sua mente natural em seu filho, assim como um bom pai não usaria seu sentimento natural em sua filha. Bem, eu tive um terrível ataque de raiva e então pude trabalhar novamente.

Segue o próximo sonho [3]. O paciente diz: "É como se eu estivesse vendo uma espécie de rolo compressor de um ponto lá de cima. A máquina está funcionando e está aparentemente construindo uma estrada, formando um padrão particular, como um labirinto". E no sonho ele pensa: "Essa é minha análise"; e então ele está no quadro o qual ele tinha examinado de cima. Ele está de pé na bifurcação da estrada em uma floresta, e ele não sabe que caminho tomar. No começo ele não prestou muita atenção ao arabesco que a máquina estava formando.

A associação do paciente com sua *posição acima* é que permite que se vejam as coisas mais em sua real relação, menos pessoalmente, enquanto, quando nos aproximamos, a máquina domina.

Sobre a máquina da estrada, ele diz: "Eu li em um artigo técnico que com uma máquina destas pode-se fazer uma estrada de macadame em um espaço de tempo relativamente curto".

A associação *arabesco* é: "Não há nenhum sentido em construir estradas que não levam a lugar nenhum". (Eu respondo que o desenho particular dessas estradas pode levar a algum lugar.) Ele diz: "Este desenho parece um quebra-cabeça. Talvez se alguém tiver a paciência necessária pode encontrar o objetivo, talvez signifique que eu preciso ter paciência se eu quiser chegar a algum lugar em minha análise. A bifurcação da estrada pode vir da conversa sobre o sonho anterior. O doutor me disse que não há compulsão para dar continuidade à análise se o problema parecer muito difícil". Aparentemente eu tinha dito a ele que ele deveria pensar se ele sentia uma resistência e se ele queria continuar.

Ele associa *em uma floresta* com a *Divina comédia*[2] de Dante. Este é um símbolo muito conhecido da Idade Média, e significa a descida para o inconsciente. Dante perde seu caminho e depois encontra a descida para o inconsciente. O paciente lembra também de outra velha história, datada de cerca de 1450, do monge que perdeu seu caminho na Floresta Negra e um lobo tornou-se seu guia para o Mundo das Trevas.

Uma coisa é bastante evidente, a ideia da "máquina" está em sua mente. Quando um sonho subsequente retoma o problema de um sonho anterior significa que a análise do sonho não foi suficiente. Seu problema é sexual. Quando um homem trata de algo urgente, isso é sempre expresso pelo sexo. O inconsciente diz: "Que tal um pouco de sexualidade agora?", então o problema não é resolvido. Um homem tem de lidar com o seu tipo ativo e urgente de sexualidade. Na mulher é diferente; isso só acontece na segunda metade da vida; no início não é assim. Com o homem a sexualidade torna-se o símbolo para a urgência daquilo que tem que ser.

O fato de que ele é colocado acima da máquina significa que ele poderia ser menos pessoal, menos difícil. Ele poderia ver a si mesmo e o seu problema

---

2. A *Divina comédia* abre: "Nel mezzo del cammin di nostra vita / mi ritrovai per una selva oscura, / che la diritta via era smarrita" ("No meio da jornada de nossa vida, eu me encontrei em uma floresta escura, pois o caminho certo foi perdido" – Trad. de C.S. Singleton, 1970).

de maneira mais impessoal como o Sr. e a Sra. Formiga que estão tendo algumas controvérsias sobre a sexualidade das formigas e o interesse do Sr. Formiga por outra formiga, e então ele pode enfrentá-lo facilmente. Até mesmo um rolo compressor parece menor quando visto do alto de um avião, tudo é liliputiano. Quando você está no alto, você não está mais sob o poder do rolo compressor, você vê a estrada, a passagem; quando você está perto, você vê o poder da máquina, a sujeira e o barulho e o rebuliço, mas você não pode ver o que o rolo está fazendo. Mas de cima você vê uma disposição simétrica. Em um sonho a disposição sempre tem um sentido específico. Ele diz: "É muito interessante ver que o padrão aparentemente sem sentido é um labirinto". Isso é o que ele deve deixar entrar em sua mente – uma vez lá dentro não há saída. É por isso que ele está evitando-o. Claro, ninguém quer entrar em um lugar onde não há saída, mas isso é exatamente o que ele precisa ver. Se ele vai se submeter à análise, ele precisa ver que terá que passar por esse caminho. Não há como escapar de si mesmo. Ele está entrando em algo do qual não há como escapar. Ele pensa: "Isso é análise". Na próxima parte do sonho ele se encontra na bifurcação das estradas. Ele deve continuar? Ele percebe que está em uma floresta, como na *Divina comédia*. Trata-se da divina comédia do homem.

No desenho-padrão a estrada pode começar em qualquer lugar, e ele percebeu no final que ele não estava mais na estrada feita pelo rolo compressor, mas em uma trilha espiral. O diagrama é todo simétrico: no exterior encontram-se estradas muito confusas, mas apresentando um padrão inconfundível, e no interior tem uma espiral feita por seus próprios pés. O padrão é quase quadrado e consiste em símbolos, iônicos e fálicos, representando o poder produtivo gerador da natureza, o poder Yang e Yin, o masculino e o feminino. Há também um ritmo peculiar no desenho, para dentro e para fora, aproximando-se do centro e afastando-se dele mais uma vez, como um padrão que as pessoas fariam em uma dança, se você desenhar seus passos no chão. Você se lembra do padrão de lançar a bola para trás e para frente, associado a um sonho anterior? Conseguimos algumas valiosas contribuições para a ideia de padrões, para as fontes inconscientes deles e para o que a máquina se destina. Uma das leis fundamentais do desenvolvimento natural é que ele se move em espiral, e a verdadeira lei da natureza é sempre alcançada após o labirinto ter sido percorrido. O homem que descobriu a matemática do espiral vivia em minha cidade. Em sua lápide está gravado: "Embora mudado, ressurgirei eu mesmo"[3].

---

3. Jung cresceu em um subúrbio da Basileia e era um estudante na Universidade da Basileia. O descobridor da matemática do espiral foi Jacob Bernoulli (1654-1705), de uma famosa família da Basileia, que pediu que o espiral fosse gravado em sua lápide com as palavras "Eadem mutata resurgo" (tra-

Psicologicamente você desenvolve em espiral, você sempre passa por um mesmo ponto onde você já esteve antes, mas nunca é exatamente o mesmo, ele está ou acima ou abaixo do anterior. Um paciente dirá: "Eu estou exatamente no lugar onde estive três anos atrás", então eu digo: "Pelo menos você viajou três anos". O que nos interessa é o padrão. A ideia sugerida é que a estrada feita pelo rolo compressor tem um objetivo em si – levar ao espiral. Algum dia o espiral vai se ramificar e alcançar sua própria meta. A maneira como o rolo compressor funciona é dentro e fora, o que sugere a função do masculino e feminino, mas acho que estamos perfeitamente justificados em deixar o sexo de lado e pensar nisso como o ritmo da vida, como fases ativas e passivas, altos e baixos.

No mito de Gilgamesh[4], a ideia do Homem Perfeito, o Homem Completo, é aquele formado por dois terços divinos e um terço humano. Ele é o homem da tristeza e alegria, aquele que faz os dois movimentos, para as alturas e para as profundezas. Gilgamesh é mostrado em sua maior alegria e em profundo desespero, subindo às maiores alturas e descendo às profundezas. A ideia da vida completa é o enorme balanço do alto ao baixo, do baixo ao alto, da extroversão para a introversão e vice-versa. Se a vida não contém os pares de opostos, é apenas uma linha reta. É como se você não respirasse, é como se você não vivesse. Quando a vida é vivida como ritmo, diástole e sístole, então ela é um todo, próxima da completude. Então, quando o sonhador olha para si mesmo de modo tridimensional (temporal), é por dentro e fora, mas se ele se vê *sub specie aeternitatis*, então, ele está boiando na água da vida, respirando *pra lá e pra cá*, como uma célula.

Quando o rolo compressor, a qualidade rítmica da vida, tiver cumprido sua função, esse movimento particular de dentro e fora pode se ramificar e tornar-se uma espiral. Nessa esfera interior o homem pode deixar de mover-se *pra lá e pra cá*, e o ritmo fica então como a vida de uma planta. Este padrão sugere algo extremamente significativo, e é certamente mais importante que o sonho diz: "Aqui você está na situação mitológica do herói, como Hércules. Você está na floresta da *Divina comédia*". Lembre-se de como Dante balançou do céu para o inferno, do inferno para o céu.

Os sonhos são muito surpreendentes. Eles param exatamente no momento em que um grande artista deixaria o drama. A grande questão do destino foi imposta a

---

duzido acima). Os desejos de Bernoulli foram seguidos na laje do seu túmulo na catedral da Basileia. (*Die Kunstdenkmäler des Kantons Basel-Stadt*, III [1941], p. 261s.) Cf. *Psychology and Alchemy*. OC 12, § 325 (como a versão de 1936).

4. A epopeia babilônica do herói Gilgamesh foi encontrada nas placas em Nínive, no atual Iraque, e foi datado do segundo milênio a.C. Jung fez referência frequente à epopeia de Gilgamesh na versão de 1912 de *Símbolos da transformação*; cf. OC 5, índice, s.v., e resumo nas "Tavistock Lectures" (1935), OC18/1, § 235ss. A epopeia foi traduzida em versos por Herbert Mason (1970), entre outros.

esse homem – você é um herói? Qual o caminho você seguirá? Devemos aguardar pela resposta do homem.

Sr. Gibb: Ele já não está perdido na floresta?

Dr. Jung: Bem, ele poderia fugir. Você acha que ele irá fugir?

Sr. Roper: As estradas nos desenhos mais externos se interpenetram continuamente – e nunca se cruzam.

Dr. Jung: Bem, nós não esgotamos todas as possibilidades. Existem pelo menos duas melodias. Uma segunda linha está tecendo a partir daquela que tem muito menos oscilação; uma é maior, a outra menor. Eu não sei exatamente o que isso indica. Se eu estiver certo quanto à suposição de que isso significa o ritmo de vida, então existe um comprimento de onda de diferentes amplitudes. Temos duas amplitudes. – O homem pode viver de uma forma ativa ou passiva, de um modo masculino ou feminino. Um homem pode ser nocauteado pelo destino de alguma maneira, e ser completamente modificado e tornar-se feminino, pois ele possui também um comprimento de onda feminino. A amplitude masculina é mais desmedida. Em uma mulher ela é menos desmedida. – Uma mulher menos vezes perde as estribeiras ou se perde no mundo. Quando isso acontece, ela se perde completamente, mas isso é muito raro. Um homem deve ser capaz de enfrentar o mundo com seus maiores riscos e adaptar-se. As mulheres muitas vezes recebem um impacto em suas vidas ao verem como seus maridos atuam em suas vidas profissionais.

Palestra III

6 de fevereiro de 1929

Dr. Jung:

Eu quero chamar a atenção de vocês novamente para o desenho do paciente, porque ele é muito importante em sua análise. É a primeira intimação de todo o curso e propósito da análise. Apesar de eu não poder me aprofundar em cada detalhe do desenho eu posso dar algumas ideias gerais sobre ele. Existem dois cursos entrelaçados. No lugar onde eles se encontram outra linha começa, formando uma espiral, que termina no centro do desenho. O paciente chama isso de labirinto e pensa que o caminho irracional do rolo compressor é como o curso da análise. Ele tem uma sensação de alívio porque se sente menos confuso sobre todo o material que aparece nos sonhos. Os primeiros sonhos muitas vezes fazem isso. Ele tinha uma ideia sobre a análise [uma ideia errada] – de que ela tentava chegar à raiz de um complexo e então você poderia arrancar essa raiz. Sua ideia não se encaixava na análise, então ele estava confuso, e seu sentimento de confusão no sonho foi expresso em seu desenho. Este padrão de linhas que formam um labirinto não leva a qualquer objetivo. Trata-se apenas de um cruzamento de linhas irracionais entrelaçadas sem fim. Chamei sua atenção para a simetria do desenho, mas ele não tinha ideia ao que se referia. Se eu tivesse mostrado esse desenho a um filósofo oriental, ele teria dito: "Ah sim, nós conhecemos tudo a respeito disso, é um mandala". Nós, no Ocidente, não temos nenhuma concepção dessas figuras. Poderíamos chamá-lo de um círculo mágico. Há alguns exemplos na Europa Ocidental. Há um exemplar no Museu Britânico de uma coleção inglesa, e o Prof. Wilhelm me mostrou um recentemente de um mosteiro taoista[1]. Quando você analisa esta figura, você vê

---

1. A palavra *mandala*, sânscrito para "círculo mágico", tem sido amplamente aplicada na terminologia junguiana para figuras circulares de quaisquer proveniências. Cf. 13 de fevereiro de 1929, na n. 8. Richard Wilhelm (1873-1930), teólogo alemão, anteriormente um missionário na China, traduziu vários clássicos chineses, sendo o mais importante deles o *I Ching* (cf. a seguir, n. 8). Nessa época Wilhelm era diretor do Instituto Chinês, em Frankfurt a.M. No final de 1929, ele publicou *Das Geheimnis der goldenen Blüte* [trad. de Cary F. Baynes: *The Secret of the Golden Flower*, 1931. Rev. ed., 1962.

que é composta por quatro divisões; com frequência o centro é um quadrado com um círculo dentro e as quatro divisões podem ser subdivididas fazendo oito ou mais regiões. Um mandala oriental é usado para meditação. O que entendemos por meditação é uma coisa muito diferente. Por exemplo, existem os exercícios espirituais de Santo Inácio de Loyola na Igreja Católica[2]. Pessoas meditam sobre certos assuntos prescritos, e a imagem de um dogma auxilia a mente a concentrar-se em direção a um objetivo específico.

Mandalas não são desconhecidos no Ocidente. Uma forma frequente é o mandala com Cristo no centro e os evangelistas nos quatro cantos – o anjo, a águia, o boi e o leão, dispostos como os quatro filhos de Hórus[3]. O mito de Hórus desempenhou um papel extraordinário, e ainda não foi completamente explicado. No mito, Hórus cede o seu olho ao seu pai, que havia se tornado cego por ter visto o olho do mal. Hórus deu seu olho para restaurar a luz do dia, para restaurar a visão do pai; de modo que ele interpreta o papel de um salvador[4]. O olho é também um mandala.

Na arte normanda há manuscritos com mandalas; há um no tesouro da catedral de Colônia, datado de cerca de 1150. Há um mandala mexicano, o famoso Calendário de Pedra[5], que tem uma face no centro com quatro formas que se assemelham a torres agrupadas sobre ela. O conjunto é envolvido por um círculo e as contagens do calendário se encontram nas interseções do círculo.

O desenho do sonhador indica a maneira como sua análise continuará, e ao mesmo tempo é um meio de ele se concentrar. Quando um sacerdote taoista medita sobre um mandala e gradualmente concentra sua libido em seu centro, qual é o significado desse centro? O centro da consciência é o ego, mas o centro representado no mandala não é idêntico ao ego. Ele está fora da consciência, trata-se de outro centro. O homem ingênuo projeta-o para o espaço, ele diria que está do lado de fora, em algum lugar do mundo. O objetivo do exercício é deslocar o fator de

---

• *O segredo da flor de ouro*. Trad. Dora Ferreira da Silva e Maria Luiza Appy. Petrópolis: Vozes, 2007], com um comentário de Jung e ilustrações de mandalas (comentário e ilustrações em OC 13). O "mandala de um monastério taoista" que Jung menciona é provavelmente aquele reproduzido como fig. 2 em "Sobre o simbolismo do mandala" (1950), em OC 9/1. Ele tem quatro divisões e está relacionado ao *I Ching*; cf. ibid., § 640ss. Cf. tb. as palestras de 12 e 19 de fevereiro de 1930.

2. Cf. Palestras de Jung, *Exercitia Spiritualia of St. Ignatius of Loyola*, no Eidgenössische Technische Hochschule (Zurique, 1939-1940), as notas que foram privadamente emitidas (na tradução em inglês) estão no formato do seminário como vol. 4 do *Modern Psychology* (Reed. em *Spring*, 1977 e 1978).

3. Para as instâncias de um mandala com os quatro evangelistas, cf. *Psicologia e alquimia*. OC, 12, figs. 62, 101. Existem numerosas referências à divindade egípcia Hórus e seus quatro filhos ao longo da Obra completa; cf. *General Index*, CW 20, s.v., mas esp. OC 12, fig. 102 e § 314.

4. Cf. palestra de 26 de junho de 1929.

5. Cf. OC 12, fig. 41.

orientação para longe do ego, para um centro não egoico no inconsciente, e este é também o objetivo principal do procedimento analítico. Eu não inventei isso, mas descobri que funciona assim. Dez anos atrás se eu tivesse visto essa figura, não saberia o que significava. Até certo ponto o ego consciente deve ser o centro, o fator de orientação, mas se estamos na segunda metade da vida, parece haver uma necessidade de outro centro. O ego é apenas aquele campo que está em minha consciência, mas o sistema psíquico é muito vasto, é todo o inconsciente também, e nós não sabemos quão longe ele alcança. Podemos comparativamente assumir que a terra está no centro do sistema solar como nosso ego está no centro de nossa psique. Se criarmos um centro fora de nosso ego-consciência, ele pode ser um centro ainda mais real do que nosso ego. Mas entraremos em águas profundas se formos nessa direção.

Os índios Pueblo fazem mandalas, pinturas com areia[6], da mesma maneira que os mandalas orientais. Talvez eles sejam remanescentes da origem oriental dos Pueblo.

O *próximo sonho* [4] *da noite seguinte*. O paciente diz: "Eu possuo uma espécie de jaula em um vagão, uma gaiola que pode ser para leões ou tigres. A gaiola é constituída por diferentes compartimentos. Em um deles eu tenho quatro pequenas galinhas. Preciso vigiá-las com cuidado, pois elas estão sempre tentando escapar, mas apesar de meus esforços frenéticos, elas conseguem escapar próximo à roda traseira. Eu as agarro em minhas mãos e as coloco em outro compartimento da gaiola, o qual eu acredito ser o mais seguro. Tem uma janela mas ela está protegida por uma tela contra moscas. O acabamento inferior da tela não está devidamente preso, portanto decido recolher algumas pedras para colocá-las na extremidade inferior da tela para evitar que os animais escapem. Então eu coloco as galinhas em uma bacia com lados altos e suaves, supondo que elas acharão difícil sair de lá. Elas estão na parte inferior da bacia, e vejo que uma delas não se mexe e penso que é porque eu a pressionei muito forte. Então penso que se a galinha estiver morta, ela não poderá ser comida. "Enquanto eu a observo, ela começa a se mexer, e então eu sinto um aroma de frango assado".

As associações dele são muito poucas. *Gaiola*: "Animais selvagens de circo são mantidos nessas gaiolas. Nós, seres humanos, somos os guardiões de nossos pensamentos, e devemos ter cuidado para que os nossos pensamentos não fujam, porque, se o fizerem, seria muito difícil recuperá-los". Ele se pergunta: Serão as aves pensamentos ou sentimentos, fatores psicológicos que tentam se libertar e os quais

---

6. Jung não reproduz uma pintura com areia dos Pueblo, mas ele discute tais representações nas "Tavistock Lectures" (1935), § 271. Para pinturas com areia ou pólen de Navajo, cf. OC 12, fig. 110.
• *C.G. Jung: Word e Image*, fig. 74.

ele tenta resgatar mesmo com o risco de pressioná-los com tanta força que eles morrem e não sejam mais comestíveis? Mas o fato de que eles são animais parece apontar para algo instintivo.

Roda traseira: Em um automóvel essa é uma parte muito importante por tratar-se da parte motriz e ser indispensável ao carro.

Dr. Jung: O que aparece na mente de vocês como especialmente importante?

Dr. Binger: O número quatro. Você tinha discutido o mandala com ele?

Dr. Jung: Não, não particularmente. O número quatro desempenha um papel muito importante na filosofia de Pitágoras[7]. Refere-se ao quadro místico, a essência de todas as coisas existentes, o número básico. A grande maioria dos mandalas é baseada no número quatro.

Qual é a próxima coisa? Por que estes pequenos animais sempre tentam fugir e dificultar-lhe a tarefa de mantê-los juntos? Isto seria especialmente estranho se eles representam o mandala.

Dr. Schlegel: Eles obviamente representam a dissociação da personalidade dele.

Dr. Jung: Individualidade, não personalidade. Há algo nele que luta contra a concentração. Ele está obviamente cansado de restrições, ele tem muitas em sua vida atual. Esta é a razão da sua dissociação, ele acredita que já teve o suficiente de concentração e ele odiaria manter-se ainda mais controlado. Seu inconsciente está mostrando isso a ele no processo atual de manter esses animais em conjunto, portanto o seu inconsciente obviamente deseja que ele mantenha sua individualidade íntegra. A sua resistência está no caminho de uma falsa analogia. Podemos concluir que essa participação em conjunto é como a vida dele, mas não há nada no sonho para mostrar isso. Ele precisa se concentrar no centro da individualidade. Eu não me sinto no direito de dizer que apenas a restrição em sua vida normal representaria o centro do ego. O centro da individualidade não está necessariamente no mesmo lugar do centro do ego. É preferível associarmos personalidade com persona, mas precisamos de outra palavra para a individualidade em si. Individualidade é a qualidade de todo ser a que denominamos homem, então o centro individual é o centro do si-mesmo, e essas quatro galinhas obviamente pertencem a este centro; e a interferência do paciente e seu maior cuidado tornam-se necessários, ou então o centro estará sempre se desintegrando e se separando. Estou inclinado a separar o problema do seu constrangimento consciente e resistência ao problema da restrição do si-mesmo; ou seja, a integração do centro fora do campo de consciência. Pode ser que o paciente tenha uma resistência contra a própria palavra *restrição* ou *autocontrole* por já estar saturado com seu problema de sua restrição consciente.

---

7. Sobre a tetraktys, cf. *Psicologia e religião* (1937). OC 11/1, § 61.

Aquilo que é significado no sonho não tem nenhuma relação com o problema de sua consciência. Isso tem a ver com o centro que está do lado de fora de consciência. Isso tem relação com os quatro frangos que são empilhados em uma bacia, e também a ideia dos frangos assados. É uma maneira engraçada de representar o centro.

No *I Ching* há um hexagrama, n. 50, que é chamado de "O caldeirão"[8]. De acordo com o Prof. Wilhelm, uma panela com três pernas representa no yoga a técnica para a produção de um novo homem. Há algo de muito bom na panela, trata-se da refeição do rei, a gordura dos faisões está nele. Lá temos a galinha. Essa parte do sonho sugere que o centro não egoico não existe por si só, e tem que ser produzido pelo próprio paciente e com grande cuidado.

Parte do texto de "O caldeirão" descreve: "O fogo sobre madeira: / a imagem do caldeirão. / Assim o homem superior, corrigindo sua posição, / consolida seu destino". [...] "Um *Ting* com os pés para o alto." (Tudo é lançado para fora, então ele está pronto para ser utilizado.) "Há alimento no *Ting*. / Meus companheiros têm inveja, / mas nada podem contra mim." [...] "A alça do *Ting* está alterada. / Ele é impedido em suas atitudes. / A gordura do faisão não é comida. / Quando a chuva cair, o remorso desaparecerá". [...] "O *Ting* com as pernas quebradas. / A refeição do príncipe é derramada." [...] "O *Ting* tem alças amarelas e argolas de ouro". [...] "O *Ting* tem argolas de jade." (Isso significa muito boa sorte.) "Nada que não seja favorável." Essa ideia de pote vem de uma espécie de vaso sacrifical utilizado em um culto ancestral taoista. É um símbolo do ventre espiritual no qual um novo ser é formado. É o mesmo que o *krater* dos primeiros cristãos, ou a retorta dos alquimistas, no qual o novo ser é produzido. Fragmentos de coisas que normalmente não se misturam são atirados juntos e se fundem no fogo para produzir o ouro, o novo homem. Assim o pote ganha argolas de ouro e até mesmo de jade, que é a mais valiosa, o *lapis lapidum*, pedra de pedras. Aqui temos a mesma ideia que na alquimia medieval, o *lapis lapidum* é a pedra dos filósofos. A ideia de que faisões são cozidos no pote como refeição para o príncipe é usada porque todo processo de cozimento se refere à quinta linha do hexagrama, o lugar do governante. A quinta linha é o ouro, o príncipe a ser criado, o novo homem. Mas primeiro alguém tem

---

8. Na época desse seminário, a tradução do *I Ching* (*I Ging: Das Buch der Wandlungen*. Jena, 1924) por Richard Wilhelm foi utilizada por Jung, que traduziu citações dela oralmente. A única versão disponível em inglês era aquela de James Legge: *The Yi King* (Sacred Books of the East, 16. Oxford, 1882 [2. ed., 1899]), que Jung tinha utilizado antes de 1924. Cary F. Baynes, membro do seminário, começou a trabalhar em 1929, a pedido de Jung, em uma tradução da versão de Wilhelm, que foi concluída 20 anos mais tarde e publicada em 1950: *The I Ching, ou Book of Changes*, com um prefácio de Jung; 3. ed., 1967, que também tem um prefácio de Hellmut Wilhelm. As citações e referências ao *I Ching* no presente trabalho estão conforme a ed. de 1967. (Baynes frequentemente utiliza a palavra chinesa *Ting* para significar "caldeirão".)

que pegar o faisão, é necessário atirar nele. Há muito simbolismo de caça no *I Ching*. Tudo isso significa que o feixe de instintos do homem, seu conjunto caótico de instintos, não está nada integrado. Instintos são muito contraditórios, e o homem é dividido por eles. São como animais em um zoológico, eles não gostam nem um pouco uns dos outros, eles se mordem e tentam fugir. Portanto, se você quiser fazer qualquer coisa por esse feixe de instintos que você é, você deve caçar seus instintos, juntá-los e transformá-los. Isso sugere que você deve recolher coisas raras de todo o mundo, cozinhá-las juntas em um pote, e algo pode aparecer, talvez o ouro. Essa é a ideia do sonho. Existem quatro animais que tentam escapar, e eles devem ser caçados e recolocados na panela. Parece ao paciente que um deles está pronto para ser consumido. A refeição está pronta para o homem perfeito. Os instintos são os alimentos a serem cozidos e transformados pelo fogo. Essa é a preparação da comida do príncipe. Depois de um processo como esse, a pessoa já não está mais dividida pelos pares de opostos, mas já está como um com ele mesmo – o velho desiderato. Nada disso tudo é dito no sonho anterior. O desenho sugere que o sonhador deve ir a quase todos os lugares, de acordo com o padrão, para os quatro cantos do mundo, não apenas uma vez, mas duas vezes. Ele deve fazer a grande viagem de erro no mundo da ilusão, a fim de experimentar de tudo. Tudo o que acontece com ele é ele mesmo. Essa viagem é a caça, e quando isso é completado, dá-se o processo de cozimento e a construção do ser que é um. Partes importantes de nós mesmos estão esperando por nós no mundo e devemos cumprir um destino específico a fim de experimentar essa qualidade. Se nós a experimentarmos, ela será cativada, provaremos daquela galinha. O destino é para ser vivido nesse sentido a fim de que possamos experimentar outros aspectos de nós mesmos e então sermos integrados.

O paciente quase não teve associações com as "galinhas", exceto para comer. As galinhas são animais pelos quais podemos não ter grande respeito. Elas costumam ser criaturas assustadas, cegas, mudas, que correm para a estrada assim que avistam um automóvel. Elas são uma símile excelente para as tendências fragmentárias reprimidas ou nunca antes vistas por nós, vivendo de forma autônoma sem nosso conhecimento. Estes pedaços de almas fragmentadas, como as galinhas, causam um absurdo terrível, todas as coisas tolas que as pessoas sábias fazem, a exemplo do perdulário que poupa seus fósforos. Vocês conhecem numerosos exemplos de pessoas que têm algo absolutamente inconsistente com o caráter delas. Todas as coisas que fogem do nosso controle e observação são "galinhas".

Sr. Roper: Por que ele acha que a galinha que ele pressionou foi justamente o frango assado?

Dr. Jung: Ele não teve associações com aquilo. Algumas vezes as pessoas não têm associações por causa de resistências, mas algumas vezes porque elas são bastante confusas. Caso a atitude do paciente com seus sonhos tivesse sido diferente, ele teria tido associações. Às vezes eu não tenho nenhuma associação porque uma coisa parece tão absurda que me deixa com raiva, portanto minhas emoções evitam associações. Dessa mesma forma esse homem está bravo com o sonho tolo com uma galinha após o belo sonho anterior, e assim não teve associações. Por que ele está pressionando a galinha tão violentamente que ela parece morta? Esta galinha obviamente representa uma de suas funções que tentou escapar, então podemos assumir que é sua função inferior, a que está mais fora de controle. Ele é um tipo intelectual e sua função inferior é o sentimento. Ele comprimiu demais seus sentimentos; ele os foi comprimindo para agradar sua esposa, mas o ganho aparente não valeu a pena. Estamos bastante seguros em supor que ele agarrou seu sentimento, esmagou-o, quase o matou, e então olhou para ele. Então vem uma peça da mágica antiga. Por meio do olhar para algo, concentração ou meditação sobre ela, você a faz crescer ou encolher. Ele está se remoendo. Quando os deuses querem provocar algo, eles chocam essa coisa, fazem tapas[9], a contemplam. Portanto, neste caso quando o paciente começa a olhar para a galinha que ele acredita estar morta, ela volta à vida novamente. O sentimento retornará à vida por mais forte que você o tenha comprimido se você meditar sobre ele.

Dr. Schlegel: Nós entendemos que era uma questão de princípio, que era uma boa coisa juntar as galinhas e assá-las.

Dr. Jung: Devo repetir que o inconsciente não tem uma intenção moral; é apenas Natureza, diz aquilo que está acontecendo, como um evento objetivo. O sonho nunca diz o que deve ser ou não deve ser. Nós temos que tirar nossas próprias conclusões. Não podemos dizer que o inconsciente quer que façamos coisas ou não, nós dizemos: "Algumas coisas estão acontecendo assim – é melhor ficarmos atentos" ou "É bom que elas estejam acontecendo assim". O sonho é apenas uma declaração de coisas que estão realmente acontecendo. Podemos supor que seja bom ou ruim que esta galinha escape ou que aquela seja assada. Tudo é possível. Falamos das "galinhas" como almas ou tendências fragmentárias sem cérebro que estão por aí no mundo, em outras pessoas. Todas as coisas fragmentárias em nós, na medida em que são inconscientes, estão para serem encontradas em outras pessoas de fora. Esse homem não completou a soma dos seus erros. Ele tem quarenta e sete anos, mas ainda há muito tempo para erros. Nunca se sabe, talvez esta galinha seja uma alma fragmentária que deve escapar; eu não sei. Alguns podem escapar, outros podem não escapar; porque eles não são fortes o suficiente. "Há certas pessoas que são simplesmente muito fracas para serem más, elas não têm nenhum

---

9. *Tapas*, sânscrito, significa autoincubação pela da meditação. Cf. *Símbolos da transformação*. OC 5, § 588s. (como na ed. 1912).

dom especial para isso; pois ser má é um dom. Para algumas pessoas o objetivo delas é a cadeia, assim como a Royal Academy é o objetivo para outros. Algum tempo atrás eu ouvi falar de um homem, um dos pilares da Igreja, um cidadão dos mais respeitáveis. Ele ficava cada vez mais insatisfeito com sua vida, até que uma vez ele acordou no meio da noite e disse: "Agora eu sei que tipo de homem eu sou. Pertenço ao diabo", e depois disso ele se converteu ao mal.

Assim, as galinhas talvez sejam apenas uma alma fragmentária que pode sair correndo e escapar. Eu poderia apenas dizer: "Bem, ela conseguiu escapar, o que você pode fazer sobre isso?" Certa vez, encontrei um conhecido por acaso, que teve um sonho em que ele estava no departamento de polícia e tinha recebido o controle de uma casa localizada em uma espécie de assentamento presidiário. Não houve criminosos realmente ruins naquela casa, apenas vagabundos e vigaristas etc. Ele pensou que tinha trancado a porta, mas enquanto ele esteve fora, todos os "pássaros" escaparam. Ele me contou o sonho e achou muito engraçado que todos tenham fugido. Eu pensei: "Isso é estranho, há algo de errado com esse homem", e minha ideia estava certa. Aproximadamente um ano depois ele foi para o mal. Ele foi à falência e teve um verdadeiro colapso. Não eram galinhas. Aquilo foi sério, seu inconsciente o havia alertado: "Agora, preste atenção – seu inconsciente está cheio de vagabundos e eles vão sair". Este homem tinha um interesse peculiar em mendigos e pessoas estranhas. Ele costuma conversar com eles e apreciava a companhia deles. Era curioso para mim, pois sua vida não parecia enquadrar-se com ele, mas seu inconsciente era repleto de vagabundagem e irresponsabilidade. Foi assim com um clérigo que teve interesse parecido por prostitutas. Ele até mesmo viajou para Paris e entrou em todo tipo de bordéis para resgatá-las. Havia algo estranho sobre isso, e o resultado foi que o homem teve sífilis e ficou muito doente. Em relação a essas galinhas, a questão é saber se elas irão fugir ou se serão resgatadas. Aí vem toda a arte do médico. Suponha que eu tenha alguns cisnes ou mesmo algumas águias em uma gaiola. Eu poderia dizer: "É claro que eles têm permissão para ficarem soltos, as águias devem voar", mas é absurdo falar nos mesmos termos sobre galinhas. É bom para uma águia ser livre, mas é absurdo que galinhas fujam e corram soltas por toda parte. Esta é uma oportunidade maravilhosa para um analista que não se sente seguro de si. Se o analista percebeu que o paciente era um homem cheio de preocupações, pode ser melhor que as galinhas escapem. Pode-se dizer que ele se torna ridículo no sonho ao tentar mantê-las enjauladas. Melhor seria se ele matasse a galinha simples e pequena e a comesse, afinal é apenas uma galinha. Mas eu ainda não estou seguro a respeito desse homem. Ele tem uma natureza muito complexa e eu não estou certo de que ele não é uma galinha. Ele não tem neurose, mas grande interesse intelectual. Se ele tivesse leões ou tigres por trás das grades eles rugiriam. Nós não ouvimos rugidos, e eu o conheço há dois anos. O homem é muito tranquilo e não entendo de onde ele pegou esses grilos que o irritam. Pode ser que essas galinhas sejam como grilos que devem se "soltar". Seu sentimento no sonho era que eles não deviam escapar, assim isso me deixa em dúvida. Estou bastante inclinado a supor que não há uma voz para libertação nesse homem. Às vezes com alguns de vocês eu não sei se estou lidando com um leão ou uma galinha. São essas as dúvidas de um analista. Este homem é absolutamente respeitável. Quando ele morrer, o pároco dirá que ele viveu uma vida irrepreensível e foi um modelo de marido, mas ele colheu alguns grilos no caminho, a cocota de luxo (cem francos para não pegar uma infecção). Lentamente ele percebe que isso já não funciona. Ele sente algo pela menina. Talvez ele tenha uma visão de como ela pode parecer quando for velha, aos 50, como aquelas cocotas velhas horríveis que são vistas em Paris. Essas coisas podem estar começando a lhe surgir e causam muitas sensações desagradáveis. Ele estava cego como um menino, e a fuga das galinhas pode representar as escapadelas cegas de sua vida.

Dr. Binger: Você vê alguma coisa de natureza compensatória nisso?

Dr. Jung: Depende de como ele entende isso. Se este homem, por exemplo, fosse um menino inocente vivendo no paraíso com sua doce esposinha, talvez fosse necessário que suas galinhas fugissem para ele poder perceber como o mundo realmente é. Mas este homem não é ingênuo, ele é um homem de negócios calejado, contudo ele tem algo de idealista. Ele tem um lado humano, por isso ele continua com sua análise.

Sra. Sigg: Quem é o "eu" em seu sonho? Não seria ele o homem domesticado?

Dr. Jung: O catador de galinhas não é o homem convencional. O homem convencional é aquele que persegue prostitutas. Seu exterior convencional saiu com as prostitutas, isso é convenção. As galinhas são almas fragmentárias inconscientes que organizam suas escapadas. Este homem tem uma filosofia e é bem-instruído; ele não organiza escapadas, mas – com uma garrafa de vinho etc. – não há mais filosofia. Isso é convenção e muitas pessoas não se importam até que elas não sejam descobertas. Muitas mulheres ainda dizem que não se importam se seus maridos saem com cocotas, ou se eles são homossexuais e seduzem meninos e façam todo tipo de coisas feias. Elas só se preocupam se o marido se apaixona por uma mulher decente. Este homem pensou que prostitutas eram aceitáveis; exceto ocasionalmente se uma névoa surgisse, uma dúvida. Certa vez um homem muito convencional me disse: "Você não acha que eu posso me divorciar da minha esposa? Somos casados há vinte e dois anos e eu gosto bastante dela, mas tenho visto uma mulher mais jovem e eu gostaria de me casar com ela. Eu fui legalmente casado com minha esposa e não vejo nenhuma razão pela qual eu não possa ser legalmente divorciado". Aquele homem estava sendo bastante lógico, mas ele não tinha qualquer sentimento.

Minha ideia em resumir este sonho é que ele nos oferece todos os ingredientes para a confecção do novo homem. Portanto temos o paralelo com o *I Ching*. Se ele deixa galinhas escaparem ou se ele as mata e assa é praticamente a mesma coisa. Se as galinhas escaparem ele terá uma série de aventuras livres e depois retornará da brincadeira e terá que integrá-las. Ou se não valer a pena ter essas aventuras, então ele deve integrar estas tendências. Por exemplo, suponha que eu esteja andando ao longo da Bahnhofstrasse* e veja uma bengala particularmente bonita, e eu penso, ela é exatamente o que eu quero, e depois eu penso, por que eu a desejei? Não se parece comigo, eu já tenho um grande acúmulo de objetos, eu iria simplesmente jogá-la fora. Eu acho que é uma tolice, mas eu a compro e pago uma centena de francos por ela e então a jogo fora. Então eu penso, bem, eu a comprei e joguei fora, isso foi uma experiência. Eu posso registrar isso em meu favor, ou posso dizer que sou um tolo em fazer isso, que fui inconsistente em desejar aquela bengala; mas posso registrar essa realização também a meu favor. Assim, com este homem, se ele tiver algumas experiências com prostitutas, isso pode tornar as coisas mais claras para ele; ou ele pode dizer: "tudo isso é apenas uma ilusão", então ele aprisiona e assa as galinhas; isso tem o mesmo resultado. O principal é que ele precisa ver a si mesmo e aprender a se manter integrado, pois ele é muito disperso. Eu não tenho certeza, ele pode ser muito encantador em sua família e com seus parentes e amigos, mas possivelmente em seus negócios ele pode ser capaz de jogar sujo. Eu não sei, mas tenho a impressão de que ele pode ter um caráter um pouco disperso. Ele deve aprender a ver a si mesmo, não importa por meio de que técnica, e manter-se integrado. Algumas pessoas tomam conhecimento de si mesmas espalhando-se por toda parte, outras trancando-se em si mesmas. Tudo depende do temperamento. Há muitas razões para isso: extroversão, introversão, tradição na família etc.

---

* Rua de Zurique, reputada como uma das mais caras da Europa [N.T.].

Palestra IV

13 de fevereiro de 1929

Dr. Jung:

Temos um considerável número de questões a tratar, a maioria delas sobre o *I Ching*. Isso parece ter despertado interesse geral. A pergunta do Sr. Gibb vai à origem da coisa toda: "Essa pergunta refere-se ao desenho no sonho anterior e ao tema desses modelos e padrões em geral. Teríamos justificativa para supor que esses sonhos e fantasias sustentam a verdade de uma determinada forma de filosofia, por exemplo uma baseada na ideia de quatro funções? Ou devemos apenas tomá-los como expressão de um desejo inconsciente ou necessidade de uma filosofia de algum tipo; isto é, de alguma forma de realizar uma integração ou síntese completa da experiência? Penso que, no máximo, eles indicam que há uma necessidade de uma filosofia baseada na experiência psíquica em vez de baseadas em abstrações coletadas da ciência física. Mas poderíamos dizer algo além disso?

Um exemplo do que quero dizer é o Divan-i-Khas (sala de audiência privada) do Imperador Mogul Akbar, em Fatehpur Sikri[1]. Esse edifício é construído de modo a formar um *design* assim como o que estamos discutindo, e Akbar costumava sentar-se em uma espécie de disco ao centro dele, enquanto homens instruídos de todas as partes do mundo ensinavam a ele sobre todos os tipos de religiões e filosofias, e as discutiam com ele. Lá, ele procurou fazer uma integração para si mesmo.

O disco de arenito vermelho é apoiado sobre um pilar com uma haste negra, no centro do salão quadrado. Quatro corredores levam para o disco vindos dos quatro cantos onde eles encontram a galeria que cerca todos os quatro lados do corredor. Quando alguém olha para cima em direção ao disco, a haste preta do

---

1. Akbar (1542-1605) construiu sua capital primeiro em Fatehpur Sikri (perto de Agra, no norte da Índia Central); a cidade real, embora abandonada por Akbar, está bem preservada. Gibb, que viveu por alguns anos na Índia, evidentemente, tinha visitado-a. (Assim o fez Jung, dez anos mais tarde. Cf. "A Índia: um mundo de sonhos" [1929]. OC 10/3, § 983.) Akbar adotou uma fé eclética composta de elementos muçulmanos, hindus, zoroástricos e cristãos.

pilar torna-se praticamente invisível, de forma que toda a estrutura parece estar suspensa meio ao ar.

Eu admito que aquilo que dissemos sobre o mandala e seu possível significado soam como filosofia, mas não é filosofia. É semelhante a Pitágoras e seu número quatro. Tem a ver com princípios, contudo, em si, não se trata de filosofia. É meramente uma expressão de fatos *inconscientes*.

Eu não diria nem mesmo que expressa uma necessidade inconsciente de uma filosofia, como muitas pessoas poderiam preferir uma religião a uma filosofia. Estas figuras são produzidas ingenuamente pelo inconsciente, portanto você pode encontrá-las no mundo todo. A mais antiga que conheço foi recentemente encontrada em Chichén Itzá, no Templo Maia do Guerreiro. Um explorador americano[2] rompeu a parede externa da pirâmide e descobriu que aquele não era o templo original; outro muito mais antigo, menor estava dentro daquele. O espaço entre os dois estava preenchido com lixo, e quando ele o removeu, veio de encontro com as paredes do templo mais antigo. Como ele sabia que tinha sido costume enterrar o tesouro dos rituais sob o piso como uma forma de encanto, ele cavou no chão do terraço e encontrou um jarro cilíndrico de calcário de aproximadamente um pé de altura. Quando levantou a tampa ele encontrou dentro uma placa de madeira na qual estava fixado um desenho mosaico. Era um mandala baseado no princípio do oito, um círculo dentro de campos verdes e azul-turquesa. Esses campos eram preenchidos com cabeças de répteis, garras de lagartos etc. Um de meus pacientes fez um mandala semelhante, com o mesmo tipo de divisões, mas preenchido com desenhos de plantas, não animais. Estas são expressões aparentemente tão naturais que podem ser encontradas em qualquer lugar do mundo. Sr. Gibb nos oferece um belo exemplo. Trata-se de uma expressão ingênua desta mesma ideia: o Imperador Mogul, Akbar o Grande, em sua sala de audiência privativa. O padrão de construção claramente forma um mandala, o Mogul fica em uma espécie de disco de arenito vermelho suportado por um pilar delgado, de modo que o disco quase parece estar sendo suspenso do céu. É uma ótima ideia para o homem idoso sentar-se dessa maneira, no centro de seu mandala, pois assim a sabedoria pode chegar a ele de todos os quatro cantos do mundo.

Na filosofia chinesa, o mandala é o "Campo de Polegada Quadrada da Casa do Pé Quadrado"[3]. – Diz-se que a casa representa o Corpo Imperecível, e a construção

---

2. Jung evidentemente tinha lido sobre essa descoberta Maia em Chichén Itzá, Yucatán, no *Ilustrated London News* de 26/01/1929 (p. 127), considerando que sua descrição acompanha de perto o relato publicado lá, com ilustrações do templo, jarro e mandala de mosaico. A descoberta foi feita por Earl Morris, chefe de uma expedição da *Carnegie Institution of Washington, D.C.*

3. Cf. "Comentário a *O segredo da flor de ouro*". OC 13, § 33 e 76.

desse mandala significa a edificação do Corpo Imperecível. Mead escreveu um estudo muito interessante sobre a teoria de que o homem possui um corpo sutil além do seu corpo físico material[4]. Geley tem uma teoria completa a esse respeito, uma nova fisiologia chamada "systeme psychodynamique"[5], uma palavra nova para uma coisa antiga, como a maioria de nossos termos científicos. O corpo sutil é a morada definitiva para o que a filosofia antiga teria chamado de enteléquia, aquilo que tenta realizar-se na existência. Agora, a ideia chinesa é de que o mandala é o símbolo do corpo sutil. De acordo com a Teoria Oriental, pela meditação sobre o mandala todos os constituintes do corpo sutil são retirados do exterior e concentrados no interior do homem, onde edificam o corpo imperecível. O novo homem dos primeiros ensinamentos cristãos de São Paulo é exatamente a mesma coisa que o corpo sutil. É uma ideia arquetípica, extremamente profunda, que pertence à esfera dos arquétipos imortais. Pode haver algo nela, pode ser verdadeiro, eu não sei; eu não sou o próprio Deus que tudo sabe; devo permanecer em meu mundo psicológico.

Em todos os eventos, a Teoria Oriental e seus símbolos estão de acordo, da forma mais surpreendente, com o nosso trabalho. Um texto chinês explica a arte de prolongar a vida pela edificação do corpo sutil[6]. Ele contém vários simbolismos que eu tenho visto com meus pacientes; e ao mesmo tempo em que todo este simbolismo é bem conhecido para mim, eu não ouso fazer interpretações como o Oriente está fazendo. O Oriente se atreve a utilizar termos como a "transmigração das almas".

Para os primeiros cristãos, não era nada chamar um homem de "Filho de Deus", era muito comum, era o seu pão de cada dia. Por milhares de anos, o Rei do Egito foi o Filho de Rá, de modo que quando Cristo foi chamado de Filho de Deus,

---

4. MEAD, G.R.S. *The Doctrine of the Subtle Body in the Western Tradition* (1919).

5. Em seu "Comentário a *O segredo da flor de ouro*", § 76, n. 2, Jung citou a "Teoria parafisiológica" de Gustave Geley, M.D. (1868-1924), director do Institut Métapsychique Internacional, em Paris. Cf. tb. o comentário de Jung em *Letters*. Vol. 1, 30 de setembro de 1933. Sua biblioteca continha três trabalhos de Geley: *From the Unconscious to the Conscious*. Trad. de S. de Brath. Londres, 1920. • *L'être subconscient*. Paris, 1926. • *Clairvoyance and Materialization*: A Record of Experiments. Trad. de S. de Brath. Londres, 1927. Os primeiros desses trabalhos discutem (no Livro II, partes 1 e 2) o "systè-me psychodynamique" de Geley sob o termo inglês "dynamopsychism." (James Kirsch relembra, a partir de uma entrevista em 30 de junho de 1929, que Jung estava escrevendo o complementário da "Flor de ouro" naquele verão.)

6. Jung e Wilhelm publicaram "Tschang Scheng Schu: Die Kunst des menschliche Leben zu verlängern" (= "Ch'ang Sheng Shu: The Art of Prolonging Human Life"). *Europäische Revue*, V, 8, nov./1929, p. 530-556, metade do qual foi a introdução de Jung. De acordo com Hellmut Wilhelm (comunicação privada), foi expandido para *Das Geheimnis der goldenen Blüte* [*O segredo da flor de ouro*], publicado próximo ao final do mesmo ano. Os dois são essencialmente o mesmo trabalho, com títulos variantes.

não houve dificuldade em acreditar. Mas para nós isso parece um tanto quanto incrível porque nossa crença em Deus é uma abstração, nos tornamos filosóficos. Assim, com nossos arquétipos de imortalidade, quanto mais falamos de imortalidade, mais impossível ela parece, até mesmo para os espíritas mais radicais. O que dizer sobre população fervilhante de todas as idades, o que acontece com os animais e insetos, os cães e pulgas etc.? Logo isso se torna um absurdo, e dificilmente poderemos imaginar céus e infernos suficientes para abrigar todos. Sobre questões metafísicas você nunca pode certificar-se sobre a verdade, o único critério é se ela "clica". Se isso acontece, aí posso sentir que penso corretamente e que estou funcionando adequadamente. Não temos nenhuma outra prova. Todas as experiências chamadas de espiritualistas podem ser criticadas com facilidade. Você nunca pode comprovar um fantasma. Há milhares de brechas para autoengano.

A pergunta da Dra. Shaw: "Como você explica que essas coisas encontradas na filosofia chinesa sejam tão aplicáveis à nossa psicologia de hoje? Eu concluo que você chama a nossa atenção especialmente para o 50º hexagrama do I Ching, porque ele simboliza tanto o percurso da análise como também o do Yoga".

Dr. Jung: A Dra. Shaw aponta para a analogia entre a análise e o Yoga. O capítulo do I Ching com a panela é um daqueles capítulos que contêm o procedimento do yoga, e nosso procedimento analítico produz formas ocidentais daquilo que no Oriente é yoga. A terminologia é diferente, mas o simbolismo é o mesmo, o objetivo é o mesmo. A forma chinesa do yoga é bastante parecida com o simbolismo que obtemos nos sonhos e a partir do inconsciente em geral.

Falar sobre o yoga é falar de certo tipo de método analítico. Essas coisas são pouco conhecidas e despertam resistências. As resistências são geralmente fundadas na ignorância. Pouquíssimas pessoas na Europa conhecem alguma coisa a respeito do yoga. Somos preenchidos pela mais incrível megalomania, assumimos que as pessoas no Oriente são ignorantes e que nós, no Ocidente, descobrimos uma grande verdade. Muitas pessoas, por exemplo, assumem que a astrologia é completamente absurda. É verdade que a astrologia não tem nada a ver com as estrelas. O horóscopo pode dizer que você nasceu em Touro, mas as constelações hoje mudaram e os horóscopos já não correspondem à posição atual das estrelas. Desde 100 a.C. nosso sistema de medição do tempo manteve-se em um impasse um tanto arbitrário. Nosso ponto de primavera agora é próximo de 29° de Peixes e não é mais em Áries, embora horóscopos sejam feitos nessa base. O ponto da primavera está prestes a entrar em Aquário. Mas as pessoas criticam a astrologia assim como se isso tivesse algo a ver com as estrelas.

Se alguém menciona o yoga, as pessoas imediatamente pensam em faquires, pessoas que ficam em pé sobre as suas cabeças durante sete anos, e todo esse tipo de absurdo. Um conhecimento real das práticas de yoga é muito raro no Ocidente.

Eu me senti pequeno quando me tornei familiarizado com essas coisas. Aqui está uma reprodução de uma imagem no Templo das "Nuvens Brancas", em Pequim[7]. Ela pertence ao sistema Tao chinês. É exatamente como se eu tivesse que escrever um tratado sobre como proceder ao longo da estrada da Psicologia Analítica. Esta imagem não foi publicada, mas se fosse ninguém saberia o que ela significava. O mandala e a ideia do pote de cozimento estão nela. Uma tremenda experiência de simbolismo inconsciente seria necessário para compreender todos esses detalhes. A forma da imagem mostra a espinha humana – cabeça, olhos, a região do coração, e abaixo há outros centros ou zonas. Em vez da coluna vertebral existem pedras posicionadas à margem de um rio que sobe a colina a partir da nascente. O yoga taoista tem muitos paralelos com a análise. Recentemente um texto de mil anos de idade foi encontrado por um chinês e decifrado pelo Instituto Chinês em Frankfurt[8]. Wilhelm me diz que contém material similar a nossos resultados aqui. É uma espécie de ponte psicológica entre o Oriente e o Ocidente. Não há razão para termos qualquer tipo de megalomania em conexão com as coisas orientais. Não podemos supor que o chinês seja um idiota, e que nós somos extremamente inteligentes. É sempre um erro subestimar um adversário.

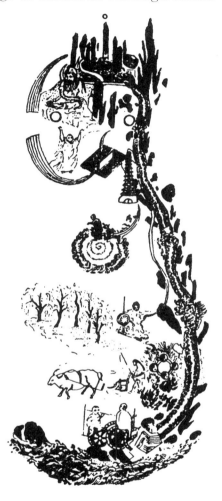

---

7. A imagem é detalhadamente discutida em ROUSSELLE, E. "Spiritual Guidance in Contemporary Taoism". *Spiritual Disciplines*, 1960, p. 75-84 [Ensaios dos Anuários de Eranos, 4]. Originalmente uma palestra na primeira Conferência de Eranos, 1933. Rousselle reproduziu a imagem a partir da fricção de uma tabuleta de pedra no Mosteiro das Nuvens Brancas (anteriormente na coleção de Richard Wilhelm).

8. Hellmut Wilhelm acredita que aqui Jung estava se referindo ao texto chinês de *O segredo da flor de ouro*, que pode ser rastreado ao século XVII, e na sua tradição oral ao século VIII. Uma edição de 1920, em Pequim, foi base de tradução (em vez de "decifração") por Richard Wilhelm no Instituto Chinês. Cf. *The Secret of the Golden Flower* [nova ed., Nova York, 1962), a discussão do texto por R. Wilhelm, p. 3ss.

Dr. Binger: Você vai nos falar sobre a origem da palavra mandala?

Dr. Jung: Mandala significa orbe ou círculo com uma conotação de magia. Você pode desenhar um mandala, você pode construir um mandala, ou você pode dançar um mandala. O "Nritya Mandala" é uma dança em que as figuras descrevem um mandala.

Aqui está outra questão que tem a ver com a famosa galinha que escapa e fica espremida e é encontrada em uma panela numa condição mais ou menos comestível. A Sra. Sigg acha que a galinha que fugiu era a intuição. Mas não vejo nenhuma possibilidade de interpretar a galinha como intuição. Eu não acredito que possamos supor que o paciente tenha desenvolvido qualquer função particular.

Sra. Sigg: O primeiro sonho era naturalístico, depois veio o mandala que expressa a situação inteira, e agora vemos todo o processo por intuição; isso é sintético.

Dr. Jung: O homem estava confuso e desorientado, portanto algo tinha que acontecer para lhe dar clareza a respeito de toda a situação. O mandala foi uma espécie de carta do seu inconsciente destinada a clarificar sua mente. Nesse caso sua função é de ordenar um estado de confusão, e esta ordem parece ser estabelecida neste padrão específico de mandala. É como um amuleto. Amuletos muitas vezes têm um mandala como formato. Um grande número de mandalas pré-históricas da Idade do Bronze foram escavadas e estão no Museu Nacional Suíço. Elas são chamadas de rodas do sol e possuem quatro raios como os antigos crucifixos cristãos. Este é também o desenho do Anfitrião da Igreja Católica e sobre o pão utilizado no culto mitraico, uma espécie de "pão de mandala", como exposto num monumento. Comer o pão é comer o deus, comer o Salvador. Este é o símbolo de reconciliação. Comer o animal totem simboliza o fortalecimento da unidade social de todo o clã. Essa é a ideia original repetida eternamente durante eras.

Sra. Sigg: Eu não vejo a diferença entre uma visão interior e intuição.

Dr. Jung: Quando você sonha, você não pode dizer que você utiliza essa ou aquela função, mas algo pode entrar em sua cabeça. Você não precisa de seus olhos para perceber. Intuição pode significar um esforço consciente. Se eu precisar dela em uma situação, devo procurá-la a fim de obtê-la. É bem possível que este homem tenha feito esse esforço antes, mas o que está no sonho é apenas a visão de um fato. Não é uma função da mente.

Sra. Sigg: É difícil num sonho excluir o esforço que ele fez conscientemente.

Dr.Jung: Nós não precisamos confortar a nós mesmos e ao paciente dizendo que ele se esforçou e agora como recompensa vem o sonho bom. Com certeza isso é o resultado do pensamento dele, mas não é intuição. Já dissemos tanto sobre este sonho que poderíamos supor que tenha sido suficientemente tratado. Há qualquer coisa que não tenha ficado claro para vocês? Vocês compreendem todo o significado do sonho em conecção?

Sr. Rogers: Como você sabe quando incluir a consciência e quando deixá-la de fora? Em algumas explicações quando havia três figuras, como em *Macbeth* e em *Fausto*, você acrescentou a consciência para formar quatro. Mas se você a acrescentasse em outros, teríamos cinco. Em *Macbeth* os três seres humanos com consciência seriam quatro; aqui com as quatro galinhas não são. Como você sabe quando excluir?

Dr. Jung: A diferença é que em nosso sonho há quatro animais, quatro galinhas. Isso aponta para o fato de que o si-mesmo, assim como representado pelo mandala, é inconsciente (animal!). Não há consciência para somar.

Sr. Rogers: No caso dos quatro filhos de Hórus, como funcionaria?

Dr. Jung: Hórus está no centro e os seus filhos são seus quatro atributos. Com Hórus, assim como com os quatro evangelistas, a figura central é humana e os quatro são meramente atributos. Hórus, bem como o grupo de Cristo (*Rex gloriae*), simboliza o si-mesmo com três funções inconscientes e uma que atingiu a consciência. Dessa forma, os filhos de Hórus são frequentemente representados como três com cabeças de animais e um com uma cabeça humana. O mesmo é verdadeiro para o mandala cristão. Seria difícil se encontrássemos um grupo dessas quatro coisas sozinhas, mas nunca as encontramos sem Hórus. O mesmo acontece com os evangelistas, você nunca os vê sozinhos, sempre agrupados em torno do Salvador.

Você precisa ter cuidado na especulação sobre números e desenhos geométricos. Estou dando a vocês apenas conjecturas para explicar nosso tema do mandala pelos paralelos mitológicos e interpretar as figuras mitológicas utilizando nossas observações psicológicas. Parece que quatro animais sem um centro representariam a inconsciência de todas as quatro funções, enquanto os três animais e uma figura com cabeça humana representaria o fato de que três funções estarem inconscientes e apenas uma consciente. Uma quinta figura no centro representaria a soma total do homem: suas quatro funções [consciente e inconsciente] sob o controle de um Deus ou de um "centro não egoico".

Há mais alguma coisa a ser considerada sobre o nosso sonho?

Srta. Hannah: E sobre a roda traseira? Você não nos disse nada sobre isso ainda.

Dr. Jung: O que a roda traseira representa?

Dr. Binger: O próprio sonhador interpretou-a como a força motriz.

Dr. Jung: O que isso significa psicologicamente?

Dr. Binger: Significa a libido, a galinha está escapando com a libido do homem.

Dr. Jung: Uma daquelas funções está escapando de onde a libido motivadora está. Por quê?

Sr. Roper: Está ela partindo com aquela mulher?

Dr. Jung: Aquela mulher era uma fantasia. Não há nenhuma indicação no sonho de que ela vai com uma mulher. O sonho conta que uma função escapa por onde a libido motivadora ou criativa está. Se vocés assumirem que ele é motivado pela fantasia de uma mulher, então pode ser por aí que a galinha escapa.

Sr. Roper: Poderiam ser os estudos ocultos?

Dr. Jung: Como eles estão conectados com a libido?

Sr. Roper: Eles estão em uma das suas duas linhas mais fortes.

Dr. Jung: Sim, não se sabe com esse homem se motivação mais forte é sua fantasia sobre mulheres ou seus estudos ocultos. Se ele tiver dedicado mais tempo a seus estudos ocultos do que a suas experiências com mulheres então você pode ter certeza de que ele está mais interessado neles. Eu sempre tento chegar às quantidades exatas de tempo e dinheiro que alguém investiu em algo, então eu sei o quão importante elas têm sido para o paciente. Uma mulher vale não pela intensidade do sentimento, mas pelo tempo que você passa com ela. É melhor quatro horas com menos insistência na beleza do sentimento do que quinze minutos com somente palavras maravilhosas. Mulheres são impiedosas, mas esse é um recurso muito eficiente. Aprendi isso com as mulheres. Três quartos das análises são realizados por mulheres, e aprendo com elas.

Nesse caso não temos nenhuma maneira de saber se a libido motivadora, "a roda traseira", está mais interessada nos estudos ocultos do que nas fantasias sexuais, mas, ao menos, podemos supor que ele está preocupado com a perda da roda traseira. A perda na análise é muito importante. Há muitas pessoas que quando estão sendo analisadas estabelecem uma espécie de fortaleza, uma ilha, um lugar onde nada se move, onde nada acontece, onde nada é deslocado. Trata-se da construção de um polo de equilíbrio que eu não destruo, e a ideia dessa ilha é um símbolo feliz e importante, porém muitas pessoas fazem mau uso dela pela omissão de seu julgamento, ou retenção de alguma coisa. Com a desculpa da polidez, essas reservas são sempre racionalizadas ou são oferecidos pretextos para elas. Por esses subterfúgios cria-se um lugar seguro por onde as pessoas podem sair furtivamente. Certa senhora chega até mim para fazer análise e de repente se apaixona por outro homem. É de se perguntar por quê. Ele não é particularmente o tipo que se esperaria que a atraísse. É simplesmente uma válvula de segurança para ela, ela está protegendo-se contra a transferência. O outro homem torna-se o ponto de fuga. A paciente não admite estar totalmente apaixonada, e diz: "Ah, é apenas de uma pequena fantasia"; mas é lá que sua libido vaza. Nada acontece na análise por causa desse vazamento. Em seguida, o analista tem que trabalhar em uma espécie de *background* de pano molhado. Não há reação, tudo é adiado pelo vazamento para dentro deste lugar seguro. Quando você tem que lidar com essas pessoas, você não consegue fazer nada. Sempre que você tenta agarrar algo, isso se afasta. Você faz um tipo de análise provisória. Pode ser o mesmo na vida onde o filho permanece dentro do pai como uma caixa-forte. Você pode descobrir que essas pessoas têm um polo de equilíbrio ou uma caixa-forte justamente no local do vazamento. A influência do analista é contrabalançada por alguma coisa autônoma e firme até que ele descubra seu polo de equilíbrio.

Portanto, este homem durante a fase de análise estava inclinado a fazer uma *restriction mentale*, uma espécie curiosa de truque. Por exemplo, há uma história sobre um monastério do século XVIII que queria se apoderar da propriedade de um camponês. Eles não tinham direito a ela mas fizeram tudo que podiam para obtê-la. Então o abade soube de um homem sábio que ele poderia aplicar *restriction mentale* para determinadas coisas que seriam decididas por juramento. Então o abade colheu um pouco de terra de seu próprio jardim e colocou-a dentro de seus sapatos, e, ficando em pé sobre a terra do camponês, jurou: "Estou em pé sobre minha própria terra".

Passe-partout par l'Eglise Romaine[9] é um livro sobre essas restrições. São coisas terríveis, mas elas acontecem. A *restriction mentale* neste caso seria a de que o paciente poderia dizer: "Sim, estou fazendo análise. Ah, sim, é muito interessante, mas pode ser explicado de maneira diferente, como por exemplo que o Dr. Jung é um tipo de médium. As coisas que ele diz e que são boas são inspiradas por Mahatmas em um monastério no Tibete, e as outras coisas que ele diz não são nada". Com essa suposição, eu não poderia fazer nada. Ele não tinha tais reservas realmente, mas alguma tendência a elas. Isso acontece na análise o tempo todo, o animus e anima se ocupam com essas coisas. Uma vez tive um caso que realmente me deixou irritado. Eu estava tentando explicar algo para uma paciente e eu usei uma boa dose de vitalidade para tornar minha explicação enfática, mas ela se tornava cada vez mais maçante e logo vi que ela não estava me escutando. Descobri que ela pensou que eu estava apaixonado por ela e sexualmente excitado, porque eu estava muito interessado e animado enquanto ela não via nenhuma importância no que eu estava dizendo. Essa foi uma *restriction mentale* por onde algo estava vazando, e eu não podia fazer nada. Assim, com esse homem, meu pensamento é que seus estudos ocultos representem o vazamento em sua libido motivadora.

---

9. Um tratado antipapal de Antonio Gavin (fl. 1726), um padre católico de Saragossa, e depois um padre anglicano na Irlanda. Originalmente publicado em Dublin, 1724, como *A Master-key to Popery*, foi por vezes intitulado *The Great Red Dragon*. Ao longo do século XIX foi amplamente reimpresso em traduções alemãs e francesas.

Palestra V

20 de fevereiro de 1929

Dr. Jung:

Hoje vamos continuar com nossos sonhos, sem mais galinhas! O próximo sonho aconteceu dois dias depois.

Sonho [5]

"Estou chegando a um lugar onde um santo é adorado; um santo sobre o qual é dito curar doenças quando se menciona o nome dele. Estou lá porque sofro de dor no nervo ciático. Eu acho que existem muitas outras pessoas com as quais continuo meu caminho e alguém me diz que um paciente já foi curado. Eu acho que preciso fazer algo mais do que invocar um santo, que eu deveria tomar um banho de mar. Eu chego à praia e observo alguns grandes blocos de pedra na costa em direção a terra. Entre as pedras e as colinas rochosas tem um vale, uma espécie de baía. O mar penetra nesta área com ondas tranquilas e poderosas que se perdem lentamente em direção ao recesso da baía, que invade a terra até uma distância considerável. Por um tempo eu assisto à arrebentação majestosa e às ondas altas que passam. Escalo a alta colina rochosa. Depois estou com meu filho mais novo. Estamos prestes a subir mais, quando vejo um borrifo de água em ascensão acima da colina que estamos escalando, do outro lado, e então tenho medo de que a onda seja tão poderosa do outro lado que possa arrastar a colina, pois esta não tem uma base de pedras, mas de um amontoado de cascalhos e pedregulhos. A colina pode desmoronar, e uma onda grande pode carregá-la para longe. Me apercebo disso e então afasto meu filho de lá."

A imagem do sonho é muito clara, bem visualizada. Há uma costa plana, embora em direção a terra existam pilhas de pedregulhos. Ele chega até uma colina de cascalho e pedras soltas, que poderiam ser carregadas pela água.

Associações: *Santo*: "Eu não me lembro do nome do santo, mas acho que era algo como Papatheanon ou Papastheanon. Não consigo explicar esse nome grego ou romeno". Tem muito grego na Romênia por causa da mistura do grego na língua rústica, a linguagem dos camponeses em todo o Império Romano. Ele ainda permanece como o Romansch na Suíça. *A cura mágica*: "Isso é como a cura em Lourdes ou nas tumbas de santos em todo o mundo muçulmano, na África do Norte, Egito etc. Eu só posso explicar essas curas, cuja realidade certamente não posso negar, pela crença no efeito, por meio da autossugestão, que é sempre reforçada por curas. A atmosfera de Lourdes onde as pessoas assistem às curas mágicas tem um efeito tremendamente sugestivo, a sugestão da multidão". Ele fala de como se fica sob a sugestão da crença da multidão, o efeito sobre toda a multidão.

Então ele chega ao fato de que ele pensa mesmo no sonho que é duvidoso que essa cura aconteceria de fato: "Estou em dúvida se eu poderia ser curado por um milagre ou crença cega apesar do fato de que outros são curados, e creio que ajudaria tomar um banho de mar e contemplar o movimento poderoso da arrebentação durante o dia".

Associações: O mar: Aqui ele usa um termo alemão para significar o meio primordial de vida. A evolução começou no oceano, e o primeiro germe da vida apareceu lá. Pode-se chamar o mar como o ventre da natureza. Os *majestosos rolos que vêm do mar*: "É possível dizer que o nosso inconsciente é assim. O inconsciente envia ondas poderosas com quase certa regularidade para nossa consciência, que é como o vale que contém a baía". Ele usa uma analogia que eu muitas vezes percebo em expressões de meus próprios pacientes, como o consciente é como uma baía, ou lacuna no inconsciente, conectado com o mar, mas separado por uma barragem ou península. Ele continua: "É tranquilizante e ao mesmo tempo muito interessante assistir a essas ondas. Falando desse modo nosso consciente é movido pelo movimento de subida e descida do inconsciente". Ele quer dizer que o movimento inconsciente é um tipo de respiração rítmica da natureza, como a ideia de Goethe sobre "diástole e sístole". Este é o primeiro tipo de movimento, como nos protozoários. O movimento de extroversão e introversão é o que ele está almejando aqui.

O sonhador prossegue: "Mas também pode ser muito perigoso se aproximar do oceano em um dia de tempestade. A violência do mar pode destruir os seus próprios muros, as praias e as dunas construídas pelo próprio mar; e muitos podem não conseguir se salvar das ondas poderosas".

Ele fala sobre o *menino*: "Ele é provavelmente meu favorito. É o meu menino caçula, e ele se identifica comigo e quer ser como seu pai é. Ele tem muito ciúme das outras crianças e sempre as vigia para certificar-se de que não recebe nada menos do que seus irmãos". Depois que o sonhador contemplou por algum tempo o majestoso brincar do oceano, ele quis subir mais alto na colina. Ele vê o borrifo colidindo com o outro lado e teme que a colina possa ser destruída. Sua associação com isso é: "Do outro lado aparentemente há uma tensão tão forte que pode causar uma catástrofe, portanto deve-se ter o cuidado de não alcançar o topo da colina e não formar um caminho por onde se caia na água". Ele se expressa aqui de forma ambígua. Fala em parte por metáforas sobre o sonho, e em parte psicologicamente, querendo dizer: "A tensão do outro lado é perigosa".

Quando se traduz a língua alemã para o inglês, não se consegue dar todo o significado original. Perde-se algo por haver ainda uma condição primitiva ambivalente, por isso é particularmente adequado expressar significados psicológicos com sombras e nuanças. Ao definir formulações de fatos científicos artificiais [não naturais], a língua alemã não é muito boa, tem muitas conotações, muitas anotações paralelas. (Este não é o caso em inglês ou francês. Como uma linguagem jurídica ou filosófica, francês é ideal.) Como Mark Twain disse, a palavra *Zug* tem vinte e sete diferentes significados: um alemão utiliza *Zug* para expressar o significado que ele quer transmitir e nunca pensa em seus outros possíveis significados. É como linguagem primitiva na qual por vezes a mesma palavra é usada para o preto e branco. Um primitivo a emprega para significar branco, mas para o outro pode significar preto também. Em alemão uma corrente de ar é um *Zug*, um trem é um *Zug*, uma tendência é um *Zug*, e uma dessas fitas elásticas que você pode colocar em algum lugar de seu vestido também pode ser um *Zug*. Isso é primitivo. Em inglês existem as palavras *good* [bom], *better* [melhor], *best* [excelente], e *excelente* vindas de *bad*[1] [ruim]. Em anglo-saxão havia *bat*, "ruim". A palavra francesa *sacré* tem um duplo significado também, *Sacré Coeur, Sacré nom de chien*.

Eu quero ouvir suas impressões sobre o sonho. Primeiro, o santo; você se lembra do sonho anterior? Na interpretação dos sonhos nossa primeira tarefa é sempre ligar o sonho ao sonho anterior. Vocês conseguem ver qualquer conexão possível entre os frangos (no último sonho) e o santo? É muito improvável. Eu mesmo não poderia dizer se eu não tivesse analisado muitos desses sonhos; e de saber o motivo do sonho anterior e desse sonho. O motivo do sonho anterior era o motivo arquetípico da montagem no pote da comida sacrifical, o procedimento alquímico para a reconstrução do novo homem. Essa é a antiga ideia da transformação do indivíduo, do homem que necessita de salvação, redenção, cura. Ele é como uma velha máquina quebrada, ele é constituído por trapos e ossos. Ele está carregado com os pecados do "Velho Adão", e com os pecados de seus ancestrais também. Ele é um amontoado de miséria inconsistente. Ele é atirado na panela ou *krater*, cozido ou derretido nessa panela, e sai dela novo em folha! Isso é apenas vagamente aludido no sonho de frango. O cozimento dos ingredientes é uma espécie de cura. Em alemão *heilig* está conectado com *heil*, ou "estar inteiro"; *geheilt* significa curado. Curar é tornar inteiro, e a condição a que se chega é uma total ou completa condição, enquanto anteriormente havia apenas fragmentos agregados. Portanto, recolher e assar os frangos significa curar ou tornar novo.

---

1. O Dicionário de Inglês Oxford não oferece essa etimologia.

Aqui a ideia da medicina surge. O Salvador é sempre o curandeiro que oferece o *pharmakon athanasias*, o medicamento da imortalidade, aquele que constrói o novo homem. Quando você toma a *tinctura magna* do alquimista, você está curado para sempre, você nunca mais cairá doente. Essas são as conotações mitológicas do procedimento alquímico, ou do caldeirão da fusão da transformação, por isso não é de admirar que no sonho seguinte ele comece com um santo. Por que justamente um santo? Poderia ter sido um curandeiro ou um mágico. Por que ele escolheu um santo? Essa é uma simpática parte de psicologia do paciente. O santo é o médico. Ele me ligou. "É você, Dr. Jung? Você pode me curar? Quanto tempo vai demorar?" Ele invoca o Dr. Jung como um santo. O paciente obviamente não pensa em mim como um santo. Mas seu inconsciente diz: "Você está invocando o nome de um santo". O inconsciente expressa isso como a mesma antiga verdade repetida outra vez, que um homem chamou por seu Salvador, um índio chamou por seu curandeiro, o árabe por seu Marabu. O católico esfrega o túmulo de Santo Antônio a fim de obter seu poder de cura. Por que será que o inconsciente comunica-se dessa forma, qual seria o uso disso?

Sra. Schlegel: Ajudaria a crença.

Dr. Jung: Sim, a crença não precisa significar nada além da vontade de acreditar, uma espécie de expectativa: "Minha crença e esperança estão no Senhor". O sonho diz que o paciente está na mesma situação arquetípica antiga. Um dos efeitos de uma situação arquétipa é que quando você se envolve com ela há muito sentimento nisso, e quanto mais o inconsciente é provocado, mais expectativa haverá de que as coisas tomarão o rumo certo. O que acontece em nossa psicologia quando tocamos um arquétipo?

Dr. Binger: Há um brotar de uma imagem tribal ou racial a partir do inconsciente coletivo.

Dr. Jung: Um arquétipo pertence à estrutura do inconsciente coletivo, mas como o inconsciente coletivo está em nós mesmos, é também uma estrutura de nós mesmos. É parte da estrutura básica da nossa natureza instintiva. Qualquer coisa reintroduzida neste padrão instintivo deve ser curada. Esta estrutura do homem deveria ser um animal inteiramente adaptado, algo notável capaz de viver perfeitamente. A maioria de nossas doenças psicogênicas consiste no fato de que nos desviamos do padrão instintivo do homem. De repente nos encontramos no ar, nossa árvore não recebe mais a substância nutritiva da terra. Então vejam, quando vocês retornam a uma situação arquetípica, vocês estão em sua correta atitude instintiva na qual vocês devem estar quando quiserem viver na superfície da terra; em sua atmosfera apropriada com o seu alimento apropriado etc. O arquétipo é o homem natural instintivo, como ele sempre foi. Os antigos sacerdotes e curandeiros entendiam isso, não por conhecimento, mas por intuição. Eles tentavam trazer o homem doente de volta para uma situação arquetípica. Se um homem tivesse sido mordido por uma cobra, nós deveríamos dar soro a ele, mas o antigo sacerdote egípcio iria à sua biblioteca e pegaria o livro com a história de Ísis[2], o levaria para o paciente e leria para ele sobre o deus do sol Rá, como enquanto ele caminhava no Egito sua esposa Ísis criou um verme terrível, uma víbora de areia apenas com o focinho aparecendo fora da areia. Ela a colocou em seu caminho de modo que o mordesse. Ele pisou no verme venerável e foi mordido gravemente e envenenado, seu maxilar e todos os membros tremiam. Os deuses o pegaram e pensaram que ele iria morrer. Eles chamaram a Mãe Ísis, pois ela poderia curá-lo; então, o hino foi lido para ele, mas sua magia não pode curá-lo totalmente, e ele teve que se retirar para a parte de trás da Vaca Celestial e dar lugar ao deus mais jovem. Agora, como poderia a leitura deste hino de Rá curá-lo da picada de cobra? Qual é a utilidade dessa tolice? Imagino que essas pessoas não eram absolutamente idiotas. Elas sabiam muito bem o que faziam, eles eram tão inteligentes quanto nós somos, tinham bons resultados com esses métodos, por isso eles os utilizavam, era "boa medicina".

Quando vocês estudam a farmacopeia do velho Galeno, vocês ficam com náuseas, um sujeito surpreendentemente fétido, mas um excelente médico. Eles tinham uma farmacologia que era absolutamente ridícula de acordo com as nossas ideias, mas nós fazemos de fora para dentro, de forma racional, enquanto eles faziam de dentro para fora. Nós nunca vemos as coisas curativas que vêm do nosso interior; a ciência cristã as reconhece, mas a medicina clínica mesmo em nossos dias vive e trabalha com fatos exteriores. O que aquele velho sacerdote egípcio tentava fazer era transmitir ao homem que o seu sofrimento não era o destino só do homem, mas também o destino de Deus. Devia ser assim, e a Mãe Ísis, que fez o veneno, podia também curar seu efeito (não inteiramente, mas quase). Ao trazer o paciente para a verdade eterna da imagem arquetípica da mordida da serpente ocasionada pela Mãe, seus poderes instintivos são despertados, e isso é muito proveitoso.

Agora com o nosso paciente, se os poderes arquetípicos pudessem ser exteriorizados ele seria socorrido. Mas conosco não é tão fácil, estamos muito distantes dessa imagem.

Alguém está desesperado ou muito triste, e o pároco aparece e diz: "Olha aqui, pense em Nosso Senhor na Cruz, como Ele sofreu, como Ele carregou o fardo por todos nós". Podemos entender que esse tipo de técnica, e para pessoas a quem a imagem arquetípica de Cristo ainda tem um significado, produzirá um efeito definido, mas para aqueles que se desviaram do arquétipo será como o ar. Todas as técnicas desse tipo naturalmente tiveram início a partir do inconsciente.

---

2. Para uma descrição mais completa e análise da história, cf. *Símbolos da transformação*. OC 5, § 451-455 (como na ed. de 1912).

Aqueles médicos antigos como Galeno perguntavam aos seus pacientes sobre os seus sonhos. Os sonhos participavam em grande parte das curas médicas. Um dos médicos antigos nos contou sobre um homem que sonhou que sua perna havia virado pedra e dois dias depois teve paralisia de uma perna por apoplexia. Alguns sonhos são muito importantes para o diagnóstico de um caso. A técnica comum do sonho é que ela traga o paciente para a situação arquetípica a fim de curá-lo, a situação do sofredor Deus-homem ou a situação da tragédia humana. Esse era o efeito da tragédia grega.

Agora esse sonho subitamente leva o paciente a um papel de peregrino, viajando para um santuário, como a tumba de Santo Antônio em Pádua ou para Lourdes. Ele é colocado na situação do homem comum de todos os tempos, e assim é aproximado da natureza fundamental do homem. Quanto mais ele se aproxima dela, melhor ele se sente, e podemos supor que para algumas pessoas isso funciona. Poderes instintivos são liberados, em parte psicológicos, em parte fisiológicos, e por meio dessa libertação toda a disposição do corpo pode ser modificada. Um dos meus alunos fez algumas experiências com a viscosidade do sangue, acompanhando a viscosidade pelas diferentes fases de análise. A viscosidade era muito menor quando o paciente estava confuso, resistente, ou em mau estado de espírito. Pessoas nesse estado de espírito estão propícias a infecções e distúrbios físicos. Vocês sabem o quão próxima é a relação entre o estômago e os estados mentais. Se um estado psíquico ruim for habitual, vocês estragam seu estômago, e isso pode ser muito grave.

Sr. Rogers: Posso fazer uma pergunta, um pouco à parte dessa discussão? Quando a mesma palavra significa coisas opostas, o que há na mente primitiva que junta os opostos?

Dr. Jung: É o simbolismo desconcertante das coisas que estão ainda no inconsciente onde as coisas são existentes e inexistentes. Isso é uma coisa que vocês vão encontrar frequentemente nos sonhos e no inconsciente. É como se você tivesse uma nota de cem dólares no bolso, você sabe que a possui e você tem uma conta para pagar com ela, mas você não consegue encontrá-la. Também com os conteúdos inconscientes as coisas são: sim e não, bom e ruim, preto e branco. Talvez haja uma possibilidade em seu inconsciente que você não consiga atingir. Existem altas qualidades e baixas qualidades. Podem não ser ambas, mas pode ser cada uma. Então, as pessoas boas têm certa semelhança com as pessoas más no sentido de que ambos têm um problema moral. O primitivo e as realizações, assim como em um artista, caminham juntos. Todos os negros são artistas maravilhosos no que tange seu potencial artístico. Todos os artistas têm um lado primitivo em seu caráter e maneira de viver. Em seus inconscientes existe uma condição de ambiguidade. Isso não é realmente uma nova descoberta. Os gnósticos tiveram essa ideia e a expressaram como Pleroma, um estado de plenitude no qual os pares dos opostos, sim e não, dia e noite, estão juntos, aí quando eles "acontecem", é tanto dia quanto noite. No estado de "promessa" antes de eles acontecerem, eles são inexistentes, não há nem branco nem preto, nem bom nem mau. Muitas vezes isso é simbolizado nos sonhos, como dois animais indistintos, ou um animal que come o outro. Isso é um sintoma dos conteúdos inconscientes. No Norte da Lombardia veem-se frisos de animais que comem uns aos outros, e em manuscritos antigos dos séculos XII e XIII há muitos desenhos entrelaçados de animais comendo uns aos outros. Como a mente humana no início era inconsciente, e a origem das línguas trai o caminho no qual as coisas estavam, vocês podem ainda de certo modo senti-lo. Na mente pouco iluminada vocês veem algo preto que quase lhes dá a sensação de branco. Com alguns primitivos é a mesma palavra. Você pode ver uma reação ambígua todos os dias, quando algo o perturba e produz emoções conflitantes. Suponha que seu empregado quebra uma estátua valiosa, você fica muito irritado e pragueja "Oh inferno!" ou "diabos!" ou você poderia dizer: "Oh Deus!" O que significa "Deus" quando empregado dessa maneira? Você o utiliza quando está maravilhado, quando se está espantado, irritado ou em desespero, assim como um primitivo diria "mulungu"[3] em todos os tipos de situação. Quando ele ouve um gramofone ele diz: "mulungu". O conceito ambíguo "mana" é usado em swahili para significar importância ou significância, portanto "Deus" para nós não apenas contém pares de opostos, mas é absolutamente indiferenciado nesse tipo de uso; é ambíguo, é como "mulungu", o conceito de algo extraordinariamente eficiente ou poderoso. Quando pensamos no inconsciente devemos pensar paradoxalmente, muitas vezes em termos de sim e não. Temos de aprender a pensar em alguma coisa boa que pode ser ruim, ou em algo ruim que possa ser bom. Quando você pensa em bom, você deve pensar em termos de relatividade. Isso é um princípio muito importante na interpretação dos sonhos. Tudo depende da perspectiva da sua consciência se ele é bom ou mau. Bom em termos psicológicos deve estar relacionado com mau. Originalmente aquele sentimento de bom e mau significava favorável ou desfavorável. Por exemplo, uma vez um cacique foi indagado sobre qual era a diferença entre bom e mau. Ele disse: "Quando eu tomo a mulher do meu inimigo, isso é bom. Mas se outro cacique toma minha mulher, isso é mau". Não é uma diferença entre algo moral ou imoral, mas favorável e desfavorável. A atitude supersticiosa sempre pergunta: "Isto é favorável?" A mente está terrivelmente alerta para essas coisas. O conceito moral aparece mais tarde. Há muitas coisas que chamamos de bom e

---

3. Jung citou este termo como de ocorrência africana central, em *A energia psíquica* (1928), OC 8/1, § 117; de Polinésia, em *Psicologia do inconsciente*, OC 7/1, § 108; e de Melanésia, em "Considerações teóricas sobre a natureza do psíquico" (1946), OC 8/2, § 411.

bonito no primitivo, mas ele não pensa nelas dessa forma, mas apenas como favoráveis e desfavoráveis. "Tenho me comportado de modo a que isto não vá me ferir?"

Em Hubert e Mauss, *Mélanges d'histoire des religions*[4], os conceitos básicos da mente mitológica são categorias reconhecidas da fantasia criativa, o que Kant chama de "categorias de pura razão". Categorias de raciocínio são apenas aplicações intelectuais dos arquétipos. Os arquétipos são os vasos primordiais nos quais você expressa qualquer coisa mental ou psicológica. Não há como escapar disso.

Bem agora, no andamento da ideia de cura, o sonhador chega ao guia espiritual ou salvador. Esse processo nunca acontece sem um professor, curandeiro, guia ou guru, um homem que observe o processo de iniciação, como nos antigos ritos de puberdade. O fato interessante de que o santo no sonho é chamado de Papatheano sugere o pai, já que velho "Pai" é um símbolo para um guia, mas por que não apenas papa? Por que esse Papatheanon tão peculiar? A Srta. Bianchi sugere que o paciente possa ter sido influenciado pela ópera *A flauta mágica*, que é uma história de iniciação. A palavra Papagei, que significa papagaio, aparece na ópera[5]. Papagei é italiano. É uma palavra polinésia de origem exótica. Pode ser que o paciente tenha alguma associação com essa ópera, ou pode ser que ele não tenha feito nenhuma associação do tipo. Ele enfatiza o grego e o romeno.

Sra. Sigg: Talvez ele queira dizer mais do que o pai. Também os pais da antiguidade?

Dr. Jung: Sim, o pai não é suficiente, ele quer adicionar uma forma particular, simbólica. O paciente fala italiano e ele também conhece grego e latim, então a palavra *papa* ou *papas* sugere a ele o papa, o Pai absoluto. O culto de Átis tinha um templo no sítio de São Pedro, em Roma, e o sumo sacerdote era chamado de "papas", de forma que já houve um "papas" várias centenas de anos antes de existir um papa no Vaticano. O paciente também teve algumas associações, que eu não posso dar aqui, que se conectariam à forma grega. Portanto, é mais ou menos certo que a forma grega contém a ideia de um patriarca, ou papa. A conotação romena eu não pude decifrar, mas tenho certeza de que poderia se tivesse tido tempo ilimitado para examiná-la. O paciente fala romeno, portanto deve significar alguma coisa para ele, mas não temos material suficiente em conexão com o santo para tornar perfeitamente claro que o santo significa o guru, o líder, guia e conselheiro espiritual; assim o paciente é colocado em uma situação arquetípica.

---

4. O trabalho (1909) é citado variadamente por Jung. Cf. OC 8/1, § 52, n. 44.

5. Em *A flauta mágica*, de Mozart, o personagem Papageno está vestido como um pássaro. O transcritor das *Sems*. evidentemente, entendeu mal o nome. A palavra italiana para "papagaio" é *pappagallo*, de raízes gregas e italianas.

Sua próxima associação é que ele está em um lugar sagrado como Lourdes. Um tipo de cura arcaica é sugerida pela invocação do nome de um santo. Eu estava viajando no Nilo superior em um navio a vapor que puxava muito pouca água, nós tínhamos barcaças ao lado para estabilizá-lo. Um árabe deitado em uma das barcaças estava sofrendo de malária, e durante a noite eu o ouvia chamar "Allah!" e depois de um intervalo "Allah!" Essa foi uma invocação do nome de seu Deus para a sua cura. Em um velho papiro grego atribuído ao culto de Mitra há uma prescrição de iniciação, uma admoestação ao pupilo, no qual o iniciado é instruído a manter-se de lado e gritar tão alto quanto puder o nome de Mitra. Isso é uma parte muito importante do ritual.

Este paciente viajou pelo Oriente, e sem dúvida seu inconsciente assimilou essas coisas. Ele traz à tona o fato de que ele sofre de dor ciática e que ele iria precisar de mais do que uma mera invocação para curá-lo. Ele é um leigo, não um médico, e ele pensa que a dor de sua perna não tem nada a ver com uma doença nervosa, porque não tem nada a ver com sua cabeça ou com seu cérebro. O leigo pensa em ciática como uma doença física e para curá-la algo físico deve ser feito, como, por exemplo, um banho de mar.

Sra. Muller: A ciática pode retardar o movimento, não pode?

Dr. Jung: Sim, a ideia do paciente é de que ciática é uma doença física; isso sugere que a máquina não funcionará, ele poderia não ir adiante, alguns desenvolvimentos poderiam não acontecer. Qualquer doença ou ferida nas pernas sugere isso, e esses simbolismos são frequentemente utilizados em sonhos. Com o paciente então, a sugestão é de que coisas estão paralisadas, também de que não há apenas desordem mental, mas problema físico. Que problema físico existe?

Sra. Muller: Sua relação com o mundo exterior pode ser seu problema físico.

Dr. Jung: O que seria isso?

Sra. Sigg: Ele não está ligado à sua esposa.

Dr. Jung: A falta de sexualidade, um problema fisiológico. Ele não tem uma relação física com sua esposa; chame isso de um problema de glândula se desejar, uma condição complicada, algo físico que o leva a ter a ideia de banhar-se no mar. No caminho de casa alguém diz a ele que um dos peregrinos já foi curado assim.

Ele dá uma associação a isso, a atmosfera sugestiva da multidão. Se alguém é curado entre eles então é encorajador, portanto o sonho diz a ele que algo já aconteceu em sua análise. O sonho faz a declaração de que ele já está sob o encanto. Por que seu inconsciente deveria sugerir isso?

Sr. Gibb: Algo nele já está curado.

Dr. Jung: Sim, ele já está sob o encanto, um efeito sugestivo já aconteceu. O inconsciente dá a ele esta sugestão para sua orientação. É extremamente valioso para ele saber que está sob o encanto de uma pessoa ou situação. Se alguém não percebe isso, pode ser secretamente movido por aquela pessoa. Em análise se um paciente não sabe disso, ele foge de si mesmo. Os primitivos têm medo do mau-olhado. Se você os olha bruscamente, eles desconfiam de você. A mente primitiva está sempre evitando cair em um feitiço ou um encanto. Na Grécia, se você apontar um dedo para um homem ele aponta dois, isso faz três e quebra o feitiço. Muitas vezes acontece de cairmos sob um feitiço e estarmos inconscientes dele. Eu vi muitas pessoas ficarem sob a influência de outras pessoas. Uma jovem que se consultou entrou na mais surpreendente condição na qual ela estava realizando as fantasias de outra pessoa. Vocês podem até viver as fantasias de outras pessoas completamente contra seus próprios interesses. Alguém pergunta: "Você quer fazer isso?" – "Bem, eu pensei que tinha que fazer".

Os primitivos sabem disso, mas nós não sabemos. Quando se está sob esses feitiços não se pode ajudar ou ver, mas ao sair dessa atmosfera você não consegue entender como pode um dia chegar àquilo, como pode pensar ou sentir-se daquele modo. Quantas vezes vejo transferências que são perfeitamente óbvias para todo mundo, mas o próprio paciente não tem ideia sobre o que está acontecendo. Ele pode estar em chamas e fora da chaminé sem ao menos estar consciente disso. Você pode ser enfeitiçado por pessoas muito más. É por isso que vários sonhos sugerem a situação e então podemos saber onde estamos. Podem parecer ridículos, mas são muito importantes. É importante para este paciente saber que ele está sob um encantamento ou ele irá descobrir isso mais tarde, e então pensará que há algo de mal no encanto e tentará fugir dele. Ele estaria prestes a desenvolver resistências terríveis a menos que ele tivesse entendido.

Quando analisamos nossos sonhos e fantasias, temos que analisar não apenas nosso próprio material, mas às vezes também aqueles de nossos vizinhos. Acho que já lhes contei sobre um paciente que não sonhava e que eu o analisei a partir dos sonhos de seu filho. Isso durou por várias semanas até que o próprio pai começou a sonhar. Você dorme em um quarto, e algo se infiltra nele vindo do quarto ao lado. Nós somos animais tão gregários que sentimos a menor mudança psíquica na atmosfera, como peixes que nadam em uma escola, um gira um pouco e todos eles giram. Aqui está a atmosfera sugestiva em que o paciente adentra. Ele entra neste grupo de pessoas sob análise e cai sob um feitiço, ele deve conhecê-lo ou irá desenvolver resistências mais tarde. Às vezes isso acontece de uma maneira grotesca. Uma jovem razoável, extremamente educada e muito respeitável veio me procurar para fazer análise. Ela não pôde continuar sua análise e foi embora. Algum tempo depois ela disse a um antigo paciente meu: "Eu não pude continuar minha análise com o Dr. Jung porque ele se tornou sexualmente envolvido comigo". Meu paciente perguntou-lhe como foi isso e ela respondeu: "Olhe, eu tive sonhos bastante sexuais com ele". Ela não podia aceitar que *ela* poderia ter fantasias sexuais, então eu tinha que tê-las.

Palestra VI

28 de fevereiro de 1929

Dr. Jung:

A pergunta do Sr. Gibb é importante e simples. Ela remete ao vazamento e às galinhas; eles devem ser mágicas.

A pergunta do Sr. Gibb: Referindo-me ao que você disse sobre o "vazamento" duas semanas atrás, não seria a contradição inerente à duplicidade de atitude sempre produzida nos sonhos? Tome, por exemplo, um homem que veio para análise, mas que mantém um carinho secreto pela Ciência Cristã, Behaviorismo, ou Teosofia. Ele está tratando conscientemente suas experiências a partir de um ponto de vista analítico com uma parte de sua mente, e também dando a si mesmo uma explicação diferente em termos de suas outras teorias com outra parte de sua mente. Se essa contradição não for tratada de forma consciente, ela não irá inevitavelmente produzir conflito inconsciente, e portanto sonhos? – caso em que a questão seria tratada no curso da análise na maneira comum.

Haveria alguma diferença a esse respeito devido ao tipo psicológico do homem? Por exemplo, o tipo de conflito sugerido antes pode ser mais perturbador no caso da pessoa que atua mais com base no pensamento do que naquela mais fundada na intuição.

Ou será que o problema realmente surge da relutância da pessoa em oferecer as associações de seu material de sonho que poderiam levar à descoberta da contradição?

Dr. Jung: Esse tipo de conflito poderia ser mais perturbador para o tipo fundado no pensamento do que para aquele fundado na intuição ou sentimento. O pensamento obriga a jogar o jogo inteiramente e a dar o melhor de si. No início de sua análise você pode descartar o sentimento, ele retornará mais tarde. A pessoa mais sentimental deve esclarecer seus sentimentos antes de mais nada; ela não pode arcar com um sentimento dualístico. Um tipo intelectual pode ter uma revista inteira com sentimentos contraditórios sobre você e isso faria pouca diferença. É preciso aproximar-se de cada tipo de sua própria forma.

Um ponto de vista contraditório, uma *restriction mentale*, é muitas vezes retido como uma espécie de polo de equilíbrio, uma salvaguarda contra uma possível transferência. Depois há uma relutância em oferecer associações que podem levar ao conflito, exatamente como senhoras que, quando estão sob a impressão de que uma próxima transferência poderia ser descoberta, desenvolvem um grande amor por outro homem e assim constroem um polo de equilíbrio contra uma possível submissão. Em Logos, também, se constrói uma fortaleza contra possível submissão. Na Igreja Católica, por exemplo, não existe isso. Eles se submeteram inteiramente à autoridade, mas os protestantes perderam tudo isso. Ele está correndo sem controle, embora seu desejo secreto seja o de encontrar um lugar onde ele possa submeter-se, mas ele não se atreve a admitir isso.

Vamos continuar com o sonho da última vez. Chegamos até o banho do mar e a contemplação das ondas.

A imagem é de uma baía, uma espécie de recesso, para o qual o oceano está se aproximando, em que ondas poderosas e majestosas que quebram sobre a costa mais distante. O sonhador está na costa e assiste a esse espetáculo. Ele associa que o inconsciente está enviando ondas para o consciente, como o oceano está mandando ondas para a pequena baía. De um ponto de vista teórico essa é uma descrição interessante. Procure pintá-la em sua mente, o que ela sugere?

Sr. Gibb: Toda a ação está vindo do oceano.

Dr. Schlegel: A incrível diferença de tamanho entre o consciente e o inconsciente.

Dr. Jung: Sim, a incrível diferença de tamanho. Nós gostamos de pensar no inconsciente como algo abaixo do consciente, um pouco de sujeira deixada no canto. O sonho em si traz uma imagem totalmente diferente. O pequeno menino do consciente não é nada frente à imensidão do oceano. É assim que o inconsciente descreve a ele próprio. Subir a colina é uma abordagem ao inconsciente em suas associações. O que são as grandes ondas vindas do inconsciente?

Dr. Binger: Ondas poderosas varrendo a consciência.

Dr. Jung: Com ele sente isso?

Dr. Binger: Como um sonho.

Sra. Sigg: Como emoções.

Dr. Jung: Que emoções? Há evidências de emoção?

Dr. Binger: Medo.

Dr. Jung: Sim, pode ser medo, mais alguma coisa?

Sra. Sigg: Pode ser que ele tenha uma enorme transferência em seu médico. Ele não tinha uma boa relação com sua esposa, ele tem muito sentimento no fundo, e em análise isso às vezes acontece aos homens.

Dr. Jung: Tentar averiguar isso poderia ser fatal; assustaria o paciente. Como essas ondas são uma emoção de amor ligada à transferência, é assunto muito delicado para ser investigado. O paciente nega sentimentos, não os admite. Precisamos de mais evidências. Por enquanto, é decididamente medo. Isso significaria que o oceano está enviando ondas de medo, mas se é assim, como ele pode admirar isso?

Sra. Sigg: Pode haver algum sentimento religioso. A admiração às vezes se mistura com o medo na religião.

Sra. Schevill: O ritmo tem regularidade impressionante.

Dr. Jung: Sim, é impressionante, mas o que isso recorda a vocês?

Dra. Shaw: A sexualidade dele.

Dr. Jung: Sim, é a sexualidade dele o que ele teme. Mas com o que ele comparou o mar? Vocês todos devem ter complexos de mãe!

Sra. Schevill: Com a mãe eterna.

Dr. Jung: Sim. É muito importante lembrar que em sua associação ao mar ele o chamou de "a causa primordial da vida, a mãe eterna, o ventre da natureza".

Dr. Binger: Você poderia chamar isso de um símbolo regressivo, um anseio pela mãe.

Sra. Sigg: É como o oceano contra o qual Fausto teve que construir uma barragem.

Dr. Jung: Sim, mas a barragem não é mencionada aqui. É uma duna de areia, uma barragem natural. Como você avaliaria a associação dele ao mar?

Sra. Muller: Ele o associa à fonte de energia criativa.

Dr. Jung: Qual a qualidade dessa associação? Estética, científica, religiosa, sentimental, regressiva?

Sra. Muller: Biológica.

Dr. Jung: Não, decididamente *não* é biológica.

Srta. Chapin: É filosófica.

Dr. Jung: Claro. Você pode ler essas mesmas morais na filosofia antiga: "o ventre da natureza", "a evolução do primeiro germe". Isso não é a biologia, mas filosofia arquetípica à moda antiga, em vez de romântica. Portanto, quando ele contempla o movimento do mar, é como se ele o tivesse qualificado. Isso obviamente desperta nele ideias filosóficas. Ele fita o mar com uma espécie de emoção filosófica.

Sra. Sigg: Ele foi forçado a modificar sua opinião sobre sexualidade, e, portanto, ele é obrigado a mudar a sua filosofia sobre essa questão.

Dr. Jung: Sim, na primeira parte de sua análise ele pensava na sexualidade como algo desconfortável em um canto, uma dificuldade pessoal para a qual ele não se sentia preparado. O inconsciente foi pouco a pouco tentando abrir-lhe os olhos para uma visão ou concepção mais ampla do sexo. O símbolo lamentável da máquina de costura foi agora expandido para uma dimensão quase cósmica. O ritmo da máquina de costura é agora a sístole e diástole da vida, que se manifesta no sexo, também, então ele deve considerar o sexo como se fosse o ritmo do mar;

o ritmo da mãe primordial, a contração rítmica do ventre da natureza. Isso lhe dá outro aspecto da sexualidade. Não é mais seu caso pessoal miserável, algo que ele tem que colocar num canto, mas um grande problema da vida. Não é mais uma intriga suja, mas se tornou uma coisa grande, uma situação geral humana universal. Então ele irá mobilizar tropas para lidar com a sua sexualidade bastante diferente do que quando ele tratava do assunto como se fosse um caso para o tribunal de polícia.

Agora ele vê seu problema como o grande ritmo da vida, um problema da natureza, o qual ele examina filosoficamente, e agora ele pode permitir seu funcionamento criativo sobre si. Primeiro foi a máquina de costura que não funcionou, depois o rolo compressor que fez o caminho misterioso criando o mandala, e agora é o oceano ele próprio a se tornar um símbolo universal. Isso lhe dá uma atitude filosófica e ele tem a grande oportunidade de lidar com seu problema. Ter uma atitude pessoal frente a isso não resolverá nada. Uma pessoa jovem tem que lidar com um problema dessa dimensão pessoalmente, mas um homem de sua idade não pode lidar com ele pessoalmente; ele deve conquistar algo para seu desenvolvimento espiritual, e não apenas para a propagação de sua abençoada família particular.

Na parte seguinte do sonho ele tenta subir a colina de cascalho com o seu filho mais novo, e então observa que o borrifo está colidindo com as rochas. Ele acha que está perigoso, a colina pode ser levada pela água e ele se retira. Essa é uma tentativa de abordar o inconsciente em movimento, expondo a si mesmo às poderosas ondas. Psicologicamente isso significa que ele está enfrentando seu problema, ele vai fazer algo a respeito dele. O que me diz sobre o filho caçula que está com ele?

Sra. Sigg: Isso significa progresso. Antes a criança estava doente, morta, agora ela está viva, com saúde.

Dr. Jung: Ele é um substituto para o pai (o paciente). Ele diz que a criança se identifica fortemente com ele. De acordo com a ideia primitiva a criança é de fato o prolongamento do pai, a réplica do pai, corporal e espiritualmente ele é o pai. Existe a história de um velho negro que gritou com seu filho crescido, e quando ele não prestou atenção o pai disse: "Lá vai ele com o meu corpo, e ele nem sequer me obedece!" Assim o paciente diz que ele é agora, com sua nova tentativa (o garoto), esperançoso, progressivo, um começo. Ele diz: "Deixe-nos nos aproximarmos do mar", depois ele sente medo. Qual é o medo no sonho?

Dr. Binger: O medo do inconsciente e das forças que podem ser soltas por ele.

Dr. Jung: Sim, ele vem obviamente subestimando o tremendo poder da natureza, mas agora ele vê que este poderia arrastar o chão sob os seus pés, sua situação estabelecida. Isso significa que esta força poderia arrastar sua posição filosofada natural, social e física. Ele está de pé, curiosamente, entre o consciente e o inconsciente. Estas forças podem arrastar a colina na qual ele está de pé, pois tudo é cascalho e pedras soltas, não há coesão. Foi tudo amontoado pelo mar, construído pelo poder da natureza. É assim que somos, apenas cascalho solto, material carregado pelo poder da natureza, sem coesão. Não é *nosso* mérito. Não encontramos ainda o cimento para mantermos essas coisas juntas. Essa é a tarefa dos sonhos.

Quando expliquei o mandala, falei deste material solto, os grãos de diferentes materiais que devem ser reunidos por um tipo de procedimento alquímico, de modo que esta ação do mar não pode destruí-lo novamente. Nosso paciente ainda está em fragmentos, tudo está solto, então ele está certo de não confiar na colina, pois poderia facilmente ser carregado pela água também. Isso significa que ele não tem individualidade ainda, nada está cimentado nele, então ele pode ser dissolvido pelo poder do inconsciente. Ele fez bem de voltar.

Dra. Shaw: A criança lhe mostra como abordar seu problema numa atitude confiante?

Dr. Jung: Sim, o paciente estava tentando desenvolver uma filosofia de um velho virgem sobre sua sexualidade. Ele tentou ser uma das onze mil virgens apenas iniciadas, não levando em conta a natureza. Ele está mais ou menos identificado com a criança, e a criança com ele. Ele aborda seu problema com uma espécie de entusiasmo infantil, e pula nele. Pacientes muitas vezes pulam e quebram uma perna.

Sra. Sigg: Pacientes femininas costumam construir uma filosofia sem sexo. Por que eles precisam ser limpos por banhos de mar e pelo fogo?

Dr. Jung: O fogo foi muito ligeiramente referido. O banho significa purificação. Sempre que tocamos a natureza ficamos limpos. Selvagens não são sujos – só nós somos sujos. Animais domesticados são sujos, mas nunca os animais selvagens. Matéria no lugar errado é sujeira. Pessoas que se sujaram muito por meio da civilização caminham na floresta ou tomam banho de mar. Elas podem racionalizar o fato desta ou daquela maneira, mas elas se livram das amarras e permitem que a natureza lhes toque. Isso pode ser feito do lado de dentro ou do lado de fora. Caminhar na floresta, deitar sobre a grama, tomar um banho no mar vêm do exterior; entram no inconsciente, entram em você pelos sonhos, tocam a natureza pelo seu interior e isto é a mesma coisa, tudo é restaurado novamente. Todas estas coisas foram usadas em iniciações em épocas passadas. Todas estão nos velhos mistérios, a solidão da natureza, a contemplação das estrelas, o sono de incubação no templo. Em Malta um templo subterrâneo da Era Neolítica foi encontrado, no qual existem dormitórios para os iniciados, e lá há pequenas estatuetas mostrando mulheres pré-históricas em sono de incubação. Elas evocam a Vênus de Brassempouy, uma escultura de marfim encontrada em França, uma estatueta paleolítica em que todas as características sexuais secundárias, as partes traseiras, os seios etc. são muito exageradas[1]. Nos dormitórios de incubação em Malta os iniciados eram mergulhados no inconsciente para renascerem. Curiosamente havia um corredor principal que saia dos nichos de incubação em direção a um buraco quadrado de seis metros de profundidade, cavado no chão e repleto de água. O templo em si era bastante escuro, de modo que quando o iniciado caminhava ao longo daquele corredor, ele devia cair na água fria, e assim tinha seu banho frio e sono de incubação em conjunto.

Após este último sonho seguiu-se uma reação muito peculiar. O paciente me escreveu várias anotações sobre sua família. Ele tem três crianças e escreve algumas observações sobre elas. "Durante vários dias tenho observado que há algo de errado com a minha esposa. Quando lhe perguntei o que havia de errado, ela disse, com alguma hesitação, que ela estava com medo de que as crianças não estivessem muito satisfeitas com seus pais. Ela disse que a filha tinha se comportado estranhamente, que saiu de repente da sala chorando e não soube dizer por quê".

Dr. Jung: Isso não quer dizer que havia uma razão, ela poderia estar chorando apenas porque achava que era bonito chorar. Fosse ela um menino, teria sido diferente! "Então ela teria medo de que o menino pudesse ser tuberculoso porque tossiu. O mais novo dos meninos não é psicologicamente o que ele deveria ser, é egoísta e um pouco neurótico; ele também estava chorando, mas sua mãe supôs que ele pensou que poderia conseguir algo com isso. O sonhador escreve isso no dia seguinte à sua última análise. Aqui está um bom exemplo de psicologia prática. Como vocês explicam toda essa reação? O paciente estava obviamente bastante amedrontado com toda essa maldade, sua esposa estava de mau humor etc.

Srta. Chapin: Ele sente alguma conexão entre sua família e sua condição psicológica, por isso ele faz as anotações.

Dr. Jung: Sim, mas qual é a conexão? Por que ele tem esse sentimento logo após o último sonho?

Dr. Binger: O cascalho está sendo arrastado.

Dr. Jung: Lembre-se, é sua *esposa* que surge com essas coisas.

Dra. Shaw: O inconsciente dela está infectado pelo problema dele.

Dr. Jung: Você está chegando ao ponto agora. Ele vem trabalhando neste problema já há algum tempo. A máquina de costura, o rolo compressor, o mandala, o mar. Ele observou que sua esposa tem piorado durante vários dias. Após o último sonho, quando ele perguntou qual era o problema, ela expôs todos seus temores sobre os filhos. Ela está infectada com os problemas dele. Ele nunca os discutiu com ela, ela está em uma fase em que tudo que é psicológico é tabu.

Sr. Gibb: Ele não está projetando tudo isso?

---

1. Para as estatuetas de Malta, cf. NEUMANN, E. *The Great Mother* (1955), pl. 3. Para a Vênus de Brassempouy, cf. GIEDION, S. *The Beginnings of Art* (1926), p. 438 e fig. 287.

Dr. Jung: Não, isso é real, ele é uma pessoa muito objetiva. Ele liberou os medos e as queixas de sua esposa, obviamente repetindo o que ela diz.

Sra. Binger: Assim que seu problema assume termos menos pessoais, então ele pode abordá-lo, mas para sua esposa isso torna-se perigoso.

Dr. Jung: Sim, enquanto ela puder manter a coisa toda sob controle, de modo que não possa ser abordada de forma pessoal, ela aguentará, mas assim que isso assumir a proporção de algo importante ela suspeitará de algo. Não que ele jamais tenha mencionado isso, mas naquele exato momento, por assim dizer, quando ele observa o problema filosoficamente, sente o ar fresco da alvorada, e não está mais preso, não mais dividido, ela se sente afetada. Ela é atingida de algum modo pela atmosfera. Há um bom número de casamentos em que isso acontece. Ele pode ter parecido um pouco mais empreendedor nesse dia, subiu alguns graus, e ela desceu. Ela não conseguia ver que havia algo relacionado com ele, então fixou-se nas crianças. Este é o jeito das mães, ou é marido ou são os filhos. Nesse caso, obviamente não é o marido, portanto, devem ser os filhos. Por que as crianças?

Sra. Sigg: As crianças são o símbolo de uma coisa nova chegando. Suas crianças são esse símbolo.

Dr. Jung: Nesse caso, as crianças são os símbolos da mãe. Esta é a psicologia da mãe. As crianças são símbolos das coisas não desenvolvidas nela. Ela está indo ao caminho errado, ela desenvolve resistências contra a análise, aquilo que poderia ser bom para ele, e ela projeta seus medos nas crianças, os envenena desse modo. É sempre assim com mães. A verdadeira mãe nunca está errada. Por que ela estaria errada? Ela é uma mãe e tem três crianças e ela é casada. Se algo está errado deve ser com o marido ou com os filhos. As crianças não são más, portanto, eles devem estar doentes. Mães podem adoecer seus filhos de repente, elas podem projetar doenças neles. O diabo fará uma tuberculose ou o que for. Você projeta tuberculose em uma criança e ela vem. Muitas vezes você tem que afastar as crianças de certas famílias para aliviá-los da pressão terrível de pressupostos errados. A questão é que as coisas estão erradas com a esposa. Então o paciente está alarmado. Ele é um homem de família boa. Sua esposa entende como lidar com a situação, ela faz um tipo de barulho psicológico para perturbá-lo. Ela afasta a atenção dele sobre sua análise falando sobre a doença dos filhos. Dessa maneira a situação pode ser controlada pela esposa, então ele gasta pelo menos meia hora comigo discorrendo sobre essas doenças inexistentes. Eu disse a ele para buscar um médico para os filhos e parar de se preocupar. Ele estava desperdiçando seu tempo, e isso não era bom. Assim, o progresso pode ser prejudicado por uma esposa que se recusa a se interessar pelo que seu marido está fazendo. Ela tem um poder imenso, ela pode cultivar o inferno por toda parte, ela pode até mesmo matar as crianças. Ela está sempre perfeitamente correta, mas ela está matando seus filhos. Eu tratei de uma mulher que realmente assassinou seu filho querido. Isso acontece.

Não é em vão que crianças pequenas têm medo de suas próprias mães à noite. Mães primitivas podem matar seus filhos. É absolutamente incompatível com o dia, pois aí elas são as mães mais devotadas. Mas durante a noite elas removem a máscara e se tornam bruxas; elas chateiam as crianças psiquicamente, até mesmo as matam. Quanto mais elas se dedicam a eles da forma errada, pior é.

Eu disse ao paciente que ele devia conversar com sua esposa, para tentar fazê-la perceber o que a análise realmente é, caso contrário, as crianças ficariam realmente doentes, e a esposa, percebendo mais tarde que a culpa era dela, ficaria arruinada. Você pode fazer algo para impedir, quando sabe que a situação está no início. Eu tinha certeza de que ela podia acabar com tudo, infectar as crianças, e tirá-lo de sua análise sem que ele resolvesse o seu problema. Soa supersticioso, mas eu sei que essas coisas acontecem, assim como a mãe que deixou seu filho beber água infectada e até mesmo a ofereceu para seu filho caçula, com a esperança secreta de que as crianças morreriam. Eu tive um paciente que, após três tentativas, conseguiu matar sua esposa de uma maneira indireta belíssima. Então ele entrou em uma neurose grave. Eu descobri toda a história e lhe contei que ele havia assassinado sua esposa, então toda a sua psicose desapareceu e ele foi curado. Desde então eu estou amplamente convencido de que, quando uma mulher começa assim, é preciso ter cuidado e interromper isso.

Quatro dias depois, o paciente teve o seguinte sonho [6]: "Meu cunhado me diz que alguma coisa aconteceu nos negócios. [O cunhado tomou o lugar do paciente na firma.] Alguns estoques que tinham sido vendidos não foram enviados quando deveriam ter sido, há muito tempo. Agora é junho, e eles deveriam ter sido enviados em maio. Foram esquecidos naquela ocasião e uma segunda vez em junho. Eu fiquei muito bravo e disse ao meu cunhado que se o comprador reivindicasse seus prejuízos alguém seria obrigado a atender o seu pedido".

Associações: "Meu cunhado, que entrou em nossa firma como um parceiro, escreveu-me ontem que ele estava em uma viagem de negócios, e ele queria me perguntar certas coisas sobre assuntos relacionados com o negócio. Mas ele não me contou que coisas eram, e no sonho eu me perguntava o que seria que ele queria discutir comigo. Havia algo errado ou ele teria me dito na carta".

Sobre *venda* e *esquecimento*: "Eu sempre fui muito zeloso no cumprimento de quaisquer obrigações. Eu levei o negócio muito a sério, e quando eu saí tive um pouco de receio de que meu cunhado não daria ao negócio esse tipo particular de atenção. Se agora, de acordo com o sonho, coisas são esquecidas assim no curto espaço de tempo desde que me afastei de meu posto, as coisas estão erradas com o negócio, o que poderia causar um prejuízo sem fim. Meu cunhado é quase como minha sombra, ele é mais jovem que eu, entrou na empresa depois de mim ocupando a posição que eu ocupava anteriormente". É como se o cunhado dele, sendo sua sombra, informasse a ele que há desordem em seu negócio, isto é, desordem em sua vida (em seu inconsciente), por isso ele não cumpre as obrigações que são por ele plenamente reconhecidas. Esse esquecimento só poderia ser resolvido assumindo os prejuízos. Este é um sonho claro, agora como vocês o explicam?

Sra. Sigg: Ele acha que talvez seja sua própria culpa que sua esposa esteja chateada.

Dr. Jung: Sim, ele sente que é sua própria culpa, mas como você explica o sonho?

Srta. Chapin: Ele já conversou com a esposa?

Dr. Jung: Sim, um pouco, mas não foi muito bom. Não tem nada a ver com isso.

Sra. Sigg: Trata-se de um compromisso com aquela parte de seu ser que não é continuada, algo a ver com sua alma.

Dr. Jung: Sim, a coisa desenvolveu em uma espécie de entusiasmo infantil. No sonho anterior ele estava tentando lançar-se ao encontro da plenitude da vida. Ele tenta atirar-se para a plenitude da natureza, nas ondas do oceano de amor. Então ele vê que sua situação é um pouco perigosa, então se retira, para que não sejam removidos o cascalho e as pedras da colina onde ele se encontra.

Isto é como deveria ser. Então sua esposa suspeita de algo e ameaça matar seus filhos. Essa é a vingança dela. É como se ela dissesse: "Ah, se você se atrever a mudar, eu vou matar as crianças". Naturalmente isso dá certo e o afasta de sua tarefa. Ele está preocupado com as crianças, então ele desiste. Ele poderia ter avançado na tarefa de cimentarem o solo juntos. Ele estava interessado, mas sua esposa o ameaça, e ele para. Em seguida, vem o sonho e diz: "Esta é a desordem no seu negócio. Você o deixou para sua sombra e ele esqueceu das obrigações. Sua questão é com o mar, você deve lidar com isso. Fortaleça sua ilha, estabeleça-se. Suas questões não são as pequenas doenças, como uma enfermeira velha". Ele deveria saber que sua esposa é ciumenta, mas isso é tudo. O sonho o está mantendo em seu trabalho.

Dr. Binger: Parece-me que poderia ser apenas um sonho de consciência culpada. Ele pode sentir que esteve negligenciando sua esposa.

Dr. Jung: Mas, na realidade, ele fez tudo o que podia. Ele vem tentando fazer a coisa certa o tempo todo. Ele tentou conversar com sua esposa. Ele está fazendo análise, tentando resolver o seu problema. Isso seria favorável aos seus filhos também. É melhor para as crianças se o pai está bem. Seu erro talvez foi ter se apressado demais, agindo com entusiasmo infantil. As ondas eram muito altas. A reação de sua esposa começou com a sua retirada. Ele é justo, confiável e claro em seus objetivos, então eu realmente suponho que ele se afastou demais. Isso acontece muito em análise, circunstâncias externas tornam impossível continuar, ele não está completamente pronto para dar o próximo passo, ou ele ainda tem resistências.

O próximo sonho [7] *um dia depois*: Ele vê uma máquina peculiar, que é um novo dispositivo para a remoção das ervas daninhas. Sua aparência era tão estranha que ele não conseguia descrevê-la. Ele só sabia, em seu sonho, que devia usá-la.

Associações: "Eu li recentemente no jornal uma espécie de artigo sentimental sobre um velho construtor de estradas, que descreve uma nova máquina de limpeza de ruas. Essa máquina era cem vezes mais eficiente do que ele. Assim o significado do sonho é muito claro para mim. Eu devo aplicar essa máquina ao meu caso".

Sra. Sigg: A mim parece-me que ele não lidou suficientemente com todo o material do primeiro sonho, por isso a máquina aparece novamente.

Dr. Jung: Sim, é preciso que ele retome a máquina novamente. Seu sonho prévio disse: "No caso de o comprador fazer uma reclamação, deve-se pagar os prejuízos". Então muito tempo pode ter sido perdido, e agora a máquina é para remoção das ervas daninhas, e ela é cem vezes mais eficiente do que quando se trabalha sozinho. Esse sonho mostra onde está o prejuízo. A regressão que ele fez dizia respeito à sua esposa; ele estava infectado por sua esposa, e achava que poderia arrancar suas próprias ervas daninhas e então não teria mais nenhum problema em sua família. O sonho mostra a ele que, em vez de desistir da análise, ele deveria aplicar essa máquina para remover as ervas daninhas que surgiram no caminho.

Lembre-se sempre do hino a Rá: Ísis, sua adorável esposa, estava preparando o verme envenenado.

O próximo sonho [8] *um dia depois*: "Estou fazendo um passeio com meu carro perto da Riviera. Alguém me diz que as *route d'en haut et route d' en bas** a partir de agora só podem ser utilizadas por aqueles que permanecem por dois meses no país, que todos os carros têm que ir numa direção pela via inferior e para outra direção pela via superior. Esses regulamentos mudam todos os dias. Segunda-feira é assim, enquanto na terça-feira vai para outra direção, de modo que se pode apreciar a bela vista de todos os lados. Alguém me mostra um mapa com a planta das duas estradas; círculos verdes e brancos indicam os dias da semana e a direção a ser observada pelos visitantes, leste-oeste e oeste-leste".

"Os visitantes que ficavam lá apenas por um curto período de tempo não precisavam observar os regulamentos, e eu achei totalmente ilógico que eles pudessem circular como desejassem. Eu também ouvi que outros visitantes estavam protestando contra esses regulamentos, porque tinham que pagar pela permissão

---

* Rota superior e rota inferior [N.T.].

de utilizar essas estradas por não menos que seis anos. Todos nós achamos isso muito exagerado."

Associações: "Eu nunca estive na Riviera, mas tenho uma bela fantasia sobre este país, como a de uma eterna primavera, como na Ilha dos Abençoados. Eu pensei que poderia ir no meu carro, porque viajar lá seria como uma excursão maravilhosa. Eu não estou certo de há realmente duas estradas. Suponho que viajar nessas estradas simboliza a vida, se alguém a vive sistematicamente sem mudar tantas vezes. O fato de que aqueles que ficam por dois meses devem se submeter aos regulamentos, mas aqueles que estão lá por apenas alguns dias podem fazer o que quiserem não combina com a minha vida, mas poderia combinar com a minha viagem ao inconsciente. Talvez esta seja tão interessante e bonita quanto viajar na Riviera. Se alguém quiser permanecer dois meses ou mais, deve se submeter aos regulamentos mesmo que esses pareçam não ser muito lógicos e mesmo se as pessoas que estão lá apenas por um curto período de tempo não tenham que observar as regras. Sob as condições adequadas, pode-se atravessar por cima das montanhas ou por baixo nos vales; ali pode-se ver as coisas do lado direito e esquerdo. *Branco* e *verde* apontam para um curso livre – somente o *vermelho* significa parada".

Permissão para viajar durante seis anos: O paciente pensou que eu tinha dito a ele que uma renovação completa de atitude levaria seis anos. Mas eu não conseguia me lembrar de ter dito qualquer coisa do gênero. Eu posso ter contado a ele sobre um caso que demorou seis anos. Pode não haver nada de arbitrário sobre o tempo de duração de uma análise. Afinal, o que é uma renovação completa? Certamente eu não disse o que ele havia achado sobre isso. Agora, o que vocês acham disso? Lembrem-se de que estamos começando de novo, e novamente existe uma máquina.

Dr. Binger: A mim parece que se trata de um comentário sobre a sua análise. Se ele permanecer em análise por apenas um curto período de tempo não haverá muito progresso, mas ficar por dois meses ou mais ele precisará seguir os regulamentos. Há resistência aos regulamentos e ao elemento tempo, também para as duas estradas, a superior e a inferior.

Dr. Jung: Com certeza, a coisa toda tem a ver com a análise dele, e vocês encontram o mesmo tipo de resistência que aquela encontrada no sonho do mandala com as estradas. Aqui ele está viajando em estradas, a máquina é o carro. Ele está novamente circulando. A máquina de remover ervas daninhas é uma coisa sedentária, lenta como o rolo compressor, e não se poderia viajar com ela. Mas com um carro se pode dirigir rápido e para longe. Quando se faz uso da estrada é porque quer chegar a algum lugar. O objetivo é "A Ilha do Abençoado", "Atlantis", onde os imortais vivem. Mas é um pouco estranho, porque naquele país existem certas regras. É como se estes regulamentos tivessem sido impostos sobre ele pelo país.

É para o inconsciente que ele quer ir, e é a natureza desse país que ele deve penetrar neste caminho peculiar. No mandala o caminho estava todo fechado. Nesse ele vai primeiro para uma direção, depois para outra, existe um impulso, depois um contrário! Esta é uma boa, precisa descrição do inconsciente. Muitas vezes é uma espécie de impulso todo entrelaçado, ou uma bomba pulsando para cima e para baixo. Isso é típico do inconsciente; não apenas existem pares de opostos, mas impulsos contrastantes indo à direita e à esquerda. Quando ele segue primeiro uma estrada e depois a outra, ele tem tempo suficiente para ver o país a partir de vários pontos de vista. Isso é expresso de forma otimista.

Vocês devem se colocar no lugar do paciente. Ele é um homem do mundo, um bom homem de negócios, está acostumado a fazer as coisas cuidadosamente, a realizar suas tarefas sem perda de tempo. De repente ele encontra a si mesmo no inconsciente, onde tudo sobe e desce, vai para frente e para trás, com os mais contraditórios impulsos e opiniões. Falamos sobre isto e aquilo, e ele não consegue entender de que diabos nós estamos falando. Ele está perdido, detesta isso e não consegue entender que essa experiência peculiar é a coisa principal. Ele não pode amadurecer até que tenha se exposto a tal processo de obstáculos. Eles são os testes do iniciado nas antigas iniciações, como os Doze Trabalhos de Hércules. Às vezes, eles parecem coisas inúteis, como limpar os estábulos de Augias, ou estrangular a hidra com cabeças de serpentes. O homem de negócios diria: "Não é da minha conta limpar os estábulos", ou "Matar o leão que vive em algum lugar". Mas em seu inconsciente ele deve se submeter ao progresso lento do ir e vir; para uma espécie de deliberação do equilíbrio, uma espécie de tortura. Um dia você acredita ter chegado a uma decisão correta, no dia seguinte ela desaparece. Você se sente um tolo e a amaldiçoa até que entende que essas coisas são pares de opostos, e você não é o oposto. Se você entender isso, terá aprendido sua lição. Este homem não aprendeu.

Palestra VII

6 de março de 1929

Dr. Jung:

O último sonho foi sobre as duas estradas, uma acima e outra abaixo, na Riviera. Agora, qual é a situação real sobre o problema do nosso paciente? Uma série de sonhos é como o desenvolvimento de uma peça. Nós não sabemos qual é o objetivo real; só podemos observar o desenvolvimento do drama. Eu gostaria que vocês sempre formassem uma opinião antes da palestra quanto à situação real que foi alcançada na análise.

Houve o sonho sobre a máquina de costura e a costureira, uma menina doente e trabalhando num buraco úmido; depois disso o rolo compressor fazendo um padrão, e depois ele teve um sonho de uma nova máquina para remover ervas daninhas, e agora temos o sonho da Riviera. Como vocês veem a situação do problema do sonhador? O que o último sonho demonstra?

Sra. Deady: Ele fez uma regressão por causa da reação da sua esposa e do rebuliço que ela fez com as crianças. O simbolismo das estradas superior e inferior mostra a ele onde ele está em sua análise.

Dr. Jung: O que o sonho está enfatizando?

Sr. Gibb: Ele não estava originalmente mais ou menos identificado com seu lado respeitável? O sonho mostrou que as coisas estão em uma condição desordenada com ele. Ele não deve lidar com seus impulsos opostos também?

Dr. Jung: Sim, ele recolheu esse problema antes, e, em seguida, ele se deparou com a reação da sua esposa, e isso mostrou quais poderiam ser os possíveis efeitos disso, então ele se assustou e recuou; aí veio o sonho mostrando a desordem nele, a qual precisa dessa máquina para remoção das ervas daninhas.

Sra. Sigg: Não é o inconsciente forçando-o a tomar a estrada irracional?

Dr. Jung: Sim, numa situação onde ele deveria aceitá-la.

Dr. Binger: Ele deve passar pela coisa horrível apesar dela ser difícil e longa.

Dr. Jung: Sim, seu erro foi achar que a coisa toda era muito simples. Ele pensou que poderia apenas apertar um botão e em seguida as coisas estariam bem, então ele a iniciou com muito entusiasmo. A análise é como um laboratório de química onde as pessoas dão passos experimentalmente, mas veem todas as consequências que adviriam se dessem os passos na realidade. Como na prática de tiro de canhão, se usa uma baixa carga de pólvora, duzentos gramas em vez de dois quilos. Ela mostra como a coisa funciona sem os riscos. Então, ele deu os passos e entrou em dificuldades, que eram dicas do que poderia acontecer se ele tivesse que tomar a atitude na realidade. Seus olhos se abriram, e ele se retirou. Agora novamente ele vai para frente e encontra a si mesmo indo para a Ilha Sagrada, a Riviera, e lá ele entende que o empreendimento completo não é tão fácil como ele pensou que seria. Ele encontra uma situação embaraçosa, todas essas regras peculiares de trânsito que se deve respeitar quando se está lá por dois meses, mas aquele que fica por alguns dias apenas não precisa observá-las, e por fim, ele é informado de que ele deve se comprometer durante seis anos. O inconsciente entende que seis anos significam um tempo muito longo.

Na Nigéria houve uma vez uma história em que mil alemães marcharam pelo território britânico, e então uma companhia de soldados foi enviada para investigar o que acontecia, e eles voltaram e relataram que apenas seis soldados de uma patrulha que havia se perdido passaram por eles. A explicação era de que seis na língua dos nativos significava muitos. Eles só podiam contar até cinco, então seis significava qualquer coisa além de cinco, portanto mil ou dez mil. Eu trabalhei com um velho curandeiro que disse que ele podia contar até cem. Ele fez isso com gravetos, e quando chegou a setenta ele disse que "setenta é cem"; ele não podia contar além de setenta. No curso da civilização todos os números entre um e nove tornaram-se sagrados: na linguagem religiosa, por exemplo, o três da Trindade e o candelabro de sete braços, sete vezes sete etc. Mas dois e um também são sagrados, e na religião indiana é quatro; no Egito, oito e nove. Três vezes quatro = doze, também um número sagrado. O fato de que todos os números de raiz são sagrados significa simplesmente que eles mantinham certo tabu, um valor místico. Originalmente, eles não eram apenas números, mas qualidades e quantidades não abstratas. Quando o nosso inconsciente diz três, é menos uma quantidade do que uma qualidade. [Dr. Jung demonstrou isso colocando três palitos de fósforo juntos num lugar e dois em outro.] Se perguntarmos a um primitivo quantos palitos de fósforo têm aqui, ele dirá "Três palitos", e neste lugar ele dirá "dois palitos". Agora, se um for retirado do conjunto de três e colocado no conjunto de dois, ele vai dizer: "Aqui estão dois três palitos e lá estão dois palitos e um três palitos". A *qualidade* da duplicidade e triplicidade está envolvida. Os primitivos contam a partir das figuras que as coisas fazem. Ele faz uma distinção estética, porque ele conta sem contar. Por exemplo, um velho cacique sabia se todas suas seiscentas cabeças de gado estavam no curral, embora ele não soubesse contar além de seis. Ele conhecia todos individualmente pelo nome, assim poderia dizer se o "pequeno Fritz" não havia voltado ainda. A contagem é efetuada pela extensão do solo coberto pelo gado, e a forma como o solo fica axadrezado por causa deles; é uma visão de conjunto. O número tem um valor qualitativo, um valor visual, em forma estética. Você poderia dizer que um homem é três, não três pessoas, mas significando um tabu ou a santa Trindade. Tudo depende do valor que as pessoas dão para o número.

Figuras geométricas têm altos valores psicológicos e portanto qualidades mágicas. Números assumem as qualidades de graus, como 3 X 3 = Santo – o Santíssimo dos Santos. O algarismo sete é um dos números mais sagrados que se pode imaginar, portanto, uma figura que tem sete pontos, sete ângulos, ou sete unidades é particularmente poderosa.

Portanto, quando o sonho diz: "seis", ele tem todas essas conotações nele. Parece ao sonhador que um grande número de motoristas está protestando contra o pagamento de uma licença por seis anos, quando eles só querem ficar por pouco tempo. Ele está pensando numa viagem de prazer para a Riviera e a associa a uma viagem no inconsciente. Ele terá alguns sonhos agradáveis e depois voltará, mas ele se depara com o oposto.

Seu inconsciente diz: "Você deve esperar! Você deve pagar por seis anos, se comprometer por um longo tempo e com grande intensidade". Quando o inconsciente impõe esse entendimento nele, isso o perturba, ele não gosta muito disso. Ele quer ver a coisa simples e razoável, portanto ele tem dúvidas sobre esse negócio de sonho.

No sonho seguinte [9] ele está em uma situação um tanto íntima com sua esposa. Ele quer mostrar um pouco de ternura, mas ela é muito negativa. Ele começa a conversar muito sério com ela e pede que ela seja razoável. Ele diz a ela que ele acha que ela deveria permitir ter relações sexuais pelo menos uma vez por mês. Enquanto ele fala com ela, todas as crianças entram no quarto ou talvez nem todas, mas apenas o rapaz mais velho que tem quatorze ou quinze anos, então ele não consegue continuar a conversa com sua esposa.

Associações: "Eu faço uma tentativa de falar com a minha esposa ocasionalmente, mas quando eu sinto a menor resistência por parte dela eu desisto, pois sei pelas suas observações que resistência ela tem contra a sexualidade. Isto é particularmente evidente uma vez que ela ficou estéril por causa de um tratamento para um tumor com raios-X. Desde então ela desenvolveu uma resistência séria contra a sexualidade. Quando as crianças chegaram, elas pareciam tornar impossível qualquer discussão".

O filho mais velho: "Ele sempre foi um favorito especial de sua mãe, e havia lhe causado muita tristeza. Quando ele tinha oito meses de idade, ele quase morreu de enterite. Desde o terceiro ano de idade ele sofria de asma. Há alguma coisa estranha sobre esse menino. Eu fico muito irritado quando ele fica um pouco impertinente, num modo não razoável da minha parte. Tenho certeza de que se as outras crianças fizessem as mesmas coisas elas não me irritariam tanto; minha esposa chama minha atenção para esse fato".

Dr. Jung: Agora qual é a ideia de vocês sobre esse sonho? Que conexão ele tem com o sonho anterior?

Dr. Binger: O impasse no sonho anterior é como o impasse com a esposa.

Dr. Jung: O que vocês concluiriam sobre o sonho anterior? Será que ele o aceitou? Sempre pode dizer. Ele vê que a análise é uma coisa muito séria. Será que ele a aceitou?

Dr. Binger: Ele viu a situação com sua esposa, e isso o leva a perceber o que a análise pode significar.

Dr. Jung: Primeiro vem o sonho que o faz perceber que a análise é uma coisa muito séria. Ele está tentando mais uma vez achar uma solução razoável para o problema com a sua esposa, então podemos pensar que ele aceitou o sonho da Riviera, mas é razoável esta tentativa de resolver o problema com sua esposa?

Dr. Binger: É compensatória, mas não é razoável no sentido de que ela não é efetiva.

Dra. Shaw: É razoável, mas depois de tudo ele está contra uma mulher e ela tem algo a dizer.

Dr. Binger: Ele está batendo contra um muro de pedra.

Dra. Shaw: Mas sua esposa não é um muro de pedra!

Dr. Binger: Sua técnica não é eficaz, não adianta discutir. Ele precisa conquistar o amor dela primeiro.

Dr. Jung: Sim, ele precisa conquistar o amor dela primeiro. É terrivelmente estúpido da parte dele tratar seu problema dessa forma. O tratamento racional nunca atraiu o coração de uma mulher. Você pode falar com um motor e convencê-lo de que ele deve funcionar, você pode convencer uma máquina de costura, mas nunca uma mulher dessa forma! O sonho mostra a ele o quão estúpido ele é, mas é claro que ele não fez isso na realidade. Nós não sabemos o que aconteceria se ele tentasse de uma forma certa. Eu nunca vi a esposa, mas ela parece ser algum tipo de besta, pois ela tem medo de mim. Depois de um tempo os demônios cuidarão dela. Ela representa o X de toda situação. Há algo errado aqui, e eu não tenho ideia de como este caso vai acabar. O sonho aponta a ele que o caminho que ele tomou está errado. Por que a interrupção dos filhos, por que eles entram?

Dr. Binger: As crianças representam o lado sentimental.

Dr. Jung: Temos alguma evidência disso?

Dr. Binger: Sim, o jeito que ele tomou a sugestão de doença das crianças.

Dr. Jung: Sim, esse é um bom ponto. E sobre o filho mais velho?

Dr. Binger: Ele é um símbolo do primeiro amor dos pais.

Dr. Jung: Sim, e ele sofre. Ele é o símbolo do conflito entre os pais. A criança evidentemente tem uma neurose e está trabalhando sob o peso das péssimas relações de seus pais. A criança tem estado doente com asma desde que ele tinha três anos de idade, o que isso prova?

Dr. Binger: Que alguma coisa está errada entre os pais, desde que a criança tinha três anos de idade.

Dr. Jung: Sim, quando uma mulher recusa-se a si mesma assim como a um homem deve haver uma coisa séria entre eles. Você pode ter certeza absoluta de que algo esteve errado desde que a criança tinha três anos de idade. A opressão constante desse manto negro de supressão, a nuvem de medo que paira sobre ele à noite, causa a dificuldade em respirar. A asma é uma fobia de asfixia e quanto mais o medo aumenta, mais real é a asfixia, escuridão e inconsciência. Durante o dia tudo parece razoável e bem, mas na noite toda aquela sexualidade amontoada cria um medo arcaico! Quando você entra em certas casas onde há uma situação assim, você sente no ar. Você percebe na atmosfera inibições, medos, tabus, fantasmas, então uma criança pequena percebe. Asma nessa idade ou é orgânica ou vem dos pais. Crianças de três anos não têm esses problemas psíquicos. Elas não são dissociadas. Elas podem ser muito agradáveis e amáveis um minuto e, no próximo, horríveis, sem serem divididas por isso. Elas não têm valores morais nessa idade, porque elas não são conscientes o suficiente.

Enquanto uma criança não tem conflito psicológico, ela não está fora do alcance dos problemas dos pais. O pai assim como a mãe estão cheios de vibrações, e a criança recebe o impacto total da atmosfera. Se você tivesse que viver lá, você saltaria para fora da janela e fugiria, mas a criança não pode escapar. Ela tem que respirar o ar envenenado. A criança é *memento mori*, o próprio símbolo das coisas que estão erradas. Essa criança é o silenciador. Quando ele entra na sala, o silenciador funciona. "Cale a boca, essa coisa é mais profunda que sua argumentação racional".

Próximo sonho [10], *a noite seguinte*: O problema continua, e vamos ver por nós mesmos até que ponto isso tem a ver com o problema do amor. O paciente diz: "Alguém me traz uma espécie de mecanismo. Eu vejo que há algo errado com ele. Ele não funciona como deveria. Vou desmontá-lo e tentar ver o que está errado com ele. A peça do mecanismo tem a forma de um duplo coração, a parte de trás e da frente estão ligadas por uma mola de aço. No sonho, eu acho que deve haver algo errado com a mola, que não funciona por causa da tensão desigual, como se houvesse doze de um lado e quatro do outro".

Associação: "Como regra, a mola é algo como a alma de um mecanismo. O fato de que este objeto tem a forma de um coração é talvez um sinal de que deve ser um mecanismo humano. Eu devo identificar, por exemplo, pensar com a cabeça, com a intuição, com o sistema nervoso simpático, sentindo com o coração, a sensação com os membros. Nesse sonho eu penso naturalmente no meu casamento. O defeito deve estar nas diferentes tensões do sentimento. Provavelmente eu deveria começar por aí, a fim de trazer a sensação de um nível consciente; tentar induzir minha esposa a pensar sobre assuntos delicados sem ficar emocional".

Dr. Jung: E sobre esse sonho?

Srta. Chapin: É menos puramente mecânico que o sonho anterior. Ele sobrevoa algo de humano.

Dr. Jung: Sim, ele diz no sonho anterior que a forma racional não funcionou. Agora ele vê que não está lidando com um mecanismo racional, mas com um coração humano. O que pensar sobre esse duplo coração tendo uma mola como a alma do mecanismo, como a mola num relógio? O coração tanto quanto a mola do mecanismo é um excelente símile. Falamos do coração como a sede da vida, e ele sempre foi o símbolo das emoções. Os índios Pueblo dizem que eles pensam com o coração, o que significa, naturalmente, uma identificação do pensar com sentir. Eles acham que o homem branco é louco porque ele pensa com sua cabeça. Muitas vezes os negros dizem que pensam no estômago, sensação e intuição se misturam, todas as funções atuam juntas. Eles falam de sonhos como realidade; não se pode dizer em qual mundo realmente vivem. Assim os pensamentos estão localizados no estômago. Com o homem mais civilizado o pensamento está na cabeça. Agora o que acontece com o símbolo do coração duplo conectado pela mesma mola?

Dr. Binger: O coração dele e de sua esposa com uma diferença de tensão entre eles de doze para quatro.

Dr. Jung: Sim, ele assume que esse é o símbolo do sentimento dele e de sua esposa e sua tensão é doze, a dela quatro.

Dr. Binger: Mecanicamente é uma boa mola.

Dr. Jung: Sim, mas ele deve ficar longe desse pensamento doloroso. Ele teve uma vida de negócios difícil em que ele teve que lutar por si próprio e pelo sucesso. Ele reduziu tudo ao pensamento racional, e ele sabe o que pode fazer com seu intelecto. Ele é identificado com ele, de modo que agora ele está em uma espécie de espasmo de intelectualidade que não permite a ele o livre movimento. Ele é unilateral, e vai levar um longo tempo antes que ele possa se livrar disso e voltar ao coração humano. Ele acha que ele está cheio de sentimentos, mas é tudo sentimentalismo, ele não tem nenhum sentimento, porque ele é apenas mente.

Somente os homens são sentimentais, uma mulher como regra não é sentimental se ela estiver em boa relação com seu animus. Sentimentalismo é uma fraqueza, uma indulgência, sempre um sinal de sentimento inferior. Algumas pessoas acreditam que têm sentimentos maravilhosos porque as lágrimas escorrem. Vamos ao cinema e choramos! Não estamos cheios de sentimento? Maravilhoso! Eu não estou muito satisfeito com essa ideia de que a outra metade do duplo coração é o coração da sua esposa. Isso não se encaixa bem com a realidade. Uma cama, um prato, um copo, uma colher etc. é o seu sentimentalismo. Sua ideia de um casamento perfeito é um coração, uma mente, uma alma etc. Eu preferiria a ideia de que a tensão desigual está nele mesmo.

Dr. Binger: Esse homem tem um coração duplo.

Sra. Zinno: Número doze representa suas ocupações e número quatro está no seu sentimento, e a mola é feita de aço.

Dr. Jung: Sim, seu coração ainda é um mecanismo feito de aço! A poderosa boa substância, aço! As vibrações do aço, ele pensa, são os seus sentimentos. Na realidade é sua tensão, o frio gelado e duro. Então ele tem dois corações, mas na realidade ele é um só com uma tensão desigual entre as duas metades. A maior tensão são negócios, dinheiro, poder, e a menor é o casamento. Esta é a ideia que todo homem respeitável sustenta, que a mulher vai sozinha, que o casamento vai funcionar sozinho. A única coisa que não funciona sozinho é o negócio. Para a esposa, a única coisa que não funciona sozinha é o casamento, pois é dela o negócio. Uma diferença no ponto de vista!

Há dúvidas sobre o sonho? Eu acho que a interpretação está perfeitamente clara, e penso que está satisfatória. Sinto uma espécie de satisfação quando a interpretação parece se encaixar no sonho. A ideia mecanicista é um preconceito da nossa mente racional. A natureza odeia essa petrificação. O sonho parece estar construindo o conceito de que o inconsciente vai arrancar essa ideia mecanicista, que é o significado da máquina de arrancar ervas daninhas. O homem deixa de viver quando vive apenas por ideias racionais.

Sonho [11] *uma noite depois*: "Estou num balneário na costa, mergulhando por ondas altas que quebram na praia. Vejo lá o filho de um certo príncipe". (No seu negócio, ele tem que lidar com esse príncipe; vamos chamá-lo de Príncipe Omar. Ele conhecia o príncipe, mas não conhecia o filho dele.)

"Então chega meu pai, mas como um homem terrivelmente gordo, desestruturado e disforme. Ele diz que quase caiu da escada, e que eles tinham que levá-lo para dentro da água. Ele fala com o gerente geral da fazenda do príncipe, um homem com uma espessa barba negra." (Este homem não tem essa barba na realidade.) "Em seguida, vem o próprio Príncipe Omar e nos convida para almoçar com ele depois do banho. Estamos sentados numa mesa com muitas outras pessoas, e meu pai fala com o gerente geral, falando suíço." (É claro que o homem não entenderia suíço. Devo explicar sobre o negócio. Muito algodão cresceu nesta fazenda, e o sonhador estava em uma conexão de negócios com o gerente geral.) "Meu pai diz que a nossa empresa poderia competir com qualquer outra empresa quando se tratar de comprar a safra de algodão, mas o preço está tão alto que nossa empresa prefere deixar a compra para outras empresas. Ele supõe que a fazenda faça melhores condições para outras empresas além da nossa. Já aconteceu várias vezes de nos oferecerem preços mais elevados do que o de outras empresas, mas nunca foi tão ruim assim. Então, ele acusa o gerente geral diretamente por estar sendo pago por alguém para elevar o preço para a nossa empresa e assim ter um lucro pessoal, coisas assim estavam acontecendo regularmente nesse tipo de negócio. O próprio príncipe não sabia do negócio. Meu pai me diz que eu deveria explicar toda a situação para o príncipe. Eu tenho a mesma convicção, mas estava claro para mim que eu perderia qualquer outro negócio com esta empresa, até mesmo o comércio de sementes de algodão, se eu explicasse de forma tão direta como meu pai queria que eu fizesse. Eu estava muito hesitante, e com medo de que eu não conseguiria explicar de uma forma que o gerente de negócios não ficasse ofendido. Mas eu tentei, falando em francês". (Na realidade este gerente de negócios costumava comprar sementes de algodão da empresa do sonhador porque eles usavam a melhor semente, mas como regra ele não vendia o seu algodão para esta empresa.) "Eu disse que nós poderíamos comprar o algodão dele a um preço maior do que o dado a outras empresas, se fosse dado um subsídio para que o manuseio do transporte fosse feito pelos funcionários dele." (Quando você compra de uma plantação, a venda é feita por um determinado grupo de pessoas, e o transporte por outro grupo, assim como quando você compra vinho no vinhedo, você ainda tem que pagar para a coleta, pelos barris usados no transporte, pelo armazenamento etc.) "Estou convencido de que o transporte é feito melhor pelas pessoas que compraram até agora. Isso é compreensível porque as outras empresas eram conhecidas das pessoas da propriedade, enquanto a nossa empresa é desconhecida para eles, pois nunca compramos deles antes. As condições de envio são sempre muito mais razoáveis em outras propriedades do que nesta do príncipe. O príncipe ouviu os argumentos e concordou em examinar o assunto para remediar a situação."

Associações: banhar-se no mar: "Muitas vezes eu pensei no mar como o meu inconsciente, e as ondas que batem contra a costa como aquela parte do inconsciente que vem à tona para o consciente."

Mergulho através das ondas: "Quando alguém está nadando nas ondas pode ser facilmente arrastado por ondas muito fortes, mas pode se entender com facilidade com elas o mergulho, não sendo então levado pela força das ondas. Parece que eu pensei que poderia lidar com aquelas ondas vindas do inconsciente quando eu aprendi a mergulhar através delas". *Pai*: (O pai não estava no negócio mas foi um clérigo que está morto há muito tempo.) "Meu pai está deformado no sonho. Pessoas gordas e deformadas são, via de regra, um pouco lentas, física e mentalmente – e são inferiores. Obviamente o sonho desfigura meu pai em todos os aspectos. Ele não era de modo algum assim na realidade. Isso o representa como muito inferior e também o desenvolvimento do sonho mostra a falta de tato que ele tem na forma como discute o negócio sobre o gerente geral. Isso poderia trazer danos irreparáveis à nossa empresa. Isso mostra obviamente que eu me coloco muito acima de meu pai no inconsciente, pois eu não iria lidar com um assunto em que pode haver uma questão de tola corrupção. Na minha consciência eu nunca poderia ter esses sentimentos de superioridade em relação a meu pai."

Barba negra: "O gerente geral não tinha essa barba, mas meu pai tinha durante minha juventude, depois ela ficou grisalha". *Príncipe Omar*: "Ele é um tipo de aristocrata muito distinto, um homem alto, bonito, com um comportamento verdadeiramente real. Ele também desempenha um grande papel na política, embora não tenha uma posição oficial; ele é uma figura obviamente poderosa".

A longa discussão de negócios: Isso é bem complicado, e o paciente está confuso, porque ele percebe que misturou seu pai com o gerente geral e ele próprio com o príncipe. Ele pergunta: "É o sonho de todo um conflito do meu pai com ele mesmo? Meu pai e o gerente geral discordam, e isso poderia acabar em briga, portanto, é o meu pai em conflito com ele mesmo como gerente geral da fazenda e, tenho eu que intervir, para resolver aquele conflito, explicando a situação para o príncipe, e assim tirando toda a questão das mãos do meu pai?"

Dr. Jung: É óbvio que o pai e o gerente geral estão entrando em desentendimento, e o príncipe deve intervir e fazer algo sobre isso. Como ainda não há sinal de que o paciente e o príncipe são a mesma pessoa, mas como seu pai tem a barba negra do gerente geral, o paciente sente que eles são, de alguma forma, idênticos e chega à conclusão também de que o príncipe é idêntico a si mesmo. Mas ele não está convencido de que está certo. Ele diz que no período entre seu oitavo e décimo ano seus pais moravam em uma casa em frente ao palácio do Príncipe Omar, do outro lado da rua, então ele poderia se identificar com o príncipe.

Detalhe da transação comercial: Essa é uma realidade. O gerente geral sempre cotou preços maiores para a empresa do paciente do que para as outras empresas, então ele pensou que poderia ser uma questão de corrupção por parte do gerente geral. Mas o gerente geral sempre comprou semente de algodão da sua empresa, já que eles tinham a melhor semente do mercado. Agora, o que vocês tiram disso?

Dr. Binger: A desfiguração do pai no sonho é uma compensação para a admiração e a infantil supervalorização do pai.

Dr. Jung: Sim, isso está certo. O pai era um clérigo muito bem-educado. O sonhador, como filho mais velho, o admirava muito. O pai era instruído, o filho entrou nos negócios, por isso o pai permaneceu num pedestal, o sábio imutável! Então ele ficou toda sua vida lá. No sonho uma imagem negativa do pai vem à tona. O sonhador despreza o gerente geral do fundo do seu coração, mas ele o identifica como seu pai, então ele coloca o pai na categoria desses sentimentos, ele também desfigura a beleza física do seu pai, que na realidade era grande. Então, o pai no sonho é rebaixado consideravelmente. Como vocês veem o pai no sonho?

Dr. Binger: A imagem do pai está desfigurada.

Dr. Jung: Sim, mas esse é um discurso figurativo. O que isso significa psicologicamente? O pai morreu há muito tempo. Se ele ainda estivesse vivendo perto dele numa rua próxima ou fosse sócio dele no negócio, poderíamos dizer que o inconsciente estava mostrando a ele sua depreciação pelo pai, e que ele poderia estar aberto à corrupção como o gerente geral. Mas o pai está morto e não se depreciam os mortos, por isso deve ser algo que sobrou do pai, uma bela lembrança dele talvez. Quando ele pensa no pai como o sonho o apresenta, o que significa isso?

Dr. Binger: Se o pai é um homem valoroso, o sonhador é capaz de transferir sua responsabilidade para o pai e ser ele mesmo infantil.

Dr. Jung: Isso seria a psicologia de um filho cujo pai ainda está vivo. Então o filho poderia viver uma vida provisória. Ele sente que o pai sempre virá de alguma forma com um livro de bolso aberto.

Dr. Binger: Essa atitude não pode sobreviver à morte do pai?

Dr. Jung: Sim, em parte, mas não de uma forma tão definitiva. Eu vi dois casos de filhos, que entraram em colapso quando os pais morreram. Eles estavam vivendo a vida provisória e acreditavam ser realidade, assim quando o pai foi levado embora, eles entraram em colapso. Isso me lembra de uma história de Alphonse Daudet, *Tartarin de Tarascon*[1]. Tartarin foi o maior blefe e vigarista em toda Provence. Ele pertence ao Clube Alpino, mas nunca subiu nenhuma montanha na Suíça, então ele decide ir lá e escalar a Rigi. Ele chega com um capacete de sol e todas as parafernálias de um especialista em escalar montanhas. Ele encontra uma ferrovia subindo para o topo e lá estão muitos turistas ingleses desinteressantes. Ele fica bêbado e se enfurece contra essa estupidez, então ele ouve que o Rigi não é de modo algum a montanha mais alta, e ele deveria tentar a Jungfrau. Assim, ele vai com dois guias. Não há a menor possibilidade de perigo, tudo é organizado para os turistas pela *Compagnie Anglo-Suisse*. Ele ri, tudo é muito fácil, então ele vai para casa e conta as mentiras mais ultrajantes sobre suas façanhas. Um de seus amigos duvida da veracidade dessas histórias, e o desafia a subir o Mont Blanc sem os guias. Assim, os dois vão e muito em breve Tartarin descobre que isso é real, que é um duelo entre a vida e a morte. Eles se perdem no *mer de glace*, nuvens de névoa se aproximam, tudo é escuro e assustador! Se cairmos, morreremos. Por Deus, isso é real! Eles se amarram juntos e tentam andar na geleira. De repente, há um puxão na corda, e Tartarin saca seu canivete e corta a corda atrás dele e lá ele

---

1. Novela, 1872, primeira de uma trilogia, incluindo *Tartarin sur les Alpes* (1885). Cf. 12 de fevereiro de 1930, n. 9.

fica com sua pequena cauda. Depois de escapar por um triz ele consegue rastejar de volta para Chamonix. Em casa em Tarascon ele conta a seus amigos sobre sua bravura e coragem e como seu companheiro morreu em seus braços. Depois de vários dias o outro homem virou-se e disse: "Mas você não está morto!" O mistério foi resolvido quando os guias encontraram a corda cortada em ambas as extremidades. Este é um exemplo de vida provisória. Tartarin tinha acreditado na Compagnie Anglo-Suisse, o seu pai, então nada era real. Por isso é bem possível que um homem mantenha a atitude que tinha quando seu pai era vivo, e continue a viver de forma provisória. Todos nós já fizemos isso. Perguntem a si mesmos se isso não foi verdade para vocês. É a maior tentação fazer a suposição de que "algo vai arrumar tudo" e viver dessa forma. É um complexo de pai, um positivo. Se um homem tem um complexo negativo de pai ele acredita que nada na vida está preparado para ele.

Palestra VIII

13 de março de 1929

Dr. Jung:

Vamos ver agora o que podemos extrair deste sonho bastante longo e complicado. O primeiro simbolismo é aquele das grandes ondas através das quais o sonhador está nadando. Ele identifica o seu inconsciente com as ondas saídas do oceano para dentro da consciência. Vocês estão satisfeitos com isso? Essa associação é o tipo de interpretação que certos pensamentos fazem. Em tipos[1] sensação e intuição, as associações não são de caráter explicativo, mas são coincidentes ou coexistentes, coisas que estão na mesma figura. Por exemplo, se é uma questão do muro, o tipo sensação e intuição pode associar essa cadeira a ele, que é apenas coexistente. Esse é um tipo irracional de associação. Com o tipo racional temos associações explicativas. Se o tipo racional tenta ter associações irracionais elas são sempre falsas, não se encaixam, por isso peço-lhes apenas que me digam o que pensam sobre isso. Vocês estão satisfeitos com a interpretação do sonhador? Onde ele falou sobre o mesmo simbolismo antes?

Sra. Deady: Onde no sonho anterior, em que ele associou o garotinho à sua consciência, e as ondas do grande oceano do inconsciente varrendo para dentro dele[2].

Sr. Jung: Sim, e ele estava com medo de que as ondas levassem o chão sob seus pés. Do que ele estava com medo na verdade?

Sr. Gibb: Das suas emoções inconscientes.

Dr. Jung: Sim, a conotação das ondas é que elas são emocionais, dinâmicas. O tipo racional não gosta da qualidade irracional das coisas. Não há segurança nela, por isso ele deixa de fora o elemento irracional ou emocional. Mesmo em suas associações, ele não presta atenção ao fato de que essas ondas vindas do inconsciente

---

1. Em sua Teoria dos Tipos Psicológicos Jung distinguiu quatro funções da consciência, duas das quais são denominadas racionais, *pensar* e *sentir*, e duas que são chamadas de irracionais, *sensação* e *intuição*. O termo "tipo pensamento" designa uma pessoa na qual o pensamento é a função superior. Cf. *Tipos psicológicos*. OC 6, cap. X.

2. Cf. o início da Palestra V, 20 de fevereiro de 1929.

são emocionais. É mostrado como ele lida com a situação de uma forma perfeitamente competente. Ele mergulha através das ondas e em suas associações, ele diz que uma pessoa consegue fazer isso e não ser levado. Esse sonho o anima. O sonho anterior dizia que as ondas poderiam varrer o lugar onde ele estava parado, mas esse sonho diz: "Você pode lidar com a situação, não é tão perigoso".

Está tudo positivo para ele, tudo pertence a ele, mas em seguida vem o *porém*. Ele vê o filho do príncipe (que ele não conhece pessoalmente). O próprio príncipe é um homem muito importante, um aristocrata, desempenhando um papel muito importante em seu país. Quando uma figura dessas aparece em um sonho, você pode ter certeza de que significa uma figura muito importante, quase ideal. Agora o filho desse homem aparece aqui, mas o sonhador não tem associações com ele. Quando um paciente não tem nenhuma associação é difícil. Olhe para a coisa seguinte no sonho, talvez seja um *contre-coup*. A próxima figura que entra no sonho é seu pai, pois o filho do príncipe deve ter alguma ligação com o pai do sonhador. Qual é ela?

Sra. Zinno: O filho não seria o cunhado do sonhador, que está no negócio com ele? Como seu pai e o gerente estão associados, também seu cunhado e ele poderiam estar.

Dr. Jung: Mas é duvidoso que essas figuras no sonho sejam pessoas psicologicamente reais para o sonhador. Ele já não tem mais relações de negócios reais com o gerente geral, então ele (o gerente de negócios) é um símbolo. Assim o filho do príncipe não pode ser uma pessoa psicologicamente real.

Dr. Binger: Não é o próprio sonhador?

Dr. Jung: Sim, como seu pai segue imediatamente após o filho do príncipe no sonho, isso provavelmente significa o filho do seu pai. Por isso temos o fato de que o pai é o príncipe, em contraste com o que o sonhador diz mais tarde em suas associações nas quais ele mesmo é o príncipe. Será possível que ele expressa seu pai como uma figura tão ideal?

Dr. Binger: Sim, por meio do seu complexo paterno.

Dr. Jung: Sim, ele expressa seu pai, a figura do príncipe. Ele tem um complexo de pai positivo, mas continua dizendo no sonho que seu pai é um homem disforme e obeso, que quase caiu na escada e teve que ser levado para dentro da água. Isso parece muito negativo. Ele diz em suas associações que essas pessoas gordas e disformes são muitas vezes inferiores, também no desenvolvimento do sonho, seu pai é desajeitado e sem tato com o gerente geral, a ponto de poder causar muito dano à empresa. Assim o sonho representa seu pai como uma pessoa inferior em todos os sentidos. Ele está realmente insultando seu pai. Por que isso?

Sr. Gibb: Ele está mostrando uma visão negativa de seu pai.

Dr. Jung: Mas por quê?

Dra. Shaw: Uma compensação inconsciente pelo seu complexo paterno positivo.

Dr. Jung: Sim, seu complexo paterno é positivo demais. Um pai positivo ou complexo materno pode ser tão prejudicial quanto um negativo. Isso amarra a pessoa. O inconsciente pouco se importa com amor ou ódio. Você fica amarrado por um ou por outro. Se é amor ou ódio só importa para o consciente, para o ego. O ódio pode ser uma força tão passional como o amor. Falamos de pessoas que se unem por puro ódio, por isso o sonho está atacando o complexo paterno positivo. Por quê?

Sra. Sigg: Se essas qualidades positivas são investidas no pai, então essas qualidades não estão nele.

Dr. Jung: Qualquer complexo paterno ou materno projeta a soma da energia de uma forma impessoal ou ultrapessoal. É como se eu estivesse atribuindo certas qualidades minhas a outra pessoa, como se pertencessem a outra pessoa e não a mim. Por que fazemos isso? Existe algum ganho? – alguma perda?

Sra. Sigg: Quando boas qualidades são projetadas, elas não têm que ser vividas.

Dr. Jung: Sim, então você tem a vantagem de ser capaz de viver a vida provisória. Se eu tivesse herdado uma fortuna, a qual eu felizmente não herdei, eu poderia doá-la, eu perderia a fortuna, mas ao mesmo tempo eu não teria a responsabilidade dela. Então, se você pode projetar suas qualidades no pai, você se liberta da responsabilidade delas, e você pode levar uma vida provisória. Você pode viver despreocupado, porque você deu para o pai todas as qualidades pelas quais você era responsável. O pai do sonhador era um clérigo. O que ele provavelmente projetaria nele? O objeto de suas projeções deve ter algum gancho. Você não pode projetar um gênio num jumento. Suponha que você queira projetar mentiras em alguém, quando na verdade é você que é o mentiroso. Você só pode fazer essa projeção em alguém que tenha um gancho, ou anzol, adequado. [Risos.] Eu conheço isso bem e estou pronto para atender à ocasião. Pode acontecer a qualquer um, que alguém projete em você, então você está na mesma posição em que eu estou. Nós todos temos ganchos, você tem que olhar para o gancho em você mesmo, assim como eu faço. Projeção é uma força formidável. Você é movido por ela e você não sabe por quê. O impacto das projeções chega a você como uma bola de bilhar. Por meio da projeção, coisas terríveis podem ser trazidas à tona. Se você não sabe do gancho em você mesmo ou da porta aberta, então o diabo se insinua (a projeção) e tem um efeito tremendo. Você não pode ficar indiferente a uma projeção. Tem a mesma importância se eu estou projetando em alguém ou se alguém está projetando em mim. Ela funciona em ambos os casos, com efeito quase mecânico. Das projeções podem surgir coisas as mais surpreendentes e inexplicáveis. Na história *The Evil Vineyard*[3], um homem é

---

3. Romance de Marie Hay (Londres/Nova York, 1923), discutido por Jung em "Alma e terra" (orig. 1927). OC 10/3, § 89ss.

levado a cometer um assassinato pela projeção inconsciente de uma mulher. É a história de uma projeção de animus.

O Caso Arnstein na Alemanha pode ser um semelhante[4]. Um homem numa noite matou oito pessoas, por absolutamente nenhum motivo, e nenhuma razão para isso poderia ser descoberta. Por que um homem que não é louco comete esses crimes? Antes dos assassinatos ele não conseguia dormir, sentia-se sobrecarregado, mas não sabia por quê. Após os assassinatos, na prisão, ele dormia como um velho rato. Ele comia bem e engordou oito libras e parecia perfeitamente satisfeito. Ele havia matado oito pessoas inocentes, sua esposa, sua sogra, seu cunhado, toda a família, os jardineiros e até mesmo seu cão, o que foi muito pior. Quando investiguei o caso, eu descobri que sua esposa pertencia a uma espécie de seita de rezas. Há sempre uma razão pela qual as pessoas fazem isso, colocam um ponto de interrogação depois *dela*. Minha ideia é de que essa mulher era uma espécie de diabo e projetou a coisa toda, e ele captou tudo da atmosfera como um médium. Ele era fraco e inofensivo. Seu próprio irmão não conseguia entender. Ele pode ter cometido os assassinatos sob uma projeção, assim como foi o caso no *The Evil Vineyard*. Este homem era também fraco, enquanto sua esposa era forte, e é possível que o inconsciente da esposa (uma mulher que vai a uma seita de rezas poderia ter esse inconsciente) insinuou o que ele deveria fazer. Ele pode ter trabalhado por anos criando uma hipótese em seu inconsciente. Ele sempre teve a sensação de que havia outra pessoa dentro dele, com quem ele deveria lidar. Ele escreveu um diário, e um diário é um sinal de um inconsciente que está vivo e tem a necessidade de conversar com alguém, então ele teve a sensação de que ele deveria escrever a história de sua outra vida. Algumas semanas antes do crime apareceram várias entradas no diário a respeito de uma faca longa, uma sugestão do inconsciente. Isso pode significar: "Prepare-se, isto é o que se espera que você faça". Então pode ser que o inconsciente da sua esposa foi projetado nele e ele estava preparado, assim como o marido estava no "*The Evil Vineyard*". Mas é claro que havia um gancho.

No caso do nosso sonhador não podemos falar do efeito sobre o pai, mas os pais que recebem projeções podem ser forçados a fazer o papel semelhante ao de um deus todo-poderoso. Muitos analistas são transformados em Salvador, e isso lhes dá um tamanho empurrão para fora da realidade que eles adoecem. Essa é a doença típica do analista. porque ele oferece um gancho para as projeções por se preocupar com as almas das pessoas. O médico deve expor-se a uma infecção, assim o analista deve expor-se às projeções, mas ele deve ter cuidado para não ser varrido. Qual é o valor das projeções, as quais o paciente faz em seu pai?

Sr. Gibb: Morais e intelectuais.

---

4. O caso também é discutido em *Um exame da psique do criminoso* (1933). OC 18/1, § 817s.

Dr. Jung: A coisa toda começou quando ele iniciou os estudos ocultos, substituindo-os por valores morais e intelectuais. Portanto, parece agora como se seu inconsciente estivesse criticando seu pai, o guardião dos valores morais e intelectuais, a fim de destruir essas projeções. Então o que poderia acontecer?

Sr. Gibb: Todas essas responsabilidades cairiam de volta sobre ele.

Dr. Jung: Sim, ele não pode mais gostar da vida provisória; daqui por diante, ele deve depender de suas próprias decisões sobre o certo e o errado, não mais das do seu pai. Qualquer um que leva uma vida provisória pode depender de valores e decisões tomadas por eles. Essa é a vantagem da Igreja Católica. Leis eternas foram decididas de antemão, então as pessoas estão liberadas para decidir essas questões por si sós. Agora o paciente torna-se seu próprio pai. Mas ainda estamos no processo de minar a imagem do pai. Quando eu projeto meus valores morais em outra pessoa, a minha responsabilidade é projetada nele. Eu não fico sobrecarregado com a responsabilidade ou com a autocrítica, então eu posso errar ao longo do caminho sem qualquer culpa ou consideração com as consequências. Eu digo: "Sinto muito, mas eu não sabia. Desculpe-me, o que posso fazer sobre isso? Eu pago uma indenização pelo erro", mas eu vou direto pelo mesmo caminho. Há pessoas, todos vocês as conhecem, que erram assim. Elas caem num buraco e têm que ser retiradas. Em seguida, elas vão embora e caem novamente no mesmo buraco, como se isso nunca tivesse acontecido com elas antes. Chega a ser quase sistemático com elas, elas continuam cometendo as mesmas bobagens de novo e de novo, e nunca se dão conta disso. São essas as pessoas que vivem a vida provisória, sem estarem conscientes de suas responsabilidades. Quando o complexo do pai fica minado, então o sonhador reassume a responsabilidade e a autocrítica. Agora, o pai fala com o gerente geral da grande propriedade, o qual tem a barba preta que o pai real costumava ter. Obviamente, esse homem é identificado com o pai. A obesidade era apenas para torná-lo desagradável, ele não era assim. Agora, ele se mistura com um homem que é definitivamente corrupto. O que isso significa psicologicamente?

Dr. Binger: A divisão do sonhador, aqui representado por dois lados do pai, o pai como um príncipe e como um gordo imbecil.

Dr. Jung: Sim, mas não se esqueça de que esse não é o próprio pai, mas projeções dos vários elementos do sonhador para o pai. As coisas aparecem na imagem do pai que realmente pertencem ao sonhador; valores, tanto quanto vícios. Assim, por um lado, ele é o príncipe, e, por outro, o gerente corrupto. Por um lado ele idealiza seu pai como um homem superior, *O príncipe*, por outro lado, ele o deprecia como o gerente geral, que é corrupto. Ambos os lados são partes do próprio sonhador projetadas no pai. Ele se torna um homem mais bem-sucedido e inteligente do que o seu pai, mas ele é também mais corrupto. Isso ele não vê. Se ele projeta seus valores morais, ele não tem que reconhecer seus vícios correspondentes. Não há nada alto que não seja construído de baixo. Nietzsche disse: "A árvore cujos ramos chegam aos Céus têm suas raízes no Inferno".

O príncipe agora convidou o sonhador, o gerente geral e o pai para ficar para o almoço e falar de negócios. E o papel do príncipe? Dizemos que o príncipe é uma sobrevalorização do pai. Agora, esta pessoa superior os convida para falar de negócios e obviamente de negócios altamente psicológicos.

Sra. Sigg: A palavra *negócios* tem em si algo muito definido, muito positivo. Aparentar ser um homem de negócios é visto como algo psicologicamente bom, positivo.

Dr. Jung: Com certeza, o aspecto do negócio pode ser um aspecto muito positivo por causa da sua confiabilidade e justiça. Se eu entendi corretamente, você quer dizer que o príncipe, sendo o pai positivo, sugere negociação justa, um procedimento como de negócios.

Sra. Sigg: Ruskin[5] disse: "Primeiro justiça, depois amor".

Dr. Binger: Isso não é uma espécie de Conselho de Arbitragem?

Dr. Jung: Sim, há tanta injustiça, tanta confusão nessas projeções, que é como se o inconsciente dissesse: "Agora, vamos sentar e discutir toda a situação". O resto do sonho é uma compensação importante de coisas que precisam de uma explicação. O primeiro ponto é que o pai não se comporta nem um pouco como um homem de negócios. Ele até diz ao gerente geral que suspeita dele por transações desonestas. Este seria um começo impossível e mostra como seu pai é incompetente como homem de negócios. O sonhador faz a observação: "O pai é dispensado como homem de negócios, então a responsabilidade recai sobre mim". No entanto, o gerente geral é o sonhador; em última análise, a pessoa que está fazendo as coisas desonestas. Ocasionalmente, a mão esquerda não sabe o que a mão direita está fazendo, por isso é relativamente fácil ter uma consciência tranquila. O fato é que não se pode fazer um negócio honesto e bem-sucedido porque o gerente geral é corruptível e não oferece condições decentes. Isso é o que o sonhador deve explicar ao príncipe, que não há negociação com o gerente geral, que é comprado por outras empresas. O que você conclui disso?

Dra. Shaw: O príncipe é o melhor lado de sua individualidade.

Dr. Jung: Sim, o príncipe, a imagem do pai positivo, é um tipo superior de homem, com altos valores morais, que agora são extraídos do pai e voltam ao sonhador, ao homem superior em si mesmo, seu si-mesmo superior. Isso soa muito desajeitado, mas na realidade é bastante simples. Por exemplo, quando dois homens que estão de bem discutem e depois começam a brigar, e um deles diz: "Nós não

---

5. John Ruskin (1819-1900), crítico inglês de arte e sociedade. Cf. em seu *The Crown of Wild Olive*, "Faça justiça ao seu irmão (você pode fazer isso se você o ama ou não), e você vai acabar por amá-lo" (COOK, E.T. & WEDDERBURN, A. (orgs.). *Works* (1903-1912), XVIII, p. 420s.).

somos loucos, por que deveríamos brigar como cães? Sejamos razoáveis e vejamos as coisas com calma", isso é o lado superior vindo à tona. Este seria o príncipe e o sonhador, juntando-se para excluir os métodos corruptos do gerente geral, realmente a interferência com atividade psicológica eficaz. Veja, o gerente geral seria o principal homem inferior no sonhador, o seu próprio si-mesmo inferior que tenta por meios baratos ou corruptos obter vantagens ou lucros momentâneos, sem nenhum horizonte. A longo prazo um grande negócio só prospera quando é honesto, não há como prosperar na corrupção, porque a corrupção devora a si mesma. O sonho está tentando colocar o homem corretamente na sua psicologia, porque o problema, o ataque dessas ondas inconscientes, que ele encontra novamente, só pode ser tratado com honestidade, não por métodos corruptos. Seu problema só pode ser resolvido apelando ao seu *self* superior, mas esse apelo será inútil enquanto o homem não for seu próprio *self* superior, enquanto seus valores mais elevados estiverem sendo projetados no pai, e ele estiver vivendo a vida provisória. Aqueles que levam vidas provisórias estão em caixas de metal, não há acesso a eles. Portanto, o inconsciente tem que chamar de volta todos os vícios e virtudes projetadas, e depois, quando o homem estiver totalmente consciente de si mesmo, ele pode ser atraído para a negociação honesta. Isto se refere à análise! Algumas pessoas pensam nisso como uma técnica que você pode comprar para tornar tudo fácil e simples. "Doutor, você poderia me analisar? Eu estou sofrendo de um complexo paterno. Você pode tirar essas coisas do meu organismo?" Isso é utilizar meios corruptos e baratos. Isso é como a remoção de um órgão do corpo, como se alguém pudesse remover um braço em um minuto, ou arrancar o coração e jogar fora. Não pode ser feito. Você não pode simplesmente remover um complexo e o caso está curado. Existem diversas publicações que representam a técnica de análise nesse sentido. Isso é mera corrupção, e ainda assim pessoas bem-intencionadas publicaram essas coisas, como se tudo fosse assim tão simples. Existem perguntas relacionadas a este sonho? É bem simples quando a ideia principal está clara.

Dr. Binger: Quanto da projeção dele é devida ao fato da divisão na sua própria vida privada?

Dr. Jung: Isso é difícil dizer. Presumo que seu complexo de pai sempre existiu. Toda vez que uma coisa é projetada ela sempre estará dividida. Ele desvaloriza e sobrevaloriza seu pai ao mesmo tempo. É um sim e não, mais e menos, positivo e negativo. Temos que entender esse tipo de pensamento paradoxal quando queremos compreender os fatos psicológicos. É o mesmo com todos os pares de opostos – sentimentos de inferioridade significam megalomania, sadismo significa masoquismo etc. Então eu suponho que este homem sempre esteve dividido, mas apenas recentemente quando seu desenvolvimento tornou-se urgente, ele destruiu sua vida provisória. Ele tem que ver que ele é o criador da sua própria vida. Não há trilhos, o caminho não foi trilhado. Eu não poderia explicar seu complexo como sendo devido às dificuldades em seu casamento, muito pelo contrário. Devido ao complexo de pai ele não assume suficiente responsabilidade na sua relação com sua esposa. O pai iria cuidar de tudo isso. Assim, as pessoas dispensam o problema de Eros. Pessoas com complexo de pai são exatamente como as pessoas da Igreja Católica. Um bom católico diria: "Por que se preocupar com questões filosóficas e psicológicas? Tudo isso foi resolvido há dois mil anos por homens sábios em um conclave em Roma". Essas pessoas podem fazer coisas incríveis, sem qualquer escrúpulo.

Sr. Gibb: Não deveria ser levada em conta a discussão ativa do negócio, como o negócio de algodão, que pode ser de grande valor? Ele não tem em mente algum novo valor da vida?

Dr. Jung: É óbvio que a sua vida é o seu negócio. Negócios malresolvidos são obstáculos graves. Sua empresa não avança porque ela não consegue negociar com essas grandes propriedades. O inconsciente está tentando obter para ele a ideia de que ele deveria estabelecer uma regra diferente para sua vida, que esse negócio não pode ser tratado de forma banal, mas somente por meio de seus valores mais elevados.

Sr. Gibb: Você não acha que é algo mais específico?

Dr. Jung: Não conscientemente. Tenho bastante certeza sobre isso, ele tem que lidar com o próprio príncipe, com seus próprios valores mais elevados. As pessoas querem que o médico jogue para longe suas dificuldades, mas isso não pode ser feito.

Próximo sonho [12], *na mesma noite*: Há uma extraordinária diferença entre o próximo sonho e o anterior, com uma compensação mais evidente. "Estou em um quarto com minha esposa, e vejo uma porta que leva a outra sala abrir lentamente. Imediatamente vou até a porta, e a abro, e no outro quarto eu encontro um menino completamente nu. Eu o carrego para o meu quarto e estou convencido no sonho de que ele não é um menino natural. Para evitar que ele fuja (ele está se debatendo nos meus braços) eu o aperto nos braços, e ele me dá a sensação mais extraordinária de satisfação (não é de forma alguma uma sensação sexual), como se esta coisa verdadeira fosse satisfatória aos anseios dos meus sentimentos. Então minha esposa traz uma variedade de alimentos para a criança. Vejo pão preto e pão branco. A criança não quer comer o pão preto, mas come o branco. Então, de repente, ele voa para fora da janela e acena para nós do ar."

Associações: *A lenta abertura da porta*: Uma alusão a uma passagem na segunda parte de *Fausto* quando Fausto está ficando velho e está tentando viver uma vida racional. Há um monólogo sobre o fato de que ele gosta de pensar ao longo das linhas racionais do dia e ser científico; então chega a noite e tudo muda, a porta se abre, e ninguém entra! Nada podemos sem a mágica. No sonho do homem, a porta se abre, e ninguém entra[6]. Isso significa algo sobrenatural. Ele estudou ocultismo, e ele usa a palavra exteriorização, a teoria do que anteriormente era atribuído aos espíritos, mesas com comportamento estranho, batidas, barulhos na parede. Sua teoria é que isso não é feito por um fantasma, mas por alguma coisa em nós mesmos, a exteriorização de conteúdos psicológicos, e o sonhador está convencido da realidade desses fatos. No sonho, ele tem a sensação de que a porta está se abrindo de forma estranha. Então, ele vai até a porta e encontra o menino nu na outra sala.

O menino: A única associação que ele tinha é a representação tradicional de Eros, o garotinho nu. Isso lhe dá uma satisfação singular aos seus sentimentos quando ele pressiona o menino contra si.

Pão: O pão preto é mais nutritivo do que o branco porque contém uma proteína na pele prateada do grão. "O pequeno *amourette* não foi alimentado da forma correta pela minha esposa, estão ele voa para fora e acena de longe." Aqui você tem uma peça preciosa da psicologia masculina. Estou dispensando todo o sexo!

O sonho precisa de alguma emenda. É um bom sonho, um sonho íntimo, pessoal. Como você explica isso depois de um sonho tão objetivo?

Dr. Binger: Os conteúdos são aproximadamente os mesmos. Ele se vê como uma criança, Eros seu si-mesmo infantil. No outro sonho ele se projetou em seu pai, pois ele mesmo era uma criança.

Dr. Jung: Bem, isso precisa ser discutido. Eu acho que é melhor começar com o texto para ter certeza de que estamos indo corretamente. O sonhador está no quarto com sua esposa, isso significa que está numa situação íntima com sua esposa. Aquela declaração, no sonho anterior, no qual ele tem que lidar com seus valores mais elevados e não com seus mais baixos, leva-o ao problema íntimo com sua esposa. Algo nos negócios não funciona, algo na relação com sua esposa não funciona. O homem que leva uma vida provisória não lida com Eros. Seu pai sabe tudo sobre isso, então ele não tem que se preocupar com isso. Ele pode fechar seus olhos para todo o lado Eros, e ele não está nem um pouco adaptado à sua esposa. Não se pode lidar com uma mulher com mera objetividade, portanto é bem natural que nesse sonho o obstáculo apareça. O sonho leva-o diretamente ao quarto, por isso é também um problema sexual, o sexo é a expressão mais forte e mais clara de afinidade. Nessa situação, certos conteúdos do inconsciente parecem ser exteriorizados. Até onde meu conhecimento chega, estes conteúdos do inconsciente que

---

6. *Fausto*, Parte II, Ato V, na trad. de Louis MacNeice (GOETHE. *Fausto*. Londres, 1951, p. 281): "Mas agora esse espectro tanto espessa o ar / Que ninguém sabe como evitá-lo, ninguém sabe onde. / Não obstante um dia nos cumprimenta com um brilho racional, / À noite nos enreda em teias de sonho. / Voltamos felizes dos campos de primavera – / E um pássaro grasna. Grasna o quê? Alguma coisa do mal. / Enredado na superstição da noite e manhã, / Forma-se e mostra-se e vem avisar. / E nós, com tanto medo, ficamos sem amigos ou parentes, / E a porta range – e ninguém entra".

estão tão perto, que são quase conscientes, têm uma tendência de se exteriorizar. Eles estão quase prontos a explodir na consciência, mas certos obstáculos estão no caminho e estão exteriorizados. Aqui temos um pequeno milagre. Eu não tenho nenhum preconceito contra esses pequenos milagres. Coisas tão estranhas acontecem ocasionalmente, mas como elas estão conectadas com a nossa psicologia só Deus sabe, eu não sei. Só tolos pensam que tudo pode ser explicado. A verdadeira substância do mundo é inexplicável. Nesse caso deveria emergir ao sonhador que a coisa que falta na sua relação com sua esposa é Eros. É quase um milagre que ele não tenha visto isso. É Eros que deveria entrar. Ele abre a porta, mas ninguém entra, então ele encontra o menino no outro quarto e ele o segura em seus braços por um minuto, sentindo uma satisfação singular quando pressiona a criança contra si, e ele acha estranho que não é uma sensação sexual. Essa é uma das ideias tolas que os homens têm. Eles pensam que Eros é sexo, mas nem pouco, Eros é afinidade.

A mulher tem algo a dizer sobre isso! Ele gosta de pensar que é um problema sexual, mas não é, é um problema de Eros.

Pão: O pão preto seria mais nutritivo, mas a criança o recusa e come o pão branco.

Dra. Shaw: O pão preto representa seu pensamento, sua função superior?

Dr. Jung: Não há nenhum sinal disso.

Srta. Bianchi: Ele salienta a diferença entre o branco e o preto, o contraste. Pode-se supor que tem algo a ver com a natureza das duas pessoas?

Dr. Jung: Eu não estou tão certo disso. Eu diria que o pão sugere alimento. Nossa mente, coração, corpo, cada função deve ter o seu alimento específico, para continuar vivendo, por isso Eros não pode viver sem ser alimentado. A comida dada a Eros é chamada aqui de pão. Preto e branco é o simbolismo comum para valores morais. Branco é inocência, pureza; o preto é poeira de terra, noite, inferno. O pão muito preto é muito pesado e não é fácil digerir. É uma forma muito primitiva de moagem dos grãos, de modo que todas as cascas são deixadas dentro. O pão fica úmido e pesado, mas é muito nutritivo. O garoto recusa o pão preto e aceita o branco. O que significa isso?

Sr. Gibb: Ele aceita o mais idealista.

Dr. Jung: O sonhador está muito preocupado com o tipo de comida que ele mesmo come. Ele tem um complexo sobre o alimento, e se você estudar esses complexos você sempre encontrará algo de interessante por trás deles. O pão branco é feito a partir do miolo do grão e as cascas são jogadas fora, ou dadas aos porcos, pão bem branco dá a ideia de luxo, nobreza ou alma. Ele é feito a partir da "alma" do grão. As pessoas que só comem pão branco são nobres, finas, e aqueles que comem pão preto são grosseiros, vulgares, plebeus, da terra. Agora, a questão é se a criança é alimentada com comida substancial e pesada da terra. Para a nossa consciência cristã, isso significa alimento dos demônios e do inferno. O que é da terra, terreno? Sexualidade! Mas a suposição geral de que Eros é alimentado na sexualidade está errada. Curiosamente, ele é alimentado apenas com pão branco, pelo miolo do grão, por algo escondido dentro da sexualidade, essa é a *sensação*, a *afinidade*. Se eu dissesse ao paciente: "Ter relações sexuais com sua esposa não irá provar que você tem afinidade por ela", ele não iria entender, pois ele acharia que teria. Você tem afinidade pela sua sensação, pelo seu relacionamento, e isso é o que alimenta Eros. Espera-se que após uma relação sexual a alma não deveria estar triste, mas muitas vezes as piores brigas e desentendimentos no casamento acontecem após a relação sexual, porque a sexualidade não alimenta Eros. Muitas vezes essa é a causa direta de brigas e separações.

Até agora o sonho é uma realização muito importante. Eros aparece de forma milagrosa e desaparece de forma milagrosa. Ele voa para fora da janela. O que significa isso?

Dr. Binger: O homem não está pronto para uma relação sentimental.

Dr. Jung: Nós não sabemos o que Eros faria se ficasse mais tempo. Depois de um tempo ele poderia se alimentar do pão preto também, mas ele não fica. Ele apenas diz: "Nada a fazer, adeus!" É uma boa piada e uma terrível verdade. É a terra prometida, mas só por um instante a visão é momentaneamente clara; então ele voa para longe antes que ele possa se alimentar do pão preto. Isto é muitas vezes o caminho na análise. Por um momento você vê claramente o caminho a trilhar, mas em seguida, a visão desaparece, a névoa se adensa, e novamente você está confuso. É uma visão repentina da verdade que aparece e novamente desaparece sem concretização. Comer o pão na sua casa é um símbolo arcaico de hospitalidade. Mas Eros não come todo o pão, apenas o branco, em seguida, ele desaparece, acenando de longe: "*Au revoir*, prazer vê-lo, talvez eu o verei de novo, não é tão certo".

Sra. Sigg: Eu tenho dúvidas sobre o menino sendo apenas Eros. Em *Fausto*, o menino tinha algo a ver com poesia e imaginação. Ele era mais alguma coisa.

Dr. Jung: É verdade, ele pode não ser somente Eros. Tenho minhas dúvidas também. Mas mantive Eros, pois o sonhador não tinha conhecimento da qualidade geral do seu sonho. Pode-se dizer que o fato que ele associou a Fausto no início aponta para o cocheiro, Homunculus e Euphorion[7], as três formas desse elemento que eu tecnicamente defino o símbolo do *Puer Aeternus* em sonhos. Para a minha mente se refere a esse simbolismo. Depois do complexo de pai, o complexo infantil necessariamente aparece, em que ele é o filho. Primeiro, ele voltou os olhos para o pai, agora ele é o filho, ainda na psicologia de um menino de oito ou dez anos,

---

7. *Fausto*, Parte II, Ato II. Um resumo dos destinos destas três figuras é dada no início da palestra de 27 de março de 1929, adiante.

portanto a figura Eros seria o lado infantil do sonhador. Mas se você diz isso, então o lado infantil vem a ter uma relação com sua esposa, e ele não está muito pronto para essa situação ainda. Você poderia dizer que seu sentimento natural não sofisticado teria tido uma relação melhor com sua esposa. É bem verdade que a criança é o lado infantil do sonhador, mas é também a coisa promissora nele. As coisas que já estão desenvolvidas estão acabadas, mas as coisas não desenvolvidas ainda são uma promessa para o futuro. Então o menino representa o que pode ser desenvolvido, a autorrenovação do homem, e um bom termo para dar a esta figura é o *Puer Aeternus*. A ideia antiga era que o *Puer Aeternus* era uma Criança Divina que eternamente aparecia e desaparecia de forma milagrosa. O menino etrusco Tages[8], um menino nu, aparece no sulco onde os camponeses estão arando, e ele ensina às pessoas leis, artes e cultura. Adonis era um menino assim. Tammuz aparece às mulheres a cada primavera. Oannes, o deus-peixe babilônico, sai da água como um peixe, aparece ao amanhecer, e ensina o povo agricultura, leis etc. durante o dia, desaparecendo novamente no mar durante a noite. Mestre Eckhart teve uma visão de um menino nu que o visitou[9]. Também há alguns contos de fada ingleses do menino radiante, no qual a visão do menino é sempre infeliz, às vezes absolutamente fatal. Deve haver alguma razão para isso, eu não sei o que pode ser. O *Puer Aeternus*[10] é simplesmente a personificação do lado infantil do nosso caráter, reprimido porque é infantil. Se o sonhador permite que o elemento entre, é como se ele mesmo tivesse desaparecido e voltado como um menino nu. Então, se sua esposa poderia aceitá-lo assim, estaria tudo certo. O menino deve ser criado, educado, talvez espancado. Se o elemento inferior pode entrar na vida, então há uma promessa de vida futura, as coisas podem se desenvolver, pode haver progresso. Na mitologia, a figura desse menino nu tem um caráter criativo quase divino. Como o *Puer Aeternus*, ele aparece de uma forma milagrosa e depois desaparece da mesma maneira. Em *Fausto* ele tem três formas: menino cocheiro Homunculus, Euphorion. Todos eles foram destruídos pelo fogo, o que significa no caso de Goethe que o *Puer Aeternus* desapareceu num surto passional. Fogo põe fim a tudo, até mesmo um fim para o mundo. Fogo que é a seiva da cultura pode irromper e destruir tudo. Isso acontece de vez em quando, como, por exemplo, na Revolução Bolchevique, quando a forma cultural não conseguiu mais segurar a tensão da energia, e o fogo irrompeu e destruiu a civilização russa.

---

8. Para Tages, o lendário fundador da tradição profética etrusca, e Oannes, mencionados algumas linhas adiante, cf. OC 5, § 291-292. Adonis era um deus fenício da vegetação, e Tammuz é seu equivalente babilônico.

9. Para maiores detalhes, cf. adiante p. 190.

10. Jung iria desenvolver este tema mais tarde, em *A psicologia do arquétipo da criança* (1941). OC 9/1.

Palestra IX

20 de março de 1929

Dr. Jung: Nós não terminamos o simbolismo coletivo do último sonho. Mas antes há alguma pergunta sobre a última palestra?

Sr. Gibb: O que pensar sobre o fato de que a esposa do sonhador traz o pão, e não ele mesmo?

Dr. Jung: Sim, isso é importante, pertence à parte pessoal do sonho.

Sr. Gibb: Na realidade a esposa dele é um pouco apática, por que ela traz a comida no sonho?

Dr. Jung: Na associação do paciente ele explica isso dizendo que sua esposa trouxe a comida errada, então Eros foi embora.

Sr. Gibb: A mulher parece ter trazido uma considerável variedade de alimentos.

Dr. Jung: Sim, a declaração do sonho é contrária a esse fato. Você se lembra de que eu levantei esse ponto no último seminário. A esposa trouxe o pão branco também, o qual a criança comeu, então a declaração do marido não é muito justa. É melhor passar pelo sonho novamente. Este é um sonho difícil porque há nele dois elementos muito diferentes; primeiro, a situação pessoal concreta do sonhador, a falta de sexo, de Eros em seu casamento. Mas em segundo lugar há algo mais introduzido: a intervenção sobrenatural que complica o aspecto pessoal concreto da situação. No nível pessoal, é, aparentemente, um problema insolúvel. Muitas vezes pessoas que sofrem de alguns sintomas que parecem ser pessoais não são capazes de resolver os seus problemas nesse nível, porque sua importância se deve a um fato coletivo. A situação pessoal pode ser agravada pela convicção geral de que as coisas que causam esse problema devem ser essas e aquelas. Enquanto pessoas sofrerem com a ideia de que certas situações são devidas a seus próprios erros pessoais, eles não podem ser corrigidos.

É como se essas pessoas construíssem uma casa frágil, vem um inverno muito frio, e a casa não pode ser aquecida adequadamente; elas acham que a culpa é delas, na forma como elas construíram a casa, enquanto o verdadeiro problema é que o inverno foi excepcionalmente frio. Não é culpa delas. A mesma coisa é verdade para opiniões. Convicções gerais podem ser a causa de problemas individuais. As pessoas na Índia têm ideias religiosas estranhas que não são nem um pouco higiênicas, então seus problemas individuais se devem ao erro geral. Se você perguntar às pessoas por que elas compartilham essas ideias, você estará perguntando por que elas são morais e religiosas, por que essas ideias são sua religião. Elas se autoflagelam por uma espécie de atitude idealista. O bem que deve ser considerado como uma virtude pode ser a causa das piores consequências. A mesmíssima coisa que faz com que seja uma virtude produz as consequências infelizes. Na interpretação do sonho dele, se não considerarmos o caráter coletivo do simbolismo Eros não poderemos compreendê-lo. Vamos tentar chegar o mais longe possível com a interpretação pessoal. Vocês se lembram de que o sonhador está em uma situação íntima no quarto com sua esposa. Em seguida, o sobrenatural acontece. Uma porta se abre e ninguém entra. Mas quando o homem vai ao quarto ao lado, lá está o menino nu. Ele traz o menino para o quarto, e até agora pode-se dizer com certeza que há falta de amor; mas não é bem assim, pois de uma forma ele ama sua esposa, e sua esposa o ama. É sexo o que não funciona. Normalmente as pessoas fazem pouca distinção entre sexo e amor, e as duas palavras são intercambiáveis. *"Faire l'amour"* na França significa ter relações sexuais. Assim pode-se dizer que a figura Eros no sonho é o sexo, porque isso é obviamente o que está faltando no casamento. No entanto quando o homem abraça o menino percebe que a sua sensação não é sexual, ele sente a satisfação de um tipo diferente de amor. O sonho aponta isso, pois o menino não pode ser sexo. Em seguida, vem a declaração no sonho de que a esposa está trazendo algo para a criança comer, principalmente pão branco e preto, e ele recusa o pão preto, mas come o branco. Em seguida o sonhador assume que a criança vai embora porque sua esposa não lhe deu o tipo certo de comida. Em sua hipótese de que o menino significa sexo, ele pode dizer que, como sua esposa é bastante negativa a esse respeito, ela não dá o tipo certo de alimentos para Eros e assim ele vai embora. Obviamente sua interpretação pessoal não o leva a lugar algum, por isso temos que entrar no sonho mais profundamente. Antes de qualquer coisa vocês se lembram de que eu disse que este paciente é um tipo pensante, pois ele faz associações interpretativas. É a única maneira de associar que pessoas desse tipo têm. Alguns analistas recusam essas interpretações e dizem a seus pacientes: "Você precisa simplesmente dar fatos, não explicações". Se um tipo pensante tenta fazer esse tipo de associações ele vai parar longe e de modo algum vai conectar os fatos corretos, e isso irá falsear suas associações. Então você deve aceitar seu modo explicativo, suas associações podem não se encaixar; mas isso é verdade também para o tipo irracional, eles podem dar fatos e sentimentos que deixam o analista perdido, mas este deve levar tudo isso em conta. O sonhador, no entanto, deve associar o menino nu a uma figura antiga, que podemos chamar de Eros; mas esta é uma ideia grega que permite muitas interpretações e não pode ser tomado como sexo apenas. O sentimento do homem no sonho é um sentimento de amor. Ele diz em suas associações: "Não houve sexo nisso de forma alguma", então mesmo em seu sonho, ele esperava algo sexual. Isso é de se esperar na relação atípica com sua mulher, sua relação não sexual. O homem realmente ama sua esposa como ele entende o amor, e sua mulher o ama; você não pode esperar das pessoas coisas que estejam além da sua compreensão. O homem faz tudo que pode fazer com exceção do sexo. O sonho diz que a esposa está fazendo o que pode para alimentar a criança, por isso sua explicação de que sua esposa não dá à criança a alimentação adequada não se aplica de forma alguma. Poderíamos concluir do sonho que sua esposa está fazendo tanto quanto ele. Ele e sua esposa estão juntos em seu quarto à noite, e uma situação milagrosa se desenvolve, a porta se abre e ninguém entra. Isso faria com que até mesmo o intelectual mais impassível se arrepiasse, mas o homem corajosamente vai para o outro quarto e encontra o menino e o traz para dentro do quarto, e então sua esposa faz sua parte e traz o alimento da criança. Isso mostra hospitalidade na verdadeira forma primitiva, mas nem isso funciona, e a criança desaparece pela janela. É como se ele lhes dissesse: "Vocês estão ambos fazendo o que podem, mas o sexo não funciona". Então esse menino é outra coisa. O que ele é? Ele não é o sexo porque os fatos do sonho o contradizem. Ele pode ser amor, ele certamente não é só sexo. Nós temos outra dica no sonho que ajuda: o menino está nu, por que estaria? O sonhador diz que é a forma tradicional em que Eros é representado, portanto sua associação aponta para a ideia de uma divindade. Não se assustem quando falo de uma divindade. As pessoas pensam que com um gancho de metafísica estou recebendo algo do Olimpo. Pensar uma coisa não significa que ela é verdadeira, nem que existe. Podemos pensar em uma hipótese. Estamos aqui preocupados com uma ideia, um fato psíquico herdado. A tendência da mente é funcionar como sempre funcionou, e é muito mais provável que ela irá continuar a funcionar como fazia há cinco ou dez mil anos, em vez de adotar uma maneira nova. Estas ideias que têm estado vivas pelos séculos são mais propensas a voltarem e serem operantes. Elas são arquétipos, a forma histórica de funcionamento, e assim a forma geral.

Meteorologistas deduzem prognósticos meteorológicos de acordo com o que aconteceu nos últimos dias; quando há uma série de dias ruins seu prognóstico mais provável para o dia seguinte será de que vai ser ruim novamente. Continuidade é natural da inércia, e assim é com a nossa mentalidade. Quando a mente do homem tem funcionado da mesma maneira há séculos, é mais provável que ela irá continuar funcionando da mesma maneira. Quando o sonho apresenta uma divindade à consciência do sonhador, não significa nada para ele exceto uma espécie de figura de linguagem. Eu posso dizer sobre um vinho: "Não é divino", como uma espécie de metáfora da fala, uma forma exagerada de elogiar o vinho; isso não quer dizer que o deus habita nele. E assim Eros é aqui introduzido de forma metafórica, como uma personificação poética da coisa chamada amor. Já para o inconsciente o conceito de entrar de uma divindade é um fato divino com toda a parafernália da divindade. Quando a ideia de divindade aparece no funcionamento da mente, o que os gregos chamavam de *deisidaimonia* (medo do demoníaco) está presente. A porta se abre e ninguém entra. Agora fique alerta para fantasmas, demônios etc.! A divindade é sempre precedida de terror, medo, ou sensação de uma presença divina, uma atmosfera especial, uma espécie de franja emocional surge com ela. Isso está mostrado de forma muito clara no sonho, por isso estamos seguros em assumir que está alinhada com a velha ideia da aparência de deus. Os antigos romanos e gregos entendiam a divindade. Eles não diziam que um homem se apaixonou, mas que "A flecha de Eros o acertou". Era a personificação da emoção do amor, um princípio ativo autônomo operando no homem. Eles projetaram isso, é claro, em árvores sagradas, bosques, cavernas, rios, montanhas e em Olympus. Nós não entendemos esse tipo de psicologia agora, mas o homem primitivo (e o antigo grego era um homem primitivo) estava muito conectado numa *participation mystique* com o objetivo de que esses deuses eram parte da sua vida. Então, se ele dissesse, "O deus desta mesa falou comigo no meio da noite", ele queria dizer o mesmo que se um de nós dissesse: "Eu sonhei que certo complexo apareceu na forma de uma mesa". Por exemplo, uma mulher que havia perdido seu pai sonhou que ela o encontrou, e que ele contou a ela que, após sua morte, ele havia reencarnado como um balconista e era um jovem muito pobre (ele tinha sido rico). Ela lhe disse: "Como você saiu?", pois sabia que ele estava em seu bule de água quente. Ele respondeu: "Oh, você sabe, Jung levantou a tampa e eu escapei". Essa é a ideia mais incrível, mas se você conhece alguma coisa de psicologia primitiva pode compreendê-la. Lá, os antepassados vivem em vasos e jarros. É por isso que os índios da América Central fazem seus jarros de água como rostos humanos, eles pintam as pernas e os braços, olhos e ouvidos em suas panelas, pois eles são os espíritos, os *Lares* e *Penates*, deuses do lar sentados perto do fogueira. Quando eu disse à minha paciente, ela ficou muito iluminada e fez uma transferência do pai para mim, o que significava que sua mente estava liberta e ela poderia começar a trabalhar. Ela associou a reencarnação do seu pai ao seu próprio renascimento e renovação. Essa é a ideia arquetípica em sonhos.

Neste sonho do nosso paciente temos um caso similar. A divindade é a personificação de um fator autônomo. O que pode acontecer se você o reduzir a um fato psicológico?

Dr. Binger: Eu acho que é a própria alma do homem, uma espécie de anima. Ele a leva em seus braços. É uma parte da sua integridade.

Dr. Jung: Mas não é uma mulher.

Dr. Binger: Pode ser seu *self* renovado.

Dr. Jung: Certamente é alguma parte da sua psicologia, mas apresentado como um deus, um menino.

Dr. Schlegel: Algo que pertence ao seu futuro. Ele é mais novo do que o sonhador, um *self* mais jovem.

Dr. Jung: Sim, uma parte futura de si mesmo como um menino, mas que não iria explicar a ideia da divindade. É algo que não está dentro de seu alcance pessoal. Eu já disse a vocês antes que há esses paralelos históricos. Tages, o menino-deus etrusco que brota do sulco com os camponeses arando, ensina leis e ofícios para as pessoas e desaparece novamente. Depois, há a visão de Mestre Eckhart no século XIV. Uma vez Mestre Eckhart foi visitado por um lindo menino nu. Ele perguntou de onde ele veio. "Eu venho de Deus." "Onde o deixaste?" "Em corações virtuosos." "Para onde vais?" "Para Deus." "Onde queres encontrá-lo?" "Quando eu deixar todas as coisas criadas" (aparecimentos, véu de Maya). "Quem és tu?" "Um rei." "E onde está o teu reino?" "Em meu próprio coração." "Cuidado que ninguém compartilhe contigo." "Então, eu terei." Levou-o à sua cela e disse: "Pegue qualquer vestuário que gostares". "Então não deverei ser nenhum rei", ele disse, e desapareceu. Foi o próprio Deus quem esteve com ele por um tempo. Depois, há o relato de Mestre Eckhart a respeito de um sonho do Irmão Eustáquio, em Paris. Ele viu que muitos irmãos do mosteiro estavam em um círculo no refeitório, mas ele não podia ver o que estava acontecendo, algo novo que era prazeroso e muito divertido. Perguntou-se o que poderia ser, aproximou-se e viu no meio dos irmãos uma linda criancinha, Nosso Senhor Jesus Cristo, o Filho da Virgem, a Nossa Senhora, e ele era tão bonito que um homem por mais triste ou sério que fosse teria que rir da sua extraordinária beleza. A criança pedia pão para comer e Irmão Eustáquio foi à despensa, mas não conseguia encontrar um pão bom o suficiente; apenas um pequeno pedaço de pão branco. Ele continuou sua busca até encontrar um pão inteiro, mas esse não era totalmente branco, então ele não daria aquilo para a criança. Ele ficou muito ansioso, então o Irmão Ruopreht, que era encarregado de assar o pão, veio e perguntou o que ele estava procurando tão avidamente. "Estou procurando um pão branco bonito, para que eu possa dar a Nosso Senhor." O Irmão Ruopreht disse: "Não se preocupe, eu vou encontrar um pão assim". Ele encontrou, e o Irmão Eustáquio levou-o para a criança. A criança disse: "Há muitos grandes sacerdotes, mas eles não querem me trazer algo tão puro e perfeito, e simples. Eles têm coisas que são puras e coisas que são perfeitas, mas nada que seja puro e perfeito e simples. Mas há alguns homens, normalmente pouco instruídos, que me trazem algo que é puro e perfeito e simples". Então Eustáquio percebeu que o humilde irmão que encontrou o pão era esse homem, e daquele momento em diante ele honrava o Irmão Ruopreht e o amava com toda a força do seu coração, porque ele era o homem que foi capaz de trazer algo que foi puro e perfeito e simples[1].

Você pode ver que tipo de divindade é essa, um novo pensamento, um novo espírito. Todos os antigos deuses eram fatos psicológicos que mais tarde tornaram-se ideias. Os velhos deuses representados pelos planetas Saturno, Júpiter, Marte são os velhos deuses pessoais que viviam no Olimpo. Tornaram-se mais tarde constituintes psicológicos de caráter humano. Falamos de uma expressão saturnina, um temperamento mercurial, uma atitude marcial, atitude jovial etc., e nos esquecemos de que assim o homem se equipara aos grandes deuses do Olimpo. Um deus pode aparecer para você se agradar a ele fazê-lo, e se você o integrar ou distrair, como ele era, o que significa um novo espírito, uma nova atitude em você. Cristo é um ideal pessoal, então Ele morre e é um espírito. No dia de Pentecostes Ele desce do Céu na forma de línguas de fogo. Os discípulos estavam cheios de um certo espírito, uma nova atividade começou a trabalhar neles, uma nova ideia. Suponha que eu me anime com uma nova ideia. Antes de tê-la, quando ela ainda estava no meu inconsciente, era uma divindade, um demônio, algo divino, então se torna minha nova atitude, o meu novo espírito. Assim como todos os diferentes significados da palavra *espírito*[2]. "No espírito do meu pai morto" pode significar "eu não quero desagradar o fantasma dele" ou pode significar "em harmonia com suas convicções", o que significa meramente uma atitude. Agora chegamos à questão do que realmente é a divindade. Mestre Eckhart diz que a criança nua é Deus ou Jesus. A criança mesmo diz que vem de Deus, que Ele é um rei, o seu reino está dentro do coração virtuoso. Então você poderia dizer que a qualidade equivocada da criança nessa visão não é só um Deus, mas um Rei do Reino dos Céus que está dentro, dentro de nós mesmos, e não um Deus fora. O "Deus interno" é quase um termo técnico demonstrado na figura de uma criança. Isso significa que Deus tem as qualidades de uma criança. A partir desse fato psíquico você poderá entender as palavras de Jesus: "A não ser que se tornem como pequenas crianças"[3]. Este Deus, essa divindade, tem a aparência de uma criança. Se você não se tornar como uma criança você não pode entrar no Reino dos Céus, você não pode tornar realidade o Deus dentro de você.

A coisa difícil é que quando o "Deus interior" torna-se visível você só pode traçar seu caminho por meio das coisas que chamamos de infantil, criancice, mui-

---

1. *Texte aus der deutschen Mystik des 14. und 15. Jahrhunderts.* Jena, 1912, p. 143, 150. [org. por A. Spamer] [Nota em *Sems*].

2. Para diversas conotações de *"espírito"*, cf. "*A fenomenologia do espírito* no conto de fadas" (1945). OC 9/1.

3. Mt 18,3.

to juvenis em nós mesmos, mas essas mesmas coisas prometem desenvolvimento futuro. O que quer que já esteja desenvolvido em você não tem futuro, atingiu o seu ponto culminante. A continuação da vida sempre se origina nas coisas que estão embrionárias. Essa é a base criativa a partir da qual nascem novos desenvolvimentos, e quando as coisas estão contidas em uma forma autônoma, as coisas que não estão sujeitas à nossa escolha são deuses e demônios. Tudo o que nos está resistindo em nossa psicologia é um deus ou demônio, porque não está de acordo com nossos desejos. É como se estivéssemos possuídos por medos, emoções, conotações fora de nós mesmos. Todos novos conteúdos são inicialmente conteúdos autônomos; e onde existe esse conteúdo podemos ter certeza de que no seu desenvolvimento ele irá possuir o indivíduo, tanto com ou sem seu consentimento e vai trazer uma grande mudança em sua vida. Mais tarde haverá um espírito no qual coisas são feitas ou ditas. Assim neste sonho um novo espírito entrou. Enquanto o homem permanece concentrado no problema do sexo, seu inconsciente diz: "Aquilo não é isso de forma alguma, é Deus", uma coisa que está lá e não está, não ao seu comando. Se você tem o espírito ou atitude que dá as melhores boas-vindas a uma divindade, então ela pode aparecer, ela pode conceder a sua bênção a vocês. O sonhador não consegue entender nada. Como vimos a partir de sua associação, ele considera o seu problema como um problema mecânico, um problema sexual, mas seu inconsciente diz que a solução do seu problema depende de o deus entrar em cena. O deus ainda é um complexo autônomo, ainda não é uma atitude, ou um princípio dominante. Os paralelos coletivos mostram essa criança como sempre conectada com as ideias existentes da época. Na Idade Média elas são cristãs, o Bambino, Jesus. Eles não sonhariam chamá-las Tammuz ou Dionísio. Talvez eles nem sequer sabiam que os antigos adoravam Dionísio na forma de um menino. Eles chamavam Cristo Criança. Eles o representavam na forma que significava algo para eles, algo impressionante, por isso foi chamado de o Filho de Deus. Deus foi então um fato externo. Nós não podíamos chamar aquela pequena divindade de Tammuz ou Dionísio, porque não estamos mais vivendo naquela época. Em nossa mente moderna real não podemos mais explicá-lo assim; nós o entendemos mais psicologicamente do que nunca. Nós explicamos o pequeno menino nu pouco como um fato psicológico. Há milhares de anos, portanto, eles podem ter um nome totalmente novo, mas será apenas uma nova forma de expressão para o mesmo e antigo fato. Os planetas nunca vão protestar contra os nomes que lhes dão. Júpiter é completamente indiferente se você o chama de Júpiter ou qualquer outro nome. Você deve interpretar esses fatos psicologicamente, mas você deve interpretá-los de acordo com as melhores teorias à sua disposição. A doutrina cristã original era a melhor em sua época. Um antigo padre grego que viveu em 190 d.C. falava do cristianismo como "a nossa filosofia que floresceu no tempo de Augusto". O cristianismo daqueles dias foi interpretado como uma filosofia, foi um dos sistemas gnósticos, uma espécie de teoria de como viver melhor. Vemos uma possibilidade assim numa adaptação psicológica à vida. Já não acreditamos mais numa revelação autoritária. Já não pensamos de acordo com essas linhas absolutas. Para as pessoas de dois mil anos atrás significava algo dizer. "O Filho de Deus se manifestou". Nos velhos tempos, todo mundo tinha revelações. O princípio de que funcionou por dois mil anos foi que alguém tinha a verdade e poderia revelá-la. A espinha dorsal da Igreja Católica é a reivindicação da posse da verdade eterna. Ela está investida no papa e você deve simplesmente aceitá-la. Mas para nós isso não resolve. Ninguém diria agora que a verdade foi revelada a ele, nós não podemos construir sobre revelações. Acreditamos na tentativa honesta de entender os fatos psicológicos. Se você levar essas coisas a sério o suficiente, no espírito de devoção científica, elas terão o mesmo efeito que antigamente era obtido pela revelação autoritária. Vocês estão satisfeitos com essa interpretação do simbolismo coletivo?

Dr. Binger: Nos termos do simbolismo moderno que nome você daria para o Menino?

Dr. Jung: Eu sempre uso metáforas para designar essas coisas. Se eu desse um nome tal, ou tal outro, eu iria pegá-lo e eu iria matá-lo. As pessoas se apegam à *palavra*, mas se eu disser *Puer Aeternus*, usando uma metáfora, todos nós entendemos do que se trata.

Dr. Binger: Há algum simbolismo moderno?

Dr. Jung: Não, não existe isso. Eu definitivamente prefiro não inventar uma gaiola na qual eu sugiro que eu peguei o *Puer Aeternus*.

Dr. Binger: Quero dizer que "Cristo" foi usado antes. Não há nada para um símbolo disso?

Dr. Jung: Estas coisas que se originaram em épocas anteriores chegaram até nós pelo uso. O *Puer Aeternus* é um menino pastor. Na filosofia cristã existem muitas formas da figura do pastor. "O pastor dos homens" é também um título para Cristo, "O Mistério Deus", "Mestre dos mistérios". No *Pastor de Hermas*[4] o pastor é Cristo, mas o nome de Cristo não é mencionado em todo o livro. Dizia-se que Hermas era o irmão do segundo papa[5], um cristão, mas no momento em que o cristianismo era um culto misterioso, e como não se podia dar nome aos deuses, ele foi simplesmente chamado de Pastor. Houve um tempo em que Cristo foi representado como Orfeu, ou como o bom pastor, com um carneiro nos ombros. O costu-

---

4. Hermas floresceu por volta de 140 d.C. "O Pastor de Hermas" está no *The Apostolic Fathers*. Tr. de Kirsopp Lake. Vol. 2. LCL, 1917, p. 6-305. Jung dá longos trechos, com comentários, em *Tipos psicológicos*. OC 6, § 381ss.

5. Pio I morreu ca. 154.

me então era chamar este princípio orientador de "Pastor que estava pastoreando as ovelhas", "O líder dos homens", "O pescador dos homens", por isso Cristo foi identificado com Orfeu e também com Baco. O simbolismo do peixe no começo da Igreja Cristã era frequentemente representado em cultos pagãos misteriosos. Há um antigo piso de mosaico em um templo do culto Baco, no qual o simbolismo do peixe é usado como no culto cristão. Os etruscos chamavam Tages de o "menino desenterrado", o "menino arado". Onde o nome de Tages se originou eu não sei, mas obviamente era o costume dar um nome àquele menino. Aqueles meus pacientes que tiveram uma experiência com *Puer Aeternus* chamam-no apenas de "O Menino". Quando eu ouço falarem de "O Menino", "A Estrela", "O Falcão do Mar", ou "A Faísca do Fogo" soa apenas como um texto antigo, assim como no Egito alguém falou "O Olho de Hórus". Você não consegue entender por que "O Olho de Hórus". É apenas uma abreviação para um tipo muito sutil de experiência que cria valores óbvios, uma espécie de atmosfera misteriosa. Ninguém sabe o que "O Menino" poderia ser. Essas pessoas que falam de "O Menino" representam de certa forma tabus; naturalmente, elas são consideradas um pouco loucas. Estou bem certo de que, na Antiguidade, quando se falou sobre o "Poimen", "O Pescador de homens", "O Deus Pendurado", as pessoas consideravam-nos loucos. No Palatino em Roma foi recentemente descoberto nas paredes de uma sala, onde supostamente foi uma espécie de academia militar para os cadetes, um falso crucifixo, um desenho infantil de um homem com uma cabeça de jumento[6], com a inscrição em grego "Assim Alexandros adora seu Deus". Relaciona-se com o antigo conto judaico de Jeová adorado como um asno. Há representações de Set, o diabo egípcio, com uma cabeça de um jumento (provavelmente não um jumento, mas um okapi[7], uma espécie de antílope com orelhas longas encontrado no norte do Egito), crucificado com três facas atravessadas nele. O efeito desse culto sobre as pessoas daquele tempo, que não sabiam do que se tratava, era peculiar. Os grandes escritores da época não sabiam sobre o que ele foi baseado e não sabiam o idioma do novo culto. Era uma espécie de culto misterioso judaico, mas as pessoas só sabiam que seus membros não sacrificariam para os Césares.

Pergunta: Qual é o significado do Deus crucificado?

Dr. Jung: Isso nos levaria muito longe da questão do sonho. O pastor é um símbolo do "Guia para o rebanho", uma figura que os une. O pastor é apenas o

---

6. Cf. *Símbolos da transformação*. OC 5, § 421, 622, e pl. XLIII.

7. Sems.: "ogapi". Presumivelmente, o okapi é mencionado, mas esse animal semelhante à girafa tem o seu habitat no Congo (Zaire moderno). A. Gardiner (*Egyptian Grammar*. 3. ed., 1957, p. 460) diz que o animal associado ao deus Set é "talvez uma espécie de porco". Cf. 26 de junho de 1929, p. 279s.

que temos aqui no sonho, aquele que os mantém unidos no rebanho. Aqui ele é o unificador entre o homem e a mulher. Essas duas pessoas estão ambas preocupadas com o menino. O homem traz o menino, enquanto a mulher traz o alimento. O menino é *tertium comparationis*. Quando existem duas coisas que são opostas, elas devem ser unidas por um terceiro elemento, isto é, uma nova união, não apenas por um compromisso entre os dois. O processo deve ser triangular. A não ser que algo de novo entre na relação ela não consegue funcionar. Nesse caso, é a sexualidade que não funciona, porque a coisa de cima está faltando. Se a coisa de cima não está lá ou se a coisa de baixo não está lá, não funciona. Ambos seriam capazes de perceber a importância da coisa de baixo, mas não da coisa de cima. Buscamos no mundo tangível e concreto, e hesitaríamos em assumir que o fato de não termos nenhuma religião viva possa importar. Na Igreja Católica Romana, duas pessoas não são casadas como nós somos. Elas são casadas *em Cristo*, Cristo as mantém unidas. Duas pessoas não casadas em Cristo não são casadas de modo algum, não é válido. A autoridade da Igreja é suprema para qualquer casamento ou separação. A ideia é que os seres humanos não podem ser unidos senão por Deus. Eu vi um vaso romano do século II, provavelmente feito por um cristão, visto que tem uma cena de um matrimônio cristão. Possui diversas cenas mostrando diferentes aspectos da relação entre homens e mulheres. Há um casal unido através de um tridente – através de *Netuno*! Um homem está usando uma raiz de mandrágora para encantar uma mulher – sedução, feitiçaria. Em seguida, um casal com as mãos unidas por um peixe. O peixe representa Cristo. Essa é a ideia da Igreja Católica, que os dois estão unidos no e por meio desse fato espiritual. Para nós o peixe representa um conteúdo do inconsciente. Portanto este "Menino" como uma nova personificação representa uma revelação do inconsciente, o nascimento do inconsciente. A ideia do sonho é que o menino deve intervir para estabelecer a conexão. Ele aparece, e então diz adeus! Ele não pode ficar porque essas pessoas não entendem o que ele quer dizer.

Palestra X

27 de março de 1929

Dr. Jung:

Vocês provavelmente vão se perguntar por que eu presto tanta atenção ao símbolo do "Menino", mas dificilmente pode-se superestimar a importância desse símbolo. Ele me preocupava muito, então busquei conhecer sua história, tanto quanto possível. Eu já lhes dei alguns vislumbres de exemplos históricos deste "Menino", e hoje eu quero lhes dar exemplos mais recentes ao longo desta mesma linha. Na segunda parte de *Fausto* aparece o "Menino". Muito poucas pessoas estão familiarizadas com a segunda parte de *Fausto*. Quando eu era jovem, não conseguia entender nada daquilo, e somente mais tarde tudo veio a fazer sentido. Certas coisas nele são lindas e surpreendentes, mas sem conhecimento do inconsciente coletivo dificilmente se consegue entender o que Goethe quer dizer. Comentadores não têm ideia real sobre o que o preocupa. A primeira parte de *Fausto* foi escrita quando Goethe era um homem jovem; a segunda parte, quando ele era bem velho, então existe uma longa experiência de vida entre as duas partes. Foi seu último trabalho, e contém uma grande quantidade de material inconsciente. Foi uma forma de Goethe expressar suas experiências do inconsciente coletivo. Sendo ele um gênio Goethe estava em contato com isso. Quando o inconsciente coletivo é de fato experimentado, isso se torna a experiência fatídica da vida de alguém, uma experiência tremenda. Não pode ser comparada com nada além da verdadeira experiência deste mundo visível, com todas as suas belezas e riscos. Em *Fausto*, Goethe diz a Wagner[1]: "Você só está consciente de um lado da vida, fique feliz de não saber nada sobre o outro lado". Isso significa que a vida humana é suficiente para as pessoas comuns, elas não podem sequer lidar com ela. No entanto certas pessoas têm de experimentar o outro lado do mundo, o inconsciente coletivo, o mundo interior. Assim, não podemos ficar surpresos quando encontramos o *Puer*

---

1. *Faust*. Parte I, "Outside of the City Gate". Cf. a versão MacNeice, p. 40: "Você está apenas consciente de um impulso. Nunca busque conhecimento do outro".

Aeternus em Fausto. O símbolo aparece lá em três formas. Fausto passa por muitas diferentes situações da vida exterior. Goethe ficou muito impressionado pela enorme revolução social ocorrida na França, e também pela invenção de notas bancárias. Então Fausto aparece pela primeira vez como grande reformador social e econômico na corte, um conselheiro do rei. Ele era também uma espécie de feiticeiro, um malabarista hábil, um gênio financeiro, um Mussolini. Isso seria um diagnóstico do personagem de Fausto. O último trabalho de Fausto foi engenharia, que estava entrando em destaque quando Goethe escrevia, e isso foi um fato real que se passava na Suíça na época.

Konrad Escher, um engenheiro suíço, realizava o magnífico projeto de drenar grandes pântanos cheios de malária aos pés das montanhas[2]. Ele fez seu trabalho com espírito de grande devoção pessoal, e Goethe utilizou essa devoção como um símbolo na segunda parte de *Fausto*. Na Holanda, no século XVII, as grandes tempestades marítimas quebraram os diques e havia planos para a construção de uma grande barragem e reconquista da terra a partir do mar. Então em *Fausto* eles estão construindo barragens e reconquistando as terras férteis para o cultivo. "O Menino" aparece pela primeira vez sob o nome de "Knabe-Lenker", o menino guia ou cocheiro, quando Fausto está na corte do rei. Ao ler o texto não entendemos por que esse menino aparece, e o próprio Goethe estava quase envergonhado com seu surgimento e como explicá-lo. O menino fala: "Eu sou a generosidade, a poesia. Eu sou o poeta que se aperfeiçoa ao desperdiçar seus próprios bens. Eu sou também infinitamente rico, e eu penso em mim como Plutão. Eu animo e decoro sua dança e suas refeições. Eu gasto aquilo que a ele falta"[3] (superando Plutão, rico além de toda a imaginação). Ele aumenta a intensidade, como se estivesse ficando cada vez mais em chamas. Ele fala para a multidão em um grande festival: "Os maiores dons de minhas mãos eu transmito por toda parte, e observe nesta ou naquela cabeça que há um pouco da chama que eu coloquei. Agora ela salta de cabeça em cabeça. Aqui ela intensifica por um curto período de tempo, e então escapa. Raramente ela para, e em muitos, antes que percebam, ela apaga tristemente exausta". Depois o destino final do menino cocheiro. O festival inteiro termina com fogos de artifício, e de repente tudo explode em chamas e ele desaparece para dentro do fogo, apenas cinzas são deixadas para trás. Essa figura está terminada. Na próxima aparição de Fausto ele ainda está circulando pelo mundo fazendo coisas maravilhosas. Ele retorna e encontra Wagner, o racionalista, instalado em seu antigo laboratório, onde

---

2. Johann Konrad Escher von der Linth (1767-1823), construtor do Canal Linth, que corrigiu a inundação do lago de Zurique.

3. Para interpretações poéticas das citações deste parágrafo cf. *Fausto*, Parte II. Trad. de Philip Wayne (Penguin Classics), p. 55, 57, 148, 155 e 203-208.

está fazendo algo maravilhoso, produzindo um pequeno homem em uma réplica, um homúnculo. Foi um sonho na Idade Média fazer esse homenzinho, e Fausto se maravilha. Então, durante a noite Homunculus escapa em seu bulbo de vidro pelo ar e chega aos Campos Elíseos. Mefistófeles desempenhou um enorme papel na Idade Média, mas aqui ele aparece em uma condição confusa, pois ele se sente um pouco como um asno entre essas figuras da mitologia grega, no mundo antigo, onde não existe nem o mal nem o bem. Homunculus aparece neste mundo de deuses e deusas e os consulta sobre a forma como ele poderia conseguir sair de seu bulbo de vidro para o mundo real. Somente o velho deus Proteus, que está sempre assumindo novas formas, pode dar-lhe conselhos: "Quando quiser tornar-se grande, comece primeiro pelas coisas pequenas", muito sábio. Homunculus fica feliz em receber tão bom conselho e começa a saltar dentro de sua garrafa, e então uma coisa maravilhosa acontece. Galateia surge sobre os mares em seu trono. Você se lembra de Pigmalião, que fez uma bela estátua de Galateia, e depois orou aos deuses para torná-la real. Seu desejo foi atendido e ela ganhou vida como uma mulher verdadeira. Agora Homunculus a vê chegando e fica encantado, corre ao seu encontro; ele se atira contra seu trono, sua lâmpada estoura e ele desaparece em chamas. Assim, temos a terceira forma do "Menino". Fausto, insatisfeito como sempre, desce para as Mães. Lá ele encontra o tripé mágico, e a partir das chamas do tripé ele produz o casal perfeito: Páris e Helena. Fausto se apaixona por Helena (que na realidade está escondida atrás de Margarida), a mulher mais bela e perfeita. Ele vive com ela, e o fruto da união deles é Euphorion (o feliz), de natureza fogosa, ar e chama, e logo começa a ficar evidente que ele está atrás das meninas, saltando atrás delas como uma chama. Ele segue uma breve existência até que as chamas de amor o consomem, e ele desaparece. A coisa típica em todo esse simbolismo é a existência breve como a da chama, que chega ao fim no fogo a cada vez. No primeiro caso, é o poder que põe fim à vida do "Menino" (ele se queima no auge de seu poder). Nos outros dois casos, na emoção do amor ele se queima e desaparece.

Há outra aparição do *Puer Aeternus* em um livro de outro autor quase desconhecido[4]. É provável que ele seja excêntrico e o seu livro irritante, mas a ideia é extraordinária. A história é de uma pequena e altamente respeitável cidade catedral da Alemanha. Há um pároco luterano e a sociedade comum, o médico, o prefeito, e os oficiais superiores da cidade; todo mundo é pequeno e respeitável. Corre um boato de que surgiram vários meninos peculiares, e esses meninos usam bonés de couro marrom. (Essa é uma visão habitual na *dementia praecox*. Pode ser que esse autor tenha um buraco em seu cérebro.) Parece ter algo estranho, inexplicável, so-

---

4. GOETZ, B. *Das Reich ohne Raum* (1919), o qual Jung muitas vezes cita. Em "Wotan" (1936). OC 10, § 384. Jung interpretou o romance como uma prefiguração da Alemanha nazista.

bre os rumores malvados relacionados com estes meninos, porque ninguém pode proteger-se contra eles. Há uma festa à noite onde um homem estranho aparece. Ele é muito interessante, ele tem viajado e está cheio de histórias. Ele produz uma pequena ampola, peculiar, com uma chama minúscula dentro. Ele conta à companhia que se trata de uma coisa muito rara, e que aquele que olhar para dentro dela encontrará a verdade. Todos, senhoras e senhores, aproximem suas cabeças, para juntos olharem para a garrafa de onde surgem dois pequenos seres humanos: a anfitriã e um homem que não é seu marido. Eles estão nus e em um violento abraço. Todo mundo fica escandalizado mas continua a olhar. Então a festa termina, com todos os convidados envergonhados e indignados. O desconhecido tinha desaparecido, e nunca mais foi visto. Poucos meses depois todas as pessoas respeitáveis reuniram-se no grande evento da temporada, a bola oficial. As garotas vieram de branco e as senhoras de idade de preto, todo mundo estava sentado formalmente ao redor das paredes, eles conversavam pouco, e dançavam pouco, as coisas estavam terrivelmente respeitáveis e chatas. Ninguém percebeu que pela porta dos fundos surgiu um menino com um boné de couro marrom, que subiu para a sacada e se escondeu. Instantaneamente a atmosfera mudou, a banda tocou com mais vitalidade, as meninas riram alto, e o prefeito fez piadas estranhas à sua dama. As coisas foram ficando cada vez piores, cada vez mais selvagem, até que houve uma verdadeira orgia, uma coisa tremendamente primitiva, e ninguém estava consciente daquilo. Então o menino desapareceu, rindo maliciosamente. No mesmo instante todos voltaram aos seus sentidos, e encontraram-se nas situações mais extraordinárias com parceiros estranhos. Estavam muito envergonhados, confusos e escandalizados. Eles trancaram-se em suas casas por semanas e ninguém se atreveu a olhar nos olhos dos vizinhos. Então chegaram as notícias do mundo externo de que aqueles meninos tinham causado coisas terríveis em outros lugares, de forma que as pessoas começaram a achar que os estranhos acontecimentos no baile estavam explicados; um dos meninos deve ter estado lá e foi ele o responsável e eles se reconciliaram. Mas o pároco, que não tinha estado no baile, não ficou nem um pouco reconciliado. As pessoas não se atreveram a ir à igreja antes, mas agora sentiram que podiam ir novamente. O pároco havia esperado por eles, e ele começou a amaldiçoá-los de cima para baixo pela orgia infernal deles, ele não acredita em "Meninos" de modo algum. As pessoas murcharam sob sua ira. Mas o pároco não havia notado um menino com um boné de couro marrom roubando na porta e que estava subindo uma coluna próxima do púlpito. Ele olhou para o pároco e, instantaneamente, o pároco sorriu e se animou; ele continuou a pregar, mas encontrou-se pronunciando palavras que ele não tinha a mínima intenção de dizer. Ele foi se tornando cada vez mais envolvido, xingando ainda, porém em outros termos, utilizando linguagem obscena e fazendo piadas maldosas, e induzindo a congregação a uma orgia selvagem. Isso foi pior do que o baile, bem na igreja! Aí o menino desapareceu, e todos retomaram seus sentidos novamente. Havia o pároco com esposa do prefeito etc. Isso foi demais, jamais poderia ser esquecido. – Esta é exatamente a psicologia do personagem da criança na segunda parte de *Fausto*, terminando em chamas que logo se extinguem, deixando apenas cinzas para trás.

O terceiro exemplo está em uma forma filosófica e teológica. No livro de Wells, *God, the Invisible King*[5], Deus é um tipo de jovem ignorante que tenta melhorar o mundo e que precisa do nosso apoio. A descrição que Wells faz de Deus é a de um adolescente que busca dar o melhor de si com grande entusiasmo. Wells tem sido severamente censurado por escrever esse livro, mas eu conheci um jovem nesta situação, era um menino talentoso de dezesseis anos, que tinha uma revelação religiosa e que me contou a sua ideia de Deus, que era como esta de Wells; tratava-se de sua mais estimada revelação. O símbolo do "Menino" parece ser uma imagem arquetípica, ainda muito viva em nossos tempos. Você pode considerar Goethe um moderno, pois *Fausto* não está de forma ultrapassada, ainda é muito verdadeiro.

Por exemplo, se eu tivesse uma fantasia do gênero e meu analista a interpretasse, ele diria: "Você não é mais um jovem, mas você tem o conceito de um menino dentro de você. Talvez por sentir a inevitabilidade da idade madura, o menino é sua compensação. Por que isso acontece? Você está muito antiquado em suas atitudes, comportamentos e crenças. Você é mais velho do que precisaria ser, portanto, o seu inconsciente o compensa pela velhice por meio da figura do "Menino". Goethe é, evidentemente, o megafone dos tempos modernos. Todo grande poeta expressa as ideias e sentimentos comuns a todos, ou ele não teria audiência. Ele não seria de modo algum compreendido nem apreciado. Eu experimentei o efeito das ideias de Nietzsche quando ninguém mais era capaz de entendê-lo. Ele morava em minha própria cidade. Seu estilo e pensamento eram peculiares. Ninguém se atreveu a admitir ver algo em Nietzsche, porque isso os colocaria para fora do rebanho. Teriam se sentido de fora de seus mundos. Mas Nietzsche antecipa o nosso tempo, assim como Goethe faz na segunda parte de Fausto. Podemos falar de símbolos gerais, comuns a muitas pessoas e que são expressos de formas muito diferentes, e podemos aplicar a interpretação individual para o fenômeno social de nossos tempos. Como vocês o aplicariam?

Dr. Binger: Assim como você faria no individual. Nós somos velhos.

Dr. Jung: Sim, estamos envelhecidos, e o inconsciente coletivo geral sente a necessidade de trazer à tona o símbolo da juventude como uma compensação. De que maneira somos tão velhos?

Dr. Binger: Nós somos como os hambúrgueres.

---

5. WELLS, H.G. *God, the Invisible King* (1917).

Dr. Jung: Nossas atitudes, nossos ideais são muito antiquados. Por quê? Pergunte aos nossos párocos, eles não vão admiti-lo.

Dr. Binger: Temos medo dos garotinhos, eu acho.

Dr. Jung: A questão é que não há meninos com bonés de couro. As pessoas não percebem que as nossas ideias gerais, nossas teorias gerais são baseadas em princípios que já não estão mais vivos; pois elas não são ideias modernas. Muitas pessoas estão começando a lutar contra nossas instituições, porque eles não podem mais acreditar nos princípios por eles defendidos, por isso surgem os estados de agitação em toda a parte. Nossa moralidade é ainda baseada em suposições medievais. Gostaríamos de admitir que não acreditamos mais no fogo do inferno, mas o fato é que não temos outra base para a nossa moralidade, exceto a ideia do fogo do inferno. Esta ideia opera em certas mentes com resultados terríveis. Lamprecht, um filósofo alemão, hoje falecido, escreveu um pequeno livro chamado *The History of Civilization*[6] em que ele disse: "Obviamente, a humanidade tem sido muito imoral, porque ela teve que passar por uma época de incesto. Os primeiros seres humanos eram irmãos e irmãs". Isso é baseado na suposição de que os primeiros pais foram Adão e Eva. Aquele homem nunca pensou. Essas ideias arquetípicas funcionam dessa forma. O autor aceitou a história de Adão e Eva de forma que naturalmente, para ele, o homem teve de passar por uma época de incesto. Se a função do homem era propagar então não havia outro meio que não fosse pela irmã. Ele publicou isso como um trabalho científico!

Um professor em Berna durante o calor de seu entusiasmo disse: "A humanidade está alcançando desde as regiões geladas do Polo Norte até as eternas chamas ardentes do Polo Sul". Ele levou isso adiante por um tempo, depois a situação ficou pesada demais e ele teve que renunciar, mas Lamprecht escapou e ninguém o alcançou com sua fábula. A aceitação dessas ideias arquetípicas nos influencia na maneira de pensar e agir, mas essas coisas nunca são discutidas. Recentemente um americano escreveu um artigo maravilhoso, "A morte de um ideal", o ideal do amor. Em geral, acredita-se que o amor é o maior ideal. Isso nunca é discutido, mas deveria ser. A nossa era irá demonstrar que o amor não é o maior ideal – a vida é! Esse autor não foi influenciado por mim, pois eu nunca disse publicamente que o amor não era o maior ideal.

Após todas as coisas que eu tenho contado a vocês sobre o *Puer Aeternus*, podemos voltar ao sonho mais uma vez e ao pão branco que ele prefere; o pão branco, como você já viu, significa pureza. O "Menino" quer pão branco puro, como na

---

6. Karl Lamprecht (1856-1915), historiador alemão; nenhuma de suas obras parece corresponder ao título dado aqui. Jung, mais adiante, citou Lamprecht, em disposição similar, em "Resposta a Jó" (1952). OC 11, § 576.

história do Irmão Eustáquio. Existe uma conexão específica entre este sonho e o sonho sobre o negócio complicado. Como vocês os conectariam?

Dr. Binger: Há um contraste entre o gerente de negócios corrupto e o príncipe.

Dr. Jung: Com certeza, o gerente de negócios não poderia fornecer pão branco. Essa é uma espécie de mancha moral. É perigoso utilizar a palavra *moral*. Não é uma boa palavra, porque não tem nenhum significado definitivo. É moral sacrificar crianças, torturar, comprar e vender escravos em certas sociedades. A palavra moral vem do latim *mores* – hábitos, costumes. Nós a associamos à ideia do bem e do mal, mas devemos sempre ter em mente que a palavra tem um significado relativo. A ideia do bem e do mal não é a mesma em diferentes séculos ou em diferentes países. Aqui uma pessoa que conta uma mentira é imoral, mas na Itália, pode ser um costume gracioso, pode ser considerada uma coisa amável de se fazer. Apenas os alemães são ofendidos por ela quando eles vêm à Itália, e possivelmente os ingleses. Certa vez, quando estava viajando em uma bicicleta pela Itália, fiquei preso em uma estrada muito ruim. Entrou um prego no meu pneu, e um camponês italiano me ajudou com muita gentileza. Ele ficou muito satisfeito quando eu o convidei para tomar um copo de vinho comigo na osteria e ficou evidentemente orgulhoso de ser visto bebendo comigo lá, e não aceitaria nenhuma esmola. Eu pensei que este homem certamente não iria mentir para mim, então eu perguntei a ele sobre como era a estrada mais à frente. Ele hesitou por um instante e depois disse: "Belíssima, maravilhosa! Ela é a melhor estrada do mundo, todo mundo viaja nessa estrada". Eu a peguei e por cerca de dez minutos correu tudo bem, depois ela se tornou um inferno de estrada. Os buracos eram tão profundos que era impossível dirigir e eu andei por duas horas no escuro. Eu estava muito bravo no começo e foi só depois que percebi que o italiano me deixou feliz por ao menos dez minutos. Um suíço teria me dito a verdade de uma vez e condenado a estrada, de forma que eu teria ficado infeliz dez minutos antes! Isso foi moral para a Itália. Teria sido descortês contar uma coisa tão má assim como verdade. Lutero disse: "Se sua esposa não estiver disposta, leve a empregada", e ele foi um reformador religioso. Hoje isso seria considerado muito imoral. Se você ler seus conselhos durante as refeições, vai encontrar muitas passagens salgadas que, é claro, nem são mais mencionadas. Assim, o aconselhamento moral neste sonho deve ser entendido como costume, a melhor coisa de acordo com o seu melhor conhecimento, diferente em diferentes séculos, mas sempre o melhor para aquela coisa e hora particular. O sonho diz que deve ser a sua melhor tentativa. De acordo com o melhor de suas habilidades, você deve oferecer àquela criança a melhor comida. No sonho anterior ele teve que consertar a urdidura do gerente de negócios corrupto. Agora, aqui, ele deve fazer o seu melhor para proporcionar à criança a melhor comida. Para vocês, qual é o provável prognóstico? Qual seria o seu próximo sonho, talvez? Ele ainda não está suficientemente avançado na ponte de modo que consiga ligar sua vida consciente com o mundo dos seus sonhos. Sua vida está em trilhos seguros, e seu inconsciente está todo sendo vivenciado em meu consultório.

Dr. Binger: Ele poderia facilmente ter um sonho em que tenha uma experiência erótica com sua esposa.

Dr. Jung: Está aí uma suposição. Alguma outra?

Sra. Sigg: Um sonho pode dar-lhe conselhos sobre o que fazer a seguir.

Dr. Jung: Que conselho poderia ser esse?

Sra. Sigg: Eu não sei.

Dr. Jung: Mas é importante saber. Você quer dizer conselho como uma forma de ajustar a relação dele com a esposa?

Dra. Shaw: Que ele deve tentar acertar a sua relação com sua esposa de uma forma mais sábia, que não seja pela sexualidade.

Sr. Gibb: Você disse que ele ainda não era capaz de colocar em prática aquilo que seus sonhos lhe diziam, então por que o sonho não pode ser algo de um tipo oposto, de uma natureza contrastante?

Dr. Jung: Nós temos dois pontos de vista bem definidos. Em qual vocês votam?

Dr. Binger: Eu posso ver que estou errado. Estou disposto a retirá-lo.

Dra. Shaw: Eu acho que ele deve mantê-lo.

Dr. Jung: Essa seria a forma consciente, mas dissemos que o paciente não poderia ligar tudo isso com sua consciência. A questão refere-se ao próximo sonho, e não à sua reação consciente.

Dra. Shaw: A que tipo de contraste o Sr. Gibb se refere? Ele pode falar mais um pouco.

Sr. Gibb: Nada que não indique algo esperançoso, alguma coisa da natureza de uma regressão.

Dra. Shaw: De que tipo de coisa?

Dr. Schlegel: O verdadeiro problema do sonhador é menos a sua relação real com sua esposa que sua relação com sua própria alma! Portanto, é de se esperar que o sonhador desça para a profundidade do inconsciente atrás da realidade.

Sr. Gibb: Eu acho que concordo com isso.

Dr. Jung: Alguma outra ideia?

Sra. Sigg: Eu acho que a vinda do "Menino" tem algo a ver com o analista.

Dr. Jung: Eu definitivamente me recuso a ser identificado com o *Puer Aeternus*! Pode-se dizer que de certa forma eu sou responsável por esse sonho. Ele não teria tido esse sonho se não fosse o seu relacionamento comigo, mas essa é toda a base do trabalho de interpretação dos sonhos.

O próximo sonho [13]: "Minha esposa e eu estamos indo com algumas pessoas que supostamente conhecemos (eu não tenho ideia de quem são) para uma festa ou comemoração. Há um número de grandes salas decoradas representando o fundo do oceano. É como se alguém estivesse vendo através em uma cena marinha, eletricamente iluminada, onde você pode ver todos os tipos de animais marinhos nadando e rastejando, como se fosse um mergulhador que está no fundo do mar. Havia muitas mesas, e começamos a nos sentar. Essas mesas não eram tão elegantes como as que estariam nesse lugar, mas de aparência grosseira como aquelas mesas em nossos jogos populares de tiro ao alvo na Suíça. (Foi apenas após o sonho que eu comecei a lembrar dessas mesas. Não me recordei no sonho.) Agora estou sozinho, indo até um longo lance de escadas. Uma mulher envelhecida me recebe e me conduz para uma sala grande, uma espécie de salão lindamente decorado. Ao centro da sala tem uma espécie de fonte, ao longo das paredes existe um número de portas que evidentemente se abrem para outras salas; essas portas estão parcialmente abertas e eu vejo que há prostitutas nos quartos. A senhora faz as honras da casa, e depois de ter caminhado por toda extensão da sala sem que eu tenha expressado um desejo de me relacionar com uma dessas meninas, a dona de casa disse que várias das meninas ainda não haviam chegado, entre elas as irmãs X (Kaiser, ele pensou, era seu nome). Então eu tive a impressão de estar lendo um livro francês. Eu viro a página e chego ao início de um novo capítulo".

"Há uma vinheta e as palavras: 'A noite foi muito satisfatória'. O quadro representava uma cena de orgia, apresentada de forma peculiar. Na parte superior da folha, numa forma de semicírculo, há senhores em roupas de noite e senhoras em trajes muito leves, sentadas e deitadas em tapetes e almofadas. Entre elas, pendurados como marionetes em fios, estão policiais e soldados montados sobre cavalos. Os fios formam uma espécie de limite entre os grupos. No primeiro grupo, à esquerda, reconheço a mim e a outro homem que conheço (eu não posso dizer quem é). Depois disso eu desço com minha esposa, mas eu não consigo encontrar o meu chapéu. Eu procuro em todos os lugares em vão. Eventualmente eu decido pegar outro chapéu que não me pertence. Minha esposa acha que devemos esperar nossos amigos com quem nós viemos (não lembro quem são), mas continuamos seguindo nosso caminho, e, ao sairmos, eu olho para o espelho para ver como o chapéu ficou em mim, e descubro que estou usando um boné marrom escuro."

Vejam, nosso prognóstico se encaixa no sonho. Na análise prática eu geralmente consigo ver o que o próximo sonho vai ser. Eu não poderia me comprometer, é claro, mas em um sonho como o anterior a esse, em que se tem uma extraordinária intuição que nos afasta e coloca acima do estado mental do homem e uma figura (Eros) aparece acenando de longe, vocês podem ter certeza de que o sonhador já deu o melhor de si e tem um vislumbre de algo que não está disposto a enfrentar. Não há nada tão desapontador como uma visão de tão longo alcance; ela nos deixa desamparados, plenamente convencidos de que ela está muito além de você. Você afunda mais do que nunca quando sabe que não vai conseguir alcançá-la. Na interpretação deste sonho (que não era tão completa como a realizada aqui) eu tive que levá-lo a uma atmosfera espiritual à qual ele não estava nem um pouco acostumado. O ar era muito esparso, muito espiritual, o que simplesmente estimulava todos os seus demônios. Quando as pessoas vão longe demais na espiritualização do sexo, elas são levadas a uma orgia sexual, a serpente eterna do abismo irá reagir e morder, por isso este homem foi levado à regressão. Essa é a razão pela qual neste sonho ele é levado para dentro do mar, mas isso não é uma regressão real, ele não está realmente se afogando. A verdade é que na realidade isso é um bordel, apenas a verdade revestida artificialmente.

Associações: *Fundo do mar*: "O fundo do mar me lembra de um anúncio que eu vi do Lido. Havia um grande número de imagens de um salão de baile, aparentemente no fundo do mar. A cena marinha com os peixes etc. faz-me lembrar de um aquário. Eu tenho repetidamente comparado o inconsciente com o fundo do mar. Me lembro de que, quando fui lá em cima sozinho, eu admirei a bela paisagem marinha". *As mesas ásperas*: "Eu as associei às nossas partidas de tiro ao alvo, onde existem essas mesas e bancos e onde tudo é alegria forçada com muita bebida". Ele diz que odeia esse tipo de coisa, pois é tudo muito artificial, ele enfatiza o fato da artificialidade da coisa. *O quarto de cima*: "Lembra-me de um certo salão grande em um balneário alemão, onde também havia um lago artificial com uma fonte. As pessoas gostam de comparar esse grande salão com o Thermae de Caracalla, em Roma". (Uma comparação ambiciosa.) *As irmãs que ainda não chegaram e o nome Kaiser* não significam nada para ele, embora a palavra Kaiser represente um personagem muito importante. Em seguida, vem uma associação explicativa que resume o sonho: "Depois de olhar para as imagens do inconsciente (a cena marinha) em que há conexões com algumas situações desconfortáveis (os bancos duros nos quartos), pode-se então encarar essas aventuras orgásticas sem qualquer emoção em particular; a orgia da vinheta no livro, e as prostitutas". *As imagens no livro* lembram a ele de imagens que ele viu de orgias romanas, os banhos de Caracalla.

Então ele filosofa: "Um homem que compreende a si mesmo deveria ser capaz de participar em uma orgia como essa e de ver a si mesmo como em um livro" (ele viu a si mesmo naquelas cenas do sonho). Aos *oficiais e os soldados*, ele associa autoridade pública e controle. Ele diz: "No sonho esses oficiais de polícia são representados como marionetes, e é verdade que autoridade pública é como uma marionete. Isso tem relação com o meu medo da opinião pública, do controle público". *Chapéu*: "Apesar de o chapéu do estranho se ajustar em mim, eu descubro, quando me olho no espelho, que eu projeto uma figura esquisita. Não se trata apenas de um boné de um tolo, mas é um boné estranho".

Agora você tem uma imagem do sonho, a derrocada após o sonho anterior, e novamente esta crítica. Com essas associações vocês podem ver que a ideia do sonho está chegando a uma situação coletiva, uma cena festiva onde chegam milhares e milhares de pessoas, uma situação coletiva popular. "O fundo do mar" é uma metáfora para o inconsciente coletivo, a grande coletividade no fundo do mar. Não há nada de humano nisso, apenas peixes nadando e outros animais rastejantes. Então, continuando a partir desse nível, ele pelo menos alcança um nível de relação, participando metaforicamente em uma orgia em uma casa de prostituição, e saindo de lá com o chapéu errado, com o boné marrom esquisito.

Período de verão

Maio-junho de 1929

Palestra I

15 de maio de 1929

[Dr. Jung repetiu o sonho do último encontro com as associações do paciente para o benefício daqueles que não estiveram presentes nas reuniões anteriores. Ele também acrescentou algumas sugestões às associações, e relatou que a decoração dos quartos como o fundo do mar é semelhante àquelas de Tonhalle – na época de Carnaval. O sonhador diz que esses cenários relembram a ele o aquário de Nápoles, mas que aqui existem muito mais compartimentos do que naquele aquário. As mesas rústicas e bancos duros peculiares relembram os festivais e desfiles públicos de que ele não gosta. É desagradável sentar-se em bancos duros, e a algazarra parece forçada. A próxima parte do sonho parece a ele como um bordel, com cenas de suas próprias reminiscências que descrevem as características do lugar. As duas prostitutas cujos nomes eram Kaiser não transmitem nada a ele, mas ele tem uma sensação de que aquelas duas irmãs são pessoas particularmente importantes, apesar de evidentemente serem prostitutas. A palavra Kaiser implica importância e deve ser também um jogo de palavras. Ele diz que depois de ter experimentado as imagens do inconsciente as pessoas deveriam ser capazes de experimentar cenas orgiásticas sem excitação especial. Dr. Jung lhe pergunta por que ele pensou isso, e ele disse: "Quando você olha as imagens do inconsciente você vê tantas dificuldades e coisas desagradáveis que estas cenas do sonho transmitem muito pouca excitação. Aquele que conhece a si próprio deveria mesmo ser capaz de compartilhar essas orgias, olhar para elas como se estivesse lendo sobre elas num livro". Ele diz que as figuras de policiais e oficiais suspensos por cordas são meras marionetes, e as associa a seu medo da autoridade[1]].

Dr. Jung: Tão logo alguma coisa vai além de sua experiência, ele fica extremamente temeroso e quer alguma autoridade para apoiar-se. Então não é improvável que sua impressão sobre marionetes tenha algo a ver com as autoridades, mas para mim não está claro o que sua associação realmente significa.

---

1. Nota de um dos organizadores originais do seminário.

Sobre a cena com o chapéu, o sonhador diz: "É como se eu estivesse fingindo, me enfeitando com o chapéu ou penas dos outros. Isso parece que me agrada, mas quando olho no espelho descubro que estou ridículo. É um chapéu de bobo, mesmo que não muito, mas parece bem-engraçado, um chapéu de duas cores".

O início do sonho é bastante óbvio, devo dizer, mas gostaria de estabelecer conexões com o sonho anterior. Eu quero transmitir a importância deste sonho com o simbolismo do *Puer Aeternus*. Seu simbolismo é quase remoto demais para descrever completamente seu valor particular. Sempre que um sonho vai tão longe é desejável realizar-se uma regressão. Fazer bem certo significa ir bem devagar. No último encontro vocês mesmos chegaram à conclusão de que o próximo sonho do paciente deveria ter a natureza de uma regressão, e de fato este sonho começa com o fundo do mar, o lugar mais profundo da terra. As cenas subsequentes do sonho não são nada espirituais, mas tão carnais quanto poderiam ser, um verdadeiro bordel. O sonho vai do inconsciente ao bordel, decididamente do ruim ao pior. Bem no início do sonho há o fato dele levando sua esposa a um espetáculo, um tipo de festival Lido, um lugar muito duvidoso. O que vocês diriam disso? Vocês têm alguma ideia sobre isso?

Sra. Chapin: O problema dele no outro sonho foi a relação com sua esposa e agora a leva junto com ele para esta situação.

Dr. Jung: Mas ela estava com ele no sonho anterior. Não é estranho que ele a leve a um lugar como este?

Dr. Binger: Ele a trouxe por uma causa justa.

Dr. Jung: Isso é muito bom. Isso merece uma explicação. Este homem gosta de proteção e leva com ele sua esposa e amigos respeitáveis como um tipo de guarda-costas. Isso é verdade, mas é muito negativo. Vocês devem tomar cuidado com um introvertido, como este homem é. Se posso sugerir a ele que ele é um covarde moral e que ele tem medo de ir adiante e portanto leva junto sua esposa e amigos, ele aceitaria isso como verdade, já que eu sou autoridade para ele, e cairia sob essa afirmação. Eu arrancaria a base debaixo de seus pés, então nós não devemos ser tão negativos, mas colocar ênfase neste guarda-costas como um escudo contra as coisas más. Devemos olhar esta parte do sonho de uma forma mais positiva.

Como a Sra. Chapin disse, a esposa dele é um problema – mas seus parentes e amigos são problemas também. Seu problema com sua esposa é sua própria atitude. Ele mostra apenas um lado muito respeitável à sua esposa, então esta atitude se coloca entre eles; ele não é um homem real para sua esposa, ele está sempre em companhia respeitável mesmo quando ele está sozinho com ela. Assim podemos ver que ele está fazendo algo muito inusual no sonho. Ele teve algumas experiências com prostitutas e não compartilhou isso com sua esposa. Ele não quis um guarda-costas lá, embora claro que moralmente quisesse, mas ele estaria fora de seu juízo ao pensar em levar estas pessoas respeitáveis a um lugar daqueles. Mas aqui no sonho ele está transportando sua atmosfera social respeitável completa para o inferno com ele. Isso é uma coisa que ele não faria na realidade. Então quando ele faz isso no sonho, é um ato de extraordinária coragem, ou talvez um engano fatal. Significa que você está descendo para o bordel onde verá uma cena bastante orgiástica com todos seus familiares, o que significa que ele pode estar fazendo com que fiquem familiarizados com o outro lado dele mesmo. Isto é, claro, exatamente o que ele não faz, ele não se atreveria a contar suas experiências ou fantasias à sua esposa. Assim o sonho coloca o dedo na ferida, como sempre. Qual é a ponte com a relação de sua esposa? No sonho anterior a ponte consistia na verdade. Ele chegou ao *Puer Aeternus*, e tentou entender isso como relacionamento, mas o que ele precisa é contar a verdade! A partir do que ele diz eu entendo que ele não fará isso, pois ela poderá explodir, ela é "um bebê". Você ainda não pode contar.

Não há muito tempo tive uma consulta com um homem que me contou sua história de um romance com outra mulher. Isso produziu nele um sentimento negativo por sua esposa. Eu insinuei que ele deveria ser sincero com sua esposa, mas ele disse que não poderia contar a ela. Depois de um tempo eu conheci sua esposa e ela me contou uma história de todo um conjunto de relacionamentos, seis homens consecutivos. Ela contraiu gonorreia e então disse ao marido que ele era culpado. Ele havia tido gonorreia antes do casamento, e o médico dela lhe disse que possivelmente ele não tinha sido totalmente curado, então a doença poderia ter ressurgido e a infectado. O homem se sentiu tão inferior que nem me contou isso. Esta situação é exatamente como o problema de pais que hesitam em contar a suas crianças qualquer coisa que as esclareça sobre sexo. As crianças dizem: "Que boba é minha mãe, parece que ela não sabe nada sobre essas coisas". Assim o sonho apresenta uma verdade imparcial. Ele mostra a situação que pela lei da natureza *é*. Não diz que você deve fazer isto ou aquilo, nem diz o que é bom ou ruim. Simplesmente mostra o sonhador em uma situação. O homem está muito por baixo. Essa é a verdade. Ele está indo com esse seu comportamento a esta posição. Que conclusões vocês tiram disto tudo? Talvez o médico o deva aconselhar. Eu só posso dizer: "Sua esposa já é adulta suficiente para não ficar chocada, ela não pode ser como um bebê que não sabe de nada". Talvez ela esteja cheia de fantasias, talvez ela seja como uma covarde moral que não pode ver a verdade. Ele deve ter a análise dela para deixar as coisas aflorarem. Ela pode ficar abalada, ou pode apenas fingir ficar. A coisa toda é ridícula. Toda mulher com bom-senso deve saber que um homem na situação dele não seria muito confiável em seu lado sexual. Muitas pessoas, tanto homens como mulheres, não são. É um fato universal, e foi sempre assim. Por que ela deveria ficar despedaçada por esses fatos? Mas em realidade talvez ela fique. Eu não poderia fazer nada com aquele homem; ele tem tanto medo de sua esposa que não ousa contar a ela. O sonho, entretanto, conta a verdade como ela é. O mais razoável seria dizer a ele: "Agora vá em frente, tenha uma conversa sensata com ela, diga que o mundo é assim, essa é a verdade". Mas o que eu realmente disse ao paciente foi que eu pensava que havia certa razão para ele não ter tido uma conversa séria com sua esposa. Antes de ele ter tido esse sonho eu achava que ele parecia ser um pouco covarde moral, e que eu deveria lhe dar um bom chute para fazê-lo resolver as questões, mas então entendi algo neste sonho e outras coisas vieram nos seguintes, e eu comecei a hesitar e fiquei hesitante desde então. Agora a situação neste sonho desceu até o fundo do mar; esta é uma coisa muito perigosa, e a menos que você seja um mergulhador equipado com escafandro você pode virar um cadáver. Isso está certamente ocorrendo no inconsciente. Agora, por que vocês acham que o sonho representa o inconsciente como um aquário? Um aquário marinho é uma boa representação do inconsciente, mas qualquer pessoa pode ir a um aquário. Lembrem-se de que eu disse que este homem é um pouco covarde moral.

Sra. Schlegel: É um fundo do mar artificial.

Dr. Schlegel: Está organizado em compartimentos.

Dr. Jung: Para ele deve ser assim, a artificialidade e os compartimentos. A mesma coisa surgiu no último, o fator da irrealidade. Ele não está realmente experimentando tudo isso. É apenas uma peça, como se ele estivesse lendo tudo num livro. Isto é o que o sonho diz. Poderíamos dizer: "Oh, vá em frente; tenha esta conversa com sua esposa, pegue essa 'batata quente'", mas no sonho o inconsciente fala uma linguagem diferente. Aponta um dedo acusador e expõe a situação como artificial, uma peça, um aquário, um livro. Quando temos um sonho destes, o que significa? O que ele compensaria? O sonho deve ter criado uma situação de sangue e trovão tão real que ele devia suar e gritar como num pesadelo. Esta deve ser a compensação para uma atitude leviana e superficial do consciente.

Sr. Gibb: A consciência levou isso a sério.

Dr. Jung: Sim, agora o sonho tem um contexto leviano para compensar o ponto de vista tão sério do homem sobre isso, no consciente. Lembrem-se de que este homem é um introvertido e com medo, assim o sonho diz: "Oh, é só uma fantasia, só um aquário, você está lendo sobre isso num livro". É como a voz da mãe: "Só um urso no zoológico".

Dr. Binger: Não é esta uma forma incomum do inconsciente de se apresentar? Normalmente ela faz coisas mais horríveis.

Dr. Jung: É verdade que o inconsciente normalmente faz coisas horríveis, mas hoje em dia pessoas não levam as coisas muito a sério. Por isso vocês devem dar a eles um bom castigo. Mas este homem é muito sério e só um pouco receoso do inconsciente. No início eu não via nada disso, depois descobri que ele estava com muito medo do inconsciente. Quando você se relaciona com o inconsciente você não pode ter medo. Se você for muito leviano em suas atitudes conscientes seu sonho irá reforçar a situação, então você irá transpirar e ter um pesadelo. Se você fizer um reconhecimento correto do inconsciente, você não terá medo. Se estiver com medo, você já era, o jogo estará perdido. Por isso o inconsciente desaparece. Enquanto ele está visível, você pode capturar tudo e integrar à consciência, mas quando ele desaparece, irá trabalhar no escuro, e então torna-se perigoso. Um adversário invisível é o pior. Quando o inconsciente está invisível, ele pode atacar você de todos os lados. Este homem tem medo de seu inconsciente, portanto deve ser cauteloso ou entrará em pânico, e se conversar com sua esposa neste estado, ele próprio irá despedaçá-la. Pessoas em estado de pânico são as mais perigosas, o próximo passo será uma explosão. Quando trabalhei com casos "borderline" tive que manter-me muito calmo a fim de não deixar uma explosão acontecer. Se meu paciente não perder a cabeça, ele poderá lidar com a situação. A esposa dele naturalmente está em estado de tensão, ela deve estar terrivelmente contida, como uma mina pronta para explodir. Assim se o marido tiver menos medo ele poderá mais facilmente lidar com a situação difícil, e não infectá-la com o pânico e provocar a pólvora para a explosão. Essas mulheres algumas vezes usam um revólver, ou cometem suicídio. Tenho a impressão de que este é um assunto vital. Estas coisas não podem nunca ser forçadas. Portanto ele deve ser cauteloso, e não moralista. É melhor ser sábio que bom. Na parte seguinte do sonho depois da cena do aquário, ele descobre que os assentos são bancos rústicos de madeira, como alguns que ele viu num festival camponês; eles não pareciam apropriados de modo algum para a ocasião. Vocês poderiam esperar assentos melhor elaborados, mas no sonho os bancos eram muito desconfortáveis. O que achamos disso? Lembrem-se de que eles estão num aquário.

Sra. Deady: Ele diz que isso o faz relembrar de festivais abordados aqui e eles pareciam muito artificiais.

Dr. Jung: Mas não seriam artificiais para os nativos. Ele não gostava desses assuntos, ele não se adapta bem; de qualquer modo, então, a situação parecia ser bem-artificial para ele. Tudo remete às horas de análise comigo. O acomodar-se significa o "acomodar-se na análise". É bastante desconfortável, e estas horas têm também uma alegria forçada para ele. Claro que ele aprecia todas as belas perspectivas que a análise abriu para ele, mas ele paga por elas com horas de assentos desconfortáveis em bancos rústicos. Eu não deveria duvidar se ele deveria atribuir tudo aos meus rústicos modos suíços. Disse coisas que devem tê-lo feito se contorcer. No sonho ele se deslocou para o alto, subiu, para o bordel! Isso não é surpreendente? Vocês esperariam que ele descesse, abrisse um alçapão e ficasse ainda mais baixo, tão baixo quanto estava no bordel. Mas ele subiu. Por quê?

Dr. Binger: Ele está subindo para sua mente consciente na qual estas coisas estão.

Dr. Jung: Sim, mas não é isso.

Dr. Leavitt: Significa que ele esteve muito baixo.

Dr. Jung: Ele esteve muito baixo em meu consultório. Está superior no bordel?

Dr. Leavitt: Ele se sentiria melhor lá.

Dr. Jung: Você supõe que ele se sentiria melhor lá! O sonho diz: "Sim, análise, mas num nível superior você sobe a um bordel". Agora o que isso significa?

Sr. Deady: É uma relação mais humana.

Dr. Jung: Provavelmente ele considera as relações desumanas da análise. Melhor seria termos algumas cenas orgiásticas juntos. Mas não descobri nenhuma homossexualidade nele ainda.

Dr. Leavitt: Mas isto poderia estar saindo da repressão dele, não poderia?

Dr. Jung: Mas ele não reprime sua sexualidade, ele reprime seus sentimentos por sua esposa.

Dr. Deady: O sonho diz claramente que isto é melhor do que análise, eleva ao mais alto nível.

Dr. Jung: Você pode levar qualquer mulher a um aquário, é perfeitamente apropriado e decente, não há implicações ir a um aquário. Mas se você leva sua esposa a um bordel isso pode ser muito mais perigoso. Então o sonho diz "positivo" para isso. É um esforço moral maior do que análise. No inconsciente ele agora confronta sua esposa com a realidade das coisas, com os fatos reais que ele descobriu sobre si mesmo pela sua análise.

Sra. Sigg: Parece ser um importante problema das mulheres modernas. Elas não escondem mais seus conhecimentos sobre bordéis, mas discutem muito francamente o assunto.

Dr. Jung: Prostituição é uma função do casamento. De acordo com estatísticas o verdadeiro apoio aos bordéis vem dos homens casados, não dos solteiros.

Sra. Sigg: O homem reprime sua alma fazendo isso.

Dr. Jung: Bem, não vá tão longe. O sonho diz que ele leva seus amigos a confrontar o fato do bordel. Então a coisa toda se torna irreal, como se ele estivesse lendo sobre isso num livro. O inconsciente tornou-se um museu, irreal porque é muito real no consciente.

Sr. Gibb: Se transformou numa obsessão.

Dr. Jung: Sim, muito real significa ser obcecado por isso. Quando a coisa se torna tão real, andamos direto em sua direção, como um pássaro vai para a boca de uma cobra. Sua sexualidade miserável se tornou tão real, tão sobrevalorizada, que ele não poderia sonhar em falar sobre ela. É muito real, é absoluta. Por isso o inconsciente diz: "Oh, é como algo que se leu num livro, uma história, nem mesmo um relato oficial, provavelmente algo quase inacreditável. É algo tão distante que precisa não entrar em contato com você. Mesmo que na realidade pertença a você. Não há com o que ficar muito empolgado". O sonho o está acalmando, por ele estar com medo só de pensar em contar tudo à sua esposa, por estar acovardado.

Dr. Leavitt: Este é um desejo de realização?

Dr. Jung: Não há desejos de realização no sonho. Ele está muito amedrontado para desejar aceitar sua esposa; talvez espere que isso nunca aconteça.

Dr. Leavitt: Então o sonho diz o que ele deveria fazer?

Dr. Jung: Um sonho nunca diz o que se deve fazer. A natureza nunca sugere. Você deve conhecer os detalhes da condição consciente para poder interpretar o sonho, pois o sonho é construído de tudo o que não vivemos ou não tornamos conscientes. Em minha consciência talvez eu vá demasiadamente para a direita. Quando você se inclina demais sobre um lado, haverá uma compensação no inconsciente. O inconsciente é como uma bússola, ela não diz o que deve ser feito. A menos que você consiga ler a bússola, ela não pode te ajudar.

Dr. Leavitt: Então depois da interpretação o sonho é um guia?

Dr. Jung: Sim, como a bússola é um guia – se você sabe como fazer a leitura, ela aponta, mas não tem utilidade até que você a entenda. É como o oráculo de Delfos, ele nunca lhe diz o que fazer. É uma situação mística, sem pé nem cabeça, que só você mesmo poderá compreender. Agora, quando o sonho é explicado e a situação é percebida como irreal, o homem fica livre para pintar o pior, uma cena orgiástica; e aí está algo que ele talvez deva mostrar à sua esposa. Ele poderia dizer: "Veja só o que encontrei neste livro antigo". *Ele* não é responsável por isso, foi feito por algum artista há muito tempo. Vocês notaram uma coisa peculiar na imagem de cena marinha?

Dr. Binger: O aquário é dividido em compartimentos.

Dr. Jung: Sim, é isso, ele está dividido em compartimentos. Mas antes quero ressaltar que há algo muito sugestivo sobre os movimentos ondulados das criaturas principais em um aquário. Eles mostram muito claramente, se contorcendo e serpenteando, tipos de movimentos que não são vistos na superfície. São como movimentos do organismo, dos intestinos e do sistema nervoso simpático. Há uma analogia peculiar que observei com frequência em sonhos e fantasias de pacientes: movimentos intestinais com uma analogia sexual. Assim a imagem que está dentro do aquário e que se transforma em cenas orgiásticas lá em cima no bordel são praticamente as mesmas. Terminam em sexualidade. Agora somos quase forçados a falar daqueles compartimentos. Por que houve a divisão em compartimentos?

Dr. Binger: Isto é o que o sonhador faz em sua vida real.

Sr. Gibb: As coisas podem ser mais bem-controladas em compartimentos.

Dr. Jung: A própria ideia de um compartimento sugere controle. Você separa diferentes compartimentos com paredes impermeáveis e pode dizer que isto pertence a este lado, aquilo pertence ao outro. As coisas são melhor manejáveis quando podem ser separadas e não há o risco de serem misturadas. Elas ficam no local a que pertencem e uma avalanche pode ser evitada. Isso é o que o homem fez com o lado negro do mundo, o separando do outro lado por compartimentos impermeáveis. Mas por que os peixes nos tanques deveriam ser separados das outras cenas marinhas? São muito semelhantes; ficaríamos em débito se não entendermos por que houve a divisão em compartimentos. Para estar seguro, isso é certo, mais controlável, dar sensação de segurança, mas não estou satisfeito com isso. Deve haver mais que isso.

Sra. Sigg: É muito estranho que nas formas antigas de literatura eles escreviam de forma bastante detalhada e exagerada. Deve haver alguma analogia nisto.

Dr. Jung: Você tem toda razão sobre a forma particularmente exagerada dos escritos antigos. Tudo é descrito com os mais surpreendentes detalhes, tanto que nestas descrições a tudo é dada a mesma importância.

Dr. Schmitz: Há uma organização detalhada semelhante nas cenas de pinturas italianas e indianas, a mesma analogia.

Dr. Jung: Isso revela as coisas que eu quis dizer. Este exagero peculiar só acontece pela concentração de libido extraordinária em cada evento particular, portanto há detalhes supérfluos. Há valores subjetivos aumentados, portanto cada evento deve ser demonstrado por si próprio, descrito em detalhes surpreendentes, rodeados por uma moldura, decorados por estátuas etc. Isso mostra que cada evento tem um enorme valor agregado a ele. Cada fato vale por si mesmo, não há tentativas de síntese na imagem. Estou certo de que se estas cenas orgiásticas não tivessem sido tão indefinidas no sonho, meu paciente teria sido capaz de me contar cada situação particular pela qual tivesse passado, e quais se destacavam isoladamente, sem qualquer síntese, e aqui nos voltamos à ideia de segurança. Imagine que vocês tenham um dia cometido um crime, uma vez roubado alguém, e tenham uma longa série de coisas terríveis cada qual em seu próprio compartimento. Mas agora você está apenas no compartimento atual, preocupado apenas com uma pequena fraude. Este é o mecanismo do criminoso, e explica seus sentimentos de "generosidade". Ele tem a vida toda dividida em compartimentos, até que a polícia chegue com seu histórico.

Um homem veio uma vez até mim e disse: "Meu problema é eu nunca ter tido qualquer experiência com mulheres". Eu disse: "Por que, como é isso? Você é casado". "Ah, sim, mas nenhuma outra". "Você me disse ter sido noivo antes". "Sim, mas isso foi há muito tempo". Depois eu o pressionei para me contar sobre sua esposa, ele apresentou uma história de amor depois de outra, até que contei trinta e duas delas. Mas este homem disse que nunca tinha tido experiências com mulheres, e isso era verdade. Depois da análise ele escorregou mais uma vez e então tomou consciência e disse: "Nunca mais". Os compartimentos se foram.

Eu tive outro caso, um homem muito encantador que tinha relações com cinco mulheres, incluindo sua esposa, ao mesmo tempo. Não falei muito sobre isso, mas uma vez, ao explicar um sonho, eu disse alguma coisa sobre a natureza polígama do homem. "Mas", ele disse, "eu não seria polígamo, não sei nada sobre isso". Eu disse: "E a senhora X?" "Ah isso, bem, veja, ela é musicista e algumas vezes tocamos juntos, e, claro, depois da música..." "Mas a senhora G?" "Oh, nós jogamos golfe, e após o jogo..." "Mas senhora..." "Porque ela é apenas minha secretária, eu a levo para sair algumas vezes, mas isso não é poligamia." Vejam, este homem manteve suas garotas em diferentes compartimentos, música, golfe, escritório, esposa, e assim se sente respeitável, sua vida toda era em compartimentos. Disse a ele: "Eu chamo isto de poligamia – você tem relações sexuais com cinco mulheres ao mesmo tempo". "Oh, doutor, acredito que você está certo! É horrível!" "Oh, não horrível, mas pouco sensato, é melhor mudar um pouco as coisas." Vocês sabem o que aconteceu a este homem? Ele se tornou completamente impotente. É difícil de acreditar, mas é a verdade.

Eu tive uma tia[2] que era uma mulher má, má com sua língua, e meu tio era um inventor que tinha um fonógrafo e fazia gravações. Um dia ela fez a ele um sermão horrível, e, sem que ela soubesse, ele gravou tudo. No dia seguinte, quando ela estava mais sensata, ele disse que tinha algo para ela ouvir, e colocou a gravação. Ela disse: "Eu nunca disse isso, não é verdade". Eu sempre aconselho as pessoas a guardarem um diário e lerem as anotações antigas, ou ouvirem outras pessoas descrevendo suas vidas para elas, assim se pode romper os compartimentos. Ouvir alguém mais descrevendo nossa vida é muito esclarecedor. As coisas que fazemos estão em compartimentos que nos mantêm particularmente inconscientes. O sonhador não tinha resumido sua vida até agora, e tenho certeza de que se o inconsciente ficou mais evidente no sonho ele deve ter tido o impacto de sua esposa. Um introvertido geralmente guarda os eventos de sua vida em diferentes compartimentos, ele tem um tipo de parede entre eles, por isso não se combinam. Quando eles se juntam, há uma conflagração. Este homem está protegido contra a conflagração.

---

2. Evidentemente no lado Preiswerk.

Palestra II

22 de maio de 1929

Dr. Jung:

Hoje vamos continuar com nosso sonho. Ficamos presos em algum lugar perto do fim. Há apenas uma parte para a qual eu quero chamar a atenção de vocês. Vocês recordam que as memórias da vida do sonhador são mantidas em compartimentos, e no sonho elas são divididas por cordões dos quais pendem marionetes de policiais e soldados, e estes delimitam as divisões entre os compartimentos. O sonhador tem uma ideia que é uma espécie de interpretação, mas não tem associações. O que vocês acham que é o significado desse símbolo em particular? O fato de que sua psicologia em compartimentos é dividida por policiais e soldados os quais obviamente guardam as paredes dos compartimentos?

Dr. Schlegel: Os guardiões da moralidade. Policiais são os símbolos da moralidade convencional.

Dr. Jung: Sim, e neste momento eu vou fazer uma "brincadeira", como o velho professor alemão. É a história de um pai de Zurique que, quando seu filho atingiu a maioridade, disse a ele: "Agora você está entrando na vida e tem que saber uma coisa. Pessoas tolas acreditam que a Bíblia vai lhes dizer o que é certo e o que é errado, mas para as pessoas mais inteligentes há o código penal, e é tudo que há para isso". Esse menino entrou na vida convencido de que policiais e soldados representam a moralidade. Anteriormente a polícia era suficiente para aplicá-la, mas agora as pessoas não acreditam na autoridade, por isso temos mais soldados e metralhadoras. O código penal é certamente a ideia do sonho; o homem tem a noção convencional de moralidade. Mas por que os policiais e soldados dividem esses compartimentos? Uma parte interessante da psicologia em si, de acordo com o sonho esses compartimentos existem devido à presença de policiais e soldados. Como vocês explicam isso?

Dr. Schmitz: Eu diria que ele é agora tão longe que ele entende que a polícia e os soldados não são suficientes. Agora, ele faz seus próprios compartimentos, e os soldados e policiais são apenas marionetes pendurados lá. Ter seu próprio compartimento é questionável, mas é melhor do que acreditar em autoridade policial. Ele teve progressos.

Dr. Jung: Sim, marionetes são coisas mortas, salvo a manipulação delas por uma mão viva. Os soldados e policiais não têm mais importância, e o inconsciente vê esse fato. Mas a minha pergunta é: Por que a moralidade convencional produz compartimentos?, pois obviamente é o que está fazendo.

Dr. Schmitz: Mas essa é a ideia de moralidade burguesa. Ela diz: "Tenha bordéis, mas mantenha-os em compartimentos longe de sua esposa, suas irmãs e suas filhas" e, além disso, a polícia protege o bordel.

Dr. Jung: Sim, é um fato bem conhecido que a polícia é aliada de bordéis e lugares assim. A psicologia dos compartimentos é realmente devida à moralidade convencional, a qual diz que certas coisas são fornecidas pelo Estado. Sendo cidadão perante a lei você tem permissão para usar esse instrumento. Eu me lembro de que há muito tempo encontrei um americano a bordo de um vapor transatlântico. Ele era um homem convencional casado, que havia se apaixonado por uma jovem, e ele queria abandonar sua esposa e casar com a moça. Ele pediu minha opinião sobre isso, e eu disse: "A sua esposa é desprezível?" "Não." "Tem filhos?" "Sim, cinco." "E você está simplesmente pondo-a para fora?" "Mas", ele disse, "eu casei com ela dentro da lei, e a lei também rege sobre o divórcio. Então posso me divorciar dela dentro a lei". Certo, essa é a psicologia de compartimentos. Enquanto estiver sob a proteção policial, essa moralidade produz uma condição perfeitamente desalmada. Onde não há alma, não há síntese. Uma vez um homem totalmente sadio me disse: "Você pode fazer qualquer coisa que quiser desde que a polícia não saiba". No entanto, ele tinha pesadelos terríveis e sintomas neuróticos, porque ele fazia o que bem queria, e ele não ligava os dois fatos. Há uma lei em nós mesmos que permite certas coisas e não outras. A conveniência de uma atitude de persona em uma pessoa consciente pode ser moralidade convencional para a inconsciente. Eu não tenho utilidade para um homem que acredita na moralidade convencional. Ele pode muito bem ser um criminoso, mas estar dentro da moralidade convencional e considerar-se respeitável. O homem que age mal e sabe que é errado pode mudar. Ele não está prejudicando sua alma. É fatal para a alma humana ajudar as pessoas a fazerem estes compartimentos. É um pecado contra o Espírito Santo ter essa moralidade. Não há desenvolvimento sob a lei da moralidade convencional. Isso leva à psicologia de compartimento, e como um homem pode se desenvolver quando ele esquece o que seus compartimentos contêm? Esse homem não pode fazer nada dentro da lei, ele pode dizer: "Ah, sim, mas isso foi há anos".

Dra. Bertine: Uma cena orgiástica não implica uma moralidade convencional? Os animais não são orgiásticos.

Dr. Jung: Sim, a polícia e as cenas de orgia são uma e a mesma coisa, mas as cenas orgiásticas estão em compartimentos divididos dos outros compartimentos com segurança, nos quais outras coisas acontecem. Depois destas cenas no sonho ele desce as escadas com sua esposa e faz uma busca pelo seu chapéu, o qual ele não encontra, então ele põe outro bem estranho, e na saída ele se olha no espelho e vê que está usando um boné marrom engraçado e não um chapéu. Essa cena indica uma mudança. Algo deve ter acontecido no último sonho, por isso sua aparência está alterada, isso é simbolizado pelo chapéu peculiar. O paciente não tem associações com isso, então não podemos rastreá-las. Nesse caso, devemos usar nosso próprio entendimento. O simbolismo do chapéu deve ser algo impessoal; se fosse algo pessoal, ele teria muitas associações. A falta de associações nesse caso pode provar que é uma questão de simbolismo impessoal, uma espécie de metáfora geralmente aceita. Vocês têm algum palpite sobre esses bonés?

Dr. Schmitz: O boné de Siegfried.

Dr. Jung: Sim, o boné peculiar de Siegfried, que ele tirou do dragão para tornar-se invisível. Vocês se lembram de algum outro material?

Sra. Schevill: Você nos contou sobre misteriosos meninos vestidos de bonés de couro marrom que aparecem em uma pequena cidade alemã, e o efeito que teve sobre a moralidade convencional.

Dr. Jung: Isso foi a partir de um livro em alemão, o nome do qual me esqueci[1]. Eu mesmo nunca tive esse tipo de simbolismo, mas é muito marcante. Foi só quando me deparei com esse símbolo novamente que eu comecei a sentir sua importância. Meu paciente nunca tinha lido este livro. Era a história de uma cidade alemã muito respeitável na qual esses meninos misteriosos com boné marrom apareceram e em seguida coisas estranhas começaram a acontecer. Havia Vereins nessas cidades. Sempre que se juntam três alemães, há uma Verein. Vinte Vereins unem-se e fazem um baile anual. Era tudo muito respeitável, todas as meninas lá se alinhavam para o mercado de casamento. Todo mundo estava lá, menos o pároco, o que depois se provou fatal para ele. Tudo estava indo como de costume, quando atrás de uma coluna na galeria apareceu um jovem com um boné marrom. Então as coisas começaram a ficar animadas. A banda começou a tocar com entusiasmo, uma chama bruxuleante se espalhou pelo lugar, todo mundo ficou selvagem, e o baile finalmente tornou-se o tipo mais selvagem de uma orgia primitiva, terminando em promiscuidade completa. Depois, o rapaz desapareceu e pronto! Todo mundo voltou à consciência. Havia o prefeito com as garçonetes etc. Agora, nosso sonhador tem o mesmo simbolismo, o boné de couro marrom. Ele nunca leu o livro, mas obviamente tocou num conduíte subterrâneo de material simbólico, como fez o autor deste livro. Descobrimos o menino com o boné de couro

---

1. Cf. 27 de março de 1929, n. 4.

marrom que é provavelmente o responsável pela noite selvagem na história. Um baile assim em uma cidade respeitável é como o fundo da consciência do homem. De repente, um buraco se abre na parede, e lá está ele com sua esposa em um lugar terrivelmente chocante. Isso é o que esses meninos fazem, de repente abrem possibilidades horríveis como a garrafa mágica com as imagens dos amantes, que foram tão chocantes para todas as pessoas na festa, a garrafa simplesmente revelou a fantasia secreta dessas pessoas. Isso é o que aconteceu no sonho, a perfuração do véu, da parede do compartimento, e isso é devido aos meninos com boné de couro marrom. Vocês sabem mais alguma coisa a respeito desses meninos?

Sra. Crowley: Anões.

Dr. Jung: Sim, e duendes. Na história deste símbolo o boné é o adorno peculiar na cabeça de todo o tipo de pessoas, o barrete de Mitras ou Apolo, o chapéu cônico de Átis ou Adonis[2]. E, em seguida, os cabiros[3] gregos eram adornados com chapéus pontiagudos. Eu acho que foi Pausânias quem informou que duas estátuas de cabiros foram colocadas sobre rochas num ponto particularmente perigoso, para proteger os navegantes. Normalmente os cabiros eram pequenos, e eram mantidos escondidos em estojos, e sempre embrulhados com cuidado. O *spiritus familiaris* de Esculápio também era um desses, e foi sempre encontrado nos monumentos de Esculápio como seu guardião. Ele era um deus especial de médicos – Telésforo, aquele que traz a perfeição ou realização. Todos eles usavam chapéus pontudos, geralmente marrons. Você pode ter visto no brasão da cidade de Munique, o "Münchner Kindl"[4], que usa uma túnica monástica longa que cobre os pés, para que você não veja os pés de um anão. Há a história da esposa de um moleiro que era especialmente querida pelos anões. Eles faziam todo o seu trabalho. Ela apenas deixava tudo na cozinha, e durante a noite ela ouvia barulhos e sabia que de manhã tudo estaria limpo. Ela sabia que eram os anões, mas era curiosa e queria vê-los, e então uma noite ela polvilhou o chão de farinha. De manhã, havia marcas de pés de pato ali no chão, mas os anões nunca mais voltaram, e ela teve que fazer o seu próprio trabalho. Ela não deveria saber dos pés dos anões! Há uma ideia profunda aqui. Esse material deve dar-nos uma dica quanto ao que o chapéu realmente é. O sonhador troca seu chapéu comum por outro que acredita ser parecido, mas que acaba sendo este boné peculiar marrom. O que é o *chapéu* então, seu chapéu comum?

---

2. Cf. *Símbolos da transformação*, índice s.v. "barrete frígio" (como na ed. de 1912).

3. Os Cabiri ou Kabeiroi eram deuses encapuzados em miniatura, cujo santuário principal nos tempos clássicos era na Ilha de Samotrácia. Eles também eram chamados de "os grandes deuses". Para suas ocorrências em Fausto, Parte II, cf. *Psicologia e alquimia*. OC 12. § 203. Cf. tb. n. 10.

4. Uma pequena figura de um monge no brasão da cidade de Munique (fundada por monges no século XII).

Dra. Bertine: O chapéu de um cavalheiro convencional.

Dr. Jung: Por que expressá-lo por meio do chapéu?

Sra. Schevill: Muitas vezes, um chapéu pode representar uma atitude.

Dr. Jung: Sim, mas por que usá-lo por convencionalidade?

Sra. Sigg: O homem vai para a rua com ele.

Dr. Schmitz: É o seu teto, sua cobertura.

Dr. Jung: Um homem usa seu chapéu na rua, onde outras pessoas o veem, quando ele é respeitável, o que significa quando ele pode ser visto. Portanto, ele está apresentável. Se alguém usasse agora um chapéu cabiro na rua, pensaríamos que ele está bêbado, ou é uma espécie de excêntrico, ou um músico! Um cavalheiro não pode se permitir quaisquer fantasias com chapéus. Em São Francisco se você aparecer na rua com um chapéu de palha depois de uma determinada data, eles o levam direto para um manicômio. Quando fui para os Estados Unidos, eu usava o meu chapéu europeu de costume, mas um amigo disse uma vez: "Esse seu chapéu não vai dar. Você deve usar um chapéu-coco, porque todo mundo usa".

Sr. Gibb: O Dr. Baynes[5] tinha que fazer o mesmo.

Dr. Jung: Exatamente. O chapéu é um símbolo. No sonho de um homem normalmente significa que ele está especialmente preocupado com sua aparência na rua ou com sua publicidade. Ele representa prejuízo ou queixa particular de um homem. Agora, quando o sonhador sai de casa, ele não consegue encontrar o seu chapéu, de novo sua aparência exterior, uma perda grave para ele, porque ele percebe que não pode aparecer em público como ele costumava fazer, alguma coisa o incomodou! Ele encontra outro chapéu, que ele acha que é semelhante ao seu. Isso é novamente o elemento reconfortante no sonho. O sonho diz: "Não se preocupe, não é bem o seu, mas é um chapéu como de qualquer um". Para sua surpresa descobre que em vez de um chapéu ele está usando um boné marrom peculiar. Assim se pode dizer que ele sai de casa não mais como o senhor convencional que entrou, mas como um daqueles metafísicos meninos malcriados, ou um Cabiri. Isso foi como um choque tão grande que ele acordou.

Dr. Schmitz: O boné é o emblema do caipira, então ele não é mais o cavalheiro que pensou que era.

Dr. Jung: Com certeza, mas esta ideia do boné não nos serve mais. Um senhor usando uniforme de golfe pode usar um boné, mas com o nosso cavalheiro não funciona, ele é extremamente meticuloso sobre sua aparência exterior, ele se veste

---

5. O psiquiatra e psicanalista britânico Helton Godwin Baynes (1882-1943) era um amigo de Jung e tradutor de várias de suas obras, incluindo *Tipos psicológicos* (1923). Durante 1928-1929, ele e sua esposa Cary estavam vivendo em Carmel e Berkeley na Califórnia. Gibb também era amigo de Baynes.

com muito cuidado, sua gravata, lenço e as meias devem ser sempre do mesmo azul. O uso deste chapéu comum reduz sua opinião de si mesmo, ele imediatamente se torna como qualquer pessoa comum na rua, o açougueiro, por exemplo. Um homem tão convencional deve ter alguma distinção, um aspecto exigente, caso contrário ele não seria diferente do seu açougueiro. Assim, o uso do boné o diminuiu em sua posição social, que é a primeira coisa que o incomoda. Por que ele diminuiu?

Sra. Sigg: Ele é identificado primeiro com o pai e o filho, depois com o *Puer Aeternus*. Ele está elevado demais então ele deve ser diminuído.

Dr. Jung: Perfeitamente verdade. Quando estamos inconscientes de uma coisa que é constelada, estamos identificados com ela, e ela nos move ou nos ativa como se fôssemos marionetes. Nós só podemos escapar desse efeito tornando-o consciente e objetivando-o, colocando-o fora de nós mesmos, tirando-o do inconsciente. Isso é extremamente difícil para ele fazer. Não conhecendo o *Puer Aeternus*, ele não poderia removê-lo, concretizá-lo, ou objetivá-lo como fora de si mesmo. Muitas vezes vejo como isso é difícil para meus pacientes. Eu acho difícil ver uma coisa que tem sido uma parte mais íntima da minha própria psicologia tão objetivamente quanto esse correspondente ponto de vista.

Mas o paciente foi identificado com o *Puer Aeternus*, e essa identificação o retirou da esfera humana. Como posso provar essa identificação? Eu só posso dizer uma coisa: um homem que se identifica com a moralidade convencional não é ele mesmo, é a polícia, ele é o bordel, ele é o código penal, ele é todo o resto. Ele está sempre regulado por leis, por isso ele está sempre usando essa famosa declaração: "Se você acredita nesse tipo de coisa, então qualquer homem ou qualquer menina poderia fazer mais ou menos. O que seria de nossa civilização?" Eu sempre respondo: "Você não está preocupado com o destino das onze mil virgens[6], mas com seus próprios problemas", mas é claro que é muito mais fácil se preocupar com o caso das onze mil virgens do que com seu próprio caso; alguém assim se torna uma espécie de Salvador preocupado com o bem-estar do mundo. Mas a realidade está em olhar para si mesmo! Henrique IV da França disse: "Meu ideal é que cada camponês francês tenha seu frango na panela no domingo". Eu digo: "Todo homem deve se preocupar com a sua própria moralidade, e não com o bem-estar de outras pessoas". Ele não pode resolver o problema das onze mil, ele poderia passar uma vida inteira tentando fazer isso, e nada iria acontecer, ele estaria sempre seguro.

Desde que o homem é o código penal, ele também é a moralidade convencional; e uma vez que ele é secretamente movido pelo *Puer Aeternus*, ele é o *Puer Aeternus*, e também o menino com o boné marrom, o oposto do *Puer Aeternus*, um

---

6. Cf. 26 de fevereiro de 1930, p. 471s.

gnomo bem marrom, proveniente da terra, da cor da terra. Ele não está mais no mundo de belas ideias gerais, ele agora está debaixo da terra, coberto pelo boné marrom terra, pela poeira. Como ele estava acima de si mesmo, agora ele está abaixo de si, irremediavelmente preso pelo poder mágico da terra. Isso, naturalmente, tem uma influência redutora na sua constituição psicológica. Ele desce para o nível do homem primitivo, o homem das cavernas, que literalmente vive debaixo da terra. Chegamos agora à questão importante, qual é o significado do sonho todo? Eu quero ter a opinião de vocês sobre o que ele veicula, como 'ele funciona? O que o sonhador deve concluir desse sonho?

Sr. Gibb: Não quer dizer que ele está começando a conhecer mais sobre si mesmo? Para ver todos os compartimentos de uma vez? Ele leva toda a sua festa com ele no sonho.

Dr. Jung: Isso é muito importante. Como você avalia isso? O que significa o fato de que ele leva todos lá, a família, os amigos e parentes?

Sr. Gibb: Eles são partes dele mesmo.

Dr. Jung: Sim, um homem nunca é representado somente por ele mesmo. Um homem é algo apenas em relação a outros indivíduos. Você só tem um quadro completo dele quando você o vê em relação ao seu grupo, como você não sabe sobre uma planta ou animal a menos que conheça seu *habitat*. Assim, quando o sonho diz que ele vai com todo seu grupo significa irem juntos e colocá-los na sua vida. Em nossa linguagem consciente diríamos que ele coloca todas essas pessoas juntas e durante vinte e quatro horas não há nada além da verdade. É uma espécie de declaração de sentimento de toda a sua psicologia, do que ele deve fazer. Assim no início do sonho temos essa crítica radical da sua psicologia de compartimento. É como se o sonho dissesse: "Agora pegue todo seu grupo e vá para esse seu bem conhecido *show* e deixe-os ver a coisa toda".

Sr. Dell: Os compartimentos são como um panorama lado a lado?

Dr. Jung: Sim, e isso significa que ele deve olhar objetivamente para toda a sua vida, juntar e somar os compartimentos. É exatamente o que essas pessoas não fazem, elas deixam as coisas bem separadas, de modo que não haja nenhum curto-circuito. O sonho então lhe dá uma vista panorâmica, uma soma de toda a sua vida, permite que todos os seus lados se familiarizem com sua vida como um todo. Isso é derramar todos os diferentes conteúdos numa grande panela, derreter tudo e ver o que sai disso, assim ele pode ter uma síntese.

Sr. Dell: O curto-circuito dá a qualidade ao pesadelo?

Dr. Jung: Certamente, e o choque aqui é que o sonhador sai com um boné marrom! Ele fica diminuído, desce da sua posição respeitável onde ninguém sabia o que sua vida era, nem mesmo a polícia. Ele coloca o boné marrom, e assim ele tem uma ideia do que ele realmente é. Muitas pessoas nunca percebem o que elas realmente são por causa de sua psicologia de compartimentos. Elas têm sempre a maravilhosa boa consciência do criminoso; elas não somam, não contemplam a sua vida como um todo. Escuto muitas pessoas que ouvem relatos sobre si mesmas a partir de amigos ou releem seus diários, e dizem: "Fiquei pasmo quando ouvi tudo isso!" Porém mais frequentemente as pessoas não vão deixar chegar a esse ponto, elas temem muito. Por exemplo, um homem que era muito extrovertido veio até mim. Ele sempre se manteve ocupado desde a manhã até tarde da noite, e eu disse a ele: "Você deve parar por pelo menos uma hora todos os dias, e considerar o que você está fazendo". Ele respondeu: "Bem, eu poderia tocar piano com minha esposa, ou ler para ela, ou jogar cartas". Ele não podia fugir da ideia de que alguém deveria estar com ele. Finalmente, quando eu o fiz ver que eu quis dizer que ele deveria ficar sozinho, ele disse: "Assim eu fico muito melancólico". Eu disse: "Agora você vê que tipo de companhia você é para si mesmo. Eu quero que você esteja bem deprimido e perceba o que você está vivendo". Ele não faria isso. Esse homem estava vivendo uma vida maravilhosa em compartimentos. Quando ele ficava sozinho com ele mesmo estava na pior companhia possível, uma parte de sua vida após a outra vinha e ele simplesmente não podia suportar. Há pessoas que só deprimem suas vidas inteiras.

Sr. Gibb: Você não diria que o sonhador está começando a fazer alguma coisa para colocar sua vida em compartimentos?

Dr. Jung: Sim, eu poderia dizer que algo estava acontecendo. Ele evidentemente tem algo do boné marrom. Há casos em que nem o médico nem o paciente podem fazer muito, a análise deve depender da boa vontade do inconsciente, e a realização final deve vir do estranho mundo do inconsciente. Você pode ter certeza de que, quando as coisas vieram para fora das entranhas da terra como esse boné marrom, algo aconteceu, mesmo que ninguém entenda. As maiores ideias da humanidade têm acontecido por anos e anos, e ninguém entendeu. Eu posso lhes dar um exemplo simples: quando eu perguntei aos Elgonyi na África sobre sua religião, eles negaram qualquer crença em um deus ou fantasmas ou espíritos ou qualquer coisa do tipo. Eles não me contaram nada, e levei três semanas para descobrir por que a cada manhã ao nascer do Sol saíam de suas cabanas, cada homem levava as mãos à boca e soprava nelas, em seguida, estendia-as ao Sol e depois disso iam ao trabalho. Eu perguntei: "O que é isso?" Eles responderam: "Não sei, meu pai fazia isso, meu avô fazia, então eu faço isso". Perguntei a muitos deles, e todos eles me davam a mesma resposta. Eu insisti na pergunta. Finalmente eu perguntei a um velho o que era isso, e ele disse: "Nossos pais faziam isso; nós ficamos contentes porque a noite já passou". Esse tipo de sopro é chamado de *roho*, correspondente ao *ruh* árabe, que significa "sopro" ou "vento" ou "espírito". No Novo Testamento sopro e espírito são ambos expressos pela mesma palavra: *pneuma*. "O vento sopra onde quer" (Jo 3,8). No Pentecostes *pneuma* desceu sobre os discípulos como um grande vento que encheu toda a casa. Em Suaíli há uma palavra onomatopaica para o chocalho da morte – *roho* (relacionado tanto ao *ruh* árabe quanto ao *ruah* hebraico)[7]. O ar que escapa ao moribundo é o seu espírito, e, portanto, o filho mais velho deve colocar os lábios em seu pai moribundo a fim de pegar o seu último suspiro. Assim, o costume Elgonyi significa que eles estão oferecendo sopro de vida ou espírito para o nascer do Sol. É uma ação de graças, eles oferecem as suas almas a Deus[8].

Então nós expressamos em palavras, mas eles não sabem por que fazem isso. Essa ideia está operando neles em estado pré-psicológico. Eu sei que eles têm muitas cerimônias, circuncisões, marcas etc., e eles não sabem o porquê. Nós dizemos: "Eles não são primitivos e inconscientes? Essas pessoas não sabem o que estão fazendo".

Dr. Leavitt: No simbolismo religioso moderno, as pessoas sabem mais que isso?

Dr. Jung: Eu poderia perguntar: "Por que você tem uma árvore de Natal ou o que quer dizer o coelho botando ovos na Páscoa?" Ninguém sabe o que significam essas coisas, devemos voltar ao folclore para encontrá-las. Agora, você sabe como funciona o inconsciente. É o espírito ou a coisa divina! O espírito estava lá antes da consciência do homem. Isso faz com que as pessoas façam certas coisas de certas maneiras que você não pode explicar. Os animais não levantam as patas para o Sol nascente, mas os homens o fazem. Os Elgonyi chamam isso de um espírito que os move; o conceito de espírito não existe para eles, eles simplesmente o fazem, uma atividade espiritual os move. Só em nosso plano é que doamos nossas almas a Deus.

Sr. Gibb: No norte da Índia os nativos devem sempre morrer onde o ar e a água são "direito". Eles chamam isso de "Ab o Hawa", que significa "em casa". "Clima" é a nossa tradução, mas é muito mais importante para eles do que isso. Eles devem ir onde o ar é direito, é *deles*. Mesmo em epidemias, não podíamos impedi-los de viajar, espalhando cólera e peste, essa ideia era muito forte neles.

Sr. Dell: Será que eles cospem nas mãos ou simplesmente assopram?

Dr. Jung: Eles assopram forte; é a mesma coisa que cuspir. Saliva é a conotação do espírito da água. Cristo usou saliva para fazer o unguento, misturando-o com

---

7. Para a discussão dessas palavras, cf. "Espírito e vida" (1926). CW 8, § 601, e "O problema fundamental da psicologia contemporânea" (1931). OC 8, § 664. Conforme *A.C. Madan's Swahili-English Dictionary* (1903), usado por Jung, roho também pode significar "alma", "espírito", "vida".

8. Para outras versões do mesmo material cf. *MDR*, p. 266, 249, e "O homem arcaico" (1931). OC 10, § 144ss. Cf. tb. 30 de outubro de 1929, n. 1.

barro para curar o cego. Cuspir ou assoar tem um significado mágico em todo o mundo. O exemplo do *Sr. Gibb* usa vento e água, dois símbolos para o espírito de vida, a coisa que permeia. A Terra não se move, nem o espírito, mas o vento e a água se movem. Na astrologia, por exemplo, o símbolo para Aquário (um signo espiritual) foi tirado do símbolo egípcio para a água. Originalmente ele tinha uma parte mais densa e também uma parte mais etérea, a parte superior sendo a mais espiritual. Há alguma pergunta relacionada a este sonho?

Sra. Sigg: Este é o terceiro sonho que diz que o ego do sonhador não está de acordo com sua esposa. A princípio era a máquina de costura que ele não podia dar à pobre garota, porque pertencia à sua mulher; em seguida, no sonho do *Puer Aeternus*, em que ele disse que sua esposa não trouxe o tipo certo de comida; e agora neste sonho sua esposa lhe pede que espere pelos outros e ele não o faz. Três vezes ela é um obstáculo. Eu não sei a conexão a menos que seja sua objeção à sexualidade. Ele parece ter algo contra sua esposa, ele não tem a atitude certa, ele não percebe o *anima*.

Dr. Jung: Certamente, há muito problema real entre ele e sua esposa, mas não podemos deixar de discutir as principais questões do sonho. Ele ainda não está pronto para assumir o problema do *anima*.

Sra. Sigg: Não é perigoso que ele se identifique com os "marrons"?

Dr. Jung: Isso não deve ser dito por ele. Eu tinha que fazê-lo compreender que agora ele se identifica com a terra, como antes ele se identificou com a ideia coletiva. É muito melhor ir para debaixo da terra do que permanecer sob o código convencional.

Dr. Binger: Ele não tem nenhuma concepção do *anima*?

Dr. Jung: Não, ainda não. É muito difícil ter a concepção da objetividade de nossa psicologia. Objetivar o *anima* parece uma coisa mística. A maioria das pessoas não tem a capacidade mínima para ver o que um psicológico não egoico pode ser, ou o grau de autonomia ou realidade certos fatos têm. Eles nunca deram a isso qualquer consideração. Anteriormente a chamada autonomia dos fenômenos psicológicos foi totalmente negada. Isso permite a projeção de figuras que conduz ao espiritismo e teosofia. Você tem figuras como "o guardião do limiar" e todos esses diabretes. Isso também não funciona. Há um caminho intermediário da autonomia psíquica, uma concepção que não entrou no espírito filosófico do nosso tempo. Fazer com que as pessoas entendam esse "caminho intermediário" tem sido meu esforço específico.

Dr. Leavitt: Estes são todos sonhos, não são? Não são fantasias?

Dr. Jung: Eles são todos os sonhos. Se o paciente fosse capaz de elevar todo o material para uma fantasia ativa, ele não sonharia isso. Ele não consegue fazer isso, pois ele ficaria muito conturbado pela ideia que estaria produzindo. A ideia de "Eu estou tomando minha própria decisão" é a onipotência de Deus! Esse é o seu preconceito.

Dr. Schmitz: O paciente não poderia aprender alguma coisa com esse sonho? O sonhador diz: "Se você vai para o bordel, então você é um homem que vai para esses lugares, então você deve saber disso".

Dr. Jung: Sim, ele tem que ver que ele está abaixo da estimativa de si mesmo. Depois de algum tempo todas essas coisas se tornam repugnantes para ele, ele sentiu que não podia mais aguentar. Ele tentou várias vezes desde elevar o inferno, mas de alguma forma ele acha que sempre cai nele. O tipo de sensação tem que aprender com a experiência real. Às vezes ele pensava que a análise não transmitia nada para ele, mas em seguida algumas coisas aconteceram, e ele teve que admitir que seus sonhos fizeram algo por ele. Ele teve que perceber que havia mudado quando descobriu que não conseguia mais ir a um bordel.

Sr. Dell: O espírito está trabalhando em nós sem a nossa consciência?

Dr. Jung: Mesmo que nós não entendamos o sonho, ele está trabalhando e provocando mudanças. Se entendermos, no entanto, temos o privilégio de trabalhar com o espírito eterno em nós mesmos.

Sr. Dell: Essa alusão ao boné como um sinal de que ele ficou diminuído é muito indireta; sem análise isso teria passado despercebido. Existe alguma coisa na psicologia do sonho que impediria uma alusão direta? Ele poderia ter sonhado que caiu na sarjeta, ou algo desse tipo.

Dr. Jung: Ele apenas sonhou assim.

Sr. Dell: Freud falaria da censura na escolha do símbolo, não é?

Dr. Jung: Sim, e eu vejo o seu ponto agora. O sonho poderia dizer: "Agora você está diminuído", mas o que ele diz, neste caso, é: "Agora você usa um boné marrom". Se analisarmos ou não, o espírito está operando em nós sem nossa consciência. Algo aconteceu com o homem. Eu mesmo já tive sonhos que eu não conseguia entender até que eventos posteriores acontecessem. O sonho por vezes nos prepara para um evento concreto. Por isso, não importa se nós não compreendemos o simbolismo boné, mas importa se tivermos a oportunidade de uma enorme ampliação da nossa consciência. É por isso que analisamos sonhos. Se estamos inconscientes, estamos sempre correndo o risco de sermos manipulados por fatores inconscientes, de uma forma enantiodrômica[9], como o inverno depois do verão etc. O inconsciente não está realmente preocupado com fins humanos, com a edificação da nossa civilização. Tem um movimento peculiar, como se não houvesse essa coisa de tempo.

---

9. Enantiodromia, um termo usado por Heráclito para transmitir a ideia de que tudo muda no seu contrário com o passar do tempo. Cf. *Tipos psicológicos*, cap. XI, def. 18.

Sr. Dell: A mudança na personalidade é sempre acompanhada pela consciência, não é?

Dr. Jung: Você pode ser modificado por fatores inconscientes. Você pode acordar de manhã um homem diferente, mas essas mudanças não têm mérito, não há ganho algum com isso para a nossa civilização. Nosso objetivo deve ser o de ampliar nossa consciência. As coisas vêm para nós se estamos conscientes ou não, mas quando estamos inconscientes a vida não tem sentido; por isso muitas pessoas vêm para mim sem nenhuma ideia do que isso significa. As pessoas precisam de uma compreensão das coisas, de por que elas vivem.

Dr. Binger: O armazenamento da vida inconsciente é ilimitado, não é?

Dr. Jung: Sim, não há fim para ele. Você pode dizer – esqueça a teoria de Einstein – espaço para nós é o mesmo que o infinito.

Sr. Gibb: Você diria que muitas coisas acontecem sem sonhar, ou é o sonho o próprio acontecimento?

Dr. Jung: Eu acho que é sábio entender o sonho como um acontecimento. Então você pode dizer: "Eu estou tão feliz de ter tido esse sonho, agora as coisas aconteceram".

Sr. Gibb: Mas podemos não permitir que as coisas aconteçam, mesmo que a pessoa não sonhe com elas?

Dr. Jung: É claro, mas devemos permitir que todas as coisas de importância fundamental sejam sonhadas. Os sonhos são mensagens enviadas a partir do inconsciente para mostrar o que realmente está acontecendo lá.

Dr. Binger: Você acha que isso é algo como uma transformação de caráter? Você acha que é direcional, movendo-se em direção a um fim?

Dr. Jung: Estou propenso a acreditar que somente quando há consciência, conhecimento, isso pode vir a ser verdade. Nos sonhos dos insanos incuráveis você vai encontrar a mesma qualidade que naqueles de pessoas normais ou neuróticas. Os sonhos dos insanos estão cheios de cor, muito esperançosos, e contém símbolos de crescimento, então sente-se que se você puder falar sobre eles, não há nenhuma razão para que o paciente não possa ser ajudado. Mas você não pode falar, eles não vão ouvir. Esses sonhos atingem certo pico e em seguida começam a descer, todos os símbolos tornam-se destrutivos, e você percebe que tudo está indo absolutamente errado. Se uma pessoa normal tivesse esses sonhos, você diria: "Isso é muito ruim". Mas com o insano, depois de um tempo começa de novo. É apenas um processo da natureza, sem intervenção na parte da consciência. Assim, concluo que para um processo como a edificação do indivíduo a consciência é indispensável.

Dr. Binger: É como fazer um jardim de uma selva.

Dr. Jung: Sim, como fazer um jardim de uma selva. Só o homem faz um jardim, a natureza nunca. Então você vê como o nosso desenvolvimento depende da intervenção do consciente. Há o fator de desenvolvimento, da evolução na natureza, mas este é lento, leva milhões de anos. Veja como os primitivos permaneceram na mesma condição por séculos, enquanto as nações civilizadas têm feito enormes progressos em um curto período de tempo com a intervenção da consciência.

Dr. Binger: Você pode sonhar e beneficiar-se da consciência, sem a compreensão do sonho? É de valor construtivo?

Dr. Jung: Até certo ponto. É a onda que o levanta, mas você corre o risco de ser sugado para baixo de novo com ela. Se você pode agarrar-se a uma rocha e lá ficar, tudo bem.

Sr. Dell: Se o sonho é um retrato de uma situação psíquica, de algo que aconteceu, como pode ser também uma compensação? O que ele compensa?

Dr. Jung: A ideia de respeitabilidade do sonhador.

Sr. Dell: O sonho relata uma mudança de atitude, mas não vejo muito a compensação.

Dr. Jung: Isso é simples. Ele é um homem convencional e como teve essa visão panorâmica, algo mudou nele. Antes de ter esse sonho ele estava muito alto, e a natureza não aceita isso, então ela o puxou para baixo. Agora ele está diminuído. Essa é a compensação. É simbolismo peculiar, por que o sonho não diz que ele está diminuído?

Sr. Dell: Freud diria que foi disfarçado pela censura como uma proteção para a pessoa que dorme, mas de fato ele acorda.

Dr. Jung: Freud diria que foi disfarçado pela censura, eu diria que nós ainda não chegamos à explicação completa sobre o caráter reconfortante do sonho porque não se expressa numa alusão tão enigmática. Se o sonho dissesse: "Agora você está mais para baixo, antes você estava mais alto", não seria bem verdade, pois a partir do ponto de vista espiritual ele está mais alto, ele é um homem muito melhor do que era quando estava mais acima. Quando a natureza usa esse termo peculiar, uma figura encapuzada, como o marrom, algo da terra que deve ser escondido, algo reduzido, de má reputação, também pode significar um ser espiritual, um monge com o chapéu Cabiri. Os monges adotaram o chapéu marrom dos cabiros. É um simbolismo de dois sentidos, quando ele é baixado, ele está na realidade sendo erguido. *Cabiro* é do árabe *el kabir*[10], "*o grande*", e os cabiros são realmente

---

10. *Sems:*. "Cabura". O árabe para "grande" é *kabir* (cf. *gabir* em *Psychology and Alchemy*, § 203), mas no grego arcaico *kabeiroi* não poderia ter sido derivado do árabe. Alguns estudiosos sustentam que é uma forma helenizada do semita *kabirim*, "o grande", por meio de uma fonte fenícia, mas essa visão é hoje duvidosa. Cf. KERÉNYI. "The Mysteries of the *Kabeiroi*" (1944). *The Mysteries*, 1955, p. 48 [Documentos da *Eranos Yearbooks*]. • FARNELL, L.R. "Kabeiroi". In: HASTINGS, J. (org.). *Encyclopedia of Religion and Ethics*, VII, 1920, p. 628. • LIDDELL & SCOTT. *A Greek-English Lexicon*, 1940, s.v. Kabeiroi [rev. por H.S. Jones].

muito pequenos, os "pequenos mas muito poderosos". O dáctilo ou o tamanho do polegar é pequeno, mas muito poderoso. Na filosofia hindu, ele é Purusha, o pequeno homem místico vivendo no coração de todos, ainda cobrindo a terra, "menor do que pequeno, porém maior do que grande"[11]. Quando você persegue o simbolismo um pouco mais de perto, você verá que o inconsciente do homem está tentando mostrar a relatividade das coisas. Quando você entender isso, você vai ver que o inconsciente o colocará no centro das coisas, é disso que ele está atrás.

---

11. Cf. *Símbolos da transformação*, § 79-184 (como na ed. 1912), em que Jung cita os Upanishads sobre o *thumbling* Purusha e discute em detalhes a conexão com os deuses-anões cabiros.

Palestra III

29 de maio de 1929

Pergunta da Sra. Hannah: O boné marrom tem algo a ver com a necessidade de não se sentir absurdo no inconsciente coletivo? Quero dizer, ter essa atitude como uma criança tem a ver com o mundo objetivo?

Dr. Jung: Por favor, explique. Eu não sei bem o que você quer dizer.

Sra. Hannah: Eu quero dizer uma coisa como o que você disse sobre Fausto se sentindo um tolo quando falou com grifos e esfinges. O homem se sentiu como um tolo em usar o boné, não no aquário, mas quando ele saiu para o mundo visível. Como você explica isso? Ao sair do inconsciente ele se sente um tolo.

Dr. Jung: Mas por que alguém deveria se sentir um tolo? Vocês nunca se viram saindo de um filme, as lágrimas escorrendo pelo rosto, ainda obcecados com o que viram lá dentro? É assim que nosso homem está obcecado por uma ideia peculiar, algo que ficou nele. Você verá nos próximos sonhos como ele se sentia. Bonés e adornos de cabeça têm o significado de uma espécie de ideia geral que cobre o solo – colocando numa linguagem filosófica, um conceito que unifica uma série de conceitos menores. A língua alemã tem o seguinte ditado: "Alles unter einen Hut bringen"[1]. Então este homem usa o boné dos gnomos, ele esteve no submundo, ele olha para as coisas por debaixo, e tem o ponto de vista de um gnomo, então ele não é "um ajustado" no mundo de fora. Ele agora está coberto por essa ideia geral, e isso, claro, o faz se sentir tolo.

Dr. Schmitz: Ele ainda não está adaptado ao mundo real.

Dr. Jung: O ponto de vista do inconsciente coletivo não tem relação com seu mundo. Essa união de dois pontos de vista será o resultado de uma longa análise. Nesse sonho ele entra em alguma coisa que não se encaixa em seu mundo, algo que não poderia ser entendido lá, algo que o afastaria até um certo ponto. Vocês vão ver a partir do próximo sonho o que a ideia do boné realmente significa para ele.

---

1. Lit., "juntar tudo sob o mesmo chapéu". Cf. *Psicologia e alquimia*, § 53: "se coloca todas as ideias debaixo de um chapéu (*unter einen Hut*), o chapéu recobre toda a personalidade como uma representação principal outorgando-lhe sua significação".

Próximo sonho [14]: Ele sonha com certo comerciante grego (ele é meio comerciante e meio agricultor) que tem uma plantação de algodão na qual ele está cultivando uma nova espécie de algodão. Ele vem para o sonhador a fim de trazer a ele um número de cápsulas imaturas (frutos de algodão em que o algodão é visível no interior, mas que ainda não abriram) e ele relata que no país onde ele tem sua plantação um novo verme, uma espécie de praga do algodão, apareceu e está causando um estrago imenso. O sonhador pede a ele para lhe mostrar o verme. Ele abre uma das cápsulas, e o sonhador percebe em um lado um verme como lagarta, e uma espécie de substância gelatinosa semelhante ao que se vê em ameixas bichadas. O sonhador tem algum conhecimento sobre as pragas que destroem as culturas de algodão, mas estes vermes não se parecem com nada que ele já tenha visto. Ela se movimenta e produz excrementos pretos. Ele fica bem assustado, pois evidentemente o verme apareceu em grande quantidade e destruiu boa parte da cultura. Ele acha que deve telegrafar a seus agentes, pois esse dano vai afetar o preço das safras, então ele procura pelo seu livro de códigos (que lhe permitirá informar sua empresa sem o conhecimento de outros agentes), mas descobre que tem outro livro na mão. Seu irmão entra, enquanto ele está olhando para o livro, e o sonhador lhe pede o livro de códigos, dizendo que precisa telegrafar sobre a condição das lavouras. Seu irmão ri e diz que ele já telegrafou um relatório sobre a lavoura. O sonhador fica irritado e acha que ele deveria ter mostrado o telegrama, para que ele soubesse que mensagem tinha sido enviada.

Associações: Em relação ao plantio de um novo tipo de algodão e os vermes: É muito importante no negócio de algodão cortar um bom número de cápsulas antes da colheita para ver o número de vermes e assim calcular a porcentagem de danos, a fim de estimar o valor provável da lavoura. *Plantação*: Ela existe na realidade, mas não é um grego que está a cargo da plantação. Esta cidade em particular onde supostamente está localizada a fazenda é relativamente livre dessas pragas, por isso é um choque para o sonhador saber que elas têm aparecido em grande número em uma região que deveria estar a salvo delas, e que a safra está destruída numa extensão desconhecida. Ele sabe que esse excremento preto mancha o algodão e o torna quase inútil, portanto haverá provavelmente um estrago grande. *Telegrama*: Ele diz que não ficou satisfeito com a forma como ele lidou com a informação. O caminho lógico teria sido parar todos os negócios na bolsa até que soubesse a extensão dos danos. Em vez disso ele simplesmente quis enviar as informações a seus agentes, sem lhes dar ordens sobre compra e venda. Quando se torna conhecido que há um estrago considerável na plantação, isso influencia o preço do algodão, e pode haver um tipo de pânico na bolsa. Então ele sente que houve pouca ponderação. Também é surpreendente a ele ter pegado outro livro em lugar do livro de códigos. Ele diz: "Na realidade, eu não teria cometido um engano desses, mas em sonhos fazemos coisas que nunca faríamos na realidade. É verdade que o meu irmão, que já tinha visto o meu erro, é mais prático do que eu, mas quando se trata de assuntos de negócios complicados nos quais se deve ter uma postura calma e bastante superior, eu já o vi em apuros".

Portanto o sonhador se sente superior ao irmão por causa de sua maior experiência nos negócios. Ele continua: "Os telegramas em relação à condição das lavouras é uma tarefa muito difícil que eu sempre tomei para mim quando ainda estava na empresa. É absolutamente incrível, na verdade, que esse telegrama fosse enviado sem que antes fosse mostrado para mim. Estou impressionado com o fato de que neste sonho um grande número de coisas ilógicas aconteceram e eu não consigo ver o significado".

Este é mais um sonho sobre negócios. Acho que vamos começar por tentar estabelecer uma ligação entre este sonho e o anterior. O sonho do algodão apresenta um fato muito chocante para um homem interessado na especulação de algodão. Em uma grande empresa, onde ele é o chefe, ele sente uma enorme responsabilidade, pois está lidando com muitos milhões. Os relatórios dos agentes sobre as colheitas eram sua preocupação por um bom tempo, então quando acontece alguma coisa nessa esfera da sua vida significa algo de importância extraordinária. O relatório sobre os vermes que têm aparecido em grande número em um local onde as lavouras foram consideradas perfeitamente seguras perturbou todo o seu cálculo, e iria naturalmente apelar para a mente de um homem de negócios. Vocês têm uma analogia no caso de um cirurgião que executa uma operação e em seguida recebe um relatório de que o paciente está morrendo. Isso deve lhe dar um choque terrível. A informação é simbólica e significa que um verme apareceu! Esse fato deve ser conectado ao sonho anterior. O boné marrom apareceu novamente. Nós dissemos que algo havia acontecido com o paciente quando ele saiu do *show* com aquele chapéu esquisito; ele não era o mesmo. Vocês devem se colocar no lugar dele. Ele é um tipo sensível, de estrito bom-senso, não há mistério em seu mundo, tudo está perfeitamente explicado, assim tanto algodão, tal e qual preço. Então quando algo acontece que muda o aspecto do seu mundo, isso é muito preocupante.

Mulheres geralmente permitem acontecimentos inexplicáveis em seu mundo. No mundo das mulheres certas coisas podem acontecer que são excluídas do mundo do homem. Um homem acredita absolutamente em sua ideia de mundo. Ele deve ter uma visão real do seu mundo porque ele vai fazer alguma coisa com o mundo, mas o mundo é que vai fazer alguma coisa com a mulher. Se uma mulher vai fazer alguma coisa com o mundo, ela deve desenvolver uma ideia definida sobre ele. É natural que a imagem feminina sobre o mundo não seja muito definida. Ocasionalmente pode acontecer de a água subir mais alto que a fonte, ou do barômetro subir quando há um ciclone. Um homem tem dificuldade de se ajustar a isso, ele acha que há algo um pouco estranho sobre ela, que ela está pronta para deixar as coisas acontecerem para si. O homem sempre foi contra a realidade estrita e tem enfrentado os fatos óbvios da vida. Ele não pode ter uma fantasia sobre o preço do algodão; ele colocaria em risco toda a sua existência se cometesse um engano. Uma mulher pode dizer que é irrelevante, que nada aconteceu. Ele não consegue entender isso. Para uma mulher é possível que um fósforo levante do nada de dentro de sua caixinha. Se isso acontecesse a um homem, ele iria para um sanatório e diria: "Eu vi um fósforo levantando do nada de sua caixa!" Conheci um homem que foi para um asilo após ler em um jornal que ele foi dado como desaparecido.

O sonho anterior deve ter ficado sob a pele do paciente. Não podemos dizer o que era esse sonho, mas podemos construir uma hipótese quando olhamos ao simbolismo do verme que come as cápsulas de algodão. Algo aconteceu em seu mundo e o chateou, algo que nunca aconteceu antes. Isso o fez se sentir tão tolo como se tivesse fantasiado um preço na Bolsa de Nova York. Insisto que essa era a sua psicologia, pois nem todos os seres humanos têm essa psicologia. A sua mente é treinada para um propósito especial, e só podemos ver o que significa a um homem este sonhar como um acontecimento imprevisto quando nos damos conta de sua própria psicologia. Ele deixou no boné marrom, e agora o verme na semente de algodão, para mostrar que algo muito grave aconteceu a ele, tão perturbador como se aquele verme começasse a estragar o algodão em uma parte até então segura da cidade, e ele tinha descoberto isso na realidade. Só compreendendo isso podemos obter o valor integral de sua emoção e surpresa. Ela pega um livro e o confunde com o de códigos. As coisas estão acontecendo de uma maneira incrível. Seu mundo está perturbado em algum ponto. Você deve primeiro entender o paciente como um homem antes de conseguir entender o significado de seu sonho. Isso é extremamente importante, pois essas coisas dão a vocês uma visão mais profunda do processo evolutivo do que o próprio sonhador pode ter. Ele está inconsciente sobre o que está acontecendo. Eu digo a ele: "Você não sente nada?" "Não." "Não entrou alguma coisa debaixo da sua pele?" "Não." Por outro lado, pacientes podem dizer: "Ah, isso foi um sonho maravilhoso, muito foi conquistado!" E saberemos a partir do próximo sonho que o efeito era apenas uma marola na superfície, as águas profundas nem sequer se mexeram. Por seis meses eles podem ter sonhos de vulcões submarinos, mas nada se vê na superfície. No entanto vulcões submarinos são fatos. Meu paciente passou meio ano depois daquele sonho sem ter sido tocado nem um pouco por ele. Ele achou tedioso escrever seus sonhos etc. Foi um passatempo interessante, mas ele não viu nenhuma mudança. Ele não quer ser um médico ou um psicólogo e se convenceu a descontinuar sua análise. Ele fez a experiência de não vir de novo, então passou por um inferno, ficou deprimido e infeliz. Só então ele percebeu que algo aconteceu no momento em que ele teve esses sonhos.

Quanto ao simbolismo real, grande parte do comércio no Oriente está nas mãos dos gregos. Há um ditado no Levante que o armênio é o mais inteligente de todos, e em segundo lugar vem o grego. Para um homem de negócios no Oriente o grego é um intermediário; de um lado simples, primitivo, e por outro lado bastante sofisticado. Você encontra gregos em todo o Oriente. Mesmo ao longo do Nilo no local mais abandonado por Deus, você vai encontrar pontos de comércio dirigidos por um grego. Ele se dá relativamente em bons termos com os nativos e com o homem branco. Ele é considerado difícil e não simpático por ambos, de modo que o grego significa um intermediário para o sonhador. Isso não é bonito, mas você precisa ter um amigo assim. Aqui ele não é um homem de verdade, mas uma figura coletiva que traz a mensagem. Agora, qual é a sua interpretação?

Prof. Schmaltz: Minha ideia é que a cultura do algodão representa o *self* do sonhador. Ele descobre que essa safra, que ele acreditava valiosa, tem um verme e que, apesar de sua sensação de superioridade, ele não é assim tão respeitável e de tão boa reputação, pois ele tem vermes em si mesmo. Mas o sonho diz que a colheita não foi perdida, somente uma parte dela. Nem todas as cápsulas amadureceram ainda, e existe a possibilidade de que parte da plantação não esteja infectada. Esse é o lado esperançoso, mas é uma má descoberta encontrar isso na parte inconsciente de si mesmo, e ele sente que não pode agir da forma como costumava fazer em sua vida consciente, assim ele não pode agir claramente e comete um engano após o outro. O telegrama deve ser enviado sob um código, pois é um segredo, uma coisa desagradável que ele não quer que outras pessoas saibam. Por outro lado ele não assume as consequências e a responsabilidade, e dá a seus agentes ordens definitivas para parar de comprar e vender. Ele simplesmente diz a eles que existem vermes e os deixam decidir o que fazer. Acredito ser esse seu significado.

Dr. Jung: Isso é praticamente o significado, mas agora temos de entrar em detalhes técnicos. Com certeza, ele faz uma série de erros; para um homem de negócios há uma evidente falta de atenção. O fato de o irmão ter enviado o telegrama, que só ele mesmo como chefe deveria ter enviado, mostra que algo já tinha acontecido. O irmão estava trabalhando enquanto ele estava chateado; isto aponta para o fato de que muitas vezes quando estamos distraídos alguma coisa acontece e deveríamos tê-la controlado.

Estávamos inicialmente preocupados com o grego. Por que é um grego que dá ao sonhador essa informação?

Dr. Binger: É o lado oriental dele próprio, o lado reduzido de seu caráter, o intermediário.

Dr. Jung: Sim, ele tem um lado reduzido em seu caráter, parte dele é próxima do solo, nativa, e esta figura um tanto dúbia surge, um intermediário, para informá-lo de coisas acontecendo nas camadas mais baixas. Por que ele tem um caráter tão baixo quanto o intermediário, tão moralmente dúbio?

Dr. Binger: Porque muitas coisas das camadas mais baixas são dúbias.

Dr. Jung: Sim, então o inconsciente usa um personagem de caráter duvidoso para representá-lo. Ele vê a si próprio como um homem perfeitamente respeitável, completamente incapaz de delito, mas há uma porta dos fundos através da qual este caráter duvidoso surge como um intermediário e diz que existem esses lugares secretos. É interessante ver esses personagens no Oriente. Quando eu estava em Túnis[2], costumava tomar meu café em um pequeno estabelecimento, quase sempre frequentado por homens de negócios. Cada dia um homem vinha até mim e secretamente sussurrava em meu ouvido: "Eles estão vendendo trigo a tal e tal preço e você poderia fazer negócio". Eu sempre dizia: "Eu sinto muito, mas não sou um homem de negócios". Mas ele não acreditava em mim, já que eu estava lá – que outra razão eu teria para estar lá? E a cada dia ele continuava a me informar sobre os preços do trigo e do óleo. Então, é preciso um pouco de grego para farejar essas coisas como ele. O grego é um tipo de função, uma espécie de intuição, que está farejando essas coisas em lugares secretos.

O verme no algodão como um símbolo de algo muito destrutivo que fez uma aparição em seu mundo pode ser explicado racionalmente. É o fato que mais assustaria a um fazendeiro, pois pode destruir o valor de sua colheita. Uma nova coisa destrutiva aconteceu em seu sonho, assim como o uso do boné marrom é estranho e perturbador. Você se lembra dos meninos com bonés marrons na cidade alemã que ofenderam o pároco e a sociedade respeitável. É exatamente o mesmo com este homem. Ele é subitamente informado sobre certas coisas imorais em seu inconsciente, e isso o perturba. Por que deveria ser um verme? É um parasita. Todas as pessoas estão um pouco podres por dentro. Por que essa coisa má deve ser explicada como um verme?

Sra. Schlegel: Coisas invisíveis, um problema secreto, debaixo da terra, poderiam ser um verme ou uma cobra.

Dr. Jung: Sim, mas os camundongos podem ser assim.

Dr. Schlegel: A cobra é muitas vezes chamada de verme.

Dr. Jung: Sim, o pecado na Bíblia é o "verme imortal"[3]. É a coisa venenosa, comendo dentro de você. Por quê?

---

2. Na primavera de 1920. Cf. *MDR*, cap. IX, I, e o Anexo III.

3. Cf. Mc 9,44,46,48: "Onde o seu verme não morre e o fogo não se extingue" referindo-se ao fogo do inferno.

Sra. Sigg: É algo que vem da terra.

Dr. Jung: Sim, o verme ou cobra é subterrânea, de dentro ou de baixo. Isso tem a ver com a terra. Isso era invisível e então aparece na fruta. O que isso significa psicologicamente?

Dr. Schmitz: Ele vem do lado instintivo da vida.

Dr. Jung: Ele vem do corpo, nossa terra psicológica. Nosso corpo é a coisa mais próxima da terra que temos. Mas por que um verme especialmente? O que é um verme?

Sra. Sigg: Um estágio subdesenvolvido.

Sr. Dell: Um invertebrado.

Dr. Jung: Sim, um verme não tem cérebro, apenas um sistema nervoso simpático que é a forma mais primitiva de vida nervosa. Então, quando somos muito ousados, podemos dizer que o verme tem algo a ver com o sistema nervoso simpático. Isso significa as camadas mais profundas, as formas mais simples de vida, absolutamente pré-conscientes, uma vida que não é centrada em algum lugar. Consiste em gânglios separados numa série de compartimentos; portanto, o que representa essa forma de vida?

Dr. Binger: A vida desconectada.

Dr. Jung: Sim, desconectada em compartimentos, em segmentos. Você vê o mesmo na tênia. É dito simbolicamente que cada segmento de um verme é um animal por si só. Portanto esta forma de vida nervosa mais simples, a forma original, é uma vida em compartimentos, em segmentos. Se a vida é completamente em segmentos, é absolutamente inconsciente, não há uma síntese, portanto se a vida é nada mais que um sistema nervoso simpático, não há de modo algum consciência. Quando um verme surge, a forma absolutamente inconsciente de vida vem à tona, e pode ser mais destrutivo para a nossa consciência. O verme vai dominar a nossa psicologia, e a vida será vivida em compartimentos como temos na esquizofrenia. O perigo é sempre uma desintegração e dissociação da consciência em compartimentos. É um estudo fascinante, os pacientes ouvem vozes que falam de uma maneira em um compartimento e depois de outra diferente, quando em outro. Há uma autobiografia famosa de Schreber[4], que ficou louco depois de ter sido um grande advogado. Ele diferencia suas vozes, elas se autonomeiam, como "aquelas que estão penduradas em Cassiopeia", um grupo social ou sociedade que fala em um estilo. Outro grupo pertencia ao bibliotecário, e eles falam como se estivessem

---

4. SCHREBER, P.D. *Denkwürdigkeiten eines Nervenkranken* [Memórias de um doente dos nervos]. Leipzig, 1903 [trad. de I. Macalpine e R.A. Hunter: *Memoirs of My Nervous Illness*. Londres, 1955]. Jung evidentemente leu as memórias de Schreber por volta de 1905 e as trouxe para a atenção de Freud. Elas são frequentemente mencionadas em *The Freud/Jung Letters*, de abril de 1910 a dezembro de 1912. Cf. índice, s.v. Schreber.

lendo um livro em que todos os fatos novos são registrados no céu. Esse homem era muito musical e quando se sentava ao piano, geralmente uma voz lhe dizia: "Já fizemos isso", mas se ele tivesse uma nova sensação calorosa, então as vozes do Céu gritavam: "Entendi". Em seguida, outro conjunto era formado por pessoas bem pequenas que flutuavam no ar. Toda vez que ele batia em algumas delas, um pequenino ia até ele e dizia: "Oh, droga!" e desaparecia. Havia pequenos compartimentos que explodiam dentro dele e o derretiam, mas mais tarde, com a doença em estado avançado, estes compartimentos foram lacrados. Seus pequenos companheiros se sentavam em suas sobrancelhas, mas os compartimentos não explodiam mais e os deixava entrar. Esse é o perigo, é disso que as pessoas têm medo ao tocar o inconsciente coletivo pela primeira vez. Eles têm medo de que um verme entre em seus cérebros. É estranho, não que um verme seja algo agradável, mas uma doença no cérebro é ruim. Muitas pessoas sonham que devem comer algo muito impuro. Uma paciente minha teve um sonho no qual eu a levei até uma árvore revestida de uma espécie de glicose, onde caracóis haviam subido. Ela ficou com nojo, mas eu produzi um prato com garfo e faca e disse: "Sirva-se". Ela teve que juntar e comer aqueles caracóis. Isso significa que ela teve de assimilar o animal acéfalo – algo como o verme.

Agora, você está informado sobre o verme, e porque se tem medo dele e sobre o efeito peculiar de sua aparição inesperada no inconsciente de nosso mundo. O sonho nos dá mais detalhes sobre o funcionamento peculiar deste verme. Ele produz um excremento preto, que faz mal ao algodão, mesmo na parte da cápsula não devorada pelo verme. Isso deve ser algo particular. Vocês têm alguma ideia sobre isso?

Dr. Schmitz: Se existe um elemento neurótico no inconsciente, ele trará uma influência negativa ao consciente.

Dr. Jung: A ideia é que uma quantidade dessas cápsulas imaturas seja cortada e aberta para avaliar os prováveis danos para a coleta. Quando você encontra um grande número de cápsulas infectadas, a parte não comida pelo verme deveria estar em boas condições, mas tudo é arruinado pelo excremento produzido pelo verme. O inconsciente dá ênfase particular a esse fato. Existem duas causas de deterioração da cultura. Por que o próprio verme não é o suficiente?

Dr. Binger: Poderia ser um produto da fantasia?

Dr. Jung: Para interpretar essa parte do sonho é preciso primeiro saber o que as cápsulas significam, pois elas são os frutos da planta que se desenvolvem fora da terra. Interpretamos o verme, por isso também devemos interpretar as cápsulas. A planta não tem um sistema nervoso simpático, não há relação entre essa forma de vida e de qualquer forma de vida nervosa. Trata-se de uma condição pré-nervosa, absolutamente inimaginável para nós; não há uma conexão possível em nossa consciência, mas o funcionamento dessa condição vegetativa produz um fruto que serve de alimento para o verme, para o nosso sistema nervoso simpático. É um simbolismo muito importante. A cápsula é uma espécie de flor (flor é melhor do que fruta) que cresce do nada, da inconsciência absoluta e invisibilidade, e o verme vive nessa flor. É como se o nosso sistema nervoso simpático fosse baseado em um processo vegetativo, do qual ele desenha sua existência. Esse processo vegetativo completamente inconsciente é em parte destruído pelo verme.

Dra. Bertine: Será que o fato do fruto do algodão ser branco como a neve e um verme ser a primeira coisa que o estraga não corresponde ao infantil em nós, a inocência pueril?

Dr. Jung: Sim, o fruto do algodão é completamente inocente, branco como a neve, e esse verme é a primeira coisa a estragá-lo. Agora, lembre-se do mito de Adão e Eva, toda a história do problema no mundo começa lá. O verme aparece no Jardim do Éden e o arruína, aquele maldito verme! Isso lança alguma luz sobre a natureza do verme. Podemos ir ainda mais longe, podemos comparar a vida pré-consciente com a vida vegetativa dos animais inferiores, a realizar-se durante a vida uterina do indivíduo. O que é meramente vegetativo mais tarde se desenvolve no sistema nervoso simpático, e depois para a medula espinhal e em seguida o cérebro, então repetimos esse crescimento de uma vida vegetal para uma vida humana. A planta corresponde à fase mais precoce da existência humana, então há uma fase da vida mental opaca, incapaz de consciência e é nesse estágio que começa o problema, o verme começa a viver dentro da cápsula e destrói a condição inocente. O início da vida mental, psíquica é, de acordo com o símbolo, o início do mal. Como se sentem sobre isso?

Dra. Bertine: Significa conflito e o início da quebra da "Era Dourada".

Dr. Jung: Mas por que conflito, por que ele existiria? Por que não o desenvolvimento de alguma outra coisa? Por que o verme não podia comer outra coisa?

Dr. Binger: O mito de Adão e Eva parece estar relacionado com conhecimento. A cobra estava conectada com a árvore do conhecimento do bem e do mal. Vida de gânglios não é conhecimento.

Dr. Schmitz: O verme ainda não é uma cobra.

Dr. Jung: Vocês sabem que o sistema nervoso simpático está relacionado com algo psíquico "vendo com o olho das profundezas"[5]. O plexo solar desempenha quase o papel do cérebro, uma espécie de contracérebro, isso iria ainda mais longe do que as ocorrências fatais do paraíso.

---

5. James Kirsch, lembrando as discussões com Jung, comenta sobre esta passagem: "O entendimento de Jung era de que o sistema nervoso simpático, ou seja, o sistema anatômico vivo, era na verdade um órgão de percepção, comparável com o olho ou ouvido. Ele se conectava ao inconsciente, assim como a capacidade de o olho ver está conectada com o cérebro" (comunicação pessoal).

Dr. Schmitz: O início de algo individual, uma tentativa de relacionar dois centros, assim, uma tentativa de integração.

Dr. Jung: O sistema nervoso sempre faz uma tentativa de relacionar os centros, não importa se um ou mais, e centros significam algo individual. Não é mais uma sopa primordial. É o começo da dissociação do contínuo perfeito, da vida indiferenciada, e assim o início da dissociação do *continuum* perfeito da vida indiferenciada, é o começo da destruição. Isto é aparentemente a fonte do mal. Você pode dizer que este sonho é uma borda estreita para se caminhar, mas este simbolismo sempre se repete; não falo aqui apenas deste sonho, mas de muitos sonhos presentes na minha mente. Este simbolismo é muito antigo, é o problema do início do mal ou sofrimento, e de certa forma o início do conhecimento. É como se um sonho pudesse responder à eterna questão do homem: "Por que eu sofro, qual é a causa?" Gênesis diz que é aquela cobra maldita que te mordeu. Você não é mais uma criança, você já comeu do mal, você é consciente do conhecimento, mas para o inconsciente isso não é suficiente. Isso vai muito mais fundo, de volta do paraíso para o início dos seres diferenciados. Até lá é "eu sou eu e você é você!" Problemas de casamento são exatamente a mesma coisa: "eu sou eu e ela é ela". Se não fosse assim, não haveria problemas, no alvorecer da vida psíquica há problemas, há sofrimento. Este sonho é muito negativo. Claro que você não pode convencer o sonhador de que os vermes são uma bênção específica, ele dirá: "Oh, um terrível aborrecimento!" Ele pode não aceitar o fato de que algo entrou em seu mundo que não tinha previsto. Ele tentou pelo seu racionalismo se livrar de todas essas coisas, todos esses problemas; apenas as mulheres têm esses problemas. Mas agora ele é confrontado por isso, ele não pode mais negar que possui este conflito, ele tem um problema, e não sabe o que isso quer dizer. Devo dizer que não tive coragem de dizer a ele qualquer coisa agradável sobre o verme quando analisei o sonho. Se os sonhos não são suaves, com certeza eu não serei, então eu não contei a ele sobre vermes metafísicos. Mas aqui no seminário é diferente, podemos olhar para as coisas objetivamente, e perguntar por que o verme?

Esse verme é realmente destrutivo? Será que Deus criou as pragas apenas para se divertir, como moscas, piolhos, malária, a doença do sono, e todas essas coisas? Trata-se simplesmente do poder de destruição, crueldade e insensatez originais, ou há um significado mais profundo? Em outras palavras, será que esse começo da vida psíquica dele, em todo seu poder de destruição, tem um certo objetivo? Ninguém ganha consciência se não sofrer! Se você está sempre em águas maternas a 35°C, você não precisa de nada, mas você não está consciente. Parece que a natureza se esforça muito para trazer consciência a nós. Então, se você decidir que a consciência "é uma coisa maravilhosa, divina, e desejável", você deve ser muito grato ao verme que come aquelas flores. Ele come para produzir consciência a longo prazo. Portanto, se você assume que ter consciência é bom, você deve dizer que é uma coisa boa ter o verme. Mas a grande questão então é: será uma boa coisa ter consciência? Muitas pessoas dizem: "Você não acha que é perigoso?" Alguns homens dizem: "Você não acha que acontece uma coisa muito perigosa quando você torna as mulheres conscientes de si mesmas?" Eu digo: "Sim, perigoso para os homens!" Na realidade os homens que falam dessa maneira são almas virgens, tentando manter a si mesmos inconscientes, com medo de sua própria inocência, homens que nunca passaram por um defloramento da alma. Quando você considera a consciência como uma grande conquista, o verme é muito importante. Os antigos filósofos gnósticos achavam que o verme foi feito por Deus para criar o mundo espiritual – Yahweh[6] havia criado o mundo material e em seguida Deus teve piedade dele e enviou seu mensageiro, seu filho, a cobra, para ter piedade de suas criaturas e dar-lhes conhecimento. A cobra, uma bênção disfarçada, disse-lhes para comer da árvore do conhecimento para que assim vissem o quão imperfeito foi o trabalho do divino demiurgo. Este foi o primeiro passo para a sua libertação. Quando você reconhece que uma coisa é imperfeita, você pode fazer algo sobre isso.

Os gnósticos assumiram que a cobra era o Messias, o Filho do Deus espiritual que ensina as pessoas a escapar da maldição de inconsciência[7]. Esse ensinamento desempenhou um grande papel. A Igreja Católica quase entrou nessa via de pensamento, mas os primeiros padres já reconheceram o seu perigo. No segundo e terceiro séculos o cristianismo era como uma enorme lagarta sem qualquer síntese e eles tinham que sair desse estado a todo custo – eles não poderiam aceitar uma teoria na qual uma maior compreensão, consciência mais elevada, era um ideal. Eles só podiam admitir obediência à autoridade, como o principal ideal para reunir todos os elementos dissidentes e assim formar a unidade da grande Igreja Católica. Era a única coisa a ser feita naquele momento. Os gnósticos, no entanto, permaneceram um botão que nunca virou flor, mas em nossos dias estamos começando a compreender que do mal vem o bem e do bem vem o mal, a relatividade das coisas.

Não suportamos mais a escuridão. Não podemos suportar inconsciência. Por exemplo, temos sintomas psicológicos e temos que saber de onde estas coisas desconcertantes vêm. Nós não podemos ver quem está comandando isso dentro de nós. Existem muitos arranjos engenhosos que não podemos ver: é como se alguém os tivesse inventado para nós, para nos forçar a determinadas atividades. Deve haver um sujeito muito esperto por dentro, inventando um esquema; ele nos pega aqui e ali, e eventualmente nos conduz para seus próprios fins. Quando fazemos

---

6. Em certas seitas gnósticas, Yahweh foi identificado com o demiurgo, um deus-criador inferior que foi diferenciado pelos gnósticos da Divindade Suprema. Cf. *Aion*. OC 9/2, § 118 [R.F.C.H.].

7. Cf. ibid., § 298-299.

essa descoberta, sentimos que devemos entender o que está acontecendo em nossa própria casa. É como se vivêssemos no primeiro andar, enquanto coisas misteriosas acontecem no porão. Sentimos cheiros engraçados e ouvimos barulhos estranhos. Nós não podemos viver desse jeito, temos que saber o que está acontecendo. É exatamente o mesmo com que as pessoas se preocupavam há dois mil anos, mas a humanidade emperrou. Nossa maneira de descobrir também pode nos emperrar. Podemos ir contra uma necessidade maior. A imaturidade da grande maioria das pessoas pode levá-las ao pânico, e lá vem o grande verme. Qualquer tipo de desenvolvimento da mente humana só pode ir tão longe quanto é suportado por um determinado grupo da população. Se certo limite é traspassado, o movimento fica estagnado por motivos sociais, pelo perigo da desintegração da sociedade. Durante o início do cristianismo isso quase foi longe demais. As pessoas se dividem em facções individuais dissidentes, mas antes de o completo caos ser alcançado o instinto cria um limite além do qual não podemos ir e onde coisas podem ser organizadas.

Por enquanto estamos preocupados com a compreensão do inconsciente, porque não podemos mais viver decentemente sem consciência. Este entendimento é gnose, mas a tradução moderna é que o verme não é o Messias, é o símbolo do início da vida psíquica, um novo desdobramento da mente. Não importa o quão destrutivo esse verme parece ser no início, ele vai ser o seu maior benfeitor, pois ele vai trazer a você o germe da vida, a gnose da vida. Um dos últimos grupos gnósticos, os chamados Mandaeans, tem um conceito para o Salvador que significa "compreensão da vida", *manda d'hayye*; em que *manda* = "gnose" ou "entendimento", e *hayye* = "vida". Essas pessoas estão vivendo agora a seita dos Suppas ou Subbas (Batistas), perto de Kut-el-Amara na Mesopotâmia[8]. "Existem cerca de três mil deles, famosos por seu trabalho com a prata. Seus livros são conhecidos, mas difíceis de serem traduzidos". Um estudioso alemão, Lidzbarski, trouxe seu *Livro de João*[9]. É muito interessante em algumas partes. As liturgias Manda também são conhecidas. Essa seita só come animais afogados, eles não os matam de outras formas. Eles são seguidores de João Batista, que, de acordo com o *Livro de João*, discordava violentamente de Cristo quanto à política de publicidade. Cristo acreditava que os ensinamentos deveriam ser revelados ao mundo, mas João Batista disse que não deveria haver essa revelação, pois o mundo iria destruir a verdade. Mead nos deu uma tradução em inglês de partes do *Livro de João*, em *João Batista*[10]. Lá temos uma atmosfera que explica uma mentalidade como a de

---

8. Atual Iraque.

9. LIDZBARSKI, M. *Das Johannesbuch der Mandäer*. 2 vols. Giessen, 1905-1915.

10. MEAD, G.R.S. *The Gnostic John the Baptizer* – Selections from the Mandaean John-Book. Londres, 1924, p. 35-93 [trad. parcial do texto de Lidzbarski].

Cristo. O *Livro de João* o chamou de "Farsante", pois ele traiu os mistérios. Há uma longa discussão entre Cristo e João que nunca foi resolvida. Seus argumentos tinham pontos de vista introvertido e extrovertido. João, o introvertido, diz: "Não a entregue, irão destruí-la". Cristo, como o extrovertido, disse: "Mas eu posso fazer milagres com ela".

Dra. Bertine: *O amigo de Jesus*, de Ernest S. Bates[11], apresenta o ponto de vista gnóstico moderno. O amigo de Jesus é Judas.

Pergunta: Quais são as igrejas gnósticas modernas?

Dr. Jung: As novas igrejas gnósticas são todas novas invenções de coisas antigas, como sopa requentada, elas não têm relação direta. O último traço dos ensinamentos gnósticos provavelmente morreu com os Cátaros e os Albigenses[12]. "Eles eram maniqueístas, gnósticos, chamados *bougres* na França". "Bougre" deriva da palavra Búlgaro e veio do sul da França. Os seguidores da Rosa Cruz provavelmente representavam uma tentativa malsucedida de recuperar o protestantismo daquela época com sua falta de imaginação.

Gnostics and Their Remains[13], de King, e *Fragments of a Faith Forgotten*[14], de Mead, são dois livros que tratam dos antigos gnósticos.

---

11. Nova York, 1928.

12. Quanto aos cátaros e outras seitas heréticas que surgiram no século XI, cf. *Aion*, § 139, 225-235.

13. KING, C.W. *The Gnostics and Their Remains, Ancient and Mediaeval*. Londres, 1864.

14. Londres, 1906 [3. ed., 1931].

Palestra IV

5 de junho de 1929

Dr. Jung:

Como não há questões continuemos com o sonho. Nós fomos até o significado mais profundo do verme destruindo a fruta. Na última parte do sonho há a questão de como o sonhador vai lidar com essa situação. A descoberta do verme é de grande importância, embora, claro, esteja totalmente ausente a percepção consciente. A consciência do paciente é muito remota. Apesar da explicação de longo alcance que eu lhe dei, ele ainda está longe de compreender a importância e o âmbito de seu sonho. Ele nunca teria chegado à explicação que estou dando a vocês. Aqui tentamos ir mais longe a fim de entender toda a teoria, o princípio da expressão do sonho. Cada sonho é como um drama curto. No início é uma espécie de exposição, dando uma demonstração das coisas como elas são, exatamente como é lindamente mostrado no drama grego. Primeiro há uma demonstração da situação a partir da qual as coisas começaram; então, vem o emaranhamento ou desenvolvimento, e no final a catástrofe ou solução. A segunda parte do sonho geralmente consiste no problema de como o sonhador vai lidar com a situação. Isso pode parecer um pouco arbitrário, mas o inconsciente realmente funciona dessa maneira. Em primeiro lugar a afirmação do ponto de vista do inconsciente; e em seguida a maneira com que o sonhador possivelmente vai lidar com ele. Estamos inclinados a dizer: "O que o sonhador deve fazer, dadas as circunstâncias", mas, exceto em casos muito raros, o inconsciente não diz o que se deve fazer, exceto, claro, quando isso é muito óbvio. Normalmente várias soluções são possíveis, e o sonho simplesmente apresenta uma opção entre as possíveis soluções.

O mesmo acontece no *I Ching*, em que o primeiro hexagrama sorteado traz a situação atual, uma imagem das coisas como elas são. Este pode ser estático, o que significa que vai durar um bom tempo, e nesse caso não há um segundo hexagrama. Mas se você está em um estado de movimento os números indicam um segundo hexagrama, derivado do primeiro, a partir de uma transposição de linhas. Assim, o segundo hexagrama traz um prognóstico, uma ideia das possibilidades de transformações futuras. Não há certeza sobre isso, pode haver mudanças inesperadas nas condições, e também depende muito das conclusões tiradas a partir do primeiro hexagrama. Por exemplo, o primeiro hexagrama pode mostrar como você deve se comportar. Se você prestar atenção às sugestões e segui-las ao pé da letra, então se o prognóstico da última linha for desfavorável, ele não precisa sair. Existe todo o tipo de possibilidades de acordo com o que você faz com o primeiro hexagrama. Este sonho é construído quase como um hexagrama do *I Ching*.

Na segunda parte do sonho o sonhador diz: "Eu quero informar os nossos agentes por telegrama e, portanto, usar o código a fim de manter a informação em segredo". Você vê aqui o início da atividade do sonhador. Ele quer fazer algo sobre o relatório dos vermes. Ele tem a atitude correta de informar seus agentes, e o segredo é perfeitamente justo nesse tipo de negócio. Traduzido em linguagem psicológica, a ideia do sonho é que alguma coisa aconteceu, um novo verme apareceu de repente, um verme que parecia ser um perigo terrível; mas vimos que ele também tem um significado muito positivo, o começo de uma consciência superior. É por isso que muitas pessoas têm medo da consciência superior. Parece ser uma responsabilidade maior, algo perigoso. Vocês podem me dar alguns exemplos?

Dra. Bertine: Prometeus, que roubou o fogo dos deuses e foi condenado eternamente a ter suas vísceras comidas por um abutre.

Dr. Jung: Sim, a descoberta do fogo é um bom exemplo mitológico. É como os médicos que pagaram com suas vidas pela realização de experimentos com raios X. Mas vocês têm exemplos históricos?

Dr. Kirsch: Galileu.

Dr. Jung: Ele estava em perigo? Sim, ele começou a ter problemas com a Inquisição.

Sra. Sigg: Lutero?

Dr. Jung: A Reforma, sim, ou o exemplo mais impressionante do advento de Cristo que transtornou a civilização e causou grande matança. Pense nas centenas de milhares de pessoas que foram para o deserto em busca de uma vida ascética; cidades inteiras foram despovoadas e mosteiros cheios ao máximo, até mesmo os túmulos foram usados como abrigos. Foi devastador! Também houve a perturbação das famílias individuais. Essa foi a verdadeira razão para o ódio dos romanos ao cristianismo, pois ele separava famílias e assim ameaçava rasgar os fundamentos do Estado romano. Os romanos eram tolerantes com todo tipo de religiões, mas o cristianismo foi muito devastador. Esse é um bom exemplo do que um novo pensamento pode fazer.

Sra. Sigg: Freud.

Dr. Jung: Sim, quantos estão amaldiçoando a psicanálise.

Dr. Schmitz: Mas não Jung.

Dr. Jung: Ah, sim, eu poderia contar uma longa história sobre isso, e todos vocês poderiam fornecer o material para ela. Uma coisa de sangue foi a explosão do Islã no Oriente. Pensem nas Cruzadas, na Reforma Alemã e na revolta das guerras camponesas. Um novo pensamento pavimentou uma estrada com sangue.

Dr. Deady: E sobre a situação na Rússia? Trata-se de um aumento da consciência?

Dr. Jung: Certamente.

Dr. Deady: É difícil pensar nos comunistas como um exemplo de ampliação da consciência.

Dr. Jung: Mas os comunistas são apenas uma fina camada. É o mujique. Há um livro muito bom de Maurice Hindus, o *Broken Earth*[1], que mostra por que o bolchevismo é uma ampliação da consciência. O mujique começa a resmungar com o destino, com o governo, para praguejar e reclamar, o que significa que ele está começando a pensar. Esse é o milagre na Rússia. A Rússia permaneceu inconsciente durante milhares de anos ao lado da Europa sem reter nada dela. O mujique permaneceu primitivo, mas agora alguma coisa começa a se mover em seu cérebro. Para nós o comunismo não diz nada, mas para o mujique significa que ele pode pensar. Estou plenamente convencido de que no longo prazo o mujique será ferido em ação e despertará um pensamento social e político, e este será o resultado positivo de Bolchevismo na Rússia. Até agora o camponês estava disposto a ter qualquer coisa acima dele, mas quando ele começa a pensar, algo pode vir disso.

Agora o perigo do aumento da consciência desperta o nosso sonhador para a ação. O sonho diz simbolicamente que ele irá informar seus agentes secretamente. Como vocês traduziriam isso psicologicamente?

Sra. Sigg: No último sonho ele usava o boné da terra, e agora o fruto da terra é revelado. O agente precisa aparecer analiticamente ao analista.

Dr. Jung: Eu me recuso a ser o agente do paciente. Ele vai informar seus agentes. Os agentes são certamente não o analista, mas os subordinados do homem.

Dr. Schmitz: Suas funções.

Dr. Deady: Sua função superior que o mantém em contato com o mundo, suas ferramentas.

Dr. Jung: Sim, claro, ele está informando sua consciência, seus agentes são sua consciência, são todas as histórias que partem de seu cérebro para o mundo. Ele quer informar a consciênciaa, para compreendê-la. Agora, o código, o que isso significa?

Sra. Sigg: Linguagem abreviada.

---

1. Londres, 1926.

Dr. Jung: Não, não é linguagem abreviada, mas escondida. Ele poderia enviar um telegrama dizendo: "A cultura do algodão em tal parte está infectada com uma nova praga", mas qual seria o erro nisso?

Dr. Schmitz: Todo mundo saberia disso.

Dr. Jung: Sim, em um assunto tão importante, com milhões em jogo, ele não pode arriscar enviando um telegrama aberto a seus agentes, as notícias poderiam ser facilmente traídas. É engraçado que ele não poderia informar à sua consciência de forma direta. Por que não poderia?

Sra. Kirsch: Fazer isso de forma direta seria muito chocante para ele.

Dr. Jung: Sim, esta é uma boa razão, mas há outra. Ele pode informar sua consciência secretamente dessa forma que somente ele sabe, assim o código deve proteger a mensagem contra traição. Isso pode ser devido, como vocês disseram, ao fato de que ele quer se poupar, assim ele não coloca o assunto muito claramente. Pode haver outra consequência, ele pode estar traindo a si mesmo. Suponha que você tenha a sensação de que algo não está muito certo, e você tem um palpite de que é melhor manter isso para si mesmo e, em seguida, outra voz diz: "Droga, as coisas *são* mesmo assim e então é melhor você dizer isso aos outros". Então você vai para a sua esposa e seus amigos e diz que tal coisa é assim, como se você tivesse muita certeza. Esse é o perigo, você vai entrar em apuros nesse mesmo instante. Assim o código o protege contra o conhecimento claro, contra qualquer manifestação imediata de sua convicção. Mas quando ele tem apenas um palpite vago ou *"sensação"* ele consegue mantê-lo em um compartimento. Esse é o significado do código. Ele deve usar a chave, mas agora ele acha que segura outro livro na mão.

Seu irmão vê seu engano e sorri quando ele lhe pede o código. E agora acontece que seu irmão já enviara a mensagem, então os agentes foram informados, mas o sonhador não conhece o texto do telegrama. Parece busca de pormenores por entrar em tudo isso, mas é muito importante, pois mostra a forma extremamente sutil como lidamos com nós mesmos. Somos muito diplomáticos. Temos todos os tons de consciência, escuro, claro, meio claro, sombrio e com cada nível temos uma determinada maneira de nos relacionarmos. Dizemos coisas para nós mesmos em uma espécie de voz abafada e assim não perturba o sistema de compartimentos. Se falamos em voz alta vão nos ouvir na sala ao lado e isso vai aborrecer quem lá estiver. É prático manter o silêncio sobre certas coisas, e esta é a razão pela qual eu falo sobre estas maneiras sutis. Você pode pegar as pessoas nesses truques. A questão é que ele quer informar a sua consciência de modo engenhoso, sem sentir a ferroada, mas ele comete um erro, qual erro?

Dr. Schmitz: Ele pretende enviar um telegrama usando o código usual, mas agora ele encontrou um novo código, talvez um livro seu. Psicanálise. O irmão é a sombra.

Dr. Jung: É extremamente provável que, se o irmão enviou o telegrama, ele o enviou em código, pois, como diretor dos negócios, ele está tão consciente da gravidade da situação quanto o paciente. Isso significa que a consciência do paciente foi informada automaticamente pela sombra.

Dr. Schmitz: Uma vez que iniciou sua experiência na análise, ele tenta fazer tudo de uma maneira nova. O livro significa um código melhor.

Dr. Jung: O próprio fato de que foi a sombra que o informou prova que isso foi feito da maneira antiga. A sombra significa caminhos sombrios. Se deixamos as coisas no escuro, elas vão pelos antigos caminhos, ou até um pouco pior, como um cano vazando ou motor parado e nada se faz com eles. Quando o sonho diz que a sombra fez algo, você pode ter certeza de que aquilo foi feito da maneira antiga.

O sonhador comete um erro ao pegar outro livro em lugar do código, mas na verdade é a sua primeira tentativa de fazer as coisas da maneira nova, embora ele não esteja nem um pouco ciente em como informar sua consciência de outra maneira. É claro que o sonho não diz nada sobre a análise. O sonho só diz que é "outro livro." O homem não tem associações, ele não tem ideia de como o seu conhecimento analítico bastante insuficiente poderia ser usado para informar a sua consciência nesta nova maneira.

Há uma forma analítica de informação. Quando você descobre uma verdade chocante no inconsciente, você às vezes a percebe na maneira cega do código. Mas às vezes ela vem até você de forma tão clara que só se pode dizer: "Bem, é assim". Ela pode atingir você como um golpe na cabeça, o deixará atordoado e sem poder entendê-la. Aqui é o momento em que entra a análise. A forma analítica é entender quando você percebe isso. Muitos sonhos são bastante terríveis. Por exemplo, suponha que você sonha que quer matar alguém, seu pai, ou seu marido; se você não tem nenhuma maneira de compreender isso, será horrível. Isso acontece porque você não tem um código analítico, não o leva ao seu contexto, então ele cai sobre você como um bloco de chumbo e quase o esmaga. Análise tenta dar o contexto necessário, mostrar a relatividade dessas situações. Se você tomar o sonho literalmente, que você quer matar seu pai, é algo terrível. Mas não é tão terrível quando traduzido em linguagem analítica. É como uma regra a ser tomada simbolicamente: matar o pai pode significar remover o pai, ou pode significar retirar a sua influência, tornando-o inativo. A linguagem primitiva drástica do inconsciente apenas diz: "Mate-o", que significa nada mais que dizer: "matar o tempo". É muito inocente, significa apenas "pare sua atividade". Se puder, coloque de tal maneira que a consciência possa aceitá-lo sem explodir em pedaços. Você pode dizer que há um impulso instintivo assassino atrás disso. Bem, todos temos assassinos entre nossos antepassados, e muitos de nós poderíamos cometer um assassinato em determinadas circunstâncias, sem hesitações particulares. A sede de sangue original está presente, mas o significado é diferente, então você pode aceitá-lo.

Este é o código analítico que torna as coisas possíveis em vez do velho código, que, tomado literalmente e sem o contexto, pode ser destrutivo. O antigo código simplesmente serviu para esconder uma coisa em vez de trazê-la à consciência. O sonhador quer informar seus agentes, mas conforme o código antigo. Ele fica chocado com o relatório do perigo para a plantação e não sabe o que fazer com isso. Muitos dos meus pacientes dizem: "Como eu poderia cometer um assassinato?" "O que posso fazer sobre isso?" A maneira antiga é apenas reprimi-lo, mas o novo caminho, o caminho analítico, seria digeri-lo até certo ponto, tornando-o administrável. Eu digo: "Isso não significa que você vai matar seu pai, literalmente. Você pode neutralizar sua influência sem fazer isso". Isso já mostra ao paciente o que fazer; ele recebe a informação de uma forma controlável, digerível, que se encaixa no formato de seu mundo, não há choque e ela pode ser assimilada. Mas o nosso sonhador não está preparado ainda, ainda não pode fazê-lo desta forma. Não há nenhuma indicação sobre o que é o livro que ele tem na mão, nem qualquer informação sobre como ele pode usá-lo de uma maneira diferente. Tudo o que ele tem é raiva por seu irmão por não ter mostrado o telegrama a ele. O paciente percebe que foi sua sombra, o seu irmão, que o fez; o que ele mesmo poderia ter feito permanece no escuro. Esse é o lado negativo desse sonho. Os novos fatos são apresentados em uma forma ameaçadora e desagradável, mas os fatos a que o simbolismo do verme se refere não são negativos. O sonhador está começando a descartar as velhas formas e assumir o novo, então eu diria que o sonho não é de todo negativo, apresenta conteúdos positivos em formato negativo.

Próximo sonho [15]: "Estou sob uma cerejeira jovem olhando para as grandes cerejas vermelhas, maduras. Eu digo a mim mesmo: 'Vale a pena'. Então vejo que meus filhos estão recolhendo os frutos verdes que caíram da árvore, em uma pequena cesta. Eu digo a eles: 'Estas cerejas não nos pertencem e não estão maduras'. Eu as jogo novamente no chão sob a árvore. Noto uma menina de cerca de dois anos entre as crianças. Ela diz: 'Também tenho uma cerejeira da qual sou muito orgulhosa'. Ela quer mostrá-la para mim, e me conduz por entre os arbustos para uma árvore muito jovem, e fala com a mesma entonação que minha mulher tem na voz quando fala com crianças pequenas. Ela diz: 'Não há cerejas nela'. Eu falo calmamente com ela e explico que a pequena árvore deve crescer, antes de ter frutos."

Associações: *A cerejeira com frutos*: "É bem interessante plantar estas árvores, pois depois de um tempo crescem e nos dão estes grandes e belos frutos". *As crianças colhendo os frutos verdes*: "Me lembro de meu antigo sonho com o chapéu estranho que me fez sentir ridículo. Dessa mesma forma o fruto desta árvore não é minha propriedade. Portanto, não devo tocá-lo, mas plantar minha própria árvore. Para mim esta menina traz de volta a criança do sonho anterior".

A "criança de dois anos" traz de volta a menina de seu primeiro sonho, o menino doente da anima que não quis pronunciar o "a" no final de Maria, o nome da mulher do sonhador, então temos aqui o reaparecimento do anima. Ele está particularmente impressionado com o fato de que a criança tem a mesma entonação de sua mulher quando ela fala com crianças pequenas. Ele diz: "Me parece agora que a pequena garota se relaciona diretamente com minha esposa, porque ela fala com a sua voz".

Análise do sonho: Ele começa com a bela cerejeira cheia de frutos maduros. O sonhador diz: "*Vale* a pena", como se alguém tivesse acabado de dizer: "*Não vale* a pena". Ele não tem praticamente nenhuma associação, pois ainda está sob o feitiço do sonho anterior, em que estava preocupado com os frutos verdes do algodão. Me esqueci de dizer o que o *Sr. Gibb* acaba de lembrar-me que quando o algodão está infectado pelo verme o fruto cai do caule ainda verde. Eu lembro que o paciente me descreveu isso em detalhes. Aqui temos novamente o fruto imaturo. O que vocês acham desta bela árvore e suas cerejas?

Sr. Gibb: A árvore do conhecimento.

Dr. Deady: A coisa que cresce do solo e produz frutos.

Sra. Crowley: Seria uma questão de sexo, as cerejas?

Dr. Jung: Sim, nós vamos chegar a isso mais tarde. No sonho anterior, havia algo de errado com a plantação, os frutos não apareceram, mas aqui há uma bela árvore com frutos. A primeira impressão é de saúde, integridade; a doença é superada. O que aconteceu entre os dois sonhos?

Dr. Schmitz: É uma compensação para a forma mecânica do homem de negócios. Ele nunca pensaria em plantar uma árvore ou uma flor. Ele diria: "Não é vantajoso, não vale a pena". A análise é como algo da terra, um crescimento natural. Você deve ter a paciência do camponês que cultiva o solo e fica satisfeito com pequenos resultados, muito diferentes daqueles do homem de negócios. Esta árvore bonita é a natureza, e ele vê que "*vale* a pena".

Dr. Jung: Você está descrevendo a atmosfera deste sonho. Você vê que o inconsciente tem mudado o cenário e insiste em um aspecto totalmente novo. No sonho anterior o crescimento do algodão não interessa ao sonhador, é só uma questão de compra e venda. Neste sonho ele é confrontado com um novo problema, o crescimento de uma árvore na qual nunca esteve interessado, pois pode comprar a fruta no mercado. Mas é como se ele não pudesse comprar a beleza de uma árvore cheia de frutos. Ele diz: "Vale a pena". Ele deve reconhecer que há virtude prática e mérito em cultivar estas árvores, que para ele, como um homem de negócios, não valeria a pena por se tratar de um negócio pequeno demais. Assim, todo o problema psicológico é expresso em uma nova linguagem, pode-se dizer uma linguagem natural, a linguagem do solo. O problema que ele está enfrentando não pode mais ser expresso em termos de negócios. A linguagem da compra e venda é muito racional, então a linguagem do inconsciente propõe um simbolismo diferente. Aqui está uma bela árvore com frutas, e ele tem que admitir que isso também vale a pena. É algo que se opõe à industrialização, sua atitude anterior. Todo dia escuto: "Qual é a utilidade disso?" "O que posso fazer com a análise?" "Qual é o resultado?" "Só se gasta tempo e dinheiro e não há nada a fazer." Apenas há alguns dias eu disse a um paciente: "A única coisa que você quer saber é quais são os fatos e o que você pode fazer deles. Isto tudo está na superfície. Você nunca pergunta o que surge em conexão com estes fatos ou como você é afetado ou se sente em relação a eles, ou o que você pode fazer com você mesmo". Achamos que nada pode ser feito sem empregar dinamite. Não percebemos que muito pode acontecer pelo desenvolvimento, pelo crescimento.

Muitas vezes somos levados a uma parede, é muito alta, não podemos superá-la e ficamos lá, a olhar para ela. O racionalismo diz: "Não há como superar isso, basta ir embora". O desenvolvimento natural levou o paciente a uma situação quase impossível, para mostrar a ele que este é o fim das suas soluções racionais. Compete a ele estar lá e talvez ficar lá, criar raízes e crescer como uma árvore; em lugar de superar o obstáculo, crescer ao longo da parede. Existem coisas em nossa psicologia que não podem ser respondidas hoje. Você pode ser contra a parede de pedras, mas deve ficar lá e crescer, e em seis semanas ou em um ano você a superou. O *I Ching* expressa isso lindamente[2]. Uma situação semelhante que parece bastante desesperada é descrita assim: "Um bode arremete contra uma cerca e fica com seus chifres presos". Mas, na linha seguinte: "A cerca se abre; não há mais a prisão. O poder depende do eixo do movimento de uma locomotiva". Então, se você pudesse parar de bater contra a cerca, seus chifres não ficariam presos e hoje você teria o poder de um veículo com quatro rodas. Há outro modo na natureza, o modo de uma árvore. Isso é contra o racionalismo e a impaciência do bicho homem. É a avidez que quer saltar como um tigre sobre as coisas. A árvore fica parada e cresce e cria raízes e, eventualmente, supera o obstáculo. Então, esse sonho chama a atenção dele para outro tipo de simbolismo. É uma forma especialmente útil para lidar com dificuldades psicológicas. Hoje ele é certamente incapaz de lidar com seu problema, ele não sabe como ter uma relação decente com sua esposa, ele não tem palavras, modos, e só irá levar tudo ao caos. Seu inconsciente diz: "Melhor calar a boca". Então sua racionalidade diz: "É melhor correr para longe", fazer compartimentos. Mas a maneira da natureza é ser como uma planta, um ser estável, e com o tempo dar frutos. A única maneira que ele pode ser ajudado é pela

---

2. Hexagrama 34, "O poder do grande". A versão Wilhelm e Baynes do *I Ching* foi substituída.

evolução. Esta ideia permeia todo o sonho. A menina o leva à sua árvore, orgulhosa dela, embora seja tão jovem que não dê frutos ainda, e ele explica a ela que com o tempo a árvore vai crescer e dar frutos. Agora, o que acontece com as cerejas que caíram e foram recolhidas em cestos? Obviamente estes são os frutos imaturos do algodão que caíram, infectados pelo verme. Toda cerejeira produz frutos que não amadurecem. O que isso significa psicologicamente?

Dr. Leavitt: Certos processos psicológicos não são feitos para amadurecer, eles morrem antes de atingir a maturidade.

Dr. Jung: Sim, na psicologia de todos existem certas coisas destinadas a morrer, cascas inúteis que devem ser jogadas fora. No metabolismo do corpo certas células morrem diariamente – vivas hoje, mortas e prontas para serem descartadas amanhã. Assim na psicologia devemos construir certas coisas que nunca amadurecem. Coisas úteis por um tempo, mas que depois desaparecem, como, por exemplo, certos presentes que parecem promissores na juventude; depois de um tempo eles murcham e são jogados fora. Por que você acha que o sonho insiste nessa banalidade?

Dr. Leavitt: Poderia não significar experiências inúteis?

Dr. Jung: A vida é um laboratório, um experimento da natureza, e muitas coisas não dão certo. As pessoas dizem: "Isso falhou, aquilo falhou", e permanecem bastante inconscientes do que aquilo pode fazer, são pessimistas e então capazes de ver apenas o que não podem fazer. O sonho diz: "Todo mundo assume riscos, a natureza assume riscos, somos todos experimentos que podem falhar". As cerejas verdes caem. Mas o nosso sonhador não consegue ver isso. Se ele fosse um pouco menos racional, poderia brincar mais com a vida, mas um racionalista não pode brincar com a vida, para ele a brincadeira é irracional. Temos de ser capazes de dizer certas coisas: "Eu vou tentar isso, mesmo com a convicção de que possa ser um erro". Só quando se vive desta forma pode-se fazer algo da vida, talvez hoje de um jeito e de outro amanhã. Cada raiz na terra tem que encontrar seu caminho em torno da pedra. Pode levar à direção errada. Tão logo aceite as ideias de crescimento e desenvolvimento, você é confrontado com a irracionalidade da natureza. Todos os racionalistas odeiam isso, pois com eles tudo deve ser seguro, "sem riscos, por favor".

Agora as crianças estão coletando frutos que não têm nenhum valor! O que isso significa? De onde essas crianças, de repente, aparecem? As crianças são os frutos imaturos, elas representam suas próprias tendências infantis, mas o que significa pegar o fruto imaturo?

Sr. Gibb: Manutenção dos valores infantis.

Dr. Jung: Esse é exatamente o retrato do sonho. Ele diz: "Olhe para essas crianças, olhe como brincam, elas vivem a vida como ela é, elas colhem os frutos podres e nem perguntam: 'Esta é uma cereja valiosa?'" Esta é a ideia que o sonho mostra a ele. Você tem que viver certas coisas como se elas fossem se tornar frutas maduras, e se isso não acontecer, largue-as; isso deve acontecer de forma natural, de uma maneira infantil, sem preconceito. No momento em que você tem preconceito você exclui certas possibilidades, e a vida já não é mais completa.

Dr. Schlegel: Podemos interpretá-lo como infantilidade do homem, a coleta desses frutos imaturos como se fossem valiosos, e seu inconsciente o critica como infantil ao se comportar dessa maneira.

Dr. Jung: Essa é uma interpretação que seria perfeita para um tipo irracional, mas devemos levar em conta que esse homem é um tipo racional. Ele diz apenas aquilo que viu em seu próprio sonho. Eu interpreto da minha maneira, porque uma dessas crianças é um filho de sua anima. A interpretação do sonhador excluiria sua anima, além de excluir sua alma, e estaríamos de volta ao início novamente. Esta é uma boa interpretação teórica, mas ela não leva a psicologia do sonhador em conta.

Muitas vezes pessoas que não conheço me enviam seus sonhos, mas sem o conhecimento do sonhador eu só posso interpretá-los teoricamente. Você não tem nenhum ponto de partida para a interpretação. Portanto, em contraste com Freud, embora admitindo que os sonhos usam as mesmas imagens, devemos lembrar que eles são simbólicos em diferentes situações psicológicas. Uma cobra em um caso pode significar algo favorável, "a sabedoria das profundezas"; em outro, algo desfavorável, como uma doença física. Uma vez uma mulher sonhou com uma cobra muito comprida, tão grande como um elefante, o que significava febre tifoide. A mulher disse: "Sempre antes de ficar doente sonho com uma cobra, mas ela nunca fora tão grande". A cobra pode ter sete mil significados.

Dra. Bertine: Você poderia interpretar o sonho antes de sua doença?

Dr. Jung: Não, eu não a analisei. Eu só a conheci, e ela me contou o sonho, mas eu achei que significava uma longa doença. Sempre que o inconsciente está no topo, sempre que ele prevalece sobre o presente, ele cresce forte e importante, grávido do passado ou do futuro. Quando o inconsciente está pleno de futuro, ou é uma forma ativada do passado que não foi realizado, então ele prevalece ao homem. A cobra pode significar o passado ou o futuro.

Dr. Schmitz: E sobre os tipos que não são definidos, como por exemplo os intuitivos, que não podem viver sua intuição e têm pensamento ou sentimento como uma função exageradamente secundárias? Sua nova linguagem é boa, ele parece muito racional. Quando desenvolvemos uma nova linguagem, estamos mais ansiosos em usá-la do que a nossa própria. Assim um tipo irracional pode se tornar um tipo racional exagerado. Como vocês interpretam o sonho?

Dr. Jung: Este é um caso complicado. Se a pessoa é exageradamente racional, então o sonho deve ser interpretado como o fiz. Eu não tenho certeza neste caso, de fato estou tendendo a achar que o sonhador era originalmente um tipo irracional. Ele desenvolveu seu pensamento e começou a racionalizar a si mesmo, e se excedeu. Muito provavelmente ele é um tipo sensorial, compensado por um racionalismo exagerado, e o sonho quer romper isso.

Sra. Crowley: Isso não torna muito difícil interpretar os próprios sonhos?

Dr. Jung: Sim, com meus próprios sonhos sou tão impotente quanto qualquer outra pessoa. O sonho cai na minha própria sombra, aonde minha luz não chega. É como se eu nunca tivesse ouvido falar em análise de sonhos. Não sermos o que sonhamos é, naturalmente, uma coisa enlouquecedora. Eu tenho que começar bem do início, abordando-o com uma análise muito meticulosa. Isso prova que nossos sonhos estão sempre à frente de nós mesmos. Nunca crescemos até uma estatura divina, nunca estamos com nossos deuses. A coisa essencialmente humana é que o homem está sempre um pouco abaixo, um pouco incompleto. Ele deve ser assim! Então você tem que assumir a atitude de um bebê recém-nascido. Deve sempre ser humilde quando se trata de seus próprios sonhos. Depois de vinte ou trinta anos aprendi essa atitude, que as coisas que valem a pena estão à frente de mim. Há coisas em nós que são superiores a nós mesmos, portanto temos uma ideia de um hipotético novo centro superior ao consciente.

Tipos irracionais estão sempre se colocando nele. Eles estão quase sempre no caminho errado, espectros da caça. Se eles colhem frutos na estrada, os jogam fora, por ser um fato consumado.

Vamos agora para o fato importante de que uma dessas crianças do sonho é seu anima infantil, e que tem apenas dois anos de idade. Sua idade tem a ver com o início de seus estudos psicológicos. Dos sonhos anteriores vimos que o seu interesse em filosofia e teosofia era bastante mórbido. Ele estava inclinado a tomar a teosofia de uma maneira muito concretista, e a criança de sua anima estava doente. No sonho ao qual ele se refere, ela não conseguia dizer o nome da esposa do sonhador, e agora ela fala com a mesma entonação de voz e eles estão com boas relações, uma mudança importante. Então depois de um mês de análise a criança não está mais doente e mostra sua bela e jovem cerejeira ao sonhador. Obviamente ele sente que a grande árvore não lhe pertence, e não deixa que as crianças recolham seus frutos. Quando sua anima o leva à sua árvore, ele sente que ela é inteiramente sua. Então a que lugar pertence essa grande árvore?

Dra. Bertine: Será que ele teve uma percepção intuitiva das possibilidades de uma árvore como essa falar com você?

Dr. Jung: Sim, é a árvore de minha anima. Ele só intuitivamente percebe, sente que as coisas que falamos parecem valer a pena. Então vem a tentação de jurar pelas palavras do mestre[3], como os pitagóricos, e tomar cada palavra que eu

---

3. Cf. HORÁCIO. *Epistulae*, 1.1.1s.: "Jurat in verba magistri" (jura as palavras do mestre). Em Horácio, a referência são os gladiadores que fizeram o juramento.

digo como verdade eterna. Digo um monte de besteiras durante o dia e há certas pessoas que pegam os frutos imaturos e bagas podres e os comem achando que comeram bem. Aquela árvore produziu um monte de coisas imaturas, e este homem poderia ter se inclinado para buscá-las e valorizá-las sem críticas, mas o sonho o avisa e diz: "Deixe essas coisas onde estão, não é sua árvore, você tem seu próprio trabalho para cuidar". Então, sua pequena anima o leva até sua própria árvore, e ele é muito paternal e diz: "Tenha paciência e com o tempo ela vai crescer e dar frutos". Ele é muito paternal quando fala à sua anima! Por que é tão jovem? Ele tem quarenta e sete anos, ela, apenas dois.

Dr. Schmitz: Ela é uma recém-nascida.

Dr. Jung: Agora com interesses mais espirituais ela começa a viver. Ela é imortal, pode mudar sua forma, às vezes é muito velha, uma velha bruxa; por que ela é tão jovem aqui?

Dr. Deady: Ela é jovem porque sua relação com essa criança, que é a relação com sua esposa, é muito jovem.

Dr. Jung: Sim, a relação dele com sua esposa, e também porque sua atitude consciente é muito velha, então seu inconsciente a compensa e a faz muito jovem. Qualquer racionalista tenta viver como se tivesse dois mil anos de idade, como um experiente bisavô. Se tivéssemos concordado com o velho Pitágoras, nessa altura todos seríamos seres racionais. Quando vivemos sob o ponto de vista racional, o anima é um bebê. Dois anos é uma idade muito jovem, então você pode ver o que é a idade deste homem, eu diria cerca de novecentos anos. O que ele precisa, a fim de tornar-se humano, é de uma enorme dose de juventude. A diferença entre o dois e o novecentos simboliza a diferença em sua própria natureza. Obviamente a árvore a que a menina o leva é a sua própria árvore.

É uma velha ideia germânica de que cada homem tem sua própria árvore, um totem plantado quando a criança nasce; se alguma coisa acontece com a árvore, algo acontece também com ele, mas se ela cresce e floresce, ele está bem e feliz. Você poderia ferir um homem batendo um prego em sua árvore ou poderia matá-lo cortando a árvore. A árvore é usada como tema em *The People of the Mist*, escrito por Rider Haggard[4], no qual cada indivíduo da tribo tem sua própria árvore. Existe uma relação peculiar entre cada homem e sua árvore; e quando a árvore cai, a vida do homem chega ao fim. De acordo com César, os druidas costumavam cortar uma árvore no formato de um homem com os braços estendidos na forma de uma cruz[5]. Cristo na cruz é outro exemplo, pois a cruz é também a árvore da vida. Há também

---

4. Londres, 1894.

5. Cf. *Símbolos da transformação*. OC 5, § 402 (como na ed. de 1912), em que Jung atribui a história a Thomas Maurice: *Indian Antiquities* (1796).

a lenda judaica na qual Adão, pouco antes de sua morte, tem permissão para olhar o Paraíso uma última vez. A árvore está morta, mas em seus ramos está deitado um pequeno bebê.

Palestra V

12 de junho de 1929

Dr. Jung:

Nós terminamos nosso sonho da cerejeira. Alguma pergunta?

Dr. Deady: Por que você diz que a sombra sempre faz as coisas do velho modo? Não compreendo o significado de "velho".

Dr. Jung: Eu disse isso como uma declaração média. A verdade geral é que a sombra representa velhos hábitos: é claro que existem circunstâncias excepcionais como quando o inconsciente está em ascensão sobre o consciente. Por que eu digo que a sombra representa os velhos modos? A sombra é a personalidade inferior, a personalidade mais antiga, a mais tranquila. É a sua reação mais pessoal, do modo como você sempre reagiu. Por exemplo, você encontra a sombra em seus ressentimentos pessoais, seus impulsos íntimos. Estes são praticamente os mesmos em toda a sua vida. Na infância, quando não há qualquer consciência, você reage de forma perfeitamente natural como o resultado de impulsos diretos. Mais tarde essas reações são encobertas pela educação, por todo o processo de tornar-se consciente. A maioria das pessoas esconde suas reações pessoais e afunda mais e mais em sua sombra. É uma ideia perfeitamente plausível que não achem a superfície agradável, pois a relação humana exige e necessita de certas formas. Assim, os velhos caminhos, as velhas reações são preservados na sombra, no inconsciente. Se algo cai totalmente no inconsciente, não há nenhuma oportunidade que seja corrigida. A coisa vem do inconsciente tão fresca quanto no primeiro dia em que foi colocada lá. As coisas não se esfregam umas nas outras, elas não foram colocadas no caldeirão para fundirem, são como peças de museu em vitrinas de vidro, nada as desgasta e a forma permanece sempre a mesma. É por isso que digo que a sombra na fronteira do inconsciente significa "velhos modos". Existem algumas exceções em que aparentemente a sombra não é o "velho caminho", como quando o consciente não tem conhecimento de alguma coisa nova vinda do inconsciente. Essas pessoas se tornam conscientes de distúrbios. Coisas que foram tratadas há muito tempo de repente tornam-se incontroláveis. Às vésperas de uma explosão de uma psicose, as pessoas se chateiam com coisas que nunca se importaram, mas que agora se tornam um obstáculo e uma obsessão. Claro que seria um grave erro da parte do analista tomar essas coisas por suas aparências. Ele deve verificar cuidadosamente se essas reações particulares sempre foram incontroláveis, se são relativamente habituais ou se só tornaram-se incontroláveis agora. Por exemplo, suponha que um homem teve um ressentimento. Ele foi traído há trinta anos, e de repente a coisa toda vem à tona novamente, e ele fica com raiva como se isso tivesse acontecido há pouco tempo. Isto é o que acontece no início de uma neurose ou psicose. Você vê o mesmo em doenças venéreas que foram tratadas satisfatoriamente há tempos, mas a inferioridade se desenvolve, e anos mais tarde o homem começa a se preocupar com isso como um inferno e isso cai sobre ele como um peso de centenas de toneladas. Quando você analisa o peso do recrudescimento desse ressentimento, você percebe que isso não é devido a nada de novo no ressentimento, mas a algo que há por trás disso, algo que nunca foi consciente. Algo que vem das profundezas ocultas sob o manto das reações pessoais.

Sr. Dell: Você quer dizer que os sintomas físicos realmente se repetem?

Dr. Jung: Pode ser assim, ou os sintomas podem ser puramente psicológicos. O inconsciente toma estas "formas de sombra" para suas expressões, pois não existem formas conscientes em que possa fluir. Estas reações são caminhos para o inconsciente. Pode-se encontrar o anima ou animus ao exagerar essas reações.

Dra. Bertine: Então o anima ou animus é o arquétipo por trás destas reações pessoais?

Dr. Jung: O animus é uma função, não deveria ser tão terrivelmente pessoal; se o for, o é em virtude de seu conteúdo, pois carrega um peso. Um grande peixe apareceu no inconsciente coletivo, e o animus o engoliu. O animus torna-se gordura, a barriga é inflada, e ele começa a falar com grandes palavras. Você não escuta essas palavras, você não ouve nada, mas de alguma forma tem um prejuízo e lida com as coisas com premissas inconscientes. De repente você acha que seu caminho está errado devido a certo viés peculiar. É exatamente como se opiniões expressas pelo animus em uma voz inaudível fossem filtradas pelos seus pensamentos, e isto funciona exatamente da mesma forma como se você tivesse os mesmos pontos de vista. É como a história da pomba que pensa "eles estavam andando", mas ela na verdade nunca teve pensamento algum. É a melhor história de animus que conheço, boba mas profunda, como as coisas bobas muitas vezes são.

Era uma vez um cavalo, um automóvel e uma pomba que se encontraram por acaso. Era um dia lindo, e eles pensavam em ir para uma pousada. Para aproveitar mais a excursão, concordaram em fazer uma corrida tendo a pousada como o objetivo. O automóvel correu bastante e foi, naturalmente, o primeiro a chegar à pousada; ele pediu um café preto e esperou. Logo em seguida chegou o cavalo ofegante e suado; era um dia quente e ele pediu um copo de cerveja. Eles esperaram e esperaram e esperaram, e a pomba não chegava. Eles pensaram: "Algo deve ter acontecido com nossa velha e querida pomba", então voltaram para encontrá-la, e então, próximo do local de onde eles tinham partido, eles viram um pontinho branco na estrada. Era a pomba andando em meio à poeira, toda suja e enlameada. Eles perguntaram a ela: "O que você está fazendo aqui?" "Oh", disse a pomba, "Pensei que íamos andando". Agora, por que ela achou que iriam todos andando? O automóvel foi sobre rodas e o cavalo sobre seus cascos, então a pomba deveria ir a pé, suas asas não serviriam para nada! Tranquilamente, ao lado da marca, ali estava o animus.

Sr. Dell: Por que você faz do pombo uma fêmea?

Dr. Jung: Oh, a palavra para pombo em alemão é feminina. Além disso, é um símbolo do amor, de Vênus, de Astarte, e um sinal do Espírito Santo em vez da mãe etc., então você vê que tenho outros motivos para considerar o feminino. Mesmo que o pombo fosse macho a lógica ainda seria a lógica do animus, que se torna consciente de premissas que ninguém havia pensado.

Dr. Schmitz: Não é possível que a sombra possa receber uma educação pela própria vida?

Dr. Jung: Sim, pela análise pode acontecer.

Dr. Schmitz: Não normalmente?

Dr. Jung: Não, porque está na escuridão, inferior, cuidadosamente escondida, um esqueleto dentro do armário. Você, naturalmente, o mantém lá, é uma garantia de que ele permanecerá inalterado. Você não pode apresentá-lo a seus convidados, assim não pode lavar sua roupa suja em público. Daí a sombra não poder ser educada normalmente. Mesmo no casamento certa distância é mantida, e as pessoas podem deixar suas sombras distantes umas das outras. Eles chamam isso de "integridade de personalidade", "Integer vitae scelerisque purus"[1].

Dr. Schmitz: Com a maturidade nos tornamos mais familiarizados com a vida, mais maduros, a sombra não cresce também?

Dr. Jung: A longo prazo você dificilmente pode evitar trazer a sombra para a superfície. Ela se mostra em circunstâncias especiais. Por exemplo, se você quiser testar um amigo, se embriague com ele e poderá ver uma besta.

Dr. Schmitz: Às vezes você pode encontrá-lo mais simpático, mais agradável.

Dr. Jung: Sim, por outro lado a sombra pode ser muito encantadora. Algumas pessoas escondem suas melhores qualidades em uma opinião de animus ou humor de anima, ou em um preconceito herdado, a influência da família etc. Essas

---

1. "Ele que está imaculado na vida e puro de culpa" (HORÁCIO. *Carmina*, 1.22:1 [trad. de E.C. Wickham]).

pessoas vivem suas qualidades de sombra. Algumas pessoas, especialmente os introvertidos, sempre cometem erros. Eles têm talento particular para colocar seus dedos na ferida.

Dr. Beitne: Toda vez que a sombra vem com força esmagadora, ela é sempre reforçada pela anima ou animus, não é?

Dr. Jung: A anima ou animus está sempre detrás da cena, mas é impossível dizer que eles aumentam o volume da sombra. A sombra em vez disso aumenta o anima. Às vezes é incorreto usar o termo animus ou anima. Pode ser um novo conteúdo vindo do inconsciente coletivo. Às vezes você tem algo mais como um pressentimento ou inspiração. Então falar sobre anima ou animus seria precioso demais.

Dr. Schmitz: Se o introvertido mostra seu pior lado, é porque a sua sombra é extrovertida?

Dr. Jung: Sim, ele demora tanto tempo que sua sombra comete erros quando ele fala. Eu tinha um amigo introvertido que sempre hesitava e esperava, assim sua boca começava a falar antes que ele estivesse pronto, e sempre dizia a coisa errada. Quando estudante, ele teve que fazer uma prova com o famoso velho Virchow[2]. Ele se sentiu muito nervoso, pensava nele como um rinoceronte com dois chifres. Tremendo ele entrou no estudo, fez sua reverência, e murmurou: "Meu nome é Virchow". "Oh", disse o velho, "você tem o mesmo nome que eu". Então meu amigo viu que sua sombra tinha falado antes e bagunçado a situação, então ele foi direto para debaixo da terra. O melhor filme que já vi foi *The Student of Prague*[3]. Ele mostra a separação do homem consciente e de sua sombra, para que a sombra exista por si só. Neste caso o homem prometeu a si mesmo e em sua honra não matar seu adversário em um duelo. Quando ele se aproxima do lugar combinado, vê seu duplo que chega limpando sangue que cai de sua espada sobre a grama. Ele começa a suspeitar e quando chega ao local encontra seu adversário já morto. A sombra, desconsiderando a intenção do homem consciente, havia matado seu adversário.

Dr. Schmitz: Como Dr. Jekyll e Sr. Hyde[4].

Dr. Jung: Sim, um bom exemplo, como há muitos na literatura. Me pergunto por que você valoriza tanto a sombra?

Dr. Deady: Eu pensei que fosse você o primeiro a fazer isso.

Dr. Jung: Você me fez perguntas. Veja, o homem inferior tem muito mais possibilidades do que o superior, e é por isso que todos estamos tão interessados em

---

2. Rudolf Virchow (1821-1902), patologista alemão e líder político liberal, em Berlim.

3. Cf. 28 de novembro de 1928, n. 6.

4. No romance de R.L. Stevenson (1886).

análise. A coisa realmente criativa no homem sempre vem do lugar de onde você menos espera, a partir de uma pequena coisa, imperceptível. Assim, a sombra é uma parte muito importante do homem.

Próximo sonho [16]: "Eu vejo uma máquina, e ao vê-la sei que estou contando sobre ela ao Dr. Jung, como se estivesse relatando um sonho. Digo que algumas partes da máquina não funcionam e estas peças são marcadas com pequenas etiquetas amarelas coladas sobre elas. Dr. Jung me aconselha a prestar atenção a estas partes da máquina que estão desativadas no próximo sonho. Quero olhar mais de perto a máquina para ver que partes não funcionam ou estão quebradas, mas neste momento a máquina desaparece e vejo minha filha em uma saia com grandes furos rasgados na parte da frente. Eu penso: 'Ah! Esta é a solução da obscuridade para a qual o Dr. Jung me chamou a atenção'".

O sonhador retorna aparentemente para o início de sua análise, e está novamente ocupado com a ideia de máquinas. Aqueles de vocês que ouviram os sonhos anteriores vão se lembrar de que a máquina desempenha um grande papel neles, mas, aparentemente, ele não tem consciência de seus antigos sonhos em suas associações. Ele faz uma insinuação peculiar. Ele diz que a máquina ajuda você a se mover de forma mais rápida do que quando você anda. Que pode resolver necessidades da vida de uma forma menos trabalhosa do que pode ser feito a mão. Ele diz: "Para mim o significado da máquina é o aumento do poder humano; o aumento do poder humano na esfera psicológica é a dinâmica de nossas funções, a fonte, a ferramenta, o instrumento pelo qual podemos aumentar nossa força de vontade". Então ele chega à conclusão de que a máquina no sonho é o poder da vontade humana. Ele diz: "Se o Dr. Jung chama minha atenção para algo errado com minha máquina, então há algo errado com a minha força de vontade, e eu deveria descobrir o que é".

As etiquetas amarelas: "Em grandes fábricas as peças quebradas são marcadas, para que o reparador possa ver que partes precisam ser reparadas ou substituídas". *O desaparecimento da máquina* mostra que a máquina não deve ser tomada como algo muito real, mas sim como um símbolo. Ela desaparece porque o que ela expressa se esgotou e precisamos agora de um novo símbolo. A máquina é substituída por sua filha pequena. *Filha*: O sonhador diz: "Minha filhinha em oposição à minha esposa espera algo da vida, ela gosta de se divertir, assim ela simboliza algo do meu próprio prazer na vida". *Os buracos na saia dela* me transmitem a ideia de que algo parece estar errado em minha sexualidade. A posição dos buracos em sua saia sugere isso. Portanto, algo deve estar errado com minha força de vontade em assuntos sexuais".

Antes de ver este sonho, nós analisamos o verme na semente de algodão. Por razões práticas chamei a atenção do paciente para algo que eu não mencionei a vocês, ou seja, a substância gelatinosa presente no excremento do verme, deixada no interior das cápsulas de algodão. Quando perguntei a ele sobre suas associações com a matéria gelatinosa em ameixas e os excrementos, ele disse algo que não estava em suas associações originais, nem em seu relato sobre o sonho. É frequente o paciente desprezar algumas coisas ao contar um sonho. Às vezes, ele acha que são coisas que não valem a pena ser mencionadas, às vezes ele fica com uma leve sensação de desconforto, e não se importa em deixar de fora essa associação particular. Assim foi com o caso do excremento e com a ameixa: ele associa a geleia sobre a ameixa aos órgãos genitais femininos, e os excrementos do verme lembraram a ele grãos de café. Grãos de café são um símbolo arcaico do sexo feminino. Encontramos aqui um tipo de analogia rebuscada, onde há sexualidade armazenada, então ela é ligada a todo tipo de coisas às quais não pertence. Todo o desenvolvimento humano do sonhador está ligado ao seu problema sexual, então ele vê analogias ao sexo em toda parte, até mesmo no grão de café! Só quando estávamos analisando esse sonho ele trouxe a associação com seu antigo sonho, e disse haver algo no antigo sonho que foi a causa deste. A ameixa como um genital feminino foi mencionada, assim como a analogia sexual com o grão de café. Como esse foi um sonho de transtorno, destruição, ele significa também um distúrbio da sexualidade ou uma perturbação que causou um distúrbio de sexualidade. A verdadeira essência da perturbação é o verme, assim o verme produz símbolos sexuais, e o verme está também em sua sexualidade. Os órgãos genitais femininos (*yoni*) representam a sexualidade no homem e o falo para a mulher. Esses símbolos sexuais simplesmente representam a sexualidade, e tudo o que acontece em torno deles significa distúrbio. É muito embaralhado e não está claro se sua sexualidade está perturbada e portanto existem problemas, ou se existe um distúrbio e em consequência sua sexualidade tem problemas. De acordo com o sonho ambas as questões são possíveis e provavelmente ambas são verdadeiras, e devemos iniciar com a dificuldade sexual. A sexualidade deste homem não funciona corretamente. Por outro lado ele tem problemas que perturbam sua sexualidade. Problemas neuróticos sexuais têm duas caras. Pode haver outro problema, um problema espiritual que ainda não foi desenvolvido, mas em estado embrionário, que é expresso em simbolismo sexual. Quando o homem é completamente evoluído, então o sexo é uma função. Aqui você tem uma insinuação paradoxal e confusa do inconsciente, mas apenas enquanto você não consegue pensar em termos paradoxais. Na filosofia antiga ou filosofia mística como devemos chamá-la, esse problema foi expresso em um ditado grego que diz: "O touro é o pai da serpente, e a serpente é o pai do touro"[5]. Isso o formula. Você não pode discordar que, para uma clareza maravilho-

---

5. Cf. "O touro é o pai do dragão e o dragão é o pai do touro", do escritor latino Firmicus Maternus (4 d.C.), citado em *Símbolos da transformação*, CW 5, § 596 (como na ed. de 1912).

sa, só você deve entender o que é o touro e o que é a serpente. O touro é o mês de maio, a fertilidade maravilhosa da primavera. Touro é a casa de Vênus, em sua plena manifestação masculina, o poder incontrolável. A serpente é o animal de sangue frio, a divindade da terra, significa escuridão, noite, umidade. Ela está escondida na terra, que simboliza morte, medo. É venenoso. É exatamente o oposto do touro, pois este provérbio faz o pai do touro seu óbvio oposto, e faz com que o positivo seja o pai do negativo. De acordo com os chineses, quando Yang está chegando a seu ápice, Yin aparece nele. Yin atinge seu lugar mais profundo e Yang é criado. Assim, eles podem dizer: "À meia-noite o meio-dia nasce e ao meio-dia a meia-noite nasce". É a mesma coisa. Essa forma extremamente paradoxal é uma das qualidades intrínsecas da mente inconsciente, daí a linguagem do inconsciente ser muito difícil e confusa, pois tentamos tolamente traduzi-la em nossa língua, em que acreditamos em verdades positivas ou definitivas. Essa ideia é bárbara de um ponto de vista mais elevado. "Nada é realmente muito verdadeiro, e mesmo isso não é lá muito verdade", como disse Multatuli[6]. Sempre queremos que uma coisa seja totalmente verdade, mas se uma coisa é totalmente verdade, isto é um terrível engano. Tenha cuidado, pois o desastre segue, e todo esse seu sentimentalismo da meia-noite é inútil!

Devemos voltar aos sonhos anteriores do paciente com máquinas. A primeira forma com que a ideia de uma máquina apareceu foi a de uma máquina de costura que ele queria dar à costureira, uma espécie de anima, que vivia em um quarto escuro e insalubre, sofrendo de tuberculose. A próxima forma foi a de um rolo compressor, que produziu um padrão, uma espécie de mandala primitiva. Este nos levou a falar da importância do mandala como um símbolo de individuação. Vimos que a máquina, que era obviamente a sexualidade dele, por conta do seu caráter automático, o estava levando em direção ao seu padrão original, e se ele percebeu isso, também perceberá o caminho que o conduz à sua individuação. Esse é o significado do sonho. Agora vemos como ele está retornando a esse problema e as formas com as quais ele tenta escapar dele. Vocês se lembram do sonho do aquário, o piso superior, e quão cuidadoso o sonho era em introduzir o assunto de falar sobre seu problema com sua esposa. Pensamento ousado! Então o último sonho, da cerejeira, ele admira muito uma bela árvore adulta e cheia de frutos (não a sua, a sua era muito pequena). Há uma tendência neste homem em admirar algo fora de si mesmo, para ter um pretexto para não voltar a si mesmo. Mas o sonho o chama de volta para o seu próprio problema, sua sexualidade, como também acontece no sonho do verme. De repente o bicho aparece na semente de algodão, ameaçando

---

6. Pseudônimo do escritor holandês Eduard Douwes Dekker (1820-1887). A citação, uma das favoritas de Jung, aparece em várias de suas cartas.

destruir a cultura. Ele sente que deve tomar cuidado com essa nova situação, que a gravidade dela não pode ser negada. Depois vem este sonho, dizendo: "Oh, isso não é de modo algum um desastre, a sua própria pequena cerejeira vai crescer e dar frutos saudáveis". Isso mostra o aspecto positivo do mesmo problema. Depois disso temos o novo sonho da máquina, que transporta ao problema do sexo. O tema do sonho da semente de algodão é retomado, algumas partes da máquina não funcionam, e eu procuro chamar a atenção do sonhador para isso. Eu faço isso de uma forma peculiar. Estou fazendo a análise do sonho, no sonho. Como vocês explicam isso? Não é fácil, mas vocês sabem por experiência própria que pode haver um sonho dentro de um sonho; ou que, enquanto se está sonhando, tratar-se de um sonho. É como uma caixa de mágica, uma caixa dentro de outra. O que significa isso?

Sra. Sigg: Parece que uma parte da personalidade dele se identifica com você.

Dr. Jung: Isso é perfeitamente possível. Que parte seria essa?

Sra. Sigg: A parte que ele mais tem reprimido, o seu lado de fantasia. Você o aprecia mais do que ao seu pensamento lógico.

Dr. Jung: Mas ele associou a grande cerejeira a mim[7]. Ele preferiu ter um herói para fazer o trabalho. É mais fácil comer o fruto cultivado por outra pessoa, somos educados dessa forma. No cristianismo somos ensinados a jogar nossos fardos sobre Jesus, e ele vai suportá-los para nós, e desta forma nós mantemos uma psicologia de aleitamento. Este paciente pensa que vou analisar seu sonho e que poderá olhar para ele teoricamente. A maioria das pessoas pensa que, quando uma coisa é analisada, ela não pode mais prejudicá-los, então elas se afastam. A análise irá lhes dar palavras de poder, elas dizem: "Oh, isso é um complexo do pai!" Então a coisa ganhou um nome e o complexo acabou. Pegue o conto de fadas de Rumpelstiltskin, um diabinho de madeira que faz muitas malcriações à noite, rouba crianças etc. Ninguém sabe quem ele é, mas se alguém adivinhar seu nome correto seu poder se vai e ele explode na mesma hora. É uma ideia antiga e verdadeira até certo ponto. Nomes têm uma espécie de influência, palavras são apotropaicas. Quando vocês podem nomear uma coisa, o paciente já está meio liberto. Por isso usamos o efeito saudável do nome dado para ajudar a abolir a coisa. Mas a verdadeira essência da coisa não é alcançada pelo nome que você dá. Nem é assim destruída. Nomes também atraem, se você chama por certos nomes, a coisa aparece. Você diz: "Não fale disso", ou você bate na madeira, ou você escolhe uma palavra que é um eufemismo, que esconde a coisa negra. Certos nomes são mais desfavoráveis, por exemplo, o Mar Negro é chamado de "o mar hospitaleiro"[8].

---

7. Cf. p. 249s., a resposta de Jung para a Dra. Bertine.

8. Um exemplo de apotropismo, que é a tentativa de evitar o efeito de uma coisa ruim, dando-lhe um bom nome. O Mar Negro era originalmente chamado Axeinos, "inóspito", devido ao seu caráter

Sr. Dell: Em *The Psychology of Suggestion*, Baudouin[9] diz para não se dizer: "Eu não durmo" e sim "eu não *dormi* bem".

Dr. Jung: Sim, esta é a mesma ideia. Meu paciente está infectado pelo poder das palavras, o que ele supõe ser meu poder, mas seu inconsciente não está com os olhos vendados. Quando o sonho fala de mim, eu realmente o tenho em mente. Neste sonho sou eu que realmente estou lá, não mais uma parte do sonhador. Não devemos tomar literalmente que o estou analisando em seu sonho, mas isto se refere à análise. O sonho continua: "Vejo uma máquina e instantaneamente sei que é um sonho". Ele sabe que a máquina é uma imagem que nos sonhos anteriores ele interpretou como sexualidade, e o sonho segue: "Vejo que é sexualidade, mas sei que é um sonho (não é real). Eu conto este sonho para o Dr. Jung como matéria para análise". Assim, o sonho diz: "Esta sexualidade com a qual me preocupo é apenas parcialmente verdadeira, então chamei imediatamente o Dr. Jung, pois não conseguia desembaralhar a situação". Dr. Jung diz que algo está errado com sua sexualidade. Não é apenas um *mixtum compositum*, mas também há algumas distorções. Nós não vemos a máquina toda claramente, e apenas algumas partes estão marcadas com as etiquetas amarelas. A próxima observação é que, quando ele chega mais perto para inspecionar a máquina mais detalhadamente, ela desaparece, isso é apenas um símbolo. Isso significa que o que parece para ele como mera sexualidade vai desaparecer ao ser examinada mais de perto; muitas vezes as pessoas acham que quando se olha uma coisa muito de perto, ela desaparece até certo ponto. Agora chegamos a essa parte importante do sonho. A coisa não é mais uma máquina, mas sua pequena filha. Ela expressa sua felicidade na vida, ela é a perspectiva do futuro e espera aproveitar a vida como ele faz. Ele se identifica com ela. O que é a menina?

Dr. Schmitz: Seu anima.

Dr. Jung: Mas você pode dizer isso de imediato? Isso seria interpretá-la subjetivamente, a pequena filha é real.

Sra. Sigg: Ele inicialmente via a sexualidade como algo mecânico, uma máquina.

Dr. Jung: Sim, como uma espécie de glândula com mecanismo automático, sem implicações psíquicas. Agora o sonho diz: "O que você viu como sexualidade e tomou como um dispositivo mecânico é um ser humano, a sua própria filha". Por que o sonho não diz "sua esposa", ou qualquer outra mulher? Ele diz apenas "sua

---

tempestuoso. Mais tarde ele foi conhecido como o Mar Euxine (euxeinos = hospitaleiro). (Sems.: "o mar mais lucrativo").

9. O psicólogo suíço Charles Baudouin (1893-1963); a referência é a sua *Psychologie de la suggestion et de l'autosuggestion* (Neuchâtel, 1924). A princípio eclético, ele finalmente seguiu a escola de Jung. Cf. *C.G. Jung Speaking*, p. 76.

garotinha". Sua filhinha é muito real para ele, ela está com ele todos os dias, então quando ele sonha com ela, esteja absolutamente certo de que ela significa sua filha pequena. Essa criança é tão real quanto eu quando ele sonha comigo, ainda mais real. O que a filha transmite? Por que a longa pausa?

Sra. Deady: A ideia de incesto.

Dr. Jung: Sim, não queremos ser culpados de incesto.

Dr. Schmitz: Nosso complexo aqui no seminário é antifreudiano. Pensei no complexo do incesto, mas este é freudiano, e eu não quis dizê-lo.

Dr. Jung: Sim, exatamente isso. Aqui estamos lidando com o complexo de incesto freudiano, essa é a verdade. É por isso que o sonho diz *"sua pequena garota"*. Pois o que invariavelmente acontece é que quando um homem mantém a sua forma respeitável, todo aquele material escuro que ele junta no porão está se movendo em outro lugar. Ele se arrasta não só no incesto, mas em seus filhos, seus cães, seu mobiliário. Nós não temos nome para a perversão com o piano, mas ela o alcança. Ela pode até mesmo entrar no aquecimento central. Há um resto de nossa libido que se espalha tão lentamente que pode entrar em qualquer coisa. Se não houver uma filha e, portanto, oportunidade para o incesto, então é o pequeno cão, para uma relação sodômica inconsciente, ou um gatinho ou um ursinho. Conheço pessoas que têm ursos de pelúcia em seus quartos de dormir. Se não isso, devem ter alguma velha relíquia, um velho baú ou cadeira dos avós, vistos com um cuidado ciumento e que recebem surpreendente atenção. Quando alguma coisa dá errado com eles, então alguém morre! Conheci um homem que tinha tanto de sua libido em uma árvore que quando a árvore morreu, ele morreu também. Aquele homem tinha uma relação de incesto com a árvore. O tipo de libido que se expressa na sexualidade não o faz sem um corpo. Se não entrar em um corpo, vai para outro. Ela preenche as imediações mais próximas e as torna quase demoniacamente importantes.

Há muitas pessoas para quem objetos são demônios particulares, e ainda assim tomamos como piada o fato de um professor alemão escrever um livro sobre a astúcia do objeto inanimado[10]. Entre os africanos certos objetos são diabos e demônios. Há uma peculiar relação entre o objeto e os homens. Em certas línguas temos os gêneros masculino, feminino e neutro. A linguagem primitiva tem outros tipos de classes; árvores, terras, rios pertencem à mesma classe, mas elas não podem expressar uma certa classe sem usar um prefixo ou sufixo que implicam "ter a ver com a qualidade do lugar". É como se você dissesse "Nova York *pa*" para denotar a qualidade do lugar em vez de algum outro, pois apenas "Nova York" poderia significar outra coisa. O prefixo indica também a qualidade de vida. Em

---

10. Uma referência ao romance *Auch Einer* de F.T. Vischer (1884), em que são dados exemplos da "malícia do objeto". Cf. "Considerações gerais sobre a teoria do complexo" (1934). OC 8/2, § 202.

alemão se diz: "Der Mann"; o primitivo diria: "Der Mann vivo". Algumas línguas primitivas vão ainda mais longe e dizem: "Der Mann, vivendo, de pé, do lado de fora". Agora você tem tudo isso, o homem está vivendo, ereto, fora de sua cabana. Ao falar de um objeto deveriam dizer: "Der Tisch (mesa), vertical, morta, dentro", todos expressos por meio de prefixos e sufixos. Quando eu falo de *minha* canoa, eu digo "Canoa, fora, viva" – quando eu falo de *sua* canoa, é "Canoa, fora, morta". *Sua* está morta, *minha* está viva, ninguém mais pode tê-la, existe o poder de vida errado nisso. Minha *mana* está lá, então se alguém quiser pegá-la, será perigoso para ele. Os primitivos são tão conscientes de sua relação de sangue com objetos que estas coisas estão vivas ou mortas.

Agora chegamos ao ponto que eu realmente quero esclarecer, que isto é psicologicamente verdadeiro. Essas coisas se comportam como se estivessem cheias da vida do homem, então a espada fala com ele. Um homem tem um relacionamento com sua arma. Da mitologia sabemos que as armas do herói são magicamente vitalizadas, quase vivas. Você pode falar da alma de um objeto, e no nível primitivo isso significa que os objetos têm uma vida própria. Há uma história sobre uma casa na qual os móveis fazem uma festa quando não há ninguém. Cadeiras e mesas se movimentam por elas mesmas. Se você colocar suas mãos em uma coisa ela começa a se mover, aquecida por sua *mana*, você simplesmente aumentou seu poder vital. Para o primitivo não há nada de estranho nisso, pois eles acreditam que o objeto tem vida.

Você vê que a vida não vivida, que a libido presa em nosso sonhador, está simplesmente fluindo indiscriminadamente em todas as direções, para o próximo objeto, para sua filha. Se sua libido vai para as cadeiras, mesas e cães, não há muito mal nisso, mas se ela está indo para as crianças, você verá que isso é muito perigoso. Os buracos na saia neste sonho dão o sinal do perigo. O rasgar das roupas é comum em terríveis crimes sexuais. O assassino bruto simplesmente dá lugar à impetuosidade extrema, a emoções completamente insensatas de um animal. Comparem nosso sonhador com essa situação! Vocês não acreditarão! No entanto, incestos e homicídio sexual não estão muito distantes. Vocês notam que sempre que ele se aproxima do complexo, um sinal de perigo surge e o avisa de sua presença. Agora vocês entenderam. Há um impulso perigoso que pode se manifestar. Retire um pouco de sua consciência, deixe-o um pouco bêbado e você já não saberá o que pode acontecer. Em famílias muito respeitáveis algumas vezes as coisas chegam muito perto, e com esse homem eu não diria que o surto ficou muito distante. Crimes sexuais nunca são premeditados. O assassino é como que tomado por um ataque epiléptico. É por isso que Lombroso[11] tratou esses criminosos como epilép-

---

11. Cesare Lombroso (1836-1909), criminologista italiano e médico, cujas teorias sobre criminalidade e epilepsia são apresentadas em *Genio e Follia* (Turim, 1882), citado em *Símbolos da transformação*,

ticos, pois essas pessoas pertencem a tipos de epilepsia; eles são dimensionados por um pequeno ajuste e essas coisas acontecem. Quando há acumulação de libido com inconsciência extraordinária, de repente uma onda pode encobri-lo ou chega uma avalanche, ou uma pedra cai da montanha. O peso suspenso nas alturas pode produzir uma tal catástrofe, e o sonhador recebe esse aviso, o incesto com a sugestão de assassinato sexual, e mais uma vez sou eu quem chama a sua atenção para isso.

Agora, vou dizer a vocês que há um tecnicismo na interpretação dos sonhos. Quando um paciente sonha "Eu digo ao Dr. Jung que", ou "Ele chama a minha atenção" etc., essas são informações para mim pessoalmente, para o médico. O paciente inconsciente se dirige a mim e diz: "Agora ouça Dr. Jung". Então eu tenho que dizer algo a esse homem. Tenho que tomar uma parte ativa. Ele oferece a interpretação desse sonho e eu tenho que assumi-la. Eu disse: "Olha aqui, este sonho aponta para a possibilidade de incesto, ao crime sexual". Algumas paredes são tão espessas que não se pode perfurá-las. Humanamente você não pode esperar que um homem possa estuprar sua filha amada, então o analista deve intervir e dizer a ele que estas coisas pertencem ao âmbito humano, esses crimes sexuais estão no nosso sangue. Você pode ter tido um assassino entre seus antepassados. Essa é a coisa horrível no homem. Há uma certa porcentagem de assassinos em uma população, e todos nós temos que contribuir para que este número seja completo, então estatisticamente pertencemos a ele. Talvez possamos contribuir por nossa decência, ou indiretamente por nossa insistência no acúmulo da riqueza que faz com que os homens se tornem ladrões. Por um lado a Natureza fez você muito virtuoso, a fim de dar aos outros a oportunidade de ser violento, mas se todos fossem virtuosos a Natureza perderia seu equilíbrio.

Dr. Schmitz: Qual seria a consequência de revelar isso ao paciente?

Dr. Jung: Eu vou dizer a vocês. Isso lhe daria o choque de sua vida! Mas fui muito cuidadoso ao falar com ele e atenuei o máximo possível. Seu inconsciente realmente dizia que ele receberia um choque, para além de seu senso de justiça. Isso mostra que ele pertence à reserva comum da humanidade, que volta para a humanidade, desce do galho alto em que estava cantando. Ele deve dizer: "Sou como o pior deles, então por que hesito na análise?" É com estes choques que o inconsciente tenta tornar as pessoas humanas.

Prof. Schmaltz: Eu acho muito interessante que os rótulos sejam amarelos. O amarelo é a quarentena, a varíola, veneno etc.

Dr. Jung: Sim, e ele representa a prostituição. Dizemos "faixa amarela" também para covardia. Este paciente não tem associações com amarelo diz o incons-

---

§ 277 e 27 (tal como na ed. de 1912). Tr. Alemã, (Na biblioteca de Jung): *Genie und Irrsinn in ihren Beziehungen zum Gesetz*; *zur Kritik und zur Geschichte* (Leipzig, 1887). Sem tradução em inglês.

ciente para ele, mas o inconsciente tem sua própria língua. Vocês não poderiam imaginar que os rótulos fossem azuis!

Prof. Schmaltz: Então, desde que você tenha um rótulo, você sabe que é perigoso.

Dr. Jung: Sim, é mais uma vez a tendência do homem para manter as coisas arrumadas e seguras. Amarelo significa perigo, então ele não vai tocá-lo.

Dr. Deady: Diz-se que os homens não gostam de amarelo.

Dr. Jung: Amarelo é a cor da inveja, ciúmes, raiva, todas as coisas negativas entre nós, mas no Oriente representam exatamente o oposto.

Sra. Crowley: Seria a cor de suas peles.

Dr. Jung: Há uma inversão entre o Oriente e o Ocidente. A cor de luto para nós é o preto, e lá é o branco.

Pergunta: Não é o amarelo a cor do intelecto?

Dr. Jung: Eu devo dizer que foi a bandeira da anima!

Palestra VI

19 de junho de 1929

Dr. Jung:

Até onde vejo, chegamos a uma interpretação satisfatória a respeito do sonho de incesto do paciente. Alguma pergunta?

Dr. Gilman: Quão chocado o homem ficou com sua interpretação do sonho?

Dr. Jung: Ah, ele não ficou nem um pouco chocado, pois ele não a compreendeu. Em certos casos a compreensão só vem depois de muito tempo. É incrível o quão cegas algumas pessoas podem ser. Esta é a primeira vez que o inconsciente dele provocou tamanho choque – e eu procurei lhe adoçar a pílula. Há um sistema anafilático[1] em cada um que visa nos proteger de uma descoberta azeda demais; não tenho nada desse sentimento protestante de que devo forçar as coisas. Só quando acho que o paciente deve começar a perceber certas coisas insisto em que ele compreenda. A compreensão deste paciente foi cuidadosamente teórica. Essas pessoas têm orgulho particular em sua capacidade de compreender. Se eu tivesse dito a ele: "Você tem um instinto assassino", ele teria respondido: "Sim, claro, todos nós temos", mas pensar que ele realmente poderia quebrar uma garrafa na cabeça de sua esposa – impossível! Um pensador nunca é atingido por um pensamento, apenas por um sentimento. Ninguém é mais impermeável a sentimentos do que um tipo sentimental numa discussão. O tipo sentimental não dá acesso aos seus sentimentos, pois ele os gerencia. É sua aptidão, e ele a usa para se conectar a outras pessoas. Você se comunica com um tipo racional pelos sentimentos dele, pois é lá que ele é vulnerável. Nós não somos vulneráveis em nossa função superior. É como se esta tivesse a tendência a ser inanimada, barata, contendo muito pouco sangue; ela é opaca e insensível, mas é muito esperta em atacar outras pessoas e produzir alguns resultados. É um instrumento valioso, mas não muito delicado em

---

1. Sems.: "anaplerótico", um termo médico para um agente que promove a cicatrização de uma ferida ou úlcera. Talvez um erro de transcrição para "anafilática", que significa uma reação imunológica do corpo contra a introdução de proteínas estranhas ou certas drogas que induzem a um estado de "choque anafilático", comparável com o "choque" que o inconsciente provocou no paciente [R.F.C.H.].

si. Cometemos um grande engano ao supor que o pensamento de um pensador é profundo. É justamente o contrário, e só se aprofunda quando se mistura com a função inferior; e, para um tipo sentimental, a verdade correspondente parece boa. Nosso paciente percebe que há algo nesta questão do incesto, mas disto a trazer seus sentimentos à tona é um longo caminho. Ele não é um caso de neurose, e eu só o vejo de vez em quando. Levou cerca de dois anos até que ele começasse a entender o que era esse sentimento. Eu disse a vocês como ele quase interrompeu a análise quando abordou o sentimento[2], e assim ele está longe do entendimento de sentimentos neste seu sonho de incesto. Ele diria: "Sim, estes fatos estão corretos", mas falaria exatamente como se as palavras estivessem impressas em um livro.

Dr. Deady: Qual seria o sentimento a ser compreendido desse sonho?

Dr. Jung: Ah, o sentimento a ser compreendido deveria ser de profundo horror, que deveria produzir um tremendo impulso para mudar a situação de uma vez. Ele diria que isso *não* acontecerá. Ele iria falar com sua esposa sobre o sonho e dizer: "Por Deus! Isso mostra uma situação terrível e devemos fazer algo sobre isso". Mas até agora ele não disse uma palavra para sua esposa. Eu não o pressionei; disse a ele que avançaríamos lentamente, não importando se levássemos seis ou sete anos.

Dr. Schmitz: Qual poderia ser o resultado se você o pressionasse um pouco?

Dr. Jung: Ah, ele diria: "Eu não sou um completo idiota de colocar minha mão em água fervente". Ele iria interromper a análise. Como vocês sabem, eu não sou ansioso por pacientes, mas estou interessado neste caso, como praticamente um experimento de laboratório.

Dr. Schmitz: Há avanços de algum modo? E se você o pressionasse novamente depois de duas semanas, ou você não deveria pressioná-lo?

Dr. Jung: Sim, há avanços. Ele não é neurótico; se ele fosse, sua condição o pressionaria. Por que eu deveria fazer isso?

Dr. Schmitz: Por que ele vem?

Dr. Jung: Ele tem um interesse intelectual, ele é um inteligente homem pensante. Não é meu dever pressioná-lo, esse não é trabalho para mim. Eu não sou seu médico nesse sentido, pois ele não é um caso terapêutico. Se ele fosse um paciente neurótico eu deveria pressioná-lo dizendo: "Agora, não seja idiota, vá para a sua esposa e faça algo sobre isso".

O entendimento original entre nós é que isso é um jogo entre cavalheiros.

Dr. Schmitz: Você diz que o acesso ao paciente não é pelo pensamento, então ele deve ser afetado pelo sentimento, e que um tipo sentimento não pode ser atingido por um sentimento. Eu pensei que um tipo sentimento fosse atingido

---

2. Sems.: "como ele fica quase bloqueado quando faz uma iniciativa em direção ao sentimento".

por situações que deixassem um tipo pensamento insensível, como ver um cavalo sobrecarregado transportar mais carga do que deveria.

Dr. Jung: Não, eles só falam assim. Eles funcionam por sua função superior e falam a linguagem do sentimento. Se alguém for trabalhar com um tipo sentimento, deve usar a mesma linguagem. Por exemplo, eu estava tratando uma mulher que era um tipo sentimento. Seu filho tinha acabado de ficar noivo, havia um leve jogo incestuoso acontecendo, mas a mãe não era capaz de reconhecer aquele problema. Eu não mencionei a situação, mas disse a ela com uma entonação sutil: "Deve ser muito difícil para uma mãe perder um filho". De imediato ela entendeu isso literalmente, engoliu a seco e disse: "Não, não é tão ruim. Acho que é pior perder uma filha". Agora, se eu tivesse falado com ela intelectualmente, nós teríamos tido uma discussão sobre toda a confusão a respeito de incesto e coisas feias como essa, então ela diria: "É muito difícil para uma mãe perder um filho". Ela sabe e eu sei que não é real. É necessário fazer de conta. Esta mulher é um tipo sentimento brilhante, não uma tola. Se houver dois homens do tipo pensamento que não são tolos, eles saberão muito bem que enquanto estiverem falando intelectualmente, dizendo a+b=c etc., estarão envolvendo alguma outra coisa num pacote. Eles estão colocando coisas de maneira intelectual decente para entregá-las. É uma *façon de parler* [maneira de falar]. Cada um pensa: "Ele sabe que eu sei", e é o mesmo com um tipo sentimento. Meu paciente coloca isso de forma muito apropriada, como se algumas lágrimas estivessem reprimidas em um canto, embora nós dois saibamos que a ocasião faz o jogo. Sabemos que as coisas não estão tão quentes, não tão quentes como quando foram cozidas. Essa é a superioridade da função superior, as coisas não são tão quentes, não são tão duras. A função superior é muito distante, a coisa mais difícil está abaixo, inacessível, mas temos a ilusão de que a estamos entendendo, caso contrário você golpeia o local dolorido, e isso leva a uma conflagração. Com um tipo pensante você não pode falar a linguagem do sentimento, assim como com um tipo sentimental não se fala a linguagem do pensador. Usei um argumento de sentimento com esse homem, e disse: "Não é terrivelmente triste quando dois seres humanos que se amam, que vivem juntos há anos, compartilhando dos prazeres e das dores da vida, não têm confiança mútua? Agora vá até sua esposa, pegue-a em seus braços etc.", ele me mandaria para o manicômio, ou deglutiria e com lágrimas nos olhos voaria em meu pescoço e diria que não pode fazer isso. Então ele sairia dizendo: "Inferno! O que aquele sujeito estava fazendo comigo, me fazendo de chorão?" Tratar um tipo racional dessa forma fazendo-o chorar seria despertar nele resistências infernais durante um semestre. Se ele tem alguma coragem, ele não vai falar com sua esposa, pois ele foi traído e enganado. Quando você toma um tipo sentimental e começa a falar de coisas intelectuais com ele, você prepara o trem para uma explosão e algo terrível vai acontecer, pois a função inferior ainda não está adaptada. Dê a um orangotango uma arma e veja o que acontece. Portanto, em análise devemos nos adaptar à função superior e estarmos vigilantes. Deixe o paciente falar. Quando eu tenho um tipo sensorial procuro não falar muito, porque não confio em meus sentimentos. Quando falei com a mulher sobre seu filho, pensei que ela poderia mostrar sua ira, mas ela absorveu e engoliu, por isso julgo que meus pressentimentos estão bons. É uma prova de que essa minha função opera bem. É um tipo correto de introdução, um "bom-dia" para o complexo incesto. Essa é boa forma para os pressentimentos.

Dr. Deady: Boa forma para o sentimento superior dela?

Dr. Jung: Sim, para estabelecer um bom vínculo terapêutico. A ela parece de bom-tom de minha parte; é uma fraude absoluta, mas a intenção é boa, é decente. Anteriormente eu teria vergonha de usar esses meios, mas é realmente apenas o bom-tom, não mais desonesto do que ela mesma. Suponha que você tenha um vizinho que acredita ser o diabo encarnado, não é melhor saudá-lo do que atirar nele?

Dr. Deady: Supomos que ela possa mencionar o seu sentimento primitivo inferior?

Dr. Jung: Isso seria muito ruim. É a última coisa a acontecer. Isso daria o impulso para seu complexo de incesto tornando-o evidente. O que aconteceu foi que no final da sessão concluímos que uma mãe pode ter certos sentimentos por seu filho. Se ela não estivesse tão avançada na análise, talvez ela nem pudesse suportar nem mesmo este pensamento. Mas ela ainda não tem o sentimento primitivo inferior que está por trás deste incesto. Trazer à tona seu sentimento primitivo inferior viria em seguida, e então ela estaria realmente consciente. Mesmo se este homem pudesse entender o que são seus sentimentos em relação ao seu complexo incesto, ainda assim o toque final estaria faltando. Esse toque final seria o entendimento por seu pensamento inferior. Invariavelmente vejo que a última realização, o material primordial a partir do qual a função superior é feita, é a última coisa a ser tocada pela análise. Um tipo pensamento, por exemplo, tem uma moral de pensamento. Ele dirá: "Pensar não pode ser errado, é pecaminoso pensar ilogicamente, esse pensamento é impuro, pensar ilogicamente é um pecado contra o Espírito Santo. Pensar deve ser instintivamente correto". Assim, com um tipo sentimental, sentir deve ser correto, caso contrário ele está perdido. Isso exemplifica o enorme esforço que foi para o homem se desprender das partes inferiores de sua função superior a fim de se tornar humano, para estabelecer a si próprio como se fosse contra a natureza. Mas esta é uma questão de análise muito avançada.

Dr. Schmitz: Pode a parte inferior de o pensamento ser outra coisa senão pensamento?

Dr. Jung: Ela é pensamento, é certo, mas impuro no seu todo; isto é, pensar como a natureza pensaria, o pior tipo de pensar feminino, como o pensar de uma cozinheira ignorante.

Dr. Schmitz: A mente natural da mulher?

Dr. Jung: Não, melhor o pensamento do verme feminino. Deixe que um homem como Kant veja seu próprio pensamento inferior e ele se enforcaria de imediato. Para mim, admitir meu pensamento inferior é a pior coisa sob o sol. Eu poderia admitir qualquer coisa antes, insanidade moral, incesto, qualquer vício. Esse pensamento inferior é o pior. Mas isso nos levaria muito longe em nossa discussão.

Antes de irmos para o próximo sonho, quero reconstruir a situação para vocês. Antes do sonho do incesto, tivemos o sonho da cerejeira. O sonhador foi levado a perceber que um crescimento irracional estava acontecendo dentro dele e que ele devia prestar atenção ao seu próprio desenvolvimento pessoal em vez de admirar o que havia se desenvolvido em mim. Então ele tem o sonho do incesto. Tudo começa de baixo, portanto ele deve chegar a alguns fatos básicos sobre si mesmo. Santo Agostinho disse: "Nós nascemos entre fezes e urina"[3]. Ele deve entender o incesto antes de seguir em frente. Ele precisa saber que seu sentimento é baixo. É como uma velha iniciação misteriosa. "Doe tudo aquilo que possuis, e só assim receberás." Ele deve humilhar-se, ele deve arrepender-se, e então a incubação de um sonho virá para a compreensão do mistério. Isso acontece em nossa psicologia da mesma maneira. Nosso sonhador deve entender a ideia de incesto, e tanto o quanto ele é capaz de entender o sentimento produzido por essa situação, o que é muito pouco. Vamos agora à suposição de que ele a entende intelectualmente pelo menos. Talvez algo aconteça.

Próximo sonho [17]: "Eu estou andando em uma estrada ascendente". (O sonho do incesto representava uma humilhação, uma descida, e agora ele está em ascensão novamente. Nas antigas iniciações ao mistério após arrependimento, prostração, descida, há frequentemente a subida de degraus, significando, em linguagem astronômica, os sete constituintes do homem, ou o escalar das sete esferas[4] de sua constituição, a completa realização do si mesmo.) "A caminhada é muito dolorosa, então dou um salto; sigo rapidamente, meio voando e meio pulando, só tocando o chão ocasionalmente. Aí eu alcancei um velho mendigo com um cajado, vagando na mesma estrada. Há árvores de cada lado da estrada e de repente me vejo saltando na direção delas, pulando de galho em galho como um acrobata no circo. Então eu vejo uma mulher e um menino andando na estrada. Aparentemente eles me pertencem, de alguma forma. Como estou agarrado aos galhos mais baixos de uma árvore o menino aparece e tenta me bater com uma vara. Eu agarro

---

3. Tem sido impossível rastrear esse aforismo em Agostinho. Freud também o citou várias vezes, atribuindo-o a um padre desconhecido.

4. Cf. a ideia antiga sobre as sete esferas planetárias em torno da terra, mencionadas em *Psicologia e alquimia*, p. 66 (orig. 1935) e 410 (orig. 1936).

a vara e tento arrancá-la; então eu vejo que ele está segurando-a com a boca. Eu a arranco e vejo que sua boca está sangrando. Digo: 'É nisso que dá querer bater nos outros'. A estrada leva a um prédio de pedras amarelas, construído com duas alas laterais e uma espécie de pátio na frente. Onde as alas se abrem há uma grade, uma espécie de portão. Inicialmente eu tenho a impressão de que é uma prisão. O sol está muito quente e está batendo diretamente no edifício de pedra amarela. Há uma espécie de varanda próxima à porta que deve levar ao jardim, mas então eu vejo que ele é apenas um muro baixo, quase da altura do peito de um homem. Eu posso olhar por cima dele e ver um velho deitado no chão. Ele está em farrapos e esticando os braços para cima com rigidez. Ele está muito imóvel, e eu não sei se ele está vivo ou morto. No jardim há uma criança árabe de seis ou oito anos, que está zombando de nós. Então eu pulo o muro e salto até a grade do portão, de modo a estar montado no porão com meus pés em direção ao jardim. A criança árabe então começa a gritar e diz que não estamos autorizados a entrar no tribunal. Mas eu não me importo, subo mais um pouco e me aproximo da porta da casa. Está muito quente e ao longo da parede da casa encontramos uma série de peças de mobiliário, como se acabassem de ser descarregadas de uma van. Entre elas tem uma espécie de lavatório com uma moldura para um espelho, mas sem o espelho. Eu digo que não deve ser muito bom para o mobiliário que ele esteja lá sob o sol (ironicamente). Então tento pegar o menino árabe com uma corda e amarrar seus braços ao seu corpo, mas a criança berra como um louco, e eu penso que é melhor deixá-lo ir. Me aproximo da porta da casa e vejo numa placa o nome 'Dr. Bauer', então vou para outra porta e toco a campainha."

Associações: A estrada: O paciente diz: "Comparo a estrada ascendente com a evolução da humanidade, também com a evolução do indivíduo, que pode ser expressa por andar em uma estrada ascendente. Esse progresso pode[5] ser feito sem dor. Para avançar mais rapidamente é necessário distanciar-se da terra, usar a terra como um *point de départ* [ponto de partida]. Para dar o salto ele usa a terra como se fosse um trampolim. *O velho mendigo na estrada*: "Ele me fez pensar em faquires hindus, uma espécie de santo". *Saltando de galho em galho*: "Me fez lembrar de macacos e da maneira como eles viajam entre os galhos das árvores". *Mulher e menino na estrada*: "Era uma mulher desconhecida, mas eu pensei em meu anima, e o menino poderia ser Eros do sonho do *Puer Aeternus*. Eu sinto que a mulher e a criança pertencem a mim, mas de que forma não sei". *O menino batendo nele*

---

5. Aqui, "pode" [can] talvez seja um erro na transcrição de "não pode" [can't]. É, no entanto, significativo que haja uma ambiguidade neste ponto, uma vez que dor é o motivo central do sonho. Foi para escapar da dor que o sonhador foi em direção às árvores e tentou subir a estrada ascendente "sem dor" [R.F.C.H.].

com uma vara: "Por um momento não entendi o que o menino faria e então ele começou a me bater". *O sangue na boca do menino*: "O sangue pode ser um símbolo de castração". *O edifício de pedra amarela* "me relembra certos edifícios na África, próximos ao deserto da Líbia, edifícios que poderiam pertencer à administração egípcia, mas na realidade lá não haveria jardins".

No sonho, sua primeira impressão do edifício é que ele pode ser uma prisão, e ele diz em suas associações: "O corpo é a prisão da alma". *A varanda ao lado do portão na entrada principal*: O sonhador diz: "Na África a entrada de uma propriedade é vigiada por um porteiro, que geralmente vive sob a varanda ou em um tipo simples de construção, perto da entrada principal. Nós a chamaríamos de guarita do porteiro. *O velho deitado na varanda*: Ele não tem certeza se o homem está vivo ou morto, e lhe traz a lembrança de um faquir hindu ou iogue. Ele diz: "Yoga tem sido de grande interesse para mim, mas devo confessar que a introversão absoluta, com a perda completa do mundo exterior, até a perda da realidade de seu próprio corpo, não é algo que me agrada exatamente". Vocês se lembram de que na primeira parte da análise ele disse sentir que seu interesse em estudos ocultos era mórbido e não o levava a lugar nenhum. Então ele fala novamente da mulher e do menino que a acompanha. Ele diz: "Curiosamente quando eu salto e me sento na grade do portão a mulher e a criança já estão sentadas no jardim, como se não tivessem tido nenhum problema para chegar até lá. Assim que coloco meu pé do lado de dentro, eles já estão lá, então eu concluo que devam ser parte de mim".

Curiosamente, a criança árabe não desperta nenhuma associação. Ele diz: "Ela é apenas uma criança comum como se vê aos milhares na África, absolutamente real. Não tenho acesso a essa criança". Sobre as *peças novas de móveis* colocadas contra a casa sob o brilho ofuscante do sol, ele diz: "Era material barato, como muitas vezes você vê em lojas baratas. Não havia nada de especial ou pessoal neles, definitivamente nada de desejável".

Da observação do paciente durante o sonho de que não é bom para o mobiliário ficar sob o sol, concluo que as peças de mobiliário não pertencem realmente a esse edifício. *Tentativa de prender a criança árabe com uma corda*: O sonhador diz: "Não estou certo se é um menino ou uma menina. É como se eu estivesse tentando mostrar para a criança que eu não estou com medo dela. A criança talvez pertença à casa, talvez ao porteiro". Se esta casa fosse uma propriedade particular na África, e a família estivesse fora para o verão, naturalmente seria cuidada por um vigia, e essas pessoas sempre têm seguidores, então certo número de meninos de rua sujos estariam circulando por ali. De repente ele se lembra de que já se foram oito anos desde que ele passou um verão no exterior. Então ele permaneceu na Suíça durante os últimos oito anos. *Inscrição na placa da porta, Dr. Bauer*: "Isso me faz recordar do Dr. Fausto e também das duas últimas palavras inscritas no peito de Pernath na história *Der Golem*, de Meyrink[6]. Eu acho que essa inscrição significa a entrada de magia ou feitiçaria". As duas últimas palavras que o sonhador menciona são as palavras "Aur Bocher", que em hebraico significam "luz" e "discípulo", referindo-se àquele que será iniciado, de forma que sua interpretação intuitiva poderia ser: "Os jovens a serem iniciados na luz".

Sobre o todo do sonho, ele diz: "A fim de ser capaz de subir a estrada ascendente da evolução é necessário separar-se da terra, e usar a terra apenas como um *point de départ* [ponto de partida]. Não se deve deixar ser perturbado por Eros, embora seu acompanhamento seja inevitável, ou talvez necessário. É necessário acima de tudo ter introspecção e introversão, mas esta não é a coisa mais importante. Quando alguém se aproxima do portão da alma, as coisas baratas como aquela mobília não deveriam estar no jardim da alma. Eu deveria removê-las. Eu acho que essas coisas baratas são certos preconceitos. A porta com a placa Dr. Bauer não parece ser a entrada correta. Sinto que este é o caminho mágico. Então deixo essa porta e vou para outra tocar a campainha". Sobre a criança árabe, ele diz: "Eu não tenho a menor ideia do que isso tem a ver comigo".

Devo dizer a vocês que este sonho é de certo modo influenciado pela leitura do *Der Golem*, de Meyrink. Na última parte do livro o herói Pernath é levado até o portão da visão, que se abre para o jardim desconhecido de uma casa estranha. No portão estão os símbolos de Osíris, representando iniciação e renascimento. A iniciação acontece sempre no submundo, e Osíris é o deus do submundo, então a situação no *Der Golem* é de certa forma um cenário para o sonho, embora, é claro, ele seja traduzido em termos completamente diferentes. Este é um sonho muito difícil e temos de avançar passo a passo. No início há um caminho que o leva até certo objetivo. Como caminhar sob o sol escaldante é tão doloroso, ele pula de galho em galho nas árvores, como um acrobata ou um macaco.

Prof. Schmaltz: Estou muito desconfiado de sua explicação. Saltar de árvore em árvore é o caminho certo para se atingir uma meta? A estrada difícil com o sol quente é provavelmente o caminho correto, e ele o evita indo pelas árvores, o caminho mais fácil, o caminho intuitivo. Devo dizer que a explicação que ele dá não é inteiramente suficiente para descrever o verdadeiro significado.

Dr. Jung: Ele mesmo não estava satisfeito com ela.

Prof. Schmaltz: E eu não acho que o menino é Eros, mas uma figura que quer lhe dizer a verdade, espancá-lo com a verdade. Eu não acredito que haja qualquer símbolo de castração. A vara na boca do menino é a verdade, uma verdade muito desagradável, e a verdade deve sangrar.

---

6. Leipzig, 1915 [trad. de Madge Pemberton: *The Golem*. Londres, 1928].

Dr. Jung: Sim, você pode bater ou chicotear um homem com palavras. No início o garoto bate no homem com a vara, então quando o sonhador se apodera da vara ela está subitamente na boca do menino, e ele a arranca com sangue.

O sonho se inicia do jeito certo. Começamos a partir de uma situação que acreditamos que o homem tenha percebido. Ele se humilhou e agora se levanta de sua prostração para caminhar na estrada ascendente, mas nesta estrada a caminhada é muito dolorosa, quase uma tortura. O sol bate como toneladas de chumbo, e o sonho, acertadamente, usa uma linguagem que o homem conhece bem. Ele fala de "la chaleur accablante" ["um calor sufocante", em francês no original] de um verão africano, embora quando existam árvores você possa andar sob suas sombras. Mas se você é "un tricheur", um trapaceiro, um homem que faz truques, ou um macaco, você pode evitar a poeira da estrada, pulando de árvore em árvore. Esta seria uma forma intuitiva de seguir em frente, o intuitivo vai aos trancos, toca a realidade e some novamente. Ele vê o objetivo do topo de uma montanha e supõe que está lá, tocando a terra de vez em quando. Sua suposição de que pode alcançar a meta saltando de árvore em árvore não é verdadeira. Ele só pode chegar lá colocando dolorosamente um pé à frente do outro, subindo laboriosamente e dolorosamente, por isso devemos desconfiar de seu modo de avançar aos trancos e barrancos, enquanto deixa a mulher e o menino se esforçando sobre a poeira da estrada. Eles têm que caminhar, mas ele trapaceia e segue como um macaco – truques de macaco! Então temos que concluir que no sonho anterior ele não chegou ao verdadeiro entendimento da situação. Apesar de sua confissão e humilhação, ele percebe apenas parcialmente a verdade, e assim tenta seguir em frente da mesma forma antiga. Ele tem uma intuição do caminho quente doloroso da estrada ascendente, então tenta trapacear novamente. Ele tem medo de tocar a realidade dolorosa. O sonho mostra isso desde o começo.

Sra. Sigg: Após o último sonho tive uma sensação de paralelo entre o sonho do menino, o *Puer Aeternus*, que tinha de ser alimentado com pão branco, e o da menina, no sonho do incesto. Em ambos os sonhos a compreensão é incompleta, por isso ele deve repetir e repetir a coisa até que fique clara para ele.

Dr. Jung: Sim, isso é verdade, como já comentei antes. O sonho até agora é uma crítica às maneiras baratas dele em fugir da realidade. O sonhador sente que o menino Eros do antigo sonho é novamente o mesmo menino. Em outras palavras, temos o mesmo problema, o problema de sua relação com sua esposa, que obviamente não foi resolvido. Se ele expusesse o problema à sua esposa de uma vez, seria muito doloroso, mas seria o caminho verdadeiro, uma caminhada no calor e na poeira. Ele ainda flerta com a ideia de que o menino seja uma espécie de Eros. Mas o *Puer Aeternus* realmente significa sua tentativa mais dedicada em chegar à sua essência, sua empreitada mais dedicada na criação de seu futuro, o seu maior esforço moral. O homem deve andar na estrada, não poderia saltar de árvore em árvore. Então, quando o sonhador desce da árvore, o menino tenta atacá-lo. Esta é novamente uma crítica, ele deve ser chicoteado como um garoto travesso por fugir de seu problema. Mas ele arranca a vara da boca do menino, o que certamente significa que ele arranca a palavra de verdade que vem do *Puer Aeternus*. Sua verdadeira essência ou mais íntima alma e espírito da verdade diz: "Agora veja aqui, você está fazendo trapaças de macaco, traindo a si mesmo, enganando a si mesmo. Você sabe muito bem o que deve fazer". Ele não quer ouvir a si mesmo, ele não quer ver esse símbolo, sua impressão de que é um símbolo da castração pode ser verdadeira de uma forma metafórica. Ele "castrou" seu Deus, sua voz divina, ele tomou o seu poder, como Cronos no velho mito grego castrando seu pai, Uranos[7]. Então castração pode simplesmente significar aleijar a sua melhor verdade, destruindo seu princípio norteador. É o pecado contra o Espírito Santo, agindo contra sua verdadeira convicção. No fundo ele sabe muito bem o que fazer, mas prefere não fazê-lo. Essa é uma demonstração preciosa de como os sonhos funcionam. É difícil, diante desse sonho, dizer que o inconsciente não tem função moral. Este sonho é o melhor tipo de moralidade que podemos imaginar, ainda que muitos sonhos não tenham qualquer moral, então eu finalmente cheguei à conclusão de que não podemos falar de moralidade, mas só do fato de que sonhos mostram que determinado comportamento é inadmissível porque a natureza não vai aceitar certas coisas. Este homem é mais decente no seu interior do que é na superfície. Estou muito convencido de que se este homem fosse um criminoso de verdade, destinado a cometer um assassinato, seu inconsciente diria: "Você deve cometer o assassinato, ou você foge de seu próprio problema". O Oriente sabe disso, então pode dizer: "O ser perfeito irá desempenhar o papel do rei, mendigo, criminoso ou assassino, estando consciente dos deuses". O Oriente sabe que um assassino deve cometer um assassinato, ou ele é imoral. Isso significa que o homem que está destinado a ser um criminoso ou assassino deve sê-lo, ou ele não cumprirá o papel que lhe foi dado nesta vida. É mais fácil para o Oriente ter esta filosofia, em razão da crença de que uma vida não esgota todas as possibilidades de um homem. Nós, no Ocidente, temos muita pressa em razão de tudo o que devemos realizar em nossa uma única vida. No Oriente eles podem deixar para fazer na próxima vida o que não fizeram nessa. Assim eles têm tempo suficiente para perceber a verdade profunda de que devemos desempenhar o papel que nos foi atribuído nessa vida.

---

7. Sems.: "comeu seus próprios filhos". O mito (da *Teogonia* de Hesíodo) é resumido por Kerényi em "A Criança Primordial em tempos primordiais", apud JUNG & KERÉNYI. *Essays on a Science of Mythology*. 2. ed. 1969, p. 56 [*A Criança Divina* – Uma introdução à essência da mitologia. Petrópolis: Vozes, 2011]. Cf. 11 de dezembro de 1929, n. 4.

Após a cena com o menino chegamos ao prédio. O que ele representa? Há algo da história do *The Golem* aqui. O edifício simboliza a meta que o sonhador deve alcançar, ele está na sua frente, com as alas estendidas. Aqui novamente acontece algo que não está certo. O que é?

Sr. Gibb: Ele é barrado.

Dr. Jung: Sim, mas ele sobe no portão como um assaltante. Novamente, é uma macaquice, assim como saltar entre as árvores. No final de *The Golem* há um edifício semelhante a esse visto no sonho. Vou traduzir a descrição[8]: "É o mesmo caminho que tenho percorrido em meu sonho, e novamente pego o caminho mais curto que leva ao castelo. Tenho medo, meu coração está batendo, agora surge uma árvore nua, cujos ramos passam da altura do muro. Agora a vejo, mas a árvore é branca com flores e o ar se enche de seu doce perfume de lilases. Aos meus pés está a cidade sob a luz da manhã, como uma visão da Terra Prometida. Não há som algum; somente perfume e esplendor. Esta é a pitoresca antiga Rua dos Alquimistas, um caminho até o castelo, mas quando o vi no meio da noite havia um portão de treliças de madeira em frente à casa branca. Agora vejo uma esplêndida porta dourada no final da estrada, barrando meu caminho. Há dois pés de teixos sombrios, um de cada lado da entrada. Estou na ponta dos pés para olhar por cima do muro, e fico novamente deslumbrado pelo frescor esplêndido. A parede do jardim está coberta de mosaicos, com um belo fundo turquesa e afrescos dourados peculiares, que representam o culto a Osíris. O portão é o próprio deus, um hermafrodita, as duas partes formando um portão duplo, do lado direito a mulher, à esquerda o homem. Ele próprio está num trono de madrepérola em baixo relevo. Sua cabeça dourada é a cabeça de uma lebre. As orelhas se levantam e se tocam, como as páginas de um livro semiaberto. Sinto cheiro de orvalho e perfume de jacintos vindos de cima do muro. Estou perfeitamente tranquilo, maravilhado, e de repente um velho jardineiro ou serviçal, vestindo um casaco à moda antiga, com um babado de renda e sapatos com fivelas prateadas, aparece do lado esquerdo e me pergunta através das grades o que eu desejo. Sem uma palavra eu lhe entrego o chapéu de Athanasius Pernath. (O herói pegou seu chapéu por engano e, como ele o vestia, pensou que era Atanásio.) O empregado leva o chapéu e vai até o grande portão do castelo. Quando ele abre a porta, vejo uma casa de mármore, como um templo. Lá está Athanasius Pernath, e inclinada sobre ele, Miriam (a heroína, anima). Vejo que ambos estão olhando para a cidade. Apenas por um momento ela me vê, então se vira e sussurra no ouvido de Athanasius. Estou encantado com sua beleza, ela

---

8. A versão de Jung, embora precisa, é diferente daquela de Pemberton, p. 286ss. Ele cita a mesma passagem em seu comentário sobre o primeiro sonho em série, em *Psicologia e alquimia*, Parte II (orig. 1935), § 53. Cf. tb. 26 de fevereiro de 1930, n. 7.

é tão jovem, foi assim que a vi em meu sonho. Atanásio também vira o rosto lentamente para mim e meu coração para de bater, pois, como alguém que se vê diante de um espelho, seu rosto é igual ao meu! Então a porta se fecha, e vejo apenas o hermafrodita cintilante. O velho serviçal me devolve o chapéu e diz: 'Senhor Athanasius está em débito com você, e pede que não pense mal dele caso não o convide para entrar no jardim, mas há muito tempo essas são as regras da casa. O Senhor Athanasius também pede que informe a você que ele não usou o seu chapéu, pois percebeu imediatamente que os chapéus haviam sido trocados. Ele só espera que seu chapéu não tenha lhe causado qualquer dor de cabeça em particular'".

Esta é a história de um homem que inadvertidamente desempenhou o papel de si mesmo. Ele entendeu isso como um engano. Isso é o que as pessoas dizem ao cair em um buraco. "Inferno e maldição, caí em uma armadilha, e a armadilha sou eu mesmo." Tratam a si mesmos como os maiores erros já cometidos.

Palestra VII

26 de junho de 1929

Dr. Jung: Este é o último seminário deste verão, espero que o próximo sonho seja bom.

Dr. Schmitz: Posso fazer uma pergunta sobre o *Puer Aeternus* novamente? Não seria Euphorion, o filho de Fausto e Helena, aquela criança de um homem sábio e a anima, aquele *Puer Aeternus*?

Dr. Jung: Isso nos leva um pouco mais para as figuras do inconsciente coletivo. Fausto é idêntico ao sábio, ao mago. Tem sido dito frequentemente que ele era Paracelso[1] (ou o filho de Paracelso). Se você aceitar Fausto como um indivíduo real, Paracelso, por exemplo, então ele seria o homem Paracelso identificado com a figura coletiva do velho mago; muitos gênios são assim identificados com sua função diferenciada, e essas pessoas quase sempre têm a figura do grande sábio. No poema de *Fausto*, o *Puer Aeternus*, Euphorion, seria o filho de Fausto e Helena. Helena é claramente a anima, então a criança seria o produto do homem sábio com sua anima. Isso é, naturalmente, uma afirmação, um caso individual. Resta saber se está correta em outras circunstâncias. Há uma dificuldade aqui, pois o *Puer Aeternus* seria o produto de duas figuras do inconsciente coletivo. Onde o homem de verdade entra?

Dr. Schmitz: Sim, Euphorion voa para longe após seu nascimento, e gostaria de perguntar qual é a sua relação com o homem? Quando se realizou a individuação[2], e após o nascimento do *Puer Aeternus*, o *Puer Aeternus* não toma o lugar da sombra, como a individuação toma o lugar do homem? Talvez haja alguma analogia aqui na relação do *Puer Aeternus* com o homem, sua anima e sua sombra. Será ele um substituto para o que a sombra era antes?

---

1. Pseudônimo de Theophrastus Bombastus von Hohenheim (1493-1541), médico e alquimista suíço, objeto de dois ensaios (1929, 1941) em OC 15 e um (1941), em OC 13. Cf. tb. *Paracelsus – Selected Writings* [2. ed., 1958] [or. de J. Jacobi].

2. *Individuação*: "o processo pelo qual uma pessoa se torna um 'in-divíduo' psicológico, isto é, uma unidade indivisível, distinta, um todo" (JUNG, "Consciência, inconsciente e individuação" (1939). OC 9/1, § 490.

Dr. Jung: Essa é uma confusão terrível. Em *Fausto*, assim que nasce Euphorion, ele começa a manifestar sintomas de desejo extraordinários, sempre por meninas, e eventualmente ele desaparece em chamas. Exatamente o mesmo acontece com o cocheiro e com o Homunculus que sai voando sobre a sua réplica, atira-se contra o trono de Galateia, a bela, onde explode e desaparece. Essas três ocorrências fatais e idênticas significam que a criação do *Puer Aeternus* teve curta duração. Elas indicam que algo está errado na geração da figura. O erro é, provavelmente, que a criação é feita por duas figuras do inconsciente coletivo, e o homem não participa. Isto descreve o que se vê com frequência. O homem sábio, quando chega ao mundo, às vezes atira-se contra o trono de uma linda Galatea e desaparece completamente! Quantos de vocês não conheceram um homem assim. Tão logo surja um obstáculo no caminho, como o trono de uma Galatea ou de alguma outra menina bonita, isso o levará a um fim prematuro. Ser um homem sábio perfeito é tarefa demasiada complexa para um ser humano. Portanto, devemos descartar completamente a ideia do *Puer Aeternus*, ou dizer que ele deve ter sido criado de uma maneira diferente. O homem não deve se identificar com o "Grande Sábio", mas assimilar sua própria sombra. A característica comum de um grande homem, o gênio, é que ele não sabe que tem uma sombra, mas ele a tem, e uma muito ridícula. Wagner, por exemplo, nunca percebeu, enquanto sentava e escrevia sobre Siegfried, que ele estava revelando a sua própria sombra para que qualquer um que o visse a olhasse. Ele usava uma crinolina, enquanto martelava a espada de Siegfried! Em um roupão amarrado com fitas cor-de-rosa ele escreveu as mentiras de Niebelungen, e fez um perfeito asno. Mas um homem destes não admite ter uma sombra. Ele não é grato a Deus por ter-lhe dado sua mente, mas assume que ele *é* a mente criativa, que fez tudo por si mesmo. Assim que você vê sua própria sombra e admite não ser perfeito, você não pode identificar-se com o "Grande Sábio" e criar um *Puer Aeternus* com sua anima.

Então surge a pergunta: é possível sob certas condições que o homem, consciente de sua própria sombra e sendo individualizado, seja capaz de criar algo com a sua anima, um verdadeiro *Puer Aeternus*, eterno como o próprio nome sugere? Pela individuação você cria algo atemporal e eterno, que carrega a qualidade da imortalidade. Isso é o que o Oriente procura, e é amplamente confirmado em seus textos. Você pode aceitá-lo ou não, como quiser. Assim, o *Puer Aeternus* criado tem a qualidade da eternidade. Lembre-se, eu faço apenas uma afirmação psicológica, e não metafísica, pois estamos em condições de tempo e espaço. Chamamos o ferro de sólido, mas o que é solidez? O ferro na verdade é fluente. A questão é apenas de que ponto de vista o julgamos. Nós pensamos na cera do lacre de como algo sólido, mas aqueça-a por algum tempo e ela flui, ela é semifluida. Solidez é meramente uma atitude psicológica relativa ao homem e seu tempo. Então quando você chama algo de eterno, significa simplesmente uma qualidade de atemporalidade. A individuação completa traz algo desta qualidade.

Dr. Schmitz: Será que isso significa algo não sobre trabalho de um homem, mas sim sobre sua vida?

Dr. Jung: Não, não sobre o trabalho nem sobre sua vida, mas sobre ele mesmo. É simplesmente um fato místico de experiência interior. Só podemos afirmar isso. É um dos fatos inexplicáveis da vida. Pergunte a um homem piedoso sobre a sua religião, sua experiência de Deus, ele só pode testemunhar sobre isso. Ele não tem mais nada a dizer. Você não pode adicionar ou tirar nada disso. Então isso tem a qualidade eterna.

Agora estamos preocupados com o sonho do edifício e do jardim, e a estrada que conduz a este lugar. Tínhamos terminado a interpretação do sonhador arrancando a vara, com sangue, da boca do menino. Agora o edifício representa o alvo da estrada. A estrada foi construída exclusivamente para esse edifício, e andando por ela se chega até o portão, atravessado por uma grade. Vocês têm alguma ideia sobre esse edifício? É um tipo de estrutura quadrada de pedras amarelas, com duas alas. O sonhador enfatiza o fato de que é construído em pedra amarela e diz que recorda a ele um prédio da administração perto do deserto no Egito, exceto que lá não havia jardim. Meu paciente havia lido *The Golem*, e eu lhes disse que esse sonho é fortemente relacionado com o fim desta história, que traduzi para vocês, e em que há uma construção, representando o ponto final da estrada. O portão é feito de uma figura de Osíris com a cabeça de uma lebre. Osíris na realidade nunca é representado com a cabeça de uma lebre. Isso foi inventado por Meyrink, se consciente ou inconscientemente, não podemos saber. Há algo peculiar sobre esta imagem que sobre o que Meyrink poderia estar inconsciente. Enquanto Osíris nunca é representado com a cabeça de uma lebre, seu adversário, Set o demônio egípcio, é representado com a cabeça de um animal de orelhas longas. Alguns dizem que é a cabeça de uma lebre, alguns que é um burro, outros que é a cabeça de um okapi (uma espécie de antílope recentemente descoberto no Congo, hoje muito raro, mas possivelmente, em tempos anteriores, amplamente distribuído). Na Antiguidade foi associado ao jumento. Existe uma lenda romana em que os judeus adoravam a cabeça de um jumento em Jerusalém. Isso porque os judeus se opunham ao culto de Osíris, por isso diz-se que passaram a adorar Set, seu inimigo. Além disso há uma imagem do falso Cristo na Academia Militar de Roma[3], um desenho rústico de um crucifixo na parede feito de uma forma muito esquisita. A figura na cruz foi representada com cabeça de um jumento, e a inscrição em grego ruim diz: "Assim

---

3. Cf. *Símbolos da transformação*. OC 5, fig. 83: grafito em parede da Escola de Cadetes Imperial, Palatino, Roma.

o jovem oficial Alexandros está a adorar o seu Deus". Ele está ridicularizando Jesus como o Deus dos judeus com uma cabeça de jumento.

Set é o diabo egípcio, o adversário malvado do deus-sol Rá. Osíris é um deus muito antigo, mais tarde substituído por Rá. Era uma vez, quando Osíris já estava muito velho, e enquanto caminhava pela terra, ele frequentemente queixava-se de uma dor em seu olho. Quando seu filho Hórus lhe perguntou o que tinha visto, ele disse: "Eu vi um porco preto". "Então", Hórus disse, "você viu Set". Hórus arrancou seu próprio olho e o deu ao seu pai Osíris, para lhe restaurar a visão, com o resultado fatal, entretanto, de que Osíris se tornou o juiz dos mortos no submundo, e Hórus o deus ascendente. Isso tudo é simbólico da segunda parte da existência humana. Enquanto não temos textos reais sobre o assunto, está bastante claro que o olho de Hórus leva diretamente a Cristo. A doutrina católica antiga menciona Ísis e Hórus como antecipações de Maria e Cristo. Hórus é o "curandeiro", ele cura o velho deus oferecendo-lhe seu próprio olho (que sempre significou visão, vista, ensinamento). Hórus é também o deus dos Mistérios; ele é geralmente representado no centro da imagem com seus quatro filhos, cada um em um canto, um deles com uma cabeça humana e os outros três com cabeças de animais. Isso coincide absolutamente com as representações católicas dos quatro evangelistas, três como figuras de animais e um humano: o leão, o boi, a águia e o anjo. Os quatro evangelistas cercam Cristo no centro de um mandala cristão; Hórus e seus filhos fazem os mandalas egípcios[4]. Esses mandalas são símbolos de individuação. O antigo significado místico de Cristo era o de homem perfeito que foi a realização do gnóstico Adam Kadmon[5], o homem primordial, erguido e aprimorado até o mais perfeito homem.

Esta é uma longa introdução ao portão feito da estátua de Osíris com a cabeça de Set, a união de Osíris e Set, tornando assim uma união de opostos; mas tudo pertence à interpretação do sonho, então como vocês entendem o edifício agora? Têm alguma ideia? O interessante é que é expresso de uma maneira muito banal, como um edifício da administração pública. Não se pode associar qualquer individualidade com esse edifício, impessoal como um hotel ou um quartel. Tem um valor social, é um centro para muitas pessoas. Serve a uma multidão, e muitas pessoas vivem nele, entrando e saindo dele.

Sr. Gibb: Ele é um símbolo para ele mesmo.

Dr. Jung: Pode-se supor que um símbolo para ele mesmo fosse individual. Por que ele é tão impessoal?

---

4. Em relação aos símbolos dos quatro evangelistas e quatro filhos de Hórus, cf. 6 de fevereiro de 1929, n. 3.

5. Quanto aos múltiplos aspectos de Adam Kadmon como Jung mais tarde interpretaria, cf. *Mysterium coniunctionis*. OC 14, § 42 e outras refs. no índice, s.v. "Adam Kadmon".

Dra. Bertine: Ele provavelmente tem uma ideia especial a respeito de si mesmo e tem que chegar a ela por algo que contenha todos os elementos humanos comuns, como uma compensação por uma ideia errada.

Dr. Jung: É verdade, é uma compensação pela ideia errada sobre a individuação. As pessoas assumem que o si-mesmo contém simplesmente a personalidade do ego, "Eu mesmo!" Então o sonho diz: "Você cometeu um engano, não é você mesmo, é um prédio público, uma instituição coletiva".

Dr. Schmitz: É necessário enfatizar a universalidade do si-mesmo, o si-mesmo contém a totalidade da coletividade.

Dr. Jung: Sim, nós todos instintivamente cometemos esse engano; quando falamos de "si-mesmo" queremos dizer "eu mesmo". Muitas pessoas pensam que a individuação é egoísta e egocêntrica, mas é algo muito distante disso. Se você não existe o coletivo não existe. Não há oceano sem a gota de água. A imensidão do Saara não existe sem cada um dos grãos de areia. Desde que você seja um bom grão de areia, você fará o Saara. O indivíduo, além de ter a qualidade da eternidade, é "menor do que pequeno embora maior do que grande". Este sonho compensa o erro individual que ele incorre em achar que o self é o ego.

Na filosofia de Swedenborg (que a maioria de vocês não considera um filósofo) há o ensinamento do maior dos homens, o *Homo maximus*, em cujo corpo somos todos como células. Alguns de nós habitam sua alma; alguns, seus olhos; alguns, seu cérebro, de modo que todos nós contribuímos para torná-lo um todo. Pessoas com bons cérebros viveriam em seu cérebro, aqueles com boa visão seriam caçadores talvez, compondo seus olhos. Mesmo a genitália não fica de fora, porque ela explica certos temperamentos especiais. Esta é a doutrina da *correspondentia*[6] de Swedenborg, mas essas ideias permaneceram em uma concretização metafísica. Elas nunca evoluíram completamente psicologicamente. Elas ficaram presas no caminho para a consciência.

O sonhador diz que este edifício lhe deu uma estranha impressão de ser uma prisão, e sua associação é "o corpo é a prisão da alma".

Dra. Bertine: Isso não explica a sensação de "prisão" quando as pessoas são elas mesmas? É a rede dos gnósticos.

Dr. Jung: Eu diria que é um exemplo típico. Quando as pessoas vão a si mesmas, esperam uma libertação particular, um libertar-se das responsabilidades e dos vícios e virtudes, mas a realidade é bastante diferente. É como se fosse uma

---

6. Emanuel Swedenborg (1688-1772), filósofo e escritor religioso sueco. A doutrina da *correspondentia*, muito defendida pelos filósofos medievais, relaciona-se com a clássica "simpatia de todas as coisas". Jung a considerou como precursora do seu conceito de sincronicidade; cf. "Sincronicidade: Um princípio de conexões acausais" (1952). OC 8, § 924. Para *homo maximus*, CF. "Paracelso" (1929). OC 15, § 12.

armadilha, de repente você cai em um buraco. "Pare tudo!", você diz, e lá está você, onde você faz parte. Somos todos como uma pequena célula do fígado que se desviou do lugar ao qual pertencia. A pequena célula hepática escapa e circula por todos os tecidos. Quando encontra o cérebro, ela diz: "Este é um bom lugar, alto, com bom ar", mas seus vizinhos dizem: "Saia, você não é bem-vinda aqui", e a célula é empurrada para fora e vai em direção aos pulmões, mas a mesma coisa acontece lá. Ela diz: "O mundo é muito duro, ninguém me entende". Se ela se entendesse saberia que não pertence a esses lugares! Finalmente vagueia entre passagens tortuosas dos vasos sanguíneos em direção ao fígado e lá cai em um buraco, uma catástrofe fatal. A pequena célula diz: "Droga, que lugar mais impróprio, como vim parar aqui?" Mas Deus diz: "Segure-se rapidamente", e ela descobre ser uma célula do fígado! Isso é o que se pode chamar de individuação! Assim, a pior armadilha é o corpo. Todos nós fomos ensinados que nossas mentes e outras virtudes são como asas que vestimos, e então começamos a voar por cima de nós mesmos, vivendo como se o corpo não existisse. Isso acontece muitas vezes com os intuitivos, com todos, de fato. O corpo nos parece um obstáculo muito sério. É pesado, e temos um sentimento de impotência sobre ele, como se fosse um terrível impedimento. Por meio da nossa educação cristã medieval o corpo recebeu má fama. É pelo corpo e suas limitações que caímos no buraco; então acusamos o corpo, e ele diz "mas isso *é* você". Tudo isso é expresso pela prisão, por isso a associação do sonhador é "O corpo é a prisão da alma". A alma, em contraste com o corpo, é aquela coisa alada que está livre para voar acima da terra. Aqui novamente ele menciona que o sol está queimando, que está queimando todo o lugar. Esse calor é característico da situação. Este homem viveu durante muitos anos nos trópicos e ele conhece o perigo do sol africano.

Dr. Deady: Sua mente está ameaçada de colapso pelo sol. Ele teria que abandonar algo de sua atitude intelectual. O desconhecido para onde ele se dirige é perigoso, o material do inconsciente coletivo.

Dr. Jung: Eu prefiro pensar na extraordinária *intensidade* do sol africano. É a sua associação ao problema, ele sente que está trabalhando sob uma pressão de intensidade extraordinária. Então quando nos encontramos em uma situação difícil costumamos dizer que "entramos em águas ferventes". O sol é doloroso, então ele tenta escapar com macaquices. Ele procura a sombra, enquanto a mulher e o menino caminham a pé debaixo do sol. Quando o sonho fala do sol intenso, significa uma situação intensa, isto é, muita libido está envolvida. Este homem passa a ser bem consciente da mitologia egípcia, então podemos fazer uma interpretação poética e dizer que o prédio é aquecido pelo olho do Deus impiedoso. Que ele está na presença da divindade já está certamente em sua mente inconsciente. Esta é novamente uma qualidade da individuação que não podemos deixar de ver. O controle do poder individual, que dizia que ele era todo o oceano, que dizia que ele era o Saara inteiro, é reduzido pela individuação a uma gota de água, a um grão de areia. Naquele momento de pequenez sem esperança e futilidade da existência ele constela a ideia da universalidade. A coisa mais suprema, a maior das ideias, sempre foi chamada de Deus. Os poderes menores são sempre confrontados com os maiores, o menor espaço com o infinito, assim sempre a experiência interior de individuação é o que os místicos chamavam de "a experiência de Deus". Isso é um fato psicológico e é por isso que o processo de individuação sempre foi apreciado como a coisa mais valiosa e importante na vida! É a única coisa que traz alguma satisfação duradoura. Poder, glória, riqueza não significam nada numa comparação. São coisas externas e, portanto, fúteis. As coisas realmente importantes são internas. É mais importante, para mim, estar feliz do que ter razões externas para felicidade. As pessoas ricas podem ser felizes, mas muitas vezes não são, estão muito entediadas; por isso é sempre muito melhor para um homem trabalhar para produzir uma condição interior que lhe traga uma felicidade interior. A experiência mostra que há certas condições psicológicas em que o homem obtém resultados eternos. Eles têm algo da qualidade da eternidade, da atemporalidade, eles têm algo da qualidade que vai além do homem. Eles têm uma qualidade divina e produzem toda aquela satisfação que as coisas artificiais não conseguem.

Agora chegamos à segunda parte do sonho. Vocês vão se lembrar de que o portão está trancado, e aparentemente não há nenhuma maneira de entrar senão escalando a grade, trapaceando. Trancado significa de difícil acesso; não se deve entrar de imediato. Há uma espécie de varanda ou abrigo na entrada do portão. O sonhador vê lá dentro um homem velho com roupas esfarrapadas. Seus braços estão esticados, e ele está imóvel, ele não sabe se o homem está morto ou vivo. Em suas associações o sonhador diz que a varanda é bastante usual para o porteiro de uma casa como esta. Com o *homem velho*, em sua postura rígida, ele associou um iogue em estado de abstenção, que ele chama de introspecção completa, ao ponto de desconsiderar seu próprio corpo. O sonhador se diz insensível a esse estado. Quais seriam suas conclusões quanto à figura do velho?

Sr. Gibb: Seu interesse pelos antigos estudos teosóficos não está completamente morto.

Dr. Jung: Sim, o velho homem certamente representa aos seus antigos estudos teosóficos as acrobacias e a filosofia do faquir as quais tendem a levar as pessoas para fora de seus corpos. Essa foi uma das razões pelas quais o sonhador veio para a análise, ele estava envolvido até certo ponto. A imagem não é nada convidativa, e de fato o velho desaparece do sonho neste momento, não desempenha nenhum outro papel. Este é um tipo de *intermezzo* no andamento do pensamento inconsciente. O velho deve evocar imagens no inconsciente de um filósofo iogue, que simbolizaria um processo de individuação, já que os iogues elaboraram uma filosofia do "caminho". Então naturalmente a imagem aparece à medida que ele se aproxima do portão, e pode ser que desse modo o portão possa ser aberto. Mas quando encontra o porteiro em estado de coma ele não pode abrir o portão. É inútil chamá-lo, ele está separado do seu corpo em um transe, ele não é um bom porteiro. Obviamente o desejo do sonhador de entrar no jardim é muito grande e aparentemente é evidente para ele que ele deve entrar de *qualquer* maneira. Ele vê uma criança de mais ou menos oito anos dentro do portão no jardim – uma criança árabe que está zombando do sonhador, a mulher e o menino. E sobre aquela criança? A associação do homem é que ele é apenas um menino de rua comum, como uma criança que se vê por aí rondando a guarita de um porteiro, uma das muitas crianças dos parentes do porteiro, que vivem todos juntos enquanto o dono da casa está fora. Vocês devem imaginar que a criança não é lá muito atraente, está suja e esfarrapada, com os olhos inflamados do tracoma. Provavelmente tem eczema, dorme em montes de sujeira, coberta de piolhos e pulgas.

Dr. Schmitz: Pode ser um *Puer Aeternus* de forma negativa?

Dr. Jung: Bem, não se sabe se a criança é um menino ou uma menina. Em um dos sonhos anteriores há uma criança semelhante, uma menina, mas em relação a essa criança não está claro, mas temos outra pista que é muito mais valiosa.

Srta. Chapin: A criança árabe é um paralelo com o porteiro no portão, mas em uma versão mais jovem.

Dr. Jung: Sim, com certeza. O homem velho não pode abrir o portão, mas a criança pode, mas é um menino de rua sujo. Você vê essas crianças aos montes nesses países[7], elas são uma praga como moscas. Por que o jovem guardião do portão é apresentado de uma forma tão pouco atraente?

Sra. Dell: Ele é humilde, muito desinteressante a princípio, uma espécie de ser hermafrodita.

Dr. Jung: Sim, o sonhador deseja abrir o portão e entrar, mas aqui há este menino sujo, quando ele está para alcançar seu objetivo final. A porta é aberta não por um anjo com asas douradas bonitas, mas por um moleque sujo! O que esperar para quando chegar ao Paraíso?

Prof. Schmaltz: Esta é a humilhação que ele deve sofrer. Ele não é um homem bom, mas um menino sujo.

Dr. Jung: Sim, vocês sabem o que isso significa no Oriente – crianças desagradáveis e sujas? Cristo nos disse: "se não vos tornardes como criancinhas"[8]. Ele não

---

7. Jung visitou o Norte da África, em 1920. Cf. *MDR*, cap. IX, parte I, e anexo III.

8. Mt 18,3.

falava de criancinhas na escola daqueles dias, mas dessas mesmas crianças imundas na rua, como Cristo as viu.

Srta. Howells: Longe das janelas de vitrais.

Dr. Jung: Quando você tem que passar por cima da ponte, afiada como a lâmina de uma faca, estreita como um fio de cabelo, você conhece todos os seus pecados, ou todas as suas virtudes. Uma vez que este homem é muito virtuoso, ele encontrará todos os seus pecados, de modo que um pirralho malcriado desagradável abre a porta para ele. Se ele não aceitar sua condição inferior, ele certamente não vai entrar no Paraíso, ele não vai dar este passo em direção à individuação. Mas ele pula o portão e entra no Paraíso, "tomando o Reino dos Céus a força"[9]; o modo do pensamento intuitivo. O que acham disso?

Dr. Gilman: Macaquices.

Dr. Schmitz: A maneira intuitiva.

Dr. Jung: Assim que ele está lá dentro, a mulher e o menino também estão. A mulher e o menino são uma parte dele próprio, sua família psicológica. Assim que o sonhador salta para o jardim, a criança começa a gritar que ele não tem permissão para entrar. Quando se aproxima do prédio, ele vê algumas peças de mobiliário expostas ao sol quente, e entre elas há um móvel cujo espelho está faltando; a moldura está lá, mas sem o espelho. A associação do sonhador é que essas peças de mobiliário são de muito mau gosto, baratas e comuns, sem nada de especial. Obviamente, acabaram de ser descarregadas e estão à espera de serem colocadas dentro da casa. Isso deve ser uma referência a um acontecimento recente.

Dra. Bertine: Eu acho que representam os seus assuntos domésticos. O mobiliário perdeu um espelho, então ele não pode de modo algum ver a si mesmo.

Dr. Jung: Sim, não há espelho. O intelecto é muitas vezes chamado de espelho. Como não há o espelho, sua percepção não está lá.

Prof. Schmaltz: Este homem é muito empreendedor, por isso ele enviou o seu mobiliário na frente, tendo certeza de que seria admitido.

Dr. Jung: Ele estava especialmente agitado porque o novo mobiliário foi deixado do lado de fora sob o sol onde a madeira seria danificada. Como ele não foi admitido, o mobiliário também não foi. É um paralelo, os móveis são deixados do lado de fora, do mesmo modo como ele próprio estaria se não tivesse pulado a cerca. Os móveis não podem passar por cima da cerca, então ficam sob o sol quente. Certamente pertencem a ele, e ele não tem dúvidas de que o lugar lhe pertence, portanto se o portão não está aberto, ele desliza por cima. Pode-se chamar isso de empreendedorismo! Ele acredita que é um homem muito respeitável e justo, e quando ele chegar à porta do Céu, será admitido de imediato para a sala de visitas,

---

9. Mt 11,12: "[...] o Reino dos Céus sofre violência, e a violência o toma pela força".

e vai esperar que o próprio Deus o receba, mas lá está apenas a criança suja. Seu mobiliário, que foi enviado ao Paraíso, foi deixado para fora sob o sol e é de material barato. O espelho não está no lavatório (a fruta verde novamente). Nesta iniciativa de tomar o "Reino dos Céus a força", ele faz algumas descobertas muito desagradáveis sobre si mesmo. Na última parte do sonho, antes de se voltar ao mobiliário, ele não presta atenção à criança árabe e praticamente passa por cima dela, e agora parece ter algum ressentimento no sonho, evidentemente ele percebe que as coisas estão indo mal. Ele diz: "Aqui está aquele maldito garotinho novamente! Vou pegá-lo". Ele o prende com uma corda. A criança chora, e como ele não quer muito escândalo, o deixa ir de novo. O que significa prender a criança com uma corda?

Dr. Schmitz: Ele está torturando a própria alma.

Dr. Jung: Mas você deve considerar apenas as associações dele. Ele diz: "É como se eu estivesse mostrando para a criança que eu não tenho medo daquilo, que eu posso suprimi-lo, mesmo que pertença àquela casa". Ele obviamente quer incapacitar aquela criança que diz: "Você não pode entrar".

Sra. Crowley: Ele quer suprimir esse lado dele próprio, o lado inferior.

Dr. Jung: Sim, a todo custo ele deve reprimir esse lado nele mesmo, esse é o seu lado pouco apresentável. Ninguém pode viver em um país como a África sem absorver alguma coisa dela. Seu caráter não civilizado entra e influencia o inconsciente, por isso pode ser muito difícil livrar-se de elementos relativamente primitivos e se adaptar à civilização novamente. Europeus que viveram por muito tempo no Oriente descobriram isso. Agora que o nosso sonhador está vivendo na Europa novamente, este elemento não civilizado irá lhe causar um problema sem fim. Ele tenta prendê-lo, mas é difícil aceitar que ele tem que deixá-lo ir. Vocês verão em sonhos posteriores como esse lado dele vem à tona.

Sra. Sigg: Ele não deve se identificar com a criança do céu, ou com a criança suja da terra.

Dr. Jung: Não há questões de identificação nesse sonho. Pode surgir mais tarde, mas agora ele não está se identificando.

Sr. Gibb: Será que antes ele estava um pouco orgulhoso da criança da anima, e então esta criança é uma compensação?

Dr. Jung: Ele tem o orgulho do homem branco, o que eliminaria a identificação.

Dr. Deady: Sua luta é com o que o menino representa. Ele tenta amarrar seu conflito.

Dr. Jung: Sim, mas ele simplesmente não quer que a criança corra livremente. "Vou mostrar a essa criança." Isso mostra o poder do homem branco na África. Se um negro no portão de uma casa disser: "Não entre", o homem branco dirá: "Vá para o inferno, eu entro". Após o *intermezzo* com a criança ele chega à porta real da casa e descobre a placa com o nome do Dr. Bauer. Sua associação é o Dr. Fausto ou as duas últimas palavras da inscrição do *The Golem* de Meyrink: "Aur Bocher". O Dr. Kirsch procurou isto, então podemos ver a inscrição toda. É uma sequência de palavras cabalísticas parcialmente não inteligíveis. O significado seria comunidade, ou poder, em seguida uma palavra intraduzível e em seguida a "luz do discípulo". Essas são palavras que desempenham grande papel no livro. O "discípulo" é o iniciado que liderou o caminho para a individuação, a "luz" é a iluminação. É bem possível que seja uma citação de um livro mágico em uma espécie de hebraico. Os gnósticos fabricaram muitas delas em siríaco, aramaico, hebraico e grego precário, até mesmo inventando palavras artificiais. Essas inscrições eram muito poderosas, pois ninguém entendia as palavras.

"Poder" e "comunidade" desempenham um grande papel nesse sonho e mostram o quão próximo ele estava associado à leitura do *The Golem*. Vejamos o contexto dessa citação. Ela aparece no final de uma série de visões emocionantes, durante as quais o herói perde a consciência. Ele cai nas profundezas insondáveis e finalmente sente que seus pés tocaram o fundo. Lá ele vê um grupo de figuras azuladas que formam um círculo ao redor dele. Todos eles usam hieróglifos dourados no peito e cada uma das figuras segura uma vagem vermelha em sua mão. (Ele se recusou a aceitar a vagem com sementes e até golpeou a mão do fantasma que as ofereceu, espalhando as vagens.) Agora estas figuras seguram as vagens novamente. Há uma tempestade com relâmpagos. Ele se sente fraco e apavorado, e ouve uma voz dizer: "É a Noite de Proteção" (a noite do êxodo, quando os israelitas foram protegidos contra os egípcios). Então alguém no círculo diz: "Aquele que você procura não está aqui". (Isso foi dito por Cristo quando as mulheres foram ao sepulcro e o encontraram vazio.) Então a figura diz algo que ele não consegue entender, ele ouve apenas a palavra "Henoch". De repente, uma das figuras do círculo se aproxima dele e aponta para os hieróglifos sobre seu peito, e quando ele lê a inscrição, sente que este é o fim e cai em sono profundo[10].

Obviamente, essas visões são uma série de mandalas, não como vocês desenhariam, mas que poderiam ser dançadas ou encenadas. Formar um círculo mágico representa individuação. A oferta das sementes é como a história do crocodilo que comeria a criança de qualquer jeito, não importa o que a mãe respondesse[11]. Com as sementes é a mesma coisa, uma espécie de questão fatal. Então, se você disser

---

10. Cf. *The Golem*, p. 151 [trad. de Pemberton].

11. Esta *quaestio crocodilina* é dada em "A psicologia da figura do 'trickster'" (1954). OC 9/1, § 486, n. 21): "O crocodilo roubou de uma mãe seu filho, que lhe pede que devolva a criança; o crocodilo diz que está disposto a fazer a vontade dela, se ela der uma resposta certa à pergunta que ele vai fazer: 'Devolverei a criança? Se disser que sim, não é verdade e a criança não será devolvida; se disser que não, também não é verdade, isto é, a mãe perde a criança de qualquer maneira'".

"eu aceito" ou "eu não aceito", de toda a maneira você não sabe o que acontecerá, pois não sabe o que elas significam. O herói do *The Golem* recusa as sementes, e é ameaçado. O significado é que as sementes são as suas várias partes. Somos feitos de muitas partículas que devem ser juntadas como em um caldeirão mágico ou pote de fusão, onde todas as partes dissociadas da nossa personalidade são soldadas. Assim, pergunta-se ao herói: "Você aceita todos os grãos como partes de si mesmo?" Ele responde: "Não, eu não", mas ele não pode recusar, porque esses grãos *são* ele mesmo. O resultado é que eles avançam contra ele, formam um círculo mágico ao seu redor, e uma voz diz: "Aquele que você procura não está aqui". Meyrink sabe o que "Messias" significa para o cabalista: "Aquele que une, que torna perfeito, não está aqui". Como ele recusou as partes de sua personalidade, as peças agora se posicionam contra ele. Então um dos espectros surge e mostra para ele o caminho para a iluminação. Sem dúvida a segunda parte significa que ele é um discípulo que recebe iluminação.

Nosso sonhador está na mesma situação. Ele também é aquele que recusou as sementes, ele não quer juntar todos os seus compartimentos, ele quer forçar sua entrada no Paraíso. Então ele está na posição do discípulo que ainda precisa aprender. Ele não é um mestre e não pode entrar no lugar onde vive o Dr. Fausto, porque de certa forma Dr. Fausto seria o homem perfeito, o iniciado. Ele deve se dirigir para a próxima porta e tocar o sino humildemente (bastante diferente de suas macaquices como pular a cerca e amarrar pessoas). Isso em linguagem simples significaria: "Bem, isso foi um pouco rápido, é melhor ir ao Dr. Jung e tocar sua campainha". Seria melhor confessar que ele é apenas um discípulo e que ainda tem algo a aprender. Esta é a última tentativa do paciente de resolver o problema de uma maneira mágica, pela ioga ou quaisquer outros meios teosóficos. A partir de agora ele toma um caminho completamente diferente. No próximo sonho ele faz uma viagem de carro à Polônia, viajando com um homem que é uma espécie de conhecido seu, famoso por ser um grande *coureur de femmes*, um *boulevardier*. Suas associações à Polônia são interessantes também. No sonho posterior a este ele vai para uma pequena e pobre cabana na África onde há um crocodilo. É como Parsifal, que, tendo chegado por acaso para ver o Santo Graal, de maneira bastante imatura, afastou-se; ele volta para o mundo e depois de muito tempo e muitas aventuras retorna ao Graal. Então este homem retorna, de certa forma, ao menino de rua, ao diabo árabe, como se ele tivesse que assimilar o que lhe parece mais desagradável, a fraqueza e humildade do seu sentimento mais ou menos primitivo. Portanto, ele vai primeiro a um país menos desenvolvido, Polônia, com sua desordem e corrupção, e então regressa ainda mais, para uma cabana primitiva habitada por um crocodilo, na boca do inferno, frente ao perigo, pois crocodilos ocasionalmente comem pessoas! A partir de agora os sonhos lidam com a parte mais inferior e rejeitada de sua personalidade, seu homem inferior. Só quando ele puder lidar com sua parte inferior e unir seus dois lados, ele conseguirá alcançar o homem total e tomar o lugar que este sonho sugere.

Nota editorial: Para a sequência cronológica, o número 19 foi atribuído ao sonho de 28 de julho de 1929, durante o intervalo entre as temporadas da primavera e do outono. Cf. p. 21 e p. 414.

Período de inverno

Primeira parte: outubro-dezembro de 1929

Palestra I

9 de outubro de 1929

Dr. Jung:

Senhoras e senhores, continuarei com a série de sonhos com a qual trabalhamos no ano passado, para demonstrar a inter-relação entre os sonhos e a evolução que se revela na manifestação do simbolismo no inconsciente do paciente. Cada sonho parece ser uma entidade psicológica cujo sentido pode não estar aparente no momento. São pequenos dramas, cada um com seu preâmbulo, situação dramática, catástrofe e solução, embora de certa forma estáticos. Porém, se analisarmos uma série de sonhos, descobriremos que há um movimento, um movimento circular, ou melhor, uma espiral. E ainda, isto nos dá uma maior sensação de certeza e segurança em saber que uma suposição equivocada poderá ser corrigida ou verificada nos sonhos seguintes; e conseguimos ter uma muito melhor impressão da análise de sonhos quando podemos seguir uma série de sonhos da mesma pessoa.

Devo dar a vocês uma breve descrição do sonhador, já que alguns de vocês não estavam presentes no último período. Ele é europeu, mas viveu boa parte da vida em países exóticos[1]. Ele é muito inteligente, teve uma carreira de negócios bem-sucedida e agora se aposentou, e entregou os negócios para o cunhado, mas ainda é o chefe nominal do escritório. Tem quarenta e sete anos, é casado e tem uma família simpática, filhos simpáticos e uma fortuna simpática. Seu problema é o típico problema da idade. Se fosse francês se aposentaria e iria pescar, isso seria a coisa normal e sábia a fazer. Isto porque após os quarenta e cinco as coisas se tornam mais difíceis. Depressões acontecem nessa idade, geralmente porque esses homens não conquistaram o que se propuseram, comparam a realidade com suas ambições e se decepcionam. Acham que são incapazes de realizar mais do que já fizeram e uma leve melancolia se instala; eles começam a ceder. Vemos a mesma coisa com pessoas mais simples; o homem pode começar a beber, de forma mais ou

---

1. Cf. p. 316s., onde é mencionado pela primeira vez que o sonhador "não era nascido na Europa, mas sim na África".

menos intensa e com frequência se torna um pouco efeminado, enquanto a mulher se torna mais masculina e assume a responsabilidade; muitas vezes ela inicia um pequeno negócio, com bastante sucesso, talvez uma loja, e o homem se torna um tipo de empregado dela. Esta mudança começa a acotecer depois dos quarenta anos, de fato, como se o vento fosse retirado de suas velas; ele não sabe como nem por que, mas é um fato delicado. Assim o começo de uma nova fase da vida normalmente se caracteriza por um tipo de revolução, que pode ser branda ou aguda. Há muitas vezes um sentimento de ressentimento contra a vida, ou porque não se realizou o que poderia ter realizado ou porque não se viveu o que poderia ter vivido. Então as pessoas estão prontas para fazer algo estúpido nos negócios ou, mais provavelmente, elas se apaixonam por este ter sido o lado mais negligenciado. Anatole France fala do "Demônio do meio-dia", um tipo de possessão demoníaca pelo amor[2].

Quando o tempo deu uma oportunidade a esse homem, ele encontrou terríveis lacunas em sua vida intelectual e emocional. Ele tentou ser um respeitável homem casado, mas não poderia viver naquele cubo de gelo para sempre – sua esposa eternamente frígida, não interessada pelo sexo e ele pouco disposto a isso. Eles viviam juntos em uma espécie de condição de isolamento. Essa falta o levou a aventuras no submundo, mas todas aquelas coisas se tornavam cada vez menos interessantes, e ele disse para si mesmo: estas coisas não são reais. Ele é um tipo refinado e espera uma experiência mais completa, não só sexo e dinheiro, mas amor, um tipo de amor superior e com real devoção que não existe nessas mulheres – certamente uma tendência mais digna. Mas mesmo procurando por algo decente, se defronta com nossas instituições; no caso do amor verdadeiro, é mais perigoso, pois ele se depara com impossibilidades nessa linha da vida. Então ele se afastou do amor e pousou na teosofia, se imaginou num mundo artificial de imagens, um lugar absurdo onde pode-se perder de si próprio em toda sorte de paraísos, e, como é um substituto, era como se estivesse flertando com uma espécie de meretriz espiritual, e ele se cansou muito disso. Então ele se tornou um pouco neurótico e veio me consultar, não exatamente para um tratamento. Ele chegou até a psicanálise por causa dos seus estudos, e achou que seria uma "fuga" melhor do que a teosofia, pois ele havia ouvido sobre a teoria freudiana de sublimação, pela qual a natureza seria transformada por magia em tocar o piano ou viver uma vida santa; basta pensar de forma maravilhosa e o sexo é eliminado. Destruí algumas de suas ilusões, a única coisa que pude fazer, mas lhe disse que eu não poderia

---

2. A frase *le demon de midi* não foi encontrada nos escritos de Anatole France, mas Paul Bourget publicou um romance com esse título (1914), cujo tema é a devastação do amor na psique de um homem de meia-idade. A frase é derivada do latim *demonium meridianum* na Vulgata, Sl 90,6 (versão autorizada). Sl 91,6, em que carrega o sentido de "destruição que devasta ao meio-dia".

resolver seus problemas por ele. Se eu lhe tivesse dito para continuar com as diversas mulheres, ele não só poderia não seguir meu conselho como logo perceberia que isso não funciona. Ele já havia tentado o caminho espiritual da teosofia com a promessa de sete céus e estava descontente, então lhe disse: "Veremos o que sua natureza, tanto física quanto espiritual, produzirá. Você deverá ser paciente, como eu também fui. Não existe receita".

Seus sonhos mostraram que o inconsciente começou a construir um tipo de padrão, uma forma tortuosa peculiar, ziguezagueando pelos altos e baixos da psique humana, lentamente insinuando alguns símbolos de cultos antigos, pelos quais as atitudes mentais humanas do passado foram transformadas – como se relata.

Um dos sonhos, por exemplo, continha um simbolismo muito importante de individuação ou renascimento. Mas sempre que um sonho prometia um passo adiante, ele tinha uma regressão; quando ele devia alcançar e pegar, ele voltava. Ele subiu um monte perto do mar, as ondas avançavam e tornaram impossível para ele permanecer lá. Toda vez que ele tentava fazer algo definitivo, lançar sua psicologia pessoal à vida – neste caso isso significaria uma tentativa de entendimento com sua esposa –, cada vez que tentava conversar com ela, ele recuava. E cada vez eu tive de admitir que parecia haver uma boa razão para isso, que não era apenas covardia. Não conheci sua esposa e pode ser que algo nela seja a causa; pode haver alguma incompatibilidade fundamental. Há uma enorme lacuna nas psicologias dos sexos. Estamos ainda em um estado primitivo de *participation mystique* na relação entre os sexos; não descobrimos que somente coisas diferentes podem se relacionar. Tive de dizer a ele para manter-se na expectativa e ver o que poderia acontecer, não importando o tempo que levaria.

Dr. Deady: Você continua trabalhando com ele?

Dr. Jung: Não o vi desde julho último, mas ele parecia próximo de uma solução. Ele aborda as questões em espiral. Mas ele precisa de mais *insight* psicológico e mais confiança para superar seus problemas. Seu progresso aparece em uma mais positiva relação com o trabalho. Não está muito certo se a psicologia é uma verdade para ele, se ele consegue admitir a realidade psíquica como admite a verdade dos livros em sua mesa. Quando ele chegar a esse grau de certeza, ele será capaz de se lançar sobre ela. É um caminho muito longo para ele. Ele é um tipo sensação, mundano, um homem do mercado de ações, e é difícil para alguém como ele acreditar em algo que não pode ver com seus olhos ou tocar com suas mãos. O caminho é cheio de riscos e perigos, ele pode entrar em pânico e é possível que haja algo distante, algum problema latente em seu inconsciente, como uma carga perdida; e isso poderia levar a uma esquizofrenia local, um pedaço de material ancestral que não se encaixa em sua psicologia. Isso é frequente e torna o trabalho difícil e perigoso.

O sonho de hoje segue aquele em que o sonhador se aproxima daquele prédio[3]. Há uma espécie de avenida que leva até lá, e o prédio tem um valor simbólico, como a mansão do Homem Superior (Dr. Fausto). Foi um sonho mais ou menos positivo, em que se pode esperar um movimento decidido de avanço.

Sonho [18]

Ele está viajando em um automóvel na Polônia com um conhecido, não um amigo, um Sr. B., e outro homem que ele não conhece. De repente eles descobrem que avançaram demais ao sul e que devem retornar à estrada correta por um caminho indireto, que não conseguem voltar à estrada correta diretamente, mas precisam fazer um desvio por uma pequena estrada rural, tão estreita e ruim que nem está indicada nos mapas. Mas finalmente eles chegam e então dirigem furiosamente por uma estrada linda, ampla e reta. Fazem uma parada e, quando tentam ir embora, o motor se nega a funcionar. Eles encontram um mecânico, um homem baixo e corpulento que fala com um sotaque do sul da Alemanha, que acha que o problema está no magneto – a parte giratória explodiu. Ele consegue, porém, consertá-la e fazê-la funcionar novamente.

Associações: O Sr. B. é um *bon viveur*, um empresário alemão, muito interessado nas artes plásticas, com um grande círculo de amigos artistas. O sonhador não gosta dele, ele não é simpático.

Sobre o terceiro homem, o *desconhecido*, ele não sabe nada.

Sobre a *viagem à Polônia*, ele se lembra que logo depois da guerra um de seus conhecidos do trabalho voltou da Polônia e disse que bons cigarros lá eram tão raros que para ter alguns seria preciso conhecer uma meretriz.

Ele não foi capaz de dizer qualquer coisa sobre *ir muito ao sul*, mas essa descoberta levou à associação de que como *bon viveur* ele não está no caminho certo, e por isso se torna necessário pegar outra estrada, mesmo que não conste dos mapas um caminho individual novo, inesperado. Esse caminho indireto se revelou excelente e imediato. Mas parece perigoso parar, e ele conclui que isso fez o magneto explodir.

Ele diz que o *mecânico* que apareceu é o médico dos motores e o identifica comigo. Sua associação é que ele tinha ouvido uma palestra minha e ficou surpreso de que minha pronúncia em alemão não tinha sotaque, já que eu sou da Basileia, onde o dialeto é bastante marcado. Ele diz que o pequeno mecânico é bastante diferente de mim, mas, como eu sou médico, ele deve se referir a mim. Quanto ao *magneto*, ele diz que era o coração do mecanismo. Poderíamos compará-lo com o coração do organismo humano, pois ele realiza a ignição rítmica sem a qual o motor não funciona. Agora qual é a interpretação de vocês para o sonho?

---

3. O sonho é relatado e discutido nas p. 269-274 e 283-289.

Dr. Schmaltz: É parecido com o anterior, no qual ele tenta entrar direto, tão seguro de si próprio que mandou os móveis na frente, e eles foram largados no sol quente; ele não tinha permissão para entrar, então tentou várias estratégias. Agora ele vai por outros caminhos, apesar de o sonho dizer que ele deve tomar a estrada rural lamacenta onde o dialeto é mais marcado.

Dr. Jung: Você habilmente colocou-se no clima do sonho, como sempre deveria fazer. Agora, por que ele deveria tomar a pequena estrada rural lamacenta? No sonho anterior ele estava exausto no sol quente. Neste sonho ele aparentemente não é recebido quando vai ao sul, então ele oscila e retorna para o norte, ele vai à Polônia. Esse é um movimento peculiar entre os quatro pontos cardinais do horizonte. Onde podemos encontrar este mesmo simbolismo dos pontos cardinais?

Dra. Howells: No sonho do rolo compressor.

Dr. Jung: Muito bem. E vocês lembram o esquema que ilustrava o sonho, o mandala, o círculo mágico. O mandala exerce um papel importante nos cultos orientais, utilizados como uma ajuda psicológica para a individuação. Eu já disse a vocês que o mandala pode ser dançado ou desenhado; na Índia não existe só o mandala estático, como o tibetano, mas também um mandala dançado. Uma paciente me trouxe certa vez um esquema de um mandala, dizendo que era um esquema para realização de certos movimentos circulares ao longo de linhas no espaço. Ela dançou, mas a maioria de nós ficou muito inibida e sem coragem para dançar também. Foi uma combinação ou encantamento para a piscina sagrada ou chama no meio, o objetivo final, para ser alcançado não diretamente, mas pela via dos pontos cardinais, simbolizando o caminho pelo qual finalmente o homem tenta alcançar seu objetivo. Portanto, esse sonho pertence aos movimentos do mandala que nosso paciente desenhou alguns meses atrás. Ele agora está cumprindo o movimento do sul ao norte; foi ao sul, recuou e vai ao norte. Normalmente a dança é feita em pares de opostos, norte, sul, oeste, leste e nas intersecções dos horizontes.

Existem três formas de mandala:

(1) Um desenho estático, o círculo mágico. Ele define, por exemplo, os ritos da fundação da cidade romana. O primeiro círculo foi desenhado com um arado em torno de recintos sagrados. No centro ficava o *fundus*, um tipo de depósito para as frutas de seus domínios. Na China isso é chamado de o espaço dos antigos céus, a casa dos ancestrais. Psicologicamente, o ponto central de uma personalidade humana é o lugar onde os ancestrais são reencarnados.

(2) A dança do mandala, *Mandala nritya*. Ou o *circumambulatio*[4], executada através de movimentos.

---

4. Um termo latino que Jung usou para descrever o andar em círculos e círculos em torno de um centro, se aproximando gradualmente dele, em uma espiral.

(3) O mandala no tempo, a realização pela vida.

Os índios Pueblo têm rituais em que eles seguem o curso do sol durante cinco horas, começando com o nascer do sol e terminando com a contemplação do norte ao meio-dia. Ao fazer isso são purificados e se tornam verdadeiros filhos do seu Pai-sol. Isto não é uma dança, é mais um mandala no tempo, que simboliza o fato de que se você a vive enquanto a dança, você se purifica e retorna à condição original, chamada, pela linguagem cristã, de se tornar filho de Deus. Somente nos tornamos filho de Deus carregando a cruz; se a vida é vivida sem absurdos neuróticos, será vista como o cumprimento do mandala no tempo. O sonhador prevê sua vida no sonho do rolo compressor e mandala. Muitas vezes encontramos as direções nos sonhos, indo ao norte, sul etc., porém nem sempre é tão óbvio assim. Há um princípio na vida, não só na estrutura do inconsciente. Toda a história da vida cristã é simbolizada pelo fardo da cruz. No culto a Átis, uma árvore viva foi carregada até a caverna que representava o ventre da mãe, exatamente o mesmo conceito no culto de Mitra, que carregava o Touro Sagrado, o fardo de sua vida[5].

Poder-se-ia se dizer que, depois do sonho da África, o paciente foi do sul ao norte, à Polônia, porém com certo movimento regressivo ao sul. Agora ele deve retornar e escolher um novo caminho, mesmo que não esteja indicado no mapa.

A Polônia em seu sonho é caracterizada pela associação de que prostitutas são tão baratas lá que se pode conseguir uma por alguns poucos cigarros. Na África ele estava tentando chegar ao homem superior, a coisa mais preciosa. Ele falhou nisto, então volta para o norte e toma a estrada oposta, o oposto em todos os sentidos; ele toma agora o caminho da carne, viaja com um *bon-vivant* em um país onde as mulheres do submundo são muito baratas. Até certo ponto isso é uma compensação. Mas a nova tendência é prejudicada no início pelo fato de que o *bon-vivant* não é simpático, o sonhador não gosta dele. Este é o desgosto que suas experiências mundanas lhe trouxeram. Um fato interessante é que embora no sonho tenha ido demais ao sul ele parecia estar procurando alguma coisa bastante elevada e legítima, isso significou a coisa a partir da qual ele precisava retornar. Ele foi demais ao sul, não tão longe ao norte – o *bon-vivant* não é seu ideal.

Dr. Deady: Ele deve assumir um compromisso. Deve encontrar o caminho do meio. O que aconteceria com aquele homem?

Dr. Jung: Não está muito claro. O ideal seria a estrada mestra direta no centro. Este homem é um trapaceiro, ele está fazendo jogos. Se for ao sul, está disposto a ficar um pouco sujo. Se for ao norte, faz concessões ao idealismo. Se você está viajando com um *bon-vivant*, não é bom fingir que está chocado e bancar o idealista.

---

5. Átis era o filho e amante da deusa-mãe frígia Cybelle, e o pinheiro tinha um papel importante em seu culto; cf. *Símbolos da transformação*, § 659ss. Mitra, no culto persa devotado a ele, carregava o Touro até a caverna; ibid., § 460.

Dr. Schmaltz: Parece com o sonho anterior, em que ele sobe nas árvores para escapar da estrada quente e poeirenta. Trapaças! Ele tenta tirar a lama do sexo, em vez de se comportar como as outras pessoas que vão à Polônia. Ele não continua com o negócio. O sonho secretamente tenta mostrar isso a ele.

Dr. Jung: Não há por que dizer àquele homem que ele é covarde. Ele simplesmente não está consciente de que está enganando a si próprio pela estrada. Ele não é um covarde, é muito decente, porém traz seu idealismo para se salvar da dolorosa sensação de ser uma ovelha negra. É doloroso demais ser uma ovelha perdida. Todos têm a tendência de buscar bons motivos para seu comportamento, em vez de dizer: fui um porco. Racionalizamos pelo lado positivo em vez de chamar as coisas pelos nomes corretos. As pessoas podem dizer que são grandes pecadoras – fomos educados com a ideia da alegria no paraíso para o pecador arrependido[6], levados a pensar que se é um bom sujeito apenas por poder se arrepender. Isso nos emociona. Mas o principal é ver exatamente qual é o truque, pois é muito inconsciente e sutil, e escapa da observação.

Existem pecados espirituais muito sutis. Para descobrir onde está o verdadeiro pecado é necessária uma análise minuciosa. Este homem pode ser educado para a verdade e honestidade se alguém se der ao trabalho de mostrar a ele todos seus pequenos gestos. Ele está em má companhia, porém mantém um ar de respeitabilidade – um tipo de anjo se arriscando no inferno para pintar os demônios de branco. É como um homem tentando converter uma prostituta; ele acaba pisando na lama, pior do que o homem que vai à prostituta com o fim próprio. O sonho lhe mostra que ele precisa corrigir isso. Deve tomar um caminho indireto, que nem conste no mapa. Até o momento presente, esse homem se manteve dentro dos limites da respeitabilidade, protestando pouco, se esquivando da situação. Mas o sonho mostra que *isto* é imoralidade – um tipo estranho! A pequena estrada não está no mapa. Esta é a forma indireta. Agora qual seria a saída?

Dra. Harding: Um mapa é um símbolo coletivo.

Dr. Jung: Sim, o mapa é o caminho oficial. Não se sai de uma situação destas de uma forma coletiva, salvando as aparências. A saída é o caminho individual. Ele deve julgar a situação individualmente. Deve dizer a si mesmo: tendo aderido a esta viagem, seria decente abandonar o idealismo? Ou você admite que cometeu um engano e refaz seus passos, ou continua adiante e faz como os outros fazem. Então o céu ganhou um bom pecador no mínimo. "Há mais alegria no céu quando um pecador" etc. Mas se vê que sua expectativa sobre a estrada individual é de medo – é um horrível mangue, sem mapa. Mas para sua surpresa ela se transforma em bela estrada, uma pista reta, onde ele pode se locomover com rapidez. Ele não

---

6. Cf. Lc 15.7.

é o primeiro homem que viajou por essa estrada. Talvez ela seja um pouco oblíqua. Uma estrada reta teria ido mais longe ao norte, mais fundo naquele tipo de experiência. Agora, quando o inconsciente utiliza uma estrada tão convidativa como um símbolo, o que isso significa? Por que é tão linda? Sempre que o sonho mostra algo convidativo, é para seduzir o instinto do homem, atrair sua libido. A sua beleza compensa amplamente qualquer dúvida como de que ela seja uma estrada individual. O que isso quer dizer, a estrada individual?

Sra. Crowley: O caminho dele.

Dr. Jung: Nesta situação, significaria o caminho dele, o único caminho com o qual ele pode lidar. Mas isso inclui algo geralmente ignorado. Quando se olha à frente e vê uma estrada virar à esquerda quando se espera que ela vire à direta, ou você vai à esquerda com dúvidas ou não vai, porque ela parece levar para onde você não pretende ir. Agora esta estrada à esquerda parece que vai continuar por uma distância interminável porque não se consegue ver à frente, onde a estrada dobra à direita e chega ao objetivo. Este homem pode muito bem achar que o caminho para o norte é errado, enquanto o caminho pode passar pela Polônia, fazer uma curva e por fim chegar ao objetivo correto. O caminho individual leva por direções que parecem completamente erradas. Não percebemos que, quando giramos à esquerda, esse movimento se esgota e chega à direita novamente. Nossas estradas conservam as trilhas originais. A trilha suíça é uma curva longa e ondulada. Quando eu estava no meu safári na África, achei bastante irritante seguir os guias a um ritmo veloz, pois o instinto do homem branco é seguir em frente. Mas achamos que a curva do safári é muito menos cansativa; eles caminham cerca de seis quilômetros por hora, girando pelas curvas com facilidade.

O caminho individual é um serpenteado peculiar, e este é o caminho do sonho. Se pudéssemos simplesmente deixar as coisas acontecerem, veríamos que o errado se esgota e o correto toma seu lugar. Esse homem não confia no seu próprio ser primitivo, é difícil confiar nas leis inconscientes. Ele sempre tenta interromper com seu racionalismo. Deveria ir a todo vapor e assim não perderia sua coerência, pois ela está nas mãos da natureza, e quando ele tiver dito sim por tempo suficiente, ele naturalmente dirá não. Seu racionalismo está lhe pregando uma péssima peça. De fato, o caminho serpenteado individual é o caminho mais direto por onde ele poderia ir. Isso é simbolizado pelo caminho sinuoso do sol pelo zodíaco e a serpente zodiacal é Cristo, que disse: "Eu sou o Caminho"[7]. Ele é a serpente, por isso na Igreja cristã primitiva ele é o sol, e os signos do zodíaco, os apóstolos, são os doze meses do ano.

---

7. Jo 14,6.

Palestra II

16 de outubro de 1929

Dr. Jung:

Continuaremos com nosso sonho da semana passada. Vocês têm alguma pergunta? Se muitos ficam com medo de fazer questões, temos um ambiente muito estático. Se todos participarem, sua cooperação cria uma comunhão de sentimentos, e esse *esprit de corps* é extremamente importante. Um ambiente inibido é desfavorável.

Vocês recordam que no nosso último encontro falávamos daquela estrada reta na qual o movimento era fácil. Quando o inconsciente produz um símbolo tão favorável como essa bela estrada, o sonhador está agradavelmente impressionado com isso, sua libido é atraída, o inconsciente facilita para ele. Mas devemos ficar desconfiados nesse caso; se associarmos este símbolo à sua contrapartida consciente veremos que ele não é nada agradável. Pode ser algo do qual ele tem medo, algo do que ele tenha aversão. Ele é um homem convencional, tem medo do que foge das convenções e aquela estrada soberba pode significar justamente o que ele não gosta na realidade. Quando um símbolo como este aparece, quando algo se torna tão agradável, com tão lindas cores, significa que o inconsciente está tentando torná-lo agradável. Mas, atenção! Aqui devemos ter bastante cuidado. Não podemos confiar totalmente no inconsciente, só podemos dizer que isso é o que o inconsciente naturalmente escolheria. Não quer dizer, quando estabelece uma condição, que ela é necessariamente boa ou aconselhável, apenas mostra as coisas como elas são – informações importantes quanto à inclinação da natureza de cada um.

Por exemplo, contarei a vocês o sonho de um homem com qualidades duvidosas quanto à sua conduta nos negócios. Suas transações não eram admissíveis, eram mesmo decididamente fraudulentas. A partir do sonho seguinte tirei minhas conclusões sobre a real natureza dele. Ele estava caminhando pela rua, uma rua comum de sua cidade natal, quando notou na calçada do outro lado da rua uma senhora muito digna e refinada que o chamava. Ele não a conhecia, mas atravessou a rua e de forma amigável e íntima ela o convidou a caminharem, e o levou até o portão do que parecia ser um grande jardim. A senhora parou lá, e bastante surpreso ele viu que era um jardim tropical, bastante charmoso e repleto de árvores. Ela o convidou a entrar, mas por algum motivo ele estava com muito medo e tentou recuar; estava com uma estranha sensação sobre tudo aquilo. Mas no final ele não conseguiu resistir, ela o atraiu. Foi um pesadelo, apesar de o motivo não estar claro.

Ele associou a senhora à sua própria avó, a quem amava muito, então por que seria um pesadelo? É claro que o lugar é um jardim dos sonhos (ele vive no norte), um jardim do Paraíso, o jardim dos desejos, ilusório, que faz referência a um mundo fantástico para onde seu inconsciente o está convidando. Mas, por que uma *avó* e não a mãe? Este sonho é formado pelo antigo conceito primitivo de que quando o pai morre e vai ao mundo dos espíritos ele se torna apenas um fantasma comum; mas quando seu filho tem um filho e ele se torna o avô, ele não é mais um fantasma comum, é uma espécie de duque do mundo dos espíritos, é o fantasma avô, e o filho sacrifica um touro para ele. Então a avó simboliza o "grande" inconsciente, enquanto a mãe se refere ao "pequeno" inconsciente. É como um oceano frente a uma pequena baía, ou um vasto continente a uma península. O homem estava sendo seduzido a entrar no inconsciente coletivo, a terra dos sonhos. Logo depois deste sonho, ele cometeu um erro terrível que o levou à prisão. Então se alguém tivesse dito a ele que o sonho foi positivo por causa de sua boa aparência, teria contribuído com o desastre. Um sonho assim pode ser muito enganador. Poderíamos dizer, preferivelmente: desde que este é um lugar impossível, um jardim tropical em um lugar não tropical, ele pode não estar na realidade; não se pode viver em um mundo de sonhos que não podem ser realizados; é um mundo psíquico, uma ilha feliz, mas é o mundo *interior*. Só assim se poderia dar a ele o significado próprio.

Assim neste caso a estrada é tranquila e agradável, mas devemos considerar a primeira parte do sonho para decidir se o sentido é bom ou ruim. Talvez seja duvidoso. Além disso vejamos o que acontece naquela estrada. Eles param, e, quando querem partir de novo, o motor não funciona, então chamam um mecânico que descobre que o magneto havia explodido. Concluímos que teria sido melhor não ter parado. É muito complicado quando o magneto não funciona – ficar paralisado depois de viajar por aquela estrada. Parece dizer por que você não continua direto, vá em frente, porque se parar você não vai conseguir continuar de novo. Agora, vocês se lembram de que em suas associações ele diz que o magneto é o coração do motor. O que seria isso?

Resposta: O coração é o sentimento, o sentimento explode.

Dr. Jung: Mas estamos corretos em traduzir coração como sentimento? Vejam, isso é mais ou menos figurativo, o coração é a coisa central e essencial. Ele não menciona o sentimento. Podemos falar do coração de algo, até do coração de uma cidade, o lugar central, mas isso não é emocional.

Sra. Fierz: Pode ser o ego.

Dr. Jung: Imagine a situação. Veja, ele realmente está se dirigindo pela estrada correta. Por um momento ele não continua no caminho certo, o caminho individual, e neste momento o coração explode. É uma metáfora. O coração pode quebrar, dizemos em alemão que ele estilhaçou, o que significa um fato emocional. Mas se considerarmos o coração como a coisa central, ele não é o ego.

Dr. Deady: O coração também significa coragem. Ele associa o magneto a um princípio rítmico, que integra todas as partes do motor.

Sra. Fierz: É sua individualidade.

Dr. Jung: Exatamente. Em termos psicológicos é a individualidade dele, sua mônada individual, da qual se originam todas as funções regulatórias da vida. A mônada individual está contida sempre nas funções inferiores, portanto "coração" também significa sentimento. E aqui a individualidade explode, produzindo dissociação. Vejam, os elementos constitutivos da personalidade podem se dissociar uns dos outros; estas e aquelas pessoas em mim podem se separar de mim. Por exemplo, alguém com uma personalidade artística, que não se encaixa na vida cotidiana, tem de se adaptar o melhor possível, o temperamento artístico é simplesmente um incômodo; um constituinte que é por si só uma pessoa dividida, e que parte por si e forma uma segunda personalidade que é mais ou menos independente do governo central. Então o magneto, o princípio de governo central, pode ser dividido em vários fatores, que correspondem mais ou menos às unidades mendelianas[1]. As várias características físicas individuais são herdadas de diversos ancestrais diferentes, talvez de ancestrais que viveram duas ou três centenas de anos atrás; alguns traços podem desaparecer e reaparecer nas famílias; o famoso lábio dos Habsburgos é um exemplo. O mesmo acontece com a constituição mental. Nos Habsburgos espanhóis havia muitos casos de insanidade que desapareceram completamente e então reapareceram duzentos anos depois. Então um indivíduo é uma combinação peculiar de unidades mentais, traços ancestrais, mais ou menos arranjados juntos. Como regra, começamos a vida fragmentados, e gradualmente, ao longo da vida, vamos recolhendo e juntando os pedaços. As pessoas chegam para mim com as maiores ilusões sobre si mesmas e só lentamente se tornam conscientes dos seus muitos lados, que são tão importantes, mas que são projetados. É como se estes constituintes de suas personalidades tivessem explodido e fossem reconhecidos apenas por meio de projeções: o que eles veem na outra pessoa é uma parte deles próprios. É bastante intangível, porém durante o curso da análise essas partes di-

---

1. A referência é ao sistema de hereditariedade proposto pelo monge agostiniano Gregor Johann Mendel (1822-1884) em 1865, mas reconhecido somente em 1900 (o ano que Jung concluiu sua educação universitária).

ferentes são reagrupadas, sendo o objeto de análise a reunião de todas elas em um centro de funcionamento.

Aqui poderíamos dizer que o coração, o ponto central, é imediatamente dissociado quando deixa de seguir o caminho individual. Enquanto você continua o caminho individual, você funciona como um indivíduo, mas se parar, você se dissocia novamente, pois passa a funcionar apenas como parte de si mesmo – instantaneamente volta ao modo coletivo. Isso é uma regressão. Isso explica por que o magneto explode quando o motor fica paralisado; parece irracional, mas psicologicamente é verdade. Os pares de opostos se separam. Tão logo a pessoa estaciona, aquilo que a mantinha cai por terra. Desde a parada ficou visível que a situação mantinha juntas partes incompatíveis. Geralmente a estagnação acontece porque as partes não conseguem mais ficar juntas, mas também, como neste sonho, a coisa pode se dividir porque não funciona mais. Esse é o caso na esquizofrenia, que acontece da seguinte forma: uma pessoa aprendeu a funcionar de uma certa forma e então se defronta com algo para o qual não está preparado, mesmo que aquilo possa ser bastante fácil para outras pessoas. Por exemplo, ele deve prestar o serviço militar, ou talvez comprar uma casa. Normalmente ninguém enlouqueceria com isso, mas esta pessoa sim, pois a situação exige algo que está acima do seu nível de funcionamento. Ele se despedaça, se dissocia instantaneamente nos constituintes que antes o definiam como pessoa e que agora começam a falar, e ele então ouve vozes e tem alucinações.

Essa situação no sonho precisa ser corrigida, então um especialista é chamado, um mecânico, um homem pequeno e corpulento que fala no dialeto sulista alemão. O sonhador me assegura que o especialista seria eu mesmo, que deveria recompor o magneto, mas as qualidades não se aplicam a mim, e ele ficou intrigado por que o inconsciente teria me dado essa forma. Aqui novamente está um caso importante para interpretação dos sonhos. Freud não hesitaria em dizer que este claramente é o médico, disfarçado pelo censor. Mas ele *não* está disfarçado. Por que o inconsciente teria o trabalho de inventar um disfarce que não funciona? Freud entenderia isso como uma tentativa, uma forma indireta, com o propósito de me tornar obscuro. Mas por que o inconsciente iria querer esconder esse fato? Não temos qualquer evidência de que o sonho tenta disfarçar o médico. Ou melhor, o inconsciente é enfático ao criar um mecânico que nada tem a ver com o médico. Ele é apenas um rapaz do Sul da Alemanha, um homem que se encontraria na garagem, que diria: "Os alemães sabem muito mais do que os suíços!" A conclusão óbvia é que o inconsciente está tentando transmitir a ideia de que o homem que repara o magneto nada tem a ver com o Dr. Jung, dizendo diretamente à convicção consciente do paciente que eu sou a pessoa que pode repará-lo.

Dr. Deady: Mas é ele que deve fazer isso por si mesmo.

Dr. Jung: É claro. Aquele homem no sonho se refere a ninguém no mundo exterior, esse é um fator interno a ele. Uma de suas faculdades, por exemplo sua mente, pode ajudá-lo a recompor sua máquina, mas isso ele não quer ver. Ele sempre se esconde por trás dos fatos de seu desconhecimento, ele diz ser um homem de negócios, não um estudado como o Dr. Jung. Ele se protegeu atrás de mim por um longo tempo. Naturalmente muitas coisas aconteceriam ou não aconteceriam para um homem como Dr. Jung: ele é a favor deste tipo de psicologia, deixar as coisas acontecerem, em relação às quais ele não terá que assumir qualquer responsabilidade. Ele se permite muitas pequenas indulgências dentro desta penumbra de desconhecimento. Se admitisse que tinha o conhecimento, ele teria que admitir a responsabilidade – fazer um esforço próprio para sair de uma situação difícil. Essa parte do sonho fortalece sua autoconfiança, a indicação de que tem dentro de si o homem para reparar a si próprio.

Dra. Harding: Há uma parte que ficou de fora, o terceiro homem.

Dr. Jung: Sim, um terceiro homem de quem ele não se lembra, então devemos concluir que este elemento é uma figura obscura.

Dr. Deady: Poderia ser sua sombra, o outro lado do sonhador.

Dr. Jung: Não podemos estar tão certos disso.

Dra. Harding: Temos o próprio sonhador, o ego no caminho; o *bon viveur* (talvez uma figura sombra); n. 3; e com o mecânico formam quarto, o indivíduo completo.

Dr. Jung: Como você traduziria isso?

Dr. Deady: As quatro funções.

Dr. Jung: Sim, as quatro funções, vamos supor. Isso nos daria uma indicação. Alguns de vocês se lembrarão de terem tido sonhos em que o 3 e o 4 têm um papel. É quase uma situação arquetípica. Há um exemplo na segunda parte do *Fausto*, uma passagem bastante peculiar em que os cabiros aparecem, trazendo das profundezas do oceano um estranho símbolo, "uma forma rigorosa"[2]. Goethe não diz o que é. A passagem é: "Existem três, onde ficou o quarto?" Os cabiros são semelhantes ao conceito hindu das forças criativas inconscientes, os *samsaras*. E eles seriam o terceiro e o quarto.

Na psicologia consciente sabemos que se pode falar das quatro funções, formas pelas quais nos adaptamos a uma dada situação e sabemos por experiência que as pessoas como regra possuem uma função que é realmente diferenciada e que elas têm alguma disposição para uma função auxiliar. Por exemplo, veja o tipo pensamento-sensação. Essa pessoa sabe o que ouve e vê. (Nem todos sabem isso!) Assim, além dessas funções, há também alguma consciência de uma terceira que

---

2. Cf. *Psicologia e alquimia*, § 203, onde "um rigoroso formato" (*ein streng Gebilde*) é traduzido como "uma forma severa". As palavras "Existem três, onde ficou o quarto?" não estão citadas no texto.

deve servir à função superior; neste caso seria a intuição. Mas o que não aparece entre as funções conscientes, ou apenas ocasionalmente como fenômeno que não se pode controlar, é neste caso *sentimento*. É a última, a coisa pouco confiável, o dedo na ferida, onde essa pessoa é inferior, onde recebe seus choques e feridas. Porque pensar e sentir se excluem um do outro, devido às suas naturezas contrárias.

Aqui temos aquelas três, e a quarta que falta. É bem possível que as quatro funções possam ser representadas por quatro pessoas, assim como os quatro filhos de Hórus, somente um tendo cabeça humana, os outros três totalmente animais, o que indicaria que nos dias dos antigos egípcios somente uma função era consciente e três faltavam. De acordo com nossa filosofia, intelecto é o ser com cabeça humana. Nos nossos escritos filosóficos somente o pensamento foi autorizado. Bergson[3] aceita a intuição, porém, e há também uma filosofia construída a partir de fatos observados, que permite a sensação. No progresso da civilização a periferia da consciência se alargou e gradualmente incluiu novas funções. Goethe, sendo um homem moderno, já estava consciente de três, e perguntava: Onde está a quarta? No cristianismo existe a Trindade, os três no céu, e aquele que falta é o diabo no inferno. É bastante perturbador quando ele aparece. Todos esses fatos psicológicos se expressam nos dogmas. A Igreja diz: existem três, e onde estaria o quarto? Mas, por favor, fique longe dele!

Portanto, é um problema nos sonhos saber o que fazer com o número 4. Mas aqui o número 4 é muito útil. Quando se chega a uma estagnação no três, e é importante saber o que vai acontecer, a intuição é muito necessária. O pensamento diz o que as coisas significam, o sentimento diz o que elas valem, a sensação o que elas realmente são e a intuição conta as possibilidades de uma situação. Então é possível continuar a viagem com segurança. Aqui o homem inferior dele, a quem ele naturalmente despreza, surge como bastante útil. Claro que não podemos simplesmente dizer que o mecânico é o diabo, e eu não sei como o sonhador se sentiria se eu dissesse que para aceitar esse companheiro ele deveria abandonar certos preconceitos. Ele poderia sentir que isto seria imoral. Iria ferir seu orgulho descer a este nível, por isso ele está impedido de assimilar esta sua função inferior. Está navegando no paraíso com os três, e o número quatro está no ventre quente da terra.

Agora temos o material necessário para interpretar este sonho como um todo e colocá-lo na sequência dos sonhos. Sua história, como aqueles de vocês que estiveram aqui na sessão anterior sabem, é o processo de individuação. Este é, claro, sempre o objeto de análise. O objetivo é o mesmo, mas o caminho é bastante diferente. Este é um dos sonhos do caminho dele que lhe mostra sua falha ou engano.

---

3. Henri Bergson (1859-1941), filósofo francês, laureado Nobel em 1927. Jung o citava com frequência, principalmente por causa de seus conceitos de *durée créatice* e *élan vital*.

O sonho anterior a este mostrou que ele não estava pronto para seu objetivo. Ele viu seu objetivo e quis alcançá-lo, mas não conseguiu; ele utilizou caminhos e meios fracos. Então ele teve que retornar. Ele esteve na África, no sol quente do sul; agora ele vai ao norte. Como eu disse, essas direções têm a ver com o mandala. Os quatro pontos cardeais do horizonte são muitas vezes associados às quatro funções, ou podem ser indicados por cores especiais. Sensação é frequentemente identificada com o sul e intuição com o norte. Ou as funções podem ser personificadas por pessoas como em um teatro. No caso de nosso sonhador, temos indicações de que o sul é associado por ele com algo espiritual – de alguma forma está repleto de símbolos espirituais para ele – e o norte com sensualidade, o *bon viveur*, as prostitutas baratas. Isso não é habitual, muito pelo contrário, mas o homem não é europeu, nasceu na África, o que pode explicar essa interpretação.

O sonho começa no norte, com a figura do *bon viveur* indicando a sensualidade. O sonhador cometeu o erro de ir demais ao sul. Ele está viajando com mais duas – são três no total – personificações de constituintes da individualidade que podem ser representadas por pessoas, ou os quatro pontos cardeais, ou quatro demônios, quatro deuses etc. As funções são geralmente figuras que expressam caráter, mais do que as funções da consciência, pois estes são mais ou menos idênticos aos fatores caracterológicos. Se você for do tipo intelectual, tudo o que for de bom em você está ligado a isso; no seu raciocínio você é uma boa pessoa. No seu sentimento você apresenta outro caráter. Na medida em que o problema real do sonhador seria um problema moral, esse caráter está enfatizado e os quatro aparecem como pessoas. Então aqui o companheiro desagradável, o *bon viveur*, é ele próprio, pois ele não se distingue dele mesmo exceto por uma frágil declaração de que ele não é tão mau. Na medida em que o *bon viveur* seria um contraste ao seu homem superior, ele seria o homem emocional, mas não temos certeza de que em seus sentimentos ele é assim.

A terceira figura é desconhecida, mas necessariamente deve ser ou intuição ou sensação. Ele pode ser sensação, mas eu não me entusiasmaria muito com essa interpretação. Ao olhar de forma teórica, o sonhador é do tipo pensador com sensação sendo sua função secundária, um homem da realidade. Ele tem intuição até certo ponto. É óbvio que seu ponto morto é sentimento; ali ele está paralisado, embaraçado, sem autoconfiança, ele inveja qualquer um que tenha alguma segurança nos sentimentos, por isso inferimos que esta é sua função inferior, o número quatro, neste caso o mecânico. É uma suposição, uma hipótese de trabalho. Ninguém esperaria sentimento sob a capa de um mecânico, mas ele pode planejar a reunião final de todos os constituintes, pois é sempre a função inferior que fecha o ciclo, que traz a completude – pois ninguém fica completo sem sua sombra. Até que se conheça sua função inferior, não se conhece nada sobre o homem. Então é bem possível que o número quatro representado como um mecânico que rearranja tudo seja o sentimento que daria a ele os valores corretos. O sonhador está sempre enfrentando dificuldades devido à sua falta de entendimento dos valores corretos. Seus sentimentos o enganam. Ele sempre acha que as pessoas são muito simpáticas e depois descobre que são muito chatas. Quanto a viver uma vida grandiosa na Polônia, em sua mente ele sabe que lá só há um beliche, mas seus sentimentos lhe fornecem valores errados sobre isso. Se fossem confiáveis, se não lhe pregassem tantas peças, esse homem estaria bem. Seria a coisa que tornaria completo, seguro, adaptado, mas então ele enfraquece. Mas muitas vezes nossas maiores fraquezas são justamente nossa última oportunidade para a redenção. Se o número quatro coloca o coração em ordem, sua essência mais central, então ele consegue mover-se. Vamos ver como ele se move. Deem suas sugestões sobre o próximo sonho; vocês devem se acostumar com este fluxo contínuo e então poderão quase imaginar o próximo sonho.

Sr. Henderson: Ele vai ao sul.

Dra. Harding: Ele pode voltar às galinhas e colocá-las no caldeirão.

Sonho [20]

Ele se encontra numa cabana na África, em algum lugar na parte alta do Egito. Em uma curva ele encontra um crocodilo e tenta persegui-lo, surpreso por encontrar essa criatura, e de alguma forma o animal desaparece. Então seu filho mais novo lhe traz uma chaleira contendo toda sorte de coisas velhas peculiares. Ele recolhe um monte de pequenas foices feitas não de aço, mas de folhas de ferro – simulacros, não a coisa verdadeira. Embaixo delas, dentro da chaleira, ele encontra punhos de antigas espadas, feitos de metal e outros materiais, alguns de vidro, mas as lâminas estavam todas quebradas. Embaixo ainda havia uma estátua de Cristo, feita de folha de ferro, com uma espada do comprimento da imagem e ele nota que pode-se facilmente retirar a espada da estátua. Ele quer levar a chaleira com todo seu conteúdo, mas um nativo aparece repentinamente e diz que alguém iria usar aquelas foices, colocadas nas paredes da cabana entre pequenas lâmpadas, em uma espécie de cerimonial. Então ele percebe que aquela não era de modo algum uma cabana comum, mas um tipo de mesquita, e que as foices eram Luas crescentes, e também que os punhos das espadas eram símbolos de cruzes coptas.

Então, o palpite do Senhor Henderson de que ele iria para o sul está correto. Assim também como a sugestão da Dra. Harding, sobre o sonho das galinhas, que se aproximou do caldeirão alquímico, porque as galinhas eram fervidas nele para juntar os constituintes. Isso não aconteceu porque as galinhas escaparam pela roda traseira. Nesse caso temos de novo o caldeirão, e eu acho que seu palpite tem a ver com a mesma ideia daqui, porque todos esses resíduos peculiares obsoletos, misturados numa chaleira, sugerem matérias-primas a serem cozidas, fundidas conjuntamente.

Associações: A *parte alta do Egito* (e que representa a parte mais ao sul) é para ele um símbolo de sua própria região superior, sua parte mais espiritual, seu homem superior.

Sobre o *crocodilo*, ele diz que é um remanescente de tempos pré-históricos. O sonho em si enfatiza que é uma antiga criatura pré-histórica, um sáurio. Deve estar relacionado com instintos animais profundos, e não deveria estar na cabana nas regiões altas, deveria ser expulso.

Em relação a *seu filho mais novo*, ele diz que tem sonhado com frequência com ele e tem tomado sua figura como símbolo do rejuvenescimento, sua esperança no futuro. Foi ele quem achou a chaleira.

Quanto ao *conteúdo da chaleira*, ele diz que foices simbolizam plantações, produção; e espadas simbolizam destruição. A Lua crescente seria produtiva enquanto a cruz, a espada, seria destrutiva. Nos últimos anos, ele tem pensado com frequência na enorme intolerância da Igreja cristã, suprimindo e até destruindo, todos os que não compartilham da mesma opinião. Mas ele nunca creditou conscientemente ao Islã grande produtividade. Pelo contrário, devido a seu dogma de Kismet, a dominação da fatalidade, ele achava que o Islã pertencia ao ferro velho, algo a ser descartado. Ele tinha a sensação no sonho de que estava atribuindo um valor arqueológico àqueles conteúdos. As *lâmpadas na cabana* ele associa àquelas que se encontram em países islâmicos, nas mesquitas durante a festa de Ramadã e outras cerimônias noturnas. Ele fica surpreso que *sua casa é uma mesquita*, a casa de Deus, com diferentes símbolos religiosos que parecem ser de maior valor arqueológico do que materiais para um culto. Estão como que fora de uso, amontoados num pote, indiferentes às suas origens; cruz e crescente não seriam encontrados juntos naturalmente, eles se excluem um ao outro, mas aqui não se machucam um ao outro, apesar de sua incongruência.

Palestra III

23 de outubro de 1929

Dr. Jung:

Temos duas questões para trabalhar. A primeira delas pergunta se o mecânico representa a função da intuição ou sentimento. Às vezes é de certa importância saber qual função está representada por uma figura, mas neste caso não é assim, porque o sonho não está relacionado com a especificação das funções. Está muito mais preocupado com o problema moral. Ele abrange o importante problema de tomar o caminho da carne contra o caminho do espírito; é mais ou menos indiferente quais as funções que estão em jogo. Neste caso o mecânico é o número quatro, e, apesar do fato de que os números não estejam enfatizados, poderíamos argumentar teoricamente que, embora pareça um pouco arbitrário e forçado: esse homem é do tipo pensante com sentimento como sua função menos diferenciada, e sensação e intuição sendo auxiliares. Agora, quando o número quatro aparece como uma espécie de *deus ex machina*, podemos ter certeza de que essa figura apareceu do inconsciente. Ela vem de repente, de forma espontânea, aparentemente do nada. É autônoma, vem e vai quando quer. Essa é uma das características da função inferior. O consciente nada pode fazer em relação a isso. Então o mecânico seria a função sentimento. Vocês acham que teríamos algumas outras indicações sobre por que isso deve acontecer assim?

Dra. Harding: É o coração que ele está reparando.

Dr. Jung: Sim. Ele é o médico do coração, pois colocou o magneto no lugar. Sentimento é representado tipicamente pelo coração. É também mais provável que a função inferior seja a primeira a parar de funcionar. Não consegue manter a concentração necessária, a devoção e coragem, na sua estrada individual. É como se seu coração o estivesse reprovando.

A segunda pergunta é: Por que alguns homens nunca encaram a necessidade de trazer a função sentimento à tona? Estou pensando em um homem com mais de sessenta anos, do tipo racional extrovertido, que ainda continua com sua fórmula.

Ele deve ser um homem mau, muito mau! Só podemos dizer que é assim; algumas pessoas podem seguir fazendo bobagens pela vida na forma mais surpreendente e aparentemente nada acontece a elas. Mas alguma acontece em algum lugar, com a família, talvez; sem dúvida seus filhos sofrem e têm de pagar o prejuízo. Isso se liga ao fato de que a vida humana não é nada em si mesma; é parte de uma árvore familiar. Vivemos continuamente a vida ancestral, construída durante séculos, satisfazemos os apetites de ancestrais desconhecidos, alimentando instintos que pensamos serem nossos, mas que são muito incompatíveis com nosso caráter; não vivemos nossas próprias vidas, estamos pagando as dívidas de nossos antepassados. Este é o dogma do pecado original. Por isso aquele homem pode seguir fazendo bobagens até os cem anos. Mas se procurarmos a história da família dele, veremos. Sabemos muito pouco sobre nossos antepassados. Muitas vezes nós prosseguimos de uma forma extremamente unilateral, porque faz sentido como uma compensação histórica para ancestrais que viveram há centenas de anos ou mais, apesar de acharmos que eles nada têm a ver com nossas vidas.

Isto corresponde à crença primitiva em fantasmas; não importa o assunto, dizem que é por causa do espírito ancestral. Eu vi um caso assim quando estava na África. Junto de um poço d'água perto de nosso acampamento uma jovem mulher sofreu um aborto séptico e foi trazida para casa com febre alta. Eles não me contaram, nem ao próprio curandeiro da vila, ninguém do lugar, mas chamaram um estrangeiro, um feiticeiro de outra vila. O grande homem está sempre viajando. Ele estava tentando farejar o fantasma, se comportando como um cão ao sentir o cheiro de algo. Ele andava em espirais em volta da cabana, se aproximando mais e mais, até parar de repente e dizer: Aqui! Era o espírito de seu avô, com quem ela sempre viveu, pois seus pais morreram cedo. Ele disse na língua dos fantasmas que o avô estava entediado e solitário na terra dos fantasmas e a queria com ele, então à noite ele desceu a trilha para levá-la, e isto a fez ficar doente. O médico prescreveu que se construísse uma moradia para o fantasma, então eles habilmente fizeram uma casa de pedras, bem pelo contrário de suas próprias cabanas, e puseram dentro uma cama e água e comida. Às vezes colocavam também uma pequena imagem de argila da pessoa doente, mas não o fizeram dessa vez. Na noite seguinte o fantasma deu uma olhada na casa e a achou muito agradável, então ele entrou e dormiu até bem tarde. "Lá vem o sol! – Tenho de ir", disse e saiu apressado para a terra dos fantasmas, deixando a menina para trás. De fato a febre baixou e em três dias ela havia se recuperado. Curiosidades da África!

Eu não pretendo contar histórias fabulosas sobre a África, mas é psicologicamente interessante que eles considerem que tudo acontece sob a ação de fantasmas, com o reconhecimento perfeitamente lógico de que sofremos muito forte influência dos eventos ancestrais. Para esses primitivos, todas as crianças são reencarnações dos ancestrais e recebem nomes ancestrais. E eles não devem sofrer interferências nem ser disciplinados; não devemos ser duros com as crianças por medo de ofender os ancestrais, por isso eles são terríveis incômodos até a idade da puberdade, quando renascem e se tornam humanos. Então nas iniciações eles entendem, de uma só vez, toda a educação dada, num enorme montante único. Pode ser tão intenso que eles ficam completamente esmagados por isso. Mas antes disso eles não devem ser perturbados, pois os fantasmas ficariam ofendidos e as crianças ficariam doentes, e então o vilarejo seria amaldiçoado. Assim este homem deve ressarcir as vidas de seus pais. As pessoas fazem coisas horríveis, mas, se voltarmos para a história da família, entenderemos.

Agora, antes de continuarmos com o sonho, gostaria de propor uma tarefa. Gostaria que vocês fizessem um trabalho de pesquisa de simbologia. Esta é uma excelente oportunidade, pois nesse último sonho tivemos símbolos bastante típicos – cruzes e crescentes, que representam legados cristãos e islâmicos. Eles apontam claramente para duas atitudes mentais. Que o paciente tenha esse sonho é de grande importância pessoal para ele, mas os próprios símbolos são de grande importância coletiva. Assim esta é uma boa oportunidade para uma análise de simbologia comparada. Gostaria que vocês formassem dois grupos, um para discutir a cruz, e outro, o crescente e depois fazer um relatório. O simbolismo da cruz foi escrito por um monge beneditino em três volumes[1], então vocês têm bastante material! Vocês deverão também considerar as cruzes pré-cristãs, as primitivas e as pré-históricas, e a história das formas de cruzes mais antigas e recentes, e dos ornamentos primitivos. E também a cruz como parte do mandala. Alguém de vocês deve entender latim e grego, e alguém deve ter uma mente científica para juntar todos os resultados de suas pesquisas. Vocês se lembram que a antiga bandeira turca trazia uma Lua crescente e uma estrela. E ao desenterrar algumas sepulturas púnicas[2], sob ruínas romanas, foram encontradas sepulturas dos séculos VII e VIII a.C. com estes mesmos símbolos. Isso nos lembra Berna, cidade suíça onde o brasão cantonal traz um urso e eles ainda guardam ursos em um abismo lá – seu animal totem; isso era considerado uma piada etimológica sem graça – *Bern* [Berna] derivando de *bear* [urso] –, porém, quando escavaram um antigo assentamento romano perto dali, encontraram um templo com uma figura perfeitamente preservada de uma deusa celta rodeada por ursos. Então a Lua crescente e a estrela também têm a ver com Ishtar, Astarte, a Magna Mater, a deusa-mãe da Ásia Menor, e a egípcia Ísis, assim como o Islã. Além disso tem a

---

1. A alusão pode ser ao trabalho de um estudioso jesuíta alemão, Jacobus Gretser (1560-1625), *De cruce Christi* (3 vols. Ingolstadt, 1605), ou a um estudioso flamengo, Justus Lipsius (1547-1606), *De cruce libri tres* (Antuérpia, 1594). Lipsius alternava entre catolicismo e calvinismo, e se envolveu brevemente com os jesuítas.

2. Isto é, em Cartago, perto da Tunísia moderna.

ver com o culto astrológico pré-islâmico dos Sabeus[3], o que leva à história da Babilônia. Esse tipo de conhecimento é necessário para se ter alguma segurança na técnica da interpretação de sonhos. Também nos dá uma mais valiosa compreensão da universalidade da mente humana, nossas próprias pequenas mentes sendo reproduções de padrões arquetípicos.

Agora, nosso sonhador começa com a declaração de que ele estava novamente no sul, no Egito. No sonho anterior ele estava no norte. Sua função sentimento falhou, o mecânico consertou e ele tranquilamente seguiu sua viagem ao sul.

Sra. Sigg: Ele parece obrigado a ir ao sul, ao lugar onde nasceu.

Dr. Jung: Sim, ir à África tem para ele uma conotação espiritual, enquanto o norte é sensual, e é interessante ver que isso é assim para quem nasceu lá; como lugar de sua origem, é espiritual. Na China o sul também é espiritual, seco, quente e radiante, o Yang; enquanto o norte, o Yin, é feminino e material e escuro. A ideia mística chinesa realmente nasceu no sul da China. Isso é bastante sugestivo de certos ensinamentos dogmáticos, a convicção subjacente de que o homem é realmente uma criatura espiritual, como o conceito cristão: "Nosso lar é no céu", e tudo mais. Por que o lugar onde ele nasceu significa algo espiritual para este homem?

Sra. Fierz: Porque no caso dele não é o nascimento concreto da carne mas o renascimento, um símbolo do novo homem.

Dra. Harding: Existe uma criatura espiritual tanto quanto material.

Dr. Jung: Sim. E agora, por que ele está numa cabana? Ele não tem nenhuma associação. É uma daquelas banalidades dos sonhos, porém são muito importantes.

Sra. Fierz: Cristo nasceu em uma cabana.

Sugestão: Dentro da casa da mãe.

Dr. Jung: Sim, dentro do ventre, um lugar de renascimento. A cabana simboliza um lugar de extrema simplicidade. Essas cabanas são quadradas naquele país, o buraco mais simples que vocês possam imaginar, um estábulo é confortável em comparação com elas; algumas vezes não têm telhados porque nunca chove. Isso sugere a caixa, o ventre da baleia, a casa do pé quadrado e a casa da polegada quadrada no simbolismo chinês, o lugar mais simples, como a cela de um monge, completamente desprovido. De fato, é um país onde as rochas formam alvéolos como favos de mel, com celas dos antigos monges e anacoretas cristãos, e assim a atmosfera é particularmente sugestiva.

Agora, naquela casa tem um crocodilo. As associações dele são de que é um remanescente de tempos pré-humanos, pré-históricos, um sáurio pertencente a um período geológico antigo, simbolizando algo que é, primitivamente, instintivo.

---

3. Sems.: "Sabinian". Jung se refere às conexões alquímicas e astrológicas dos Sabeus em, entre outros, *Aion* (1951). OC 9/2, § 128, 129n, 190, 307n. Sabá, ou Sheba, ficava no Sul da Arábia.

É isso o que Janet[4] chamaria as "*parties inférieures des fonctions*" em oposição às "*parties supérieures*". O crocodilo é a "parte inferior" da natureza instintiva dele. (Leiam *Les névroses* por Janet. É um livro, um livro que vocês poderiam comprar.) A parte bem-organizada, diferenciada, é a "parte superior", a função aplicada a algum uso específico. Se há uma perturbação no funcionamento da parte inferior, esta seria orgânica, alguma coisa errada com as células do cérebro, por exemplo. Se há uma lesão na parte superior, ela é psicogênica e neurótica. Um exemplo seria a mudez histérica, a afasia localizada, em que a pessoa pode falar, mas não em sua língua materna; ou uma perturbação no andar, em que a pessoa anda com uma forma estranha, como que pulando. Isso pode ser visto em cavalos e cães, pois os animais podem se tornar histéricos e terem os mesmos sintomas que os seres humanos. Uma vez eu vi uma égua que caminhava de modo muito inatural pelos lados dos seus cascos. Todos os animais domesticados devem ter histeria.

Esse crocodilo, então, significa a parte inferior da natureza instintiva completa do nosso paciente. Agora, como vocês explicam o fato de que nesse lugar apareça esse animal? Geograficamente, crocodilos são vistos com pouca frequência lá, embora antigamente o Nilo estivesse repleto deles.

Sra. Sawyer: Quando ele vai ao sul, seus instintos afloram.

Dr. Jung: Você está certa. O caráter do lugar está conectado com uma qualidade espiritual antiga, e lá os mais primitivos instintos afloram. Onde há uma igreja, o diabo não está distante. Uma pessoa que cultiva as qualidades de um santo tem uma relação particularmente próxima com o diabo. Ninguém tem sonhos tão infernais quanto os santos; as visões de Santo Antônio, por exemplo. Deve-se ser santo para ter essas relações infernais. É o par de opostos, a lei da antidromia. Em tal lugar a pessoa consegue se tornar consciente dessa enorme oposição se estiver se mantendo fortemente a um dos lados. Ele torna-se consciente de todos os instintos animais antigos, por exemplo, o que é uma experiência muito assustadora.

Srta. Wolff: Ele estava consciente do sentido espiritual da cabana?

Dr. Jung: Naturalmente, como homem branco, ele dificilmente teria entrado numa cabana como essa na realidade, mas ele sabia que havia um aspecto espiritual nisto; ele está dividido como estão todos os homens brancos que vivem nas

---

4. Pierre Janet (1859-1947), psiquiatra e neurologista francês, que fez importante pesquisa sobre histeria; autor de *Les névroses* (Paris, 1909). Jung estudou com ele no Salpétrière, Paris, por um semestre em 1902-1903, e continuaram amigos. "Les parties inférieures et supèrieures" são definidos por Jung em *O Eu e o inconsciente* (OC 7, § 235): "A psique coletiva compreende as *parties inférieures* das funções psíquicas, isto é, a parte solidamente fundada, herdada e que, por assim dizer, funciona automaticamente, sempre presente ao nível pessoal ou suprapessoal da psique individual. Quanto ao consciente e ao inconsciente pessoais, podemos dizer que constituem as *parties supérieures* das funções psíquicas, isto é, a parte adquirida e desenvolvida ontogeneticamente".

colônias. Pode-se estar consciente da sujeira extraordinária e por outro lado não conseguir negar que essse lugar tem qualidades extraordinárias. Encontram-se vestígios simbólicos bastante interessantes do cristianismo copta. O significado é quase consciente para ele: "*Les extrêmes se touchent*" [os extremos se tocam]. Mas de que outra forma vocês explicariam esse crocodilo?

Sra. Sigg: O crocodilo não era um animal sagrado para os egípcios?

Dr. Jung: Sim, no Alto Egito. Havia um culto aos crocodilos. Então é um sáurio sagrado.

Sra. Fierz: Antes de chegar à chaleira, ele não teria que considerar seu animal totem como a encarnação de espíritos ancestrais?

Dr. Jung: O animal totem é sempre o primeiro, o original, o ancestral. A geração seguinte seria de animais heroicos ou semideuses, como os heróis homéricos da Grécia. A idade heroica segue o animal também na mitologia australiana. Depois vem o homem. Então, no lugar de sua origem ele encontra o animal ancestral, o crocodilo divino. Agora, podem começar a especular.

Sra. Sigg: Seria uma conexão de sentimentos? De alguma forma ele deve entrar em conexão com a natureza.

Dr. Jung: Estar nessa cabana é estar isolado como um anacoreta ou como quaisquer santos que tentem viver vidas espirituais; ou como primitivos quando estão isolados na mata para penetrar na comunidade dos fantasmas. A coisa toda é uma situação arquetípica em que o homem é colocado em isolamento para se tornar consciente dos fantasmas ancestrais. Existem exemplos marcantes entre os indígenas norte-americanos. Depois das iniciações de masculinidade, os homens tinham de ir sozinhos a uma caverna ou pequena cabana, onde se sentavam o dia inteiro e jejuavam. Ninguém falava com eles; deveriam ter sonhos e se comunicar com espíritos, principalmente na forma de animais. No norte da Califórnia[5] há uma espécie de prova de maratona; um homem começa cedo e corre montanha acima até os Lagos de Fogo (chamados assim porque são iluminados pela luz do pôr do sol). É um lugar solitário e ali ele deve dormir, e na manhã seguinte o primeiro animal que ele avistar será seu animal totem. Se o animal falar com ele, ele se tornará um curandeiro. Quando ele retorna, os anciões o levam a seu círculo e entoam canções de animais, e quando cantam a música do animal com o qual ele conversou, ele não pode deixar de traí-lo. Ele pode tentar esconder o fato, pois não quer se tornar curandeiro, é perigoso, mas se por exemplo um sapo tiver conversado com

---

5. Provavelmente a tribo Achumawi, sobre a qual Jung pode ter aprendido do antropólogo americano Jaime de Angulo, que tem nove de seus trabalhos nos arquivos de C.G. Jung, ETH, incluindo "La psychologie religieuse des Achumavi". *Revue Internationale d'Ethnologie et de Linguistique*, 23, 1928, p. 141-589. Jung e Angulo se encontraram em 1923 (Zurique) e 1925 (Taos). Cary F. Baynes era ex-esposa de Angulo.

ele, quando eles cantam aquela música ele não pode deixar de suspirar alto, e aí ele está complicado.

Agora vemos que a presença do crocodilo tem algo a ver com a origem espiritual, o que confirma nossa conclusão de que a cabana é espiritual. E vemos que esta é uma situação arquetípica, é o lugar do espírito, assim como vemos nas iniciações do homem primitivo. Seria normalmente uma casa de fantasmas na floresta ou nas montanhas, e muitas vezes há um poste com caveiras penduradas sujas de sangue dos prisioneiros de guerra que foram executados em um ritual, em que cada um enfiava seu punhal no corpo do prisioneiro e em seguida lambia a lâmina para absorver a saúde mágica. É bastante fortificante. Pode-se comparar com nossa comunhão, com o beber do sangue e o atirar da lança quando Cristo está na cruz. A palavra grega para a cruz é poste; a vítima primitiva foi pendurada na cruz. E em um ritual germânico antigo Odin era representado pendurado em uma árvore e perfurado por uma lança[6].

Neste lugar dos espíritos vemos um animal totem, que simboliza o começo do homem. Com os primitivos, nem todo animal tem qualidades espirituais, somente animais curadores. Existem raposas comuns, porém se uma se comporta de forma estranha ou se um coiote, geralmente bastante tímido, aparece num vilarejo, os nativos dizem que "é um animal curador" – um animal com qualidades espirituais, um animal excepcional, como um elefante branco.

No lugar espiritual, então, existem instintos ancestrais, o material da vida psicológica, e aqui há o instinto de um animal de sangue frio quase sem alma. Hagenbeck[7] do zoológico de Hamburgo diz que se pode estabelecer uma relação emocional com todos os animais, exceto os répteis. Ali uma relação psíquica simplesmente termina. Com os animais de sangue quente existe certa característica de psicologia semelhante que faz com que a conexão seja possível. A diferença entre homens e macacos não é grande. Köhler, em suas pesquisas com antropoides[8], os viu fazendo danças ritualísticas como as tribos primitivas. Os macacos de florestas virgens têm características muito humanas. E cães são muito humanos. Porém os crocodilos estão além do alcance do humano. Para nós seriam as serpentes, já que os crocodilos são pré-históricos aqui. Os mitos de dragões talvez estejam se referindo a dinos-

---

6. Cf. *Símbolos da transformação*, § 399, citando o Hovamol Edda, em que Odin diz:
"Sei que estive suspenso na árvore sacudida pelo vento
Durante nove noites;
ferido pela lança, / consagrado a Odin,
eu mesmo a mim mesmo".
(Trad. de H.A. Bellows. *The Poetic Edda*, 1923, p. 60).

7. Karl Hagenbeck (1844-1913), treinador de animais, fundador do zoológico de Hamburgo.

8. KÖHLER, W. *The Mentality of Apes* (1925).

sauros. Quando uma serpente aparece, ela simboliza uma parte da psicologia instintiva de nós mesmos que é simplesmente inacessível, algo de enorme poder, uma coisa inexorável e com a qual não podemos nos comprometer. Um mito nórdico diz que se pode reconhecer o herói por seus olhos de serpente, frios, não confiáveis. Não se pode influenciar a coisa serpente no homem, e isso faz dele um herói ou um curandeiro. A serpente na psicologia oriental é muito espiritual, simboliza o tesouro da sabedoria. Os iogues têm um entendimento instintivo de pessoas com olhos de serpentes, pois eles estão em contato com essa parte de sua própria psicologia. Porém, os olhos de serpente certamente representam as más qualidades também, algo quase desumano que se vê nos curandeiros primitivos também. No livro de Spencer e Gillen[9] há uma fotografia de um homem assim; ele tem um olhar peculiar e hipnotizante, o mau-olhado que consegue encantar serpentes. Então o herói é de natureza parecida. Ele reproduz a juventude livrando-se de sua pele antiga e recebendo uma nova, um rejuvenescimento contínuo ao vencer o grande dragão: a morte. A característica inumana que a cobra representa está ligada aos centros inferiores do cérebro e do sistema nervoso, onde os faquires ocasionalmente penetram, como quando eles conseguem estancar o próprio sangramento, ou produzir lágrimas por sua vontade, como algumas atrizes; são poderes da serpente.

Quando animais monstruosos como esses aparecem em um sonho, sabemos que algo que não é influenciado pela força de vontade está surgindo do inconsciente. É um destino que não pode ser retocado. O primitivo é triste, como uma criança perdida, até que ele tem um sonho que o coloca em contato com seu animal totem. Então ele se torna um filho de Deus, um ser humano, ele tem um destino distinto. Há sempre um sinal no sonho de que agora foi alcançado um nível em que algo vai acontecer. Uma vez tratei um artista que estava despedaçado, numa grande agitação. Eu tive medo de que ele desenvolvesse uma psicose. Então, depois de vários sonhos insatisfatórios e confusos, ele teve um sonho surpreendente com uma enorme planície onde apareciam enormes morros como casas de toupeiras. Eles arrebentavam e de dentro saíam muitos sáurios, dinossauros e assim por diante. Tomei aquilo como um sinal de começo de uma nova era na vida daquele homem. E assim foi, ele começou um estilo de trabalho criativo totalmente novo. Surgiu uma oportunidade extraordinária para sua vida e sua arte. Ele não era um homem de muito estudo, era um pintor comum, mas então ele começou a ler e um mundo inteiro de conhecimento começou a se abrir para ele.

Eu já tinha visto esse símbolo em outros casos quando um homem não pode mais dispor de sua vida arbitrariamente. Pode ser um símbolo ameaçador. Para

---

9. Os etnólogos W.B. Spencer e F.J. Gillen, cuja obra *The Northern Tribes of Central Australia* (1904) Jung possuía e citava. A imagem mencionada aqui não foi localizada.

quem brincou com a vida, de agora em diante tudo ficou sério. Animais desse tipo só podem ser influenciados por um homem demoníaco superior da linha de encantadores de serpentes, feiticeiros e curandeiros. Mas um homem como este tem que pagar caro pelos seus poderes. Ele sofre mais por causa de sua própria magia; um curandeiro precisa passar por torturas infernais. Esquimós os penduram pelos dedos dos pés ou os mergulham em águas geladas até que quase ficam loucos. Estas séries de choques abrem buracos pelos quais o inconsciente coletivo entra por todos os lados. Agora, contanto que o homem consiga suportar o ataque de coisas vindas de baixo, ele pode influenciar outras pessoas, pode exercer um efeito quase hipnótico nos demais membros de sua tribo. Então neste caso o crocodilo significa que algo de sério está para acontecer. O sonhador está tocando algo extremamente primitivo e primordial.

Então o filho mais novo traz a chaleira contendo os objetos antigos. A associação com seu filho mais novo é que ele é sua própria pessoa rejuvenescida, a esperança para o futuro. Então a esposa que trouxer ao mundo um filho homem está dando vida ao marido. No ano cristão há um dia famoso, o dia do recém-nascido, daqueles que são recém-batizados. "*Quasi modo geniti*"[10]. O filho mais novo é o próprio sonhador em uma forma futura. Ele é o filho do crocodilo, o filho de Deus; a antecipação intuitiva do sonhador lhe trouxe o caldeirão contendo muitas coisas antigas.

O caldeirão é um símbolo celta[11]; é o cadinho ou o alambique no aparato alquímico, é o ventre, o vaso do pecado. Entre as joias gnósticas no Museu Britânico há uma ânfora que representa o "vaso do pecado", o ventre com os ligamentos em cada lado[12]. É o vaso da transformação, o ventre dentro do qual Nicodemos se recusou a entrar: "Pode um homem entrar pela segunda vez no ventre da mãe?"[13] Era o *krater* para a mistura de vinho e água. Deve ter existido uma sociedade mística chamada Krater, pois há uma carta escrita pelo alquimista Zósimo para uma senhora, aconselhando-a a ir a Krater para renascer[14]. Em linguagem moderna: "Eu aconselharia

---

10. Em Quasimodo Sunday, ou Low Sunday, ou Domingo *in Albis*, o primeiro domingo depois da Páscoa, a introdução diz: "Quase modo geniti infantis", ou "como crianças recém-nascidas" (1Pd 2,2). Mas cf. a referência de Jung ao ritual de batismo em Sábado Santo (antes da Páscoa) em "A estrutura da alma" (1927). OC 8/2, § 336.

11. Para temas como o caldeirão mágico da mitologia celta e sua relação com o originalmente não cristão Graal, cf. *Tipos psicológicos*. OC 6, § 401, n. 149.

12. Ibid., § 396.

13. Jo 3,4.

14. A senhora era Theosebeia, a *soror mística* dele no opus alquímico. Cf. "As visões de Zósimo" (1937). OC 13, § 96.

vocês a se submeterem a uma análise para que tenham uma atitude melhor". No lugar onde encontra-se São Pedro agora em Roma, o culto a Átis celebrava o *taurobolium*[15]. O iniciado era posto dentro do caldeirão, um buraco no chão; uma grade era posta por cima e ali matavam um touro para que o sangue do animal sacrificado escorresse por cima do iniciado. Então ele era retirado, banhado, vestido de branco e alimentado somente com leite por oito dias, pois ele era um bebê, seu próprio filho mais novo. O sumo sacerdote, agora o papa, era chamado de *papas*.

Dr. Draper: O caldeirão às vezes não representa algo indesejável, como em *Macbeth*, em que implica o mal?

Dr. Jung: Símbolos positivos sempre podem ser traduzidos no seu contrário. O ventre que cria a vida também pode criar a morte. Em um caso é magia branca, e no outro, negra. A santa missa pode ser utilizada para o poder temporal, ou para o alimento espiritual do homem. O lado negro faz um terrível mal; o caminho branco traz a salvação. Para curar um homem doente os povos primitivos colocavam no templo uma imagem de barro ou um desenho, para que ele ficasse melhor, mas também poderia ser usado para lhe fazer mal. Isso explica a aversão do primitivo ao ser fotografado; ele acha que isso é magia negra, que parte de sua alma está sendo retirada pela caixa-preta. Então só depende do que é cozinhado no caldeirão e com qual atitude. Em cerimônias de magia negra encontramos nomes sagrados escritos, mesmo que essas cerimônias sejam empregadas para o mal. O caldeirão é o ventre sagrado, nesse caso para reunir oposição extraordinária. *Coincidentia oppositorum*.

É algo desconcertante na vida humana que aquilo que causa o maior medo é a fonte da máxima sabedoria. A maior insensatez é também o maior trampolim. Ninguém pode ser um homem sábio sem ser um grande tolo. Por meio de Eros se aprende a verdade, por meio dos pecados aprendemos a virtude. Mestre Eckhart diz que não devemos nos arrepender demais, porque o valor do pecado é muito grande. Em *Thaïs*[16], Anatole France diz que só o grande pecador pode se tornar um grande santo, um não existe sem o outro. Como o homem pode lidar com este terrível paradoxo? Ele não pode dizer: "Eu vou cometer um pecado e então serei um santo", ou "Eu serei um tolo a fim de me tornar um homem sábio". A questão é: O que fazer quando se chega a um impasse total? Então o sonho diz: no caldeirão as coisas são cozidas juntas, e dessa mistura de coisas estranhas, inconciliáveis, algo novo virá. Esta é obviamente a resposta ao paradoxo, o impasse impossível.

---

15. O abate do touro.

16. Romance (1890) que se passa no Egito do século IV, baseado numa fábula, da *Legenda áurea*, de uma cortesã que se torna uma santa.

Palestra IV

30 de outubro de 1929

Dr. Jung:

Continuaremos com nosso sonho. As duas equipes estão agora escavando o material para o próximo seminário, então vou me abster de discutir o simbolismo da cruz e do crescente porque deveremos ouvir sobre eles adiante.

Já falamos sobre o caldeirão, porém permanecemos inteiramente dentro do seu aspecto mitológico, como símbolo arquetípico – muito concreto, e objetivo demais. Agora, o que ele significa como um fato psicológico? Por exemplo, quando sonhamos com o místico quatro de Pitágoras e dos filósofos gregos, naturalmente perguntamos, afinal, o que são esses quatro? O mais perto que conseguimos chegar hoje em dia é obviamente que eles se referem às quatro funções, mas daqui a mil anos teremos avançado muito nesse processo. Pode ser que signifique algo que não conseguimos conceber agora. Originalmente eles eram os quatro filhos de Hórus, depois os quatro evangelistas, e, no século XX, as quatro funções. "Esse foi o concretismo deles", dirão. Estes símbolos antigos são inesgotáveis. Não são objetos da mente, mas categorias da imaginação que podemos formular em dez mil formas diferentes. São inesgotáveis porque são *anteriores* à mente, a base de todas as coisas mentais. Se você perguntar como eu sei, não tenho qualquer evidência absoluta. Outro exemplo são os quatro pontos cardeais do horizonte dos índios Pueblo, mas eles já eram bastante civilizados, não os acompanhamos em um estágio primitivo o suficiente para que mostrassem a forma original inconsciente em que existiam.

Mencionei um exemplo muito bom e surpreendente desses primórdios que eu mesmo observei, os primórdios da ideia de oração entre o povo Elgonyi na África[1]. [...] A essência da vida do interior de seus corpos é carregada pelas mãos e apre-

---

1. A passagem que se segue aqui foi omitida porque repete essencialmente o relato do costume Elgonyi (golpear ou espetar pelas mãos etc.) apresentado na p. 219. *Sems.* cita na nota de rodapé, aqui, *Contributions to Analytical Psychology* (1928), p. 124, uma passagem do ensaio "Alma e Terra" (1927), que foi o primeiro relato escrito por Jung sobre suas observações junto aos Elgonyi. Esta seção do ensaio está agora no "A estrutura da alma". OC 8/2, § 329.

sentada ao sol nascente. Para nós significaria: "Ofereço minha alma a ti, ó Deus". Concluí que o momento do nascer do sol era seu Deus, e naquele momento eles ofereciam suas almas. Mas eles mesmos eram totalmente inconscientes do significado. Essas coisas saem do nada, de lugar nenhum. Quanto mais ao passado se vai, às tribos australianas ou ao homem paleolítico, ainda se encontram os rituais mais incrivelmente complexos, e não há explicação. A natureza inconsciente do homem o força a fazer essas coisas, elas expressam a estrutura natural do homem, como se a própria natureza estivesse oferecendo homenagem ao sol nascente. Cada animal, cada planta, cada flor tem uma posição definitiva perante o sol, e o homem faz o mesmo sem saber o porquê.

Então os símbolos existem antes da consciência. É por isso que somos tão profundamente inconscientes de nossos próprios ritos. Muitos deles são inexplicáveis. Há alguém aqui que poderia me dar uma explicação satisfatória sobre a árvore de Natal? Imagine que um chinês entrasse aqui agora e perguntasse o que ela significa. Você diria que é para comemorar o dia do nascimento do nosso Redentor. Mas isso está indicado nos livros sagrados? Há qualquer registro de que havia uma árvore como esta no estábulo em Belém? Somos tão cegos e bobos quanto o primitivo que saúda o sol nascente.

Em minha cidade natal, a Basileia, todo dia 13 de janeiro três dançarinos mascarados – um grifo, um leão e um homem selvagem – descem o Reno de jangada; aportam e dançam pela cidade e ninguém sabe por quê. É algo incrível em uma cidade moderna. Essas coisas se originam antes da mente e da consciência. No início havia a ação e só depois as pessoas criaram suposições sobre elas, ou um dogma, uma explicação para aquilo que estavam fazendo.

Então continuemos com o caldeirão. No início havia um buraco no chão e depois uma chaleira dentro da qual eles jogavam água, carne e pedras muito quentes. Um pensador entre eles perguntou: "O que estão fazendo? – Isto é feito em vez do buraco na pedra onde nossos ancestrais cozinhavam?" Ele ligou as duas coisas. Por que sonhamos com o caldeirão? As bruxas antigas tinham a chaleira, e os alquimistas tinham seus cadinhos, então isso nos remete diretamente ao buraco no chão. Foi a primeira ideia de caldeirão mágico. Em *Símbolos da transformação* há um relato do cerimonial dos Wachandi, onde um buraco no chão muito claramente representa os genitais femininos[2]. Este é o lugar primordial, o buraco para cozimento original onde as coisas são produzidas. O inconsciente se apropria do ato de cozinhar como um símbolo da criação, transformação. As coisas entram cruas e saem novas, transformadas – e são mais saborosas cozidas. O caldeirão mágico é

---

2. *Símbolos da transformação*, § 213 (na ed. de 1912). Os Wachandi são, ou eram, uma tribo de aborígenes australiana.

uma expressão adequada para aquilo que transforma as coisas. Como um encantamento para chuva, os primitivos borrifam água no chão para imitar a chuva. Em uma tribo indígena no norte da Califórnia[3], sacerdotes e curandeiros se juntavam e cantavam a música dos sapos, uma imitação do coro dos sapos na estação chuvosa; para trazer a chuva, cantavam como se fossem sapos na chuva. Era por meio de analogias assim que buscavam trazer alguma mudança.

Agora, vê-se pelo sonho desse homem que as coisas deveriam ter começado a fazer sentido, porém sempre que dá um passo à frente, ele regride. Não se pode empurrá-lo. Lentamente surge para ele uma convicção profunda de que alguma mudança deve acontecer, e, para conseguir fazer isso, seu inconsciente lhe faz uma proposta. O consciente diz: "Por que diabos você não evolui?" Ele levanta os braços, mas um movimento contrário acontece. Então o inconsciente vem lhe dar o conselho: "Agora, aqui está a chaleira", da mesma forma que o primitivo procurava a magia, sem pudores, quando mais nada ajudava. Temos uma explicação moderna para o simbolismo do número quatro, e temos explicação para a panela? Eu deveria dizer a vocês que quando inventaram os potes para cozimento, eles tinham rostos, olhos, orelhas, forma humana. Há uma coleção maravilhosa de potes peruanos no Museu de História Natural de Nova York, e entre eles há os potes personificados, e logo que eles receberam essas formas humanas, se reconheceu a analogia com o corpo humano. Então o caldeirão foi transferido para o próprio homem, ele se torna o caldeirão.

Sra. Crowley: Seria o Santo dos Santos a mesma coisa?

Dr. Jung: Sim, mas milhares de anos depois, quando a cozinha se torna o lugar mais sagrado, o lugar onde o fogo está sempre queimando. A comunhão, a ceia do amor, realmente acontecer inicialmente na cozinha. Existiam sociedades cooperativas de cozinha, originárias principalmente de Roma, uma cidade com dois milhões de habitantes naquela época. As condições sociais eram difíceis então. As ruas eram estreitas, as casas inadequadas, não havia espaço para cozinhar, então, para não passar fome, foram organizadas essas cooperativas alimentares, que garantiam aos seus membros uma refeição por dia[4]. Havia uma cozinha e um encarregado que preparava a refeição e essas sociedades tinham como padroeiro um santo ou herói. Héracles era um dos heróis, e provavelmente Hermes também, Hermes Trismegisto e Cristo, outro deus místico. E o homem que preparava a refeição lia algo aos membros quando estavam juntos; as Epístolas de São Paulo foram lidas pela primeira vez nessas condições...[5]

---

3. Cf. 23 de outubro de 1929, n. 5.

4. *Sems.*: Nota adicionada possivelmente por um dos editores originais: "Existiam também cooperativas de sepultamento que asseguravam um funeral decente".

5. Algumas linhas foram omitidas, e repetiam essencialmente as afirmações sobre Zósimo dadas na p. 318.

O caldeirão se tornou um símbolo vivo ao se reconhecer que o caldeirão é o homem, o homem é o caldeirão. Mas que parte do homem? Para a mulher pode-se dizer que é o ventre que dá o renascimento, mas e para o homem? Ele parece ser um aparelho tolo mesmo, o que ele pode fazer? Vamos continuar a história do símbolo. Primeiro, um buraco no chão (negros ainda forram o buraco com argila), depois o caldeirão foi retirado da terra, e então algum artista fantástico lhe deu um rosto, mas por que não deu pés também? Agora, onde está o caldeirão em nós mesmos?

Sugestão: Será o cérebro?

Dr. Jung: Não, nunca no cérebro. Eu me lembro do xamã Pueblo que disse: "Nós consideramos que os americanos são loucos porque eles acreditam que pensam com o cérebro, enquanto nós sabemos que pensamos com nossos corações". Um negro pensa em seu estômago.

Dra. Harding: A Bíblia diz: "De seu ventre fluirão rios de água viva"[6].

Dr. Jung: Sim, está na cavidade abdominal do homem. Esta é a próxima analogia. Enquanto se enche o caldeirão, se enche o ventre também; como a comida é transformada no caldeirão, é transformada também no ventre. Então o próximo passo foi se concentrar no corpo. Por isso aqueles homens santos na Índia se concentravam em seus umbigos. E os processos mentais do ventre desempenham importante papel nos sonhos. E quanto ao abdome como órgão mental? Há uma oportunidade de que as coisas possam mudar se uma função mais importante estiver na barriga.

Sugestão: Seria o plexo solar?

Dr. Jung: Sim, o *plexus solaris*, o cérebro do sistema simpático; ele é menos concentrado que o cérebro, porém é o centro de toda a função vegetativa. É o principal agregado de gânglios, e tem origem pré-histórica, e existe por tempo bem mais longo do que o sistema cerebrospinal, que é uma espécie de parasito no *plexo solar*. Se você realmente se concentrar no umbigo, conseguir reprimir a consciência e comprimir tudo no sistema vegetativo, pode-se fazer o funcionamento do sistema cerebrospinal ficar em suspenso, como fazem os faquires. Eles entram em transe, não sentem e não ouvem, como se estivessem mortos. Porém, a vida continua, e a digestão continua, pode continuar quando o homem está praticamente decapitado; não interrompe o coração, embora isso possa acontecer por um choque externo. Então, o sistema simpático tem grande autonomia e se mantém vivo quando o sistema cerebrospinal é interrompido. Como para a parte mental, não há possibilidade de supor que haja vida psíquica, mas minha ideia é que toda vida nervosa é psicológica embora nem toda seja consciente. Uma pessoa que não

---

6. Jo 7,38.

consegue falar ou se mover pode ainda ter conteúdo psíquico. Então com o sistema simpático há conteúdo psíquico, mas não há mais consciência, e eles se expressam apenas por ações simbólicas. Os conteúdos de todas as manifestações religiosas primitivas vieram não da mente, mas do sistema simpático. E é o sáurio, o verme primordial, que traz à tona os conteúdos do inconsciente.

Quando um homem se concentra na chaleira de sua barriga, ele descobre que algo acontece. Ele empurra sua libido para os centros instintivos originais primordiais. É como se todas as incompatibilidades de sua consciência, sua matéria-prima, fossem agrupadas e descartadas no abismo escuro do seu sistema simpático, no calor do corpo, bem protegido, e ali começam a ser cozidos, a serem transformados. Adoráveis aromas surgem, que são intuições de novos conteúdos, renascimento. Todas as analogias de renascimento surgem então; a renovação do homem é representada pelo parto; e o caldeirão sempre aparece no simbolismo do nascimento.

Os alquimistas não estavam tentando formar um novo homem, um ser humano, mas uma nova filosofia nos termos da alquimia. Tinham de ser cautelosos, pois isso era herético e as consequências sociais poderiam ser muito desastrosas. O papa teria ficado feliz por ter todo ouro que eles pudessem produzir, por isso os deixava ir adiante. Era menos perigoso tentar produzir o *homunculus* do que mudar o próprio homem, pois isso significaria competição com os mistérios cristãos. A produção do *homunculus* no caldeirão do alquimista era o símbolo da transformação do homem em seu próprio ventre.

O sistema nervoso simpático é um centro excessivamente emocional, e regula em grande extensão o lado emocional de nossa psicologia, não a parte mental. O sistema cerebrospinal controla a mente. As emoções são geralmente variadas ou obscuras, causam confusão e podem até enlouquecer as pessoas. A palavra "simpático" mostra que tem a ver com as emoções; vem da palavra grega que significa *sofrer, sentir compaixão, sentir junto com*, então tem a conotação de conexão ou relação. A emoção mental é uma emoção isolada, você fica com raiva sozinho, porém a emoção simpática tem caráter quase cósmico, como se você estivesse sofrendo com muitos, como se estivesse conectado com o mundo inteiro, sua nação inteira. A palavra "simpático" é uma antiga intuição derivada de uma percepção bastante clara daquele tipo particular de emoção, deve ter aquela qualidade. Nada tem a ver com a individuação, mas sim com a história inteira do homem, incluindo os animais; é coletivo, fora do ser, como se algo estranho se apoderasse de você.

Agora devemos mencionar novamente o filho mais novo, aquele futuro homem, o que vai se tornar. Ele aponta para a chaleira, a coisa criativa, que significa que o instinto criativo do nosso paciente destaca aquela analogia mágica. Então, não é a solução consciente do sonhador ou algo que lhe foi dito, significa, olhe para si próprio, empurre sua consciência para seu ventre e tudo que está contido ali. Ele já descobre que existem coisas ali das quais ele não era consciente. Os principais conteúdos são a cruz e o crescente, símbolos que em suas associações ele relaciona com as religiões cristã e islâmica. Ele nasceu entre os muçulmanos. É uma religião bastante vistosa, e no Cairo e cidades costeiras ainda são vistas cenas impressionantes, como a oração vespertina, por exemplo, quando o trânsito é interrompido e longas filas de pessoas ajoelhadas se curvam em direção a Meca[7]. Ruas inteiras ficam lotadas com elas. Então isso deve ter entrado profundamente nele, principalmente porque sua criação cristã foi excessivamente pálida em comparação com os muçulmanos. As mesquitas são muito mais impressionantes que as igrejas cristãs, são maravilhosas, tão lindas quanto as mais belas catedrais góticas do Ocidente. Essa religião tem sido mal representada por professores preconceituosos; temos uma ideia estranha sobre o islamismo pela má-educação. É representada pelos nossos teólogos como seca e vazia, porém há muita vida nela, particularmente no misticismo islâmico, que é a espinha dorsal secreta do Islã. Na África, em especial, o islamismo faz rápido progresso por ser mais adequado para aquele povo que o cristianismo; faz mais sentido. Não se deve confundir com as más qualidades do cristianismo. Como o cristianismo produziu a Guerra Mundial e o gás venenoso, nós temos de analisá-lo sob uma luz diferente. Então o Islã para esse homem é bem mais positivo e determinante que para nós. Porém ele encontra os símbolos que são típicos desses dois cultos na chaleira. Por que será?

Sra. Sigg: Eles já estão na alma dele.

Dr. Jung: Pode-se preferivelmente considerar que estão em sua consciência, mas foram descartadas – foices quebradas, lixo descartado, que não serve mais. Foram jogados na chaleira, embaixo da consciência. É exatamente essa a sua questão, assim como com milhões de cristãos. Os símbolos vivos já caíram no inconsciente e eles não sabem disso. As pessoas dizem aqui: "Não sou cristão, não acredito nessas coisas antigas", e no entanto toda sua psicologia é cristã. Não se dão conta de que estão sofrendo por falta da função religiosa. Esses símbolos já estão na chaleira para serem preparados assim que alguém os colocar no fogo.

Aqui, então, estão dois fatores determinantes, mas contraditórios. Em algum momento de sua vida ele considerou as justificativas das duas religiões. Depois não conseguiu entendê-los, para que então se preocupar? Ele os jogou fora e então caíram na chaleira. Mas agora parece que essas coisas precisam ser reconhecidas. São incompatíveis: espadas, foices, a figura de Cristo etc., todos misturados e desordenados, e naturalmente não podem se fundir a não ser que passem por algum processo conciliador. Essas duas fortes marcas, o islamismo e o cristianismo, devem se combinar, e há um desenvolvimento de personalidade impedido, pois eles

---

7. Jung esteve no Egito na primavera de 1926, a caminho de casa depois da viagem à África Oriental.

não conseguem se misturar – esses dois pontos de vista são tão completamente diferentes que não poderiam se misturar. Ele está paralisado, não consegue avançar, é como se suas pernas estivessem seguindo em direções diferentes, então ele permanece estacionado. A natureza inconciliável do cristianismo e do islamismo deve ser conciliada. Ele é incapaz de fazê-lo conscientemente, e eu também sou incapaz. Cada ponto de vista tem sua justificativa. Se vocês soubessem as condições sociais que possibilitaram o desenvolvimento de ambas, diriam que cada uma estava certa. Estariam na posição do famoso juiz. Um homem fez um discurso e o juiz disse: "Sim, você tem razão", e então outro homem disse exatamente o oposto, e o juiz disse: "Sim, você também tem razão". Mas, vejam, a intuição desse homem prevê a necessidade de colocar esses dois argumentos juntos. O fato de que estejam rompidos é óbvio. Agora a figura de Cristo com uma longa espada de ferro, tão longa quanto a própria figura, o que vocês dizem sobre isso?

Sra. Sigg: É um símbolo da cruz.

Dr. Jung: Sim, a espada sempre simbolizou a cruz. É claro, é uma forma muito pagã *arrière pensée* [de pensamento atrasado] de pensar que a espada tem uma alma: porque minha espada tem alma, a do meu inimigo não. Então rezavam pela espada antes de uma batalha, faziam seus votos, comprometiam suas palavras pela espada, com a vantagem da ideia germânica antiga de que ela tinha alma.

Sra. Wolff: Há um poema germânico antigo em que Cristo é representado como um herói com uma espada, fazendo grandes feitos.

Dr. Jung: Sim, ele é representado lá como o curandeiro e também como herói e guerreiro. É estranhamente aplicável às nossas nações cristãs, surgidas da Grande Guerra. A maioria de nós não está consciente disso. Para alguém que nasceu no Oriente é convincente e impressionante que o povo cristão poderia usar a espada com esta extensão. É a qualidade guerreira germânica, a ira primitiva que há no homem ocidental em geral. Então o Cristo desse homem está equipado com uma longa espada, o Senhor mais pacífico redentor lidera um conflito armado. E a espada é destacável, uma impressão que não se origina na mente cristã ocidental, somente para alguém nascido de fora, para quem o europeu não é o modelo de virtude.

Assim que eu saí da nossa civilização branca, vi como são os europeus. Parecemos horríveis. Os chineses nos chamam de demônios e isso é verdade, temos lábios finos e cruéis, nossas rugas são estranhas. E sempre temos intenções que demônio algum pode entender. O que buscamos? Por que diabos devemos estar sempre buscando? Para um índio Pueblo, Deus em sua totalidade está caminhando por cima dos céus todos os dias.

Quando vocês se aproximam da costa da Europa vindos das grandes planícies da África, e veem as montanhas cobertas de neve, as pequenas baías etc., sabem que essa é a terra onde vivem os piratas, onde seus ataques começam sobre os tranquilos homens que parecem bois em suas planícies de grama. Da Europa, aquela meia-ilha, o homem branco veio em navios, trazendo doenças terríveis e aguardente, e até vendendo intencionalmente roupas infectadas para destruir as populações, como fizeram nos mares do sul. Por onde passava o homem branco, levavam o inferno às outras nações; deve-se ter um olhar de fora para entender. O homem branco é uma grande besta que devora o planeta, o mundo inteiro estremece com ele. Esse cristianismo é uma compensação, uma mentira demoníaca. Os missionários me disseram como atiram em antílopes das janelas de seus quartos, e como enganam o governo britânico para conseguir uma licença de caça. Reclamam da sua sorte, quando na verdade não há nada mais interessante do que a vida entre as tribos primitivas. Rockefeller deu uma grande quantidade de dinheiro para as missões, mas as pessoas do campo dizem: "Não empregue um menino treinado nas missões – todos mentem e roubam". Como esses primitivos podem ser marcados por nossa religião? Eles a aceitam como os bretões antigos fizeram, que receberam o cristianismo, trêmulos, pelas lanças das legiões romanas.

Para entendermos a fragilidade da crítica daquele homem, devemos lembrar que ele tem uma metade de fora da Europa. Então ele tem uma sintonia apenas parcial com o homem branco, é extremamente cauteloso, somente em parte se associa ao nosso manicômio particular. Ele tem o medo e também a inferioridade do homem meio-primitivo, aquela marca peculiar que as pessoas que nascem nas colônias têm. Pegue um inglês, um aristocrata, nascido na Austrália ou na África do Sul, e o envie a Eton e Oxford, e o coloque sob as provações da educação inglesa, e ainda assim ele abrigará sequelas de ressentimento. Há algo de errado com esse rapaz, ele tem uma visão de fora e, em vez de usar isso como uma arma, ele se sente inferior.

Tivemos uma vez uma grande palestra sobre teologia aqui, e eu perguntei a um representante cristão o que ele pensava do budismo. Ele respondeu: "Já que a Bíblia é a última palavra de Deus, não nos preocupamos com o budismo". Esse é o ponto de vista de um tolo, e é a visão do homem branco. É como se o povo de Zurique dissesse que não está preocupado com Paris. Tive outra paciente, uma mulher nascida na Índia, que só conseguia se adaptar à vida europeia no nível mais sofisticado. Nem sonharia em se casar ou ter filhos, pois assim sentiria que estava sendo nativa, já que essa é a lei da natureza. O conflito a sufocou e estava em um impasse. Assim essas pessoas nascidas fora da Europa têm uma crítica e um certo distanciamento; isso produz uma situação diferente.

Este homem não era manco por ter nascido entre primitivos. Ele nasceu entre muçulmanos, e houve época em que a mente islâmica foi a líder do pensamento, a única luz na consciência na profunda escuridão medieval. Íamos estudar lá (universidades de Zaragoza e Córdoba). E agora o homem nativo está surgindo, mostrando que seu simbolismo ainda está vivo: as foices, as luas crescentes, que terão de ser penduradas entre as lâmpadas das mesquitas no Ramadã, a maior festa do culto islâmico. O Islã está vivo no lado nativo dele. A religião cristã não mais está viva para ele. Então, esse homem é composto de dois, um nativo daquele país, e de outro lado um europeu, mas com uma forte ênfase no nativo.

Palestra V

6 de novembro de 1929

Dr. Jung:

Hoje, como prometi a vocês, vamos ouvir o relatório com as pesquisas sobre a cruz e a lua crescente. Vamos começar com o mais familiar, a cruz, que Dr. Barrett nos preparou.

Simbolismo da cruz

O fato de que a cruz tem imenso significado simbólico para a humanidade por muitas eras é fora de dúvida. Nós a vemos hoje por toda a parte ao nosso redor, e nunca nos perguntamos sobre as origens e o significado desse símbolo familiar, e é bem possível que uma pessoa comum de dez mil anos atrás também tenha visto a cruz em todas as fases da vida e a aceitou sem questionar como fazemos hoje. Neste trabalho vamos tentar abordar brevemente o uso e o significado da cruz em vários locais e no decorrer de muitos séculos, e juntar e tentar dar certa unidade às opiniões de diversos comentadores do passado e do presente.

Existem muitos objetos materiais cujos contornos prontamente sugerem a cruz, como pássaros alados, homens com braços esticados, árvores com galhos de ambos os lados etc. Porém, esses objetos familiares carecem de fontes adequadas que possam dar conta do vasto significado desse símbolo, a não ser que encontremos algum motivo subjacente para unirmos o objeto simbólico, ou a representação simplificada do objeto, o que se torna o símbolo em si mesmo, com uma relação profunda com a humanidade. Buscaremos isso nesse breve apanhado de dados históricos sobre a cruz.

Os assírios (1)[1] representavam seu deus do céu, Anu, pela cruz equilátera (Fig. 1). Também representavam o sol e suas oito regiões por um círculo com oito raios. Ao juntar esses raios em pares era produzida a cruz irradiada (2), que o Rei da As-

---

1. O número entre parênteses se refere à citação na bibliografia, preparada pelo Dr. Barret, no final do relatório. As notas de rodapé são do editor.

síria usava suspensa no pescoço, do mesmo modo que os homens dos nossos dias usam ordens de cavalaria (Fig. 2). Essa mesma figura aparece nas cerâmicas da época, e seu significado solar era reafirmado ao ser alternado com o disco de raios. Por vezes, os dois símbolos aparecem justapostos (Fig. 3).

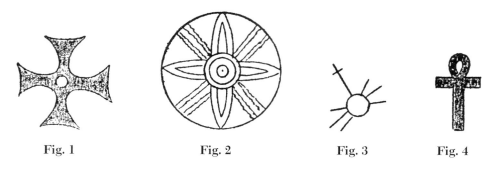

Fig. 1　　　　　Fig. 2　　　　　Fig. 3　　　　　Fig. 4

No Egito pré-histórico temos o Tau, T, ou a cruz em formato de forca. Essa cruz foi usada na sua forma simples e há teorias de que representasse o falo. Quando a cruz Tau tem um círculo ou uma oval em volta, temos a *crux ansata*, a chave mágica da vida (Fig. 4). Considera-se (3) que a oval represente o sistro (o instrumento musical usado no culto a Ísis, a deusa da terra) ou possivelmente uma modificação do delta (as terras onde os deuses tocavam e produziam toda a vida, então mais uma vez ligados a Ísis, ou Mulher). A *crux ansata* se torna dessa forma o símbolo da criação. Encontramos essa cruz nos monumentos egípcios mais antigos, frequentemente nas mãos de um deus, sacerdote ou rei; Amon-Rá, Kneph, Ísis, Hathor e Osíris são alguns deles. Também era colocada em tumbas, provavelmente com o mesmo sentido que o falo, que significava ressurreição. Nas pinturas em tumbas é evidente que era empregada por divindades para acordar os mortos à vida nova. Vemos a cruz também num baixo-relevo do século XII, em que uma deusa leva uma *crux ansata* às narinas de um rei morto, com uma inscrição dizendo: "Dou-lhe vida, estabilidade, pureza, como Rá, eternamente". Era também levada aos vivos como um sinal de força vital. Ambos, o Tau, T, e a cruz astronômica do Egito, ⊕, são visíveis nas ruínas de Palenque[2]. O Tau foi o sinal que Moisés instruiu seu povo a marcar com sangue os batentes de suas portas e lintéis para que o Povo Escolhido não fosse tomado pelo Senhor. De acordo

---

2. Cidade maia em ruínas no Yucatán, sul do México. Cf. *Símbolos da transformação*. OC 5, § 400 (na ed. de 1912). Para o "Palenque Cross", ibid., pl. XLIa. Conforme Merle Greene Robertson, autor de *The Sculture of Palenque* (5 vols., Princeton University Press, em preparação), o Tau é especialmente notável na arte e iconografia Palenque. Aparece em peitorais usados por governantes já no século VI a.C. em lápides de pedra e esculturas de estuque e em aberturas como janelas em paredes de edifícios (comunicação privada).

com Blavatsky (15), a cruz era usada nos mistérios de iniciação do Egito Antigo. O adepto iniciado era amarrado, não pregado, à cruz e deixado por três dias na pirâmide de Quéops. Na manhã do terceiro dia ele era carregado "para a entrada de uma galeria, onde em uma certa hora os raios do sol nascente batiam em cheio na face do candidato, que acordava para ser iniciado por Osíris e Tot, o deus da Sabedoria". Este autor também cita que um manuscrito antigo fala dessas cruzes como "mesas duras daqueles que estavam em trabalho de parto, o ato de dar à luz si mesmo".

Fig. 5

Outra forma comum da cruz no Egito é encontrada em conjunção com a roda solar, dando quatro raios à roda (Fig. 5). O sol é muitas vezes comparado com um condutor de carruagem, e na Grécia a roda solar se tornou o emblema de Apolo. É também encontrada na Assíria e na Babilônia, e é possível que a suástica tenha derivado dela. A cruz solar foi amplamente distribuída e, de acordo com Inman (8), é ainda popular na Irlanda. Já foi encontrada entre os primitivos americanos.

O ideograma formado pela *crux ansata* no escrito hieróglifo, ☥, (pronunciado como *ankh*) significa vida, viver. Seu sentido abstrato não gera dúvida, é um símbolo da vida, e não somente a vida, mas o renascimento, e, portanto, da imortalidade – não sem razão é chamado de "Chave da Vida". Apesar de seu simbolismo principal óbvio, vários arqueólogos ficam satisfeitos por descrevê-la como a chave de uma comporta, como uma forma degenerada de um globo alado, como um falo etc. etc.

Do Egito a "Chave da vida", agora um símbolo mágico e propiciatório, se espalhou para os fenícios e depois para todo o mundo semita. Estava presente em todos os lugares, da Sardenha a Susiana (aquele distrito da Pérsia ocupado por uma civilização antiga provavelmente anterior à cultura babilônica), pela costa da África, Frígia, Palestina e Mesopotâmia. É vista nos ídolos na Índia. Em monumentos de origem fenícia ou hitita a chave da vida está nas mãos de reis, assim como com os egípcios, e é associada à árvore da vida e à flor de lótus. Algumas variações interessantes do ankh, como mencionado por Baldwin (13), são apresentadas a seguir: (Fig. 6).

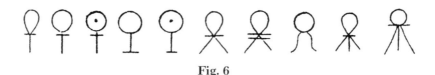

Fig. 6

Além disso ela foi combinada com os emblemas dos povos que a adotaram. Na Fenícia a vemos combinada com o cone truncado de Astarte (Fig. 7). Os gregos modificaram e ampliaram este símbolo para que passasse (2) a representar sua deusa da vida (Fig. 8). Nas primeiras moedas fenícias a cruz aparece ligada a um rosário. A *crux ansata* continuava a ser utilizada (4) como a cruz cristã do Egito antes de a cruz romana ser adotada. É vendida até hoje no Cairo como um talismã potente, de acordo com Carpenter (5), confessadamente indicando a conjunção dos dois sexos em um só desenho.

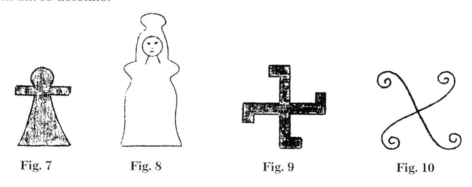

Fig. 7   Fig. 8   Fig. 9   Fig. 10

Uma cruz suástica apareceu bastante cedo nas terras mediterrâneas. Foi encontrada no estrato mais baixo de Troia, o que indica que está lá desde cerca de 3000 a.C., ou seja, na Idade do Bronze. Era uma suástica simples (Fig. 9). Posteriormente, ela vai se tornando mais complexa, tendo pequenos espirais nas terminações (Fig. 10) e outras variações. Na religião de Creta, ou Minuana, encontramos o machado duplo, um signo potente, que é arranjado em quatro numa composição de suástica. Aparece frequentemente na Grécia, sendo encontrada tanto em cerâmicas quanto em moedas na Idade do Ferro. Antes do nascimento de Cristo havia passado praticamente por toda a Europa. Depois, a suástica foi emprestada pelos cristãos, e já no final do século III a encontramos nas catacumbas junto ao monograma de Cristo (Fig. 11).

Fig. 11

Na Índia e na China não temos evidências da suástica antes do século V a.C., e parece que foi levada para lá das terras mediterrâneas. É possível vê-la em conjunção com vários símbolos, alguns deles solares, nas chamadas pegadas de Buda da stupa de Amaravati. Há teorias de que fora carregada até a China e Japão por budistas, e é fato notável que a suástica inserida num círculo se tornou um novo caractere introduzido na escrita chinesa pela Imperatriz Wu (ca. 704-684 a.C.) como um símbolo para "sol".

A suástica é frequentemente associada à adoração do sol, e por essa associação tem sido aplicada para significar movimento astrológico em geral. Talvez seja por isso que adquiriu propriedades como sinal de bom augúrio, boa sorte e vida. Foi encontrada na América antes do tempo de Colombo.

A suástica é comumente considerada um signo solar, e sua forma é interpretada como significante do movimento rotatório do sol. Na interpretação psicológica aparece como símbolo da libido. É interessante notar que, quando os braços da suástica estão girando no sentido horário, isso designa o princípio masculino e simboliza o sol, a luz, a vida. Na Índia, no entanto, os braços giram às vezes em sentido anti-horário; é então chamada de sauástica, designando o princípio feminino, e simboliza a noite, a destruição. Já que falamos dessa complicada variação da cruz, é interessante apontar que em tempos pré-cristãos um simples poste era por vezes chamado de cruz.

Com as investigações arqueológicas de Mortillet (6) encontramos mais provas da existência da cruz na Antiguidade. Nos estratos mais profundos em Terramares, ele encontra remanescentes de uma civilização bem mais antiga que a dos etruscos. Nessa camada, que pertence à Idade do Bronze, ele encontra remanescentes de utensílios domésticos e outros instrumentos nos quais a cruz aparece nas mais variadas formas. Nos cemitérios de Villanova, que pertencem a uma data posterior (próximo da Idade do Ferro), ele encontra várias evidências de que a cruz era usada como símbolo religioso para conectar-se com a adoração dos mortos. As tumbas no Lago Maggiore são até mais convincentes nesse sentido. Cada tumba tem pelo menos uma cruz, a maioria com a simples forma de X. É também interessante que o símbolo que se tornaria o monograma de Cristo, ✳, se encontra lá. Mortillet conclui de suas observações que o culto da cruz já existia bem antes da vinda do cristianismo, e por causa de seu desenvolvimento onde faltam objetos e ídolos vivos, ele acredita que a cruz era o símbolo mais sagrado de uma seita religiosa que rejeitava a idolatria bem antes do nascimento de Cristo.

Nas tumbas de Etrúria foram encontradas cruzes compostas de quatro falos. Uma cruz similar apareceu como um emblema fenício antigo e foi vista talhada numa pedra em Malta. Era a Cruz de Malta original, que, no entanto, foi modificada desde então, apesar de o significado fálico permanecer óbvio. Um bom exemplo

Fig. 12

Fig. 13   Fig. 14

(8) desse tipo de cruz foi encontrado perto de Nápoles e se acredita que fora usada por um sacerdote de Príapo. É composta por quatro falos e um círculo de órgãos femininos no centro (Fig. 12). Inman (8) dá uma interessante comparação com duas cruzes cristãs que aparentam ser modificações daquela (Figs. 13 e 14).

Na Grécia Platão dizia (9) que Deus havia dividido a alma mundial em duas partes longas que ele juntava como a letra X (Chi) esticada entre o céu e a terra. Era a letra inicial do seu nome de deus favorito e um dos nomes da cruz. Também observamos que o cetro de Apolo tem às vezes o formato de cruz (†). Na arte antiga Hércules era normalmente representado carregando dois pilares de certo modo sob seus braços que formavam exatamente uma cruz. Aqui, talvez (ROBERTSON, 9), temos a origem do mito de Jesus carregando a própria cruz ao local de execução. Um símbolo comumente

Fig. 15

visto em igrejas gregas e aparentemente de origem pré-cristã é a da cruz em cima de uma lua crescente (Fig. 15), a cruz sendo o elemento masculino, e a lua crescente, o feminino.

A cruz também é encontrada no México, Peru e América Central. Sua presença em monumentos religiosos estimulou os primeiros exploradores a pensarem na propagação do ensinamento do cristianismo considerando que Santo Tomás teria uma vez visitado aquelas terras. Acredita-se hoje que a cruz surgiu de forma independente nessas regiões. No México, a deidade Inetzolcoatl era adorada sob o sinal da cruz (4), que era chamada de "Árvore da Sustância" e "Árvore da Vida". Essa deidade também usava uma roupa coberta de cruzes. Os cabelos de Toze, a Grande Mãe, eram cuidadosamente arranjados em sua testa em cachos para que formassem cruzes. De acordo com Westropp e Wake (7), a *crux ansata* é também encontrada no México e se chama "Árvore da Vida". De acordo com Robertson (10) o deus mexicano era representado por uma árvore sem galhos e coberta com papel pintado. Ele também menciona sacrifícios pendurando o indivíduo em árvores em vez de em cruzes. Os mexicanos ligavam os sacramentos com o símbolo da cruz. Ao sacrificar uma donzela para a deusa do milho, os sacerdotes usavam a pele da vítima sacrificada e ficavam em pé com os braços abertos, formando uma cruz. A árvore sagrada formava uma cruz, onde era exposta uma figura de massa assada de um deus salvador[3]. Depois essa massa era comida. Não há dúvidas quanto à presença no período do pré-cristianismo do símbolo da cruz no México.

De acordo com d'Alviella (1), a cruz na América funde duas ideias relacionadas: 1) Como símbolo dos quatro ventos emanados dos pontos cardinais, e 2) como

---

[3]. De acordo com "O símbolo da transformação na missa" (1941). OC 11, § 340, a figura de massa que era comida representava o deus Huitzilopochtli.

símbolo da árvore-mundo, árvore da vida, árvore da nossa carne, análoga ao Yggdrasill escandinavo, a árvore cósmica, cujas raízes rodeavam o universo. No Yucatán, Cortez encontrou cruzes de três pés de altura, e acredita-se que eram ligadas a sacrifícios ao sol e aos ventos, um vento ritual que pertencia a cada canto dos céus. A deusa asteca das chuvas carregava uma cruz nas mãos, e na primavera as vítimas eram pregadas a uma cruz e atingidas com flechas.

Na América do Norte vários índios que pediam chuvas desenhavam cruzes no chão, com as extremidades apontadas para os pontos cardeais. Os Blackfeet (1) arranjavam pedras enormes para formarem uma cruz que representava "O velho homem no sol, que governa os ventos". Uma cruz encontrada em montes no Novo México tem caráter evidentemente solar ou estelar (Fig. 16, superior). Outra cruz desse tipo aparece entre pictogramas dos índios Dakota (Fig. 16, inferior).

Fig. 16

Como a árvore-mundo, os mexicanos e os maias a tinham no centro do universo, com suas raízes dentro da água, seus galhos nas nuvens, como se estivessem procurando por chuva. Os mexicanos a louvam como o "Pai-nosso". O poste sagrado dos Omaha tipifica a árvore cósmica, "centro dos quatro ventos e local de moradia do pássaro-trovão". Os enterros em árvores entre as tribos do oeste da América do Norte provavelmente tinham uma relação mítica (2) com o enterro dos mortos na árvore da vida, um simbolismo que nós encontramos com frequência em outras terras. Oferendas também (10) eram elevadas às árvores. Missionários (4) que foram à região da Baía de Hudson encontraram a árvore considerada um talismã mágico e símbolo da fertilidade. Os Hurons (4) se tatuavam com a cruz. A cruz com alça foi também encontrada na América (Fig. 17). Uma interessante representação do símbolo da cruz que difere da figura de concreto se encontra entre os índios Muyscas[4] e Bogotás, que esticam duas cordas em cruz acima de uma superfície de um curso d'água ou açude e no ponto de interseção eles jogam frutas, óleo e pedras preciosas na água como sacrifício.

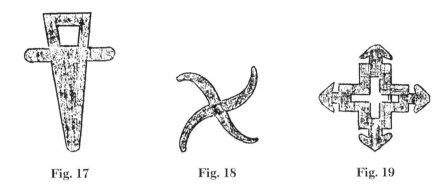

Fig. 17   Fig. 18   Fig. 19

Na África Central, lingotes de cobre sempre foram fundidos no formato da cruz. A cruz foi encontrada entre os negros bantos antes da introdução do cristianismo na região. Os negros nilóticos têm o costume de raspar o formato da suástica nas cabeças dos homens (Fig. 18). Entre os nativos (10) do sul da Nigéria que praticavam o sacrifício humano até o início do século XX, encontramos de novo o uso da figura da cruz esticada nos rudes andaimes no formato da cruz de Santo André.

Na Índia a cruz equilátera se alterna com o disco com raios. Em uma moeda antiga encontramos uma cruz de galhos que terminam em pontas de flecha (Fig. 19). É interessante reparar que, de acordo com Carpenter (5), ligado a isso está Krishna, que por vezes aparece sendo acertado por uma flecha e por vezes crucificado em uma árvore. Dizem também que o local de nascimento de Krishna foi construído no formato de uma cruz e que ele fora enterrado no ponto de encontro de três rios, o que, logicamente, formaria uma cruz.

Inman nos fala de um emblema budista antigo e muito interessante que tem o formato da suástica (copiado do *Journal of the Royal Asiatic Society*) (Fig. 20), e que incorpora a ideia criativa de forma que lembra a *crux ansata*, mas em uma forma muito mais complexa. Cada galho representa o falo em ângulo reto com um corpo

---

4. *Sems.*: "Muskhogean", como em *Psychology of the Unconscious* [trad. da versão original de *Símbolos da transformação* (N.T.)] (Nova York, ed. de 1916), p. 300. (A família Muskhogean de índios habitantes do sudeste dos Estados Unidos.) Em OC 5, § 407, Jung substituiu "os índios Muyscas Indians, do Peru".

Fig. 20

e é direcionado a um grão de cevada, símbolo de yoni, a fêmea. Cada galho é marcado pelo mesmo emblema feminino e termina com um triângulo tríade, e depois há a conjunção do sol e da lua, como emblemas masculino e feminino, respectivamente. O todo representa o arba místico, os "quatro criativos". Foram encontradas cópias de cruzes similares onde se acredita serem as ruínas da antiga Troia.

O uso da cruz (10) nos sacrifícios humanos na Índia foi praticado até 1855 pelos Khonds, uma tribo primitiva. A vítima era levada a um bosque sagrado e era amarrada a uma cruz ou posta em uma fenda de um longo ramo de árvore, com os braços esticados, e o corpo formando a parte vertical da cruz.

Os budistas do Tibete colocavam a cruz nas esquinas das ruas, de modo similar aos pilares herméticos na Grécia e em Roma.

De acordo com Robertson (10), os chineses colocavam uma cruz de lados iguais dentro de um quadrado, esse desenho representa a terra (Fig. 21).

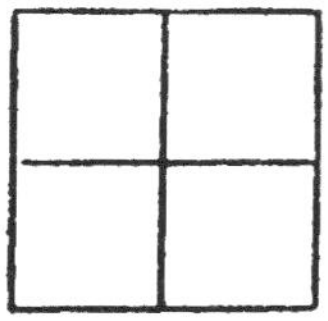

Fig. 21

Há na China o ditado "Deus criou o mundo no formato da cruz". Um padre cristão também escreveu: "o aspecto da cruz, o que é senão a forma do mundo em suas quatro direções? O Oriente em cima, o Norte o ramo direito (olhando da cruz), o Sul o esquerdo, e o Ocidente na parte inferior". O formato da cruz é também encontrado no mandala chinês) em conexão com a representação do universo, os deuses sendo postos acima da cruz, e os demônios das regiões inferiores abaixo dela.

A cruz aparece com frequência no norte da Europa pré-cristã. A encontramos entre os gauleses. Os druidas (11), quando um carvalho morria, descascavam o tronco da árvore e formavam um pilar, uma pirâmide ou uma cruz, e continuava a adorá-lo. Também buscavam os carvalhos que já cresciam no formato da cruz, e quando a configuração não estava convincente o bastante, pregavam uma haste da cruz à árvore ou ajustavam os galhos para formar uma cruz. Churchward (4) fala de uma cruz druida com formato de ankh encontrada na Cornuália e diz que ela é similar àquelas encontradas entre os dólmens da Bretanha. Uma pequena cruz romana foi talhada posteriormente em sua parte superior (Fig. 22).

Mais ao norte encontramos os Laplanders (16) marcando seus ídolos com a forma da *crux ansata* com o sangue dos sacrificados. A *crux ansata* é também encontrada nos monumentos rúnicos na Suécia e Dinamarca.

Em uma estatueta de uma deidade gaulesa descoberta na França, a túnica é toda coberta de cruzes, o que lembra a roupa do Inetzolcoatl no México. Esse deus segura numa mão uma marreta, e na outra uma jarra. A respeito dessa marreta, dizem que (2) com os gauleses, a cruz Tau passou a representar o martelo de Thor – não só um instrumento de destruição, mas também de vida e fecundidade. Esse mesmo símbolo, a marreta de dois lados, associado (9) a Osíris no Egito, e também encontrado entre os hindus (7), é nada mais que outra forma da cruz (Fig. 23).

O significado da cruz no cristianismo é geralmente associado à crucificação de Cristo. Nesses moldes, os romanos seguiram o exemplo dos gregos e dos povos orientais de pregar os criminosos condenados na cruz até a morte. Zöckler diz que a crucificação era primeiramente um insulto aos condenados à morte, com seus corpos expostos como presa para os animais e pássaros. A cruz Tau era também utilizada como instrumento de tortura e significava a infâmia do condenado. Não poderia ser usada com um cidadão romano. Talvez a ideia de maldição que por vezes encontramos associada à cruz seja derivada desse uso.

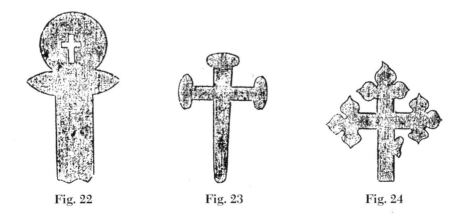

Fig. 22   Fig. 23   Fig. 24

Deixando de lado a questão levantada por Robertson (9) de que o episódio inteiro de Cristo possa não passar de um mito, é certo que o mundo já estava inundado com a cruz nos tempos pré-cristãos, e parece não muito improvável que tenha logo se tornado o símbolo mais potente da nova religião; pois a cruz sempre foi potente, e seu poder sempre foi somente o poder do espírito que foi derramado nela como símbolo. Talvez seja desnecessário destacar que seu uso como símbolo da ressurreição, na específica e moderna interpretação cristã, não é nada novo. Já falamos disso, porém seria relevante dizer aqui que há uma série de deuses crucificados antes de Cristo, e estes também ressuscitaram. Lembramos do enforcamento de Átis, Marsyas e Odin, que renasceram após o episódio. Que esses enforcamentos tinham o mesmo significado que a crucificação se prova pelo fato de que as duas palavras eram utilizadas de forma intercambiável na era antiga e do cristianismo primitivo. Robertson (10) fala de uma efígie da Ilha de Philae representando Osíris no formato de um deus crucificado, tendo Ísis e Néftis chorando por ele. Quando lembramos que a árvore é predominantemente um símbolo materno (12), o significado desse procedimento nos fica claro: o herói é devolvido para a mãe para o renascimento, assim se tornando imortal. A árvore aqui é claramente a Árvore da Vida. Bayley (11), ao discutir o mito de Odin, nos mostra uma interessante reprodução de uma antiga cruz, cuja semelhança com a árvore é muito clara (Fig. 24). Jung (12) diz que "não é nenhuma surpresa que a lenda cristã transformou a árvore-da-morte, a cruz, na árvore-da-vida, tanto que Cristo era frequentemente representado em uma árvore viva e com muitos frutos". Mitras[5] é representado como renascido de, ou posto dentro de, uma árvore, assim como Osíris, Dioniso e Adonis.

Zöckler (14) nos diz que durante a primeira época do cristianismo seguir a cruz ainda era uma realidade dolorosa para os cristãos primitivos, e não encontramos ainda veneração ou adoração à cruz. Era um fardo, não algo a ser reverenciado. O sinal da cruz, no entanto, era de uso popular, como forma de espantar os maus espíritos e curando os possuídos pelo diabo. Sinais da cruz disfarçados eram postos em ornamentos, epitáfios etc., e eram disseminados na forma de objetos que lembravam a imagem do tridente; uma âncora, ou um navio com cordames; e em formas já empregadas por outros cultos, como a *crux ansata* e a suástica. Mas o mundo era ainda muito hostil com o cristianismo para que a cruz fosse abertamente exibida com uma conexão religiosa. De acordo com d'Alviella no fim do século III os cristãos se referiam a Cristo por meio do monograma das duas primeiras letras da palavra grega ΧΡΙΣΤΟΣ, portanto ☧. Era isso o que estava na visão de Constantino e trouxe mudanças ao significado externo da cruz. A visão de Cons-

---

5. Cf. *Psychology of the Unconscious* (ed. de 1916), p. 278. OC 5, § 368.

tantino era de uma cruz com o monograma citado, o qual adotou como seu sinal. Portanto virou uma bandeira de guerra, um sinal de soberania sobre o mundo.

Supõe-se que a adição de uma barra transversal ao monograma seja para indicar Cristo na cruz, portanto ✳ ou ✳ ou ainda, através de um processo de simplificação, ⳨ ou ✝ . (Também ouvimos que esse monograma seria derivado da *crux ansata* do Egito e significaria o nome de um dos seus deuses.)

Constantino punha a cruz (2) nas moedas durante seu reino juntamente com representações de Marte, Apolo etc. Posteriormente, a cruz já se encontrava em todos os lugares. No século V a *crux ansata* se tornou rara, exceto nos países celtas. A suástica também aparece com menos frequência na Europa nesse tempo. A cruz latina e a cruz equilátera eram inicialmente empregadas sem discriminação. Foi somente de forma gradual que a cruz latina se tornou associada ao Ocidente e a equilátera ao Oriente. A crucificação, o corpo na cruz, aparece primeiro no século VII. É um fato notável (12) que nas primeiras representações de Cristo ele não aparecia pregado à cruz, mas em pé em frente à cruz com os braços esticados. Sugere-se que a postura da crucificação possa ser derivada do uso perso-cita de matar o "mensageiro" de deus, esfolando-o e preenchendo sua pele com os braços esticados. Isso é análogo ao "embaixador" dos judeus, e em ambos os casos a ideia da forma da cruz pode ser derivada do fato de que, na língua dos gestos e na escrita pictográfica dos selvagens, essa seja a atitude do embaixador, ou o meio-termo. Enquanto essa postura for ao menos bem-adaptada à autodefesa, se torna o signo de total submissão e aceitação, em que o indivíduo se joga em cima de uma misericórdia de poder superior.

Durante a Idade Média a crucificação se tornou um dos temas mais populares para a representação artística. Durante esse tempo a cruz também se tornou um símbolo de ritos populares, como as cruzes dos mercados na Alemanha etc.

Constantino fundou a concepção medieval da cruz como signo do poder missionário do cristianismo, cujo clímax foram as Cruzadas. A ereção da cruz em cada distrito significava a proclamação de trabalho missionário ou o fato de que o distrito havia se juntado à Igreja. Por fim, a cruz se tornou consagrada e venerada e proeminente na adoração da Igreja. Era o sinal da graça protetora.

Ao longo do tempo a cruz começou a fazer milagres por si só, e a lenda se criou em torno dela como se fosse algo vivo. Uma das coisas mais interessantes dessas histórias aparece no poema místico do século XIII de Giacomo da Varaggio[6]. A arte religiosa dessa época era intensamente simbólica e formalizada.

---

6. Também conhecido como Jacobus de Voragine. A referência é presumidamente a sua *Legenda áurea*.

A Reforma trouxe uma grande mudança na interpretação da cruz. Começou a representar o sofrimento e a aflição enviada de Deus para chamar o homem ao arrependimento para que reconheça a ajuda de Deus e aumente sua fé. "Não é a cruz de Cristo que o homem deve carregar, mas sua própria" (Lutero). A Igreja Reformada se opunha a qualquer representação figurativa da cruz. Por conta dessa influência a arte cristã sofreu uma mudança pronunciada nas representações da Paixão de Cristo: se tornou mais realista, menos simbólica.

Dessa breve revisão vemos que a cruz já representou muita coisa. A figura do homem de braços abertos e tudo que essa postura conota estão imitados na cruz. Vemos como sinal de chuva e fecundidade. Desempenha um papel no culto ao sol. É um importante sinal para afastar o mal. É o talismã da fertilidade. De novo vemos como Árvore da Vida – não só como sinal da vida, mas também como símbolo da imortalidade. Esses diversos desdobramentos de sentido da cruz podem ser reunidos somente se considerarmos a cruz como símbolo da libido. A Árvore da Vida e a cruz sempre foram misteriosamente identificadas como emblemas fálicos, porém não precisam ser consideradas necessariamente como tais, já que a analogia da libido pode tomar um sentido fálico, isto é, pode ser aplicada a um sentido estritamente sexual. A maioria das autoridades já questionou se a cruz tem alguma relação com os dois pedaços de madeira utilizados antigamente na produção de fogo religioso. Na Teoria da Libido essa relação não parece improvável apesar de ter relação complexa demais para ser discutida aqui. A cruz certamente expressa a ideia de união (particularmente evidente na forma *crux ansata*), pois essa ideia pertence especialmente ao pensamento de eterno renascimento, o qual, como já vimos, é intimamente ligado à cruz.

Parece claro que a cruz, em seu significado fundamental e também em suas funções acessórias, é inquestionavelmente um símbolo da libido. Consideramos que o leitor já tenha conhecimento da Teoria da Libido, já que estaria fora do escopo deste trabalho adentrar ainda mais nos aspectos dessa questão.

REFERÊNCIAS[7]

1) GOBLET D'ALVIELLA, (Conde) Eugène. *The Migration of Symbols*, 1894.

2) *The Encyclopedia of Religion and Ethics*. Ed. James Hastings, 1910.

3) WESTROPP, Hodder M. *Primitive Symbolism as Illustrated in Phallic Worship or the Reproductive Process*, 1885.

---

7. As entradas foram verificadas e corrigidas quando necessário.

4) CHURCHWARD, Albert. *Signs and Symbols of Primordial Man*, 1913.

5) CARPENTER, Edward. *Pagan and Christian Creeds – Their Origin and Meaning*, [s.d.].

6) MORTILLET, Gabriel de. *Le signe de la croix avant le christianisme*, 1866.

7) WESTROPP, Hodder M. & WAKE, C.S. *Ancient Symbol Worship. Influence of the Phallic Idea in the Religion of Antiquity*, 1875.

8) INMAN, Thomas. *Ancient Pagan and Modern Christian Symbolism*, 1874.

9) ROBERTSON, John Mackinnon. *Christianity and Mythology*, 1900.

10) ROBERTSON, John Mackinnon. *Pagan Christs. Studies in Comparative Hierology*. 2. ed., 1911.

11) BAYLEY, Harold. *The Lost Language of Symbolism*, 1912.

12) JUNG, Carl Gustav. *Psychology of the Unconscious*. Tr. B. Hinkle, 1916.

13) BALDWIN, Agnes (Sra. Brett). *Symbolism on Greek Coins*, 1916.

14) ZÖCKLER, Otto. *The Cross of Christ*. Tr. 1877.

15) BLAVATSKY, Helena Petrovna. *The Secret Doctrine*, 1888.

16) KNIGHT, Richard Payne. *The Symbological Language of Ancient Art and Mythology*, 1876.

Dr. Jung: Obrigado pelo excelente e muito completo relato nos campos histórico e etnológico; há realmente uma grande quantidade de material. Somente gostaria que adentrassem mais na Teoria da Libido do símbolo. É um símbolo tão universal que abrange uma enorme área do pensamento, e é bastante difícil esboçar o que quer dizer. Como disseram, pode ser traçado até tempos pré-históricos. Entre as ruínas pré-históricas no Landesmuseum aqui em Zurique estão as rodas solares que foram escavadas nesta vizinhança, que devem ser da Idade do Bronze. São apenas pequenas rodas comuns, com diâmetro de mais ou menos quatro polegadas, círculos com quatro linhas, a forma mais antiga da cruz. Provavelmente eram usadas como talismãs. Mais antigas, da Idade Paleolítica, existem as impressionantes pinturas rupestres (nas grutas de Altamira na Espanha, p. ex.), que são representações naturalísticas de animais – o cavalo, a rena, o mamute etc. E um maravilhoso

desenho rupestre de um rinoceronte com pássaros nas costas foi descoberto na Rodésia[8]; há um também de um rinoceronte correndo com os músculos acentuados, o que é bastante impressionante do ponto de vista naturalístico. Podemos observar nessas pinturas de animais que os pés estão ausentes, e pode-se deduzir que é porque os pintores não os viam, ficavam escondidos na grama; então eles eram os primeiros impressionistas, um artista moderno não poderia fazer melhor. São de um tempo extremo, datando talvez de cinquenta a sessenta mil anos atrás. Na Rodésia também acabam de descobrir, além das representações naturalísticas, um círculo com uma cruz dupla no seu interior. Agora, levando em conta que essas pessoas foram capazes de produzir ingenuamente essas pinturas tão naturalísticas, onde viram essa cruz para desenhar? A mesma raça produziu esse símbolo, uma ideia bastante abstrata. Como podemos explicar? Poderíamos dizer que o primeiro filósofo sentou-se e começou a pensar o sol como uma roda rolando por cima do céu. Porém, não existiam rodas nessa época, pois as carroças foram inventadas bastante tempo depois, provavelmente na Idade do Bronze. Ou ele poderia ter ido mais longe e pensado nos quatro pontos cardeais do horizonte. Porém, não se pode projetar uma mentalidade naqueles homens primitivos, isso está descartado, portanto podemos concluir que devem ter visto aquelas coisas, foi uma visão. O homem primitivo tem percepção imediata e não sofisticada, não só de coisas externas, mas também de coisas internas, a parte subjetiva do processo de apercepção. Chama-se o fim externo do processo do objeto real, e depois há a parte subjetiva que está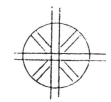
no interior. Vocês ficariam surpresos se pudessem ver a si próprios como eu os vejo, por exemplo, assim como eu ficaria se vocês me contassem como me percebem. Esses homens primitivos tinham a percepção tão nítida que eram capazes de reproduzir o que viam de forma impressionante. Milhares de anos decorreram – somente em fase recente do desenvolvimento da arte que passamos a produzir novamente com caráter igualmente naturalístico. Com essa percepção do objeto, podemos deduzir uma boa capacidade de enxergar em geral e coisas do interior também. Há uma teoria conhecida sobre as pinturas rupestres, de que

---

8. Jung evidentemente havia visto uma enorme fotografia de um desenho rupestre de um rinoceronte com pássaros publicada no *Illustrated London News*, 14 de julho de 1928, p. 72-73, logo após sua descoberta no sudoeste de Transvaal (África do Sul). Gravuras na pedra, ou petróglifos, com as formas de roda que menciona mais adiante no texto também foram reproduzidas no *Illustrated London News*, 20 de abril de 1929; também foram encontrados no Transvaal. Esses incluem o que pode-se chamar de formas de estrelas, cruz e sol. Um petróglifo da mesma região com círculos concêntricos está descrito em *C.G. Jung: Word and Image*, p. 80. Para comentários sobre esses artefatos, cf. as "Tavistock Lectures" (1935). OC 18, § 81, n. 6.

representam imagens mágicas, na verdade fantasmas de animais, que foram postas na caverna por motivos mágicos, provavelmente para assegurar a abundância da caça, o que era de vital importância para o homem primitivo.

Pode-se observar que o mesmo tipo de coisa acontece com os homens primitivos hoje. Um missionário havia adotado um menino negro que havia perdido sua mãe recentemente, e à noite, quando se sentavam em volta do fogo para comer, o menino sempre deixava comida para ela e também conversava com ela. O missionário dizia: "Sua mãe não está aqui", e o menino respondia: "Mas ela está aqui, porque fala comigo". Ele ouvia sua voz e disse ao missionário o que ela lhe dizia. Aquele menino tinha percepção subjetiva. Agora, se o missionário lhe pedisse para desenhar a mãe, ele naturalmente teria representado uma mulher humana, e como saberíamos que ele representava um fantasma?

Então, quando representações datam de uma época, em que não há indícios que mostrem o que representavam, não sabemos se esses desenhos no Dordogne são animais de verdade ou animais fantasmas. Pode ser que pensassem que os animais se juntariam onde estavam os fantasmas; por colocarem todos os fantasmas juntos, deduziriam que os animais também estariam no mesmo lugar. Os primitivos fazem a mesma coisa agora; não ousam sair de suas moradias, habitadas pelos próprios fantasmas ancestrais, para ir a países estrangeiros onde os fantasmas poderiam ser hostis. Então os homens talvez deduzissem que, ao proteger os fantasmas, obteriam toda a mana, saúde e fertilidade ligadas à ideia de espíritos ancestrais. Não temos meios para diferenciar, ter uma opinião realmente válida das imagens daquela época, como se são de animais reais ou de animais fantasmas vistos no interior.

Existem dois tipos de imagens vistos no interior: espelho ou imagens de memórias de coisas a serem reunidas com a realidade objetiva, que não podem ser diferenciadas de desenhos de imagens reais e, além dessas, podemos ver desenhos abstratos diretamente do inconsciente, como triângulos ou círculos ou qualquer outro tipo de desenho geométrico. Então encontramos as duas percepções também no homem primitivo – pinturas concretas e ornamentos abstratos. Muitos se perguntam como encontraram essas figuras geométricas complexas, triângulos e quadrados e círculos, não encontráveis na natureza, exceto talvez em cristais. Eles são provenientes do processo do pensamento. Portanto, concluo que essa cruz é realmente um fantasma – uma realidade psíquica na Idade Paleolítica. Não podemos dizer que é uma mera roda; preferiríamos concluir que a roda foi descoberta através da visão abstrata. É apenas um palpite, porém há certas evidências de que as coisas podem ter acontecido assim. Então o homem paleolítico via o abstrato absoluto, o verdadeiro fantasma, e isso o impressionou tremendamente, assim como impressionou o místico cristão em sua visão da cruz ou de Cristo com os braços estendidos; ou como aconteceu com Santo Huberto quando viu a cruz entre os chifres de um veado[9].

A questão é: o que isso representa? É certamente o símbolo mais antigo que conhecemos, e, de tão abstrato, ninguém saberia explicá-lo não havendo um contexto, nenhum material de apoio. No entanto ao seguir as eras até os tempos modernos encontramos não só a história completa dessa entidade psicológica particular, mas também um olhar quase completo sobre sua tremenda importância.

Sr. Sawyer: Eles podem ter chegado a eles a partir dos raios solares.

Dr. Jung: Pode ser o sol, ou uma estrela. Na Babilônia, essas formas eram usadas como decorações para os reis. Porém, se o homem natural daqueles primeiros dias representasse o sol, teria feito um desenho naturalístico, com um globo ou um círculo com infinitos raios. Não teria visto a cruz. Isso viria somente dali a milhares de anos, provavelmente da roda. O interessante é que, exatamente em um tempo naturalístico como aquele, um símbolo tão abstrato possa ter sido produzido, e justamente com aquelas divisões.

Existem outros símbolos abstratos que podem ser explicados da mesma forma que explicamos como os pictogramas do Egito se tornaram a escrita hierática e finalmente o árabe moderno, em que hieróglifos se transformaram na escrita comum. Esses símbolos são como abreviações desgastadas; está ao nosso alcance ver como certas coisas se degeneraram e tomaram uma forma usual ou abreviada. Com isso, vem certo enfraquecimento do símbolo, ele perde seu valor original. Anteriormente, na China, somente homens sagrados e sacerdotes sabiam escrever, por isso qualquer pedaço de papel era guardado, pois a escrita era sagrada. E tinham um caráter bonito e venerável, como se pode ainda ver. Mas não há nada de venerável em nossa escrita de hoje, ela perdeu sua importância simbólica.

Mas esse símbolo, a cruz, não perdeu seu valor; aumentou sua importância através dos tempos. Não se desgastou, não se pode explicá-lo pelo processo de degeneração. Pelo contrário, é um símbolo que vive eternamente. Aqueles de vocês que estão realmente desenhando seu material inconsciente[10] sabem quantas vezes ela desempenha um papel importante na nossa análise, até com pessoas que se achavam muito distantes do cristianismo tradicional; é bastante surpreendente vê-los começar a desenhar este símbolo: a cruz. Começou, como vemos, no pas-

---

9. Santo Huberto (d. 727) de Liège, padroeiro dos caçadores. De acordo com a lenda, seu encontro com o veado enquanto caçava na Sexta-feira Santa o converteu de sua vida mundana.

10. Isto é, engajados no que Jung chama de "imaginação ativa", uma técnica psicoterapêutica que envolve um "consciente submergindo no inconsciente, cujos conteúdos são então observados, retratados [...] pintados, modelados e às vezes dançados... meditados" (JAFFÉ, A. *C.G. Jung: Word and Image*, p. 115).

sado remoto, e nunca perdeu sua enorme importância. Pode ser encontrado nos quatro cantos do mundo, até no México antes da chegada do cristianismo. Quando os conquistadores espanhóis e padres chegaram, acharam que o demônio devia ter chegado antes, ensinando aos homens a adorarem a cruz, como deve ter feito sete mil anos antes de Cristo. Os padres cristãos diziam que na Grécia o diabo antecipou a vinda de Cristo pelo mito de Dioniso, para que, quando chegasse o real Salvador, pudessem dizer que "O diabo já nos ensinou isso". Os padres acharam que era o mesmo velho truque, que satã havia chegado novamente e lhes ensinado a fabricar cruzes. Esse é um dos motivos que os levaram a destruir a civilização maravilhosa dos maias; hoje somente conhecemos duas letras do alfabeto deles, por exemplo.

Há uma universalidade extraordinária no símbolo da cruz, um poder místico que nunca falha, pode-se chamá-la de psíquica, o que repetitivamente expressa um fato psíquico primordial do homem. Para saber o que esse fato pode ser, tivemos o trabalho de segui-la pela história, por sua distribuição etnológica. De todos esses aspectos obtivemos informações do Dr. Barrett hoje. Desse material, sabemos que ela simboliza o sol quando está dentro de um círculo; é um símbolo da vida, de sexo; é uma abreviação da forma humana; é uma árvore; é a terra, e, de forma mais abstrata, a fecundidade; é também a roda, o martelo, o machado, e muito além disso. É uma coleção de objetos diversos. Como podem combinar em um só?

É como a famosa série que Lumholtz decifrou em seu livro *Unknown Mexico*[11], em que certas tribos indígenas têm uma ideia peculiar da identidade de três coisas totalmente diferentes – o *hikuli*, o milho e o veado são idênticos, por exemplo[12]. A mesma coisa acontece com os índios brasileiros que se chamam de Arara Vermelha. Não são aves e não sentam em árvores, mas isso não faz diferença. Dizem: "Temos forma humana, sim, mas somos araras vermelhas"[13]. Devem ter um senso de identidade interna, algo para além da forma. Ficamos, é claro, perplexos pela sugestão de que coisas obviamente diferentes possam ser idênticas.

Era o mesmo enigma com os negros primitivos em Monte Elgon. Eu achava que fossem adoradores do sol e riram de mim como se eu tivesse falado uma grande asneira. Eu estava confuso. Deus era chamado de Sol, *adhista*, e não *mungu*, o que eu achava que era Deus em suahili. Para designar *adhista* como Deus, diziam *adhista mungu*. Mas, já que chamavam de *mungu* no leste, por que não no zênite? Finalmente descobri que era a aurora, não o sol, era aquele mo-

---

11. Por Carl S. Lumholtz. Londres, 1903.

12. Para uma análise desta afirmativa cf. *A energia psíquica* (1928). OC 8, § 121 e n. 79. *Hikulu* é a (mexicana) Huichol palavra para mescal.

13. Jung citou esse episódio novamente no seu último trabalho, "Símbolos e interpretação dos sonhos" (escrito em 1961, publicado em *O homem e seus símbolos*, 1964). OC 18/1, § 465.

mento particular, e eles mesmos estavam *nele*, eram suas emoções particulares subjetivas conectadas com o nascer do sol[14]. Então a chave é que os objetos mais diferentes entre si podem ser unidos se forem comparados sob um ângulo subjetivo específico, como a importância ou o valor, por exemplo. Vejamos, pode-se dizer que coisas que custam a mesma quantidade de dinheiro são as mesmas coisas, intercambiáveis. Porém, peguem um primitivo que conheça apenas moedas e digam a ele que mil francos de ouro e uma nota de mil francos são a mesma coisa, e ele vai rir de vocês. As pessoas tiveram de se acostumar com essa ideia. Moedas e papéis são coisas totalmente diferentes, porém temos o mesmo sentimento subjetivo se lidamos com moedas de ouro ou um cheque. Por isso, para o primitivo, a quem a subjetividade tem a maior e mais imediata importância, não interessa que as coisas sejam concretamente diferentes, somente importa que elas lhe tragam a mesma emoção – as coisas mais diferentes estariam em um mesmo campo, ou algo assim.

Mana pode ser a voz do cacique, ou sua respiração é mana, a mulher do cacique é mana, sua cadeira, sua cabana, tudo é mana. Uma lança, uma canoa, relâmpago, certa árvore – todos são mana. Se eles ouvem o gramofone, dizem *mulungu*[15]. Essas coisas diferentes são idênticas sob o aspecto de mana, todas têm o mesmo comportamento perante todos eles. Eles as reverenciam, são cuidadosos para não tocá-los, ou eles observam outras cerimônias, porque elas são mana. Quando isso está em questão, não importa o que sejam os objetos, é somente a emoção subjetiva que importa. Às vezes é mana hoje, e amanhã não é mais. Poderá ser meramente um objeto concreto. Por exemplo, imagine que um nativo venha a esbarrar em uma lata antiga de gasolina e a chuta para longe e uma quinzena depois fica doente. Ele começa a achar que a lata era mana, e que não deveria tê-la ofendido. Então envia seu filho para ir até o objeto no mato com uma oferenda de frutas e óleo para uma aproximação e agora a reverencia sempre que passa por lá.

Temos também a história da âncora velha jogada na praia. Um negro quebrou uma das extremidades pontudas para usar como arado e logo depois ficou doente. Ele sabia que a âncora tinha mana, então ele devolveu a ponta quebrada, muito respeitosamente, e depois disso sempre a saudava, reverenciando-a profundamente em toda ocasião que passava por ela. Quando se tornam mana, as coisas mais heterogêneas se tornam a mesma coisa, todas partes do processo divino. Podemos ver o mesmo na nossa própria psique. Por exemplo, um homem com um complexo de mãe vê sua mãe em quase toda mulher idosa ou uma mulher de certo tipo, até

---

14. Ibid., § 551.

15. Ibid., em que Jung diz que *mungu* em suahili é derivado do polinésio *mulungu*. Cf. 20 de fevereiro de 1929, n. 3.

em sua própria filha. Todas são idênticas, são um todo, todas iguais, são as mesmas. Somos inconscientes dessas coisas, mas elas acontecem diariamente.

Meu cacique Pueblo tentou por um bom tempo encontrar uma analogia convincente para expressar seus sentimentos sobre o sol. Ele finalmente disse: "Um homem no alto da montanha não consegue nem mesmo acender seu fogo sem o sol". A madeira não queimaria, nenhuma árvore cresceria sem o sol, então naturalmente sol e vida são idênticos. E sexo é vida, produz crianças, então o sol é por vezes considerado um falo como símbolo do poder gerador[16]. A vida, a forma humana, o homem, o ser vivo, o produto da fertilidade, até os deuses têm forma humana. Além disso, a árvore simboliza vida. Ela é viva como um ser humano, com uma cabeça, pés etc., e vive mais que o homem, por isso é impressionante, há mana nas árvores. Os salgueiros na mata africana alcançam grande altura, e, como regra, são reverenciadas com adoração. As árvores falam; em grande número de tribos os homens saem e falam com as árvores, se identificam com elas. Anteriormente, uma árvore era plantada quando nascia uma criança, e, enquanto a árvore vivia, assim vivia também a criança – outro caso de identificação. Por meio de seus frutos as árvores são nutritivas, então adquirem uma qualidade materna. Existe uma lenda germânica de que o freixo e o amieiro foram os primeiros seres humanos, e há uma mesma história sobre uma árvore macho e fêmea na mitologia persa – eram os seres humanos originais. Depois tem a árvore-mundo, Yggdrasill, com suas raízes na terra e seus galhos nos céus; a primeira vida veio dessa árvore, e ao fim do mundo o último casal será enterrado no Yggdrasill; a vida humana começa e termina na árvore[17].

Assim é também com a terra. É produtiva, fértil, obviamente provedora materna da vida, como o sol é vida e sexo. São idênticos nas funções. Todas essas coisas têm a mesma função, o mesmo valor, então são iguais. Foi a aplicação dos símbolos aos utensílios o que deu ao primitivo suas ferramentas. A roda, o martelo, o machado – essas foram as primeiras ferramentas, e também são provedores de vida, contêm espírito. Meu machado de guerra salva minha vida. Em algumas línguas primitivas um prefixo ou sufixo é adicionado ao nome de uma ferramenta ou arma, designando-a como ser vivo; minha espada é viva, a sua é morta. Então todas as ferramentas estão vivas porque ajudam nossas vidas. A roda é uma invenção

---

16. Para um relato anterior de Jung sobre o falo solar alucinado por um psicótico, por volta de 1906, cf. *Símbolos da transformação*, § 151 (como na ed. de 1912). Isso se tornou um caso clássico de Jung em 1910, quando encontrou uma referência a um tubo solar em uma antiga liturgia mitraica. Veja também "A estrutura da alma" (1927), OC 8/2, § 317-319, e "O conceito de inconsciente coletivo" (1936), § 105.

17. Sobre Yggdrasill, o freixo, a árvore cósmica na mitologia nórdica, cf. *Símbolos da transformação*, § 349, 367 (na ed. de 1912). • "A árvore filosófica" (1945), § 461.

muito importante – tente viver sem ela e verá! Viva em circunstâncias primitivas e veja o que acontece quando uma simples ferramenta de mãe como uma agulha se perde. Pagaríamos de bom grado um preço exorbitante por uma. As armas são provedoras de vida contra os ataques dos animais selvagens. Na sociedade minoica se adorava o machado duplo como a coisa mais sagrada. Os minoicos eram bons em talhar madeira; o grande palácio de Minos tinha uma estrutura de madeira nos andares superiores.

Vemos portanto que o sol, a vida, o sexo, o ser humano, a roda, o martelo, o machado, tudo isso e muito mais são idênticos porque funcionam da mesma forma. E a cruz simboliza todos eles, contêm tudo isso, todos são reproduzidos na forma da cruz. Ela representa diretamente a vida que se está vivendo, e, por ser vida, é muito importante. Já que os primitivos tinham medo de que se esgotasse, faziam sacrifícios ao centro de onde vem a vida, e este é o centro da cruz. Os índios fazem uma cruz com duas cordas sobre um açude e faziam os sacrifícios bem no meio, porque ela afundava na direção da nascente que dá vida. Alimentam a nascente para que o poço da vida possa fluir novamente. E a cruz é um símbolo apotropaico. É utilizado para proteção, para afastar o mal, que traz a morte; se está de posse do provedor de vida, o mal não pode alcançá-lo. As pessoas ainda fazem o sinal da cruz quando estão em perigo ou em uma tempestade. Durante o recente levante em Jerusalém[18] os cristãos puseram cruzes em suas portas para se proteger dos árabes.

Agora vamos resumir. Por que o provedor da vida é representado pela cruz?

Dr. Barrett: Seguindo a tendência humana de antropomorfizar todas as suas concepções de vida, ele faz de sua própria figura a forma da cruz.

Dr. Jung: Então você diria que a cruz é o homem como fonte de mana? É isso o que quer dizer? O homem certamente se experiencia como criador na sexualidade. O sexo é a união de dois princípios diferentes, o ato sexual é o encontro de duas direções opostas. A associação da cruz e da sexualidade se mostra pelas cruzes fálicas que Dr. Barrett mencionou, portanto, como a vida brota do sexo, o homem se sente provedor da vida pela sexualidade.

Outra fonte de fertilidade da vida é a terra. Para o homem primitivo a terra era plana, e eles viam o horizonte como círculo. Na civilização mais avançada dos índios norte-americanos, a terra é representada como círculo, e eles colocavam os quatro pontos cardeais. O observador está naturalmente sempre no centro do círculo ou cruz. Assim chega-se novamente ao símbolo da cruz dentro de um círculo. Se a figura do homem representa a cruz, o círculo em torno provavelmente representa o horizonte. Ou pode ser que seja um círculo mágico desenhado em torno do homem como uma figura de mana. As figuras de mana são sempre tabus

---

18. Um embate entre judeus e árabes sobre o Muro das Lamentações em 1928.

de certa forma. Eu penso que foi dessa forma que a tal roda do sol se originou. O mana do homem, da terra, da árvore etc. – a vida em todas as formas – era representada pela cruz e pelo círculo, aparentemente por conta da similaridade da forma do homem e da árvore com a cruz, e em relação à terra, por conta da partição do horizonte. (Na astrologia, o signo da Terra é ♀ e Vênus, ♂.)

Porém, isso seria explicar o símbolo por sua objetivação, e minha pergunta é: Por que o provedor de vida é representado pela cruz? Ela não só simboliza o sol, simboliza o sexo, ou os pontos do horizonte, ou a forma humana, mas esses objetos não necessariamente sugerem uma cruz. Não é muito claro por que deveria simbolizar todos esses objetos de mana. Pegue fenômenos elétricos peculiares, como relâmpago, luzes polares etc., todos têm a ver com a eletricidade, mas o que é eletricidade? A cruz designa a essência de todos esses objetos, assim como a eletricidade designa a essência, a força ou poder em todas suas diferentes manifestações.

Dr. Barrett: Houve uma ideia intuitiva de que a cruz seria o símbolo correto para tudo isso?

Sra. Baynes: Não se tem de voltar à visão original do homem primitivo, à intuição?

Dr. Jung: Sim, que seria a cruz a forma correta para expressar a fonte de mana parece ter sido uma das intuições mais originais do homem. Platão diz em *Timeu* que, quando o Demiurgo criou o mundo, ele o dividiu em quatro partes, e depois costurou as partes juntas novamente, formando quatro costuras na forma da cruz[19]. Aqui a origem do mundo está conectada com o sinal da cruz, o ato original de dar vida. Pitágoras, que é anterior a Platão, diz que o número fundamental é quatro, o *tetraktys*, que era considerado pelos pitagóricos como uma entidade mística. No Egito, o oito era a companhia mais sagrada dos deuses, os Ogdoads. Lá a origem do mundo é assistida pelos *quatro* macacos e *quatro* rãs. Hórus, o sol nascente,  tem quatro filhos. Encontram-se os quatro na lenda do paraíso em que quatro rios fluem de Éden[20] – a fonte da vida. Já que quatro é um dos números primitivos que foram inicialmente visualizados geometricamente na era pré-histórica, quando a contagem abstrata não havia sido inventada, as pessoas provavelmente viam a cruz em forma de quatro: ∴ ou ∷. Essa figura sugere as cruzes típicas: + ou: ×. Então o número quatro e as cruzes são provavelmente idênticos.

---

19. *Timeu* 36B. Cf. *Interpretação psicológica do Dogma da Trindade* (1940. OC 11/2, § 190) e o diagrama relacionado, e *Símbolos da transformação* (§ 404, 406 (como na ed. de 1912)).

20. Em *Aion* (1951). OC 9/2, § 353, os quatro rios são Gihon, Pison, Hiddekel e Eufrates.

Minha ideia é de que o símbolo da cruz não se origina de nenhuma forma *externa*, mas de uma *visão endopsíquica* do homem primitivo. A natureza peculiar da visão expressa, de forma mais próxima do que o homem é capaz de representar, a qualidade essencial da energia da vida, como ela aparece não só nele, mas também em todos os seus objetos. É um fato totalmente irracional para mim que a energia vital possa ter alguma coisa a ver com a cruz ou com o número quatro. Não sei por que é percebido dessa forma; eu só sei que a cruz sempre significou mana ou força vital.

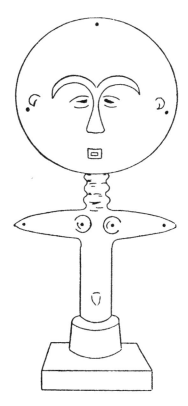

Figura de madeira de um deus.
De Accra, Costa Dourada [Ghana atual]

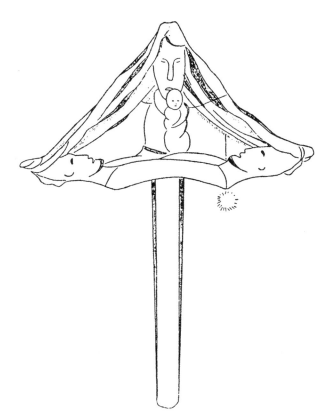

Espada cerimonial de madeira.
Do Batak, Sumatra (Indonésia)

Máscara (madeira). Índios Opaina, Nordeste do Brasil.

Boina usada para influenciar os espíritos do arroz. Celebes (Indonésia)

Desenho em um barco de argila. Egito, 1580-1350 a.C.

Palestra VI

13 de novembro de 1929

Dr. Jung:
Dedicaremos o seminário de hoje ao relato da Dra. Harding sobre a Lua.

O simbolismo da lua crescente e seus significados psicológicos[1]

Antes de ler este trabalho sobre a lua crescente, eu gostaria de fazer alguns comentários sobre a natureza do problema que o grupo encontrou para realizá-lo. No caso da cruz, como todos perceberam enquanto ouvíamos o trabalho do Dr. Barrett, o problema era de correlacionar a enorme quantidade de material. A cruz como símbolo é relativamente fácil de se rastrear. Aparece em todos os lugares, em quase todas as eras e culturas, nas artes e na literatura e nos monumentos. Não havia falta de material, e a tarefa principal para o grupo seria encontrar o material e trabalhar para formatá-lo. A cruz se dá a esse tipo de tratamento, pois simboliza energia e está associada à ideia de armas – a espada, o martelo, o machado. É uma forma verdadeiramente masculina de se lidar com um símbolo masculino.

Porém o problema da lua crescente é extremamente diferente. O material que existe sobre o símbolo é relativamente escasso. Em nenhum lugar ele aparece na arte e na literatura de forma óbvia e prolífica como aquele que caracteriza a cruz. Encontramos lendas cujos significados eram sutis, ocultos, tão sutis e evanescentes quanto a luz da própria Lua. Não pudemos atacar o assunto da forma acadêmica masculina. Por isso peço sua indulgência se esse assunto excessivamente feminino estiver tratado de forma também feminina.

Comecemos com o motivo pelo qual é importante analisarmos o simbolismo da lua crescente. O sonhador chega a um lugar onde realiza de forma completa sua natureza dual. Por um lado, seus estudos intelectuais e espirituais o deixaram no ar – provaram ser muito estéreis. Por outro lado, sua busca pelo lado sensual

---

1. Muito do material deste relatório foi mais tarde incorporado na obra de Harding *Woman's Myste-ries, Ancient and Modern* (Londres/Nova York, 1935; ed. revisada, 1955, com introdução de Jung, que está em CW 18, § 1.228-1.233).

o deixou enojado. Quando vai para um lado, imediatamente surge o impulso para ir ao outro, e ele se encontra em um impasse. Depois ele sonha com o caldeirão. E dentro deste estão os símbolos de duas tendências religiosas. Diria tendências, porque, embora representem hoje as duas religiões dominantes no mundo – o cristianismo e o islamismo –, esses símbolos já precedem essas manifestações há muitos séculos, e carregaram para a humanidade, progressivamente através das eras, o segredo de uma *estrada* pela qual o homem talvez possa resolver o problema de sua natureza dual. Como o problema do nosso sonhador é o grande problema humano, é de importância fundamental para cada um de nós tentarmos encontrar como chegar a uma solução.

O homem, pelo próprio fato de se tornar homem e não ser mais totalmente animal, foi lançado a essa difícil situação; ele é ainda animal, no entanto, ao se tornar humano, ele se torna também consciente, isto é, um ser espiritual. O problema que nosso sonhador enfrenta é justamente esse. É o problema que tem preocupado o homem desde tempos imemoriais; animal – espiritual – e em algum lugar o homem deve encontrar a *si mesmo*. Esse é o problema do homem através das eras. Ele viu em outras esferas da natureza forças incompatíveis atuando, e lá talvez uma solução pode ter sido encontrada, e que por um tempo represente um descanso desse conflito recorrente. Deste acontecimento externo ele cunhou um símbolo, cujo valor consiste no fato de que, por tomar o acontecimento externo como retrato do conflito psicológico interno, o homem pode, por uma espécie de identificação ou mimetismo mágico, realmente aliviar seu conflito interno, e pela virtude do símbolo poderia reorganizar suas energias em um plano diferente, resolvendo o problema, por assim dizer de forma hipotética, até que aos poucos a energia liberada pela solução do conflito servisse para criar um novo ser para o homem, que contenha elementos derivados das duas partes de sua natureza.

Assim, quando nosso sonhador encontra esses dois símbolos no caldeirão, que têm repetidamente formado os núcleos de uma série inteira de religiões desde a Antiguidade até o presente, é como se o sonho dissesse: "Foi assim que os melhores e maiores homens do passado encontraram alívio desse conflito, um grupo seguiu a *cruz* e o outro a *lua crescente*". Mas esses símbolos apontam caminhos opostos. Este homem foi sujeito à influência dos dois símbolos, mas nenhum manifesta aquele convincente poder sobre ele, o qual, para outros homens e em outros tempos, conseguiu resolver o conflito e liberá-los para viver em novo plano. Para ele o problema deve ser carregado por um passo além. Mas primeiro deve descobrir por si, e em seus próprios termos psicológicos, não mágicos ou religiosos, o que esses símbolos significam.

Esse foi o problema que os membros do grupo tiveram em mente quando começaram a tarefa de pesquisar a lua crescente e seu simbolismo. Um dos membros do grupo pesquisou o material primitivo; outro membro, o hindu; outro, as religiões do Mediterrâneo Oriental, com seus cultos à Grande Mãe e deusas da · lua; e assim por diante. Depois o grupo se reuniu e tentou correlacionar e, se possível, compreender a enorme quantidade de material que havia sido acumulado. As notas seguintes apresentam apenas um breve resumo de suas descobertas. Para as informações específicas sobre as quais o trabalho se baseia eu indicarei a vocês os membros individuais do grupo que pesquisaram a literatura relacionada à área com que cada um se encarregou. Mas nos pareceu melhor, devido à natureza do símbolo da lua crescente em si, não tentar dar um relato detalhado do material etnológico, e, em vez disso, abordar o assunto quase a partir de dentro, e assim poderemos alcançar uma compreensão subjetiva do seu caráter peculiar da forma mais real possível.

I. *A lua como um homem*. Nas culturas mais antigas, a iraniana, persa etc., a lua aparece como homem. Em sua forma mais antiga, ele é o antepassado mítico do rei. Por exemplo, Genghis Khan[2] encontrou em sua genealogia um rei que havia sido concebido por um raio da lua. Em versão posterior do mito, a lua é um deus. A história típica é que o homem-lua começa sua carreira lutando com o diabo que havia devorado seu pai, a velha lua. Ele vence o diabo e reina na terra, onde ele estabelece ordem e agricultura, e é o juiz dos homens. No final, no entanto, ele é novamente perseguido pelo inimigo, o diabo, e morre por fragmentação. Depois ele vai ao inferno, onde exerce a função de juiz das almas que lá chegam.

A história dos deuses-lua segue o mesmo padrão. Na fase do mundo superior eles são benéficos, com os atributos da Verdade, Justiça, Construção e Fertilidade. Na fase do mundo inferior ficam destrutivos, são também juízes dos mortos e mediadores entre os homens e os deuses.

II. *A lua como mulher*. A deusa da lua aparece como a figura central em muitas religiões antigas, na Babilônia, Egito e Grécia. Ela também aparece em Roma sob o disfarce de Diana, e na Europa medieval como a Virgem Maria. Nós tomamos como exemplo típico a deusa Ishtar da Babilônia.

Como as deusas-lua, Ishtar tinha dupla espécie de caráter. Ela é tanto a lua que surge no céu, cresce e fica cheia, quanto a lua escura que se arrasta sobre a lua cheia e a domina completamente. Ela tem muitos amantes, mas é eternamente virgem. Seu filho Tammuz é um herói-sol. Ele é também a vegetação de toda a terra. É o amante de Ishtar e está condenado por ela a morrer todo ano. Havia um jejum religioso de lamentação quando a morte anual de Tammuz era celebrada.

---

2. Conquistador mongol (1167-1227).

O amante seguinte de Ishtar, Gilgamesh[3], a criticava por ela ser volúvel, pois já havia amado Tammuz, um pássaro, um leão, um cavalo, um pastor, um jardineiro e depois ele. Ela era ligada de início às nascentes, que são a fonte de vida no deserto arábico.

Em sua fase iluminada ou mundo superior Ishtar é adorada como a Grande Mãe, trazendo frutos à Terra. Ela era conhecida como a "Rainha do Pó e Senhora das Terras". Promovia a fertilidade do homem e dos animais e era a deusa do casamento e da maternidade, e a governadora moral dos homens. Na fase mundo inferior ela destruía tudo que havia criado em sua atividade mundo superior. É a deusa dos terrores da noite. É a Mãe Terrível, deusa das tempestades e guerra. Ela faz todos os papéis femininos possíveis. É invocada como a "Virgem Mãe, Filha de seu Filho"[4].

Seus ritos eram orgiásticos. Era servida por sacerdotisas que eram também meretrizes sagradas. Era conhecida como a "Nave da Vida" que carrega a semente de todas as coisas vivas. Está associada ao formato da lua crescente repousando na água. Havia uma deusa caldeia, Nuah, que carregava as sementes de todos os seres vivos em uma arca. (Compare com a palavra hindu *arka*, que significa lua crescente.) Isso a liga a Noé e sua arca, onde os animais foram preservados, um par de cada espécie, quando o mundo foi destruído por um dilúvio. Esses animais carregavam a semente da vida e a partir deles o mundo foi repovoado, como se eles fossem os pais de toda a vida na terra regenerada.

III. *A lua e suas três fases*. A lua aparece na arte e nos símbolos em três formas: a) Crescente, em que é geralmente associada a uma estrela. É a forma mais comum na arte. É o símbolo das deusas da lua, é a forma utilizada nas religiões islâmicas, e também forma a bandeira nacional da Turquia e do Egito (Figs. 1 e 2)[5]. Foi também

Fig. 1

Fig. 2

---

3. Cf. 30 de janeiro de 1929, n. 4.
4. DANTE. *A divina comédia*: paraíso, XXXIII, i.
5. Na bandeira turca e egípcia a lua crescente aparece na vertical à esquerda.

encontrada em catacumbas cristãs primitivas como símbolo da terra do Paraíso (Fig. 3). (b) A lua cheia é vista ocasionalmente. Em certas figuras indianas, fica ao lado esquerdo de Buda enquanto o sol fica à direita. Existe uma figura assim na biblioteca de Dr. Jung. Temos aqui uma figura de um sábio chinês do século V. a.C. Ele é retratado como médico culto, com seu pacote de remédios científicos, minerais e ervas que reuniu ao redor da terra. Mas ainda assim os homens morrem, e a sabedoria dele não é suficiente para salvá-los. Na imagem ele parece chocado pela súbita percepção de que, se ele conseguisse obter também a sabedoria da lua, seria capaz de curar todas as doenças e trazer a imortalidade à humanidade. (c) A lua minguante. Quando míngua, empalidece, a lua simboliza o medo e a inevitabilidade da morte. Temos ilustrações disto em imagens do tempo e da morte, que são representados com a crescente invertida da foice.

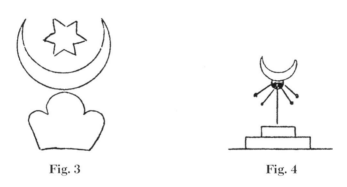

Fig. 3   Fig. 4

IV. *A lua como portadora de êxtase*. No Upanishad védico a lua é o poder mágico, o mana que traz êxtase. A mesma ideia aparece na árvore-lua, de cujos frutos os deuses extraíam a bebida soma que dava a eles a imortalidade. Aqui está uma figura (Fig. 4) da árvore-lua caldeia. O homólogo terrestre da lenda é uma árvore ou arbusto chamado de árvore-lua. Dos frutos dessa árvore é extraída uma bebida que se chama "soma". Essa bebida contém uma droga que produz um estado de êxtase, cujo propósito é seu uso em certos rituais religiosos. Encontramos o mesmo método para produzir êxtase em muitas outras religiões, por exemplo, vinho nos mistérios dionisíacos, e peiote, uma droga usada em um culto especial da América do Norte. Dizem que a lua ainda tem esse efeito. É reconhecido hoje, embora talvez de forma inconsciente, no emprego de palavras como lunático e na superstição de que se você dormir à luz da lua cheia, poderá se tornar louco. Podemos ainda ouvir os amantes nos darem desculpas de suas indiscrições, dizendo que foi culpa da noite enluarada.

V. *A lua como morada dos espíritos.* Na literatura persa, hindu e egípcia, a lua é representada como o lugar onde a alma vai depois da morte do homem. A alma é julgada na lua, e vai para o mundo superior ou volta para a terra. Na barcaça da lua os mortos viajam ao inferno e esperam por sua regeneração. A lua é então um lugar de nascimento, de morte e de renascimento.

VI. *A lua como provedora de fertilidade.* Em muitas religiões primitivas a lua é vista como provedora de filhos. Oferendas eram feitas a ela por este motivo por mulheres sem filhos. É pedido o seu auxílio no trabalho de parto. E por outro lado é considerado perigoso que uma jovem durma sob a luz da lua, por medo de engravidar. Os primitivos da Nigéria acham que a Grande Mãe Lua envia o Pássaro Lua para trazer os bebês. Pode ser que isso tenha relação com nosso próprio mito da cegonha. A essa categoria pertencem as relações da lua com as nascentes e o clima. A lua é provedora da umidade, e os encantamentos para a chuva são geralmente feitos em relação às fases da lua. Ainda temos a mesma ideia quando associamos as mudanças das fases da lua a mudanças climáticas.

VII. *A lua como reguladora do tempo e governadora moral dos homens.* O tempo lunar precede o tempo solar em muitos séculos. O calendário religioso dos judeus e da cristandade ainda é baseado na lua. Por exemplo, a Páscoa cai no primeiro domingo depois de certa lua cheia.

Já se sabia bem cedo que as marés tinham de alguma forma uma relação com a lua. Assim o provérbio "Tempo e maré não esperam por ninguém" é realmente uma afirmação do caráter dominante da ordem lunar. É interessante que a lua seja vista como governadora moral e isto está exatamente de acordo com o lugar que a ordem de Eros de fato assume no regulamento de assuntos humanos.

Em todos esses mitos e lendas vemos que certos fatos se destacam. Primeiro, o caráter mutável da lua chamou a atenção do homem, em seu contraste com o sol. O sol ou está brilhando ou não; ou está presente ou ausente. Mas a lua não é assim. A lua pode estar parcialmente lá, ela muda continuamente. Disso vem certas ideias, como a de que a lua é mutável, inconstante. São termos também aplicados às mulheres. Elas também são ditas como mutáveis e inconstantes, e, do ponto de vista dos homens, são assim. Esta é a forma com que o caráter lunar dela aparece para o homem, pois é difícil para ele entender sua natureza. Porém, para uma mulher, que sua vida deva fluir em fases cíclicas é a coisa mais natural do mundo. Para ela, a força vital tem altos e baixos não somente como as marés, subindo e descendo num ritmo noturno e diurno, como acontece com o homem, mas também em ciclos lunares – crescente, meia, cheia, minguante e de volta ao escuro lunar. Durante esse ciclo a energia da mulher cresce, brilha cheia e depois míngua novamente. Essas mudanças afetam não só sua vida física e sexual, mas também sua vida psíquica. Para o homem isso parece muito estranho. Mas ele experimenta a mesma lei em sua própria vida interior do inconsciente por meio de seu anima, e se ele não compreende, isso o irrita e o faz ficar de mau humor. Esse sentimento pode se tornar tão obsessivo que o homem pode perder completamente o contato com a realidade exterior e apresentar ao mundo somente seu humor, que são suas reações à sua própria realidade interna subjetiva. Mas esse é o extremo. No caso comum em que o homem encontra essa coisa estranha e irreconhecível que acontece dentro de si próprio, ele não percebe que precisa esperar até a fase adequada da lua chegar. Os antigos compreendiam isso quando diziam que certas coisas devem ser feitas em fases específicas da lua. Se um homem quisesse um encantamento para o amor ou para a chuva ou uma inspiração artística, e o ritual indicasse que os ritos ou a magia deveriam ser feitos na lua nova ou na lua cheia, ou talvez até no escuro da lua, o homem deveria refrear sua impaciência até que a hora chegasse. Essa é uma lição que a mulher é forçada a aprender. Ela tem que se submeter a esta lei de sua natureza querendo ou não. No entanto, para um homem é muito mais difícil se submeter. É de sua natureza lutar pelo que quer e se esforçar para ultrapassar todos os obstáculos pela força. Mas quando chega a lidar com a lua, seja dentro de si mesmo como princípio de sua própria anima ou com a mulher a quem esteja proximamente associado, como sua esposa, ele é compelido a se submeter a uma ordem que é diferente. Sua natureza é como o sol. De dia brilha, e o homem trabalha e realiza. Então à noite o sol não está presente, e o homem vai dormir e não está presente também. Mas com a lua – às vezes quando está no céu à noite ela é lua cheia – em alguns poucos dias míngua e emite pouca luz, ou pode estar totalmente escura. Um homem encontra uma mulher. Há lua cheia com ela, e ele diz: "Ah! finalmente uma mulher que reluz". Ele a encontra novamente alguns dias depois e para sua decepção ele vê que a lua minguou, e ela só emite uma luz fraca e incerta, ou pode ser que ela esteja uma mulher completamente escura. Esse é o fato desconcertante. Ele tenta se desembaraçar da situação incompreensível culpando a mulher, dizendo que é ela quem é incompreensível, volúvel, não confiável. Mas então a próxima fase do problema aparece e ele percebe que exatamente a mesma coisa acontece em relação a seus próprios sentimentos. Um homem sob o sol, num mundo de realidade, esperaria que seus sentimentos ficassem estáveis, confiáveis, seguros. Ou ele gosta de algo ou não gosta; ou ele ama uma mulher ou não a ama, como o sol, ou está brilhando ou é noite. Mas ele acha que seus sentimentos são tão erráticos e incertos como uma mulher. Ele pensa que ama num dia, e é indiferente no outro. Isso é terrivelmente desconcertante, e assim ele decide continuar sem sentimentos, ignorá-lo, basear sua conduta naquelas coisas em que pode confiar – *fatos*, sem absurdos sobre eles. Este desprezo pelo princípio lunar das relações sentimentais leva a um grande número de conflitos e infelicidade entre homens e mulheres. Pois o homem o despreza, enquanto este é o princípio básico da mulher.

Por conta desse desprezo aos sentimentos o homem consegue viver em ambientes nada atraentes. Enquanto sua mobília estiver sólida e útil, ele não se importa se ela agride os olhos. Mas, para uma mulher esta é exatamente a coisa que mais importa. Se uma cadeira ou uma mesa tem para ela um valor afetivo, ela vai guardá-la, mesmo que seja nada prática, mesmo que viva caindo ou que seja muito frágil para alguém se sentar. Porém para ela fatos são de pequena importância quando se trata do ambiente da sala! Nas questões mais diretas dos relacionamentos entre homens e mulheres, até mais destruição tem sido causada por conta desse desprezo à lua, ou pode-se dizer ao lado Eros, que é o princípio da relação por meio do sentimento. Na nossa civilização ocidental não prestamos atenção a isso. Em outras civilizações, no entanto, há reconhecimento dessa diferença entre os homens e as mulheres. Existe um antigo livro persa sobre a arte do amor, que tem centenas de anos. Contém muito do antigo saber sobre o ato do amor, e grande atenção é dada para as formas corretas de abordagem à mulher. Regulamentos são estabelecidos para cada dia da lua. Somente seguindo essas instruções minuciosamente o amante poderia aspirar a ganhar o favor de sua amada. Em um dia da lua uma carícia com a ponta dos dedos em sua bochecha direita era recomendada. Em outro dia ela deveria ser beijada de tal forma, num terceiro dia de outro modo, e assim por diante. Esse antigo livro contém gotas de sabedoria profunda. No ritual persa antigo isto era projetado para o mundo exterior, então essas regulações eram submetidas à lua no céu. No entanto, devemos compreendê-las psicologicamente. Um homem deveria atrair seus próprios sentimentos com tanto cuidado relativo à fase particular de sua própria lua interna quanto este que o livro persa recomenda. Além disso o homem deve obedecer como regulamentos rigorosos sobre como abordar uma mulher. Pois, a fase da lua em que ela está, não é algo que ela possa controlar, por mais que queira, mas de qualquer modo isso domina a situação.

Bastante associada a este aspecto do simbolismo da lua é a diferença em qualidade entre a luz do sol e a luz da lua. A luz do sol é brilhante, quente, reluzente e seca, enquanto a luz da Lua é leve e fria, não dá calor a ninguém; além disso a lua é úmida, pois em noites de luar o orvalho cai. O Sol brilha por sua própria luz, mas a lua brilha refletindo a luz, assim como ouvimos as constantes reclamações de que a mulher não tem ideias próprias, está sempre refletindo os pensamentos dos homens. Porém a lua *é* e temos de lidar com isso. Estas características de brilho, calor e secura por um lado e frieza, escuridão e umidade por outro foram reunidas pelos chineses nos grandes conceitos de Yang e Yin, masculino e feminino.

Um dos membros do grupo escreve: "A lua me parece um ser especialmente feminino. Essa impressão é produzida pela luz aveludada e o fato de ela ser vista à noite, isto é, em circunstâncias místicas". Essa é uma observação estranha, pois as mulheres são vistas de dia tanto quanto os homens. No entanto, todos nós sabemos o que ele quis dizer. A coisa que é peculiar ao feminino brilha somente à noite, isto é, quando a luz do sol se retira, e o trabalho e as atividades dos homens são colocados de lado.

Por isso é tão difícil falar do simbolismo da lua. Como diz o sábio chinês Lao-tsé sobre o Tao: "O Tao sobre o qual se fala não é o verdadeiro Tao"[6], então, poderíamos muito bem dizer que, "A essência feminina, quando se fala sobre ela, não é mais a verdadeira essência feminina". Como Dr. Jung mesmo já disse: "Yin é como uma imagem de uma madrepérola escondida nas profundezas da casa".

A luz da lua é fria. Mas não estamos acostumados a pensar a mulher como fria e o homem como quente. Geralmente pensamos no homem sendo relativamente sem sentimentos, isto é, frio, e a mulher calorosa. Mas temos de lembrar que enquanto o homem pode ser frio e calculista no lado do pensamento ou negócios, há também um tipo de mulher que pode ser terrivelmente fria e calculista enquanto aparenta viver no lado sentimental. É relativamente raro encontrar um homem que não seja tocado pelo calor no lado erótico, mas existem classes inteiras de mulheres que são tão frias quanto um *iceberg* e tão calculistas quanto corretores da bolsa mesmo enquanto estão vivendo seu lado erótico. A lua simboliza esse aspecto da mulher que, apesar de sua falta de calor, é terrivelmente atrativa para os homens. Quanto mais a mulher estiver fora do jogo do amor, levando como brincadeira, mais efetivamente ela faz o papel da sereia, e mais provavelmente o homem ficará completamente fisgado.

Já era, claro, conhecido desde os tempos mais remotos, que até em sua constituição física a mulher de certa forma está vinculada à lua, com seu ciclo lunar menstrual. Por isso encontramos tabus menstruais que foram impostos às mulheres através das eras. O homem primitivo sentia que em nesses momentos a mulher estava peculiarmente sob a influência da lua e era, por isso, perigosa. Nesse momento até sua sombra caindo no caminho de um homem poderia atraí-lo e afastá-lo de suas atividades. Então era dito entre os índios norte-americanos que a sombra de uma mulher menstruada poderia destruir a eficácia de um plano de guerra, ou fazer a comida estragar ou frustrar o objetivo de uma viagem.

O tabu das mulheres é levado ao extremo no Islã, onde a lua crescente permanece como símbolo de toda a cultura religiosa. Aqui as mulheres não são isoladas apenas durante a menstruação, elas têm de viver a vida inteira sob um véu. É como se no sistema islâmico a mulher fosse conhecida somente no seu aspecto lunar,

---

6. Possivelmente uma paráfrase ou outra versão das palavras que abrem o primeiro capítulo do *Tao Te King*, que Arthur Waley (*The Way and Its Power*, 1934) traduz como: "The Way that can be told of is not an Unvarying Way; the names that can be named are not unvarying names" [A Forma como pode ser relatada não é uma Forma Invariável; o nome que pode nomear, não é um nome invariável].

sendo portanto perigosa a todo momento. De acordo com isso pensamos que o Islã ensina que a mulher não tem alma própria. O profeta diz: "A mulher é a vestimenta do homem". Isto é, ela é reconhecida apenas como a personificação da anima do marido, e lhe é concedido um lugar nos céus somente como a esposa de seu marido. É interessante notar ainda que, seja como causa ou efeito, a mulher isolada em haréns e *zenanas* vivem de fato somente para o lado erótico da vida.

A próxima qualidade da lua que percebemos é sua habilidade de dar ideias estranhas para o homem. Ela insinua ideias, intuições e fantasias que não estão em nada de acordo com os padrões intelectuais, mas são estranhas, bizarras e cheias de emoção peculiar e deleite intoxicante. Isso é visto na bebida soma, que vem da árvore-lua e causa intoxicação, êxtase e fantasias de encantamento envolvente. Essa é a versão indiana e iraniana da lenda, mas temos a mesma coisa na nossa língua, em que falamos familiarmente de lunáticos, ou de ser tocado pela lua, ou de se estar com a cabeça na lua quando está em louca fantasia. Em linguagem de gíria falamos de licor de luar, uma bebida que geralmente contém álcool destilado de madeira, cuja principal característica é provocar uma embriaguez muito forte que pode até provocar loucura.

Assim, além de simbolizar a mulher em seu aspecto de meretriz, a lua também simboliza aquela outra forma estranha de pensar, que foge do controle das leis racionais do homem. Pois a lua, assim como o sol, está no alto do céu e não está sujeita a nossos comandos. Esse tipo de pensamento que vem de si mesmo, que não está sob o domínio da lógica, não se origina na cabeça do homem. Pelo contrário, surge das profundezas de seu ser e confunde sua cabeça, como a bebida entorpecente, soma. Esses pensamentos vêm daqueles centros no abdome sobre os quais Dr. Jung nos falou em conexão com o caldeirão. Um homem poderia dizer que esse pensamento é um tipo de pensamento de mulher, e que esta é a forma confusa que uma mulher pensa na maior parte do tempo. Mas uma mulher diria que, quando está pensando dessa forma, é provável que ela esteja correta, enquanto, quando ela pensa com sua cabeça, a forma do homem pensar, é provável que ela esteja errada ou pelo menos improdutiva. Mas um homem sente que quando pensa desse jeito há algo terrivelmente inferior nisso, algo estranho e de algum modo não muito limpo. Mas essas ideias, formadas sob a lua, têm uma qualidade poderosa e atraente que ideias originadas na cabeça não têm. Elas são como a lua, crescem de si mesmas, exigem uma saída, e, se não lhes damos uma saída adequada, elas podem produzir a loucura lunar. Pois os filhos da lua devem nascer exatamente como nascem as crianças físicas.

O próximo aspecto sobre a lua a ser considerado é seu caráter dual, que já foi realçado com os mitos da lua escura que toma o lugar da lua iluminada, e ainda mais claramente nas histórias das deusas-lua, que por sua vez são as mães da vegetação e de todas as coisas vivas, e por outro lado destroem suas próprias produções com infalível regularidade e indiferença. Esse aspecto é mais claramente descrito nas muitas histórias de mães virgens cujos filhos são seus amantes e são condenados a morrerem todo ano, muitas vezes por comando da própria mãe. Essa qualidade dual aparece em certas figuras antigas, onde vemos a lua crescente ou uma deusa-lua ladeada por dois animais, um par de opostos, que a estão adorando ou lutando por ela. Vou circular por vocês um esboço de uma árvore-lua sagrada fenícia com seus animais adoradores e sua lenda, "Aqui está a casa da mãe poderosa que transita pelo céu". E, para comparar com essa imagem, uma reprodução de uma das tapeçarias de Cluny. Aqui vemos a Virgem ou Diana com seus animais por toda parte, e os dois que a atendem com seus estandartes com a lua crescente. As tapeçarias representam os sentidos, a audição, a visão, o paladar, o tato e o olfato, e este que vou lhes mostrar. Esse se chama *Mon seul désir* [Meu desejo solitário] e obviamente se refere ao sexto sentido, a sexualidade.

Temos a mesma ideia sobre a qualidade dual da lua de forma mais metafísica nas várias lendas em que os mortos vão para a lua quando morrem. Dali, em uma versão da lenda, os redimidos são carregados até o sol, de onde passam na chama eterna para o paraíso mais elevado, enquanto aqueles que não são julgados dignos retornam à terra para outra encarnação. Nessa lenda a ideia expressa é que o juiz dos homens não será um ser razoável e lógico, no qual o homem pode confiar. Ao contrário, o homem será julgado justamente pelo fator irracional e inexplicável que ele luta muito para ignorar. Pois o homem não é completo sem o outro lado que é representado pela lua. Isso já foi ilustrado na figura chinesa do sábio que passei no início do trabalho.

Retomemos a dualidade da lua. Ela é escura e ela é clara; ela é boa e má; é fonte de toda a terra e a destruição de tudo; traz saúde e causa doenças. Como foi dito de Ishtar: "Ela é a divina Astarte, a força, a vida, a saúde de homens e deuses; e ao mesmo tempo é o mal, a morte e a destruição".

Quando procuramos uma interpretação moderna desse material, reconhecemos que o mundo superior regido pela lua branca pertence à nossa vida consciente, enquanto o submundo, onde a lua negra é rainha, é o inconsciente. Os deuses e deusas da lua que se movem entre os dois mundos funcionam como mediadores. Suas qualidades duplas de fecundidade e destruição, de justiça e verdade neutralizadas pela inconstância e engano reaparecem hoje nas personificações de anima e animus descritos por Dr. Jung como funções de relação entre o mundo consciente e inconsciente do homem. Mas esse é apenas um dos aspectos do problema. Pois enquanto para o homem a lua pode ser considerada como um símbolo de sua anima, que muitas vezes carrega seus valores Eros, para a mulher a lua representa seu ser mais interior. Assim, precisaríamos ir um passo além em nossa tentativa de interpretar o significado do símbolo. Pois poderíamos cair no mesmo erro que os maometanos se considerarmos a mulher somente como a personificação da anima masculina. A maioria de vocês, tenho certeza, concorda comigo quando afirmo que uma mulher tem sua própria vida, e isso, para ela e para todos os efeitos, ela de modo algum é apenas reflexo das qualidades inconscientes dos homens.

As Grandes Mães-Luas-Deusas eram todas consideradas provedoras de amor sexual. Eram servidas em seus templos por meretrizes sagradas. Seus ritos eram obscuros e indizíveis, e eram geralmente celebrados à meia-noite com orgias de embriaguez e sexualidade, e às vezes com sacrifícios de crianças. Para nós isso parece tudo menos religioso. O que os antigos estavam procurando? O que queriam dizer com isso tudo? Conseguimos vislumbrar um pouco de seu significado interior quando nos viramos para a mística do Islã. Pegaram o amor em seus vários estágios de Rida, Satisfação; Shavq, Saudade; e Uns, Irmandade ou Intimidade, como a representação dramática exibida publicamente da união com Deus – como nós em nossos rituais cristãos temos os sacramentos do Batismo, Comunhão, e sim, até o casamento, que são representações dramáticas e públicas dos estágios de iniciação, cujo objetivo é a união com Deus. Havia uma grande mulher mística do Islã, Rabi'a, que vivia pelo século VIII a.C. Ela disse a respeito do terceiro estágio do amor, chamado Intimidade:

> Eu fiz o Senhor [Deus] o Companheiro de meu coração,
> Mas meu corpo está disponível para aqueles que desejam sua companhia,
> E meu corpo é amigável com seus hóspedes,
> Mas o Amado do meu coração é o hóspede da minha alma[7].

Essa é uma tentativa de obter a transformação a partir do concreto, do material para o invisível, o espiritual. Como o livro sagrado dos chineses diz na homilia sobre o caldeirão: "Tudo que é visível deve crescer além de si próprio e se estender ao reino do invisível. Ali recebe sua verdadeira consagração e claridade, e firma raízes na ordem cósmica. Aqui vemos a civilização enquanto alcança sua culminação na religião"[8]. Mas esta tentativa de obter a transformação é feita pela abordagem da estrada que desce, enquanto a cruz nos leva pela estrada que sobe. Como Cristo disse: "Se eu for elevado, levarei todos os homens comigo"[9]. Mas essa estrada da lua crescente leva ao nível inferior. Porém também leva à transformação. Como foi dito pelos gnósticos: "Subir ou descer, é tudo igual"[10]. Ou como disse

---

7. SMITH, M. *Rabi'a the Mystic and Her Fellow Saints in Islam*. Cambridge, 1928, p. 98.

8. *I Ching*, trad. Wilhelm/Baynes (3. ed. 1967), hexagrama 50. A passagem que Harding cita faz parte do comentário sobre o Julgamento.

9. Cf. Jo 12,32.

10. Cf. Heráclito: "O caminho para cima e o caminho para baixo é um e o mesmo". • BURNET, J. *Early Greek Philosophy*. 4. ed., 1930, p. 138, frag. 69.

William Blake: "Pouco importa se um homem toma a estrada certa ou a errada, o que importa é que ele a siga de forma sincera e devota até o fim, pois qualquer estrada pode levá-lo ao seu objetivo"[11].

Então vemos que a lua representa o grande *princípio da transformação através das coisas mais baixas*. Coisas que são escuras e frias e úmidas, que se escondem da luz do dia e do pensamento esclarecido do homem, também carrega o segredo da vida, que renova a si mesma repetidamente, até que no fim, quando o homem entende, ele possa apreender o significado interior que estava escondido até então dentro da textura do acontecimento concreto.

No passado, quando se buscava uma transformação desse tipo, as religiões misteriosas recomendavam um ritual de iniciação. No Egito o iniciado era morto ritualmente e renascido pelo poder de Osíris e proclamado "Filho do sol". Uma transformação similar poderia ser feita sob a lua, só que nesse caso o renascimento seria no lado Eros, não no Logos, e o iniciado seria chamado de "Filha da lua".

Posso dar dois exemplos modernos desse tipo de iniciação, ambos casos de jovens rapazes. O primeiro era um rapaz que sonhou que havia um pedaço de terra com formato de lua crescente que pertencia a seu pai e que havia retrocedido à condição selvagem. A tarefa foi dada a ele, no sonho, para resgatar este pedaço da propriedade. Ele sabia que seria uma tarefa bastante difícil, pois era um terreno pantanoso e com muitas cobras perigosas. Ele acordou com a sensação de que teria uma pesada tarefa à frente. Antes do fim da semana ele ficou de repente doente com uma séria doença. Durante seu delírio, ele ficava constantemente preocupado com a retomada do pedaço de terra. Ele também ficava muito ansioso para que lhe dissessem algo sobre as fases da lua durante as três ou quatro semanas em que se encontrava às portas da morte. De fato, na noite em que ficou doente, havia a lua nova. Quando finalmente se recuperou havia ganhado uma atitude totalmente nova perante a vida, tanto no lado erótico quanto criativo. Essa foi sua iniciação lunar.

O segundo caso é ilustrado com uma imagem. (Por conta da dificuldade de reproduzir a imagem, Dra. Harding faz sua descrição.) Acima há um templo. No meio fica a Pedra Sagrada do Mais Alto, representada por um quadrado esverdeado. Ao redor há a citação de antigo sacerdote que anteriormente sacrificava no templo. Um sacrifício acaba de acontecer ali, e a lã manchada de sangue do animal sacrificado está esticada no chão diante do altar. Abaixo fica uma caverna escura. "Este é o lugar onde ninguém vai." No chão está uma adaga ensanguentada com a qual o sacrifício foi realizado. Abaixo disso há um rio que leva a um submundo profundo e desconhecido. A imagem foi desenhada por um jovem de 17 anos que está na

---

11. ERDMAN, D.V. (org.). *The Concordance to the Writings of William Blake*. 2 vols. Ithaca, 1967 [não consta fonte para essa citação].

cama depois de uma cirurgia bastante dolorosa, feita sem anestesia, o que causou grande choque físico e emocional. Nos dias imediatamente seguintes à operação, sua relação com a mãe ficou um tanto diferente. Era quase como se tivesse voltado a ser menino de novo. Ele não conseguia ficar sem ela, e agarrava-se a ela como apoio durante essa experiência terrível. Então um dia ele pediu lápis e papel, e fez o desenho que eu descrevi. Ele o fez de forma bastante ingênua. Ele não sabia que havia qualquer significado psicológico. De início ele não falava sobre isso, mas depois ele deu a seguinte explicação. Ele disse: "Está tudo numa montanha. Acima fica o templo. Um sacrifício foi feito ali, e a lã do animal sacrificado está esticada no chão perante o altar. Abaixo está uma caverna escura, que é um lugar onde ninguém vai". Depois de ter desenhado essa imagem sua relação com a mãe mudou completamente. Ele saiu da regressão e voltou a si. Foi tudo o que disse sobre o desenho. Mas fica claro que a operação aparecia para o inconsciente como um sacrifício. Ele mesmo era a vítima. Ele foi morto como um cordeiro e sua pele esticada no chão. Psicologicamente isso significa ele, como um cordeirinho de sua mãe, que havia sido morto. Essa foi sua iniciação à maturidade. De agora em diante ele não poderia mais se refugiar na barra de sua saia, ele é um homem, e ela não poderá mais arranjar desculpas para ele. Durante o período em que ele estava morto daquela forma, ele entrou no útero da mãe novamente para renascer. Isso aparece no consciente como sua regressão à dependência infantil. Mas o que nascerá dessa morte ritual? O que vemos nas profundezas da montanha – o lugar onde ninguém vai – são os níveis mais profundos do inconsciente. Aqui vemos uma lua crescente nascendo, com a estrela entre suas pontas. Isso significa que da experiência de iniciação ele vai ganhar uma nova luz no seu céu, a luz de Eros. Não será mais sua mãe quem carregará todos os seus valores de Eros e sua anima – estes devem ser buscados por ele mesmo, individualmente, em suas relações com mulheres de fora da família. É como se para ele a mulher tivesse nascido desta experiência. E para ele próprio vem uma única estrela, unidade, a estrela que está entre o sol e a lua. Para ele, a promessa da solução do problema da dualidade do homem com que começamos este trabalho.

Na psicologia da mulher a lua faz um papel um tanto diferente. Aqui o problema não é o de agarrar por esforço consciente e conflitos os valores de Eros projetados no mundo exterior, mas sim de aceitar o princípio da lua no interior dela própria, e de ser aceita como Filha da lua. É uma questão de colocar seu próprio princípio de Eros no lugar correto como regente da vida. Pois na nossa civilização ocidental as mulheres são criadas sob as leis e formas masculinas de funcionamento, enquanto a lua e tudo o que ela simboliza caiu em descrédito. Assim, com as mulheres, ser trazida sob a lua por iniciação (ou análise) se assemelha a uma espécie de recristalização do seu ser total. Nessa imagem desenhada por uma mulher vocês têm a ideia de que sua estrutura inteira está mudando em direção aos raios lunares, que passam por ela quase como linhas de força, para que no futuro ela funcione como uma mulher-lua. Ela não tentará resolver seu problema como um homem faz, seguindo o padrão do sol com suas horas de esforço consciente seguidas por horas de sono e esquecimento, mas aceitará o fato de que, mesmo enquanto a lua está no céu, ela pode estar apenas parcialmente lá, ou estar até mesmo totalmente escura. Assim sua solução sempre terá algo de equivocada. Haverá sempre o duplo escuro e claro. Ela resolverá o problema da dualidade de uma forma que difere da solução do homem, pois ela deve fazer manifestar em seu próprio ser o caráter dual da lua escura-clara.

Dr. Jung: Agora que vocês ouviram o relato interessantíssimo da Dra. Harding, podemos perceber que capítulo extraordinariamente difícil a lua representa na nossa psicologia. Na última vez lidamos com o sol e o reduzimos a um princípio positivo. Externamente esse símbolo é personificado pelo sol visível e internamente pela cruz, a mais antiga visão do homem. Hoje, ao discutir a lua, abordamos uma esfera infinitamente escura, não só de forma figurativa, mas de forma real. A lua é a luz da noite que muda eternamente, a esfera noturna da experiência humana.

Vocês se lembram de que semana passada lhes contei dos negros africanos que saúdam o sol nascente. Do mesmo modo eles saúdam a lua crescente, aquele primeiro semicírculo prateado no céu noturno. Eles oferecem suas almas à lua crescente porque isso é também um sinal de esperança, enquanto a minguante é o contrário. O homem primitivo tem um tipo acentuado de psicologia do dia e psicologia da noite, assim como uma religião do dia e uma religião da noite. O dia é benigno, enquanto a noite é carregada de maldade. Na maioria das religiões primitivas há uma pálida deidade do tipo beneficente, talvez até uma trindade, mas isso é um pouco distante e geralmente há deuses menores, mais humanizados e mais próximos deles. Então, além disso, há sempre um culto noturno ao qual a magia pertence. O elemento noturno por vezes tem tomado formas rituais bastante severas, como na Igreja Católica, na qual a magia "negra" é transformada em magia "branca". Considera-se a noite perigosa e cheia de medos. Não se enxerga nada e não se pode defender a si mesmo. A noite é especialmente animada por coisas que só se pode sentir vagamente e que não sentiríamos de dia. Há fantasmas e bruxas e feiticeiros – influências noturnas assombrosas. Este medo das coisas dúbias na escuridão é até certo ponto expulso pela lua crescente, que nasce com o pôr do sol. A noite é iluminada pela lua benevolente, mais branda e menos impressionante que o sol, mas beneficente.

Por outro lado, a lua minguante é vista como desfavorável. Ela prediz o mal e a destruição. É o tempo dos fantasmas, quando tudo está escuro, é uma oportunidade para fantasmas e medo. Ela surge cada vez mais tarde e a noite vem sem luz, então tudo que foi tomado sob a lua minguante está fadado à degradação, é estéril desde o início. Encontramos esse sentimento por todo lugar nos costumes do povo. Os plebeus suíços não plantarão suas sementes durante a lua minguante, pois elas não nascerão; as sementes devem ser plantadas durante a lua crescente. Até minha mãe nunca lavou a "mãe do vinagre"[12] no tempo da lua minguante, pois assim ele morreria: deverá ter uma lua crescente para ser favorável a isso. Racionalmente, tudo isso se junta às impressões de milhares de anos do homem primitivo de que o medo é banido com a lua nascente. Quando míngua, ela significa extinção e morte, um período em que os fantasmas têm poder, e o homem fica totalmente sem defesas. Assim, desde o início dos tempos, a lua apresenta duplo sentido, tem caráter bastante ambíguo, enquanto o sol tem o significado único.

A lua tem, então, ambos aspectos benéficos e maléficos, como Dra. Harding mencionou. Produz doença e cura, e produz loucura e cura da mente. E não só tem boas e más influências na saúde, mas também tem duplo caráter sexual. Pode-se ver essa dualidade nas línguas, seria um ótimo estudo de filologia classificar a lua em relação ao sexo. Na maioria dos casos ela é vista como feminina, porém existem algumas exceções. O deus-lua masculino tem uma distribuição geográfica peculiar, é encontrado principalmente na Ásia Menor, do Mar Negro até o Egito, e também nas ilhas gregas. Há evidências de um na Grécia no século III a.C., porém ele tinha também atributos femininos, ele significava água, orvalho, chuva e umidade; ele era o deus dos oráculos, das frutas maduras e era útil na guerra, um deus da cura, regendo a saúde e a doença. Havia um templo em Karon[13], onde o deus-lua era venerado e, ligado a isso, havia uma academia médica da qual ele era padroeiro. Uma de suas funções era de recolher almas depois da morte. Ele era "o portão da alma depois da morte". Essas qualidades não são somente características do deus-lua masculino, mas de todas as ideias sobre a lua, e é interessante que mesmo na etimologia da palavra "lua" algumas dessas peculiaridades aparecem em diversas línguas.

A palavra é derivada de três raízes diferentes:

1) *Leuk*, uma palavra que aparece no grego *luka*; alemão *leuchten*, iluminar; latim *luna*, iraniano *lou*, *Luan*.

2) *Men*, como nome da lua – em iraniano *mi*; norte-bretão *miz*; sânscrito *mas*, grego *mēnē*.

---

12. Uma membrana fibrosa e viscosa, composta de células de levedo e bactérias que se forma na superfície de líquidos alcoólicos e produz uma fermentação acética. É adicionada ao vinho ou cidra para iniciar a produção de vinagre.

13. Lugar não identificável. Entre muitas obras consultadas, *Golden Bough* de Frazer não continha referência.

3) *Men*, uma raiz diferente significando "medida" – gótico *mena*; assírio *mano*; anglo-saxão *mono*. A palavra alemã para "mês", *Monat*, vem dessa raiz, assim como o francês *le mois*.

Aqui vemos algo bastante característico da nomenclatura da lua, e devemos deduzir que essas palavras raízes vieram de tempos imemoriais, do homem primordial, que conectou as mudanças da lua com a ideia de medida. O homem primitivo também ligava a lua à atividade mental, ele achava que o pensamento da mente vinha da lua. A primeira noção de medida de tempo vem das fases da lua. A medida solar veio depois. Devemos pensar nessa primeira conexão entre a lua e a mente, que Dra. Harding apontou. Gostaria de dar outras instâncias. Alguma luz pode ser encontrada na literatura hindu e sânscrita, em que os antigos filósofos obviamente descobriram essa conexão peculiar. Aqui há um texto sânscrito: "Aí no centro, com 'Esta, acima, a mente'; acima, sem dúvidas, é a lua; e porque ele se refere como 'acima', a lua fica sem dúvidas acima, e porque ele diz 'a mente', a mente é sem dúvidas a palavra, pois por meio da palavra tudo se pensa aqui. A lua, tendo virado a palavra, permaneceu acima".

Este é um exemplo da peculiaridade da mente antiga dos hindus, que estava sempre em dúvida se as coisas eram, ou se pensavam ser. Diziam: se você pensa algo, ela *existe*. A mente-lua, em outras palavras, cria; ou, como Dra. Harding colocou de forma poética, crianças da lua são tão reais quando as crianças reais. A mente do homem atual certamente não é assim. Podemos dizer que nossas mentes formulam, mas não podemos dizer que os produtos da mente são fatos, nem que algo definitivo foi criado porque alguém pensou alguma coisa. Para um primitivo, quando ele pensa algo, então isto é, ou se torna. Sua mente não é abstrata, ainda não é diferenciada.

Aqui está outro texto sânscrito: "Agora quando aquele fogo apaga, ele flutuou no vento, o que faz as pessoas dizerem, 'expirou', pois está flutuando no ar. E quando o sol se põe ele entra no vento, e assim também faz a lua, e os quartos são estabelecidos no vento, e do vento saem de novo. E quando aquele que sabe disso parte desse mundo, ele passa para o fogo por suas palavras, para o sol por seus olhos, e para a lua por sua mente, para os quartos por seus ouvidos, e para o vento por sua respiração, e sendo composto disso, se torna qualquer um dessas deidades que escolher e repousa".

Desses exemplos vocês podem ver que não estamos apenas fazendo uma analogia consciente, mesmo os primeiros filósofos perceberam isso.

Sra. Fierz: O que é *mind* [mente] em alemão?

Dr. Jung: Ah, temos grande dificuldade com isso. Não temos nenhuma palavra em alemão que expresse o mesmo que a palavra *mind* em inglês. Eu geralmente uso a palavra *mind* quando falo alemão. A palavra *Verstand* não dá conta do significado, e não é uma palavra realmente germânica, é metade latina, é o intelecto. Não há essa palavra em alemão; para traduzir a palavra *mind* devemos dar uma definição completa. Nossa única ajuda é a palavra latina *mens*, da qual deriva *mentalité* em francês.

Srta. Wolff: E a palavra *Vernunft* de *Crítica da Razão Pura* de Kant?

Dr. Jung: Isso quer dizer razão, não mente.

Dra. Harding: Poderíamos dizer mente ou consciência no lado ideacional.

Dr. Baynes: Na mente há uma conotação de atividade com propósito.

Dr. Jung: Sim, essa talvez seja a melhor sugestão – o processo intelectual, a consciência com conteúdos propositados. Não é emocional, nem mera imagem. Quando se toma a palavra alemã *Sinn* em sua forma poética *Du bist im Herzen, du bist im Sinn*[14], temos o conceito de mente. Ao lidarmos com temas psicológicos, podemos alcançar lugares difíceis com os significados das palavras. Então naquela conexão da lua com a mente não podemos considerar mente no sentido filosófico moderno. É a mente puramente em seu sentido original. Podemos usar aquele vestígio de conteúdo propositado que Dr. Baynes nos deu. O homem primordial projetava isso na lua.

Agora, essa concepção mais importante vem do fato de que o homem teve a melhor oportunidade para descobrir a mente à noite quando impressões sobre a realidade externa desvaneceram e quando suas próprias funções subjetivas puderam se manifestar sem serem afetadas pelos estímulos objetivos. Assim, a lua é ligada naturalmente às fantasias, à loucura. Por isso a antiga superstição de que os raios venenosos da lua furam o cérebro, e se acorda com um sonho louco, ou até mesmo se chega à loucura. Na Idade Média as bruxas usavam um espelho mágico e o colocavam ao luar por certo número de noites para que ficasse impregnado dos raios da lua. Depois davam o espelho para alguém a quem queriam causar danos e então os raios malignos refletidos levavam a pessoa à loucura.

Essa conexão da mente com a lua é bastante enigmática e de extraordinária importância para nossa psicologia. Não quero entrar nisso agora, é bastante complicado, mas podemos falar de outros aspectos, como as mudanças peculiares da lua, que eram bastante impressionantes para o homem primitivo. Ele tentava explicar as mudanças na luz celestial, e por vezes essas histórias eram interessantes psicologicamente, apesar de geralmente não terem valor para nós. Eles eram tão impressionados com as mudanças da lua que projetavam na lua alguma coisa em si próprio que era análogo, a anima. Porém, é claro que o conceito de anima é bastante tardio e altamente abstrato, então devemos tentar chegar mais próximos das raízes primitivas dessas coisas.

---

14. "Tu estás no meu coração, tu estás na minha mente." Em uso corrente, *Sinn* = "significado".

Tenho aqui uma imagem de uma mulher em pé sob os raios lunares.

Há também uma linha indicadora vermelha que vai dos genitais até a cabeça. Mostra muito bem a conexão dos raios da lua com o sangue, ligando os genitais à região mental. E essa imagem tem outra peculiaridade. Qual é?

Dr. Draper: Os raios de luz curvados.

Dr. Jung: Sim, outro fenômeno irracional. Os raios do sol são sempre retos. Qual seria a explicação?

Dra. Harding: Artisticamente, carrega a curva da lua.

Dr. Deady: Passa a ideia de força.

Sra. Fierz: Sugere uma onda.

Dr. Jung: É isso mesmo. A lua permeia o ser com uma onda. Agora, qual o efeito da lua que sabemos que tem caráter ondular?

Sra. Baynes: As marés.

Dr. Jung: Sim, uma flutuação como as marés, que são expressões das mudanças da lua, uma espécie de onda gigante. Agora a mulher que fez o desenho não associou sua experiência mística às ondas do mar, no entanto produziu uma onda, como o efeito dos raios lunares. O homem tem uma peculiar percepção das ondas dentro de si mesmo. Isso está ilustrado em uma metáfora na língua inglesa, *a brainwave* [uma onda cerebral] ou *a brainstorm* [uma chuva de ideias]. São alternâncias da lua que têm características ondulatórias. Em francês são chamados de *les lunes* [as luas], em alemão elas seriam *Launen*. Humor é equivalente a *Mut* em alemão, que quer dizer coragem, mas *Gemüt*[15] é o oposto exato do que queremos dizer com mente hoje. É um mecanismo de reação emocional, e assim, se não etimologicamente, mas sem dúvida psicologicamente, é ligado às ondas ou marés da lua, causando perturbações mentais ou emocionais, humores peculiares. Estas estão entre as percepções mais originais no homem e que podem ser comparadas com as mudanças da lua. Ao homem primitivo isso era bem mais óbvio que para nós, e também ele era mais impressionado.

A respeito da relação da lua às menstruações da mulher, sabemos que não estão mais sincronizadas com as fases da Lua, apesar de o ciclo durar um mês lunar. Como isso se dá não sabemos, a não ser que acreditemos em astrologia, que diz que nossa estrutura está ligada ao sol e à lua e os planetas. Mas esta é uma hipótese que não podemos comprovar. Por que as mulheres teriam um período lunar? Um antigo professor meu, um professor renomado de Fisiologia[16], fez tentativas desesperadas para ligar a periodicidade da menstruação às marés e ao tempo em que toda a vida estava no mar. Ele voltou aos anfíbios que viviam nas costas e encontravam alimentos ricos nas marés baixas e bem pouca comida na maré alta da primavera. A conexão não era muito clara, e ele sempre ficava de mau humor quando se sentia muito pressionado. A lua estava para além dele, ele não estava além da lua.

A ciência não pode explicar isso, porém não deverá nos impedir de acompanhar essa ligação peculiar. Se seguirmos a ideia um pouco mais, encontramos que a astrologia é a psicologia dos antigos, projetada nos céus, nos corpos celestiais mais remotos. Há dois princípios no horóscopo, o Sol e a Lua. O Sol tem a qualidade psicológica da natureza ativa do homem, e a Lua a natureza reativa. Em sua natureza ativa, se designaria seu caráter como consciente, voluntário. Em sua natureza reativa ele é passivo, apenas respondendo ao estímulo. Na verdade, quando se encontra um homem em suas horas de lazer, quando está em casa, por exemplo, quando está meramente reagindo às circunstâncias, vemos que é uma pessoa bastante diferente do homem em horário de trabalho. São dois homens diferentes; a astrologia diria que um seria seu caráter solar e outro o lunar. E as ações do Sol e da Lua são determinadas pelas suas posições nas chamadas "casas"[17]. Se o Sol está em um signo quente e fogoso, o homem se caracteriza como caloroso, impetuoso,

---

15. *Gemüt* pode ser traduzido também como "sentimento", "emoção", "sensação", "coração" [R. F.C.H.].

16. Possivelmente Friedrich von Müller (1858-1941), internista alemão, que foi professor de Jung na Universidade de Basel. Cf. *MDR*, p. 107-110.

17. Na teoria astrológica, uma das doze partes em que o céu está dividido.

explosivo – uma natureza ativa especialmente vigorosa. Quando a Lua se encontra em uma posição forte, aponta para o lado mais pessoal, íntimo e desprotegido da pessoa, indica que se está em uma posição bastante passiva. Então, o caráter ou o destino da pessoa era lido de forma bastante literal por meio das posições do Sol e da Lua. É claro que, quanto mais antigo o horóscopo, mais projetado era. Nesse caso, a astrologia moderna diria: "Este homem é violento, impetuoso, perigoso, irá mergulhar em uma série de indiscrições e irá se arrepender depois"; os antigos diriam: "Este homem irá assassinar alguém e ele será decapitado" – ou irá navegar e se afogar, ou é provável que ele seja assaltado por pessoas más. Então, o que hoje é visto como um mero fator psicológico, naqueles dias era visto como destino.

Eu tenho uma coleção de horóscopos do século V escrito pelo último professor de Astrologia em uma universidade alemã[18], que hoje seria interpretada de forma bastante psicológica. Ele fez um registro dos acontecimentos de vida dos homens cujos horóscopos haviam sido feitos. Um se afogou tentando chegar à Inglaterra, outro foi morto por piratas, e outros assassinados enquanto viajavam por uma floresta etc. Naqueles tempos, uma palavra precipitada já levava ao assassinato, mas agora recolhemos nossos instintos até que formem um grande monte deles, e então fazemos algo grande com eles – como uma grande guerra! Nos dias passados, se gastavam os instintos em brigas bêbadas de rua. Estamos bem piores hoje, na verdade. Então de certas fases da Lua certos destinos eram derivados, e eles correspondiam às atitudes reativas no homem moderno.

As pessoas que têm natureza reativa são passivas, são parte da natureza na mente ou no humor. Desempenham papéis em que não são líderes ativos, mas mais ou menos são as vítimas, gerenciadas por circunstâncias ou por outras pessoas, por estímulos externos e internos. Não são muito livres. Estão sob uma lei obscura. É isso que o homem mais sente à noite, então a lua se tornou o expoente daquele lado da psicologia do homem, bastante diferente da psicologia do sol. E porque é tão difícil de lidar com isso, a lua é um símbolo apropriado; as contradições e os paradoxos da psicologia noturna se encaixam bem com a lua. Como Dra. Harding apontou, é extremamente difícil lidar com essa psicologia em linguagem racional, parece ser violada por essa abordagem. Ela é tão traiçoeira como a luz da lua em formas encobertas. Essa psicologia representa uma condição mental indefinida e peculiar, onde algo pode ser assim e não ser, ao mesmo tempo. Todas as nossas tentativas de definir apontam para uma condição semiconsciente, noturna. À noite, quando o sol se esconde, outro princípio começa a trabalhar, e nossa psicologia toda se torna influenciada por fatores que não são ativos durante o dia. Então, quando falamos do inconsciente nos termos da lua, estamos realmente

---

18. Essa coleção não foi identificada na biblioteca de Jung.

falando da psique no estado semiconsciente, no qual as coisas não são claras e são contraditórias, são confusas como os objetos que vemos no Luar, em que um cão pode ser confundido com um gato. No inconsciente, coisas opostas repousam bem juntas. As marés peculiares estão subindo e baixando. Uma condição inconsciente se aproxima e pode ser sentida; conheci pacientes que ficavam nauseados quando se ativava o inconsciente, ou tinham vertigem, por causa do que parecia ser um movimento estranho e ondulatório, um movimento lunar.

Palestra VII

20 de novembro de 1929

Dr. Jung:

Hoje continuaremos nossa discussão sobre a lua. Já que o problema é infinitamente complicado, eu gostaria que cada membro desta comissão específica nos contasse suas impressões sobre o tópico.

Sr. Henderson: Estudei o material grego e descobri que Selene era a deusa da lua original grega, mas ela nunca obteve o grau de deidade principal. Os gregos pareciam achá-la muito apagada e ficavam insatisfeitos com ela, então a maioria do seu poder foi usurpado por Hécate, que era mais útil, uma entidade maior. Era uma deusa mais positiva e tinha relações próximas com a humanidade em assuntos práticos.

Dr. Jung: É verdade que Hécate era mais considerada, mas quem era ela?

Sr. Henderson: Ela tinha duas funções. Era a deusa do nascimento e da fertilidade, mas era predominantemente uma bruxa, uma deusa de magia negra. Seus cultos eram clandestinos, e eram ligados a Ishtar e Afrodite, com sacrifícios infantis e prostituição sagrada.

Dr. Jung: Você liga o seu culto a Ishtar e Afrodite, mas ela não é nenhuma delas. Que aspecto Hécate representaria? Como ela se difere?

Sr. Henderson: Ela representa o poder destrutivo da lua.

Dr. Jung: Decididamente destrutivo. E o nome em si nos diz algo. Significa aquele que alcança longe, bate longe, mais longe que uma seta. Os primitivos acreditam que a magia que causa a doença é ativada jogando fora algo substancial, como uma pedra; certas tribos de índios norte-americanos acreditam que seja por um pingente de gelo. Para resumi-la então, diria que ela era principalmente destrutiva e devido a isso teria de ser particularmente agradada. Mas a destruição não era sua única qualidade, devemos caracterizá-la com mais cuidado. Junte suas qualidades: ela era uma deidade de magia negra, do nascimento e das encruzilhadas. A característica é o caráter clandestino, o que nos dá sua descrição. Ela representa um poder psíquico, um fator que tem todas essas conexões – extremamente misteriosa, clandestina, generosa, mas ao mesmo tempo destrutiva, medonha e trabalha no inconsciente de uma forma que o homem não consegue entender. É particularidade da bruxaria que está presente especialmente no inconsciente feminino. Em um homem vemos que seus raios alcançam longe, é uma continuidade; mas em uma mulher não conseguimos explicar.

Quero dar a vocês um exemplo muito interessante. Um membro do nosso seminário me deu permissão para lhes contar isso. Depois de nossa discussão sobre o simbolismo da cruz e da lua crescente, ele foi para casa com a lua e o sol na cabeça. Seu filho de dezessete anos estava doente na cama, desocupado, e ela lhe deu uma escova de dentes para marcar com seu nome e prevenir que se confundisse com a do irmão. Ela o deixou trabalhando e foi conversar com o marido na parte de baixo da casa sobre assuntos cotidianos. Então se deu conta de que estava ouvindo algo, e teve a impressão de que algo poderia estar acontecendo com o menino, e subiu as escadas e viu que, em vez se assinalar seu nome, ele havia desenhado a seguinte imagem:

Veja sob à luz de nosso seminário. A mãe não havia dito nem uma palavra sobre isso ao menino. Lendo de baixo para cima temos antes a cruz, depois a lua crescente, depois o "Tau", e ele comentou que poderia simplesmente ser uma cruz assim X ou um corpo humano. Não falamos sobre a estrela que está acima. Isso vem do inconsciente coletivo, mas é também do seu próprio inconsciente. Não é mera transferência de pensamento, é um efeito mágico, um sonho de Hécate, a linguagem do inconsciente coletivo. É a resposta para o sonho com o qual nos ocupamos agora. Faço uso deste exemplo particular para ilustrar o efeito. Também mostra uma preciosa peça de simbolismo, e como as coisas sincronizam em um raio de muitas milhas. Talvez as pessoas no andar de cima ou nossos vizinhos estejam tendo sonhos estranhos. Não sabemos. Este é um centro de poder, e eles estão dentro do raio.

Esse escrito hieroglífico explica a sequência de nossos pensamentos. Vamos alcançar os mesmos resultados que esse menino de dezessete anos alcançou, mas no momento nossos trabalhos são em torno da lua crescente. Este é um caso muito interessante. É claro que não podemos achar que aquilo foi insinuado pelo inconsciente da mãe; foi simplesmente liberado pela atitude dela. É a mesma conclusão a que o homem chegou e sempre chegará, e esse processo foi liberado nele assim como no nosso sonhador. Se for tocado, aparecerá. Compare o material de fantasia dos mais diferentes pacientes e veja como chegará a símbolos e conclusões similares, é claro que com enormes variações individuais. Eu dificilmente vejo um resultado tão nítido assim, é bastante impressionante. Então esse aspecto Hécate da lua, foi isso o que mais impressionou vocês?

Sr. Henderson: Não, o culto de Ártemis – a deusa predominantemente produtiva, a deusa dos campos e do nascimento, da lua crescente – equilibrou o culto a Hécate.

Dr. Jung: Então você explicaria Hécate como principalmente destrutiva, a lua minguante. E achamos que havia alguma justificativa para isso, as coisas não prosperam na lua minguante.

Dr. Barrett: Um amigo meu em negócios com dormentes ferroviários me diz que eles não compram madeira cortada durante a lua minguante. A explicação científica que ele me deu foi de que a madeira exposta à luz polarizada se estraga mais facilmente.

Srta. Von König: Na Suécia a madeira cortada durante a lua minguante é sujeita a minhocas, enquanto na lua crescente ela não é.

Sra. Sawyer: Na França, antes da Revolução, as leis florestais proibiam o corte de madeira em períodos que não fossem de lua minguante. Caso contrário, as árvores estavam tão cheias de seiva que não secavam.

Dr. Jung: São evidências práticas e concretas da influência da lua minguante, e que se encaixam com o que ouvimos sobre plantar na lua crescente. Eu conheço um homem com grandes propriedades na África do Sul que, por princípios, planta tudo sob a lua crescente porque observou que só assim elas floresciam. Eu não acreditava nessa ideia, mas todas essas crenças primitivas parecem ter alguma verdade, apesar de que não as entendemos bem. Um meteorologista irá provar a vocês que o clima não muda com a lua, e ainda assim a ideia permanece, então não estou convencido de que o tempo não tenha nada a ver com isso. Uma explicação racional não é explicação. Teremos de esperar até estas coisas serem confirmadas pela experimentação. A astrologia, por exemplo, apresenta interessantes sugestões que, se verificadas, poderiam ser importantes, mas isso nunca foi feito. Deveriam conduzir estatisticamente suas pesquisas.

Paul Flambart é um francês que fez uma tentativa de verificar certas declarações irracionais[1]. Ele desenvolveu algumas pesquisas científicas trabalhando em

---

1. As pesquisas de Flambart foram publicadas em seus *Preuves et bases de l'astrologie scientifique*. Paris, 1921, p. 79ss. Cf. *Sincronicidade*. OC 8/3, par, 869, n. 64.

conexão com o chamado trígono aéreo: se no zodíaco inteiro forem desenhadas secções de um círculo, então os três pontos, os meses representados por Gêmeos, Libra e Aquário, formam o trígono aéreo. Estes são os signos do ar, e ar significa mente ou espírito. O antigo ditado era de que aquele que nasce sob esses signos está mais apto a se tornar espiritual ou intelectual; essa qualidade é concedida no nascimento. Então Flambart pegou cem datas de nascimento de homens conhecidos por sua inteligência e descobriu que, apesar de haver datas distribuídas por todo o círculo, havia uma extraordinária concentração em cada ponto do trígono, então poderíamos dizer que a maioria desses nascimentos estava associada aos vértices do trígono aéreo, com inteligência. Isso é de natureza de uma verdade científica, mas os astrólogos são relutantes em fazer essas pesquisas. Preferem nadar na intuição. Trabalhar cientificamente dá muito trabalho; cada horóscopo levaria três horas para ser feito e se precisaria fazer milhares deles. A astrologia é uma ciência negra, uma ciência de Hécate. Agora estamos enfatizando a lua minguante. Vocês têm algo mais a dizer de Ártemis?

Sr. Henderson: As duas, Hécate e Ártemis, eram praticamente intercambiáveis, mas Ártemis estava mais para a lua crescente com sua ideia de fertilidade. Elas suplantaram Selene, que não era definida o suficiente, então seu culto estava dividido nos cultos dessas duas deusas, Ártemis e Hécate, que eram mais práticas e próximas do povo.

Dr. Jung: Sim, Selene é um pouco apagada. A lua é extremamente paradoxal, e então devemos separar a concepção de sua personalidade. É muito frustrante pensar em termos paradoxais. É sinal de uma mente diferenciada, somente os filósofos muito avançados pensam de forma paradoxal. Poucos conseguem dar conta. Então, o lado Ártemis da deusa lua era reluzente e positivo, e o lado obscuro era camuflado; ou o lado escuro estranho de Hécate era expresso e o lado bom silenciado. Era como se o veneno pudesse produzir um efeito muito bom; ou, se Deus não ajudasse, o Diabo poderia muito bem dar uma mão. Eu acho que temos aqui um retrato valioso do caráter duplo da lua. Qual foi seu material, Sra. Sawyer?

Sra. Sawyer: O que mais me impressionou foi o significado duplo da lua – do lado da vida e do lado da morte.

Dr. Jung: Sim, e isso coincide com o que conheço dos primitivos. Vemos essa falta de definição principalmente na concepção central do mana que estávamos discutindo. Exploradores modernos ficam desorientados com o modo deles de aplicar os termos *mana* e *tabu*. Não existe nenhuma distinção para eles, porque seus sonhos são como a realidade e sua realidade como sonhos. Qualquer conceito é como qualquer outro conceito. No Egito encontramos mitos contraditórios nas vilas vizinhas, ou até no mesmo templo e o mesmo deus. Seu modo de pensar é totalmente incompreensível para nós. A consciência primitiva é tão apagada que eles não conseguem ver diferenças, são bastante ingênuos, eles só conseguem sentir com muito entusiasmo como são afetados. Assim coisas muito diferentes se tornam uma coisa só para eles, porque produzem o mesmo efeito. Ficam deslumbrados, por exemplo, sem referências sobre o que os deixam assim, a palavra "deslumbrar" se torna um conceito dinâmico e dizem que aquilo é deslumbrante, *mulungu*. Já dei esses exemplos antes. Então não encontramos visões diferenciadas da lua em crenças primitivas. Mais tarde, quando as encontrarmos na mitologia grega, isso representará o progresso da mente humana através de milhares de anos.

Sra. Crowley: A adoração à lua não antecedeu a adoração ao sol nas religiões semitas?

Dr. Jung: Você leu a literatura sobre a Babilônia? É verdade que a adoração da deusa lua é muito antiga, mas acho que Shem[2] pode ser tão velho quanto.

Sra. Crowley: Eu pergunto se a lua não tinha uma grande importância para eles devido às suas vidas nômades. A lua pode ser tão importante para tribos nômades quanto o sol seria para povos agrícolas.

Dr. Jung: Sim, embora seja difícil de confirmar, já que as tribos nômades não deixam sua cultura nem templos. O culto pré-islâmico era das estrelas e da lua. O céu noturno é bastante impressionante para alguém que viaja à noite, como vocês dizem, mas nos templos babilônicos mais antigos encontramos tanto o culto ao sol quanto o culto à lua. Vemos o deus-sol em uma extremidade do templo junto à parede, e uma estátua do rei de mesmo tamanho no lado oposto. Homem e deus opostos um ao outro, com mesmo valor, o que é muito interessante. No Egito, também, o Faraó é igual aos deuses e é retratado na forma de Osíris e Rá, e identificado com o sol. Naturalmente não se identificaria com a lua.

Sra. Fierz: Pareceu-me estranho do ponto de vista da evolução que a princípio temos um dragão como Mummu-Piamut, ou uma vaca celestial, mãe da deusa lua, que cria o mundo e mais tarde o devora. Depois vieram as várias diferentes deusas da lua, e então no curso do desenvolvimento, vem novamente um princípio unificador, como, por exemplo, o *Asno dourado*, 11° capítulo. Novamente são iguais, estão unificados. Mesmo que os nomes sejam diferentes, o significado dessas deusas em todos os países é o mesmo. Então nos tempos romanos tardios poderiam cultuar qualquer deusa estrangeira, pois o significado subjacente seria idêntico. Acho que aqui há um paralelo com a psicologia individual.

Dr. Jung: Sua visão tem mais a ver com a psicologia do simbolismo da lua em geral. Você reduziria a deusa lua específica à concepção de um animal terrestre original, uma vaca sagrada que produz e depois come o mundo. Bem, isso é

---

2. Filho mais velho de Noé e ancestral homônimo dos semitas.

perfeitamente verdadeiro, uma concepção extraordinária de algo até de antes dos deuses, algo que é feito e desfeito. Mas isso não entra na nossa real discussão; devemos nos manter em um conceito diferenciado da deidade lunar. Se formos atrás da lua, então devemos ir atrás do sol; a história da vaca sagrada não tem mais a ver com a lua que o sol, é anterior aos dois. É uma profunda intuição similar à ideia de Osíris, Ísis e Neftis no mesmo ventre. Osíris é o sol, Ísis e Neftis são a lua. Há também a ideia egípcia da mãe primordial Nu ou Nut, também chamada de águas primordiais, em cujo ventre estavam o sol e a lua antes de qualquer coisa criada. Esta é uma ideia mais primitiva e ao mesmo tempo mais avançada. Posteriormente talvez a humanidade verá que essas superstições mais primitivas eram a percepção intuitiva da mais precisa verdade. Ideias científicas são sempre transitórias, pois são baseadas na teoria. A física moderna está desmoronando. Quando eu era estudante, a "emanação", por exemplo, era ridicularizada como completamente absurda, mas hoje estamos voltando a ela. Aqui estamos com a teoria de Einstein, que é compreendida como uma espécie de emanação cósmica. Agora, Dr. Draper, por que não nos conta o que encontrou em suas pesquisas sobre a lua?

Dr. Draper: Os pensamentos iniciados pelos pesquisadores foram tocados pelo enigma mecanicista em que eu me encontro, e então tomaram um caminho biológico. Parece-me que há uma interessante analogia entre o caráter bissexual da lua e o caráter bissexual dos animais. Existem reversões de sexo no galo, na galinha e no pombo, como se as coisas fossem adaptadas para a autofertilização para assegurar permanência, e isso sugere o significado de superação da morte. Também me interessei pela bebida soma. Os deuses a bebiam e reviviam.

Dr. Jung: Você pesquisou o material hindu sobre isso, Dra. Harding?

Dra. Harding: Existem dois grupos de mitos. Na lua crescia uma árvore de soma da qual os deuses extraíam uma bebida que lhes dava imortalidade. E há também o mito de Varuna, a lua que revirava o oceano cósmico e produzia o soma. Depois há uma árvore-lua que cresce na terra de onde é extraída uma bebida chamada soma.

Dr. Jung: Sim, soma é uma bebida mitológica na religião védica, mágica como o vinho do sacramento cristão ou nos mistérios dionisíacos. É uma bebida revigorante que é também entorpecente. Se eu fosse um bom cristão deveria ser contra a substituição de uma bebida não alcoólica por um vinho espirituoso, pois o toque entorpecente é absolutamente indispensável. Se Cristo o Fundador tivesse tido a intenção de fazer um vinho não entorpecente, teria dito para beber água. Nos mistérios maniqueístas a comida sagrada era o melão. A mesa de comunhão era repleta de belas frutas, principalmente o melão, que era a fruta do sacrifício, pois demandava o sol para amadurecer e por isso continha mais partículas de luz. Então quando o homem comia o melão era como se assimilasse uma enorme quantidade de luz, e assim a substância negra, o diabo, era coberto de vegetação. Cristo escolheu o vinho, e a Igreja Católica nunca permitiria que o vinho fosse não alcoólico. Assim como nunca permitiria que o pão da comunhão fosse de qualquer outra farinha que não a de trigo. E o óleo sagrado deve ser o azeite de oliva, e as velas devem ser feitas de certa forma. Mas a guerra trouxe uma mudança; devido à escassez de azeite, com especial permissão do papa, a Igreja pôde substituir pequenas lâmpadas elétricas, mas isso foi só por causa da miséria dos tempos. A Igreja Católica é bastante razoável nesses casos, mas na maioria das coisas ela deve seguir fielmente a tradição. O ponto principal é que quando se modificam essas coisas, quando se protesta, isso se torna uma heresia; os protestantes sem saber ferem a tradição em seus pontos mais essenciais. Que o vinho é o sangue do Senhor. Quando abandonam essas crenças, isso significa que estão no ponto de desintegração; os protestantes estão divididos em mais de quatrocentas denominações, na verdade. O catolicismo, por outro lado, está ligado à inviolabilidade desses princípios; deve ser vinho, deve ter o toque do entorpecente.

Uma das ideias mais antigas de bebida entorpecente é a bebida védica: o soma. O Rig-Veda é extremamente antigo, se imagina que seja anterior a 5000 a.C., e a ideia de soma já existia ali. E agora ouvimos que tem conexão com a lua; uma árvore da lua fornece uma bebida para deuses e homens. Esse simbolismo é muito importante.

Dr. Draper: Talvez a euforia produzida pela bebida soma seja semelhante àquela que segue a respiração rápida e profunda. O efeito subjetivo da imediata hiperoxigenação do sangue é quase o mesmo que se segue à bebida alcoólica. Há alguma analogia aqui?

Dr. Jung: Sim, todas essas coisas também têm uma base física. Os primitivos às vezes sabem de coisas antes dos cientistas. A teoria moderna da malária já era conhecida pelos nativos da África Oriental antes de o homem branco descobrir que era o mosquito *anófeles* que a causava. Então eles provavelmente já deviam ter descoberto a relação entre a respiração profunda, a acumulação de oxigênio e os efeitos do álcool. O Hatha Yoga se relaciona particularmente com exercícios de respiração, eles tentam se espiritualizar pela respiração profunda. No yoga chinês há ritos em que a respiração é suprimida; há uma parada na respiração, que é substituída por respiração interior.

Dr. Draper: O negro norte-americano não fica feliz a menos que tenha uma navalha em um dos bolsos e, no outro, um pé esquerdo traseiro de um coelho de cemitério, cortado à luz da lua. Seria uma tentativa do homem em resolver o problema da morte?

Dr. Jung: É o instinto animal que eles querem, e o pé faz parte do animal. Que tenha de vir de um cemitério significa que deve estar impregnado com as qualidades, ou o mana, dos mortos, então é um amuleto que tem a ver com todo o conjunto de questões com as quais nos preocupamos sob o título de simbolismo da lua. É um talismã apotropaico porque vem dos mortos; se eles herdam algum amuleto de seus ancestrais, por exemplo, ele é bom para proteger dos espíritos e contra a própria morte. Exatamente como a chuva é produzida pela água que jorra, ou um vento pelo assovio das velas ou o martelar do mastro principal de um veleiro, simulando um barulho como velas ao vento. Eles dizem: "Pare seu assovio, ou haverá muito vento!" A inoculação tem o mesmo princípio, simplesmente um pedaço de simbolismo lunar em aplicação prática. A bebida soma é uma bebida apotropaica contra a morte – quando se toma, não se pode morrer; esse remédio vem do solo dos mortos, solo lunar, a árvore da lua, é o remédio da imortalidade. Gilgamesh viaja para Westland, para a terra do sol poente. Então há o mito do Utnapishtim[3] babilônio, que antecede a lenda de Noé em mil anos. Os dois atravessam um grande dilúvio e são removidos para Westland para viver uma vida eterna. Procuram a imortalidade na terra dos mortos. Qualquer coisa que vier da morte protege da morte. Então nosso vinho sagrado da comunhão vem dos mortos; comemos o corpo de Cristo e bebemos seu sangue, e isso nos dá vida. É exatamente o mesmo como a ideia primitiva do soma.

Então há o outro lado da lua, o lado lunático, que Dra. Harding mencionou, a loucura da lua que tem a ver com a lua como mente. O entorpecimento é uma loucura artificial. Uma pequena dose é extremamente importante para despertar o lado irracional da pessoa; um pouco de loucura é bom – ficar um pouco desnorteado –, mas mais que isso é perigoso. Nas cerimônias de soma, se alguém beber muito, cai na desgraça. São Paulo em sua Carta aos Coríntios reclama que eles comiam e bebiam demais; isso era um terrível mau uso de algo sagrado[4]. A tentação era tomar grandes goles. Nos hospícios os loucos tinham permissão para comungar, porém pediam a garrafa inteira cheia, e o cálice tinha de ser resgatado.

Aquela posição intermediária sugerida pelos cultos dos mistérios é extremamente crítica e delicada. Beba mais e estará reduzido a uma carne tropeçando; beba muito pouco e não estará irracional o suficiente. O propósito é abolir nossa consciência comum e acanhada. Mesmo o primitivo é tão empenhado quanto nós somos nos nossos hábitos diários, nossa rotina. O real propósito do cerimonial religioso é reviver. Foi criado para elevar o homem do comum, perturbar seus modos habituais, para que ele se torne consciente das coisas de seu exterior. Muita gente

---

3. Utnapishtim aparece no épico de Gilgamesh. Como Jung reconta em *Symbols of Transformation*, § 293 e 513 (ed. 1912), a jornada de Gilgamesh pela erva da imortalidade "o leva através do mar ao sábio Utnapishtim (Noé), que sabe como atravessar as águas da morte". Cf. 30 de janeiro de 1929, n. 4.

4. 1Cor 11,23-29.

bebeu para escapar de seu ciclo maldito, e descobriu a extraordinária beleza do mundo e abraçou o mundo, quando normalmente eram animais horríveis. Eles descobriram a beleza da bebida e abraçam o vinho por sua qualidade divina, abrindo seus corações, abrindo avenidas para a humanidade. Um momento verdadeiro como este pode ser um momento de revelação. Os primitivos precisavam disso tanto quanto nós. A ideia original de *Ágape*[5] era uma ligeira orgia, comiam juntos, festejavam, bebiam o vinho sagrado, o sangue da terra. Eles se beijavam uns aos outros de forma fraterna, e essa também foi a razão por que São Paulo teve que reclamar. Eles levavam tudo muito literalmente – perdeu-se um pouco do sabor espiritual. Mas era uma tentativa de se fazer uma real comunhão.

Agora compare nossa comunhão com o que era originalmente. Destrói todo o sentido se substituirmos por vinho não alcoólico. Deveria haver uma licença de culto que, sob a restrição do tabu, se deveria poder fazer certas coisas que de outra forma não seriam possíveis. No *Ágape* se poderia beijar a mulher do vizinho e sentir como nada. Cada um podia escolher sua posição, eu acho. De outro modo isso seria horrível, então temos de levar em consideração a natureza humana. As pessoas eram sem dúvida como são hoje – têm o cuidado de se inclinarem à direita em vez da esquerda. Isso não é blasfêmia se entrarmos na psicologia de todos esses cerimoniais da lua e do soma. Essas coisas eram feitas à luz da lua, devem ter sido muito belas. As noites de dança eram relativamente seguras e então, dentro do limite do tabu, eles poderiam fazer o que normalmente não poderiam. Por exemplo, os primitivos ao fazerem a cerimônia não a realizavam como fariam eles mesmos, mas sim como os ancestrais teriam feito. Eles se identificavam com os ancestrais – os heróis – e faziam cerimônias talvez bastante obscenas. Depois se tornavam cidadãos normais novamente – tudo perfeitamente bem.

Nos nossos dias, uma certa seita cristã, eu esqueço como chamam a si mesmos, nomeou um conselho de curadores que são chamados de evangelistas e apóstolos, até mesmo anjos e arcanjos[6]. Simbolizam a hierarquia celestial na terra e estão em uma nova condição maravilhosa – Sr. Jones e Sr. Smith de dia e arcanjos à noite. Imagino que também se identifiquem com os heróis, um estágio no caminho para o Carnaval muito original quando se transformavam em animais, seus ancestrais totem.

No culto de Dioniso, os coribantes eram um bando de dançarinos selvagens e orgiásticos. Usavam peles de animais e chifres de bode, para serem o máximo possível como sátiros, e as meninas eram ninfas em sua nudez adorável, como

---

5. Um "banquete do amor" que geralmente precede a Eucaristia, comemorado pelos cristãos primitivos.

6. A alusão é à Igreja de Jesus Cristo dos Santos dos Últimos Dias (Igreja Mórmon).

mênades, e então coisas realmente aconteciam. Em Atenas era bastante obsceno; um enorme falo indecente era carregado na parada. Até em Roma como Goethe viu, durante o Carnaval no estado eclesiástico, o antigo deus Príapo, na forma de Pulcinello, andava incomodando as mulheres. Isso foi no século XVIII, no coração do cristianismo, e esse símbolo queria sugerir o crescimento animal, a sexualidade animal. Isso era um sobrevivente dos antigos festivais religiosos apesar de claramente não estar mais ligado à Igreja...[7]

Mas agora só sobrou o vinho entorpecente. Nos nossos rituais, mesmo na Igreja Católica, não há mais espaço para licença orgiástica. Agora, mais que em outros tempos, não se tem mais qualquer oportunidade para isso. Precisamos dessa licença cerimonial. Quando bebemos, nos tornamos porcos e perdemos nossa respeitabilidade, não temos mais uma estrutura de tabu que nos permita fazê-lo. Não servimos a Deus, somente nos embriagamos. Naqueles dias, um homem poderia manter sua respeitabilidade e servir a Deus um tanto exageradamente, e isso era uma coisa grandiosa; tenho pena das pessoas que não sabem o que o vinho significa nesse aspecto. Não há formas tabus sob as quais podemos de forma segura e religiosa nos embriagarmos, sem mencionar o beijar a esposa do vizinho.

Bem, eu queria dar a vocês alguns aspectos do grotesco peculiar ligado à lua, um entrelaçamento de todos os elementos sagrados. É mais difícil resumir o simbolismo da lua do que do sol. A lua tem uma volta a mais.

---

7. Foram omitidas meia dúzia de linhas que repetem o que Jung havia dito sobre *jeu de paume* etc., na palestra de 14 de novembro de 1928.

Palestra VIII

27 de novembro de 1929

Dr. Jung:
Antes de irmos mais além na discussão sobre os símbolos da cruz e da lua crescente, e de como eles se relacionam, quero demonstrar a vocês de que maneira fatos simbólicos aparecem nas famílias. Uma menina de quatro ou cinco anos de idade fez um desenho das coisas sobre as quais tínhamos conversado. A mãe está no seminário. Obviamente ela não discutiu símbolos com a menina, mas a forma como a criança percebeu tudo de maneira extraordinária pode ser vista neste desenho.

Ele representa um seio de mãe, e também uma casa, e em cima, do lado esquerdo, tem uma lua crescente. Dentro está uma mulher, e aqui há janelas desenhadas de uma maneira estranha, embora a mãe me diga que ela sabe como desenhar janelas normais. Evidentemente é uma mistura dos símbolos da cruz e do crescente com a figura humana da mãe agachada no centro. Não é um desenho ordenado, ainda tem a desordem caótica peculiar do funcionamento psíquico infantil. Os elementos estão presentes, mas não estão num estado de cosmos ou ordem, mas num caos primordial ou cósmico. Porém essa expressão é contraditória: usamos a palavra "cosmos" para o universo, mas poderíamos pensar o universo não como um cosmos, mas sim como um caos, porque isso é o caos no inconsciente coletivo de uma criança, a condição caótica primordial em que as coisas estão apenas começando a tomar uma forma ordenada.

Na mente infantil esse caos original é projetado em figuras humanas. Na mente do adulto, sobretudo na segunda parte da sua vida, as figuras cósmicas, sol, lua, estrelas etc., assim como outros arquétipos, começam a separar-se do ser humano. O ser humano se torna menos importante, menos potente. Mas a criança, no início completamente não pessoal, desperta do caos primitivo para uma condição de relação, e isso continua até o fim da vida, porque o ser humano vai se tornando cada vez mais importante. Até a puberdade, o pai e a mãe e o círculo familiar significam tudo para a criança. A mãe tem o primeiro lugar; é como se todos os sóis, as estrelas e as luas tivessem entrado na mãe. Depois, na puberdade a separação começa, primeiro a social, e depois a separação espiritual – essa última poderia ser apenas no momento do fim da vida.

Achei que valia a pena demostrar esse caso porque mostra como essas coisas podem escapar – muito mais do que segredos pessoais, por exemplo, que são únicos e não estão reforçados por figuras coletivas. Os símbolos coletivos estão na criança, então ela tem a base necessária para receber este estímulo. Segredos pessoais têm menos poder – hoje são muito importantes, mas amanhã podem desaparecer, porque não estão apoiados pela enorme força das figuras coletivas. Um segredo pessoal inconsciente tem a tendência a exteriorizar-se; tem um caráter perfurante porque são contaminados pelo inconsciente coletivo; e tão logo se tornem conscientes, é provável que escapem, porque a maioria das pessoas com um segredo consciente não consegue segurar, elas não se calam. A natureza não gosta de segredos e nos obriga a falar, tudo vem à luz mais cedo ou mais tarde.

Hoje nosso seminário vai ser dedicado à questão da inter-relação dos símbolos da cruz e do crescente; nós os discutimos separadamente, então temos uma certa ideia do que eles significam. O sol é a principal representação do símbolo da cruz. Assumimos geralmente que a cruz expressa o sol, mas eu quero mostrar o sentido contrário, em que o sol expressa a cruz. A cruz é essa representação inexprimível da origem de forças de criatividade irreconhecíveis, e porque essa origem ou fonte é de uma natureza irreconhecível e se expressa apenas pelas múltiplas representações, o homem usou eternamente esse símbolo abstrato.

A lua é assim também, é um símbolo, muito além da sua existência real. Por exemplo, o símbolo fálico é uma coisa muito definida, é um símbolo do poder gerador, mas muitas outras coisas representam isso – um rio, uma fruta, uma árvore, o vento etc. Há uma infinidade de símbolos para forças geradoras. Então a lua é um dos símbolos, como a cruz, por diferentes fatores psicológicos. Seus vários atributos apontam para o inconsciente coletivo, que pode ser expresso de maneiras diferentes – como o oceano, um lago, uma selva, uma nuvem, a neblina, a floresta – tudo isso simboliza uma só e a mesma coisa: o irreconhecível inconsciente coletivo. Aqui está, novamente, a diferença muito interessante entre os dois símbolos que já mencionamos antes. A cruz é sem dúvida dinâmica, e a lua não; ela é mais uma forma na qual cada um pode colocar seu conteúdo. Por isso o caráter definitivamente feminino da lua. É relacionado à ideia da virgem e da meretriz, ou é um receptáculo para as almas dos falecidos. É um receptáculo passivo embora não meramente passivo, porque não importa quanto morto ou calmo ele seja, tem sempre um efeito definido, o efeito de dar forma e limitações definidas a algo. Ele captura um elemento dinâmico e o solidifica, o transforma e cristaliza, e então aparentemente atingiu quase um efeito dinâmico: é simplesmente que o fato de que colocar certos conteúdos sobre o objeto dá a ele um caráter diferente. É como um cálice de vinho: verta um vinho nobre numa taça de cristal com um fio condutor em sua haste e você sente que está na forma correta, enquanto não é correto beber este mesmo vinho num recipiente de barro – não será mais a mesma coisa, a forma do recipiente modificou alguma coisa no vinho. Assim a lua parece ser dinâmica também porque tem esse efeito formativo sobre o caráter dinâmico simbolizado pelo sol ou pela cruz.

Quanto mais falamos da cruz e do crescente, ou seja, a atividade e a passividade do inconsciente coletivo, mais nos aproximamos de certos conceitos da filosofia chinesa expressos no Yang, ♂, o princípio masculino, e no Yin, ♀, o princípio feminino. A inter-relação definida nos dois símbolos corresponde aos conceitos chineses. O Yang é masculino, seco, ativo, ardente, criativo, e é representado pelo lado sul da montanha e também pelo dragão. O Yin é o feminino, frio, noturno, úmido, e é representado pelo lado norte da montanha. É o lado passivo da matéria. (As palavras matéria e mãe derivam da mesma palavra *matéria, mater.*) Nossa ideia de espiritual e material é exatamente paralela, exceto que Yang não é totalmente espiritual nem Yin totalmente material. Os filósofos chineses projetam essas ideias para o universo e consideram que o universo consiste nessas duas agências, a dinâmica e a receptiva, e que essas constituem o céu e a terra e tudo o que está entre eles.

Agora, nossa ideia ocidental não seria exatamente essa; isso não é muito simpático a nós. Não podemos entender o Tao a menos que tenhamos um entendimento psicológico, então é apenas a psicologia que abre os conceitos da filosofia chinesa. Mas com esse conhecimento podemos admitir que há um aspecto ativo e um aspecto passivo, um princípio masculino que é gerador e um princípio feminino que é receptivo. Eles são entendidos como fatores psicológicos, mas quando aplicados ao universo físico encontramos grandes obstáculos na nossa formação mental. Psicologicamente podemos entender, e eles não parecem completamente estranhos, então para nós esses símbolos estão ligados de algum modo com a estrutura da nossa mente. Aqueles de vocês que desenham e pintam sabem que estamos ainda reproduzindo esses símbolos continuamente, mostrando que ainda são expressivos e vivos. Ao fazer análise descobrimos que eles funcionam da mesma maneira como nas religiões dos mistérios e filosofia chinesa, apenas não assumimos que eles são princípios do mundo. Nós meramente atribuímos uma importância psicológica a eles, dizemos que o crescente se refere à natureza feminina e a cruz, à criatividade masculina, sem assumir que ambos são também símbolos universais.

Mas, como disse, temos o testemunho dos antigos cultos dos mistérios e filosofia chinesa, os quais afirmam separadamente que se relacionam com a constituição do mundo, não apenas com nosso preconceito subjetivo sobre em que o mundo consiste, e que eles são responsáveis pela operação das "Leis celestiais", como eles diriam. Não devemos considerar essa afirmação como uma declaração metafísica, ou como um fato das ciências naturais, mas como se fosse o programa de um partido numa democracia. É um ponto de vista e pode estar errado, mesmo se queremos solidificar o estado ou criar um governo razoável, temos que levar em conta que existem muitos tolos que têm essas opiniões. Um número considerável de pessoas pensa de uma maneira descabida. É assim que o homem é, e nós somos seres humanos também, e devemos considerar o fato de que muitas pessoas, e mesmo nossos antepassados, também tinham a crença de que o homem é só um caso entre muitos, nos quais essas leis gerais se manifestam. Agora, não podemos provar cientificamente que nosso funcionamento é coincidente com o funcionamento do sol e da lua. Observamos a similaridade entre a periodicidade da mulher e a Lua, mas elas não coincidem, é apenas o mesmo ritmo. Assim, metaforicamente, podíamos dizer que o princípio ativo no homem é como o sol.

Em astrologia temos outra consideração, um pouco estranha e por isso particularmente detestada pelos cientistas. Vocês se lembram de que falei dos aniversários de homens importantes que tendem a se acumular ao redor dos três pontos do triângulo aéreo[1]. Se isso fosse confirmado, poderíamos ir mais além e fazer estatísticas sobre suicídios, loucura, epilepsia etc. Isso podia conduzir a resultados tangíveis, e então a astrologia seria levada seriamente em consideração. Sugeri a astrólogos que deveríamos ter declarações mais científicas. Às vezes pessoas sem saber do aniversário de alguém conseguem fazer suposições notáveis, como o lugar ocupado pelos signos. Duas vezes aconteceu comigo, uma vez na Inglaterra e outra vez na América. Me disseram que meu Sol ficava em Leão e que minha Lua ficava em Touro, com Aquário ascendente. Isso me impressionou muito. Como eles

---

1. Gêmeos, Libra e Aquário.

sabiam? Viram no meu rosto? Mas quando se sabe um pouco sobre essas coisas, elas não parecem tão misteriosas, e se pode facilmente descobrir certas características – anatômicas, por exemplo. Ou às vezes as coisas se revelam de uma maneira negativa. Por exemplo, acho que certo homem, sem dúvida, não é Escorpião, e depois descubro que ele é justamente deste signo. Assim ouvi muitas vezes alguém dizer: "Com certeza não me casarei com esta pessoa" – e depois ela casa. Ou um paciente dirá: "Tudo o que você disse é verdade, mas isso não é verdade", e depois eu descubro que tudo era verdade.

Agora, é assim que a astrologia está hoje. Possibilita certas pessoas a fazerem diagnósticos verificáveis; e às vezes certas suposições, lances intuitivos, são peculiarmente adequados, bastante surpreendentes. Por exemplo, eu estava em contato com um astrólogo que conhecia minha data de nascimento mas nada sobre minha vida pessoal, e ele me mandava relatórios de vez em quando – "no dia tal e tal você provavelmente se sentiu mais ou menos bem" –, mas sempre no passado, de tal modo que eu podia verificar a veracidade das informações. Em uma destas ocasiões ele escreveu que no dia 31 de março, sei lá, de dois anos atrás, eu deveria ter tido o sentimento de ter renascido, porque tal e tal planeta passou em tal e tal lugar em minha natividade. Naquele momento eu tinha em meu diário psicológico anotações exatas de tudo o que aconteceu. Então fui dar uma olhada naquela data, e tinha escrito: "Hoje tenho um sentimento muito inexplicável de ter renascido". Eu podia contar a vocês outros fatos irracionais, certas evidências. Mas quando alguém parte do princípio de que essas coisas são verdadeiras, é confrontado com uma questão terrivelmente séria: o que *nós* temos a ver com as estrelas? Haverá alguma conexão entre a nossa pequena miserável condição cotidiana e aquelas estrelas, o grande Júpiter e Saturno viajando através das inacreditáveis distâncias cósmicas? Além disso, o momento do nascimento é tão acidental, o médico está atrasado, a parteira é desajeitada, a mãe é um pouco impetuosa demais. Como se poderia aceitar essa conexão? Apresentada dessa maneira ficamos sem respostas. Astrólogos são influenciados pela teosofia, então dizem: "Isso é muito simples, é só uma vibração!" Um astrólogo, depois de ter lido *Transformações e símbolos da libido*, me escreveu "Por que se preocupa em elaborar um conceito de libido? É só uma vibração". Mas o que é uma vibração? Dizem que é uma energia leve, talvez eletricidade, não estão muito informados. De qualquer forma, as vibrações que poderiam nos influenciar nunca foram vistas, então é ainda somente uma palavra.

Agora, vou contar a vocês outro caso, bastante horrível. Espero que sejam capazes de acompanhar. Vejam, o astrólogo diz que alguém nasceu quando o Sol estava em tal e tal graus de Escorpião etc., e baseia a leitura do horóscopo inteiramente apoiada naquela posição dos planetas. Por exemplo, ele diz: "Hoje Júpiter está passando exatamente pelo ponto do momento de seu nascimento, portanto está no mesmo grau em que estava no momento do seu nascimento". Você pega seu telescópio e descobre a constelação zodiacal e Júpiter não está lá de modo algum! Então novamente o astrólogo informa que o equinócio da primavera está a zero graus de Áries e naturalmente você espera que o Sol se levante às seis horas da manhã, exatamente a zero graus de Áries. Mas você encontra uma coisa completamente diferente, ele está talvez a 28 graus de Peixes. No equinócio da primavera o Sol não se levanta em Áries. Você vai procurar na história e descobre que no ano 100 a.C. o Sol partiu da constelação de Áries e entrou em Peixes. Então o astrólogo real do Ptolomeu disse: "Agora, não podemos deixar isso acontecer, vamos definir este fato para sempre como acontecido em 2000 a.C. quando o Sol fez a mesma coisa – deixou Touro e atravessou em direção a Áries". Vejam, o ponto da primavera está indo para trás, há uma regressão. Esta é a chamada precessão dos equinócios, movimentando-se 55 segundos a cada ano, voltando dos signos da primavera para os signos de inverno. Agora este astrônomo interrompeu isso. Ele simplesmente tornou mais coerente. Caso contrário, todos os relógios poderiam estar errando em 55 segundos a cada ano. Por isso desde o ano 100 a.C. (Academia de Alexandria) designamos o ponto da primavera a zero grau de Áries. Preservamos a nossa fé na astronomia, mas o céu evoluiu e estamos simplesmente em descompasso com o universo. Se um homem em 2000 a.C. dissesse que alguém nasceu a 25 graus de Sagitário, isto era verdade, mas cem anos depois já não seria exatamente correto porque já teria havido a mudança de 100 x 55 segundos, e o horóscopo já não seria exato. Um astrólogo talvez diga: "Não surpreende que você tenha esse temperamento, ou esses gestos reais, porque o seu Sol está no início de Leão; quando o Sol olhou para você de fora da própria casa dele no momento de sua natividade, naturalmente você foi transformado num pequeno leão". Mas ele *não* olhou para você da própria casa, porque na realidade ele estava em Gêmeos. Entretanto vocês podem comprovar que o homem cujo Sol está supostamente em Touro tem o pescoço de touro, ou a mulher de Libra toma as características do Sol nas alturas de Libra, ou que a pessoa cujo Sol está em Sagitário tem intuição, e você está muito certo. Mas o Sol não estava nessas posições. Então isso destrói qualquer esperança de vibração! Falei a vocês da estatística relacionada com o triângulo aéreo, mas aqueles homens de mentalidade superior não nasceram quando o Sol estava naqueles signos. É um quebra-cabeças extraordinário, e existem astrólogos que nem sabem disso; eles são teósofos e dizem: "É bastante fácil, são só vibrações". Mas, vejam, quando se trata da nossa mente ocidental, temos que pensar. Como então justificamos o fato de que nossas características peculiares podem ser explicadas por nossos planetas? Alguém diz: "Vênus é como se fosse sem dúvida o seu signo". Como explicar este *como se* fosse, quando não é?

Aqui está outro paradoxo. A fim de resolver este quebra-cabeças, podíamos dizer: a coisa que importa não é a posição das estrelas, a coisa que importa é o tempo. Você pode chamar o tempo como quiser. Quase não faz diferença se você disser que o ponto da primavera está a zero graus de Áries ou 28 de Peixes; isso é uma convenção; no entanto este é o ponto da primavera. Então vocês veem que estas antigas designações do tempo não foram retiradas dos céus, mas foram dadas aos céus. Primavera e inverno, por exemplo, foram projetados para o céu. O homem criou as constelações. Obviamente o criador do mundo não pretendia que as constelações fossem um livro-texto sobre astrologia para nós. Nos diferentes sistemas de astrologia, as constelações são arranjadas de maneiras diferentes. No calendário da pedra do México, ou na famosa pedra Denderah, no Egito[2], as constelações são agrupadas de uma forma diferente. Temos dúvidas até sobre a "Ursa Maior" ou a "Carruagem"; os antigos a chamavam o "Ombro da novilha". Houve um tempo quando só havia quatro signos no Zodíaco. Os romanos tinham onze. Libra foi criada no tempo dos Césares; porque foi inventado tão tarde que este é o único signo representado por um instrumento. Fizeram as escalas cortando as pinças do escorpião. Todos os outros signos são criaturas mitológicas ou humanas. O homem atribui nomes às estrelas. O Leão não parece um leão, mas o homem o chamou assim porque o Sol estava realmente no seu ponto culminante naquele devastador período de um ano arruinado quando o calor era insustentável e tudo estava seco e queimado. É como um poder destruidor, então disseram que o Sol estava feroz como um leão furioso. Esta é a forma como os signos operam:

Aquário	Há cinco mil anos, nos anos 3000 a.C. quando o Sol estava no inverno, houve inundações pela chuva. Aquário caminhou por ali derramando sua água pela direita e pela esquerda.
Peixes	Então o peixe nadou na enchente.
Áries	O pequeno carneiro, o tempo de pequenos brotos e botões florais.
Touro	O touro, o grande impulso da natureza.
Gêmeos	A fertilidade do homem. Sozinho raramente se faz melhor do que em dupla.
Câncer	Um obstáculo, o solstício do verão. O caranguejo andando por trás quando o Sol desce novamente.

---

2. Uma pedra contendo em relevo um mapa zodiacal, do Templo de Hathor (século I a.C.) em Denderah, próximo a Luxor. Atualmente está no Louvre.

Leão	Depois do primeiro indício do solstício o homem se dá conta de que o Sol vai realmente permanecer, de 22 de julho até 21 de agosto, quando tudo é mais radiante.
Virgem	Quando um homem ruge como um leão, não há nada melhor para domá-lo do que uma virgem. Ela irá cortar o cabelo do leão, e deixá-lo curto, como Sansão e Dalila. Isso não é bom, o simbolismo todo é de certo modo obsceno. Mas neste momento do ano, em 15 de setembro, no calendário egípcio, o olho esquerdo da deusa é preparado para receber o deus Rá, que vai andar dentro dele[3]. O olho é um símbolo do útero. O elemento feminino assume o comando. O deus entra no útero da escuridão. Yang está sob Yin. A mulher está no topo.
Libra	O equilíbrio depois que a virgem fez seu trabalho.
Escorpião	O autossacrifício fatal do Sol. O Sol foi encurralado pela virgem e quando as forças são equivalentes (Libra), o Sol comete suicídio, e então chega um claro declínio para a mãe. Há uma lenda que diz que o escorpião se mata quando rodeado pelo fogo.
Sagitário	A morte do Sol. A morte é uma espécie de rio ou lacuna. Há uma vida além, mas estamos aqui nesta margem do rio e não conseguimos chegar lá. Então vem a lenda do centauro, um bom arqueiro, que com o seu arco pode mandar uma flecha para o outro lado. É um meio de comunicação. O arqueiro Sagitário com a flecha da intuição antevê o novo nascendo do inconsciente. Isso é a estação do advento, quando fantasmas começam a andar de novo, quando o inconsciente começa a se manifestar.
Capricórnio	O peixe-cabra. (Este foi o signo imperial nas armas de César Augusto.) Depois do homem morto contido no mar, o signo seguinte é o peixe-cabra. Ele é meio peixe e meio cabra, significando que antes, como peixe, está no fundo do mar, longe da vista no inconsciente. Então ele emerge até a superfície e sobe até os picos e vales mais altos. Este é o Sol, a promessa do ano novo, por isso alguns astrólogos chamam o período depois do Natal de a "Promessa do Ano". É o tempo do nascimento de Mitra, o nascimento do Cristo, o nascimento da nova luz, toda a esperança do ano que chega. As pessoas nascidas nesse período têm um coração forte. São ambiciosas, mas têm que se esforçar para alcançar seus fins.

---

3. "Este [o primeiro dia do outono] é o dia em que 'a deusa Nehmit completa seu trabalho, então o deus Osíris deve entrar em seu olho esquerdo'" (BRUGSCH, H. *Religion und Mythologie der alten Aegypter*. Leipzig, 1885, p. 281ss. (apud *Símbolos da transformação*, § 408 (na ed. de 1912)).

Mas o ano novo tem que ser gerado. O Sol gera o ano em Aquário. Aquário derrama as águas da fecundidade. Ele é também apresentado como um deus fálico como Príapo. Depois da água geradora os Peixes voltam, e assim por diante ao redor.

É assim que o Zodíaco foi criado. É realmente um ciclo das estações com características particulares do clima – inverno, primavera, verão, outono, caracterizados pelas fantasias e imaginação metafórica da mente humana. E assim o homem chamou as estrelas que estão sincrônicas com as estações com nomes que expressam as características de cada estação em particular. O princípio ativo é evidentemente o tempo e certamente não as estrelas, que são meramente incidentais. Se, no momento em que a astrologia chegou à existência consciente, outras constelações estivessem nos céus, teríamos tido diferentes grupos de estrelas mas do mesmo modo elas seriam chamadas de leão ou um homem verteria uma jarra. Elas não são nem um pouco parecidas com seus nomes, mesmo as constelações mais marcantes. Isso é um tremendo esforço da imaginação.

Então, como eu disse, fica claro que o elemento ativo é o tempo. As pessoas nascidas num certo período do ano provavelmente vão ter certas características. A posição relativa das estrelas é apenas um meio para contar o tempo. Pois aqui há um novo paradoxo. O que é o tempo? Como ele pode ser um princípio ativo? O tempo é uma conceituação abstrata de duração e nesse sentido é completamente arbitrário; poderia ter tido uma divisão completamente diferente. Um segundo poderia ser meio minuto, por que um minuto tem sessenta segundos? Isto não é nada convincente, é meramente uma conceituação convencional arbitrária. Assim se alguém tentasse resumi-lo, chegaria à conclusão de que o tempo é o fluxo das coisas, como o relógio de água ou o relógio de areia estão escorrendo, dividindo o dia em quatro partes, cada parte sendo um quarto do dia, entre o amanhecer e o pôr do sol. Para observar o tempo, observamos o movimento das coisas que duram certo tempo, como os ponteiros de um relógio; é a duração de um certo fluxo. Isso é abstrato, mas o fluxo das coisas não é abstrato, é perfeitamente concreto e tangível. É isso que chamamos energia porque nada se move sem energia. Devemos dar corda ao relógio ou girar a ampulheta. Há consumo de energia para produzir o fluxo, e o que medimos é energia; e esta é outra concepção abstrata na medida em que significa uma condição de transformação das coisas. Quando dizemos que o tempo é meramente um aspecto da energia, tornamos o conceito mais tangível, porque todos podem observar e medir isso. Tempo e energia são conceitos correlatos. Se não há energia, nada se move e não existe mais o tempo. São idênticos, um certo movimento de tempo é um certo movimento de energia. Quando observamos energia na verdade observamos tempo, porque é pela energia que medimos o tempo. Por isso digo que sem o tempo não existe nenhuma possibilidade de medições.

Pegue uma pedra imediatamente antes que ela role morro abaixo. Está em uma posição particular de energia, ainda não irá cair mais. É uma energia latente, a energia de posição, uma energia *potencial*. Pode se soltar a qualquer momento com enorme vigor. Depois ela cai manifestando energia mecânica. Então aterra no vale, cai, estilhaça, e onde está a energia? Está no calor da pedra, e na pedra que atritou contra si. Ela foi transformada. Esse é um novo movimento de energia. Agora vocês podem descrever essa transformação toda em termos de tempo. Se nada acontece, não há nenhum tempo. O tempo começa quando esta coisa se solta. Há certa quantidade de tempo até que o calor se dissipe, e depois isso não é mais observável. O calor específico sumiu completamente, portanto o tempo só existe entre a liberação da pedra e o último traço de calor dos estilhaços da pedra.

A energia esteve em três formas: a energia latente, a energia mecânica e o calor. Você pode traduzir isso em termos de água caindo numa turbina e criando eletricidade. Enquanto o processo persiste, o tempo existe, simplesmente diferentes momentos expressos por formas diferentes.

Agora considerem a energia universal do mundo, a energia da vida. É desconhecida para nós, mas temos que compreendê-la naqueles termos. Ela não é observável se nada acontece. Por exemplo, um ovo é latente, nada se move, mas se ele desenvolve, o tempo se desenvolve, a idade começa. Agora pegue a energia do universo e o sistema solar. No inverno há menos radiações, no verão há mais. Por isso alguém que nasceu num certo período do ano tem naturalmente certa característica, porque sua origem se deu naquelas condições. Nada se pode fazer quanto a isso, é assim. O interessante é que se pode rastrear a idade de algo até a época exata da sua origem[4]. Existem certos arqueólogos, por exemplo, que têm um senso tão aguçado da idade de um objeto que podem predizer até num intervalo de precisão de dez anos, exatamente como um antiquário reconhece pela impressão, qualidade do papel etc. de um livro, se ele indica um tempo entre 1460 e 1470, por exemplo. Assim uma gravura pode ter sua idade determinada. O especialista dirá que a obra pertence à escola francesa, mas foi influenciada pela holandesa. Ele avalia pelas características reais do material usado – o papel, a tinta, os objetos representados etc. Quando vocês veem um homem idoso, com cabelos brancos e raros, vocês dizem que ele nasceu em 1850. Muitas vezes adivinho a idade com dois anos de diferença. Qualquer um pode fazer isso sem dificuldade, é o mesmo que dizer que alguém nasceu sob Aquário, mas um pouco mais preciso. Isso é meramente um método técnico, como olhar na vitrina de um antiquário inteligente que tem algumas di-

---

4. "Datação por carbono" em arqueologia tornou-se possível apenas nos meados dos anos 1950: cf. LIBBY, W.F. *Radioactive Dating* (1955).

cas – por exemplo, ele sabe quando um certo verniz foi introduzido na Europa, ou que o primeiro cachimbo não é mais antigo que a descoberta da América do Norte.

A astrologia consiste em todas essas pequenas habilidades que ajudam a obter um diagnóstico mais exato. Assim o astrólogo, embora não saiba o ano ou o mês do seu nascimento, pode adivinhar por suas características. Agora, é pena que não podemos definir as condições de energia, energia universal, de nenhuma outra maneira a não ser pelo tempo. Em vez de dizer o tempo da pedra caindo, dizemos que há dez segundos a pedra caiu. Chamamos este ano de 1929, porque uma vez começamos a contar, supondo que sabemos quando foi que Cristo nasceu – embora ainda existam controvérsias sobre isso, Cristo pode ter nascido em 100 a.C. Mead escreveu um livro muito interessante sobre isso[5]. Na China os anos têm nomes. Em Roma eles eram nomeados segundo os cônsules, contados a partir do início de Roma em 750 a.C. Depois da Revolução Francesa começaram a contar os anos como se fosse o início de uma nova época. Indicamos as condições dos tempos por um número. Por exemplo, 1875 podia ser chamado o tempo das crinolinas, das primeiras ferrovias, dos jornais duas vezes por semana com folhas, do espartilho para senhora, das cartolas para homens, mau gosto geralmente. Não sabiam nada de Nietzsche, Schopenhauer era a novidade mais recente para eles. Chicago era então o pequeno lugar mais ridículo, e imaginem Nova York em 1875! Quatro anos depois da guerra franco-germânica tudo estava mudando de uma maneira diferente, a maneira que era característica daquele ano, e nada antes ou depois será parecido.

Então, em 1929, tudo tem o formato e a marca daquele ano. E as crianças nascidas neste ano serão reconhecidas como parte de um grande processo e marcadas por uma condição particular[6].

---

5. MEAD, G.R.S. *Did Jesus Live 100 B.C.?* – An Inquiry into the Talmud Jesus Stories, the Toldoth Jeschu, and Some Curious Statements of Epiphanius. Londres/Benares: Theosophical Publication Society, 1903.

6. Algumas das ideias que Jung testou nestas conferências reapareceram em seu discurso celebrativo por Richard Wilhelm (1930). OC 15, § 81-82, em que ele publicou pela primeira vez uma referência à "sincronicidade", sua teoria mais tarde desenvolvida na monografia *Sincronicidade* (1951-1952). OC 8/3, § 816ss., mas inicialmente mencionado (como "sincronismo") na palestra de 28 de novembro de 1928 (n. 1). Veja também a próxima palestra, no n. 8.

Palestra IX

4 de dezembro de 1929

Dr. Jung:

Não temos perguntas hoje, então suponho que tudo ficou claro e compreendido. Lembram-se de que estávamos discutindo energia e tempo, e presumo que vocês se perguntaram por que falei sobre assuntos tão difíceis de compreender em conexão com os símbolos da cruz e da lua crescente. Teria sido bastante compreensível se alguns de vocês tivessem questionado hoje por que eu fui tão longe nessa questão, muito fundamentais – longe até as estrelas, poderíamos dizer. Existiam certas razões. Ao pensar sobre o material para o próximo seminário me dei conta de que minhas reflexões se desenvolviam na direção das estrelas e o problema da identidade do tempo, energia ou libido, e depois me perguntei qual seria a justificativa para ampliar o escopo do nosso problema nesta extensão. Fiquei curioso para saber o que o sonho seguinte do paciente diria sobre este assunto. Olhei meus arquivos e achei que o próximo era um dos que não poderíamos tratar sem esta preparação. Ele contém esse problema particular, como vocês verão. Então acreditem em mim, eu não estou me perdendo em especulações inúteis quando falo sobre tempo e energia. Não é um problema metafísico, é psicológico, até astrológico, pois a astrologia foi a primeira forma de psicologia, que é uma ciência extremamente nova, do fim do século XIX. Com certeza existia já um começo da técnica psicológica na época do declínio do cristianismo e no período do Iluminismo francês. Voltaire seria um dos primeiros psicólogos, e La Rochefoucauld também, e Fénelon[1]. Mas ainda não era ciência. Eram mais aforismos intelectuais. Era essencialmente uma crítica. Poderíamos dizer que Nietzsche teve uma abordagem psicológica sobre seu material.

Mas na medida em que a alma humana sempre existiu, deve ter havido o tempo todo um equivalente da psicologia. A filosofia poderia ser um equivalente, mas

---

1. François de La Rochefoucauld (1613-1680), cujas *Réflexions et maximes morales* foram publicadas em 1665. François de Salignac de la Mothe Fénelon (1651-1715), clérigo e teólogo, escreveu obras místicas e quietistas.

é apenas intelectual, ou uma projeção metafísica. Religião seria um equivalente também, pode-se dizer, mas é um concretismo metafísico. Então havia astrologia, que era legitimada até o século XVII e usada por médicos nas universidades, juntamente com os sonhos, como auxiliar nos diagnósticos de doenças. A quiromancia também era usada. Tenho um pequeno livro de Medicina escrito por um famoso Professor Würzburg no final do século XVI[2]. Aborda a astrologia, frenologia, quiromancia, e fisionomia, e era especialmente para o uso de médicos. O autor foi praticamente o último dos professores oficiais de astrologia, que era uma espécie de psicologia, mas com as qualidades e características particulares de projeção. Foi a nossa psicologia na sua forma mais antiga. Nossa ciência moderna começou com astronomia. Em lugar de dizer que o homem era liderado por motivos psicológicos, antigamente diziam que era liderado por suas estrelas.

No *Wallenstein* de Schiller há uma conversa entre Wallenstein e o astrólogo em que ele diz: "Neste coração residem as estrelas deste destino"[3]. Esta é uma tradução de termos astrológicos para termos psicológicos. Mas isto era muito antigo, no início do século XIX. Até então as pessoas achavam que não era a motivação psicológica, mas sim o movimento das estrelas que causava as reações pessoais, como se a orientação de suas vidas fosse criada pelas vibrações dos planetas. O desconcertante é que realmente há uma curiosa coincidência entre fatos astrológicos e psicológicos, de tal maneira que se pode isolar o tempo das características de um indivíduo, e também se podem deduzir características a partir de certo tempo. Portanto, temos que concluir que o que chamamos de motivos psicológicos são de certo modo idênticos à posição das estrelas. Como não podemos demonstrar isso, temos que formular uma hipótese peculiar. Esta hipótese diz que as dinâmicas da nossa psique não são exatamente idênticas à posição das estrelas, nem têm a ver com as vibrações – isso é uma hipótese ilegítima. É melhor supor que se trata de um fenômeno de tempo. No conceito do tempo os dois se juntam. O tempo, ou o momento entendido como uma forma peculiar de energia, coincide com nossa condição psicológica. O momento é único, assim tudo quanto tenha sua origem num certo momento tem a energia e as características daquele momento particular. Deve ser assim, porque uma coisa originada há uma centena de anos tem o caráter daquela época. Nesta conceituação de tempo temos um conceito mediante, o qual nos ajuda a evitar as explicações irracionais da astrologia.

---

2. GOCLENIUS, R. *Uranoscopiae, chiroscopiae, metoposcopiae et ophthalmoscopiae contemplatio.* Frankfurt, 1608. Citado no prefácio da obra de Julius Spier: *The Hands of Children*. Londres, 1944 [2. ed. 1955] [apud CW 18, § 1818].

3. Friedrich von Schiller (1759-1805), *Wallenstein* (1798-1799), que é dividido em três dramas. A citação é do segundo: *Die Piccolomini*, II, 6 [apud OC 5, § 102, n. 52 (conforme a ed. de 1912)].

As estrelas são simplesmente usadas pelo homem para servir como indicador do tempo, e nossa psicologia tem pouco a ver com as estrelas como um relógio, que é simplesmente um instrumento usado para medir certo momento – digamos, 10:45h. É exatamente o mesmo que dizer que o Sol está em Aquário, a Lua em Sagitário, e que Gêmeos está surgindo no horizonte com uma elevação de 5 graus. Isso é um momento particular. São necessários quatro minutos para que um grau de um signo suba acima o horizonte. Pode até encontrar o instante exato dividindo este grau em segundos. Essa constelação que dura um período de tempo muito longo é única. No intervalo de 26.000 anos temos esta tal posição, o ano, o mês, dia, hora e segundos. O fato importante é que esta é a situação particular e não que as estrelas indicam isso. Poderiam ser usadas outras constelações para estabelecer o tempo. O que importa é que o momento presente é o que é – o momento particular e a condição real do mundo, e a sua energia e o seu movimento naquele momento. Qualquer coisa originada neste tempo será marcada por este momento particular, então os fatores psicológicos são determinados pela posição real e todas as suas características.

Para voltar à cruz e ao crescente, achamos que a melhor maneira de conceber esses dois símbolos era nos termos chineses Yang e Yin, significando com eles a conceituação dos opostos necessária para explicar energia. A energia só pode existir quando opostos estão atuando. Quando há um calor equivalente por toda a parte, como se o mundo inteiro fosse reduzido a um plano, nada acontece de forma alguma. Se cada contraste for eliminado, se não há tensão química, então não há nível mais alto, nenhum potencial. A energia é dissipada, e temos o que os alemães chamam *Wärmetod*, ou morte numa temperatura equivalente – entropia[4]. Há uma ideia corrente especulativa de que o fim do mundo poderá ser assim. As coisas chegariam num estado em que toda a energia estaria gasta, em que a temperatura das coisas do ambiente seria igual à temperatura do Sol, por exemplo. Então, dois princípios opostos como o Yang e o Yin são premissas inevitáveis para o conceito da energia. O mundo não pode se mover sem conflito. Isso lança luz na Teoria dos Complexos. Pessoas benevolentes acham que a análise foi inventada, criada divinamente, para livrar pessoas dos seus complexos. Mas eu sustento que sem complexos não haveria energia. Eles são o foco e a própria mãe da energia. Por isso, esta não pode ser obviamente a tarefa da análise – se Deus inventasse isso Ele levaria todas as coisas para uma completa estagnação. [...] [5]

---

4. Entropia é a progressiva perda de energia potencial no universo, levando a um estado final de uniformidade inerte.

5. Algumas linhas foram omitidas, pois repetiam um resumo da lenda judaica sobre o Mau Espírito da Paixão, que Jung apresentou na palestra de 12 de dezembro de 1928, no n. 7.

Os complexos são devidos a paixões. Então o Yang e o Yin não são apenas princípios físicos e metafísicos, mas também psicológicos. São bastante diferentes dos nossos conceitos porque existe uma peculiaridade do pensamento chinês que faz com que os chineses percebam o que acontece no interior e no exterior como sendo indissociavelmente ligados. Nós, por outro lado, não podemos pensar que a posição das estrelas ou que alguma coisa que aconteça no planeta Marte tem a ver conosco. Parece que não existe conexão. Nós somos incapazes de misturar duas coisas, nossa mente tem esse preconceito. Mas os chineses têm a convicção fundamental de que tudo está conectado com tudo o mais, então as coisas mais íntimas e os princípios do mundo são vistos ao mesmo tempo. Eles diriam que o Yang e o Yin operando em nós estão ao mesmo tempo operando no céu, nos grandes movimentos das estrelas e dos planetas. Esta é uma convicção essencial chinesa, e assim eles entendem a psicologia humana como simplesmente um caso especial dos, pode-se dizer, princípios espirituais. Como o grande, assim é o pequeno; como o pequeno, assim é o grande. A mesma força funciona no interior como no exterior.

Esta é a explicação teórica do *I Ching* e a explicação de como funciona um oráculo. Quando uma pessoa lança os gravetos[6], comporta-se exatamente como a sua psicologia e as condições gerais são no momento, não importa do que se trata; se um indivíduo estiver envolvido, ou um grupo, não importa. Os chineses consideram-se todos como sujeitos a uma parte de um e a mesma energia que move tudo. É como se nossas discriminações fossem válidas somente até o ponto em que chega nossa consciência, mas quando se trata do inconsciente, não faz diferença se uma coisa acontece a você ou a mim. Somos todos afetados pela mesma coisa, porque todas essas coisas são uma e a mesma energia quando se trata das raízes do inconsciente da nossa psicologia. Até que ponto isso é verdade vocês podem julgar a partir dos dois desenhos daquelas crianças que mostrei para vocês[7], como exemplos da conexão pelas raízes comuns. Eles atraíram o simbolismo como se tivessem estado aqui conosco. Como já vi vários outros exemplos do mesmo tipo, nos quais pessoas que não estavam envolvidas foram afetadas, inventei a palavra *sincronicidade*[8] como um termo para abranger esses fenômenos, ou seja, coisas acontecendo no mesmo momento, como uma expressão de um mesmo conteúdo temporal. Assim o fato de que os princípios da nossa psicologia são princípios do fenômeno energético geral é aceito pelos chineses sem dificuldades; é difícil apenas para nossa mente discriminadora. Mas isso também tem seu valor pela noção

---

6. Para os dois métodos de consulta ao *I Ching*, dividindo um ramo de milefólios ou lançando três moedas, cf. a ed. de Wilhelm e Baynes (1967), p. 721-724.

7. Um desenho está reproduzido na palestra de 27 de novembro de 1929.

8. Cf. a palestra anterior, n. 6.

apurada dos detalhes das coisas, e neste ponto o Oriente decididamente mostra sua incapacidade, pois não conseguem enfrentar fatos e se permitem todo tipo de ideais fantásticas e superstições. Por outro lado eles têm uma muito maior e completa compreensão do papel do homem no cosmos, ou de que maneira o cosmos é conectado com o homem. Precisamos descobrir isso e muitas outras coisas interessantes e maravilhosas que eles conhecem.

Espero que agora vocês estejam vendo por que dediquei tanto esforço neste conceito de semelhança entre energia e tempo. A fim de entender o funcionamento peculiar do inconsciente, temos que ir muito adiante na especulação teórica, e sem esses fatos seríamos incapazes de entender o desenvolvimento desses símbolos no inconsciente. Não é sem sentido que no sonho as cruzes e os crescentes são lançados juntos no mesmo caldeirão no qual vão evidentemente fundir-se, e isto com certo propósito. O propósito é a coisa importante. Se o Yang e o Yin se juntam, o resultado é uma liberação de energia que pode ser simbolizada de várias formas. Pode ser energia emocional no caso do sonhador, ou pode ser uma explosão de luz reveladora, uma inspiração ou uma grande visão. É interessante ver como o inconsciente, operando no grupo, já antecipou a visão. Tenho aqui uma imagem feita previamente por um membro do grupo, e portanto não influenciada por nossa discussão sobre a união dos símbolos. Contém uma representação do que acontecerá quando a cruz e o crescente se encontrarem. No desenho do menino na sua escova de dentes, temos praticamente a mesma coisa.

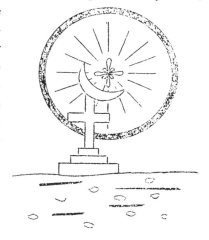

Aqui está a cruz, depois o crescente, e estão juntos de uma maneira particular, e depois instantaneamente acontece uma enorme explosão, uma liberação de energia na forma de uma imensa esfera de luz. Assim é o fenômeno energético. Aqui está a teoria completa de que, quando os opostos se unirem, acontecerá uma grande manifestação de energia de algum tipo.

Agora, esta luz particular gerada pela cruz e pelo crescente é uma nova iluminação, uma espécie de revelação. Se a verdade do crescente pudesse ser unida com a verdade da cruz, isso produziria essa iluminação, a verdade combinada do islamismo e do cristianismo. Se fosse possível extrair a verdade essencial de cada uma e combiná-las, deste choque resultaria uma enorme iluminação, que representaria uma nova convicção.

Ambos, cristianismo e islamismo são métodos psicológicos de tratamento de doenças da alma humana. Prescrevem métodos de vida, atitudes, códigos morais assim como explicações dogmáticas de por que as coisas são como são – como o homem se comportou mal e Deus se viu forçado a fazer algo, e mandou filhos ou profetas para curar os males do homem. Cristo era essencialmente o curandeiro. A seita à qual ele pertencia, os Essênios, era conhecida como os Terapeutas. Não podemos ver hoje como nosso real cristianismo poderia possivelmente curar, já que não podemos estabelecer uma conexão entre cristianismo e uma neurose. Se eu dissesse a um paciente que sua religião deve curá-lo, ele pensaria que eu estava totalmente louco. Mas no início isso seria eficiente. Na época de Augusto, os antigos deuses estavam morrendo ou mortos, as antigas religiões e os antigos templos se acabaram rapidamente. Havia grande confusão, o mundo estava neurótico, e se tornou necessário ter um novo sistema terapêutico. Havia o sistema estoico, por exemplo, com sua teoria de uma vida feliz, correta e completa. Inumeráveis cultos do Oriente foram introduzidos. Já falei diversas vezes da carta de Zósimo para uma certa senhora aconselhando-a a ir ao *krater*, para encontrar renascimento. Era como se um homem moderno escrevesse para um amigo: "Te aconselho fortemente a ir ao krater em Zurique para uma análise – no *Jungbrunnen!*"[9] É essencialmente a mesma ideia.

No início esses métodos são bastante simples. Depois se tornam pouco a pouco afastados da esfera humana. Quanto mais eles não funcionam, mais se torna necessário acrescentar milagres e todo tipo de complicações. No momento em que uma nova luz deixa de ser uma luz, as pessoas fazem dela um dogma; quanto menos ela funciona, tanto mais ela tem que ser reforçada. Enquanto uma verdadeira religião é excessivamente simples. É uma revelação, uma nova luz. Mas alguém mal pode falar dela sem corar, por conta das ideias falsas que a ela foram associadas, grandes palavras consagradas por dois mil anos de sugestão. Há muito tempo a religião cristã não estava funcionando, então se tornou uma Igreja de grande esplendor e poder a fim de aumentar sua influência pela sugestão. Mas nem a sugestão funciona a longo prazo. A Igreja decaiu. O protestantismo foi um sintoma de que a luz tinha se tornado tão fraca que as pessoas sentiam que ela não resistiria mais. Estavam então procurando uma nova luz, e a encontram em Lutero durante um tempo, até que ele se manifestou contra políticos e teve que comprometer-se com o mundo. De novo a luz enfraqueceu e uma religião do tipo dogmático de costume foi o resultado.

Agora esta imagem mostra uma nova luz. Nessa explosão antecipa uma nova compreensão, nova visão, uma unidade que dá nova expressão ao mundo e ao homem. Tudo aparece sob uma nova luz. Isto é uma renovação, um renascimento. Mas não se deve supor que produzir essa figura significa ter aquela luz, que a pessoa teve a experiência conscientemente. Uma visão destas é bastante impessoal.

---

9. = "fonte da juventude", fazendo trocadilho com o nome de Jung [*brunnen* significa fonte, na língua alemã [N.T.].

Por enquanto está no inconsciente. É como se o homem no século XIV que inventou a pólvora dissesse: "Ao levar a bola para fora do canhão pela explosão produzida pela tensão de gás se pode também fazer a bola rebater para dentro do canhão e recriar o motor explosivo". Ele poderia ter deduzido tudo isso, mas não chegou até este ponto. Nem Héron de Alexandria[10] sonhou que tinha descoberto um potencial motor a vapor quando inventou o primeiro simples brinquedo a vapor; ele não fazia ideia do seu valor potencial. Aqueles antigos romanos não perceberam que tinham o princípio da máquina a vapor bem debaixo dos seus narizes. Talvez um lunático também tenha tido a intuição, porque muitas vezes são eles que têm a primeira intuição de coisas que descobrimos mais tarde. Leva um tempo enorme para as pessoas entenderem as deduções mais simples.

Vocês viram como o padrão desses sonhos se desenvolveu. O próximo mostra uma revelação extraordinária. Mas antes de continuar, gostaria de ouvir algumas perguntas de vocês. Quero que não fique nenhuma dúvida antes de prosseguir para o sonho seguinte.

Dr. Baynes: Minha dificuldade é com a sua afirmação de que tempo e energia são idênticos. Parece como se o tempo fosse uma expressão da energia, mas não idênticos. É como a relação entre a fala e o pensamento.

Dr. Jung: O tempo é a identidade essencial com a energia criativa. Existe um aforismo grego: "Onde quer que exista criação, existe tempo". Cronos era o deus da luz, criação e tempo. Também o conceito estoico de calor primordial é praticamente idêntico ao tempo. A *Heimarmenē* grega, que significa compulsão astrológica, é idêntica ao calor primordial, a força criativa primordial. Admito que isso seja estranho, e se você não está suficientemente familiarizado com os fatos, não é fácil. Nossa mente ocidental se recusa a funcionar sob as linhas chinesas. É difícil sentir intuitivamente a onda criativa do tempo que move os ventos, as nuvens, os pássaros e até os carros na rua. Teríamos que perceber a enorme importância de tudo que existe *agora*. Para os chineses isso significa tudo, mas para nós não é nada senão acaso – o acaso de estarmos aqui, o acaso de que os pássaros cantam e os cachorros latem. É a única característica deste momento. Qualquer coisa que tenha sua origem neste momento carrega a marca deste momento para sempre.

Perguntaram-me sobre o evento que descrevi do astrólogo que me disse que no dia 31 de março, de tal e tal ano, eu tive um sentimento de renascimento. Ele disse que isso aconteceu devido à transição de certo planeta sobre o lugar que ocupava no momento do meu nascimento. Há um fato, ao qual ele chegou pela antiga regra de que, quando um planeta faz isso, alguma coisa mais ou menos acontece – é sempre mais ou menos.

---

10. Matemático e inventor grego (datas desconhecidas; entre o século II a.C. e o século III d.C.).

Sra. Baynes: Entendi que você disse que um planeta não estava naquela posição no momento do nascimento.

Dr. Jung: Não, não estava, em razão da não identidade do tempo e posição astronômica.

Dr. Baynes: Mas o lugar onde você nasceu deve ser mencionado – devem ser enfatizados o aqui e o agora. Então, para diagnosticar seu temperamento ele deve ter adivinhado, pois ele não conhece o lugar.

Dr. Jung: Isto aparece no meu horóscopo. Foi necessário dizer a ele o lugar, pois um certo meridiano estaria implícito no meu horóscopo.

Dr. Deady: É como se fosse dois mil anos atrás?

Dr. Jung: Foi verdade há dois mil anos. Existem muito poucos horóscopos verificáveis. A matéria é escassa, e não foi feita no espírito da ciência moderna. Falei para vocês sobre o triângulo aéreo. Aquele francês fez esse tipo de tentativa. O problema todo foi causado pelo sol que se recusou a funcionar razoavelmente. É muito desconcertante.

Srta. Wolff: Talvez pudesse ficar mais claro se você mostrasse isso no quadro-negro.

Dr. Jung: Suponha que estamos no ano 2.200 a.C., no dia 21 de março, e Áries está exatamente surgindo no horizonte a um grau. Este é o ponto da primavera, ou seja, a intersecção da linha da eclíptica com o equador no céu. Cada um dos signos zodiacais representa 30 graus. Lentamente, por meio da precessão dos equinócios, o ponto da primavera se desloca pelo signo de Áries em direção ao de Peixes até 150 a.C. Hiparco[11] observou que Áries se foi e que o Sol estava aparecendo em um novo signo.

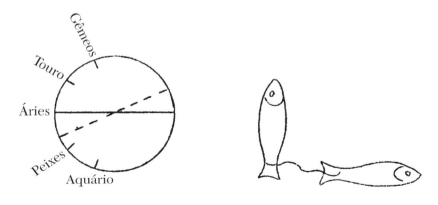

---

11. Astrônomo grego, descobriu (em 130 a.C.) a precessão dos equinócios.

Naqueles dias coisas fantásticas aconteciam. Os deuses mudavam quando as estrelas mudavam. O Carneiro se transformou em Peixes, ele morreu como um carneiro e nasceu como um peixe. Os deuses tinham chifres do touro quando o Sol estava na Touro, e tinham chifres de carneiro durante o período de Áries. Então o Peixe se tornou o símbolo. O batismo cristão se relaciona com este simbolismo. O papa ainda usa o anel do pescador – a gema que representa a pesca milagrosa de peixes, simbolizando o recolhimento de todos os cristãos no ventre da Igreja. Então uma nova psicologia começou a se fazer sentir. Foi a aurora do cristianismo, e podemos seguir seu curso no quadro astrológico. Os peixes são representados de um modo peculiar no signo zodiacal. Ficam quase cauda contra cauda, unidos por uma comissura. Esse arranjo duplo supostamente indica o Cristo e o Anticristo. Esta curiosa lenda pode ser rastreada até o século I – a ideia de que o Cristo tem um irmão, o Anticristo. Quando o ponto de primavera avançou até o comprimento todo do primeiro peixe, estamos no ano 900 d.C. – próximos do ponto máximo da influência cristã. Então ela declina, e o ponto de primavera está no meio da comissura, o que aconteceria ao redor de 1500[12].

Sr. Bacon: Um fato curioso é que o poder temporal do papa e o poder do Dalai-Lama atingiram seus pontos máximos em cerca de cinquenta anos cada um, e também foram perdidos após cerca de cinquenta anos cada um.

Dr. Jung: Sim, isso é muito interessante, e existem outros paralelismos deste tipo. Por volta de 1500 tínhamos Lutero, e a Igreja Católica tinha razão em dizer que ele era o Anticristo. Quando chegamos à cauda do segundo peixe, estamos em 1750, o período do Iluminismo francês, quando pela primeira vez o cristianismo foi destronado e substituído pela deusa da razão. O ponto de primavera deixa os peixes antes de alcançar a cabeça do segundo peixe. Por enquanto estamos no caminho da maior destruição deste princípio. Em cerca de 1940 alcançaremos o meridiano da primeira estrela de Aquário. Esse poderá ser um momento decisivo – entre 1940 e 1950[13]. Então podemos buscar novos desenvolvimentos naquele período. Ainda fica para pesquisar, não farei nenhuma previsão.

Agora podemos voltar para o passado e verificar algumas dessas particularidades astrológicas. Quando o Sol estava em Áries, entre os anos 400 e 500 a.C., existiam estrelas particularmente brilhantes, e aquele período coincide com o maior desenvolvimento da filosofia na Grécia e na China.

---

12. Para uma discussão da Constelação de Peixes em relação a certos eventos temporais e a lenda de Cristo/anticristo, cf. *Aion*, 1951. OC 9/2, § 147-149.

13. Em *Aion* (§ 149, n. 84) Jung corrigiu estas datas, calculando que o início da Era de Aquário deveria ocorrer entre 2000 e 2200 d.C.

Por volta de 2000 a.C. Hamurabi[14] se proclamou como o maior legislador. Ele se declarou o Carneiro. Foi no período em que o Sol estava exatamente entrando em Áries. Provavelmente estamos lidando aqui com leis inconscientes de energia criativa, de como as coisas se desenvolvem, as quais agora começamos a divinizar menos. É ainda um espectro bastante pálido, mas as coisas começam a tomar forma.

Cada signo da primavera é, claro, equilibrado por um signo do outono. Para Touro, quando o zodíaco foi criado, foi Escorpião prevendo o suicídio do Sol. O herói Gilgamesh atravessa os portões do outono guardados pelos gigantes do Escorpião indo na direção de Westland. Na época dos romanos o Escorpião deixou de ser um signo do outono, era Libra. Quando o Sol veio para Peixes, Virgem se tornou um signo outonal, e a astrologia relacionou este fato com a adoração à Virgem Maria. Quando chegarmos a Aquário teremos Leão em oposição, então teremos uma deificação dos atributos de Leão – a adoração ao Sol ou a personalidades semelhantes ao Sol. Espero que para a próxima palestra vocês tenham tudo isso bem claro na mente, caso contrário não conseguirão entender o próximo sonho.

---

14. Rei da Babilônia.

Palestra X

11 de dezembro de 1929

Dr. Jung:

Tenho aqui uma pergunta da Sra. Sawyer, como eu esperava, e que mostra que ainda não encerramos este problema excessivamente intricado da astrologia e a conexão entre o tempo e a energia. Como disse a vocês, eu nunca teria me arriscado num assunto tão difícil de ser entendido se ele não fosse indispensável para a compreensão do material do sonhador. Este é o universo dele, e se tivéssemos descartado o problema, seria como dizer a ele que não estávamos preocupados com sua psicologia. Para ele, assim como para a maioria dos homens, o lado Logos de seu material é o mais interessante. Talvez seja menos importante no caso de uma mulher.

A pergunta da Sra. Sawyer diz respeito à relação entre a astrologia comum e a precessão dos equinócios. Vou apresentar o problema novamente. Vejam, a astrologia comum sugere que nossa vida é dependente das chamadas vibrações dos planetas que estão numa certa posição relativa no momento do nosso nascimento e, dizem, influenciam de fato aquele momento e toda a nossa vida. Então, se um planeta atravessa o mesmo lugar em que estava naquele momento, talvez vinte anos depois, isso produz um efeito especial. Astrólogos ainda mantêm o lugar original dos planetas, mas aqui estamos nos confrontando com o fato de que hoje não existe correspondência entre as posições atribuídas a eles e a posição atual deles nos céus. Desde os anos 100 a.C., o ponto de primavera foi artificialmente fixado a zero graus de Áries, mas astronomicamente isso já não é mais correto. Na realidade, por conta da precessão dos equinócios, o ponto de primavera passou de Áries para Peixes e daqui há pouco tempo vai entrar em Aquário. Portanto, nossos cálculos são simplesmente arbitrários, relacionando-se apenas com o tempo e não com a posição efetiva.

Então, na última vez contei a vocês algo que aparentemente é contraditório. Ao afirmar que a posição das estrelas não tinha nenhuma influência sobre nós, tirei então certas conclusões sobre os efeitos do Sol na terra conforme ele passa de um signo do zodíaco para o outro. Disse a vocês, por exemplo, que em 900 d.C., quando pelos cálculos astronômicos o ponto de primavera estava no ponto de maior extensão de Peixes, o cristianismo estava coincidentemente no auge de seu poder. Depois, nos anos 1500, o ponto de primavera estava na comissura, a fita que junta os dois peixes, e neste ponto começou uma revolução mental e espiritual e o declínio da Igreja. O segundo peixe representa o Anticristo e a decadência do cristianismo. O movimento gótico foi vertical, e depois se iniciou a era horizontal do materialismo, um tempo de maior extensão intelectual, viagens de descobrimentos etc., mas que dissolveu-se com a Guerra Mundial, a derrota moral do espírito da Europa. Eu disse, também, que podemos esperar uma mudança peculiar na mentalidade do mundo dentro dos próximos cinquenta a cem anos, na época em que o ponto de primavera avançar para Aquário. Então parece que estou unindo as posições astronômicas com as atividades humanas e com as mudanças particulares na mentalidade. O problema é excessivamente difícil, e tomou-me muitos anos até que o compreendesse, por isso não espero que vocês o resolvam de uma vez. Um astrólogo me disse que as efemérides, isto é, a posição dos planetas, são exatas em função do tempo, mas não em função da posição real das estrelas. Agora vou ler a pergunta da Sra. Sawyer: "Entendi que a astrologia foi projetada nas estrelas, e que não importa se as estrelas estão efetivamente no ponto de primavera, sendo o elemento tempo a coisa que importa. Mas quando você diz que o ponto de primavera está agora em Peixes e profetiza sobre 1940, você está seguindo o movimento real das estrelas, não é? Será que toda a projeção do primeiro momento foi feita com a intuição do movimento regressivo, de tal maneira que a projeção funcione nos dois sentidos – isto é, funcione de uma perspectiva estática e também ao mesmo tempo de uma perspectiva móvel?"

Bem, o ponto importante é que o horóscopo é verdadeiro somente no sentido do tempo, e não astronomicamente. É independente das estrelas. Vemos que as menstruações têm o mesmo ritmo que a lua; embora não coincidam com as fases da lua; caso contrário todas as mulheres menstruariam ao mesmo tempo, e isso não acontece. Significa simplesmente que existe uma lei-lua em cada mulher e do mesmo modo as leis das estrelas existem em cada ser humano, mas não numa relação de causa e efeito. O fato de que o ponto de primavera muda não significa que isso seja a causa das mudanças que acontecem na terra. A vida mudou e mudará, assim como o ponto de primavera muda, mas a conexão aparente é uma coincidência; isto é, as duas coisas acontecem juntas no tempo, mas não numa relação causal.

No horóscopo comum não nos preocupamos com o ponto de primavera. Na vida de um indivíduo o ponto de primavera não importa, mas na vida da árvore da humanidade importa muito. Um ano comum é para nós o que o ano platônico de 26.000 anos de nosso tempo é para a raça. A precessão dos equinócios caminha por trás num círculo de Áries para Peixes, para Aquário, para Capricórnio etc. Para que o ciclo seja completo se passam 26.000 anos. Esta é a unidade platônica na vida da árvore. A fixação do ponto de primavera é uma medida arbitrária para nosso uso arbitrário, a mesma condição que acontecia no ano 2000 a.C., quando a situação astronômica de fato coincidiu com o estabelecimento do horóscopo. A precessão dos equinócios pode ser descrita como os ponteiros de um relógio que marca os maiores espaços de tempo, os ponteiros que medem o tempo para a árvore da humanidade. Em nosso relógio, os ponteiros andam para a frente, mas no relógio da raça se movem na outra direção. Cada signo do zodíaco então se torna um mês [platônico], e chamamos um determinado período de 2.150 anos o mês [platônico] de Peixes por exemplo, o qual é evidentemente uma projeção. Então, para nós, nossa vida histórica inteira, a duração da consciência humana, são apenas três meses. Mas o homem atravessou aqueles 26.000 anos várias vezes. Divida 1.000.000 de anos (a idade provável do homem) por 26.000 e saberemos quantos anos platônicos existiram. O homem paleolítico talvez voltasse várias centenas de milhares de anos até o *Pithecanthropo erectus*, e deste até o tempo dos macacos, e ainda mais além, até os sáurios.

Então quando falamos do aparecimento de sáurios em nossos sonhos, queremos dizer que está se fazendo sentir a marca de um tempo extremamente remoto. No decorrer das inúmeras revoluções dos anos platônicos recebemos marcas de condições das quais não somos conscientes, mas elas estão no nosso inconsciente. Somente três meses no poder é muito pouco, permite uma fraca exibição. Somos envergonhados intelectualmente, pois desconhecemos; a consciência humana é ainda muito jovem. Existem certas evidências simbólicas nos nossos sonhos e fantasias, mas isso está longe do científico. Tudo o que resta para nós, por exemplo, do "mês" do Touro e de Áries são deuses touros e deuses carneiros. Talvez com uma elaboração adicional do inconsciente poderemos um dia voltar ainda mais atrás; poderemos sentir o que Gêmeos e Câncer significaram para a humanidade. Em todos os casos, temos o Zodíaco, que é a projeção ingênua das gravações inconscientes através dos inúmeros anos platônicos. A humanidade projetou memória intuitiva nas estrelas enquanto se movia pelos ciclos em épocas remotas, não sei se naqueles dias ele sentiu o caráter extremamente histórico, mas o homem relativamente primitivo fez essas projeções.

Depois o tempo progrediu, e lentamente o ponto de primavera vagou para fora de Áries; então eles sentiram que precisavam fixá-lo, e desde então é simplesmente a lei em nós mesmos que responde pela validade da astrologia. Ela tem a mesma validade que a conexão entre os períodos mensais da mulher e a lua. Assim podemos pensar nas leis subjacentes do nosso inconsciente como leis das estrelas. Mas o ponto de primavera artificial não tem nada a ver com a vida da árvore da humanidade. Na época em que o zodíaco foi inventado, o homem estava na primavera da consciência, portanto a queda do ponto da primavera em Áries, um signo da primavera, foi apropriado; é como se o horóscopo da humanidade tivesse começado com a aurora da consciência. O ponto essencial para lembrar é que a precessão dos equinócios não prova a correspondência de fatos astronômicos com períodos da psicologia humana. Significa apenas que a nossa consciência se originou no tempo da primavera da humanidade, e que acontece de acordo com o signo zodiacal daquele momento.

Mas aqui há um pequeno engano. Hiparco deveria ter fixado o ponto de primavera em Touro em vez de Áries. Naquele momento o zodíaco tinha apenas onze ou dez signos. Na época dos romanos havia onze signos, Libra, o décimo segundo, foi feito cortando parte do Escorpião[1]. Isso se relacionava com o fato de que o ponto da primavera se moveu de Touro para Áries. Isso é muito complicado, mas vocês devem entender o fato singular de que o fluxo de energia, a libido em nós, é o fluxo da energia na natureza viva e no universo, embora os dois mundos não estejam causalmente conectados em seus fenômenos energéticos. A energia em ambos é idêntica na essência, mas em cada plano existe uma sequência causal diferente. E o fluxo de energia em nós e no universo tem a ver com o tempo. De que maneira podemos melhor capturar o tempo, em si mesmo uma abstração? Bem, no fluxo de energia temos alguma coisa sobre a qual paira o tempo.

A nossa ideia moderna do tempo é altamente abstrata, temos noções definidas sobre as divisões do tempo em horas, minutos, segundos etc. – distinções muito finas sobre os valores do tempo, em outras palavras. Para os primitivos, no entanto, o tempo é uma coisa nebulosa. Percebemos isso logo que estamos fora do alcance da civilização, e, com certeza, o Leste todo não tem uma noção do tempo no nosso sentido. Por isso não podemos esperar que o homem primitivo produza símbolos com as características específicas de tempo como as que conhecemos. Ele está mais preocupado, contudo, com o fluxo de energia, como está demonstrado em sua concepção de mana. Temos abundantes materiais que mostram esse simbolismo de energia. Mas a questão de símbolos do tempo é incompreensível e mais difícil, e quero me limitar agora aos que aparecem na linguagem. Estamos constantemente usando metáforas, por exemplo, nas quais o tempo aparece como um rio, um vento ou uma tempestade – "o fluxo das horas que passam" – ou "Tempestas horarum"[2] – qualidade devoradora do tempo. Na mitologia isto pode ser o dragão que come tudo o que se ama – pai e mãe, tudo o que se tem. Portanto, o herói que supera o dragão traz à exis-

---

1. Cf. p. 392-394.

2. *Tempestas*, lat., = "espaço de tempo", "correr do fluxo do tempo", como "tempo" para clima, e temporal.

tência novamente os antepassados, a colheita, até nações inteiras que tenham sido devoradas pelo tempo. Ele resgata todas essas coisas preciosas do passado.

Então a qualidade da eternidade foi atribuída ao herói religioso. Antes do Cristo, era a imortalidade que o herói possuía, e não a eternidade. No mito babilônico de Gilgamesh o herói era dois terços divino e um terço humano, e a fim de ser completamente divino e ganhar imortalidade, ele tinha que atravessar o mar imenso para Westland. Agora, nesses símbolos – dragão, vento, rio etc. – temos símbolos de energia. É o fluxo da vida, o rio da vida, vento, energia espiritual. Assim vemos como o conceito do tempo se confunde com os conceitos da energia. Como um rio é um fertilizante, também o tempo foi visto como produtivo. Bergson tinha essa ideia em sua *durée créatrice*[3]*, que é na verdade a ideia neoplatônica de Chronos[4] como um deus da energia, luz, fogo, poder fálico e do tempo. O material para símbolos de tempo como aparece nos idiomas é muito disperso. O conceito do tempo é muito abstrato e se funde tanto com o de energia que é difícil dissociá-los, a fim de mostrar que o tempo realmente existe. Ele logo se torna energia. Mana no início parece apenas se relacionar com energia, mas posteriormente assume as qualidades do tempo.

Agora vamos nos ocupar de Chronos, o deus que comeu seus próprios filhos, cuja palavra tem o significado de tempo. *Chronos* vem da raiz grega *chre*, que mais tarde se tornou a raiz indo-alemã *gher* (há uma inversão do *r* e do *e*), e eles têm a conotação particular de um verbo, de ação. A palavra *chre* tem o significado de passar acima como o vento. Em alemão é *hinstreichen über*. *Gher* dá a ideia de ter, segurar. Da palavra raiz *chre* vem *chronos*, e da palavra raiz *gher* vem *geron*, uma palavra grega que significa velho em alemão, *Greis*, homem velho; então o tempo assume a aparência de um homem velho. Com os primitivos a noção de tempo é expressa por um homem velho, ou por um sinal visível da velhice. Ao ver um homem velho se torna visível que o tempo existe. Meus africanos pensavam que eu tinha cem anos porque tinha cabelos brancos. Cem anos significam uma idade incalculável. Chronos é o mais idoso dos deuses[5].

---

3. Cf. 16 de outubro de 1929, n. 3.

* Duração criadora, em francês no original [N.T.].

4. Há uma confusão aqui e no parágrafo seguinte entre duas entidades da religião grega. Kronos (ou Cronus) é um dos Titãs, filho mais jovem de Urano, o deus-céu; ele castrou seu pai, casou com Réa, e concebeu crianças que ele devorou ao nascer, exceto Zeus, que sobreviveu para derrotar Kronos. O nome Kronos não se relaciona com a palavra *chronos*, "tempo". A personificação Chronos é, na tradição órfica, o nome de uma deidade cosmogônica de quem emanou éter e igualmente caos (KERÉNYI, C. *The Gods of the Greeks*. Ed. Penguin, 1958, p. 17-20, 100).

5. De acordo com Kerényi (op. cit.), Kronos era o mais novo da segunda geração. Cf. 19 de junho de 1929, n. 8.

Além disso há uma palavra iraniana *zrvan*, habitualmente encontrada em conexão com outra palavra, *akarana*, que significa um deus, e *Zrvan Akarana* significa duração ilimitada que contém tudo o que acontece[6]. Uma vez um antigo estudioso francês fez uma suposição perspicaz sobre essa expressão, mas infelizmente ela se revelou não estar correta. Ele achou que, como a expressão significava um tempo imensamente longo, ela continha a ideia de Ormuzd (luz) e Ahriman (escuridão). Em outras palavras, o par de opostos. Mas isso não pode ser assim, porque uma versão conta que Zrvan, o diabo, fez o tempo, e outra versão diz que Akarana, o deus da duração, o fez, então as opiniões estão divididas sobre a origem dessa coisa péssima, o fluir da energia. Não poderemos nunca descobrir quem é o responsável. Em nenhum lugar existe um dualismo tão maravilhoso. Pode-se fazer um diagrama sobre isso, da forma seguinte: Vocês veem que se forma uma cruz? Eu tenho um livro com uma imagem que gostaria de mostrar para vocês. É um deus crucificado pendurado em uma cruz, e à direita está o sol, e à esquerda a lua. O sangue de todas as suas feridas está escorrendo como graça para o mundo – energia divina. O confronto entre o sol e a lua, unificados pelo sofrimento do homem na cruz, traz a energia. A coisa que corre é o tempo. Então na antiga religião persa há outro símbolo muito interessante, um verdadeiro conceito de mana. É *haoma*[7], que significa graça. Realmente significa esplendor ardente, mas é o que os cristãos chamavam graça, o dom do Espírito Santo, como as línguas ardentes que caíram sobre os discípulos – línguas ardentes da graça celestial, mana. É bastante possível que haja em algum lugar uma conexão entre a ideia persa e a cristã. Vejam, além do tempo há também o conceito da energia.

Gostaria de discutir também sobre outra palavra grega relacionada com tempo, *Aion*, que significa o tempo da vida. *Aion* tem conexões interessantes. O equivalente em latim é *Aevum*, que quer dizer eternidade, também a duração da vida, ou uma época na história. Há um verso maravilhoso de Horácio[8], sobre o rio que vai fluindo e fluindo, fugindo por toda a eternidade (*aevum*). Mais uma vez, encontramos a união peculiar de energia e tempo. A palavra *ewa*, do antigo alto-alemão, que significa "sempre", se aproxima de "ever", palavra do anglo-saxão e do inglês moderno. Então, em relação a *Aion*, há fato interessante de que o persa *Zrvan Akarana* se tornou tempos depois o deus Aion e desempenhou um importante papel no culto mitraico. Isso é bastante difícil de entender. Ele é também chamado de

---

6. Apud *Simbols of Transformation*. CW 5, § 425 (como na ed. de 1912).

7. Apud *Psicologia do inconsciente*. OC 7/1, § 108.

8. *Epistles* 1.2.43: "[...] labitur et labetur in omne volubilis aevum" ("ainda [o rio] desliza e deslizará, rolando sua torrente para sempre") (LCL. Trad. de H.R. Fairclough).

deus Leontocephalus, ou seja, o deus com cabeça de leão, e estátuas dele foram descobertas às vezes em cavernas subterrâneas. O culto de Mitra tinha caráter ctônico, por isso todas as igrejas eram pelo menos parcialmente subterrâneas, e originalmente ficavam em cavernas. (Diz-se que a gruta onde o Cristo nasceu tinha sido um templo de Átis.) Nas estátuas o deus Aion é representado como um homem com uma cabeça de leão, em cujo corpo se enrola uma serpente, que tem a cabeça projetada sobre a cabeça do homem[9]. Outro símbolo mitraico é a ânfora com o leão e a serpente em luta por sua posse, e muitas vezes uma chama sai da ânfora[10]. O leão é julho, o calor ardente do verão, e a serpente representa a escuridão e o frio da terra, então é o Yang e o Yin novamente. Aion é o deus da união dos contrários, o tempo em que as coisas se juntam. Agora, acho que falei o suficiente por enquanto sobre a conexão peculiar entre tempo e energia e psicologia; tivemos uma discussão bastante aprofundada. Vamos então voltar ao sonho.

Um dos membros do seminário me perguntou se nossas discussões aqui não teriam afetado o próprio sonhador. Acho que sim, influenciaram. Devo dizer que durante o verão ele deu um passo decidido para frente. Seus sentimentos se tornaram muito positivos, e até agora, aparentemente, não mudaram. Há quatro semanas, pela primeira vez, ele escreveu um poema espontâneo sobre o nascimento de um novo sol, que é um festival de primavera celebrado no norte da África. No dia 28 de julho ele teve um sonho, e o trouxe para analisar, no dia 21 de novembro, há três semanas.

Sonho [19][11]

Ele sonhou com um monge budista, um pequeno homem velho que o levou a uma fenda em uma muralha ciclópica, e no interior ele viu pessoas que se comportavam como uma sociedade secreta fazendo coisas misteriosas. Uma vez no lado de dentro, em uma espécie de templo, o homem velho se transformou num lindo menino, e o sonhador prostrou-se e o venerou como se ele fosse um ser divino. Ele usava três capas, uma sobre a outra, e uma espécie de boné. Era parecido com o *Münchner Kindl*[12].

Isso perturbou o sonhador, mas expliquei a ele que os cabiros são habitualmente representados assim, aquele no brasão da cidade de Munique é um pequeno monge. Ele é como os cabiros de Esculápio, o espírito familiar estimulante dos

---

9. Essa estátua está reproduzida como o frontispício de *Aion* (1951). OC 9/2, e como fig. 84 em OC 5 (descrita no § 425, na ed. de 1912).

10. Representada em ibid., pl. LXIIIb.

11. Cf., p. 289, explicação sobre a numeração deste sonho.

12. Cf. em 22 de maio de 1929, n. 4.

médicos, que muitas vezes são representados segurando um rolo de pergaminho e lendo sabedorias para Esculápio, e está sempre coberto da cabeça aos pés, e com um capuz sobre seu rosto. Seu nome é Telésforo, que significa aquele que traz realização, perfeição, ou iniciação. Isso é o que eu disse para ele, e de certo modo atuou na sua mente, pois durante o último seminário ele produziu uma imagem de um menino na posição da cruz. Numa das suas mãos estendidas ele segura um sol, e na outra o sistro, ou o crescente. Imaginem vocês, ele não sabe nada do que está acontecendo aqui, e contudo ele fez exatamente o que nós estávamos fazendo. O sonho é interessante, mas os símbolos não poderiam ter resultado do que eu falei para ele, provavelmente eles não teriam surgido sem o nosso seminário. Acho que ele ficou tocado no seu interior. Eu quero chamar a atenção de vocês para o desenho que há no manto. É como uma flor de lis, mas é também um símbolo budista para o raio, ou energia coletiva, o que o sonhador não sabia. Quando pedi uma explicação da imagem, ele disse que, como as havia pintado, ele constantemente tinha as palavras em sua mente: "Eu sou a Ressurreição e a Vida".

Agora vamos retomar o sonho que seguiu diretamente àquele sobre a união dos pares de opostos, os símbolos da espada e da foice.

Sonho [21]

Ele vê uma vasta planície cinza se aproximando dele, e quanto mais se aproxima, mais o cinza monótono se dissolve em faixas multicoloridas, algumas largas e algumas estreitas, e elas se movem uma através da outra, de uma maneira peculiar, se unindo e se separando. E então ele vê que muitas pessoas estão ocupadas com estas faixas, como se para dar forma ou canalizá-las, ou mudar sua direção ou misturá-las. O trabalho é dificultado pela pressão que vem das outras faixas. Então, por conta dessa interferência, a atividade das pessoas é prejudicada e o resultado é muitas vezes bastante diferente da intenção original, e ele diz a si mesmo: "Causa e efeito". Então ele tenta ajudar as pessoas, e ao trabalhar com elas se dá conta de que eles não são nada senão a superfície de uma vasta massa, como um rio enorme fluindo numa certa direção, e o movimento é devido à massa fluindo como uma corrente de lava, as faixas aparecendo e desaparecendo de novo. Ao mesmo tempo ele percebe que tudo está transparente e luminoso, de que não só a própria massa, mas também a atmosfera e as pessoas e ele próprio são todos permeados por alguma coisa que ele compara com luz fluida, e sabe que aquilo tem uma grande influência sobre tudo o que permeia. Ele diz para si mesmo: "O Destino do Homem, o Destino das Pessoas, o Destino dos Mundos", enquanto continua preocupado em configurar sua faixa.

Associações: sobre a *planície cinza*, ele disse que o cinza contém todas as cores porque é a combinação de todas as outras.

Quanto ao seu comentário "Causa e efeito", quando ele vê as pessoas remodelando as faixas, ele diz: "Isto é sem dúvida bastante ilógico. As pessoas não poderiam esperar exercer qualquer efeito sobre aquela massa enorme. Eles não provocariam nenhum efeito sobre a coisa total".

Depois ele diz não ser capaz de compreender o significado do sonho. Ele pensou que talvez se relacione com as impressões que teve com um livro de Künkel, de nome *The Great Year*[13] [O grande ano], representando o ano platônico. Li esse livro e ele não é particularmente importante, mas traz uma muito boa descrição da situação na era de Peixes e na era de Aquário. Há algumas ideias interessantes neste livro. O sonhador o leu. Agora, de que maneira podemos provar que foi um sonho astrológico?

Dr. Baynes: Por suas frases, o destino do homem, o destino das pessoas etc.

Dr. Jung: Sim, isso mostra os três estágios, o indivíduo homem, a humanidade e o mundo. É exatamente o que estávamos falando – a semelhança entre o fluxo de energia e tempo, que contém os grandes anos platônicos e o seu destino individual também. Agora, o que as faixas sugerem?

Sra. Sigg: Que está modelando sua vida individual.

Dr. Jung: Sim.

Sra. Fierz: É a mesma ideia que o fio das deusas Parcas[14].

Dr. Jung: Sim, representa a continuação do tempo, a linha fiada pelas deusas do destino. Agora, o que são as cores?

Dr. Baynes: As cores são os elementos individuais do espectro.

Dr. Jung: Sim, e esse fluxo peculiar que permeia?

Srta. Wolff: Ele é claridade, luz, o princípio espiritual da consciência permeando tudo.

Dr. Jung: Sim, tudo e todos são permeados por ele. Aquele fluxo de substância compacta como a lava é a ideia da matéria física, e ela é permeada pela luz, o princípio espiritual, que não está só dentro, mas está também acima. Temos então as duas coisas, substância ou corpo material, e o princípio imaterial misterioso da consciência. Eles interpenetram um no outro. Pensamos que conhecemos alguma coisa sobre matéria, mas o que é consciência? Não temos a menor ideia. Não temos nenhuma perspectiva afastada da consciência a partir da qual possamos julgar suas propriedades. Agora, cada indivíduo é representado por uma faixa, e a Sra. Fierz comparou as faixas do sonho com os fios tecidos por um destino, decorados com rosas por outro, e cortados por tesouras de um terceiro, que deve ser a morte. Este é um tipo semelhante de prolongamento do símbolo.

---

13. KÜNKEL, H. *Das grosse Jahr*. Jena, 1922.

14. Na religião romana, três deusas do destino.

Talvez seja interessante ir mais a fundo neste sonho. Podemos dizer que a vida humana é uma longa faixa, como um rio comprido. Olhando para ele do alto de uma montanha, podemos ver talvez uns duzentos quilômetros, a distância inteira do rio da sua fonte até o mar. Podemos vê-lo todo em um ou dois segundos, porém um barco no rio precisa de muito tempo para percorrer essa distância, e a própria água demora muito tempo para correr tão longe. É o tempo ou a vida humana vista de muito longe, o começo e o fim ao mesmo tempo. É a visão do tempo no espaço. Agora, vamos supor que do alto de uma grande montanha suíça você veja dois cavalos e carroças surgindo, e você sabe que vai demorar dois dias para que eles se encontrem. Do alto podemos examinar o futuro desses dois companheiros. Assim, nesse sonho vemos a vida humana como uma faixa, como o rio do tempo, e alguém que tem esse sonho está num ponto alto vendo o passado, o presente e o futuro ao mesmo tempo. De um ponto como este, a vida humana pareceria como uma extensão do homem, e então o próprio homem não seria mais uma figura definida, poderia ser prolongado no tempo. Ao seu corpo presente poderiam ser adicionados todos os outros corpos que ele já tenha tido. O corpo que tinha ontem e antes disso, quando era pequenino ou como um embrião, até minha morte forma uma faixa, uma longa série de corpos. Isso faz do homem uma cobra, e o tempo é uma cobra. Na quarta dimensão, o homem é um verme, e nosso comprimento não é medido em metros, mas por nosso número de anos. Poder-se-ia dizer que isso seria uma noção completamente maluca, mas vou dar a vocês uma ilustração repleta de dignidade religiosa. Cristo é representado como uma grande serpente que carrega doze signos nas suas costas, que significam os doze signos do zodíaco e também os doze apóstolos. Ele diz: "Sou o vinho, vocês são os ramos"[15]. Ele é a serpente do zodíaco, e eles são a manifestação dos meses, pois a ideia do homem como uma serpente não é tão incomum.

A serpente foi a forma original do deus médico. Havia uma serpente enorme no templo de Esculápio, e no século III, um enorme animal foi trazido a Roma para combater o espírito de epidemias. Durante séculos havia uma serpente no santuário. Foi a veneração da serpente. Um bastão envolvido por uma serpente era o símbolo do médico, o caduceu. Era também o símbolo de Hermes o Feiticeiro. Havia originalmente a ideia de que o próprio Esculápio era uma serpente, pois transmitia a ideia de cura, assim como Cristo era o curandeiro. Salvador e serpente são símbolos intercambiáveis. Moisés levantou a serpente, e Cristo disse que assim ele deveria ser levantado para arrastar os homens junto dele. Os gnósticos dizem que Cristo era uma serpente mandada pelo verdadeiro Deus espiritual que teve piedade da humanidade quando viu a fraca consciência de tudo que eles tinham.

---

15. Jo 15,5.

Ele mandou Cristo como serpente no Jardim do Éden para ensinar as pessoas a comerem do fruto da árvore, para reconhecerem o bem e o mal, e para se tornarem conscientes. É uma ideia peculiar – que nós devemos ser sábios como uma serpente.

Período de inverno

Segunda parte: janeiro-dezembro de 1930

Palestra I

22 de janeiro de 1930

Dr. Jung:

Vocês se lembram de que no último seminário nós abordamos três ou quatro casos de exteriorização da nossa discussão sobre o simbolismo da cruz e do crescente, os casos de crianças que produziram desenhos que expressaram exatamente aquele assunto. Tenho agora outro exemplo para contar a vocês. Em Berlim vi uma paciente que eu só tinha visto cerca de oito ou nove vezes antes, mas naquela época eu já tinha começado com os desenhos dela, e nisto ela era muito rápida e bastante eficiente. Outro dia ela me mostrou um dos seus desenhos, o qual o seu marido tinha criticado como artificial. Ela havia desenhado a mesma imagem que a Sra. Sawyer nos mostrou aqui, a cruz e o crescente na grande luz, feito na mesma data. Isso é particularmente interessante porque eu a tinha visto muito pouco. Neste ínterim eu tinha recebido do seu marido duas ou três cartas de caráter oficial, mas não havia conexão direta.

Então, ao pesquisar nos arquivos do departamento Leste-asiático do Museu de Berlim[1], pude encontrar estes exemplos de cilindros [para retrogravuras] para selagem, que são de grande interesse em conexão com o mesmo simbolismo.

[Então Dr. Jung nos mostrou algumas fotografias e impressões em gesso de modelos, lacres, gravados nas superfícies de cilindros babilônios feitos de ametista e jade. Entre os mais marcantes havia uma cruz de Malta, com o crescente num canto e o sol debaixo com a cruz no centro. Outro continha a ideia do par de opostos – duas figuras masculinas em cada lado da árvore sagrada dos babilônios. O tronco da árvore tinha uma segmentação peculiar e levava uma luz na parte superior, no formato do disco solar alado. O disco era dividido em quatro partes pela forma da cruz, e as asas faziam com que fosse parecido com um símbolo egípcio. Outro exemplo foi uma árvore segmentada com a ânfora no topo, de onde surgia

---

1. Staatliche Museum. Berlim: Vorderasiatischee Abteilung. Atualmente se localiza em Berlim do Leste. A visita a Berlim a que Jung se refere não está documentada de outra forma.

o disco alado. Ainda outro com um padrão similar tinha cabeças humanas no topo equivalente ao sol alado[2].]

A árvore sagrada desempenhou um grande papel no culto babilônico, e é muito frequente nos selos. Às vezes é como uma palmeira da tâmara, comumente com dois sacerdotes em veneração, ou dando água para a árvore. Nossa árvore de Natal é realmente um paralelo, a luz do ano-novo. Então havia a ideia do nascimento do sol no topo da árvore; Mitra e Rá foram ambos representados dessa maneira. Mitra às vezes aparece com três cabeças, uma trindade, brotando da árvore. É também uma ideia medieval, como a árvore genealógica de Adão, com as raízes no adormecido Adão, o rei de Israel nos ramos, e Cristo coroando o topo como o último descendente – novamente a árvore iluminada. Tenho um desenho feito por um paciente de uma árvore segmentada com um disco alado no topo e com quatro cabeças em volta das raízes. O tronco segmentado representa a coluna espinal, ou o Ka ou a alma corporal dos egípcios, enquanto o disco solar entre as duas asas no topo seriam mente ou espírito.

A meu pedido, Dr. Deady e o Sr. Henderson fizeram um resumo do material do sonho dos seminários passados, que será lido para o benefício dos novos membros. Será quase impossível para vocês compreenderem todos os detalhes, mas será uma vantagem para a classe fazermos uma pausa e se possível tomarmos notas do que podemos chamar de movimento musical do inconsciente nestes sonhos, uma espécie de movimento rítmico. É um modo ainda não conhecido. Estamos longe da compreensão das dinâmicas, as leis do movimento do inconsciente; talvez seja como uma espécie de sinfonia. Um amigo meu encontrou um esquema interessante a partir de uma série de seus próprios sonhos num período de três anos; ele extraiu os temas e os organizou em um sistema que inventou, fazendo notações sobre o grau de intensidade também. A partir disso se pode extrair uma espécie de contraponto. Alguns temas tomam a dianteira e outros desaparecem. Notei, por exemplo, que, quando o tema anima estava acima, o tema sexo estava abaixo; e quando o sexo toma a liderança, a anima retrocede. Então a partir deste relatório poderemos obter uma impressão de um caráter musical peculiar no fluxo dos sonhos. Tenho a impressão de que a música tem muito a ver com o nosso inconsciente; talvez seja a música do futuro. A ideia de Schopenhauer do movimento de ideias eternas possa ser para nós o movimento de arquétipos. Isso ainda resta para se ver, consistem sobretudo de pontos de interrogação remotos.

---

2. Esses lacres gravados, ou outros muito semelhantes a eles, foram publicados em MOORTGAT, A. *Vorderasiatische Rollsiegel, ein Beitrag zur Geschichte der Steinschneidekunst*. Berlim, 1940. Cf. n. 630, 535 e 667. Conforme a Professora Edith Porada, a identificação de detalhes apresentada aqui por um dos editores do seminário é em grande parte imprecisa [Comunicação pessoal].

[O relatório é lido pelo Sr. Henderson[3].]

Dr. Jung: Suponho que vocês não conseguiram seguir completamente a massa de matéria condensada que foi lida, vocês devem ter uma impressão bastante confusa. É muito importante, entretanto, que tenham ouvido o fluxo de imagens representadas. Agora vou apresentar uma nova tarefa para vocês. Gostaria de ver vocês tentarem, com a ajuda desse relatório e o relatório mais completo dos seminários passados, reconstruir, de certo modo, de forma abstrata, esse movimento do inconsciente por meio da série de sonhos. Quero descobrir alguma coisa sobre as leis dessa melodia particular. Talvez haja músicos entre nós que podem ter uma intuição; não sou músico para administrar isso, mas posso dar sugestões para este tipo de empreitada. Suponho que tenham visto que existem alguns temas que ocorrem de vez em quando – uma máquina, ou a alusão ao princípio do mandala, ou o caldeirão, a anima etc. Estes são princípios, temas, de frequência mundial, e grande estabilidade de significado e interpretação. E estes temas podem ser aproveitados: aqui está alguma coisa bastante concreta, um fato, como uma alça dura que podemos pegar. Claro que admito que existe uma vaga margem na qual não sabemos exatamente como elas devem ser agarradas. Às vezes é muito claro, às vezes fino e tênue; há muitas nuanças de significados. Nestes casos devemos classificá-los como duvidosos ou indefinidos. Em qualquer ciência existem fatos duvidosos. Mas no todo se encontram certo número de temas bastante definidos, como direções no espaço, símbolos espirituais, sexo, que não escapam do nosso agrupamento. Se temos temas tão tangíveis, que permitem dizer que este é um sonho de renascimento, ou um sonho regressivo etc., isto forma uma base de trabalho; se possuirmos pormenores, poderemos talvez estabelecer certas regras conforme o movimento aconteça. Podemos inventar um método com números, ou com desenhos, digamos, pelo qual os temas possam se tornar visíveis. Vou mostrar para vocês o método que meu amigo usou.

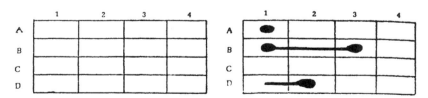

1, 2, 3 e 4 representam sonhos.
A, B, C e D são temas.

---

3. Este relatório não sobreviveu.

A presença ou a ausência e a intensidade dos vários temas são anotadas para cada sonho. Ao trabalhar com um paciente temos dois métodos para medida do valor a ser atribuído ao seu material. Se o paciente fala muito de certo tema, fica evidente onde está a libido dele; ou ele pode não falar de forma alguma sobre um tema, sua libido está ali também, mas ele não está consciente disso. O outro método é o número de associações e o tom do sentimento.

Aqui temos outra possibilidade parecida com aquela anterior, na qual vamos tentar mapear a intensidade dos vários temas. Podemos dizer no sonho 1 que o tema C está ausente totalmente. O tema A, que é acentuado no sonho 1, diminui no próximo sonho, e B também, mas o tema B vai além até o sonho 3, enquanto A não. O tema D aumenta de algo muito tênue no sonho 1 até algo bastante pronunciado no sonho 2.

Este é um trabalho de pesquisa para vocês – nova terra. Todos podem descobrir ouro. Vocês podem ver algo que ninguém tinha visto antes. Talvez vocês queiram usar cores diferentes para mostrar de que maneira os fios se movem, de modo similar à visão ampla do rio daquele sonhador. Será melhor que vocês sigam as sugestões do inconsciente, e poderão chegar a algum ponto. Parece-me possível realizar este trabalho. Aquelas faixas peculiares no sonho dele poderiam ser os temas diferentes. No sonho elas significavam vidas individuais, mas talvez sejamos todos um complexo numa mente maior, como, em nossa própria mente, complexos são tentativas individuais autônomas. Pensamos ser supremos de algum modo, com alguma finalidade para nós, mas é bem possível que sejamos meramente esses complexos, que se movem, discutem, talvez tenham disputas entre eles, talvez briguem como nós, façam muito barulho. Temos que permitir essas especulações, nos permitir abrir a nossa mente e liberar todos os preconceitos – buscar a verdade. Para descobrir a verdade é sempre necessário descartar tudo o que se pensava antes. Por que não? Eu tentei fazer de mim mesmo um padrão, e isso foi bastante engraçado, como um rio com óleo na superfície. Mas parece bastante estético, e quando uma coisa sugere beleza ou harmonia em suas formas, ela sempre tem mais a ver com a verdade do que quando é feia.

Palestra II

29 de janeiro de 1930

Dr. Jung:

O último sonho que tratamos tinha aquela grande visão filosófica. O próximo é completamente diferente.

Sonho [22]

O sonho começa com a visão de um tipo peculiar de máquina, a qual o paciente sente que ele próprio tem que controlar. Parece que serve para moer algo, mas ele não sabe que substância. É uma espécie de veículo que se pode dirigir tanto com cavalos quanto com motor, e dotada de uma capota peculiar. O interesse dele se concentrava sobretudo num grande cilindro, ao redor do qual giram diversos pequenos cilindros com superfícies aparentemente irregulares, globulares. O cilindro principal não é completamente globular, é indentado, e enquanto os pequenos cilindros giram, eles sempre cabem entre os dentes do cilindro grande, e também nos dentes dos cilindros pequenos de cada lado, semelhante à ação de uma roda dentada, ou talvez de uma articulação esférica. (Chamamos *Kniegelenke* em alemão, e *rotule* em francês*.) Ele diz que imediatamente se dá conta de que a máquina não funciona muito bem; algo não funciona como deveria. Então ele tenta mover cada cilindro isoladamente, girar cada um e assim a superfície globular principal se torna visível na parte superior. Então ele chama um mecânico, e explica para ele, falando francês, que ele mudou a posição das *rotules* desses cilindros e que agora a máquina vai funcionar melhor.

Associações: Sobre a *máquina*, ele diz que parece ser um aparelho para moer algo e que isso é para ele uma espécie de metáfora. É a engrenagem da rotina do trabalho diário, e acrescenta que isso é real porque naquele momento sua análise foi interrompida por causa de uma viagem de negócio a um país distante. Suas atividades ainda exigem certa atenção, e é seu dever cuidar dele. Ele diz que está,

---

* Joelho ou rótula [N.T.].

de certo modo, na relação com o seu antigo trabalho como está em relação a essa máquina. O negócio é como a máquina que funciona, mas ocasionalmente não funciona, e então ele tem que assumir o controle. Portanto, é bem evidente que o principal aspecto do sonho é uma espécie de metáfora, que expressa seu negócio, e a linguagem deriva mais ou menos das suas preocupações profissionais.

Depois ele diz que a *disposição dos cilindros* peculiar o faz pensar em uma espécie de divisão do tempo, que o tempo é semelhante, consiste numa série de unidades que estão todas ligadas entre si, mas cada uma difere da outra, como dias, horas, anos etc. A parte principal seria o ano, e todas as pequenas irregularidades seriam os dias, que são longos ou curtos e têm outras várias características. Então ele diz que as irregularidades lhe lembram da maneira de como os dentes se comportam. Quando se arranca um dente, o dente oposto tem a tendência de preencher o espaço formado. Evidentemente ele quer falar do ajuste daquela indentação.

Agora o *mecânico*. Ele diz que, apesar do fato de já ter um mecânico que se ocupa da máquina, ele mesmo trata de fazê-la funcionar. Ele fala francês com o mecânico, o que não é espantoso porque, sobretudo no seu negócio, ele fala tanto francês como alemão ou mais. Ele chama os cilindros de *rótulas*. Na realidade faz pouca diferença se falamos de roda dentada ou de rótula, mas para ele fazia uma diferença, tanto que ele mencionou isso em suas associações.

Este é o sonho todo, que é muito difícil. Aqueles que ouviram o sonho anterior talvez tenham um ponto de vista. Onde está a ligação?

Sra. Fierz: A ligação está no final do último sonho. Acho que existe uma analogia entre cada homem trabalhando sua própria faixa e o fato de que o próprio sonhador conserta a máquina.

Dr. Jung: Sim, essa é uma ligação. E a preocupação dele pelos negócios é uma coisa perfeitamente consciente para ele, então podemos seguramente afirmar que o seu sonho tomou a linguagem desse negócio, de acordo com o antigo adágio de que o cachorro sonha com um osso e os peixes com água[1]. Qual seria outra ligação?

Sra. Crowley: O elemento tempo está em ambos os sonhos.

Dr. Jung: Sim, aqui encontramos novamente o elemento tempo nas associações dele de que as irregularidades dos cilindros pequenos simbolizam os meses, dias etc., girando ao redor do ano. Há outra analogia?

Sra. Sigg: Tivemos vários sonhos com máquinas e sabemos que há um vão na vida dele. Seu problema sexual não está resolvido. O fato de o sexo dele estar desarranjado é o núcleo em torno do qual ele gira por todos os seus sonhos.

---

1. Em "A aplicação prática da análise de sonhos" (1931. OC 16/2, § 318) Jung cita "o antigo ditado, *Canis panem somniat, piscator pisces*" ("O cão sonha com pão, o pescador com peixes"). Não foi possível encontrar a fonte latina de cada versão do provérbio, que há em várias culturas.

Dr. Jung: Sim, o último sonho com uma máquina era aquele em que o motor estava quebrado, em que o magneto explodiu. Neste também há a ideia de girar em torno de um núcleo central. Antes deste havia o sonho do rolo compressor, também moendo. Estava moendo cascalho na estrada, e também tinha uma capota sobre a máquina. Ela estava fazendo a estrada, além do mais, a qual veio a se revelar como o desenho de um mandala, como neste caso a planta baixa poderia vir a ser, se a imaginarmos por inteiro. Poderia ser o tema da flor mandala, como neste desenho. Então há de novo a identidade entre a sua própria vida e o tempo. Eu não realcei esta analogia para o paciente. Na prática nos preocupamos com coisas imediatas, então fiz apenas uma alusão a isso. Parecia mais importante para ele naquele momento conseguir fazer a sua própria máquina  funcionar. Ele é um homem muito prático e seu interesse pela filosofia é uma questão secundária, uma espécie de passatempo. Essa é a razão por que o inconsciente insiste nisso outra vez, porque é necessário para ele ver essa identidade peculiar da vida e tempo e energia. Quando um sonho enfatiza um tema, devemos voltar e prestar atenção nele. Sem dúvida, existem alguns temas, alguns pensamentos que são tão profundos e abrangentes que podemos falar durante meses e nunca chegar ao final. A identidade psicológica é uma dessas ideias, e é melhor nos aprofundarmos nela.

Sra. Sigg: Parece natural que a máquina não pode funcionar enquanto só é pensada como sendo um mecanismo físico. O sonho parece dizer que ele é uma criança do seu tempo para sonhar com sua vida como uma máquina, mas na realidade é mais como uma flor, que é orgânica em seu mecanismo.

Dr. Jung: Sem dúvida existe a ideia do irracional nisso, embora seja uma máquina, e com certeza esse homem olha para a vida de maneira bastante racional. O sonho chama sua atenção para o fato de que a vida não é de forma alguma racional e simétrica, é muito complicada e irregular. Este é certamente um ponto que ele negligenciaria porque sempre tenta organizar sua vida de acordo com certos princípios e não de acordo com fatos irracionais. Por isso sua máquina está de novo e de novo fora da ordem, e ele tem que voltar a ela. Mas isso é um esclarecimento secundário, e temos que voltar de novo à situação geral.

Vejam, esse sonho veio depois de uma grande visão, que de repente abriu seus olhos para o tamanho real do seu problema. Ele nunca suspeitou que seus sonhos pudessem conduzi-lo tão longe. Praticamente ninguém percebe que devemos subir até um ponto muito alto a fim de ver toda extensão do problema psicológico. Todos nós começamos com a ideia de que a psicologia é um pequeno aspecto da vida. Podemos mesmo pensar em termos depreciativos sobre a psicologia, como um "nada além", só isso ou aquilo, mas quando seguimos na estrada real dos sonhos depois de pouco tempo descobrimos que o problema da psicologia humana é de modo algum pequeno. Ficamos impressionados pelo fato de que o inconsciente do homem é uma espécie de espelho das grandes coisas. Reflete a totalidade do mundo – um mundo de imagens reflexas. Vistas da perspectiva do consciente este mundo é a realidade e aquele, o reflexo. Mas o reflexo é igualmente vivente e real, igualmente grande e complicado. Existe também uma perspectiva que vê o mundo exterior como um reflexo do inconsciente. É somente a minoria ocidental que acredita que isso é a realidade, e que aquele outro é uma miragem, o mundo das imagens. Enquanto todo o Oriente, a maioria, pensa que a única realidade reside naquelas imagens, e o que dizemos na realidade é só uma espécie de fantasmagoria degenerada, que chamam o véu de Maya. Esta é a ideia de Platão – que as coisas originais são escondidas, e que as realidades da nossa própria vida consciente são só imitações da coisa real.

Então a humanidade está dividida em sua avaliação sobre o ponto de vista final a adotar nestes assuntos, e a consciência ocidental insiste em olhar para os produtos inconscientes como meramente imagens de espelho. Mas se estudamos os sonhos vemos que o inconsciente transmite por direito próprio, transmite a ideia de que este lado da realidade não deve ser negligenciado. Caso contrário tudo dá errado, e nós temos todos os tipos de neuroses, que não conseguimos explicar. Aparentemente, vivemos num mundo perfeitamente racional, e então ele é praticamente destruído pelo humor que surge do nosso inconsciente. Está lá, e não existe modo algum para removê-lo. Até o filósofo que o explica como um "nada além" poderia ter uma neurose e fantasias suicidas como qualquer outra pessoa.

Agora nosso sonhador, como já disse, estava naquele momento ainda muito sob a influência do seu racionalismo. Este é um ponto de vista egocêntrico – porque *eu* acredito, *eu* acho, as coisas têm que se comportar de acordo com essa lei. Se uma pedra deveria desafiar as leis da gravidade e de repente começa a levantar-se, a polícia seria chamada porque uma pedra infringiu a lei, e todas as pessoas que estavam vendo aquilo seriam mandadas para o manicômio. Olhem para os físicos quando descobriram que os átomos não se comportavam de acordo com a regra. A multidão de eruditos ficou tão perturbada que toda ideia de matéria se dissolveu. Evidentemente, quando um certo grau de pequenez foi alcançado, não existem mais leis. A experiência humana tem só três meses de idade, e quando tiver seis meses talvez a pedra se levante em lugar de cair. O reconhecimento da irracionalidade essencial do universo não foi ainda filtrado pela nossa *Weltanschauung** ocidental. Ainda estamos convencidos de que as coisas acontecem de acordo com leis

---

* Visão de mundo [N.T.].

racionais. Por isso esse sonho insiste de novo neste pensamento contido naquela grande visão do rio. O inconsciente diz para ele que qualquer coisa que ele faça é só uma ilusão, que tudo é apenas um movimento daquele grande rio e que a vida dele é apenas uma onda na sua superfície. Talvez ele pense que está mudando as faixas, mas sua vida não significa nada. Este é o ponto de vista oriental, no qual a magnitude do homem se dissolve instantaneamente. Ele pode sentir-se como sendo o oceano todo, mas com certeza ele é tão pouco o oceano como um grão de areia em todo o Saara. Essa visão é capaz de aniquilar a vida humana em tal extensão que a pessoa simplesmente desiste. Qualquer um que acredite nisto como a última verdade poderia se perguntar qual a razão para tentar alguma coisa. Qualquer um se sentiria de repente manipulado por forças maiores e pensaria que seria inútil lutar, que tudo seria completamente fútil. Essa é a razão para a apatia do Oriente. A vida do Grande é tudo o que importa, não importa que *eu* seja vivo ou morto. E isso conduz quase a um estado de semiconsciência. Nirvana é ser no não ser, ou não ser no ser, um estado paradoxal no qual a autoconsciência é completamente extinguida, assimilada ao Grande.

Mas agora o mesmo inconsciente, no seu funcionamento natural sem preconceitos, conduz o sonhador de volta à sua própria vida, escolhendo imagens nos termos da sua vida cotidiana, o levando de volta para sua tarefa particular. Mostra para ele que a sua máquina não funciona e que ele deveria se preocupar com ela. Os dois sonhos são incompatíveis, embora este seja cheio de alusões ao anterior, o que parece ser contraditório. O que foi o tema principal agora é algo secundário, como um detalhe mais ou menos irrelevante; agora está meramente contido em suas associações que detalhes da máquina se relacionam com as divisões do tempo. A partir disso concluímos que a perspectiva oriental não é uma verdade absoluta mais do que a visão ocidental. Nossa vida individual não é uma ilusão, ela também é válida. E aqui temos o enorme conflito entre as duas visões de mundo, os dois grandes aspectos da nossa própria psicologia.

Assim no seu sonho ele é afastado do humor da visão do mundo. É como se o inconsciente tivesse atingido um ponto culminante nessa grande imagem e então o lançasse no nível dos seus problemas mais pessoais. Descobrimos isso frequentemente nos sonhos – um salto súbito das alturas para a maior miséria individual, talvez, como se dissesse, aqui está uma visão, uma lei da vida, e, a propósito, sua máquina não funciona. Este é o contraponto em sonhos. Depois do tema mais geral, ouvimos de repente a nota individual como uma espécie de contraste. E já que mesmo o inconsciente reconhece a necessidade do ponto de vista individual, traz isso com a mesma insistência que o tema geral, dá a ele o mesmo valor e dignidade, que nós podemos assim assumir, eu diria que a coisa menor é simplesmente tão importante quanto a maior. Não haveria o Saara sem o grão de areia, e a molécula de água é absolutamente indispensável ao oceano. O homem individual é indispensável à existência do cosmos, e quando voltamos às ridículas deficiências de sua vida pessoal, é um problema tão interessante como quando subimos naquelas alturas das quais temos uma visão de toda a extensão da vida universal. Agora, vocês se lembram de que a máquina desempenhou um papel nos sonhos anteriores. Que conclusões podemos tirar então?

Dr. Baynes: Está relacionado à sexualidade.

Dr. Jung: Sim, um mecanismo num sonho significa um mecanismo. E falamos de um mecanismo do homem quando funciona automaticamente, de uma maneira mecanicamente obediente à lei, quando depois disso vem aquilo. Sabemos exatamente como vai acontecer. Há uma conexão de fatos perfeitamente segura e regular, a qual, com certeza, encontramos no território dos processos automáticos, dos instintos. Não são encontrados no domínio da vontade.

Porém a sexualidade não é somente uma máquina. É ligada a vários processos da mente consciente, que são dirigidos pelo livre-arbítrio, como chamamos. As coisas são muito mais complicadas. Nunca seríamos capazes de explicar as funções da mente humana como mecanismos apenas. Aparentemente nesse caso, entretanto, é a parte mecânica, a parte orgânica que não está funcionando. Agora, este sonho anterior, por expressar a sexualidade pelo símbolo da máquina de fazer estrada, lhe dá certo significado, que não podemos deixar de ver. A construção da estrada forma o padrão do mandala, o que significou que a estrada do sexo é a estrada do destino, a estrada da realização do indivíduo. Portanto, podíamos dizer que sem esse mecanismo não seríamos presos pelo destino. Então poderíamos dizer que sem este mecanismo não estaríamos nas garras do destino. De fato, se o homem fosse libertado da compulsão da sexualidade, ele não seria preso à terra, seria sempre livre, como uma ave em suas asas. Nunca seria limitado a qualquer destino definido, porque escaparia de qualquer obrigação. O sexo é o poder que amarra todo mundo, e portanto é a coisa mais importante e mais temida. O neurótico tenta escapar dele porque quer fugir de um destino que não concorda com seus desejos infantis ou seu egoísmo. O sonho, ao escolher o símbolo do rolo compressor, transmite a ideia de uma jamanta, um peso enorme, uma inexorável coisa que esmaga, que rola sobre o homem e o esmaga.

Nesta máquina algo não funciona. Em sua sexualidade este homem tem algo errado. Existe algo que o perturba, e de fato ele está em falta na sua relação com sua mulher. Então vocês concordariam com ele em assumir que essa situação não deve continuar, mas tenham cuidado ao tirar essas conclusões. Ninguém pode dizer que algo seja certo ou errado. Como podemos julgar? A vida humana e o destino humano são tão paradoxais que dificilmente podemos fazer uma lei restritiva. A verdade mediana é que se certa mulher se casa com certo homem existe uma relação sexual entre os dois, mas poderá haver algo mais forte do que o poder da sexualidade que os mantém unidos por fins totalmente diferentes. Devemos permitir essas coisas, porque realmente acontecem, e quando tratamos desses casos aprendemos uma tolerância extraordinária perante as múltiplas formas do destino. As pessoas que devem viver um certo destino se tornam neuróticas se vocês as impedem de vivê-lo, mesmo que seja um grande absurdo em relação à verdade estatística. É verdade que às vezes a água corre morro acima. Pode ser errado do ponto de vista racional, mas isso acontecerá e temos que nos sujeitar. Vemos que essas coisas têm certo propósito, pois realmente não temos qualquer perspectiva a partir da qual possamos impedi-las. Elas contribuem à completude da vida, e a vida tem que ser vivida. Não devemos tentar ensinar ao tigre a comer maçãs. Um tigre é um tigre apenas quando ele come carne; um tigre vegetariano é perfeitamente absurdo. Nesse caso, entretanto, a falta de relacionamento com a sua esposa é evidentemente inquietante, porque desde o início seus sonhos apontaram que havia algo errado. O ponto volta sempre de novo e por uma razão. Este homem tem interesses na filosofia e é inclinado a fazer deles um refúgio ao qual ele se retira para proteger-se dos problemas mais dolorosos. No início ele experimentou ocultismo e teosofia, e depois esperou que eu fosse descobrir alguns palácios de gelo onde podia esconder-se dessa coisa estranha. Depois do auge do último sonho em que naturalmente ele teria ficado muito feliz em estar, o sonho o coloca na sua própria realidade.

No sonho do magneto, o mecânico teve que reparar o motor, enquanto ele próprio permaneceu passivo. Mas esta vez o sonho diz que ele mesmo deve manipular a máquina. O mecânico é novamente o médico do ponto de vista consciente, mas este sonho me apresenta como uma *quantité négligeable*. Quando as pessoas têm não só a necessidade, mas também a habilidade de ajudar-se, são bem capazes de colocar o analista num papel insignificante. Mas isso não deve ser entendido como que permitindo ao paciente superar o analista. O ponto de vista consciente deve ser estudado com muito cuidado. Suponham que surja alguém com megalomania, achando que eu sou um sujeito engraçado que está dando a ele bons momentos por um tempo, e então ele sonha que eu sou um barbeiro ou um alfaiate comum. Nesse caso isso tem um significado completamente diferente. Para ele, eu diria: "Vossa Alteza, sou vosso servo mais obediente e estou muito feliz de amarrar os vossos sapatos", e assim ele vai entender onde reside seu engano. Ou uma paciente talvez sonhasse comigo como um recepcionista, a quem ela dá gorjeta cada vez que sai. Em consequência, eu sou algo superior ao papa, Deus mesmo, na sua mente consciente. O recepcionista é apresentado como compensação para uma enorme sobrevalorização. Assim, não há regra absoluta para interpretar um sonho, é sempre relativo à psicologia do paciente. Depende do ponto de vista consciente;

devemos saber o que o sonho está tentando compensar. No sonho anterior ele me via como o grande mecânico, enquanto neste ele está um passo além; antes mesmo de notar o mecânico ele acha que pode reparar a máquina sozinho. Então estou completamente sem qualquer poder.

Isso seria um desejo satisfeito – ou se preferir, o que chamamos em alemão de *Zukunftsmusik*[2] –, pois o sonho lhe transmite o papel que ele deveria desempenhar, mas que ainda não desempenha. É claro que o inconsciente tem tendência de me ver como *algo insignificante* e fazer dele o homem importante que entende o mecanismo. Isso é um importante passo à frente porque o ajuda a realizar sua própria atividade e a confiar no seu próprio julgamento e na sua própria competência. Isto mostra que o inconsciente é tão avançado em seu desenvolvimento que lhe permite desempenhar um papel responsável, e podemos aceitar que, se este desenvolvimento continuar, ele será capaz de sozinho tomar em suas mãos a solução de seu problema. Quando ele veio inicialmente me consultar, queria que eu dissesse a ele o que ele deveria fazer, queria uma receita. Se tudo tivesse dado certo, teria me considerado um deus, mas na próxima vez em que ele tivesse errado, diria: "Por que me deu tão péssimo conselho?" Nem é um fracasso e nem eu sou um deus. Por isso eu o encaro com a minha total ignorância e me recuso a lhe dar uma receita. Apresento a ele o fato de que isto deve ser muito trabalhado. Conscientemente ele não conhece a solução, diz que não existe nenhuma. Mas não há problemas insolúveis. O seu próprio inconsciente é o grande rio, e se ele conseguir apenas entrar naquele rio, o problema será resolvido de alguma forma. Algumas vezes ele não se resolve com a concordância do consciente, às vezes o problema esmaga completamente a pessoa e o rio passa sobre ela. Isso também é uma solução, embora naturalmente não gostemos dela. Se ele confia na sua mente racional apenas, o rio certamente vai passar sobre ele. É de certo modo razoável ter uma posição modesta e tentar trabalhar o problema comigo. Mas agora, no desenvolvimento da sua análise, ela desperta nele a percepção de que ele próprio tem que tomar o problema em suas próprias mãos, e ele tem certa confiança de que pode fazer algo com isso. Sinto uma vontade profunda de enfrentá-lo de maneira artística como um especialista faria – não impulsivamente, como o negro que bate no motor para castigá-lo, mas sabiamente, como um especialista. Pois isso é o que ele está fazendo quando repara aqueles cilindros.

É muito difícil elucidar esse simbolismo, especialmente a conexão peculiar com o tempo. Mas se pudermos exprimir fatos psicológicos em termos de dias, meses, anos etc., poderemos dizer que essas unidades correspondem a constituintes psicológicos, partes do grande rio, e então entenderemos esta configuração particular.

---

2. = "Música do futuro", figurativamente, sonhos.

Esse mandala seria uma espécie de mapa ou a planta baixa da estrutura da psique ou do *self*, a expressão do que o homem é como entidade psíquica O oriente entenderia isso desse modo. O corpo principal ou o centro virtual expressaria o *self*, e as partes ao redor seriam componentes do *self*, como os meses ou os dias são os constituintes do ano. Há uma analogia com a ideia cristã inicial de que o corpo de Cristo era o ano da Igreja; cada ano repete os eventos da vida de Cristo. Como Cristo tem doze discípulos que compõem seu corpo, assim o ano é composto por doze meses, e assim a serpente zodiacal é composta por doze signos zodiacais, e se diz que isso também é o próprio Cristo, porque Ele próprio disse: "Eu sou a videira, você são os ramos"[3]. A videira e os ramos são indispensáveis um ao outro, assim como a Igreja sem os doze apóstolos não existe, assim como o ano sem os doze meses não existiria. Então o homem é como o ano com os seus doze meses e tantas semanas, dias e horas. Ele tem, podemos dizer, quatro estações, quatro componentes, como os quatro portões da consciência no Leste e as quatro funções que eu discriminei.

Repetidamente encontramos esse sistema de quatro reaparecendo. O mandala típico do budismo sempre contém o quatro, o chamado pátio do mosteiro, com os quatro portões da consciência, representados pelas cores vermelha, azul, amarela e verde. E isso é o que vejo todos os dias quando meus pacientes começam a desenhar. O número de componentes pode ser muito aumentado, habitualmente são quatro, ou podem ser doze ou vinte e quatro, mas é sempre um número equivalente. Pode-se seguramente presumir que algo está errado quando um mandala tem só três cantos. Isso significaria que uma função está faltando. Vi um mandala desenhado assim uma vez, feito por um homem que, de fato, tinha perdido quase completamente a função da sensação. A *quadratura circuli* era o problema da Idade Média, o problema da integralidade psicológica. E essa ideia do mandala expressando a totalidade do ser humano e a posição correta no universo é a ideia fundamental subjacente ao tema da máquina. É o fato central, o padrão subjacente, e não pode ser outra coisa mais. Portanto, o rolo compressor, que faz a estrada, reproduz esse padrão.

Agora, estes componentes da personalidade – que podemos chamar funções, ou unidades mendelianas, ou os primitivos os chamariam de almas ancestrais remanescentes – esses componentes nem sempre correspondem. Podem ser irregulares, talvez, por conta de algum atrito interno. Mas através do desenvolvimento da vida, no curso dos anos, esses constituintes devem funcionar de tal maneira que, no final, serão uma síntese total, a integração da personalidade humana.

Muitas condições neuróticas são devidas no início a certas incongruências, tendências temporárias que simplesmente não podem misturar-se; fogo e água não

---

3. Jo 15,5.

podem juntar-se, e nessa divisão se baseia toda neurose. A neurose tem o propósito de esconder ou de estabelecer uma ponte sobre o vão. A análise tem a função de preencher o vão por meio de uma experiência peculiar, que pode ser o cimento para o fogo e a água, e mantém as duas substâncias resistentes juntas. As dificuldades na vida são quase sempre baseadas nessas fissuras ou incompatibilidades, e parece que o propósito da vida psicológica foi deixar que funcionem juntos até que as irregularidades tenham sido apagadas, como as irregularidades as facetas da roda dentada, assim, no final, as incongruências terão se adaptado num funcionamento suave. Nosso sonhador está tentando fazer isso; os componentes dele obviamente não funcionam juntos. Onde já encontramos essa ideia antes?

Resposta: O sonho do frango.

Dr. Jung: Sim, um frango está sempre fugindo. Um componente tem uma tendência evasiva e tenta escapar. Existem razões suficientes no caso dele para esse elemento evasivo, pois isso é um exemplo típico da função inferior. A função inferior não é um fato bem-vindo. Vocês concordam com a função superior e admitem a função auxiliar para apoiar a função superior, mas se há alguma coisa em você que não se ajusta em sua máquina, que causa perturbações todo o tempo, vocês naturalmente ajudam essa coisa a ir embora. Sua máquina então aparentemente funciona bem, mas periodicamente há uma falha e vocês ficam perturbados, e isso, com certeza, é uma condição neurótica. A condição neurótica corresponde a um estado em que a pessoa sofre interferências funcionais e crônicas. Uma pequena roda se soltou na sua cabeça, dizemos em alemão, ou talvez ela tenha só deslizado. O sonhador usa a palavra "rotule", o que etimologicamente é perfeitamente correto. Vem de uma palavra do latim que significa "pequena roda", mas é o termo técnico francês para esse tipo de articulação. Um componente da sua personalidade não funciona como os outros. Deve se adaptar em algum outro lugar, então agora ele está dando a cada roda dentada a posição que a superfície principal lhe mostra; ele está, aparentemente, reparando o problema. Qual o significado disso?

Dr. Deady: Uma diferenciação na consciência dos elementos da personalidade.

Dr. Jung: Sim, ele fez, aparentemente, a coisa certa. Eu mesmo diria que a questão sexual não era realmente o problema fundamental, mas o sonho diz que irá funcionar muito melhor. É, de uma certa forma, um sonho decepcionante, esperávamos naturalmente algo mais surpreendente. Nada mais, e contudo começa a funcionar.

Sra. Sigg: Ele coloca as funções na ordem das suas maiores diferenciações.

Dr. Jung: Sim, ele tenta arrumar esses componentes de forma que mostrem as suas superfícies mais diferenciadas. Ele os considera por seus valores principais.

Dr. Deady: Ele os arruma, simplesmente, então todos os cilindros ficam visíveis.

Dr. Jung: Exatamente. Estabelece uma consciência que é consciente do valor principal dos componentes de sua personalidade. Uma mera mudança na consciência. Não parece nada, mas é a coisa mais importante. É como o equilíbrio das contas de um grande negócio. Antes, estava todo o tempo decepcionado pelas irregularidades, nunca tinha uma ideia correta. Agora ele vai saber que cada componente tem tal e tal importância e dar a eles a devida consideração. Isso é uma garantia de um relativo funcionamento suave. Ele funcionará muito melhor no futuro.

Palestra III

5 de fevereiro de 1930

[Em resposta a uma pergunta da Sra. Sawyer sobre a interpretação da figura do mecânico no sonho do magneto explodido e no último sonho da máquina de moer, seguiu-se uma discussão animada durante a primeira parte do seminário e as anotações foram tão confusas que apenas o fragmento seguinte pode ser relatado corretamente. O assunto foi retomado novamente e clarificado no início do próximo seminário.

Em relação à afirmação de que o motor reparado foi delegado a uma figura inconsciente, esse exemplo foi dado como ilustração da natureza independente de um complexo autônomo.]

Dr. Jung: Achamos muito difícil perceber que existem fatores autônomos dentro de nós que realmente fazem coisas. Podemos ver isso objetivamente nos casos de sonambulismo, quando as pessoas, bastante inconscientes, se levantam à noite e realizam certas coisas, descobrindo na manhã que tudo foi feito como se fosse magia. Tinha um tio ao qual isso aconteceu. Ele era um especialista contador jurídico bem conhecido, e teve que esclarecer um caso importante de manipulação fraudulenta. Não era capaz de elucidar um item muito importante, até que uma vez, por volta das três da manhã, sua esposa o viu se levantar e ir ao escritório sem vestir-se. Ele sentou para trabalhar à sua mesa durante mais ou menos meia hora, e ela notou que, quando ele voltou, tinha um olhar fixo, os olhos bem abertos e vítreos, e percebeu que ele estava em uma condição de sonambulismo. Na manhã se sentia baixo e pesado e se queixou de que não conseguia descobrir aquele maldito erro e que deveria procurar ainda mais. É claro que ele foi surpreendido ao descobrir que tinha escrito durante seu sono uma longa declaração, esclarecendo todo o caso. Havia até detalhes bastante espantosos, como uma abertura no papel, que mostrava as figuras debaixo. Sua consciência não viu, mas o inconsciente o corrigiu; foi a função automática que decidiu o caso. Seria aqui o mecânico. Acontece diariamente na análise, assim digo a meus pacientes, "não sei qual é a resposta, mas veremos o que o inconsciente tem a dizer sobre isso", e então o próximo sonho traz uma solução espantosa, como se eu tivesse submetido a coisa toda a uma mais alta autoridade suprema.

Dr. Deady: Até que ponto essa interpretação do mecânico é dependente da atitude consciente do homem? Quando o senhor falou do sonho do magneto, acho que lhe deu uma interpretação caracterológica.

Dr. Jung: Naturalmente é necessário conhecermos o caráter do sonhador. Os sonhos não têm um sentido geral, não podemos traduzi-los como traduzimos um texto. São compensatórios para uma situação consciente e inconsciente particular em um indivíduo particular. A dificuldade da Sra. Sawyer é realmente um grande obstáculo teórico. Vejam, originalmente Freud disse que, quando você sonha com o seu pai, *é* o seu pai, ou quando você sonha com a Sra. Fulana de Tal, *é* a Sra. Fulana de Tal. Lembro-me muito bem de discutir isso com ele, quando eu disse que seria melhor chamar de uma *imagem* do pai. Não se pode considerar que, quando alguém sonha com uma pessoa, aquela é realmente esta pessoa; esta imagem deve ser totalmente simbólica. Por exemplo, quando um paciente sonha comigo como o papa ou Jesus Cristo ou um garçom em seu restaurante, eu sei que não sou nada daquilo. Este simples fato me força a usar o termo "imagem". Freud agora adotou essa ideia. É óbvio que as pessoas com quem sonhamos se referem mais ou menos a pessoas reais, então quando sonhamos com alguém com quem temos relacionamento próximo, podemos estar bastante seguros em considerar que o sonho significa aquela pessoa em particular. Mas há restrições. Por exemplo, se uma mulher sonha com o seu marido fotograficamente assim como ele é, eu presumiria que ela sonhou realmente com seu marido. Mas suponham que ela sonha com ele de forma indireta, uma analogia próxima, mas que não é exatamente seu marido, o que deve ser feito neste caso e que é bastante comum? O inconsciente tem tendência a dizer: "não exatamente". Certos traços aparecem e não pertencem ao marido, particularidades que talvez pertençam à esposa, e então a imagem do marido é ornamentada com essas projeções. Ou poderia ser que essas características inegavelmente pertencem a ele, mas ela as ressaltou por seu comportamento e é bastante inconsciente desse fato. É importante aprender a fazer essas distinções.

Nesse caso do mecânico o paciente sonha com uma figura que não é nem mesmo simbolicamente relacionada com ele, nem é um motorista ou manobrista estranho que talvez tivesse encontrado. E é completamente diferente de mim. A única analogia é que ele é um especialista em motores e eu sou um especialista em motores psíquicos; esta é a única ponte, então o sonhador se apega a isso, pensa que deve ser o Dr. Jung porque ele está reparando o motor. Mas é importantíssimo que esse homem aprenda como fazer o reparo por si, e isto iria invalidar a finalidade que alguém pode ter de ensiná-lo que sou eu que figuro no sonho. A maior sabedoria que um analista pode ter é desaparecer e deixar o paciente pensar que ele não está fazendo nada.

Dr. Baynes: Havia um ponto no sonho que eu acho é suscetível de levar a uma confusão, e isso por conta dos vários significados que podem ser atribuídos a expressões em inglês. Uma coisa mecânica é algo que se repete, como, por exemplo, um gramofone, enquanto o princípio de uma máquina tem a conotação de continuidade da energia. Porém, no sonho esta máquina tem muito o caráter de um novo tipo de invenção, ou um novo tipo de ideia, assim que algum tipo de processo de transferência parece implicado.

Dr. Jung: Outro detalhe surpreendente – que podia dar a impressão de uma nova invenção usada para transferir energia. Isso é verdade e não é verdade. Se nos atermos estritamente ao que o sonho diz, então não é uma nova invenção, mas um tipo de aparelho para moer. Além disso, este sonho está associado aos dois sonhos anteriores de máquinas, e não há nada novo sobre eles também, então nós realmente temos que começar com o pressuposto de que o inconsciente escolhe um tema mais ou menos bem conhecido. Mas, por outro lado, essa máquina tem um propósito que é muito misterioso. O propósito do rolo compressor era evidentemente fazer a estrada. O propósito do automóvel era transferi-lo para algum lugar, levá-lo a uma situação diferente. Agora, essa máquina não tem esses propósitos. Por que ele deve moer algo? Ele diz que está moendo algo e que a máquina deveria funcionar apropriadamente, mas ele é vago. Então seu significado é misterioso; ficamos a adivinhar. No primeiro sonho, o rolo compressor, temos a indicação de que estava associado à função do sexo, energia em uma forma sexual. No segundo sonho isso tem a ver com o coração, energia na forma de sentimentos, e tínhamos diversas razões para supor que remetia para a parte totalmente organizada da função sexual. Em francês se diz a *partie supérieure* e a *partie inférieure des fonctions*. A *partie inférieuere* é a bem-organizada parte de uma ação. Por exemplo, quando estamos aprendendo a andar de bicicleta, no começo aprendemos a nos equilibrar de maneira consciente e depois isso se torna automático, mas se pensarmos sobre isso, vamos cair. Isto é a *partie inférieure* que funciona perfeitamente por si enquanto nada interfere nela. Como engolir – se tentamos engolir de maneira consciente, não conseguimos –, e isso é típico das partes inferiores de qualquer função. A parte automática bem-organizada age perfeitamente se não for perturbada com atenções inoportunas. Mas Janet[1] está perfeitamente certa quando diz que perturbações nas partes superiores são sempre de origem psicogênica. Vejam a função comer, por exemplo. Qualquer um pode comer, animais podem comer, não

---

1. Cf. 23 de outubro de 1929, n. 4. Para a opinião mencionada, cf. "Les Nevroses", p. 386ss., apud *Símbolos da transformação*. OC 5, § 26, n. 26 (como na ed. de 1912).

há nenhuma dificuldade quanto a isso, é um mecanismo completo. Mas comer sob certas circunstâncias, reagir corretamente num jantar diplomático, por exemplo, onde devemos ouvir discursos e senhoras de cada lado enquanto se está comendo uma asa de faisão, fazer isso não é nada fácil.

Agora, não podemos presumir que há algo organicamente errado com esse paciente, no seu organismo está tudo bem. Mas é possível que comece a ter algo errado no seu organismo por causa de perturbações psicogenéticas; um aparelho pode ficar enferrujado. Talvez se possa escolher não beber água, e então o organismo ficaria com algum problema; uma perturbação orgânica poderia ser causada pela conexão psíquica, haveria uma perturbação nas *parties supérieures*. Existem muitas doenças funcionais como estas que resultam em doenças físicas reais. Por exemplo, se alguém ficar com um humor resistente por longo tempo é bastante possível que o efeito seja tão ruim que a pessoa pegue uma angina, ou seu estômago não funcione direito e a pessoa possa adquirir Deus sabe lá o quê. Se ele é apreensivo todo o tempo, se por conta de certos pressupostos não respira corretamente, pode destruir sua própria máquina, pode pegar tuberculose. Com a diminuição da imunidade os fatores antitóxicos desaparecem e nos tornamos completamente sem defesas.

Então nesse caso podemos facilmente imaginar que nosso paciente ficou enguiçado de certa forma por razões psicológicas. Pessoas que adquirem psicologicamente seus problemas são muitas vezes fanáticas por saúde. Estão sempre procurando a comida certa e as bebidas certas, não fumam e não bebem vinho, precisam de muitos sais e são amigos da farmácia. Sempre alguns novos esquemas e nunca muito saudáveis. É um fato que o pecador geralmente se sente melhor do que os justos, já que a erva daninha prospera mais do que o trigo. Todas as pessoas virtuosas se queixam por causa disso. Aquelas pessoas que cuidam tanto delas próprias têm sempre uma tendência de se tornarem mórbidas. Aquela energia impressionante para beber uma certa água, por exemplo, vem de um medo contínuo que está neles, e esse é o medo da morte. É porque algo neles diz: "Por amor de Deus não me deixe morrer porque ainda não vivi". Este homem tem um pouco dessa mania da saúde, e o fato é um sintoma de que algo não vai bem. Ele tem sempre medo da morte porque ainda não viveu, ou é como se dissesse: "Eu tenho que morrer se você não me permitir viver". Ele não parece doente, mas é fácil imaginar que algo deve ir mal – senão com ele, talvez sua esposa ou filhos estão sofrendo. Muitas vezes é o caso que a mania da saúde é estendida aos filhos, os pobres vermes ficam muitas vezes extremamente doentes pelos medos de seus pais.

A ideia de que algo está errado no seu corpo é confirmada por seu sonho, porque o mecanismo remete para o mecanismo psicológico: a sexualidade dele, que não funciona, e naturalmente isso pode causar certa perturbação. Isso é especialmente verdade para homens, para quem o sexo é muito mais impulsivo e forte do que para as mulheres, eles têm que forçar o seu caminho senão há um problema. Para uma mulher o sexo pode permanecer adormecido durante muito tempo, ela pode mesmo ter vários tipos de experiências sexuais e não a menor ideia disso. Por exemplo, vi uma garota russa – uma prostituta – em um hotel em Paris e fiz um relatório de suas experiências. Tinha tido cerca de cinquenta namorados, mas somente por curiosidade, pois sempre foi frígida. Mas uma vez um homem surgiu e produziu um sentimento sexual nela. Ela ficou espantada e disse: "Oh, é isso!" Ela então se casou com o homem e se tornou uma respeitável pequena-burguesa. Tinha falado sobre sexo, tinha lido sobre sexo, as coisas mais vis que se pode imaginar, vivia uma vida que era completamente obscena e não sabia o que fazia. Era como óleo e água. Há muitas mulheres que continuam nesta inconsciência, o que mostra que na mulher o sexo não tem o caráter agudo que tem no homem.

Se este homem não tivesse sentido que algo estava organicamente errado em seu corpo, não teria ficado perturbado, e então não haveria nenhum motivo para aborrecer sua vida. Ele poderia ser um teósofo maravilhoso, por exemplo, se não tivesse esse diabinho instintivo e chato que continua a insistir – esta coisa inevitável. Poderíamos dizer a ele: "Graças aos céus que você teve essa grande visão, mas aqui está a verdade imediata e você precisa enfrentar o problema; pois como essa luz pode ser luminosa se você não funciona bem?" Ele deve trabalhar a sério. Enquanto antes nos seus sonhos, em seu desenvolvimento psicológico, o magneto mecânico tinha que fazê-lo, agora ele próprio tem que desempenhar um papel ativo e responsável na construção do seu destino. Este realmente foi um primeiro sonho em que eu tive uma centelha de esperança que esse homem iria enfrentar seu próprio problema, que talvez fosse desenvolver tanto amor pelo destino que poderia juntar toda sua coragem e pegar a roda em suas próprias mãos, porque significa exatamente isso. Até agora ele tinha pensado como muitos homens e mulheres pensam: bom, casei e minha esposa está aqui para cuidar disso, não vou me preocupar. O homem espera isso da mulher, e a mulher espera isso do homem. Se não acontece, queixam-se que houve alguma coisa errada e acusam outra pessoa, a mãe da esposa ou algum outro membro da família; ninguém pensa na necessidade de pegar a roda nas próprias mãos. Um homem eficiente como ele sabe como conduzir sua vida profissional, mas sua vida pessoal entra em colapso totalmente; do mesmo modo uma mulher pode conduzir a parte de sua vida relacionada com etiqueta e assuntos sociais, mas quando se envolve com uma situação importante no mundo, ela falha e delega tudo para seu marido ou para outra pessoa.

Agora a grande necessidade na vida desse homem se torna evidente, e ele enfrenta o assunto, o que significa que num futuro mais ou menos remoto vai escolher o caminho na vida que resolverá seu problema sexual. Ele não pode seguir nenhum princípio. Deve seguir sua escolha individual, seu destino individual, e isso não se pode prever. Se ele me perguntasse: "Como você acha que posso me livrar desse dilema?", eu poderia dizer apenas: "Se você deixar a si mesmo bem, pode ter certeza de que tudo vai correr bem; esta é minha convicção". Até aqui o problema é: O que ele deveria fazer com seu sexo? Muito simples e muito completo. Mas vimos nos sonhos anteriores que o rolo compressor produziu o desenho do mandala e que, quando fizemos um desenho do trabalho da máquina, chegamos praticamente ao mesmo resultado. Isso dá uma situação completamente nova. O mandala é um símbolo circular que ninguém iria associar ao sexo.

Alguns dos novos membros pediram que o mandala fosse discutido mais profundamente, por isso vou repetir aqui que é um símbolo no Oriente, onde é considerado extremamente importantes. No Ocidente é encontrado apenas quando "heréticos" fazem uso dele. (Mandala é apropriadamente um nome neutro, *mandalam* quer dizer "imagem".) É usado para a transformação de energia, como em certos rituais a *yantra* é usada, também para a transformação de energia. *Yantra* simplesmente quer dizer uma figura, uma imagem de deus, ou de algo que pertence ao deus, como um ícone. Hindus no culto de Shiva ou Vishnu formam imagens do deus todos os dias – pequenas imagens de argila. E eles fazem um prato de fibras ou de folhas de palmeira para servir na refeição ritual da manhã do deus, e depois o jogam fora porque o deus o usou. Isso é para lembrar você que em seu interior você é aquele deus, ele está dentro. Que você é sozinho é só uma ilusão. Quando você produz essa imagem, está através da contemplação transformado por um momento num deus, e assim purificado, o seu poder de saúde aumenta. Você está no grande rio. Certos templos têm a forma de típicos mandalas, como o famoso templo de Borobudur em Java[2], o qual é um círculo num quadrado.

---

2. Monumental estupa budista do século VIII-IX d.C. Cf. ZIMMER, H. *The Art of Indian Asia*. Nova York, 1955. Vol. 1, p. 298-312 (descrição); Vol. 2, pls. 476-494.

Palestra IV

12 de fevereiro de 1930

Dr. Jung:

Antes de continuar quero voltar um momento ao nosso famoso mecânico. Como vocês provavelmente notaram, ainda existem algumas dúvidas. A grande dificuldade naturalmente é a explicação paradoxal que deve ser dada num caso como este. Estamos sempre preocupados com dois lados quando se trata de um símbolo como este, isto é, o ponto de vista consciente do sonhador e o ponto de vista do inconsciente. Ainda há outra dificuldade da qual já falei algumas vezes, e que é o método de interpretação que Freud seguiu, em que o símbolo do sonho é uma fachada mais ou menos concreta que é um tipo de fraude, algo que tenta desorientar você e que então deve ser destruído para que se possa encontrar o significado real do sonho. Todos têm esse ponto de vista. Estamos todos familiarizados com isso, o que leva à formação de um preconceito contra o qual eu estou sempre tendo que lutar. Isto me força a dizer que o sonho não é uma fachada, é um fato. É como um animal – qual é o nome daquele animal curioso na Austrália? O ornitorrinco?

Senhorita Ordway: O ornitorrinco *platypus*.

Dr. Jung: Sim, é isso. Bem, esse animal não é um pato, nem uma toupeira, nem mesmo um coelho; além disso, tem uma bolsa de marsupial. É uma mistura monstruosa de elementos, uma coisa que não poderia ser. Se alguém sonhou com algo assim, o analista podia dizer: "'Mas não existe tal ave', é certamente uma coisa muito condenável, um erro da natureza que deve ser destruída, simplesmente não existem esses animais, portanto você não pode ter sonhado com ele". Mas existem esses animais. Não se pode dizer que é um engano. Entre os primitivos, quando uma mulher dá origem a um monstro, uma criança com três pernas ou duas cabeças, eles a matam em seguida; ela é perigosa e não é permitido que viva; eles sempre têm medo de qualquer coisa anômala. Assim a anômala superfície paradoxal do sonho levou Freud a formular a ideia que isso é meramente uma fachada para algo racional e compreensível e que por isso ele teve que destruí-la. Este é o preconceito contra o qual devemos trabalhar. Mas eu sustento que, quando a natureza fez aquele ornitorrinco, ela realmente tinha a intenção de fazer aquela coisa. Ele realmente existe, e é tanto um pequeno engano quanto um homem ou um elefante. Ele nasceu, e o sonho com todos seus paradoxos e imprevisibilidades é um fato também, então se tem que entendê-lo assim como é, e quando fala do mecânico, esse homem realmente pretende que seja o mecânico. Nunca pensei que ele iria se transformar em alguém assim famoso! – Estamos dedicando mais tempo a ele do que se fosse uma personagem histórica conhecida. O sonho diz que é este mecânico desconhecido, mas enquanto estou reparando de fato sua máquina, naturalmente sou também aquele que está fazendo isso. O sonhador, o ponto de vista consciente, diz que o homem que está reparando o magneto é o Dr. Jung, embora o sonho diga que o mecânico desconhecido não é Dr. Jung. Um paradoxo, admito. Podemos ter certa convicção no consciente enquanto o inconsciente tem uma convicção completamente oposta, e que é igualmente verdadeira. Da mesma maneira, uma pessoa pode pensar consigo mesma: "Eu sou correto, sou um ótimo camarada", enquanto o inconsciente está dizendo que sou um perfeito porco.

Bom, agora a minha principal adversária na discussão da semana passada, Sra. Baynes, adquiriu o grande mérito de ter chegado a uma afirmação com a qual concordo. Ela diz: "No sonho anterior em que o magneto explode, o consciente diz que o mecânico é o doutor, mas o inconsciente diz que o mecânico é um homem desconhecido. Nesse sonho da máquina de moer, o ponto de vista consciente permanece o mesmo, mas a atitude do inconsciente mudou. O inconsciente agora diz: 'Embora um mecânico esteja presente, é você (o sonhador) que toma o lugar dele como especialista; é você que está reparando a máquina'. Então o sonho mostra o doutor como uma quantidade negligenciável, e para o sonhador, isso marca um considerável progresso".

O sonhador fica naturalmente desconcertado que o seu querido doutor seja depreciado, que fez dele um porteiro, um chofer ou um garçom a quem ele dá gorjeta, por exemplo. Freud diria: " Ah, uma resistência! Você está me representando como um garçom". Mas isso está errado. É um engano entender assim, pois você mata a tentativa perfeitamente legítima do inconsciente do paciente de livrar-se do jugo do analista, que, quer ele queira ou não, toma o lugar de Deus e se espera que realize milagres e que o cure. O paciente deveria entender que há outro mecânico dentro dele, que afinal será ele mesmo, ainda que o doutor continue a reparar sua máquina. É ainda uma certeza distante do sonhador, mas no tempo certo se tornará ele mesmo quando tiver adquirido a habilidade. Agora, acho que isso está claro, então vamos continuar.

Lembram-se de que falei na semana passada sobre o significado do mandala oriental. As diferentes formas de mandalas são fixadas dogmaticamente, variam de acordo com as diferentes perspectivas religiosas. O mandala desempenha um papel importante nos sistemas religiosos tântrico e budista na Índia, mas existem incontáveis seitas, e às vezes é muito difícil, mesmo para um conhecedor, distinguir diferenças particulares. Um grupo com um credo especialmente dogmático e definido é o dito budismo tibetano ou lamaísta, e talvez eu traga para vocês na próxima semana um mandala desta seita[1]. O círculo externo é habitualmente uma espécie de franja de fogo, simbolizando o fogo do desejo, ou seja, *concupiscência*. O conceito de Santo Agostinho e da Igreja cristã que descrevem o arco do pecado, ou a qualidade fundamental sobre a qual o pecado é construído, como os desejos do homem, é exatamente igual ao conceito budista – de que todos os sentidos estão em chamas, que o mundo inteiro está rodeado por uma franja de desejos.

Depois, vem o círculo preto, que frequentemente contém pequenos raios dourados, símbolos de uma energia contínua; este é um círculo mágico que significa "eu encontro minha energia, eu me mantenho a mim mesmo, assim eu não me queimo nas chamas do desejo". Então vem o jardim da gazela, o agradável jardim das cortesãs, onde o Buda ensinou e onde há lindas plantas e pássaros e flores. Há também um círculo de pétalas antes de entrar no jardim; são as pétalas de lótus nas quais Buda apareceu e anunciou a lei. E dentro do jardim fica o pátio do templo do mosteiro ou o "pagode", onde estão os quatro portões. Então vocês devem perceber que não é só um objeto plano, é também como se tivesse um corpo, relevo, de forma que há uma espécie de terraço elevado. No livro que publicamos juntos, Wilhelm fala sobre o *Terraço da vida*[2]. O templo do Borobudur está construído segundo esse esquema, e também o antigo templo mexicano ou maia que se eleva do chão numa forma piramidal com degraus nos diferentes níveis. Há um muito antigo em Sakkara, no Egito[3], que está em terraços elevados, e provavelmente expressa mais ou menos a mesma ideia. Não temos nenhum texto que dê uma interpretação suficientemente clara dos seus significados simbólicos. O único acesso que temos a esse simbolismo é na China.

Agora, sobre este terraço do nosso mandala há um círculo central, de novo elevado acima do nível do pátio, repleto de símbolos de emanações ou contrações, raios de extensão bilateral chamados cunhas em formato de losango ou diamante. E dentro está o círculo mais profundo, no centro do qual está novamente a cunha de diamante. Esse símbolo tinha originalmente uma significação

---

1. Ilustrando p. 454.

2. *The Secret of Golden Flower*, ed. de 1962, p. 22 ("terraço da vida"), na tradução de texto por Wilhelm; cf. p. 101, nos comentários de Jung (em OC 13, § 33).

3. A Pirâmide de Zoser, 3ª dinastia, ca. 2900 a.C., a primeira grande estrutura de pedra conhecida da história.

yonica e fálica. Por exemplo, hoje em dia, este é um gesto muito obsceno que uma prostituta oriental faz para atrair um homem; significa ato sexual. E na Babilônia significava a adoração do deus; sacerdotes faziam esse gesto para o ídolo ou a Árvore da Vida. O polegar tem um significado  fálico, então o gesto quer dizer vida. E aqueles de vocês que escutaram nossa discussão sobre o simbolismo da cruz vão recordar de que o disco do sol, com a cruz no centro, tinha também o significado da vida. Segurar a *ankh* para o deus significava: "Ofereço vida para o deus"; ou o deus segura o signo na frente do rei, significando que oferecem vida para o rei. Então esse signo representa poder gerador, porque o poder gerador ou criativo apenas se manifesta quando o homem é a vítima. Ele oferece a si próprio para o deus como um instrumento, e qualquer coisa que esteja criando, a vontade de deus é superior ao seu próprio desejo, apesar do fato de identificar-se com o deus e pensar que é um grande homem por criar essas coisas.

Vejam, o símbolo significa vida, direita e esquerda, acima e debaixo, é contido em si mesmo. Encontra-se por toda parte, significa a vida que emana do centro e vai em direção ao centro, sístole e diástole. É como o movimento da respiração e sugere os rituais da Hatha-Yoga; o desempenho rítmico da respiração faz parte do ritual da ioga e pode ser comparado com o vacúolo na ameba. Então o lugar central para o qual as quatro direções no espaço convergem é chamado a vesícula germinal: é o campo em que extroversão e introversão estão simbolizadas.

Extroversão significa sair pelos portões do pátio. O quadrado interior é dividido assim: ⊠ e cada um dos triângulos é caracterizado por uma cor diferente e representa conceitos filósofos particulares. O vermelho é o norte debaixo, os pontos cardeais do horizonte são todos invertidos: um livro mais interessante, o *Bardo Thödol*, ou *O livro tibetano dos mortos*, foi traduzido recentemente por um americano chamado Evans-Wentz[4]. Nele os triângulos coloridos são explicados, e podemos identificá-los com as quatro funções como são conhecidas em nossa psicologia ocidental, a base da nossa consciência, as quatro qualidades da nossa orientação no espaço, e então idênticos aos pontos cardeais do horizonte.

---

[4]. *O livro tibetano dos mortos*, ou *After-Death Experiences on the "Bardo" Plane*, de acordo com a tradução para o inglês de Lama Kazi Dawa-Sandup, editado por W.Y. Evans-Wentz (Londres, 1927). Jung escreveu um comentário psicológico para a tradução alemã (Zurique, 1935), que foi traduzida por R.F.C. Hull para a 3. ed. anglo-americana (1957); em OC 11/5, § 831ss.

Deixamos os portões por meio das diferentes funções ou atitudes habituais. O homem que sai pelo portão sul irá morar no mundo do sul, e o homem que sai pelo portão do pensamento irá morar no mundo da reflexão. Mas quando eles retornam, as funções não importam; somente enquanto estiverem fora as funções são importantes. Quando ele entra no pátio do mosteiro, aproxima-se do lugar onde todas as funções se encontram; no ponto central ele entra no vazio, onde não há nada. Não podemos dizer que seja o inconsciente, é uma consciência que não está.

Chegamos aqui ao famoso paradoxo budista, a existência não existente, o ser que é não ser, ou a consciência que é total vazio. Essa ideia do vazio da consciência é explicada no livro que publiquei com Wilhelm. É realmente, como os budistas sempre tentam explicar, não uma consciência vazia assim como entenderíamos o vácuo, mas uma consciência que não é dominada por seus conteúdos. Esses conteúdos atacam nossa consciência com o fogo do desejo e acabamos possuídos por eles. A ideia budista de libertação é de que não deveríamos ser devorados por nossos desejos, mas sim sermos os mestres deles; por isso temos que esvaziar a consciência, por assim dizer, daqueles conteúdos dominadores. Ou, se houver algo lá, que sejam como peixes num tanque; eles não são donos do tanque, são simplesmente conteúdos e, portanto, não podem governá-lo. O tanque é a razão da existência deles, é o vaso que os contém, eles não contêm o lago – apesar de existirem sempre peixes que sofrem de megalomania, que pensam que contêm o tanque, que são capazes de beber toda a água e mantê-la nos seus próprios ventres inflados. Então essa consciência do círculo interior, este vazio, talvez seja melhor descrito como uma inconsciência vasta, que guarda tantos conteúdos que não há nada ali porque nada importa. Esta é a abordagem mais próxima que posso dar a vocês da ideia de Nirvana: o não existente positivo, ou a existência não existente.

Agora, aquele raio paradoxal no centro do mandala que descrevi simboliza um estado supremo de revelação, um estado de energia potencial ou latente. Tudo é possível, mas está imóvel, como antes do início do mundo; tudo em suspenso, embora no próximo momento vai existir um mundo. Isso expressa o sentimento mais gigantesco de um deus, um Demiurgo que já existe antes que tudo existisse; ou de um deus que sofre de uma terrível dor de cabeça e espera ficar livre logo. Como eu suponho que ele deve ter sofrido horrivelmente quando estava no seu estado de gravidez. Isto não é minha invenção, existem antigas ideias esotéricas de que Deus foi muito solitário, entediado para além das palavras, e o desejo de ter alguém que não fosse Ele mesmo era simplesmente indescritível. E esta foi a origem do mundo: Ele teve uma enorme dor de cabeça e queria livrar-se dela. Nós realmente estivemos nesta mesma situação psicológica, então podemos sentir nestes momentos que somos exatamente como o Criador com uma dor de cabeça criativa.

Isso dá a vocês uma ideia geral do mandala do Oriente, e enquanto eu explicava esse simbolismo, talvez vocês tenham pensado que há alguma semelhança com o que nós mesmos sentimos ou experimentamos. Isso é perfeitamente verdade. De fato, produções de estruturas semelhantes são naturalmente elaboradas por vários pacientes quando adquirem problemas que ultrapassam o pessoal. Então chega certo momento ou o clímax em toda seção de análise quando, pelo menos por um tempo, o pessoal simplesmente colapsa, não importa mais, e onde algo impessoal força sua entrada, que é percebido como muito mais importante, mesmo contra a vontade e intenção do indivíduo. E então estes símbolos aparecem. Entendi os mandalas orientais depois de ter consciência dos nossos ocidentais[5]. Quando vi um pela primeira vez, pensei: O que é isso? – pois pareciam exatamente com o que tinha visto com meus pacientes. Então fui mais além no estudo deles e encontrei o paralelismo mais maravilhoso.

Com certeza, o mandala ocidental ainda não tem uma forma dogmática, porque é completamente individual; ainda é como se fosse para brincar. A forma oriental é uma máquina para pré-preparação na qual a pessoa coloca a si mesmo para ser transformada, mas o desenho europeu não é uma pré-preparação, tem ainda que ser feito, é uma expressão mais individual, e qualquer pessoa fazendo isso tem o sentimento de estar produzindo algo que é totalmente ele próprio. Acredita que é uma variação individual ou uma fantasia, sem supor que pode ser de qualquer importância geral. Assim, o mandala ocidental, sendo um meio de autoexpressão, funciona de maneira completamente diferente do que o modo do leste. Não é um templo acabado no qual há um ritual definido, é só uma tentativa. Não existe ritual nem sacerdócio. É como se muitas pessoas estivessem tentando construir templos. É assim que essas coisas vieram a existir. As estupas orientais foram uma vez tentativas individuais, assim como as pirâmides. Um rei tinha uma fantasia, ou foi um alto sacerdote, ou qualquer pessoa poderosa que podia custear a construção de uma coisa enorme assim. Sempre há uma tentativa individual também no nível primitivo; eles construíram as casas fantasmas segundo seus próprios planos. Ninguém ainda teve desejo de produzir o Terraço da Vida no Oeste, de comprar um pedaço de terra e construir um mandala, em vez de desenhá-lo e levá-lo para mim em uma sessão de análise. Uma pessoa com muito tempo e dinheiro poderia dizer: "Por que construirei isso!", e haveria um monumento peculiar que poderia se tornar um monumento nacional mais tarde, simplesmente porque expressou algo que foi de grande importância. Se as pessoas se ocuparem disso, ele permanecerá; esta verdade será convincente porque apela para a imaginação geral. O grande salão de

---

5. Jung publicou pela primeira vez mandalas europeus (incluindo, sem referências, alguns dele próprio) na ed. alemã de O segredo da flor de ouro.

audiências construído por Akbar[6] era também um mandala, uma expressão individual desse homem particular, e se tornou louvado como um monumento histórico porque foi construído sobre linhas geralmente persuasivas. Esta é a forma como essas coisas acontecem. Conosco, como disse, estão em processo, mas eu não deveria perguntar se alguma coisa surgiu assim, é possível. A partir desses mandalas ocidentais algo será criado quando se entender que exprimem algo ao mesmo tempo artístico e fundamental.

Dr. Draper: O senhor podia explicar o que me parece até este momento bastante paradoxal, ou seja, que os povos primitivos de que estava falando são coletivos nas suas reações, mas ao mesmo tempo mais individuais do que nós somos?

Dr. Jung: Sim, isto é um paradoxo, admito. Eles são mais individuais e menos também. São como animais. Uma coisa completa, livre, simplesmente o que são, iguais às leis da espécie deles. Esta é minha ideia do individual completo, não perfeito, mas individual. Completo em suas virtudes e em seus vícios. Pleno de significado da espécie, coletivo, e ao mesmo tempo individual. Digo que você não pode ser realmente um ser coletivo sem ser completamente individual, porque apenas quando você é humildemente aquilo que a natureza queria que você fosse, cumprindo dignamente a experiência que a natureza tenta fazer, apenas assim você é um membro digno da sociedade. Não a sociedade com letra maiúscula, você poderia muito bem ser um terror tremendo para esta sociedade. Agora quero mostrar a você como o mandala entra no nosso sonho. Existem questões?

Sra. Baynes: Gostaria de saber se é possível para a mente ocidental entrar no círculo interior sem cair na santa psicologia cristã – ou seja, ter o desejo de renunciar ao desejo.

Dr. Jung: Sim, é bastante perigoso falar da psicologia oriental, porque os ocidentais são imitativos, particularmente sobre coisas que não entendemos. Tentamos uma vez copiar a coisa, presumindo que assim a compreendemos. Gostaríamos de transformar a psicologia ocidental numa forma oriental, mas isso seria um grande engano. Seria o mesmo erro que os missionários cometem com os negros. O cristianismo é a religião de pessoas altamente civilizadas, não é expressivo para os primitivos. Os missionários danificam completamente a religião dos nativos, e eles próprios ficam danificados. Isso é o que acontece quando ocidentais se identificam com o oriente. Isto é realmente lamentável, uma falha total. Fazem isso a fim de fugir dos próprios problemas, não é nada senão uma trapaça, uma mentira. Esta coisa no leste não é mentira, é muito sagrada, mas não é assim para alguém que vem de uma cidade ocidental, com sua vida ocidental nele.

---

6. Cf. 13 de fevereiro de 1929, n. 1.

O leste atinge o pátio interior por meio de um ritual que é coletivamente válido; há uma vida real, mas para o ocidental é simplesmente mentira. Ele não vem da vida que essa coisa no leste pressupõe, isto é, um homem que é baixo e talvez também nobre, um homem que está perfeitamente familiarizado com seus vícios tanto como com suas virtudes. E então chega um ocidental pálido, muito respeitável, que entra nos portões para ser ainda mais respeitável. Mas ele faz uso disto apenas para aumentar sua mentira específica, e o resultado é que essas pessoas são perfeitamente vazias. Andam com olhos vazios, mortos, sem imaginação, completamente esterilizados. Usam esse ritual para se retirarem da vida. No leste usam-no para aumentar a vida, a vida passada na luxúria, como a selva; tudo isso é guardado e gera intensidade. Os ocidentais usam exatamente o mesmo meio para mutilar ainda mais sua vida. Sua mão esquerda já está cortada, e então ele corta também sua mão direita, assim que em vez de completar sua experiência, completa sua ignorância. A quietude tem um sentido no leste, porque se não estivesse quieto perderia o controle emocional; se ficasse preocupado, se tornaria louco. Vivemos nosso momento. O relógio deles é a eternidade. Para ignorar, o tempo é inútil e infrutífero para nós; vivemos no momento atual, e se o ignoramos nós nos mutilamos ainda mais. Muito do que acontece nos rituais orientais não é revelado. Por exemplo, em certos sistemas tântricos, no momento supremo quando o iniciante entra no lugar central no Terraço da Vida, ele desempenha um ritual de convivência com uma mulher. Este fato não é conhecido, ou apenas é sussurrado. O ocidental acha que o centro é um grande vazio. Somente quando um homem é capaz de pensar que esse é um ato nupcial sagrado, ele pode compreender o Oriente. O cristianismo originalmente acabou no circo, animais selvagens na arena e morte. É a ideia da totalidade que é o ingrediente necessário, não um ser artificial de duas dimensões. Então não tem nenhum sentido quando ocidentais tentam chegar nesta forma. Eles simplesmente não podem.

Mas o que o inconsciente está certamente tentando colocar em relevo é a construção deste templo, o que significa que tem a tendência a criar a ideia da totalidade do homem. Esta ideia vai se tornar mais e mais forte enquanto nos tornamos mais orientados em nossos valores morais – mais aprendemos que não há nada muito mal sem ter um pouco de bom, e nada é muito bom sem um pouco de mal. Poderemos melhorar graças a essa verdade, por essa relatividade, e pegar um pouco da atitude do homem do leste, que sempre foi próximo da terra e nunca sonhou em ser completamente superior às leis da natureza. Eles adoravam as leis da natureza. Vocês podem ver isso em cada indiano, na sua veneração do falo. Eles sabem que é um falo, e a mulher estéril faz oferendas para ele, geralmente uma pequena pedra polida como um cinzeiro, e nele uma pedra oblonga. Há um moinho de azeitona para retirar o óleo, um símbolo da fertilidade. Podemos vê-los nas ruas e comprá-lo, e há imensas representações deles nos templos. No tempo dos romanos nenhuma mulher era ao menos constrangida* por usar um símbolo fálico como broche. Até no princípio da Idade Média se usavam amuletos fálicos. Apenas recentemente se tornou indecente e completamente abafado. Agora essas coisas são discutidas de maneira mais aberta novamente, mas isso leva a uma espécie de desorientação da nossa moralidade. Se vocês leem sobre as situações que acontecem em alguns países agora, especialmente as condições dos jovens, e o ponto de vista deles, têm uma ideia do que estamos enfrentando nos nossos dias. Entende-se por que o inconsciente tenta despertar uma nova estabilidade, uma nova ordem.

Para voltar à ligação de tudo isto no sonho, tínhamos chegado ao fato peculiar de que as máquinas eram conectadas com o mandala. A primeira máquina fez uma estrada que era claramente o equivalente do mandala. E neste sonho a estrutura da máquina é de novo algo como uma pessoa – uma parte central que gira, sugerindo uma ferramenta complicada, com seus componentes ou partes trabalhando em perfeita ordem. Pelo que entendi, todas as partes estão girando, e no mandala há uma rotação também; a ideia da rotação é de fato necessária para colocar o círculo mágico ao redor do lugar sagrado do interior. Na fundação de uma cidade romana, por exemplo, eles se moviam em um círculo, o *sulcus primigenius*[7], em volta do *fundus* no centro, eles iam com um arado na direção do sol, fazendo um sulco ao redor desse lugar central. Não longe de Zurique, em Irgenhausen, próximo de Pfäffikon, estão os vestígios de um antigo castelo romano com o *fundus* em pleno centro; foi escavado e reparado até certo ponto. Sempre é uma boa ideia vermos essas coisas na realidade, e é fácil de encontrar – há a linha de ônibus em Zurique.

Ainda mais interessante psicologicamente como uma ilustração do movimento de rotação é o templo de Borobudur, de que falei antes. É uma massa piramidal que consiste em corredores circulares de tamanho decrescente, como uma espiral, até que se chega no ponto central no topo. Anda-se numa espiral girando e girando, e as paredes desses corredores são decoradas com baixos-relevos que representam antigas encarnações de Buda. É uma peregrinação de iniciação, e as pessoas estão rodeadas de cada lado com imagens das diversas vidas do homem perfeito. O peregrino aprende que ele viveu como uma planta e como um lótus e como um macaco. Isso não se parece com as nossas ideias ocidentais, e na parede veríamos um cartaz dizendo *Verbot*[8]. Mas então ele vê a vida da natureza toda, in-

---

* *Gênée*, em francês no original [N.T.].

7. = "sulco mágico"; *fundus* = "pedaço de terra". Cf. comentário de Jung em *O segredo da flor de ouro*. OC 13, § 36.

8. = Proibido.

cluídos todos os erros que podemos cometer – todos os 576 processos pelos quais Buda teve que passar, trabalhando pelo caminho espiral até atingir o centro. Só depois ele foi o homem perfeito. Totalmente diferente da nossa ideia sobre a maneira correta de viver! O movimento de rotação tem a importância particular da realização completa da vida; se alguém cobre toda a terra, essa pessoa não pode deixar de completar-se a si próprio. Se alguém permanece no lado leste se torna desenvolvido apenas deste lado e o outro se torna atrofiado e não existente. Esta é nossa situação psicológica; somos um produto de um lado só, com um lado escuro desconhecido que pode gerar uma nuvem sobre nós a qualquer momento. O credo budista, o movimento espiral, dá a oportunidade de transformar-se num homem completo em todos os lados. A ideia de Platão sobre o primeiro homem era um ser totalmente global, hermafrodita, porque a ideia era que se deve passar através da vida da mulher como também pela vida do homem para se chegar a ser o homem perfeito. Por uma iniciação como aquela se pode produzir uma consciência quase completa, na qual não deveria haver mais nada que pudesse tomar posse da pessoa. No Ocidente esse lado forma complexos autônomos que giram sobre a pessoa, e então vem uma escuridão e ela não se conhece mais. É aquele outro lado desconhecido. A ideia de rotação realmente significa um movimento evolucionário, um aperfeiçoamento, uma consciência da extensão total da sua vida.

Então o sonho do paciente evidentemente significa colocar sua máquina em ordem e deixá-la girar. E vemos que o simbolismo do mandala surge para mostrar a ele que aquele realmente é seu próprio *yantra* individual, aquele mecanismo que deve funcionar e transformá-lo – como se ele tivesse andado voltas e voltas ao redor do Borobudur. Sendo semelhante à máquina ele vai atingir seu objetivo. A ideia oriental é demonstrada pelo caráter essencialmente circular, em que a cruz não está tão obviamente representada; a ideia é que esse homem deve entrar no centro, e lá ele deve se tornar idêntico ao deus que o ocupa. Nossos mandalas ocidentais por outro lado revelam uma tendência a representar a cruz no centro da seguinte maneira: ⊕ Isso significaria uma diferenciação da coisa mais central, e isso não existe no leste. É provavelmente o que eles criticam em nós porque falta neles, e é por isso que o Oriente está vindo para o Ocidente; assim como nós vamos para eles a fim de escapar desta ferramenta de tortura pontiaguda e voltamos pelo movimento circular. Digo isso com reservas, mas até agora tenho visto tantos mandalas europeus e fui tão impressionado pelo fato de que o centro é preferivelmente caracterizado por uma cruz que penso que deve haver algo nisso. Não é uma coincidência ou mera probabilidade. É uma característica ocidental, como andar em torno de um círculo é uma característica oriental, o *circumambulatio*. Eles operam em círculos, tendo sempre o centro do lado direito. Ir para o outro lado seria completamente errado ou regressivo, e resultaria em magia negra.

Dr. Draper: A dança do rodopio tem alguma relação com isso?

Dr. Jung: Não sei. Poderia ter uma conexão. Existe uma dança do mandala, que é bonita por seu movimento rotatório e posição no espaço, e o centro estabelece relações com as figuras dos lados. Às vezes há um vaso de ouro no centro com chamas elevando-se dele e quatro pilares ao seu redor. Qualquer um com uma imaginação produtiva podia criar uma dança muito bonita a partir desse tema.

Agora, no sonho do nosso paciente, o mandala se relaciona com sexualidade e isso é ligado com sua função inferior, é uma maldição, um tabu, que talvez provenha de sua inferioridade colonial. É como se, no mandala, alguém tivesse eliminado uma parte. Ele deveria juntar a si próprio, e então aquela coisa maldita iria funcionar. Deve reconhecer a inferioridade de suas relações, as quais até agora foram seu obstáculo. Quando chegou ao lugar onde a coisa inteira deveria funcionar, ele desmoronou e teve que recomeçar, porque o sexo não pode ser deixado do lado. Podemos imaginar que, quando Buda era um macaco, ele era um verdadeiro macaco, ele era só aquilo; caso contrário ele não iria adquirir mérito. Por exemplo, no Oriente, quando um homem quer ser um homem santo se permite que ele entre num mosteiro. Então, se ele não se adapta à vida de um *célibataire*, pode sair do mosteiro e casar-se, e ainda assim continua a ser um monge, apenas não mora mais num mosteiro. Isso é perfeitamente lógico. Ele ainda não viveu esta fase suficientemente, não esgotou tudo o que precisava esgotar, e um homem pode superar algo apenas quando tudo se esgotou. Caso contrário se fica ligado a isso por esta vida e várias outras. Deve-se trabalhar nesse sentido, e então se chega ao lugar que não existe mais. A ideia budista é perfeitamente natural, tão natural que foi chamada de a religião da razão pura.

Dr. Deady: O que o paciente recebeu em seu consciente sobre o tratamento que o senhor deu ao sonho?

Dr. Jung: Realmente não contei para ele tudo o que contei a vocês, apenas indícios. Ele tinha consciência de que estas máquinas remetem para o sexo e que são também expressões da vontade humana. O mandala tem realmente o efeito de alguma ideia fundamental do homem sobre a qual não achei explicações. É como perguntar por que certa coisa pode ser linda – as pessoas dizem que é linda e assim é. Então, a máquina representa um fato subjacente de natureza ideal e é o meio pelo qual ele pode transformar a si mesmo. Chamei a atenção dele para o fato de que a máquina girando estava relacionada com o mecanismo do relógio, o tempo, uma máquina da libido, e que significava o funcionamento completo da sua energia vital, e contei a ele que tinha que arrumá-la. O sonho diz agora vá e faça, se ousar. Mas talvez não seja o momento correto, como os chineses diriam. Por isso não podemos prever o que o próximo sonho vai nos mostrar. O que podíamos esperar, quando chegar o momento, é que ele irá começar algo na linha do gafanhoto, do macaco ou de certas linhas humanas, mas em todo caso que ele vai um passo além e chega a um novo capítulo da sua psicologia. Mas se a situação geral não é favorável, podemos esperar uma catástrofe. Algo pode interferir. Talvez alguém tenha uma intuição.

Sra. Deady: Estes são todos os sonhos dele?

Dr. Jung: Quase todos. Ele não é um sonhador muito prolífico. Este sonho aconteceu dezessete dias depois do anterior. Qual o próximo movimento que vocês esperariam?

Sra. Henley: Que ele experimente a máquina.

Dr. Jung: Muito bem! Você é uma otimista.

Sra. Baynes: Acho que ele está olhando para os campos na sua mente consciente.

Dr. Jung: Espero que ele faça isso, porque eu falei que deveria. E depois?

Sra. Baynes: Ele poderia tentar evitá-la de novo.

Dr. Deady: Este é o sonho mais positivo e construtivo que ele teve. Algo deveria acontecer.

Dr. Jung: Isso é o que realmente poderíamos esperar. Até mesmo devemos esperar isso. Quando uma coisa está pronta é muito importante que a expectativa do analista seja positiva – *agora* as coisas estão corretas! Ele deve ter essa autoconfiança, deve andar pelo mundo e dizer: "Agora o motor está perfeito". Mas a maior pergunta é: Ele já esteve numa situação destas antes? Se não, a menos que ele leve isto muito seriamente, poderia ocorrer um resultado tartarino[9] – quando ele supunha que os glaciares dos Alpes foram todos trazidos pela empresa anglo-suíça e arrumados, assim ele não estaria em perigo na subida. É bem possível que, nunca tendo estado pronto como agora, ele provavelmente também nunca percebeu a natureza dos perigos e dúvidas que ele pode encontrar quando observar seriamente essa hipótese. É possível agora que, apesar de pronto, ele irá se ferir contra um obstáculo que até agora não tinha visto – um obstáculo sutil de uma natureza muito inesperada. Quando analisei este sonho, lembro-me de ter pensado: agora tudo está pronto, liguei o motor. E então veio o pensamento, podia ter um impedimento em algum ponto!

Dr. Deady: Um empecilho externo? O motor está ligado para agir.

Dr. Jung: Ele ligou seu motor na garagem e pode ficar preso na garagem, sem deixar a sua libido ser liberada!

---

9. Cf. 6 de março de 1929, n. 1.

Palestra V

19 de fevereiro de 1930

Dr. Jung:

Trouxe hoje para vocês uma imagem[1] sobre a qual falei semana passada, a reprodução de um mandala tibetano. É um *yantra*, usado para efeitos de concentração no pensamento mais filosófico dos lamas tibetanos. Ele mostra no círculo mais interno a ponta do diamante ou raio, este símbolo de energia potencial, e a luz branca simbolizando a verdade absoluta. E aqui estão as quatro funções, os quatro campos de cores, e então os quatro portões para o mundo. Então vem o jardim de gazelas, e finalmente o anel de fogo dos desejos externos. Vocês perceberão que isso está incrustado na região da terra, exatamente no meio, com a parte superior alcançando o mundo celestial. As figuras acima são três grandes professores, os Budas e Bodhisattvas vivos, dois amarelos e um vermelho. Isto está relacionado com a doutrina lamaística tibetana. Os professores equivalem às montanhas na terra abaixo. O que a montanha é na terra, o grande professor é entre os homens. Eu tenho outro mandala em que, em vez do raio no centro, há o Deus Mahasukha, uma forma do Deus indiano Shiva, nos braços de sua mulher Shakti. Hoje eu acredito que nós continuaremos com nossos sonhos.

Sonho [23]

Nosso paciente diz que ele está em um tipo de festival de celebração em uma igreja protestante, na qual os bancos não estão arrumados na mesma direção mas em forma de quadrado, para que todos vissem o pregador, que está no meio de um dos longos corredores da igreja. Um hino está sendo cantado, um muito conhecido,

---

1. Jung publicou o yantra como uma fachada para *O segredo da flor de ouro* (orig. 1929, e tr. 1931) e também em *Psicologia e alquimia* (1944. OC 12, fig. 43), descrita ali como um *banner* tibetano pintado, primeiramente no Instituto da China, Frankfurt e destruído na Segunda Guerra Mundial. Ele publicou o yantra novamente no "Simbolismo do mandala" (1950. OC 9/1, fig. 1), analisado nos § 630-638.

típico de nossos festivais natalinos: "O du fröhliche, O du selige Weihnachtszeit"[2]. (Escutamos isso em todos os lugares nesta época do ano.) Ele se junta na cantoria do hino e repentinamente escuta alguém atrás dele cantando as mesmas palavras em uma peculiar voz de soprano, extremamente alto e com a melodia bem diferente, de modo que todos ao redor daquela pessoa perdem completamente a afinação. Nosso sonhador imediatamente para e olha para trás para ver quem pode ser o cantor. É um homem sentado em um banco em posição perpendicular ao seu e usando, estranhamente, um tipo de vestimenta feminina, então ele não conseguia perceber ao certo se é um homem ou uma mulher. Então a cantoria chega ao fim, e na saída ele percebe que deixou seu chapéu e sobretudo no guarda-roupa. (Ele estava pensando naturalmente não na palavra *wardrobe* ("guarda-roupa"), mas em *garde-robe* que, claro, é uma palavra realmente francesa, mas em francês se diria *vestiare*. *Garde-robe* é usado em alemão, vindo da palavra francesa, que originalmente significava "o homem que cuida dos agasalhos".) No caminho de volta ao guarda-roupa, ele pondera se a palavra *garde-robe* em francês é um substantivo masculino ou feminino, e chega à conclusão de que deveria ser usado no masculino, como *le garde-robe*, e não como é usado em alemão como um substantivo feminino, *die garde-robe*. Enquanto pensava nisso, ele de repente ouve o cantor conversando com um homem que está com ele, dizendo que hoje ele havia mostrado pela primeira vez que também poderia cantar. Nosso sonhador de novo se vira para olhar para o homem e tem que se conter de fazer um comentário desagradável. Ele percebe que o homem aparenta ser mais masculino desta vez e que tem um tipo de rosto de judeu, e então parece saber quem ele é e se lembra de que seu filho é amigo dele. Então o filho repentinamente aparece e repreende violentamente seu pai porque ele perturbou a cantoria.

Associações: Quando criança ele havia sido *forçado a frequentar a igreja* todo domingo. Por conta daquela obrigação, ele desenvolveu uma antipatia a igrejas e pastores, o que é a razão por que ele quase nunca as frequenta, exceto em festivais especiais. A igreja em que os bancos são arrumados como ele descreveu, todos virados para o pregador, é aquela que ele tinha sido obrigado a frequentar quando menino.

Sobre o *hino*, ele diz: "Quando penso neste hino, eu penso no final, no refrão, 'Freue dich O Christenheit' que significa 'Alegre-se, Ó cristandade'".

Então ele associa com sua adesão à cantoria o fato de ele *não conseguir cantar*. Ele é bem pouco musical, e se ele tentasse provavelmente iria atrapalhar a melodia tanto quanto o homem que cantou uma melodia totalmente diferente com uma voz alta de soprano mulher.

---

2. Cantado com a melodia *Sanctissima*, normalmente com as palavras em inglês "Ó tu dia alegre, Ó tu dia abençoado, santificado, pacífica época natalina".

Com o *cantor, cujo sexo é incerto*, ele associa o fato de que ele, quando menino, lia um livro de Meyrink[3] chamado *Der Golem*. (Este é um livro memorável; acredito que já tenha sido traduzido para o inglês.) Vocês se lembram de que em seminário anterior ele sonhou com um prédio quadrado em que ele saltou por cima de uma grade. Nós falamos especialmente de suas associações com o final daquele livro, *Der Golem*, onde o herói chega aos portões trancados. Aqui novamente ele associa apenas aquela última cena, em que o herói chega a um momento supremo quando ele realmente deveria encontrar todas as respostas para todos os enigmas, a solução suprema para o problema todo, mas então chega aos portões trancados que é o símbolo do hermafrodita. O sonhador diz que o símbolo do hermafrodita significa, como ele interpretaria, as núpcias alquímicas, isto é, a junção do homem com mulher em um todo indivisível. Ele diz que não podia evitar sentir que aquela canção soaria muito diferente do hino na Igreja protestante – em outras palavras, que essas ideias não são coerentes com as ideias da Igreja protestante e iriam se revelar muito perturbadoras. Lógico!

Sobre a palavra "*garde-robe*", a incerteza se é masculino ou feminino se refere naturalmente à mesma coisa como o sexo duvidoso do homem e novamente ele associa ao símbolo hermafrodita.

Quanto ao descobrimento que o *cantor é judaico*, ele diz que acha que Meyrink deve ser judeu; ele está convencido de que mesmo que não confesse, sua crença seria judaica, ele estaria guardando em uma sala secreta de sua alma sua convicção judaica. Isso explicaria, ele diz, por que Meyrink em seu livro *The Green Face*[4], envia o herói para o Brasil para salvá-lo quando o continente europeu desmorona. Vocês percebem que o livro tem um final insatisfatório. Aparentemente Meyrink se envolveu muito com uma trama complexa e não sabia como encontrar uma saída para o emaranhado; então pela providência divina, uma grande tempestade aconteceu e devastou todo o Ocidente e o livrou da dificuldade de uma solução satisfatória. Seu herói, Sephardi, o estudante judeu, tendo previsto isso, reuniu sua família e amigos e imigrou para o Brasil sem conflitos, enquanto acontecia uma tempestade somente na Europa. Obviamente o sonhador quer dizer que Meyrink, sendo judeu, salva sua tribo no momento fatal e ninguém mais, um tipo de exílio da terra amaldiçoada.

Vocês provavelmente não esperariam esse sonho depois dos anteriores, eu certamente não imaginaria isso. Esta é a maravilhosa irracionalidade do inconsciente que sempre nos vence. Eu não teria previsto isto – exceto em um caso: aquele último sonho com o mandala iria contra certas convicções ocidentais, e como este

---

3. Cf. 19 de junho de 1929, n. 6, e texto seguinte.

4. MEYRINK, G. *Das grüne Gesicht*. Leipzig, 1916.

homem tinha recebido uma educação religiosa definida, porém limitada, ele não podia evitar de manter certos preconceitos que seriam cruelmente feridos pelas ideias da psicologia do mandala, porque ela traz uma nova orientação ética. É um ponto de vista que não se encaixa com a opinião cristã, que divide o mundo em bom e mal, e não permite qualquer reconciliação. Toda a escatologia cristã segue esta linha de pensamento em ensinar sobre as coisas finais – que no fim do mundo haverá o julgamento final onde o bom e o mal são divididos definitivamente e para sempre por suas instituições memoráveis, céu e inferno. Todos os malvados serão jogados no inferno e ficarão lá para sempre, e os bons alcançarão a bem-aventura-da condição de serem autorizados a fazer música por toda a eternidade. Esta é a declaração dogmática da incompatibilidade do bem e mal. Nada a ser feito sobre isso, apenas desista, sem escolha. Mas a psicologia mandala é de um tipo bem di-ferente: uma corrente interminável de vidas se movimentando por meio do bem e do mal, por meio de todos os aspectos das coisas. A eternamente giratória roda da existência, agora na sombra, agora na luz. Isto é uma relativização extraordinária do problema ético – que tudo o que sobe desce, e tudo o que desce sobe. Da es-curidão vem a luz, e depois da luz vem a escuridão novamente, portanto mal não é tão ruim e bem não é tão bom, pois eles estão relacionados e apenas juntos por um erro que permanece inexplicável. Por que, afinal de contas, isto não é perfeito já que isto é um trabalho de um mestre perfeito? A resposta ocidental é: porque o diabo colocou sujeiras nisso, ou o homem foi tão idiota que estragou tudo de alguma maneira, o trabalho de um ser onipotente e onisciente. O fato é que o mal foi a causa da invenção do diabo, que trairia as boas intenções do mestre perfeito.

Na psicologia mandala oriental, tudo isso acontece em um aspecto comple-tamente diferente. A relatividade é muito chocante para uma pessoa ocidental. Sugere até certa indulgência, e para uma mente puritana isso é quase intolerável. Este é o caso deste homem. Não seria muito na teoria. Ele não vai à igreja, ele não segue uma crença tradicional, mas quando é sobre a vida prática, é um pouco es-tranho, pois nossas visões da igreja são todas ligadas com nosso Deus verdadeiro, que é respeitabilidade, os olhos da comunidade. Quando ele se dá conta sobre isso, o Deus verdadeiro, e seu medo daqueles olhos, ele desmorona em um con-flito terrível.

Agora, se ele realmente entendeu o significado de seu último sonho, que a máquina irá agora funcionar, isto indicaria que ele está prestes a entrar na vida em uma maneira nova, em que cada roda está no lugar e a máquina irá produzir a vida que o circunda que deve produzir, uma vida completa, com luz e sombra. Mas ele mal chega a essa conclusão quando se fere contra as convicções tradicionais, e este próximo sonho contém obviamente o problema dos valores ocidentais violados. No entanto, ele é levado instantaneamente de volta à sua infância, quando era forçado a frequentar a igreja. É como se uma voz do interior dissesse: "Se lembre dos dias que você ainda estava na igreja e acreditava nestas coisas. Como você pode fugir disso? Você ainda está lá cantando a mesma canção como a comunidade cristã toda". E então vem a primeira perturbação, aquela voz soprano. Agora, de onde vem aquela voz soprano?

Srta. Howells: É o lado feminino dele, a *anima*.

Dr. Jung: Claro! É a Madame Anima que de repente começa a cantar também. Ele estava cantando a canção da comunidade como se ele fosse um membro perfeitamente respeitável daquela igreja, e então a *anima* interrompe com uma canção inteiramente imprópria. E o que aquela melodia expressa? Não as palavras, mas a melodia. Qual o valor daquilo?

Resposta: Sentimento.

Dr. Jung: Sim, nada é mais impressionante do que um órgão. Quando você se lembra de uma Igreja protestante, você apenas boceja, um tédio terrível, mas quando você ouve a música, você não consegue não sentir, ela mexe com você. Não sei se você vai com frequência, mas um homem como eu mesmo, que não tem ido à igreja há uma eternidade, naturalmente se sentirá emotivo, uma bela lembrança que apela para o seu sentimento. É errado não reconhecer isto. Um sermão é tedioso, enquanto a música toca o coração. Então é bem típico que o sonho fale de sentimentos, o que é bem perigoso no caso de um homem. Na sua cabeça, estas ideias não o atingiriam mais; ele é firme em suas convicções. Porém a música o toma, e ele está preso a ela. Ele está atraído e não consegue evitar de cantar, então entra em uma situação de humor que é praticamente o oposto da intenção mencionada no sonho anterior. Então o conflito cresce na sua esfera de sentimentos, e é o porquê de sua *anima* começar a cantar. A anima está sempre conectada às funções inferiores. Como ele é um intelectual, seus sentimentos são de certo modo inferiores, e ela é como a personificação da sua inferior função sentimentos. Por que a *anima* não canta a canção da igreja? Por que uma melodia completamente diferente?

Sra. Baynes: Para dizer a ele que ela está lá.

Dr. Jung: Mas para quê?

Sra. Baynes: Porque ela quer causar problemas.

Dr. Jung: Isto seria quase a depreciação da *anima*.

Sra. Baynes: Ele não a aprecia, então ela quer se sentir percebida.

Dr. Jung: Mas se ela só quer se fazer sentida ou causar problemas, ela poderia muito bem ser somente um cachorro que late, ou um automóvel que começa a fazer barulho do lado de fora da igreja.

Sra. Sigg: A *anima* tem um gosto diferente. Não é o gosto da igreja, talvez fosse mais como o estilo indiano.

Dr. Jung: Você quer dizer mais a favor da psicologia mandala? Isto é extremamente provável, pois a *anima* tem que ser excluída do sistema cristão. Ela é para sempre uma herege e não se encaixa mesmo, um pagão perfeito, em revolta mais ou menos aberta contra o ponto de vista cristão. Talvez vocês estejam surpresos que eu a mencione de uma maneira tão pessoal, mas assim tem sido sempre a maneira de lidar com ela, esta figura sempre foi representada por poetas de uma forma pessoal. Normalmente ela é projetada em uma mulher real, que então se torna mais imaginária, como a *Lady of the Troubadours* e os *Knights of the Cours d'Amour*[5], levemente divina. Então você sabe como Rider Haggard fala em "She who must be obeyed"[6]; ele a torna uma figura bem-definida. Então para dar a ela a qualidade correta, nós devemos descrevê-la como uma personalidade e não como uma abstração científica.

Em zoologia você pode falar de espécies, como uma *baleia*. Mas existem muitos tipos diferentes de baleias, você deve dizer *qual* baleia e então ela terá seu valor específico. A *anima* representa a camada primitiva da psicologia do homem, e psicologia primitiva rejeita abstrações. Praticamente não existe nenhum conceito em línguas primitivas. No árabe, existem sessenta palavras para tipos de camelos e nenhuma palavra para camelo no abstrato. Pergunte a um árabe sobre a palavra *camelo* e ele não saberá explicar. Ou é um velho, ou um jovem, ou um camelo feminino etc., cada um é chamado por um nome diferente. Em uma língua mais primitiva ainda temos trinta palavras diferentes para *cortar* – cortar com uma faca, uma espada, fio etc. – e nenhuma palavra para o ato de cortar.

Meu amigo particular Steiner[7] supõe que existiram pré-estágios da Terra, um como um globo de fogo, outro como um globo de gases, e em um deles, ele diz, poderiam até ter sido observadas algumas sensações de gosto. Agora, de quem eram as sensações de gosto? Não existem essas coisas como sensações abstratas, alguma sensação suspensa no espaço para o *Big Dipper* ou *Sirius*. Na linguagem dos negros, existem cinquenta expressões para andar, mas nenhuma para o ato de andar; não se pode dizer: "Eu estou andando". Nem há uma palavra para *homem*. Nós temos todos estes conceitos abstratos, e de alguma forma eles são enganosos, ou melhor, não informativos. Nós podemos dizer um homem ou uma mulher ou, até mais indefinido, uma pessoa quer falar com você, e quão pouco nós sabemos – se ele ou

---

5. Estes conceitos pertencem à tradição cavalheira da Europa Ocidental Medieval.

6. Cf. 12 de dezembro de 1928, n. 8.

7. Rudolf Steiner (1861-1925), ocultista alemão, primeiramente um teósofo, depois o fundador da antroposofia, um ramo da teosofia. A referência aqui é talvez ao seu livro *Wie erlangt man Erkenntnisse der höheren Welten?* (1922) (= "Como alguém obtém conhecimento dos mundos maiores?"), uma cópia que Jung possuía.

ela está do lado fora, dentro, de pé, vivo ou morto. Um primitivo dizendo a vocês a mesma coisa pela própria natureza da língua dele informaria, por um momento, que um homem ereto e vivo estava de pé do lado de fora da sua porta. Não existem palavras em sua língua para um homem sem uma descrição quase completa. Eles têm as expressões mais curiosas para andar que descrevem exatamente como isso é feito, cada caso específico de andar, com os joelhos dobrados, nos calcanhares etc., então se você chegar a escutar dele, você pode completamente ver que ele está se movimentando. É quase uma descrição grotesca de cada assunto. Essa ausência de noções coletivas é absolutamente característico da mente primitiva.

Agora, sobre o meu conceito de *anima*, eu tenho sido ocasionalmente repreendido por estudiosos por usar um termo quase mitológico para expressar um fato científico. Eles esperam que eu a traduza usando terminologia científica, o qual privaria a figura de sua vida específica. Se você disse, por exemplo, que a anima é uma função de conexão ou a relação entre o consciente e o inconsciente, isso é uma coisa muito básica. É como se você mostrasse uma foto de um grande filósofo e o chamasse simplesmente de *Homo sapiens*; claro que a foto de um criminoso ou um idiota seria *Home sapiens* apenas. O termo científico nada transmite e a mera noção abstrata da anima também não transmite nada, mas quando você pressupõe que a anima é quase pessoal, um complexo que se comporta exatamente como se ela fosse uma simples pessoa, ou às vezes como se fosse uma pessoa muito importante, logo você entende isso quase que corretamente. Portanto, principalmente para propósitos práticos, eu deixo a anima em sua forma personificada, assim como eu faria descrevendo o Presidente Wilson, ou Bismarck, ou Mussolini. Eu não diria que eles foram espécimes de *Homo sapiens*, eu lido com eles especificamente como eles são. E então a anima é pessoal e específica. De outra maneira ela é apenas uma função, como a intuição ou o pensar são funções. Porém, isso não condiz com os fatos atuais, nem expressa a personalidade extraordinária da anima, a personalidade absolutamente reconhecível, que facilmente consegue ser reconhecida em qualquer lugar. Portanto eu muito intencionalmente mantenho o termo bem pessoal, querendo dizer que ela é um fator pessoal, quase tão bom quanto uma pessoa.

Naturalmente existe um perigo no outro lado, que as pessoas achem que ela é um tipo de fantasma. Efetivamente, para a mente primitiva, ela é um fantasma. Ela é uma entidade definida e, se você estiver com um senso de humor bem primitivo, talvez a veja na forma de um fantasma ou uma figura de fumaça até mesmo uma figura de respiração. Ela pode se tornar uma alucinação. É possível observar, por exemplo, em lunáticos quando eles estão possuídos pela *anima*. Não muito tempo atrás eu fui chamado como médico consultor para analisar um menino insano em uma clínica em Zurique. Quando entrei no quarto, ele me cumprimentou muito educadamente e disse: "Você provavelmente não acreditará, mas eu sou minha irmã e eu sou budista". Ele realmente tem uma irmã casada, mas ela não tem nenhum papel na vida dele. Ele disse que foi apenas um erro que as pessoas o tomavam como um homem, e até declarou que foi uma invenção mal-intencionada por parte de sua mãe. Para ele aquela irmã anima era absolutamente real, mais real do que ele mesmo, ele era idêntico a ela. Ela era budista, portanto tinha conhecimento sobre os mistérios do Oriente, e também tinha um nome indiano, o que foi algo espertamente fabricado. Eu não me lembro do nome exatamente, mas tinha três sílabas e a sílaba do meio era *dava*, uma palavra hindu para divino. Era meio italiano meio hindu, ou sânscrito e um pouco grego. Era uma designação típica, e o significado era *divina-amante-irmã*. Eu conheço vários outros casos nos quais homens sentiram a anima como uma realidade extraordinária. Eu estou quase certo de que Rider Haggard não poderia ter escrito uma série infindável de romances se a anima não tivesse sido extremamente real para ele. Esta é a razão pela qual eu enfatizo o caráter pessoal. Nós temos que lidar com a figura em uma forma que é inteiramente diferente do usual porque isso mostra um fator de vida, a despeito do fato de que, sob certas condições de desenvolvimento, este fator pode perder todo o caráter pessoal e se transformar em uma mera função. Mas este pode apenas ser o caso em que a atitude consciente é tão abundante que perde a qualidade e características de um ser humano – isso é uma psicologia mandala.

Srta. Howells: É comum para ela ter a qualidade do Oriente ou uma civilização mais antiga? Aqui ela é judaica.

Dr. Jung: Parece que sim. Em *She* a anima é um ser oriental, e em *Atlantide*[8], de Pierre Bênoit. O animus também. É melhor não falarmos sobre o animus agora. Ele me dá medo, é muito mais difícil de lidar. A ânima é definida, e o ânimus é indefinido.

Pergunta: A anima é definitivamente parte de todo homem e de toda mulher?

Dr. Jung: Não, ela é a parte feminina da psicologia de um homem, então ela não existiria em uma mulher. Quando ela existe, ela é absolutamente idêntica ao princípio consciente da mulher, e então eu a chamaria de Eros. O mesmo é verdade com um homem. Animus em um homem não é uma pessoa, é o seu princípio consciente, então o chamaria de Logos.

Na filosofia chinesa, eles falam das almas masculinas e femininas de um homem. Portanto Wilhelm usa animus e anima exatamente como eu faço. Os termos animus e anima correspondem ao *hun* e *kwei*[9] chinês, porém sempre se aplicam a

---

8. O romance *L'Atlantide* (1919), um outro trabalho frequentemente citado por Jung, como em março 1920. Cf. carta citada em *C.G. Jung: Word and Image*, 1979, p. 151.

9. No debate de Wilhelm do texto chinês (*Golden Flower*, ed. de 1962, p. 14s.) e no comentário de Jung (ibid., p. 115ss. OC 13, § 57-60), a palavra chinesa para anima é *p'o*; *kwei* significa "demônio"

um homem. Os chineses não estavam preocupados com a psicologia da mulher – como eu infelizmente estou! Mesmo na Idade Média se dizia que as mulheres não possuíam almas que valessem ser mencionadas, ou tinham apenas "pequenas almas", como a história dos pinguins em *L'île des pingouins*, de Anatole France[10]. Desde que St. Maël as batizou se tornou uma questão se elas tinham almas ou não, e por fim chamaram Santa Catarina de Alexandria para decidir. "Bem", ela disse, dando a palavra final à discussão celestial, *Donnez-leur une âme immortelle, mais petite!** Portanto, na Idade Média, a psicologia da mulher era *chose inconnue*, e de maneira similar os antigos filósofos chineses tinham o conceito de que o animus masculino foi feito no paraíso, enquanto a alma feminina se tornaria apenas um espectro, um fantasma, que se afunda na terra após a morte. Um segue para a eternidade, e o outro se torna um tipo de fantasma vagante, um demônio. Sendo assim, os chineses queriam dizer por animus no homem o que nós queremos pelo princípio de Logos, ou princípio consciente.

Já que tenho de lidar com a psicologia das mulheres tanto quanto a dos homens, eu achei melhor chamar o princípio consciente no homem de Logos e o mesmo princípio na mulher, de Eros. O Eros inferior no homem eu designei de anima; e o Logos inferior na mulher, de animus. Estes conceitos, Logos e Eros, correspondem grosseiramente com a ideia cristã de alma. E aquilo que não se encaixa, que está fora de sintonia, seria no homem a anima representando o princípio de Eros, e na mulher o animus representando o princípio de Logos, mas num tipo de forma inferior, uma posição menor. A razão pela qual a anima está aqui fazendo o papel de *diabolos in musica* é que o princípio exclusivo de Logos no homem não permite o princípio de Eros. Ele deve saber diferenciar, ver cada coisa em separado, senão ele fica incapaz de reconhecê-los. Mas isso vai contra o princípio de relatividade. A mulher não deseja ter as coisas segregadas, ela as quer ver praticamente sincronizadas. Um homem que está possuído por sua anima encara as mais terríveis dificuldades por não conseguir descriminar, especialmente entre as mulheres. Enquanto uma mulher sob a lei do animus não consegue se associar, ela se torna nada além que descriminações, envolvida por uma parede de cactos. Ela diz ao homem o que ele está prestes a fazer, e isso o aterroriza e ele não consegue entendê-la.

---

ou "espírito do que já partiu". Nota de rodapé de Cary Baynes para Wilhelm (op. cit.) visa esclarecer o uso desses termos.

10. Jung relata a história em *Mysterium coniunctionis* (1955. OC 14/1, § 221) e brevemente em seu comentário ao *Livro tibetano dos mortos* (1935. OC 11/5, § 835). Com relação ao romance *Penguin Island* de Anatole France, cf. 23 de janeiro de 1929, n. 2.

* "Dê-lhes uma alma imortal, mas pequena" [N.T.].

Contudo, sobre o papel particular da anima neste sonho, o fato de ela ser feminina está provavelmente bem claro para vocês, mas por que ela é masculina também? Isto é um caso muito incomum. E pensem, depois ela se torna um homem, um judeu. O que vocês pensam sobre as condições sob as quais a anima do homem seria ou masculino ou hermafrodita?

Resposta: Homossexualidade

Dr. Jung: Isso é verdade. Frequentemente se encontram figuras da *anima* de sexo bem duvidoso, ou bastante sem dúvida masculino quando a mente consciente é feminina. Mas no caso de nosso sonhador não há a questão de homossexualidade. Ele talvez não seja totalmente livre de perversões; todos temos a parcela estatística; todos temos uma parcela de criminosos em nós mesmos, a população inteira. Mas nele não há traços de nada parecido com homossexualidade reprimida. Então por que ele tem uma anima masculino?

Sra. Fierz: A anima é tão incapaz de fazer o homem aceitá-la que ela tem que fazer este papel, usar um tipo de mímica, para fazê-lo entender isso. É o inconsciente se aproximando do consciente.

Sra. Sawyer: Não estaria ele identificado com ela e então ela é masculina?

Dr. Jung: Você quer dizer, já que ele não consegue se aproximar dela, ele tem que se identificar? A Sra. Fierz leva isso pelo lado inconsciente, que o inconsciente está tentando se fazer ouvir. Sra. Sawyer analisa isso como o consciente tentando se conectar com o inconsciente – seu consciente possuído pela anima e hermafrodita. Em ambos os pontos de vista devemos separá-la para estabelecer a conexão.

Sra. Henley: Talvez neste caso possa simplesmente expressar a falta de desenvolvimento, porque a homossexualidade é um atributo da juventude?

Dr. Jung: Isso também é verdade, já que ele é pouco desenvolvido no lado da religião; desse ponto de vista ele poderia ser entendido como um tipo de menino homossexual com cerca de dez ou doze anos de idade. Isso seria a homossexualidade simbólica. É fato que certas aparentes perversões sexuais são meramente simbólicas; expressam apenas um estado não desenvolvido. Nesse caso, não houve nenhuma manifestação consciente de homossexualidade que pudesse ser apontada, portanto nós talvez possamos assumir que isto é homossexualidade simbólica e não um distúrbio do normal. Apareceram traços deste sentimento em alguns de seus sonhos passados, no sonho do *Puer Aeternus*, por exemplo, quando ele chama o menino Eros e teve um sentimento claro de ternura por ele[11]. E novamente em um sonho que ele teve durante nosso último seminário, aquele caso de sincronicidade, em que ele adorava o menino Telésforo[12] e teve dúvidas também se havia

---

11. 13 de março de 1929, p. 174.

12. 11 de dezembro de 1929, p. 414.

algo homossexual nisso. Todavia foi meramente simbólico, uma certa imaturidade, como a condição de ter doze anos de idade. Tal imaturidade mental pode ser muito específica, e se referir a uma expressão específica disto, ou até mesmo pode ir tão longe que o homem é capaz de acreditar que ele realmente é homossexual, mesmo sem nunca ter tido a experiência. Eu tenho tido homens que vieram a mim reclamando que eram homossexuais, mas quando eu digo para tal homem: "Como foi? Você teve problemas com meninos", ele exclama indignadamente que não tocaria um menino. "Homens então?" "Não." "Então por que você se chama de homossexual?" Assim ele explica que um doutor disse que ele era, pois tinha tido sonhos em que algo homossexual aconteceu. Isto simplesmente significa que o homem em certos assuntos não é maduro, e sua imaturidade talvez se expresse de maneiras diferentes – que ele não está interessado em mulheres, ou na vida ou em coisas espirituais. Este deve ser o caso aqui: ele é definitivamente imaturo em certos aspectos e isso é expresso no sonho por ele ter sido levado de volta à sua infância. Agora, me digam, em qual âmbito ele é imaturo? Onde ele é inconsciente?

Sra. Deady: Ele não pode dominar sua sexualidade.

Dr. Jung: Contudo você deve se lembrar de que ele é um homem que se permitiu todos os tipos de coisas com mulheres fáceis e que não é um desconhecedor da sexualidade. O seu sexo é errado, mas não concretamente. Agora, qual é o problema com ele?

Dr. Deady: Ele tem o sexo de um menino de dezesseis anos sem sentimentos.

Dr. Jung: Este é o ponto, nenhum sentimento. Seu sexo é perfeitamente normal, mas é sexo sem relação, um tipo de autoerotismo, um tipo de masturbação. Não há relação com o objeto, esta é provavelmente a razão da frigidez de sua mulher e a razão de suas outras aventuras. O Eros é maldesenvolvido, não a sexualidade dele. Esta não é de maneira alguma pouco desenvolvida, mas seu relacionamento com a sexualidade está errado. No último sonho ele colocaria sua máquina em movimento, e a pergunta que surgiu foi se as partes da máquina estavam propriamente relacionadas com a parte central. Todas as funções, particularmente sua sexualidade, tiveram de ser trabalhadas no mecanismo total. Se não relacionadas, ele naturalmente não funcionaria como uma personalidade total. Sua sexualidade deve ser completamente levada em consideração, e ele deve ter sentimentos sobre isso. Em outras palavras, o princípio de Eros deve ser reconhecido. A razão pela qual a anima aparece é que ela *é* a Eros. E quando ele tem o ponto de vista antigo, que canta a velha canção, a Eros é reprimida para sempre e o próprio demônio também. Portanto, ela aparece na igreja e atrapalha a cantoria. Sua imaturidade é expressa pelo fato de que ele volta à sua infância e também por sua homossexualidade simbólica. Se a anima de um homem é masculina, ele está absolutamente possuído – obcecado – por ela, ele não consegue estabelecer uma relação com ela até que ela seja feminina. Dizer que ele é afeminado significa a mesma coisa – que ela tem poder sobre ele. O fato que o sonho expressa é: você é afeminado, você está possuído por sua anima.

Palestra VI

26 de fevereiro de 1930

Dr. Jung:

Hoje continuaremos nossa discussão sobre o sonho. Há alguma pergunta?

Sra. Sigg: Eu não consegui encontrar nada sobre o yantra na biblioteca.

Dr. Jung: Acredito. Yantra é um termo que vem da filosofia tântrica[1], que designa qualquer tipo de aparelho ou símbolo que serve ao propósito de transformar ou centralizar a libido da pessoa que está concentrada na questão. Já foi explicado por um estudioso alemão pelo termo "máquina". A palavra é usada para mandalas e para outros instrumentais de símbolos rituais na transformação. Falar de energia transformadora por meio de um ritual pode parecer estranho para vocês, mas essa é uma ideia extremamente primitiva. A forma mais original do yantra é o churinga usado pelos nativos da Austrália Central. Isto é ou uma placa de pedra ou um quadro retangular, dado ao homem após sua iniciação. Cada homem tem seu churinga individual, que o mantém oculto em algum lugar escondido. Então de tempos em tempos, quando sua libido fragiliza-se ou se torna indevida, sua energia vital exausta, ele o libera, o posiciona em seus joelhos e o esfrega com suas mãos por um longo tempo. Por meio desse procedimento a saúde ruim deve ser absorvida pelo churinga, que libera ao mesmo tempo a sua energia boa, seu bom mana, e este entra no corpo do homem; então, quando a cerimônia é finalizada, ele oculta seu churinga e vai embora. Depois de algumas semanas ou alguns meses, de acordo com sua necessidade, ele volta para novamente se renovar. Esta é provavelmente a forma mais primitiva de adoração e a forma mais primitiva de yantra. Naturalmente, em épocas subsequentes e estágios de civilizações, tem se tornado bem mais diferenciado e significativo, embora mesmo hoje exista um exemplo de natureza parecida no santuário de Santo Antônio na Itália[2]. Os peregrinos lá pressionam seus corpos inteiros contra seus sarcófagos de mármore e os esfregam com suas

---

1. Para uma explicação mais completa de yantra, cf. ZIMMER, H. *Myths and Symbols in Indian Art and Civilization*, 1946, p. 140-144.

2. Santo Antônio (1195-1231), cuja tumba na Basílica de Pádua é considerado um local de milagres.

mãos, para conseguir boa energia. Nós a chamamos de graça, uma liberação do sofrimento da alma tanto quanto do corpo.

Mais tarde o ato de esfregar foi substituído por um tipo de fricção mental focada em algo. Em meu livro *Símbolos da transformação* vocês encontrarão o desenvolvimento desta ideia de transformação dos símbolos e libido em etimologia e história. Eu falo no livro sobre Prometeu, o portador do fogo (da palavra-raiz do Sânscrito *manthâmi*, da qual é derivada a palavra *mathematics* e também a palavra *thinking*)[3]. Este era o "esfregar" original, mexendo de lá para cá em sua mente, um movimento constante, rítmico; mas traduzido agora na forma espiritual necessária, meditação. Assim, quando o devoto está meditando no yantra, é o mesmo que friccionar o churinga. Eu devo novamente destacar que, quando chamo o mandala de yantra, como no Oriente, isso significa algo bem diferente de seu significado para nós. O mandala tem para nós o significado de um produto, de uma manifestação e seu valor específico representa essa manifestação, e não que alguém a usa como um instrumental finalizado, uma forma dogmática tradicional sancionada pelo tempo, e que serve como um símbolo ritual ou yantra. Sua importância para nós é simplesmente o contrário. Há uma grande diferença entre os símbolos do Oriente e do Ocidente. Produzi-la é de muita importância para nós, é um meio de expressão; e seria venenoso se usássemos os produtos finais do Oriente para trazer uma transformação a nossa libido. Se funciona mesmo não é para o bem e tem um efeito de esterilização, pois primeiramente nós temos que construir nosso inconsciente para a expressão simbólica. Talvez em mais ou menos dois mil anos nós possamos usar estes símbolos quando eles estiverem em uma condição finalizada como yantras, mas não há nenhuma possibilidade disto no presente.

Sr. Holdsworth: Eu gostaria de saber se esta fricção da pele é algo que vem de dentro, pois os animais fazem isso bastante. Uma alma adoentada produz uma irritação na pele? Uma vaca se esfrega até uma irritação aparecer às vezes, e me parece que tudo é conectado e ela pratica isto quando se esfrega silenciosa e alegremente a uma árvore.

Dr. Jung: Isto é perfeitamente verdade. É certamente uma forma original de adoração quando eles se esfregam contra uma pedra. Nós temos a mesma ideia nos símbolos *lingam*; eles passam manteiga com o propósito de se esfregarem. Teve sua origem em instintos animais, que certamente pode ser entendido com um sentido espiritual. Nós não sabemos que sentimentos de êxtase uma vaca pode ter!

Dr. Baynes: Na Inglaterra eles colocam as pedras de fricção na posição ereta de uma forma cerimonial para os gados se esfregarem. Existem diversos exemplos em Cornwall.

---

3. *Símbolos da transformação*. OC 5, § 208, 248 (como na ed. de 1912).

Dr. Jung: Exatamente. Estes menires eram sem dúvida para este propósito e nada mais.

Sra. Crowley: A fricção de contas pelos orientais seria similar a isso?

Dr. Jung: Não, isto é bem diferente, isto vem de um tipo de nervosismo. Você perde o rastro quando segue isto. Por exemplo, a manipulação do rosário é extremamente primitiva e é quase habitual, esta fricção de pequenas contas. Ou o costume peculiar que certas pessoas têm de sempre segurar algo em seus dedos; ou quando se está pensando muito, se tem o costume de coçar atrás da orelha. Isto significa algo que parece ter a ver com a sexualidade, esta fricção produz coragem. Eu vi uma cena peculiar quando eu estava viajando no norte da África. Uma mãe beduína veio até o trem com seu pequeno filho de cerca de dois anos de idade. Eu tinha um pedaço de pão sobrando que tentei dar para a criança, mas ele estava com medo de aceitar isso de um homem branco. A mãe sorriu e disse que ele estava muito assustado. Então de repente, ela pegou seu pênis e friccionou aquela pequena coisa, e assim o menino se encorajou e pegou o pão com um sorriso. Esta foi uma das maneiras de criar coragem, que utiliza o mesmo mecanismo. Claro que nós poderíamos conversar extensivamente sobre estas coisas, muitas coisas mereceriam a atenção partindo deste ponto de vista.

Sr. Holdsworth: O álcool irrita o intestino?

Dr. Jung: Eu não diria que o álcool friccionou a parede do intestino. Depois de uma caída, nós esfregamos o local com pomada, mas não é a pomada que é efetiva, é a fricção. No alemão nós falamos *"Behandlung"*, o ato de colocar as mãos no ferimento. O Antigo Testamento é cheio disso. Magnetismo, hipnose, de qualquer forma explicada, se pode pelo menos dizer que aumenta a circulação. As mães têm vários pequenos belos truques ou mantras quando as crianças se machucam; elas pegam as mãos das crianças e as esfregam e dizem um pequeno verso.

Dr. Schlegel: Eu acho que o efeito consiste em certa extensão no fato de que você centra a atenção em algo diferente, você tira a atenção mórbida do local que está dolorido. Como quando se lida com um assunto delicado de negócios, frequentemente se sorri e isto alivia a tensão da situação.

Dr. Jung: Isto é verdade.

Dr. Deady: Os ocidentais, ao fazerem um mandala, usam as formas orientais?

Dr. Jung: Eles parecem bem concentrados instintivamente na forma que é mais ou menos uma analogia à forma oriental, mas somente um pouco. O número quatro é um exemplo. Eu devo dizer que eu já vi até agora muitos mandalas e o número quatro é de longe o mais comum. Eu já os vi com cinco, alguns com seis e apenas um com três, pelo que consigo me lembrar, mas naquele caso foi perfeitamente óbvio que o homem que o fez estava com uma função faltando, aquela da sensação. A cruz grega do mandala, por exemplo, a suástica, é um sol com quatro pernas girando. A forma original dela era realmente o disco do sol com quatro pequenas pernas, como entre os índios vermelhos. Mas nas moedas do pré-cristianismo grego nós encontramos um símbolo de três pernas, que é chamado de *triskelos*.

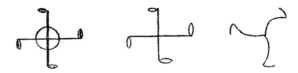

Srta. Pollitzer: Qual função os gregos deixaram de fora?
Dr. Jung: Eu não sei. Falando disso nestes termos é difícil dizer. A Grécia em si é um quebra-cabeça psicológico. Nossas ideias sobre a Grécia sofreram grandes mudanças. Costumávamos pensar sobre isso em termos de pura beleza, belos templos brilhando contra o céu azul, deuses esplêndidos, os olímpicos vivendo uma vida de bravura. A Grécia Antiga parecia ser, na superfície, um pôr de sol em chamas. Mas isto está totalmente errado. Existe uma Grécia muito escura, trágica e mística escondida no passado, um aspecto inteiramente diferente que foi descoberto apenas na época de Nietzsche. Antes disso, as pessoas pensavam apenas na beleza ateniense e não prestaram atenção ao lado escuro. Especialmente na referência à mentalidade grega nós não estamos muito claros, pelo menos eu não estou. Era uma mentalidade bem peculiar e vocês talvez tenham percebido que, quando leem autores gregos em períodos diferentes de suas vidas, vocês têm impressões bem diferentes. Por exemplo, eu li as tragédias gregas clássicas quando eu estava na escola e então eu as reli vinte anos depois e fiquei extremamente impressionado com seu estado extraordinariamente primitivo – assassinato, incesto, sangue por toda parte, coisas que não me impressionavam nem um pouco quando estava na escola. Isso talvez porque a Grécia está muito perto de nós, é especialmente ocidental.

Bem, nós começamos a discutir este sonho e não terminamos. É uma situação bem complicada. Vocês se lembram de que ao mencionarmos o fato que depois do sonho anterior poderíamos esperar que algo acontecesse, e assumimos que *agora* as coisas estavam prontas, agora a máquina poderia funcionar. Mas em vez disso surge uma situação toda nova. Evidentemente, o sonhador começou a funcionar um pouco mais e então surge um obstáculo – um obstáculo na igreja que ele frequentava quando criança. Ele retornou do momento atual para seu décimo primeiro, décimo segundo ano de vida, então nós podemos esperar que tivesse uma razão para ele não se mover, porque a máquina, apesar do fato de estar pronta, não funciona ainda; parece existir algo em seu caminho que o segura. Efetivamente existe uma atitude específica que provavelmente se originou quando ele tinha onze ou doze anos de idade.

Tem um detalhe naquela igreja para o qual eu chamo a atenção de vocês, isto é, que os bancos estão tão arrumados que eles cercam o pregador por três lados, e desse modo o pastor, dando seu sermão, teria sua comunidade inteira agregada de forma retangular ao seu redor, com suas costas contra a parede da igreja. Este é um arranjo incomum, mas eu não deveria prestar tanta atenção nisso, por ser um detalhe vindo certamente da igreja de sua infância, se não fosse isso de novo mencionado quando o cantor aparece. Ele está em um banco ao seu lado formando um ângulo reto ao seu próprio banco, então, por ser um detalhe que acontece bastante no sonho, deve haver uma certa importância simbólica. Deve-se sempre ter em mente qual a situação psicológica do sonhador, o que é bem complexa. Vocês provavelmente assumiriam que ele está somente preocupado com um problema dele mesmo, o que ele irá fazer com sua máquina. Mas isso não é verdade. Ele está claramente preocupado com seu problema específico, porém ele está preocupado com isso visto de um ângulo analítico. Um paciente nunca sonha absolutamente fora disto. Pode acontecer no começo, talvez, quando não se tem harmonia e o paciente está inteiramente dentro de si mesmo, olhando para dentro de si mesmo, em alguma forma de autoerotismo, mas este homem fez muito trabalho analítico e tem uma boa harmonia comigo, então podemos aceitar que qualquer que seja a solução que o problema possa ter, isso sempre será incluído. Os sonhos devem sempre estar em certa harmonia com o analista. Tendo isso em mente, então, e sobre os bancos?

Sra. Deady: Em seu primeiro sonho, os bancos estão arrumados de uma forma em que não se tem participação. Aqui parece que se tem.

Dr. Jung: Isso mesmo. Você se refere àquele sonho anterior, mas lá não se tinha uma igreja, era na realidade o *jeu de paume*, e lá os bancos estavam arrumados de tal maneira que estavam todos de costas para o centro, onde o pregador ou qualquer figura central estaria. Naquele sonho não houve praticamente nenhuma harmonia, você consegue perceber. Aquele foi um sonho bem antigo e ele ainda vivia dentro de si mesmo. Mas aqui nós temos uma situação completamente diferente. O público está virado ao locutor. Agora quem ou o que é o público? Temos uma comunidade inteira naquela igreja.

Sr. Holdsworth: Ele está dando uma demonstração, ele está mostrando alguma atitude para o resto do mundo; e o público consiste simplesmente em pessoas que recebem a demonstração.

Dr. Jung: Bem, ele não demonstrou da maneira correta, ele é como um entre muitos. Este é em tema recorrente no campo da análise. Pacientes sonham que vêm até mim para uma consulta, e, quando eles entram em meu escritório, alguém já está lá ou pessoas estão continuamente passando pelo cômodo. Eles nunca estão sozinhos; logo, nunca dizem o que querem dizer, pois eles são o tempo todo distraídos pelas outras pessoas. Ou alguém diz a eles que um paciente está comigo e eu não posso atendê-los. Agora todos estes sonhos querem dizer que o paciente não vem sozinho. Ele surge na forma de muitas outras pessoas; o seu ponto de vista não é um, são vários. Sob quais circunstâncias vocês acham que isso aconteceria?

Dr. Schlegel: Quando uma pessoa se identifica com outras pessoas.

Dr. Jung: Claro. Isso acontece muitas vezes, particularmente com mulheres. Quando nós estamos falando de um certo problema, não há dúvidas do que *ela* está fazendo, mas o que *alguém* está fazendo e o que *eles* estão fazendo. Eu sempre chamo isso de o problema das onze mil virgens porque normalmente tem a ver com um problema discreto. Mas se qualquer solução discreta surgisse por si só, ela começaria a falar sobre o que as 10.999 virgens deveriam fazer, mas cuidadosamente evita discutir o que ela, a própria paciente, pode fazer ou pensar. Ela aparece como uma ótima anfitriã e que mata toda possibilidade de uma solução individual.

O animus tem a peculiaridade do pensar em grupo. Ele pensa como aquele problema seria solucionado se outras dez mil pessoas tivessem o mesmo problema. Porém, problemas sociais são sempre problemas individuais. Cinco mil pessoas podem ficar realmente doentes com febre tifoide, mas cada paciente tem sua própria febre tifoide. Então estas pessoas modestamente se identificam com legiões e então naturalmente não se tem solução. Eu não consigo solucionar o problema de onze mil virgens de uma vez – eu consigo talvez fazer algo para uma, mas não para a legião, é impossível. Então o sonho diz: você não pode solucionar o seu problema quando lida com muitas pessoas – o pai, a mãe, os avós, amigos –, eles todos interferem, um dizendo tal e tal e outro dizendo outras coisas. Portanto, eu digo para essa pessoa: Deixa tudo isso para lá, apareça no palco e diga *eu*, e não *eles*, opine.

Este é o caso do sonhador. Sua atitude é como se ele fosse um em um batalhão, como se ele fosse como a comunidade inteira naquela pequena igreja respeitável, onde todos eles têm o problema de serem casados e não sabem o que fazer com isso. Pensem, há pessoas que ainda não são casadas, pessoas que se divorciaram, pessoas muito idosas de todas as camadas sociais, e ele acha que todos têm o mesmo problema. Mas isto é impossível, isso é *participation mystique*. Ele projeta seu próprio problema no público e, portanto, torna-se inviável e ele não consegue lidar com isso. A maioria daquelas pessoas negaria com veemência ter esse problema, mas ele inocentemente acredita que todos têm e considera a comunidade inteira como uma extensão de si mesmo. Ele tentar lidar com isso pelo ponto de vista de todos, como se pudesse ser respondido pela legislação, como se uma lei tivesse sido aprovada no parlamento e que cada pessoa deveria fazer isto ou aquilo. Agora, todo esse pensamento em grupo é centrado no pastor. O que isso quer dizer?

Resposta: O pastor é o analista.

Dr. Jung: Sim, eu seria o pastor. Ele é desconhecido, mas é óbvio que eu seria ele e o pensamento em grupo de nosso sonhador está disposto a escutar as palavras esclarecedoras do pastor. Aqui novamente temos um erro. Qual seria?

Resposta: O pastor não fala nada.

Dr. Jung: Primeiramente ele não diz nada, não há um sermão, então ele escutaria em vão. E além disso?

Sugestão: Ele está projetando seus problemas no pastor?

Dr. Jung: Ele acha que o pastor diria palavras adequadas, e como ele escuta isso na igreja, tudo deve estar correto; ele certamente seguiria o conselho, pois estas foram as palavras do pastor. Esta é uma atitude muito característica e específica – escutar atentamente e tomar para si as palavras do pastor, ignorando sua própria atitude, desse modo impedindo seu próprio avanço. Então vocês se lembram dele dizendo que era forçado a ir à igreja quando criança, que ele não gostava nem um pouco, e que nunca mais foi a uma por esse motivo. Então o sonho parece sugerir, já que ele odeia ir à igreja, por que então ele vai? Por que tem essa atitude? Isso leva em consideração o exemplo negativo como um símbolo para sua atitude. Então vem a cantoria. Já foi dito que não houve sermão, mas a comunidade estava cantando. Claro que cantar é uma expressão do sentimento, então ele está agora usando sua função inferior. Aqui percebemos uma luz. Vejam, quando alguém é incapaz de lidar com uma situação psicológica complicada, bem frequente, levando em conta a falta de uma função, a pessoa tenta lidar com esta situação usando funções que são simplesmente não aplicáveis. Existem certas situações difíceis na vida que não se pode inteligentemente lidar por meios de pensamento. Essa situação erótica bem delicada requer sentimento. Ele pensou sobre isso – para sua completa insatisfação – e obviamente deveria liberar seus sentimentos. Este já foi o caso em sonhos anteriores. Agora, quando esta manifestação vem em um sonho, o que vocês concluem deste fato? Qual foi a omissão do sonhador? O sonho indica o cantor.

Sra. Sigg: Ele deixou de expressar seus sentimentos para sua esposa.

Dr. Jung: Como ele pode expressar seu sentimento pela esposa na presença da comunidade inteira?

Sugestão: Seu sentimento pelo analista?

Dr. Jung: Correto, porém ele expressa isso de uma maneira peculiar – um protestante é uma coisa peculiar. Todos eles cantam um hino para Deus e viram seus rostos para o pastor pensando que esta é a maneira de Deus. Sua relação comigo tem sido principalmente técnica, eu sou o mecânico intelectual e sentir-se em conexão comigo não faz parte do seu sonho. Seu sentimento é inteiramente coletivo, assim ele certamente não consegue aplicar isso em sua esposa. Como pode um batalhão inteiro amar a Sra. tal e tal? Ele consegue aplicar isso aqui pela primeira vez, ele consegue cantar Hosana. Colocando-me na igreja como pastor e ele mesmo como parte do público, ele consegue expressar seu sentimento de uma maneira gregária, ele também pode cantar porque todos os outros o fazem. E agora ele está cantando a canção natalina. Por que justamente esta? E, lembrem-se, é uma das canções mais conhecidas deste país.

Srta. Howells: É o hino do nascimento que ele está cantando, o nascimento de seu sentimento.

Dr. Jung: Sim, é um hino de nascimento, mas nós devemos ter em vista a valorização do sentimento. Ele é bem-informado sobre o simbolismo, ele já leu bastante, o lado intelectual não é um problema para ele. Mas o sentimento aqui é infantil. Esta é uma canção que todos nós já cantamos quando crianças; talvez seja a primeira música que deixa marcas no coração de uma criança. Eles talvez não entendam as palavras – às vezes distorcem as palavras para coisas engraçadas. "Cristo, nossa esperança", eles dizem "nosso gafanhoto"!* Existem coisas engraçadas em rezas infantis. Aqui, você vê, ele libera o primeiro reconhecimento solene do sentimento quando a comunidade toda canta essa canção natalina. Diversos sentimentos genuinamente infantis vêm à tona, e isso está conectado com o que nós talvez possamos chamar de *sous-entendu*, subentendido, no sonho. Eu sou o *subentendido*. Então aqui você vê o possível valor da comunidade cantando. E qual poderia ser?

Resposta: União.

Dr. Jung: Não apenas isso, apesar de que isso talvez seja o efeito causado.

Sra. Sigg: Fortalecimento do sentimento.

Dr. Jung: Isso mesmo. Fortalecimento. Vocês devem entender o sentimento daquele homem como algo que se fecha em si mesmo, incapaz de levantar a cabeça, algo fraco e suave que precisa de fortalecimento. Ele precisa de uma audiência toda para ajudá-lo a liberar a expressão de seus sentimentos. Ele não conseguiria se levantar e cantar a canção sozinho, assim como ele não consegue expressar nenhum tipo de sentimento individual por mim. Talvez mencione as palavras de outra pessoa sobre mim – "como ele diz". Possivelmente diga que o *Zürcher Zeitung*[4] tinha escrito isto e aquilo sobre mim, mas ele não consegue fazer isso sozinho, mesmo se ele sentisse muito mais. Eu enfatizo esse ponto porque mais tarde no sonho aquele homem se levanta repentinamente e canta uma canção completamente diferente, sozinho, indo contra toda a comunidade. Isto não aconteceria se não fosse tão importante para o sonhador cantar em seu próprio tom. Isto tem um valor definitivamente positivo, mas é algo para ser analisado.

Dr. Schlegel: Não é individual.

---

4. Principal jornal da cidade, agora chamado de *Neue Zürcher Zeitung*.

* Expressões que têm sons semelhante no inglês: "Christ, our hope" e "our grasshopper" [N.T.].

Dr. Jung: Exatamente. É feito em grupo, ele pode ter seu sentimento sem nenhuma responsabilidade, e é isso que esse homem precisa em absoluto. O menor traço de responsabilidade destrói seu sentimento na hora, então aquela plateia é praticamente necessária para ajudá-lo a perceber seu sentimento com responsabilidade. Mas naturalmente tão logo isso acontece, aparece um novo problema, e este agora é o cantor. O que o fato de ele cantar em um tom completamente diferente quer dizer para vocês?

Sr. Holdsworth: Que alguém não acredita no tom que os outros estão cantando.

Dr. Jung: Claro. Quase como um protesto.

Dr. Baynes: Um relatório minoritário no parlamento!

Dr. Jung: Sim, e é novamente a expressão do sentimento, não é uma opinião. É realmente a mesma canção, mas em um tom completamente diferente. O que isso deve significar?

Dr. Schlegel: É a atitude individual que está se aproximando.

Dr. Jung: Sim, pode-se dizer que agora é individual, uma voz individual no sonhador que se defende contra uma situação coletiva que prevaleceu anteriormente. O canto é agora uma figura bem interessante. Vocês se lembram de que ele foi caracterizado como um tipo meio judeu, e ele é hermafrodita – pelo menos temos grandes dúvidas sobre seu sexo – e o sonhador associa o hermafrodita ao *Der Golem*[5] de Meyrink. Agora temos que entrar em uma parte pelo menos desta história, que realmente é uma grande tentativa em lidar com imagens do inconsciente coletivo. Claro que Meyrink não conhece nada sobre minhas teorias. Ele lida com isso em uma maneira inteiramente literária, pode se dizer, com todas as vantagens e desvantagens deste método, ainda que as imagens sejam perfeitamente reconhecíveis.

Primeiro temos a figura da anima chamada Miriam, uma judia. Então temos seu pai, Hillel, um antigo cabalista, é um típico homem sábio, também uma figura do inconsciente coletivo. Isto é uma conexão bem familiar, o velho homem sábio está normalmente em uma conexão paternal com a anima – tanto física quanto espiritual. No caso da *Wisdom's Daughter*[6] de Haggard não temos um pai de verdade, mas em vez disso um velho padre egípcio, e *Ela* seria sua médium. É um fato bem conhecido que padres frequentemente usavam jovens garotas como videntes ou para invocar profecias.

Agora, estas duas figuras fazem os papéis principais da história. Assim temos a coisa assustadora, o Golem. E temos, além disso, um personagem misterioso

---

5. Cf. 19 de junho de 1929, n. 6 e 9.

6. HAGGARD, H.R. *Wisdom's Daughter*: The Life and Love Story of She-who-must-be-obeyed. Nova York, 1923.

chamado Athanasius Pernath. Ele é um personagem peculiar que entra no começo do romance como amante de Miriam, em quem o herói da história (que é contada em primeira pessoa) está interessado também. Eles se conhecem em algum lugar e trocam chapéus, então o herói anda por aí com o chapéu de Athanasius, que ele não conhece de modo algum, e por meio do chapéu dele cria fantasias e ideias em sua cabeça, que não pertencem a ele, mas ao Athanasius. O nome Athanasius é por si próprio a mais valiosa insinuação, significa o imortal, então ele é a parte imortal do herói. Em termos de mandala, isto seria o "centro", o "corpo de diamante". Isto foi explicitado em outras filosofias especulativas de várias maneiras diferentes, tais como a "faísca de fogo eterno", o "falcão do mar" ou aquele precioso corpo imortal, o *Nous*, que desce dos céus ao mar e pelo qual todas as coisas vieram à existência. O homem é como isso – um mar caótico no qual uma faísca divina cai. O batismo de Cristo na Jordânia, qual o Espírito Santo desce sobre sua cabeça como um pombo, é a mesma concepção. Também a descida do Espírito Santo sobre os discípulos no Pentecostes na forma de pequenas chamas – a faísca criativa que vem dos céus. Isso é simbolismo antigo.

É revelado no final do livro que a história toda acontece devido ao erro fatídico do herói em pegar o chapéu de Athanasius. Ele repentinamente tem visões de coisas que ele não entende, um tipo de psicose, e a história lida com suas diferentes fases. O Golem é um personagem inteiramente negativo, uma completa sombra do imortal. Ele começou como um pedaço de barro e foi trazido à vida por magia negra, pelo ato de escrever o santo nome em sua testa. Então é um ser vivo que não tem alma, um mecanismo que pode ser morto apenas exterminando o santo nome. A imagem aparece em várias antigas lendas judaicas, e Meyrink usou isso como uma personificação dos terríveis problemas que caem sobre o herói por meio daquelas visões. Então no final da história ele tem um tipo de visão esclarecedora. Depois de muitas aventuras ele chega à casa onde Hillel e Miriam deveriam morar – uma simples casa branca com um jardim, com um portão de madeira na frente. Como esse é o lugar a que o sonhador se refere em sua história, eu darei a vocês uma tradução grosseira sobre a maneira como o autor escreve[7]:

"A noite anterior havia acontecido no mesmo local, mas agora de manhã eu vejo que isto é, sem dúvidas, um local simples. Tem um portão dourado muito bonito, muito bem-elaborado e há dois pés de teixo que crescem acima de arbustos ou arbustos floridos, flanqueando a entrada. Eu vejo agora que a parede ao redor do jardim é coberta com um belo mosaico feito de lápis-lazúli. O próprio deus, um hermafrodita, forma as duas asas do portão, o lado esquerdo masculino e o lado direito feminino. O deus está sentando em um precioso trono de madrepérola, sua

---

7. Para uma tradução de Jung diferente, para a mesma passagem, cf. 19 de junho de 1929, p. 274-276.

cabeça dourada é a de uma lebre; as orelhas estão eretas e próximas, parecendo duas páginas de um livro aberto. O ar está impregnado pelo cheiro de orvalho e jacintos, e eu fico lá por um longo tempo, maravilhado. É como se um mundo desconhecido estivesse se abrindo diante dos meus olhos. De repente, um jardineiro velho ou um servo com roupas do século XVIII abre o portão e me pergunta o que eu quero. Eu dou a ele o chapéu de Athanasius Pernath, que eu embrulhara em papel. O servo desaparece com ele, mas no momento antes de fechar o portão atrás dele, eu olhei para dentro e vi não uma casa, mas um tipo de templo de mármore, e, no caminho que levava a ele, eu vejo Athanasius com Miriam deitada em seus braços. Ambos estão olhando para a cidade abaixo. Miriam me avista, sorri e sussurra algo para Athanasius. Eu estou fascinado com sua beleza. Ela é tão jovem, tão jovem quanto eu a vi no sonho. Athanasius então vira sua cabeça em minha direção e meu coração quase para de bater. É como se eu tivesse me vendo em um espelho, tanto é a similaridade de seu rosto com o meu. Então o portão se fecha e eu apenas vejo a imagem resplandecente do deus hermafrodita. Depois de um tempo o servo traz meu chapéu que estava na posse de Athanasius e eu escuto sua voz, profunda, como se viesse das profundezas da terra. Ele diz: 'Sr. Pernath está muito agradecido e pede para que não o veja como rude, pois não o convida para entrar, pois tem sido sempre uma lei rigorosa da casa as pessoas não serem convidadas a entrar. Ele também diz que não usou seu chapéu, já que ele logo percebeu que não era o seu próprio chapéu, e ele espera que o chapéu dele não tenha causado dor de cabeça a você'."

Mas o chapéu causou uma tremenda dor de cabeça! Aqui nós entramos em águas bem profundas, pois esta imagem no sonho é obviamente tirada daquele simbolismo. Nós naturalmente não seríamos capazes de ver isso na forma do sonho, mas das associações. É valioso, nesse caso, termos as associações, das quais se descobre todos os tipos de coisas de que o sonhador não está ciente. Nós somos forçados a somar todas essas considerações que estão nessa passagem de Meyrink. O elemento judaico certamente vem deste livro; o sonhador associa que ele é relembrado de novo do hermafrodita de Meyrink e menciona que ele pensou que é meio judeu. Os personagens principais da história também são judeus, mas isso não aparece no sonho; o único judeu que aparece no sonho é aquele homem que pode ser um hermafrodita. Agora qual vocês diriam ser o significado deste personagem depois de considerar todo este material?

Sra. Crowley: Isto tem uma ideia monoteísta. Jeová foi considerado masculino e feminino na Cabala[8]. Tem uma analogia com o hermafrodito aqui.

---

8. Cabala (ou kabbalah), o misticismo judaico da Idade Média, incorporar a crença de que toda palavra e letra representam mistérios compreendidos apenas pelos iniciados. É uma forma gnóstica baseada na interpretação de escrituras.

Dr. Jung: Místicos em geral tiveram esse ponto de vista, e combinaria com a ideia de que este personagem pode ser o próprio Deus. É esta a sua ideia? O que você diria que o hermafrodita e Athanasius, Hillel e Miriam são? No sonho, o imortal, Athanasius e Miriam são praticamente um personagem só, eles são trazidos juntos, fato que quase nos permitiria dizer que aquele é Deus, pois essa junção seria chamada de Deus nos campos da teologia. Quais são os momentos históricos para essa junção? – Não temos teólogos aqui para nos dizer? A Trindade, claro, o Pai, o Filho e, a figura feminina, o Espírito Santo. O pombo, o simbólico pássaro do amor, foi o pássaro de Astarte. E, originalmente na Igreja oriental, o Espírito Santo era visto como uma figura feminina, Sophia, a esposa de Deus. Esta ideia é encontrada em "Pistis Sophia" e em outros manuscritos gnósticos.

Sr. Holdsworth: As igrejas cópticas excluíram a Virgem? Quem será o marido da Virgem?

Dr. Jung: Isso também leva a ideia do hermafrodita, mas no momento nós estamos considerando a ideia de que a junção de personagens, dois personagens masculinos e uma personagem feminina, é baseada na ideia da Trindade. Pois agora estamos chegando a uma conclusão interessante, seguindo a sugestão da Sra. Crowley e de acordo com as associações do sonhador, que este personagem é Deus. O hermafrodita no livro de Meyrink é claramente um Deus, três pessoas em uma. Mas vocês não acham estranho ser confrontado com conclusões tão peculiares? Isso significa que Deus está cantando uma canção diferente das pessoas em sua própria igreja. Isso sugere a famosa história do rico camponês para quem as pessoas iam coletar fundos, pois a igreja antiga havia sido destruída por trovões. Ele dizia: "Eu não sou tal tolo condenado a dar para aquele que destruiu sua própria casa!" Então, o que concluímos sobre isto de Deus cantar uma nova canção?

Sr. Holdsworth: Que Deus tem um senso de humor irônico, eu sempre suspeitei.

Dr. Jung: Nós não devemos ser blasfemos. Quando é sobre psicologia, nós devemos nos ater aos fatos.

Dr. Schlegel: A Igreja pertence ao antigo Deus coletivo, mas agora temos um novo Deus.

Dr. Jung: Talvez seja isso; já que Deus não tem o direito à palavra hoje em dia, a Igreja tirou tudo de suas mãos. Há uma grande possibilidade de que Ele tenha mudado suas opiniões em dois mil anos; qualquer pessoa mudaria suas opiniões, mesmo se ela fosse eterna. Então é bem possível que Ele cante uma canção diferente hoje. Nós não fomos informados. Quando voltamos na história e lembramos o que Ele disse para os chineses e aos hindus e aos judeus e aos egípcios, é difícil reconciliar. Existem muitos pontos de vista justificáveis. Fazer com que eles fiquem de acordo – isso é um trabalho para uma mente superior.

Nós devemos ser sérios sobre esse assunto, pois nosso sonhador não é em nada um homem irreligioso, ele tem convicções. E se eu dissesse que aquele pecador miserável sentado no banco oposto a ele era Deus cantando uma canção diferente, isso seria bem surpreendente; quando eu chego à conclusão de que a voz é a de Deus, de acordo com toda nossa sabedoria, seria uma tremenda afirmação. Se eu tivesse que dizer que era a voz do Sr. Smith, tudo bem. Mas se eu disser que a todo minuto nós estamos na presença de Deus, que Ele deve reunir seus sentidos e perceber que todos nossos ancestrais primitivos acreditaram que a voz dos sonhos é a voz de Deus, então aqui a voz de Deus falou – bem, se aquele homem possui qualquer nível de compreensão, alguém esperaria que ele colocasse seus ouvidos em estado de atenção, pelo menos. Mas é como se eu dissesse para vocês: Eu tenho notícias desagradáveis – uma mensagem de telefone do Observatório que, a uma distância de talvez setenta milhões de quilômetros, um meteorito do tamanho da África está direcionado para a Terra, e aqueles setenta milhões de quilômetros passarão muito rápido, em poucos dias ou talvez poucas semanas. Vocês diriam que essa seria uma notícia chocante, mas eu digo para vocês que as pessoas seriam totalmente incapazes de assimilar isso. Nós devemos tomar banho, nos barbear, atender pacientes, almoçar... Ao inferno com tal pedra. Ainda é certo que dentro de dez dias nosso planeta inteiro será reduzido a átomos. Eu já presenciei por repetidas vezes que as pessoas são incapazes de assimilar certas verdades. Então, quando eu digo ao homem que esta é a voz de Deus, ele levará isso como uma metáfora e pensará que é uma maneira poética de se dizer as coisas. Nesse caso é de extrema importância que ele entre em contato com seus sentimentos; deve-se ser cuidadoso em ver o quão profundamente ele pode assimilar isso pelos sentimentos. Algo acontecerá aos seus sentimentos; é tão suave, tão fraco, que a intervenção divina deve acontecer de uma forma ou de outra. Se eu disser a ele que o cantor é um fenômeno de compensação, ele fará uma piada intelectual disso. Enquanto se eu fizer uma afirmação direta: esta é a voz de Deus, bem simples, quer dizer que nessa situação de sentimentos ele quase convida a intervenção divina, e que a força superior irá chegar para ajudá-lo no que ele é fraco. Sempre foi extremamente útil quando as pessoas conseguem perceber exatamente onde elas são mais fracas e menores; é lá que a intervenção acontece.

Palestra VII

5 de março de 1930[1]

Dr. Jung:

Na última vez nós chegamos à estranha conclusão de que a imagem hermafrodita do cantor na igreja realmente poderia ser um símbolo de um deus, e hoje nós temos que discutir a conclusão mais a fundo. É bem inesperado, mas nós temos que admitir que existem diversas razões plausíveis para isso. Eu disse a vocês que, quando se alcança tal conclusão extraordinária, é difícil perceber o que ela significa, e seria particularmente difícil neste caso fazer o sonhador ver que isso foi justificado. De fato, quando analisei este sonho com ele, eu não levantei essa tal possibilidade; eu vi que isso era uma possibilidade mas eu evitei discutir isto com ele. Vocês sabem o porquê?

Dr. Deady: Não há nenhuma indicação de que ele estava preparado para isso em sonhos passados e então ele estaria sujeito à resistência.

Dr. Jung: Sim, esta foi a razão que proibiu isso, pois pelo próprio sonho se pode ver que ele ainda está sob influência de suas memórias, ele ainda tem uma ideia fixa sobre estes assuntos, então necessariamente se a palavra deus for proferida, ele primeiramente compararia sua antiga concepção com isso e então enfrentaríamos uma grande resistência. Não porque ele estaria ofendido intelectualmente, claro – deste ponto de vista ele há um bom tempo criticou seu antigo conceito sobre Deus e o deixou de lado –, mas porque ele não tem outro. Ele permanece, portanto, simplesmente idêntico com seja lá o que lhe foi ensinado, as ideias tradicionais. Além disso, para algumas pessoas hoje em dia, até falar de religião é quase equivalente à obscenidade. É extremamente impopular discutir assuntos religiosos com pessoas que estão de alguma maneira ligadas com a ciência; elas ficam chocadas, e o outro se arrisca a ficar condenado como totalmente anticientífico. Uma pessoa pode dizer o que quiser sobre assuntos sexuais e ser considerado científico, porém

---

1. Embora não aludido na transcrição desta palestra, a morte do amigo de Jung, Richard Wilhelm, aconteceu em 1º de março de 1930.

o tema religião é desconsiderado. Eu me lembro de uma história nesta conexão, sob o título de *Coisas sobre as quais não se deve conversar*. O escritor está jantando com um coronel. Era um jantar para homens, um ótimo jantar, e eles ao final, já fumando seus charutos, em tal ponto, ele diz: "Nós podemos falar sobre qualquer coisa sob o sol, qualquer obscenidade, com a exceção de uma coisa". Ele disse ao seu anfitrião: "Me diga, coronel, qual é a sua relação com Deus?" e isso assustou o homem. Há um tabu peculiar nestes assuntos, e lidando com um homem como o nosso sonhador, que é perfeitamente decente, inteligente e bem-educado, ainda sob o preconceito de nossa época, nós devemos ser extremamente cuidadosos.

Mas aqui nós estamos preocupados com uma discussão imparcial, devemos então entrar de cabeça nisso, pois não é um assunto trivial usar este termo que recebeu esse valor extraordinário com o passar do tempo. Se eu chamar isso como a voz de um demônio para uma plateia grega de dois ou três mil anos atrás, não teríamos problemas. Eles teriam imediatamente aceitado, pois o conceito do espírito (*daimon*) individual era perfeitamente familiar para eles. Sócrates tinha seu espírito. Todos tinham seus *synopados*[2], aquele que o segue agora e depois, a sombra, compreendida como espírito individual. A mesma palavra que eu teria usado – demônio – não teria sugerido nada misterioso ou malvado nada mais do que divino. Mas divino não tinha a conotação que nós atribuímos hoje. Era o espírito, algo grande, intenso, poderoso, nem bom nem mau necessariamente; ele simplesmente não entrava na categoria de bom ou mau, ele era um poder. Em um nível mais primitivo, o termo *mana* seria usado, mais com a conotação de animus ou anima – uma alma. Ou a alma-serpente, que fala com você, ou tem controle sobre você, às vezes útil e às vezes talvez um estorvo. Este é o conceito original de divino, o espírito, um poder que ora é superior, ou que pode interferir violentamente.

Mesmo os mais divinos deuses do Olimpo não foram postos em um local sagrado que é inacessível. Eles eram vistos como poderosos e sagrados, mas fora dos nossos conceitos de bom ou mau. Eles muitas vezes se comportavam de forma escandalosa, eles tinham casos amorosos obscenos, até sodomitas, mas eles não perturbavam as pessoas nem um pouco. Que um Deus deveria ter a forma de um touro ou de cisne para realizar suas tarefas amorosas não chocava a humanidade inteligente daquela época. Mas quando a civilização se desenvolveu até certo ponto, e quando as categorias de bom e mau se tornaram mais distintas, então as pessoas começaram a fazer piadas sobre os deuses, que se tornaram ridículos sobretudo por conta de seus casos amorosos. Eles se comportavam de uma maneira vergonhosa, o que certamente seria ofensivo aos mortais se eles tivessem se entregado da mesma maneira. Esta era uma das armas mais poderosas dos apologistas cris-

---

2. Cf. 28 de novembro de 1928, n. 4.

tãos, que praticamente quebravam o pescoço dos deuses antigos, e, daquela época em diante, o conceito de deus se desenvolveu principalmente no lado da mais sagrada inacessibilidade, até o Deus absoluto ser descoberto, que era absolutamente bom, absolutamente espiritual, todas as coisas ruins sendo retiradas para o canto escuro onde os demônios residiam. Sendo assim, o termo demônio se tornou um termo para seres ruins. Não somente os deuses gregos foram afastados, mas também os antigos deuses de Gênesis, e os deuses germânicos, Wotan, Thor, e todos os outros. Nós usamos os nomes dos deuses para dar nome a cachorros agora. Então o conceito de Deus se tornou extremamente unilateral, e esta é a situação na qual o nosso sonhador se encontra.

Claro, como eu disse, ele não tem a ideia dogmática de Deus, ele não acredita no Deus da Igreja, mas isto não muda o conceito, apenas a validade da sua crença. O conceito em si permanece o mesmo com nada para tomar o lugar desta depreciação. Eu teria que entrar em uma longa dissertação sobre a história deste conceito, e, para propósitos práticos, era suficiente dizer: Aqui está uma voz que se afirma individualmente. Eu mostrei que ele apenas acreditava em valores coletivos, e que a voz representava os valores individuais. Isso foi tudo que eu disse a ele, mas o material que ele fornece em suas associações mostra claramente que o inconsciente estava atribuindo valores divinos para aquela voz, que significa teoricamente que a figura do cantor está no lugar do seu conceito depreciativo de Deus. Aqui nós vemos algo extremamente interessante acontecendo diante de nossos olhos, ao saber como o histórico conceito depreciativo de Deus é substituído por um espírito antigo individual. Nós podemos chamar isso de um tipo de regressão ao tempo de dois a seis mil anos, quando a ideia de um deus absolutamente supremo ainda não havia surgido, e o elemento divino era somente a voz interior, a voz do sonho.

Neste homem, então, o processo religioso começa três ou quatro mil anos atrás, na época em que o espírito individual, a alma-serpente, fala com ele e diz claramente: "Este é o seu deus". É bem estranho e, se eu tocar muito neste assunto, ele naturalmente ficará assustado, pois ele assumirá que esse deus – aquela coisa, aquele hermafrodita – talvez diga a ele algo chocante que poderia interferir em seus valores coletivos. Se eu tivesse que insistir na importância e divindade daquela voz, iria simplesmente assustá-lo e ele não deve ser assustado, ou ele nunca acreditará em si mesmo – sendo que ele acreditou em mim. Mas eu estou bem certo de que ele não acreditaria em mim, pois nós somos extremamente não propensos a acreditar que qualquer coisa que possa acontecer em nossa psicologia seria devida a uma força superior. Nós estamos todos dispostos a acreditar que nossa mente é "nada além de", que não existe nada em nós que não preparamos com antecedência, que nós não adquirimos. Essa ideia naturalmente começa do fato de que os conteúdos da nossa consciência são certas aquisições, experiências individuais, e entre elas não há nada que provaria a existência de uma força superior. É a vida diária; coisas estranhas acontecem, talvez grandes experiências, mas sempre se tem uma forma de explicação para elas, e se não criticadas criteriosamente, pode-se dizer que isso não é nada além do que a psicologia subjetiva da própria pessoa. Podemos dizer, junto com o lunático que uma vez eu tratei: "Hoje à noite eu desinfetei todos os céus com sublimado corrosivo[3] e nenhum deus foi descoberto!" Vocês percebem que este é o nosso ponto de vista consciente, ou talvez alguém diga: *Je n'ai pas besoin de cette hyphotèse*[4].

Então se eu dissesse para esse homem que a voz em seu sonho era divina e então deveria ser levada a sério, como o comando de uma força superior, ele não acreditaria em mim e não confiaria em mim. A principal objeção que as pessoas fazem é: "Mas qual é a autoridade da voz? Qualquer um pode ter sonhos fantásticos, mas para que isso serviria se todos levassem a sério aquela voz que escutam? Se você pensa nos termos das onze mil virgens, todas escutando as suas vozes, o mundo se tornaria um manicômio, tudo se tornaria impossível no próximo minuto". Este é nosso preconceito. Lembre-se, este homem é o filho de um sacerdote, então ele tinha a veia teológica em si. Ele talvez seja bem liberal e culto, mas o protestante cristão existe.

Srta. Henley: Este homem era interessado em teosofia, então por que ele é tão cético?

Dr. Jung: Isto é muito interessante quando você lê em livros, mas quando você é confrontado com aquela voz, é muito diferente; se ela dissesse para nosso paciente: "Agora tire sua roupa e dê tudo que você tem aos pobres, pegue sua conta bancária e doe aos pobres de Zurique", ele se assustaria muito e presume que a voz talvez dissesse aquilo. Ou a voz poderia dizer: "Vá até sua esposa e diga a ela que você está apaixonado por aquela menina". Certamente ele preferiria morrer a fazer isso. Este é o problema – quando a coisa se torna realidade. É tudo muito bom quando você lê livros sobre encarnações de Buda e a vida espiritual, porque isso não fere a conta bancária, mas quando isso afeta a família, não há ninguém lá, um campo limpo, então vá ao inferno toda essa filosofia. Vejam, eu já tive várias discussões com teólogos e todos eles me acusam de psicologismo, da relativização de Deus como um fator psicológico, considerando que eu represento Deus como nada além de um fator psicológico nas pessoas que eles podem tirar de seus bolsos e colocar novamente quando bem entenderem. Todos eles assumem que

---

3. Sublimado corrosivo = bicloreto de mercúrio.

4. Pierre Simon de Laplace (1749-1827), astrônomo francês, que, quando lembrado por Napoleão que em seu tratado sobre *Mécanique céleste* (1799-1825) ele não havia mencionado Deus, respondeu: "Senhor, eu não tive a necessidade desta hipótese".

a psicologia é um tipo de jogo racional em que os fatos metafísicos são tratados como meras combinações psicológicas. Eles não sabem que eu vejo a psicologia como um campo de fatos. Por exemplo, se isso fosse a ciência das estrelas, de seus movimentos de acordo com tais e tais leis, eu não acharia que poderia aplicar leis diferentes às estrelas, que eu as guardaria em meu bolso, ou que eu poderia puxar Saturno para baixo e o aproximar do Sol. É isso que os teólogos fazem e, portanto, eles presumem que eu faça o mesmo. A psicologia para mim é uma ciência empírica. Eu observo, mas não invento. Como os astrônomos sofrem para observar corpos celestiais em seus movimentos regidos por leis – fatos dos céus –, assim eu observo os movimentos psicológicos, pois se está lidando com fatores autônomos de força extraordinária e se estuda simplesmente os caminhos dessas forças. Não se pode achar que devemos mudar o curso delas mais do que o das estrelas nos céus. A *psique* é maior do que eu mesmo; está além das palmas de minhas mãos. Se eu pudesse observar os deuses olímpicos em seus movimentos, eu não presumiria, por descobrir alguns poucos detalhes do comportamento deles, que eu os tenho no meu bolso, e não mais presumo que eu tenho qualquer tipo de poder em relação aos fatos psicológicos.

Vocês veem na nossa vida humana, psicologia é um fato supremo. Se é fato que a maioria dos seres humanos coloca uma nova ideia em suas cabeças, eles podem virar o mundo todo de cabeça para baixo. Vejam a Revolução Russa. Vejam a agitação do Islã. Quem poderia ter pensado essa coisa poderia começar naquelas tribos beduínas da Arábia? Mas começaram – trazendo pessoas ao primeiro plano que nunca tiveram nenhum papel na história antes, e isso se espalhou por metade da Europa, quase tão longe quanto a Suíça. Mas não foi nada além de uma ideia, um fato psicológico. Vejam o que cristianismo tem feito ao mundo. E a que se deveu a guerra mundial? Certamente não a fatores econômicos isolados. Era uma ideia, e que poder estava dentro dela! – Uma coisa extraordinária, loucura sem paralelo. Agora, aqueles são fatos psicológicos. Às vezes você vê isso na vida de um indivíduo, uma pessoa perfeitamente boa e inteligente; mas uma ideia louca toma conta dessa pessoa, um pequeno fato herdado que deixa o mecanismo todo obcecado e destrói aquela vida completamente; e não apenas aquela vida, mas a vida de toda a família. E então se reclama de psicologismo! Mas a teologia é usada para dar ordens a Deus, ela diz a Ele como ele deveria se comportar. Ela o tem na escrita, e diz: Você não é mais o Deus se você não se comportar como fez há dois mil anos. Ela tirou a liberdade de Deus.

Este ponto de vista tem um papel considerável no nosso paciente também, tanto que ele está em várias maneiras relutante em aceitar que essa voz poderia ser divina. Ainda do nosso ponto de vista teórico, é indispensável que nós vejamos o que o inconsciente está fazendo, e aqui é um caso em que temos que admitir que estamos atribuindo valores divinos para a voz interior. Agora, o que isso significa? A voz divina, como eu disse, é simplesmente um valor mana – uma voz poderosa, um tipo de fato superior que se apodera de alguém. Esta é a maneira pela qual os deuses ou qualquer fato espiritual superior sempre agiram; eles se apoderavam do homem. E quando há uma demonstração do poder divino, isso não se insere na categoria de fenômeno natural, mas como um fato psicológico. Quando uma vida humana é inferior, quando as intenções conscientes estão perturbadas, ali se percebe intercessão divina, intercessão pelo inconsciente, por fatos poderosos. Naturalmente devem ser completamente rejeitadas as categorias morais. A ideia de que Deus é necessariamente bom e espiritual é simplesmente um preconceito criado pelo homem. Nós gostaríamos que fosse assim, nós gostaríamos que o bom e o espiritual pudessem ser supremos, mas não são. Para chegar novamente a um fenômeno religioso primordial, o homem deve retornar à condição em que aquela prática seja totalmente livre de preconceitos, em que não se pode dizer que isto é bom ou aquilo é mau, em que se tem que abandonar todas as ideias preconcebidas como aquelas sobre a natureza da religião; enquanto existir qualquer tipo de preconceito, não há submissão.

Meu amigo da Somália na África me deu um ótimo ensinamento a esse respeito. Ele pertencia à seita maometana e eu perguntei a ele sobre Khidr[5], o deus daquele culto particular, sobre as formas em que ele aparecia. Ele disse: "Ele talvez apareça como um homem comum, como eu ou como aquele homem lá, mas você sabe que ele é Khidr, e então você deve ir até ele, pegar suas duas mãos e balançar, e dizer: 'Que a paz esteja com você', e ele irá dizer: 'Que a paz esteja com você', e todos seus desejos serão concedidos. Ou ele talvez apareça como uma luz, não a luz de uma vela ou um fogo, mas como uma luz branca e pura, e você saberá que é Khidr". Então, inclinando-se, ele apanhou uma folha de grama e disse: "Ou ele pode aparecer assim". Não há preconceito, há suprema submissão. Deus pode aparecer na forma que Ele escolher. Mas dizer que Deus só pode aparecer como um ser espiritual, como um ser supremo, de acordo com as regras da Igreja, é um preconceito criado pelo homem, arrogância; prescrever a este fenômeno o que deveria ser, e não aceitar o que ele é, não é submissão.

Então eu digo que nosso sonhador somente seria capaz de aceitar nossa interpretação na base de submissão completa, deixando todos os seus preconceitos e aceitando que onde quer e quando quer que aquela voz fale, ele tem que aceitar.

---

5. Khidr (or Chidr), "o verdejante", aparece do 18° capítulo do Corão como um anjo, o eternamente jovem amigo arquetípico. Cf. *Símbolos da transformação*. OC 5, § 282-293 (como na ed. de 1912). Na palestra de Jung em Eranos, de 1939, "Sobre o renascimento" OC 9/1, que é baseada da lenda do Khidr, ele relata a mesma história sobre o homem da Somália (§ 250). Khidr também é um símbolo do self.

Claro, isso assusta muito as pessoas – a ideia de um fato que venha de fora deles, ou de dentro, se vocês preferirem, que poderia repentinamente surgir e dizer: "Não o que *você* quer, mas o que *eu* quero!" Na Igreja eles são bem cuidadosos em julgar o caso antes e ver se tal comando é conveniente, se isto está de acordo com as regras de bom comportamento, ou respeitabilidade etc. Se for tudo isso, *então* você obedece. Mas se a voz disser algo que é contrário a todos os seus queridos preconceitos, contra suas ilusões, contra seus desejos, então merece uma consideração diferente. Sendo assim, é melhor que você entenda que não existe essa voz! Mas isto não é submissão, e onde está a orientação superior? Nossa ambição é de sermos senhores de nosso destino. E por que nós não deveríamos ser capazes de viver nossas vidas de acordo com as nossas intenções? Certamente, seria mais desejável se pudéssemos arrumar nossas vidas de acordo com nossos desejos e ambições, mas isso não dá certo. Agora, por que as pessoas não podem tomar suas próprias vidas em suas mãos e arrumá-las de acordo com suas próprias ideias?

Sra. Crowley: Porque elas não conseguem enxergar com a clareza suficiente. Não podem sair de si mesmas.

Dr. Jung: Você diria que é porque a nossa consciência é muito limitada? Muito cega? Este é um ótimo ponto de vista.

Sra. Sigg: Não podem ser controlados, pois há muita interferência dos outros.

Dr. Jung: Naturalmente, se há muita interferência, devem-se considerar os meios; deve-se agir dentro de seus limites. Nós não podemos assumir que todos teriam a onipotência divina. Nós não aceitaríamos e não gostaríamos disso; nós podemos agir apenas de acordo com nossos meios naturais. Como a Sra. Crowley mostrou, nossa consciência é naturalmente limitada, somos conscientes apenas de uma pequena parte do mundo. Nossa visão apenas alcança certa distância, nossa memória é insuficiente, nossas percepções são insuficientes, e muitas coisas acontecem que nós que somos cegos demais para ver – toupeiras cegas. Pense em todas as percepções sensoriais que não percebemos e que poderiam ser importantes para nossa orientação. Eu me lembro de uma ótima ilustração disto: Um homem que estava caçando tigres na Índia tinha subido em uma árvore em um local onde a caça era abundante, e sentou-se lá silenciosamente esperando no escuro até que sua vítima se aproximasse. Então ele sentiu um pequeno sopro de ar, uma brisa suave da noite, e de repente se assustou e começou a tremer. Ele avaliou consigo mesmo que era tolice, o vento cessou e ele perdeu seu medo. Passado algum tempo, o vento soprou novamente, desta vez mais forte, e ele novamente se assustou. Não havia nenhum perigo aparentemente, mas ele estava suando de medo e desta vez seu pânico era tão grande que, apesar dos tigres, ele se jogou no chão e começou a fugir. Tão logo ele chegou ao chão a árvore tombou no chão. Ele achou que era a mão de Deus. A Providência Divina o salvou. Mas, de fato, um homem que vivia naqueles campos poderia facilmente ter visto que aquela árvore iria cair; estava claramente oca por causa dos cupins. Se ele tivesse examinado a base da árvore teria visto isso. Seus olhos *tinham* visto isso talvez, mas a impressão não foi processada na consciência. Então seu inconsciente lentamente começou a trabalhar e disse a ele que a árvore estava corroída por cupins e que, quando o vento da noite soprasse, poderia acontecer um acidente. Sempre há perigo quando há cupins; mesmo nas casas deve-se ser cuidadoso. Quando uma pessoa acampa, deve checar as estacas das barracas com frequência, pois estes insetos extraordinários constroem rapidamente pequenos túneis que passam pelas estacas. Eu sei de um caso de um homem que havia deixado algumas gravuras penduradas em sua casa quando ele a fechou por alguns meses, e quando ele voltou as gravuras não existiam mais. Os vidros estavam lá grudados nas paredes, cimentados, por isso não caíram, mas quando ele tocou as molduras, ele viu que elas eram apenas polpa. Os cupins haviam comido todo o interior, tudo estava se desintegrando. É isso o que um caçador deveria saber e o que ele certamente sabia, e mesmo assim, em sua avidez, ele negligenciou essa possibilidade perigosa.

Nossas consciências insuficientes nos fazem negligenciar as necessidades vitais de nossa natureza, se elas interferem em nossos desejos momentâneos e que no dia seguinte serão completamente insignificantes. E assim nos esquecemos de coisas eternas, as coisas que têm maior importância a longo prazo. Por outro lado, é extremamente necessário ser capaz de se concentrar, ou seremos sonhadores incapazes. Há um grande dilema. Para dirigir um carro deve-se estar consciente. Um maquinista não pode sonhar, ele deve ter grande concentração. Na nossa vida diária, em nossa superlotada civilização, devemos ser conscientes e, mesmo assim, nos transformamos em toupeiras cegas.

Portanto, aquelas ideias de um maravilhoso e espiritual Deus se tornam completamente insuficientes, pois não nos dão nenhuma orientação. É quase um conceito filosófico; não tem vida própria, é artificial, e nossa psicologia real percebe isso. Nós precisamos encontrar um princípio norteador, uma função além da nossa consciência, que nos dê avisos como o caçador foi avisado; para que em caso de desvio ou perigo nós tenhamos algum ponto de vista que não teríamos pensado conscientemente.

Obviamente nosso sonhador se encontra nesse ponto; ele está bem convencido de que não há saída e que ele tem apenas minha autoridade para ajudá-lo. Eu disse a ele que não poderia solucionar seu problema, mas eu sabia que essas coisas poderiam ser solucionadas de uma maneira peculiar; eu disse que já tinha visto casos assim e que se nós analisássemos seu inconsciente poderíamos encontrar uma solução. Então ele estava disposto a tentar. Eu disse isso, pois estava realmente convencido de que depois de um tempo nós atingiríamos aquele fator externo a nossa consciência. Eu estava esperando por nada menos que uma intervenção divina. Eu não sabia o que fazer, eu apenas esperava que alguma coisa começaria a funcionar nele quando nossas inteligências humanas não pudessem encontrar um caminho.

Aquela voz realmente era o começo de um tipo de função autônoma nele, mostrando um ponto de vista que na realidade ele não possuía. Era uma tremenda manifestação de uma função inconsciente que antigamente era chamada de espírito individual, ou de guia individual, ou de oráculo, ou de espírito ancestral. Ou em um nível muito primitivo, essa voz era projetada em objetos, em animais que falavam com as pessoas, a serpente da alma, ou um animal totêmico, ou uma árvore que daria um comando que deveria ser obedecido. Se aquela voz fosse ouvida, nós teríamos a possibilidade de uma vida mais completa, pois se viveria então quase como se fôssemos duas pessoas, não uma sozinha, e então haveria uma esfera inteira de conhecimento e experiência em que todas as funções, todas as ideias, irão entrar além de nossa consciência comum.

Para continuarmos com nossa discussão sobre o hermafrodita, chegamos agora à consideração do fato de que ele tinha um tipo facial próprio dos judeus. As associações em conexão a isso são, como vocês sabem, principalmente os personagens judaicos em *Der Golem* e também o fato de que ele acha que o próprio Meyrink deve ser um judeu. Então existem grandes evidências de que esta figura divina tem um caráter judaico. Porém, quando uso a palavra "divino", vocês nunca devem conectar isso com o uso comum desta palavra, eu quero dizer no sentido antigo, a figura *mana*. Vocês têm alguma ideia de por que este personagem deveria ser judeu?

Srta. Howells: Eu acredito que isso toma a qualidade do homem inferior. Isso representa uma sombra.

Dr. Jung: E por que esta deveria ser judaica?

Srta. Howells: Porque representa uma civilização muito mais antiga, ou talvez represente a raça pela qual ele tem antipatia. Antes, era a grega.

Dr. Jung: Mas por que ele não tem as características de um grego ou de qualquer outra civilização antiga? Por que um judeu?

Sra. Sigg: Devido ao seu próprio ensino religioso.

Dr. Jung: Talvez vocês não saibam que todos os europeus protestantes têm o judeu em seu inconsciente, assim como o americano tem o negro e, ainda mais abaixo, o índio vermelho. Nós podemos explicar isso pelo fato de que o elemento judaico em nossa população é uma minoria e que essa minoria representa as qualidades menores de nosso caráter. Então, além disso, nós temos não apenas o judeu na realidade como uma minoria que vive conosco, mas nós temos o judeu interior, no fato de que nosso ensino religioso é derivado da religião judaica original. Nós fomos apresentados ao Antigo Testamento e acreditamos nele, então nós poderíamos esperar ser conscientemente judeus. Por que isso acontece apenas em nosso inconsciente?

Sra. Sigg: Por que os cristãos não são claros, eles não achavam que o elemento semítico era tão forte em nosso ensino religioso.

Dr. Jung: Sim, mas como esse elemento semítico apareceria no protestantismo?

Dr. Deady: Na Torá, na Lei, no racionalismo?

Dr. Jung: Sim, se poderia afirmar que eles foram expressos sob um ponto de vista da lei.

Dr. Deady: É isto que nossos puritanos fizeram com o Antigo Testamento.

Dr. Jung: Mas isto não é apenas uma questão puritana, isso é um assunto católico também. Onde existem traços da antipatia antissemita, podemos ter certeza de que há um judeu no inconsciente.

Dr. Deady: É verdade que o judeu já se tornou cristianizado?

Dr. Jung: De certa forma é verdade, o judeu hoje é bem cristianizado, sua psicologia assumiu uma qualidade absolutamente cristã. Ele não permaneceu obsoleto, ele se desenvolveu tanto quanto nós. Os judeus europeus são bem diferentes dos judeus da África do Norte que eu vi e estudei. Eu analisei um judeu de Bagdá, por exemplo. Agora este fato peculiar de que o europeu moderno contém um judeu em seu inconsciente é bem-enfatizado sob certas condições conscientes. Vocês sabem quais seriam essas condições?

Sra. Sigg: Na Alemanha, quando eles colocam muita libido em seus projetos de negócios, eles projetam tudo aquilo no judeu.

Dr. Jung: Tem razão. Você encontra esta figura inconsciente do judeu principalmente com aqueles protestantes e católicos em que o deus real é o deus amarelo. Mas você também encontra isso em boas pessoas, perfeitamente idealistas, que não se poderiam censurar como sendo particularmente avarentos. Quem seriam eles?

Dr. Baynes: Pessoas apaixonadas pela lei.

Dr. Jung: Sim, esta pessoa cujo ponto de vista é a lei, pois a lei não é dada por Deus, é feita pelo homem. Aquele ponto de vista foi essencialmente superado pelo antigo cristianismo. Nas epístolas de Paulo ficamos repetidamente impressionados pelo fato de que a lei não surge de fora, elas foram resgatadas desta lei, renasceram; houve uma revolução contra esta lei. Mas agora veja o que nosso povo fez, o catolicismo é construído exclusivamente sobre a autoridade da lei, e o protestantismo também.

Dr. Deady: Mais judaicos do que os judeus!

Dr. Jung: Sim, eles chamavam suas crianças por nomes judaicos. Meu avô materno[6], por exemplo, que foi um grande puritano, deu nomes judaicos aos seus

---

6. Samuel Preiswerk (1799-1871), de Basel, sacerdote e estudioso de hebraico, pai de treze filhos, cf. *C.G. Jung: Word and Image*, p. 12 (Emilie, o nome da mãe de Jung não é, no entanto, um nome judaico, mas originalmente latino).

filhos. Sua convicção era de que eles falavam hebraico no céu, então ele se tornou um professor de hebraico para ser capaz de ler o jornal lá.

Dr. Deady: Os puritanos na Nova Inglaterra aplicavam severas punições. Eles não tinham traços de bondade humana.

Dr. Jung: Essa é a razão por que eles têm um judeu no inconsciente. Porque eles acreditam na lei, acreditam na autoridade, eles silenciosamente voltam ao ponto de vista do Antigo Testamento, eles apenas atribuem outro nome a isso. Eles a chamam de Igreja – Protestante ou Católica. Mas o Deus real é respeitabilidade e lei e não existe qualquer liberdade. Naturalmente nosso sonhador é desse tipo. Para me expressar nas palavras de São Paulo: "Ele é o filho da serva da cidade de baixo e não da cidade do alto"[7]. Ele ainda está preso ao Antigo Testamento. Até agora nós vemos que aquela voz nele que realmente atrapalhou o hino, que cantava em um tom diferente, é daquele tipo semítico. Esta é aparentemente uma completa contradição. Uma pessoa assumiria que, por ser judeu, ele deveria acreditar na lei, ainda que aqui esteja um indivíduo deste tipo que irrita a comunidade cantando em um tom diferente.

Sra. Crowley: Eu acho que não é tão estranho quando você lembra dos profetas. Eles também eram contra a lei.

Dr. Jung: Sim, naquele elemento profético o outro lado do semita aparece. Vejam, quando um cristão fala de um judeu ele vê apenas um lado. Ele vê as dez tribos que eram muito criticadas por Deus, e não as duas que eram sagradas, que contêm o elemento profético. (Este é um ditado judaico, não minha invenção.) O ponto de vista do sonhador é que a voz merece descrédito e não deveria, ele tem um ressentimento racial contra isso, e parece a ele como se o elemento judaico devesse ser menosprezado. Enquanto de fato poderia ter um significado diferente, poderia ser uma voz profética e então significaria: "Você cantará uma canção diferente! – você atrapalhará aquela comunidade cantando!" Por enquanto isso é apenas delegado à sombra dele, mas é profético e quer dizer: "Isto é o que *você* será!"

Mas ainda temos um detalhe que temos que resolver. Na parte final do sonho ele encontra o cantor novamente e o escuta comentar que apenas queria mostrar uma vez que poderia cantar. Ele comenta isso com um novo homem que se junta a ele, o filho do cantor e um amigo do sonhador, que anda até o pai e o repreende por ter atrapalhado a comunidade. Agora, e sobre isso? O filho, um amigo do sonhador, culpando seu pai, o cantor.

Sra. Sigg: Parece-me que na Alemanha o antigo deus judaico é ensinado nas igrejas e por isso as crianças não cantam *O du fröhliche*. Para as crianças a psicologia não é clara. Ela mata qualquer crença em um bom Deus.

---

7. Cf. Gl 4,22-26.

Dr. Jung: Eles são marcados com o fato de serem pecadores desde seus nascimentos. Mas me conte, por que o filho repreende o pai? Quem é aquele amigo do sonhador?

Dr. Schlegel: Se o cantor é Deus, o filho seria o Cristo.

Dr. Jung: Sim, e ele seria amigo do sonhador e repreenderia seu pai quando ele cantou no tom errado. Isso está claro? A questão é: Cristo é o Filho do Deus da lei ou Filho do Deus dos profetas?

Dr. Deady: O filho do Deus dos profetas.

Dr. Jung: Claro. O Cristo real é o Deus da liberdade. Mas como você explica ele repreender seu pai por ter atrapalhado a comunidade cantando?

Dr. Schlegel: Ele é o mediador entre os pontos de vista consciente e o inconsciente. É muito difícil para o sonhador aceitar essa nova melodia neste momento.

Dr. Jung: Vocês acham que Cristo disse ao seu pai: "Cale-se! Não cante essas coisas! Atrapalha demais!" Ou podemos fazer outro tipo de raciocínio, que Cristo, como Ele é pregado nas igrejas e normalmente entendido, seria certamente o filho do Deus da lei e não o filho do Deus da liberdade. Ouçam o que a Igreja Católica tem a dizer sobre Cristo e o que vocês escutam todo domingo em uma igreja protestante! Então aqui está o filho que é contra o seu pai, e há o elemento de que ele aparece como um amigo do sonhador, o amigo do homem. Mas ao escrever o texto-sonho, nosso paciente coloca em parênteses: "Eu ainda não conheço aquele homem na realidade". Algo colocado entre parênteses no relatório de um sonho é como um protesto violento – um tipo de exclamação gritada da tribuna. O sonhador exclama contra a ideia de que este homem deveria ser seu amigo, ele diz que é um estranho total. Então nós devemos duvidar da qualidade deste homem. Nós estamos provavelmente seguros em assumir que existe algo duvidoso e ambivalente sobre esta figura, e que é verdade sobre a figura de Cristo, pois nós temos dois conceitos inteiramente diferentes sobre ele. Há o conceito da Igreja sobre Cristo, e outro que tem mais a ver com a verdade, certamente, Cristo como o filho ilegítimo de uma mulher chamada Miriam, por um soldado egípcio, Pandira. Portanto, Jesus foi chamado de "Jesu ben Pandira"[8].

Esta é apenas uma lenda, mas todas elas coincidem com a ideia de que ele era um filho ilegítimo e uma espécie de pária e naturalmente tinha um sentimento de grande inferioridade. "Que coisa boa pode surgir da Galileia?" Ele estava no lugar errado de qualquer forma, e isso produziria uma enorme ambição, particularmente

---

8. Jesus ben Pandira ou Pandera. Cf. KLAUSNER, J. *Jesus of Nazareth*: His Life, Times, and Teaching. Londres/Nova York, 1925, p. 23-24 [trad. de H. Danby]. • GOLDSTEIN, M. *Jesus in the Jewish Tradition*. Nova York, 1950, p. 35-37. Nas OC 5, § 594, Jung menciona outro Jesus ben Pandira, dito o fundador dos essênios, ca. 100 a.C. (Na ed. de 1912, Pt II, ch. 7, n. 126).

em um jovem inteligente. Sua primeira luta com o demônio foi com seu próprio poder demoníaco, sua ambição mundana, e ele teve a grandeza para renunciá-la. Então ele alcançou a grandeza espiritual. Foi para uma das escolas de *Therapeutae*[9], uma seita religiosa que deixou o mundo para viver uma vida contemplativa nas escolas ou mosteiro. Eles eram professores e curadores, e eles tinham influências espirituais e filosóficas bem-difundidas, e eram também bastante conhecidos por suas interpretações de sonhos. Existe um momento assim na história dos judeus contada por Josephus. Um prefeito da Palestina chamou um dos seus homens para interpretar um sonho. Eles eram como analistas. Um deles era João Batista, e Cristo foi para sua escola e por ele foi iniciado, como nós sabemos do seu batismo no Jordão[10]. Então de alguma maneira houve um desentendimento entre eles.

Agora, felizmente, os escritos de João foram descobertos; sempre soubemos que eles existiam, mas foi apenas recentemente que eles foram traduzidos[11]. No livro de Johanna encontramos a discussão completa entre Johanna e Jesu ben Miriam, o impostor. Este é o título sob o qual ele é introduzido, pois ele traiu os mistérios de acordo com o ponto de vista deles. João o repreende por ter compartilhado os grandes mistérios da vida com as pessoas, e Jesus se defende, dizendo que ele está certo em fazer isso. Muito curiosamente esta discussão acaba sem um acordo final. Existem dois pontos de vista opostos, nenhum produziu resultados e a balança permanece equilibrada – João está certo e Jesus está certo. Um diz: não espalhe, as pessoas irão estragar. O outro diz: eu compartilhei em benefício do povo, por amor. Assim, Jesus se tornou um grande reformista e um grande curador, e então ele teve problemas com a Igreja oficial, o que naquele tempo, claro, significava problemas políticos, então eles teriam que afastá-lo. Como Sócrates. A vida humana comum, pode-se dizer, e se você a olha dessa forma, você vê que ele era um homem com grande liberdade de pensamento, que trabalhava pela melhoria da humanidade. Ele era um homem que queria um crescimento da consciência, um melhor entendimento entre os seres humanos, mais amor e mais conhecimento sobre o coração. E veja o que a Igreja fez com isso! Se Jesus voltasse hoje e tivesse uma conversa com o papa no Vaticano, eles diriam: "É estranhamente bom, nada novo, mas é bem estranho! – Com a melhor das intenções, não poderíamos mudar isso".

Dr. Deady: Mudar isso! Eles o colocariam na prisão por três meses!

---

9. Uma seita pré-cristã, sincretizando elementos pagãos e judaicos, confinados na cidade de Alexandria (século I d.C.). Os *Therapeautae* são conhecidos apenas de Philo, *De vita contemplativa* (LCL Philo, IX), mais do que de Josephus.

10. Mt 11. João não era, no entanto, um dos Therapeutae.

11. Cf. 29 de maio de 1929, n. 9 e 10.

Dr. Jung: Bem, existem estas duas avaliações. Deve haver ordem, deve haver tradição, deve haver lei, pois o homem é realmente mau. Provavelmente a maioria das pessoas aqui nesta sala não precisaria da polícia. Eu me considero muito distante de furtar maçãs do meu vizinho nem atearia fogo em sua casa, portanto eu não preciso de polícia. Mas a polícia é necessária, pois pelo menos metade da humanidade é realmente podre, e eles precisam da Igreja, pois fariam mau uso de sua liberdade. A maioria das pessoas deve viver na prisão, senão não viveriam de maneira alguma, e essa é a razão para as leis e organizações. Então pode-se dizer que o portador da liberdade, Jesus, estava realmente clamando pela lei, e João, que protegia a luz de cair na escuridão das massas, poderia abusar dela. Mas se não se deixa a luz cair na escuridão, qual é a utilidade da luz? Os seguidores de João[12] foram reduzidos a cerca de três mil pessoas, e eu duvido se mesmo os padres entendam suas escrituras sagradas agora. Eles são principalmente ourives e apenas comem carne de animais que foram afogados; eles não devem ser abatidos, deve-se afogar qualquer animal que comem, suas galinhas, bodes ou carneiros, e eles comem com má vontade. Isso é tudo que eles conseguiram aproveitar. E quando você lê o texto original, você fica maravilhado com sua beleza extraordinária. Mas se você vê o que eles fizeram com o cristianismo, é igualmente ridículo. Portanto, percebam, nós temos duas concepções diferentes, uma figura ambivalente. Por um lado o Salvador tradicional, e por outro um homem que significava algo bem diferente do que a Igreja significa hoje. Podemos perceber isso ao ler Paulo, que se expressa muito claramente; pode-se observar que sua concepção do espírito era completamente diferente do espírito do nosso protestantismo.

Então nós podemos entender que a figura do amigo que silencia seu próprio pai é extremamente ambígua. Por um lado poderia significar que é muito bom que ele repreenda seu pai por ter atrapalhado a canção da comunidade – realmente deveria ser silenciada, aquela voz diferente, pois era bastante estranha. Por outro lado é quase uma traição tentar privar nosso sonhador do fenômeno religioso primordial e da solução real do problema. Então aqui novamente está o mesmo terrível dilema. Deveria isso ser a lei? Ou seria a liberdade? Deve obviamente ser os dois. Deve haver lei e controle porque os seres humanos são maus, e deve haver liberdade, pois existem também seres humanos decentes. Portanto, eternamente existirão dúvidas. Deveria ser liberado ou deveria ser ocultado? Cristo disse, você não deveria manter sua luz escondida. Mas se você a deixar brilhar, o que acontecerá?

Sr. Holdsworth: Será apagada!

Dr. Jung: Sim, ou desvirtuada – transformada em poder. Então o sonho toca em um problema muito delicado. Claro que não é muito convincente e eu não falei

---

12. Os mandaeanos, ou "Cristãos de São João". Cf. 29 de maio de 1929, p. 237s.

uma palavra disso tudo para o meu sonhador, mas quando estamos numa discussão teórica nós devemos mostrar todo esse material. Eu conheço seu desenvolvimento posterior, e ele demorou dois anos para entender essas coisas. Ele não possuía o conhecimento necessário no começo, pois muitas das coisas que eu mencionei agora pouco são relativamente desconhecidas. Entendam, as melhores coisas ficam sempre guardadas. Por exemplo, os teólogos não mencionavam os ensinamentos de João, embora eles fossem mais autênticos que os evangelhos e de uma época anterior a eles. Para dar um exemplo, aqui está um texto do Evangelho: "Quando dois ou três estão reunidos em meu nome"[13] etc., mas a versão no texto original é: "Quando duas pessoas estão juntas, elas não estão sem Deus, mas quando se tem apenas uma, eu estou com ela"[14]. Aqui, você percebe o que a Igreja fez.

---

13. Mt 18,20: "Pois onde dois ou três estão reunidos juntos em meu nome, lá estou eu no meio deles".

14. Do Papiro Oxyrhynchus 1, descoberto no Egito por B.P. Grenfell e A.S. Hunt e publicado por eles no *Logia Iesou* (Oxford, 1897). Como traduzido por M.R. James: *The Aprocryphal New Testament* (Oxford, 1924), p. 27: "Onde quer que existam (dois, eles não estão sem) Deus: e onde existe apenas um, eu digo que eu estou com ele" [Restaurações em parênteses]. B.M. Metzger, de Seminário Teológico de Princeton, comenta: "Em vista do descobrimento subsequente do texto completo de *logion* no contexto do Evangelho copta de Tomé, as palavras são bem diferentes daquelas em Mateus: '...Onde há três deuses, eles são deuses, onde há dois ou um, eu estou com ele' (vers. 30. Evangelho de Tomé; tr. De Metzger no apêndice para *Synopsis Quattuor Evangeliorum*. Stuttgart: K. Aland, 1976). [...] Este não pode certamente ser o original por trás do texto de Mateus" [Comunicação pessoal].

Palestra VIII

12 de março de 1930

Dr. Jung:
Hoje nós ouviremos o relatório sobre as diferentes tentativas que foram feitas para chegar à composição dos sonhos ou à melodia de seus motivos – a tarefa que eu sugeri no começo deste semestre[1].

Dr. Baynes: Há sete tentativas aqui. A dificuldade geral, de acordo com o sentimento da comissão, foi que qualquer tentativa para encontrar um ritmo nos motivos dos sonhos foi quase impossível em uma série tão curta, que não houve duração suficiente para permitir repetições que formassem um ritmo regular. Também foi sentido que a condição real da consciência do sonhador foi requisitada para dar um efeito de contraponto. Este efeito aconteceria entre a posição do desenvolvimento de sua atitude consciente e o crescimento e realização de seus sonhos. O desenvolvimento completo dos sonhos necessariamente envolve a questão de percepção, e a tabela feita pela Srta. Ordway representa a curva desse processo de percepção; mas ninguém, até onde eu consigo entender, tem um verdadeiro projeto contrapontual.

[Aqui o projeto artístico em cores da Sra. Deady foi mostrado[2].]

Dr. Jung: A ideia aqui seria de uma espiral, mostrando a tentativa do inconsciente de penetrar no consciente. No progresso dos sonhos vocês realmente veem aquela tentativa de imprimir no consciente o ponto de vista inconsciente.

O fato final seria a junção completa da tentativa do inconsciente com a qualidade real da consciência. Em cores isso significaria a mistura ou a soma de todas as cores, que resultaria no branco puro. Também, por intuição, temos algo aqui que sugere o símbolo taoista. No preto temos o ponto branco, e no branco um ponto preto, indicando que o Yang alcançou sua culminação, Yin nasce de dentro dele.

[Dra. Howells mostrou uma tabela que não foi feita em forma pictórica.]

---

1. Cf. 22 de janeiro de 1930, p. 423.
2. *Nota do Sems.*: Infelizmente a reprodução das tabelas mostrou-se impraticável.

Dr. Jung: O método usado aqui não fala aos olhos, ele fala ao pensamento, mas fornece um resultado interessante, no qual temos uma lista compreensiva dos arquétipos recorrentes nos sonhos. Provavelmente parece muito difícil de entender os motivos ou símbolos arquetípicos, mas não é realmente tão difícil, pois os erros que você comete na diferenciação não são tão importantes. Se você der um nome errado ao motivo, não importa muito, pois os motivos arquetípicos são tão extremamente vagos que não há nada muito definido sobre eles. Todo arquétipo é indescritível, algo vazio, mas capaz de assimilar certo tipo de material com grandes variações, ainda sempre apontando para certa qualidade arquetípica. Por exemplo, o arquétipo de uma casa, uma cabana, uma caverna ou um templo. Todos são bem diferentes, mas não importa por qual nome você os chama, porque todos esses nomes ou conceitos são meramente atributos de uma coisa subjacente, que é realmente indescritível. Nessa tabela vocês podem ver que, no começo da sequência dos sonhos, uma série de arquétipos mostra-se bem diferente dos sonhos que aparecem posteriormente. Aqueles que são evidentes até o meio da série, mais ou menos desaparecem mais tarde; vê-se uma clara mudança. Disso nós tiramos uma conclusão importante, ou seja, que todo o processo de desenvolvimento está lentamente se movendo para uma atmosfera diferente. Eu não quero classificar, mas acho que nós estamos seguros ao assumir que o desenvolvimento tardio dos sonhos escolhe uma nova língua, como se criando um tipo de superestrutura superior que encobre os temas originais, como se um novo prédio fosse construído sobre a base de seus arquétipos originais. Esta é uma hipótese de trabalho, um ponto de vista, e resta ver nos próximos sonhos se realmente ela se mantém boa, se forma uma lei. Nesse caso nós teríamos ganho um importante ponto de vista, apenas deveríamos então encontrar um método apropriado que poderia ser apresentado aos olhos. Se vocês puderem combinar sua capacidade de abstração com sua aptidão de representação, isso daria uma junção perfeita. Eu recomendo este casamento.

[Tabela do Sr. Henderson.]

Dr. Jung: Aqui nós vemos algo digno de nota. No começo as coisas são bem fragmentadas, não bem caracterizadas. A mais forte caracterização há após o meio da série. Então vemos aqui a vantagem do método do gráfico que fala aos olhos. Nós observamos, por exemplo, que o tema da análise efetivamente passou por um crescimento em volume e ao final há um aumento tremendo do sentimento religioso. Isso mostra novamente um novo aspecto.

[Tabela da Srta. Ordway.]

Dr. Jung: A vantagem deste método é que ele pode mostrar o grau de percepção consciente, e também se o sonhador está indo na direção ou contra seu objetivo. Em certos sonhos pode-se ter a impressão de estar indo para cima, enquanto outros parecem mostrar regressão, e claro que é muito importante ao se trabalhar com sonhos levar em consideração a quantidade de realização consciente mostrada – não apenas a operação dos arquétipos, mas também sua relação com a consciência. Eu tenho a impressão de que a demonstração do seu real comportamento é melhor mostrada nas tabelas da Dra. Howells e do Sr. Henderson. Nesta é difícil para minha imaginação ver a frequência estatística da sua ocorrência, mas por outro lado nós temos uma ideia mais clara da sua importância para a consciência, o que certamente é uma perspectiva que devemos ter em mente.

[Diagrama pictórico da Srta. Hannah, no qual ela fez retratos do inconsciente para representar seus conceitos dos temas do sonho.]

Dr. Jung: Você inventou isso! – Você fez um trabalho criativo nos sonhos dele! Isto é, em vez de pensar. Não é nada para se dar risada, existem muitas coisas que eu tenho que fazer em vez de pensar. Existem certas coisas inconscientes a que você consegue chegar apenas dessa maneira, pois pensar as destrói. Por exemplo, eu encontrei algo fundamentalmente importante esculpindo. Minhas mãos o fizeram, não minha cabeça. A ideia central aqui é a espiral, e a consciência está no centro. O temperamento da Sra. Deady, em seu projeto espiral, coloca a consciência no centro com muito mais a ideia da intensificação lá, enquanto no da Srta. Hannah, por outras palavras, a consciência está saindo do ponto central em espirais cada vez mais largas e finalmente alcançando o sonho cósmico do rio.

Essa diferença tem a ver com os tipos. Um consegue a consciência do exterior e outro do interior. Eu estou muito contente que tenham sido feitas essas duas tentativas em espiral, pois isso mostra que existe uma inclinação temperamental em produzir uma demonstração gráfica nessas bases. Eu nunca havia pensado nisso e me parece uma ideia que vale a pena considerar, embora eu ache que seria extremamente difícil mostrar o fluxo contínuo dos sonhos por meio desse método. Minha imaginação não me ajuda muito nisso. Meu temperamento estaria mais inclinado a ver isso da maneira que a Dra. Howells e o Sr. Henderson trabalharam, que provavelmente seria a forma mais intelectual e abstrata, enquanto o outro é mais dinâmico, um método escolhido pelas pessoas que são mais impressionadas pelo dinamismo peculiar dos sonhos.

Se eu posso fazer uma sugestão, me pareceria interessante tentar combinar os métodos do Dra. Howells e Sr. Henderson. Os temas arquetípicos da Dra. Howells são mais exatos, mais estatísticos, enquanto os esboços gerais do Sr. Henderson são mais sugestivos. Se vocês puderem fazer isso, então deixemos a Sra. Deady tentar trabalhar com o dinamismo da coisa toda, assim nós poderemos chegar a algum lugar. Essas tentativas são válidas. Para mim pessoalmente, o fato de que os sonhos mais tardios escolheram novos temas são esclarecedores. Eu prevejo a possibilidade de que uma pessoa possa demonstrar como o inconsciente gradualmente se desenvolve e produz arquétipos que eventualmente possam capturar o consciente. Claro, nós não acompanhamos material suficiente para ver se o inconsciente finalmente se junta ao consciente, se os dois se fundem, e por qual tipo de arquétipos eles finalmente são fundidos. Para o bem da perfeição nós deveríamos gravar registros de todos os estados conscientes do sonhador durante sua análise. Esta é uma tarefa para o futuro – alguém poderia escrever um diário de tudo que acontece em seu consciente e dessa maneira nós teríamos os dois conjuntos de material para se trabalhar.

Dra. Howells: Existe uma discrepância em meu relatório. Eu não consegui dizer no sonho do rolo compressor se o colocava como o centro do mecanismo ou o sexo, pois o próprio sonhador não tinha consciência sexual naquele sonho.

Dr. Jung: Não, mas para minha mente o mecanismo sexual surge muito claramente nas associações dele. Eu gravaria isso como *sexo* e *mecanismo* e também a *forma*. Pode-se ver o tema da *forma* aqui, embora seja uma maneira peculiar. Isso seria uma acumulação dos temas, mas vários atributos arquetípicos são praticamente sempre guardados em uma só imagem.

Dra. Howells: Mas isto seria colocando a partir do ponto de vista da sua ou minha consciência mais do que da consciência do sonhador.

Dr. Jung: Você não pode colocar isso a partir da consciência do sonhador. As coisas talvez tenham conotações incomuns, mas ele nunca menciona isso, ele acha que é indiferente ou ele esquece isto; ainda assim seria extremamente importante para a qualificação. Nesse caso, ele não menciona que há um teor sexual, mas isso aparecerá de alguma maneira em suas associações. Então eu preferiria prosseguir de uma maneira mais ou menos arbitrária. O tema de crescimento ou aumento pode ser demonstrado de várias maneiras, por exemplo, pelo símbolo da árvore, que tem um significado de crescimento e muitas outras conotações além. Encontramos a imprecisão do conceito não apenas na mitologia, mas em certa extensão também na filosofia. Schopenhauer fez uma tabela interessante[3], uma rede completa de conceitos filosóficos interligados, mostrando como eles se sobrepõem, então nenhum conceito está sempre muito sozinho, todos estão conectados. De outro modo nós não seríamos capazes de pensar. É apenas por essas pontes que se sobrepõem que nós podemos pensar; se nós temos que lidar com conceitos inconciliáveis que não tocam em nenhum lugar, isso é impossível. Então esta sobreposição e entrelaçamento é indispensável para o processo de se pensar, e provavelmente esta peculiaridade está no próprio inconsciente. Quanto mais nos aproximamos do inconsciente, mais indistintas as coisas se tornam, até finalmente elas serem apenas vagamente visíveis e tudo significa tudo o mais. Nós vemos na psicologia

---

3. *The World as Will and Representation* [*O mundo como vontade e representação*]. Vol. I, livro I, § 9, p. 49 [trad. de E.F.J. Payne].

primitiva os paradoxos mais extraordinários, como a famosa história mencionada pelo explorador alemão que eu contei para vocês em palestra anterior, dos índios brasileiros que chamam a si próprios de papagaios vermelhos. Eles dizem que a única diferença entre eles e os papagaios vermelhos é que os papagaios são pássaros e eles não são; caso contrário eles seriam exatamente os mesmos. Assim como nós falaríamos que nós somos todos seres humanos, mas alguns são ingleses e alguns são alemães, mostrando que já avançamos o bastante para diferenciar entre homem e homem, mas eles ainda falham em perceber a diferença entre homem e animal. Isso coincide com outras ideias primitivas; por exemplo, que eles não colocam o homem no topo da escala dos animais, mas em algum lugar próximo do meio. Primeiro o elefante, o leão, a serpente, o rinoceronte etc.; e então vem o homem, de modo algum no topo.

Nós estamos agora seguindo para o próximo sonho, mas antes que eu leia para vocês, eu quero resumir a situação do último sonho. Nós vimos que existia uma dificuldade para maior progresso. A máquina parecia estar em ordem e capaz de funcionar, e então obviamente não funcionou por causa de uma considerável dificuldade, a saber, a Igreja e o que a Igreja acarreta, o ponto de vista tradicional do cristianismo. Eu enfatizo esse ponto mais uma vez porque em outro sonho podemos encontrar este mesmo tema novamente. Como eu disse, quando analisei este sonho com o paciente, eu não disse a ele metade do que disse a vocês. Deve haver uma base sobre a qual se coloquem certas ideias; não se pode simplesmente começar de uma vez a derramar tudo na cabeça da pobre vítima. Há muitas falácias, queridas ilusões e sensibilidades que é melhor nos mantermos no simples e óbvio. Então quando o obstáculo da Igreja surge, significa que a solução que o inconsciente está tentando encontrar o está machucando por conta das ideias tradicionais cristãs. Ele está de volta à infância, e é como se o seu ponto de vista religioso ainda não tivesse se desenvolvido. Eu chamei a atenção para o fato de que vocês não suspeitariam disso a partir da presença consciente dele; em seu intelecto ele está à frente, mas em seu sentimento e a grande parte da sua personalidade sombria, ele ainda está sob a influência de antigos preconceitos. O seu temperamento ainda é de um cristão com uma crença particular com que foi educado. O homem parecido com judeu que atrapalha o canto da comunidade é a voz de todo aquele material que está guardado no inconsciente, e que teria constituído um desenvolvimento contínuo de seu sentimento religioso, se ele tivesse feito algum progresso a esse respeito desde sua infância.

Vejam, o espírito religioso não é único sempre. Ele muda muito, e portanto suposições sobre ele mudam muito também. As pessoas ouvem falar sobre as enormes diferenças nas definições de religião ou de espírito religioso. Existe uma perspectiva da Igreja e existe a perspectiva liberal – as duas bem diferentes, dois pontos de vista quase irreconciliáveis, e aqui temos o contraste entre eles. Enquanto o sonhador ainda está conservadoramente agarrado à Igreja tradicional em seu sentido de vida – eu não estou falando do intelectual –, o progresso em seu sentimento que deveria corresponder ao progresso da sua mente está simplesmente armazenado, e esta acumulação inconsciente finalmente forma algo personificado, uma pessoa. O fato peculiar em nossa psicologia inconsciente é que qualquer acumulação de energia sempre tem um caráter pessoal; é sempre uma coisa para a qual se poderia dar um nome pessoal. Vemos isso na insanidade, em que pensamentos inconscientes ou sentimentos se tornam audíveis e visíveis; eles se tornam pessoas concretas. Um lunático reconhece as diferentes vozes, embora elas não sejam nada além de pensamentos. A ideia de inspiração e mesmo certas teorias de fantasmas são baseadas nisso. Nesse caso, o sentimento progressivo que corresponde ao desenvolvimento intelectual aparece na forma de uma pessoa de tipo judaico. O sonhador na realidade não é antissemita, mas não consegue evitar este sentimento que expressa o aspecto negativo da figura. Mas por outro lado existe o elemento profético no personagem judaico, que é indicado nas associações dele pela referência ao Sephardi do livro de Meyrink, que conduz seu povo a uma terra segura. Existe a qualidade profética e a de orientação.

Bem, por enquanto o intruso é uma imagem duvidosa. Não em seu propósito – é definitivamente a coisa nova, mas não importa quão bom, útil ou maravilhosa a nova coisa possa ser, deve ter um efeito negativo caso se choque com uma condição imatura. É sempre uma questão na psicologia se usamos a palavra certa no momento correto. Dizer a coisa certa no momento errado não é bom. Sempre os dois devem vir juntos. Nós consideramos que a palavra certa não causa danos, que a verdade é útil a qualquer momento, mas não é assim, pode ser um perfeito veneno, e em nenhum outro lugar isso fica tão claro quanto em uma análise. Esse intruso, não importa o quão verdadeiro ele seja, não importa o quão valioso, se o paciente não puder compreendê-lo, é, apesar disso, talvez inoportuno e portanto sem sentido. Existiram várias pessoas ótimas que sem dúvidas nos contaram a verdade, mas não era o momento adequado e elas tiveram de ser eliminadas. O momento correto poderia ter sido setecentos anos mais tarde, talvez. A grande questão é: Este é o momento certo ou não?

Sr. Holdsworth: Você acha que se Cristo tivesse vivido hoje e pregasse o que Ele pregava, Ele teria sido crucificado?[4]

---

4. Esta mesma pergunta foi feita a Jung 28 anos mais tarde, por ocasião de um simpósio publicado no *Cosmopolitan* (Nova York), dezembro de 1958. Sua resposta: "É absolutamente certo que, se um Cristo aparecesse novamente na Terra, seria entrevistado e fotografado pela imprensa e não viveria mais do que um mês. Ao final, sentiria repugnância por si mesmo, porque fora banalizado até o insuportável. Seu próprio sucesso o mataria moral e fisicamente" (OC 18/2, § 1.461).

Dr. Jung: Não, Ele teria sido mandado para um hospício ou para prisão. Mas não seria a palavra certa agora. Ele foi crucificado, mas apesar disso Ele disse a palavra certa no momento certo; por isso funcionou nesta extraordinária extensão. De certa forma estava correta, foi *à propos*. No caso do nosso sonhador não seria *à propos* dizer para ele tudo o que concluímos aqui sobre a natureza daquela voz. Não atingiria a condição correta.

Agora, depois da nossa exploração no campo da religião, vamos retornar para a atual realidade humana do nosso caso. *Tous est bien dit, mais il faut cultiver notre jardin*[5].

Sonho [24]

Ele estava fazendo exercícios de ginástica em um tipo de cama de criança com as laterais altas – um berço – e ao seu lado estava sua esposa em um colchão no chão, observando-o a fazer suas manobras. Ele estava fazendo estes exercícios de uma maneira tão selvagem que o berço inteiro se quebrou, deixando uma das laterais altas em suas mãos. No mesmo momento ele viu um rato pulando para fora, saindo debaixo da cama. Ele tentou matá-lo, batendo nele com o pedaço de ferro de suas mãos, mas ele escapou pela porta aberta para o próximo cômodo onde normalmente seus meninos estariam dormindo, embora ele não soubesse se eles ainda estavam lá. Ele não levou o assunto muito a sério, achando que não havia importância, e que então poderia deixar o rato ir. Mas quando disse isso à sua esposa, ela imediatamente ficou terrivelmente agitada e achou que o rato poderia ferir os meninos. Ela pegou uma das barras e foi até o quarto vizinho para matar aquele pequeno rato.

Associações: Sobre os *exercícios*, ele diz que normalmente de manhã ele faz exercícios, achando que isso estimula a circulação do sangue e também melhora seu humor. "Pelo menos, até onde minha experiência alcança", ele adiciona.

Sobre a *cama de criança*, ele diz que seus filhos todos dormiam nesses berços de ferro branco com laterais móveis que poderiam ser retiradas quando quisesse.

Sobre o fato de *sua esposa estar ao seu lado, mas deitada em um colchão no chão*, ele disse que o fato quer dizer que ele estava fazendo seus exercícios ao lado da cama de sua esposa, e ele comparou a cama dela com a cama de uma criança. Isso está completamente errado; ele está em uma cama de criança, mas ele confunde a si mesmo com a esposa e não percebe isso.

Sobre o *rato*, ele diz que o animal sempre tem o efeito de produzir um estado de medo nas mulheres. Ele acha que há uma analogia sexual ali, pois quando o rato está

---

5. Cf. 5 de dezembro de 1928, n. 4.

por perto, uma mulher sempre pula e abaixa sua saia ao redor de suas pernas para que o rato não consiga subir. Uma vez em um hotel eu de repente ouvi o mais terrível grito e eu pensei que era certamente um assassinato. Então vi uma mulher pulando e gritando por ajuda no mais alto volume de sua voz, e eu achei que fosse um caso grave de epilepsia; mas era um rato. O sonhador prossegue dizendo que acha que o rato deve simbolizar o medo que sua esposa tem da sexualidade, ou sua resistência a ela.

Então ele retorna a seus *exercícios de ginástica* e diz que talvez sejam suas atividades intelectuais que sua esposa está observando, "e eu acho", ele diz, "que se eu praticasse esses exercícios mentais, isto poderia espantar o medo dela da sexualidade". Um pensamento muito complicado! Ele agora está misturando exercícios físicos com a perseguição ao rato. Ele diz além disso que o fato de o rato correr para o próximo quarto pode indicar que o medo da sexualidade é transferido para os seus filhos, e isso os feriria, assim ele acha que é muito necessário ir atrás dele com um bastão para matá-lo.

Agora consideremos a enorme diferença entre todo esse material que nós já discutimos e a situação atual do sonhador. Ele nem mesmo está em uma igreja, mas em berço infantil, e está protegido por paredes altas; aqueles berços têm laterais altas para prevenir as crianças de cair e se machucarem. Isso significa que ele ainda está na idade em que tinha que ser cercado e protegido. Como essa condição apareceria em seu consciente?

Dr. Baynes: Ele faz de sua esposa o guardião de seus instintos.

Dr. Jung: Sim, ele arma sua esposa com uma barra, mas isto é muito metafórico; as coisas não são tão drásticas assim.

Dr. Schlegel: De acordo com o seu complexo de mãe, ele deve ter uma atitude infantil perante sua esposa.

Dr. Jung: Como isso se mostraria no comportamento mental dele?

Resposta: Com uma atitude extremamente convencional em relação a tudo.

Dr. Jung: Exatamente. Nenhum estímulo em relação aos problemas morais, eles são mantidos estritamente no berço como se ele fosse ameaçado por um perigo mortal caso caísse. Ele tem um medo enorme de estar errado ou pouco convencional em tentar sair daquele local seguro. Agora isto é claro, uma demonstração lamentável, e faz vocês entenderem por que eu não entrei em maiores discussões no sonho anterior. Teria sido como conversar com um bebê no berço, então como se pode esperar que ele perceba os grandes problemas religiosos do tempo atual? Na mente dele, sim, mas então ele teria se afastado em um balão dez mil pés acima do nível do mar, e depois ele entraria em seu berço e tudo voltaria a ser como era antes – com uma exceção, nós devemos admitir uma coisa. Ele está fazendo ginástica no berço, e obviamente ele interpreta isso como algo mental ou intelectual. O que seria isso?

Sra. Crowley: A sua própria análise.

Dr. Jung: Sim, mas não é apenas análise. Ele se interessava por teosofia e vários passatempos mentais de uma natureza mais ou menos oculta e também possui um lado higiênico, comendo a "manna"[6] e tendo os pensamentos corretos, e ainda, o mais higiênico de todos, a análise. Por isso ele faz exercícios de manhã começando por um banho, provavelmente cantando na banheira – que é extremamente saudável – e então ele beberia um café sem álcool e comeria um tipo específico de pão. E o mesmo com sua mente. Esses são exercícios que pretendem ser extremamente saudáveis, porém eles são muito violentos e a cama quebra, o que é muito estranho. Claro que o quebrar do berço infantil não seria tão ruim se alguma coisa a mais não acontecesse, o rato; e o rato não o incomoda, incomoda a esposa. Este é o problema. Agora, o que vocês acham que estes exercícios violentos expressam?

Sr. Holdsworth: Uma ansiedade muito grande para se acertar com sua alma.

Dr. Jung: Sim, eu diria que seria isso. Ele começou a análise do modo habitualmente hesitante, com várias objeções de natureza moral e intelectual, mas ele se tornou bastante sério. Quando ele compreendeu a ideia, a aplicou totalmente. Então obviamente fez seus exercícios matutinos com grande força de crença, e quando entra completamente na análise, o berço se quebra em pedaços depois de um tempo e não se consegue impedir o rato de escapar. O problema está feito – um fato lamentável! Obviamente ele acha que o rato está conectado com sua mulher. Ele acha que o rato é a causa do medo dela e também sugere que esta é a razão da resistência dela à sexualidade. Mas nós deveríamos primeiramente falar do fato de que sua esposa o está observando enquanto está deitada em um colchão no chão. Qual é a razão para esta posição específica?

Sra. Baynes: Ela está esperando que ele amadureça.

Dr. Jung: Ela parece estar na forma de uma mãe, mas por que está em um colchão no chão?

Sra. Sigg: Pelo menos ele não correria o risco de cair da cama no chão.

Dr. Jung: Este é um ponto de vista. Isso é o que é feito com lunáticos.

Sra. Baynes: Eu acho que ele fez isso porque estava no berço, portanto ela teria que estar em uma posição pior – deitada no chão. Ele queria reduzir o poder dela.

Dr. Deady: Ele não poderia continuar com sua atitude se ela estivesse na mesma cama que ele – eles teriam que ser adultos.

Dr. Jung: Diz-se que há espaço na menor cabana para duas almas apaixonadas, mas não em uma cama de criança! Bem, eu acho que o ponto mais impressionante sobre suas respectivas posições é que ele está mais alto e olhando para baixo, como

---

6. Sems.: "mana".

a Sra. Baynes apontou. Ele está obviamente se admirando por seus feitos intelectuais, pois a maioria das pessoas que fazem ginástica física é um pouco narcisista, apaixonada pelo seu próprio corpo. É um tipo de atividade autoerótica, ele tem um pouco desta qualidade também, ele admiraria seu belo processo espiritual. Esta pequena vaidade não é tão perturbadora. Não impede sua seriedade de propósito; é apenas um pequeno toque humano, como, por exemplo, a vaidade do homem que é muito modesto. Isso deve ser permitido, é tudo muito humano. Então sua superioridade mental é provavelmente expressa em seu olhar do alto para sua esposa no colchão. Não é uma posição muito confortável para ela, o colchão no chão deve ser duro, então o sonho insinua que ela está bem desconfortável; além do mais, ela está na posição de mãe e ainda desprezada. Nós devemos tomar nota dessas possibilidades, pois aqui surge uma parte complexa da psicologia – em seguida é a fuga do rato. Bom, nós temos que nos deslocar aqui por um momento devido à associação desconcertante que ele produziu. Obviamente, ele está tentando esclarecer a situação, mas ele fica totalmente atrapalhado, e a confusão começa já com o fato de ele comparar a cama de sua esposa com a cama de uma criança. A cama dele é a cama de uma criança, não a dela, ele não consegue distinguir qual é qual. Deve haver um embaraço peculiar, uma *participation mystique*, e até agora ele não consegue distinguir qual é o seu papel. Este realmente é o caso da *participation mystique*, alguém não sabe se é ele mesmo ou um parceiro. É como se eu chamasse meu irmão pelo meu nome, incapaz de ver a diferença entre ele e eu mesmo. Ou como se um católico acostumado com o padre confessor me chamasse de Padre Jung, tornando-me idêntico ao religioso. Pacientes me chamam de Dr. "tal e tal" depois de explicar para mim que homem terrível aquele doutor é! Então nosso paciente está obviamente confuso e, portanto, nós não podemos aceitar imediatamente seu material associativo, mas devemos olhar para o rato a partir de um ponto de vista abstrato e perguntar o que o rato é em geral.

Sr. Holdsworth: É a sexualidade da mulher, eu suponho.

Dr. Jung: Quando interpretamos sem considerar as associações do paciente, devemos ser cuidadosos para sermos o mais ingênuo possível, para não termos nenhum preconceito em relação às associações. Tomar a coisa literalmente, concretamente. Como vocês descreveriam um rato para alguém que nunca viu um? É um pequeno animal cinza, dificilmente visto de dia, que nos perturba à noite com pequenos barulhos desagradáveis; eles comem todo o tipo de coisas e devemos sempre ser cuidadosos para que eles não peguem as coisas boas na cozinha. Eles vivem nas casas, parasitas, e tenta-se capturá-los por meio de armadilhas e gatos, pois eles são normalmente um incômodo em qualquer casa. Assim o rato aparece com frequência no folclore e tipicamente em contos de fadas. Agora o que ele representaria psicologicamente?

Dr. Baynes: Instinto reprimido.

Dr. Jung: Sim, mas qual instinto? – pois qualquer animal, entendido psicologicamente, representa um instinto no homem. Na medida em que somos automáticos e instintivos, somos nada mais que animais, porque nosso comportamento não é de modo algum diferente daquele dos animais. Sempre que um animal aparece em um sonho podemos dizer que é um instinto, mas, lembre-se, é sempre um instinto muito particular, de maneira alguma é *o* instinto. Um leão ou uma cobra enorme podem significar coisas bem diferentes.

Srta. Crowley: Representa medo? Um rato é extremamente assustado.

Dr. Jung: Sim, ele realmente é um animal apavorado, mas eles são bastante frios também.

Dr. Deady: Eles sempre são tolerados. A dona de casa nunca faz nenhuma tentativa para eliminá-los realmente.

Dr. Jung: Este é um ponto de vista perfeitamente saudável.

Palestra IX

19 de março de 1930

Dr. Jung:

Eis aqui uma questão sobre os arquétipos. Nós estivemos discutindo a possibilidade de representar os sonhos pelo método de cristalização dos arquétipos, e a pergunta do Dr. Schlegel é se alguém poderia enumerá-los. Ele é da opinião de que seria impossível fazer isso. Essa é uma questão. Aqui temos outra que teremos que enfrentar agora.

A questão de saber se os arquétipos são em número reduzido é praticamente impossível de se responder, pois isso depende de uma decisão mais ou menos arbitrária. Ao tentar extrair arquétipos de um sonho, percebe-se que existe um número de arquétipos incontestáveis que são bastante análogos uns com os outros. Tome, por exemplo, o caldeirão. É análogo à pia batismal, ao submundo, ao vulcão, às profundezas do mar, e a muitas outras coisas. Agora, nós deveríamos chamá-los de independentes, ou eles estão descrevendo uma mesma coisa? Se nós assumirmos que todos os arquétipos descrevem a mesma coisa, nós renunciamos à sua discriminação e a coisa toda se torna completamente impossível de ser gerida; nesse caso nós praticamente concluímos com o fato de que existe apenas um, e que este é o inconsciente coletivo. Se nós fizermos distinção entre eles, não encontraremos restrições para sua quantidade. Nossa imaginação simplesmente poderia não produzir representações e imagens suficientes para caracterizá-los ou para nomear todas as suas possíveis variações. Teoricamente, então, nós chegamos à conclusão de que todo arquétipo tem uma caracterização absolutamente ilimitada, mas apenas em relação à teoria, pois nossa linguagem é definitivamente limitada. Há momentos que podemos fazer inúmeras variações, embora elas se refiram em geral à mesma coisa. Então a questão não pode ser respondida. Nós apenas podemos dizer que eles são teoricamente ilimitados, assim como os números que podemos contar são intermináveis, mas praticamente chegam a um fim ou ficam impossíveis de serem geridos.

Mas podemos dizer que existe um número razoável de arquétipos que podem ser claramente diferenciados e que não são meras analogias uns dos outros.

Por exemplo, os arquétipos do herói e do caldeirão certamente não são idênticos, apesar do fato de que o herói está em estreita conexão com a ideia do caldeirão. Em mitos primitivos o herói sempre entra em uma caverna, ou no submundo, ou na barriga de uma baleia, onde faz uma fogueira etc. Em outras palavras, ele entra no caldeirão, e então faz aparecer o milagre da renovação ou renascimento, que é a mais característica qualidade do tema do caldeirão. Então, apesar da relação próxima entre a imagem do herói e a imagem do caldeirão, nós conseguimos diferenciar estas duas coisas – ainda que o caldeirão e o herói sejam realmente idênticos no fato de que estes são um mesmo processo. Entrar no caldeirão, ou em uma condição expressa por ele, é uma involução de energia, e emergir do caldeirão é uma evolução de energia. Portanto, isso pode simplesmente ser chamado de certo movimento, uma transformação de energia, representada por estas figuras arquetípicas; é sempre a mesma energia – dois estados diferentes da mesma energia. Mas vocês veem que, assim que a coisa é transformada em uma redução científica ou filosófica, ela se torna absolutamente abstrata e inimaginável, e portanto impraticável. Chamar um sonho de renascimento como uma transformação de energia é tão abstrato que não significa nada. Então nós precisamos dos arquétipos, precisamos desta linguagem pitoresca para expressar esse tipo de transformação peculiar.

É o mesmo com a ideia da anima. Quando nós falamos dela como uma função, ela não transmite nada, mas tornando-a pessoal, ela se torna uma realidade pessoal. Se fizermos uma abstração disso, isso é apenas uma figura em nossa mente, uma abreviação artificial, e não a própria coisa. Mesmo na ciência, quando fazemos abstrações dos fatos, nada nos resta para lidar; nós não estamos lidando com os animais reais, apenas com bichos de pelúcia, ou talvez a construção ideal de um animal, que transmite mais e mais nada. E também é assim com os arquétipos: mais os tratamos cientificamente, mais eles evaporam. Se os restringirmos para o que nós acreditamos seja sua essência, chegamos a um princípio expresso em termos de transformação de energia, que não significa nada e que é absolutamente sem vida. Portanto, temos que falar de arquétipos, e quando começamos a entendê-los, aparentemente não há limitações. Quantos foram extraídos dos seus sonhos, Dra. Howells?

Dra. Howells: Eu consegui 38 em 20 sonhos, e eu não entendi metade deles.

Dr. Jung: Eu acho que você obteve uma quantidade dos seus próprios sonhos, certo, Srta. Flenniken?

Srta. Flenniken: Eu obtive 62 em 90 sonhos.

Dr. Jung: Eu me lembro que no seu caso eu fiz a observação de que você poderia ter restringido o número, pois você teve vários arquétipos que são claramente um só, como o profeta e o mágico, por exemplo. Em outro caso, no entanto, nós talvez sejamos forçados a separá-los. O profeta, o mágico, o velho rei e o padre todos são figuras independentes, ainda que eles estejam juntos. Em um problema particular poderá haver uma diferença importante entre eles, e então eles poderão ser diferenciados, mas na maioria dos casos é melhor colocá-los juntos, deixar que um contamine o outro. Existem tantos para se lidar que devemos restringir o número aplicando um tipo de contração, resumindo-os em uma figura. Essa diminuição arbitrária não pode ser considerada teoricamente, mas é dependente de algum objetivo particular; por exemplo, fazendo-se uma apresentação estatística da frequência do fluxo dos arquétipos, apenas um número limitado pode ser escolhido. Caso contrário simplesmente não conseguiríamos representá-los, as cores não iriam aparecer e a figura toda se tornaria muito confusa. Seria possível diferenciá-los num número tão infinito que praticamente toda palavra se tornaria um arquétipo, pois toda palavra tem sua história. Toda palavra remete a algo que foi repetido milhões de vezes antes e portanto adquire uma qualidade arquetípica. Então em que medida devemos limitar esses arquétipos ilimitados é inteiramente uma questão de objetivos.

A outra questão do Dr. Schlegel é se arquétipos poderiam ser criados em nosso tempo. Por exemplo, o que primariamente foi expresso pelas carruagens de fogo subindo até o céu hoje em dia seriam aviões. Quando os trens eram novidades na França, Victor Hugo disse: "Por que não fazer locomotivas e trens que se pareçam com algo?" – E ele sugeriu a forma de uma cobra gigante e a locomotiva seria a cabeça de um dragão soltando fogo por suas narinas e cuspindo fumaça. Ele estava integrando um novo fenômeno coletivo a uma ideia arquetípica. Dragões são no nosso tempo as grandes máquinas, carros, armas grandes, estes são os arquétipos agora, simplesmente novos termos para coisas antigas. Estas novas criações são tão válidas quanto as antigas; como as novas coisas são meras palavras para imagens, assim as coisas antigas foram palavras para imagens. A ideia mitológica de um dragão é provavelmente derivada da ideia dos gigantescos dinossauros; é bem possível que os mitos de dragões sejam os últimos rastros de memórias ancestrais dos dinossauros – a coisa horrorosa da qual o homem nos tempos passados tinha medo. Claro, ter medo de dragões, mesmo nos tempos históricos, era inútil, pois não existiam dragões. Eles se tornaram um medo psicológico, pois aquelas feras não existem na realidade; como um complexo de pai ou mãe, podem continuar sendo operantes na psicologia mesmo se o pai ou a mãe já morreram há tempos. Eles podem ainda estar vivos na forma de imagens simbólicas, como o dragão ainda está vivo na forma de uma imagem, embora na realidade ele não seja nada além de um nome. Então, quando expressamos uma ideia arquetípica por meio de uma máquina, é como se estivéssemos falando de uma época em que máquinas não existiam, como se ainda existissem dinossauros. Pode haver uma época em que não mais falaremos de máquinas, mas as ideias e medos irão persistir por um longo tempo depois que as máquinas atuais se tornarem obsoletas, e então se torna óbvio que essas imagens são simplesmente nomes para as coisas de que temos medo, nomes para *medos*, muito simples. Mesmo nos dias em que realmente existiam dinossauros, eles eram um nome para aquele medo. Então o funcionamento dos arquétipos segue naturalmente, só que hoje não falamos de dragões, mas sobre carros e máquinas e grandes organizações. Certamente todos os pequenos comerciantes da América e Europa que foram destruídos pelo *Standard Oil Trust* devem achar que eles eram um grande monstro destruidor.

Sr. Holdsworth: Existiam alguns homens no mundo na época dos grandes dinossauros?

Dr. Jung: O mamute era caçado pelo homem, e aqueles lagartos gigantes na Ilha de Cocos[1] eram dinossauros, então eles ainda vivem nos trópicos. E lemos em César, no *Bellum Gallicum*, sobre o unicórnio da Floresta Negra que não podia deitar, pois suas articulações eram rígidas, então ele dormia de pé, se encostando nas árvores; e as pessoas cortavam as árvores, então ele caía e eles podiam matá-lo[2]. Aquele unicórnio era sem dúvida um rinoceronte. Não existiam rinocerontes na Europa por um longo tempo, mas recentemente foram descobertos os restos de um em algum lugar nos campos de petróleo da Silésia, onde o corpo inteiro estava preservado[3].

Dr. Schlegel: Você identifica a ideia dos arquétipos com a ideia de símbolos, e assim tudo que tenha um valor simbólico pode ser considerado como um arquétipo?

Dr. Jung: Não, o símbolo tem um conceito inteiramente diferente. Eu chamaria um arquétipo de símbolo quando ele estivesse funcionando como um símbolo, mas ele não necessariamente funciona dessa maneira. A palavra *símbolo* tem sido bastante mal-utilizada. Freud chama de coisas simbólicas quando elas são apenas semióticas[4]. Se ele tivesse tido uma educação filosófica, ele não confundiria esses termos. Por exemplo, os funcionários de uma ferrovia têm um desenho de uma

---

1. Evidentemente, um erro de transcrição para a Ilha Komodo, perto de Java, onde um lagarto monitor, às vezes chamado de "dragão de Komodo", pode alcançar o comprimento de dez pés [três metros]. Ele não aparece nas ilhas de Cocos, no Oceano Índico.

2. *The Gallic War* 6.26-27. A interpretação aqui do conto de César sobre a fera é bastante livre. Jung mais tarde se aprofundou nas questões acerca do unicórnio: cf. "O tema do unicórnio como paradigma". *Psicologia e alquimia* (1944). OC 12, § 518-544 (não na versão de 1936 de Eranos).

3. De acordo com C.O. Dunbar (*Historical Geology*. Nova York, 1949, p.31), "uma carcaça notavelmente completa de um rinoceronte lanoso foi escavada dos resíduos de uma reserva de óleo na Polônia em 1930 [...]. O rinoceronte era um contemporâneo do mamute lanoso". O achado foi documentado na *Science News-Letter*, 17/05/1930. Washington, D.C.

4. Para um relato mais completo desta diferenciação, cf. *Tipos psicológicos*, 1921. OC 6, § 814ss., def. de "símbolo".

pequena roda com asas nos seus bonés, e Freud chamaria isso de um símbolo da ferrovia, mas este é um *sinal* da ferrovia. Se fosse um símbolo, significaria que os homens que usassem o boné teriam sido iniciados em um culto secreto simbolizado por uma roda alada, e o demônio sabe o que isso poderia significar, talvez algo divino. Costuma se usar a palavra *símbolo* para algo que se consegue caracterizar apenas vagamente. Um símbolo expressa algo que não se pode designar de outro modo; podemos apenas nos aproximar um pouco do significado usando certas imagens. Por exemplo, a fé cristã é simbolizada pela cruz, o que significa que a cruz expressa algo que não pode ser expresso por outros termos. A palavra grega *symbolon* significa credo, e o termo *symbol* em seu uso original também significa o credo. A ideia original de credo não era esta que agora dirigimos a Deus e que sabemos exatamente o que significa. O credo real é a melhor aproximação do modo humano a certas intuições e crenças – a crença de que Deus é o Pai e na mesma pessoa o Filho e o Espírito Santo, por exemplo. Os grandes mistérios de vida e eternidade poderiam ser expressos apenas por símbolos, e portanto eles seriam sempre sagrados.

O arquétipo quando em ação pode ser expressivo de uma situação, e podemos chamá-lo de simbólico na medida em que a situação seja mais ou menos desconhecida, porém o arquétipo também pode funcionar em uma situação que é inteiramente conhecida por vocês. Por exemplo, nós dizemos que uma mulher sofrendo de mau humor é como um dragão em fogo. Isso é um arquétipo, mas não se chamaria isso de um símbolo; é simplesmente uma metáfora exagerada. Mas quando alguém faz um desenho peculiar para expressar algo que ele não consegue expressar de outro modo, e para fazer isso usa um arquétipo, você então poderia chamar isso de um símbolo. Se uma pessoa faz um desenho de uma cobra, e sobre ela uma cruz, e em cima disso uma lua, e vocês perguntam o que aquilo pode ser, provavelmente vocês verão que ela começa a balbuciar, uma confusão de palavras e conceitos vagos; não tem nada além de suposições, e então ela informa que aquela é a única maneira pela qual conseguiria caracterizar seus pensamentos e visões. Agora isso é um símbolo, e a pessoa usou os arquétipos da cruz, da cobra e da lua, mas neste caso não é semiótico, é simbólico. Esta diferença sempre foi conhecida na filosofia, mas Freud misturou os dois, o seu uso da palavra *símbolo* é realmente sem sentido.

Dr. Baynes: Esta questão de construir novos arquétipos me parece problemática, pois, em relação ao dragão, ninguém poderia acreditar que teria algum papel na construção de um dragão hoje em dia, já que o homem moderno sabe que, com máquinas, nós somos superiores. Nós podemos dominá-los.

Dr. Jung: Sim, mas suponha uma época em que a máquina era superior a nós. Então ela se tornaria o dragão, o equivalente aos antigos dinossauros, e realmente, quando você olha para Nova York, ela realmente é superior ao homem; ele sabe que fez tudo isso, e mesmo assim ela pode derrubá-lo.

Dr. Baynes: Isso não estaria relacionado com a atitude do homem perante a isso? Não seria como o *churinga*, que ele sabe que faz, embora ainda tenha um tipo de poder sobre ele? Está tanto acima como abaixo dele.

Dr. Jung: Sim, mas isso provaria que ele pode construir arquétipos – pois temos esta habilidade de transformar algo em dragão. Eu diria que nós podemos transformar aquela energia que está incorporada na imagem do dragão em algo mais, embora esta outra coisa seja dotada da energia de criação também. O antigo rabino foi capaz de produzir uma coisa viva, um Golem, a partir de um torrão de terra pela magia negra, mas aquela coisa teve uma tendência a crescer cada vez mais e finalmente caiu sobre ele e o matou. Então o *churinga* é criado pelo homem, mas porque é um símbolo, é também a morada do poder divino. Todos os adoradores de ídolos sabem que a imagem foi feita pelo homem, apesar disso ela é escolhida como a morada de Deus, pois é um símbolo, e na medida em que ela é habitada por um deus, ela é sagrada, é um tabu. Ao construir uma máquina, nós estamos tão concentrados em nosso propósito que esquecemos que estamos conferindo a essa máquina o poder criativo. Parece que é uma coisa mecânica, mas ela pode nos invadir de uma maneira invisível, como, diversas vezes na história do mundo, instituições e leis oprimiram o homem. Apesar do fato de que eles foram criados pelo homem, eles são moradas do poder divino que pode nos destruir.

Dr. Baynes: O ponto a que tentei chegar foi que, para construir as máquinas, estamos transformando forças irracionais em racionais. Portanto, parece para mim que a configuração de um arquétipo deveria estar de acordo com sua função de racionalização – como aproveitar o Nilo, o que seria bem diferente do dragão.

Dr. Jung: Sim, mas quando falamos da transformação do dragão em uma máquina, estamos apenas em um certo estágio deste desenvolvimento. Estamos, na realidade, no estágio de inventar a máquina, estamos apenas prestes a transformar aquela energia primitiva em uma máquina. Nós temos ideias sobre a semelhança do homem com Deus e nos esquecemos dos deuses. Depois de um tempo, quando tivermos investido todas as nossas energias de formas racionais, elas irão nos estrangular. Elas são os dragões agora, elas se tornaram um tipo de pesadelo. Lenta e secretamente nos tornamos seus escravos e somos devorados. Nova York cresceu em proporções esmagadoras, e isso foi devido às máquinas. E é um monstro tão devorador que o Dr. Draper[5] me diz que a expectativa de vida média das pessoas em Nova York é de quarenta anos. Na Suíça, é de sessenta anos[6]. Por que nós temos a psico-

---

5. George Draper, M.D., de Nova York, um pesquisador pioneiro em medicina psicossomática, era o irmão de Ruth Draper, a monologista, com quem Jung também era familiarizado.

6. De acordo com o Escritório de Pesquisa da População da Universidade de Princeton, a expectativa de vida de um ser humano em Nova York em 1930 era de 60 anos, e o mesmo para a Suíça. Em 1980, tanto nos Estados Unidos quanto na Suíça, estava próxima dos 70 anos.

logia? Porque nós já somos estrangulados por nossos aparatos racionais. Podemos ver isso também em grandes máquinas parecidas com o corpo do homem, exércitos e outras organizações, que todos levam à destruição. Pensem no tremendo poder de Napoleão I e como seu exército foi completamente destruído. E Alexandre o Grande, cujo exército foi esmagado na Índia. Pensem na história da Babilônia e Assíria. Levou dois mil anos para alcançar o clímax da sua glória, e em cerca de trinta anos tudo estava destruído. É sempre assim. Grandes organizações se autodevoram.

Sr. Holdsworth: O senhor diria que, quando os trabalhadores agrícolas começaram a quebrar as máquinas nos motins das indústrias[7], eles estavam fazendo isto com medo do dragão?

Dr. Jung: É difícil discutir esta questão, pois é muito próxima de nós, mas talvez aqueles motins na Inglaterra aconteceram pelo medo do dragão nas máquinas.

Bom, agora nós devemos voltar ao nosso sonho. Nós fomos até o rato, que nós devemos encarar seriamente. Vocês ouviram as associações do sonhador sobre isto, e nós decidimos que deveria ser uma coisa instintiva. De que forma isso poderia ser caracterizado? Devemos ser o mais específico possível na interpretação do sonho; devemos trazer teoria para a realidade.

Sra. Sigg: Um rato surge inesperadamente com bastante frequência. Parece ser uma representação simbólica da sexualidade do homem, e esta sexualidade deste homem não está tão conectada com o todo do seu ser.

Dr. Jung: Mas por que pensar em sexualidade?

Sr. Holdsworth: Ele é uma criança em seu berço. Quando o berço quebra, ele é forçado a crescer. Então naturalmente sua sexualidade aparece.

Dr. Jung: Acontece com frequência o caso em que, quando o homem chega a tal idade, sua sexualidade não funciona.

Sra. Sigg: As mulheres às vezes dizem sobre a sexualidade que é apenas a parte animal da sua natureza.

Dr. Jung: É a palavra apenas que indica o caminho. Este é realmente um ponto importante, pois o rato sempre foi "apenas". Vocês se lembram talvez da montanha que estava com dores de parto e então aparece um rato ridiculamente pequeno. Este é o "apenas". Ele é pequeno e não importante, um incômodo, mas não perigoso de todo modo. Temos que tomar cuidado para que ele não coma o queijo e o pão, não suje a comida, faça buracos nas coisas, mas ele não é muito considerável. Nós temos que observar este ponto de vista. Tivemos evidências disso no sonho?

Sra. Sawyer: Ele foge e o homem acha que não tem importância.

---

7. A referência é provavelmente aos luditas, trabalhadores nas cidades produtivas inglesas que se amotinaram em 1811-1816 e destruíram as máquinas, que eram acusadas de causar desemprego.

Dr. Jung: Sim, a evidência está em suas associações. Mas sua esposa tem uma opinião diferente. Ela fica muito agitada e vai atrás dele com uma barra, considerando que ele pode ser perigoso para seus filhos. Agora, o que é aquele rato? Parece existir uma suspeita geral de que significa sexualidade. E o rato é instintivo; instinto, como a sexualidade, está sob um forte tabu. Vamos discutir essa possibilidade. Naquele casamento a dificuldade, como nós estávamos dizendo, é a diferença fundamental que existe entre os pontos de vista do marido e da mulher relativos à importância do que nós chamamos de Eros – sexo ou relacionados. Ele está confrontado com o problema de sexo, este é o ponto de litígio. Aconteceram muitas discussões sobre isso, e sua esposa tem convicções inteiramente diferentes das do sonhador. Ele pensa em sexualidade como algo muito importante e indispensável, e ela acha que isso é fútil e pode ser dispensado com a exceção do propósito de se produzir crianças; ela tem a ideia puritana de que sexualidade apenas serve a este propósito e não tem qualquer outra justificativa. Isso é um indício para nós. Ele diria: "Oh, deixa aquela pequena coisa ir, não é tão importante", e ela diria: "Não, isto é terrível. Não deveria existir". Bom, nós achamos que o rato é sexo, mas há outra consideração. É certamente um caso de um instinto secreto noturno, porque ratos se mostram à noite. Eles vivem em buracos escuros, parasitas, marginais, ilegais, e nós os capturamos ou envenenamos quando podemos. Então deve haver uma forma do instinto sob forte tabu. O que é esse instinto? Apenas a sexualidade responde por tudo? Existe outra conclusão.

Dr. Draper: Para ser bem irracional, pode ser que a primeira parte desta palestra sobre arquétipos e dragões tenha tido o propósito oculto de nos preparar para a interpretação do símbolo do rato. Portanto, o rato talvez seja um dragão minúsculo que na vida do sonhador é realmente significante, realmente um dragão. Nós podemos olhar para o rato como um dragão invertido. Talvez se refira não apenas ao físico, mas a preocupações bem maiores na vida.

Dr. Jung: Isto é verdade. A sexualidade não é apenas um pequeno rato, é uma coisa muito grande, o mais perturbador problema; mas o sonho menciona o rato, e nós concluímos que há um propósito ao fazer isso. Nós esperaríamos um simbolismo muito mais poderoso, mas em vez de um dragão nós encontramos apenas um pequeno rato. Este não seria um argumento contra a ideia de que o rato realmente significa sexualidade, mas eu deveria dizer que era definitivamente o propósito do inconsciente neste caso de menosprezá-lo, fazê-lo bem pequeno para que parecesse como nada. É como um tipo de fraude. A esposa faz um alvoroço sobre isso como se fosse um problema muito maior do que é na realidade, pois ela representaria a figura no sonho que sabe mais sobre a importância daquele rato ou sexualidade do que o próprio sonhador sabe. Alguém diria que ele relega a percepção para sua esposa como se dissesse: "Você deve fazer um alvoroço sobre isso, mas para mim não é nada". A questão é: Por que isso é menosprezado? Por que não é representado em seu valor real? Isto é realmente o problema fundamental no sonho até agora.

Sra. Sigg: Para encorajá-lo.

Dr. Jung: Sim, esta é realmente a ideia. Frequentemente nós vemos que certas coisas que na realidade parecem não importantes são muito enfatizadas nos sonhos; algo recebe um tamanho extraordinário para impressionar o sonhador quando ele o subestima. E o oposto acontece quando uma coisa que é extremamente importante é menosprezada. Como os casos que estávamos comentando recentemente, em que o analista é diminuído, enfraquecido, para dar uma oportunidade ao sonhador de se afirmar. Caso contrário, ele fica obcecado pela figura do analista. Neste caso, o homem está conscientemente bem-informado da importância do sexo, e o propósito da figura do pequeno rato talvez seja encorajá-lo. Agora, encorajá-lo para o quê?

Sra. Sigg: Para tentar encontrar uma maneira de lidar com o problema com sua esposa; ele talvez pergunte a razão de sua esposa estar com medo, por exemplo.

Dr. Jung: Mas ele várias vezes já perguntou isso para ela e isso não levou a nada. Todas as mulheres têm este medo de ratos, e isso é sempre ridículo para o homem. Então, mesmo ridicularizado, obviamente o inconsciente quer que ele pense nisso como um problema pequeno sobre o qual sua esposa faz um alvoroço como se fosse ferir as crianças, o que não tem sentido. A tendência do sonho então é diminuir a importância do problema para encorajá-lo. Mas encorajá-lo para o quê?

Dr. Baynes: Para seguir a libido da qual ele está com muito medo.

Dr. Jung: Quando a cama quebra, sua libido foge. Ele não está com medo de correr atrás dela porque ele delega o medo para sua esposa, mas o que ele deveria fazer com isso? Ele tenta matar o rato com a lateral do seu berço e falha em acertá--lo – um caso de transformação de grandes armas em pardais. Agora, o sonho está tentando encorajá-lo a quê?

Sr. Holdsworth: Para lidar com isto com sua esposa. Ele deveria pegar uma barra de acordo com o antigo provérbio sobre uma mulher: "Quanto mais você bate nela, melhor ela será".

Dr. Jung: Não, ele nunca faria isso. Não há qualquer atrativo para ele espancá--la, ele é muito refinado. Naturalmente, se ele estivesse profundamente apaixona-do por ela e vivessem muito mais próximos ao Oriente, ele poderia castigá-la, mas, para um homem educado do Ocidente, não há atrativo em bater em uma mulher e então ter relacionamento sexual com ela.

Sra. Sigg: Mas eu acho que seria uma coisa importante para os dois, para o be-nefício de suas crianças, se eles se resolvessem novamente. Eles poderiam discutir a questão e sobre qual efeito isso teria em seus filhos.

Dr. Jung: Obviamente sua esposa é da opinião de que o rato talvez prejudique as crianças de alguma maneira, mas isso tudo é proteção. Estamos preocupados agora com o fato de que o sonho o encoraja. Mas a quê? Eu quero que vocês continuem.

Dr. Baynes: Ele está no berço, em um tipo de canto lutando contra o adversário presente no rato, e ele tem que ir à luta.

Sr. Holdsworth: Será que não está demais esta história toda de coito? É apenas um rato.

Dr. Jung: Eu quero forçar uma senhora a dizer o que ele deveria fazer. É uma doce pergunta sádica. Eu quero ver como elas continuariam suas sentenças. Agora, por favor, traiam um segredo. Vocês estão vendo que nós temos que discutir as coisas a fundo. Onde estão as senhoras que podem nos dizer algo esclarecedor sobre isso? Nós, homens, somos pobres julgadores dos sentimentos humanos. Seria uma oportunidade esplêndida para as senhoras terem a palavra nesta discussão que se refere a elas. A Sra. Sigg está perfeitamente correta em dizer que ele está sendo encorajado. Não tenham medo. Não sejam tão exigentes. O que isso significaria?

Sra. Baynes: Talvez ele esteja se tornando desencorajado pelo repúdio de sua esposa por ele, e este é o motivo pelo qual a libido dele está em tão baixa escala.

Dr. Jung: Sim, em seu consciente. A situação entre este homem e sua esposa se tornou terrivelmente desinteressante em alguma maneira. Sua esposa está desaparecendo. Ele havia desejado que ela estivesse mais interessada, mas já que ela não estava, ele ocasionalmente se afastava e teve aventuras tolas com mulheres muito comuns. Então ele tentou os estudos teosóficos, mas ele não poderia resolver seu problema dessa maneira tão fútil, e então ele veio à análise e está fazendo uma tentativa séria. Agora ele tenta focar e ser superior ao problema; ele evita viagens à Polônia[8] e tenta ser razoável. Mas existe o rato, o incômodo noturno, e naturalmente na consciência ele acha que isso é muito importante e algo deve ser feito sobre isso.

Sra. Deady: Ele não construiu uma enorme montanha de medo sobre ele?

Dr. Jung: Isto foi o que ela construiu, não ele.

Sra. Sigg: Eu entendo muito bem o que a Sra. Deady quer dizer, e eu acho que é verdade que se tivesse acontecido uma longa separação poderia existir uma parede invisível no homem também.

Dr. Jung: Com certeza, existe uma parede invisível, mas não conseguimos torná-la visível. O que nós vemos no sonho é apenas a tendência do inconsciente em diminuir a importância do problema. Nós poderíamos dizer que ele se manteve dentro de quatro paredes como se fosse um bebê, comportando-se como um bebê, realizando suas funções como um bebê, fazendo o que o mandam fazer, e ao decorrer de seus exercícios a cama quebra e o rato foge. Quando colocado junto ao infantilismo, o rato não apareceu. Mas agora o problema aparece. Ele é ineficiente

---

8. Polônia: cf. o sonho 19 e a associação do *Journey to Poland*, 9 de outubro de 1929, p. 296s.

e não tem sucesso em matá-lo, ele escapa, e sua esposa fica brava, pois ela pensa, se sua sexualidade escapar irá ferir as crianças, o que, claro, é sempre um argumento com esposas – elas dizem que isso fere as crianças.

Sra. Hannah: Ele deveria, como o Buda, tentar viver como um macaco?

Dr. Jung: Tentar viver como um rato? – Imitar as maneiras do rato e escapar? A aparição de animais nos sonhos frequentemente significa imitar os modos dos animais. Nos contos de fadas eles são animas úteis. Agora o que isso significa na prática? Eu particularmente gostaria que as senhoras respondessem essa questão.

Sra. Baynes: Eu acho que um ponto muito importante é que ele precisa sair do berço antes que possa resolver qualquer coisa.

Dr. Jung: Ele está fora do berço. Sem ajuda mais – sem abrigo nas paredes infantis. Algo está na rota agora, vai deixando os arredores, mas nós deveríamos saber o que é.

Sra. Deady: Ele não deveria pensar muito sobre isso. Ele deveria ter a rapidez do rato – só um salto.

Dr. Jung: Só um salto – como um raio, silenciosamente? Sim, isso seria imitação do rato, mas nós estamos muito metafóricos, nós deveríamos ser mais específicos. Nós temos a consideração aqui de que o rato significa um fator autônomo separado, algo instintivo que deixou seu esconderijo e apareceu na cena. É inútil tentar matar aquela coisa, o rato é mais ágil; é inútil tentar matá-lo mesmo se sua esposa pense que ele possa machucar as crianças. Algo no mecanismo está solto agora. Nós falamos de um parafuso solto quando alguém faz coisas que não pretende fazer, diz coisas que não quer dizer. Um fator autônomo apareceu na cena e tem uma forma pequena, mas que se impõe do mesmo modo como o rato se impõe. Será um incômodo de noite e de dia, e fará buracos, pois nada o segurará para sempre; irá vagar por paredes e portas, não se pode prendê-lo; caso ele queira ou não, o rato irá funcionar.

Este é o significado óbvio do sonho, mas naturalmente o homem irá me perguntar: "O que é isso?", e eu direi que é seu problema sexual, que nem ele nem sua mulher podem controlar, isso irá encontrar seu próprio caminho. "Mas por que justamente um rato para um problema tão grande?" – para o que eu diria que obviamente a importância é grandemente diminuída e que isso literalmente significa que o sonhador deveria não fazer esse alvoroço sobre sua sexualidade. Ele pode deixá-lo sozinho porque o rato irá cuidar de si mesmo. Ele se preocupa todo o tempo sobre o que alguém deveria fazer, não o que ele deveria fazer; ele procura uma fórmula ou algo que é geralmente conhecido para lidar com a situação. Mas ele deveria ignorar isso completamente, ele deveria simplesmente dizer que ele não consegue lidar com isso e não sabe qual é a solução. Se esta coisa quer viver, ela irá viver, e ele deveria permitir. O que é deixado sozinho cuida de si próprio, se acerta conforme suas próprias leis. Se o problema está aí e se o problema está funcionando assim, irá continuar funcionando, criando caminhos. Contanto que isso seja real, irá produzir certos efeitos, e naturalmente se fica mais ou menos à sua mercê; continua mesmo que não se saiba quando ou onde. É mais importante que nós não façamos previsão de nada. Há muitos problemas com os quais nossa mente racional é incapaz de lidar, situações aparentemente impossíveis, e eu sou muito cuidadoso para não misturá-los. Existem pessoas que aos trinta e cinco anos entram para um mosteiro, por exemplo. As pessoas às vezes escolhem vidas estranhas que a opinião média diria que eles estão errados, mas talvez esteja certo para eles, como eu vou saber? Se a inconsciência dele deveria dizer que a sexualidade deste homem desapareceu completamente, que era absolutamente não importante e não existia, seria inesperado, mas eu diria, bom, talvez seja verdade. Aqui, então, eu diria que o sonhador, o rato escapou, e agora pode fazer algo se ele realmente estiver vivo, se tiver forças. Ele irá tomar conta dele mesmo e algo irá acontecer.

Vocês entendem? Eu quero dizer que eu realmente acredito em complexos autônomos. Eu realmente acredito que fatores autônomos podem produzir algo e ajudar a resolver um problema incontrolável de uma forma que não seja reprimindo ou negligenciando. É como se você enviasse seu criado com uma letra de crédito para descontar: você não pode ir, portanto você delega seus poderes, você manda embora aquele problema para o deserto, para o desconhecido, e ele irá encontrar o caminho. Eu não posso dizer como solucionar isso, mas se você rejeita um problema, ele irá trabalhar sozinho pelas linhas da lei geral. Vejam, eu posso falar muito definitivamente sobre este caso, pois eu sei por quais *péripéties*[9] ele passou e como se desenvolveu desde então, e eu sei que aqui as coisas começaram a se mover. Vocês lembram que o sonho anterior disse que a máquina estava pronta para trabalhar, e vocês sabem a dificuldade que foi – ele se colocou contra preconceitos da Igreja e leis morais. Então ele recuou e se encontrou no berço. Agora o berço quebra. A máquina se torna o rato. Ele reconhece que é um mecanismo vivo capaz de trabalhar na sua própria sobrevivência. É a primeira vez que ele descobriu que isso pode tomar contar de si mesmo. Eu não sei como. É deixado na graça de Deus, mas eu posso dizer a vocês que estava muito vivo. Resolveu-se sozinho.

---

9. Do grego *peripetia* = "uma repentina mudança na situação".

Palestra X

26 de março de 1930

Dr. Jung:

Antes de entrarmos em nossa discussão hoje, tenho uma proposta a fazer com relação ao nosso próximo seminário. Há vários entre vocês que estarão aqui no semestre de verão, e provavelmente haverá alguns novos membros. Para eles deveríamos ter um breve resumo dos procedimentos deste semestre. Os sonhos não precisam ser mencionados, mas seria importante ter uma exposição geral do problema, como ele se desenvolveu e com quais variações – um sumário psicológico do movimento geral desta longa serpente de nosso problema onírico.

Então gostaria de fazer outra sugestão. Nós temos feito tentativas de formular arquétipos no material onírico e tivemos considerável dificuldade nisso. Mas, como os arquétipos foram derivados originalmente não de sonhos, mas de matéria mitológica, como contos de fada, lenda e formas religiosas de pensamento, creio que seria recomendável tentar primeiro classificar os arquétipos a partir desse material. Penso que seria uma empreitada interessante se alguns de vocês escolhessem diferentes mitologias para trabalhar – se um pegasse a mitologia germânica, outro a greco-romana, ou o folclore primitivo, e assim por diante. Vocês têm uma ideia da classificação pelo índex de *Símbolos da transformação* e há livros em inglês nessa linha. Este livro um tanto desinteressante *Cinderela* é contudo muito valioso do ponto de vista psicológico; ali se pode ver como os arquétipos operam. Há um paralelo na literatura alemã chamado *Astralmythen*, de Stucken, e também *Das Zeitalter des Sonnengottes*, de Frobenius, em que vocês encontram uma enumeração de motivos arquetípicos e os métodos pelos quais esses estudiosos alcançam seus resultados[1]. Faço esta proposta na esperança de que alguns de vocês ficarão interessados. Alguma pergunta?

---

1. STUCKEN, E. *Astralmythen*: Religionsgeschichtliche Untersuchungen. 2 vols. Leipzig, 1896, 1907. • FROBENIUS, L. *Das Zeitalter des Sonnengottes*. Berlim, 1904.

Dr. Baynes: Com relação à sua primeira sugestão sobre o resumo dos procedimentos deste semestre, o senhor propõe que vários membros façam um sumário e então submetam o relatório, e assim o melhor ou mais compreensivo seja reproduzido?

Dr. Jung: Uma pessoa poderia fazer o relatório, simplesmente um sumário geral, como o relatório que o Dr. Deady fez, apenas menos específico.

Dr. Deady: De que forma seria diferente daquele?

Dr. Jung: Não entraria em detalhes sobre os sonhos. Eu simplesmente tentaria descrever o desenvolvimento geral do pensamento. Seria um resumo do pensamento, não o material onírico em si.

Dr. Baynes: Penso que o seu livro seria o melhor para observar os motivos arquetípicos.

Dr. Jung: Não quero que vocês se restrinjam a isso. O motivo de Cinderela é um caso excepcionalmente claro. Portanto, um material extremamente interessante deve ser encontrado na mitologia indiana. Ela ajudaria vocês a verem os mesmos motivos acontecendo como nos sonhos.

Pergunta: O senhor quer que todos façam isso?

Dr. Jung: Não todo mundo. Só os interessados.

Sugestão: *Orpheus, the Fisher* é um livro interessante que está na livraria aqui. Há um de Bachhofer também, mas que não está traduzido[2].

Dr. Baynes: *The Holy Grail*, de Jane Weston[3], mostra os motivos de um mandala de uma maneira bem erudita.

Dr. Deady: Um novo livro acabou de aparecer na Inglaterra, chamado *The Lore of the Unicorn*, de Shepherd[4]. O autor parece ter lido todos os livros do mundo, que as outras pessoas não leram. A bibliografia é extraordinária. Ele cobre tudo das lendas aos sonhos – um feito de pesquisa notável.

Dr. Jung: Sim, mas receio que seria uma discussão monográfica de um motivo, que não é exatamente o que buscamos. Nós buscamos um método de discernir motivos arquetípicos de um material mais amplo. Claro, Cinderela é só um motivo, de um ponto de vista, mas o método é excelente, e é claro que seu livro do unicórnio tem um bom método também. O livro de Silberer sobre misticismo[5] é de fato muito bom. Você encontrará ali o tema do caldeirão e vários outros.

---

2. EISLER, R. *Orpheus – the Fisher*. Londres, 1921. Para um comentário sobre a obra de Eisler, cf. *Aion*, 1951. OC 9/2, § 147, nota 78. Bachhofer é talvez um erro de transcrição de Bachofen: Johann Jakob Bachofen (1815-1887), jurista suíço e escritor sobre simbolismo e mitologia; cf. *Myth, Religion and Mother Right: Selected Writings*: Selected Writings [Bollingen Series, 1967].

3. WESTON, J. *The Quest of the Holy Grail*. Londres, 1913.

4. SHEPARD, O. *The Lore of the Unicorn*. Londres/Boston, 1930.

5. SILBERER, H. *Problems of Mysticism and its Symbolism*. Nova York, 1917 [trad. de S.E. Jelliffe].

Bem, agora eu encontro em minha escrivaninha este *document humain*, mas não conheço o autor, pois não está assinado. Eu o lerei para vocês.

Algumas sugestões sobre o sonho do rato

A discussão do último seminário criou um certo mal-estar no mundo dos ratos. Para dissipá-lo, os ratos tomaram a liberdade de enviar as seguintes propostas conciliatórias.

O Dr. Jung disse que, quando um animal aparece num sonho, devemos tomá-lo exatamente como é na realidade, e tentar encontrar seu significado com a ajuda de suas próprias características. Assim nós afirmamos que o rato é pequeno, tímido – vive em buracos –, aparece sobretudo à noite – adora um toicinho e pode perturbar lares bem-organizados. O que não foi apontado, além dessas características, é a extraordinária fertilidade do rato, equiparável apenas talvez ao porquinho-da-índia. Qualquer criança que tenha um par de ratos brancos sabe disso – sabe que só massacres do tipo de Herodes farão alguma coisa contra uma multidão crescente de prole incessantemente produzida. Realmente parece que até os machos também dão cria.

Pode ser útil não subestimar a extraordinária fertilidade do rato – talvez ele nos leve a algum lugar. Digamos então que o rato é um animal da escuridão, da noite e da fertilidade. Isso mostra claramente sua conexão com a vida lunar, com todo o simbolismo da lua, que o seminário recordará das discussões anteriores. Mas dentro deste círculo lunar o rato tem seu lugar especial, que podemos descobrir melhor considerando o comportamento da mulher ao ver um rato.

Há um velho ditado de que uma garota que não tem medo de rato perdeu sua virgindade. E é certo também que as mulheres ao verem um rato mostram seu pavor de modo bem peculiar – como se sua virgindade fosse atacada. Isso é muito curioso, pois um rato não representa por certo nenhum perigo para a castidade da mulher.

Agora devemos tomar nossa coragem nas duas mãos e dizer isto: quando numa sala há um homem e uma mulher e um rato – quando a mulher grita e o homem pensa que não importa, é muito provável, a despeito de todas as aparências, que é o homem quem está apavorado, não a mulher.

Qualquer homem presente pode agora vir a nós e declarar triunfalmente que esta seria apenas outra prova da falsidade e hipocrisia da mulher – apenas outra lágrima de crocodilo em seus olhos enganadores. E a isso teríamos de dizer que sim. Mas depois de os homens terem desfrutado de seu triunfo, deveríamos continuar e dizer que não devíamos parar nisso. Quando, desde o tempo de Eva e ao longo dos séculos, as mulheres, ao verem um rato, se comportam sempre desse modo enganoso, estranho, esse próprio modo deve significar algo. A impostura talvez tenha uma boa razão – talvez não seja afinal nenhuma impostura, mas um tipo de comportamento simbólico – tão simbólico quanto o próprio rato.

O rato, creio, é um símbolo do desejo da mulher por fecundidade. Esse desejo é muito arraigado em todas as mulheres, porque é só dando nascimento a crianças que a mulher cumpre sua tarefa natural e vive de acordo com o seu destino. E não se deve restringir essa afirmação apenas ao mundo material e físico do corpo e sexo da mulher. Ela é tão válida quanto para a mente lunar da mulher, que todo o tempo aguarda pela semente dos filhos da luz para engendrar as crianças espirituais da lua numa criatividade sombria, mas sempre fervente. Os desejos pela concepção física e espiritual são tão conectados nas mulheres que frequentemente elas os misturam e devem deixar para o discernimento dos homens decidir o que elas realmente querem. Pode acontecer que uma mulher dê à luz uma criança depois da outra, porque ela não sabe que sua mente lunar sofre de negligência, enquanto, por outro lado, muitas vezes uma esposa perturba o marido com desejos imperiosos por relacionamento espiritual, quando na verdade ela devia ter alguns bebês.

Mas isso pode ser, parece muito provável, que o rato seja o símbolo do princípio Yin em sua prontidão para conceber.

Assim como no mundo material é apenas o ventre que cria na mulher, assim também no mundo espiritual não é a vida intelectual ou racional que contém o poder criativo da mulher. Pelo lado racional, a mulher é a guardiã, a mãe. Mas é a terra cálida e escura de Eros que deve receber a semente espiritual do homem. Mas, sendo Eros por natureza tão irracional, falta-lhe totalmente a linguagem – ele não pode falar inglês, nem francês, nem alemão. E como não conhece o mundo lógico, Eros nunca pode dizer claramente o que quer e por que quer exatamente isso. Portanto, quando Eros está em ação na mulher, tudo o que ela pode fazer é agir ou falar de modo simbólico por vezes muito estranho para atrair a atenção da mulher. O que Eros quer é fazer o homem levantar uma questão, pois às questões Eros pode responder. A resposta será sempre uma criança – no mundo material levará nove meses, em assuntos espirituais pode ser bem mais rápido.

Só o homem não sabe tudo isso. Sempre que se trata de Eros, o homem, que não desenvolveu dentro de si todo seu lado feminino, é tão ignorante quanto Parsifal. Ele realmente não sabe – não está nem sequer ciente de que no fundo está apavorado. Como Parsifal em busca do Santo Graal, o homem está em busca do Eros da mulher. E assim como Parsifal só foi aceito para o Santo Graal quando fez a pergunta, assim também é só pela pergunta do homem que o Eros da mulher pode ser revelado.

A diferença é que o Graal – sendo sagrado – permaneceu em silêncio e aguardou a pergunta, enquanto a mulher, efêmera e atada à terra, não pode esperar tão bem. Tão intenso é seu desejo de conceber que ela usa os meios mais surpreendentes para fazer o homem falar.

No caso do rato é como se a mulher adotasse todos os sinais externos do medo interno do homem para lhe despertar o cavalheirismo e a coragem e para fazê-lo ver o quão supérfluo é o medo nesse caso. Quando uma mulher grita ao ver um rato, isso não significa: "Estou com medo". Significa: "Você está vendo o rato? Não entende? Por favor, pergunte agora! – Faça uma pergunta!"

Parece-nos que o rato é um excelente símbolo das aspirações de Eros. Assim como o rato vive quase invisível em todos os países e climas, assim também o Eros da mulher, mesmo se escondido no mais profundo buraco de rato, é onipresente. Como o rato, ele prefere o brilho auspicioso da lua à luz do dia, e se sente melhor na sala mais quieta da casa. E como o rato ele promete uma prole infinita. Sobre essa prole a lei francesa parece válida em todos os casos, a saber: *La recherche de la paternité est interdite*. Só as crianças de Eros podem parecer com seus pais tão absurdamente que é às vezes quase uma piada.

Talvez devêssemos saber por que o homem no fundo tem tanto medo do rato. De certo modo o homem está muito certo aqui, seu medo é um medo justo. Logos deve temer Eros, porque em Eros ele encontra seu oposto. E quando os opostos não se encontram da maneira perfeita, grande dano acontece. Assim o medo do homem funciona como um alerta interno de não abusar do desejo cego e irracional da mulher.

Não devemos esquecer que também para nosso rato simbólico – como para todos os ratos – sempre existe um gato. E esse gato destruiu muitos ratos ao longo das eras. Quando os ratos crescem barulhentos e atrevidos, é justo que o gato os coma. Mais ratos do que convém ao seu estômago. E contudo muitas vezes se pode ver um gato que engole ratos até o ponto da indigestão – ou o que é pior, fica tão gordo de comer ratos que se torna grosseiro e mal-humorado. O gato que come o rato onírico se chama Anima. Por isso é muito simpático e um bom sinal de fato que em nosso sonho é a mulher do sonhador que caça o rato – e nenhum gato em *qualquer lugar por perto*[6].

Dr. Jung: Isso é excelente. Parabenizo o autor desconhecido. Que a anima é o gato que come o rato onírico é decididamente uma nova consideração.

Sra. Baynes: O senhor admite a verdade disso?

Dr. Jung: Bem, estou tão surpreso que preciso pensar nisso.

Sra. Baynes: Por que o senhor supõe que o rato que escreveu o artigo permanece escondido? Ela merece algum queijo, creio.

---

6. O índex dos seminários, publicado em 1939, revelou que a autora foi Linda Fierz-David, e Barbara Hannah o confirmou (1980). Ela escreveu *Der Liebestraum des Poliphilo* (Zurique, 1947), traduzido por Mary Hottinger como *The Dream of Poliphilo* (Nova York/Londres, 1950), com prefácio de Jung.

Dr. Jung: Não estou tão certo! Bem, há questões acerca do rato que foram tratadas tão exaustivamente? Ninguém podia imaginar que uma coisinha tão pequena pudesse causar tamanhos comentários – mover as montanhas, poderíamos dizer.

Sra. Sawyer: Por que o rato entra no quarto dos garotos?

Dr. Jung: É verdade, não falamos disso. Há alguma sugestão?

Dra. Howells: A reação de uma mulher ao problema sexual é que ele pode chegar às crianças.

Dr. Jung: Esta é obviamente a ideia dela no sonho – que o rato poderia machucar os garotos. Há uma ênfase nos garotos. Poderia ter sido uma garota – o Eros do sonhador escapando ao quarto da garota, mas é o quarto dos garotos, o que é digno de nota. O que vocês suporiam?

Sra. Sawyer: Quantos anos têm os meninos?

Dr. Jung: Oito ou dez talvez.

Sra. Sigg: Parece que, quando os pais dão libido demais a uma certa parte de suas vidas, as crianças ficam propensas a agir de outro modo.

Dr. Jung: Mas estamos preocupados com a questão deste Eros que vai aos garotos. Quando ele vai ao quarto da menina é perfeitamente evidente que seria libido incestuosa, e quando vai para o quarto dos meninos o que isso seria?

Dr. Baynes: Homossexualidade.

Dr. Jung: Sim, homossexualidade incestuosa. Uma libido assim reprimida naturalmente busca o próximo objeto – às vezes uma filha, às vezes um filho. Claro que é bem possível que os garotos também sejam simbólicos, mas estamos aqui numa situação muito delicada, porque os garotos são tão reais para ele quanto sua esposa. Sua esposa não é simbólica, ela é literal – estamos nos aferrando no fato de que o sonho definitivamente significa sua esposa. Então aqui estão os garotos, seus filhos, não há como fugir disso; somos forçados a admitir que o sonho realmente significa que Eros escapa e vai aos garotos e pode machucá-los.

É perfeitamente claro que, se um Eros tão reprimido devesse tomar a forma de um relacionamento incestuoso, o medo da esposa estaria justificado. A questão é: Por que os garotos e não as garotas? – e devo dizer que a resposta é que num sonho anterior, sob circunstâncias similares, foi a filha. O rato – a libido – escapuliu para a garota e engendrou uma situação incestuosa. Quando analisei este sonho, ele lhe acarretou um choque severo. Ele o viu imediatamente, e isso provavelmente bloqueou o caminho. Mas o caminho para os garotos está aberto. Ele não está absolutamente disposto a assumir que pudesse ser homossexual, e portanto é a brecha para o demônio. Quando dizemos que tal coisa é impossível, exatamente ali é o lugar onde o diabo pode emergir. Nosso sonhador não sonha sobre a possibilidade, é terminantemente improvável demais, e esse é bem o caminho do rato – o caminho invisível. Então o correto instinto da esposa aparece e percebe o perigo.

Sra. Henley: Por que ele não tenta matar o rato se tem esse forte pressentimento da sexualidade daquilo?

Dr. Jung: Ele de fato tenta matar, mas como ele poderia matar um rato quando está segurando quase meia cama em suas mãos? Sua mulher tinha um bastão, que é mais prático, mas a arma dele era muito desajeitada, não era o instrumento adequado. Isso, claro, tem também um significado psicológico, que se relaciona com o significado do berço, onde ele era uma criança e não poderia machucar a si mesmo ou a ninguém mais e poderia brincar em segurança. Agora as coisas se despedaçam, e ele ainda segura o instrumento que o tinha cercado. Ele usa o mesmo instrumento para matar o rato, as mesmas medidas infantis, mas naturalmente essa coisa é desajeitada demais.

Dr. Deady: Isso não poderia significar que ele coloca Eros nos garotos, delega a responsabilidade, e assim permanece num baixo nível?

Dr. Jung: Bem, não há nada consciente, portanto nesse caso mal poderíamos falar em responsabilidade. Se o incesto homossexual fosse acontecer, se o rato fosse arruinar suas vidas, isso seria mais tarde, não agora. Isso significaria apenas indulgência agora, amor sentimental por seus garotos, ou uma identificação, que é simplesmente incesto homossexual. Então mais tarde o filho herdaria os pecados do pai e teria que compensar este pecado herdado.

Estamos indo, agora, para o próximo sonho. Como vocês provavelmente perceberam ao longo do seminário, frequentemente é o inesperado que acontece, e certa característica que havíamos deixado totalmente de fora de nossa consideração é o próximo ponto de vista a vir à tona, isto é, a fertilidade, o princípio gerador, do rato. Na mente consciente do sonhador essa característica é a mais remota. Então o próximo sonho se estende nesse lado.

Sonho [26][7]

Sua mulher está dando à luz três crianças ao mesmo tempo – trigêmeos (o que, claro, para o ser humano é uma fertilidade incomum), mas as duas primeiras crianças são natimortas, só a terceira permanece viva. Ele diz que este sonho se repete na mesma noite, mas a despeito disso ele não pode lembrar mais nenhum detalhe. Ele só lembra que assistiu ao nascimento, que a parteira estava lá e levou consigo as duas crianças mortas.

Associações: Ele diz que trigêmeos, ou mesmo gêmeos, lhe dão a impressão de uma dádiva excessiva, de uma vez só. Parece-lhe suficiente que só a terceira criança sobreviva. Ele agora discorre sobre essas crianças mortas e diz que o espi-

---

7. Cf. 7 de maio de 1930, p. 539s. e 14 de maio de 1930, p. 561 em que se vê que o sonho é o n. 26 na sequência cronológica.

ritualismo e o yoga lhe parecem ser essas crianças desnecessárias que estão sendo removidas pela parteira – associando-me à parteira a despeito do meu sexo. A terceira criança parece-lhe um desenvolvimento da relação entre o homem e sua anima ou alma. (Esta parte permanece obscura.)

Mas neste sonho temos uma fertilidade extraordinária. Para ratos, que estão acostumados a produzir muito mais, é bem pouco, mas para seres humanos é notável. O que vocês diriam sobre o sonho, afora o fato da fertilidade?

Dr. Deady: Há uma conexão psicológica entre sua atitude higiênica, que é sexualidade reprimida, e sua atitude mental teosófica?

Dr. Jung: Há uma íntima associação entre seus interesses vegetarianos e supostamente higiênicos e seus interesses espirituais e pelo yoga.

Dr. Deady: Penso nele se exercitando no berço como uma parte de sua higiene, enquanto o rato, a sexualidade reprimida pela higiene, é o que ele realmente quer.

Dr. Jung: Naturalmente o espiritualismo e o yoga mantêm seus interesses à parte das realidades da vida, e também a loucura alimentar – comer alface ou alfarrobas e mel silvestre é um meio muito bom de reprimir o sexo.

Dr. Deady: São todos métodos de repressão?

Dr. Jung: Sim, reprimidos debaixo da cama, escondidos. Ele está encenando acrobacias higiênicas em cima da cama e o rato está embaixo. Quanto mais ele pratica aqueles cultos apotropaicos, mais o berço quebra e o rato foge, assim tudo aquilo foi em vão. Porém, entre aquele sonho e este novo, o rato obviamente conseguiu alguma coisa. Passaram-se cinco dias entre um e outro, e nesse intervalo algo aconteceu. O rato causou uma fertilidade extraordinária – fez a esposa dele dar à luz trigêmeos. Um fato surpreendente. Naturalmente não há nenhuma referência à realidade, ela nunca teve trigêmeos, ela é normal a este respeito, mas é claramente ela mesma no sonho. Não podemos dizer que signifique a anima dele, por exemplo. É realmente sua esposa, e ela é fértil. Ele tende a pensar nela como perfeitamente estéril e tomar esta fertilidade como sendo dele próprio, porque não há nada visível desse tipo no caso de sua esposa, e a única coisa que mudou nos últimos seis ou sete anos, ele pensa, é que ele mudou de seu culto do espiritualismo e do yoga para a análise. Sua esposa aparentemente não viveu, e por isso ele está impressionado com a absoluta estabilidade dela, sua condição estática de não fazer nada. Mas o sonho diz que ela é capaz de reproduzir trigêmeos, o que é uma notável compensação. Foi um incrível golpe entre os olhos. Foi tão inesperado que não discuti este aspecto com ele. Eu teria passado adiante, porque ele estava tão convencido de que sua mulher não podia ser diferente do que ele acreditava que fosse, que era completamente inútil sugeri-lo, assim eu deixei a coisa praticamente como ele a representava – duas crianças natimortas em seu desenvolvimento e uma que sobrevive. Este era o único ponto de vista que então lhe era acessível, senti claramente. O sonho veio como uma tremenda surpresa para mim também, pois eu fiquei tão impressionado com sua descrição de sua esposa que pensei que dificilmente se poderiam assumir trigêmeos.

Mas, como eventos subsequentes mostraram, uma tremenda mudança tomou lugar, mais inesperada, assim não sabemos qual será o resultado final. Em todos os eventos, a mudança ocorrida nela foi tão notável que se poderia falar no mínimo em gêmeos. Portanto, eu penso que o sonho aponta acontecimentos extraordinários no futuro – um caso de antecipação psicológica. É como se eu devesse profetizar que agora sua esposa teria prole, como o velho Abraão e sua esposa Sara; seu ventre já estava morto dentro dela, e como isso seria possível? – e ele duvidou da palavra do Senhor[8]. Essa seria a condição deste homem, e eu não encontrei nenhum ânimo para apoiar o sonho porque eu próprio tinha muitas dúvidas se isso podia ser verdade. Mesmo assim, segundo todas as regras do jogo, eu deveria ter-lhe dito: "Não podemos fugir do fato de que sua mulher é sua mulher e, é claro, algo irá acontecer com ela". De fato, dois anos depois, aconteceu do modo mais chocante – devo dizer que fiquei surpreso. Sempre se cai no erro de não contar com milagres. Mas há milagres, apenas não acreditamos neles. O fato de que ele associa as crianças mortas a suas investigações ocultistas e a criança viva a seus interesses psicológicos tem seu valor também; é um paralelo. Significaria que, assim como ele fez uma espantosa transformação do espiritualismo, pelo yoga, à psicologia, do mesmo modo sua esposa poderia mudar. Vocês poderiam me criticar aqui por tomar a esposa dele não como uma realidade, mas mera projeção, como seu inconsciente feminino, e até certo grau estariam com total razão. Aqui eu quebro as regras do jogo, aparentemente. Mas não podemos tornar essas regras tão estritas que, quando um marido ou mulher apareça num sonho, em sua própria forma, não sejam *nada mais que* marido ou mulher. É também a *imagem* deste marido ou mulher. Quando ele sonha com sua mulher, é sua mulher, mas também o que sua mulher é para ele – é também uma expressão dele próprio.

Chegamos aqui a uma consideração mais importante: o fato de que, quando analisamos pessoas casadas, ou pessoas que estão em íntimo relacionamento mesmo se não for casamento, não podemos simplesmente lidar com a psicologia delas como um fator isolado; é como se estivéssemos lidando com duas pessoas, e é extremamente difícil distinguir o que concerne ao indivíduo do que é do relacionamento. Invariavelmente constatamos que a suposta psicologia individual em um caso assim só é explicável sob o pressuposto de que outro ser humano está funcionando naquela mente ao mesmo tempo; noutras palavras, é psicologia do re-

---

8. Gn 17,15-17; 18,10-15.

lacionamento e não a psicologia de um indivíduo humano isolado. É mesmo muito difícil isolar as partes individuais das partes relacionadas. Assim nós mal podemos considerar o sonho como propriedade dele; é de sua esposa tanto quanto dele. Sua psicologia está nela como a dela está nele, e cada sonho de cada um é mais ou menos uma expressão desse relacionamento. É como se um ser humano em relacionamento psicológico próximo tivesse perdido suas duas pernas e dois braços e uma cabeça, e agora tivesse quatro pernas e quatro braços e duas cabeças e duas vidas. O indivíduo é permeado pela esfera psicológica do parceiro, e assim todo o problema da vida, todo o problema espiritual, é diretamente interpenetrado. A massa principal do material psicológico deles é material do relacionamento, traz a marca de duas psicologias.

Portanto, se eu dissesse que a esposa neste sonho não é *nada mais do que* sua esposa, isso não seria exato. Eu negligenciaria o fato de que ela é um indivíduo com suas peculiaridades, e ao mesmo tempo um pedaço da psicologia dele. Por exemplo, quando ele fala de interesses espirituais, ele também poderia dizer que sua mulher lhe havia insinuado primeiro que ele devia estudar yoga ou alguma outra ciência oculta, e que posteriormente o havia levado à análise. Isso coloca uma feição inteiramente distinta na situação, mas esta é a verdade psicológica, pois tudo o que ele faz é uma expressão de seu relacionamento, a tal ponto nos fundimos e interpenetramos. Se ele assumisse que sua mulher significa praticamente seu próprio inconsciente, e que seus estudos são certos humores ou fases das aspirações de seu inconsciente, isso seria certo; mas ele não o percebe, e na medida em que o inconsciente é para ele fértil, ele presume que seu inconsciente deu à luz os trigêmeos, ou os interesses, sem ver que sua mulher é fértil. Conscientemente sua mulher até repudia aqueles interesses, mas ela os tem a todos em seu inconsciente, e por isso desenvolve uma resistência inconsciente; ela não quer se tornar consciente deles. Um homem possuir aqueles interesses psicológicos particulares é às vezes repugnante para um certo tipo de mulher. Ela é de fato extremamente interessada, mas por certas razões reprime isso. Mas no contexto do casamento as coisas são tão intricadas que bem se poderia dizer que sua esposa o havia levado àqueles interesses, que é praticamente o que o sonho diz.

Um sonho desse tipo só é compreensível quando você o toma como expressão de um relacionamento. É como se ele e sua mulher tivessem se reunido à noite e forjado um sonho, fazendo uma afirmação que era igualmente verdadeira para cada um dos lados. Ele está plenamente satisfeito em ter dado à luz tantos interesses, e ela está plenamente satisfeita de ter dado à luz trigêmeos. Mas o papel dela é doravante posto na sombra. Ela é inteiramente inconsciente do fato de que vive nesses interesses e é fértil ali. Que ela reprima essas coisas pode ser devido a um inconsciente superior que seja responsável por trapaças extraordinárias. Sabemos por experiência que, quando queremos uma coisa conscientemente, a matamos, mas quando estamos perfeitamente inconscientes ela acontece. É como se destruíssemos uma coisa ao olhá-la insistentemente ou desejá-la, mas aparentemente se a tememos, ela magicamente acontecerá. Por isso dizem que só precisamos temer as coisas para que elas aconteçam. O outro companheiro o faz, as coisas mais incríveis podem ser insinuadas – não funcionando só para o bem, mas também para o mal. Assim, o mal do que estamos inconscientes em nós se insinuará ao nosso redor e lá funcionará. Podemos produzir tanto bons quanto maus efeitos. Portanto, temos de nos livrar disso, embora seja tão vasto e contenha tantas possibilidades infernais que mal podemos esperar exaurir este oceano de inconsciência.

Nesse caso, como o sonhador poderia saber que sua mulher está apenas reprimindo os interesses dela nestas coisas e que pode haver um objetivo superior nesta repressão? É um tremendo jogo, uma trama incrível, então quando descobrimos uns poucos fios, são apenas fios; mas se pudéssemos puxá-los arrancaríamos uma teia extraordinária com um padrão extraordinário em si. Contudo não podemos fazê-lo, é sobre-humanamente inteligente demais.

Mas isso é o que tenho a dizer sobre este sonho. Há perguntas? Estou plenamente consciente de que é um pensamento muito difícil, esta interpenetração via *participation mystique*. Entendo que vocês talvez não a engulam de imediato, mas é uma hipótese sem a qual é simplesmente impossível explicar certas coisas, e, de acordo com minha experiência, uma vasta maioria dos sonhos de pessoas casadas são desse tipo. Também, claro, pessoas que não estão casadas, mas se relacionam com alguém ou mesmo não se relacionam com ninguém; ainda assim estão interpenetradas por fatores externos. Por exemplo, é bem possível no caso de uma pessoa vivendo num hotel que no quarto ao lado viva alguém com um tipo peculiar de psicologia, e uma certa quantidade dela se infiltra pelas paredes, em seus sonhos. Conheço um homem que teve um terrível sonho de assassinato e suicídio quando dormia em certo quarto, e aconteceu que ele havia entrado no quarto onde isso acontecera, portanto ele foi penetrado pela atmosfera. Podemos ser infectados do mesmo modo quando há pessoas vivas envolvidas. Um contágio mental é incrivelmente forte; nós odiamos a ideia e a reprimimos tanto quanto possível. Gostamos da ideia de que estamos isolados em nós mesmos, que não há ninguém em nosso espaço, que ninguém pode atrapalhar nossas direções e decisões. Mas de fato há certas portas que estão abertas, e certas coisas podem entrar e nos perturbar, mesmo quando não há nada que você possa chamar de um relacionamento íntimo.

É um tipo de coisa atmosférica em muitos casos, e não é exclusivo do ser humano. Os animais também podem ser interpenetrados, eles às vezes se comportam de acordo com a psicologia dos homens devido a essa interpenetração, e, se não admitimos essas coisas, nós somos as vítimas. Também há pessoas que pegam maus cheiros de animais; eles cheiram a zoológico a tal ponto que tenho de abrir as janelas. Não estou brincando. Tenho um caso, uma vez, de uma paciente que desenvolveu um cheiro, não um cheiro real, mas eu tenho uma percepção extrassensorial como a do xamã que cheira serpentes. Assim eu sinto o cheiro de carniça, e foi tão forte que não pude deixá-la em meu consultório. Afortunadamente fazia calor, portanto pude levá-la ao jardim, onde havia uma ordem de pagamento, pois aquilo quase me deu enjoo. Um dia eu havia despedido essa mulher, e em seguida entrou outra paciente, uma senhora muito intuitiva. Ela não havia visto a mulher sair, não a conhecia, e não sabia nada sobre ela. Assim que entrou na sala, pegou sua sombrinha e começou a se abanar com força, dizendo: "Mas que ar ruim aqui!" Eu disse: "Mas todas as janelas estão abertas, não pode estar malventilado", e ela disse: "Você deve ter tido um caso terrível aqui!" – assim eu soube que ela também havia sentido o cheiro. A própria paciente não sabia, mas pouco depois ela teve um sonho no qual a dificuldade veio à tona, e então pudemos resolvê-la e o cheiro passou. Minha própria sensação se degenerou; ela é terrivelmente fraca em comparação com a de um cão, mas tenho certeza de que os animais podem cheirar essas coisas. Conosco, é uma sensação a caminho da intuição, e não se pode saber se é algo físico ou psicológico, mas certamente há casos em que, sob a influência de complexos, as pessoas desenvolvem mais odores. Alguma pergunta sobre esse problema específico?

Dr. Baynes: Há uma questão teórica que eu gostaria de colocar, com relação a tomar a esposa no plano subjetivo ou objetivo. O senhor na prática não interpretaria a esposa aqui como representando este problema que o atrapalhava e o trouxe para a análise, em vez de tomá-la como a esposa concreta, na medida em que o senhor não sabia na época que a própria mulher estava funcionando de um modo fértil?

Dr. Jung: Nesse momento eu considerei apenas subjetivamente, pois o lado objetivo do sonho não teria entrado em sua cabeça. Teria sido perturbador demais. Você sabe, a compreensão de uma *participation mystique* viva requer uma preparação e nós tínhamos tido só uns quinze ou dezesseis sonhos. Não é muito, portanto foi melhor esperar por outra oportunidade. Num estágio posterior, eu diria que devemos ser precisos e poderia então lhe mostrar o que tinha acontecido, que sua esposa no sonho realmente significava sua esposa e era fértil, e que ela ficara confusa com seu progresso do espiritualismo e do yoga à análise. Portanto, ele não deve acreditar que ela seja absolutamente estéril.

Dr. Baynes: Então o senhor daria uma interpretação subjetiva provisória naquele momento?

Dr. Jung: Sim. Nesse momento, praticamente no começo de sua análise, ele estava impressionado por isso, ainda assim ele é de uma mente muito cautelosa e cuidadosa, e você verá pelos sonhos posteriores que ele considera tudo na esfera intelectual, não confiando inteiramente em si mesmo. Ele pensa que é um tipo muito interessante de filosofia, mas a questão é: Em que medida ele a aplica à realidade? Devemos ser extremamente cuidadosos em nos certificar do terreno em que o paciente está pisando, e tratava-se então de uma margem muito tênue. Ele não tinha sentimento real, não descia muito além da superfície. Por isso mantive sua interpretação de que as crianças natimortas são seus interesses passados, e que a outra agora vive e lhe é útil, e numa oportunidade posterior as demais considerações surgiram. É o suficiente, é útil. De fato levou muito tempo antes que ele pudesse ver o dado peculiar da interpretação, e estou certo de que se eu desse a ele este sonho agora e lhe perguntasse o significado, ele o interpretaria da mesma velha maneira.

Sra. Crowley: O senhor diria que, quanto mais íntimo fosse o relacionamento, mais íntima seria a identidade no inconsciente? Ele [o sonho] a reflete quase mais do que a ele.

Dr. Jung: Não, ele refletiria o ponto de vista dele tanto quanto. Eu diria que este é um relacionamento particularmente forte. Seria menos forte num casal em que o consciente fosse mais intimamente relacionado. Há mais distância entre pessoas que estão conectadas conscientemente do que entre aquelas que estão conectadas inconscientemente. Neste casamento, em que tanta coisa é inconsciente, há forte interpenetração. Num caso no qual há uma enorme interpenetração, as pessoas têm enorme necessidade de marcar a diferença. Eu lembro de um casamento desses, e um amigo meu observou que havia apenas vinte graus de diferença entre eles. No verão, quando estava terrivelmente quente, ele estava sentado à lareira, e ela sentada à janela se abanando. Ela amava açúcar e ele odiava. Ela amava salas iluminadas e ele gostava de salas escuras – todas essas diferenças que serviam ao propósito da importunação diária por conta da extraordinária *participation mystique* deles. Ele era um homem altamente intelectual, e ela era sua dona de casa, uma mulher lamentavelmente estúpida, tola e feia; e o diabo sabe o motivo de ele ter se casado com ela. Ela era o rato que estivera anteriormente na cozinha – o homem altamente intelectual e sua cozinheira. Havia uma incomum *participation mystique*, embora na consciência houvesse quilômetros de distância insuperável entre eles. Nenhuma confluência.

Sra. Henley: No caso da interpenetração inconsciente, as pessoas partem para novos relacionamentos se houver divórcio?

Dr. Jung: Ele pode causar situações extraordinárias, grandes perturbações. Se essa *participation mystique* é destruída, ela deixa uma ferida aberta, e o mais provável é que a mesma coisa aconteça de novo.

Sra. Henley: Inevitavelmente?

Dr. Jung: Quase, porque você está ali. Seja qual for a condição que você cria, você a criará novamente. Você não muda se você é um ser sem equilíbrio; não importa onde você esteja. A longo prazo, quando algo é inconsciente, sempre o mesmo padrão deve ser vivido; as coisas inconscientes sobrevêm. Mas num segundo casamento pode haver a grande diferença de que esta *participation mystique* tenha se tornado consciente. Quando se é consciente, algo pode ser feito com uma pitada de nossa vontade pessoal. Mas as coisas inconscientes são carregadas por sete demônios.

Sra. Crowley: Que acontece se essa *participation mystique* é assimilada na consciência por um e não pelo outro?

Dr. Jung: Este é um problema difícil que frequentemente deparamos em análise. Esse caso cria um novo potencial. Aquele que se torna consciente diz: "Não aguento mais. Você precisa me acompanhar e se conscientizar também". Então há também a possibilidade de que algo aconteça mesmo se um deles está consciente, tal como está acontecendo com a mulher do sonhador. Todo o tempo ela está em análise também.

Período de verão

Maio-junho de 1930

Palestra I

7 de maio de 1930

Dr. Jung:

Vamos ouvir hoje um relato sobre os problemas do nosso sonhador, como eles se desenvolveram desde o começo até o ponto em que nós paramos no nosso último seminário.

Relato da Dra. Howells

Esta não é de forma alguma uma sinopse dos sonhos que analisamos no seminário, mas uma tentativa de dar uma visão breve do paciente e seu inconsciente, de modo que aqueles que acabaram de chegar e não tiveram tempo para ler as anotações dos encontros passados possam ter uma pequena ideia do paciente que consentiu em dar seus sonhos para análise no seminário.

O homem é europeu. Ele não é um paciente, pois não está doente nem mesmo neurótico em qualquer extensão. Ele veio para a análise principalmente porque está insatisfeito – um pouco cansado com a sua vida, sexo e pseudofilosofia – e, como todas as pessoas fartas, ele está faminto. Ele é um rico homem de negócios aposentado, por volta dos quarenta e sete anos de idade. Ele é casado e tem quatro filhos.

Para alguns pode ser interessante saber que ele é classificado como um tipo pensamento-sensação introvertido[1]. Sua vida até agora tem dado a ele pouca oportunidade para satisfazer qualquer irracionalidade, então ele pode ser chamado como um homem de negócios durão, para quem o aspecto material da vida tem sido primordial. Ele não tem um relacionamento verdadeiro com sua esposa, e provavelmente com ninguém, embora ele seja um bom sujeito público e muito respeitável no sentido convencional da palavra.

Precisa ser entendido por aqueles que estão lendo as anotações pela primeira vez que de nenhum modo o paciente recebe em suas horas de análise metade do

---

1. Para os tipos introvertidos na classificação de Jung, cf. *Tipos psicológicos* (1921. OC 6, § 620-671, esp. § 668), ele coloca uma situação em que o pensamento é a função superior ou principal, e a sensação é a função secundária ou auxiliar. Cf. 13 de março de 1929, n. 1.

que fazemos aqui. Ele não está pronto para isso e para contar a ele o tanto quanto nos é dado seria apenas aumentar a tendência do homem em continuar tentando se realizar pelo seu raciocínio. Seria também antecipar bastante sua análise e então roubá-la daquele atributo emocional sem o qual o processo é nulo.

Ao todo, vinte e quatro sonhos foram analisados[2]. Com o propósito de entendê-los, os dividi em três grupos: o primeiro, o segundo ao décimo sétimo, e o décimo sétimo ao vigésimo quarto. Essa divisão não é inteiramente arbitrária, mas da forma como o paciente poderia ele mesmo vê-los em retrospecto.

O primeiro sonho um tanto caracteristicamente revela seu problema inteiro. Isso não é um acidente, pois de um modo estranho o inconsciente clama por reconhecimento quando tem sido por muito tempo sufocado e abusado pelas exigências da vida coletiva. O sonho, tomado objetivamente, mostra um homem cujas relações com sua esposa não estão funcionando, e escravizado aos convencionalismos da vida. Tomado subjetivamente, significa nenhuma compreensão de si mesmo. Ele está tão inconsciente que, a si mesmo, ele é o cavalheiro correto e perfeito. O homem sombrio ou o lado escuro da sua própria natureza nunca foram reconhecidos. Está tão ligado à sua persona – aquela máscara que ele apresenta à vida – que se poderia apostar facilmente, especialmente porque ele é introvertido, que ele é muito pouco consciente de que se associa com prostitutas e faz outras coisas inadequadas. Além desta não consciência do homem inferior, há o seu anima, uma pequena criança doente de dois anos. Tentarei acompanhá-la por este resumo, pois seu crescimento e modificação é muito interessante, e revela o simultâneo crescimento e modificação do próprio homem, que não podemos testemunhar, e sobre o qual o Dr. Jung nos conta pouco ou a nada.

Agora abordamos o segundo conjunto, do segundo ao décimo sétimo sonho, que representa três meses e meio de análise. São imagens vívidas do que a pessoa comum passa na análise, exceto que, uma vez que a vida do paciente foi vivida no meio de uma antiga cultura e o homem teve grandes vantagens, seus sonhos revelam alusões mais coloridas e ricas do que os sonhos daqueles nascidos em uma civilização mais nova. Assim, estes mesmos fatores que enriqueceram a vida dele também contribuíram para um conflito intenso, e portanto emprestam qualidade dramática aos seus sonhos. Isso é melhor ilustrado no décimo nono sonho[3], no qual vemos no seu inconsciente a luta entre as religiões cristã e islâmica, pois são duas pelas quais ele foi influenciado. Desse modo, como todos nós, o que é o seu bem na vida também é o seu obstáculo.

---

2. Se o sonho dos trigêmeos (agora n. 26) é incluído, Jung analisou 25 sonhos.

3. Na presente enumeração, esse sonho é o de n. 20.

No decorrer dos dezessete primeiros sonhos encontramos o homem que faz o que todos nós tendemos a fazer – oscila do alto ao baixo, de um estado de firmeza ao irresoluto, dos grandes problemas universais aos pessoais. Há um ritmo neles – uma progressão e regressão. De fato, diferentes movimentos para cima e para baixo podem ser vistos.

O segundo sonho aborda a questão principal da introdutória quase como se o inconsciente dissesse: "Senhor, você pode não perceber isto, mas o seu anima é mais do que uma criança doente de dois anos, é uma costureira, doente da tuberculose, e vive na miséria e escuridão". Não é um quadro muito agradável para este próspero homem de negócios, este marido modelar e cidadão perfeito, ter este tipo de mulher como uma guardiã de seu inconsciente.

Então o inconsciente, o tendo esfregado um bocado, inclina-se para seus aspectos misericordiosos, e no terceiro sonho mostra a ele um caminho – que a sua vida não deve continuar como uma máquina, que deve seguir um caminho adiante individual em que não há sinalizadores luminosos nem regras tradicionais de comportamento. É uma nova visão de vida para ele – nenhum método, nenhum preceito, mas um lento tatear cego. Ainda, o inconsciente diz que há um caminho, um padrão definido, e como para enfatizá-lo mais, uma nova imagem é iluminada a partir do mundo de sonho, na qual todas suas tendências dispersas, que suponho são em grande parte seus relacionamentos sentimentais, são mostradas como frangos que escapam em todas as direções, como os frangos sempre fazem. Mas o sonho sugere também que eles podem ser colocados em um pote e seguir em direção à criação de um indivíduo unificado.

O movimento seguinte (o quinto, sexto e sétimo sonhos) é uma nítida regressão, embora provavelmente isso não seja tão evidente para o paciente quanto para alguém que esteja olhando para o seu material inconsciente como um todo. O seu inconsciente o retarda, coloca obstáculos em seu caminho sugerindo curas mágicas, mostra que ele não está dando atenção total à sua análise, e novamente o atrai com o caminho o mais sedutor a um temperamento racional – isto é, o caminho mecanicista. As máquinas de um tipo e de outro e a atitude mecanicista aparecem muito frequentemente.

Então, mais uma vez o seu inconsciente sugere o caminho que já falhou, o modo mecanicista de lidar com sua vida amorosa, exatamente como se fosse um balanço mensal do banco, ou um relógio que se precisa dar corda nas noites de sábado. Ele contempla tudo, nenhuma saída aparece. Então o inconsciente o lança para muitos anos atrás, de volta ao passado de sua vida, e precisamente ao ponto crucial do problema – de que ele nunca viveu sua própria vida de sentimentos. Por que ele deveria? O seu pai foi pastor – carregou a responsabilidade por todo aquele tipo de coisa. A religião tradicional, do ponto de vista protestante, é basicamente um tema de sentimentos. O paciente era muito orgulhoso de seu pai, e provavelmente ainda o guardava confinado, confiando automaticamente todo o lado de sentimentos de sua própria natureza a esse antigo pai pregador. Então, naturalmente, o paciente fica impune por não assumir qualquer responsabilidade por seu Eros. É exatamente a mesma coisa expressa por cristãos piedosos quando dizem: "Cristo morreu por mim".

Este é talvez o sonho mais revelador da série inteira, e também o mais terrível, pois aqui está o nosso paciente, que tem quarenta e sete anos, sem desenvolvimento adequado de sentimentos porque o seu pai carregou aquele objetivo da vida em sua profissão; e então aqui está o filho de meia-idade, condenado a suportar aquela falta sutil e séria de enfrentamento da responsabilidade por sua própria vida completa. Ele admirava tremendamente seu pai, que indubitavelmente era um tipo exemplar, e até mesmo ter um pai pregador não dispensa ninguém de tomar a responsabilidade por seu próprio completo desenvolvimento.

Em contraste com essa revelação repentina da profundidade do seu problema, o inconsciente, em um humor misericordioso, se podemos dizer que ele tem humores, dá a ele uma visita do *Puer Aeternus*, algo novo, forte e essencial. Mas isto é mais do que o homem pode assimilar. Seu sonho exige demais dele, e imediatamente ele oscila novamente para baixo, e é forçado a refletir sobre novas possibilidades escuras no seu interior, pior do que a atitude mecanicista de ajustar sua vida amorosa, e pior do que viver sua natureza sentimental provisoriamente no seu pai pastor. Agora ele tem de ver com seus próprios olhos a anormalidade de sua sexualidade, até o ponto da possibilidade de relações incestuosas com sua filha. Isso mostra que este homem ainda deve estimar seu antigo conceito de si mesmo como um cavalheiro correto e respeitável. Caso contrário o inconsciente não lhe diria: "Você é um criminoso sexual potencial, poderia até violentar sua própria pequena filha". Ele não compreende totalmente a enormidade de sua criminalidade potencial. A realização completa provavelmente somente virá em retrospectiva, quando ele puder observá-la do ponto de vista de maior maturidade.

Imediatamente depois disso o sonhador faz uma tentativa ardilosa para alcançar seu desenvolvimento. Ele vai a um santuário, uma "mansão do super-homem", mas vai como um macaco pulando de árvore em árvore, e assim evitando a poeira e o calor e fadiga. Ele não está completamente sozinho, pois a maioria de nós faz truques evasivos em algum estágio na análise.

Mas de agora em diante, depois do décimo sétimo sonho, sua inconsciência material muda. Não há mais atalhos, e já que o método de truque é interrompido, podemos supor que o paciente está em seu caminho à individuação. Contudo, ainda não enfrentou de nenhum modo tangível o tema do relacionamento com sua esposa. Poderíamos esperar isso dele, mas ainda não o faz. É difícil ter em mente que este paciente esteve em análise por sete meses e ainda externamente não fez nada. O Dr. Jung observou que podemos duvidar de que ele realmente consiga – pois possivelmente ele tem na psique uma área desligada e isolada que não pode ser integrada.

Agora a nova série de sonhos começa, marcando a evolução consistente do homem. O paciente acha que no seu interior ele tem a pessoa que pode colocar sua vida em ordem. Esta é a primeira mensagem do inconsciente, que ele mesmo deve fazer o trabalho – não o grande doutor –, ele deve gerar sua própria vida. Assim, novamente esperamos que o homem enfrente sua relação com sua esposa, mas não o faz. Mergulha naquele sonho que mencionei antes no artigo, que mostrou o conflito de duas grandes religiões, cristandade e maometismo. Mas, depois de tudo, este é apenas o conflito objetivo, pois os símbolos destas duas religiões – a cruz e o crescente da lua – também devem ser interpretados subjetivamente. O verdadeiro conflito no homem não são as religiões opostas, mas os princípios opostos da sua própria natureza – os princípios masculinos e femininos – que estes símbolos representam. É o Logos contra o Eros de sua própria natureza.

Depois deste sonho vem outro, dramático e muito bonito [21]. Cito o texto na íntegra porque mostra muito bem o que o Dr. Jung enfatizou – que a análise, se continuada por tempo suficiente, transforma um dos problemas insignificantes e pessoais em um grande universal.

"Vejo uma planície vasta, cinza, se aproximar de mim. Conforme se aproxima, o cinza monótono se dissolve em listras multicoloridas de larguras diferentes. Elas se movem em modo peculiar entre uma e outra, se unindo e se separando. E então vejo que muitas pessoas se ocupam com essas listras, dando forma a elas e as tecendo. O trabalho é dificultado pela pressão que vem das outras listras. Então, por causa da interferência, a atividade das pessoas é prejudicada, e os resultados são bastante diferentes da intenção original, e eu digo a mim mesmo 'Causa e efeito'. Então tento ajudá-los, e no trabalho com eles fico consciente de que elas, as listras, são nada mais que a superfície de uma massa vasta, como um enorme rio que flui em uma dada direção, e o movimento é devido ao fluxo do rio adiante como uma corrente de lava, as faixas aparecem e desaparecem novamente. Ao mesmo tempo fico consciente de que tudo é transparente e luminoso, que não só a massa, mas a atmosfera e as pessoas e eu mesmo, tudo é permeado com algo que é como uma luz fluida, e sei que isto tem uma influência tremenda em tudo que permeia. Digo a mim mesmo: 'O destino do homem, o destino das pessoas, o destino dos mundos', enquanto eu ainda permaneço preocupado com formar minha própria listra."

Este sonho pode querer relaxá-lo, dar a ele uma oportunidade para descansar. Podemos quase sentir que ele respira profundamente.

Depois desta visão dos princípios universais da vida, sentimos que de acordo com o vaivém das coisas o paciente pode entrar em um abismo psicológico, mas o movimento seguinte do seu inconsciente o traz com um golpe ao reino da realidade e ele se pega manipulando uma articulação esférica, enquanto* não o leva para as alturas de uma visão cósmica, o que não seria bom para ele, para que ele não se identifique com princípios cósmicos. Esta forma nos leva de volta ao terceiro sonho, onde um rolo compressor fez um modelo de uma forma definida, sugerindo um mandala ou um desenho centrado rítmico. Mas aqui há uma grande diferença, pois a junção esférica não só sugere algo em três dimensões, o que o modelo de mandala não faz, mas sugere a possibilidade de rotação – em outras palavras, que o indivíduo alcançará, no seu desenvolvimento, mais de um lado de si mesmo. Outrora ele realizou sua vida por seu pensamento. Agora deve realizá-lo também por seus sentimentos, e portanto a junção esférica sugere que todos os lados de sua natureza se desenvolverão. É um modo simples de apresentar a um homem materialista severo que nosso ser não se realiza em uma superfície plana – isto é, apenas pelo pensamento.

Assim chegamos com o sonhador por meio do muitíssimo pessoal a uma visão universal da vida, e a uma atitude geral no que diz respeito a ele próprio, mas aparentemente ele não a integrou, pois na oportunidade seguinte seu inconsciente o lança de volta a uma cena da igreja da sua infância, e lá uma figura hermafrodita estranha canta algum hino de Natal familiar, mas o canta desentoado. Esta criatura é o sua anima – ela que no início foi uma criança doente, depois a costureira tuberculosa miserável, depois uma pequena menina que reúne fruto arruinado abaixo de uma cereja, e aqui é uma figura estranha, não inteiramente mulher e nem homem. Esta é uma figura incomum. Isto sugere todo tipo de coisas, mas especialmente que o paciente ainda se identifica bastante com sua persona, ou o seu ser coletivo correto – o homem que o mundo vê – que ele ainda não reconhece sua outra metade – sua sombra –, então aqui encontramos a sombra na forma de um judeu, unido com a mulher ou figura da anima sob o disfarce de uma pessoa. Também, na medida em que o paciente não se relaciona, ele é imaturo, e assim sua anima parece imatura – não uma mulher real. Então podemos supor que o paciente não é um homem real, ou poderíamos mais cordialmente dizer que ele é afeminado, porque não se apossa de seus sentimentos, mas, melhor, é possuído por eles. É como o rabo que abana o cão, em vez do cão que abana o rabo.

Este sonho se liga intimamente ao décimo primeiro, aquele a que me referi e no qual o problema inteiro do sonhador parece voltar ao seu pai pastor, que viveu,

---

* Seu inconsciente [N.T.].

pelo menos profissionalmente, a vida de sentimentos de seu filho. Aqui o paciente retornou à igreja, que representa uma conexão de sentimento aos seus doze anos de vida, ele recorda que deve perceber em si próprio aquela coisa que canta em um tom não de acordo com o que ele mesmo canta. Esta estranha criatura diz: "Escute-me, não estou cantando o tipo de coisa com que você está familiarizado. Estou apresentando você a algo mais, sou uma nova voz".

Em seguida vem uma regressão aparente, e contudo ela ilustra que nenhuma regressão é tanto quanto como parece, assim como uma progressão não é sempre tanto quanto como parece.

Agora ele retorna à monotonia do seu próprio problema imediato. Ele é lembrado novamente, pelo seu inconsciente, que é necessário para ele de fato encarar seu problema sexual. Isso apresenta-se a ele como um rato que corre saindo debaixo de um berço em que ele está fazendo ginástica, enquanto sua esposa está deitada em um colchão no chão, observando. O paciente, ao fazer suas associações, embora seja um tipo pensante sonoro, confunde tudo, e mesmo aqui, depois de uma longa análise, confunde o texto real do seu sonho e diz que sua esposa está no berço, e que o rato, embora tenha saído debaixo da cama dele, representa a sexualidade *dela*. Isto simplesmente mostra o quanto é difícil, mesmo quando tentamos nos manter atentos ao próprio problema, não vê-lo, como se este fosse de outra pessoa. Isto mostra o quanto é frágil a nossa própria integridade psicológica.

Entretanto, embora ele possa falhar em ver seu erro, e continue a projetar sua própria dificuldade sobre sua esposa, o sonho seguinte corrige seu erro, pois afirma que sua esposa deu à luz trigêmeos, e que ele mesmo assistiu a parteira. Este sonho tem um aspecto duplo. Não é só uma profecia da fertilidade da esposa dele, figurativamente falando, mas tem um significado subjetivo. Por tomar a esposa como a figura da anima, e não como sua esposa real, mas antes *a esposa nele*, significa que algo está funcionando nele que tem a possibilidade de um ser vivo. O sonho não só profetiza a fertilidade e criatividade de sua ligação com sua esposa, mas mais do que isso, diz que pela harmonia com a *esposa em si* ele pode ter uma criança viva.

É um passo longo partindo de onde o homem começou em que sua relação com seu inconsciente era representada por uma criança doente de dois anos, depois por uma mulher tuberculosa pobre, depois uma pequena menina que recolhe frutos verdes, depois uma criatura hermafrodita que canta a melodia incorreta, até *sua esposa*, que pode dar à luz trigêmeos.

Dr. Jung: Obrigado por seu interessante relatório. Espero que os novos membros tenham tido uma certa ideia do que nós temos feito. Agora continuaremos. Mas devo antes explicar que o sonho sobre a esposa do nosso paciente gerando trigêmeos, que a Dra. Howells mencionou, não acontece imediatamente depois daquele sobre o rato. Eu o apresentei então porque ele confirmou o papel, artigo no qual o rato foi identificado como um símbolo de fertilidade: trigêmeos não seriam nada para ratos, mas para uma mulher é um grande feito. A sequência na ordem exata então é: primeiro o sonho do hermafrodita, depois o rato, depois o sonho que devo ler em seguida para vocês, e então seguiu-se o sonho dos trigêmeos.

O sonho do hermafrodita era um tema de considerações religiosas e simbolismo em conexão com o problema imediato dele, que era, como vocês sabem, que ele não tinha relação pessoal com sua esposa. Então no decorrer da análise os problemas religiosos e filosóficos apareceram. Dra. Howells acaba de citar aquele sonho extraordinário, quase cósmico – sonhos cósmicos sempre são filosóficos no caráter –, e então veio o sonho especificamente cristão que o levou de volta à igreja de sua juventude. O hermafrodita é um símbolo religioso muito interessante que nós não elucidamos muito satisfatoriamente porque ainda é uma figura nebulosa. Não sei em que medida vocês estão conscientes do importante papel que o hermafrodita representava no passado, começando com as figuras primordiais em Platão. Apareceram nos mistérios de Elêusis, por exemplo, e nos mistérios dos Templários[4], como sabemos de lápides que foram encontradas, e na assim chamada filosofia hermética da Idade Média, na qual a ideia do *daimon* também desempenhou um papel considerável.

Depois do sonho do hermafrodita, que foi definitivamente uma tentativa de introduzir um novo elemento no seu ponto de vista religioso, veio o sonho com o rato, em que de fato ficou evidente que dessa vez o rato tinha escapado, significando que o instinto escondido tinha escapado, e isto, de acordo com o contexto, tinha uma conotação sexual. Não está mais sob controle, não mais escondido debaixo da cama, que quebrou por causa dos exercícios violentos do sonhador – relacionados às violentas reflexões na análise. Este fato comprovaria que agora algo está acontecendo; algo está fora de suas mãos, e podemos supor que irá se desenvolver agora. Esse é obviamente o efeito do sonho anterior, em que o velho ponto de vista religioso, que provou ser um obstáculo, foi abolido até certo ponto pela introdução de um elemento inteiramente novo. E é por causa do novo elemento que o instinto sexual foi libertado. Agora vem o novo sonho que não mencionei antes.

Sonho [25]
Ele viu um homem pulando de uma espécie de aeroplano. Não estava muito claro, era alguma coisa entre um balão dirigível e um aeroplano, pareceu bastante estranho; tinha uma forma triangular amarela e parecia ser preenchida com gás, e

---

4. Os Cavaleiros Templários foram uma ordem religiosa, fl. c. 1113-1314, contemporâneos às Cruzadas.

não estava muito longe do chão – só um pouco mais alto que uma casa. O homem pulou dele por meio de um paraquedas em um campo na vizinhança próxima da casa do sonhador. Foi lá rapidamente e viu que o homem se levantou bem lentamente e com dores, e tentava mover sua mão direita, que parecia estar machucada. Começou um inchaço na articulação, parecendo que poderia estar fraturada. O sonhador perguntou a ele se necessitava de algo para um curativo, mas o próprio homem abriu um pacote que carregava e tirou um material para atadura. Ele obviamente tentou socorrer-se a si próprio.

Associações: O sonhador é imediatamente atingido pelo aspecto peculiar do aeroplano e diz que é um símbolo da Trindade, o símbolo do Deus cristão. Eu vi muitas vezes aquele símbolo em igrejas – um triângulo dourado em algum lugar acima, nos céus imaginários; às vezes os tetos de velhas igrejas são pintados em azul e decorados com estrelas, e entre elas o triângulo está flutuando. Ele diz que ficou impressionado com o fato de que o homem teve que tentar pular do aeroplano daquela distância tão curta do chão, já que o paraquedas não teria tempo para se abrir corretamente, e ele provavelmente iria se ferir batendo na terra tão depressa. Apesar daquele fato, o homem desceu sobre seus pés, e sobre isso ele observa que há uma expressão proverbial que se aplica a certas pessoas: "Ele sempre cai sobre seus pés como um gato". Se vocês lançarem um gato para fora pela janela, não importa a altura, ele sempre cai de pé, e por isso dizemos de certas pessoas que não importa quanto adversa esteja sua situação, se estão falidos ou feridos moralmente, sempre caem de pé, nunca estão em uma condição muito ruim. Já a queda do aeroplano foi bastante imprudente, e naturalmente o homem se feriu. Nosso paciente diz que o homem ficou um pouco atordoado pelo choque e assim teve algum problema para se levantar – levantou-se um tanto lentamente e com dor.

Sobre o *ferimento da mão direita* diz que para ele a mão direita sempre significa energia, a atividade do homem, sua eficiência na vida material e prática.

Então o próprio sonhador faz uma tentativa de interpretação do sonho, e eu a trago para vocês, com suas associações, porque quanto mais as pessoas avançam no conhecimento dos sonhos, mais instintivamente elas fazem tentativas na interpretação deles; fica impossível pensar em certos símbolos de sonhos sem pensar ao mesmo tempo no que eles provavelmente significam. Essa tentativa não deve ser rejeitada, deve ser considerada como parte do material associativo, embora não deva ser tomada muito seriamente porque é *só* uma parte; é possível que seja verdade, mas temos de esperar até que tenhamos visto todo o material.

Ele diz, então, que parece ser um empreendimento bastante perigoso pular fora da Trindade – pular fora mesmo com medidas especiais de precaução das alturas da religião cristã. E então ele diz: "A religião cristã – ou pelo menos o conceito da Trindade, que não são uma mesma coisa – parece quase como se, quando alguém pula daquele nível, poderia se tornar bastante inútil na vida prática". (Conclusão bastante surpreendente!) "De qualquer modo se deve carregar alguma coisa para que em caso de dano este possa ser tratado apropriadamente e as relações com a vida externa retomadas tão logo quanto possível. Enquanto estou pensando no que o sonho poderia significar, de repente é como se ouvisse alguns versos em inglês." Ele tentou pensar de onde eles vieram, e se lembrou de que eram do poeta Lowell. Agora devo confessar que não conheço esse poeta, que é um americano, parece, e vocês vão ficar surpresos em ouvir que ele encontrou aqueles versos em um jornal de finanças americano. Fiquei bastante impressionado com o fato e pensei: "Bem, bem! Eles devem divulgar boa literatura ao mesmo tempo!" Agora escute-os:

> Novas ocasiões ensinam novos deveres: o tempo torna o bem antigo rude
> Devem seguir para cima ainda, e adiante, quem estivesse à altura da Verdade;
> Lo, diante de nós brilham as suas fogueiras! Nós mesmos devemos ser Peregrinos,
> Lance nosso Mayflower e dirija corajosamente pelo mar de inverno desesperado,
> Nem tente o portal do Futuro com a chave enferrujada pelo sangue do passado[5].

Como isso poderia se aplicar a algum esquema financeiro eu não sei, mas com algum esforço de imaginação podemos tomá-lo como uma observação geralmente válida sobre a psicologia humana. De qualquer forma estes versos parecem ter ficado na mente dele como sabedoria humana muito boa e como sendo de algum modo conectados com o significado do sonho, e se vocês os acompanham cuidadosamente verão que realmente eles se aplicam aos últimos sonhos de um modo um tanto óbvio. Com relação à velha cristandade, há uma nova verdade adiante e nós devemos nos manter à altura disso. "Novas ocasiões ensinam novos deveres" – somos um tipo de peregrinos e lançamos o nosso Mayflower e dirigimos corajosamente, apelando à coragem, e não devemos fazer a tentativa louca de tentar abrir os portais do futuro com a chave do passado – não devemos tentar entender novos conceitos ou novas visões com a chave do velho conceito. E a "ferrugem do sangue" – bem, é uma coisa engraçada que os nossos grandes conceitos filosóficos estão bastante manchados de sangue. Dar um passo adiante fora da grande inconsciência sempre custa à humanidade muito sangue. A Inquisição[6] na Espanha custou aproximadamente centenas de milhares de vidas, queimadas em postes, e não sabemos quantos pereceram nas primeiras perseguições romanas, para falar daqueles exemplos apenas.

---

5. O poeta americano James Russel Lowell (1819-1891), "A crise presente" (1845), na ed. de Oxford de *Os poemas* (1917), p. 98.

6. *Sem.*: "Reforma".

Este sonho não é muito difícil. É uma continuação do tema religioso, e é um dos primeiros sonhos realmente em que as associações do paciente são altamente satisfatórias e sua tentativa na interpretação está muito boa. A introdução do novo elemento no velho sonho está obviamente trabalhando agora. Poderíamos dizer que a fuga do rato teve o efeito que o devolve à terra, pois o homem que cai do aeroplano é um mero reflexo de sua própria experiência interior – que ele de repente desce da elevação cristã, deixa a perspectiva do aeroplano em cima e desce à terra com um choque. Agora, é interessante para mim, e possivelmente vocês também o notaram, que ele insiste na Trindade e que tem algumas preocupações sobre identificar a Trindade com a religião cristã. Isso parece um pouco complexo, ele sente uma dúvida. Vejam, quando uma coisa destas acontece em um sonho, é como uma espécie de nó. Um sonho de paciente de uma porta diz que ela não é muito interessante, não parece ser muito importante ou comprometida, mas quando ele importuna alguém sobre isso, bate àquela porta, pergunta por que deve haver uma porta, ela é realmente uma porta, então se sabe que há algo debaixo, um nó. Podem ser diversos elementos – um lugar escuro e confuso – portanto, é melhor se dar uma boa olhada nele, pode haver algo nele. Aqui ele faz esse nó daquele triângulo. Se está conectado com religião ou não é indiferente para nós, estamos perfeitamente satisfeitos desde que ele esteja tentando se afastar do ponto de vista da Igreja. Ainda ele faz um nó disso; ele tenta diferenciar entre a cristandade e a Trindade. Mas isto não deve ser tomado literalmente, só significa que na Trindade há algo que não está claro. Naturalmente, sabemos que é a fórmula cristã do valor supremo, a ideia suprema, motivo supremo, mas o fato de que o valor supremo deve ser simbolizado como uma Trindade, como sendo três em um, é em si mesmo misterioso. Isso sempre me chocou. Agora por que ele deve falar disso?

Sra. Crowley: Seria esta uma questão do seu próprio esforço em direção à integração? Tentaria aplicar às suas três funções, indicando que a quarta, a sua sensibilidade, ainda falhava.

Dr. Jung: Você está na pista certa, mas aquele conceito de Trindade é extremamente complexo. Quando falamos dele, naturalmente queremos dizer o Deus trino, em algum lugar no espaço, ou talvez transcendente, não mesmo no espaço, de qualquer forma algo muito definitivamente diferente de nós mesmos, e nos perguntamos por que aquele Deus deve compor-se de três. Naturalmente esta não é de modo algum uma invenção cristã, a ideia da Trindade é bem conhecida em outras religiões no Leste e até em religiões primitivas. O Deus trino é encontrado praticamente em todo o mundo; é um princípio antigo. E desde que nos acostumamos a pensar no Deus como completamente diferente de nós, quando encontramos esse triângulo em algum lugar fora no espaço, não pensamos em nos identificar com ele. Agora, vocês ouviram no sonho do hermafrodita que uma nova ideia foi introduzida. Podemos dizer que, em vez do ponto de vista da Igreja, o sonhador adquiriu pelo menos um sinal de um ser divino de uma natureza hermafrodita, que aparece em uma forma perturbadora inaceitável, realmente um caráter mais desconceituado, e ainda bastante claramente constituído por seu próprio material. Perguntamos a nós mesmos então se estava plenamente justificado assumirmos que uma coisa tão feia, desfavorável, pode ser chamada por um nome divino, mas no fim chegamos à conclusão de que esta figura deve ser algum tipo de demônio ou deus, talvez um demônio pessoal, pelo menos algo ao qual podemos dar o atributo divino. Naturalmente, como vocês devem ter entendido, isto não seria no sentido tradicional divino – que significaria algo muito alto ou valioso ou maravilhoso –, mas no sentido antigo da palavra, em que tem a qualidade do *tremendum* ou *daimon*; ou, em um sentido ainda mais primitivo, da figura do mana, uma figura que tem prestígio ou influência e pode ser qualquer coisa, bom ou mau, branco ou preto, útil ou desastroso, de qualquer forma indiferente quanto a qualidades morais ou estéticas – contudo *eficiente*.

Agora, aquele elemento foi introduzido no seu antigo sonho, e é isso que o fez cair da Trindade. A Trindade, claro, é de uma natureza inteiramente diferente daquele ser hermafrodita. É abstrata, independente do homem, com uma existência independente, e projetada para os fins do mundo. Mas mesmo essa coisa é uma projeção humana, e deve ter começado em algum lugar na psicologia humana. Podemos dizer – tentando fazer uma fórmula muito cuidadosa e cautelosa – que representou uma ideia do valor mais alto, o sentido mais elevado, a influência mais alta, a maior energia, realmente a melhor coisa que conhecemos. Era um princípio diretivo absolutamente válido em nossa própria psicologia, representado de um modo muito abstrato como um triângulo: mas naturalmente, mais estas coisas eram simbolizadas nessas formas abstratas, mais aquelas formas iam no fim necessariamente perder o seu poder por se tornarem independentes. Tornaram-se demasiado dogmáticas ou filosóficas, e por meio da abstração perderam sua influência. E esse é o destino do triângulo cristão; ele está agora muito longe do homem. Bastante peculiarmente, este foi seu destino nas religiões primitivas também. Há várias religiões nas quais se encontram essas trindades, em um ou dois casos simbolizam deuses realmente elevados e espirituais. Podemos encontrá-lo entre os Batak[7], por exemplo; eles reconhecem a existência de tal trindade, mas dizem que está longe, não sabem ou ele ou eles ainda se preocupam com eles, portanto preferem cuidar das necessidades imediatas com espíritos e feiticeiros e bruxas porque é mais prático. Portanto, estes deuses abstratos normalmente desempenham um papel muito

---

7. Um povo da Sumatra (Indonésia), cuja religião Jung discutiu primeiramente em "Tentativa de apresentação da teoria psicanalítica" (1912. OC 4, § 512) e em várias obras posteriores. Sua fonte foi WARNECK, J.G. *Die Religion der Batak*. Leipzig, 1909.

fraco e insignificante em religiões primitivas, enquanto espíritos e diabos exercem um papel extremamente importante, e algo da mesma espécie aconteceu para nós. Essa forma abstrata de deus espiritual ou trindade se tornou intangível e ineficiente, e na medida em que ainda nos agarramos a ela nós simplesmente não estamos sobre o chão. Não conseguimos colocá-la na prática concreta. Ninguém nessa perspectiva pode realmente viver o conteúdo absolutamente espiritual da cristandade. Ele simplesmente assume um compromisso e mente a si próprio; não abandona sua vida mundana, mas guarda algo em si mesmo afastado da vida pela ajuda daquele princípio espiritual. Nosso sonhador se agarrou ao aeroplano para que ele pudesse transportá-lo sobre os brejos, quis evitar de ter suas mãos ou pés sujos. Mas este é exatamente o compromisso infernal, e eles não se mantêm limpos apesar de tudo.

Agora, a ideia da Trindade é um símbolo, não um sinal – enfatizo esse fato. Isto é, é uma forma, uma cifra, uma analogia, uma imagem, que mais ou menos aproxima a coisa desconhecida que é intuída ou sentida; e não é formulada de um modo mais preciso simplesmente porque somos incapazes de exprimi-la melhor. Esse fato vem de uma condição que é característica de todos os símbolos, a saber, que o cerne, o verdadeiro núcleo, a substância básica dos símbolos, consiste de conteúdos inconscientes que fazem seus próprios sentidos, ainda que o consciente seja incapaz de agarrar seu significado – incapaz de analisar, dissecá-los, agarrar sua substância. Eles são sentidos como uma presença vaga, mas ao mesmo tempo muito potente. As pessoas sentem que devem dar um nome para essa presença incompreensível, e por isso elas usam um símbolo. O símbolo em si mesmo, como um nome, é uma futilidade perfeita, pois na medida em que designa a presença invisível ele é extremamente potente. É, então, uma designação aproximada de um fato invisível e poderoso que influencia o homem a partir da esfera do inconsciente. Se tivesse vindo da esfera do consciente, teria sido analisado e entendido, e teria perdido sua fascinação imediatamente. Mas na medida em que é um fato vindo do inconsciente que *não se pode* dissecar pelo consciente, mantém-se um fator explícito e eficiente com uma função definida.

Nesse caso, a função é a muito duvidosa indicada no sonho; a Trindade aqui é vista como um aeroplano, isto é, um artifício muito moderno para transportar pessoas e mercadorias de um lugar a outro de uma forma particular, sem tocar o chão, mas indo pelo ar. É uma máquina, e vocês se lembram de que muitas vezes enfatizei o fato de que um símbolo funciona como uma máquina na nossa psicologia. Há pouco encontrei um livro sobre religiões orientais escrito por um alemão[8] que fala, entre outras coisas, da influência da yoga e das formas das ima-

---

8. Heinrich Zimmer (1890-1943), indologista alemão, anteriormente em Heidelberg. Jung e Zimmer se encontraram pela primeira vez em 1932 e subsequentemente se tornaram amigos próximos por

gens sagradas na Índia, e penso que contei a vocês que ele chama as máquinas de *yantras*; ele considera que elas funcionam exatamente como máquinas porque são símbolos, símbolos sendo um meio de transformar energia. Vejam, o sonho tem a mesma visão, representa a Trindade como uma máquina voadora que levanta pessoas e as transporta. Essa é a função do símbolo e o seu valor para o homem. Se ele não pudesse designar a coisa, esta funcionaria sem ele, funcionaria por si mesma. Quero dizer, pode valer-se de um homem, repentinamente dominá-lo, como Yavé no Velho Testamento – tomou o profeta pelo pescoço e o submeteu à sua vontade. Sem o símbolo o fator divino não pode ser invocado e adorado. Usamos isso como um tipo de recurso de magia para submeter os deuses; chamando-os pelo nome correto, os fazemos vir, alcançamos seus ouvidos e os influenciamos. Assim, na Antiguidade foi extremamente importante saber o nome correto do deus, o segredo, nome sagrado pelo qual o deus deveria ser chamado para receber sua atenção. O símbolo verdadeiro, a expressão verdadeira do fato psicológico, tem aquele efeito peculiar sobre o fator inconsciente que é de algum modo despertado mediante o nome correto.

É como se vocês quisessem relembrar muito claramente a imagem de alguém que estivesse ausente, tanto para vocês mesmos quanto para um público: vocês imitam aquela pessoa, como ela fala, como ri, o que diz, ou chamam seu nome, e por esses meios vocês evocam sua imagem. Pelo mesmo método este fator inconsciente pode ser invocado, contanto que vocês lhe deem o nome correto. Nós devemos, por isso, ter símbolos para controlar os fatores inconscientes. De outra maneira eles ficam absolutamente além do nosso controle e somos suas vítimas, e se a influência deles é benéfica ou desastrosa permanece nas mãos deles. Portanto. sempre foi de importância máxima para o homem ter um certo controle mágico dos deuses. Vocês estão provavelmente muito chocados com a ideia, porque o cristão sempre supõe que não conseguimos forçar Deus, que dependemos inteiramente da sua graça, mas os sacramentos na Igreja Católica são dispositivos mágicos, métodos mágicos, de forçar a graça do Deus – como as cerimônias do matrimônio ou de batismo, por exemplo. Vocês lembram-se da história famosa de *L'ile des pingouins*[9], como batizaram os pinguins, e S. Maël disse que se os sacramentos fossem exatos, se o ritual tivesse sido executado do modo apropriado, isto deveria dar

---

conta de sua participação em comum nas conferências de Eranos. Zimmer morreu em Nova York três anos depois de ir para os Estados Unidos como um refugiado do regime nazista. No primeiro livro de Zimmer, *Kunstform und Yoga im indischen Kultbild* (Berlim, 1926. 2. ed., Frankfurt a.M., 1976, p. 46) ele caracterizou o yantra como uma ferramenta (*Werkzeug*), aparelho (*Apparat*) ou mecanismo (*Mechanismus*), e ele elucidou a ideia do yantra como máquina em seu póstumo *Myths and Symbols in Indian Art and Civilization*. Nova York, 1946, p. 141 [ed. de J. Campbell].

9. Cf. 23 de janeiro de 1929, n. 2; e 19 de fevereiro de 1930, no n. 10.

almas aos pássaros; se não produziu o efeito desejado, significou que algum erro na forma tinha sido feito. Acreditava-se realmente que as pessoas não podiam mais pecar depois de terem sido batizadas. Mas houve casos em que as pessoas ainda continuaram a pecar, o que significaria que a graça do céu não tinha funcionado, que deve haver uma falha – o ritual provavelmente não foi corretamente executado e deve ser executado mais uma vez. Houve até casos em que as pessoas receberam o batismo duas vezes e ainda pecavam, e então provavelmente o sacerdote inventou algo mais – que foram as crianças do satã, recomendadas para o cozimento eterno no inferno, e isso encerrou o assunto.

Cito esta psicologia para mostrar a vocês o quão fortemente a humanidade acreditou na eficiência da invocação pelo nome verdadeiro. Vocês podem dizer que isso é o absurdo mais assustador, mas que exista extraordinária crença na humanidade mostra que isto não é absurdo, mostra que isto representa um fato psicológico. E se esta vocação não fosse possível, seria inútil ter símbolos, isto é, dar nomes para fatos inconscientes. O ponto que quero enfatizar é que a verdadeira substância de um símbolo é sempre um fato inconsciente. Então a verdadeira substância do símbolo da Trindade é um fato inconsciente, e enquanto é inconsciente ele funciona, e o efeito é que levanta pessoas, gerencia suas vidas, governa suas existências. Enquanto um símbolo está vivo, ele funciona, e ele fica vivo conquanto que ignoremos o significado da substância inconsciente atrás dele. Por exemplo, este homem já não acredita na Trindade, embora o fato psicológico da Trindade ainda esteja funcionando nele, como vemos neste sonho. É só agora que ele desce do aeroplano, que significa que até o momento atual a Trindade funcionou nele – um fato inconsciente. Agora chegamos à pergunta: Qual é esse fato inconsciente e o que aconteceu que ele agora pode saltar do aeroplano? Encontramos isso parcialmente respondido no sonho do hermafrodita e no sonho do rato. No primeiro, a ideia do demônio foi introduzida, sendo a palavra "demônio" usada no sentido antigo de algo diferente, potente, mana. No segundo, o sonho do rato, aprendemos que algo do mundo escuro inferior escapou do controle. Agora, como isso pode influenciar a Trindade? Vejam, poderíamos ser capazes de concluir a partir disso o que é a natureza da Trindade. Vocês ouviram a observação da Sra. Crowley e isto deve dar uma ideia a vocês. Pode repetir, Sra. Crowley?

Sra. Crowley: Pensei, como o senhor sugeriu, que o triângulo ou a Trindade foi uma projeção do esforço do homem em direção à autointegração ou realização, e que o símbolo usado pelo sonhador indicou que ele permaneceu fixo na Trindade por suas três funções, a quarta não ainda emergindo para a consciência.

Dr. Jung: Isto está correto. É uma questão das quatro funções. "Existem três, onde está a quarta?" Uma nova figura foi introduzida no antigo sonho e o rato escapou. Agora como podemos colocar todas aquelas coisas em conjunto? Obviamente a eficiência da Trindade está afetada. Está voando bastante baixo, bem próximo das casas, já tentando aterrissar.

Dr. Draper: Pode ser a introdução do elemento feminino na figura hermafrodita, representando a primeira aparição do seu componente feminino, que ele tinha reprimido até aqui?

Dr. Jung: É um lado masculino inconsciente com o inconsciente feminino que cria a figura hermafrodita. Aquele hermafrodita é alguma coisa não respeitável, uma monstruosidade que realmente deveria não existir, mas é inevitável.

Dr. Draper: Mas eu pensei que o senhor enfatizou o fato de que a aceitação deste componente feminino foi essencial para o masculino.

Dr. Jung: Bem, é uma necessidade ou um postulado ético integrar o lado feminino. Mas também pode ser uma fraqueza infernal, na medida em que se caia nela. Evitamos ser possuídos pela anima, a coisa escura que pertence ao inconsciente, e todos nós tentamos fugir dela. É estranha, cheira a derrota. Aquela coisa está surgindo nele e por isso o rato foge. Que o rato escape é muito bom para o rato, mas talvez não tão bom para ele. Agora, qual a relação disto com a Trindade?

Dr. Baynes: Não é o desenvolvimento do fator ctônico autônomo que diminui a potência do símbolo de Trindade?

Dr. Jung: Sim, ele diminui a potência do símbolo de Trindade imediatamente. Talvez também seja projetado para a terra. De qualquer maneira, porque algo aconteceu no inferno o poder do símbolo de Trindade foi levada embora. A aterrissagem é naturalmente o momento crítico, e cair de um aeroplano com um paraquedas não é o modo mais fácil de fazê-lo.

Dr. Schlegel: Mas há lá alguma razão de supor que a Trindade fosse um símbolo eficiente para o sonhador?

Dr. Jung: Foi eficiente em mantê-lo vivo. Mas sobrevoou sobre tudo, portanto ele nunca enfrentou sua real situação, como agora ele é forçado a fazer. Ele sempre escapava de alguma maneira na mente, em todo tipo de interesses. Porém sempre os sonhos conduziram àquele sonho o qual lhe mostrou que era a sua crença na Igreja, da qual nós pensamos estar completamente livres, que estava realmente na base de seu problema, de alguma forma mantendo-o abaixo, dando-lhe certas convicções ou conceitos que provaram ser inibidores. Aquele obstáculo era responsável por ele não encarar os fatos, o que é bastante compreensível. Se alguém tem uma crença ou uma convicção religiosa que o ajuda a evitar os interesses obscuros de sua própria natureza, se agarrará a ela.

Sr. Henderson: Do aspecto coletivo, o senhor diria que o elemento ctônico estava ausente na Trindade e que agora está retornando?

Dr. Jung: Podemos dizer de qualquer modo que a coisa que surge nos dois últimos sonhos vem bastante claramente do lado escuro. Também o fator sexual, que é extremamente ctônico, foge do seu controle; isto se constitui como um fator que já é influente, que já é mana, e a isso deve ser dado um nome. Ele deve agora criar um novo símbolo. Em uma palavra, é a função inferior que surge agora; isso não está contido na fórmula da Trindade, porque a Trindade representa as três funções poderosas ainda não percebidas na mente consciente. O homem primitivo possui só uma função, só é capaz de uma coisa, portanto três são inconscientes. Não chamaria de evidência, mas sempre uso, como um exemplo muito significativo das três funções inconscientes, a primeira forma do mandala ocidental, Hórus no centro com seus quatro filhos nos cantos; três daqueles filhos têm cabeças de animal e só um deles tem uma cabeça humana. E há o mesmo simbolismo no primeiro mandala cristão, Cristo no centro e os quatro evangelistas nos cantos; apenas um é um anjo e os outros três são animais[10]. Os animais são as funções inconscientes, portanto a Trindade é realmente construída sobre os três animais no inconsciente, o que a faz tão extremamente poderosa; pode-se evocar três animais pela máquina, o símbolo, da Trindade.

Agora, se a quarta função entra em cena, significa que a Trindade perdeu tanto do seu poder que não consegue controlar a outra função. Lembram-se daquele frango? – aquele que escapou? Vejam, a única função que está consciente seria muito débil (não no homem moderno, mas no homem de há dois a quatro mil anos), e por isso se sentiria inferior e pecador, seu inconsciente seria mais eficiente do que ele. Mas no momento em que adquire mais funções, maior diferenciação da consciência, a Trindade repentinamente perde sua eficiência. É sempre um ato de revolução de Prometeu, é sempre autoafirmação do homem contra os deuses, o que aumenta sua consciência. É como se ele arrancasse uma nova percepção, uma nova luz, das mãos dos deuses, e este processo tremendo está aqui neste sonho e é o problema real do sonhador. Ele chegou a ponto de que não pode evitar reconhecer o lado sombrio de si mesmo, um fator importante que não pode mais ser controlado, algo divino; e este reconhecimento irá perturbar o simbolismo da Trindade, pois ele está agora confrontado com o fato de que a coisa poderosa, a coisa divina, não é três, mas quatro. Vocês entendem? – na Trindade alguma coisa estava faltando, e agora ele descobre que era o diabo, Prometeus, o quarto, lúcifer se rebelando contra Deus. Eu me expresso naturalmente na linguagem cristã aqui porque ele mesmo o sente assim. Agora tem de reconhecer que o rato escapou e que a Trindade não é mais todo-poderosa, aquele símbolo agora está enfraquecido.

---

10. Cf. 6 de fevereiro de 1929, n. 3.

Muitas pessoas tiveram péssimas experiências na vida, portanto para eles não existem coisas como um bom Deus, ou possivelmente eles não têm Deus nenhum. Portanto, Deus é muito certamente não tão todo-poderoso, parece ter um poder bastante restrito. Ele provavelmente tenta fazer o bem, mas o diabo está sempre semeando maldade entre eles. Encontramos isso no dualismo persa[11], na luta constante entre a escuridão e a luz, e é bastante incerto qual vencerá. É o reconhecimento de que Deus é muito restrito em seu poder por causa do Deus maléfico junto a Ele. O ensinamento cristão diz que é permitido ao diabo que desempenhe seu papel por algum tempo, que teste seres humanos, e então ele é trancado no inferno novamente e se torna ineficiente. A Igreja diz que sempre há um diabo que engana Deus ou destrói as boas intenções de Deus, o que naturalmente é uma explicação perfeitamente inadequada, porque o poder da maldade é possivelmente tão grande quanto o poder do bem. A importância do lado escuro é percebida agora por este homem – não pode reprimi-la mais –, e isso é suficiente para enfraquecer o símbolo da Trindade, e ele tem que abandoná-lo. O símbolo da Trindade, então, pelo que eu posso entender, é realmente devido ao fato de que ele simboliza as três funções inconscientes do homem relativamente primitivo, do homem da Antiguidade, e na medida em que ele ainda é válido em nossos dias, estamos no mesmo estado de relativa primitividade, um estado de infância. Quanto mais avançada nossa consciência, menos conseguimos projetar essa ideia do ser supremo composto de três pessoas. Em religiões que tiveram uma oportunidade de maior desenvolvimento filosófico, como as religiões orientais, o homem não é tão inferior – ele está realmente no centro da criação; de qualquer forma, um homólogo do ser supremo, uma parte do processo divino, ou talvez ele mesmo o ser supremo, na forma de um Buda – ou um grão de areia. Nossa ideia ocidental, entretanto, é de que Deus pode resolver tudo sem estes vermes aqui, e que é só por sua graça que Ele não nos deixa apodrecer. Esta é a crença primitiva, com nenhum reconhecimento de que os deuses são realmente partes da nossa psique. E as pessoas ainda são tão primitivas que, quando este fato é contado, elas dizem "Só isto", como se soubessem o que era a psique. É sempre um sinal de progresso quando um homem percebe que o ser supremo está relacionado a si próprio, tanto quanto ele está relacionado a Deus.

Agora, a descida daquele aeroplano significa que as três funções não são mais da posse exclusiva do inconsciente. A Trindade torna-se parte do consciente, e assim perde o seu caráter de símbolo e se torna uma mera ideia ou conceito. A Trindade está agora em situação de se tornar psicológica. O mesmo processo trouxe os antigos deuses gregos à terra, e eles se tornaram ideias ou emoções – Eros, Fobos, Afrodite, Marte etc.

---

11. Zoroastrismo.

Por meio da extensão da consciência, o predomínio do inconsciente se torna enfraquecido. Aquela função consciente separa uma função auxiliar da Trindade das funções até agora inconscientes, e pela ajuda desta função auxiliar o consciente consegue adquirir um novo ponto de vista em contraposição àquela função que é consciente. Desse ponto de vista o homem agora é capaz de olhar para a sua antiga consciência; a nova função é como um espelho, no qual ele pode refletir a imagem de sua antiga consciência. Isso significa que agora somos capazes de dizer: "Vejo a mim mesmo como este ser inferior, sem liberdade, e tolo, e sou também aquele que posso olhar para isso e dizer: 'Sou dois, sou uma função consciente e sou outra função também, que pode olhar para esta figura prostrada como se eu fosse um deus'". Nós adquirimos a qualidade divina de sermos capazes de olhar para nós mesmos, o que o homem primitivo não pode fazer, adquirimos um segundo observador. O homem primitivo tem olhos só para ver o objeto, não tem nada atrás de seus olhos. Mas adquirimos um espelho em nós mesmos que diz: este é você, e dizendo isto nós temos um ponto de vista superior. Olho para baixo, para mim mesmo, como se fosse um deus, como se fosse superior, e eu *sou* superior, esta é a minha superioridade. E se adquiro outra função eu tenho dois espelhos e posso dizer: "Vejo aquela figura miserável e vejo o homem que observa aquela figura"; esta é a função n. 3. E se adquiro uma terceira função digo: "Vejo aquele homem, que vê aquele homem, que vê aquele ser humano miserável"; e esta é a completude, que é o n. 4. Esta seria a aquisição da divindade completa do homem, a saber, uma autocrítica completa pelo próprio homem. Por isso, Schopenhauer realmente diz: a única qualidade divina que atribuo ao homem é o seu senso de humor[12].

---

12. Cf.: "Devido à falta da capacidade da razão, e então a falta de conceitos universais, o animal é incapaz de rir, bem como de falar. Rir é portanto uma prerrogativa e característica do homem" (*The World as Will and Representation*. Vol. II., 1958, p. 98 [tr. de E.F.J. Payne]).

Palestra II

14 de maio de 1930

Dr. Jung:

Temos questões da Sra. Sawyer e da Sra. Crowley. Eu gostaria de iniciar a questão da Sra. Sawyer primeiro porque é mais geral. Ela diz: "O senhor menciona dois mandalas, um cristão e outro egípcio, nos quais três funções são ilustradas com uma cabeça de animal e uma função com uma cabeça humana. A função com a cabeça humana é a função consciente superior, e as outras três são inconscientes. O senhor também disse que na psicologia cristã as três funções superiores são realizadas pela Trindade e a função inferior pelo diabo? Nesse caso, há praticamente nenhuma consciência – todas as quatro funções seriam realizadas por símbolos?"

Eu disse que as três funções inconscientes são realizadas pela Trindade e a função consciente pelo diabo. Eu falei dos três animais, e que essas três funções inconscientes têm um papel superior. Mas isso significa superior no sentido de poder, não no sentido de diferenciação. Pois o homem primitivo está sempre sob uma orientação superior, algo está acima dele, porque exige uma consciência extraordinária, um autocontrole extraordinário, dizer "Eu vou". O primitivo não pode dizer "Eu vou" – ele é dirigido; o primitivo está quase que completamente sob o feitiço de seu estado de espírito. Não existe a questão da escolha, as coisas se decidem sozinhas. E este fato é retratado pelo poder superior atribuído aos seus deuses, que são, por exemplo, de tamanho gigantesco e poderoso e influência demoníaca, contra quem o homem não é nada. Este é um retrato da situação física do homem relativamente primitivo, ou, em outras palavras, da relação de sua consciência com seu inconsciente. Seu inconsciente é superior ao seu consciente, e ele projeta este fato no espaço metafísico na forma de deuses enormes. Quanto mais o homem aumenta sua consciência, mais os deuses diminuem em tamanho e poder.

Podemos ver isso de forma muito bonita no desenvolvimento do budismo, em que um ponto de vista inteiramente novo é introduzido. Lá vemos que os deuses aparecem até no nascimento de Buda, assim como eles aparecem quando ele morre, e até os deuses têm que se tornar homens para se redimirem. Eles ainda têm desejos e brigam uns com os outros como seres humanos. E então a ambição de Buda era liberar seu povo destas crenças e mostrar a eles os mais altos níveis de consciência, para liberá-los do poder contraditório dos deuses. Vejam, enquanto existirem três deuses contra um homem, isso significa que o homem é totalmente inferior e do diabo. Claro, é óbvio no dogma cristão que o homem é mau desde o começo e estaria totalmente perdido se não fosse a graça de Deus, que pode eventualmente salvá-lo. Mas esse é um negócio terrivelmente incerto, vocês sabem, e se por acaso você não se torna um membro honorário da Igreja, logo você volta para o inferno, de onde você saiu – sem nenhuma possibilidade. Eu mencionei anteriormente o fato daquela famosa passagem do Novo Testamento: "Quando dois ou três estão reunidos em meu nome, eu estou com eles"[1]. A forma original, que foi encontrada em um papiro egípcio, era: "Quando há dois juntos, eles não estão sem Deus, mas quando um está sozinho, eu digo que estou com ele"[2]. A Igreja interferiu e separou o homem da graça quando ele está sozinho. Tem que haver vários juntos para se ter uma oportunidade, e se você está fora da Igreja não há redenção. Essa consciência da inferioridade pronunciada do homem é retratada na Trindade, como eu disse, três contra um – simplesmente mais poderoso – e naturalmente nosso dogma supõe que essa Trindade é infinitamente perfeita, ainda que seja óbvio que não é ainda tão boa que o diabo tenha sido abolido. O diabo ainda está rondando como um cachorro louco. Meu pai era um clérigo, e eu costumava argumentar com ele sobre isso. Eu dizia que, quando a pessoa tem um cachorro louco, a polícia interfere. Mas quando Deus ou a Trindade deixam tão perigoso diabo perambular entre as pessoas boas, ninguém está lá para punir Deus por isso, o que é ultrajante; o que não é permitido aos homens não deveria ser permitido a Deus.

Bem, então, três funções são representadas pela Trindade. Uma é obviamente humana, porque é designada por uma cabeça humana; esta é a consciência do homem, a função que ele conseguiu separar do mar eterno da inconsciência. Naturalmente que, quando ele tem somente uma, esta não será para ele uma função superior. Nós temos uma abordagem psicológica e então nós nomeamos dessa forma, mas com somente uma não há comparação, então por que chamá-la de superior? Nós devemos dizer a função diferenciada do inconsciente geral, e aquela única função é uma coisa muito miseravelmente inferior em comparação com o inconsciente. Além disso, aquilo que é roubado dos deuses faz o homem se sentir inferior e pecador, e então nós temos que nos purificar da mistura diabólica da natureza. Vocês podem ler sobre isso no texto da missa católica, em que eles mesmos

---

1. Cf. 5 de março de 1930, n. 14.

2. Cf. JAMES, M.R. *The Apocryphal New Testament*, 1924, p. 27: Oxyrhynchus Papyrus I (descoberto em 1897), x.

exorcizam o sal, que deve ser misturado à água batismal, e o incenso, porque tudo está supostamente contaminado pelo diabo. A fumaça no altar é para desinfetá-lo espiritualmente. "Que estejam ausentes todas as fraudes diabólicas"[3], expressa o texto em latim. A circuncisão é um rito de exorcismo, para se permitir que a pessoa escape das impuras influências elementares da natureza. Enquanto não tivermos passado por esses cerimoniais, nós somos impuros e contaminados e inaceitáveis para a graça de Deus. Esse é o começo do homem. Ele sente seu total desamparo e miséria em todos os aspectos; ele sabe o quanto depende de seus esforços, e ele sabe que todos os tipos de demônios estão contra ele. Por isso os primitivos simbolizavam sua chegada à idade adulta com cerimônias de iniciação. Agora, eu digo que, quando ele consegue destacar outra função, ele está quase com os deuses. Então ele começa a ter uma psicologia e percebe que, se ele conseguisse definir uma terceira função, ele poderia criar um tipo de divindade para si próprio. Esse é realmente o caso nas religiões orientais, em que vemos que os deuses se tornam cada vez mais ilusões. Os orientais vão admitir que os deuses são reais, que Shiva, por exemplo, é uma realidade para pessoas inferiores; mas, com o aumento da consciência, eles também são ilusões. Isso é mostrado de forma muito bonita no *Livro tibetano dos mortos*, o *Bardo Thödol*[4], no qual os sacerdotes ensinam aos mortos que os deuses são ilusões que devem ser superadas. É uma das mais organizadas peças de psicologia que eu já vi.

Agora, eu espero que vocês entendam o que eu disse sobre aquela divindade adquirida. Ela não significa que vocês serão deuses. A coisa mais confusa parece ser que as pessoas pensam que três funções devem ser funções específicas. Esse não é de forma alguma o caso. Vejam, sempre existem os tipos, e para certas pessoas um específico é diferenciado e três são inconscientes; isto é, a *maioria* das funções são inconscientes. É isso que a Trindade significa; não é de forma nenhuma três funções específicas. Está claro? Para aqueles entre vocês que não sabem por que falamos em quatro funções, eu devo explicar que existem os quatro lados de nossa orientação no campo da consciência. Não posso adicionar nada mais a isso. As quatro funções são baseadas no fato de que nossa consciência diz que *há* algo no inconsciente. Sensação é um tipo de percepção, ela sabe que a coisa está lá; o pensamento nos diz o que é; o sentimento diz o que isso vale para alguém, se é

---

3. O rito da bênção do sal está no Missal no início da Ordenação da Bênção da Água Sagrada (*Ordo ad faciendam quam benedictam*), que acontece não durante a missa, mas antes dela, de preferência na sacristia do que no altar. Inclui as palavras "*et effugiat a loco... versutia diabolicae fraudis*", conforme tradução de Jung. A Ordenação do Sábado Santo inclui (na entrada da igreja) a bênção do fogo e do incenso.

4. Cf. 12 de fevereiro de 1930, n. 4.

aceito ou rejeitado; e a intuição nos diz o que isso poderá se tornar, suas possibilidades. Eu devo confessar que eu não sei mais o que eu poderia incluir. Não pude descobrir outros. Com isso tudo está dito. E o fato peculiar de que só existem esses quatro coincide com o fato, que eu só descobri muito depois, de que no Oriente eles possuem as mesmas convicções. Nos mandalas deles os quatro portões da consciência expressam as quatro funções, e as quatro cores expressam as qualidades dessas funções. Vocês podem ver isso muito bem no texto que eu mencionei, o *Livro tibetano dos mortos*. Há outras questões no que concerne às funções?

Sra. Henley: Eu acho que a maioria de nós entendeu sobre pensamento, sentimento e sensação, mas não temos essa clareza sobre a intuição. O senhor poderia dizer algo mais sobre isso?

Dr. Jung: A sensação somente diz a vocês o visível, tangível, qualidades lógicas, enquanto a intuição é um tipo de adivinhação sobre suas possibilidades. Sua sensação diz que aqui tem algo, e seu pensamento diz o que é, mas é preciso muita intuição para dizer o que está atrás das paredes. Se vocês me permitem um modo feio de dizer isso, intuição é uma tromba de elefante colocada na medula espinhal de alguém – para ir dentro e atrás disso e desvendar. Por isso a boa intuição é frequentemente expressa pelo nariz. Um primitivo usa seu nariz, ele cheira ladrões e fantasmas, e o mesmo acontece com os médiuns de nosso tempo; eles vão a uma casa, farejam e dizem "fantasmas" se ela for assombrada. Pode-se descobrir uma psicologia peculiar pelo cheiro, como disse a vocês recentemente. Algo cheira mal – isso é intuição.

Dr. Deady: Qual é a condição da diferenciação das três funções ainda no inconsciente dos homens relativamente primitivos? O senhor pode dizer que eles eram diferenciados?

Dr. Jung: Não, eles não são diferenciados. Qualquer coisa que está no inconsciente é contaminada com todo o resto. Só a função consciente é diferenciada, essa é a divisão entre homem e a plenitude, ou Deus, ou a inconsciência universal, o que quer que seja que você queira chamar isso. Ele roubou uma função dos deuses. Isso é lindamente ilustrado pelo mito de Prometeu roubando o fogo dos deuses. O que quer que seja que o homem consciente tenha adquirido ele teve que roubar deles. Ele emergiu da nuvem espessa da inconsciência geral, e foi só por rasgar e soltar uma das funções que ele se tornou independente. Como isso aconteceu eu não sei; essa é uma qualidade peculiar na estrutura psicológica do homem; animais não têm a habilidade de se libertarem da psique original. É um tipo de dissociabilidade. Isto é mistério, podemos especular sobre isso; nós não sabemos como isso aconteceu, mas foi assim.

Dr. Baynes: Eu acho que um pouco da confusão que eu fiz vem da questão das funções auxiliares, isto é, quando qualquer uma das funções apareceu realmente e operou como função auxiliar, mas não atingiu o caráter *per se* de uma função principal. Do seu ponto de vista, o senhor usaria o termo "diferenciado" somente para aquela função, ou funções, que adquiriram um valor *per se*?

Dr. Jung: Sim, totalmente.

Dr. Baynes: Por exemplo, quando o senhor acha o ato de pensar como um arreio de cavalo para a intuição, não daria a ele a qualidade de uma função diferenciada?

Dr. Jung: A função que tem o caráter *per se*, a função superior ou diferenciada, pode realmente ser manejada, mas a função auxiliar é somente relativamente gerenciável; com isso os problemas já começam.

Dr. Baynes: Como aquelas figuras, meio animal, meio homem.

Dr. Jung: Sim, uma figura tem uma cabeça humana, a outra uma cabeça de macaco, e quando começamos a nos basear em uma função dominada pelo macaco, há um problema; entramos em contato com o reino animal, e então vem o inconsciente. Isso aconteceu com todo mundo que encontrou um problema que não poderia ser resolvido com a função superior – digamos um pensador que descobre que precisa de sentimento. Então sua sensação ou intuição irá levá-lo a um novo mundo. No famoso sonho do rato, que poderia ser chamado muito bem como a função intuitiva, já que este homem não consegue mais arrumar seu problema de vida por meio do seu intelecto. Mal ele descobre isso o rato foge; o fator autônomo começa a comandar porque ele não está mais no comando da situação. Aí a vida começa a se desdobrar. Essa é a razão por que entendemos o rato como um tipo de signo ou sintoma de que algo novo está por vir.

Sra. Baynes: O senhor disse que pensou no homem primitivo como sendo três contra um. No homem moderno o senhor pensa como sendo dois contra dois?

Dr. Jung: Isso é muito difícil de se dizer, mas estou inclinado a pensar que sim, a partir de alguns sinais dos tempos. Um exemplo muito simples é o fato peculiar de que somente no curso do século XIX foi feito algum esforço para reabilitar o antigo Judas. Isso significa um senso de justiça chegando contrariamente aos deuses. Pessoas muito respeitáveis, bem-intencionadas, fizeram tentativas desesperadas para isso, e eles têm seus seguidores, uma grande audiência que aprecia essa tentativa de reabilitação. Esse é somente um pequeno sintoma, mas existem muitos outros, o fato de a Bíblia ser criticada, por exemplo, é uma iniciativa científica que significa que os tabus são checados agora, o que só pode acontecer pelo fato de que o homem se sente competente para gerenciá-los. A autoridade que foi anteriormente indubitável e inquestionável agora teve sua importância diminuída e o homem avançou de forma correspondente, ele pode criticar isso, ele pode enfrentar isso sem o medo de um relâmpago. Mas existem outros relâmpagos que chegam debaixo. Nós sempre olhamos para cima, mas não precisamos de guarda-chuvas contra relâmpagos – o diabo vem de um lugar totalmente diferente.

Agora vamos a outra questão. A Sra. Crowley diz: "O senhor vai em algum momento nos dar mais sobre o simbolismo e a análise da figura hermafrodita? Anteriormente o senhor disse que iria entrar mais nisso".

O hermafrodita é um símbolo importante que aparece frequentemente em um estágio particular do desenvolvimento psicológico. É um arquétipo. Um estudioso alemão escreveu recentemente um livro sobre isso; ele coletou muito material sobre isso ser sobre dois sexos que atuam em todos os tipos de crenças místicas, e também na antiga filosofia hermética. Eu não quero entrar na história deste símbolo agora, eu irei só chamar a atenção de vocês para o fato de que o ser completo platônico é um hermafrodita, uma condição bissexual que significa assexual, porque as duas condições controlam uma a outra. É o símbolo do estado infantil ainda não diferenciado, pois assim que os sexos são diferenciados há consciência. Portanto, no desenvolvimento analítico o hermafrodita é um símbolo da condição pré-consciência, quando a coisa consciente em que a pessoa irá se tornar não é ainda consciente. Mas desde que já está no inconsciente, esse símbolo pode aparecer em seus sonhos. No caso do nosso paciente, é a intimação de um fator superior de orientação, de um ser superior, mas ainda na condição hermafrodita. Vejam, consciência significa discernimento, separação; mas aqui o par de opostos ainda não está separado, então não há consciência. É o que eu designei como condição pleromática, um termo muito apropriado que eu tomei de uma filosofia antiga para designar uma condição potencial das coisas, na qual nada se tornou, no entanto está tudo lá. Essa é a condição no inconsciente; as funções não estão ainda diferenciadas, preto é branco e branco é preto.

Eu contei a vocês aquele fato interessante da diferenciação de palavras, que tanto em inglês quanto em alemão os adjetivos *better*, *best*, derivam da mesma raiz de *bad*. Este é um caso do estado original da identidade dos opostos. É o estado do paraíso quando o lobo está ainda dormindo com o carneiro e ninguém come seu vizinho, exceto por brincadeira, em que as coisas estão juntas na paz primordial, a condição inconsciente pleromática original, simbolizada pelo hermafrodita. É uma antecipação inconsciente de uma condição futura ideal, como mostra a história do paraíso. Vejam, o maravilhoso jardim original do paraíso foi perdido para sempre, e, de acordo com a sabedoria cabalista antiga, quando Adão e Eva foram exilados, Deus colocou o paraíso no futuro, o que significa que a condição original, uma inconsciência não diferenciada, se torna um objetivo, e as coisas que foram separadas depois do pecado inicial devem ficar juntas novamente. Isso é um pouco da história do desenvolvimento da consciência. Pois no início o homem sente o exílio, ele está praticamente sozinho em sua consciência, e é só aumentando a consciência que ele descobre sua identidade real com a natureza novamente. Assim a grande culminação da sabedoria oriental é *tat tvam asi*, que significa "tu és Isso" – cada coisa no meu ser, meu ser em tudo, a identidade final de todas as coisas novamente –, também consciência naquele estado no paraíso. Mas na condição hermafrodítica nada é consciente. Então aquela condição original de pleroma, de paraíso, é realmente a mãe de onde emerge a consciência. O símbolo daquela condição original volta novamente e novamente em formas diferentes durante o desenvolvimento da consciência, sempre retratando uma coisa que está no passado, embora seja também um símbolo para o futuro. Pois não haverá nada no futuro que não tenha estado no passado, porque nós apenas podemos trabalhar com o material que nos foi dado. A condição original é o símbolo da condição futura, a ideia do Reino no Céu é uma repetição do paraíso. Vemos esses símbolos nos desenhos dos pacientes, no círculo ou globo, por exemplo, exprimindo o ser perfeitamente redondo, contendo, como se fosse, a outra metade, que é a ideia do ser platônico primordial.

Aqui está a segunda questão da Sra. Crowley: "O senhor vai sugerir como o sonhador deveria ter pousado de sua excursão aérea tendo sentido não ser a função inferior – tendo aquela sido sua função superior, por exemplo?"

Teria sido exatamente a mesma coisa, porque não importa qual das três funções inconscientes é.

Sra. Crowley: A reação dele seria a mesma? Eu estava pensando em como nós podemos aprender a diferenciar com mais cuidado, e no caso de um indivíduo com o qual o sentimento seja a função superior, qual poderia ser a reação nesse sonho.

Dr. Jung: A reação a princípio seria a mesma, ainda que o sonho fosse um pouco diferente.

Sra. Crowley: Eu quis dizer mais do ângulo de abordar a realidade do ponto de vista sentido.

Dr. Jung: Se você racionaliza o mundo pelo pensamento ou sentimento ao longo da jornada se chegará à mesma coisa. O resultado final será exatamente o mesmo.

Sra. Crowley: Sim, o senhor realmente respondeu minha questão anterior.

Dr. Jung: Bom, agora nós ainda não terminamos o sonho. Ainda não lidamos com o pouso do aeroplano. O homem cai e tem dificuldade em levantar novamente. E sua mão direita está machucada, ela começa a inchar e parece estar quebrada. Vocês se lembram de que nosso sonhador associa à energia da mão direita a atividade do homem, sua eficiência na vida material ou prática. Como vocês entendem isso?

Sra. Baynes: Ele deve desistir de sua atitude racional. Ele deve virar à esquerda e achar outro caminho no inconsciente.

Dr. Jung: Sim, mas o que isso significa na vida prática?

Sr. Henderson: Isso afeta os seus negócios.

Dr. Jung: É isso. Quando ele teve esse sonho, ele demonstrou sinais de agitação, o que eu pensei estar relacionado com suas finanças, mas agora isso lentamente se tornou claro de que ele realmente não está interessado em seus negócios, eles não têm mais importância para ele. Ele diz que a única coisa em que ele está interessado é no ser humano e na vida em geral. Bem, ele pode arcar com isso, esse problema não era tão ruim. Pessoas que têm que estar interessadas em seus negócios para a sua sobrevivência não estariam tão interessadas no problema do outro lado. Para isso está tudo equilibrado, tudo regulado. Claro, todos acreditam que o seu problema é o pior, mas na realidade não é o impossível que é esperado do ser humano. Mas quando o seu poder é quebrado é quando um homem deste calibre mais se preocupa. Vejam, o braço direito é sempre um símbolo de poder. Aqueles de vocês que leram o meu *Transformações e símbolos da libido* vão achar lá o motivo da torção do braço fora de ação; ou do quadril, como a lenda de Jacó no Velho Testamento, quando ele estava lutando com o anjo do Senhor toda noite, e o anjo torceu seu quadril[5]. Essa é a destruição do poder egoísta do homem, e isso é inevitável.

A função diferenciada é quase sempre indevidamente usada pelo poder egoísta da pessoa. É um meio de valor inestimável para se usar como arma no início, mas normalmente é usado para fins muito egoístas e então vem a compensação do inconsciente. Então algo irá acontecer que tira a arma de suas mãos. Por isso no mito do herói na luta suprema, o herói tem que lutar com suas próprias mãos, mesmo sua arma usual o trai; o herói que venceu o monstro com perspicácia interior percebe seu braço torcido. Ele está privado de sua função superior para o bem da próxima função, que está esperando por diferenciação, pois parece que a natureza está dando continuidade àquele desejo de dissociar o homem de sua condição inconsciente original. Como a natureza forçou uma função para fora, para a consciência, então ela parece forçar o homem a se tornar consciente de uma segunda, e para esse propósito – porque a próxima tem que ser desenvolvida – a função diferenciada de repente se torna inútil.

---

5. Gn 32,24-26 ("a coxa de Jacó se deslocou enquanto lutava com ele"). Cf. *Símbolos da transformação*, 1952, § 524 (não, entretanto, na ed. de 1912).

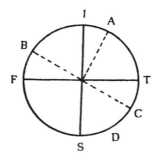

Eu acho que será útil fazer um diagrama novamente, isso ajuda a ter um entendimento mais claro. Nós sempre representamos as quatro funções em formato de uma cruz, e como eu coloco pensar no Oeste, sentir estaria no Leste, pois sentir é o oposto de pensar. Devemos omitir o ponto de vista de pensar com muito cuidado, para percebermos o sentimento, e vice-versa. Então embaixo seria a sensação e em cima intuição. Agora vamos presumir que a função diferenciada é a intuição e a função auxiliar é pensar; então a divisão seria mais ou menos aqui (A). Isso faz o homem largamente consciente da intuição, e então a linha da divisão (BC) entre o consciente e o inconsciente em um tipo puramente intuitivo estaria onde eu indiquei. Agora, se ele entra em uma situação na qual sua intuição não o ajuda – digamos, por exemplo, quando ele deve pensar sobre coisas –, então sua intuição não tem utilidade, é a pior falta de sentido. Quando a necessidade vem do seu entendimento do que é a situação, em vez de sempre correr na frente perseguindo novas possibilidades, ele tem que suprimir a intuição em certa extensão; pois a intuição irá sobrecarregar sua consciência com novos conteúdos, e sempre que ele começar algo novo deverá correr atrás disso. Portanto, ele deve torcer o braço da intuição e dar todo o poder ao seu pensamento, e isso é usualmente feito por meio de um ato de concentração, o que é em grande parte uma questão de vontade. Ou se um homem não consegue se concentrar, então algo que o obrigue irá acontecer com ele. Frequentemente esses tipos intuitivos pegam uma doença física, tuberculose ou úlcera do estômago ou algum outro problema abdominal; também problemas histéricos peculiares, que podem produzir todo tipo de sintomas que imobilizam essas pessoas, os deixa para baixo, e os força a excluir as possibilidades. Então eles devem ficar parados e não podem correr atrás das coisas; eles são colocados em situações em que não podem escapar do pensamento, em que a única coisa que eles podem fazer é pensar furiosamente. Isso é como uma função que é paralisada ou morta para o bem de outra função.

Nesse caso o indivíduo se move para cá (D), e aqui ele aborda a esfera da inconsciência. Então aqui é terrivelmente perigoso, a função inferior que é oposta à função superior; isto é muito mau. Essa vizinhança se torna mais estranha, nos afastamos disso o máximo possível, temos medo de tudo que possa estar atrás do muro da inconsciência. Por isso nós fazemos um movimento diferente, nós vamos ao mal menor, nesse caso o sentimento (F), e só quando temos os três no mesmo lado nós ousamos atacar aquela coisa. Deve haver três contra um, é a aquisição do triângulo que luta com o um. Agora, se vocês ainda se lembram daqueles versos de Lowell que nosso sonhador citou (por que vocês riem?), vocês irão perceber que eles se encaixam com o espírito de todas as nossas deliberações. É como se as associações dele surgissem por ele ter ouvido nossa discussão aqui, então estamos dentro do âmbito do sentimento do sonhador.

Eu acho que podemos deixar de lado este sonho agora e ir para o próximo, que eu já mencionei, o sonho sobre os trigêmeos [26][6]. Ele foi lido no último seminário, mas irei contá-lo novamente o mais rápido possível para os novos membros. Ele diz que sua mulher deu à luz a trigêmeos, dois deles natimortos e o terceiro ainda vivo. Esse é o sonho completo, e ele diz que ele se repete, apesar do fato de ele não conseguir lembrar de nada mais conectado a isso. Ele só se lembra de que ele estava presente no nascimento e que a parteira estava lá e levou embora as crianças mortas.

Em suas associações ele diz que gêmeos ou trigêmeos lhe dão a impressão de muita bênção. Para ele parece perfeitamente suficiente se somente a terceira criança permanecer viva. Ele pensou bastante sobre o que elas significariam e concluiu que elas eram crianças espirituais, pois elas não têm nada a ver com suas crianças reais. Ele não conseguiu trazer para a realidade concreta o fato peculiar de que duas crianças são natimortas, então ele presume que elas são *tentativas* natimortas, porque crianças, como símbolos psicológicos, frequentemente têm esse significado, assim como cada homem é uma tentativa da natureza. Então ele pensa que as duas crianças mortas representam seus estudos espirituais e de yoga, que lhe parecem hoje abortos espirituais perfeitamente supérfluos. Então ele diz que eu sou a parteira que leva os mortos embora, porque depois que ele veio a mim ele não viu mais razão nessas outras tentativas, os interesses teosóficos. Eu nunca disse uma palavra contra eles, porque há algo definitivamente muito interessante nestas coisas. Eu sei que se houvesse algo nelas para ele, ele iria escalá-las, e se não, ele as deixaria. Ele diz que se ocupou com esses objetos por um tempo, e a terceira tentativa, a criança viva, é o lento desenvolvimento de sua relação com sua alma pela análise. Ele usa a palavra alemã *Seele*, que pode significar a anima ou um conceito mais cristão da alma. Ele quer dizer obviamente sua relação com o mundo interior da experiência.

O sonho parece ser muito simples, mas tem uma armadilha teórica nele. Ele está bastante satisfeito com sua interpretação sobre isso: que os trigêmeos são três

---

6. Cf. p. 523.

tentativas de uma nova forma de vida, porque para ele procurar por desenvolvimento espiritual foi uma iniciativa totalmente nova. Anteriormente ele era a cabeça de um grande negócio, e quando ele se retirou teve que encarar a questão: "E agora?" Ele tinha quarenta e cinco anos de idade, e o que fazer se torna uma questão muito séria quando somos confrontados com o problema de não ter nada para fazer, ainda tendo que achar uma saída em algum lugar. Ele se ocupou primeiro das chamadas coisas espirituais, pois as pessoas que são ignorantes em psicologia facilmente se interessam por sessões espíritas, telepatia e ocultismo em geral. Então isso era bastante natural, e aparentemente o que ele diz sobre o pequeno sonho é satisfatório, mas ainda há uma armadilha nele. Se vocês seguirem rigorosamente os princípios da interpretação de sonhos, vocês irão saber o que é.

Sra. Sigg: Parece que essas três crianças nasceram no mesmo momento, mas ele não começou os estudos ao mesmo tempo.

Dr. Jung: Sim, isso é um pouco estranho, e ele não presta atenção nisso, mas tem um ponto menor – um pequeno buraco de rato comparado com um alçapão. Onde está o túnel verdadeiro?

Sra. Nordfeldt: Foi sua esposa que teve as crianças.

Dr. Jung: Sim, e o que eu disse a vocês sobre isso? Vou repetir a famosa regra do polegar que acorda o animus. Se o sonhador sonha com sua esposa, então é sua esposa. Quando você sonha com uma pessoa que está em relação vital com você, seja por relação consanguínea ou qualquer conexão realmente vital – qualquer pessoa que tenha uma mão na sua estrutura psicológica –, então você deve olhar para a pessoa do sonho, pelo menos por um tempo, como se ela fosse a própria pessoa, e não um símbolo para algo em você. Por exemplo, há uma relação bastante vital entre o paciente e o analista, e quando um paciente sonha com ele nós podemos presumir que significa o analista mesmo; se isso for algo desfavorável, o analista é confrontado com a crítica, talvez uma nova descoberta sobre ele mesmo que é provavelmente verdade; de qualquer forma, ele tem que tomar essa possibilidade como real, e só quando é devidamente considerada e nada tenha sido encontrado, ainda que com grande consideração, ele tem a permissão para assumir que pode ser algo subjetivo relativo ao próprio paciente. Também o analista às vezes sonha com o paciente com quem ele tem uma relação mais ou menos vital. Pois a relação entre o analista e o paciente é vital; se não, ela está morta. Algumas são mais vitais do que outras – é mais vital quanto mais ele não entende, quando ele se deparou com um empecilho de alguma forma. Então ele pode sonhar com o paciente, e a melhor política é informar a ele ou ela porque pode ter algo nisto que o paciente poderia ver de imediato. Naturalmente apenas em casos relativamente avançados acontecem esses problemas. Caso contrário não sonhamos com eles de modo algum. Eu digo isso a vocês para mostrar o quão seriamente eu estou falando sobre tomar essas figuras como reais.

Então quando o paciente sonha que sua esposa deu à luz a trigêmeos, eu estou na desagradável situação de ter que explicar por que sua esposa teria dado à luz trigêmeos. Se não tivéssemos a tal regra do polegar, eu estaria perfeitamente satisfeito com a explicação dele sobre o sonho; ele estava bastante pronto para dormir com isso, viver com isso. Ainda tem aquela informação – ele sonha com sua esposa e deve ser sua esposa, eu sou confrontado com esse fato. Então a Sra. Sigg levantou o fato da criança espiritual dele, yoga e teosofia e análise não nasceram ao mesmo tempo, e não poderiam ser chamados de trigêmeos quando um nasceu em 1927, um em 1928 e outro em 1929. A ideia de trigêmeos inclui o fato de que eles devam nascer praticamente ao mesmo tempo, é a mesma gravidez. Isso é muito difícil – onde entra sua mulher? Obviamente nós temos que levar essas associações muito a sério, de que estas crianças são tentativas, essa é a explicação mais razoável. Vejam, faz uma tremenda diferença quando dizemos que foi sua mulher que deu à luz. Vocês podem explicar esse quebra-cabeças? Vocês se lembram de que nós fizemos alusão a isto no último seminário[7].

Sra. Crowley: Era um tipo de reação psíquica.

Sra. Baynes: O senhor falou sobre este caso específico, quando discutiu essa fase do sonho, que era como se ele tivesse em um tipo de *participação mística* próxima com sua esposa, ele poderia tomá-la por ele mesmo subjetivamente, e era verdade que ela também seria produtiva.

Dr. Jung: É isso. Como vocês sabem, esse homem não tem praticamente nenhuma relação com sua esposa, ele não pode falar com ela porque ela prefere se apegar a coisas tradicionais, ficar em um refúgio seguro contra as possibilidades caóticas da mente, como muitos homens preferem se apegar a um casamento seguro contra possibilidades eróticas. Essa ausência de relacionamento é compensada no inconsciente. Vejam, quando você está morando com alguém, com o qual você não tem um relacionamento real, você está conectado inconscientemente. E aquela peculiar relação inconsciente produz uma condição psicológica que pode ser comparada com um tipo de *continuum* em que os dois funcionam, como se eles estivessem ambos no mesmo tanque debaixo da água. Eles estão debaixo da mesma cobertura no mesmo barco, o que cria um tipo particular de relação imediata. Essa relação inconsciente produz fenômeno mais peculiar, assim como sonhos que claramente não pertencem ao indivíduo. Então quando é uma questão de marido e mulher, o marido pode sonhar os sonhos da mulher, ou ao contrário; ou um deles pode ser forçado a fazer algo que não vem de sua

---

7. Cf. p. 524.

própria psicologia, mas da psicologia do outro. Esses são os sintomas dessa *participação mística*.

Obviamente a relação consciente daquele homem com sua mulher é insuficiente, então aqui nós podemos presumir uma contaminação inconsciente na qual ele faz o papel de sua esposa. Vejam, sua mulher tem uma resistência marcante contra todo tipo de pensamento, assim como ele tem contra seu lado Eros. Ela não irá usar a mente dela. Uma coisa deve ser pronta e segura, garantida por pelo menos dois mil anos, apoiadas pelas maiores autoridades, antes de ela aceitá-la. Deve ser absolutamente protegido da água e ar e nada a ser mudado. Claro, isso é perfeitamente não natural; isso é anormal e mecânico; algo foi morto, e isso foi portanto compensado no inconsciente dela, em que ela produz coisas extraordinárias as quais nós não conhecemos. Lá ela pensa furiosamente, lá ela está ocupada com todos os tipos de coisas radicais, talvez com religião. Se nós tivéssemos os sonhos dela, nós poderíamos ver tudo isso. O inconsciente dela está em turbulência, e é reprimido e não pode ferver para a consciência, mas durante à noite eles se arrastam pelos canais abertos do cérebro de seu marido. Sua mente está aberta e ele proclama isso e a surpreende, mexe com seu equilíbrio, porque são as coisas dela de que ele está falando, as coisas de que ela está falando de noite com os diabos. E da mesma forma, por outro lado, o que ela diz conscientemente foi em grande parte trazido pelos sentimentos inconscientes do anima dele.

Quando o paciente teve esse sonho, eu não disse a ele tudo isso, porque naquele estágio teria sido errado pregar tanta sabedoria. Era mais importante que ele aprendesse a fazer seu próprio caminho na análise, ter o sentimento de que ele poderia lidar com as coisas. No início isso era muito estranho para ele, mas agora nós podemos ver o esforço dele em interpretar os sonhos chegando ao primeiro plano, e eu não queria interferir nisso. No caso deste homem é muito importante estar bem com suas funções superiores, como da mesma forma é errado se colocar em uma oposição ao Eros de uma mulher. De outra forma se trabalha contra um grande poder, o que desperdiça muita energia.

Agora, tudo isso poderia explicar o sonho e também em certa extensão o estranho fato de que os trigêmeos, as tentativas, nasceram todos ao mesmo tempo. Essa é uma insinuação de que, quando uma coisa acontece a tempo, ela se torna história, mas no inconsciente não existe tempo, ele é eterno. O inconsciente pode falar de coisas que são absolutamente separadas por longos intervalos de tempo como se estivessem juntas; para nós elas são separadas, mas para o inconsciente elas não são. Elas são como o par de opostos, como preto e branco, claro e escuro, o futuro e o passado – no inconsciente não há diferença. Então esses trigêmeos nasceram todos ao mesmo tempo, ainda que existam anos entre eles. As três tentativas são na realidade uma tentativa; isso foi um estímulo em particular que provavelmente veio de sua esposa. Foi o momento em que ele sentiu que ele teria que pôr um fim em sua atitude intelectual racional e quando Eros surgiria nele. Foi um momento inteiramente inconsciente. Eu acho que certas pessoas muito intuitivas podem ser capazes de perceber esse momento, mas normalmente ele acontece completamente no inconsciente.

Analisando sonhos por um tempo se é confrontado com os problemas mais desagradáveis. Algo tremendo aconteceu e o paciente diz que ele não sabe nada disso, isso é algo totalmente sem sentido. O analista sabe que algo aconteceu, mas não é ainda visível; isso aconteceu no pleroma e ainda não veio à tona. Deve ter havido um momento muito definido quando nosso sonhador inconscientemente sentiu que as coisas tinham chegado ao fim, e ao mesmo momento em sua esposa, só de forma reversa naturalmente. E aquele foi um momento quando os trigêmeos nasceram. É como uma criança sonhando com o futuro. Eu vi casos em que as crianças anteciparam os pontos principais de sua vida futura em termos muito simples; eram antecipações de uma vida inteira, tudo junto, e acontecendo na realidade trinta, quarenta ou cinquenta anos depois. Até os mais extraordinários problemas podem ser sonhados por crianças, quando não podemos ver de forma alguma como uma criança poderia conceber essas coisas. Será que eles conseguem através de seus pais? Nós ainda não sabemos. Eu acho que deve estar relacionado com o inconsciente coletivo, mas essa é uma outra questão em que não entraremos agora.

Dr. Baynes: Parece haver alguma conexão entre a perda de potência da Trindade e o nascimento dos trigêmeos.

Dr. Jung: Sim, esta é a interpretação real do sonho, que existe uma continuidade. Quando o aeroplano desce, significa que a Trindade perde potência, se dissolve, e aqui isso aparece novamente; é agora nascida do homem. A Trindade que esteve numa condição inconsciente antes, agora renasce na consciência.

Srta. Wolff: Nesse caso eu deveria dizer que é importante que os trigêmeos nasceram de uma mulher, porque a religião cristã deixa a mulher de fora, com exceção da Virgem.

Dr. Jung: É bom que alguém proteja as mulheres. Vejam, quando a boa velha Sofia se tornou membro da Trindade, como a mulher do Senhor Deus, os velhos pais nunca gostaram, e ela foi abolida exceto da Igreja copta; eles tinham somente a Virgem Maria como um tipo de parteira espiritual na vizinhança. Desde então o elemento feminino esteve ausente da Trindade, mas agora ela retorna. É um fato extraordinário de que agora a mulher deva gerar a Trindade perdida.

Dr. Draper: Por que dois deles devem estar mortos?

Dr. Jung: Essa é uma questão muito séria. Nós devemos saber agora quem são as crianças mortas. Este sonho está cheio de ganchos. Mantenham esta questão em mente.

Palestra III

21 de maio de 1930

Dr. Jung:

Vamos continuar nossa discussão do sonho. Você se lembra de onde paramos, Dr. Draper?

Dr. Draper: Estávamos falando sobre a *participation mystique*, aquela transferência cruzada.

Dr. Jung: Não era bem isso. Você perguntou algo muito estranho – por que aquelas crianças estavam mortas.

Dr. Deady: A Srta. Wolff fez uma pergunta a respeito de a mulher ter entrado na Trindade.

Srta. Wolff: Não era uma questão, só uma observação.

Dr. Jung: Só uma observação! Esse é exatamente o ponto, nós precisamos estabelecer a conexão, senão ficaremos vagueando. Veja, no sonho anterior toda a Trindade desceu à terra, e no sonho seguinte veio o nascimento dos trigêmeos, obviamente se referindo à Trindade, que renasceu de forma muito peculiar. Nós elaboramos a hipótese de que os três tinham a ver com funções, o que poderia significar que, das três funções da Trindade, duas estão mortas e somente uma está viva. E então veio sua questão por que dois deles deveriam estar mortos se supostamente eram elementos vivos na Trindade. Agora eu considero esta de uma questão muito estranha. Há alguma resposta? As associações são muito importantes, que as crianças representam os três estágios no desenvolvimento mental do sonhador, dois destes estágios natimortos. Além disso, a importância disso é enfatizada pelo fato de que a parteira, que ele associa a mim, está levando as crianças mortas. Então a questão do Dr. Draper é realmente muito estranha, de como uma coisa que está renascendo está morta, e qual é o uso de se renascer quando se trata de um aborto?

Sra. Crowley: Teve o fato de ter sido a mulher dele que deu à luz a trigêmeos.

Dr. Jung: Mas não havia dúvida nenhuma sobre a paternidade; nós devemos presumir que o sonhador tinha algo a ver com suas próprias crianças. Nós não ouvimos nada sobre um amante secreto.

Srta. Sergeant: Se eles representavam sua teosofia e outros interesses ocultistas, por que eles não morreram quando a análise nasceu?

Dr. Jung: Sim, é a isso que o sonhador se agarra, e evidentemente seria uma abertura para se escapar da questão do Dr. Draper. Mas em nossa interpretação nós assumimos que a Trindade significava as três funções no inconsciente. Isso era uma hipótese, não é garantido pelo sonho; o sonho e sua associação material não falam sobre funções. Nós estamos discutindo a Trindade de uma forma muito geral e não inteiramente em conexão com o sonho, em que nós temos que lidar somente com os três estágios que o sonhador mencionou. Mas nós deixamos aquele ponto de vista e falamos do fato peculiar de que podemos encontrar essa Trindade de deuses por toda parte, na terra, de onde devemos presumir que aquele símbolo deve ser baseado em uma condição psicológica universal. E no que concerne a essa condição psicológica, nós sabemos que houve uma época no começo da história, no começo da civilização, em que o homem separou pela primeira vez uma função do inconsciente coletivo; isto é, ele teve sucesso em fazer uma parte da psique inconsciente útil para seus próprios propósitos. O momento que o homem pôde dizer que ele tinha um propósito ou a vontade de fazer mais e mais marcou o nascimento da separação. Naturalmente, quando se estuda a psicologia das funções se acha que isso não está completamente separado, que, em um tipo diferenciado, ainda existe uma parte, uma raiz, da função mais diferenciada que está entalhado e envolvido no inconsciente coletivo.

Esta é a coisa mais difícil de as pessoas perceberem nelas mesmas – a coisa que elas irão admitir por último. Pegue um tipo pensamento, por exemplo, que é completamente idêntico à sua função consciente. Se você diz a ele que alguma parte do pensamento dele é absolutamente primitiva, ele pula no seu pescoço. Ele não irá admitir isso, ele tem que se apegar à ideia de que em algum lugar ele é divino e livre. Você pode dizer a ele que sua vida sentimental está bem abaixo da meta, que sua sensação não é boa, que sua intuição está estragada, e ele irá admitir tudo isso. Mas nunca diga que seus pensamentos são impuros. Ainda que seu pensamento seja impuro em algum ponto. Vê-se a mesma coisa em um tipo sensitivo diferenciado. Ele é aparentemente bastante hábil a sentir hipoteticamente, como um pensador pode pensar hipoteticamente. A maioria das pessoas só pode pensar concretamente. Eu me lembro de dizer a uma pessoa: "Vamos supor que Sydney é no Canadá e não na Austrália". Em seguida ela respondeu imediatamente: "Isso não pode ser, Sydney é na Austrália". Agora, esse não é um tipo pensamento, pois para um tipo pensamento é possível se pensar que Sydney é na Lua; ela pode pensar qualquer coisa. Assim como um tipo sensação é livre em sua própria função; ele pode assumir que nós somos todos perfeitamente felizes, ele pode invocar felicidade para todos por um tempo, a atmosfera mais admirável que todos pensam que é maravilhosa, mas então vem a catástrofe. Depois de um tempo toda a coisa entra em colapso. Até para esse tipo sensação altamente desenvolvido, que parece ser livre de condições internas, há alguns sentimentos em algum lugar escondido que são absolutamente escravizados, os efeitos das causas obscuras, e ele parece ser livre deles somente porque ele quer acreditar em sua divindade, sua liberdade. E é verdade que tão logo se tenha sucesso em se separar uma função, se *é* livre, livre de condições, além das causas. Mas como um todo, você não é nunca muito livre.

O que eu disse, então, sobre a Trindade ser as três funções no inconsciente é uma consideração universal que não foi mencionada no sonho. E nesses casos, em que as pessoas fazem perguntas estranhas, é melhor retornar ao efetivo texto do sonho, que é de onde veio a Trindade, três crianças nasceram, e o sonhador as associa aos três estágios de seu desenvolvimento mental ou espiritual. Para maiores explicações sobre as crianças mortas, nós temos que nos remeter às associações dele. Então em primeiríssimo lugar, ainda que conectemos isso à Trindade do sonho anterior, antes de discutir a Trindade como três funções, devemos olhar para isso de uma forma diferente, ou seja, como três estágios sucessivos. E encontramos que na realidade a Trindade histórica acontece também em três estágios: o Pai, o Criador; então o Filho; e então o Espírito Santo. O Paráclito, o Consolador, é deixado para o Filho. Então nós vemos que até no dogma da Trindade existe uma sucessão, ainda que seja na eternidade. O que para nós é separado fica junto na eternidade porque o tempo não existe. À luz das associações do sonhador, então, a Trindade deve ser entendida nesse caso não como três coisas existentes ao mesmo tempo, mas em sucessão. Seus três estágios são representações, por assim dizer, destas três condições sucessivas – espiritualismo, o Pai; teosofia, o Filho; e psicologia, o Espírito Santo.

Agora, o fato de que dois estão mortos se referiria aos primeiros. O Pai está morto, o Filho está morto, e o Espírito Santo está vivo. O espiritualismo está morto, a teosofia está morta, e a psicologia está viva. Este seria o paralelo, e seria subjetivamente verdadeiro neste caso. Vocês ouviram o suficiente sobre a postura dele com a Igreja para saber que as convicções dele a esse respeito são muito definidas; ele não consegue mais acreditar na Igreja tradicional, o cristianismo está morto para ele. Ele provavelmente tem consciência por meio de seus estudos teosóficos da crença, amplamente divulgada em nossos dias, de que existem três estágios do desenvolvimento espiritual, a saber, o Antigo Testamento, o Pai; o Novo Testamento, o Filho; e o tempo presente, o Espírito Santo, que é a coisa nova que está por vir. Essa ideia vem provavelmente do Oriente, é remanescente das reencarnações sucessivas de Buda.

Sra. Fierz: Os monges cistercienses dos séculos XII e XIII foram os primeiros a falar sobre isso[1].

---

1. A Ordem Cisterciense foi fundada em 1098 e foi mais ativa na Europa Oriental durante o século XII. Cf. interesse de Jung no monge cisterciense Guillaume de Digulleville, do século XIV, e suas visões em três estágios: *Psicologia e alquimia*. Parte II. OC 12, § 315-322 [orig., 1935].

Sr. Schmitz: Eu acho que isso foi no século XI ou XII, se não estou enganado isso foi uma hipótese corrente na época de Frederico Segundo[2].

Dr. Jung: Eu acho que você pode estar certo, e é muito memorável que isso tenha sido levantado tão cedo.

Questão: Qual era a ideia?

Dr. Jung: A ideia era a de três condições sucessivas na evolução da verdade: o Antigo Testamento era o Reino do Pai; o Novo Testamento, o Reino do Filho e também do cristianismo em geral; e o terceiro seria o Reino do Espírito Santo, que é o que está por vir[3]. Essa ideia de revelações sucessivas, ou manifestações periódicas, tem um caráter oriental, e é claro um fato de que existiram influências orientais no começo da Igreja. No século II a.C., já existiam mosteiros budistas na Pérsia; é quase certo que apareceram influências persas no começo do cristianismo e provavelmente budistas também. Seja como for, a Igreja Católica foi influenciada pelo Oriente. O rosário é um yantra, ou instrumento simbólico oriental, por exemplo. Dessa forma é possível que a ideia de sucessivas manifestações de Bodhisattvas tenham penetrado no cristianismo primitivo.

Sr. Schmitz: A Igreja russa acatou a ideia dos três elementos.

Dr. Jung: Sim, esta é uma ideia geral. Nos círculos teosóficos estes três estágios também foram largamente discutidos[4]. E agora as pessoas pensam que a vinda da nova era – Aquário – será a terceira condição, a nova revelação da Trindade. Eu não sei o quanto o meu sonhador foi influenciado por essas ideias, mas eu descobri que ele sabia sobre os três estágios sucessivos no desenvolvimento humano, que coincidem com, ou são simbolizados por, os estágios sucessivos da Trindade. Vejam, essa ideia poderia sustentar especialmente o que nós estávamos discutindo no último seminário, as sucessivas encarnações, podemos quase dizer, as suces-

---

2. O imperador do Sacro Império Romano Frederick II (1194-1250) "se considerava intimamente ligado" aos cistercienses e foi recebido em uma comunidade de oração da Ordem. Cf. KANTOROWICZ, E. *Frederick the Second 1194-1250*. Nova York, 1931, p. 85 [trad. de E.O. Lorimer].

3. Esta ideia aparece nos escritos de Joachim de Fiore (c. 1135-1202), que foi anteriormente um cisterciense, mas acabou saindo da Ordem e começando a sua própria Ordem de Fiore. Ele desenvolveu sua concepção trinitária da história passando por três grandes períodos, ou *estados*, muito depois de deixar os cistercienses. Cf. REEVES, M. *The Influence of Prophecy in the Later Middle Ages*: A Study in Joachism. Oxford, 1969, p. 16-27. Jung discutiu as ideias de Joachim extensamente em *Aion*, 1951. OC 9/2, § 137-144.

4. Em BLAVATSKY, H.P. *The Voice of the Silence* (1889; ed de 1971, p. 6ss.), o progresso da alma é simbolizado como uma passagem através de três saguões, da Ignorância, Aprendizado e Sabedoria, depois dos quais está o Vale das Bênçãos. A biblioteca de Jung possui *A doutrina secreta* de Blavatsky (1893, 1897) e o Glossário teosófico dela. Suas referências ocasionais à teosofia nas OC e Cartas são em sua maioria depreciativas. Em uma carta de 12 de fevereiro de 1959 (*Letters*. Vol. 2, p. 186) ele a chama de "-ismo regressivo".

sivas informações das três funções diferentes, o Pai, o Filho e o Espírito Santo, e se tudo estiver completo nós devemos ter um indivíduo completo. Seja como for, quando a Trindade desce à terra nós podemos esperar uma mudança tremenda, transformações não apenas em nossa própria psicologia, mas também no nosso conceito psicológico do divino. Isso fará uma grande diferença psicológica porque nós devemos não mais possuir as condições inconscientes necessárias para nossa concepção do fator divino. O material necessário era as três funções inconscientes que formavam um corpo de energia considerável, que era base para concepção de uma Trindade todo-poderosa. Agora, se aquele fator é dissolvido pela realização consciente, ou a separação destas funções, isso viria acompanhado do fato de que o material psicológico que já está em nosso inconsciente seria a estrutura para um novo conceito do divino. Então esse seria um caminho inteiramente diferente. Para terminar esse argumento, vocês têm alguma ideia do que seria o material psicológico inconsciente? Se as três funções da Trindade fossem assimiladas, o que restaria? Isso novamente jogaria uma luz interessante no sonho.

Vejam, contanto que o homem tenha somente uma função, ele está ciente de que pode fazer alguma coisa, mas ele está sempre contra uma condição psicológica esmagadora, as três no inconsciente, a maioria, em cima dele. Então ele adquire uma segunda função e se torna mais completo. Ele ganha mais equilíbrio e adquire algo como uma consciência filosófica. Ele pode ficar consciente de si mesmo como um ser psicológico. Ele pode dizer: "Eu quero fazer isso ou aquilo", e pode dizer também: "Eu vejo quão tolo isto é". Enquanto com uma só função isso é impossível, não há reflexão; é só uma aquisição de duas funções que ele adquire um espelho. A mão esquerda pode então julgar a mão direita, e por meio disso ele ganhou um tipo de divindade, um ponto de vista superior. A terceira função traz um segundo espelho. Ele pode dizer: "Eu vejo esse cara aqui que está vendo aquele fulano lá, e eu vejo como ele pensa e que ele chega a uma conclusão errada". Com a quarta função haveria ainda mais consciência. Obviamente é uma coisa tremenda no crescimento da consciência que se possam acompanhar os bastidores de si mesmo, que se possa como um espectador de novo e de novo se olhar no espelho. Provavelmente pode-se na verdade fazer isso somente em uma extensão limitada, existem presumidamente certas restrições à nossa consciência, mas pode-se ver a possibilidade de infinitos espelhos e infinitos julgamentos. Nesse caso se chegaria naturalmente a um ser que seria tão fabulosamente superior às condições que isso seria quase uma liberdade ilimitada, como a liberdade completa de Deus que não tem que obedecer a condições porque Ele é a única condição que existe. Portanto, quanto mais funções alguém adquire, mais ele destitui a divindade, ou o fator mágico, o fator de mana, ou sua eficiência. É como se alguém estivesse minando-a, ou esvaziando-a, porque se distancia disso e complementa a si próprio com todos os novos pontos de vista. Então levanta a si mesmo acima das condições. Este é o caminho da redenção no Oriente, a realização de condições sucessivas de consciência que gradualmente liberam o homem do par de opostos, das qualidades, da *concupiscentia*, da roda da morte e renascimento, como eles expressam isso. Agora se poderia concluir que, pela separação das funções, nós chegaríamos a uma assimilação completa da Trindade; em outras palavras, uma assimilação completa do fator divino dentro de nós mesmos. Mas então nada restaria aparentemente. Ou essa é uma conclusão errada?

Sra. Fierz: O diabo.

Dr. Jung: Ah não, nós assimilaríamos o diabo. Nós poderíamos até verificar Deus. Nós poderíamos dizer: "Eu vejo que esse é Deus e Ele pensa tanto, mas eu vou pregar uma peça nele, eu sou o diabo". Ou o contrário: "Eu vejo o diabo e eu irei pregar uma peça *nele*". Nossa questão é: suponha que alguém chegue à completa assimilação da Trindade, esse alguém ainda seria somente um ser inferior? Nós somos naturalmente do diabo, desde o começo nossos corações são pretos, nós surgimos do lodo, e nós estaríamos perfeitamente convencidos de que estaríamos trazendo para dentro da Trindade algo terrivelmente inferior. Mas com a aquisição da Trindade nós obviamente subiríamos para um nível mais alto, para liberdade concreta de condições, e se esse fosse o caso nós poderíamos presumir que Deus não seria mais objetivo porque Ele é claramente um de nós. Nós seríamos de certa forma divinos, o que é, claro, a ideia oriental. Vocês pensam que tal coisa é possível psicologicamente? – que o objeto divino poderia desaparecer da consciência do homem?

Sugestão: Eu acho que seria um tipo de entropia.

Dr. Jung: Então isso seria um tipo de *désinteressement* tal como é visto no Oriente. Aquela quietude oriental é um tipo de *désinteressement*, então aquelas pessoas praticamente desaparecem. Mas nós não podemos dizer o que daquela condição está dentro, porque ninguém está dentro dessa condição – a não ser que ele esteja morto. É como esperar que um homem diga como ele se sente quando ele está morto.

Sr. Schmitz: A tensão da polaridade cessaria, e, portanto, isso seria o mesmo que a morte. No momento em que ele atingisse seu objetivo ele não estaria mais vivendo.

Dr. Jung: Sim, podemos assumir que, quando ele tiver alcançado a assimilação completa de todas as projeções, ele terá atingido o estágio de divindade, e então ele está necessariamente morto, porque toda forma pensável de energia foi ligada, reunida num campo de uma polegada quadrada, ou na casa do pé quadrado, como a yoga chinesa coloca isso[5], e ali isso é mantido em uma forma de duração em que

---

5. Cf. 13 de fevereiro de 1929, texto no n. 3.

nada acontece nunca. Mas contanto que estejamos vivos nós somos obviamente incapazes de retirar toda a energia do mundo, de retirar todas as projeções. Nós continuamos comendo as coisas, cheirando as coisas, nos movimentando, e tudo isso é projeção em psicologia. É projeção, está saindo, alguma coisa está constantemente nos deixando – enquanto nós vivermos estaremos projetando. Nós estamos materializando energia, então a energia não é completamente retirada, não está completamente dentro de nós mesmos, o que significa que uma condição ideal de consciência completa não pode ser atingida enquanto nós vivermos. Mas podemos dizer que quase conseguimos atingir isso, para que se pudesse imaginar como isso seria. Podemos presumir essa condição, na qual alguém retirou a projeção máxima. Podemos presumir que a energia máxima está agora no interior, concentrada no chamado corpo diamantino. E daí o que acontece com o objeto divino? Ele ainda é divino? – ou foi esgotado? Que forma isso teria se tivesse uma? Ou essa é uma questão perfeitamente incompreensível? Eu não perguntaria isso se não houvesse uma dúvida em minha mente. Naturalmente nas análises eu observei pacientes e vi essas coisas com tanta frequência que eu formei algumas ideias.

Agora, há ainda um ponto importante naquele sonho que temos que esclarecer, ou seja, porque afinal sua mulher deu à luz – por que, quando a Trindade vem à terra, ela não vai para dentro dele? Ainda o sonho diz que foi sua mulher quem deu à luz – como se sua esposa fosse um tipo de Maria moderna, o Espírito Santo descendo com asas e a fertilizando.

Dr. Draper: É possível que, apesar da completa assimilação dele de suas projeções, ele atinja o estado em que ainda permaneça nele o fato de que ele volta ao peixe lamacento. Isso forma um tipo de matriz da qual ele não tem possibilidade de escapar. Ele ainda tem algo de ameba nele.

Dr. Jung: Aí você está no caminho certo. O fato é, se tivermos sucesso em assimilar outras funções, ou em trazer nossas projeções de volta para nós mesmos, nós realmente adquirimos um tipo de divindade, e isso tem um efeito peculiar em nossa psicologia, nos retira do homem inferior. As pessoas geralmente ficam muito infladas e pensam que estão adquirindo uma superioridade fantástica porque estão identificando o próximo espelho. Quanto mais espelhos se adquire, mais divino se torna, e mais se torna inflado também – idêntico ao próximo espelho e novamente é levado para longe do homem macaco, de tudo que é baixo e fraco, talvez até sujo, que ainda está molhado das águas originais, cobertos com lodo primitivo. Nós vamos para longe de tudo isso, mais e mais longe, quanto mais conhecimento adquirimos, mas então um fato muito peculiar acontece. O que seria?

Prof. Hooke: A assimilação e a separação são a mesma coisa?

Dr. Jung: A consequência psicológica da assimilação seria a separação, porque somente quando alguém consegue um ponto de vista superior, diz: "Eu sou isso e aquilo". Não se identifica com o fato de que alguém é incapaz ou errado, mas, naturalmente, com o ponto de vista superior. Nós todos nos identificamos com nossa função diferenciada – eu sou eu mesmo, e então eu encontro a mim mesmo em meu pensamento. Um grande músico poderia naturalmente pensar em si mesmo como um grande músico. Vocês acham que Wagner suspeitava que ele era alguma outra coisa? Ele nunca pensou que ele era – eu não vou dizer a vocês o quê, eu vou deixar isso para a imaginação de vocês.

Sra. Baynes: Mas eu achei que estávamos pressupondo que você estava pegando todas as quatro funções juntas, e, se você faz isso, você não pode esquecer o limbo primordial.

Dr. Jung: Você pode não esquecer, mas com cada espelho você consegue um ponto de vista mais alto e você naturalmente se identifica com isso. Na realidade você está se afastando, você não irá ficar no nível da ameba.

Sr. Schmitz: E então vem a revanche do homem inferior?

Dr. Jung: Exatamente. Quanto mais nós nos afastamos de nossas raízes, mais nos identificamos com os espelhos, mais ineficientes nos tornamos, porque o espelho não tem pés, não tem mãos. Ele é completa consciência, talvez, ainda sem efeito, exceto o efeito que nós podemos dar a ele. O que está dentro significa extremamente pouco. Eu posso dizer a uma pessoa que coisas são isso e aquilo, mas ela simplesmente não pode transformar em realidade, porque o discernimento conta pouco a não ser que lhe sejam dados mãos e pés. Quanto mais longe vamos, menos eficientes somos.

Prof. Hooke: E ainda assim somos os mais divinos!

Dr. Jung: Sim, esse é um paradoxo terrível, mas você não deve confundir isso com filosofia. Isso é psicologia, em que nós realmente nos movemos em paradoxos. Quanto mais divino, mais longe da terra – falando psicologicamente, e disto você pode concluir que Deus é o ser mais ineficiente. Mas isso é metafísico, claro. Isso pode ser verdade e pode não ser verdade.

Sr. Schmitz: Essa é a razão pela qual Deus se reencarnou em seu Filho. Empiricamente Ele não pode, Ele é incapaz, e foi por isso que Ele criou esse mundo horrível. Ele deve ser não somente em *potentia*, mas *in actu*.

Dr. Jung: Sim, é por isso que o homem é indispensável a Deus. Sem o homem Deus não pode fazer nada. Isso não é metafísico. Eu não acredito em metafísica, eu só pertenço à psicologia, e em nossa psicologia isso é assim com certeza – que Deus se acha em uma condição muito impotente. Nós achamos essa ideia em lendas antigas, as lendas cabalísticas, por exemplo, que eu contei a vocês, que Deus no começo estava sozinho, não havia nada exceto Ele mesmo, e sua solidão cresceu e cresceu a tal ponto que Ele teve uma dor de cabeça terrível por isso, e percebeu que deveria existir algo que não fosse Ele mesmo. No começo tudo era na forma de uma nuvem vaporosa, então Ele a apertou até que se tornasse mais e mais condensada, e de repente uma luz queimou de um lado ao outro, e isso era o Filho, o primeiro raio de luz (cf. O Evangelho de São João)[6].

Dr. Baynes: É como Prajapati[7].

Dr. Jung: Exatamente a mesma ideia – a grande solidão do Deus e sua impotência naquela condição.

Bem, então, fizemos a afirmação de que, quanto mais nossa consciência aumenta, mais nós atraímos nossas projeções e concentramos nossa energia em nós mesmos, mais nós nos removemos da eficiência atual. A ideia de que Deus estava impotente e perdido em sua solidão e teve que criar o homem para se tornar ou para ser é expressa em muitos mitos ou parábolas[8] filosóficas, e então é explicado como o homem é de certa forma o meio indispensável da realização de Deus. Isso é expresso lindamente por Mestre Eckhart[9] em que ele diz que Deus em sua grande divindade não é Deus, Ele deve nascer através da alma do homem de novo e de novo. "Sem mim Deus não pode viver"[10]. Então a condição de consciência divina é realmente uma condição de espelhamento infinito, e quanto mais se viva no espelhamento, mais se é removido da substância, o que quer que isso seja. Não se pode evitar ter um ponto de vista muito superior. Suponha que alguém tenha uma tremenda percepção universal das coisas. Alguém cutuca o ombro deste e diz: "É melhor que eu não saiba nada mesmo, pois então eu posso fazer algo". Saber muito manteria a pessoa fora da existência, não poderia se saber se ela está viva ou morta, ela seria simplesmente universal. Então *por meio* daquela consciência se poderia ser consciente das funções, mas o interessante é que, quando alguém está olhando alguma coisa no espelho, ele não a possui. É como uma antiga ideia mágica de que olhar uma coisa no espelho significa possuí-la. Isso não é verdade. Tem-se a ilusão de que, quando alguém consegue olhar aquela pessoa ali pelo espelho, e daqui decidir sobre ela, aquela pessoa o possui. Mas ela não é possuída, ela mantém sua substância original. Está lá e ninguém pode pegá-la. Pode-se apenas pegar a ima-

---

6. Jo 1,9: "[...] a Luz verdadeira, que ilumina todo homem que vem ao mundo".

7. O deus criador hindu, "a personificação de tudo que contenha matéria na vida e força vital [...]. Ele se sentia sozinho [...] e então ele criou o universo para cercá-lo com companhia" (ZIMMER. *Philosophies of India*, 1951, p. 300).

8. Latim antigo eclesiástico = parábola.

9. Místico dominicano alemão (c. 1260-1327); Jung discutiu esse conceito dele em *Tipos psicológicos*, 1921. OC 6, § 428.

10. Em OC 6, § 432, Jung cita de outro místico alemão Angelus Silesius (1624-1667): "Eu sei que sem mim / Deus não pode viver um instante; / quando eu morrer, Ele também / Não mais poderá sobreviver".

gem das coisas, mas as coisas permanecem e se é removido delas. Não se mantém o mundo unido quando se pega a energia do outro; o mundo permanece lá, a pessoa só retira a si mesma; e então vem que por meio disso uma consciência superior do indivíduo é separada de forma peculiar da substância.

Então algo acontece. E aqui nós voltamos para nosso argumento original, qual seja, o que irá acontecer quando nós assimilarmos a Trindade? Obviamente nós teremos uma consciência quase universal ou completa, espelhos depois de espelhos, e aparentemente adquirimos a divindade. Bem, algo em nós, algum panorama remoto, é divino, um raio de luz é divino, mas nós não desfizemos nossa realidade, esse mundo. Nós somente nos removemos do mundo pela consciência, e aparentemente perdemos o objeto divino, o objeto divino das regiões de luz, onde ele estava anteriormente. Toda iluminação vem de cima para nós, e foi a luz que se revelou para nós como verdade. Mas quando nós somos identificados com o espelhamento, o fator divino muda sua forma de uma vez. Em qual forma ele reapareceria?

Sr. Schmitz: A primeira coisa é que o inconsciente coletivo irá ter sua vingança. Quanto mais alto o homem sobe, e mais ele se identifica com aquelas alturas, mais ele irá entrar em uma confusão de perdas ridículas e infantis.

Dr. Jung: Sabe-se tudo com a consciência universal, mas isso não impede a ação. Não influencia a substância, ao menos.

Sr. Schmitz: Mas não é possível que, se a função sensação, por exemplo, funciona bem, se ela é bastante diferenciada e livre, que aquela pessoa tenha que ter certa conexão com a matéria naquela situação de solidão divina?

Dr. Jung: É mais que possível, é inevitável. Você percebe a realidade, no entanto a percepção superior o remove, e você está em solidão.

Sr. Schmitz: A percepção pelas quatro funções?

Dr. Jung: Sim, porque o que o espelho reflete não é substância, só a imagem. Também a sensação não é o que normalmente alguém entende – tendo sensações de toque, luz etc. –, isso é simplesmente uma consciência das coisas como elas são, o que o psicólogo francês Janet chama de "la fonction du reél"[11], um ponto de vista psicológico, uma atitude.

Sr. Schmitz: Se alguém tem essa "fonction du reél", é concebível que ele esteja muito afastado da matéria?

Dr. Jung: Ah sim, pode-se ver as coisas como elas realmente são pela consciência, e ainda estar absolutamente afastado delas. Essa é a grande tragédia. Quanto mais se é consciente, mais se é removido.

---

11. Cf. 23 de outubro de 1929, n. 4. Para "la fonction du réel" cf. JANET. *Obsessions et la psychasthénie*. Vol. 1, 1903, p. 433. Jung explicou o termo várias vezes como "agir até a realidade" (1907; CW 2, § 1.066, n. 17), "adaptação psicológica ao meio ambiente" (1907; CW 3, § 19, n. 36), e "relação correta com o mundo ao redor" (1948, CW 18, § 1.232).

Sr. Schmitz: Então a conclusão pode não ser tão consciente!

Dr. Jung: Se se puder arcar com isso. Mas nós não podemos arcar com não ser consciente. Tudo em nós nos força a uma consciência mais elevada. Nós devemos seguir aquele caminho, mas durante ele perdemos a conexão.

Sr. Schmitz: O final feliz está morto!

Dr. Jung: Essa é a ideia oriental, Nirvana. Quanto mais alguém é removido – não que você seja realmente jogado a distâncias cósmicas, esta é a situação psicológica –, mais é dito qual é o uso da perturbação. Em dois anos ou cinquenta anos se estará morto e então desaparecerá de alguma forma. Outras pessoas virão, outras ilusões virão, isso não importa. Isso é consciência universal, e isso remove o indivíduo. É uma condição psicológica. Alguém está aqui, vendo, cumprimentando as pessoas, perguntando como vai você, e ainda ele está a dez mil milhas de distância, em algum lugar do cosmos, mas não aqui. Agora, se esse for o caso – e será o caso com a consciência mais completa –, então a compensação irá tomar lugar. Então, como dizem os chineses, o chumbo na região da água irá reagir[12]. O indivíduo se rebela contra a remoção, e então Deus, o fator divino, o fator decisivo, aparece nas coisas. Vocês entendem?

É muito interessante olhar o desenvolvimento do pensamento psicologicamente no século XIX, depois da Revolução Francesa, depois da era racional da ciência. Então as pessoas começam a acreditar em fantasmas, em mesas que se movem, materializações etc. Estas são ideias mais primitivas, ainda que elas tivessem naquele momento quase que o valor de revelações divinas. E, pensem, eles não eram todas pessoas idiotas, e existem muitas pessoas hoje que acreditam em uma origem válida para estas coisas. Foi a época em que o famoso livro *Force and Matter* de Büchner[13] apareceu, e foi recebido com um extraordinário entusiasmo. Ele designa o auge do materialismo, justamente no fato de que nele matéria se torna espírito. Olhe para os fatos mais modernos da ciência e o que é a matéria, afinal? Pensamento é matéria, e matéria é pensamento; não existe mais diferença. Essa é a teoria de Einstein. A última verdade sobre matéria é que ela é como o pensamento, até se comporta como algo físico, que é um fenômeno físico. Todo o conceito de matéria está se dissolvendo nestas abstrações. Tudo está mudando junto, o que tem muito a ver com uma consideração completamente diferente, uma tremenda revolução em todo nosso panorama.

Sr. Holdsworth: Quando você fala sobre Deus não ser capaz de seguir sem o homem, você diferencia o homem dos outros animais?

---

12. WILHELM. *The Secret of the Golden Flower* (ed. de 1962, p. 21 [trad. de C.F. Baynes]) e o comentário de Jung (1929. CW 13, § 35). "Lead" significa chumbo, o metal.

13. Ludwig Büchner (1824-1899), filósofo materialista alemão. Jung chama seu livro *Kraft und Stoff* (1855 [trad. de *Force and Matter*, 1864]) de "excepcionalmente estúpido" (1945. OC 18, § 1.383).

Dr. Jung: Oh, eu incluiria toda a tribo de animais. Essa não é uma ideia original. Vocês já devem ter ouvido sobre Jaworski[14], que pensa que todas as partes humanas são derivadas de animais. Ele diz que cada órgão do corpo humano é realmente um tipo de conglomerado de todos os princípios dos diferentes animais. Há uma figura em um de seus livros que mostra qual parte do animal é associada às várias partes do homem. A ideia é, grosso modo, que todos os animais estão contidos no homem. E tem um livro alemão de Dacqué[15] que diz que todos os animais vêm daquele bloco que foi talhado para dar origem ao homem, que animais são partículas separadas do homem. Nós não derivamos do homem macaco, mas o homem macaco é derivado de nós – e continuamos fazendo macacos. Realmente pode haver algo aí. Nossa ideia sobre a descendência do homem é muito peculiar. Também poderia muito bem ser que certo antigo gorila era um subproduto do homem; isso é perfeitamente possível de um ponto de vista biológico. Estas ideias estão no ar hoje em dia, eu não posso decidir! Vocês se lembram de que Eckhart disse: "Todos os grãos significam trigo, todos os metais significam ouro, e toda a natureza significa homem".

Então, quando eu falo de homem eu quero dizer criação, porque de certa forma o homem é criação, porque ele só é ciente da criação. Se ninguém está ciente disso, é como se não existisse. Esta é a ideia de Schopenhauer[16] – que o mundo não existe se o homem não está ciente dele, e portanto o homem poderia se extinguir para acabar com o sofrimento. Esse é também o ponto de vista oriental. E os lunáticos possuem a mesma ideia de que o mundo é principalmente uma projeção, que ele existe somente quando é criado por eles. Eles dizem: "Eu fiz estas pessoas; se eu não olhar não há nada lá". Este tremendo exagero é, claro, devido ao fato de que a conexão deles com a realidade foi cortada, um fato que também ocorre na condição mais alta do yoga, em que um homem sente o mundo todo como uma grande ilusão, uma alucinação. Ele fala com uma pessoa como se não houvesse ninguém lá, como se fosse somente uma voz que ele ouviu, e ele se sente dessa forma. Estas são peculiaridades de pessoas que concentraram seus pensamentos em si. Eu contei para vocês uma anedota do velho Schopenhauer parado em um canteiro de flores. Quando alguém é movido para um nível mais alto de consciência, a realidade parece ser um tipo de ilusão.

---

14. Hélan Jaworski (1880-19??), escritor francês de filosofia e ciência. Jung tinha vários de seus livros, incluindo *Porquoi la mort?* (1926).

15. Edgar Dacqué (1878-1945), paleontólogo alemão, que inverteu a teoria darwiniana da origem das espécies, e dessa forma perdeu sua reputação científica. A referência pode ser ao seu *Urwelt, Sage und Menschheit* (1926) da biblioteca de Jung.

16. É o tema principal de Schopenhauer em *O mundo como vontade e como representação*.

Bem, agora nós devemos retornar novamente ao problema original – o que acontece na Trindade quando esta vem à terra? O sonho nos dá uma explicação simples, que ela renasce na forma dos trigêmeos, dois deles mortos e um vivo. Esse é um renascimento bastante triste, eu devo dizer, não muito completo. A única coisa que sobra de todo o processo de transformação é um pequeno bebê, um bebê talvez divino, mas muito humano que deve ser cuidado.

Sr. Crowley: De certa forma isso é a mesma coisa, porque contém todas as possibilidades.

Dr. Jung: Bem, sim, mas do ponto de vista das possibilidades do cristianismo ele não é nem sequer um salvador modesto.

Dr. Baynes: Não seria que a perda de potência da Trindade está derrubando a ação do abstrato para a esfera normal do relacionamento, a personificação humana?

Dr. Jung: Sim. Quando voltamos às associações feitas pelo sonhador, o que devemos sempre fazer, se lembrem, nós chegamos àquela conclusão teórica. Para ele estas três crianças são tentativas espirituais, e sua preocupação mais recente, psicologia, é a única criança restante da Trindade. Então essa seria a criança divina. E o que é a criança divina? *A tentativa honesta do homem.* O último resíduo de algo divino é a tentativa honesta do homem, feita por meio daquela derivação de um tipo de Deus. Vocês vão rir porque vou falar de H.G. Wells, mas em seu livro *God the Invisible King*[17], Deus é *um jovem*, e eu conheço essa figura de inúmeros sonhos. Nós já falamos bastante sobre isso, o *Puer Aeternus* que representa mais ou menos a tentativa heroica do homem, que se torna ou, de certa forma, toma o lugar de uma deidade. Um tipo peculiar de deidade, pois o que é mais fraco que uma tentativa humana? O que é mais miserável, mais fraco? É uma semente excessivamente pequena no começo. Ela tem que crescer, e alguém tem que tomar conta para que cresça, e esta é, claro, a ideia humana do divino – uma coisa tão indefesa e fraca. Mas se isso é verdade, como diz Eckhart, Deus deve nascer na alma de novo e de novo, então Deus nasce necessariamente como – bem, um embrião, uma criança pequena, absolutamente ineficiente, que tem que vir a ser. Então isso não chocaria muito nosso sentimento religioso quando atribuímos a qualidade divina à tentativa humana. Mas aparentemente isso nos choca do ponto de vista do racionalismo ou de nosso ponto de vista intelectual. Por que ele deve ter a qualidade do divino? Não se pode ver isso, e eu não sei por que deveríamos. Eu recomendo fortemente que vocês não o façam. Assumir que a tentativa de vocês é necessariamente divina seria uma presunção terrível.

Eu digo que a tentativa de vocês tem qualidade divina porque, se vocês estudarem essas tentativas humanas, vocês irão descobrir que não são decisões muito

---

17. Cf. 27 de março de 1929, n. 5; tb. 30 de janeiro de 1929, n. 1.

conscientes, não é muito sua vontade própria, pois eles são forçados para isso. Ele tem que fazer a tentativa, ele não pode escapar. Esta deve ser a coisa de que talvez ele mais tem medo, a coisa de que ele sempre pensou: Por Deus, eu espero que aquilo não venha para mim! – E depois ele diz: "Ah, eu queria isso!" Mas ele esquivou-se por anos. Ele pode até pensar que isto é sua pior tolice, sua mais miserável estupidez, e que ele é um bobo por tentar. Por que se expor a essas coisas? É porque ele tem que fazer isso, ele não consegue se manter afastado. Um fator superior nele mesmo, *Deus ex machina*, a coisa divina nele, aquele poder tremendo, está forçando sua mão, e ele é a vítima de sua própria tentativa – apesar de ele *dizer* que sua tentativa era o seu propósito. De modo algum! Então, quando você conversa com pessoas como o Sr. Goethe ou o Sr. Napoleão, eles dirão francamente que isso não era muito uma escolha própria deles, que eles tiveram o sentimento de destino nisso, que eles estavam seguindo um tipo de orientação. E todas as pessoas que realmente fizeram algo no mundo têm aquela sensação de que há muito mais atrás da tela, algum incentivo real em suas escolhas e no que elas fizeram. Pois, se foi dito para fazer algo importante, se estaria terrivelmente receoso e daria tudo no mundo para que não tivesse que fazer isso.

Agora, o sonho diz para esse homem, você está sem um Deus, você largou a Igreja e não há Deus; a única coisa divina é a sua tentativa honesta neste negócio psicológico. Eu não quero dizer que a Psicologia Analítica é de alguma forma divina, mas esta é a única forma que ele pode realizar; esse é o barco dele, a água dele, a navegação dele, tudo, e isso é do feitio miseravelmente humano. Não há revelação divina nisso, mas o fato é que ele não pode deixá-lo. Teve uma vez em que eu disse para ele: "Você não é forçado a fazer esse tipo de análise, você pode fazer o que te dá prazer. Isso é um jogo intelectual interessante para você, e eu admito que isso não precisa ser nada mais. E agora, se você quer saber quanto a coisa vale para você, apenas desista". Eu sempre digo isso para os meus pacientes como se fosse um tema de crença. Se você não precisa de roupas, dê-as, ande por aí pelado, e se você se sentir melhor, muito bom. Mas ele não pode desistir da análise. Depois ele irá dizer que se agarrou a isso com grande energia, se obrigou a fazer isso todo dia; ainda, na realidade, ele não pode desistir. Há o poder, há a mana, e é sábio ver isso. É por isso que o sonho fala desse modo. É extraordinário que estes sonhos pareçam tão simples, e que ainda tenhamos que falar por horas para descobrir o que eles realmente significam. É tão simples dizer que a Trindade desceu e uma criança nasceu, e ainda isso faz uma transformação imensa em todo o sistema dele que ele inadvertidamente entra em uma presença divina. Ele é de repente confrontado com aquele fator tremendo, e como isso aparece para ele? Como uma criança pequena.

Aqueles de vocês que estavam em um seminário anterior irão se lembrar da bonita história do Mestre Eckhart sobre o sonho do Irmão Eustácio, um monge de uma Ordem de Paris, sobre o menininho pelado que ele teve que alimentar com pão, e nenhum pão era bom o bastante, e somente depois ele descobriu que esse garotinho que esteve com ele era o próprio Senhor[18]. Então o meu sonhador não teve a mínima ideia de que sua honesta tentativa, aquele pequeno menino, era o Deus a vir.

Sr. Schmitz; O senhor diria que o divino na análise pode ser o método de remover as resistências contra esta tentativa honesta?

Dr. Jung: Sim, pode-se dizer isso. Para a maioria das pessoas a tentativa não é honesta, é uma ilusão. Elas fazem tentativas heroicas para escapar da tentativa real, porque esta é a coisa de que as pessoas têm mais medo. A tentativa honesta é o pior perigo.

Sr. Schmitz: Por que perigo?

Dr. Jung: Oh, perigo porque se tem medo disso. É um risco, se morre vivendo. Havia um soldado francês que era um homem muito fino, um homem real, e seu princípio era que ele sempre seguia o seu medo; do que quer que ele tivesse medo, lá ele iria porque ele sentia que isso era seu dever. Não de forma boba, como escalar uma chaminé; não se faz isso – isso é muito bobo. Ele era um oficial em alguma tropa na França, e lá ele conheceu um homem que esteve na Legião Estrangeira, na fronteira entre Argélia e Marrocos, que disse a ele todos os tipos de coisas terríveis sobre isso, detalhes bastante horríveis, e esse oficial disse a si mesmo, você está com medo! – Então ele entrou para aquele exército africano. Depois, viajando de férias no sul da França, ele visitou um mosteiro trapista. Ele não sabia nada sobre aquela Ordem, nada sobre as regras dos monges, ele só sabia que eles não falavam, que eles só viviam para morrer. De repente isso o atingiu como a coisa mais temível a se fazer, isto o pegou, e ele disse a si mesmo: "Esses homens fazem isso, vá e seja um trapista". Então ele foi; e como um trapista ele novamente teve uma experiência. Ele ouviu de alguns monges trapistas que tinham ido sozinhos ao Marrocos para fazer trabalho missionário entre aquelas tribos, e que alguns deles foram cruelmente assassinados. Novamente ele sentiu medo, então ele se tornou um missionário e foi para o Marrocos, e ele foi assassinado. Aquilo foi o fim. Era um homem que obviamente descobriu que, para ele, seguir o medo era uma tentativa honesta. Eu não sei como avaliar essa vida, eu não tenho meios de saber se foi maravilhosa ou bela. Eu somente conto a vocês a história para mostrar-lhes como aquele homem seguiu a coisa de que ele tinha medo. Não devemos julgar se isso foi certo para ele. Eu suponho que se eu tivesse visto aquele homem, se ele tivesse vindo para análise, é possível que aquilo pudesse ter se tornado sua vida. Eu já vi muitos casos em que as pessoas

---

18. Cf. 20 de março de 1929, p. 183s.

dizem: "Você realmente pensa que eu tenho que ir através disso ou daquilo?" Eu digo: "Eu não sei, nós devemos descobrir".

Sr. Schmitz: Em uma sonhadora, o símbolo seria uma menina ou também um menino? Mulheres muito frequentemente sonham com garotinhas.

Dr. Jung: Esse é um problema específico, e aqui é um problema universal, porque esse homem realmente tem uma mente filosófica. Eu expliquei anteriormente que sua mulher não pensa de forma alguma; no entanto pode-se dizer que a mente dela está na profundidade do cosmos, e ele toma isto dela. É isso que é tão interessante, que é sua mulher quem dá à luz a tentativa honesta dele, os trigêmeos.

Palestra IV

28 de maio de 1930

Dr. Jung:

Aqui está uma questão da Sra. Crowley sobre a diminuição da eficiência pelo processo de espelhamento. Vocês se lembram de nosso argumento sobre o efeito psicológico do que nós chamamos de processo de espelhamento, em outras palavras, a descoberta de um novo ponto de vista a partir do qual uma pessoa pode julgar a si mesmo por meio de uma nova função adquirida, isto é, a função recentemente separada do inconsciente. E nós discutimos o fato interessante de que quanto mais nós somos capazes de nos olharmos no espelho, mais nós ficamos separados e mais geral se torna o nosso discernimento. Esse discernimento relativamente universal leva necessariamente a um tipo de quietude, assim como no Oriente. O princípio da filosofia oriental que está conectado a este processo é o *wu wei*[1] – fazer nada ou não fazer. Esta é a fórmula do princípio da quietude que está conectada com o discernimento supremo. Isso compreende, primeiramente, não só esse princípio ético, mas os princípios orientais políticos e estratégicos também, mesmo estes, é claro, não sejam mais válidos desde que o Oriente se tornou tão europeizado. Agora este "não fazer", ou falta de eficiência, não é necessariamente destrutivo. Claro, isso dificulta a eficiência como nós entendemos a palavra; por exemplo, o conceito americano de eficiência com certeza seria muito prejudicado pelo princípio *wu wei*. Dificilmente se pode imaginar um maior contraste do que entre estes dois, mas a eficiência americana é muito mais destrutiva do que a falta oriental dela.

Sra. Crowley: Isso destrói o indivíduo?

Dr. Jung: Sim, mas não é só a destruição psicológica do indivíduo, é também fisiológica. Olhe para os homens em Wall Street! Aos quarenta e cinco anos eles estão completamente exaustos. A vida moderna na América é mais eficiente do que

---

1. Cf. *Tipos psicológicos* (1921. OC 6, § 419): "*Wu-wei* quer dizer 'não fazer', que não deve ser confundido com 'fazer nada'".

em qualquer lugar no mundo, mas ela destrói completamente o homem. Também isso tem um efeito peculiar no inconsciente da mulher americana; isso estimula o animus dela, assim como do mesmo modo estimula o anima em um homem. Quando estas figuras prevalecem, isso significa realmente destruição. Então, caso se adicionasse um pouco do *wu wei* oriental à nossa ideia ocidental de eficiência, isso talvez fosse útil. Naturalmente nossa eficiência iria sofrer, mas esta é um monstro, um dragão, que devora a vida humana. *Wu wei* significa um certo decréscimo de eficiência, mas não é tão destrutivo à vida. Até um certo ponto seria um remédio excelente para a nossa existência psicológica e também fisiológica.

Sra. Crowley: Daquilo que o senhor disse eu entendi que, quanto mais distante você é, menos você pode operar.

Dr. Jung: Sim, de acordo com o entendimento de nosso mundo ocidental. Mas o Oriente não é ineficiente; o antigo imperador que comandou seu império pelo *wu wei* não era de modo algum ineficiente em sua própria maneira, apesar de ser muito fraco de acordo com nossas ideias.

Sra. Baynes: O senhor poderia dizer que a presente situação na China[2], onde milhares de pessoas têm morrido, é por causa dessa ideia do *wu wei*?

Dr. Jung: Isso pode ser verdade, talvez, porque o princípio obviamente não é ideal. O Oriente com certeza precisa mais de nossa técnica, e nós criticamos o Oriente por seu quietismo porque é um ponto de vista unilateral. Eu não digo que nós devemos aceitar uma filosofia oriental. Muitas pessoas realmente enveredam pela teosofia indiana e coisas do gênero, mas eu me oponho a isso porque sei que para nós isso não é saudável. Vocês veem como esse sonhador claramente se desenvolve na direção que aponta no final das contas para o Oriente, mas adicionar o Oriente ao Ocidente não suprime o Ocidente. O resultado comum será algo bastante diferente. Será um efeito dessa mistura.

Questão: Parece-me que se sua formulação das quatro funções como tendo existência tanto interna como externa deve necessariamente trazer um fator dinâmico para as funções, e isso não levaria à introversão? Digo, em um caso teórico?

Dr. Jung: Pode se dizer que a psicologia oriental sofre de uma neurose de introversão. Todas estas terríveis epidemias lá de fora, ou a horrível fome, o fato de que o Ocidente consegue conquistar aquelas pessoas, tudo isso é um tipo de revolta de coisas contra a introversão deles. Nós temos uma neurose ocidental baseada na extroversão. Eu falo do Oriente como um tipo de símbolo compensatório, mas eu não identificaria nossa tentativa de compensação com psicologia oriental como ela é atualmente, porque eu rejeito as condições políticas e sociais da forma como estão na China ou na Índia, e eu nem mesmo gostaria de ter o mesmo tipo

---

2. Essa alusão é sobre a longa guerra civil entre os chineses comunistas e os Kuomintang.

de mente. Nós falamos da filosofia chinesa em termos de grande apreço, mas nos esquecemos do quão cruel os chineses são. Eu sou grato por essas coisas não acontecerem conosco, embora desde a Grande Guerra nós não podemos falar nada. Nós temos crueldade organizada; lá eles fazem isso de uma forma mais diletante.

Sr. Schmitz: Eu acho que nós devemos fazer um destaque sobre a aplicação consciente e inconsciente do *wu wei*. Nos grandes períodos da filosofia chinesa, o *wu wei* era um propósito consciente, mas se o *wu wei* trabalha inconscientemente ele não é nada, mas um *laisser aller* [deixar ir] lerdo e indiferente, o tipo de coisa que vem acontecendo na China pelos últimos cinquenta anos. Mas na Europa também certo tipo de *wu wei* tem sido sempre praticado. Claro, um real sentido de Estado não é possível sem isso. O que mais é o dito de Talleyrand, *"pas trop de zele"*[3] [sem demasiado zelo], ou "espere e veja", ou "nunca reclame, nunca explique"? Especialmente a eficiência da política inglesa – eu enfatizo a eficiência – geralmente vem de uma aplicação muito sábia do princípio da não ação. Por exemplo, na Grande Guerra, foi dito que a irmã[4] do imperador alemão deu a ele datas astrológicas favoráveis para começar os ataques, e se supôs que os ingleses sabiam disso, mas não podiam fazer nada. Então eles esperaram pacientemente o fim da série de datas favoráveis para a Alemanha e perderam as batalhas e ganharam a guerra. A psicologia se provou mais forte do que a eficiência militar. Nós podemos admitir isso, quer acreditemos em psicologia ou não.

Dr. Jung: Isso é muito interessante. Bem, eu acho que agora nós vamos prosseguir com o próximo sonho. Vocês se lembram, no sonho com que estávamos lidando, de que chegamos à conclusão de que a criança que permaneceu viva era realmente a ideia de tentativa honesta – a tentativa honesta desse homem de fazer algo com a psicologia, então nós podemos quase esperar que o próximo sonho se ocupará com isso. A questão que ficou é qual será a tentativa dele, como ele irá se comportar sobre isso, como essa criança será trazida ao mundo? Porque, quando um sonho fala sobre uma criança, é sempre uma nova tentativa, alguma manifestação positiva de vida ou uma nova ideia. Quando alguém escreve um novo livro, por exemplo, ele é com frequência expresso metaforicamente como uma criança. Então nós podemos presumir que o próximo sonho irá lidar com a realidade daquela tentativa. Agora nós devemos ver se essa hipótese é boa ou não.

---

3. De acordo com Ste-Beuve, o estadista Charles Maurice de Talleyrand-Périgord (1754-1838) ficou conhecido por ter avisado seus subordinados *Et surtout, pas de zéle* (e sobretudo, sem zelo) a fim de evitar indiscrições.

4. Foi impossível documentar este rumor nos dados históricos. A irmã do Kaiser, Victoria, princesa de Schaumburg-Lippe, que tinha uma reputação de excentricidade, era a suposta especialista.

Sonho [27]

O sonhador diz que sua firma abriu um novo ramo, e agora eles vão se ocupar com a exportação de café. A sede real da firma fica nas Colônias, então ela estaria capacitada para aquele tipo de negócio. Foi decidido também que este novo ramo operaria como uma assim chamada *compte-joint*, uma corporação ou firma cooperativa, com uma firma francesa chamada Michel & Jalaubout. O sonhador está no comando dessa nova organização e tem tido que explicar para vários empregados como esta *compte-joint* deveria ser organizada e conduzida. Então ele teve a ideia de que o novo ramo deveria ter uma sala separada na casa de sua firma, e ele sente que esta sala deve ser aquela que ele está ocupando. Então, com o intuito de deixá-la pronta, ele reuniu vários frascos e caixas das gavetas e os colocou juntos em um sofá, e depois os apanhou para levar para outra sala. Ele esvaziou aquela sala com o intuito de deixá-la pronta para os empregados do novo ramo. Então ele pergunta a um dos empregados que entra se está tudo limpo, e o homem responde que está, mas ele gostaria de perguntar se o ramo anterior da empresa seria mantido também, ou se seria abandonado agora em prol da nova fundação. O sonhador respondeu que era bastante evidente que o ramo anterior continuaria a existir, e que esse novo ramo era um ramo lateral. Toda a conversa, ele notou, foi em francês.

Associações: Ele diz que muito do café da América é importado para todo o norte da África, mas que quase nenhum é exportado porque praticamente não existe produção de café lá, embora tanto seja consumido. Então a exportação de café de um lugar ao norte da África seria realmente impossível; só poderia ser uma importação.

A respeito do nome da firma Michel & Jalaubout, ele diz que o nome Michel relembra a ele de Michelin[5], o fabricante de pneus franceses para automóveis, e que ele teve algumas relações importantes de negócio com essa firma.

Sobre o nome *Jalaubout*, ele diz não ser real para ele, que não conhece ninguém com esse nome, mas que lembra a ele da palavra francesa *jalon*, que significa um signo ou um tipo de sinal. Por exemplo, pode-se chamar uma trave que é colocada no chão para marcar um certo lugar de *jalon*, assim como quando se está medindo um campo, pode-se colocar um desses *jalons* para marcar o espaço. Então ele diz que a palavra começa com J ou I, o que para ele é uma característica extremamente masculina, então ele é quase inclinado a associar isso a um símbolo fálico. E depois ele lembra do conhecido escritor Schuré[6] (um escritor bastante fantástico, fortemente influenciado pela teosofia, mas suas fantasias são

---

5. André Michelin (1853-1931), fundador, em 1895, de uma companhia de pneus de borracha.

6. Edouard Schuré (1841-1929), escritor alsaciano de misticismo e ocultismo; era próximo de Rudolf Steiner e Richard Wagner.

muitas vezes muito interessantes, ainda que capazes de serem um pouco selvagens demais), e ele diz que lembra de ter lido em um de seus livros sobre o nome *Jahve* (significando Jehovah) e que esse nome deriva do eterno feminino *Ehwe*, ao qual foi adicionado o masculino ou fálico "I". Isso seria um indicativo da mistura do masculino com o feminino em uma só figura, então aqui nós vemos a relação com o hermafrodita. Então ele separa a palavra desta forma: *Jalon au bout*, o *jalon* ao final. O *jalon* é o princípio fálico que claramente se refere a seu interminável problema sexual, então isso significa o falo no final.

Dr. Baynes: O que é a palavra *Ehwe*?

Dr. Jung: Provavelmente seria a palavra hebreu, mas não se pode confiar em Schuré. Você pode nos dizer, Professor Hooke?[7]

Prof. Hooke: A palavra hebraica para existência, *hawah*, da qual a palavra *Jahve* vem, não tem conexão filológica com a palavra viver, *haweh*, a qual o sonhador associa a *Jahve*.

Dr. Jung: É muito provável que Schuré tenha fantasiado aqui, ele não é muito cuidadoso. Ele é um poeta. Vocês devem ter lido o seu livro, *Les grands initiés*[8]. Ele tem algumas ideias psicológicas muito boas, mas não são próprias dele, ele não pode evitar produzi-las quase que involuntariamente. Isso produz muito material psicológico para o analista, mas não prova nada em relação aos seus outros méritos. Isso é meramente o material associativo de nosso sonhador, e ele próprio não tem nenhuma confiança particular em Schuré. Isso provavelmente seria uma reminiscência de seus estudos teosóficos.

A próxima associação se refere à remoção dos *frascos e caixas*, que lembra a ele um tipo de farmácia caseira. Vocês se lembram de que ele possui tendências higiênicas, como algumas pessoas geralmente têm, e então é também interessado em todos os tipos de medicamentos registrados. Vê-se isso principalmente com homens unilaterais voltados aos negócios; eles são sempre inclinados a se tornarem hipocondríacos quando algo vai mal. Eles talvez se tornem vegetarianos e desistam do álcool e tomem um monte de medicamentos; e eles leem livros de Medicina para seu conhecimento particular, como um tipo de substituto para o desenvolvimento espiritual. O espírito deles é comprado em uma farmácia. É realmente surpreendente o quanto é frequente que homens exclusivamente de negócios se tornem hipocondríacos. Eu não sei o quanto esse fato é verdade no meu sonhador, mas eu suponho que ele tenha algum apego secreto por esses frascos e caixas e outras prescrições. Agora ele associa o fato de que ele está movendo todas aquelas

---

7. Samuel Henry Hooke (1874-1968), professor de Arqueologia e Religião, Universidade de Londres; subsequentemente ele publicou artigos sobre mitologia do Oriente Médio.

8. *Les Grands Initiés; esquisses de l'histoire secrète des religions*, 1889 [trad. de F. Rothwell: *The Great Initiates*, 1912].

coisas da sala que ele já ocupava para outra com a mudança de atitude em si próprio; a situação, ainda que seja decorrente de uma atitude, mudou.

Ele associa ao *empregado* que perguntou a ele se o novo ramo seria agora o interesse principal do negócio, primeiramente, que esse empregado é totalmente desconhecido para ele, e então ele diz que obviamente essa questão, se o ramo já existente seria negligenciado ou suprimido, se refere às funções psicológicas, e que parece, pelo resultado da discussão no sonho, que não existem planos para mudar as funções principais, mas ele deve mudar sua atitude para com elas, e as outras funções devem ser desenvolvidas. E, bastante peculiarmente, ele enfatiza a função que parece ser ilógica. Isso se refere ao negócio de exportação de café, que seria totalmente sem sentido no norte da África. Claro, ele sabia que esses interesses laterais, significando funções inferiores, têm que se tornar conscientes. Eles têm que ocupar a nova sala que ele mesmo ocupou até agora e que foi deixada pronta para eles. E então ele diz, na tentativa de eles fazerem o novo arranjo, que teve a ajuda de um homem muito conhecido, muito influente, chamado Michelin, que representa uma das maiores empresas francesas, e ele teve também a ajuda de sua própria masculinidade.

Então nossa hipótese de que este próximo sonho seria sobre a vida da terceira criança, a tentativa honesta, se confirmou. O sonhador representa essa nova tentativa como uma tentativa de negócios, o que naturalmente lhe pareceria, como um homem de negócios, inteiramente verossímil e legítimo. Na primeira parte do sonho, o relato feito é que esse novo ramo da firma será para a exportação de café de um porto no norte da África; e vocês ouviram as associações dele, de que ele acha isso perfeitamente ilógico, pois eles não teriam a capacidade de fazer algo desse tipo. Muito café é consumido no país e nenhum é produzido, então não haveria negócio de forma alguma. Agora, o que vocês dizem disso?

Dr. Deady: Ele mesmo teria que produzir o produto no país antes de poder exportá-lo.

Dr. Jung: Sim, mas o país é estéril, no norte da África não daria para produzir café.

Sr. Schmitz: Deve haver uma conexão entre importação e exportação, e introversão e extroversão.

Dr. Jung: Eu estou em dúvida sobre isso. É particularmente uma questão de produção, criação.

Sr. Schmitz: Até agora este solo era estéril e agora ele é obrigado a produzir algo. Ele importou teosofia e agora deve exportar um produto novo.

Dr. Jung: Sim, nós podemos assumir que esse solo estéril pode se tornar fértil, pois nada foi dito dessa versão em particular. Mas é claro que há um motivo importante; o redentor vem de um lugar de onde nunca se esperaria.

Sr. Baynes: Ele mesmo não disse que ele tinha que mudar de lógico para ilógico?

Dr. Jung: Sim. A ideia subjacente do sonho anterior é esta, mas agora, e sobre aquela tentativa honesta? E esse sonho diz que há um negócio perfeitamente ilógico nele, não é de forma alguma uma proposta de negócio. Quando se pensa em uma nova tentativa, naturalmente se procura as possibilidades entre condições razoáveis, junto de linhas possíveis. Um homem de negócios nunca procuraria suas possibilidades em um lugar em que há quase certeza de que nada pode acontecer. Ele poderia presumir que lá poderia haver progresso e que algo razoável aconteceria. Isso é o que naturalmente todas as pessoas desejam. Mas o sonho o prepara para um choque, que sua nova tentativa será perfeitamente ilógica. Vocês devem perceber que ele é um homem de negócios até em seus sonhos, então a ideia de abrir um ramo para exportação de café no norte da África é chocante para ele, como um tipo de obscenidade. No entanto esse sonho o está forçando a reconhecer a possibilidade irracional. Ele está na verdade em uma posição em que meios racionais estão esgotados, tudo está bloqueado, ele não vê uma saída, então a ajuda pode vir somente do lugar mais impossível de onde ele menos esperaria; o sonho diz: "Se deixe pronto para uma exceção, uma coisa perfeitamente ilógica que você não sonharia na realidade.

Sr. Schmitz: É um tema mitológico que não se pode ter uma coisa sem que uma condição impossível esteja anexa, como a madeira se transformando em *Macbeth*[9]; ou em outra lenda, flores surgindo de pedras. E então em certo senso simbólico a flor virá realmente da pedra.

Dr. Jung: Estou feliz que você se lembrou disso. Essa condição inicial é frequentemente encontrada em profecias e contos de fada, como a madeira se transformando em Dunsinane em *Macbeth*; ou a vinda de um homem não nascido de uma mulher; ou água subindo a montanha – condições perfeitamente impossíveis como aquelas neste sonho. Vejam, é realmente necessário um choque nesses casos porque homens desse tipo são pecadores escaldados. Eles acreditam em coisas racionais porque a vida lhes mostrou o que eles valem; eles fazem muito dinheiro de modo racional e naturalmente acreditam neles; acreditam que tudo pode ser comprado. Por isso são tão hipocondríacos. Não há muito tempo eu vi um caso assim, um grande homem de negócios que quebrou e tinha ideias hipocondríacas, e ele continuava viajando ao redor do mundo, procurando um médico que pudesse curá-lo. Ele dizia que devia ter uma cura para sua doença porque se podia comprar tudo, então aquele ótimo médico deveria existir em algum lugar. Ele me assegurou que pagaria qualquer valor se eu o tratasse. Eu podia pedir qualquer coisa. Dinheiro podia fazer isso, e se não o fizesse, era porque não havia sido oferecido dinheiro

---

9. Macbeth IV, II.

suficiente. Eu me lembro de outra pessoa rica que não acreditava na morte. Ela também acreditava que a vida podia ser comprada, e que um parente que sofresse de uma doença incurável não precisaria morrer, que se alguém pudesse pagar os melhores médicos e hospitais ninguém iria morrer porque ele podia bancar viver. Um homem podia levar um tiro no cérebro, mas se pagasse um valor suficiente, com certeza seria impossível que nossa maravilhosa ciência não pudesse curar sua doença. E então esse homem construiu uma neurose.

A mentalidade de nosso paciente não é obviamente tão ruim como essa, mas existe algo deste tipo nele. Ele naturalmente acreditaria absolutamente nos meios racionais, assim como essas pessoas são compelidas a agir apenas por causa de seu sucesso. Quando se tem sucesso em fazer dinheiro a partir de uma coisa, isso deve ser bom, porque a pessoa vê isso em sua conta bancária, vive por isso, gosta disso. Dessa forma ele continua aquele método racional e naturalmente ele chega ao fim disso. Isso que o sonho diz agora, que o caminho para a nova tentativa será perfeitamente ilógico, quebra todas as expectativas dele. Sua esperança secreta até aqui foi: "Nós iremos analisar essa coisa, nós extraímos coisas aqui e lá, removendo complicações, e apesar de eu não ver quão lógica a coisa é, o médico sabe; ele é um cientista, eu o pago para trabalhar, e de alguma forma peculiar as coisas dão certo". Ele pensa que isso tudo é um bom negócio que se pode comprar. Dessa forma, esse tipo de pessoa deve ter pago autoridades, especialistas, trabalhando para eles. Agora, esse sonho se quebra em uma teia de presunções e diz que é como se ele tivesse que abrir esse ramo sem sentido, e no sonho ele leva isso muito a sério.

Agora nós chegamos à segunda declaração, de que o novo ramo irá trabalhar em cooperação, em *compte-joint* com a firma francesa de Michel & Jalaubout. Vocês se lembram das associações. Vamos pegar a ideia da relação cooperativa nesta firma em particular. Eu quero insistir agora sobre a questão da *compte-joint* nesse novo negócio em que ele está entrando, a exportação de café, na qual, como vocês sabem, perdas e ganhos são divididos. Naturalmente, aquela firma francesa, se as coisas tomarem um curso errado, ficará tão prejudicada quanto a própria firma dele. Agora, o que vocês pensam sobre essa proposta de assumir esse negócio em cooperativa? Essa é uma questão muito importante. Essa observação em seu sonho irá dar a vocês a oportunidade de examinar a atividade da análise prática.

Questão: Isso não é uma união de suas funções racional e irracional?

Dr. Jung: Sim, se você puder provar que Michel & Jalaubout são as funções irracionais, mas você não pode.

Dr. Baynes: Parece haver um elemento francês. A associação francesa é importante.

Dr. Jung: Sim, mas aquilo particularmente pertence à firma, e no momento eu estou insistindo sobre a relação corporativa por uma questão de clareza.

Sra. Baynes: O senhor disse que o francês sempre foi a linguagem dos negócios dele.

Dr. Jung: Isso é bem verdade, mas não tem nada a ver com a relação de *compte-joint*. Relaciona-se com a coisa toda, mas por uma questão de clareza nós devemos falar primeiro da relação.

Observação: Isso significa que não só o sonhador está envolvido.

Dr. Jung: Sim, isso é importante. Sua tentativa não diz respeito somente a ele mesmo, mas a outras pessoas da mesma forma – aquela firma francesa da qual não estamos falando neste momento. Então sua tentativa não é uma tentativa individualista. Ela pode ser bastante individual; no entanto, não é interesseira e egoísta, que diga respeito somente a ele mesmo. Divide os riscos dele com outras pessoas.

Dr. Baynes: Isso concerne a exportar, que é também a ideia de distribuir.

Dr. Jung: Sim, há muito da ideia de relacionamento entre ele mesmo e o mundo exterior. E a ideia da divisão de responsabilidade é um ponto muito importante, porque, quando seu progresso tem a ver com uma condição que agora é inteiramente dele, ele poderia naturalmente pensar que, se ele fizesse opção por um empreendimento absurdo, isso seria sua própria falta de noção individual e ele se sentiria bastante isolado. Mas o sonho diz que é uma empresa cooperativa. Os riscos são divididos entre sua própria firma, sua personalidade total e outra firma.

Sr. Schmitz: Essa coisa ilógica, se cooperativa, não é obrigação só dele, deve ser aceita pelo mundo coletivo.

Dr. Jung: Naturalmente, porque aquela firma Michelin é uma das mais importantes fabricantes de pneus francesas, o que significa muito para ele. Ele já tem uma relação empresarial muito importante com a firma, e claro que o sonho indica que ele não está de modo algum perdido nesse empreendimento absurdo, quando mesmo esta melhor firma, considerada muito eficiente, está dividindo os riscos com ele. O que nós descobrimos de nossa discussão, então, é que essa tentativa ilógica, que poderia isolar um indivíduo com sentimento de inferioridade, é compensada pela afirmação do sonho, de que uma firma de autoridade inquestionável está assumindo os mesmos riscos que ele próprio, o que é, claro, extremamente importante para ele como homem de negócios. Naturalmente se supõe que a firma dele é boa porque não se espera que a Michelin tenha relações com qualquer *alpinista social*, qualquer tipo de tolice especulativa. Então aquele aspecto é certamente uma compensação para um sentimento de inferioridade que ele necessariamente terá quando confrontado com a situação indispensável de que ele deve tentar algo perfeitamente idiota, um empreendimento sem lógica. Mas isso não é a coisa toda, nós devemos ir um pouco mais profundamente nisso. Nós vamos discutir a firma. Vamos pegar Michel.

Srta. Wolff: Ele sabia que Michelin foi o inventor dos pneus? As rodas marcam um elemento criativo.

Dr. Jung: É verdade.

Sr. Schmitz: Mas existe de verdade uma firma chamada Michel & Jalaubout?

Dr. Jung: Não, aqui ele associa somente a Michelin.

Sr. Schmitz: Essa é uma colaboração estranha, Michel e Jal-au-bout. Até uma firma como a Michelin tem uma colaboração secreta com o elemento fálico do mundo!

Dr. Jung: Não é uma colaboração secreta. A firma de Michelin é a mais importante fabricante de pneus automotivos. Mas é uma mistura curiosa.

Sr. Schmitz: Um automóvel tem muito frequentemente um simbolismo sexual.

Dr. Jung: Ah sim, qualquer coisa pode ter – a cadeira sobre a qual você está sentado. Pode-se ter intercurso sexual com quase qualquer coisa; isso depende do sonhador. E agora sobre Michelin? Vejam, há uma mudança no nome; o "in" é deixado de fora. Isso num sonho é um indício de que não é exatamente Michelin. Por exemplo, se você sonha com seu pai, e o vê em ambientes ou condições nas quais ele nunca estaria, significa seu pai, mas não exatamente o seu pai, ele talvez use roupas diferentes, e seja ligeiramente outra pessoa. Então, quando ele sonha com Michel – dito que ele não conhece ninguém chamado Michel –, sua próxima associação será certamente Michelin. Aquele nome está em letras vermelhas em seu livro como uma de suas conexões de negócios mais importantes, então nós podemos dizer que, como na realidade ele divide riscos mútuos com a firma de Michelin, também em um empreendimento psicológico ele divide riscos com uma firma Michelin, mas não é exatamente Michelin, só aproximadamente.

Sra. Sawyer: Isso não tem nada a ver com as funções auxiliares?

Dr. Jung: Sim, mas isso está um pouco muito distante. Nós estamos aqui preocupados com algo na experiência imediata dele. Aquele nome Michelin significa tantos números com tantas cifras por trás, infinitos zeros, centenas de milhares – dinheiro, e tremendas tensões, esperanças e medos. Talvez ele tenha um pedido importante todo ano e a questão é se esse pedido vem ou se outra firma o está recebendo. Sua própria existência depende dessas combinações, elas tencionam sua vida. Ninguém pode ser tão unilateral quanto um financista. Então nós não podemos nos afastar deste fator pessoal muito importante, Michelin, que significa a perspectiva de negócios altamente importantes. Como um homem de negócios ele subiria como um foguete, claro, porque isso significa a total paixão da vida especulativa e profissional. Então nossa próxima conclusão sensata seria de que, se o sonhador se refere à firma Michelin, isso provavelmente simboliza uma igualmente importante colaboração em sua vida psicológica. E esta é a colaboração com o analista, claro. Eu sou o Michelin dele, e por isso o "in" foi deixado de fora, porque não é exatamente Michelin.

Agora, Michelin é o inventor dos pneus, e aqui pode se especular sobre o símbolo dos pneus, automóveis etc. Ele procura por mim na esfera psicológica como uma grande autoridade, mas como a esfera psicológica para ele talvez não seja tão terrivelmente importante, o inconsciente insiste que isso é importante, tão importante quanto a conexão dele com Michelin. Claro, ele pode não acreditar nisso conscientemente. Naturalmente ele tem o respeito necessário por mim, mas ele não assume que eu possa ser de tão extraordinário valor para ele. Eu não quero transmitir a ideia de que eu forcei minha importância sobre aquele homem. Eu disse isso exatamente como fiz aqui. Eu disse que sua ligação empresarial com Michelin é o símbolo para uma conexão importante comigo; com o passar do tempo aquela associação era tão importante para o seu bem-estar psicológico quanto era para seus empreendimentos estar associado a Michelin. Agora isso deve abranger Michel, mas, e sobre Jalaubout? Isso me coloca na mesma firma com Jalaubout.

Sra. Baynes: Uma combinação muito perigosa!

Dr. Jung: É perigoso para mim ou para ele? Vejam, nós temos riscos divididos.

Sr. Schmitz: Michel é o matador do dragão, e você é o matador do dragão na análise; e agora Jalaubout tem também algo a ver com o dragão.

Dr. Jung: Bem, nós devemos compreender agora as associações que ele faz com essa palavra Jalaubout. Vocês se lembram de que ele a dividiu em três palavras. Primeiro "Jal", na qual o "on" foi deixado de fora porque *jalon* seria muito parecido com a trave fálica. Uma das mais primitivas formas do emblema fálico é uma trave, porque não é exatamente um falo, o "on" foi deixado de fora. O símbolo fálico é uma alusão importante, embora nesse caso, no qual parte de um nome está alterada ou deixada de fora, nós devemos esperar por outra determinante que causou a remoção. Outra associação de igual importância no caso é *Jahve*, em que há a dedução de que o J de *jalon* tem em si mesmo, por sua forma vertical, um símbolo masculino, e havia a fantasia de que ele tomou de Schuré sobre *Eweh* ser o símbolo do feminino. Então, os dois juntos formam o hermafrodita. Agora também da associação dele nós chegamos a um mundo inteiro de ideias e possibilidades – vocês se lembram da nossa discussão anterior sobre o hermafrodita[10] – unidos em um modo curioso ao simbolismo fálico. É como uma charada, a coisa toda compondo uma só forma, obviamente dois lados de um e a mesma coisa. Por outro lado poderia ser sua relação psicológica comigo, simbolizada por Michelin, o matador de dragão, ou o inventor dos pneus; e por outro lado o hermafrodita divino e o símbolo fálico. Qual é a ideia de vocês sobre isso?

Dr. Schlegel: *Au bout* significa que no fim ele tem que fazer isso sozinho, ajudado pelo poder hermafrodita.

Dr. Jung: Bem, literalmente nós temos o Jal, e o hermafrodita divino, e a trave fálica, e todos juntos no final, e isso sugere um significado peculiar.

---

10. Cf. 19 e 26 de fevereiro de 1930, passim.

Sra. Crowley: Evidentemente a individuação.

Dr. Jung: Sim, mas isso é muito abstrato agora. Nós devemos elucidar aquele fato peculiar do símbolo fálico com o hermafrodita divino, o qual é um problema difícil. O fato de que "Michelin" se refere a sua associação psicológica comigo como sendo uma parte daquela firma significa que a relação dele comigo divide os riscos do empreendimento. A empresa é sua tentativa psicológica na análise, a qual é metade meu risco e metade risco dele, como se nós estivéssemos diretamente conectados com sua tentativa, então se ele falha, eu falho, e se ele ganha, eu ganho. Agora, e sobre isso? Eu posso dizer: esse é meu risco, e se isso tem sucesso ou não, ele pagou meus honorários, eu fiz muito dinheiro; e se for um fracasso, bem, sinto muito.

Dr. Baynes: Existe o homem superior que ele reconhece ou projeta em você, e por meio disso vem para o objetivo – por relação com o homem superior.

Dr. Jung: Claro, Michelin é a maior firma, então pode-se falar de certa superioridade, mas devo dizer que o simbolismo dele tende mais a nos colocar em pé de igualdade. Vejam, nós temos iguais parcelas nos ganhos e perdas. O sonho decididamente transforma o empreendimento psicológico em um negócio cooperativo. Isto é, para minha mente, um ponto de vista muito importante, porque normalmente se presume que o paciente apela ao médico, que senta em um trono e distribui pílulas negras de sabedoria, e o pobrezinho paciente as engole o melhor que pode e o analista não está preocupado – ou somente como um vendedor de drogas ou algo do gênero. Vejam, essa seria a atitude dele. Paga-se muito e se consegue a coisa. Agora, contra esse pressuposto, o sonho diz: "Não, isto é um negócio cooperativo, ganhos e perdas são divididos, e o Dr. Jung está tão preocupado quanto você está, é tanto tentativa dele quanto sua". Vocês veem a implicação desse simbolismo? Muda totalmente a atmosfera. Ele não é mais o pequeno paciente que rasteja sobre seu estômago para a grande autoridade para ganhar suas pílulas. Ele agora é um parceiro, e eu sou um parceiro, e nós dividimos todos os riscos da situação. O sonho o liberta de repente de sua atmosfera de coelho em experiência, e mostra a ele que ele está preocupado com o negócio que estamos dividindo. E não divide isso somente comigo, ele o divide também com Jalaubout.

Sr. Schmitz: Eu posso ver isso mais claramente porque um *jalon* é usado como um sinal em que o novo caminho será construído. A análise é o novo caminho, e se isso é um negócio longo, a primeira coisa seria tentar o negócio da exportação, o caminho errado. Entretanto você deve ir lá primeiro. O *jalon* define o lugar para você.

Dr. Jung: Você pode dizer que o *jalon* é um símbolo. Você pode pôr uma trave em algum lugar como uma direção para um objetivo distante, ou se você estiver construindo uma estrada, para designar a linha pela qual você quer que ela siga. Este é um simbolismo bonito para se elaborar o caminho psicológico, o traçado da vida de alguém. Há também um aspecto do *jalon* – como *jusqu'au bout* – que irá marcar o objetivo. Mas as associações dele vão para algo mais profundo, para o símbolo fálico de um lado e o divino hermafrodita do outro.

Sra. Sigg: Quando o sonhador veio pela primeira vez para análise, ele pensou que sexualidade não tinha nada que fosse relacionado com religião, então nenhum elemento divino havia nela, mas agora o sonho diz que se ele trabalhar junto com o Dr. Jung haverá uma combinação com o divino.

Dr. Jung: Isso é perfeitamente verdade. Para este homem o inesperado é a conexão peculiar entre religião e sexo, e o segundo nome contém religião e sexo. Em sua mente racional ele separaria os dois totalmente. Aquela sexualidade que foi trancada hermeticamente foi o grande problema de sua vida. Nós sabemos o quanto ele tentou e falhou em fugir da coisa toda com seus experimentos teosóficos. Então vem um sonho onde ele era apresentado aos diferentes compartimentos de sua mente, e de repente houve um choque, quando coisas que não pareciam pertencer ao mesmo contexto se associaram. Então aquele segundo nome contém as ideias de sexualidade e as ideias religiosas dele, e pode-se dizer que o falo como um símbolo e o hermafrodita divino, a deidade, significam a mesma e única coisa; e ao mesmo tempo o elemento do "caminho" está nele, como um *jalon* é realmente usado para mostrar uma certa direção, para marcar um certo caminho. Essa ideia de "caminho" é uma ideia muito importante no Oriente. Onde ela aparece?

Dra. Shaw: Não é uma ideia da teologia protestante: "Eu sou o caminho"?[11]

Dr. Jung: Sim, na forma dogmática, mas as regras não são aplicadas lá.

Dr. Baynes: O Caminho é o símbolo de Tao.

Dr. Jung: Sim, a ideia taoista do caminho é dada com a união dos opostos, isto é, sexualidade, a trave e o hermafrodita divino; o encontro dos dois juntos faz o caminho. O sexo abaixo, a religião acima, e, entre eles, o caminho. Pois sempre que pares de opostos aparecem juntos, quando duas condições opostas se encontram, algo irá acontecer entre ambos que é equivalente em energia. A água caindo de um nível mais alto para um mais baixo significa um processo energético resultante do confronto de opostos; de cima para baixo, da tensão ao relaxamento. O processo energético vai só em uma direção. Os símbolos do Tao são símbolos de energia, ou reconciliação dos pares de opostos. Sempre entre os dois vem aquele que abre o caminho, cria o caminho. Então, aquele *jalon*, aquele *jal-au-bout* dá a ideia do caminho entre o par de opostos, o falo e o ser divino.

Agora, aquela é uma firma peculiar, aquele Michel e aquele Jalaubout. O Senhor Jalaubout divide os riscos também. Se falharmos em nossa tentativa honesta de levar aquele homem a algum lugar, então eu falho em levar a mim mesmo a

---

11. Jo 14,6.

algum lugar. Eu faço meu caminho somente quando eu fizer o caminho do meu paciente. Essa é a conexão, e isso é o que o sonho diz a ele. Pois há mais alguma coisa conectada com aquele negócio, os deuses da terra e os deuses da luz. De um lado a sexualidade e do outro lado a deidade, as forças criativas do universo combinadas em uma figura; o falo abaixo, o Deus radiante acima. Os dois são a mesma e única pessoa, e ela, ou o que quer isso seja, também compartilha os riscos. Se for bem-sucedido, aquele grande mistério da vida terá sucesso. Se você falhar, Deus falha também. Agora, esta é uma linguagem muito forte, mas este é exatamente o significado daquele simbolismo. É novamente compensatório. Como já apontei, o nome Jalaubout é em si mesmo uma compensação pela divisão racional dele entre o falo abaixo e o céu acima. Essa é a divisão que todo mundo naturalmente faria, porque nós não estamos mais acostumados com a ideia de que a força universal criativa acima é conectada com o falo. Por isso o falo sempre foi um símbolo de enorme poder criativo. Então a pior coisa do mundo, ser criativo, incorpora a coisa mais criativa no mundo. Como é formulado no *Upanishads*: "menor que o pequeno, embora maior que o grande"[12], ou "pequeno como o tamanho de um polegar, todavia abrangendo a terra inteira, dois palmos de altura"[13]. Este é o pessoal e o superpessoal Atma. Na Índia, eles conseguiam pensar esses paradoxos. Nós não estamos adiantados o suficiente, então este conceito da união de opostos é terrivelmente chocante para nós. Para a mente oriental isso choca muito pouco; eles deveriam se chocar um pouco mais.

Então esse simbolismo discreto de Michel & Jalaubout revela não só o processo todo da análise, mas também suas implicações divinas, poderíamos dizer sua significância quase cósmica. Isso mostra o que eu disse antes, que a tentativa honesta é o que chamaríamos de Deus. Isso é confirmado neste sonho. De um lado a tentativa humana e do outro uma questão muito ardente também para os deuses – se o homem vai ter sucesso ou não, se os deuses vão ter sucesso ou não. Bem, isso é tudo que eu tenho para dizer sobre esse Jalaubout.

Srta. Wolff: Aquele outro sonho em que o hermafrodita apareceu foi uma tentativa sem sucesso?

Dr. Jung: Sim, esta é uma resposta inteiramente positiva para uma intuição negativa no sonho anterior.

---

12. *Brahman* é caracterizado assim no *Katha Upanishad* 2.20021, citado em *Tipos psicológicos*, § 329.

13. Igualmente *purusha*, em *Shvetashvatara Upanishad* 12.15, citado em *Símbolos da transformação*. OC 5, § 178 (como na ed. de 1912).

Palestra V

4 de junho de 1930

Dr. Jung:

Nós fomos bastante longe com nosso sonho, como o significado dos nomes Michel e Jalaubout, e agora chegamos ao próximo ponto: a organização desse novo empreendimento, esse braço do negócio. Vocês se lembram de que o sonhador disse que ele estava explicando para um empregado que a firma seria organizada como uma *compte-joint*. Uma conta conjunta, como o nome expressa, uma conexão muito próxima. O novo ramo é quase integrado dentro de seu antigo negócio; as duas firmas, é isto, são parcialmente incorporadas uma à outra. Isso nos dá um certo indício. Vocês devem se lembrar de um sonho anterior no qual foi indicado que a psicologia dele foi dividida no que nós chamamos de compartimentos. Aqui ele se junta a outra firma e incorpora um novo ramo dentro de seu negócio anterior de uma forma muito íntima, e vocês podem ter certeza de que essa nova empresa esteve dentro dele por muito tempo, mas em um tipo de compartimento fechado hermeticamente, que agora deve ser aberto. As duas diferentes tendências estão convergindo; temos aqui o primeiro sinal de que elas estão se misturando. Ele é um homem que gosta de ter compartimentos para partes diferentes de sua psicologia; ele coloca algumas coisas em uma gaveta e outras coisas em outra, na esperança de que elas nunca se toquem. Mas naquele sonho anterior ele já tinha começado a mostrar esses compartimentos diferentes para sua esposa, em outras palavras, para mantê-la familiarizada com os diferentes lados da própria personalidade dele. E aqui ele faz uma nova e muito séria tentativa para organizar aqueles lados diferentes de uma maneira empresarial.

O sonhador diz, então, que ele está explicando seus planos para os empregados – o que ele irá fazer sobre isso. Sempre há sonhos em que aparecem pessoas a quem o sonhador é indiferente ou desconhecido, e quando se pergunta aos pacientes sobre suas associações relacionadas a eles, dizem que não sabem, eles são apenas pessoas, muito insignificantes. Mas com certeza elas estão no cenário, tendo algum papel, e por isso nós queremos saber o que elas são. Vocês têm alguma ideia do que seriam os empregados neste caso? Temos aqui algum teósofo para nos dizer algo sobre isso? Teósofos sabem tudo! Bem, quando não se sabe o significado de um símbolo, é melhor tomá-lo de forma ingênua e dizer que eles devem ser algo como os empregados realmente são em um negócio, ou seja, forças subordinadas, um tipo de poder delegado, fatores físicos que podem ser personificados. Vejam, nossas mentes têm a peculiaridade, a qual nós vemos em toda estrutura do sistema nervoso, que certos tipos de funcionamento se tornam reflexos. Por exemplo, quando vocês estão aprendendo a andar de bicicleta, vocês têm todos os problemas do mundo para manter o equilíbrio, até que de repente vocês conseguem; isso entrou em seu sistema, vocês delegaram isso para um dos empregados que agora é treinado para fazer aquele trabalho por vocês, ele mantém o equilíbrio para vocês sem que vocês percebam isso. Claro, vocês podem sentir isso como um fator subconsciente, já que cada parte da psique humana tem um caráter pessoal.

Pode-se ver isso muito facilmente em experimentos, assim como a mesa branca ou tábua ouija. Esses conteúdos subconscientes vêm para a superfície então, e são produzidos por coisas que se assemelham a pessoas. Quando se pergunta quem está escrevendo ou se manifestando através da mesa, invariavelmente aquela coisa diz: "*Eu* estou fazendo isso. E quem é você?" E então, aquilo diz: "Tia Maria ou Tio Fulano e Beltrano – alguém que já morreu". Agora, nós não podemos assumir que sejam sempre simplesmente espíritos. Existem pessoas estúpidas e talvez existam espíritos estúpidos, e se eles vão ficar mais inteligentes eu não sei. Mas seja como for, há um caso muito importante que foi publicado nos artigos da Psychical Research Society, em que um homem teve um trabalho imenso em descobrir quem era a coisa que tinha falado, e a coisa ficou bastante embaraçada no final e confessou finalmente: "Eu sou você, você não deve perguntar mais, eu sou você mesmo". E isso é muito provável. É um delegado do inconsciente que ocasionalmente diz coisas que o inconsciente não diria, algumas vezes bastante lugar-comum, e às vezes de forma simbólica, como sonhos típicos. Essas são as pessoas que produzem sonhos. E também nós estamos mais ou menos sonhando durante o dia, e sempre que baixamos a luminosidade, a intensidade adquirida, de nosso consciente, por um momento, surgem estas coisas e nós ouvimos vozes. Claro, nós não as ouvimos exatamente como vozes – nós não estamos loucos – e quando se estudam as alucinações de pessoas insanas, pode-se ver esses dispositivos telefônicos minúsculos trabalhando muito melhor. Mas eles causam todo tipo de problema para nós.

Por exemplo, se você tem que atravessar um piso numa grande reunião, você se torna naturalmente autoconsciente e escuta vozes: "Aí vai ele! – ele está terrivelmente autoconsciente e provavelmente vai cair aos pés de alguém. As pessoas pensam que ele é ridículo!" Isso é o que você sente, embora não ouça em palavras definidas. Uma pessoa insana ouviria uma voz retumbante gritando: "Ali vai aquele tolo e com certeza vai mostrar que é um asno!" E você sentirá praticamente o mesmo, quando analisa os sentimentos que teve em tal momento. Ou em um funeral, quando você está expressando seus sentimentos em uma maneira apropriada, as vozes podem dizer que você não está tão triste, que você está bastante contente que o velho homem morreu, e aquilo entra tão profundamente na sua pele que você pode se ver parabenizando os enlutados. Talvez você esteja andando em uma procissão de funeral, sabendo que você deveria estar com uma feição triste, embora você não consiga parar de sorrir, todos os tipos de piada passam por sua cabeça que você gostaria de sussurrá-las para o seu vizinho, e você fará isso se tiver oportunidade. A pessoa diz que o velho homem está agora sentado à direita do Senhor, mas você sabe que isso tudo é fuga – ele está ardendo no inferno. Todos esses fenômenos são devidos àqueles funcionários que estão perfeitamente conscientes da situação real. Há um grande número deles – nós não sabemos quantos –, provavelmente um número perfeitamente ilimitado, que representa nossos pensamentos e sentimentos. Eles se somam aos reflexos, e se algum rompe qualquer parte de uma função física e dá a ela a possibilidade de viver por si mesma, esta irá assumir o caráter de uma pessoa. Será uma pequena personalidade, mas uma personalidade restrita, com somente uma realização bastante parcial de sua própria existência; quanto menor a personalidade, menor a realização.

Consegue-se muito pouco dessas coisas. Se alguém perguntar aos espíritos que estão se manifestando na mesa qual é sua condição, eles não conseguem contar muito, sobretudo lugares-comuns, eles parecem não ter muita consciência do que os rodeia. Talvez alguns de vocês leram o livro do Sir Oliver Lodge sobre seu filho que morreu, *Raymond*[1]. Ele lhe pergunta todos os tipos de questões e as respostas são peculiarmente escassas. O menino era muito inteligente e se poderia esperar dele respostas muito melhores. O pai perguntou a ele: "Você vive em casas?", e ele respondeu de forma vaga: "Sim, nós temos casas", como se ele não entendesse que eles moravam nelas. Ele respondeu como se estivesse em um sonho. Esta é a psicologia de uma pessoa muito fragmentada, e isso pode vir do fato de que isso é apenas um fenômeno físico; ou se isso é um espírito – o que eu não sei, já que provar é impossível –, então os espíritos devem viver de forma muito fragmentada. Vê-se a mesma coisa em lunáticos. Eu me lembro de uma velha senhora que anteriormente tinha sido uma costureira, e quando alguém dizia bom-dia e a perguntava como ela estava, ela responderia: "Oh, eu acabo de ter um telefone, mas não vejo nenhum

---

1. *Raymond, or Life and Death, with Examples of the Evidence for Survival of Memory and Affection after Death* (Nova York, 1916). Lodge (1851-1940), médico inglês, era interessado em ciência reconciliatória, religião e espiritualismo. Ele era proeminente na Society for Psychical Research para a qual Jung leu um artigo, "Os fundamentos psicológicos da crença nos espíritos", 1919. OC 8/2, § 570ss.

telefone". Para o que ela iria explicar que ele foi colocado através da parede, ela não sabia como, mas quase todo dia Deus mandava para ela mensagens especiais. Ela podia dizer que era imperatriz do mundo inteiro, ou que ela possuía uma ilha feita de prata pura – coisas sem sentido[2]. Eles não têm noção do que os cerca.

Essas figuras menores no sonho de nosso paciente são como isso. Elas são forças criativas inconscientes e são perfeitamente normais, porque nos sonhos nós estamos dissociados de certo modo. Mas se alguém vê essas figuras na vida consciente normal, então há um problema, pois esse é sem dúvida um sintoma de que a pessoa está dissociada. Pessoas naquela condição saem de suas casas como se isso já estivesse impresso em suas biografias. É como se uma voz ficasse repetindo o que elas fizeram, quer com apreciação ou crítica. Por exemplo, uma voz diz a eles que o que eles acabaram de dizer foi maravilhoso, e então eles sentem um rubor peculiar em suas faces. E então naturalmente aquela outra voz aparece, porque essas vozes estão sempre em equilíbrio. Em casos de insanidade percebe-se que há sempre vozes favoráveis e desfavoráveis – empregados que estão trabalhando por seus interesses e contra seus interesses, pares de opostos.

A próxima coisa no sonho é que ele está deixando uma sala pronta para o ramo novo. Ele tira todo o tipo de potes e caixas das gavetas e os coloca juntos para que possa carregá-los para outra sala; sua associação foi que estas coisas o lembraram de sua própria pequena farmácia em casa. Já falei dos interesses higiênicos dele. Apesar disso, parece um detalhe ridículo, e pode-se presumir que esses potes e caixas eram muito desinteressantes e insignificantes, ainda que seja típico da psicologia particular desse homem. Agora, o que vocês veem neste símbolo que é tão típico? Sejam ingênuos sobre isso, por favor, e então vocês chegarão à verdade. Tentem imaginar o homem mexendo com suas caixas e potes.

Dr. Deady: Sua vida depende deles e ele irá sacrificá-los.

Dr. Jung: Ah não, por que ele deveria se livrar deles?

Srta. Hannah: Ele adora guardar as coisas em caixas.

Sra. Deady: Isso é um compartimento psicológico.

Dr. Jung: Exatamente, ele tem tudo organizado em potes e caixas e gavetas. Pessoas com esse tipo de psicologia sempre têm essas pequenas farmácias, e sempre há alguma discussão sobre elas. Como pessoas com lembranças tenras que acalentam certos restos divinos – flores prensadas, ou o dente da avó, ou todos os tipos de livretos e quinquilharias enfiadas em gavetas e cofres porque isso expressa sua psicologia em compartimentos. Esse homem é assim, cada conteúdo separado do outro e cada um cuidadosamente rotulado; usa-se nesse momento esse medi-

---

2. Esse é o caso de "B. St.", um paciente no Burghölzli, que é o paradigma principal de "A psicologia da dementia praecox", 1907. OC 3, § 198-314. A parte do "telefone" está em § 309-313.

camento e em outro momento essa pílula. Agora, esse é um tipo de mente bem-ordenada, isso significa uma regulamentação de todo o sentimento ou do sistema Eros. Se ele liberasse todos os conteúdos, seria uma inundação indiscriminada, e é exatamente por isso que ele os contém. A inundação seria interessante demais, esse é o problema. Agora, esvaziar essas gavetas e selecionar os conteúdos sugere que ele está descartando e retirando coisas para ter uma sala inteira pronta para a nova atividade. Isso é decididamente um importante passo à frente. Ele está agindo agora de uma forma muito empresarial. Mas naturalmente, quando for a esse empreendimento, ele vai ouvir vozes, e aqui está o empregado dizendo: "Mas e o resto dos seus negócios?" Vejam, a dúvida surge nele quase inevitavelmente, porque o novo negócio parece ser um empreendimento muito interessante, que ele estava evitando há bastante tempo. Vocês se lembram como, todas as vezes que ele tocava nisso, de início se sentia distante novamente, mas aqui parece estar se tornando uma coisa muito real e séria. A questão fatal é feita. Neste momento é quase inevitável que aconteça alguma reação, então chega o empregado que faz a pergunta sobre o negócio principal. Qual é o negócio principal dele?

Dr. Deady: O intelectualismo dele, toda a atitude dele, um sistema de vida regulado, em oposição à coisa irracional que ele vai assumir.

Dr. Jung: Sim, isso seria a totalidade da situação psicológica dele, a vida completa, e aqui se situaria seu medo natural. Se ele começa um novo negócio, este pode interferir no seu negócio anterior ou no funcionamento de toda a sua vida. Então o medo de que possa acontecer alguma perturbação não é absurdo, e ele se apressa para explicar ao seu empregado que isso não vai afetar o negócio principal, que é somente um ramo. Ele usa aquele termo, só um ramo do negócio; não afeta o todo. Aqui ele está fazendo algo no sonho que vocês podem identificar na vida diária quando uma objeção acontece com vocês. Vocês até falam com vocês mesmos, e dizem: "Agora, não fique empolgado". Pessoas falam a si mesmas como se estivessem falando com um cavalo excitado, ou alguém tem que fazer isso com elas. Isto é um tipo de consciência fragmentária.

Agora, esse é o sonho inteiro, e antes de continuarmos para o próximo, devemos perceber a situação exata. O rato escapou, o que significa que alguma coisa vai acontecer, e a resistência dele à Igreja foi quebrada. Ele passou por um *raisonnement* inconsciente muito complicado sobre sua filosofia religiosa, e chegou à conclusão de que seu empreendimento psicológico é a coisa realmente vital para ele. Esse é o empreendimento em que ele vai embarcar para sempre, e essa é a terceira criança vivente, vocês se lembram. Aquela criança tinha que se tornar uma realidade de algum modo, e agora neste sonho ele está pronto para criar isso na realidade de uma forma muito empresarial. Portanto, o inconsciente dele escolhe os métodos de sua própria vida empresarial para enfatizar a realidade absoluta de seu empreendimento. Então nós estamos agora em uma situação com o sonhador em que podemos esperar uma continuação – o começo daquele negócio. O ramo ainda não está totalmente organizado; este sonho contém apenas os preparativos. O sonho seguinte veio cinco dias depois.

Sonho [28]

Ele foi chamado pela voz de uma criança para ir a uma piscina. A criança disse que havia um grande animal na água. Ele vai com a criança, mas em vez de uma piscina ele chega a uma cama grande. A criança afasta o cobertor, e lá está uma tartaruga enorme. Ele encontra em sua mão uma ferramenta de ferro, um formão com um cabo de madeira, que ele pega pela parte de ferro. Ele bate na cabeça da tartaruga com o cabo de madeira – não com a parte de ferro, imaginem – após o que o animal abre a boca e cospe uma criança viva.

Associações: o sonhador diz que o homem não está em seu elemento habitual quando está em uma *piscina* – ou seja, na água. Ele acha que nadar tem algo a ver com o viver no inconsciente, é alguma coisa como sonhar. Ele acha que a piscina não é um local para banho, mas uma cama, realmente o lugar onde se sonha.

A *tartaruga*, ele pensa, que é como um crocodilo, um vestígio de animais pré--históricos, e ele diz que parecia que ele não tinha a intenção de matá-la (pois ele não tinha nenhum sentimento sobre isso), mas aparentemente só queria dominá--la, porque estava batendo na cabeça dela não com a parte de ferro do formão, mas com o cabo de madeira. Quanto à criança que saiu da tartaruga, ele diz que ela parecia um embrião no ventre, isto é, ela saiu com os braços e pernas totalmente elaborados na posição embrionária. Ele diz que isso é obviamente um parto, mas ele não sabe o que pensar sobre isso.

Esse sonho não é simples. Eu acho que vamos começar com a primeira fase. Ele escuta a voz de uma criança que o chama para o inconsciente, a piscina. O que isso significa? Vejam, não é sua própria criança, ele não sabe isso.

Sr. Schmitz: A tentativa honesta dele.

Dr. Jung: Sim, naturalmente se pensa naquela terceira criança, a tentativa honesta, seu novo negócio que é também um tipo de criança. E a nova tentativa, a nova vida, o está chamando para um determinado lugar. Tivemos aquele simbolismo de criança no segundo sonho antes deste[3], e a questão que ficou do último sonho foi como o novo empreendimento iria continuar, então é óbvio que esta é a nova tentativa. Então as associações dele mostram que ele percebeu a analogia, a relação imediata, entre a cama e a piscina. É um movimento no inconsciente. Água geralmente significa o inconsciente, e o movimento na água não é o movimento

---

3. Cf. p. 523.

habitual, como caminhar no ar, mas um novo meio de locomoção, como a vida consciente é naturalmente diferente de nossa própria vida psíquica no inconsciente. Sonhos têm um tipo diferente de movimento, e em suas associações o sonhador insiste em comparar a cama com a piscina – o que é nadar na piscina é sonhar na cama. Eu penso que dificilmente nós podemos adicionar alguma coisa às associações dele. Está tudo perfeitamente claro.

Agora, algo está escondido naquela cama – no inconsciente – que ele descobre continuando sua nova tentativa. Naturalmente, a nova tentativa não teria razão se não fosse para descobrir algo novo – ter uma aventura. Esse empreendimento sempre significa um desejo por novas descobertas, e a primeira coisa que ele encontra é uma tartaruga. Não sabemos por que ele deveria encontrar esse animal pré-histórico em seu caminho para a nova empresa, isto é perfeitamente irracional, nós simplesmente temos que aceitar o fato de que é assim. Agora ele relaciona a tartaruga com o crocodilo. Vocês se lembram do crocodilo em um sonho anterior?[4]

Sra. Sigg: O crocodilo era um animal sagrado no Alto Egito.

Dr. Deady: O sáurio traz a libido de alguma profundeza muito irracional.

Dr. Jung: Vocês se lembram de que eu disse que, quando um crocodilo ou qualquer sáurio aparece, pode-se esperar que algo bastante não usual aconteça. Este é novamente o caso. Como expliquei naquela vez, o crocodilo, assim como a tartaruga ou qualquer outro animal de sangue frio, representa a psicologia extremamente arcaica das coisas de sangue frio em nós. Schopenhauer disse: "A gordura de nosso irmão é suficiente para manchar nossas botas"[5]. Essa é a coisa que nós nunca conseguimos entender – que em algum lugar nós somos terrivelmente de sangue frio. Há pessoas que, sob certas circunstâncias, seriam capazes de coisas que eles simplesmente não poderiam admitir. É assustador, somos arrancados de nosso juízo e não conseguimos aceitar isso. Eu dei a vocês exemplos da mente natural da mulher; lá vocês veem o animal de sangue frio. E naturalmente é a mesma coisa com o homem de sangue frio; eles irão confessar isso um para outro, mas nunca para uma mulher, porque é muito chocante. É como um perigo horrível muito distante. Costumava ser nos Bálcãs, mas agora é muito mais longe – na lua. Isso seria uma catástrofe moral, mas por estarmos tão longe nós podemos rir disso. Mas quando isso nos toca, não rimos, isso leva as pessoas quase à loucura. Outrora fomos quase certamente animais de sangue frio, e temos um traço deles em nossa própria anatomia, na estrutura do sistema nervoso. O sáurio ainda opera em nós, e para trazê-lo à luz do dia é preciso só liberar suficientemente o cérebro. Deixe um homem ser ferido gravemente no cérebro, ou ter uma doença que o destrua,

---

4. Cf. p. 308, 313s.

5. Não rastreável.

e ele se torna uma coisa vegetativa e totalmente sangue frio, exatamente como um lagarto ou um crocodilo ou uma tartaruga.

Eu contei a vocês que Hagenbeck, o famoso conhecedor de animais, disse que é possível estabelecer uma comunicação psíquica com praticamente todos os animais até se chegar a cobras, jacarés e tais criaturas, e aí isso chega ao fim. Ele contou sobre um homem que trouxe uma píton, um animal perfeitamente inocente e inofensivo, aparentemente, que ele costumava alimentar com a mão quando ela era bastante grande, e todos presumiam que ela tinha algum conhecimento dele e sabia que ele era o seu cuidador; mas uma vez, de repente, aquele animal se contorceu como um raio ao redor do corpo do homem e quase o matou. Outro homem teve que cortá-la em pedaços com uma machadinha para salvar a vida do homem. Esse é um exemplo típico de como não se pode confiar nessas criaturas. Animais de sangue quente possuem uma ideia do homem; ou eles são amigáveis ou o evitam e a suas habitações porque não gostam ou têm medo do homem. Mas cobras são absolutamente imprudentes. Então, nós devemos assumir que animais de sangue frio têm um tipo de psicologia inteiramente diferente – pode-se dizer nenhuma, mas isso é um pouco arbitrário. Essas relíquias de sangue frio têm de certa forma poderes misteriosos, porque eles simbolizam os fatores fundamentais de nossa vida instintiva, datada da era paleozoica. Se reunido pelas circunstâncias, o sáurio aparece. Por exemplo, um medo terrível ou uma ameaça física de doença é geralmente expressa nos sonhos por uma cobra. Por isso pessoas que não entendem nada de interpretação de sonho irão dizer que sempre que sonharem com cobras, elas sabem que ficarão doentes.

Durante a guerra, quando eu era encarregado pelos soldados britânicos internados, eu fui apresentado à mulher de um dos oficiais, uma pessoa particularmente clarividente, e ela me disse que sempre que sonhava com cobras isso significava doença. Enquanto eu estava lá, ela sonhou com uma enorme serpente que matou muitas pessoas, e ela disse: "Você irá ver que isso significa alguma catástrofe". Alguns dias depois, a segunda daquelas epidemias grandes da chamada gripe espanhola começou e matou grande número de pessoas, e ela também quase morreu. A cobra aparece nesses casos porque existe uma ameaça orgânica que suscita reações instintivas do indivíduo. Então, toda vez que a vida significar negócio, quando as coisas estão ficando sérias, é provável que vocês encontrem um sáurio no caminho. Ou quando conteúdos vitais estão para surgir do inconsciente, pensamentos vitais ou impulsos, vocês irão sonhar com esses animais. Pode ser um obstáculo que vai aparecer e bloquear seu caminho, ainda que você ache que seja perfeitamente simples. De cima vem um obstáculo invisível, e você não sabe o que realmente é porque você não pode vê-lo ou mesmo simbolizá-lo, e ainda assim ele pode controlá-lo. Tem alguma coisa escondida. Talvez a sua libido caia, isso aparece normalmente naquela forma bem conhecida; perde-se o interesse de repente, e o sonho expressa isso na forma de um dragão ou de um monstro que aparece em seu caminho e simplesmente bloqueia seu caminho. Então em outros casos essse monstro é uma ajuda: a tremenda força do instinto organizado aparece e te empurra um obstáculo que você não acreditava ser possível escalar a partir de sua força de vontade ou decisão consciente. Aqui o animal prova ser útil.

Nós não sabemos o quão vital o negócio de café será para nosso paciente, se realmente é importante ou perigoso para ele, mas este sonho diz a ele: "Atenção! Aqui está o sáurio – isso é sério!" Seja como for, a decisão que ele obviamente tomou significa que será uma situação que tocará os seus instintos, os alicerces do seu ser. Então o aparecimento da tartaruga é uma descoberta especialmente surpreendente neste caso. E parece ter uma função muito importante aqui, porque dá à luz uma criança, o que claramente demonstra se tratar de uma tartaruga médica, não uma comum, uma coisa que é um ser humano secreto. A única associação que o sonhador faz é que ele a relaciona com um crocodilo. Agora, e a tartaruga?

Sr. Schmitz: Existe um símbolo mítico importante conectado com a tartaruga. É mesmo um mito, eu não sei onde, que a tartaruga é a mãe do mundo todo, que tudo que é vivo nasce da tartaruga.

Dr. Jung: Você encontra isso principalmente em mitos hindus. O mundo é carregado nas costas de um elefante que está parado em uma tartaruga[6]. Uma tartaruga é o ser mais fundamental – o instinto básico que carrega nosso mundo psicológico inteiro. Pois o mundo é nossa psicologia, nosso ponto de vista. E como nosso ponto de vista é suportado por nossos instintos, então o mundo é suportado pela tartaruga. Agora, e sobre o aspecto simbólico deste animal?

Sra. Deady: É também muito fértil.

Dr. Jung: Isso é verdade, mas todos os animais inferiores são muito férteis.

Srta. Wolff: A tartaruga foi um símbolo materno.

Dr. Jung: Sim, a tartaruga na mitologia tem esse caráter feminino – maternal, oculto. Mas estas analogias sexuais estão em todos os lugares, e a tartaruga tem algo muito específico sobre isso.

Sra. Crowley: A longevidade dela.

Dr. Jung: Ela tem uma tremenda vida longa.

Srta. Sergeant: Ela se move devagar.

Dr. Jung: Ela não é muito temperamental!

---

6. Dois temas mitológicos parecem estar associados. Dezesseis elefantes divinos suportam o universo, de acordo com *Matangalila* (apud ZIMMER. *Myths and Symbols in Indian Art and Civilization*, 1946, p. 104ss.). Vishnu assumiu a forma de uma tartaruga para suportar o Monte Mandara, por causa do oceano agitado, em *Bhagavata Purana*, e para suportar o continente indiano, em *Markandeya Purana* (DANIÉLOU, A. *Hindu Polytheism*, 1964, p. 167).

Prof. Hooke: Ela só emite som no momento do coito.

Dr. Jung: Essa é também uma particularidade, mas não é tão acessível à experiência humana. Existe outra característica muito impressionante.

Dra. Howells: O lado anfíbio do animal.

Dr. Jung: O lado anfíbio é extremamente importante como referência ao lado inconsciente; isso tem um aspecto simbólico. Mas tem algo mais.

Dr. Baynes: A característica crustácea.

Dr. Jung: Sim, ela pode se recolher para dentro de sua própria casa. Mas a tartaruga é um símbolo muito impessoal. A característica óbvia é que esse animal possui uma casa blindada para a qual ela pode se recolher e onde não pode ser atacada. Então ela é um anfíbio, é apática, vive por muito tempo, e é altamente mitológica e misteriosa. Lembrem-se de que o *I Ching* foi trazido para a terra nas costas de uma centena de tartarugas[7]. Estas são todas as qualidades de um fator psicológico particular no homem – envelhecimento, muita sabedoria, e se manifesta no consciente tanto quanto no inconsciente. Isso torna a tartaruga muito significativa. O que isso retrataria se vocês a traduzissem em um tipo de função consciente?

Resposta: Introversão.

Dr. Jung: Sim, mas somente em tipos extrovertidos.

Dr. Baynes: Sensação?

Dr. Jung: Somente em tipos intuitivos.

Sra. Fierz: Sentimento?

Dr. Jung: Somente em tipos intelectuais. Se aquela coisa estivesse totalmente desenvolvida, totalmente integrada ao homem, o que aconteceria então? Vejam, se vocês traduzirem o simbolismo da tartaruga como a coisa mais diferenciada a que o homem possivelmente consegue chegar, isso sempre contém a coisa que está no começo e também no fim.

Dr. Baynes: É uma função irracional.

Dr. Jung: Somente em tipos racionais.

Dr. Schlegel: Isso tem a habilidade de introverter e extroverter, entrar e sair.

Dr. Jung: Sim, mas é mais do que isso. É a função transcendente. É isso o que a tartaruga simboliza, e por isso é tão importante.

Sra. Baynes: Eu não vejo isso.

Dr. Jung: As características da tartaruga são as características da função transcendente, a que une o par de opostos.

Sra. Baynes: Eu pensei que a função transcendente fosse criada toda vez que os pares de opostos ficassem juntos.

---

7. Não rastreável.

Dr. Jung: O ficar junto toda vez *é* a função transcendente. O termo função transcendente é usado em matemática avançada, isto é, a função dos números racionais e irracionais. Eu não peguei esse termo da matemática avançada, eu aprendi somente depois que o mesmo termo era usado lá, significando a mesma coisa, ou seja, a função dos dados racionais e irracionais no funcionamento conjunto do consciente e do inconsciente, da função diferenciada com a função inferior. É a reconciliação do par de opostos. Dessa reconciliação uma nova coisa é sempre criada, uma nova coisa é realizada. Essa é a função transcendente, e isso é a tartaruga. E a coisa nova é sempre estranha à coisa velha. Uma planta, por exemplo, pode ter frutos que não são sempre os mesmos, como os esporos da alga marinha. A mãe é uma planta, mas a criança é um pequeno animal com uma pequena cabeça e um pequeno rabo, nadando por aí, e então ele se fixa e se torna uma planta novamente[8]. Então o resultado da função transcendente é tão estranho quanto a tartaruga para nós.

Dr. Schlegel: É somente a tartaruga, ou todo animal de sangue frio?

Dr. Jung: Não tanto quanto a tartaruga, por causa de sua idade e de sua qualidade anfíbia. A cobra tem de certo modo um significado diferente, ela pode se renovar a si mesma, mudando sua pele, o que lhe dá a qualidade de eternidade. Mas a cobra chega mais perto da tartaruga do que o crocodilo, apesar do fato de que existem crocodilos muito velhos. Tinha um na margem oeste do Lago Vitória[9] que os negros alimentavam porque eles diziam que o crocodilo protegia toda a costa, ele afastava todos os outros. Ele era muito grande e gordo – eles o alimentavam com peixe, e ele nunca comeu seres humanos. Ele era amigo do homem, um animal médico. Usualmente o crocodilo simboliza a qualidade voraz do inconsciente, o perigo de baixo que de repente irá subir e puxar a pessoa para baixo. Essa é também a função do inconsciente, uma função muito perigosa.

Agora chegamos a essa ação muito peculiar do sonhador, que ele bate na cabeça da tartaruga com o cabo de madeira do formão. Ele diz que obviamente queria dominar o animal, mas não tinha intenção de matá-lo, ou teria usado a parte de ferro. Agora, e sobre o formão? Um instrumento é um tema importante. Instrumentos normalmente aparecem nos sonhos com o mesmo significado que eles possuem na mitologia.

Dr. Deady: Eu acho que ele disse que isso era uma ferramenta para abrir caixas.

---

8. De acordo com o biólogo John Bonner, certas algas (o "pai" planta pode ser masculino, feminino, ou assexuado) produzem zoósporos assexuados (célula única, com dois flagelos, ou "caudas"), os quais podem nadar até um novo local, se fixar e produzir uma nova planta fixa (Comunicação pessoal).

9. Jung esteve em Jinja (Uganda), na costa norte do Lago Vitória, em janeiro de 1926, antes de descer o Nilo.

Dr. Jung: Sim, como se tivesse sido de repente uma alusão a uma caixa trancada e que foi necessário forçar para abrir a tampa, mas não foi isso.

Dr. Deady: Acertar a cabeça, então, seria promover a consciência.

Dr. Jung: Bater em alguém, na cabeça? – Antes a inconsciência! Ainda que tenhamos uma boa história neste país de ladrões que entraram em uma casa e tentaram esmagar a cabeça de um homem com um martelo. Mas o homem disse: "Venha!" – como se alguém tivesse despertado um leve interesse nele ao bater na porta. Neste caso é provavelmente algo do gênero. A tartaruga não é morta, ela simplesmente fica atordoada e liberta aquela criança. Mas por que esse instrumento?

Sra. Deady: Ele o ajudaria a abrir todas as caixas e gavetas dele, seus compartimentos.

Dr. Jung: Que ele precisaria dele para abrir as caixas é bastante possível, mas o que o instrumento significa?

Sra. Crowley: Na mitologia é um símbolo fálico, então pode significar penetração.

Dr. Jung: Sim, e no *I Ching* penetrar significa entender uma coisa[10]; por isso falamos de uma mente penetrante. E naturalmente quando se fala de uma coisa que pode penetrar, pensamos em um objeto retangular e pontudo. Então existe a óbvia analogia fálica, mas também simboliza e expressa o desejo penetrante do homem. Em psicologia, a ação da mente é simbolizada pela penetração. E nós temos figuras de linguagem em outras línguas, em francês e em alemão, onde a ação da mente é simbolizada pela ideia de penetração – um raio de luz como uma lança, por exemplo. Depois, esse homem teve um sonho onde ele chegou a um muro iluminado, e ele sabia que atrás estava a verdade, e ele segurava uma lança e tentava perfurar o muro[11]. Há o ato da penetração. Neste caso ele usa um instrumento penetrante, mas não para penetrar. Ele bate na cabeça do animal só para derrotá-lo, sem esmagar seu crânio. O que isso significa?

Sra. Nordfeldt: Ele o está dominando.

Dr. Jung: Sim, e em que nós vemos isso no folclore?

Sra. Baynes: Na semelhança com abrir o vente do dragão.

Dr. Jung: Claro. É a luta com o dragão que tem um tesouro dentro, e quando o herói tem sucesso em derrubar o dragão, aparecerá o pai ou a mãe, ou ele vai pegar o tesouro escondido. Nesse caso o dragão ou tartaruga entrega uma criança. Isso é o que o sonho significa exatamente – a superação do inconsciente. Ele tem que tornar isso consciente, ele tem que soltar isso do inconsciente original, destacar

---

10. Hexagrama 57 do *I Ching*.

11. O sonho não é discutido nesse seminário.

aquele pedaço de consciência ou aquele conteúdo do inconsciente e torná-lo propriamente seu. Agora, o que ele tem que tornar consciente combatendo o instinto que deixa tudo no inconsciente?

Sra. Nordfeldt: A tentativa honesta.

Dr. Jung: Sim, a criança. E qual criança?

Questão: A função inferior?

Dr. Jung: Com certeza, isso tem a ver com a função inferior, com tudo que é inferior para ele, que ainda está por vir, ainda a se desenvolver. Mas isso não é suficientemente específico. Não poderia ser que esta criança seja a mesma novamente? Vejam, no sonho anterior nós tivemos um novo empreendimento, mas nós temos certeza de que ele estava bastante consciente do que aquele novo negócio significa? Se ele estivesse totalmente consciente da nova tentativa, do que ela poderia significar e quais seriam suas implicações, ele não teria esse sonho. Ele não sabe isso em sua consciência, isso é muito obscuro, e por isso ele explica ao seu empregado que a nova empresa é só um negócio paralelo, e claro que não irá interferir no principal. Então este sonho seguinte fala do nascimento de uma criança, o nascimento da tentativa honesta, a qual ele tem que separar do inconsciente como se ele fosse um novo São Jorge que teve antes que matar o dragão para então prosseguir. Ele deve antes superar seu inconsciente para poder continuar com seu propósito.

Isso parece estranho para vocês, mas não para um analista. Mostramos uma coisa para o paciente e ele diz: "Sim, eu vejo isso perfeitamente, não é maravilhoso?" Três ou quatro semanas depois é como se ele não tivesse entendido nada, e deve ser feito um novo reconhecimento da mesma coisa. Vejam, um reconhecimento real, uma completa compreensão, destes conteúdos inconscientes nunca acontece totalmente de uma vez. Isso sempre vem em ondas, onda após onda, com uma pausa intermediária antes de uma percepção nova e mais intensa sobre o que é essa coisa. Existem casos em que um sonho no começo da análise contém todo o procedimento analítico. Caso se perceba isso, pode-se ter tudo o que se precisa – chegar a isso se for possível. Inicialmente você só consegue um vago vislumbre, como se você nunca tivesse visto isso antes. Então aparece novamente e você pensa, é isso, e então desaparece. E então vem a terceira onda e você pensa, não é maravilhoso? – uma perfeita revelação. Então aquilo enfraquece, e a quarta e a quinta ondas chegam, e muitas ondas devem vir até que nós percebemos que o que chamamos progresso é na verdade sempre a mesma e única coisa, a qual nós simplesmente não conseguimos perceber e que só surge para nós muito lentamente. É como se o sol, para se tornar visível para nós, tivesse que nascer e se pôr de novo e de novo até que percebêssemos que ele é o sol e que é dia. Nós devemos ter outros sonhos em que o problema apareça novamente. E a tentativa inicial de percepção deste homem não foi suficiente, ele continua lutando contra o velho dragão, contra a velha inconsciência. Por isso ele deve primeiro superar o dragão com o objetivo de separar a criança do abismo maternal que ela estava escondida.

Sra. Baynes: Mas nós não dissemos que a criança que o levou para a cama e tirou o cobertor era a nova tentativa?

Dr. Jung: Claro que é.

Sra. Baynes: Essa nova criança é a mesma?

Dr. Jung: A mesma e única! A primeira tentativa era o esforço para perceber, mas não foi suficiente. Ele não está completamente consciente, o que é demonstrado por ele ter esse sonho. Eu posso dar a vocês um exemplo prático: Eu uma vez estava tratando um homem que era um médico, e de forma alguma era bobo. Ele era um alienista também – o que, claro, não prova que ele não era bobo. Ele tinha um complexo materno; ele morava na casa de sua mãe e ela tomava conta dele. Ele era um pequeno marido. Desde o começo ele teve sonho depois de sonho sobre o seu complexo materno, e cada um dizia a ele que isso simplesmente não funcionaria, que ele não podia viver daquela forma. Depois de mais ou menos seis semanas – vocês podem ver que eu sou um pobre analista –, eu percebi que deveria ter uma ligação especial entre o homem e sua mãe, e eu descobri que todos os dias ele estava escrevendo cartas para ela, nas quais ele explicava todo o procedimento analítico dele, cada detalhe. Então ele permanecia com a maior conexão possível com ela por todo tempo. E isso foi depois de seis semanas falando sobre o complexo materno todo dia. Isso foi seis meses antes de ele chegar com uma cara preocupada e dizer: "Mas doutor, você realmente acha que eu devo me *desprender* de minha mãe? É possível que você pense que eu não deva viver na mesma casa que ela?" Eu disse: "Exatamente! Isso é o que espero de você, quantas vezes eu te disse isso?" E ele disse: "Mas eu achei que você não queria dizer isso. Você não pode pensar que eu deveria viver em um *flat* sozinho! E a minha mãe?" "Bem", eu disse: "É isso! Este é seu problema. Eu quis dizer exatamente o que eu disse, e é extraordinário que demorou tanto tempo para você perceber o que eu te disse na primeira hora".

É como se alguém dissesse: "Corra, a casa está pegando fogo!", e outra respondesse: "Você realmente acredita que casas em Zurique podem pegar fogo?" Totalmente incapazes de ouvir o que está sendo dito. E isso é muito comum. É surpreendente o quão é difícil fazer pessoas ouvirem e verem. A coisa mais simples não penetra suas peles, pode-se repetir isso uma dúzia de vezes ou vinte vezes. No momento em que aquele homem percebeu que ele deveria se separar de sua mãe, ele teve um sonho horrível. Ele sonhou que ele estava subindo uma colina íngreme que era muito escorregadia. Ele estava tentando chegar ao topo quando, olhando para baixo, ele viu a mãe dele. Ele gritou: "Por Deus, não tente subir!" Mas sua mãe começou, e aí escorregou e quebrou a perna. No dia seguinte, na realidade, chegou um telegrama: "Sua mãe quebrou a perna". Aquilo explicava a estupidez dele, porque ele foi tão surdo. O inconsciente sabia que isso podia matar a mãe dele. Estes laços antigos, casos de *participação mística*, são excessivamente perigosos. Não se deve ficar impaciente. Apenas diga novamente. Então essa dificuldade na percepção explica certos sonhos.

Vocês veem quantas tentativas nosso sonhador já fez para se aproximar do problema, e que isso é meramente a dificuldade de percepção. Ele não pode obrigar sua mente a ver as coisas exatamente como são, e a dar o valor correto a elas. Isso parece ser uma dificuldade tremenda, e eu nunca o apressei, nunca o intimidei, porque eu sei bem que isso não pode ser forçado. Isso é vital, existe um sáurio nisto e não se pode forçar a coisa. É necessário um lento amadurecimento. Se você forçar, pode prejudicar instintos vitais. Eu nunca impus nenhuma condição – se você não fizer isso e coisas do tipo. Isso não funciona de forma alguma. Deve-se ser extremamente paciente nesses casos. Mas nós devemos encontrar uma quantidade de sonhos nos quais a onda vem de novo e de novo e em que ele tenha uma nova oportunidade para entendê-la. Sempre se encontra aquele tema, o tesouro escondido ou o florescimento do tesouro ou a flor na mitologia e folclore. Espera-se que eles floresçam depois de um certo período, vamos dizer nove anos, nove meses, nove dias. Na nona noite o tesouro sobe à superfície, e quem quer que esteja à espreita na nona noite pode pegá-lo, mas na próxima noite ele desce de novo para as profundezas, e então demora nove anos e nove meses e nove dias antes que ele floresça de novo[12]. Essa é a demonstração em folclore da dificuldade de percepção psicológica.

Srta. Howells: Quanto tempo passou desde que ele começou até o momento deste sonho?

Dr. Jung: Ele começou em maio e este sonho aconteceu no meio de outubro.

---

12. Cf. *Psicologia e alquimia*. Parte II, 1935. OC 12, § 111.

Palestra VI

11 de junho de 1930

Dr. Jung:

A Sra. Crowley pergunta sobre as figuras autônomas das quais falamos na última vez. Ela gostaria de saber como distinguir estas figuras autônomas dos instintos ou dos impulsos muito fortes. Receio que eu não possa distingui-los. Instintos que apareceriam em nossa psicologia são principalmente personificados como figuras autônomas, na medida em que, claro, esses instintos não sejam facilmente integrados no todo da personalidade. Tão logo um esteja em divergência com os demais, eles possuem uma tendência deliberada de se tornarem exteriorizados de alguma forma, e então eles se opõem a nós. É como se fosse outra pessoa com uma vontade contrastante com a sua própria vontade.

Vamos agora para o próximo sonho. O sonho anterior era mitológico, São Jorge e o dragão, e, neste caso, o dragão era uma tartaruga que estava parindo uma criança. Agora, depois daquele sonho mitológico, o inconsciente, pela lei da enantiodromia, retorna para uma proposta bastante empresarial.

Sonho [29]

O sonhador diz que irá cuidar de seus negócios no exterior. O seu cunhado, que é um diretor no negócio, reclama que os agentes de compra no interior estão comprando muito algodão de alta qualidade por altos preços, e que há um congelamento nas vendas daquele específico algodão de alta qualidade no presente momento. Então o sonhador diz para ele que, neste caso, alguém deveria agir de forma enérgica para reduzir muito o poder de compra dos agentes, pois do contrário se perderia uma quantidade enorme de dinheiro. Naturalmente, uma grande soma de capital deve ser investida onde grandes quantidades são compradas a preços altos.

Associações: Ele diz que esse sonho pode ser interpretado no plano objetivo, porque ele está realmente com medo de que seu cunhado, o diretor, seja de tal forma muito lento em suas decisões, e possa perder o controle sobre os agentes de compra, ou perder certas oportunidades. Mas por outro lado, no lado subjetivo, é também possível que seu inconsciente esteja reclamando de que ele adquira muita mercadoria de alta qualidade, o que pode levar a grandes perdas, pois esse tipo de mercadoria não tem valor no momento.

Bem, vocês conseguem obter algo das associações ou interpretações dele? Vocês entendem o sonho?

Dr. Baynes: Significa que ele está em dúvida, porque ele está colocando mais capital do que pode suportar em uma coisa de qualidade muito rara que não tem muito valor comercial?

Dr. Jung: Sim, mas como isso é aplicado?

Sr. Richmond: Seus novos valores estão entrando em seus antigos, no fluxo principal de sua vida, e ele está com medo da supervalorização de seu material de alta qualidade.

Dr. Jung: Mas que valor poderia esse específico material de alta qualidade representar?

Sr. Richmond: O novo valor que ele estava procurando. Está se tornando um café de alta qualidade.

Dr. Jung: Café é só um ramo lateral. Aqui está a atividade principal. Você quer dizer que ele está com medo de valorizar muito, ou de fazer um investimento muito grande, em seu novo empreendimento?

Sr. Richmond: Elas não estão juntas agora?

Dr. Jung: Isso permanece para ser verificado. Eu não tenho certeza. Penso que nós faríamos melhor analisando o sonho em detalhes para termos certeza de seu significado. A primeira coisa importante é que o sonho aborda uma situação mais objetiva e prática. Ele é exatamente igual ao seu negócio onde ele anteriormente era o chefe, embora agora seu cunhado esteja no comando como diretor. Isso está tudo muito claro, a situação no sonho é perfeitamente real como ele a conhece. Claro, para um homem de negócios o seu negócio é tão real como, por exemplo, digamos, sua esposa; é algumas vezes uma realidade muito maior que sua família, então não podemos dizer que isso é inteiramente simbólico. Em todas as suas associações o personagem da realidade está estressado, como na sua ansiedade receia que seu cunhado possa fazer compras um pouco descuidadamente. Então somos levados a acreditar que o inconsciente quer acentuar esse específico ponto de realidade mais particularmente. Com certeza, sua vida empresarial está em forte contraste com o que ele está na verdade fazendo aqui na análise. Praticamente todas essas considerações em seu sonho apontam para um estilo de vida anterior habitual. Então alguém pode dizer que a diferença entre sua realidade comum diária e seu novo empreendimento é particularmente acentuada, e que obviamente deve haver algum problema ou o inconsciente não ficaria insistindo nisso. Portanto, nós devemos presumir que há algum conflito acontecendo dentro dele sobre a relação da análise com a realidade, expresso em termos financeiros.

Agora você não acha, Sr. Richmond, que a compra do algodão pode ser aquela nova empresa? Eu não vejo nenhuma evidência neste sonho que falaria contra esse pressuposto. Parece como se o sonho tivesse esquecido tudo sobre o café, porque ele vê o problema obviamente de um ângulo inteiramente diferente: a nova empresa não é mais tratada como se fosse um ramo ou uma questão secundária. Está agora expressa nos termos do negócio principal; ela se tornou, aparentemente, ainda de maior consideração. É interessante nesta conexão que Goethe, seja lá quando ele escreveu em seu diário sobre a segunda parte do *Fausto*, na qual ele trabalhou por tanto tempo, que "Trabalhei no negócio principal", *das Hauptgeschäft*. Então, na continuidade deste sonho, nós não temos nenhuma razão para assumir que a empresa analítica é ainda uma filial do negócio. Esta se tornou idêntica ao negócio principal e consequentemente pode ser expressa pelo negócio principal. Mas um medo está na mente do sonhador: de que os agentes de compra possam investir muito dinheiro naquela mercadoria de indubitável alta qualidade.

Sr. Schmitz: Os empregados do último sonho estão colocando muita libido nessa nova empresa, e ele tem medo de que isso não seja convertido em dinheiro.

Dr. Jung: Bem, ele reconhece no sonho que sua mercadoria é de alta qualidade, material excelente, mas o que pode ele fazer com isso? Essa é a questão. Ele adquire muitas ideias boas e interessantes, novos interesses e tal, em análise, mas ainda não há venda; em outras palavras, não há aplicação. Agora por que isso?

Sr. Schmitz: Porque sua sombra, seu cunhado não é suficientemente eficiente.

Dr. Jung: O cunhado não é responsável pelas vendas estarem ruins. É uma condição geral do mercado.

Dr. Baynes: Não há demanda para isso.

Dr. Jung: Sim. E quem se recusa a comprar coisas de valor?

Sra. Baynes: Sua mulher.

Dr. Jung: Exatamente. Ele não encontra mercado para o seu valoroso material porque ela não irá comprar, então ele, como um bom homem de negócios, naturalmente pensa: Por que raios eu deveria investir tanto dinheiro nessas coisas de alta qualidade quando não posso vendê-las, quando isso não funciona? Agora essa é uma dúvida perfeitamente justificável. A condição do mercado é um tipo de coisa atmosférica e decididamente uma condição exterior. Sua esposa é sua condição exterior, e ela está extremamente relutante em adquirir aquela mercadoria de alta qualidade. Ele não pode falar com ela sobre isso, porque isso a machuca de alguma forma, e ela se recusa. Claro, seria colocar muita responsabilidade sobre sua pobre esposa se ele se agarrasse exclusivamente a esta explicação. Sua esposa é mais ou menos um expoente aqui. Claro, ela tem sua própria dignidade. Ela possui um papel considerável no jogo, mas eu não gostaria de utilizá-la muito; ela é um expoente na psicologia própria dele, talvez seu anima, a característica feminina nele, sua característica Yin[1]. E isso pode ser uma característica muito difícil e de má vontade que impede de comprar um bom algodão e querer um material mais barato e talvez pior. Como vocês sabem, o público nem sempre compra a mercadoria de alto padrão, quer ter as coisas mais baratas; então, é possível e ainda muito provável que sua própria força recentemente descoberta esteja mais ou menos com má vontade em adquirir esta mercadoria de alta qualidade. Agora, o que isso pode significar? Bem, esta é uma peça preciosa da psicologia masculina. Nós temos várias vezes falado de forma crítica sobre as mulheres, e agora vamos aos homens. Eu não vou poupá-los.

Sr. Schmitz: Ele não percebe isso suficientemente. É inconsciente.

Dr. Jung: Isto está certo, e é um ponto muito importante sobre os homens. Vejam, um homem sabe exatamente quando uma coisa está errada ou como deveria ser se ela estivesse certa, e ele é inclinado a presumir que, quando ele pensa a coisa, está pronta, porque ele está convencido disso em sua cabeça. No entanto, ela não está pronta de forma alguma. Um homem pode escrever um livro ou pregar um sermão maravilhoso sobre como as pessoas devem se comportar sem trazer nada do princípio para sua vida privada. Ele não os vive. Essa é uma consideração totalmente diferente. O espírito é forte, mas a carne é incrivelmente fraca. O poder do Yin, o poder da realização, é muito baixo, muito inferior, ele não segue o exemplo, ele não aceita aquele maravilhoso pensamento e o põe em prática; este permanece inerte e passivo e falha totalmente em se deslocar. O pensamento se satisfaz nele mesmo, gravita nele mesmo e continua a girar nele mesmo, e nada surge disso. A realidade continua como sempre foi e nada muda, embora o homem que se identifica com aquele maravilhoso pensamento solto no ar pense que houve uma mudança enorme. Ele pensa: eu tenho uma visão inteiramente diferente das coisas e do mundo, por isso tudo é diferente. Contudo, quando ele se depara com fatos difíceis nada é diferente, tudo está como sempre foi. Se essse homem tivesse um bom poder Yin, um bom poder de realização em vez de um poder inferior, ele conseguiria sentir de uma vez que ele pensou, mas nunca realizou, e por essa razão ele não tem direito de pensar daquela forma – ele não deveria pensar aquelas coisas. E se ele pensa aquelas coisas, ele deve perceber que ele se comprometeu. Mas esse absolutismo de pensamento e convicção é raro de ser encontrado, pois é in-

---

1. No taoismo, "*tao* é dividido em um fundamental par de opostos, yang e yin. *Yang* significa calor, luz, masculinidade; *Yin* é frio, escuridão, feminilidade". – *Tipos psicológicos*, 1921. OC 6, § 417, parafraseando o *Tao Te Ching*.

teiramente uma característica religiosa. Somente um homem religioso tem esta característica, o poder Yin, que põe os seus pensamentos em prática. O mero intelectual não tem nada desse tipo, não tem absolutamente nenhum poder de realização; é ar. Então as coisas mais importantes que ele pode imaginar se tornam somente palavras; dizer que isso não é nada, apenas palavras, não está longe da verdade. Isso é tão comum que quase todos os homens *acreditam* que sejam palavras e não realidade. Quando eles ouvem alguém conversando, eu digo mais ou menos 99% de todos os homens com certeza presumem que aquelas sejam só palavras e não realidade, porque em noventa e nove casos isso é verdade.

Então a população, que é de alguma forma relutante em comprar aquelas coisas de alta qualidade representa provavelmente a própria inércia deste homem, o seu próprio baixo poder de realização que infelizmente está apoiado pela atitude relutante de sua esposa. Como me lembro, eu realmente disse a ele que esse sonho deveria ser considerado pelo lado subjetivo, apesar do fato de sua esposa ser verdadeiramente resistente. Mesmo nesse caso, ele não deveria usar isso como desculpa, ele não deveria responsabilizá-la; em vez disso ele deve dizer: apesar de tudo, esta é minha esposa. Ela é o expoente da psicologia dele, e se ele a considerar dessa forma, ele estará sendo justo com ele mesmo assim como com ela. Pois se ele perceber, se ele começar a colocar as coisas em prática, a situação irá mudar completamente, como veremos. De fato esse foi o caso. Quando ele trabalhou sua força Yin impotente, as coisas mudaram. Ele se tornou de repente bastante diferente. Então até sua esposa mudou, o que é prova do fato de que em primeiro lugar era sua própria inércia, sua passividade, que também a estava obstruindo. Isto é especialmente óbvio, visto que, quando eles alcançaram um relacionamento melhor, ela ainda não deixou de lado sua resistência aos interesses dele. Mesmo apesar dessa resistência, a situação se tornou normal.

Sr. Schmitz: O senhor disse que o poder de realização é o princípio do Yin. A realização é caracterizada pela função sensação?

Dr. Jung: Ah não, não necessariamente, pois o tipo sensação tem a mesma espécie de psicologia. É uma questão de Logos e Eros, o que não tem nada a ver com as funções.

Sr. Schmitz: Então a sensação não é *la fonction du réel*?

Dr. Jung: Não, porque você pode estar absolutamente separado da realização em sua sensação. O ponto é que a psicologia de um homem é principalmente caracterizada pelo que eu chamo de Logos, ou o princípio do pensamento. Quer ele funcione de acordo com esse tipo ou aquele não importa, a característica principal é Logos, como a da mulher é Eros, não importa qual tipo ela seja.

Sr. Schmitz: Mas muitas vezes é a mesma coisa com mulheres. Elas não percebem o que sentem. Elas se sentem muito bem, mas não percebem isso.

Dr. Jung: Essa é uma questão inteiramente diferente. Em alemão é usado o verbo "realizar"[2] principalmente com a conotação de concretizar coisas, e eu o estava usando nesse sentido. Em inglês é usado de uma forma muito mais suave. Ele tem mais o significado de "ver", "entender". Eu deveria ter dito *concretizar*.

Sr. Schmitz: Para mulheres existe a mesma dificuldade?

Dr. Jung: Naturalmente, apenas o processo é ao contrário. Não é uma questão de Yin fraco, mas de um Yang fraco. Mulheres com um poder de realização perfeitamente bom não conseguem colocar suas mentes em ação. Elas podem estar convencidas de que sabem uma coisa por muito tempo, no entanto elas não sabem, porque a mente não tem poder; enquanto um homem pode decidir-se todos os dias por alguma coisa específica e ainda nunca executá-la.

Dr. Baynes: O senhor diria que um homem pode pensar uma coisa e não produzi-la, e uma mulher pode ceder sem pensar, mas cede construtivamente pensando?

Dr. Jung: Absolutamente. É característico da psicologia da mulher que ela pode fazer um monte de coisas sem pensar nelas.

Sr. Baumann: Eu vi há pouco um exemplo muito bom de coisas não realizadas, e ele aconteceu a um famoso psicólogo. Eu passei o dia com o Sr. Forel, que escreveu um livro sobre a questão sexual[3]. Ele falou por cerca de meia hora no café da manhã sobre votos femininos e os direitos das mulheres, e falou que os homens deveriam deixar as mulheres fazerem as coisas. Uma hora depois ele foi para a cozinha, onde sua esposa estava fazendo compota de pêssego, e propôs que ela usasse uma parte de açúcar para uma parte de pêssegos, embora a Sra. Forel dissesse que meia parte de açúcar seria a quantidade correta. A compota ficou muito doce, e o Sr. Forel se enfureceu extremamente e estilhaçou todos os potes no chão.

Dr. Jung: Exatamente como ele! Agora ao próximo sonho.

Sonho [30]

Nosso paciente diz: "Eu estou andando na rua e está passando uma perua, como uma grande van de móveis cheia de coisas, e eu vejo que o motorista, um homem alto e esbelto, está fazendo acrobacias no topo da van. Então de repente a perua se transforma em uma pequena casa na qual eu me encontro com o motorista, que agora se transformou em um rapaz terrivelmente rude e vulgar, e ele continua com sua ginástica em cima de uma espécie de borda que corre ao longo do teto em uma das paredes. Ele está praticamente pelado. Algumas outras pessoas estão na

---

2. *Verwirklichen*.

3. Auguste Henri Forel, M.D. (1848-1931), neurologista e entomologista suíço, que foi diretor do Burghölzli entre 1879-1898 (precedendo Eugen Bleuler). Seu livro *Die Sexuelle Frage* foi publicado em 1905 (trad., *The Sexual Question*, 1925).

mesma sala, entre elas um menino. A atmosfera fica muito peculiar, algo como uma sessão espírita, e uma das pessoas diz ao menino que ele deveria chamar alguém, significando um tipo de invocação, e outra pessoa, se juntando à conversa, diz: 'Ah sim, nós vamos chamar sua bisavó, e nós vamos violentá-la'. O menino agora fica rígido, como se estivesse em transe, e de repente uma velha senhora aparece, com cabelo grisalho, mas com um rosto muito jovem e distinto. O rapaz rude e vulgar que estava colado no teto até agora, de repente pula de lá e a pega em seus braços. Ela se defende e consegue pular pela janela, onde, segurando-se pelos braços, ela grita por ajuda. As pessoas estão vindo, e o homem a deixa cair e reclama dela por ter quebrado a janela. Agora a senhora vai embora junto com as pessoas que se reuniram na rua; obviamente ela está indo à polícia. Um dos homens presentes na sala diz que ele teve sucesso em tirar uma foto de toda a situação com seus aparatos cinematográficos, ele fez um filme da cena, e ele está apressado para deixar as fotos a salvo antes que a polícia chegue. Então eu estou olhando para fora da janela e vejo que a casa fica próxima de um rio que corre além, e para a minha surpresa eu vejo que a artilharia está vindo em nossa direção do outro lado do rio. Eles estão carregando os canhões para atirar e mirando em nossa casa, eu chamo a atenção das outras pessoas presentes e proponho nós irmos ao porão ou para uma casa vizinha, como o bombardeio parece ser iminente. Uma delas responde que os vizinhos não gostariam de nos receber, mas que nós podemos ir para dentro do porão, e o fotógrafo diz que é totalmente indiferente para ele desde que suas fotos fiquem seguras, e ele tem certeza de que elas serão um tremendo sucesso e de que serão também um grande negócio para ele".

Associações: Ele diz que a perua ou carro é uma daquelas grandes *vans de móveis* que vemos na rua, especialmente na época em que as pessoas estão se mudando na primavera ou outono.

O *motorista* lembra um fotógrafo que ele viu em um jornal ilustrado de um camponês, um homem particularmente forte e poderoso. Eu me lembro de ter visto aquela figura. Ele era um madeireiro do país dos vinhos próximo ao Lago Genebra e ele era um rapaz muito bonito, bastante masculino. O sonhador diz que, quando viu seu rosto, ele pensou: sem mais inibições! – um real *coq du village!** Você sabe, quase todas as aldeias têm um ou dois idiotas, e usualmente um personagem típico que é sempre chamado de o *coq du village*, e aquele homem era evidentemente essa beleza masculina. Mas imediatamente depois disso o motorista se transforma em um rapaz rude e vulgar, e o sonhador o chama de animal humano, *um homem macaco*, o que explica suas acrobacias – ele está se comportando exatamente como um macaco faria em uma sala.

---

* O galo (o "macho") da aldeia [N.T.].

O menino, ele diz, é obviamente um médium, uma ligação na corrente, e é seu efeito na sala que faz a inconsciente alma ou anima, a bisavó, surgir das profundezas do passado.

Na *cena da tentativa de estupro*, o sonhador entende que a bisavó é obviamente seu anima ou alma, e o instintivo homem macaco está pulando nela com o intuito de destruí-la, um tipo de violação. Então o conflito não é resolvido pela ocultação do lado animal do homem, ou pela subjeção da alma branca, mas somente pelo voo da alma, a escapada dela, e que é ocasionada pela própria capacidade dela e pela ajuda do ambiente.

Sobre o peculiar entreato do *fotógrafo*, ele diz que o fato de que aquela cena toda tenha sido perpetuada em uma foto significa que ela não deve ser esquecida.

A próxima particularidade no sonho é a descoberta *do rio que passa além da casa*, e ele diz que a consequência do voo do anima para o mundo externo é sua separação daquele mundo, que agora está em uma atitude hostil para o ego consciente – o ego que de um lado não poderia ser subjugado (ele se identifica aqui com o homem macaco) e do outro lado não foi forte o suficiente para subjugar o anima.

Ele sugere que *ir para o porão* pode significar se retirar para dentro de si mesmo.

Quanto ao último grande cínico *comentário do fotógrafo*, de que toda a coisa é perfeitamente indiferente para ele contanto que suas fotos estivessem a salvo, ele diz que esse registro, as fotos, pareciam possuir muito grande importância, mas ele não sabe por quê.

Agora vamos interpretar este sonho. É muito difícil compreendê-lo como um todo; ele é tão longo e há tanto detalhe que dificilmente alguém pode assimilar tudo. Portanto, a técnica comum nesse caso é dividir o sonho em cenas ou partes, e considerar cada parte separadamente. Somente no final deveremos tentar juntar todas.

A primeira imagem do sonho é aquela van de móveis e o motorista fazendo suas acrobacias no topo. O motorista parece ser idêntico àquele *coq du village* que ele viu no jornal ilustrado. Ele não diz nada sobre as acrobacias. Na realidade, ele não formulou a associação porque ela fazia lembrar do seu sonho recente em que ele mesmo estava fazendo acrobacias, e o rato escapou de debaixo da cama[4]. Desde aqueles pontos relembrados do momento muito vital quando o rato fugiu, nós podemos presumir que ele está novamente preocupado com um problema similar, talvez de igual importância. Então a última figura neste sonho é o fotógrafo que diz que, tendo suas fotos a salvo, todo o resto é absolutamente indiferente para ele, e lá nosso paciente observa que aquilo parece ser de certa forma de grande

---

4. Sonho 24, p. 500.

importância. Então nós podemos concluir que ele teve um sentimento de importância ligado a esse sonho. Se nós podemos ver uma justificativa para isso, não importa – nós sabemos que ele é importante, e começa com a lembrança do outro anterior muito importante. As acrobacias naquele sonho eram associadas à análise, eram acrobacias mentais. Naturalmente isso significa certo esforço dele para seguir meus argumentos psicológicos, uma boa parte de paciência para se tornar familiarizado com aquele tipo peculiar de pensamento que parece às vezes ser tão ilógico e irracional. Agora aqui novamente alguém está realizando acrobacias, mas não é mais ele mesmo; aqui é o motorista que depois se transforma em um homem macaco. Vocês têm alguma ideia sobre isso?

Dr. Baynes: Não existiu um sonho no qual um macaco fazia acrobacias nas árvores?[5]

Dr. Jung: Ah sim, isso foi há algum tempo. Não era um macaco, mas o sonhador fazia acrobacias como um macaco nos galhos das árvores, num tipo de viela que levava à casa com o pátio quadrado, onde morava o Dr. Fausto.

Dr. Baynes: Há também o tema dos móveis em movimento aqui.

Dr. Jung: Sim, os móveis foram tirados da casa e estavam ressecando ao sol, indicando que eles deveriam ser removidos.

Sra. Crowley: Isso pode significar sua sombra aqui.

Dr. Jung: Sim, o motorista é o que se poderia designar como uma típica figura de sombra. Ele é tudo que o sonhador não é – um *coq du village*. Isso carrega todo o significado. O sonhador é bastante inibido e muito correto, então ele admira aquela falta de inibição moral e inveja nele a capacidade de agir daquela forma. Isso é a típica sombra, o homem inferior, e dessa vez o homem inferior está fazendo ginástica, enquanto nos sonhos anteriores era o próprio sonhador, o ego consciente, que fazia isso. Ainda no sonho em que ele agia nas árvores da viela, era o seu ego consciente. Isso deve indicar uma mudança importante. Vejam, ele sonhou duas vezes que ele estava fazendo acrobacias, o que é obviamente um tipo de realização no sonho de quão difícil foi para ele treinar sua mente para um modo de pensar mais psicológico. Para sua mente racional, esse tipo de pensamento intuitivo, essas analogias fantásticas, eram perfeitamente desconhecidas, e ele achou muito difícil lidar com essas ideias evasivas, que com certeza podem ser consideradas perfeitamente vapores fantásticos por quase todo mundo. As pessoas sempre desejam saber como eu consigo lidar com eles como se fossem coisas concretas. Quando eles têm um vislumbre do anima, por exemplo, aquela presença intangível, eles querem saber como alguém pode falar sobre isso como se fosse uma figura concreta. E para muitas pessoas é extraordinariamente difícil lidar com conceitos

---

5. Sonho 17, p. 269.

ilógicos, que são abstratos demais, e eles se sentem totalmente perdidos em lidar com eles. Pois bem, depois que esse tema acrobático já aconteceu duas vezes em seus sonhos, agora é a sombra que está preocupada com esses exercícios, não mais o sonhador. O que isso significa?

Sr. Schmitz: Sua consciência está interessada, mas o inconsciente não.

Dr. Jung: Sim, a consciência controlou a coisa. Ele entendeu isso mais ou menos, isso é verdade. Conscientemente, ele já se acostumou a isso, mas agora vem a pessoa inferior preocupada com a mesma dificuldade. É como se a luta estivesse acontecendo em uma camada inferior; não é mais sua consciência, mas seu inconsciente que sofre. Isso pode ser um pensamento estranho para vocês. Vocês talvez estejam inclinados a pensar que, quando sua consciência tiver assimilado uma coisa, a dificuldade estará suprimida, mas como regra isso não é verdade. Você pode assimilar uma coisa em sua consciência bem facilmente, embora o homem inferior considere isso extremamente difícil e sofra com esse problema. Por exemplo, pegue qualquer tipo de relacionamento humano em sua vida, ou qualquer tipo de obrigação dolorida. Sua consciência sabe que ela é necessária, você deve se adaptar, e você realmente consegue fazer isso; mas se você fica um pouco cansado ou não se sente muito bem, logo aparece um ressentimento antigo, e de repente você não consegue mais fazer face à tarefa. É como se você nunca tivesse aprendido a lidar com ela. A fraqueza, o homem inferior aparece tão logo que a sua consciência fica um pouco mais leve. Só é necessário um pequeno cansaço e toda a sua bela capacidade foi embora completamente – seja lá o que você tenha aprendido, foi embora completamente. Isso realmente pode acontecer. Eu me lembro de uma ocasião quando isso aconteceu comigo. Nós estávamos fazendo experiências no Laboratório Médico e eu estava preocupado com um caso bem complicado. Eu estava para explicar aos meus pupilos como a coisa funcionava. Estava perfeitamente claro para mim como aquele fenômeno todo acontecia, eu o sabia muito bem, e eu disse que iria contar a eles depois do almoço. Mas depois do almoço eu não conseguia mais entendê-lo, simplesmente considerando o fato de que não havia sangue suficiente no meu cérebro. Aquela quantidade de sonolência pós-almoço foi suficiente para me incapacitar, eu não tinha a claridade de pensamento que eu tinha antes de almoçar. Normalmente não se precisa mais que isso – como o filósofo que disse que antes do jantar era kantiano e depois do jantar era nietzscheano.

Esta primeira afirmação do sonho, então, significa que a dificuldade agora está principalmente com o homem inferior em si mesmo. A consciência assimilou mais ou menos aquela parte do problema. É só o homem inferior que o perturba; ele começou a se exercitar também, o que significa que ele está atingindo o nível da consciência. Naturalmente não se pode esperar que a sombra chegue àquele nível, mas se pode esperar que ela seja mais ou menos adaptada, que se harmonize, assim as duas caminharão juntas. Aquele estado ainda não foi atingido, ainda está apenas no estado preparatório, mas parece estar a caminho. O homem inferior fazendo sua arte no topo da perua de móveis, que depois se transforma em uma pequena casa. Isso nos dá uma pista. Vejam, uma van de bagagens sempre denota uma mudança, deixar um lugar por outro, um estado de transição. Os sonhos anteriores falaram sobre novos empreendimentos. Ele está obviamente indo encontrar um novo lugar, criar uma nova condição. Mesmo no sonho em que as acrobacias aconteceram a primeira vez, como o Dr. Baynes mencionou, já havia o tema casa-mudança e móveis, e aqui a mudança é aparentemente efetuada. Agora, o que a van de bagagem sugere, além da ideia de mudança de casa? É uma coisa grande e desajeitada.

Dr. Baynes: Não é um container temporário de seus bens, suas mercadorias?

Dr. Jung: Mas o que seriam essas mercadorias?

Dr. Baynes: Seus bens psicológicos ou valores que ele está modificando.

Dr. Jung: Sim, mas você não está impressionado com o que o sonhador particularmente enfatiza, o desengonçado tamanho do carro contendo muitos móveis?

Sr. Schmitz: *Impedimenta*!

Dr. Jung: É isso. Vocês veem que esses *impedimenta* (essa bela palavra do latim na verdade significa obstáculos, impedimentos) são um símbolo muito típico de um certo fato psicológico. Por exemplo, você sabe aqueles momentos em que você está correndo para a estação e tem três malas de um lado e uma nas suas costas, e naturalmente você perde um pacote e tem que voltar para pegá-lo, e então você se lembra de que tem mais vinte coisas que devem ser transferidas para seu compartimento e que ainda não estão na estação, e só no último momento o carregador vem correndo com elas. Esse sonho típico! Aquelas são as coisas mortas que temos que carregar, coisas que não estão mais vivas, coisas com as quais nós somos incomodados, mas que devem ser carregadas adiante. Elas pertencem à nossa existência material, porque não podemos viajar sem alguma bagagem, e não podemos viver nesta terra sem nenhum móvel. E nada quer ser perdido, tudo se acumula; antigos sapatos e velhas calças nunca te deixam, eles estão sempre lá apenas esperando por você, eles têm ciúmes dos novos. Não podemos nos livrar de uma única coisa. E esses *impedimenta*, que se agarram a nós e que temos que carregar adiante, são simplesmente uma exposição de nossa psicologia.

Nossa psicologia consiste não só em um olho capaz de cobrir vastos espaços, viajar em uma fração de segundo uma centena de milhas de distância ou mais. Ela também consiste em funções se movimentando de modo muito mais desajeitado. Por exemplo, você pode entender uma coisa, conhecer cada canto dela, embora seu sentimento não tenha ainda percebido isso; você sabe tudo sobre ela, mas ela ainda não é de sua propriedade e somente no tempo certo começará a entrar em você. Você está na vanguarda de sua mente, e o exército, a melhor parte de você, está há milhas e milhas, não chegou aqui ainda. Eu vejo isso com muita frequência em meus pacientes americanos. Eles estão aqui em carne, mas raramente sonham com a Europa, eles estão sempre sonhando com a América. Então eles não estão realmente aqui – tudo é visto por meio dos espetáculos de Nova York ou Boston, somente metade ou um terço de realidade. E só depois de algum tempo baú após baú chegam da América; isso demora então nem sei quanto tempo. Algumas vezes nunca chegam, uma parte deles sempre permanece onde eles estiveram antes, o que é bastante razoável; certamente se os europeus fossem para a América, demoraria muito mais para chegarem lá, porque nos apegamos ao solo muito mais que os americanos. Isso é simplesmente uma lei psicológica natural.

E então você pode encontrar um bom amigo, mas depois de um tempo você descobre que ele tem uma espécie de séquito por trás dele e muitas coisas desagradáveis acontecem. Ou você se casa, e você acha que está se casando apenas com aquela mulher ou aquele homem, mas não é nada disso. Toda a ancestralidade deles, desde o homem macaco, se amontoa em seu casamento e naturalmente dentro de seu relacionamento psicológico. Demora, porque eles têm que viajar do passado remoto, e então por algum tempo, digamos meio século, você continua surpreso, e não os entendeu ainda, imagina. Portanto, veja, quando você muda, você não pode simplesmente pegar seu guarda-chuva e entrar na próxima casa, é preciso mais que uma escova de dentes. Você leva uma mala, e então alguém chega depois de você com um baú, e então vem um carro, e depois uma van, e então você ainda não passou por tudo, porque lembranças de todo tipo de coisas vão se agarrar aos lugares onde você esteve. Assim uma mudança real parece nada menor que um terremoto. Você pode mudar a consciência por um mero pensamento. Em cinco minutos eu posso resolver uma dificuldade. Eu digo: bem, isso é assim e assim, e a pessoa com quem estou falando, se acontece de ser intuitivo, diz: isso é ótimo, agora eu compreendo. E sai todo pomposo. Mas nada aconteceu, ele não ouviu nada. Ele vira a próxima esquina e desmorona. Existem alguns indivíduos que nascem semanalmente, como Buda, que passou por cerca de 570 renascimentos. Esta é uma verdade psicológica também.

Então aqui o homem inferior está no topo de uma carga de coisas que nunca irão fazer acrobacias; a única experiência acrobática que eles terão será a acrobacia que alguém deverá fazer para manejar todos aqueles baús. É um bom exercício para alguém, e eles não irão se mover porque são conteúdos mortos que não se movem a não ser que alguém os mova. Eles consistem em toda passividade morta e inércia das camadas mais profundas do inconsciente. Nós não pensamos naquilo de forma comum, mas o que quer que tenhamos que carregar, bem, elas só têm que ser carregadas. Não se pode mudá-las, tem-se que se convencer de viajar com toda a carga nas costas. Debaixo do homem inferior vem toda a carga de coisas que estão mortas; elas são um estorvo, mas deve-se carregá-las como um caracol que carrega sua casa nas costas.

Sr. Holdsworth: E sobre os europeus que vão para a América?

Dr. Jung: Eu acabei de dizer que provavelmente ele estaria menos na América do que o americano na Europa. Eu acredito que os americanos possuem uma habilidade maior para se mover do que os europeus, mas naturalmente uma parte americana é tão profundamente enterrada em solo indígena que nunca irá deixar a América de forma alguma, assim como nós nunca deixaremos a Europa – ou somente em algumas gerações. Então acontece a divisão colonial.

A van de móveis, então, expressa a ideia de mudança, e essa é provavelmente a razão por que na imagem seguinte a van se transforma em uma pequena casa, e o sonhador se acha na casa assim como o motorista. O que isso significa em termos psicológicos?

Sr. Schmitz: Ele encontrou um novo lugar para todas as suas coisas.

Dr. Jung: Bem, sim, ele chegou aqui no novo espaço no qual se presume que ele deve se mover. Uma nova situação é alcançada.

Sra. Deady: Ele não deve se livrar de um pouco de seu *impedimenta*? O sonho diz que é uma casa pequena.

Dr. Jung: Mais modesta do que ele está acostumado, mas eu conheço aquele homem e tenho certeza de que se ele mudar para uma casa nova, irá levar todas as suas coisas consigo. Ele obviamente chega a uma nova situação, em uma casa que não é móvel em si mesma, é uma situação estabelecida. Ele chega a certa conclusão, um ponto de vista definitivo, pode-se dizer, um local de residência em que ele deve ficar por um tempo, aparentemente. Isso significa uma nova conquista psicológica, um passo definitivo para a frente. E então algo bem peculiar acontece – a transformação daquele belo homem, o motorista, em um perfeito inculto, homem macaco primitivo. Como essa transformação acontece? Nós devemos ver uma razão em algum lugar.

Dr. Deady: A van continha as camadas mais profundas do inconsciente.

Dr. Jung: Sim, mas por que isso deveria afetar o motorista?

Dr. Deady: O que é apropriado para uma van de mudanças se torna inapropriado em uma casa. O seu eu animal nômade é inapropriado quando ele se estabelece.

Dr. Jung: Você quer dizer que o fato de se estabelecer é mais ou menos ofensivo para o homem inferior, e ele instantaneamente apresenta mais más características? Este é um ponto de vista totalmente aceitável, porque está apoiado por fatos. Vemos pessoas que, contanto que estejam em movimento, contanto que possam ser nômades, são manuseáveis, mas, tão logo se estabelecem, desenvolvem todo tipo de características desagradáveis. Não suportam ficarem imóveis. Por que isso?

Sra. Crowley: Uma resistência à responsabilidade.

Sr. Schmitz: Eles são muito reprimidos em uma casa. Ter uma casa reprime muitos dos instintos que uma vida nômade permitiria realizar.

Dr. Jung: Mas essa é a única razão?

Sra. Sigg: Eles têm que fazer um grande esforço para adaptação, e isso vem lentamente.

Dr. Jung: Certo. Vocês se lembram daquele sonho da cabana em que este homem encontrou o crocodilo, o sáurio?[26] Aquela foi uma situação similar. A cabana era uma espécie de casa, significando uma situação definitiva. Vejam, é muito típico dos seres humanos que, contanto que as coisas estejam suspensas e se tenha a possibilidade de se ir mudando e mudando, eles sempre têm a esperança de achar as coisas boas ao virar a próxima esquina, então eles nunca insistem em encontrar a felicidade onde eles estão. Mas quando você se assenta e assume que agora terminou, você está contra uma parede de tijolos. A felicidade não vai descer até você, é mesmo uma força considerável se manter quieto. E então você se lamenta dos tempos anteriores quando você podia escapar e desaparecer em algum lugar nas nuvens do horizonte. Então você se promete a todo momento um novo país, novas oportunidades, coisas maravilhosas, e é seduzido constantemente, vivendo a vida provisória.

Isso é muito típico da psicologia específica do neurótico; parte da neurose consiste naquela vida suspensa, ou melhor, a vida provisória. Eu aprendi esse termo de um paciente que tinha uma neurose compulsiva. Ele disse: "O problema é, eu estou vivendo uma vida provisória, e o nome disso é Ilha da Neurose Feliz, onde nada acabou ainda. Eu tenho agora quarenta e cinco anos, e sei que comecei minha vida provisória – eu entrei para a Ilha da Neurose Feliz – quando eu tinha dezessete. E eu não posso ser curado porque, se eu devo relembrar novamente, eu deveria despertar um rapaz de dezessete anos e perceber que tantos anos foram desperdiçados. Agora eu tenho esperança e posso viver". Eu disse a ele no começo que ele não poderia passar por isso, porque ele não poderia descartar o sacrifício de trinta anos; é um sacrifício sangrento destruir trinta anos de sua vida. Ele poderia ter feito isso se quisesse ser curado, mas ele não queria. Em casos como esse dificilmente se quer. Essa é uma excelente formulação da psicologia peculiar do neurótico. Ele vive como se não houvesse tempo, como se nada tivesse acontecido ainda e tudo ainda estivesse por vir. Não há o aqui e agora, mas uma eternidade de dez milhões de possibilidades, e porque ele é seduzido por um tipo de imaginação ou algum sentimento vago, toda ação que pode levar a algo definitivo é instantaneamente verificada e de alguma forma tornada ineficiente. O neurótico não pode

---

6. Sonho 20, p. 308.

ou não deseja ocupar o novo lugar pelo qual ele deve se declarar inteiramente responsável para o melhor ou para o pior.

Agora, nós vemos a grande dificuldade com que meu paciente é confrontado. Ele poderia se declarar responsável por sua própria situação, mas realmente cumprir isso faz uma grande diferença. Eu não me importo nem um pouco quando as pessoas dizem que é impossível, que eles não podem fazer isso. Eu digo: é claro que é difícil colocar uma corda em seu próprio pescoço, é como se você estivesse se enforcando; mas de outra forma você está suspenso em uma possibilidade que enfraquece e enfraquece, e vai jogando fora tempo e vida. Se você tiver que escolher entre o diabo e a profundeza do mar, às vezes é melhor escolher um ou outro do que ficar entre eles, onde nada acontece. Então é um grande passo à frente para o sonhador quando ele pode dizer: "Esta é minha casa, eu estou aqui". Isso não parece muito importante, mas é ele próprio e ele decidiu ficar. Então se espera que as coisas ficarão bem agora desde que ele tenha feito um grande sacrifício, mas então um grande inferno começa. Fantasmas. A casa é assombrada pelo homem macaco, e o inconsciente começa a usar todos os truques de macaco que ele pode inventar. Há uma enorme revolução no inconsciente. De repente é um animal selvagem e começa fazer o inferno com ele. Uma porta se fecha. Nada mais, há comida e água, mas lá há uma porta fechada, e este é o momento típico. Está agora na casa e, muito endiabrado, torna-se mais macaco do que homem e começa a escalar. Essa escalada é muito parecida com as acrobacias anteriores do sonhador. Ele não é muito ofensivo, ele é como um babuíno ou algo do gênero.

Eu estive uma vez em uma sala com um babuíno. Eu estava sentado muito silenciosamente num canto enquanto ele estava pulando sobre as peças do mobiliário. O homem que estava comigo – um famoso educador de macacos – disse que era melhor não prestar atenção a ele. Então ele pulou na minha cabeça e ombros, e eu estava bem-assustado porque babuínos podem morder como o diabo. Eu não ousei me mexer, sentei-me quieto, e nesse momento ele começou a procurar piolhos na minha cabeça. O homem disse que eu mostrei a ele a correta habilidade com macaco. Vejam vocês, aquele tato com macaco realmente funciona com crianças e símios, e você deve demonstrar habilidade com macacos para aquelas características símias de seu inconsciente. Somente as ignore por um tempo e se mantenha tão quieto como se você não existisse, ainda que elas sentem nos seus ombros. Então elas irão gostar de você e se tornarão suas amigas, então a natureza vem a você. O erro que as pessoas cometem é ficarem chocadas ou assustadas no primeiro animal, então sua consciência quer fazer amigos – cacarejam, cacarejam para eles – e naturalmente o animal não entende a linguagem infantil, e eles têm um inimigo a mais. É o mesmo com crianças. Eles odeiam pessoas que falam com linguagem infantilizadas com eles, e as desprezam porque elas querem ser amigas.

Não se espera que adultos façam amizade com crianças pequenas, crianças fazem amizade com adultos; elas algumas vezes se tornam bastante teimosas quando você parece gostar delas.

Então, com o inconsciente você não deve entrar em pânico. Naturalmente o macaco faz um inferno. Você deve se manter completamente imóvel e não enlouquecer, ou o macaco enlouquece; se *você* se mantiver quieto, depois de um momento a paz irá permear toda a sala; ele verá que não há razão para ficar excitado, uma vez que aquele camarada com a pele peculiar não está excitado. E assim o motorista, o homem macaco, não é ofensivo. Ele está só fazendo seus truques como antes e de forma não muito agressiva, embora ele tenha cheiro de zoológico e isso não seja muito agradável para pessoas cultas. Mas agora algo terrível acontece, alguém faz uma sugestão – a bisavó! Aquilo decididamente significa problema. Um novo elemento está entrando na situação. Até o presente momento esta pequena casa era uma casa masculina, só homens dentro e perfeitamente agradável. Um homem pode cooperar com o seu homem inferior contanto que não haja nada sobre uma bisavó, mas se há uma bisavó as coisas mais fáceis se tornam insuportáveis.

Sra. Baynes: Naturalmente a bisavó não é o babuíno.

Dr. Jung: O babuíno é a sombra, nós já o localizamos. Mas essa bisavó não é uma figura que pode ser explicada pessoalmente. A bisavó deste homem já desapareceu na poeira dos tempos. E essa nova figura, uma espécie de figura inteiramente impessoal e mitológica, quem ela seria?

Sr. Schmitz: O anima.

Dr. Jung: Sim, mas você diria somente anima? Isso é muito indefinido, nós devemos torná-lo mais específico; devemos prestar atenção à palavra especificamente. Vejam, a palavra "bisavó" (*great-grandmother*), que é exatamente a mesma em alemão, significa uma verdadeiramente grande mãe, ou a grande avó, como os primitivos diriam, o que significa uma grande intensidade, a verdadeiramente maior mãe. Esse é um título honroso muito alto. Ela deve ser um extraordinário ser. Vejam, a ideia primitiva é que, quando um homem morre, se ele deixa um filho, ele entra na terra dos mortos como um pai e somente uma galinha é sacrificada para ele. Então seu filho se torna um pai (*father*), e o pai na terra dos mortos se torna um avô (*grandfather*), e instantaneamente ele sobe de patamar; ele é então um tipo de duque, e o filho deve sacrificar não uma galinha, mas um touro. Então a importância do avô é muito maior do que aquela do pai. Nós não percebemos que essa é a origem da palavra. Significa que, quanto mais cedo você remove a mãe do presente momento para o passado, mais a importância dela aumenta. Ela se torna mais e mais duquesa, mais e mais um expoente na origem da humanidade. Alguém poderia dizer, assim como o pai se aproxima do animal totêmico, então, quanto mais gerações existem entre a mãe e a geração presente, mais ela se torna um "grande grandioso" poder, pois ela então representa a totalidade do poder do passado humano.

Prof. Hooke: Por que ela tem uma face jovem?

Dr. Jung: Esse é o aspecto da bisavó como o anima. Ela é muito velha e ao mesmo tempo muito jovem.

Palestra VII

18 de junho de 1930

Dr. Jung:

Nós discutimos o homem macaco no sonho da semana passada, e hoje vamos ao próximo ponto: o menino. Vocês se lembram de que ocasionalmente nos deparamos com o menino em sonhos anteriores[1]. Claro, esse símbolo nem sempre significa a mesma coisa. Às vezes ele é repetido exatamente com o mesmo sentido do sonho anterior, e outras vezes não. Sempre depende do contexto do sonho em si e também da atitude consciente do sonhador. A melhor técnica, no entanto, é tratar cada sonho como uma proposição totalmente nova, cada situação como inteiramente nova, como se nós nunca tivéssemos ouvido sobre o significado dos símbolos anteriormente. Eu recomendo esta técnica nesse caso. A *dramatis personae* até então é o próprio sonhador, o motorista que se tornou o homem macaco, e algumas pessoas desconhecidas somente passaram rapidamente, entre elas um menino, obviamente não muito notável, a princípio. Vocês têm alguma ideia sobre essas pessoas?

Sr. Schmitz: Eles são forças menores – espécie de cabiros[2]. Eles eram os empregados do sonho anterior.

Dr. Jung: Seria semelhante, mas nesse caso sem a conotação particular dos empregados. Vejam, um empregado denota uma pessoa que está em certa posição de dependência ou cooperação, mas aqui são apenas presenças, e não há certeza de que eles estejam em alguma relação de cooperação com o sonhador. Apenas estão lá, e nós não podemos sequer dizer se eles são hostis ou amigáveis. Isto é, eles representam figuras do subconsciente que ainda não estão claras, ainda não decididas, mas entre elas está a figura reconhecida, o menino. Naturalmente precisamos ter as associações do sonhador neste caso, porque nós não podemos nos permitir supor que o menino é exatamente o que ele era nos sonhos anteriores.

---

1. Sonho 12, p.174, e sonho 18, p. 414.

2. Cf. 22 de maio de 1929, n. 3 e 10.

Vocês se lembram, por exemplo, de um sonho no qual ele tinha características claramente divinas, como um deus grego, Eros, como disse o sonhador. Aqui o menino obviamente funciona como um tipo de médium, pois o sonhador diz que ele entra em um estado como de transe e então a bisavó aparece. Essa é a primeira vez que temos essa figura em um sonho. Agora, isso em si mesmo é um símbolo, porque não é realidade; ele não está preocupado com nenhum menino que poderia ser um médium na realidade, e, portanto, essa é uma criação simbólica perfeitamente fantástica. Como vocês traduziriam isso em linguagem psicológica?

Sra. Sigg: O menino é jovem, então ele sugere um começo, uma nova atitude.

Dr. Jung: Mas o que mais?

Sra. Fierz: Talvez a mente de todas aquelas outras figuras subconscientes.

Dr. Jung: Se o sonhador fosse uma mulher, nós poderíamos dizer que ele representava um novo pensamento nela, porque a mente em uma mulher é usualmente representada por uma figura masculina, mas como o sonhador é um homem, isso pode ser outra coisa.

Sr. Schmitz: Uma mensagem do inconsciente para o consciente.

Dr. Jung: Sim, mas essa é uma interpretação muito positiva. Você pode também interpretar isso de forma um pouco mais redutiva.

Sra. Sigg: Um menino também apareceu no sonho anterior quando o sonhador estava fazendo acrobacias nas árvores, e ele tentou bater no sonhador com uma barra.

Sra. Sawyer: O sonhador tirou a barra de dentro da boca do menino, então ele estava sangrando.

Dr. Jung: É verdade. O menino estava segurando a barra em sua boca, com a qual tentou bater no sonhador, e então, quando o sonhador a tirou da boca, fez a boca do garoto sangrar. Bem, aqui nós temos, como acontece frequentemente, dois temas que também aconteceram juntamente em um sonho anterior, neste caso o homem macaco e o menino. Então estamos sendo confrontados de uma vez com a questão de qual é a conexão existente entre eles, e isso nos leva à interpretação redutiva do menino. O que é o menino?

Sra. Crowley: O oposto do homem, a compensação do homem macaco.

Dr. Jung: Essa é novamente uma ideia muito positiva do menino, mas podemos ter uma ideia negativa dele também. Nós podemos dizer, por exemplo, que ele é o aspecto infantil do sonhador, o sonhador ele próprio como um menino. Vocês sabem que meninos reais têm muitas características símias, subindo onde não devem subir e brincando com todas as formas de macaquices; meninos são conhecidos por essas coisas, eles geralmente se comportam como macacos. Nós não temos nenhuma razão para pensar que meninos pequenos são anjos. Então homens que ainda possuem o menino em si não são de forma alguma seres humanos encantadores, eles podem ser brutais. Vejam, quando ele aparece em conexão com o homem macaco, temos que olhar o outro lado; o menino é um símbolo muito ambíguo. Espero que vocês se lembrem do livro alemão que citei quando estávamos falando sobre esse assunto, *Das Reich ohne Raum* (O reino sem espaço), de Goetz[3]. É sobre o lado negativo do *Puer Aeternus*, a história dos meninos com capa de couro que aplicavam os mais surpreendentes truques nas pessoas, mas não de forma boa. No sonho anterior, então, nós temos o tema símio, escalando as árvores, e o menino, e aqui novamente o homem macaco aparece, e imediatamente depois aparece o menino. Então devemos prestar atenção à conexão.

Na verdade, o elemento infantil em um homem naturalmente leva a figuras ancestrais, vidas passadas. É por isso que os primitivos possuem ideias bastante peculiares sobre educação. Eles acreditam que os espíritos ancestrais são encarnados nas crianças, por isso eles são contrários a puni-las; não se deve bater nas crianças, porque se você ofende uma criança pode estar ofendendo os ancestrais. Mas quando elas atingem a idade da puberdade os espíritos vão embora, e aí há violência. O espírito do jovem homem é rompido, como se o espírito de um cavalo fosse rompido. Antes disso não há educação, por causa do medo deles da raiva dos espíritos ancestrais, que poderia se voltar contra eles, e então a criança pode morrer ou algum mal recair sobre a família. Agora, aquela ideia de que a criança é possuída por um espírito, ou que a pura essência da criança é o espírito ancestral, corresponde ao fato de que a psicologia infantil realmente consiste do espírito ancestral, ou do inconsciente coletivo. É um longo período antes que a criança desenvolva uma psicologia própria, e todo nosso esforço de criar uma psicologia infantil será bastante fatal se nós desconsiderarmos o fato de que isso é psicologia coletiva. É impossível entender sonhos infantis, se isso não for considerado[4]. Eles têm sonhos que são absolutamente adultos e mais que adultos e que vêm diretamente do inconsciente coletivo. Isso é bastante compreensível, claro, já que a criança começa em total inconsciência. Essa psicologia do inconsciente coletivo inclui os ancestrais até as eras mais remotas – até o homem das cavernas ou homem macaco. Dessa forma se veem os símbolos mais inacreditáveis em seus sonhos, e antigos ritos são reavivados em seus comportamentos. E todos conhecem a sabedoria de uma criança pequena; eles dizem as coisas mais extraordinárias se você prestar atenção. Existe um provérbio alemão que diz que as crianças e os

---

3. Cf. 27 de março de 1929, n. 4.

4. Jung apresentou seminários ou palestras (em alemão) sobre sonhos de crianças no E.T.H. (*Eidgenössische Technische Hochschule*), em Zurique, nos invernos de 1936-1937; 1938-1939; 1939-1940. As transcrições só circularam de forma privada; uma tradução em inglês foi editada somente para as palestras de 1938-1939. Cf. OC 17, § 106, editorial n. 3, e *Bibliografia geral*. OC 19, p. 214-215.

tolos dizem a verdade. Isso acontece porque eles se manifestam pelo inconsciente coletivo, e então revelam coisas que o homem comum nunca pensaria em revelar.

Então o menino, ou o elemento infantil, em um homem adulto pode significar uma parte de sua psicologia que atinge seu passado remoto e que se liga ao inconsciente coletivo por meio de sua vida instintiva. E na medida em que nosso futuro é trazido pelo inconsciente coletivo, o menino também aponta para o futuro. Pois tudo que vamos ser no futuro é preparado no inconsciente coletivo, então ele é de certa forma também a mãe do futuro. Portanto, por um lado, o menino significa alguma coisa excessivamente infantil, de volta aos macacos, e por outro lado algo que alcança o futuro longínquo. Frequentemente achamos que aquele pequeno menino em seus jogos parece estar antecipando o futuro, como quando ele brinca com soldados e organiza batalhas – ele irá talvez fazer isso na realidade. O menino é de certa forma uma ponte entre o passado remoto e o futuro remoto. Nesse caso ele é um médium, e um médium é uma ponte entre o consciente e o inconsciente, ou entre essa realidade e a terra dos espíritos. Agora, isso tudo é teoria, mas eu gostaria de saber o que isso significa na prática, como isso é percebido na realidade. Como posso trazer isso para o sonhador para que ele se identifique? – pois este é o ponto principal da interpretação do sonho, que se traga uma conclusão para o sonhador e ele sinta: é isso! Como vocês procederiam a esse respeito? Como ele sente isso em si mesmo?

Sra. Sigg: Ele pode sentir isso em sua natureza física. Parece que o sonhador tem por vezes uma inclinação para coisas que são muito artificiais.

Dr. Jung: Isso naturalmente teria como consequência que ele ficaria mais simples conforme ele se torna uma criança, mas isso pode ter outro efeito. Vejam, o menino está no primeiro plano do seu sonho, o que é simplesmente uma demonstração gráfica de algo que acontece com o próprio sonhador na realidade. Como ele sentiria isso em sua psicologia?

Sr. Schmitz: Ele estava interessado no espiritualismo antes de se ocupar com a psicologia, e como esse menino é um médium, é como se ele tivesse voltado às coisas ocultas.

Dr. Jung: Sim, essa é uma sugestão importante. Obviamente essa parte do sonho tem origem em seus interesses espirituais. O menino é um médium e até agora representa uma regressão a um interesse anterior; ele dá um passo para fora da psicologia, de volta ao espiritualismo. Além disso não é muito mental, é uma peça da psicologia infantil – ele está se tornando parcialmente infantil. Mas eu gostaria de saber se vocês têm alguma imaginação sobre isso, se compreendem o que isso significa. Vocês têm a sugestão de que o menino está entrando em um rígido estado de transe, e aquilo poderia descrever o que o sonhador sentiria se ele pudesse entender o menino.

Dr. Schlegel: Ele não se sentiria de alguma forma separado da realidade?

Dr. Jung: Isso é verdade. O transe em si é obviamente um meio usado pelo médium profissional para tirar o indivíduo da realidade, assim seu processo mental fica completamente isolado de influências externas. É um tipo de sono, ainda que não um sono comum; é uma parte que é separada da consciência, isolada da realidade que o rodeia. Esse é um passo, mas precisamos ir um pouco mais longe. Por que ele deveria ser isolado do que o rodeia? Qual é a condição do transe?

Sr. Schmitz: Isso é uma regressão à magia – um significado secundário?

Dr. Jung: Sim, obviamente a regressão dele é para uma mentalidade mágica, então devemos tentar achar nosso caminho por meio das complicações da mente primitiva. Essa é uma peça da vida primitiva. A situação imediatamente anterior, no sonho, é muito estranha e pode facilmente se tornar perigosa; o motorista foi transformado em um homem macaco pelado, e ele está fazendo acrobacias. Há um senso de perigo em todo o sonho que é confirmado por seu desenvolvimento posterior. Claro, é mais estranho para o sonhador que a característica expressa por um homem macaco pelado está solta dentro dele; aquele indivíduo pode fazer Deus sabe lá o quê, e imediatamente a seguir vem sua tentativa de violência contra a bisavó, que é um crime. Existe por perto uma força esmagadora, incontrolável, um tipo de gorila, e o que ele pode fazer contra esse sentimento? E quando começam a atirar, o que ele pode fazer contra canhões? Então ele está beirando o pânico, e nos momentos de pânico pessoas desenvolvem uma psicologia primitiva. Isso é um pânico interior que o homem percebe em seu estado de sonho. Vejam, isso começou originalmente com o rato que fugia[5], e agora está se tornando mais uma avalanche, está crescendo dentro dele, ele já tem que lidar com o homem macaco. Sob essas condições o homem sempre regressa à mentalidade mágica. Quando se é confrontado com uma situação perigosa que você não sabe como lidar, o que você faz? Vocês alguma vez já se observaram em um momento desses?

Dra. Howells: As pessoas fazem as coisas mais absurdas.

Dr. Jung: O que você chamaria de absurdo? Este é um valor que vem de uma perspectiva de nossa consciência quando dizemos então: Deus! Eu não fui absurdo! – ou quando vemos algo acontecer em uma situação de pânico e chamamos isso de idiotice, julgado de fora.

Srta. Sergeant: Às vezes as pessoas rezam.

Dr. Jung: Sim, às vezes pessoas que normalmente nunca pensariam em rezar de repente começam a rezar, ou fazem gestos correspondentes. Ou fazem gestos totalmente diferentes – vou contar uma coisa que eu vi certa vez. Um celeiro estava pegando fogo próximo à minha casa. Era noite, pessoas chegavam direto da

---

5. Cf. sonho 24, p. 500.

cama, tinha uma mulher camponesa miseravelmente vestida e, naturalmente, em estado de completo pânico. Eu fui um dos primeiros no local, e abri as cocheiras para deixar o gado sair. Então veio uma mulher correndo. Ela simplesmente andou na direção da lua, implorando aos deuses com gestos trágicos, entoando um Oh-h-h-! Eu corri atrás dela e disse: "Que diabos você está fazendo aqui?" Em seguida ela se agarrou ao meu pescoço e se pressionou contra meu corpo com abraços e carícias. Sendo um psicólogo, eu sei que aquele era um momento no qual a convivência sexual seria indicada, pois lá estava uma grande tragédia, o mundo estava desmoronando, e portanto ela precisava copular no local. Aquilo não era brincadeira, era um negócio muito sério. Aquilo aconteceu nas ruas de Messina na hora de um terremoto[6], muitos casais foram observados. Quase invariavelmente num assassinato em família, o homem tem relações sexuais com sua mulher antes de atirar nela; é uma coisa usual, um fato bem conhecido, a natureza humana reage dessa forma. Pense você, aquele não foi o único caso da noite que estou contando a vocês; teve outra mulher, uma criada, que acordou de repente e perdeu a cabeça.

Sr. Schmitz: Mas também o contrário é verdadeiro. Se a relação sexual é esperada e não é realizada, então se sonha com uma conflagração.

Dr. Jung: Sim, ou uma alucinação correspondente de que a casa está pegando fogo. E neste momento ações que tentam afastar o demônio, antigos rituais de magia, vêm à tona. Então nosso sonhador está obviamente aflito com a presença do homem macaco, pois ninguém deve pensar nessse sonho como uma espécie de quadro na parede; há um drama encenado nele. Ele está no auge do drama e isso o pegou, um tipo de delírio, uma fúria de emoções, e agora a esse medo ele dá significados muito peculiares, um ritual mágico: o menino entra em transe para trazer a bisavó do mundo de Hades. Pessoas teriam feito isso há mil ou dois mil anos quando estavam com grandes problemas, ou em dúvida frente a uma grande decisão. Nós sabemos disso pela Bíblia: eles consultavam os mortos ou uma bruxa. Agora eles vão a um médico, o que é a mesma coisa, e ele analisa seus sonhos, chamando os mortos, chamando o inconsciente, todo o ritual mágico do começo ao fim. Aqui o menino é usado com o propósito de despertar os mortos. Meninos são muito usados em bolas de cristal e outras atividades mágicas.

Por exemplo, eu me lembro de uma história de um encantador de cobras (uma história verdadeira que me foi contada por um engenheiro suíço empregado no Egito) que sempre segurava um garotinho em seu braço enquanto estava captu-

---

6. Em 18 de dezembro de 1908 um violento terremoto destruiu 90% da cidade de Messina, Sicília. Cf. o comentário de Jung em uma carta para Freud em 19 de janeiro de 1909 (*The Freud/Jung Letters*, p. 199).

rando cobras. Ele não era um profissional como o homem no Cairo[7], ele era um beduíno que era chamado quando as cobras se tornavam realmente uma peste. O país estava infestado de víboras da areia; elas são terrivelmente venenosas e vivem enterradas na areia esperando por suas vítimas, com apenas a ponta da cabeça para fora. Houve muitas baixas entre os trabalhadores nativos. Eles não conseguiam capturá-las, então com alguma relutância eles chamaram esse encantador de serpentes, que apareceu assoviando e carregando aquele garotinho. Ele disse que a criança era absolutamente necessária para lhe dar proteção. Ele foi de arbusto em arbusto, colocava sua mão, e tirava as cobras completamente rígidas e em uma situação de encantamento. Vocês provavelmente leram essas histórias, em que meninos ou garotinhas funcionavam como médium em um estado de sonambulismo. Na Antiguidade isso era uma espécie de profissão.

Um exemplo muito interessante disso foi encontrado em uma escavação no Egito. Descobriram uma lista dos criados na casa de um oficial romano na época do império, e entre eles estava um nome escrito em grego, Walburga Sibylla[8]. Walburga é um nome alemão, e as mulheres alemãs são particularmente mediúnicas; é sabido que muitas escravas alemãs eram vendidas para ser usadas como médiuns e sonâmbulas. Então esse era o nome da médium da casa, uma garota alemã que foi vendida como escrava no Alto Nilo. Ela pertencia ao âmbito doméstico de um distinto nobre, e em caso de emergência podia ser sua médium; ele podia pedir para sua Sybilla profetizar o que ele deveria fazer. E agora nós também temos clarividentes a quem podemos consultar quando em dúvida. Esse é um expediente que foi usado em civilizações antigas assim como entre os primitivos, e esta é a conexão no sonho. A situação se torna estranha, e em seu pânico este homem aproveita este antigo meio para conseguir conselho ou ajuda. Como não há ajuda humana, o inconsciente é invocado, e nesse caso é a bisavó.

Nós ainda não chegamos ao fato concreto de como esse simbolismo do menino funcionaria em nosso paciente. É óbvio o elemento infantil; o homem adulto nele não sabe como resolver o problema, e eu fui incapaz de lhe dizer. Eu disse a ele que deve haver alguma solução misteriosa que eu não conheço. Então ele foi lançado de volta sobre si mesmo e muito obviamente chegou ao fim de todos seus recursos mentais. Ele sente algo se arrastando sobre ele, algo está crescendo em força e perigo, e agora é o homem macaco, e sob essas condições as pessoas se infantilizam. Muitos neuróticos incutem em si mesmos por esse canal esta particular infantilidade, mas, se soubessem do problema particular deles, vocês poderiam entender.

---

7. Quando Jung viajou pelo Nilo na primavera de 1926, seu interesse em um encantador de cobras foi gravado em um filme feito por H.G. Baynes.

8. Do grego *sybilla* = "profetisa".

Quando tudo é absolutamente escuro, a única coisa a fazer é se tornar histérico ou infantil. Às vezes é necessário muito pouco para reduzir um homem, não importa o quão adulto, a uma criança lamuriosa que simplesmente se joga no chão e chora por sua mãe, e isto foi o que aconteceu a esse homem. Ele não encontra outra saída, então ele se torna um garotinho, e isso prova ser o caminho, por enquanto. Seguindo aquele caminho, o qual ele não consegue achar por meios intelectuais, afundando-se naquela regressão, ele cai dentro do arquétipo do menino, como milhões e milhões de pessoas em incontáveis milhares de anos já fizeram. Quando eles ficam em uma má situação, tornam-se infantis, completamente absurdo. Eles simplesmente deixam a si mesmos suspensos sobre os alicerces do instinto.

Assim é formado o padrão do menino que não sabe o que fazer e em seu desespero chega a um estado de *ekstasis*. Esse é o termo, para quando o pânico ou uma dor terrível atinge o cume, ele cessa e a pessoa se torna estática. A dor não pode ser suportada em intensidade sempre crescente depois de certo ponto. Então ela volta e se torna *ekstasis*. Esse sintoma é mencionado no famoso livro, o *Malleus maleficarum*[9], como um dos sintomas da bruxaria; ele era chamado de o sono das bruxas. Quando o humor de alguém atinge a mais profunda escuridão, então vem a luz. Esse é o mito do sol. Uma queda simples dentro do padrão mítico, o arquétipo; esse é a forma natural que as coisas tomam. Há inumeráveis casos na Bíblia: quando o desespero tiver atingido seu clímax, Deus se revela, o que é simplesmente uma verdade psicológica. Então, quando este homem está reduzido àquele garotinho, perfeitamente indefeso e enrijecido de medo, depois daquele estado de entorpecimento e absoluta exaustão, então o *ekstasis* vem e a mãe aparece. Claro, nenhuma mãe real aparece, mas a bisavó, que é, como eu disse, um título muito alto e honroso. Não é como se a mãe normal aparecesse ao garotinho; quando o homem adulto se torna como uma criança, absolutamente desesperado, então a mãe divina aparece, e ela é muito velha e ainda muito jovem, como é descrita em seu sonho. Ela tem um rosto muito novo.

Agora, antes de continuar, eu espero que vocês estejam suficientemente familiarizados com o humor interior do sonhador. Ele está especialmente desesperado por causa da vinda do homem macaco. Vocês devem entender o que significa para uma pessoa respeitável e muito racional quando ele é de repente confrontado com essa realidade. Nós somos naturalmente inclinados a pensar: ah, bem, sonhos não são tão reais. Mas durante à noite essas coisas são terrivelmente reais. Pode-se esquecer por um momento, e depois o problema vem novamente. Ele

---

9. Dois inquisidores dominicanos, Jacob Sprenger e Heinrich Krämer, publicaram (1489) o *Malleus Maleficarum*, ou *Hexenhammer*, martelo de bruxas, um manual dando regras para descobrir e punir bruxas.

não pode fugir disso. Ele confessa que não sabe nada o que fazer sobre isso, então ele simplesmente desiste, e este é o momento mais favorável para a manifestação do inconsciente. Quando chegamos ao fim de nossa sagacidade, então o arquétipo começa a funcionar. Desde a eternidade o homem passou pór situações com as quais ele não podia lidar, em que instintos tinham que se impor e resolver a situação, seja de um jeito esperto ou pela *coup de force*, e essa é a situação agora. Esperaríamos que o inconsciente nessa situação produza a imagem que tem mais possibilidades de ajudar, e quando um homem é reduzido a um garotinho, ele está naturalmente chorando pela mãe. Se um homem adulto chega àquela condição reduzida, não se trata de uma mãe comum, porque ele sabe muito bem que sua própria mãe não ajudaria muito, a não ser que acontecesse de ela possuir uma segunda visão ou possuir uma personalidade superior. As mães comuns não são personalidades superiores. Então é a bisavó, uma mãe mítica anterior, a mãe do imenso passado, quem aparece.

Sr. Schmitz: Eu penso que um homem não faria isso conscientemente. Eu conheço um caso em que um homem conheceu um homem selvagem em um sonho e disse a si mesmo: "Claro, eu não posso fazer nada contra este homem usando a força, mas existem truques; as pessoas sempre tiveram a habilidade de matar animais muito mais fortes que eles daquele jeito". Então, no sonho, ele faz um truque e mata o homem macaco. O que o senhor diria sobre isso?

Dr. Jung: Aquilo foi presença de razão. Não foi um caso de completo desespero. O homem manteve sua mente racional e aplicou jiu-jítsu. O homem macaco pode obviamente ser tratado dessa forma. Mas nesse caso não há sentido para nosso sonhador matar o homem macaco.

Sr. Schmitz: O homem de quem estou falando ficou satisfeito com o sonho, mas duas horas depois ele teve uma crise de náusea.

Dr. Jung: Esse é um caso muito questionável. Veja, na mitologia o herói tem que matar uma série de monstros e nada particular acontece, mas de repente com um certo monstro acontece alguma coisa. Usualmente, existe um tanto de séries de vitórias sobre o homem macaco, até que a vida esteja tão purificada que nada mais aconteça nunca mais. Mas então o homem macaco vem novamente, e desta vez você não pode matá-lo. O problema é que nenhuma prescrição geral é possível. Em certos casos, alguém tem que dizer: "Agora o mate, acabe com ele". Em outro caso, acontece o contrário. Portanto, eu não dou nenhum conselho.

Sr. Schmitz: Aquela crise de náuseas talvez signifique, nesse caso, que teria sido melhor ser um pouco mais masculino; em vez de matá-lo, ir à bisavó.

Dr. Jung: Bem, ele não podia *escolher* fazer aquilo, isso seria um caso de necessidade, assim como acontece com o nosso sonhador. Ele tentou praticamente todas as formas de lidar com o seu problema, e neste caso não tinha nada a ser feito a não ser ir para a mãe. Como Fausto – ele não podia matar Mefistófeles –, e ele teve que ir às mães para procurar o renascimento[10].

Sr. Schmitz: Se ele tivesse tentado matá-lo, isso teria sido errado talvez?

Dr. Jung: Se ele tivesse sido o Sr. Smith ou o Sr. Jones, ele poderia ter sido autorizado a matar o diabo. Mas não Fausto. Existem muitas pessoas que não são importantes que são obrigadas a matar o diabo, mas isso pode não ter valor algum nesses casos. Neste caso, nosso sonhador tem que lidar com o problema do homem macaco. Ele não pode matá-lo, e a situação era tal que a bisavó teve que aparecer. Agora o que é essa bisavó?

Dr. Schlegel: Todo o passado da humanidade.

Dr. Jung: Sim, de certa forma. Mas por que não o bisavô? – Ele não é também todo o passado?

Sra. Bianchi: Ela é a mãe natureza.

Dr. Jung: Mas por que a mãe natureza?

Dr. Schlegel: Porque os homens devem se render a ela. Se fosse o pai ele não seria submisso.

Dr. Jung: Por que não? Se eu estivesse nessa situação, eu não correria para a mãe, mas se existisse um bom velho pai eu talvez fosse a ele.

Sr. Schmitz: Ele está ligado ao princípio paternal, e aqui é um momento em que o princípio masculino não mais ajuda; ele tem que ir ao princípio feminino. Eu acredito que essa é a razão pela qual o homem de que falei estava enjoado. Ele não deveria ter matado o homem selvagem, ele deveria ter recorrido ao princípio feminino.

Dr. Jung: Isso é perfeitamente verdade. E esse é o caso de um homem que usou todos os meios masculinos à sua disposição. Você acha isso frequentemente na mitologia. Se um homem não sabe como resolver seus problemas, ele procura uma feiticeira, como Saul do Antigo Testamento procurou a feiticeira de Endor[11]. Na lenda de Wagner, eram Wotan e Erda[12]. Existem muitos outros exemplos na mitologia nos quais os homens procuram por conselhos femininos. Um caso muito bom se encontra em *L'île des pingouins*, que eu citei várias vezes[13], em que todos os grandes pais no céu não conseguem decidir sobre o batismo dos pinguins, e finalmente eles chamam Santa Catarina e perguntam para ela o que ela pensava

---

10. O tema das mães em *Fausto*, parte II, é tratado em *Símbolos da transformação* (1952. OC 5, § 180ss. e 299 (fim). Tb. na ed. de 1912).

11. 1Sm 28,7.

12. Na ópera de Wagner *O anel dos Nibelungos*, o deus da guerra Wotan (ou Woden) depende do conselho de sua consorte, a deusa da terra Erda.

13. Cf. 23 de janeiro de 1929, n. 2.

sobre isso, e ela decidiu isso muito facilmente. Então aqui obviamente é um caso que não pode ser decidido pela mente masculina, e então a mãe natureza, a bisavó, como última opção, teve que ser chamada, e ela é muito velha e muito nova, como natureza eterna. Ela aparece para ele como uma revelação mística fora do transe do menino. Quando a infantilidade aparece e começa o *ekstasis*, então a natureza entra para dar a última palavra. Mas agora algo extremamente importante acontece, o homem macaco pula sobre ela para violá-la. O que isso significa?

Sra. Baynes: Ele não quer que ela concorra com sua autoridade. Eles são naturalmente duas forças antagônicas, e, se ele puder, irá subjugá-la.

Dr. Jung: Mas o homem macaco – sua natureza – e a bisavó não são antagônicos.

Sra. Baynes: Mas eu pensei, considerando a posição que esse homem estava, que a bisavó teria que enfrentar o homem macaco. Digo, ela não colaboraria com ele.

Dr. Jung: O inconsciente, é verdade, revela a bisavó nesse momento com a ideia de fazer algo para realmente ajudar, mas não há muita certeza se alguém consciente sentiria isso dessa forma. Às vezes a solução de um problema é algo que alguém poderia considerar longe de ser um auxílio. Portanto eu pergunto: Por que o homem macaco não deveria pular na mãe natureza? Isso é necessariamente errado?

Sra. Baynes: Nesse caso particular, eu penso que foi muito errado.

Sr. Schmitz: Ele faz isso, claro, de uma forma muito primitiva e violenta, mas simbolicamente ele precisa tomar posse da natureza.

Sra. Baynes: Mas a bisavó não vai deixar isso acontecer, então isso mostra que ela não acha isso uma boa ideia.

Dr. Jung: Vocês têm pontos de vista opostos. O que vão fazer sobre isso?

Sra. Baynes: O Sr. Schmitz é só teórico, mas eu tenho do meu lado a bisavó que pulou pela janela!

Dr. Draper: Há aqui uma implicação para o mito de Osíris, com a figura da bisavó, neste caso, fazendo o papel de Ísis?

Dr. Jung: Você está muito certo, há uma analogia completa. O homem macaco faria o papel de Set. Diferentemente de todos os outros deuses egípcios, Osíris era um homem-deus, era para ele ter vivido na Terra como um homem, e sua sina foi o destino típico do deus sacrificado, como Cristo, Átis etc. Ele foi desmembrado por Set, o diabo egípcio, que normalmente aparecia sob a forma de um porco preto, totalmente desprezível e maléfico, um porco que morava na lama. O olho esquerdo de Osíris ficou cego, porque ele viu Set – e isso era suficiente para cegar um olho. O famoso tema do olho de Hórus vem daqui, o qual é um símbolo muito importante no Egito; Hórus sacrificou um de seus olhos por seu pai Osíris. Infelizmente a tradição a respeito disso é bem deficiente, nós não sabemos o mito inteiro[14]. A Igreja Católica justificou aquele ciclo de mitos como precursores dogmáticos do mito de Cristo, porque eles não puderam negar a extraordinária analogia. É o eterno problema do homem, a situação típica que o homem se viu milhões de vezes, e, portanto, foi expresso em forma de mito. E o valor dos mitos naqueles dias era que eles são como um tipo de receita, uma prescrição médica sobre o que fazer em caso de problema. No Egito Antigo, quando alguém se encontrava nessa condição típica, o médico, o sacerdote, iria ler o capítulo correspondente da coletânea de mitos visando efetivar a cura, então isso tinha um valor terapêutico muito prático. Por exemplo, se um homem fosse picado por uma cobra, eles liam a lenda de Íris, como ela preparou um verme venenoso e o deixou deitado no caminho de Rá – ou Osíris – para que o ferroasse, então ele ficou manco e muito doente. E eles tiveram novamente que chamar a mãe Ísis para curá-lo, pois não havia outro meio, como ela havia preparado o veneno, ela também sabia como curá-lo; mãe Ísis falou as verdadeiras palavras e o deus foi curado[15]. Ele não estava, no entanto, tão forte como costumava ser, pois é pertinente que as pessoas se sintam mal depois de uma picada de cobra.

Essa era a medicina egípcia, e nós ainda temos algo semelhante a isso. Pessoas vão ao médico para ter uma opinião. Isso é muito típico dos americanos; alguém deve somente emitir uma opinião e eles acreditam. Um médico diz: "Ele está sofrendo de uma forma de esquizofrenia catatônica", e os americanos acreditam que algo aconteceu – ele disse! O paciente fala todos os seus sintomas, e o médico diz: "Sim, é isso", e dá nomes aos problemas, e então ele assimila isso à consciência do paciente; ele se ergue da esfera da dor e angústia e incerteza para a esfera da contemplação. Ele lê algum capítulo da lenda ou do hino, ou faz alguma outra menção sobre isso. Então ele traz à tona a imagem arquetípica de verdade eterna e universal, e aquela evocação tem uma influência peculiar sobre o inconsciente. É como o efeito da música em uma companhia de soldados depois de uma longa marcha; eles podem estar bem cansados e desmoralizados e não quererem andar nada mais, mas aí a música começa e toda a coisa volta a se movimentar novamente. Nosso sonhador está agora em desespero, como fica uma pessoa primitiva quando está doente; se eles não receberem um empurrão moral, eles se deixarão cair e enfraquecer, e eles conseguem tamanho empurrão de certos encantamentos porque aquilo mobiliza a força do inconsciente coletivo. Portanto, exatamente como na lenda de Osíris, ou no envenenamento do deus Sol quando a mãe Ísis vem curá-lo, aqui vem a bisavó. E isso é simplesmente a natureza – natureza como ela é, sem considerações morais de forma alguma.

---

14. Para um resumo do mito de Osíris, cf. *Símbolos da transformação*, § 349-357 (na ed. de 1912). Os gêmeos Ísis e Osíris eram marido e mulher; Set, o diabólico, era irmão deles.

15. Cf. o relato de Jung sobre um hino egípcio, ibid., § 451-453 (na ed. de 1912).

Vejam, essa é a posição da psicologia masculina. Eu não sei se uma mulher vai concordar comigo, mas o homem é convencido de que o real ponto de vista feminino é amoral. Ele é fundamentalmente convencido disso, não importa o que a mulher atingiu ou a que elas aspiram. Eu pessoalmente ouço muito sobre considerações morais por parte delas, elas falam isso porque não acreditam nisso! Então quando um homem chega ao fim, ele apela para o princípio amoral feminino. Não tendo moralidade, ela está associada ao diabo e sabe o que fazer nesses casos. Lembro-me de uma senhora médica muito respeitável que estava preocupada com um caso típico e não sabia o que fazer sobre ele. Um cavalheiro muito distinto, até que muito conhecido, fundou uma leiteria para pessoas pobres durante a guerra. Ele indicou duas jovens meninas para tomar conta e ficou interessado em uma delas, e até se apaixonou por ela. Ele era um homem casado, altamente respeitável, e ele se deu conta de que estava num conflito, mas não tinha nenhuma psicologia para a situação. Então ele foi à senhora médica e pediu seu conselho, e ela também não sabia o que fazer nesse caso delicado, e então ela me perguntou. Eu disse: "O senhorio dele poderia talvez informar sua esposa?" "Claro", ela disse, "mas como você sabe isso? Você deve ser um homem muito perverso para saber isso!" Consideração moral à vista! Mas isso é exatamente o que um homem pensa; quando Ísis – mãe natureza – aparece, ele tem medo de um baita truque, algo terrivelmente malvado e questionável.

Agora essa é a situação mitológica. Um homem iria se sentir exatamente como Rá se sentiu quando Ísis foi chamada, porque claro que Rá sabia quem havia feito aquele verme venenoso e naturalmente ele desconfiava desse médico. Então podemos esperar essa reação aqui. Obviamente o homem macaco não tinha intenções puramente amigáveis. Se ela entendesse suas ações como um bom comportamento, ela não pularia pela janela, então nós temos que assumir que isso não é muito bem-vindo para ela; ela acha isso um tanto quanto imprudente talvez e prefere se retirar. Dessa forma nós devemos concluir que o comportamento do homem macaco não é muito inteligente. Ele obviamente assusta muito a mãe natureza, então ela não pode representar um papel de auxílio. Ainda que tenha sido a natureza que colocou nosso sonhador naquele problema, ela pode ter sabido um jeito, um antídoto para ajudar o homem, mas depois da interferência do homem macaco ela não pôde fazer nada, a ajuda que ela poderia ter trazido não pôde ser oferecida. Agora nós devemos entender por que o homem macaco está pulando nela. É bastante óbvio, no sonho, que ele fica sexualmente excitado e isso explica sua ação. Mas como vocês entendem isso? – uma coisa que chateia o propósito auxiliar do inconsciente, as propriedades curadoras dos arquétipos. E se Set tivesse de repente se sentido atraído e pulado na mãe Ísis, por exemplo? Em *Fausto* o diabo é atraído pelos pequenos bondosos meninos anjos.

Sr. Holdsworth: O senhor disse agora mesmo que, quando um homem mata sua mulher, ele primeiro copula com ela. Neste sonho você pensa que o homem está envergonhado da inconsciente aparência da bisavó e então ele quer matá-la?

Dr. Jung: Isto estaria certo se nós tivéssemos certeza de que o homem macaco a estava atacando para matar, mas esse não é o caso. Ele está obviamente atraído pela sexualidade dela, e raiva não é mencionada, então não temos nenhuma evidência para essa suposição.

Prof. Eaton: Não seria o homem macaco em si que deve ser regenerado por meio de Ísis? – e naturalmente ele estaria sexualmente atraído por ela, porque ele mesmo estará acabado.

Dr. Jung: Sim, o homem macaco foi gerado como aquele verme venenoso, e quando ele vê mãe Ísis, ele quer entrar nela novamente. É um tipo de incesto. É como se o verme que Ísis fez quisesse voltar para dentro dela. É como a mágica primitiva: os primitivos acreditam que, quando alguém com influência mágica quer cometer um assassinato, por exemplo, ele envia um tipo de projétil mágico que mata a vítima; mas então ele retorna, e se o feiticeiro não é muito cuidadoso, ele irá matá-lo também. O efeito da magia sempre retorna, de acordo com as ideias primitivas. E isso é um fato psicológico; o fascínio ou o efeito mágico só tem lugar se a pessoa que o causa é uma vítima também. Se você está somente moderadamente bravo, se você diz alguma coisa particularmente asquerosa para outra pessoa, mas de uma forma controlada, então isso só tem um efeito superficial. Mas se você está tomado por sua própria raiva, doente por isso, então pelo *contagion mentale* você provoca a mesma condição nele. A coisa que os primitivos mais têm medo é de estimular a raiva no curandeiro, pois isso tem o mais destrutivo efeito em cada coisa viva pelo contágio inconsciente; mas isto só tem lugar se o próprio feiticeiro estiver sob seus efeitos. Há um caso de influência mágica num livro chamado *Black Laughter* de Powys[16], um homem inglês, sobre um feiticeiro que teve sua cabana queimada. Isso é baseado no fato de que, contanto que alguém sinta que seu oponente controla a própria emoção, isso não é tão perigoso, mas se ele está realmente incontrolado, qualquer coisa pode acontecer, e alguém está com medo. Então isso o acerta como nada mais faz; nada é tão contagioso como emoções descontroladas; é quase intransponível, isso agarra a pessoa. Por exemplo, se todo mundo está rindo feito louco de uma forma incontrolável, as pessoas são quase que obrigadas a rir também. Podemos ver isso muito claramente em crianças e primitivos.

Aqui, o efeito mágico tem um grande papel. Mãe Ísis gerou o homem macaco e produziu todo aquele conflito, agora que a angústia atinge certo ponto culmi-

---

16. POWYS, L. *Black Laughter* (Londres, 1924), esboços da vida na África Oriental, onde ele morou de 1914 a 1920.

nante, e a mãe retorna para resolver o problema. Ela manda o projétil e ele retorna para ela, e isso significa um grande perigo, pois pode matá-la. Portanto, ela pula pela janela. Ela tem que fazer o que o feiticeiro primitivo faz – pular de lado quando o projétil retorna. Ele está todo tempo com medo de fantasmas e feitiços e fatores mágicos, e a mãe natureza está trabalhando justamente com esses meios desesperados; ela também é uma vítima do projétil que retorna. Claro, isso é psicologia primitiva, é mitologia, mas como isso é sentido pelo sonhador? Vejam, ele é de certa forma o homem primitivo, mas quando você diz para esse tipo de pessoa que existe uma solução muito natural, ele diz: "Mas ninguém pode permitir-se se comportar desta forma". O sonhador tenta ser muito respeitável e reprime todo o problema, e então a natureza trabalha e trabalha para que então ele não possa mais negar isso. Então, o homem macaco é solto, e aí entra a mãe natureza e o diabo deve ser pago. Se ele diz: "Essa é *minha* natureza! – eu sou o homem macaco!", então a natureza escapa ou a natureza é destruída; alguma coisa que não deveria acontecer, acontece. Agora qual seria o resultado se o sonhador quisesse se identificar com o homem macaco? Vejam, o sonho mostra o quanto ele está com medo disso, e ainda o quão grande é a tentação de fazer exatamente isso.

Sr. Schmitz: Sua vida seria destruída.

Dr. Jung: Sim, ele perderia todos os seus valores civilizatórios, sua moral e seus valores filosóficos. Ele não mais seria um homem com consciência racional, ele cairia dentro da lama e se perderia inteiramente. Bem, isso é exatamente o que a natureza moderna produziu, este é o eterno paradoxo. A natureza tem obviamente não somente dois, mas muitos lados, e é bastante possível que um lado destrua o outro. Nós podemos dizer que ela é uma mistura igualitária de construção e destruição; ela não é somente uma mãe generosa e gentil, ela é também um monstro. Ela produz não somente adoráveis plantas, flores e animais, mas também os mais terríveis parasitas que se alimentam deles. Então, aqui está o lado prestativo da natureza que poderia ser destruído se o outro lado tivesse a permissão para pular nele, e aqui obviamente alguma coisa deve interferir para ajudar a situação. Há algum sinal no sonho para mostrar como esse problema pode ser solucionado? A bisavó vai à polícia, e então chega o perigo da artilharia, e então o fotógrafo aparece e salva toda a coleção de fotos que ele tirou daquela cena. Essa parece ser a solução.

Mas o ponto principal que nós temos que deixar claro hoje é o ataque à bisavó. Isso não é de forma alguma fácil de formular, porque o conceito psicológico da natureza é tão paradoxal quanto mãe Ísis no mito – quase revoltantemente paradoxal. Imagine mãe Ísis, aquela mulher traidora do inferno, colocando o verme venenoso para seu marido pisar, e então voltando como salvadora, enquanto ele é o bobo amaldiçoado durante todo o jogo. Isso é revoltante, mas isso é natureza. A natureza produziu o problema do nosso sonhador, e a natureza deve curá-lo. Mas se a natureza se apresenta, ele vai enganar-se da mesma forma que o homem macaco se enganou, ele vai presumir: aqui há total liberdade para o homem macaco. Este é o eterno equívoco.

Vocês ouviram sobre o erro de onze mil virgens. Há alguma coisa reprimida, talvez; evidentemente a natureza tem algo a dizer, então eles se tornam neuróticos e vão ao médico. E ele diz: "Você deve viver, isso tudo é sexo reprimido, você deve ter um amigo ou deve se casar". Então se a garota está em situação de ter o tipo certo de pais, eles tomam o controle e a colocam no compartimento de casamento. Mas então há um problema infernal, e isso não funciona de forma alguma. As pessoas dizem que isso é a natureza reprimida, e eles resolvem no nível vaca-touro, esquecendo que estão lidando com um ser humano. Aquele outro é feito em estábulos. Um homem nesse nível irá pensar: oh, bem, qualquer mulher serve. Então ele irá se espantar mais tarde, porque ele é confrontado com todos os valores civilizados que ele conquistou e ele perdeu completamente sua autoestima. Desde que ele entenda isso, nosso sonhador irá refletir sobre o que ele está fazendo. Ele não pode meramente viver, ele tentou e viu que isso não funciona.

Palestra VIII

25 de junho de 1930

Dr. Jung: Aqui temos uma questão da Dra. Howells: "O sonhador teve alguma sensação de desintegração quando teve esse sonho no qual sua anima escapou?"

Poderíamos presumir que ele teria algum sentimento sobre um sonho tão agitado, que ele até o sentiria durante o dia, mas a ocorrência desse sonho não necessariamente ocasiona uma percepção consciente de excitação ou nervosismo ou algo do gênero. Nós sabemos que os sonhos são muitas vezes compensatórios; então o sentimento consciente pode ser silencioso. Se não há uma percepção adequada das possíveis implicações, não há nenhuma excitação em particular. O sonho, antes, traz um tipo de informação sobre uma tempestade que está começando a se enfurecer no inconsciente. Então este homem não estava particularmente agitado ou nervoso. Nessa fase de sua análise os sonhos estavam mais ou menos fora dele. Durante a noite ele tinha sonhos estranhos, e durante o dia as coisas eram como costumavam ser. Somente lugares-comuns e coisas do dia a dia aconteciam, e ele não estava minimamente preocupado, nem sentia qualquer conexão direta com seus sonhos. Há uma indicação na última parte desse sonho de que pela primeira vez ele sentiu sua profunda relação com eles. Até agora eles foram muito interessantes para ele, e naturalmente ele tirou muitas coisas das interpretações, mas era como se eles não o incomodassem. Eu fiquei em dúvida por muito tempo quanto ao que ele faria disto, se as coisas iriam realmente atingi-lo ou não. Ele era tremendamente objetivo e científico em toda sua atitude, e eu sentia que aquele era o único relacionamento que alguém teve com ele, ou que o sonhador teve com seu inconsciente; apenas ocasionalmente houve um vislumbre de algo mais. Se ele tivesse ficado muito agitado em sua vida consciente, muito provavelmente seus sonhos teriam aliviado as condições, como é frequentemente o caso.

Na semana passada nós estávamos falando sobre o ataque do homem macaco sobre o anima e sua ação bem-sucedida em sair pela janela e pelo mundo. E quando gritou por socorro, pessoas apareceram instantaneamente, e o homem macaco desistiu. Então algo bastante típico aconteceu, que já tinha acontecido na Bíblia, bem no começo. Parece ser um problema básico da humanidade, ou talvez possamos dizer do homem. O que Adão disse quando as coisas ficaram estranhas?

Sra. Baynes: Ele disse que Eva o tentou[1].

Dr. Jung: Sim, é isso. A mulher fez isso. Então, o homem macaco disse: Por que razão você quebrou a janela? O anima teve que lutar pela vida e ouviu a reclamação por ter quebrado a janela. Isso é característico do homem macaco mais ou menos civilizado. Primeiro ele levanta o inferno e depois reclama que tem pó em seu casaco, talvez. Isso mostra a natureza do homem macaco: ele é terrivelmente impulsivo, ele tenta violar o anima, e quando isso não funciona, ele diz: "Oh, me desculpe, eu só gostaria de perguntar que horas são". Ele é um covarde. Contanto que ele tenha sucesso está tudo bem, mas quando ele vê que falhou, instantaneamente dá a volta e reclama que ela perturbou a nobre casa quando quebrou as janelas.

A próxima coisa é que o anima vai embora com as pessoas de fora, obviamente para a polícia. Agora, o que tem a polícia a ver com a situação? Esta é uma virada muito séria no sonho.

Sra. Deady: Eles são os guardiões da situação coletiva.

Dr. Jung: Sim, mas qual é a situação coletiva?

Sr. Schmitz: A situação moral. A polícia é a proteção da moralidade.

Dr. Jung: Não é exatamente moralidade, mas se relaciona com isso. Eu disse a vocês o que o pai disse para o filho quando ele tinha vinte e um anos, mas vou repetir: "Você chegou à maturidade e eu devo dizer uma coisa que será importante para sua vida futura: para pessoas estúpidas existe a Bíblia, mas para pessoas mais inteligentes existe o Código Penal". Este era o conceito de moralidade dele. Agora aqui a polícia significa um grau de moralidade muito particular. Nosso sonhador nunca se importou muito com o problema moral, no entanto aqui ele o aborda em forma de polícia.

Sra. Crowley: Não é o ponto de vista individual, mas o ponto de vista convencional coletivo.

Dr. Jung: Essa é a forma mais brutal do ponto de vista coletivo. Quando o policial pega você é mais convincente, mais imediato. É uma pedra em sua janela. Conflito e problema. E qual é o problema que o leva a colidir com os poderes coletivos?

Sr. Schmitz: Se o homem macaco não for assimilado, a polícia deve interferir, porque se entra em oposição ao mundo civilizado.

Dr. Jung: Mas você considera que ele é representado pelo homem macaco?

Sr. Schmitz: Se ele é idêntico ao homem macaco, ele está em conflito com a polícia.

---

1. Gn 3,12: "[...] ela me deu da árvore, e eu comi".

Dr. Jung: Nós temos evidências? É o homem macaco que faz o ataque.

Sr. Schmitz: Ele permite que o homem macaco faça o ataque no inconsciente.

Dr. Jung: Mas ele não permite isso, isso apenas acontece. Existe uma história de três velhos veteranos e um oficial que estavam defendendo um forte. O inimigo ataca, e de repente um dos veteranos grita: "Eu fiz um prisioneiro!" O coronel diz: "Traga ele aqui!", e o veterano grita de volta: "Ele não me deixa!" Essa é a história do homem macaco. A complicação é que o homem macaco parece ser algo à parte, como na realidade o sonhador não é de forma alguma um homem macaco, ele é um homem muito educado. Mas acontece frequentemente que um homem muito educado tenha alguma associação ao homem macaco, ainda que em um nível muito remoto. E agora esse homem macaco está solto, e nós não sabemos o quão longe ele irá. Naquele sonho anterior o rato escapou e agora ele já está quase do tamanho de um gorila, e o anima pula para fora da janela e pede ajuda. Ninguém sabe que o homem macaco está dentro, mas de dentro do conflito interno o anima escapou para fora. Agora, esse é um caso muito especial, e não é simples. Nós devemos saber o que isso significa para que se possa entender por que a polícia entrou. Ela é a razão para a polícia vir, porque a mera presença do homem macaco não chama a polícia.

Srta. Sergeant: Ela quer proteção.

Dr. Jung: Esta é uma apresentação mitológica, e devemos saber como isso se aplica à psicologia prática, porque eu tenho que deixar claro o significado para o sonhador. Ele naturalmente seguiria a argumentação e balançaria a cabeça como se tivesse entendido, mas depois ele vai embora completamente confuso, a não ser que alguma compreensão surja nele no seu caminho para casa. Então nós devemos saber o que vai acontecer.

Prof. Eaton: A anima não está interessada no homem macaco. Ela quer outro aspecto do homem.

Dr. Jung: Sim. Caso contrário ela teria ficado, teria tido sua oportunidade. Se ele tivesse mostrado algum interesse nela, provavelmente ela não teria saído correndo, mas ele foi indiferente e mostrou somente um comportamento de homem macaco.

Prof. Eaton: Agora ela está chamando a polícia porque o outro lado, a moralidade coletiva, quer o outro aspecto da personalidade dele.

Dr. Jung: Isto é bem verdade, mas como funcionaria na vida humana? Eu preciso saber para poder mostrar ao homem como a coisa aparece na superfície do mundo. O que significa na realidade quando a anima escapou? É como se ela estivesse em algum lugar pelo mundo.

Dr. Draper: Esse pode ser o momento em que ele a conhece como uma mulher concreta.

Dr. Jung: É isso. Quando a anima está lá fora, ela é projetada em uma mulher real. Quando a anima é um espectro psicológico, não significa nada para um homem prático, é um conflito teórico. Mas quando a anima é projetada, quando se transforma em uma mulher real, as coisas ficam realmente estranhas. Agora ele percebe que ela tão logo escape da casa dele, será encarnada em uma mulher, e a qualquer momento ele pode conhecê-la. Então instantaneamente ele ficará fascinado, pego, porque ela é reforçada por todo o inconsciente coletivo. E então haverá problemas, porque ele estará contra a moralidade convencional. Era isso que eu estava tentando explicar para vocês quando falávamos sobre o rato. Naturalmente isso não foi reconhecido lá, mas a maior parte da libido dele e sua própria personalidade escaparam quando ele não pôde ser alcançado, e irá provavelmente retornar para ele. Pois todas as nossas partes espalhadas retornam, todas as pessoas que nós conhecemos na vida e que têm uma influência fascinante sobre nós são na verdade partes espalhadas de nós mesmos, coisas que reprimimos e que são trazidas de volta por outras pessoas, e esse é o grande valor e o grande risco e dificuldade dos relacionamentos humanos. Nesse caso é uma situação muito séria, porque, quando do a anima escapa, todo o lado feminino deste homem tem uma oportunidade de aparecer em qualquer lugar, ele não sabe quando ou onde. Talvez amanhã ele saia para a rua e adiante surja uma mulher que é a anima. Ele não pode escapar dela. Ele pode reprimi-la, mas ela despertará muitas fantasias sexuais; ele se tornará um tanto neurótico e incapaz de lidar com isso corretamente, pois a forma de se lidar com esse problema não é amplamente conhecida. Essa situação tão complicada é o que ele antevê, e isso explica o conflito com a polícia, a moralidade coletiva.

Agora, neste grande momento, o momento do alvorecer de sua percepção, outro homem aparece na cena, o fotógrafo, e ele parece ser um indivíduo extremamente indiferente, desapegado, pois ele lhe assegura que está tudo bem dentro do que lhe concerne, porque ele tirou todas as fotos e a coisa toda dará uma história muito interessante. Agora quem é ele?

Srta. Sergeant: Seu espelho.

Dr. Jung: Sim, mas o que isso seria literalmente, em linguagem concreta?

Sr. Schmitz: É um conflito da mente. O homem entendeu tudo, e agora ele pode ir para casa, mas nada está mudado.

Dr. Jung: Sim, esse é o observador dentro dele, provavelmente sua função diferenciada. Sua mente observa os acontecimentos de uma forma mais ou menos distante, olhando para aquilo, como se ele estivesse vendo particularmente uma cena excitante nos cinemas; sua mente faz registros, fotografias, de toda a ação. Na verdade, o sonhador associa toda essa série de sonhos, todas as imagens que ele viu em seus sonhos, com aquele filme do fotógrafo. Ele tem uma relação muito pessoal com seus sonhos; ele os valoriza enormemente e guardou todas as anotações e fez um livro com elas. Ele me deu essa cópia. É uma coleção muito singular, feita muito cuidadosamente com associações, e desenhos, e figuras intercaladas. Ele está bastante orgulhoso de ter toda a coleção e a valoriza muito; ele sente que se tudo for para o espaço, aconteça o que acontecer, ele resgatou esse material precioso, esses pensamentos preciosos. Esse é um grande consolo para ele, é algo a que se agarrar. Ele pode abrir um negócio, pode vender aquele filme! Sua mente obteve algo muito positivo que é capaz de estabelecer uma continuidade da experiência.

Claro, a função não diferenciada nele possui um caráter primitivo. Primitivos nunca tomam nota das experiências e não há continuidade em seus pensamentos, tudo é como sonhos interrompidos por impulsos conflituosos; como crianças e animais, eles não conseguem se concentrar. Um animal que esteve à beira da morte no próximo momento começa a brincar novamente. Essa é a função inferior. Ela não faz história porque está o tempo todo vivendo no momento que é a eternidade. Mas a função diferenciada tem a qualidade do historiador, ela grava coisas, dá continuidade, e sempre se pode sair mais ou menos daquela continuidade, daquele tipo de consciência histórica; este foi para muitas pessoas realmente um refúgio, a base de uma ilha. Algumas vezes as coisas se movem com tal rapidez, com tal turbulência e caos, que ninguém consegue acompanhá-las, e a única coisa que mantém essas pessoas eretas e humanamente tranquilas é a continuidade de seus registros. Imagino que vocês tenham visto aquele filme *Titanic*[2]. Tem um homem, um jornalista, que permanece nas suas anotações durante o tumulto, em que todo mundo se torna irracional e se despedaça. Ele é o único que se afunda de uma forma completa, quieta, porque ele teve sucesso em se retirar para o ponto de vista do observador atemporal. Sua vida está diante de seus olhos, está se afastando, e ainda assim ele está tranquilo. Essa é a superioridade da função diferenciada.

Prof. Eaton: Se a função superior fosse sentimento em vez de pensamento, seria a mesma coisa?

Dr. Jung: Oh sim, porque sentimento é uma função diferente apenas qualitativamente, tem um mesmo princípio geral. Então o princípio religioso real, a ideia de Deus, a religiosidade interior, é um valor intelectual tanto quanto sentimental e emocional. O tipo sentimento é perfeitamente capaz de separar seu sentimento do tumulto e utilizá-lo contra circunstâncias externas; é inacreditável o que ele pode fazer, ele pode controlar esse sentimento de uma forma hipotética só por ter a habilidade de se segurar, de perseverar. Os antigos não podiam fazer isso. Por

---

2. O filme, intitulado *Atlantic*, foi uma produção britânica baseada na história do transatlântico *Titanic*, que durante sua viagem inaugural em abril de 1912 bateu em um *iceberg* e naufragou, com enorme perda de vidas. Versões com áudio do filme foram feitas em inglês, alemão e francês; a *première* aconteceu em Berlim em novembro de 1929. (O crítico do *New York Times* chamou o filme de "pueril".)

exemplo, eles tinham todo o conhecimento do processo mecânico que permitiria a eles inventarem máquinas que funcionassem, mas eles não as inventaram. Eles apenas juntavam algumas peças e resultava um lindo brinquedo. Em vez de continuarem com seja lá o que se manifestava naquele arranjo experimental, eles começavam a brincar com aquilo, e isso se tornava uma mera curiosidade. Ainda se vê esse aspecto de brinquedo nas máquinas antigas: elas eram sempre decoradas com pernas de bodes e colunas coríntias e todo tipo de figuras que não tinha nada a ver com o objetivo da máquina. A máquina real é só uma descoberta muito recente, e ela fez seu próprio estilo, mas as máquinas antigas eram cobertas com flores e partes de seres humanos e Deus sabe mais o quê, talvez pequenos anjos sentados nas rodas, o que simplesmente mostra que o artista ou inventor não era muito capaz de ser prático.

As brincadeiras são a razão por que crianças não podem pensar como pessoas adultas; elas não conseguem ser inteiramente concretas e práticas. E essa é a razão por que, mesmo na Idade Média, os homens não eram capazes de usar todo o conhecimento que possuíam, e, claro, isso era ainda mais óbvio na Antiguidade, para não falar do homem primitivo que por centenas de milhares de anos não foi a lugar algum porque não tinha qualquer poder de concentração. Isso não é meramente um ponto de vista, um *aperçu*; é na verdade mais impressionante ver como a mente do homem primitivo se cansa facilmente – homens perfeitamente fortes, excelentes figuras masculinas de selvagens. Em uma palestra[3], por exemplo, em que alguém fez uma questão muito simples, se eles acreditam em fantasmas, por exemplo, depois de duas horas todo mundo dorme. Eles dizem: Nós estamos tão cansados, você não pode terminar a palestra? – pois eles não podem ir embora até que a palavra mágica seja pronunciada pelo ancião, a palavra que significa: agora as atividades chegaram ao fim. Mas então os mesmos homens conseguem ir para um jogo de caça por quarenta e oito horas sem comer ou dormir. Quando eles estão carregando cartas, eles andam um trecho de cento e vinte quilômetros, pois, fazendo isso, o instinto é despertado, e eles conseguem fazer coisas que nós não conseguimos. Eles podem andar sob intenso calor sessenta e dois quilômetros, com cargas de quase trinta quilos em suas cabeças. Eu tive todos os problemas do mundo para acompanhá-los sem carregar essa carga – eles estavam quase correndo. Eles morrem com pouca idade – cerca de cinquenta anos – de excesso de trabalho. Eles se desgastam totalmente, coisa que nós somos racionais demais para fazer; nós questionaríamos, mas eles se dedicam até o último suspiro se estiverem agindo instintivamente. Contra o instinto eles se tornam cansados facilmente.

---

3. Jung está se referindo a experiências durante sua permanência na África Oriental no inverno de 1925-1926. Cf. *MDR*, p. 264/268.

E o mesmo acontece com o primitivo em nós: as funções primitivas não diferenciadas não são concentradas, são vagas, elas são facilmente interrompidas, não têm continuidade. Essas qualidades são as virtudes da função diferenciada, seja qual for. Não importa que função é diferenciada, seu ponto principal é que ela pode atuar contra a natureza em constante mutação. É como a estrutura humana que resiste contra toda a mudança do ambiente; ou uma casa, que é um abrigo que não desmorona ou perde suas folhas; ou uma estrada, que não é interrompida, que tem pontes, por exemplo. Se alguém segue por uma trilha de elefante, ela é talvez bem suave por um tempo, pode se viajar em uma bicicleta, e então de repente ela se perde num pântano e é o seu fim. A civilização é caracterizada pelo fato de atuar contra as mudanças da natureza; e esta é a virtude da função superior.

Sr. Schmitz: Como um tipo sentimento se comportaria em um paralelo com o jornalista no *Titanic*?

Dr. Jung: Uma mulher apaixonada pode controlar a situação contra tudo, contra a morte e o diabo, e criar um período no caos com completa convicção. Em pensamento, Galileu conseguiu se manter contra a tortura – bem, ele negou, mas imediatamente depois ele se levantou e disse: "*E pur si muove*"[4]. Isso é resistir contra os poderes desintegradores da natureza, e é o mesmo com o sentimento. Sentimento é a função mais poderosa.

Sr. Schmitz: Nós sabemos como o jornalista se comportou no *Titanic*. Como um tipo sentimento correspondente se comportaria?

Dr. Jung: Um tipo sentimento se comportaria como a esposa dele, por exemplo. Ela simplesmente o amava, e enfrentou a morte e o pânico com ele. Isso foi feito de forma muito bonita. Ele era idêntico à sua observação filosófica da situação e bastante indiferente. Ele já estava numa terra atemporal. E ela também, pelo amor. Isso é sentimento.

Sr. Schmitz: Mas o amor não é uma capacidade apenas do tipo sentimento.

Dr. Jung: Naturalmente, pois o sentimento de uma mulher, mesmo para o pensamento de uma mulher, pode ser desconectado apenas com a ajuda de Eros, assim como o pensamento de um homem só pode ser desconectado com o auxílio de Logos. Portanto, as mais altas formas dos grandes poderes auxiliares do inconsciente correspondem a esses princípios. A mais alta forma de pensar em um homem coincide com Logos, como a forma mais alta de sentimento em uma mulher coincide com Eros. Foi somente pela ajuda dos deuses que o homem foi capaz de

---

4. O astrônomo Galileu Galilei (1564-1642), quando interrogado pela Inquisição em Roma por sua adoção da teoria de Copérnico do Sistema Solar – em particular a ideia de que a Terra girava ao redor do Sol –, renunciou a sua crença, mas, de acordo com a tradição, murmurou *E pur si muove* (apesar disso ela se move).

se desconectar da falta de sentido da natureza. Por isso o grande redentor que nós conhecemos, Jesus Cristo, foi chamado de o Logos. Ele era a luz que nos resgatou da escuridão.

Sr. Schmitz: Mas eu tenho a impressão de que em um tipo sentimento a capacidade para amar é maior.

Dr. Jung: Não, o amor é um sentimento, ainda que o princípio de Eros não seja necessariamente amor, pode ser ódio também. Eros é o princípio do relacionamento, e este é certamente o elemento principal na psicologia feminina, assim como Logos é o elemento principal na psicologia masculina. Mas o Logos naturalmente tem relação com o sentimento, tanto quanto com o pensamento. Pode-se ter sensação e intuição mais sob a influência de Logos ou mais sob a influência de Eros. As funções são inter-relacionadas, assim como permeadas pelos dois princípios básicos.

Sr. Schmitz: O fato de ser um tipo sentimento não dá à pessoa uma maior capacidade para amar?

Dr. Jung: Não, isso não tem nada a ver com o amor. Um tipo sentimento pode ser tão frio como o gelo se não há Eros. Ele pode manter um sentimento de ódio pela morte e o diabo, ele pode morrer cheio de ódio, ou ele pode ter um sentimento de indiferença e resistir a tudo.

Sr. Schmitz: Mas mesmo uma mulher, um tipo sentimento, pode ser incapaz de amar?

Dr. Jung: Absolutamente. Existem mulheres que são do tipo sentimento e, contudo, são inteiramente frias e sem sexo. O tipo sentimento não é particularmente caloroso, porque a função diferenciada é frequentemente desprovida de qualidades humanas. Você não deve nunca misturar sentimento com amor. Isso acontece devido ao miserável encurtamento de linguagem. Por exemplo, na guerra, o departamento político emitia declarações começando assim: O presidente tem uma sensação sobre tal e tal coisa. Perfeitamente ridículo. Deveria ser: Ele tem uma *opinião* sobre tal e tal coisa. Isso sugere novamente uma aplicação totalmente diferente da palavra "sentimento". Então existe sentimentos de dever, de admiração, dez mil formas de usar a palavra. Na língua alemã é ainda pior; até Goethe confunde sensação e sentimento[5]. Os franceses nunca poderiam fazer isso. A língua alemã ainda não é suficientemente desenvolvida para fazer uma diferença entre a sensação mais ordinária e o mais delicado sentimento de amor. É simplesmente uma falta de diferenciação, pois a diferenciação está principalmente

---

5. De acordo com K.R. Eissler (autor de *Goethe: A Psychoanalytic Study 1775-1786*. Detroit, 1963) os termos *Gefühl* (sentimento) e *Empfindung* (sensação) foram igualados nos séculos XVIII e XIX [Comunicação pessoal].

no lado intuitivo e intelectual, e portanto sentimento e sensação são confundidos. Sensação diferenciada é a *fonction du réel*, a percepção da realidade, e não tem nada a ver com as funções do corpo. As pessoas pensam que estão desenvolvendo sensações quando têm experiências sexuais, ou quando comem e bebem bem, ou quando tomam um banho quente.

Sr. Schmitz: Mas elas ainda são sensações.

Dr. Jung: Mas num senso psicológico isso não tem nada a ver com sensação. A função psicológica da sensação é a percepção da realidade, e o ponto de vista do tipo sensação é simplesmente o ponto de vista de fatos. Quando alguém pratica o reconhecimento de fatos, está fazendo algo por sua sensação; mas tomar um banho quente ou se pintar com iodo não tem nada a ver com isso. Essa é uma interpretação intuitiva errônea, ele está misturando as sensações do corpo com o princípio da sensação, o qual é realmente o princípio dos fatos. Entre as pessoas latinas o reconhecimento da sensação, da realidade, se expressa em sua língua, e sentimento e sensação não podem nunca serem confundidos. Mas eles são terrivelmente confundidos na língua alemã.

Dr. Schlegel: Não é o chamado sentimento do amor um elemento emocional que não entra nos quadros das funções, da forma que você o entende?

Dr. Jung: A função sentimento tem a ver com o sentimento de valores, e não tem nada a ver com o amor necessariamente. O amor é relacionado. Pode-se sentir sem que se tenha um relacionamento. Quando está admirando uma bela mulher, não é preciso ter um relacionamento com ela ou amá-la. Amor tem a ver com Eros. Se amor tivesse a ver somente com sentimento, um tipo pensamento não poderia amar. Nós temos que usar esses conceitos intuitivos, mas existem dois princípios que estão além das funções.

Sr. Schmitz: Um tipo pensamento não está necessariamente conectado com Logos? Ele pode ser uma pessoa estúpida?

Sra. Baynes: Um tipo pensamento certamente não pode ser uma pessoa estúpida, pois funções mais diferenciadas podem fazer *algo*!

Dr. Jung: Apenas na medida em que o tipo seja influenciado por outras funções.

Sra. Baynes: Ele disse que o tipo pensamento pode ser uma pessoa estúpida, e isso me parece ser contraditório. Se ele for uma pessoa estúpida, ele se torna algum outro tipo.

Dr. Jung: Você está bastante certa no caso de um tipo pensamento realmente diferenciado.

Prof. Eaton: O Logos é um planejamento construtivo?

Dr. Jung: Pode ser planejamento construtivo. Logos é o princípio da discriminação, em contraste com Eros, que é o princípio da associação. Eros junta as coisas, estabelece relações dinâmicas entre coisas, enquanto as relações que Logos ocasiona são talvez analogias ou conclusões lógicas. É típico que os relacionamentos de Logos sejam vazios de dinâmicas emocionais.

Prof. Eaton: Mais abstrato que concreto?

Dr. Jung: Você pode ver melhor essas qualidades pelos casos práticos. Por exemplo, o elemento Logos, sendo um princípio de discriminação, não somente permite, mas também força a pessoa a dar igual dignidade a qualquer objeto de pensamento ou observação. Ele habilita um homem a se dedicar com concentração quase religiosa à classificação de piolhos, ou às diferentes propriedades de fezes, para dizer bastante drasticamente[6], assim como se dedicar a contar as estrelas. Para se ter uma imagem disso, suponha que exista uma série de laboratórios. No número 1 está o observatório de um homem que se dedicou por anos a pesquisas astronômicas. No próximo laboratório está o homem que está classificando piolhos, sessenta mil amostras diferentes, um empreendimento muito interessante. E no terceiro está um homem tremendamente interessado nas diferentes propriedades das fezes, uma tarefa desagradável. No entanto, cada homem está trabalhando com a mesma concentração, o mesmo espírito. Agora, o que Eros, representado por uma mulher, está fazendo nessa situação? Vamos dizer que ela seja a mulher da limpeza no lugar. Ela acha o astrônomo um homem terrivelmente desagradável, duro e frio; ele nunca dá uma gorjeta para ela, e naturalmente ele é um solteirão. O Senhor Professor Preocupado-com-os-piolhos seria um homem até que interessante se ele não estivesse sempre ocupado com aquelas coisas horríveis; ele ocasionalmente dá a ela uma gorjeta, ele é casado e tem belas crianças, ele é perfeitamente respeitável e tem um tio-avô em algum lugar. Ela sabe tudo isso. Isso é associação, vejam. Esse é um aspecto do mundo inteiramente diferente. O homem devotado às estrelas, que está sentado lá cuidando apaixonadamente do seu trabalho, é totalmente inconsciente do fato de que ele pode se apaixonar por uma mulher. Ele pensa que se apaixonar é um tipo de doença que acontece na juventude e que se combate com o casamento – como um homem disse para mim: "Só no intuito de acabar com a maldita coisa". Isso é Logos.

Eu não queria me perder em uma discussão desses princípios, mas aparentemente eles ainda dão origem a vários tipos de dúvidas. Encontrei em minha mesa uma questão que caiu agora do céu, aparentemente, mas temo que não possamos discutir cada item da Teoria das Funções Psicológicas agora. A questão é sobre a percepção da realidade interna, em contraposição à função de sensação introvertida. Essa é uma questão complicada que eu não tenho condições para responder agora; nos levaria para muito longe de nosso sonho dentro da Teoria das Funções.

---

6. *Sems.*: "plasticamente".

Talvez por enquanto nós tenhamos que deixar isso com a afirmativa de que as funções são veículos para as forças, ou influências, ou atividades, que emanam daqueles dois princípios, daqueles dois deuses, Logos e Eros. E talvez vocês possam também entender que se não houver quaisquer princípios fora das funções, as pessoas nunca podem esperar desligar alguma coisa do inconsciente. Deve ter alguma coisa que ajude a pessoa a desligar uma função, algum princípio externo que permita à pessoa arrancar aquilo do bloco original da inconsciência.

Pode-se dizer que ambos os princípios têm um enorme papel na história do pensamento da redenção, o que é na verdade um assunto psicológico. Por exemplo, no cristianismo não é só Logos que faz o papel de redentor, é também Eros na forma do princípio do amor. Aqui novamente se vê a incorporação dos dois princípios. Eu devo adicionar aqui que o Logos ideal só pode existir quando ele *contém* o Eros; de outra forma, o Logos não é dinâmico de forma alguma. Um homem somente com Logos pode ter o intelecto muito afiado, mas isso não é nada além de racionalismo seco. E Eros sem Logos no interior nunca entende, é nada além de um relacionamento cego. Essas pessoas podem estar relacionadas com deus sabe o quê – como certas mulheres que são completamente dissolvidas em pequenas famílias felizes, como primos, parentes –, não há nada em toda a maldita coisa, está perfeitamente vazia. Exatamente como pessoas com baixa espécie de Logos, essas pessoas classificadas com um baixo entendimento.

Sr. Schmitz: Mas existe uma certa afinidade entre Logos e pensamento, e entre Eros e sentimento?

Dr. Jung: Assim como entre todas as outras funções. Não misture a palavra "sentimento" com amor em forma de relacionamento. Como eu disse, sentimento é a função de valores. Eu garanto a vocês que na realidade nada é separado, tudo está flutuando no mesmo espaço, então, caso se fale por muito tempo de psicologia, pode-se ficar completamente louco e confuso. Como diz Goethe: "Nomes, conceitos de homem, são som e fumaça, sentimento é todas as coisas"[7]. Tudo pode funcionar em Eros, e tudo pode funcionar em Logos.

Dr. Draper: Eu ainda não entendo qual foi a reação do sonhador com aquela anima errante. Qual foi sua reação quando ele a encontrou do lado de fora?

Dr. Jung: Oh, ele estava com medo da polícia, e então vem a descoberta com a qual nós estamos agora preocupados. Considerando que ele é um homem com pensamento diferenciado e sensação diferenciada, ele tem uma observação muito precisa da realidade, e isso é expresso pelo fotógrafo. E a função superior, como

---

7. "Feeling is all; / Name is mere sound of reek / Clouding Heaven's light." – "Sentimento é tudo; / nome é meramente som e vapor / luz em um céu nebuloso" (*Goethe's Faust*. Parte I: "Martha's Garden", 1952, p. 113 [trad. de L. MacNeice]).

expliquei, é extremamente valorosa, ela dá àquele homem um ponto de vista de refúgio no grande tumulto, um refúgio ao qual ele pode retornar. Isso dá a ele um senso de continuidade e segurança que ele poderia não ter em suas funções inferiores. Então chega o homem macaco e não há discriminação, não há confiabilidade; tudo é confuso, não há relação. Mas nesse momento supremo, quando o perigo aparece em todas as formas, ele se lembra de que pode se retirar, com o reconhecimento: se tudo o mais falhar, pelo menos eu tenho minha continuidade interior, eu tenho minhas anotações, estas imagens. E quando vocês se lembram do que ele obteve destes sonhos, qual é sua visão, vocês entendem que ele tem um tesouro, algo extremamente valoroso. Pessoas que não possuem função diferenciada de fato vivem muito mal nesse tumulto, elas são nada além de pânico e confusão; mas esse homem tem ao menos a oportunidade de não necessariamente entrar em pânico, porque ele tem uma base para sobreviver.

Em muitos casos de neurose, é muito importante que se construa primeiramente uma função diferenciada para a qual se possa recuar, e isso dá uma oportunidade. Quando um paciente não possui essa base, como se pode falar com ele? Não há lugar para conversar, a cena muda e muda, e o médico nunca sabe com quem está falando. Mas com um homem que tem uma função diferenciada pode-se sempre voltar para algum tipo de relato inicial. Pode-se sempre dizer: agora retornamos para o nosso acordo; ou agora nós retornamos para a razão; ou para a verdade científica atual; ou para a confiabilidade de uma relação pessoal; nós retornamos ao fato em que você reconhece que eu sou uma pessoa digna, e não uma fraude, e que você é um ser humano, e não um criminoso.

Agora, o fotógrafo simplesmente relata que ele tem aquelas fotografias e que ele vai levá-las para um lugar seguro, e depois disso, ao final, ele volta novamente e diz que toda a situação é indiferente para ele porque seus registros estão salvos e que serão um grande sucesso. Mas um pouco antes disso há uma nova cena, e aí o perigo realmente começa. No outro lado do rio aparecem soldados e até artilharia, e o sonhador presume que o bombardeio agora vai começar, que eles vão atirar em sua casa. Essa é uma situação muito perigosa, e o simbolismo é bastante distinto. Ele faz aqui uma observação muito complexa em suas associações sobre o mundo externo ser hostil ao ego, mas eu não vou traduzir isso novamente, pois não é muito importante. O ponto importante aqui é que ele entende este ataque sobre sua casa como um ataque do mundo externo sobre sua própria segurança, e isso por conta do fato de que a anima escapou para o mundo externo. Nós já vimos que a possível encarnação da anima em uma mulher real constituiria um perigo típico que poderia levá-lo ao conflito com a moralidade convencional, então é uma conclusão lógica de que a polícia poderia ficar interessada no caso. Mas aqui a coisa vai muito além. Vejam, seria o suficiente se dois ou três policiais aparecessem. O próprio sonhador não ofereceria qualquer resistência. Nem o fotógrafo na medida em que ele salvou seus registros; a situação é perfeitamente indiferente para ele. Então resta apenas o homem macaco, e talvez três ou quatro policiais seriam suficientes para pegá-lo. Parece exagerado trazer a artilharia, mas o inconsciente provavelmente tem certas razões para trazer isso para a cena. Como vocês explicariam isso?

Sr. Baumann: O fotógrafo tirou as fotos e quer sair com os filmes para um lugar seguro.

Dr. Jung: Não há evidências no sonho que possam explicar por que seria uma infração o fato de o fotógrafo sair com seus filmes. Isso não é razão para a artilharia e também não explicaria a polícia, pois eles só estão preocupados com a moralidade pública. Nós podemos permitir a polícia, mas soldados e artilharia – tamanha agitação contra um simples homem macaco é ir muito longe.

Dr. Schlegel: Isso significa que o fato deve ser muito sério.

Dr. Jung: Sim, é muito sério. Se um criminoso muito determinado está se defendendo com uma arma, a polícia é necessária. E se é um bando de criminosos, soldados devem ser chamados; eles teriam um ou dois canhões posicionados contra essa multidão. Então aqui deve haver algo como isso, algo muito sério que vai além desse caso individual.

Sra. Jaeger: Ele observou no sonho que tinha um rio no meio. Talvez a artilharia fosse necessária para atirar através dele.

Dr. Jung: Eles poderiam atirar com rifles, não precisariam de artilharia. Além disso, se a anima escapou, nós devemos supor que existe uma ponte. Portanto, nós devemos presumir que o rio estava lá somente para designar uma divisão, mas não é realmente um obstáculo. Façam uma imagem em suas mentes, uma casa, um rio e a artilharia no lado oposto. Vejam, é obviamente de novo uma história de pares de opostos. Um rio sempre simboliza o rio da vida, o rio da energia, a energia viva que suga seu dinamismo pela oposição.

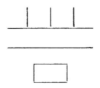

Sem oposição, não há energia. Onde há oposição, onde os opostos se chocam, forma-se energia. O rio é uma imagem eterna, e atravessar um rio[8] e fazer

---

8. Jung analisou um sonho no qual um rio e um vau eram símbolos-chave em *Psicologia do inconsciente*. OC 7, § 123-130, 160, 163 [orig., 1917]. Para a versão anterior, cf. *Collected Papers on Analyti-*

uma ponte em um rio são símbolos importantes para o contato entre opostos que causam energia. É óbvio pelo sonho que este é o caso aqui. De um lado o homem macaco, uma coisa impulsiva sem considerações morais, e do outro lado a revolta do ponto de vista da moral coletiva. Esse é o choque que é revelado nesta imagem.

Vejam, aparentemente não é um conflito muito individual, porque vocês não trariam armamento pesado para a ação nesse caso. Seria terrivelmente exagerado apontar uma bateria de armamento pesado para aquele único homem macaco – como atirar em pardais com canhões. Dessa forma nós presumimos que o homem macaco representa mais que o inconsciente pessoal, ele deve representar a coletividade, a multidão toda. Só se um rebanho inteiro de homens macacos atacassem a anima seria razoável trazer a artilharia. Então a tremenda emoção que o sonho revela sugere que esse problema do homem macaco não é de modo algum um problema pessoal. Naturalmente o sonhador estaria inclinado a assumir que foram seus defeitos pessoais, para os quais não houve redenção. As pessoas pensam em seus conflitos apenas subjetivamente, e então eles são isolados; pensam que elas são as únicas que têm esses problemas, e isso em um grau até muito grotesco.

Eu me lembro de um jovem de dezoito anos que veio ao meu escritório, dizendo que tinha algo terrível para me contar, e me solicitou para fechar a porta da minha biblioteca que eu sempre deixava aberta. Eu perguntei se ele havia cometido um assassinato, e ele respondeu: "Se fosse somente isso!" Eu tenho uma pequena imagem com uma cortina sobre ela[9], e ele queria saber se não tinha uma janela atrás, onde a secretária poderia sentar e ouvir – essa é a suposição frequente. Então, quando tudo estava absolutamente seguro e hermético, ele disse: "Eu tenho que confessar algo muito terrível; se isso fosse conhecido o mundo poderia cessar sua existência". Ele tinha descoberto a masturbação, e presumia que se isso fosse conhecido ninguém iria procriar, e a raça iria se extinguir. Pessoas com o conflito neurótico sempre pensam que ele é muito subjetivo em cada detalhe, acontecendo talvez pela primeira vez no mundo; eles admitem que outras pessoas sofram de dificuldades similares, mas não é a mesma coisa. Quando uma pessoa está apaixonada, parece que não há amor no mundo que possa ser tão lindo. Em paixões supremas sempre se tem o sentimento de ser isolado, e é verdade que se está isolado em qualquer tipo de emoção extrema; perde-se contato com outras pessoas, torna-se completamente autoerótico. Então o sonhador em seu conflito trabalha sob o

---

cal Psychology. 2. ed., 1917, p. 418s. Jung discutiu o vau como um arquétipo no "The Houston Films" (1957), em entrevista com Richard I. Evans, *C.G. Jung Speaking*, p. 293s.

9. Jung tinha em seu escritório, atrás da cortina, uma fotografia da face de Cristo no Santo Sudário de Turim. Cf. a carta dele para Upton Sinclair, de 24 de novembro de 1952 em *Letters*. Vol. 2, p. 94 [com ilustração].

preconceito de que ele é o único nessa situação, particularmente claro porque ele não pode conversar com sua esposa. Uma das razões para o sucesso do tratamento analítico é que as pessoas podem pelo menos confessar seus segredos, pois quanto mais segredos alguém tem, mais ele se isola. O sentimento dele é de que isto é *seu* homem macaco, mas o inconsciente diz: "Não, isto é *o* homem macaco, o homem macaco que está dentro de todo mundo, e é porque este é um perigo público que a artilharia é posta em ação".

Isso naturalmente o relembrava da guerra, que nós então discutimos, com o resultado de que ele viu que na guerra o homem macaco ficava solto, que as pessoas estavam mutuamente matando os homens macacos uns nos outros. Pois onde quer que o homem macaco apareça há destruição. Naturalmente o sonhador não consegue perceber de uma vez que o conflito não é peculiar a ele próprio, que está no mundo inteiro, e que é a chegada do homem primitivo ao mundo atual que tem essa influência destrutiva[10]. Por isso nós elaboramos artilharia e fazemos guerras, vendo o inimigo em nossos vizinhos porque não conseguimos vê-lo em nós mesmos. A chegada do homem macaco é a liberação da natureza instintiva do homem, então nós temos todo tipo de problemas; nossos sentimentos filosóficos e religiosos vão para o inferno e ficamos mais ou menos desamparados. Anteriormente nós tínhamos sentimentos religiosos, mas agora estamos desorientados e ninguém sabe realmente em que devemos acreditar. E nossa inquietação se expressa em outras formas. Na arte, por exemplo, o negro, que nós sempre pensamos que nascia escravo, é agora o artista mais admirado. Nós admiramos sua dança; atores negros fazem grandes papéis; encontramos negros espiritualistas extremamente bonitos[11]. Nós possivelmente não podemos tolerar a hipocrisia de outros encontros revivalistas, mas nestes espiritualistas negros existe a fé vívida, há algo imediato e tocante. Não se esqueçam de que dos judeus, as pessoas mais desprezadas da Antiguidade, que viviam no canto mais terrível da Palestina ou Galileia, veio o redentor de Roma. Por que não poderia nosso redentor ser um negro? Isso seria lógico e psicologicamente correto.

---

10. Cf. as observações de Jung sobre os elementos primitivos nos europeus em "Sobre o inconsciente", 1918. OC 10/3, § 16ss.

11. Cf. o elogio de Jung ao filme negro, "The Green Pastures", em *Interpretação psicológica do Dogma da Trindade*, 1940, 1948. OC 11/2, § 266.

Índice

Judith A. Hancock

abdome; cf. barriga/ventre

Abraão 525

abutre 240

Achumawi (índios) 315n., 321n.

acrobacia (sonho 30) 616, 619, 625

Adam Kadmon 280

Adão 251
  e Eva 194, 234, 557, 645

Adonis 178n., 178, 215, 340

aeroplano (sonho 25) 540, 543, 545s., 550, 558

afinidade/relacionamento 175-177, 362, 452, 525s.

África/africano(s) 28s., 141s., 261s., 286, 313, 337, 369, 383
  e sonho 28s., 43
  e visita de Jung à 28, 43, 49, 91, 104, 141s., 219, 284n., 300, 311s., 467s., 607, 633s., 649n.
  no Islã 325
  cf. tb. Egito; Tribo Elgoni; Negros, Africanos; Tunísia

Afrodite 337, 550

Agapé 385

água: como símbolo do espírito 221; em sonho (28) 600s.

águia, cf. animais como símbolos

Aion/Deus Leontocephalus 413

Akbar o Grande 125s., 448

Albigenses 238

Aleluia 54

alemão/Alemanha 81
    Caso Arnstein na 170s.
    história do baile alemão e o jovem com o boné marrom 214s.
    lenda sobre árvores, o freixo e o amieiro, como primeiros seres humanos 349
    "Münchner Kindl" de Munique 215
    poema sobre Cristo como um herói com uma espada 326
    cf. tb. Goetz, Bruno

Alexandre o Grande 74, 511

alfaiate/alfaiataria (sonho 2) 101, 104, 258

algodão, cápsulas com vermes, cf. animais como símbolos

algodão: negócios, cf. negócios (sonho 11); em sonho (14) 227-230, 233s., 245,
    247; (29) 611
    cf. tb. cores como símbolos: branco

alimento 35, 41, 45-47, 52s., 130, 177, 438
    em sonho (1) 37s., 43, 69, 75
    cf. tb. pão; "O Caulderão"; comunhão; comida

Alípio/Alypius/Aloysius 36, 36n.

alma 36, 104, 213, 220, 462, 480, 569n.
    e lua 359s.
    e religião como método de cura da 402s.
    e transmigração da 127
    e visão de Jung 43
    mulher e 363s., 461s.
    no sonho (17) 272, 274, 282
    cf. tb. anima

alquimia/alquimistas 119, 136s., 324

amarelo, cf. cores como símbolos

ameixa, gelatina em 257s.

América/americano/Estados Unidos da América 333, 335, 622s., 639s.
    eficiência na, cf. eficiência; Índios, cf. Índios, América do Norte

negros, cf. Negros, americanos

visita de Jung à 28, 28n., 54n., 87n., 216

amor 191, 194, 254, 294, 322, 362, 385, 650-652

arte do, livro persa sobre 362

como Eros 182

como método para superar obstáculos 159

em sonhos: (5) 145; (12) 181

e ódio, e inconsciente 169

cf. tb. Eros; sexo/sexualidade

amuleto(s), cf. encanto/feitiço/amuleto

anafilático(a)/ sistema anaplerótico 265

análise 37, 39-41, 77, 99, 132, 159, 259, 524

acrobacia como 618s.

aspectos experimentais da 156

atitude de sonhador empresário frente a 112, 230

clímax da 447

divino na 580

duração da 154

e casamento 525-530

e confissão 44s., 657s.

e dor 39-41

e emoções 121, 533

e encanto/feitiço 143

efeito da esposa na 156

e função superior 268s.

e integração 105

em sonhos: (13) 207s.; (24) 502; (26) 561-563, 567, 579; (29) 611-613

e neuroses 434

e *participation mystique* 533

e teosofia 73

e yoga 128

resistência à 38, 77, 99, 150, 154s., 158s.

analista(s) 51, 105, 122s., 469-471

como deus 443s.

importância do/expectativas do 452s.

no sonho 256s.

nos sonhos: (16) 256, 260; (23) 471s.; (26) 523s.; (27) 592-595

relação dos pacientes com o, nos sonhos 562s.

analítico, código; cf. código analítico

anão/anões 213-216

ancestrais 46, 311s., 385, 630s.

âncora 340, 348

Angulo, Jaime de 315n.

anima 70, 78, 87, 94s., 182, 221, 249, 264, 277s., 459-461, 506, 521

definição/discussão de 59n., 70s.

e criatividade 278s.

ideia chinesa de 461s.

no homem 360s., 365, 372

nos sonhos: (1) 59, 68, 70, 74-77, 83, 249; (15) 244s., 247-250; (16) 260; (23) 458s., 462-465; (26) 523s., 562; (29) 616; (30) 626s., 645-648, 655-657

ocultismo e a 72s., 75

persona e a 69s., 94s.

sombra e a 70s., 75, 254s.

Wilhelm em 461, 461n.

cf. tb. alma

ANIMAIS COMO SÍMBOLOS: *Este subíndice lista em separado diversas espécies, incluindo mamíferos, aves, insetos, répteis etc., e animais de fábulas*; cf. tb. totem/ animais totêmicos

águia 116, 280

algodão com verme/parasita/minhoca; cf. verme/minhoca

aves 122; cf. tb. galinha; pombo; papagaio; faisão; cisne; abutre

boi 116, 280

burro/asno 280, 381

cães 316

caracol 233

cavalo 253

cobra/serpente 236, 257s., 414
   Cristo como 236, 300, 417, 433, 433n.
   em análise de sonho 248s.
   muito comprida, no sonho de uma mulher 248
   mulher/mulheres como 40s.
   picada/mordida 40, 138, 602-605
   símbolo de psicologia instintiva 316s.
   troca de pele/mudança de pele 104, 317
    cf. tb. verme/minhoca

coelho, cf. lebre

cordeiro/carneiro 368, 406

crocodilo 410, 507s., 606
   em sonhos: (20) 281, 308s., 313-316, 318; (28) 601-603

dragão 317, 381, 389, 411, 607-609, 611
   como arquétipo 507-511
   em sonhos: (24) 512; (27) 592

faisão 120

galinha(s)/frango(s) 123s., 136
   em sonho (4) 117, 119-123, 130-132, 308, 432

gato 521s.

leão 116, 280, 407, 414

lebre 279

macaco/babuíno 625s., 629s.
   em sonhos: (17) 269s., 272-275, 282, 285; (19) 298s.

okapi 187, 187n., 279

ornitorrico 442

ovelha, ovelha negra 52, 209

papagaio 141, 141n., 347, 498

pato 215

peixe 187s., 405-407
   em sonho (13) 210

pombo 253, 475, 477

porco 638

pulga 128, 284

rato 519-521

  "Algumas sugestões sobre o sonho do rato" 519-521

  em sonho (24) 500-504, 511-515, 521-524, 556, 632s.

  rinoceronte 344, 508

sapo 322

sáurios, cf. crocodilo; tartaruga

touro 46s., 56s., 257

  em mitraísmo 46s., 55s., 298, 298n.

  lutas 46s., 55-57, 62s.

  no sonho da Dra. Shaw 55s.

urso 312

vacas/gado 43, 381s., 467s.

* * * *

animal(s) 57, 140, 148, 343-345

  e funções 555s.

  e homem 57, 504, 527, 576s.

  e lua 365, 382-384

  em sonho (4) 117s.

  em sonho 514s.

  em um mandala 126, 549

  encanto, morte, e lua 383s.

  propriedades espirituais da 316

  sangue frio 602-604

  cf. tb. animais como símbolos

animus 108, 170, 253s., 461s., 477

  definição de 59n.

  e persona 90

  e sombra 254s.

  Wilhelm em 461

anjo 116, 280, 484n., 549

ankh, cf. *crux ansata*

anômala, medo da 442s.

ano platônico 416

antecipação 525, 565

Anticristo 406, 406n., 409

Antônio, Santo 137, 139

Antroposofia, cf. Steiner, Rudolf

Anu 329

Apolo 215, 331, 335, 341

Apologista, cristão 481

apóstolos 300, 417, 433

apotropaico/apotropaísmo 259s., 350, 384, 524, 633s.

Apuleius, Lucius, cf. Asno de ouro, o

aquário 206, 209, 258
   cf. tb. mar/oceano

Aquário, cf. zodíaco, signos do

ar 220, 380

Árabes, crianças, em sonho (17) 284

Arnstein, caso de 170

arquetípico/arquétipo(s) 137, 141, 180-183, 193-195, 495, 505-511, 517-519, 635s., 639
   caldeirão como 330, 505s.
   círculo como a personalidade total 68-70, 68n.
   criança como 178
   Cristo como 138
   da imortalidade 128
   dragão como 507-511
   e pensamento 180s., 528
   e símbolos 508-511
   hermafrodita como 557
   herói como 506; em sonho (20) 315
   máquina como 507-511
   novo homem de São Paulo como 127

transformação do indivíduo como 136
variações de 505-516

arrependimento 299, 342

arte/artistas 82, 116, 139, 341s., 344-346, 358s., 658
cf. tb. imagem/figura/desenho/fotografia

Ártemis 379s.

artilharia (sonho 30) 617, 655

árvore(s) 421s.
de Natal 321
em sonhos: (15) 244-247, 249s.; (17) 269-271, 272-275
enterros em 336s.
representando Inetzolcoatl 335
símbolo de 250, 305, 335-337, 340, 349s., 497
trabalho dos druidas com carvalho 338
cf. tb. cerejeira; árvore cósmica; conhecimento, árvore do; árvore-lua; árvore da vida; árvore do sustento; árvore-mundo

árvore, lua, cf. lua-árvore

árvore da vida/Árvore da Vida 250, 331, 335s., 340, 342, 445

árvore do sustento 335

árvore-mundo 336s.
Maias e a 336

asma (sonho 9) 160

Asno de ouro (Apuleius) 381

assassinato 243, 274, 354-356
cf. tb. caso Arnstein; matar

assimilação 35, 42s., 79
da Trindade 571s., 575
em sonho (1) 35, 38, 76

associação(ões) 120, 179-181, 214
em sonho 424, 476; (14) 243

Assíria, no simbolismo da cruz 329

Astarte 254, 312, 332, 365, 477

Astralmythen (Stucken) 517s.

astrologia 128, 374s., 379s., 390-395, 397, 408-411
  cristianismo e 406-409
  psicologia e 398-400
  cf. tb. cruz e crescente; zodíaco; signos do zodíaco

Atenas, antiga, importância dos sonhos em 29, 62

Átis 141, 215, 298, 298n., 318s., 340, 414, 638

ativo/passivo 389s., 410

Atlântico, cf. Titanic

Atma 595

Augias, estábulos de 155

Austrália/Australiano 315, 466s.
  cf. tb. tribo Wachandi

autodisciplina 56

autoridade 145, 203, 212, 236s.
  na Igreja Católica 145, 171, 174, 188, 236s.

autossugestão, em curas 135

aves, cf. animais como símbolos

Axeinos, cf. Mar Negro

Astecas, índios 336

Babilônia 381, 421s.
  cf. tb. Hamurabi

babuíno, cf. animais como símbolos: macaco

Bachofen, Johann Jakob 518n.

Bachhofer 518

Baco, cf. Dioniso

Bacon, Leonard 406

Baldur, invocação a 86s.

Baldwin, Agnes: *Symbolism on Greek Coins* 331s., 343

bancos 454s., 469s.
  cf. tb. cadeira(s)

banho (sonho 11) 162-166

Bantos, negros 337

barba (sonho 11) 164

Bardo Thödol, cf. *Livro Tibetano dos Mortos, O*

Barrett, William G. 350s., 379
  relatório sobre simbolismo da cruz 329-343

barriga/ventre 323-325, 364

Basel, Switzerland 100n., 321

Batak (Sumatra, Indonésia) 544, 544n.

Bates, Ernest S.: *O Amigo de Jesus* 238

batismo 91, 102, 406, 475

Baudouin, Charles: *Psychologie de la suggestion et de l'autosuggestion* 260, 260n.

Bauer, Dr. (sonho 11) 270-272, 286

Baumann, Hans H. 616, 656

Bayley, Harold: *The Lost Language of Symbolism* 340, 343

Baynes, Cary F. 315n., 351, 373, 404, 448, 453, 458, 502, 514s., 521s., 546, 558, 563, 573, 583, 588, 590, 592, 605, 607, 609, 613, 626, 638, 645, 652
  como tr. da versão de Wilhelm do *I Ching* 63n., 119n., 461s.n.
  como tr. da versão de Wilhelm de *The Secret of the Golden Flower* 461n., 576n.

Baynes, Helton Godwin 373, 404s., 416, 430, 438, 467, 474, 488, 494, 501, 504, 509s., 513s., 518, 521s., 528, 555s., 565, 574, 578, 586, 589s., 593s., 605, 612s., 616, 619, 621
  como amigo de Jung e tr. de *Tipos psicológicos* 216n.
  filme da viagem à África 634n.

Beleth, Jean 53

Bellum Gallicum, cf. César, Júlio

Bennet, E.A.: *What Jung Really Said* 108n.

Bênoit, Pierre: *L'Atlantide* 461, 461n.

berço (sonho 4) 500-503, 514s., 523-525

Bergson, Henri 306, 306n., 412

Berna, Suíça 312

Bernoulli, Jacob 112n.

Bertine, Eleanor 213, 216, 234, 238, 240, 248s., 253, 255, 281, 285

Bhagavata Purana 604n.

Bianchi, Ida 141, 637

Biano, Ochwiay (Lago das Montanhas/Antonio Mirabal) 54n.

BÍBLIA 81, 220, 468, 487-489, 492s., 546, 556, 568s., 633, 635

Apócrifo, cf. James, M.R., tr.

Coríntios
   (I, 11,23-29) São Paulo e gula 384, 384n.

Eclesiástico
   (38,20) exemplo de assimilação 35n.

Gálatas
   (4,22-26) 489n.
   (6,2) e sentido de comunhão e companheirismo 83

Gênesis 235
   (3,12) Adão e Eva 645, 645n.
   (3,15) e mordida de cobra 40
   (17,15-17) 525n.
   (18,10-15) 525n.
   (32,24-25) lenda de Jacó 559

João, São, Evangelho de
   (1,9) Cristo como o primeiro raio de luz 574, 574n.
   (3,4) Nicodemos e o ventre de sua mãe 318
   (3,8) sobre vento e espírito 219
   (7,38) e analogia do ventre 323n.
   (12,32) e transformação 366n.
   (14,6) serpente zodiacal como Cristo 300, 300n., 594, 594n.
   (15,5) Cristo como serpente zodiacal 417, 433, 433n.

Lucas
   (15,7) alegria no paraíso e o pecador arrependido 299

Marcos

(9,44.46.48) pecado como o verme imortal 231, 231n.

Mateus

(5,22) repressão de pecado 91, 92n.

(cap. 11) 491

(11,12) violência e o Reino dos Céus 285

(18,3) sobre a criança no homem 184, 285

(18,20) 493n.

Pedro

(I, 2,2) 318n.

Salmos

(90,6) 294n.

Samuel

(I, 28,7) Saul e a feiticeira de Endor 637, 637n.

Tiago, epístola de

(5,16) em confissão e companheirismo 46, 46n., 82, 82n.

* * * *

Binger, Carl 188, 123, 130s., 137, 145-147, 149, 152, 154, 156, 159-162, 164s., 168, 171-173, 175, 177, 182s., 186, 193-196, 204, 206, 208s., 221, 223s., 230, 232s.

Binger, Sra. 150

bisavó (sonho 30) 617s., 626, 635-639, 642, 645

cf. tb. anima: em sonho (30); mãe natureza

Blackfeet (índios) 336

Blake, William 367, 367n.

Blavatsky, Helena Petrovna: *The Secret Doctrine* 331, 343

The Voice of Silence 569n.

cf. tb. teosofia

Bogotá, Índios de 337

boi, cf. animais como símbolos

bola/esfera/*pelota* 54, 75, 82

cf. tb. *jeu de paume*

Bolchevismo/bolchevista 178, 241

bom e mau/mal 57, 140, 234, 236, 418, 449, 457, 480s., 549s.
   etimologia de 136
   ideia de 194-196
   no homem 552s.
   sonhos como reflexões de 301s.

bomba 155

Bombastus von Hohenheim, Theophrastus, cf. Paracelso

bon viveur, cf. B., Sr.

boné, cf. chapeu(s)/boné

Bonner, John 606

bordel, cf. prostituta(s)/prostituição

Borobudur, templo (Java) 441, 441n., 444, 450s.

Bougres 238

Bourget, Paul 294n.

braço, como um símbolo de poder 559s.

Bradley, Dennis: *Towards the Stars* 59

branco, cf. cores como símbolos: branco; preto e branco

brasileiros, índios 347, 498

brincar/jogar 78, 156, 247s., 649
   cf. tb. jogo(s); *jeu de paume*

brinquedos 64
   cf. tb. brincar

Brugsch, Heinrich: *Religion und Mythologie der alten Aegypter* 394n.

Büchner, Ludwig: *Kraft und Stoff* 576, 576n.

Buda(s)/Bodhisattvas 333, 450-454, 514s., 569s.

Budge, E.A. Wallis 86

Budismo/budista
   deuses e 552s.
   mandala, cf. mandala, budista; monge em sonho (18) 414
   paradoxo 446

buraco 323
em sonho (16) 256s., 262

Burnet, John: *Early Greek Philosophy* 104n., 366n.

burro/asno, cf. animais como símbolos

Cabala/cabalista/Kabbalah 288, 476, 476n.

cabana/mesquita (sonho 20) 308s., 313-316, 624

cabiro(s)/cabiri/Kabeiroi/kabiri 414, 628
e símbolos de chapéu 215, 215n., 216s., 224, 224n.

Cabura, cf. etimologia

caça 120

cadeira/bancos, em sonhos: (1) 43s.; (13) 203, 207

caduceu 417

caldeia 358

caldeirão/chaleira/pote 236, 505s.
cf. tb. barriga/ventre

"Caldeirão, O" (*I Ching*) 119s., 128, 366

Calendário de pedra, como um mandala mexicano 116, 393s.

calendário, e a lua 360

Califórnia, índios na 315, 322

cama: em sonhos: (24) cf. berço; (28) 600-602

Campbell, Joseph, ed.: *Myts and Symbols in Indian Art and Civilization* 546n.
cf. tb. Zimmer, Heinrich

camponês(es) 41, 79, 86

Câncer, cf. zodíaco, signos do

cantor (sonho 23) 454-458, 470, 474, 479, 481n., 489s.
cf. tb. Deus (sonho 23); voz, interna

cão, cf. animais como símbolos

caos 388, 412n.

capas (dream 18) 414

Capricórnio, cf. zodíaco, signos do

cápsulas (sonho 14) 233, 257

caracol, cf. animais como símbolos

cardeais, pontos do horizonte 297s., 306s., 320, 336, 350, 445

carnaval 47, 104

carne/espírito (sonho 19) 310

Carpenter, Edward: *Pagan and Christian Creeds; Their Origin and Meaning* 332, 337, 342

casa 58, 126, 179s.
em sonho (30) 616-618, 623s.

casamento 49, 78-81, 188, 208, 235, 563
de sombra e anima 70s., 75
e análise 525-529
e história sobre o uso da lei em divórcio 213
"integridade de personalidade" no 254s.

Cassiopeia 232

castração: sangue como um símbolo de 271, 274

Cátaros 238

Catherine de Alexandria, Santa 102, 462, 637s.

Católica, Igreja 116, 130, 186, 236, 369, 383, 386, 490, 639
autoridade na 145, 171, 173, 188, 236, 489
casamento na 188
confirmação na 104
e confissão 44-46
missa na 47
sacramentos na 546s.

causa e efeito (sonho 21) 415s.

causalidade, e sonhos 43, 63

cavalo, cf. animais como símbolos

censura, e escolha de símbolos 222

centro: importância do 116, 349s., 451s.
cf. tb. mandala

cerejas 244, 247, 249

cerejeira 258s.

cerimônia(s)
   como jogos 46, 385
   propósito da religiosa 384, 554
   cf. tb. ritos/ritual(s)

certo/errado 300

chaleira, cf. caldeirão

Chamisso, Adelbert von: *Peter Schlemihls wondersame Geschichte*

chapéu(s)/boné 67n.
   cabiri e o 215n., 215-217, 226, 226n.
   em sonhos: (13) 197-199, 204, 214, 217s., 241; (14) 227s.; (18) 414
   inconsciente coletivo e o marrom 226-232
   jovem com um marrom 213s., 231
   meninos de 191-194
   significado de 226s.
   símbolo de 213-217

Chapin, Anne 146, 149, 152, 161, 204, 284

Chattanooga, Tennessee 28, 28n.

"Chave da Vida" 331s.; cf. tb. *crux ansata*

cheiro 528, 554-556

Chichén Itzá, México 126

Chidr, cf. Khidr

China/chinês 313, 333, 359, 401, 583n.
   e consciência 575s.
   filosofia 126-130, 389, 406, 461s., 584
   mandala 333, 335-339

Churchward, Albert: *Signs and Symbols of Primordial Man* 339, 343

churinga, australiano 441, 451, 454, 466s., 510, 510n., 545s.n., 569s.

ciática (sonho 5) 134, 142

ciência 479

cilindro (sonho 22) 425s., 434

Cinderela 106, 517s.

cinza, cf. cores como símbolos

círculo 46, 68, 68n., 89, 344, 380, 444, 558
   mágico, cf. mandala(s)

circumambulatio, cf. *Mandala Nritya*

circuncisão 554

cisne 122

cisnes, cf. animais como símbolos

Cistercienses, monges 568, 568n.

civilizado, cf. primitivo vs. civilizado

clérigo/ministro/pastor 122, 191, 191n.
   em sonhos: (11) 164s.; (23) 471s.

Cluny, tapeçarias de 365

Cocos, Ilha de 508, 508n.

cocota, cf. prostituta

código, analítico 242-244

Código Penal (sonho 3) 212

coelho, cf. animais como símbolos: lebre

coletividade, como uma forma de análise 77

coletivo/coletividade 130, 180, 630, 645-647
   consciente 575
   e casamento 78s.
   e confissão 44s.
   em sonhos: (1) 80, 82s.; (13) 198s.; (30) 656
   figuras 277s., 388, 474
   simbolismo 80, 179s.

comerciante (sonho 14) cf. grego (sonho 14)

comida 176s., 357s., 382, 524
   em sonho (12) 174, 176s., 179s.
   cf. tb. pão; caldeirão; "Caldeirão, O"; alimento

compartimental, psicologia 209-214, 218, 220, 231s., 288, 599
   cf. tb. integração; síntese

compartimento(s)

em sonho (13) 209-214; (27) 596, 599s.

compensação e sonhos 223, 524, 644

em sonho (27) 590s., 595

complexo(s) 35, 42, 169, 177, 400s., 424, 515s., 528

cf. tb. complexo de pai; complexo infantil; complexo de mãe

complexo de pai 166, 168s., 171-174, 507

e Eros 175-177

complexos *autonomus*/fatores/figuras 221, 436s., 515s.

comportamento, análise dos sonhos como método de mudança 222

comunhão/Eucaristia/Ceia do Senhor 46s., 53-56, 316, 384s.

e alimento/comida 35, 45, 322, 357s.

em sonho (1) 35, 76

comunidade 55

em sonho (1) 57, 81s.; (17) 287; (23) 470-474

Comunismo, cf. Bolchevismo/Bolchevista; Rússia/russo

concupiscentia 571

confirmação 104

confissão 44s., 657

em sonho (1); cf. tb. sigilo 77

conflito 234, 400, 657s.

em sonho (11) 164

confusão (sonho 3) 115

conhecimento 96, 235s., 649

árvore do 234, 236

cf. tb. informação, consciência dos fatos

consciência 28, 68, 109, 236, 381, 416, 486

conteúdo da 481s.

de fatos 88s., 573-576

diferenciação de 549-551

ego como o centro de 116

e intoxicação 385

e mente 371s.

em sonho (14) 240s.

e mudança de personalidade 223

e símbolos 321

medo da superior 240

no Oriente 429

perturbação/revolta como um aumento da 240s.

quatro funções de 167, 167n., 570s.

vazio de 445s.

cf. tb. consciente; consciente/inconsciente

consciente 63, 135, 145, 209, 224, 306, 365, 551s., 620

em sonho (13) 206s.

inabilidade do paciente em conectar-se com o seu 195s.

cf. tb. consciente/inconsciente; consciência; inconsciente

consciente/inconsciente 442, 494-497, 550s.

e quatro funções 55s.

em mandalas 552

Constantino, visão de 340s.

constrangimento, cf. correção

contagion mentale 641

contos de fada(s) 588

cf. tb. Cinderela; Rumpelstiltskin

contradição 144

cf.tb. oposto(s); duplo/dualidade

contraponto, efeito de 494

controle 63

em sonho (13) 198, 209-211

Convencional 215s.

homem 123s.

moralidade, cf. moral(is)/moralidade, convencional

cf. tb. correção/constrangimento; respeitabilidade

convencionalidade, em sonho (24) 501s.

cooperação/*compte-joint*

em sonho (27) 585, 589s., 592s., 596

cf. tb. negócios; Michel and Jaloubout; Michelin

Copta, cristianismo, cf. cristianismo, copta

cor(es) 176, 204, 264, 307, 433, 494s.

em sonho (1) 58, 60; (21) 416

cf. tb. cores como símbolos

coração, em sonhos: (10) 160-163; (19) 302-304, 308, 310, 438

cordeiro, cf. animais como símbolos

CORES COMO SÍMBOLOS

amarelo 75, 488

em sonho (17) 270s., 279; (25) 540-551

rótulos, em sonho (16) 255s., 260, 263

branco

em sonho (8) 154; (14) 234

pão significando pureza 194

cf. tb. preto e branco

cinza

em sonho (1) 58, 61; (8) 154; (21) 415

marrom

chapéu: como símbolo 213-216

em sonhos: (13) 217; (14) 227-229

inconsciente coletivo e o 226-232

na juventude em uma dança alemã 214s.

preto 51s.

barba em sonho (11) 164

excremento em sonho (14) 226s., 233

preto e branco 67, 136, 264, 319, 494s.

em sonho (12) 174s.

Vermelho

arenito de Akbar o Grande 126

em sonho (8) 154

papagaios 347, 498

* * * *

Coríntios, cf. Bíblia

Cornwall, na Inglaterra 46, 81, 467

Corpo imperecível, mandala do 127

corpo 42, 103s., 138, 282
em sonho (22) 439-441

correção/constrangimento 30, 205
em sonho (1) 37s., 61, 76s.; (4) 118s.; (13) 203s., 208

correspondentia, doutrina da 281

Corrie, Juan: *ABC of Jung's Psychology* 68n.

corrupção (sonho 11) 172s., 195

cósmica, árvore 336

cósmico, sonho 540

Cosmopolitan (revista) 499n.

costura, máquina (sonho 2) 106s., 146, 221, 258

costureira, cf. alfaiate

cozinha 322
cf. tb. cozinhar

cozinhar 136, 322
cf. tb. caldeirão

crescimento, tema 497s., 570

credo 509

crença 136, 185

crescente 308s., 312, 335, 355
cf. tb. cruz e crescente; lua

criação 577

criança(s) 43, 49, 99s., 150, 183s., 311s., 550, 561, 625
árabe, cf. criança árabe
cama de (sonho 4), cf. tb. berço
como *medium* 634s. cf. tb. Menino
criação de, na Suíça e África 49
de Deus 298, 318

de empresário sonhador 152

doença de 150, 283-285

e Deus 184, 489s.

em sonho (1) 31-34, 48, 58-60, 70s., 74-78, 82s., 88; (5) 147; (9) 160; (11) 195; (15) 244, 247, 249; (24) 522s.; (26) 523-525, 561, 564-568, 577s.; (28) 600s., 604, 607s.

e sonho 41s., 71, 630s.

e pais 41, 204s.

psicologia de 630s.

criativo/criatividade 256, 278s., 324, 388, 595

crime, cf. matar; assassinato

cristãos, apologistas 481

cristã(ão)(s)/cristianismo 327, 356, 448, 578

alimento no 176

alma (ideia de) no 462

arte 341

ciência 33, 138

como um método psicológico para tratamento de doenças da alma humana 402

conceitos de Cristo no 492

cruz no 298, 338-341

e astrologia 406-409

e bem/mal 457, 450

e conceito de graça 413

e filosofia 81, 185

e Islã 325s.

e jogos eclesiásticos 46s.

e pastor 186

e redenção 91

e repressão da consciência 259

eros/logos no 653

funções da consciência no 306

mandala, cf. mandala(s) cristão(s)

mistérios 323s.

mulher no 565

pescador no 186s.

queda/declínio do 218s., 406

sacramentos 53s., 382, 406, cf. tb. *nomes de sacramentos individuais*, p. ex., batismo

simbolismo no 56

totalidade no 449

cf. tb. Cristo/Jesus; cristãos/cristianismo, primitivo; cristianismo/islã; Igreja; Deus; religião; Trindade

cristãos/cristianismo, primitivo 48, 81, 119, 127, 280, 340s., 359, 569

autoridade em 236s.

cruz suástica nos 332s.

e *Agapé* (festas de amor) 46s., 385

e culto mitraico 46s., 57

e gnósticos 47, 186

e judeus 47s.

e símbolo do verme 236s.

ódio dos romanos aos 240

cf. tb. Cristo/Jesus; Cristã(ão)/cristianismo; Igreja; Deus; religião; Trindade

cristianismo

copta 315, 476, 565

medieval 53s., 282

cristianismo/islã 325-328, 402s.

Cristo, alegorias/símbolos de

arquétipo 138

árvore da vida 340

burro 279

curandeiro 403

Dioniso/Baco 187

espírito 184

filho em sonho (23) 489s.

herói 326

intermediário/mediador 490

Logos 651, 653s.

Orfeu 186

peixe 188

perfeito 280

serpente/cobra 236, 300, 417s., 433n.

Cristo/anticristo, lenda 406, 406n.

Cristo, Filho de Deus 127, 185, 573

Cristo/Jesus Cristo

antigo significado místico de 280

batismo de 475

conceito de 341, 490-492

e cruz 335, 338s.

e João Batista 237, 491

e olho de Hórus 280

e signos do zodíaco 417

e sofrimento 138

estátua (sonho 20) 308, 326

e vinho 382s.

fardos de 259

Igreja Católica e 490

mito de Osíris como um precursor de 638

monograma de 332s., 340s.

nascimento de 240s., 394, 397, 411

necessidade de 36

no mandala (cf. tb. evangelistas, quatro) 116, 130, 280

sangue de 56

se Ele vivesse hoje 499s.

cf. tb. Cristo, alegorias/símbolos de; Cristo, Filho de Deus; Cristo-Anticristo, lenda

crocodilo, cf. animais como símbolos

Cronos 404, 412, 412n.

cf. tb. Kronos

Crowley, Alice Lewisohn 215, 245, 249, 264, 286, 300, 322, 381, 426, 468, 476s., 485, 489, 502, 504, 529s., 543, 547, 563, 566, 582s., 593, 604, 607, 619, 624, 629, 645

pergunta, diminuição da eficiência através do processo de espelhamento 582

pergunta, excursão aérea do sonho 558

pergunta, figuras autônomas 611

pergunta, simbolismo e análise de figuras hermafroditas 557

Crowley, Sr. 578

crucificação 339-341

crux ansata 330-332, 335, 337, 339-342

cruz astronômica, no Egito 330s.

cruz/crucifixo 312, 329s., 333, 346s., 366, 388s., 560
  em sonho (20) 308
  e sol 388s.
  importância do centro do 349-352
  relatório do Dr. Barrett sobre simbolismo de 329-343

cruz e crescente 42s., 309, 312, 325, 388-397, 400-407
  cf. tb. crescente; cruz

cruz equilátera 341

cruz latina 341

Cruzadas 241, 341, 540n.

culto(s) 187, 297, 357, 525
  cf. tb. Ártemis; Atis; Dioniso; Sabaus

cunhado, em sonhos: (1) 31, 34s., 38, 47, 57s., 68, 73, 75; (6) 151s.; (29) 611s.

Cupido, cf. Eros

cura, mágica 135

cura/tratamento, cf. heal/healing

curandeiro/xamã 137, 317

curar/curandeiro/cura 135-138, 280, 403
  de um árabe que Jung encontrou na África 142
  e cruz 339
  e lua 358s.
  e sonhos 42, 138s.
  no século XIX na Alemanha 81

cuspir, significado mágico de 220

Dacqué, Edgar: *Urwelt, Sage und Menschheit* 577, 577n.

dáctilo(s) 225

Dakota 336
índios 330

dança/dançar/dançarinos 46-48, 53, 322
em sonho (3) 112; cf. tb. *Mandala Nritya*

Daniélou, A.: *Politeísmo hindu* 604n.

Dante Alighieri: *Divina comédia* 111n., 111-113

datação por carbono 396n.

Daudet, Alphonse: *Tartarin de Tarascon* 165s., 453

Deady, Charlotte H. 156, 167, 207, 453, 464, 470, 494, 496, 514s., 604, 607, 623, 645

Deady, Henderson 74s., 208, 241, 245, 250, 252, 255, 261, 264, 266, 268, 282, 286, 295, 298, 303-305, 373, 405, 434, 452s., 464, 468, 479, 488-491, 502, 504, 518, 523s., 555, 566, 587, 599s., 602, 606s., 623

degraus, como autorrealização 269

deisidaimonia (medo do demônio) 182

Dekker, Eduard Douwes, cf. Multatuli

Delfos, oráculo de 209

Dell, W. Stanley 218, 220, 222-224, 232, 253s., 260, 284

Demiurgos 236, 446

demônio, cf. diabo/satanás

demônio/*daimon* 34, 67, 75, 480
em sonho (1) 66s.
hermafrodita como 544
cf. tb. diabo/satanás

"demônio do meio-dia" 294

demônio maldoso da Paixão, cf. Paixão, demônio maldoso da

demônio, medo do, cf. *deisidaimonia*

Denderah, pedra 393

depressão 293s.

desconhecido 69, 89, 168

desenvolvimento humano
  e consciente 224
  três estágios de 569

desespero, e arquétipos 635s.

despotencialização e progresso 108

destacamento, cf. assimilação

destino 317, 430, 579
  em sonho (21) 416s.
  o mal e o do homem 122

destruição 235

Deus 127, 138, 140, 321, 386, 446, 480s., 595
  analista como 443s.
  definição de 282s.
  e crianças 489
  e homem 108s., 573s., 576s.
  e mal/diabo 457, 549s., 553s., 571
  em sonho (23) 476-484; (26) 579
  e Trindade 543s.
  ideias/imagens de 226, 255s., 441, 484-486
  mandala e representação de 132
  na religião oriental 554s.
  sacramentos como representativos de uma união com 366
  Sophia, esposa de 477, 565
  solidão de 573s.
  visão de Jung sobre 482s.
  cf. tb. criança: de Deus; Cristo/Jesus; Cristo, Filho de Deus; cristã(ão)(s)/
  cristianismo; Igreja; Deus, símbolos de; religião

Deus, símbolos de
  como emoção 550s.
  como juventude 578
  como o Criador 235s.
  como o pai 170s.

como respeitabilidade 489

como uma criança 184

como um hermafrodita 476s.

deus(es)/divindade 185s., 191, 338s., 357, 407, 480s., 550, 552s.

lua 364-366, 381s.

cf. tb. *nomes de divindades individuais*

deus Leontocephalus, cf. Aiön

devoção, como um símbolo em *Fausto* 190

dia/noite 375s.

em sonho (12) 174s.

diabo/satanás/demônio 71, 261s., 338, 347, 357, 457, 480s., 549s., 552-554, 571

Diana 357, 365

diferenciação

como o início do mal 235

do consciente/inconsciente 555-558; cf. tb. consciência

diferenciada, função, cf. função

Digulleville, Guillaume de 568n.

Dinamarca 339

Dioniso/Dionisiano/Baco 185, 187, 340, 347, 359, 382, 385

disciplina: toreador como personificação do perfeito 63; cf. tb. autodisciplina

discriminação, cf. logos/Logos

dissociação 599

Divan-i-Khas 125

Divina, Criança, cf. *Puer Aeternus*

Divina Comédia, cf. Dante Alighieri

divindade 554, 570, 572, 574, 578

divindade(s) 181, 184s.

em sonho (12) 181s., 578

cf. tb. deus(es)

divino 475, 570, 580

divórcio, e história sobre uso da lei do casamento 213

doença/ferida, simbolismo de 142

doença/saúde 245, 252-254, 319, 399, 439s.
   e quatro funções 560s.
   cf. tb. criança(s); curar/curandeiro/cura

dor e análise 39-41

doutor/médico 27, 49, 137, 639

doze, cf. números como símbolos

dragão, cf. animais como símbolos

drama 239, 293, 633
   cf. tb. teatro

Draper, George 319, 373, 382s., 448, 452, 512, 565-567, 572, 638, 646, 654

Draper, Ruth 510n.

druidas 250, 339

Dunbar, C.O.: *Historical Geology* 508n.

duplo/dualismo 108, 469s.
   e mulher 368s.
   natureza do sonhador empresário 355s.
   persa 550
   qualidade da lua 364s., 368, 370
   cf. tb. opostos

durée créatrice 306n., 412

dúvida 103, 108s.

Eaton, Ralph M. 641, 646, 648, 652s.

Eckhart, Mestre 178, 183s., 319, 574, 574n., 577-579

Eclesiástico, cf. Bíblia

Éden, Jardim do, cf. Jardim do Éden

educação 254, 630

eficiência, na América 582-584

Egito/egípcio(s) 330s., 351, 357s., 360, 380, 638s.
   em sonho (17) 270s., 279s., 286, 298, 308; (20) 288, 308s., 312s.

mistérios da iniciação no 330s.

mitos de 637-638; cf. tb. Hórus; Osíris

visita de Jung ao 28n., 141s., 325, 325n.

ego 118, 221, 281

Eidgenössische Technische Hochschule, Zurique, cf. ETH

Einstein, Albert 223, 382, 576

Eissler, K.R.: *Goethe: A Psychoanalytic Study 1775-1786* 651, 651n.

Eisler, Robert: *Orpheus, the Fisher* 518, 518n.

elemento masculino 335, 338, 355

cf. tb. hermafrodita; homem(s); Yang

emoção(ões) 37, 56, 121, 161, 167s., 324, 348, 533, 550s.

em sonho (1) 36, 76s.; (5) 146s.

cf. tb. medo; amor

empregados(s) (sonho 27) 587, 600, 608, 628

empresário sonhador, tema de seminário, cf. sonhador, empresário

enantiodrômica 222, 222n., 314

encanto(s)/feitiço/magia/amuleto(s) 130, 142s., 343, 361, 383s.

Encyclopedia of Religion and Ethics, ed. James Hastings 330, 332, 336, 341s.

Endor, feiticeira de 637

energia 35, 146, 169, 178, 395-397, 399-402, 407, 411-414

e inconsciente 401s., 499

e máquinas 436

e vida/morte 571s.

e Yang, Yin 400-402

revelação como um estado de 446

símbolos de 411

transformação de 506

cf. tb. tempo/energia

enforcamento e crucificação 339s.

enteléquia 127

entropia 400, 400n.

epilepsia 263

equinócios 392
cf. tb. astrologia

Eranos, conferências de 129n., 484n., 546n.

Erda (deusa) 637, 637n.

Eros/Cupido (deus) 182, 550, 629

eros/Eros (termo psicológico) 102, 174s., 180, 182, 319, 360, 600
definição de 59n.
discussão de 653-655
e alimento 176s.
e complexo de pai 174
e homem/homens 37, 101, 519-521
e logos/Logos 37, 367, 462, 520s., 652-654
em sonhos: (1) 76; (12) 175, 180-182; (13) 197s.; (17) 270, 272-274, 463s.; (23) 464s.; (26) 563-565
e mulher/mulheres 37, 101s., 368, 461, 519s., 615s., 650-652
e rato 520s.
e relação 175-177, 362
e sentimento 650s.
simbolismo de 179s.

errado, cf. certo/errado

Erskine, John: *Adam and Eve: Though He Knew Better* 38, 38n.

escapar: dualidade e a necessidade de 108
em sonho (4) 116s.

Escher von der Linth, Johann Konrad 190

Escola de Cadetes, Palatino, Roma 279

escolha de símbolos e censura 222

Escorpião, cf. zodíaco, signos do

escrita 346

Esculápio 215, 414s., 417

escuro, cf. claro/escuro

esfregar 467-469

Espanha 46, 55, 542

espelho/reflexo 428, 551, 572-575
   em sonho (17) 285

espiral 112s.

espírito(s)/espiritual 220, 222ss., 313, 316, 340, 359s.
   como discutido no Novo Testamento 220
   conotações de 184ss., 184n.
   em sonho (1) 33; (21) 433; (26) 523, 528s.; (30) 631s.
   matéria como 575s.
   prova de 128
   cf. tb. carne/espírito

Espírito Santo 213, 254, 268, 274, 413, 475, 477, 568s.

esposa(s): caso do homem que matou sua 151
   emoções como simbólicas da 36s.

esposa do sonhador empresário 142, 151-153, 196, 205, 221
   em sonho (1) 32, 38, 45, 48s., 60s., 65s., 77, 83s.; (2) 101, 103, 105; (4) 121;
   (5) 149s.; (9) 158; (12) 174-177, 179-181; (13) 196, 204-206; (15) 244s., 249;
   (16) 256s.; (24) 500-503, 512-515, 522s.; (26) 523-528, 561-565, 572, 581;
   (29) 613-615
   influência dela sobre a análise 156-159
   medo na 150, 159, 206-208

esquimós 29, 318

esquizofrenia 304

essênios, seita (terapeutas) 403, 490, 490n.

Estados Unidos, cf. América

estoicismo, como um novo sistema terapêutico 403

estômago 139, 161, 439
   cf. tb. barriga/ventre

estrada(s) 356, 366, 430
   em sonho (3) 110; (8) 154-156; (17) 269-274, 279; (19) 296-300, 302

estrela(s) 312, 346, 368, 399s., 406

Estudante de Praga, O 67, 67n., 255

estupas 447

éter 412n.

eterno/eternidade, qualidade de 278s., 283, 412

ETH (Eidgenössische Technische Hochschule, Zurique) 116n., 315n., 630n.

etimologia/etimologias 140, 507

Aion 413s.

bom/mau 144

Cabura 224s.

Cronos 412

guarda-roupa 455

heilig 136

humor 374

lua 370s.

mente 372

mungu 347, 348n.

papa/papas 141

perceber 616

rótulo 434

sacré 136

sentimento/sensação 651, 651n.

simpático 324

Zug 136

etiquetas/rótulos (sonho 16) 256, 260, 264

Eufrates, rio 351n.

Euphorion 177s.

como um *Puer Aeternus* 277s.

em *Fausto* 191

Europa/europeu(s) 338, 623, 658n.

críticas da 327s.

mandala na, cf. mandala, Ocidente

Eustáquio, Irmão 183, 195, 579

Euxine, Mar, cf. Mar Negro

Eva, cf. Adão e Eva

Evangelistas, quatro 116n., 131, 280, 280n., 320, 549

Evans, Richard I., entrevista com Jung 657n.

Evans-Wentz, W.Y., cf. *Livro tibetano dos mortos, O*

evolução, em sonho (15) 247; (17) 270, 272

excomunhão como isolamento 46

excremento (sonho 14) 227, 233, 256
  cf. tb. cores como símbolos: preto

exercícios (sonho 24) 500-503

Exército da Salvação 47

existência/não existência 70s., 139, 445s., 456s.

experiência, do inconsciente, sonhos e vida 88

expulsão, de corpos estranhos do inconsciente 41s.

êxtase 361, 635, 638
  cf. tb. intoxicação

exteriorização, teoria da 175

extroversão 444s.

faisão, cf. animais como símbolos

faixas 429
  em sonho (21) 415-417

fálico 607
  em sonho (27) 585s., 592-594

falus/fálico 257, 330s., 333, 335, 337, 349, 445, 450
  em sonho (3) 112

família
  como conecção com a sociedade 48
  do sonhador empresário 148s.
  em sonho (1) 32, 58, 61, 64s., 82s.

fantasia(s) 42, 70, 95, 99, 140s.
  e sonho 221s.
  e lua 364, 371s.
  em sonho (1) 77

fantasmas 311s., 345, 369s., 460, 576

fantoches, cf. marionettes

fariseu, sonhos e o 42

Farnell, L.R.: "Kabeiroi" 224n.

fato(s) 70s., 126n., 371
  como tempo 432s.
  como visto por homens/mulheres 361s.
  consciência de 88s.
  e sonhos 23s., 32, 51, 70, 130, 423
  famílias e simbólicos 387s.
  imagem ilustrativa 387s.
  psicologia como campo de 483

Fausto, cf. Goethe: *Fausto*

Fausto, Dr. 272, 286, 288, 296, 619

feiticeira: cf. mitologia; de Endor, cf. Endor, feiticeira de

feitiço(s) cf. encanto(s)/feitiço(s)/amuleto(s)

feiura, e a alma 36

felicidade 283, 624

fêmea/feminino 33, 257, 637
  cf. tb. anima; hermafrodita; mulher/mulheres; Yin; yoni

feminino, aspecto da lua 333, 338, 355, 362-364, 370, 389

femme inspiratrice 38, 74

Fenelon, François de Salignac de la Mothe 398, 398n.

ferida, cf. doença

fertilidade 47, 54, 336, 358, 360, 519s.
  em sonho (27) 587
  cf. tb. sexo/sexualidade

Fierz, Linda (Fierz-David) 77, 303, 313, 315, 371, 373
  Der Liebestraum des Poliphilo 521n.

figura/imagem/desenho(s)
  crescente 415
  cruz e crescente 421

da união da cruz e crescente 402

de árvore com disco alado no topo 421s.

de Deus crucificado pendurado na cruz 413

de quatro funções 560

de rapaz sentado em posição de cruz e segurando sol e de

do sonho de Hécate feito por filho de membro do da lua, em livro (sonho 13) 197s.

espiral representando inconsciente e consciente 494-496

explicando fatos simbólicos em famílias 387s.

por homem jovem que teve uma cirurgia dolorosa 367s.

seminário 378s.

cf. tb. arte/artistas

figuras 611, 628-630

cf. tb. coletivo: figuras

filha (sonho 16) 256, 260

filho(s) 109, 148, 168

em sonho (20) 308s., 318, 324; (23) 455, 489s., 492

cf. tb. Cristo: em sonho (23)

filme, cf. fotógrafo (sonho 30)

filme/cinema(s) 35, 69

cf. tb. *Green Pastures, The*; *Estudante de Praga, O*; *Titanic*

filosofia/filósofo(s) 125s., 148, 249, 399, 406, 431, 489, 573

arquétipo 146-148

cristianismo como 81, 185

em sonho (22) 427

no sonhador empresário 123

oriental 582s.

cf. tb. China/chinesa, filosofia

Firmicus Maternus 257n.

física 382s.

Flambart, Paul: *Preuves et bases de l'astrologie scientifique* 379, 379n., 380

Flauta Mágica, A 141

Fledermäuse, Die, cf. Meyrink, Gustav

Flenniken, Margaret Ansley 506

flor (sonho 22) 427

flor de lis 415

flor de ouro, cf. *Segredo da flor de ouro, O*

floresta, cf. madeira

Fobos 550

fogo 240, 322, 342, 444, 633

folclore 610
    cf. tb. mito/mitologia

forças geradoras/poder 388, 445

Forel, Auguste Henri: *Die sexuelle frage* 616

formão (sonho 28) 601, 606-608

fotógrafo (sonho 30) 617s., 642, 647-649, 654-656

França 190, 339, 379
    cf. tb. francês

France, Anatole
    A Ilha dos Pinguins 102, 462, 462n., 546, 637s.
    "Demônio do meio-dia" 294
    Thaïs 319

Francês
    linguagem em sonho (22) 425s.
    soldado que seguia seu medo 580

Franz, M.L. von: "The Dream of Socrates" 11, 11n.

Frazer, Sir James: *The Golden Bough* 370n.

Frederico Segundo (Sacro Império Romano) 569, 569n.

Freud, Sigmund 232n., 240, 261, 269n.
    diferenças entre Jung e 106s., 437
    e análise de sonhos 28, 32, 50s.
    e repressão 222, 224, 304s.
    e símbolos 442s., 508s.
    ideia de sublimação de 80s., 294

Frobenius, Leo: *Das Zeitalter des Sonnengottes* 517, 517n.

fruta, cf. cerejas (sonho 15); crianças (sonho 15); comida

função(ões)/funcional/funcionamento 35, 208, 467, 552, 587, 653s.
  da mente 428s.
  diferenciada/indiferenciada 559, 647s., 650, 654-656
  de personalidade 433-435
  de símbolos 390
  e animais 556
  em sonho (25) 558
  humana 390s., 556
  quatro, cf. quatro funções
  vida 346-352
  cf. tb. quatro funções; inferior: função; superior: função; inconsciente: função do

fundus 297, 450

gaiola (sonho 4) 117

Gálatas, cf. Bíblia

Galateia 191, 278

Galeno, Cláudio 130s.

Galileu Galilei 240, 650, 650n.

galinha/frango, cf. animais como símbolos

Gallic War, The, cf. Júlio César

Gardiner, A.: *Egyptian Grammar* 187n.

garota/menina: em sonho (1) 31s., 49, 58-61; (2) 101, 103-105; (15) 244, 247
  cf. tb. anima

gato, cf. animais como símbolos

gauleses 338

Gavin, Antonio: *Passe-partout par l'Eglise Romaine* 133, 133n.

Geheimnis der goldenen Blüte, Das, cf. *Segredo da flor de ouro, O*

gelatina, cf. ameixa

Geley, Gustave, "système psychodynamique" 127, 127n.

gêmeos (sonho 26), cf. criança(s): em sonho (26); morto/morte: em sonho (26)

Gêmeos, cf. zodíacos, signos do

Gênesis, cf. Bíblia

Genghis Khan 357

gerente-geral (11) 162-166, 168, 171s., 195

Gibb, Andrew 106s., 114, 142, 144s., 149, 156, 167, 170s., 174, 176, 179, 196, 206, 208s., 216, 218-221, 223, 245, 247, 275, 280, 283, 286
  questão sobre modelos e padrões como relacionados à filosofia 125s., 125n.

Gibb, Helen Freeland 108

Giedion, S.: *The Beginnings of Art* 81n., 149n.

Gihon, rio 351n.

Gilgamesh: como o amante de Ishtar 358
  mito de 113, 384, 384n., 407, 412

Gillen, F.J., cf. Spencer, W.B.

Gilman, Dr. 265, 285

gnose/Gnose 36n., 237

gnóstico/a(s)/gnosticismo 36, 47, 139, 186, 236, 238, 287, 318, 417
  cf. tb. Mandeanos

Goblet d'Alviella, Count Eugène: *The Migration of Symbols* 330, 335, 340, 342

Goclenius, Rodolphus: *Uranoscopiae, chiroscopiae, metoposcopiae et Ophthalmoscopiae contemplatio* 399, 399n.

Goethe, J.W. von 88, 135, 189, 306, 651, 651n.
  Fausto 67, 88, 131, 146, 226, 640; (Parte I) 189, 654, 654n.; (Parte II) 174s., 175n., 177, 177n., 178, 189-191, 193, 215n., 305, 613, 637, 637n.

Goetz, Bruno: *Das Reich ohne Raum* 191, 191n., 630

Goldstein, Morris: *Jesus in the Jewish Tradition* 490n.

Golem, Der, cf. Meyrink, Gustav

Graal, Santo, cf. Parsifal; Weston, Jessie

graça (conceito de) 341, 413, 467

Grande Guerra, cf. I Guerra Mundial

Grande Mãe, cf. Mãe

grão de café
como um símbolo arcaico do sexo feminino 257
em sonho (27) 585-588

Great Red Dragon, The 133n.

Grécia, antiga/helenística 406, 469, 480, 550
drama 138, 239, 469s.
mito(s)/mitologia 87, 274, 380s.

Green Pastures, The 658n.

grego(s) (moderno) em sonho (14)
no comércio do Oriente

Grenfell, B.P., e Hunt, A.S.: *Logia Iesou* 493n.

Gretser, Jacobus: *De Cruce Christi* 312, 312n.

guarda-roupa
em sonho (23) 455
cf. tb. etimologia: guarda-roupa

Guerra Mundial I 70, 326, 409, 584

gula 384s.; cf. tb. Alimento

Habsburgos 303

Hagenbeck, Karl 316, 316n., 603

Haggard, H. Rider 459
She 94n., 95, 461
The People of the Mist 250
Wisdom's Daughter 474, 474n.

Hamurabi 407

Hannah, Barbara 131, 226, 496, 515, 521n., 599

haôma 413

Harding, M. Esther 299, 305, 308, 310, 313, 323, 372s., 382
relato sobre "O simbolismo da lua crescente" 355-369
Woman's Mysteries, Ancient and Modern 355n.

Hastings, James, cf. *Encyclopedia of Religion and Ethics*

Hatha Yoga, cf. Yoga

Hathor, Templo de 393n.

Hawkes, Jacquetta: *A Guide to the Prehistoric and Roman Monuments in England and Wales* 81n.

Hay, Marie: *The Evil Vineyard* 169s.

Hébridas 79

Hécate, e a lua 377-379

helig, cf. etymology

Henderson, Joseph L. 308, 377, 379s., 495s., 559
  resumo perdido do material dos sonhos de seminários anteriores 422, 422n., 423

Henley, Sra. Eugene H. (Helen) 453, 463, 482, 523, 529, 555

Henrique IV da França 217

Héracles/Hércules 29n., 113, 155, 322, 335

Heráclito 104, 222n., 366n.

hermafrodita(s) 476s., 539-541, 557s.
  como um arquétipo 556
  como um demônio 544
  em sonho (23) 456, 474, 479, 481s., 487, 595; (27) 585s., 592-594
  simbolismo de 556-558

Hermes 29, 322
  o Feiticeiro 417

Hermética, filosofia 539s., 557

herói(s) 47, 113, 315, 317, 326, 385, 411s., 506, 559, 636
  cf. tb. saint/hero

Héron de Alexandria 404

Hesíodo 274n.

Hexenhammer, cf. *Malleus Maleficarum*

Hiddekel, Rio 351n.

hikuli 347

Hindus, Maurice: *Broken Earth* 241

hino ("Sanctissima") em sonho (23) 455s., 472s.

Hiparco 405, 405n., 411

hipocondríaco 586, 588

histeria 314

história 80, 92
  de casamento 78s., 81
  e análise 64
  e arquétipos 191s.
  e interpretação de sonho 85-88
  e psicologia 483

histórias
  cavalo, automóvel, pomba, e animus 253s.
  coisas sobre as quais não se deve conversar 480
  crocodilo que as pessoas alimentavam e que as protegiam 606s.
  encantador de cobras que carregava um menino enquanto as capturava 633s.
  homem com medo caçando tigres na Índia 485s.
  ladrões que tentaram esmagar a cabeça de um homem 607
  menino que ouvia a voz de sua mãe 345
  monge que perdeu seu caminho na Floresta Negra 111
  negro e âncora quebrada 348
  pai de Zurique 212
  pai e filho negro 147
  pai ensinando moralidade ao filho 645
  píton que quase matou seu cuidador 603
  sábio chinês que desejava a sabedoria da lua 359
  soldado francês que seguia seu medo 580
  soldado que fez um prisioneiro 646
  soldados britânicos na Nigéria 157
  virgens e repressão sexual 642s.

Holanda 190

Holdsworth, Sr. 467s., 470, 474, 477, 492, 499, 502s., 508, 511, 513s., 576, 623, 641

homem(s) 37, 49, 161, 228s., 293s., 316s., 321, 461, 550, 556
  anima do 360s., 363, 365s., 372, 461
  bem e mal no 57, 491s., 553

companheiro de viagem (sonho 19) 288

desconhecido (sonho 19) 296s., 305s.

e animais 57, 527s., 576-578

e culto mitraico 55s.

e Deus 573s., 576s.

e divindade 570, 572, 578-580

e eros/Eros 37, 101, 520s.

e fato 357, 361

e logos/Logos 37, 101s., 408, 461, 615, 650s.

em sonho (25) 540s., 543, 558

e natureza 57, 286

e sol/lua 357, 361

ideia de sexualidade do 107, 439s.

psicologia do 614s.

velho (sonho 17) 270s., 283s.

Yin no 614-616

cf. tb. homem/mulher

homem macaco (sonho 30) 619-627, 632, 635, 637-642, 644-646, 654-658

cf. tb. garoto; motorista

homem/mulher 37s., 58, 360-366, 440s.

homem perfeito/Homem Perfeito 113, 113n., 280, 451

círculo como o símbolo do 558

homem primordial 280, 572s.

Homo maximus 281, 281n.

homossexual/homossexualidade 463s., 522s.

caso de 45

homunculus/Homunculus 177s., 191, 278, 324

Hooke, Samuel Henry 572s., 586, 605, 627

Horácio 59n., 249n., 254n., 413

horizonte, pontos cardeais do, cf. cardeais, pontos do horizonte

horóscopo 374s., 405, 409-411

cf. tb. astrologia; zodíaco, signos do

Hórus: olho de 116, 187, 280s., 306, 320, 351, 638
  quatro filhos de 116, 116n., 131, 280s., 549
  cf. tb. mandala, egípcio

hospitalidade e alimento 177
  cf. tb. alimento

Howells, Mary 297, 494-497, 506, 522, 605
  questão sobre sensação de desintegração 644s.
  relato com resumo dos seminários 533-540

Howells, Naomi 285, 458, 461, 473, 487, 610, 632

Huberto, Santo 346, 346n.

Huitzilopochtli 335n.

humanidade, inconsciente e o senso de 263s.

humilhação, em sonho (17) 284s.
  cf. tb. incesto, em sonho (16)

humor 374, 552
  cf. tb. etimologia: humor

humor/riso 551

hun (animus) 461

Hunt, A.S., cf. Grenfell, B.P.

Hunter, R.A., cf. Macalpine, Ida

Hurons (índios americanos) 336

hygiene/hygienic 524

I Ching 63, 119s., 125, 128, 246, 605, 607
  métodos de consulta 239s., 401s., 401n.
  paralelos à história de galinhas 123s.
  tradução de Cary F. Baynes da versão de Wilhelm 119n., 461n.
  tradução de Wilhelm 115n., 119n.
  cf. tb. "Caldeirão, O"

idade 49, 99, 248-251, 396

Idade do Bronze 130, 333, 343

Idade do Ferro, cruz na 333

Idade Média/medieval, era 52, 64, 190, 341, 433, 476n., 649
   Cristo e magia na 87, 87n.
   mulher na 461s.
   símbolos na 111, 372, 450
   cf. tb. alquimia; jogo(s); Hermética, filosofia; *jeu de paume*
Idade Paleolítica, pinturas rupestres da 343, 345
ideia(s)/ideal(is) 183s., 193-196
identidade psicológica 427
Ignatius, St., cf. *Loyola*
Igreja/eclesial 309, 325, 341, 484s., 489, 491-493, 533
   em sonho (23) 454s., 458, 472, 498s.
   cf. tb. católica, Igreja; cristãos/cristianismo; Deus; protestante/protestantismo;
   religião
Igreja de Jesus Cristo dos Santos dos Últimos Dias, cf. Mórmon, Igreja
Ilha do Abençoado 154, 157
Ilha dos Pinguins, A, cf. France, Anatole
iluminação/Iluminismo 402, 406
ilusão 85s.
   em sonho (1) 83s., 525s.
imagens 42, 428s.
   e sonho 50-52, 77, 437, 545s., 575
imaginação 320, 346s.
   cf. tb. fantasia
imaturidade (sonho 23) 464
imoralidade (sonho 14) 230s.
   cf. tb. moral(is)/moralidade
imortalidade 128, 137, 278, 331, 384, 412
imprevistos, acontecimentos (sonho 14) 228s.
impulsos, contrastantes 155
incesto 79, 194, 261-264, 267s.
   em sonho (16) 260s., 265s., 268-270, 273; (24) 522s.

inconsciente 111, 125n., 139, 146, 155, 162, 169, 188, 198, 206, 217, 219, 263s., 320-322, 422s., 429, 437, 486s., 526

assimilação e expulsão no 42

características símias do 625

coletivo, cf. inconsciente coletivo

conteúdo/material do 324, 570s., 603, 608

e anima 94s.

e confiança 300s.

e energia 401, 499

e espírito 220-223

e linguagem 81, 258

e lua 365, 375s.

e mandalas 126

e mar/ondas 135, 163, 167s., 373

em sonhos: (8) 155; (13) 205s.; (19) 310; (28) 601s., 607s.; (30) 624s.

e sentimento 137s.

e símbolos 401s., 428, 432, 545-547

e sombra 252s.

e sonhos 27, 32, 35, 40s., 65, 76, 88, 597s., 602s., 644

e tamanho do 145

e tempo 402, 564

fatos, cf. símbolos inconscientes

figuras no 487s.

função do 606s.

função moral/intenção do 121, 274

irracionalidade/racionalidade do 300, 457

leis do 410, 422

medo do 36, 147, 167s., 206s., 236s.

necessidade de entender 236s.

pessoal, cf. inconsciente pessoal

cf. tb. consciência/inconsciência

inconsciente coletivo 35, 46, 87, 89, 94s., 137, 189, 388, 630s.

e chapéu marrom 226-228, 231-233

e mar 199

e medo 90, 233

em *Fausto* 189s.

em sonho (13) 199

e pecado 92s.

e quatro funções 567

e repressão 91s.

e sombra 254s.

e sonhos de crianças 41s.

figuras do 277s., 474

instinto e a estrutura do 137

linguagem de 378

lua e o 389

cf. tb. indivíduo(s)/individualidade 44, 89

inconsciente pessoal 90, 179

incubação, sono de 148

independência e o inconsciente coletivo 90s.

Índia/indiano(s)/índio(s) 180, 220, 297, 337s., 359, 450

cruzes em 333, 337s.

influência do yoga e imagens sacras em 545s.

cf. tb. Akbar o Grande

indiferenciadas, funções, cf. funções: diferenciadas/indiferenciadas

índios: América Central 182; cf. tb. Índios Astecas

da América do Norte 105, 315, 322, 335-337, 350, 363, 377; cf. tb. Achumawi; Dakota; Hurons; Omahas; Pueblo Indians

da América do Sul 337, 347, 498; cf. tb. Bogotá, Índios; brasileiros, Índios; Muyscas

individuação 277s., 277n., 278, 282-284, 287

em sonho (17) 280-282, 284s.

mandalas como um símbolo de 258, 280, 297

indivíduo(s)/individualidade 44, 89, 447s.

coletivo e o 179-181, 448

definição de 118

e eficiência 582s.

em casamento 78s.

em sonho (4) 118 ; (19) 303s., 307; (22) 429s.

falta de 146, 470s.

Inetzolcoatl 335, 339

infância, reações naturais da 252

infantil, complexo, em sonho (12) 177s.
cf. tb. *Puer Aeternus*

inferior/inferioridade 30s., 252, 268s., 289
em sonho (11) 163s., 168s., 172; (12) 178; (23) 472; (28) 608; cf. tb. homem
macaco, em sonho (30); inferior/superior; homem primordial; superior
função 310, 434, 647s.

inferior/superior 267-269

inferno 177, 205

inferno/fogo, e conceito de moralidade 194

informação 43, 89
cf. tb. conhecimento

iniciação 272, 330s., 367s., 554

Inman, Thomas: *Ancient Pagan and Modern Christian Symbolism* 331, 335, 337

Inquisição 240, 542

insano/insanidade 223s., 359, 364, 372s., 384, 499, 599
cf. tb. psicose

inscrição (sonho 17) 270-272, 286s.

instinto 120, 137-139, 316, 504, 603s., 611, 658

instrumento como um tema 606

integração 105, 125s., 147, 234s., 287s., 433s.

intelecto/intelectual 170s.
cf. tb. pensamento

intermediário/mediador 341, 365, 490
grego (sonho 14) 227, 230, 234s.

interpenetração 527-529

intoxicação 382-386
cf. tb. êxtase

introvertido/introversão 211, 255s., 583

intuitivo/intuição 130, 137, 248s., 282, 306s., 351, 555s.
em sonho (17) 273, 285
necessidade de 306
cf. tb. sentimento(s); quatro funções; tipos psicológicos

Irgenhausen, Suíça 450

irmã (sonho 1) 32-34, 48, 66, 70, 76

irmão (sonho 14) 227s., 230s., 242-245

Irmão Eustáquio, cf. Eustáquio, irmão

Irmão Ruopreht, cf. Ruopreht, irmão

irracional/irracionalidade 94, 107, 456, 587-589
em sonho (27)
cf. tb. tipos psicológicos; racional/racionalidade

Ishtar/Istar 312, 357s., 365, 377

Ishvara, cf. Shiva

Ísis 95, 138, 153, 280, 312, 330, 340, 382, 639
como Mãe Natureza 649-651
e história de Rá 40, 138, 639s.
e Osíris 638s., 639n.

Islã/islâmico 241, 309, 312s., 356, 366, 402
e cristianismo 324-328, 402s.
em sonho (20) 324s., 327s.
tabu sobre mulheres 363s.

isolamento 45s., 315, 527, 658

Istar, cf. Ishtar

Itália, Jung na 194-196
cf. tb. Roma

Jacó 559

Jacobi, J., ed.: *Paracelsus, Selected Writings* 277n.

jade 119

Jaeger, Manuela 656

Jaffé, Aniela 346n.
  cf. tb. Jung, C.G., obras: *C.G. Jung: Word and Image*

jalon (sonho 27) 585, 592-594

James, cf. Bíblia

James, M.R., tr.: *The Apocryphal New Testament* 48, 493n., 553, 553n.

Janet, Pierre: *Les névroses* 314, 314n., 438, 438n.
  Obsessions et la psychasthénie 575, 575n.

Janus, e problemas sexuais neuróticos 257

Jardim do Éden 234, 418

Jaworski, Hélan: *Pourquoi la mort?* 577, 577n.

Jekyll e Hyde 255

jesuítas, como soldados 47

Jesus ben Pandira 490, 490n.

Jesus Cristo, cf. Cristo

jeu de paume 47, 52, 58, 82
  em sonho (1) 43s., 53
  cf. tb. bola; jogo(s); brincar/jogar

João, cf. Bíblia

João, Livro de, cf. Lidzbarski, Mark

João Batista 237, 237n., 491s., 492n.

Joaquim de Fiore 569n.

jogo(s) 46s., 82
  cf. tb. Jogo(s) eclesiástico(s); *jeu de paume*

jogos eclesiásticos 47, 52s., 82
  cf. tb. jogos(s); *jeu de paume*

Johanna, Livro de 491

joias, usadas como símbolos pelos gnósticos 318
  cf. tb. jade

Jonas, Hans: *The Gnostic Religion* 36n.

Jorge, São, e o dragão 608s., 611

Josephus, Flavius 491, 491n.

Judas 238, 556

judeu(s)/judaico 47s., 93, 251, 280, 341, 658
em sonho (23) 455s., 474, 487-489, 499
e protestantes 487-489

Júlio César: *Bellum Gallicum* 508, 508n.

JUNG, C.G., detalhes biográficos

amizade com Heinrich Zimmer 545n.

argumentos com o pai sobre Deus e o diabo 553

atitude sobre a mãe como menino 101

como criança e estudante em Basileia 112n.

efeito sobre ele da mente natural da mãe 109

família 488n., 489

opinião sobre Cristo em tempos modernos 499s.

opinião sobre Deus 482s.

viagens, cf. África; América; Egito; Itália; Tunísia

JUNG, C.G., casos

artista que sonhou com morros como casa de toupeira, sáurios etc. 317

"B. St." 599n.

homem casado que se apaixonou por uma jovem menina 640

homem de negócios que era hipocondríaco 588

homem e seus sonhos como psicologia de compartimentos 212s.

homem que matou sua esposa 151

homem que tinha experiências sexuais, mas achava que não tinha 210s.

homem que tinha relacionamentos com prostitutas, mas negava isso a si
mesmo 204s.

homem que tinha relacionamentos sexuais com diversas mulheres, mas não se
considerava polígamo 211

homem que tinha um terrível segredo (masturbação) 657s.

jovem que desejava envolvimento sexual com Jung 143

jovem que vivia as fantasias de outras pessoas 143

judeu de Bagdá 487s.

lunático que desinfetou os céus e não encontrou um deus 482

médico com complexo materno que não entendia o que Jung lhe dizia durante a análise 608s.

menino em clínica em Zurique 460

mulher com *persona* forte 69

mulher em hospício, cuja filha morreu 71s.

mulher e *restriction mentale* 133

mulher e transferência 132

mulher na África num carro Ford 104

mulher nascida na Índia 327

mulher que assassinou seu filho 150

mulher que dançou um mandala 297

mulher que desenhou a cruz e o crescente com grande luz 421

mulher que era do tipo sentimento, com complexo incesto 267s.

mulher que ouvia vozes 75

mulher que para Jung cheirava como carniça 528

mulher que podia senti o "cheiro" da paciente anterior 528

mulher que queria permanecer uma criança 103

mulher que sonhou ter comido caracóis 233

mulher suíça e sangue de Cristo 56

mulher viajando ao redor do mundo 104

negra um pouco louca 76

paciente católico e confissão 44

paciente com filho que sonhava 41

paciente com obrigação de fazer análise 100

paciente com uma neurose de viver uma vida provisória 624s.

paciente homossexual 45

paciente mexicano 56

paciente que desenhou uma árvore segmentada com um disco alado no topo 422 paciente que fez um mandala preenchido com desenhos de plantas 126

paciente que foi analisado a partir dos sonhos do filho dele 143

tenente suíço 39-41

JUNG, C.G., obras

Aion 36n., 59n., 236n., 238n., 313n., 351n., 406n., 414n., 518n., 569n.

"Alma e terra" 94n., 169n., 320n.

"Aplicação prática da análise de sonhos, A" 426n.

"Árvore filosófica, A" 349n.

C.G. Jung Speaking (ed. W. McGuire) 92, 92n., 259n., 657n.

C.G. Jung: Word and Image (ed. A. Jaffé) 54n., 106n., 344n., 346n., 461n., 488n.

Collected Papers on Analytical Psychology 656n.

Comentário a *O livro tibetano dos mortos* 445n., 462n.

Comentário a *O segredo da flor de ouro* 126n., 444n., 450n., 461n., 576n.

"Conceito de inconsciente coletivo" 349n.

"Consciência, inconsciente e individuação" 277n.

"Considerações gerais sobre a Teoria do Complexo" 261n.

Contributions to Analytical Psychology 320n.

Criança divina – Uma introdução à essência da mitologia, A 274n.

Energia psíquica, A 140n., 347n.

"Espírito e vida" 220n.

"Estrutura da alma, A" 39n., 318n., 320n., 349n.

Eu e o inconsciente, O 59n., 108n.

Eu e o inconsciente, O, e Aion 36n., 59n., 108n., 132n., 314n., 413n.

Exercitia Spiritualia of St. Ignatius of Loyola 116n.

"Fenomenologia do espírito no conto de fadas, A" 184n.

Freud/Jung Letters, The 87n., 232n., 633n.

"Fundamentos psicológicos da crença nos espíritos, Os" 598n.

"Homem arcaico, O" 220n.

"Homem de dois milhões de anos, O" 92n.

Homem e seus símbolos, O 347n.

"Houston Films, The" 657n.

"Índia: um mundo de sonhos, A" 125n.

"Interpretação psicológica do Dogma da Trindade" 351n., 658n.

Introdução ao *Woman's Mysteries, Ancient and Modern* (de Esther Harding) 355s.

Letters 258n., 569n., 657n.

Memórias, sonhos, reflexões (MSR) 28n., 54n., 88n., 220n., 231n., 284n., 374n., 649n.

"Mito moderno sobre coisas vistas do céu", Um 87n.

Mysterium coniunctionis 52n., 102n., 280n., 462n.

"Paracelso como fenômeno espiritual" 277n.

"Paracelso, o médico" 277n.

"Paracelsus" 277n., 281n.

"Postulados básicos da Psicologia Analítica" 67n., 220n.

Prefácio ao *I Ching* 34n., 63, 63n., 119n.

Prefácio de *The Dream of Poliphilo* (de Linda Fierz-David) 521n.

Prefácio de *The Hands of Children* (de Julius Spier) 399n.

"Psicologia da dementia praecox, A" 599n.

"Psicologia da figura do 'trickster', A" 47n., 287n.

"Psicologia do arquétipo da criança, A" 178n.

"Psicologia do inconsciente" 413n., 656n.

Psicologia e alquimia 113n., 116n., 215n., 226n., 269n., 275n., 305n., 454n., 508n. 568n., 610n.

"Psicologia e religião" 118n.

"Resposta a Jó" 194n.

"Segredo da flor de ouro, O" (com Wilhelm) 126n.

"Símbolo da transformação na missa, O" 335n.

Símbolos da transformação 36n., 47n., 87n., 113n., 121n., 138n., 187n., 215n., 225n., 250n., 257n., 262n., 279n., 298n., 316n., 321n., 330n., 337n., 349n., 351n., 384n., 394n., 413n., 438n., 467n., 484n., 517n., 559n., 595n., 637n., 639n.

"Símbolos e interpretação dos sonhos" 347n.

"Sincronicidade: um princípio de conexão acausal" 63, 281n., 379n., 397n.

"Sobre o inconsciente" 658n.

"Sobre o renascimento" 484n.

"Sobre o simbolismo do mandala" 115n., 454n.

"*Tavistock Lectures, The*" 29n., 39n., 72n., 87n., 113n., 117n., 344n.

"Tentativa de apresentação da Teoria da Psicanálise" 544n.

Tipos psicológicos 36n., 52n., 87n., 104n., 167n., 186n., 216n., 222n., 318n., 508n., 533n., 574n., 582n., 595n., 614n.

"Um exame da psique do criminoso" 170n.

"Vida simbólica, A" 30n.

"Visões de Zósimo, As" 318n.

Wilhelm, Richard, discurso celebrativo por 397n.

"Wotan" 191n.

* * * *

juventude, símbolo de 193, 578

Ka 422

Kabbalah, cf. *Cabala*

Kabiri/Kabeiroi, cf. Cabiro(s)

Kaiser (nome) (sonho 13) 197s., 203

Kant, Immanuel 69, 141, 269, 372

Kantorowicz, Ernest: *Frederick the Second* 569n.

Karon 370

Katha Upanishads, cf. *Upanishads*

Kerényi, C.
  A criança divina – Uma introdução à essência da mitologia (com C.G. Jung) 274n.
  "A criança primordial em tempos primordiais" 274n.
  The Gods of the Greeks 412n.
  "The Mysteries of the Kabeiroi" 224n.

Kerner, Justinus: *The Visionary of Prevorst* 59

Khidr/Chidr 484, 484n.

Khonds (Índia) 338

King, Charles William: *The Gnostics and Their Remains, Ancient and Medieval* 238

Kirsch, Eva 242

Kirsch, James 127n., 234n., 240

Kismet, no Islã 309

Klausner, Joseph: *Jesus of Nazareth: His Life, Times, and Teaching* 490n.

Knight, Richard Payne: *The Symbolical Language of Ancient Art and Mythology* 339, 343

Köhler, Wolfgang: *The Mentality of Apes* 316

Komodo (dragão de) 508n.

König, Srta.: Olga, Baroness von König Fachsenfeld 379

Kracauer, S: *From Caligari to Hitler* 119n.

Kramer, Heinrich, cf. *Malleus Maleficarum*

Krater (sociedade mística) 318

krater, uso pelos primeiros cristãos 119, 319

Krishna 337

Kronos 274, 412, 412n.

Künkel, Hans: *Das grosse Jahr* 416, 416n.

kwei 461

La Rochefoucauld, François de: *Réflexions et maximes morales* 398, 398n.

labirinto, cf. padrão: em sonho (3)

Lago das Montanhas, cf. Biano, Ochwiay

lágrimas, em análise 37

Lake, Kirsopp, tr.: *The Apostolic Fathers* 186n.

lâmpadas (sonho 20) 309

Lamprecht, Karl: *The History of Civilization* 194

Lao-tse 363

lapis lapidum 119

Laplace, Pierre Simon de: *Mécanique celeste* 482n.

Laplanders 339

leão, cf. animais como símbolos

Leão, cf. zodíaco, signos do

Leavitt, Dr. 208s., 220s., 247

lebre, cf. animais como símbolos

Legge, James (tr.): *The Yi King* 119n.

lei(s) 213, 410, 422, 428, 449, 488-490, 492

lenda(s) cf. Cristo/anticristo; Gilgamesh; Huberto, Santo; Jacob; judeu(s)/judaico; Kronos; Noé; romano(s); árvores; Varuna; cf. tb. mito/mitologia

leste (direção) 338
cf. tb. pontos cardeais do horizonte

Leste e Oeste/Oriente e Ocidente 127s., 264, 426, 447, 468

Leste/Oriente/oriental 109, 229s., 264, 341, 402, 404, 429, 447-453, 555, 569, 571
crença em reencarnação no 274s.
e noção de tempo 412, 449
filosofia 582s.
mandalas 115s., 297, 445-448, 467s.
papel do homem no universo no 428s.
psicologia 583s.
realidade no 428
redenção no 571
religião 554
símbolos do 467
transmigração de almas no 127
união de opostos no 595
viagens do sonhador empresário ao 142
cf. tb. China/chineses; Leste e Oeste; *I Ching*; Índia/indianos; *Secret of the Golden Flower, The*; Tao/taoismo; Yang; Yin; Yoga

Lévy-Bruhl, Lucien: *Fonctions mentales dans les sociétés inférieures, Les* 52n.

Libby, W.F.: *Radioactive Dating* 396n.

liberdade 45, 85, 92, 281s.

libido 210, 261, 324, 411, 424
  e a cruz 333, 342s.
  em sonho (1) 76s.; (4) 131; (16) 262; (17) 282; (19) 300; (24) 513s., 522

Libra, cf. zodíaco, signos do

Lidzbarski, Mark: *Das Johannesbuch der Mandäer* 237, 237n.

linguagem(s) 136, 261s., 370, 459
  e inconsciente 81, 245s., 495
  em sonho (17) 273
  e sonhos 86, 245s., 495

Lipsius, Justus: *De cruci Libre tres* 312, 312n.

literatura hindu/mitos
  e imagens de Deus 441
  lua na 357, 358-360, 371, 382
  tartaruga na 604
  cf. tb. Shiva

livro, em sonho (13) 197-199; (14) 227ss., 242-245

Livro das Mutações, cf. *I Ching*

Livro de João, cf. Lidzbarski, Mark

Livro dos Mortos, cf. *Livro tibetano dos mortos*

Livro tibetano dos mortos, ou *After-Death Experience on the "Bardo" Plane* 445, 445n., 462n., 554s.

local, análise do sonho e significado 58

Lodge, Sir Oliver: *Raymond, or Life and Death* 598, 598n.

lógica, na Idade Média 64

logos/Logos 145, 650
  Cristo como 651, 654
  definição de 59n.
  discussão de 653-655
  e homem(s) 37s., 101s., 408, 461, 615s., 651
  e mulher(es) 101s.
  cf. tb. eros/Eros

Lombardia 140

Lombroso, Cesare: *Genio e Follia* 262, 262n.

Lourdes 135, 142

Lowell, James Russell: "A crise presente" 542, 542n., 561

Loyola, *St. Ignatius of* 116, 116n.

lua 358-360, 366, 370s., 380-384
    aspecto feminino da 338, 357s., 360-364, 370, 389
    aspecto masculino da 357, 370
    discussão acompanhando o relato da Dra. Harding 369-386
    dupla qualidade da 364s., 370
    e fantasia 364
    e Hécate 377-381
    e horóscopo 374
    e insanidade 364, 372s., 334
    e mente 371s.
    e negros 369, 397s.
    e símbolos do rato 519s.
    e tempo 360, 371
    Igreja Católica e símbolo da 369
    inconsciente coletivo da 389
    Ísis e Neftis como símbolos da 382
    luz da 362s.
    mitos 357-360, 371, 382
    mudança de caráter da 360-362, 372-374
    três fases da 358s.
    cf. tb. Ártemis; crescente; etimologia: lua; Selene; sol/lua

lua/árvore-lua 359, 365, 382s.

lua/deus-lua, masculino 370

lua/sol, cf. sol/lua

Lucas, cf. Bíblia

lúcifer 549
    cf. tb. diabo/satanás/demônio; Mefistófeles

Luditas 511

Lumholtz, Carl S.: *Unknown Mexico* 347

Lutero, Martinho 195, 240, 342, 403, 406

luz 362s., 402-404, 421, 457, 575

macaco 316
  cf. tb. animais como símbolos

Macbeth 131, 319, 588

machucado na mão direita (sonho 25) 541, 558s.

madeira 111, 379
  em sonho (3) 109-111, 113

mãe natureza 637-639

mãe(s)/Mãe 54, 146, 150, 191, 340
  complexo 168s., 348, 501, 507
  Grande 333, 357s., 366
  cf. tb. bisavó (sonho 30); mãe natureza

mágico, círculo, cf. mandala

Mágico(a) 344, 359, 546
  cf. tb. *mana*; psychology: primitive

Magna Mater 312

magneto (sonho 19) 296, 302-304, 310, 427, 431, 436

mago/sábio 87, 87n., 220, 277s.

Maia(s) 126, 336, 347, 444

Maintenon, senhora de 38

maio (mês de) 258

mal/malévola 75, 121s., 142, 234s., 527
  como invenção do diabo 457
  e cruz 340, 350s.
  e Deus 457
  e lua 369s., 377s.
  homem como 491
  cf. tb. bom; bom e mal; pecado

Malleus Maleficarum/Hexenhammer/martelo de bruxas (Jakob Sprenger e
  Heinrich Krämer) 635, 635n.

Malta, Cruz de 333, 421

Malta, templo neolítico em 149

Man Without a Shadow, The 67

mana 29, 79, 140, 358-360, 380, 412s., 480
cf. tb. tabu

Mandala Nritya 130, 297, 443, 451s.

mandala(s) 116s., 125-127, 130-132, 148, 287, 297s., 432s., 443s., 447-453
budista 433, 457
calendário de pedra do México 116, 126
cristianismo e o 116, 131, 279s., 549, 552
Cristo como parte do 116, 131, 549; cf. tb. evangelistas, quatro
dança, cf. *Mandala Nritya*
definição de 130
e chineses 126, 338s.
e funções 467, 552
egípcio 279s., 552
e Hórus, cf. Hórus
em sonho (4) 130; (8) 154; (22) 427, 440s.; (23) 456, 458
e individuação 258, 280s.
grego 468
maia 126
e máquinas 450s.
ocidental 115s., 447, 447n., 450s., 468, 549
oriental 115s., 297, 432, 443, 445-447, 457, 467s.
tibetano 444, 454
yantra como 466s.

mandeano(s) 237s., 492n.

mapa (sonho 9) 296, 307

máquina(s) 136, 162, 436, 640s.
como arquétipo 508-511
como brinquedos 64
e mandala 450s.
em sonho (2) 101, 105; (5) 142; (7) 153; (8) 154; (16) 256-261; (22) 425-430, 432s., 437s., 439, 457

tema 438, 452s., 469, 545s.
   cf. tb. máquina de costura; mola; rolo compressor
mar/oceano 146, 163, 199
   em sonhos: (5) 134s., 145; (11) 162-166, 198; (13) 196s., 203
   cf. tb. ondas

Mar Negro/Axeinos/Mar Euxine 259, 259n.

Marcos, cf. Bíblia

maré, cf. onda(s)

Maria (sonho 1) 31, 38, 60s., 65, 77, 245

marionetes (sonho 13) 197, 203s., 212, 217

Markandeya Purana 604n.

marreta 339

marrom, cf. cores como símbolos: marrom

Marsyas 340

Marte 341, 550

martelo de bruxas, cf. *Malleus Maleficarum*

martelo de Thor, cf. Thor, martelo de

máscara, cf. *persona*

masculino
   aspecto da lua 370
   psicologia 640

Mason, Herbert: epopeia de Gilgamesh 113n.

Master-Key to Popery, A 133n.

Matangalila 604n.

matar 150s.
   cf. tb. assassinato

matéria 416
   como espírito 576

materialismo 109

Mateus, Evangelho de, cf. Bíblia

maturidade, e processos psicológicos 247s.

mau, cf. tb. mal/maléfico; bom e mal/mau

Maya, véu de 109, 183, 428

McGuire, William: "Jung in America" 28n.
  cf. tb. Jung, C.G., obras: *C.G. Jung Speaking*

Mead, G.R.S. 48n., 52n., 127n.
  Did Jesus Live 100 B.C.? 397, 397n.
  Fragments of a Faith Forgotten 238
  The Gnostic John the Baptizer 237n.

mecânico (sonho 19) 296, 302, 304-308, 310, 313
  em sonho (22) 425s., 431, 437s.
  tema 436, 443s.

mediador, cf. intermediário/mediator

medicamento/medicina 55, 137-139, 639

medieval, era, cf. Idade Média

meditação 116, 127
  em sonho (4) 120s.

médium(s) 634
  cf. tb. menino: em sonho (30); criança/s: como médium

medo/terror 138s., 151, 203-205, 233, 319, 507
  da consciência superior 240s.
  da morte 439
  do inconsciente 36, 90, 147, 167s., 233, 237
  e lua 369s.
  em sonho (5) 146-148; (13) 206-208
  história do soldado francês que seguia o seu 580
  cf. tb. animais como símbolos: rato; asma; corpo

Mefistófeles 88, 191, 637, 637n.

Meistre Eckhart, cf. Eckhart, Mestre

melão, como comida sagrada 382

memento mori 160

Menanthole 81

Mendel, Gregor Johann 303, 303n.

mendigo (sonho 17) 269-271

Menetol 81n.

menino
  cocheiro 177s., 190s., 278
  etrusco, cf. Tages

menino/garoto(s) 177s., 185, 345
  e bonés 191-194
  em sonho (1) 32-34, 48s., 58-60; (5) 135s., 147; (9) 158s.; (12) 174-178, 180s.; (13) 217; (17) 269-274, 279, 282, 284s., 629; (18) 414s.; (30) 616-618, 628-631, 633-636
  que ouve a voz de sua mãe 345
  simbolismo coletivo de 179-188, 193s., 196

menstruação 363, 373s.

mente 108, 237, 371s., 649
  funções da 430s.
  lua e 370-373
  na mulher(s) 37s., 102, 108, 602, 629
  realidade e cisão de Jung sobre 42

meretriz(es), cf. prostituta(s)/prostituição

mesas (sonho 13) 187-198

mesquita 308s., 325
  em sonho (20) 309, 312-315, 623s.

Messias, cobra como símbolo de 236

Messina, Sicília, terremoto em 633, 633n.

metafísica 573

método analítico 117, 128s.

Metzger, Bruce M.: *Synopsis Quattuor Evangeliorum* 493n.

México 56, 62, 116
  Calendário de Pedra do 116, 393s.
  cruzes no 333-336
  Lumholtz no 347s.

Meyrink, Gustav
  Das Grüne Gesicht 456n.
  Der Golem 272, 274s., 279s., 287s., 456, 474-477, 487, 499, 510
  Die Fledermäuse 71

Michel & Jalaubout (sonho 27) 589, 591-595

Michelin, André (sonho 7) 590-593

milagres, e a cruz 341

· Minerva 29n.

minoicos 350

Mirabal, Antonio, cf. Biano, Ochwiay

missa/Missa 47, 319, 553, 554n.

missionários 338, 341, 448

mistérios de Elêusis, hermafroditas nos 540

mistérios maniqueístas, e comida sagrada 382

místicos/misticismo 56, 366, 477

mito nórdico 326

mito(s)/mitologia 517-519, 574, 606, 636-640
  cf. tb. Adão e Eva; Austrália; Dioniso; Gilgamesh; Grécia; literatura hindu/mitos;
  Hórus; Índia, lua; mito nórdico; negro; psicologia: primitiva; Varuna; Wotan

mitológico, sonho (sonho 28) 611

Mitra 215, 394, 422

mitraico/mitraicismo 83, 130, 142, 340, 413s.
  como religião das legiões romanas 46, 55
  e cristianismo 47, 57
  e homem/mulher 55s., 58
  e Mãe-Terra 56
  e touro 46-48, 55-57, 83, 298, 298n.
  liturgia 349n.; cf. tb. Mitra

mobiliário (sonho 17) 270-272, 285s.
  van (sonho 30) 616-618, 621, 623

Moisés 330, 417

mola (sonho 10) 160-162

mosteiro, século XVIII 133

monge(s) 111, 215, 414, 452, 568
soldado francês que devido ao medo se tornou um 580

Monte Elgon 347

Moortgat, Anton: *Vorderasiatische Rollsiegel* 421n.

moral(is)/moralidade 79, 121, 140, 171, 194s., 274, 360, 639s., 645s.
convencional 213s., 217, 299
e sonho (13) 212s.
significado de 195
valores 449s.

Mórmon, Igreja 385, 385n., 386

Morris, Earl 126n.

morte, cf. morto/morte

"Morte de um ideal, A" 194

Mortillet, Gabriel de: *Le Signe de la Croix avant le Christuanisme* 333, 343

morto/morte 104, 317, 333, 383s., 439, 554s., 571s., 576, 633
e lua 359s., 365, 370, 383s.
em sonho (21) 415; (22) 439; (26) 523-526, 528s., 561, 566

motorista (sonho 30) 616-619, 623
cf. tb. homem macaco (sonho 30)

Mozart, W.A., cf. *Flauta Mágica, A*

muçulmanos 325-327; cf. tb. Islã

mudança 214, 222-224

mulher(s) 37, 40, 109, 111, 148, 161, 228s., 362-364, 368s., 565, 645
análise de 37, 132
cobra como símbolo para 40
como tipo sentimento 651
e almas 461s.
e culto mitraico 55-57
e dualidade 368s.
e eros/Eros 37, 101s., 368, 461, 520, 615, 650s.

e filosofia chinesa 461s.

e logos/Logos 101s.

e lua 357s., 360-362

em sonho (17) 269-273, 282, 284s.

ideia de sexualidade da 107, 148, 439

influência sobre analistas 51

mente da 37s., 102, 107, 602, 629

na Idade Média 461-463

perda do indivíduo em 470s.

psicologia da 368s., 615

tabu em 363s.

cf. tb. fêmea; feminina; homem/mulher; menstruação

mulher/homem, cf. homem/mulher

Müller, Friedrich von 374n.

Muller, Sra. 142, 146

Multatuli, *pseud*. Eduard Douwes Dekker 258

Mummu-Piamut, como criador do mundo 381

Münchner Kindl 215, 414; cf. tb. menino (sonho 18)

mundo 176, 446

mungu, cf. etimologia

Munique, Alemanha 215, 215n., 216n., 414

Museu de História Natural Americano de 322

música/musical 34, 422s., 639

em sonho (1) 34s., 77; (23) 455-458, 472s., 489s.

Muskhogean, cf. Muyscas/Muskhogean, índios

Muyscas/Muskhogean, índios 337, 337n.

não existência, cf. existência/não existência

Napoleão Bonaparte 74, 511

nascimento 88, 523-528, 561-564, 572, 581

de Cristo, cf. Cristo, nascimento de

cf. tb. renascimento

Natal, árvore 321, 422

nativo (sonho 20) 308

natural, mente, cf. mente

natureza/Natureza 51, 102, 110, 112, 120, 135, 139, 148, 246s., 286
  equilíbrio da 56, 263
  leis da 449s.
  cf. tb. Mãe Natureza

navio com cordames, cruz como um 340

ndoto 28n.

Néftis 351, 382

negócios 155, 159, 227
  em sonho (1) 29s., 33s., 67, 74s.; (6) 151s.; (11) 162-166, 172-174; (14) 227s.;
  (15) 245; (22) 425s.; (27) 584-588, 600s., 607s.; (29) 611-613; cf. tb. cooperação;
  Michel & Jalaubout; Michelin

Negro(s) 139, 147, 161, 348, 658
  africano 28, 86, 337, 369, 606; cf. tb. Elgonyi
  americano 28, 87, 383
  e mitos gregos 87
  mitos de 104

Nehmit 394n.

Neolítica, Era, templo encontrado em Malta 148

Netuno, no antigo casamento cristão 188

Neumann, Erich: *The Great Mother* 149

neuroses/neurótico 433s., 624, 634, 655, 657

Nicodemos 318

Nicolas, cônego da Catedral de Toul 54

Nietzsche, F.W. 172, 193, 397s., 469

Nigéria 337, 360

Nilótico, negros 337

Nirvana 429, 446, 576

Noé 358

Noé/Utnapishtim 384, 384n.

Noite
  morte da criança na 150n.; cf. tb. noite/dia

noite/dia 369

nômades, e a lua 381s.

nomes e poder 259s.

Nordfeldt, Margaret D. 562, 607s.

norte (direção) 338
  em sonho (19) 307, 313
  cf. tb. cardeais, pontos do horizonte

Nova York, expectativa de vida na cidade de 510

nove, número, cf. números como símbolos

novo/novidades: e divindades 184s.
  em sonho (2)

novo homem 119s., 123, 127, 136

Nu/Nut 382

número(s) 157s.
  cf. tb.números como símbolos

NÚMEROS COMO SÍMBOLOS

três, cf. lua: três fases da; trindade/Trindade

quatro 320, 331, 335s., 338, 351s., 433, 554
  e mandalas 118, 131, 433, 468
  em sonho (4) 131; (10) 160-163; (19) 307
  falos de uma cruz 333s.
  Pitágoras e o número 118, 126, 320
  cf. tb. Akbar o Grande; cardeais, pontos do horizonte; evangelistas, quatro;
  quatro funções; Hórus: quatro filhos de; mandala

seis (sonho 8) 157s.

sete 269

oito 126, 351

nove 610

doze (sonho 10) 160-162

* * * *

Nut, cf. Nu/Nut

"Nuvens Brancas", templo das 129

Oannes 178, 178n.

Objetivo

   e a dança do mandala 297

   em sonho (19) 306

   cf. tb. prédio (sonho 17); estrada (sonho 17)

objetivo/objetividade 217, 221

   em análise de sonho 50-52

   em sonho (1) 36s.

   e subjetivo 528

objetos, como diabos e demônios 261s.

obstáculo(s) 158, 246s., 253, 282, 469

   em sonho (30) 621s.

oceano, cf. mar

Ocidente/ocidental 63, 264, 341, 392, 428, 457

   atitude sobre mulheres 362, 368

   atitude sobre o Islã 325s.

   crença na singularidade da vida 274s.

   e conhecimento do yoga 128s.

   mandalas 115s., 447s.

   uso de psicologia para entender a filosofia chinesa 389s.

   cf. tb. Oriente e Ocidente

oculto/ocultismo 75, 178, 272, 431

   em sonhos: (1) 34, 58-60, 72-77, 79s., 83, 87s.; (4) 131s.; (12) 175, 180; (17) 283s.

Odin, cf. Wotan

ódio, cf. amor: e ódio

oeste (direção) 338

   cf. tb. pontos cardeais do horizonte

oito, cf. números como símbolos

okapi, cf. animais como símbolos

olho: sistema nervoso comparado ao 234, 234n.
   cf. tb. Hórus, Olho

Olimpo 184

Omahas (índios) 336

Omar, Príncipe 135, 167s., 373s.; cf. Príncipe Omar

ondas, como um ritmo do inconsciente, ; cf. tb. mar

opostos(s) 139s., 155, 173, 314, 319, 400, 402, 413, 595
   em épico de Gilgamesh 113s.
   em sonho (17) 280s.; (30) 656s.
   e Yang, Yin 400-402
   cf. tb. duplo/dualidade; transcendente

oração, importância para a Tribo Elgonyi 320-322

Ordway, Katherine 442, 494s.

Orfeu, Cristo como 186s.

orgia(s) 214, 366, 385s.
   e comunhão 385
   em sonho (13) 198, 203

Oriente e Ocidente, cf. Leste e Oeste/Oriente e Ocidente

ornitorrinco, cf. animais como símbolos

Osíris 272, 275, 279s., 331, 339s., 367, 381s., 394n., 638s.

ota 28

ouro, como novo homem 119

outros, e solidão 218-221

ovelha, cf. animais como símbolos

padrão(ões) 125s., 424
   em sonho (3) 110-114

paganismo 36

pai, em sonho (5) 141; (11) 162, 166, 168-172; (12) 175s.
  cf. tb. Cristo, Filho de Deus; Pai e Filho
pai e filho 147s., 626
  em sonho (11) 162-166; (12) 177s.
pais e criança(s) 41, 158-160, 204-206
paixão(ões) 46, 56, 401, 657
Paixão, demônio maldoso da, lenda judaica sobre 93s., 400n.
palavras e realidade 614s.
Palenque 330
Pandira 490
pão 176s., 183, 194
  em sonho (12) 174s., 179s.
papa/papas, cf. etimologia
papagaio, cf. animais como símbolos
Papageno 141n.
Papas, cf. Pope/pope/papas
Papatheanon/Papastheanon, Santo 134, 141
Paracelso (Theophrastus Bombastus von Hohenheim) 277
Paráclito 568
paradoxo(s) 380, 446
  psicológico 573
Paraíso 359
Paraíso (sonho 17) 284-286, 288
  serpente no 40, 557s.
Parcas, fios de 416, 416n.
Parsifal, e o Santo Graal 288, 520
parteira (sonho 26) 524, 561s.
participation mystique 52, 52n., 79, 182, 295, 471, 503, 527-530, 564
partie inférieure/supérieure 314, 438s.
Páscoa 53s.

Passe-partout par l'Eglise Romaine 133

passivo, cf. ativo/passivo

pastor, no cristianismo 186s.

Pastor de Hermas, O 186

pato, cf. animais como símbolos

Paulo, São 47, 127, 384s., 488s., 492

Pausânias 215

pecado(s)/Pecado(s)/pecador 91-93, 136s., 213, 231, 274, 299, 311, 318s., 439, 444
cf. tb. mal; redentor/redenção

pedra dos filósofos 119

Pedro, cf. Bíblia

peixe, cf. animais como símbolos: peixe; zodíaco, signos do: Peixes

pelota de Basque, cf. *jeu de paume*

penetração (sonho 28) 607

pensamento/pensar/pensante 144, 650
desenvolvimento de 576s.
e arquétipos 180-182, 527s.
em sonho (19) 307
tipo 180, 265-269, 533n., 567s., 652s.
cf. tb. quatro funções: intelecto; tipos psicológicos; racional

Penzance, seminário de Jung em 81n., 118

perceber, cf. etimologia: perceber

percepção 344s.

Pernath, Athanasius, cf. Meyrink, Gustav: *Der Golem*

Pérsia/persa 349, 360, 550, 569

persona 89s.
definição de 36, 36n.
descrição de 69
e anima 70, 90, 94s.

Personalidade
círculo como totalidade da 68, 68n.

consciência e mudança de 223-225
descrição de 68-70, 303s.
funções de 433-435
integração de 288, 453s.
integridade da no casamento 253-255
persona e 118

perua (sonho 30) 616
  cf. tb. mobiliário: van em sonho (30)

pesadelo(s) 206
  cf. tb. sonhos

pescador, símbolo no cristianismo 186s.

pessoal/universal, natureza da análise 536-538

pharmakon athanasias 137

Philo: *De vita contemplativa* 491n.

picada/mordida, cf. animais como símbolos: cobra/serpente

Pigmalião 191

pinturas rupestres, da Idade Paleolítica 343-346

Pio I 186, 186n.

pirâmides 447

piscina, cf. água: em sonho (28)

Pison, Rio 351n.

Pitágoras/pitagóricos, significância do número quatro para 118, 126, 250s., 320, 351

planície cinza (sonho 21) 415

plantação (sonho 14) 227s.
  cf. tb. algodão

plantação, e a lua 379

Platão 335, 428, 451
  Fedro 34n.
  Timeu 351, 351n.

Plautus: *Asinaria* 92n.

pleroma/Pleroma 140, 557, 565

plexus solaris 323

pneuma 219

poder da vontade humana, máquina como 256s.

poder 341, 347, 359, 480, 559
   braço como símbolo de 559s.
   em sonho (17) 287
   nomes e 259s.
   psíquico 377s.

policiais: como guardiões da moralidade 212
   em sonho (30) 617, 645s., 655s.

Pollitzer, Srta. 469

Polônia (sonho 19) 288, 296-300, 308, 514

pombo, cf. animais como símbolos

Pompadour, senhora de 38

pontos cardeais do horizonte, cf. cardeais, pontos do horizonte

Pope/pope/papas 141, 318

População, Escritório de Pesquisa da (Universidade de Princeton) 510n.

Porada, Edith 422n.

porão (sonho 30) 617s.

porco, cf. animais como símbolos

porta(s) em sonho (12) 174s.; (13) 196

portão (sonho 17) cf. varanda/prédio

poste como uma cruz 333
   cf. tb. falus/fálico

pote(s) 118s., 129, 136, 322
   cf. tb. caldeirão

Powys, Llewelyn: *Black Laughter* de 641, 641n.

pragas 235

Prajapati 574, 574n.

prédio (sonho 17), cf. varanda/prédio

prédio/edifício (sonho 17) 270s., 275, 279, 280-282

Preiswerk, família 488n.

preto/preto e branco, cf. cores como símbolos: preto; preto e branco

Príapo 395

primavera, ponto, cf. astrologia; zodíaco, signos do

primitivo *vs*. civilizado 286, 448

primitivo(s)/primitivismo 45s., 182, 319, 550, 552, 630
   aspectos individuais/coletivos de 45, 448
   cerimônias 46, 384s.
   e ancestrais 385, 630
   e cristianismo 327, 448
   e cruz 343-352
   e dança 46, 86
   e fantasmas 311s., 315s., 345s.
   e funções da vida 349s.
   e lua 360, 380s.
   e mágica 344, 641s.
   e números 157
   e opostos 139s.
   e sonhos 28s., 41s., 380s.
   linguagem 262, 459
   mente/raciocínio do 64, 649
   sentimento inferior 268s.
   psicologia 182, 369, 460, 497-499, 631s.
   cf. tb. África/africano(s); índios

Príncipe Omar (sonho 11) 162-166, 168, 171s., 195

projeção 169-171, 173, 221, 399, 471, 571-574
   em sonho (12) 175

Prometeus 240, 467, 549, 555

prostituta(s)/prostituição 122-124, 208, 213, 440
   e história do pároco 122s.
   e lua 364, 366
   em sonho (13) 197, 199, 203, 204s.; (19) 296, 298s., 307

protestante/protestantismo 48, 145, 238, 265, 383, 403s., 487-488

   cf. tb. Igreja, em sonho (23)

Proteus 191

psicologia/psicológico 94, 221, 278s., 375s., 398-400, 427s., 481-484, 499, 525, 542, 583s., 602, 630

   de uma pessoa fragmentada 598s.

   e arquétipos 137s.

   e astrologia 398-400

   começo da 398s.

   de crianças 630s.

   e filosofia 398

   e filosofia chinesa 127s., 389s., 399

   e mandala 456-459

   em sonho (23) 458; (26) 526, 528s., 568, 578s.; (27) 586s.

   e religião/teologia 399, 482s.

   feminina 368s., 616, 651

   instintiva 317

   masculina 459-461, 614s., 640, 651

   material do inconsciente 570

   necessidade da 510

   ocidental 457, 583s.

   paradoxos 573

   primitiva 189, 369, 460, 498, 632

   processos 247s.

   cf. tb. análise; psicologia compartimental

psicose 252

   cf. tb. insano/insanidade

psique 109

   deuses como parte da 550

psíquica

   entidade, mandala como expressão da 432s.

   vida 234-237, 324

Psychical Research Society 597

pública, importância dos sonhos 28s., 62

público, lugar (sonho 1) 80

Pueblo, índios 54, 320, 323, 326, 349
  e mandalas 117, 297s.
  significado do coração para os 160s.

Puer Aeternus 194, 196, 578, 630
  aspecto infantil do 177s., 284
  em *Das Reich ohne Raum* 191, 191n.
  em *Fausto* 190, 277s.
  e sombra 277s.
  símbolo do 177s., 186, 204s., 216-218
  sonho de 216-218, 221, 270, 273s., 277-279, 463s.

pulga, cf. animais como símbolos

Pulver, Max: "'Jesus' Round Dance…" 48n.

pureza, como o pão branco 194s.

puritanos 488s.

Purusha 225, 225n.

quadrado (sonho 23) 454
  cf. tb. mandala

quatro, cf. Evangelistas, quatro; quatro funções; Hórus; números como símbolos

"Quatro criativos" 338

quatro funções 305-307, 320, 445, 549-551, 558-561, 575s., 583
  diagrama das 560
  e consciência 570s.
  e consciente/inconsciente 555s., 567
  e mandalas 552
  e Trindade 552-554

Quest, The 48, 48n., 52n.

quietismo 582

quiromancia 399

Rá 127, 280, 381, 394, 422 •
   hino de 138, 153
   e Ísis 41, 138, 639-641
Rabi'a 366
racional/racionalidade 162, 248, 300, 382
   em *Fausto* 174s.
   em sonho (9) 157-160; (10) 160-163; (22) 427-430
   cf. tb. irracional/irracionalidade; tipos psicológicos; psicologia/psicológicos
Ramadã 309, 328
Rasmussen, Knud: *Across Arctic America* 28-30, 30n.
rato, cf. animais como símbolos
razão/raciocínio
   arquétipos e categorias de 141s.
   em primitivos 63
   cf. tb. intelecto; tipos psicológicos
Réa 412n.
realidade 42, 428, 575-577
   em sonho (13) 208s.; (17) 272-275
   e palavras 614s.
   e sonhos 121, 380
   objetiva 345
   cf. tb. sentidos/sensação
realização 494, 496, 608-610, 614-617
redentor/redenção 56, 91, 571, 654, 658
   em sonho (19) 308
   cf. tb. pecado
Reeves, Marjorie: *The Influence of Prophecy in the Later Middle Ages* 569n.
reflexos 597s.
Reforma 240s., 342
Reformada, Igreja 342
regressão 304
   e sonho: (13) 198, 204; (30) 631-633

reencarnação 182s., 274s., 311, 450, 568

regulamentos (sonho 8) 153s.

rejuvenescimento (sonho 20) 309, 317s.

relação, cf. eros/Eros

relatividade 140, 457

religião/religioso 219s., 324-326, 360, 369, 385, 399, 403, 479, 483s., 487-489, 540, 550, 615, 648
em sonho (23) 498s.; (25) 542s.; (26) 568s.
e sexo 594s.
oriental 554s.
cf. tb. Igreja Católica; Cristo/Jesus; cristianismo; Igreja; Deus; Islã; muçulmano

remédio/droga/êxtase 359

renascimento 272, 324, 331, 342
cf. tb. transformação

repressão 40, 42, 91s., 208, 259, 524, 642s., 646-648
e Freud 222, 224, 305
em sonho (2) 101; (26) 526s.
cf. tb. sexo/sexualidade

répteis, falta de qualidades espirituais em 316

resistência 79, 120, 128, 143
à análise 38, 77, 99, 150, 154s., 157s.

respeitabilidade 299, 386, 457, 489
cf. tb. correção/constrangimento

respiração 445

responsabilidade, em sonho (11) 171s.; (30) 624s.

restriction mentale 133, 145

ressurreição 330, 340

revelações, cf. verdade

revolução na França 190

Richmond, Sr. 612s.

Rig-Veda 383

rinoceronte, cf. tb. animais como símbolos

rio 417, 432
em sonho (30) 617s., 656s.

riso 551n.

ritmo 113, 135, 146, 422
como tema em sonho 494-498

ritos/ritual 316, 321, 367s., 447, 449, 546s.

Riviera, sonho sobre 154, 156s.

Robertson, John MacKinnon: *Christianity and Mythology* 335, 338, 340, 343
Pagan Christs 335, 337s., 340, 343

Robertson, Merle Greene: *The Sculpture of Palanque* 330n.

Rockefeller, John D. 327

roda (sonho 4) 117s., 131

roda da existência 457

roda, sol, cf. solar, roda

Rodésia 344

Rogers, Sr. 131, 139

roho 219s., 220n.

rolo compressor (sonho 3) 110, 112s., 258, 297s., 427, 430, 433, 450

Roma, Itália 279n., 322s.

Romana, Católica, cf. Igreja Católica

romano(s) 240, 279, 450, 542

Roper, Sr. 114, 120, 131s.

Rosa Cruz, seguidores da 238

rosário 468, 569

rotação 450s.

rótula, cf. cilindro (sonho 22); etimologia: rótula

Rousselle, Erwin: "Spiritual Guidance in Contemporary Taoism" 129n.

Rumpelstiltskin 259

Ruopreht, Irmão 183

Ruskin, John: *The Crown of Wild Olive* 172, 172n.

Rússia/russos 178, 241, 569

sabedoria 319, 359

Sabeus, culto de 313, 313n.

sábio, cf. mago/sábio

sacramento(s) 81, 335, 366, 382, 546

sacré, cf. etimologia

sacrifício 47, 54, 335-338

Sagitário, cf zodíaco, signos do

sagrado/santidade, de números 157

saia (sonho 16) 256, 262

sala(s)
 de audiência privada, cf. Divan-i-Khas
 em sonho (13) 197

sala/salão, em sonho (1) 41, 44; (13) 197s., 202
 cf. tb. teatro

salvação, como uma máquina quebrada 136

salvador/Salvador 36, 116, 136, 170, 237
 em sonho (2) 107
 cf. tb. Cristo/Jesus; Cristo, Filho de Deus

samsaras 305

Samuel, cf. Bíblia

"Sanctissima", cf. hino

sangue 139, 373
 de Cristo, cf. Cristo/Jesus
 em sonho (17) 269s., 272-274, 278s., 542
 frio 602-604

sânscrita, literatura/mitos, lua na 371

Santo Agostinho 36, 269

Santo André/Andrew, St., cruz de 337

Santo Graal, cf. Parsifal; Weston, Jessie

santo/herói 95, 314s., 322s.
  em sonho (5) 134, 136s., 141

sapo, cf. animais como símbolos

Sara, esposa de Abraão 525

saúde, cf. doença/saúde

Saul, e a feiticeira de Endor 637

sáurio, cf. animais como símbolos: crocodilo; tartaruga

Sawyer, Carol Fisher 314, 346, 379s., 463, 511, 522, 591, 629
  pergunta sobre interpretação da figura do mecânico 436s.
  pergunta sobre relação entre astrologia e equinócios 408s.
  questão sobre funções da psicologia e sua representação em mandalas 552

Schevill, Margaret E. 107, 109, 146, 214, 216

Schiller, Friedrich von: *Die Piccolomini* (parte II de *Wallenstein*) 399, 399n.

Schlegel, Erika 137, 231

Schmaltz, Gustav 230, 267, 272, 284, 297, 299

Schmitz, Oskar A.H. 210, 212-215, 222, 226, 232-235, 240-242, 245, 248, 250,
  254s., 260s., 263, 266, 268, 277, 279, 281, 284-286, 569, 571, 573, 575s., 580s.,
  584, 587s., 590-593, 601, 604, 613-616, 620s., 623s., 626-629, 631, 636-638,
  642, 645-647, 650-652, 654

Scholem, Gershom 93n.

Schopenhauer, Arthur 36, 422, 497, 551, 551n., 602
  O mundo como vontade e como representação 577, 577n.

Schreber, Paul Daniel: *Denkwurdigkeiten eines Nervenkranken* 232, 232n.

Schuré, Edouard 592; *Les grands initiés* 585s., 585n.

Science News-Letter 508n.

Segredo da flor de ouro, O (Wilhelm/Jung) 126n., 129n., 444, 444n., 447n., 454n.,
  461n., 576n.

segurança (sonho 13) 210

seis, cf. números como símbolos

Selene 377, 380
cf. tb. moon

self 218, 269, 281s., 484n.

semideuses 315

sentidos/sensação 307s., 365, 533n., 554-556, 615s., 651s.
cf. tb. quatro funções; realidade

sentimentalismo 161

sentimento(s) 144, 310s., 554-556, 648
e Eros 362, 650s.
e inconsciente 137
e lua 361s.
em sonho (1) 35; (2) 102s.; (4) 121; (5) 145; (12) 175-177; (16) 266s.; (19) 307s., 313; (23) 457s., 464s., 472s., 478
cf. tb. sentimento/pensamento, tipos; quatro funções; tipos psicológicos; sentimentalismo

sentimento/pensamento, tipos 265-269, 567s., 650s.

Sergeant, Elizabeth Shepley 567, 604, 632, 646s.

serpente/cobra, cf. animais como símbolos

Set 187, 279s., 638, 639n., 640

sete, cf. números como símbolos

sexo/sexualidade 143, 146, 148
e amor 180
e assassinato 633
em sonho (1) 79, 438; (2) 107; (3) 111s., 497; (5) 146-148; (9) 158-160; (12) 175-177, 180, 188; (13) 205s., 208; (16) 256-261; (22) 426s., 430s., 434, 441; (23) 464s.; (24) 501, 511-513, 515s., 523; (30) 640s.
e relações com esposa 196
e religião 594
e sol/lua 349, 366, 382
ideia de em homem/mulher 107, 440
problemas com 30, 142, 257
repressão de 642s.

símbolos 256-258

cf. tb. animais como símbolos: rato (sonho 24); fertilidade; hermafrodita; amor; prostitutas

Shakti 454

Shaw, Helen 108, 128, 146, 148s., 159, 168, 172, 176, 196, 594
sonho de 55-57

Shem 381, 381n.

Shepard, Odell: *The Lore of the Unicorn* 518, 518n.

Shiva 554

Shlegel, Eugen 118, 121, 145, 183, 196, 206, 212, 231, 248, 468, 471, 473s., 477, 490, 501, 508, 592, 605s., 632, 637, 656
questão sobre arquétipos 505

Shvetashvatara Upanishads, cf. *Upanishads*

Siegfried, boné de 214
cf. tb. Wagner, Richard

Sigg, Martha Boddinghaus 123, 130, 141s., 145-148, 150, 152s., 156, 169, 172, 177, 196, 208, 210, 216s., 221, 232, 240s., 259s., 273, 286, 313, 315, 325s., 416, 426s., 434, 458, 466, 472s., 485, 487-489, 502, 511, 513s., 522, 562, 594, 602, 624, 629-631

sigilo/segredo(s) 46, 79, 388
em sonho (1) 78; (14) 230, 240-241
cf. tb. telegrama; confissão; isolamento

signos e símbolos 545

Silberer, Herbert: *Problems of Mysticism and its Symbolism* 518, 518n.

Silesius, Angelus 574, 574n.

simbolismo, coletivo, cf. coletivo: simbolismo

simbolização 250, 298, 334, 346s., 355
mandala ocidental e a centralidade da 451s.
cf. tb. cruz astronômica; cruz e crescente; Cruz de Malta; mandala; cruz suástica; cruz Tau

símbolo(s)
cristianismo 56

Divina Comédia 111, 111n., 113
 filosofia chinesa 126s.
 mitraísmo e fertilidade 46
 taoismo 594

símbolo(s)/simbolismo 239, 321, 545s., 628
 coletivo 80s.
 como fatos 106s.
 do Oriente/Ocidente 467
 e arquétipos 508-511
 e Freud 509
 e função do 390
 e inconsciente 399s., 545-548
 e sinal 545
 geral 193
 religioso/totem 46, 220
 repressão do 222-224
 sexo 591

simulacros (sonho 20) 308

Sinclair, Upton 657n.

sincronismo/sincronicidade 63, 63n., 281n., 397n., 401, 463
 cf. tb. causalidade

síntese
 e alma 229s.
 em sonho (13) 210
 cf. tb. psicologia compartimental; integração

sistema nervoso 233-235, 234n.
 simpático 324

sistro 330
 cf. tb. crescente

Smith, Margaret: *Rabi'a the Mystic and Her Fellow Saints in Islam* 366n.

sociedade e o desenvolvimento da mente humana 237

Sócrates 34, 75, 480, 491

Sófocles 29n.

sofrimento 138, 342, 577

sol 298, 338, 346-349, 361, 374s., 381s.
   bola como 53-55
   e cruz 329, 333, 336, 388s.
   em sonho (17) 270s., 282, 285
   importância do 321
    cf. tb. sol/lua; solar, roda

sol/lua 363, 369

solar, roda 331, 343s., 351

soldados/policiais (sonho 13) 198

solidez como uma atitude psicológica relativa ao homem e seu tempo 278s.

soma 359, 364, 382-384

somaliano 86, 484

sombra 69-71, 83, 151, 252-256, 277s.
   em sonho (14) 242s., 244s.; (30) 619, 626

sonambulismo 436s.

sonhador, empresário, tema do seminário
   atitude frente à análise do 112, 229s.
   atitude frente à higiene 524
   atitude frente aos negócios 227s.
   ego do 221
   e repressão 208
   família do 149s.
   filosofia de 123
   importância da compreensão 229s., 248, 437
   informações básicas sobre 30s., 100, 293-296, 533
   natureza dupla do 355s.
   tentativas de análise do sonho 541
   tipo pensamento/racional 175s., 248
   viagens ao Oriente do 142
   valores de 173-176
   visão de Jung de 124
   cf. tb. esposa do sonhador empresário

sonho(s) análise/interpretação de

    antecipação da 37

    dificuldade de 28, 248s.

    e consciente 209

    e história 85-88

    e linguagem 245s.

    e séries 293

    importância da relatividade para a 140

    importância de compreender o sonhador para 219s., 248, 436s.

    método de 618s.

    método de mudança de comportamento 222

    objetiva/subjetiva 50-52

    objetivo principal da 27

    significado do analista no sonho para 263s.

    significância de localização na 58

    tentativas do sonhador em 541

    teoria de 39

sonho(s)/sonhar

    animais de sangue frio em 602-604

    animais em 410, 515

    arquétipos em 495, 505-511

    associações em 424, 476

    astrológico 416

    caráter musical de 422s.

    como algo vivo 63

    como a personificação da persona 89

    como fato 121, 131

    como trabalhos de arte 82

    como um drama/peça 156

    como um guia/hipótese 41, 68, 209, 239

    compreensão de 224

    cósmico 540

    de crianças 40s., 630s.

    dentro de um sonho 259

de primitivos/camponeses 41-43, 86

destino em 317

e africanos 28s.

e analista 431s., 438, 470, 514s.

e antecipação 565

e causalidade 63

e compensação 224

e consciência 28

e conscientes/inconscientes 27, 32, 35, 40s., 43, 65, 76, 88, 222s., 494-498, 597s., 644

e cura 43, 139, 399

e fantasias 221s.

imagens em 437, 525

importância de parênteses/omissões em relatos de 256, 489-491

importância do fim de 65

e insanidade 273s.

e linguagem 86, 495

e mana 29

mitológico 611

e moralidade 274

e negros 161

e pesadelos 206s.

e temas 422-424, 427, 494-497

e verdade 205s.

e yoga 128

material de 27s., 32, 77s., 106s., 115, 143

objetivos de 156

obstáculos em 245-247

pessoas desconhecidas em 32

repressão de 42s.

séries de 299, 423

significado de 579

símbolos em 39

sinopse de (no relato da Dra. Howells) 533-540

sonho astrológico 416

SONHOS, EXEMPLOS DE (além daqueles sonhos enumerados)

Agostinho, Santo 36

cacique africano e a vaca 43

esquimó curandeiro 29

filha de um senador romano e o templo de uma deusa 29, 29n.

homem com complexo de mãe sonha que ela quebrou a perna 609s.

homem com paralisia na perna 139

homem com qualidades duvidosas quanto a sua conduta nos negócios 301s.

homem que controlava um assentamento presidiário 122s.

homem que faz um truque e mata o homem macaco 636

homem que precisava resgatar um pedaço de terra com formato de lua crescente 367

homem que sonhou com assassinato e suicídio por causa da atmosfera 527

mulher que perdeu seu pai 182s.

mulher sonhando com uma cobra muito comprida 248

poeta ateniense e o vaso roubado 29, 29n.

sonho da Dra. Shaw com o touro 55-57

* * * *

Sonne (hotel) 88

Sophia 36n., 477, 565

sozinho/solidão 90, 92, 218s., 573s.

Spamer, Adolf, ed.: *Texte aus der deutschen Mystik des 14. und 15. Jahrhunderts* 184n.

Spencer, W.B. e F.J. Gillen: *The Northern Tribes of Central Australis* 317, 317n.

Spier, Julius: *The Hands of Chidren* 399n.

spiritus familiaris 215

Sprenger, Jakob, cf. *Malleus Maleficarum*

Sr. B., *bon viveur* 296, 298, 305, 307

St. Elizabeths Hospital, análise de alguns pacientes por Jung no 87n.

Staatliche Museum (Berlim) 421, 421n.

Ste-Beuve, Charles Augustin 584n.

Steiner, Rudolf 585n.

Wie erlangt man Erkenntnisse der hoheren Welten? 459, 459n.

Stevenson, R.L.: Dr. Jekyll e Mr. Hyde 255, 255n.

Stucken, Eduard: *Astralmythen* 517

suástica, cruz 331-333, 337, 340s., 468

Subbas 237, 240

subjetivo 50-52, 347s., 528s.
  cf. tb. objetivo

sublimação
  e Freud 80, 294
  em sonho (1) 83

submissão, e Logos 145
  cf. tb. autoridade

Sudário de Turim, cf. Turim, Santo Sudário de

Suécia 339, 379

Suíça/suíço(a) 39, 43, 49, 56, 79, 370

sujeira 148
  cf. tb. terra

Sul (direção) 338
  em sonho (19) 296s., 307; (20) 309, 315s.
  cf. tb. cardeais, pontos do horizonte

superior/inferior 267-269, 552

superior/Superior 296, 481s.
  função 267-269, 432, 564, 650, 655
  em sonho (14) 228, 241s.
  cf. tb. inferior; superior/inferior

superstição 87, 93, 382

Suppas, cf. Subbas

supressão (sonho 17) 296

Swahili 28n.

Swedenborg, Emanuel 281, 281n.

tabu 363s.
  cf. tb. *mana*

Tages 178, 178n., 183, 187

Talleyrand-Périgord, Charles Maurice de 584, 584n.

Tammuz 178, 178n., 185, 357s.

Tao Te Ching 363n.

Tao/taoismo/taoista 116, 116n., 119, 129, 363, 389, 594, 614-616, 614n.

Taos, visita de Jung ao 54n.

tapas 121, 121n.

tapeçarias, de Cluny 365

Tartarin de Tarascon, cf. Daudet, Alphonse

tartaruga 601s., 604-606
  cf. tb. animais como símbolos

Tau, cruz 330s., 339
  cf. tb. *crux ansata*

taurobolium 319

Taylor, Ethel 68n., 76

teatro
  assimilação de imagens em 42
  em sonho (1) 35s., 42-44, 72s., 75, 80
  cf. tb. drama

telegrama 227s., 230, 240, 242, 244
  cf. tb. sigilo

Telésforo 215, 415, 463

templários, cavaleiros 540, 540n.

templo (sonho 18) 414

tempo 393, 395ns., 399s., 402, 411-413
  análise e período de 154
  e inconsciente 401, 564s.
  em sonho (22) 426s., 429
  e sonhos 71

fatos psicológicos como 432s.

lua como reguladora do 360, 371

no Oriente e Ocidente 449

cf. tb. cruz e crescente; tempo/energia

tempo/energia 402, 404s., 411-414; em sonho (21) 416

tensão, em sonho (5) 135; (10) 160-162

teologia 482-484

teosofia 249, 294s., 391, 431, 459n., 567s.

e análise 73

em sonhos: (1) 33, 80; (17) 283s.; (26) 562s., 567s.

Jung opondo-se à indiana 583

significado de 73

terapeutas, cf. Essênios, seita

terra/Terra 176s., 257s., 349-351

em sonhos (13) 217s., 221; (14) 241s.; (17) 270s., 273

Mãe 54-56

sexo/sexualidade e a 177, 350

terraço, de um mandala 444s.

"Terraço da vida" 444, 444n., 449

Theosebeia 318n.

Thor, martelo de 339

Tia Maria, cf. Maria

Tibete 338

tinctura magna 137

ting 119, cf. pote

tipos, cf. psicológicos 167, 167n., 180s.

tipos psicológicos

cf. tb. extroversão; sentimento; introvertido/introversão; intuição; irracional; racional; sentidos/sensação; pensamento

Titanic 648, 648n., 650

tolo

Tomé
Evangelho copta de 493n.
Tomé, São 334

toreador, cf. animais como símbolos: touro

Tot 331

totem(s) 35, 46, 130, 250, 385
animais totêmicos 43, 312, 315-317, 626

touro, cf. animais como símbolos

Touro, cf. zodíaco, signos do

tradição 383

transcendente
em sonho (28) 605s.
cf. tb. animais como símbolos: tartaruga; oposto(s)

transe 631s.

transferência 132, 145s., 182

transformação 321, 324, 366s., 466s., 506, 510, 578
do indivíduo como arquétipo 136
cf. tb. nascimento; iniciação; renascimento

transmigração de almas 127

três, cf. números como símbolo

triângulo 188
em sonho (25) cf. Trindade: em sonho (25)

Tribo Elgonyi 219s., 320, 320n., 347

Tridente, cruz como 340

trigêmeos (sonho 6) 523-525
cf. tb. criança(s): em sonho (26); morto/morte: em sonho (26)

trígono aéreo/triângulo aéreo 380, 390

trindade/Trindade 477, 569s., 578
assimilação de 571, 575
em sonhos: (25) 540s., 543-551; (26) 565-568, 578
três/quatro funções e 552-555

tripé, em *Fausto* 191

truques (sonho 17), cf. animais como símbolos: macaco

Túnis, visita de Jung a 231s., 284, 468

Turim, Santo Sudário de 657, 657n.

Turquia 358

Twain, Mark 136

união 342, 366, 594s.

unicórneo 508
   cf. tb. animais como símbolos

unidade 108, 236, 401, 403
   cf. tb. integração

universal, cf. pessoal/universal

Universidade de Fordham, conferências de Jung na 87n.

Upanishads: *Katha* 595, 595n.
   Shvetashvatara 595, 595n.
   Védico 359

Urano 412

urso, cf. animais como símbolos

Utnapishtim 384, 384n.

vacas, cf. animais como símbolos

vagabundos 122

valores 171, 173-177, 308, 449s.

vara (sonho 17) 269s., 272-274, 279

Varaggio, Giacomo da/Voragine, Jacobus de: *Legenda Áurea* 341, 341n.

varanda/prédio (sonho 17) 270-272, 283

Varuna 382

vaso do pecado 318

veado 346s.
   cf. tb. animais como símbolos

védica, religião 382

velho (sonho 17) 270s., 283s.

Velho Homem 92-94

veneno 41 cf. tb. Ísis

vento 220-222, 336

ventre 135, 298, 318, 368, 382
em sonho (20) 313, 318s.
cf. tb. abdome, barriga

Vênus 254, 258
de Brassempouy 148

verdade 51, 94, 128, 186, 192, 205, 274, 319, 402, 424, 477s., 499, 569
em sonhos: (12) 174s.; (13) 205; (17) 272, 274

verde, cf. cores como símbolos

Verein suíço, simbolismo do sagão 52

verme, cf. animais como símbolos

verme/minhoca/lagarta/parasita 231, 233-236, 257s., 324
como psicologia compartimental 231-233
em sonho (14) 226-233, 235s., 239s., 244s.
cf. tb. cobra/serpente

vermelho, cf. tb. cores como símbolos: vermelho, cerejas

vestimentas 104

véu de Maya, cf. Maya

viagem (sonho 5) 139s.

vibração(ões) 391s., 399, 408

Victor Hugo 507

Victoria, princesa de Schaumburg-Lippe 584n.

vida 189, 247, 417, 445, 572
árvore como símbolo de 348-351
cruz como doadora de 331, 350-352
em sonho (22) 457
função 346-352
cf. tb. nascimento; fertilidade; *mana*; renascimento; ritmo

vinho 382-385

Virchow, Rudolf 255, 255n.

Virgem, cf. zodíaco, signos do

virgem/Virgem 357, 365, 407, 477s., 565

virtude, pecado como forma de aprender a 319

visão interna 130s.

Vischer, F.: *Auch Einer* 261, 261n.

Vishnu 604n.

Voltaire: *Candide* 83n., 398

Voragine, Jacobus de, cf. Varaggio, Giacomo da

voz interna, cf. voz, interna

voz, interna 480-487, 489s.
   cf. tb. demônio; Deus: em sonho (23); Khidr

vudota 28

Vulgata: Sl 90,6, *demonium meridianum* 294n.

Wachandi, tribo, cerimonial dos 321

Wagner, Richard 90, 573, 585n.
   escritos sobre Siegfried 278
   O anel dos nibelungos e 637, 637n.
   cf. tb. Parsifal

Wake, C.S. e Hodder M. Westropp: *Ancient Symbol Worship* 335, 339, 343

Walburga Sibylla 634

Waley, Arthur: *The Way and Its Power* 363n.

Wallenstein, cf. Schiller, Friedrich von

Warneck, J.G.: *Die Religion der Batak* 544n.

Wells, H.G.: *God the Invisible King* 193, 578
   Christina Alberta's Father 108, 108n.

Weston, Jessie: *The Quest of the Holy Grail* 518, 518n.

Westropp, Hodder M., cf. Wake, C.S.

Wilhelm, Hellmut 119n., 127n., 129n.

Wilhelm, Richard 63n.
   discurso de Jung em homenagem a 397, 397n.
   e *I Ching* 115n., 119n.
   e Instituto da China 454n.
   e mandalas 115n.
   e *Segredo da flor de ouro, O* 129, 129n., 461n., 576n.
   morte de 479n.
   sobre animus e anima 461, 461n.
   sobre o "Terraço da Vida" 444, 444n.

Woden, cf. Wotan

Wolff, Toni 314, 372, 405, 416, 565s., 590, 595, 604

Wotan/Woden/Odin 86, 316, 340, 637

Wu wei 582-584

Yahweh, e os gnósticos 236, 236n.

Yang 112, 313, 362, 394, 400-402, 414, 494, 616
   na filosofia chinesa 389s.
   no taoismo 614s., 614n.
   paradoxo do 257s.
   cf. homem(s); Yin

yantra/Yantra 441, 451, 454, 466s., 509s., 546n., 569

Yggdrasill 336, 349, 349n.

Yin 112, 313, 362s., 394, 400-402, 417, 494, 520, 614-616
   na filosofia chinesa 389s.
   no taoismo 614-615, 614n.
   paradoxo do 257s.
   cf. tb. fêmea; feminino; mulher(s); Yang, yoni

yoga/Yoga 119, 128s., 545, 577
   chinesa 383, 571
   em sonho (26) 523-526, 528, 561-563, 568
   Hatha 383, 445
   yoni/yonica 112, 257, 338, 445

Zeus 412n.

Zimmer, Heinrich
  Kunstform und Yoga im indischen Kultbild 546n.
  Myths and Symbols in Indian Art and Civilization 466n., 546, 546n., 604n.
  Philosophies of India 574n.
  The Art of Indian Asia 441n.

Zinno, Sra. Henri Fink 162

zodíaco, signos do 405-408, 417
  Aquário 221, 286s., 390n., 393, 395, 569
  Áries 393, 405s.
  Câncer 393
  Capricórnio 394
  Escorpião 394
  Gêmeos 380, 390n., 393
  Leão 394
  Libra 380, 390n., 393s., 411
  Peixes 393, 406n.
  Sagitário 394
  Touro 258, 393
  Virgem 394
  cf. tb. astrologia; zodíaco

zodíaco/Zodíaco 300, 380, 407
  início e significado do 393-395, 410s.

Zoroastrismo 550, 550n.

Zoser, Pirâmide de 444, 444n.

Zósimo 318, 322n., 403

Zrvan Akarana 413

Zug, cf. etimologia

Zurique, Suíça 86s., 87n.

Conecte-se conosco:

facebook.com/editoravozes

@editoravozes

@editora_vozes

youtube.com/editoravozes

+55 24 2233-9033

www.vozes.com.br

Conheça nossas lojas:
www.livrariavozes.com.br

Belo Horizonte – Brasília – Campinas – Cuiabá – Curitiba
Fortaleza – Juiz de Fora – Petrópolis – Recife – São Paulo

EDITORA VOZES LTDA.
Rua Frei Luís, 100 – Centro – Cep 25689-900 – Petrópolis, RJ
Tel.: (24) 2233-9000 – E-mail: vendas@vozes.com.br